Vahlens Handbücher
der Wirtschafts- und Sozialwissenschaften

Produktionswirtschaft

Grundlagen einer industriellen Betriebswirtschaftslehre

von

Dr. Hans-Jörg Hoitsch
ord. Professor der Betriebswirtschaftslehre
an der Universität Mannheim

2., völlig überarbeitete und erweiterte Auflage

Verlag Franz Vahlen München

Die Deutsche Bibliothek – CIP-Einheitsaufnahme

Hoitsch, Hans-Jörg:
Produktionswirtschaft : Grundlagen einer industriellen Betriebswirtschaftslehre / von Hans-Jörg Hoitsch. – 2., völlig überarb. und erw. Aufl. – München : Vahlen, 1993
(Vahlens Handbücher der Wirtschafts- und Sozialwissenschaften)
ISBN 3 8006 1619 X

ISBN 3 8006 1619 X

Satz und Druck: C.H.Beck'sche Buchdruckerei, Nördlingen
Gedruckt auf säurefreiem,
aus chlorfrei gebleichtem Zellstoff hergestelltem Papier.

Vorwort zur zweiten Auflage

Mit der zweiten Auflage wird eine vollständige Überarbeitung der „Produktionswirtschaft“ vorgelegt. Die strukturelle und inhaltliche Veränderung sowie der erweiterte Umfang werden durch ein neues Erscheinungsbild unterstrichen. Die zweite Auflage der „Produktionswirtschaft“ wurde in die Handbuchreihe des Vahlen-Verlages aufgenommen.

Grundsätzlich wurde die Struktur der Darstellung beibehalten, die von einer inhaltlichen Differenzierung der Produktionsplanung in Programm-, Faktor- und Prozeßplanung ausging. Eine wesentliche strukturelle und inhaltliche Veränderung, die zu einer deutlichen Erweiterung des Umfangs führte, stellt der Ausbau der Darstellung über die strategischen Rahmenbedingungen für das operative Produktionsmanagement zu einem eigenständigen Hauptteil über das strategisch-taktische Produktionsmanagement dar. Wie innerhalb des operativen Produktionsmanagements wurde auch hier konsequent die Gliederung in Programm-, Faktor- und Prozeßplanung beibehalten. Durch diese Erweiterung konnte der ständig wachsenden Bedeutung strategisch-taktischer Entscheidungen im Produktionsbereich, insbesondere im Bereich der Einführung neuer Technologien, Rechnung getragen werden. Innerhalb des strategisch-taktischen Produktionsmanagements wurde im Sinne einer „marktnahen Produktion“ insbesondere auf die Schnittstellen des Produktionsbereichs zum Marketingbereich der Industrieunternehmung eingegangen. Weiterhin wurden die mit marktnahem Denken und Handeln in engem Zusammenhang stehenden Probleme der Organisation der Arbeit im Produktionsbereich innerhalb des strategisch-taktischen Produktionsmanagements behandelt.

Die Darstellung des operativen Produktionsmanagements wurde insbesondere im Bereich der Prozeßplanung und Produktionssteuerung um innovative Ansätze erweitert. Die aus der Kritik konventioneller PPS-Systeme heraus entwickelten neueren Ansätze der Prozeßplanung und Produktionssteuerung – wie System OPT, Belastungsorientierte Auftragsfreigabe, Input-/ Output-Control, KANBAN, Fortschrittszahlen-Konzept – wurden kontextbezogen für den jeweils geeigneten Anwendungsbereich (Produktionstyp) dargestellt. Dies bedingte eine wesentliche Erweiterung der analysierten Kombinationstypen der Produktion gegenüber der ersten Auflage.

Innerhalb der Darstellung der integrierten Produktionsplanung, -steuerung und -kontrolle wurde insbesondere auf die Integrations- und Koordinationsaspekte von PPS-Systemen in CIM-Konzepten aus der Sicht des Produktions-Controllings eingegangen. Letztere dominiert die Gesamtdarstellung, sowohl des strategisch-taktischen als auch operativen Produktionsmanagements.

Dies kommt u.a. auch dadurch zum Ausdruck, daß nach der Darstellung strategisch-taktischer und operativer Teilplanungsbereiche grundsätzlich eine Analyse der jeweils relevanten Informationsversorgung erfolgt.

Allen Lesern, Kollegen und Mitarbeitern, die mit konstruktiver Kritik an der ersten Auflage einen Beitrag zur Verbesserung der „Produktionswirtschaft“ geleistet haben, möchte ich herzlich danken. Mein besonderer Dank für wertvolle Hinweise zur zweiten Auflage gilt meinem ehemaligen Mitarbeiter am Lehrstuhl für Industriebetriebslehre der Universität-GH-Duisburg, Herrn Dr. *Johannes Kals*. Ebenso möchte ich folgenden Mitarbeitern am Lehrstuhl für Produktionswirtschaft und -controlling an der Technischen Universität Berlin danken: Herrn Dipl.-Ing. *Hans Schmitz* für die Durchsicht des Manuskriptes und die Erstellung eines Großteils der Abbildungen, Frau Dipl.-Verw. *Regina Hollstein* für die Mitarbeit bei der Abbildungsgestaltung und meiner Sekretärin, Frau *Hanni Just*, für die mühevolle Arbeit der Texterstellung.

Berlin, im Januar 1993 *Hans-Jörg Hoitsch*

Vorwort zur ersten Auflage

Die Formulierung von Ansätzen zur Lösung betriebswirtschaftlicher Probleme in industriellen Produktionsbetrieben ist seit langem Gegenstand sowohl der Allgemeinen Betriebswirtschaftslehre als auch der Industriebetriebs-/Produktionswirtschaftslehre. Während sich die Allgemeine Betriebswirtschaftslehre vorzugsweise mit Beschreibungs- und Erklärungsmodellen der Produktions- und Kostentheorie befaßt, wird innerhalb der Industriebetriebs-/Produktionswirtschaftslehre versucht, Gestaltungsvorschläge zur Produktionsplanung, -steuerung und -kontrolle zu erarbeiten. Dem Studierenden der Betriebswirtschaftslehre im Grundstudium und insbesondere jenem der Industriebetriebs-/Produktionswirtschaftslehre im Hauptstudium bleiben die Zusammenhänge zwischen Produktions- und Kostentheorie einerseits und Produktionsplanung, -steuerung und -kontrolle andererseits häufig verborgen. Ein Ziel des vorliegenden Buches besteht darin, Zusammenhänge zwischen beiden Gebieten aufzuzeigen. Der Schwerpunkt der Darstellung liegt jedoch eindeutig auf dem Gebiet der Produktionsplanung, -steuerung und -kontrolle. Somit kann dieses Lehrbuch nicht als ein Ersatz für eine umfassende Darstellung der Produktions- und Kostentheorie angesehen werden. Deren wesentlichste Grundlagen – wie sie etwa im Grundstudium der Betriebswirtschaftslehre in der Regel behandelt werden – wurden in den Inhalt aufgenommen. Aus diesem Grunde ist das vorliegende Lehrbuch gleichermaßen für Studierende im Grund- und Hauptstudium geeignet. Durch die langjährige Tätigkeit des Autors in industriellen Großbetrieben wurde auch auf eine praxisorientierte Darstellung Wert gelegt, so daß sich das Buch auch an Industriepraktiker aus dem betriebswirtschaftlichen und technischen Bereich richtet.

Planungs-, Steuerungs- und Kontrollprobleme industrieller Produktionsbetriebe werden in Theorie und Praxis nach inhaltlichen Kriterien in strategische und operative Aufgabenbereiche unterteilt. Entscheidungen des eher langfristig orientierten strategischen Produktions-Managements – wie die Auswahl der Produktfelder, der Produktionsverfahren usw. – schaffen Rahmenbedingungen für das eher kurzfristig orientierte operative Produktions-Management. Die Bereiche des strategischen Produktions-Managements bilden vielfältige Berührungspunkte mit anderen betriebswirtschaftlichen Funktionalbereichslehren, wie z.B. Absatz-, Finanz- und Personalwirtschaft. Aus diesem Grunde werden hier nur produktionsspezifische Teilbereiche des strategischen Produktions-Managements, wie die Layout- und Instandhaltungsplanung, behandelt. Der Hauptteil des Buches befaßt sich jedoch mit dem Gebiet des operativen Produktions-Managements. Hier wird neben der Darstellung von Planungs-, Steuerungs- und Kontrollmethoden insbesondere eine für Betriebswirtschafter bedeutsame Analyse der Informationsversorgung dieser Bereiche als Aufgabe des Produktions-Controlling vorgenommen.

Nach einer beschreibenden Darstellung von Produktionssystemen (1. Abschnitt) und Aufgabenbereichen der Produktion (2. Abschnitt) wird auf die speziell produktionswirtschaftlich relevanten strategischen Rahmenbedingungen für das operative Produktions-Management (3. Abschnitt) und die dort eingesetzten Planungsmethoden eingegangen. Einer systemorientierten Auffassung folgend werden danach output-, input- und throughputorientierte Bereiche der Produktionsplanung im Rahmen der Programmplanung (4. Abschnitt), der Faktorplanung (5. Abschnitt) und der Prozeßplanung, Produktionssteuerung und -kontrolle (6. Abschnitt) behandelt. Um verwertbare Aussagen zu diesen Teilgebieten des operativen Produktions-Managements formulieren zu können, wird – wo dies notwendig erscheint – einer Gliederung nach Produktionstypen gefolgt. Dies betrifft im wesentlichen die Programm- und Prozeßplanung. In allen Bereichen wird die Bedeutung von Erklärungsmodellen der Produktions- und Kostentheorie für die Produktionsplanung analysiert. Die ökonomische Gestaltung der Produktion erfordert eine Abstimmung zwischen allen Teilbereichen des operativen Produktions-Managements im Rahmen einer integrierten Produktionsplanung, -steuerung und -kontrolle (7. Abschnitt). Obwohl hier sukzessive Ansätze in der Praxis dominieren, werden auch die wichtigsten simultanen Ansätze der betriebswirtschaftlichen Theorie dargestellt und einer kritischen Analyse unterzogen.

Für die Durchsicht des Manuskripts möchte ich meinen Mitarbeitern am Lehrstuhl für Industriebetriebslehre der Universität Duisburg, Herrn Dipl.-Kfm. *Ralf Bendig* und Herrn Dipl.-Ök. *Frank Bruckmann,* herzlich danken. Weiterer Dank gebührt meiner Sekretärin, Frau *Ursula Köster,* und meinen studentischen Mitarbeiterinnen, Frau *Angelika Janßen* und Frau *Helga Kremer,* für die Anfertigung des Manuskripts. Schließlich bedanke ich mich beim Vahlen Verlag und seinem Lektor, Herrn Dipl.-Vw. *Dieter Sobotka,* für die gute Zusammenarbeit bei der Drucklegung.

Duisburg, im Mai 1985 *Hans-Jörg Hoitsch*

Inhaltsübersicht

Vorwort V

Abbildungsverzeichnis XIX

I. Grundlagen 1
1. Produktionssysteme 1
1.1 Elemente und Eigenschaften industrieller Produktionssysteme 1
1.2 Produktionsbetriebe als Erkenntnisobjekt 9
1.3 Produktionstypen 11
2. Aufgabenbereiche der Produktion 20
2.1 Technische und wirtschaftliche Betrachtung der Produktion 20
2.2 Führung des Produktionssystems 27
2.3 Überblick über die weitere Vorgehensweise 36

II. Strategisch-taktisches Produktionsmanagement 41
1. Grundlagen des strategisch-taktischen Produktionsmanagements 41
1.1 Aufgaben des strategisch-taktischen Produktionsmanagements 41
1.2 Differenzierung der strategisch-taktischen Produktionsplanung und -kontrolle 43
2. Strategische Programmplanung 45
2.1 Strategische Produktions-Zielplanung 45
2.2 Umweltanalyse und -prognose 48
2.3 Unternehmensanalyse und -prognose 54
2.4 Planung von Normstrategien 58
2.5 Produktplanung 62
2.6 Strategische Produktprogrammplanung 72
2.7 Informationsversorgung der strategischen Programmplanung 77
3. Strategisch-taktische Faktorplanung 81
3.1 Beziehungen zwischen Programm- und Faktorplanung 81
3.2 Produktions-Standortplanung 82
3.3 Fabrikplanung 89
3.4 Planung maschineller Anlagen 92
3.5 Produktions-Personalplanung 111
3.6 Planung der Werkstoffsicherung 143
3.7 Planung der Energiesicherung 153
3.8 Informationsversorgung der strategisch-taktischen Faktorplanung 156
4. Strategisch-taktische Prozeßplanung 158
4.1 Beziehungen zwischen Programm-, Faktor- und Prozeßplanung 158
4.2 Planung neuer Prozeßtechnologien bei computerintegrierter Produktion (CIM) 161
4.3 Layout-Planung 232
4.4 Planung des betrieblichen Umweltschutzes 255
4.5 Informationsversorgung der strategisch-taktischen Prozeßplanung 261
5. Strategisch-taktische Produktionskontrolle 263
5.1 Grundlagen der strategisch-taktischen Produktionskontrolle 263
5.2 Aufgabenbereiche der strategischen Produktionskontrolle 264

III. Operatives Produktionsmanagement 267
1. Grundlagen des operativen Produktionsmanagements 267
1.1 Aufgaben des operativen Produktionsmanagements 267
1.2 Differenzierung der operativen Produktionsplanung, -steuerung und -kontrolle 269
2. Operative Programmplanung 274
2.1 Kennzeichnung und Gestaltung von Produktionsprogrammen 274
2.2 Produktions- und kostentheoretische Grundlagen 275
2.3 Programmplanung in der Serienproduktion 311
2.4 Programmplanung in der Einzelproduktion 344
2.5 Programmplanung in PPS-Systemen 350
2.6 Informationsversorgung der operativen Programmplanung 351
3. Operative Faktorplanung 354
3.1 Kennzeichnung und Gestaltung des Produktions-Faktorbedarfs 354
3.2 Bedarfsplanung 360
3.3 Auftragsplanung 383
3.4 Informationsversorgung der operativen Faktorplanung 420
4. Operative Prozeßplanung, Produktionssteuerung und -kontrolle 423
4.1 Kennzeichnung und Gestaltung von Produktionsprozessen 423
4.2 Produktionstheoretische Grundlagen der operativen Prozeßplanung . . 431
4.3 Prozeßplanung in der Einzel-/Auftrags-/Baustellenproduktion 441
4.4 Prozeßplanung in der Einzel- und Kleinserien-/ Auftrags-/Werkstattproduktion 454
4.5 Prozeßplanung in der Einzel- und Kleinserien-/ Auftrags-/Zentrenproduktion mit Flexiblen Fertigungssystemen 488
4.6 Prozeßplanung in der Serien-/Vorrats-/Reihenproduktion 496
4.7 Prozeßplanung in der Großserien- und Massen-/ Vorrats-/Fließproduktion 520
4.8 Informationsversorgung der operativen Prozeßplanung 530
4.9 Produktionssteuerung und -kontrolle 533
5. Integrierte Produktionsplanung, -steuerung und -kontrolle 547
5.1 Grundlagen der integrierten Produktionsplanung 547
5.2 Simultane Ansätze 551
5.3 Sukzessive Ansätze 560
5.4 PPS im CIM-Konzept 573

Literaturverzeichnis 583
Sachverzeichnis 609

Inhaltsverzeichnis

Vorwort zur 2. Auflage V
Vorwort zur 1. Auflage VI

I. Grundlagen

1. Produktionssysteme

1.1 Elemente und Eigenschaften industrieller Produktionssysteme 1
1.1.1 Produktionsbegriff 1
1.1.2 Elemente des Produktionsssystems 2
1.1.3 Charakteristika industrieller Produktionssysteme 6
1.2 Produktionsbetriebe als Erkenntnisobjekt 9
1.2.1 Merkmale von Produktionsbetrieben 9
1.2.2 Bedeutung industrieller Produktionsbetriebe 11
1.3 Produktionstypen 11
1.3.1 Elementare Produktionstypen 12
1.3.2 Kombinierte Produktionstypen 18

2. Aufgabenbereiche der Produktion

2.1 Technische und wirtschaftliche Betrachtung der Produktion 20
2.1.1 Produktionstechnik 20
2.1.1.1 Fertigungstechnik 20
2.1.1.2 Verfahrenstechnik 21
2.1.1.3 Energietechnik 22
2.1.2 Produktionswirtschaft 22
2.2 Führung des Produktionssystems 27
2.2.1 Produktionsmanagement und Produktions-Controlling 27
2.2.2 Ziel-/Mittel-Katalog des Produktions-Controllings 29
2.2.3 Produktionsplanungs- und -kontrollsystem 31
2.2.3.1 Zeitliche Differenzierung 31
2.2.3.2 Hierarchische und organisatorische Differenzierung 32
2.2.3.3 Inhaltliche Differenzierung 33
2.2.4 Informationsversorgungssystem der Produktion 34
2.2.5 Instrumente des Produktions-Controllings 35
2.3 Überblick über die weitere Vorgehensweise 36

II. Strategisch-taktisches Produktionsmanagement

1. Grundlagen des strategisch-taktischen Produktionsmanagements

1.1 Aufgaben des strategisch-taktischen Produktionsmanagements 41
1.2 Differenzierung der strategisch-taktischen Produktionsplanung und -kontrolle 43

2. Strategische Programmplanung

2.1 Strategische Produktions-Zielpanung 45
2.2 Umweltanalyse und -prognose 48
2.2.1 Generelle Umweltanalyse und -prognose 48
2.2.2 Absatzmarktanalyse und -prognose 50
2.2.3 Beschaffungsmarktanalyse und -prognose 52
2.3 Unternehmensanalyse und -prognose 54
2.3.1 Stärken-Schwächen-Analyse 54
2.3.2 Analyse der Kostensituation 55
2.3.2.1 Analyse der Kostensenkungspotentiale 55
2.3.2.2 Langfristige Kostenanalyse mit Kosten-Erfahrungskurve 55
2.4 Planung von Normstrategien 58
2.5 Produktplanung 62
2.5.1 Ideensuche 62
2.5.2 Forschung und Entwicklung 63
2.5.2.1 Begriff und Teilgebiete 63
2.5.2.2 Bewertung von Forschungs- und Entwicklungsprojekten 64
2.5.3 Produktgestaltung 65
2.5.3.1 Ablauf der Produktgestaltung 65
2.5.3.2 Konstruktion 65
2.5.3.3 Produkt-(Output-)bezogene Kostensenkungspotentiale 66
2.5.3.3.1 Konstruktionsbegleitende Kalkulation 66
2.5.3.3.2 Normung, Typung, Baukastenprinzip 68
2.5.3.3.3 Wertanalyse 69
2.5.4 Simultaneous Engineering 69
2.5.5 Qualitätsmanagement 71
2.6 Strategische Produktprogrammplanung 72
2.6.1 Produktstrategien 72
2.6.1.1 Neue Produkte 72
2.6.1.2 Eingeführte Produkte 73
2.6.2 Kennzeichnung und Gestaltung des Produktprogramms 75
2.7 Informationsversorgung der strategischen Programmplanung 77
2.7.1 Unternehmensexterne und -interne Informationen 77
2.7.2 Prognose-Informationen 80

3. Strategisch-taktische Faktorplanung

3.1 Beziehungen zwischen Programm- und Faktorplanung 81
3.2 Produktions-Standortplanung 82
3.2.1 Standortstrategien 82
3.2.2 Heuristische Standortplanung 85
3.2.3 Quantitative Standortoptimierung 87
3.3 Fabrikplanung 89
3.4 Planung maschineller Anlagen 92
3.4.1 Kapazitätsstrategien 93
3.4.2 Kapazitätsplanung 94
3.4.2.1 Qualitative Kapazität 94
3.4.2.2 Quantitative Kapazität 96
3.4.3 Investitionsplanung 99
3.4.4 Instandhaltungsplanung 101
3.4.4.1 Grundlagen 101
3.4.4.2 Informationsversorgung der Instandhaltungsplanung 103

3.4.4.2.1 Ausfall- und Reparaturzeitverteilungen 103
3.4.4.2.2 Kostenplanung 104
3.4.4.3 Grundmodell und Erweiterungen 105
3.4.5 Planung optimaler Nutzungsdauern 108
3.5 Produktions-Personalplanung 111
3.5.1 Aufgaben der Produktions-Personalplanung 111
3.5.2 Personalstrategien 112
3.5.3 Planung der Arbeitsbedingungen 113
3.5.3.1 Gestaltung der Arbeitsorganisation 115
3.5.3.2 Ergonomische Arbeitsgestaltung und Arbeitszeitgestaltung ... 119
3.5.4 Planung von Arbeitszeiten 121
3.5.4.1 Gliederung der Arbeitszeit 122
3.5.4.2 Planung beeinflußbarer Arbeitszeiten 123
3.5.4.2.1 Arbeitszeitplanung mit Zeitaufnahme nach REFA 124
3.5.4.2.2 Arbeitszeitplanung mit Systemen vorbestimmter Zeiten 125
3.5.4.2.3 Arbeitszeitplanung und Lernkurven 127
3.5.4.3 Planung nicht beeinflußbarer Arbeitszeiten 129
3.5.5 Planung des Personalbedarfs 130
3.5.6 Arbeitsbewertung 132
3.5.7 Lohnplanung 137
3.5.7.1 Zeitlohn 137
3.5.7.2 Akkordlohn 138
3.5.7.3 Prämienlohn 141
3.6 Planung der Werkstoffsicherung 143
3.6.1 Strategien zur Fertigungstiefe 144
3.6.2 Strategisch-taktische Beschaffungsplanung 149
3.6.2.1 Beschaffungsstrategien 149
3.6.2.2 Planung beschaffungspolitischer Instrumente 151
3.6.3 Lagerplanung 152
3.7 Planung der Energiesicherung 153
3.8 Informationsversorgung der strategisch-taktischen Faktorplanung 156

4. Strategisch-taktische Prozeßplanung

4.1 Beziehungen zwischen Programm-, Faktor- und Prozeßplanung 158
4.2 Planung neuer Prozeßtechnologien bei computerintegrierter Produktion (CIM) 161
4.2.1 CIM-Komponenten 162
4.2.1.1 Konzept einer computerintegrierten Produktion 162
4.2.1.2 Computergestützte Konstruktion und Produktentwicklung (CAD/CAE) 164
4.2.1.3 Computergestützte Arbeitsplanung (CAP) 165
4.2.1.4 Computergestützte Produktion (CAM) 168
4.2.1.4.1 Elemente der Produktionsautomatisierung 168
4.2.1.4.2 Flexible Organisationsformen der Produktion 172
4.2.1.5 Computergestützte Qualitätssicherung (CAQ) 176
4.2.1.6 Computergestützte Produktionsplanung und -steuerung (PPS) und Betriebsdatenerfassung (BDE) 176
4.2.1.7 Schnittstellen zwischen den CIM-Komponenten 179
4.2.2 Analyse von Wettbewerbsstrategien 184
4.2.3 Ableitung einer Normstrategie 187
4.2.4 Technologiekalender 194
4.2.5 Planung der CIM-Implementierung 197
4.2.5.1 Analyse des Ist-Integrationsstandes 198

4.2.5.2 Erarbeitung des CIM-Soll-Integrationskonzeptes 200
4.2.5.3 Planung der CIM-Architektur 202
4.2.5.3.1 Datenintegration 202
4.2.5.3.2 Vorgangsintegration 204
4.2.5.4 Planung der Einführungspfade und Implementierungsschritte . 206
4.2.6 Ökonomische Bewertung der neuen Prozeßtechnologien 215
4.2.6.1 Grundlagen 215
4.2.6.2 Operative Fundierung der strategischen Investitionsplanung . . 217
4.2.6.3 Investitionsrechnung und Break-Even-Analyse 220
4.2.6.3.1 Entscheidungsbaumverfahren 221
4.2.6.3.2 Fallbeispiel einer CIM-Teilinvestition 224
4.2.6.3.3 Sensitivitäts- und Break-Even-Analyse 227
4.2.6.4 Argumentenbilanz 231
4.3 Layout-Planung 232
4.3.1 Planung des Organisationstyps der Produktion 233
4.3.2 Werkstattproduktion 235
4.3.2.1 Kennzeichnung der Werkstattproduktion 235
4.3.2.2 Manuelle Planungsverfahren 237
4.3.2.3 Computergestützte Planungsverfahren im Batch-Betrieb 237
4.3.2.4 Interaktive Planungsverfahren 242
4.3.3 Reihenproduktion 243
4.3.3.1 Kennzeichnung der Reihenproduktion 243
4.3.3.2 Planung der Zyklusdauer 244
4.3.4 Fließproduktion 245
4.3.4.1 Kennzeichnung der Fließproduktion 245
4.3.4.2 Rangwertregelverfahren 246
4.3.4.3 Planung von Pufferlägern 250
4.3.5 Zentrenproduktion 251
4.3.5.1 Kennzeichnung der Zentrenproduktion 251
4.3.5.2 Flexible Fertigungssysteme (FFS) 251
4.4 Planung des betrieblichen Umweltschutzes 255
4.4.1 Grundlagen der betrieblichen Umweltschutzpolitik 255
4.4.2 Umweltschutzorientierte Unternehmensstrategien 257
4.4.3 Umweltschutzmaßnahmen in der Prozeßplanung 259
4.5 Informationsversorgung der strategisch-taktischen Prozeßplanung 261

5. Strategisch-taktische Produktionskontrolle

5.1 Grundlagen der strategisch-taktischen Produktionskontrolle 263
5.2 Aufgabenbereiche der strategischen Produktionskontrolle 264

III. Operatives Produktionsmanagement

1. Grundlagen des operativen Produktionsmanagements

1.1 Aufgaben des operativen Produktionsmanagements 267
1.2 Differenzierung der operativen Produktionsplanung, -steuerung und -kontrolle 269

5. Operative Programmplanung

2.1 Kennzeichnung und Gestaltung von Produktionsprogrammen 274
2.2 Produktions- und kostentheoretische Grundlagen 275

2.2.1 Zielfunktion der Programmplanung ... 275
2.2.1.1 Limitationalität und Substitutionalität von Produktionsprozessen ... 278
2.2.1.2 Produktions- und Kostenfunktion vom Typ A ... 285
2.2.1.3 Produktions- und Kostenfunktion vom Typ B ... 289
2.2.1.3.1 Produktionsfunktion ... 289
2.2.1.3.2 Kostenfunktion ... 295
2.2.1.4 Produktions- und Kostenfunktion vom Typ C ... 302
2.2.1.5 Prämissen der Zielfunktion ... 303
2.2.2 Nebenbedingungen der Programmplanung ... 305
2.2.2.1 Restriktionen der Funktionsbereiche ... 305
2.2.2.2 Produktionsfunktion vom Typ D ... 306
2.3 Programmplanung in der Serienproduktion ... 311
2.3.1 Entscheidungsmodelle der Programmplanung ... 311
2.3.1.1 Grundmodell ... 311
2.3.1.1.1 Fallbeispiel ... 311
2.3.1.1.2 Lösung: Keine Faktorbeschränkungen ... 315
2.3.1.1.3 Lösung: Beschränkung eines Faktors (vorab bekannter Engpaß) ... 316
2.3.1.1.4 Lösung: Beschränkungmehrerer Faktoren (vorab unbekannter Engpaß) ... 319
2.3.1.2 Erweiterungen des Grundmodells ... 323
2.3.1.2.1 Mehrfachzielsetzung ... 323
2.3.1.2.2 Unsichere Absatzdaten ... 325
2.3.1.2.3 Preispolitik und Programmplanung ... 328
2.3.2 Ermittlungsmodelle der Programmplanung ... 329
2.3.2.1 Planungs- und Kontrollprozeß ... 330
2.3.2.2 Aufbau des Rechenmodells ... 332
2.3.2.3 Modelleinsatz zur Programmplanung ... 341
2.4 Programmplanung in der Einzelproduktion ... 344
2.4.1 Einflußgrößen der Programmplanung ... 344
2.4.2 Beschränkung eines Faktors ... 346
2.4.3 Beschränkung mehrerer Faktoren ... 348
2.5 Programmplanung in PPS-Systemen ... 350
2.6 Informationsversorgung der operativen Programmplanung ... 351

3. Operative Faktorplanung

3.1 Kennzeichnung und Gestaltung des Produktions-Faktorbedarfs ... 354
3.2 Bedarfsplanung ... 360
3.2.1 Deterministische Bedarfsplanung ... 360
3.2.1.1 Erzeugnisstrukturen ... 360
3.2.1.2 Ermittlung des Bruttobedarfs ... 366
3.2.1.3 Ermittlung des Nettobedarfs ... 370
3.2.2 Stochastische Bedarfsplanung ... 372
3.2.2.1 Konstanter Bedarf ... 374
3.2.2.1.1 Mittelwertbildung ... 374
3.2.2.1.2 Exponentielle Glättung erster Ordnung ... 375
3.2.2.2 Trendförmiger Bedarf ... 377
3.2.2.2.1 Lineare Trendrechnung ... 377
3.2.2.2.2 Exponentielle Glättung erster Ordnung mit Trend ... 378
3.2.2.2.3 Exponentielle Glättung zweiter Ordnung ... 379
3.3 Auftragsplanung ... 383
3.3.1 Grundlagen ... 383
3.3.2 Eigenerstellung oder Fremdbezug von Vorprodukten ... 387

3.3.3 Planung optimaler Seriengrößen bei Eigenerstellung 389
3.3.3.1 Grundlagen 389
3.3.3.2 Deterministisch-statisches Grundmodell 394
3.3.3.3 Deterministisch-dynamische Modelle 398
3.3.3.3.1 Dynamische Optimierung nach Wagner und Whitin . 398
3.3.3.3.2 Gleitende wirtschaftliche Lösgröße 401
3.3.3.3.3 Stück-Perioden-Ausgleich (part-period-algorithm) .. 403
3.3.3.3.4 Silver-Meal-Heuristik 404
3.3.3.3.5 Groff-Heuristik 405
3.3.3.3.6 Seriengrößenplanung bei mehrstufiger Mehrprodukt-Produktion 407
3.3.4 Planung optimaler Bestellmengen bei Fremdbezug 409
3.3.4.1 Grundlagen 409
3.3.4.2 Deterministisch-statisches Grundmodell 412
3.3.4.3 Stochastische Modelle 414
3.3.4.3.1 Bestellpunktverfahren 415
3.3.4.3.2 Bestellrhythmusverfahren 418
3.3.4.4 Just-in-Time-Beschaffung 419
3.4 Informationsversorgung der operativen Faktorplanung 420

4. Operative Prozeßplanung, Produktionssteuerung und -kontrolle

4.1 Kennzeichnung und Gestaltung von Produktionsprozessen 423
4.1.1 Grundlagen der Prozeßgestaltung 423
4.1.2 Zielsystem der operativen Prozeßplanung 425
4.1.2.1 Kostenziele 425
4.1.2.2 Zeitziele 427
4.2 Produktionstheoretische Grundlagen der operativen Prozeßplanung 431
4.2.1 Dynamische Produktionstheorie 432
4.2.2 Produktionsfunktion vom Typ E 436
4.3 Prozeßplanung in der Einzel-/Auftrags-/Baustellenproduktion 441
4.3.1 Grundlagen und Fallbeispiel 441
4.3.2 Terminplanung 443
4.3.2.1 Durchlaufterminierung 444
4.3.2.2 Kapazitätsterminierung 451
4.4 Prozeßplanung in der Einzel- und Kleinserien-/Auftrags-/Werkstattproduktion 454
4.4.1 Terminplanung 455
4.4.1.1 Durchlaufterminierung 455
4.4.1.2 Kapazitätsterminierung 458
4.4.1.2.1 Kapazitätsbelastungsplanung 459
4.4.1.2.2 Kapazitätsausgleichsverfahren 461
4.4.1.3 System OPT 464
4.4.2 Auftragsfreigabe 466
4.4.2.1 Belastungsorientierte Auftragsfreigabe (BORA) 466
4.4.2.1.1 Ablauf des Verfahrens 466
4.4.2.1.2 Beurteilung des Verfahrens 473
4.4.2.2 Input-/Output-Control (IOC) 475
4.4.3 Maschinenbelegungsplanung 478
4.5 Prozeßplanung in der Einzel- und Kleinserien-/Auftrags-/Zentrenproduktion mit Flexiblen Fertigungssystemen 488
4.5.1 Grundlagen 488
4.5.2 Einlastungsplanung 489
4.5.3 Maschinenbelegungsplanung 491

4.6 Prozeßplanung in der Serien-/Vorrats-/Reihenproduktion ... 496
4.6.1 Grundlagen und Fallbeispiel ... 496
4.6.2 Terminplanung ... 497
4.6.3 Maschinenbelegungsplanung ... 499
4.6.3.1 Grundlagen ... 499
4.6.3.2 Planung bei reihenfolgeabhängigen Rüstkosten ... 501
4.6.3.2.1 Heuristische Verfahren ... 503
4.6.3.2.2 Optimierungsverfahren mit Branch-and-Bound ... 505
4.6.3.3 Planung bei reihenfolgeunabhängigen Rüstkosten ... 511
4.6.3.3.1 Kombinatorisches Verfahren für die zweistufige Produktion ... 512
4.6.3.3.2 Heuristisches Verfahren für die mehrstufige Produktion ... 515
4.7 Prozeßplanung in der Großserien- und Massen-/ Vorrats-/Fließproduktion ... 520
4.7.1 Grundlagen ... 520
4.7.2 KANBAN-System und Just-in-Time-Prinzip ... 522
4.7.2.1 KANBAN-Prinzip ... 522
4.7.2.2 Voraussetzungen und Beurteilung von KANBAN ... 525
4.7.3 Fortschrittszahlen-Konzept ... 527
4.8 Informationsversorgung der operativen Prozeßplanung ... 530
4.9 Produktionssteuerung und -kontrolle ... 533
4.9.1 Grundlagen ... 533
4.9.2 Produktionssteuerung ... 536
4.9.2.1 Bereitstellung der Produktionsfaktoren ... 536
4.9.2.2 Aufgabenverteilung ... 537
4.9.3 Produktionskontrolle ... 542

5. Integrierte Produktionsplanung, -steuerung und -kontrolle

5.1 Grundlagen der integrierten Produktionsplanung ... 547
5.2 Simultane Ansätze ... 551
5.2.1 Produktbezogenes Simultanmodell ... 552
5.2.2 Einflußgrößenbezogene Simultanmodelle ... 557
5.3 Sukzessive Ansätze ... 560
5.3.1 Hierarchische Produktionsplanung, -steuerung und -kontrolle ... 560
5.3.2 Betriebs- und Absatzmodelle zur integrierten Produktionsplanung und -kontrolle ... 565
5.3.3 PPS-Systeme ... 569
5.3.3.1 Gestaltungsmöglichkeiten von PPS-Systemen ... 569
5.3.3.2 PPS-Systeme und Produktionstypen ... 571
5.4 PPS im CIM-Konzept ... 573
5.4.1 Integrations- und Koordinationsaspekte ... 573
5.4.2 Gestaltung des PPS-Systems ... 574
5.4.3 Gestaltung des Kosten- und Erlösrechnungs-Systems ... 578

Literaturverzeichnis ... 583

Sachverzeichnis ... 609

Abbildungsverzeichnis

Abb. 1: Problemkreis ... 1
Abb. 2: System der Produktionsfaktoren ... 2
Abb. 3: Erweitertes System der originären Produktionsfaktoren ... 4
Abb. 4: Quantitative Periodenkapazität ... 7
Abb. 5: Elementare Produktionstypen ... 12
Abb. 6: Polaritätsprofil kombinierter Produktionstypen ... 19
Abb. 7: Interessengruppen und deren Zielvorstellungen ... 25
Abb. 8: Produktionswirtschaftliches Zielsystem ... 26
Abb. 9: Teilprozesse des Produktionsmanagements ... 27
Abb. 10: Controllingsystem der Produktion ... 28
Abb. 11: Ziel-/Mittel-Katalog des Produktions-Controllings ... 30
Abb. 12: Rollende (rollierende) Planung ... 32
Abb. 13: Inhaltliche Differenzierung des Produktions- Planungssystems ... 34
Abb. 14: Regelkreise des Produktionsmanagements ... 42
Abb. 15: Strategische Zielhierarchie ... 46
Abb. 16: Umweltfaktoren ... 49
Abb. 17: Produkt-Lebenszyklus ... 51
Abb. 18: Klassifikation von Strategischen Geschäftseinheiten (SGE) ... 51
Abb. 19: Schwerpunkte der Beschaffungsmarktanalyse und -prognose ... 53
Abb. 20: Stärken-Schwächen-Profil ... 54
Abb. 21: Kostensenkungspotentiale ... 55
Abb. 22: Kosten-Erfahrungskurve ... 56
Abb. 23: Vorläufige Normstrategien ... 59
Abb. 24: Aggressive Preisstrategie ... 60
Abb. 25: Teilgebiete und Gegenstände von Forschung & Entwicklung ... 63
Abb. 26: Beeinflußbare Zeitanteile mit CAD ... 66
Abb. 27: Verfahren zur konstruktionsbegleitenden Kalkulation ... 67
Abb. 28: Baukastensysteme ... 69
Abb. 29: Produkt-Einführungsstrategien ... 73
Abb. 30: Struktur des Produktionsprogramms ... 76
Abb. 31: Standortstrategien ... 83
Abb. 32: Standort-Portfolio ... 84
Abb. 33: Standortfaktoren ... 85
Abb. 34: Ablauf der Fabrikplanung ... 90
Abb. 35: Kapazitätsstrategien ... 93
Abb. 36: Grade des Technikeinsatzes ... 95
Abb. 37: Alternativen der Planung von Maschinenkapazitäten für Produktionsbetriebe mit saisonalen Absatzschwankungen ... 97
Abb. 38: Kapazitätsharmonisierung eines quantitativ starren Produktionssystems ... 99
Abb. 39: Kapazitätsharmonisierung eines quantitativ flexiblen Produktionssystems ... 99
Abb. 40: Aufgaben des Investitions-Controllings ... 100
Abb. 41: Kostenwirkungen bei Gebrauchsverschleiß ... 102
Abb. 42: Typischer Verlauf von Ausfall- bzw. Zuverlässigkeits-Verteilungsfunktionen ... 103

Abb. 43: Verlauf der Ausfallrate ... 104
Abb. 44: Verlauf der Instandhaltungskosten ... 106
Abb. 45: Nutzungsdauerplanung ... 108
Abb. 46: Annuität bei regelmäßig schwankenden zyklischen Instandhaltungskosten ... 110
Abb. 47: Humanisierungsziele ... 114
Abb. 48: Leistungsgrad und Arbeitszerlegung ... 115
Abb. 49: Maßnahmen der Arbeitsstrukturierung ... 116
Abb. 50: Arbeitsorganisatorische Gestaltungsalternativen bei automatisierten flexiblen Fertigungssystemen ... 117
Abb. 51: Arbeitsteilung bei der NC-Programmierung ... 118
Abb. 52: Gestaltung von Arbeitsmethode und Arbeitsplatz ... 119
Abb. 53: Gestaltung der Arbeitsumgebung ... 120
Abb. 54: Gliederung der Auftragszeit nach REFA ... 122
Abb. 55: Lernkurve ... 128
Abb. 56: Arten des Personaleinsatzes ... 130
Abb. 57: Informationsversorgung der Personalbedarfsplanung ... 131
Abb. 58: Erweitertes Genfer Schema der Arbeitsbewertung ... 133
Abb. 59: Verfahren der Arbeitsbewertung ... 134
Abb. 60: Rangreihenverfahren ... 136
Abb. 61: Zeitlohn ... 138
Abb. 62: Akkordlohn ... 140
Abb. 63: Prämienlohn ... 142
Abb. 64: Kombinierte Quantitäts- und Qualitätsprämie ... 142
Abb. 65: Entwicklung der Lohnsysteme ... 143
Abb. 66: Fertigungstiefe ... 145
Abb. 67: Produktionstyp und Bereitstellungsprinzip ... 148
Abb. 68: Portfolio-Matrix für Beschaffungsstrategien ... 150
Abb. 69: Belastungskurve und Belastungsdauerlinie ... 155
Abb. 70: CIM-Y-Modell ... 162
Abb. 71: Kosten- und Erlösrechnung im CIM-Konzept ... 164
Abb. 72: Arbeitsplanerstellung bei konventioneller Produktion ... 166
Abb. 73: Programmierung von Industrierobotern ... 167
Abb. 74: Steuerung von NC-Maschinen ... 169
Abb. 75: Ziele des Industrierobotereinsatzes ... 170
Abb. 76: Flexibilität der Produktion ... 172
Abb. 77: Flexibles Fertigungssystem ... 174
Abb. 78: Grundstruktur eines PPS-Systems ... 178
Abb. 79: Datenfluß von CAD/CAM zu PPS ... 181
Abb. 80: Datenfluß von PPS zu CAD/CAM ... 183
Abb. 81: Kritische Erfolgsfaktoren der Wettbewerbsstrategien ... 185
Abb. 82: Ableitung einer Norm-/Technologiestrategie ... 186
ABb. 83: Chancen von CAD/CAM ... 187
Abb. 84: Chancen von Flexiblen Fertigungssystemen ... 188
Abb. 85: Risiken von CAD/CAM ... 189
Abb. 86: Risiken von Flexiblen Fertigungssystemen ... 190
Abb. 87: Technologieattraktivität-Matrix ... 190
Abb. 88: Technologieposition für CAD/CAM ... 191
Abb. 89: Technologieposition für FFS ... 192
Abb. 90: Normstrategien für CAD/CAM ... 192
Abb. 91: Normstrategien für FFS ... 193
Abb. 92: Gesamtportfolio ... 193
Abb. 93: Technologiekalender ... 196
Abb. 94: Ist-Ablauf Primärbedarfsplanung ... 199
Abb. 95: EDV-Unterstützung im Produktionsbereich ... 200

Abb. 96: Soll-Ablauf Primärbedarfsplanung ... 201
Abb. 97: Möglichkeiten der Datenintegration ... 203
Abb. 98: Funktions- und Rechnerhierarchie eines Industriekonzerns ... 205
Abb. 99: CIM-Teilketten ... 207
Abb. 100: Ausgangssituation einer Logistikkette ... 209
Abb. 101: Datenaustausch innerhalb einer Logistikkette ... 210
Abb. 102: Anwendungsintegration innerhalb einer Logistikkette ... 211
Abb. 103: Ausgangssituation unverbundener CAD/CAM-Systeme ... 212
Abb. 104: CAD/CAM-Datenaustausch ... 213
Abb. 105: CAD/CAM-Anwendungsintegration ... 215
Abb. 106: Kostenstruktur bei alternativen Produktionsanlagen ... 218
Abb. 107: Kostensenkungspotentiale für CAD/CAM und FFS ... 219
Abb. 108: Prinzip des stochastischen Entscheidungsbaumes ... 222
Abb. 109: CIM-Entscheidungsbaum ... 225
Abb. 110: Risiko-Profile ... 226
Abb. 111: Sensitivitätsanalyse für CAD/CAM ... 228
Abb. 112: Sensitivitätsanalyse für CIM-Komponenten ... 229
Abb. 113: Schichtenmodell der Break-Even-Analyse ... 230
Abb. 114: Argumentenbilanz ... 231
Abb. 115: Einflußgrößen des Organisationstyps der Produktion ... 234
Abb. 116: Organisationstypen der Produktion für die Fertigungsindustrie ... 235
Abb. 117: Matrix der Transportmengen ... 238
Abb. 118: Matrix der Entfernungen ... 238
Abb. 119: Revidierte Transportmengenmatrix (Ausgangslösung) ... 240
Abb. 120: Revidierte Transportmengenmatrix ... 240
Abb. 121: Revidierte Transportmengenmatrix ... 241
Abb. 122: Revidierte Transportmengenmatrix ... 242
Abb. 123: Zyklusdauer einer Reihen-/Großserien- und Sortenproduktion mit drei Bearbeitungsstationen ... 244
Abb. 124: Vorranggraph einer Fließproduktion mit acht Arbeitselementen ... 247
Abb. 125: Tabelle der Rangwerte der einzelnen Arbeitselemente ... 248
Abb. 126: (Sub-)Optimierung des Bandwirkungsgrades ... 249
Abb. 127: Layout-Plan ... 250
Abb. 128: FFS mit zwei FTS-Fahrzeugen und einem zentralen Werkzeug-Hintergrundmagazin ... 253
Abb. 129: SIMAN-FFS-Grobsimulationsmodell ... 254
Abb. 130: Umweltschutz-Portfolio ... 257
Abb. 131: Umweltschutzmaßnahmen in der Prozeßplanung ... 260
Abb. 132: Strategische Überwachung ... 265
Abb. 133: Situations- und Strukturmerkmale ausgewählter Produktionstypen und operative Teilaufgaben ... 271
Abb. 134: Komponenten der monetären Zielfunktion ... 276
Abb. 135: Preis-Absatz- und Erlösfunktion ... 277
Abb. 136: Linear-limitationaler Produktionsprozeß ... 279
Abb. 137: Nicht-linear-limitationale Produktionsprozesse ... 279
Abb. 138: Totale/alternative Subsitutionalität ... 280
Abb. 139: Partielle/periphere Substitutionalität ... 280
Abb. 140: Linear-homogene Produktionsfunktion ... 281
Abb. 141: Überproportional nicht-linear-homogene Produktionsfunktion ... 281
Abb. 142: Unterproportional nicht-linear-homogene Produktionsfunktion ... 281
Abb. 143: Homogene und inhomogene Produktionsfunktionen ... 281
Abb. 144: Alternative linear-limitationale Produktionsprozesse ... 282
Abb. 145: Typen betriebswirtschaftlicher Produktionsfunktionen ... 284
Abb. 146: Faktoreinsatz-/Ertragsfunktion ... 286
Abb. 147: Kosteneinflußgrößen ... 287

Abb. 148: Kostenverläufe nach dem Ertragsgesetz ... 288
Abb. 149: Faktoreinsatzfunktion ... 290
Abb. 150: Verbrauchsfunktionen ... 291
Abb. 151: Isoquanten-Darstellung ... 294
Abb. 152: Faktoreinsatzfunktionen bei unterschiedlichen Intensitätsstufen ... 294
Abb. 153: Faktoreinsatzfunktion bei intensitätsmäßiger Anpassung ... 295
Abb. 154: Monetäre Verbrauchsfunktion ... 296
Abb. 155: Kostenfunktionen aufgrund von Leontief-Produktionsfunktionen ... 296
Abb. 156: Kostenverläufe bei intensitätsmäßiger Anpassung ... 297
Abb. 157: Kostenverläufe bei zeitlicher Anpassung ... 299
Abb. 158: Kostenverläufe bei zeitlicher und intensitätsmäßiger Anpassung ... 299
Abb. 159: Gesamtkostenverlauf bei sprungfixen Kosten ... 300
Abb. 160: Kostenfunktion bei multipler Betriebsgrößenvariation ... 301
Abb. 161: Kostenfunktion bei mutativer Betriebsgrößenvariation ... 301
Abb. 162: Kalkulationsschema ... 304
Abb. 163: Produktionsstruktur ... 307
Abb. 164: Schema zur Bestimmung der Faktorkonstellation ... 312
Abb. 165: Produktionszeitbedarf und Kapazität für die Faktorkonstellationen ... 313
Abb. 166: Netto-Verkaufspreise und Absatzprognose ... 314
Abb. 167: Kosten- und Ergebnisplanung ... 314
Abb. 168: Kapazitätsrechnung ohne Engpaß ... 315
Abb. 169: Kapazitätsrechnung mit einem Engpaß ... 316
Abb. 170: Engpaß-Deckungsbeiträge und Kapazitätsbedarf ... 317
Abb. 171: Graphische Optimierung ... 318
Abb. 172: Kapazitätsrechnung bei mehreren Engpässen ... 320
Abb. 173: Graphische Lösung des Optimierungsproblems ... 321
Abb. 174: Zielbeziehungen ... 323
Abb. 175: Graphische Lösung des Optimierungsproblems ... 325
Abb. 176: Kompensationsmaßnahmen ... 327
Abb. 177: Preis-Absatz-Funktion ... 328
Abb. 178: Ablauf des Planungs- und Kontrollprozesses ... 331
Abb. 179: Perioden-Rechenmodell ... 335
Abb. 180: Materialfluß der Reifenproduktion ... 338
Abb. 181: Struktur-Matrix ... 338
Abb. 182: Graphische Optimierung ... 347
Abb. 183: Möglichkeiten der Bedarfsermittlung ... 355
Abb. 184: ABC-Analyse der Repetierfaktoren ... 357
Abb. 185: Graphische Darstellung der ABC-Analyse ... 358
Abb. 186: Programm- und verbrauchsgebundene Bedarfsermittlung ... 359
Abb. 187: Organisations- und Verarbeitungsformen von Stücklisten ... 361
Abb. 188: Erzeugnisstruktur nach Produktionsstufen ... 361
Abb. 189: Mengenübersichtsstückliste ... 362
Abb. 190: Mengenübersichtsverwendungsnachweis ... 362
Abb. 191: Einfache Strukturstückliste ... 362
Abb. 192: Baukastenstückliste ... 363
Abb. 193: Mehrstufige Strukturstückliste ... 364
Abb. 194: Stücklistenprozessor ... 365
Abb. 195: Stammbaum-Fertigungsstufenverfahren ... 367
Abb. 196: Gozinto-Graph-Dispositionsstufenverfahren ... 368
Abb. 197: Direktbedarfsmatrix ... 369
Abb. 198: Mengenübersichtsmatrix ... 370
Abb. 199: Nettobedarfsrechnung ... 371
Abb. 200: Konstanter Materialbedarf ... 374
Abb. 201: Beispiel für die exponentielle Glättung erster Ordnung ... 376
Abb. 202: Trendförmiger Materialbedarf ... 377

Abb. 203: Beispiel für die lineare Trendrechnung ... 378
Abb. 204: Beispiel für die exponentielle Glättung erster Ordnung mit Trend ... 379
Abb. 205: Beispiel für die exponentielle Glättung zweiter Ordnung ... 380
Abb. 206: Ermittlung der optimalen Losgröße ... 384
Abb. 207: Losgrößenmodelle (Lagerhaltungsmodelle) ... 385
Abb. 208: Auflagendegression ... 391
Abb. 209: Lagerbestandsveränderungen bei offener Produktion ... 396
Abb. 210: Lagerbestandsveränderungen bei geschlossener Produktion ... 396
Abb. 211: Verlauf der seriengrößenrelevanten Kosten und optimale Seriengröße ... 397
Abb. 212: Nettobedarf für ein Vorprodukt ... 399
Abb. 213: Lösungen des Wagner-Whitin-Algorithmus ... 400
Abb. 214: Gleitende wirtschaftliche Losgröße ... 402
Abb. 215: Silver-Meal-Heuristik ... 404
Abb. 216: Groff-Heuristik ... 406
Abb. 217: Bestandsentwicklung im Grundmodell ... 413
Abb. 218: Bestellpunktverfahren ... 415
Abb. 219: Optimaler Servicegrad ... 416
Abb. 220: Normalverteilung des Bedarfs während der Beschaffungszeit ... 417
Abb. 221: Bestellrhythmusverfahren ... 419
Abb. 222: Nutz- und Leerkostenverlauf ... 426
Abb. 223: Technologische Basisdaten ... 442
Abb. 224: Vorgangsknoten ... 444
Abb. 225: Netzplan ... 446
Abb. 226: Ergebnisse der Durchlaufterminierung ... 447
Abb. 227: Darstellung der Pufferzeiten ... 448
Abb. 228: Terminplan als Balkendiagramm ... 450
Abb. 229: Kapazitätsbedarf der Vorgänge und Pufferzeiten ... 452
Abb. 230: Kapazitätsbelastung gemäß Terminplanung ... 452
Abb. 231: Kapazitätsbelastung nach Kapazitätsausgleich ... 453
Abb. 232: Arbeitsplan ... 456
Abb. 233: Balkendiagramm bei Vorwärtsterminierung ... 457
Abb. 234: Balkendiagramm bei Rückwärtsterminierung ... 458
Abb. 235: Belastungsübersicht einer Kapazitätseinheit ... 460
Abb. 236: Kapazitätssummenkurve ... 462
Abb. 237: Auftrags-/Produktnetz ... 465
Abb. 238: Trichtermodell, Durchlaufdiagramm und Belastungskonto ... 467
Abb. 239: Zusammenhang zwischen Durchlaufzeit, Leistung und Bestand ... 468
Abb. 240: Regler-Analogie der BORA ... 469
Abb. 241: Beispiel zur belastungsorientierten Auftragsfreigabe ... 472
Abb. 242: Sukzessivkonzept der kostenorientierten Input/Output-Control ... 477
Abb. 243: Job-Shop-Modelle ... 479
Abb. 244: Prioritätsregeln zur Reihenfolgebestimmung ... 481
Abb. 245: Tabelle der Produktionszeiten ... 484
Abb. 246: Technologische Reihenfolge der Maschinenbelegung ... 484
Abb. 247: Maschinenbelegungsplan bei Anwendung der KOZ-Regel ... 484
Abb. 248: Tabelle der Restbearbeitungszeiten ... 485
Abb. 249: Maschinenbelegungsplan bei Anwendung der GRB-Regel ... 486
Abb. 250: Bewertung der Prioritätsregeln ... 487
Abb. 251: Systemrüstung ... 491
Abb. 252: Optimale Belastungsschranke im FFS ... 494
Abb. 253: Einfluß der Belastungsschranke auf die Zielgrößen ... 494
Abb. 254: Ablauf des Reifen-Produktionsprozesses ... 496
Abb. 255: Balkendiagramm bei Vorwärtsterminierung ... 498
Abb. 256: Balkendiagramm bei Rückwärtsterminierung ... 498

Abb. 257: Flow-Shop-Modelle . . . 500
Abb. 258: Rüstkostenmatrix . . . 503
Abb. 259: Reduzierte Rüstkostenmatrix . . . 504
Abb. 260: Reduzierte Rüstkostenmatrix . . . 506
Abb. 261: Verzweigungsmöglichkeiten . . . 506
Abb. 262: Reduzierte Rüstkostenmatrix . . . 507
Abb. 263: Reduzierte Rüstkostenmatrix . . . 507
Abb. 264: Reduzierte Rüstkostenmatrix . . . 508
Abb. 265: Reduzierte Rüstkostenmatrix . . . 509
Abb. 266: Reduzierte Rüstkostenmatrix . . . 509
Abb. 267: Reduzierte Rüstkostenmatrix . . . 510
Abb. 268: Reduzierte Rüstkostenmatrix . . . 510
Abb. 269: Verzweigungsbaum . . . 511
Abb. 270: Matrix der Bearbeitungszeiten . . . 512
Abb. 271: Maschinenbelegungsplan . . . 513
Abb. 272: Maschinenbelegungsplan . . . 514
Abb. 273: Matrix der Bearbeitungszeiten . . . 515
Abb. 274: Algorithmus zur Bestimmung der Reihenfolge . . . 515
Abb. 275: Matrix der Bearbeitungszeiten . . . 516
Abb. 276: Maschinenbelegungsplan . . . 517
Abb. 277: Matrix der Bearbeitungszeiten . . . 517
Abb. 278: Maschinenbelegungsplan . . . 518
Abb. 279: Matrix der Bearbeitungszeiten . . . 518
Abb. 280: Maschinenbelegungsplan . . . 519
Abb. 281: Gespeicherte Zykluszeiten . . . 519
Abb. 282: Ablauf des Material- und Informationsflusses beim KANBAN-Verfahren . . . 524
Abb. 283: Beziehungen zwischen Lieferant und Abnehmer in der Automobilindustrie . . . 526
Abb. 284: Soll-Ist-Vergleich der Fortschrittszahl einer bestimmten Teilnummer . 528
Abb. 285: Zusammenhang zwischen Fortschrittszahlen, Beständen und Durchlaufzeiten . . . 529
Abb. 286: Regelkreis-Modell . . . 533
Abb. 287: Störarten . . . 535
Abb. 288: Zentrale Aufgabenverteilung . . . 539
Abb. 289: Dezentrale Aufgabenverteilung . . . 539
Abb. 290: Gruppenübergreifende Produktionssteuerung . . . 541
Abb. 291: Prozeßplanung, Produktionssteuerung und -kontrolle . . . 541
Abb. 292: Genauigkeitsgrad und Zeiträume . . . 548
Abb. 293: Umrüstbedingungen . . . 556
Abb. 294: System vermaschter Regelkreise . . . 561
Abb. 295: Informationsflüsse . . . 562
Abb. 296: Systematik von PPS-Systemen . . . 570

I. Grundlagen

1. Produktionssysteme

1.1 Elemente und Eigenschaften industrieller Produktionssysteme

1.1.1 Produktionsbegriff

Unter **„Produktion"** im weitesten Sinn wird der zielgerichtete Einsatz von Sachgütern und Dienstleistungen und deren Transformation in andere Sachgüter und Dienstleistungen verstanden. Der so definierte Begriff[1] umfaßt Produktionsprozesse in allen Wirtschaftszweigen von den Grundfunktionen der Beschaffung von Sachgütern und Dienstleistungen, der Transformation und des Absatzes von Sachgütern und Dienstleistungen, bis hin zu übergreifenden Funktionen, wie z. B. die Finanzierungs- und Informationsfunktion.

Für den in dieser Schrift untersuchten Problemkreis ist dieser Produktionsbegriff zu weit gefaßt und wenig operational. Gegenstand dieser Schrift sollen **Produktionen** im engeren Sinn sein, die in erster Linie **Sachgüter** herstellen, wobei ausschließlich die Beschaffung der Sachgüter sowie Dienstleistungen und deren Transformation betrachtet wird. Der untersuchte Funktionsbereich kann in einer graphischen Darstellung folgendermaßen abgegrenzt werden (siehe *Abb. 1*).

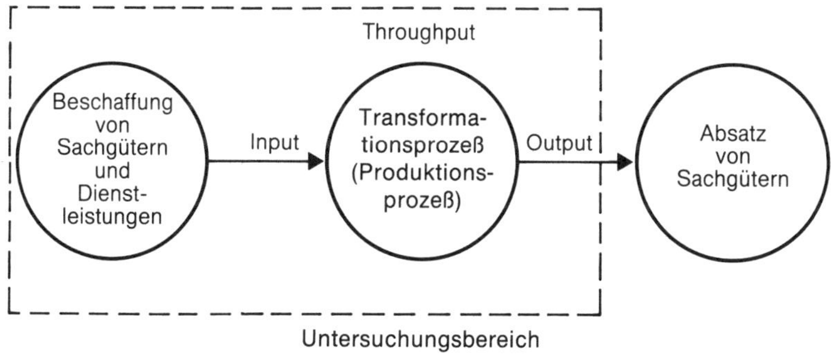

Abb. 1: Problemkreis

[1] Vgl. *Lingnau/Schönherr* 1992.

Im technischen Sinne umfaßt der hier zugrunde gelegte Begriff der „Produktion“, für den auch andere Begriffe wie „Erzeugung“, „Fertigung“, „Herstellung“ und „Leistungserstellung“ synonym verwendet werden, die Gewinnung, Aufbereitung, substanzielle Umwandlung, substanzerhaltende Umformung sowie den Zusammenbau und die Zerlegung von Sachgütern.

1.1.2 Elemente des Produktionssystems

Der anhand der *Abb. 1* abgegrenzte Untersuchungsbereich kann durch drei Elemente gekennzeichnet werden:

(1) Ergebnisse des Produktionsprozesses sind **Sachgüter,** die als **Produkte,** Leistungen, Erzeugnisse, Ertrag, Ausbringung, Produktionsausstoß, Outputfaktoren oder Output bezeichnet werden. Sie sind für eine Verwertung am Absatzmarkt bestimmt. Die Gesamtheit aller Leistungen wird als **Produktionsprogramm** bezeichnet.

(2) Die im Produktionsprozeß eingesetzten Sachgüter und Dienstleistungen werden als **Produktionsfaktoren,** Einsatz, Produktoren, Einsatzfaktoren, Inputfaktoren oder Input bezeichnet. Innerhalb der Betriebswirtschaftslehre wurden unterschiedliche Einteilungen von Produktionsfaktoren geschaffen, die meist auf *Gutenberg*[2] zurückgehen. Im Überblick wird sein System der Produktionsfaktoren in *Abb. 2* dargestellt:

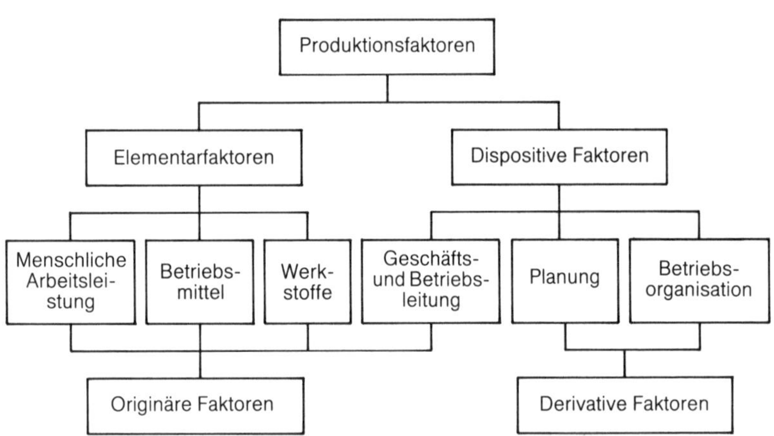

Abb. 2: System der Produktionsfaktoren

Nach *Gutenberg* wird als Produktion die **Kombination** von **Elementarfaktoren** verstanden. Die Vereinigung der Elementarfaktoren zu einer produktiven Kombination vollzieht sich mit Hilfe der **dispositiven Faktoren.** Die Ge-

[2] Vgl. *Gutenberg* 1951.

schäfts- und Betriebsleitung repräsentiert dabei die Führung des produktiven Systems, deren dispositive Arbeitsleistung in der Planung, Steuerung und Organisation sowie Kontrolle des Kombinations-(Produktions-, Transformations-)prozesses besteht. Mit diesen dispositiven Arbeitsleistungen der Geschäfts- und Betriebsleitung befaßt sich diese Schrift.

Eine eingehende Analyse des Produktionsprozesses erfordert eine Erweiterung des Gutenbergschen Systems der Produktionsfaktoren.[3] In Anlehnung an *Busse v. Colbe/Laßmann*[4] wird hier den weiteren Ausführungen folgendes System der Produktionsfaktoren zugrunde gelegt. Es umfaßt allerdings nur mehr „originäre" Produktionsfaktoren, die „derivativen" Faktoren aus dem Bereich der dispositiven Produktionsfaktoren „Planung" und „Betriebsorganisation" werden nicht mehr explizit berücksichtigt, da sie als Führungsaufgaben des originären dispositiven Faktors „Geschäfts- und Betriebsleitung" den zielgerichteten Einsatz aller originären Produktionsfaktoren bewirken (siehe *Abb. 3*).

Potential- oder Nutzungsfaktoren stellen ihr Leistungsvermögen innerhalb des Produktionsprozesses langfristig, d.h. über mehrere Perioden (Jahre), zur Verfügung. Während die Inanspruchnahme materieller oder immaterieller Betriebsmittel unproblematisch als „Nutzung" über mehrere Perioden (Jahre) bezeichnet werden kann, nimmt die menschliche Arbeitsleistung innerhalb des Systems der Produktionsfaktoren eine Sonderstellung ein[5]. Der Potentialfaktorcharakter der „geistigen menschlichen Arbeitsleistung" ist eindeutig. Die betriebswirtschaftliche Praxis der industriellen Produktion behandelt jedoch den Potentialfaktor „physische menschliche Arbeitsleistung" eher wie Repetier- oder Verbrauchsfaktoren, deren Charakteristika noch zu beschreiben sind. Die physische Arbeitsleistung wird auf kleinste Zeiteinheiten (Stunden, Minuten) bezogen, die im Produktionsprozeß untergehen und für jeden Produktionsvorgang – d.h. für jede Mengeneinheit der Markt- oder innerbetrieblichen Leistung – erneut eingesetzt werden müssen. Durch den zunehmenden Einsatz der Informationstechnologie in der industriellen Produktion wird die physische menschliche Arbeitsleistung durch informationstechnische Steuerungssysteme (NC-Technik[6], flexible Fertigungssysteme, Industrieroboter) – also sachliche Potentialfaktoren – und geistige menschliche Arbeitsleistung (eindeutige personale Potentialfaktoren) in Form der Programmierung und Überwachung dieser Steuerungssysteme substituiert.

Repetier- oder Verbrauchsfaktoren werden bei ihrem Einsatz im Transformationsprozeß sofort verbraucht und stehen danach nicht mehr zur Verfügung. Sie gehen somit im Produktionsprozeß unter und müssen für jeden Produktionsvorgang erneut eingesetzt werden. Zu den Repetierfaktoren, die

---

[3] Vgl. *Corsten* 1986, S. 173ff.

[4] Vgl. *Busse von Colbe/Laßmann* 1988, S. 76ff.

[5] Vgl. *Reichwald* 1977.

[6] NC für „numerical controlled" bedeutet numerisch (EDV-)gesteuerte Werkzeugmaschine.

Produktionsfaktoren							
Potentialfaktoren (Nutzungsfaktoren)					**Repetierfaktoren** (Verbrauchsfaktoren)		
Menschliche Arbeitsleistung (personale Potentialfaktoren)		Betriebsmittel (sachliche [materielle] und immaterielle Potentialfaktoren)		Zusatzfaktoren	Werkstoffe		Energie (prozeßorientierter Repetierfaktor)
physische Arbeitsleistung	geistige Arbeitsleistung	materielle Betriebsmittel	immaterielle Betriebsmittel		output-orientierte Werkstoffe	prozeß-orientierte Werkstoffe	
• Leistung im Fertigungslohn • Leistung im Hilfslohn	• dispositive Leistung von Gehaltsempfängern • objektbezogene Leistung von Gehaltsempfängern	• Grundstücke • Gebäude • Einrichtungen • Maschinen	• Rechte • Patente • Lizenzen	• fremdbezogene Dienstleistungen (von Banken, Versicherungen usw.) • indirekte Unterstützungsleistungen des Staates • Umweltbeanspruchung	• Rohstoffe • Hilfsstoffe • Vorprodukte (Halbzeuge, -fabrikate, Fremd-, Normteile, Baugruppen) • Handelswaren	• Betriebsstoffe	• Strom • Wasser • Gas • Preßluft • Wärme (Dampf, Heißwasser, usw.)

Abb. 3: Erweitertes System der originären Produktionsfaktoren

substantiell in die Produkte eingehen, zählen die outputorientierten Werkstoffe. Dazu gehören Rohstoffe (ungeformte Ausgangsstoffe aus Eisen, Holz, Mineralien usw.), Hilfsstoffe (Nebenbestandteile, die in das Produkt eingehen, aber wert- oder mengenmäßig wenig bedeutend sind, wie Schrauben, Nieten, Schweißmaterial), Vorprodukte wie Halbzeuge (handelsübliche vorgeformte Rohstoffe wie Bleche, Profile usw.), Halbfabrikate (vorgefertigte Teile wie Guß- oder Schmiedestücke), Fremdteile (fremdbezogene Fertigteile und Aggregate wie z.B. Batterien, Reifen usw.), Normteile (genormte Massenteile) und Baugruppen (aus mehreren Teilen bestehende Gegenstände wie z.B. Fahrgestell, Vorderachse usw.) sowie Handelswaren (Sachgüter, die ohne Bearbeitung weiterverkauft werden). Zu den prozeßorientierten Repetierfaktoren, die nicht in das Produkt eingehen, aber zur Durchführung des Produktionsprozesses benötigt und von Potentialfaktoren verbraucht werden, zählen Werkstoffe wie Betriebsstoffe (Treibstoffe, Schmiermittel, Reinigungsstoffe, Werkzeuge usw.) und Energie in jeder Form.

Zusatzfaktoren[7] nehmen wiederum eine Sonderstellung im Faktorsystem ein. Alle bisher angesprochenen Produktionsfaktoren lassen sich mit eindeutig abgrenzbaren Mengengrößen erfassen. So können beispielsweise die menschliche Arbeitsleistung und die Maschinenkapazität in Form von Stundenangaben (Fertigungs-/Maschinenstunden), Grundstücks- und Gebäudekapazitäten in Form von m^2- und m^3-Größen, Werkstoffverbräuche durch Gewichtsgrößen oder Stückangaben und Energieverbräuche mit Hilfe von kWh-(Strom), m^3-(Wasser), kcal-(Wärme) Größen gemessen werden. Den Zusatzfaktoren liegen meist keine solche eindeutig abgrenzbaren Mengengrößen zugrunde. Hierzu zählen fremdbezogene Dienstleistungen sogenannter Dienstleistungsbetriebe wie Banken, Versicherungen, Speditionen, Handwerksbetriebe, Beratungs- und Prüfungsgesellschaften, Werbeagenturen usw. sowie indirekte Unterstützungsleistungen des Staates in Form bereitgestellter Infrastruktur des Staates (Bund, Länder, Gemeinden). Auch die Umweltbeanspruchung eines Betriebes durch seinen Produktionsprozeß kann als Zusatzfaktor aufgefaßt werden[8]. Von ihrem Charakter her gesehen können Zusatzfaktoren sowohl Potential- als auch Repetierfaktoren sein. Infrastrukturleistungen des Staates wären z.B. typische Potential-, die Dienstleistungen einer Spedition zur Auslieferung von Fertigprodukten typische Repetierfaktoren.

(3) Die Verknüpfung von Input- und Outputfaktoren erfolgt im **Transformationsprozeß**, der auch **Produktionsprozeß i.e.S.**, **Kombinationsprozeß** oder **Throughput** genannt wird. Der Produktionsprozeß i.e.S. wird abstrakt als Kombination von Produktionsfaktoren zur Erstellung bestimmter Produkte aufgefaßt. Konkret kann dieser Prozeß als Folge von Arbeitsgängen sichtbar gemacht werden. Eine Analyse dieses Prozesses zeigt, daß die Arbeitsgänge als Verrichtungen der Potentialfaktoren an jenen Repetierfaktoren interpre-

---

[7] Vgl. *Busse von Colbe/Laßmann* 1988, S. 81f.
[8] Vgl. *Steven* 1991, S. 509ff.

tiert werden können, die substantiell in die Produkte eingehen (outputorientierte Werkstoffe), wobei von den Potentialfaktoren weitere Repetierfaktoren verbraucht werden, die nicht in die Produkte eingehen, sondern nur zur Durchführung des Produktionsprozesses benötigt werden (prozeßorientierte Werkstoffe und Energie). Abhängig vom Stand der im Produktionsprozeß installierten Produktions- und Informationstechnologie treten dabei unterschiedliche Freiheitsgrade, d.h. Beeinflussungsmöglichkeiten des Prozesses durch den Menschen, bei der Kombination sowohl der eingesetzten Potentialfaktoren (manuelle, mechanisierte, automatisierte Produktion) als auch Repetierfaktoren (z.B. Einsatz von Kunststoff oder Metall) auf.

1.1.3 Charakteristika industrieller Produktionssysteme

Outputfaktoren (Produkte/Produktionsprogramm), Inputfaktoren (Produktionsfaktoren) und der beide verknüpfende Transformationsprozeß (Throughput/Produktionsprozeß i.e.S.) sind Elemente und Bestimmungsfaktoren eines Produktionssystems i.w.S. Unter dem Begriff „System" wird hier eine Menge von Elementen verstanden, zwischen denen eine dauerhafte Beziehungsstruktur besteht. Im Gegensatz dazu soll als Produktionssystem i.e.S. nur die Menge der Potentialfaktoren und deren produktionstechnischer Zusammenhang verstanden werden.

Zur qualitativen und quantitativen Charakterisierung von Produktionssystemen eignet sich insbesondere die Angabe der **Kapazitäts-** und **Flexibilitätseigenschaften.** Unter **Kapazität** wird das Leistungsvermögen eines Produktionssystems in einer Periode verstanden, das durch eine qualitative und quantitative Komponente beschrieben werden kann.

Die **qualitative Kapazität** kennzeichnet Art und Güte des Produktionssystems und bezieht sich damit auch auf die Qualität der mit seinen Potentialfaktoren realisierbaren Outputfaktoren. In einer differenzierten Betrachtung versteht man darunter die Breite des Qualitätsspektrums, das Qualitätsniveau und die Qualitätskonstanz eines Produktionssystems[9]. Hinsichtlich der Breite des Qualitätsspektrums z.B. sachlicher Potentialfaktoren unterscheidet man zwischen Ein- und Mehrzweckmaschinen (Spezial- und Universalmaschinen) sowie Einverfahren- und Mehrverfahrenmaschinen. Letztere werden in der mechanischen Fertigung heute als flexible Fertigungssysteme bezeichnet. Das Qualitätsniveau des Produktionssystems bestimmt die Güte der erzeugten Produkte, die Qualitätskonstanz kennzeichnet den mehr oder weniger großen Streubereich der Produktqualität.

Die **quantitative Kapazität** hängt von der maximal möglichen Produktionszeit pro Periode t_{MAX}, der während dieser Zeit maximal realisierbaren Produktionsgeschwindigkeit oder Intensität (Produktionsmenge pro Zeiteinheit)

---

[9] Vgl. *Männel* 1979, Sp. 1472ff.

d_{MAX} sowie der Anzahl der maximal gleichzeitig einsetzbaren Potentialfaktoren, dem Kapazitätsquerschnitt n_{MAX}, ab[10].

Die *Abb. 4* zeigt die graphische Darstellung der Periodenkapazität eines Produktionssystems[11]:

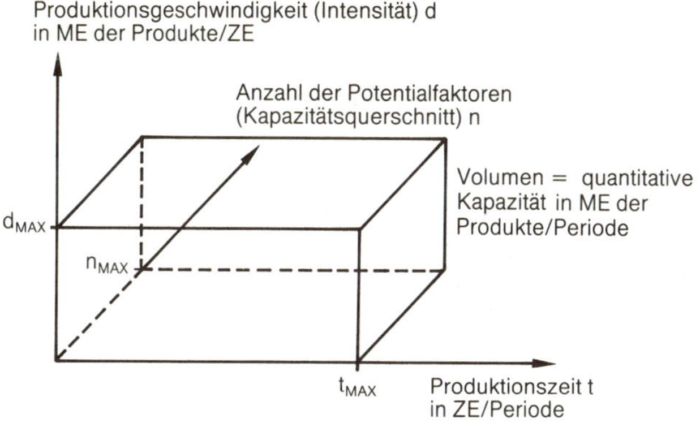

Abb. 4: Quantitative Periodenkapazität

Die quantitative Periodenkapazität als maximal mögliche Erzeugungsmenge der Produkte pro Periode KAP ergibt sich als Volumen des Körpers in *Abb. 4* und läßt sich formal wie folgt darstellen:

$$KAP = t_{MAX} \cdot d_{MAX} \cdot n_{MAX} \qquad (1)$$

Im Rahmen der Bestimmung der maximal möglichen **Produktionszeit** der Periode t_{MAX} sind zeitliche Anpassungsmöglichkeiten an die Auftragslage (z.B. Überstunden)[12], betriebliche Arbeitszeitregelungen, personalbedingte Ausfallzeiten (Urlaub, Krankheit, Betriebsausflüge, Betriebsferien, Betriebsversammlungen) und betriebsmittelbedingte Ausfallzeiten (Rüst-[Umbau-], Reparatur-, Wartungs-, Betriebs- und Maschinenstörungszeiten) zu berücksichtigen.

Zur Bestimmung der maximal realisierbaren **Produktionsgeschwindigkeit** oder **Intensität** d_{MAX} müssen Informationen über intensitätsmäßige Anpassungsmöglichkeiten an die Auftragslage vorliegen, die durch Veränderungen der Produktionsgeschwindigkeit realisiert werden können[13]. So existieren Produktionssysteme, die aus technologischen Gründen ihre Perioden-Produktionsmenge nur durch Intensitätsvariation bei ununterbrochener Produk-

---

[10] Vgl. *Männel* 1979, Sp. 1471f.

[11] Vgl. *Männel* 1979, Sp. 1472.

[12] Die zeitliche Anpassung und ihre kostenmäßigen Konsequenzen werden im Abschnitt III.2.2 behandelt.

[13] Auf die intensitätsmäßige Anpassung und deren kostenmäßige Konsequenzen bei Annäherung an die Maximalintensität wird im Abschnitt III.2.2 eingegangen.

tionszeit während der Periode steuern können (z.B. Hochofenprozeß), und andere, die bei technologisch unveränderbarer Produktionsgeschwindigkeit (Intensität) nur zeitliche Anpassungsmöglichkeiten aufweisen (z.B. aufgrund technologisch fixierter Verfahrensbedingungen in der chemischen Industrie). Quantitative Anpassungsmöglichkeiten des vorhandenen Potentialfaktorbestandes bestimmen den maximalen **Kapazitätsquerschnitt** n_{MAX} eines Produktionssystems. Bei Potentialfaktoren mit unterschiedlichem Fassungsvermögen (z.B. Chargenproduktion in Behältern wie in der Lackindustrie) ergibt das maximal nutzbare Fassungsvermögen den maximalen nutzbaren Kapazitätsquerschnitt[14].

Zeitliche, intensitätsmäßige und quantitative Anpassungsmöglichkeiten charakterisieren auch die **quantitative Flexibilität** eines Produktionssystems, d.h. die Fähigkeit, sich mengenmäßigen Veränderungen des Produktionsvolumens aufgrund veränderter Auftragslagen anzupassen. Unter ökonomischen Gesichtspunkten ist dabei auch die Anpassungsgeschwindigkeit mit ihren kostenmäßigen Konsequenzen von Bedeutung.

Die **qualitative Flexibilität** eines Produktionssystems zeigt sich durch die Möglichkeiten, einerseits alternative Repetierfaktoren (z.B. sowohl Stahl- als auch Kunststoffbearbeitung) einzusetzen und andererseits artverschiedene Outputfaktoren (Produkte, z.B. Schiff- und Industrieanlagenbau) zu erstellen. Bei den personalen Potentialfaktoren kann hier zwischen den Extremen eines flexibel einsetzbaren Generalisten (z.B. Metallfacharbeiter) und eines nur für bestimmte, streng abgegrenzte Aufgaben bzw. Arbeitsgänge einsetzbaren Spezialisten (z.B. Elektroschweißer) unterschieden werden. Wie oben bereits dargestellt kann die qualitative Flexibilität sachlicher Potentialfaktoren unterschiedlichste Grade aufweisen. Sie kann sich bewegen zwischen den Extremen einer Einzweck- oder Spezialmaschine zur Produktion eines eindeutig definierten Produktes (z.B. Reifenvulkanisationsmaschine) bis hin zur Mehrzweck- oder Universalmaschine zur Produktion unterschiedlicher Produkte (z.B. Universaldrehbank) bzw. zwischen der Einverfahrenmaschine, die auf eine bestimmte technische Verfahrensvariante eingerichtet ist (z.B. Destillationsanlage in Erdölraffinerie), bis hin zur Mehrverfahrenmaschine, die wahlweise verschiedene Produktionsverfahren zuläßt (z.B. flexibles Fertigungssystem.[15]

---

[14] Zur quantitativen Anpassung und deren Kostenverhalten siehe Abschnitt III.2.2.

[15] Zur produktionswirtschaftlichen Flexibilität siehe ausführlich *Horváth/Mayer* 1986, S. 69ff.

1.2 Produktionsbetriebe als Erkenntnisobjekt

1.2.1 Merkmale von Produktionsbetrieben

In Abschnitt I. 1.1 wurden der Begriff der Produktion definiert sowie Elemente und Eigenschaften industrieller Produktionssysteme analysiert. Nunmehr soll auf die Bedeutung der realen Erscheinungsformen industrieller Produktionssysteme, die **Produktionsbetriebe** als **Erkenntnisobjekt** der industriellen Produktionswirtschaft, eingegangen werden. Industrielle Produktionsbetriebe sind durch folgende typische Merkmale gekennzeichnet.

Arbeitsteilung: Der industrielle Produktionsbetrieb weist meist einen extrem hohen Grad der Arbeitsteilung auf. Neben der Trennung zwischen leitenden und ausführenden Tätigkeiten werden letztere bis zu einer sehr engen fachlichen Spezialisierung, wie z.B. bei der Massenproduktion am Fließband, weiter zergliedert. Meist werden nur wenige Arbeitsgänge durch angelernte Arbeitskräfte ausgeführt. Vorbereitung und Überwachung der Arbeitsgänge besorgen Spezialisten. Typisch ist ebenfalls eine tiefe hierarchische Gliederung der Geschäftsleitung (Management), um Großbetriebe mit Tausenden von Beschäftigten effizient führen zu können.

Der zunehmend härtere Wettbewerb auf den Märkten zwingt industrielle Produktionsbetriebe, stärker auf die Wünsche von Kunden einzugehen. Dies führt häufig zu einer extremen Erhöhung der Produktvielfalt, kurzen Lieferzeiten, schwankenden Produktionsmengen und erhöhten Anforderungen an die Qualität der Produkte und des Kundendienstes. Stark zentralisierte und hierarchisch tief gegliederte Organisationen mit einem hohen Grad der Arbeitsteilung können aufgrund ihrer vielen zeit- und kostenwirksamen Schnittstellen der Forderung nach schneller, kostengünstiger und qualitativ hochstehender Auftragsabwicklung nicht gerecht werden. Zur Lösung dieser Probleme wurden neue organisatorische Ansätze – wie „Lean Production“ (Schlanke Produktion)[16], „Fraktale Fabrik“[17] und neue Formen der Arbeitsstrukturierung[18] – vorgeschlagen.

Anlagenintensität: Im industriellen Produktionsbetrieb wird Handarbeit zunehmend durch Maschinenarbeit substituiert. Die Entwicklung auf dem Gebiet der Mikroprozessoren führt dazu, selbst die bislang noch weitgehend vorherrschende manuelle Steuerung der Maschinen durch elektronische Steuereinheiten (NC-Technik) zu ersetzen. Nach der Programmierung durch den Menschen übernehmen solche Maschinen ihre Beschickung und Entsorgung sowie die Steuerung des eigentlichen Produktionsvorganges selbst. Die

---

[16] Vgl. *Hentze/Kammel* 1992, *Seger* 1992, *Warnecke/Hüser* 1992, sowie Abschnitt II.4.

[17] Vgl. *Warnecke* 1992.

[18] Siehe dazu auch Abschnitt II.3.5.

elektronischen Steuereinheiten werden direkt in die Werkhalle integriert und miteinander verbunden, so daß mit Hilfe einer sie verbindenden Zentraleinheit mehrere ursprünglich autonome Maschinen zu Fertigungssystemen zusammengefaßt werden. Durch Kombination verschiedenartiger Industrieroboter können komplexe Produktionsprozesse vollautomatisch realisiert werden. Die programmgebundene Abstimmung aller Arbeitsgänge ergibt eine deutliche Verkürzung der Durchlaufzeit der Produkte durch die Produktion gegenüber einer manuellen Steuerung. Bisher üben in vielen Industriezweigen die hohen Investitionsausgaben für solche Anlagen eine ökonomische Bremswirkung aus. In Betrieben der Großserienproduktion, wie z.B. im Automobilbau, wird allerdings mit solchen Anlagen schon erfolgreich gearbeitet.

Kapitaleinsatz und Betriebsgröße: Im industriellen Produktionsbetrieb führen der umfangreiche materielle Betriebsmittelbestand, der meist hohe Wert der hergestellten Produkte, die Dauer der Produktionsperioden und die meist umfangreiche Vorratshaltung zu einem großen Kapitalbedarf. Da die erforderlichen Kapitalbeträge von Personengesellschaften vielfach nicht aufgebracht werden können, findet man unter industriellen Produktionsbetrieben eine große Anzahl von Kapitalgesellschaften wie GmbH und AG. Kapitalgeber- und Geschäftsleitungsfunktion fallen normalerweise auseinander, angestellte Manager leiten den Betrieb. Verflechtungen von Produktionsbetrieben haben Konzerne entstehen lassen, deren erwirtschaftete Gewinne nach erneuter Investition drängen und einen Wachstumsprozeß aufrechterhalten, dessen Ende nicht abzusehen ist. Durch konzentrierten Kapitaleinsatz entstehen Produktionsbetriebe, die aufgrund ihrer Betriebsgröße kostengünstiger produzieren können als andere Betriebe der Branche. Häufig ist jedoch zu beobachten, daß industrielle Großbetriebe aufgrund von Bedarfsverschiebungen, erhöhtem Konkurrenzdruck und nicht zuletzt mangelhafter Geschäftsleitung in ökonomische Schwierigkeiten geraten und mit dem Hinweis auf die gefährdeten Arbeitsplätze nach staatlicher Unterstützung rufen. Neben industriellen Großbetrieben haben auch mittelständische Produktionsbetriebe große ökonomische Bedeutung[19]. Die Abgrenzung zwischen mittelständischen industriellen Produktionsbetrieben und Handwerks-Produktionsbetrieben ist nicht immer eindeutig möglich. Mancher kleine industrielle Produktionsbetrieb weist gleiche Strukturen auf wie ein größerer Handwerks-Produktionsbetrieb. Üblicherweise ist der industrielle Produktionsbetrieb jedoch arbeitsteiliger organisiert, anlagenintensiver und hat auch mehr Beschäftigte. Eine formelle Trennung ist auch in der Verbandszugehörigkeit festzustellen. Während Handwerks-Produktionsbetriebe der Handwerkskammer angehören, sind industrielle Produktionsbetriebe Mitglieder von Industrie- und Handelskammern. Man kann heute feststellen, daß handwerkliche und industrielle Produktionsbetriebe einander ergänzen. Während in der Vergangenheit in einigen wenigen Branchen (z.B. Textilgewerbe) ein Ver-

---

[19] Vgl. *Pohl* 1982, S. 5ff.

drängungswettbewerb stattfand, entwickelten sich mit der industriellen Produktion „sekundäre“ Handwerksbetriebe, die als Dienstleistungsbetriebe für industrielle Produktionsbetriebe Wartungsdienste, Reparaturen und Kundendienste (z.B. Kfz-Branche) wahrnehmen. Auch Installationen und Montage industrieller Produkte (z.B. Heizungsbau, Einbauküchen) werden von Handwerksbetrieben durchgeführt.

1.2.2 Bedeutung industrieller Produktionsbetriebe

Die Produktion von Sachleistungen prägt entscheidend die Wirtschaftsstruktur der Bundesrepublik. Ungefähr die Hälfte der Bruttowertschöpfung wird durch das warenproduzierende Gewerbe erbracht, dem Sachleistungsbetriebe mit mehr als 20 Beschäftigten zugeordnet werden. Eine Trennung in industrielle und handwerkliche Produktionsbetriebe wird dabei nicht vorgenommen. Schätzungsweise kann der Anteil des Handwerks mit 10% angesetzt werden.

Auch als Arbeitgeber nehmen das warenproduzierende Gewerbe und damit die industriellen Produktionsbetriebe mit ca. 40% der Erwerbstätigen eine dominierende Stellung ein.

Nach ihrer erstellten Leistung können industrielle Produktionsbetriebe grob einem der drei folgenden Leistungsbereiche zugeordnet werden:

- Grundstoffindustrie,
- Investitionsgüterindustrie.
- Konsumgüterindustrie,

Gewinnungsbetriebe (z.B. Bergbau) werden der Grundstoffindustrie, Betriebe, die langlebige oder im Einzelstück wertvollere Produkte herstellen, werden der Investitionsgüterindustrie zugerechnet. Eine exakte Zuordnung ist nicht möglich, da erst die Verwendung des Produktes darüber entscheidet, ob es als Grundstoff, Konsum- oder Investitionsgut zu bezeichnen ist.

Der Bereich der Investitionsgüterindustrie stellt nach Beschäftigung, Umsatz und Investitionen einen deutlichen Schwerpunkt dar.

Nach diesen Betrachtungen zur volkswirtschaftlichen Bedeutung des hier zu untersuchenden Erkenntnisobjektes, dem industriellen Produktionsbetrieb, soll im nächsten Abschnitt eine Analyse der Produktionssysteme dieser Betriebe durchgeführt werden.

1.3 Produktionstypen

Um fundierte produktionswirtschaftliche Aussagen formulieren zu können, ist es notwendig, die Vielzahl der in der betrieblichen Realität vorzufindenden Produktionssysteme in übersichtlicher und systematischer Weise zu klassifizieren. In der Betriebswirtschaftslehre wurde diese Beschreibungsaufgabe mit unterschiedlicher Schwerpunktsetzung u.a. von *Riebel*[20], *Schäfer*[21], *Hahn*[22] und *Große-Oetringhaus*[23] erfüllt. Ausgehend von der hier geprägten Definition eines Produktionssystems soll eine Typisierung von Produktionssystemen vorgenommen werden, die in Anlehnung an Hahn für diese Schrift geeignet erscheint und zwischen elementaren und kombinierten Produktionstypen unterscheidet. Unter Typisierung, Typenbildung oder Typologie von Produktionssystemen soll eine wissenschaftliche Methode verstanden werden, die durch Heranziehung eines produktionswirtschaftlich relevanten Merkmals (bei elementaren Produktionstypen) bzw. mehrerer produktionswirtschaftlich relevanter Merkmale (bei kombinierten Produktionstypen) zur Charakterisierung realer Erscheinungen eine zweckorientierte Ordnung von Produktionssystemen ermöglicht. Als **Produktionstyp** bezeichnet man somit eine vereinfachte Situationsbeschreibung eines Produktionssystems.

1.3.1 Elementare Produktionstypen

Die elementaren Produktionstypen orientieren sich an den in Abschnitt I. 1.1.2 beschriebenen Elementen von Produktionssystemen und werden demnach in

- Produkt- und Produktions-Programmtypen (Outputtypen),
- Produktions-Faktortypen (Inputtypen) und
- Produktions-Prozeßtypen (Throughputtypen)

eingeteilt. Die konkrete Ausprägung eines realen Produktionssystems kann nur durch kombinierte Produktionstypen beschrieben werden, da hierzu mehrere produktionswirtschaftlich relevante Merkmale herangezogen werden müssen. Dem einführenden Charakter dieser Schrift angemessen, wird hier in *Abb. 5* nur auf die wichtigsten elementaren Produktionstypen in synoptischer Form und in *Abb. 6* auf einige kombinierte Produktionstypen exemplarisch eingegangen.

produktionswirtschaftlich relevantes Merkmal	elementarer Produktionstyp (mit Synonymen) [Beispiel]	Kurzbeschreibung
(1) **Produkt- und Produktions-Programmtypen** (Outputtypen)		
(a) produktionsauslösender Personenkreis	• Auftrags-/Kunden-/Bestellproduktion [Schiffbau]	• gesamter oder überwiegender Anteil der Endproduktarten wird individuell und zeitlich nach Bestellung von

[20] *Riebel* 1963.
[21] *Schäfer* 1969.
[22] *Hahn, D.* 1972.
[23] *Große-Oetringhaus* 1974.

produktionswirtschaftlich relevantes Merkmal	elementarer Produktionstyp (mit Synonymen) [Beispiel]	Kurzbeschreibung
		Kunden produziert. Produktgestaltung, Menge und Liefertermin mit Kunden vereinbart
	• Vorrats-/Lager-/Marktproduktion [Kunststoffindustrie]	• gesamter oder überwiegender Anteil der Endproduktarten wird standardisiert auf Vorrat (Lager) produziert. Produktgestaltung, Menge und zeitliche Verteilung der Produktion aufgrund von Absatzerwartungen (Prognosen) autonom festgelegt
(b) Anzahl der Endproduktarten	• Einproduktproduktion [Energieversorgung]	• nur eine Produktart, eventuell in mehreren Sorten, wird hergestellt
	• Mehrproduktproduktion [Pharmaindustrie]	• das Produktionsprogramm umfaßt mehrere Produktarten
(c) Verwandtschaftsgrad der Endproduktarten	• Artenproduktion [Bauwirtschaft]	• eigenschaftsverschiedene Endproduktarten werden in mehreren voneinander getrennten Produktionsprozessen mit mehreren verschiedenen Betriebsmitteln zeitlich parallel produziert
	• Sortenproduktion (Variantenproduktion) [Stahlindustrie]	• eigenschaftsverwandte Endproduktarten werden in mehreren voneinander getrennten Produktionsprozessen mit denselben Betriebsmitteln nach Umrüstung zeitlich nacheinander produziert
(2) **Produktions-Faktortypen** (Inputtypen)		
(a) Intensität des Produktionsfaktoreinsatzes	• arbeitsintensive Produktion [Feinkeramikindustrie]	• Lohnkostenanteil am Herstellkostenvolumen aufgrund hochbezahlter Fachkräfte oder vieler Arbeitsstunden pro Produkteinheit sehr hoch
	• betriebsmittelintensive Produktion [Erdölindustrie]	• Anlagen-, Abschreibungs-, -Zins-, -Instandhaltungskosten am Herstellkostenvolumen aufgrund hoher Anschaffungsausgaben, großer

produktionswirtschaftlich relevantes Merkmal	elementarer Produktionstyp (mit Synonymen) [Beispiel]	Kurzbeschreibung
		Anlagenbestände und geringer Nutzungsdauer sehr hoch
	• werkstoffintensive Produktion [Lebensmittelindustrie]	• Werkstoffkostenanteil am Herstellkostenvolumen aufgrund hochwertiger Werkstoffe oder Verarbeitung großer Werkstoffmengen pro Produkteinheit sehr hoch
	• energieintensive Produktion [Zementindustrie]	• Energiekostenanteil am Herstellkostenvolumen aufgrund hohen Energieverbrauchs pro Produkteinheit sehr hoch
(b) Flexibilität des Produktionsfaktoreinsatzes	• Spezialproduktion [Uhrenindustrie]	• unflexible Produktion aufgrund des Einsatzes von Spezialmaschinen oder hoch spezialisierten Arbeitskräften (eng ausgebildete Hilfskräfte) oder spezieller Werkstoffe
	• Universalproduktion [Industrieanlagenbau]	• flexible Produktion aufgrund des Einsatzes von Universalmaschinen oder gering spezialisierter Arbeitskräfte breit ausgebildete Fachkräfte) oder substituierbarer Werkstoffe
(c) Wiederholbarkeit der Werkstoffbeschaffung	• werkstoffbedingt wiederholbare Produktion [Textilindustrie]	• eingesetzte Werkstoffe können in gleicher Qualität wiederbeschafft werden
	• werkstoffbedingt nicht wiederholbare Produktion (Partieproduktion) [Zigarettenindustrie]	• eingesetzte Werkstoffe stammen aus ein und derselben Partie (z. B. Ernte), Endproduktqualität verändert sich mit anderer Partie
(d) Anzahl der Vorprodukte im Endprodukt	• einteilige Produktion [Schraubenindustrie]	• Endprodukt besteht aus einem einzigen Teil
	• mehrteilige Produktion [Maschinenbau]	• Endprodukt setzt sich aus mehreren Vorprodukten (Einzelteilen, Baugruppen) zusammen

produktionswirtschaftlich relevantes Merkmal	elementarer Produktionstyp (mit Synonymen) [Beispiel]	Kurzbeschreibung
(3) **Produktions-Prozeßtypen** (Throughputtypen)		
(a) Wiederholungsgrad der Produktion in der Planungsperiode (Fertigungstypen)	• Einzelproduktion – einmalige [Sondermaschinenbau]	• nur eine Mengeneinheit einer Produktart wird innerhalb der Planungsperiode hergestellt [Auflagenhöhe = 1]
	– wiederholte [Schiffsbau]	• in nächster (nächsten) Planungsperiode(n) wird erneut eine Mengeneinheit dieser einen Produktart hergestellt
	• Serienproduktion – Kleinserienproduktion – Mittelserienproduktion – Großserienproduktion [Fahrzeugbau]	• eine Produktart wird in mehreren Mengeneinheiten (Auflage, Los-, Seriengröße) ununterbrochen auf den selben Betriebsmitteln nacheinander produziert [Auflagenhöhe = $1 < n < \infty$]. Noch innerhalb der Planungsperiode erfolgt danach Umrüstung des Betriebsmittels auf andere Produktart, die ebenfalls in bestimmter Auflagenhöhe ununterbrochen produziert wird
	• Massenproduktion [Chemische Industrie]	• eine Produktart wird ständig auf den selben Betriebsmitteln ununterbrochen nacheinander innerhalb der Planungsperiode produziert [Auflagenhöhe = ∞]
(b) Räumliche Anordnung der Betriebsmittel bei der Produktion (Organisationstypen der Fertigung)	• Werkstattproduktion – örtlich ungebunden [Sondermaschinenbau]	• tätigkeitsgleiche oder -ähnliche Betriebsmittel werden räumlich zu Gruppen (Werkstätten) zusammengefaßt. Zu erstellendes Produkt bewegt sich durch die Werkstätten
	– örtlich gebunden (Baustellenproduktion) [Bauwirtschaft]	• zu erstellendes Produkt ist lokal fixiert. Arbeitskräfte, Betriebsmittel und Werkstoffe müssen zum Produkt gebracht werden

produktionswirtschaftlich relevantes Merkmal	elementarer Produktionstyp (mit Synonymen) [Beispiel]	Kurzbeschreibung
	• Zentrenproduktion/ Gruppenproduktion [Maschinenbau] – Fertigungszelle – Flexibles Fertigungssystem – Fertigungsinsel	• örtliche Zusammenfassung von Betriebsmitteln, auf denen Produkte/Vorprodukte möglichst komplett bearbeitet werden (Fertigungssegmentierung)
	• Reihen-/Straßen-/Linienproduktion [Reifenindustrie]	• Anordnung der Betriebsmittel entspricht dem notwendigen Produktionsablauf (Materialfluß). Die Bewegung der Werkstoffe/Vorprodukte erfolgt nur bei Bedarf (zeitlich ungebundene Fließproduktion)
	• Fließproduktion	
	– natürliche (Zwangslauf-/Prozeßproduktion) [Chemische Industrie]	• wie oben mit dem Unterschied, daß die Bewegung der Werkstoffe/Vorprodukte durch verfahrenstechnologische Erfordernisse in Abfolge und Geschwindigkeit fest vorgegeben ist (zeitlich gebundene Fließproduktion)
	– künstliche (Fließbandproduktion) [Fahrzeugbau]	• wie oben, mit dem Unterschied, daß die Bewegung der Werkstoffe/Vorprodukte auf einem Förderband als Transportmittel kontinuierlich oder rhythmisch (getaktet) durch Dispositionen festgelegt wird
	– Transferstraße [Apparatebau]	• wie oben, mit dem Unterschied, daß die Förderbahn durch die Arbeitsebene der automatisch arbeitenden Betriebsmittel hindurchläuft (Innenverkettung). Je nach Umrüstaufwand spricht man von starren (hoch) oder flexiblen (niedrig) Transferstraßen

produktionswirtschaftlich relevantes Merkmal	elementarer Produktionstyp (mit Synonymen) [Beispiel]	Kurzbeschreibung
(c) Verbundenheit des Produktionsprozesses	• verbundene Produktion (Kuppelproduktion) [Erdölindustrie]	• aus einem Produktionsprozeß auf den selben Betriebsmitteln entstehen zwangsläufig mehrere verschiedene Produktarten, die zueinander in einem starren oder in Grenzen variablen Mengenverhältnis stehen
	• unverbundene Produktion [Möbelindustrie]	• verschiedene Produktarten werden völlig unabhängig voneinander auf verschiedenen Betriebsmitteln hergestellt
(d) Struktur der Werkstoffbearbeitung	• analytische (zerlegende) Produktion [Erdölindustrie]	• im Produktionsprozeß wird eine Werkstoffart eingesetzt, die durch das Produktionsverfahren chemisch oder physikalisch in mehrere Endprodukte aufgespalten wird
	• synthetische (zusammenfassende) Produktion [Maschinenbau]	• im Produktionsprozeß werden mehrere Werkstoffarten/Vorprodukte eingesetzt, die chemisch oder physikalisch zusammengefaßt (verbunden, zusammengebaut, zusammengemischt) das Endprodukt ergeben
	• durchlaufende (glatte) Produktion [Walzwerk]	• im Produktionsprozeß wird nur eine Werkstoffart/Vorproduktart eingesetzt, die chemisch oder physikalisch zu einer Endproduktart transformiert wird
	• umgruppierende (synthetisch-analytische, analytisch-synthetische) Produktion [Hochofenbetrieb]	• im Produktionsprozeß werden mehrere Werkstoffarten eingesetzt, die chemisch oder physikalisch zu mehreren Endproduktarten umgesetzt werden
(e) Anzahl der zu belegenden Betriebsmittel	• einstufige Produktion [Ziegelindustrie]	• das Endprodukt belegt (durchläuft) nur ein (eine) Betriebsmittel (Produktionsstufe)
	• mehrstufige Produktion [Textilindustrie]	• das Endprodukt belegt (durchläuft) mehrere Betriebsmittel (Produktionsstufen)

produktionswirtschaftlich relevantes Merkmal	elementarer Produktionstyp (mit Synonymen) [Beispiel]	Kurzbeschreibung
(f) Konstanz der Produktions-Prozeßbedingungen	• prozeßtechnologisch konstante Produktion [Fahrzeugbau] • prozeßtechnologisch nicht konstante Produktion (Chargenproduktion) [Stahlwerk]	• technologische Verfahrensbedingungen des Produktionsprozesses sind immer konstant • technologische Verfahrensbedingungen des Produktionsprozesses (z. B. Temperatur, Druck) und damit auch die Qualität der in einem Zuge hergestellten Endprodukte (Charge) verändern sich bei jeder Auflage (Charge). Durch das Fassungsvermögen der Betriebsmittel (Pfanne, Kessel, Hochofen) begrenzte Menge von Werkstoffen/Vorprodukten durchläuft gemeinsam den Produktionsprozeß

Abb. 5: Elementare Produktionstypen

1.3.2 Kombinierte Produktionstypen

Die Beschreibung eines realen Produktionssystems kann nur mit Hilfe eines kombinierten Produktionstyps erfolgen. Die einzelnen oben beschriebenen elementaren Produktionstypen korrelieren dabei mehr oder weniger stark miteinander. Zur Darstellung kombinierter Produktionstypen eignet sich die Profilmethode. *Abb. 6* zeigt exemplarisch für drei Produktionszweige entsprechende kombinierte Produktionstypen[24].

Die graphische Darstellung zeigt, daß die extremen Ausprägungen der elementaren Produktionstypen unterschiedliche Verwandtschaftsgrade zueinander aufweisen. Eine Produktions-Typologie soll zur Ordnung der vielfältigen realen Produktionssysteme dienen. Dabei ist es weniger wichtig, eine Vielzahl produktionswirtschaftlich relevanter Merkmale heranzuziehen, sondern mit Hilfe ausgewählter Merkmale für den Untersuchungszweck aussagefähige Typen zu bilden. In dieser Schrift soll es sich dabei in erster Linie um eine Identifizierung von Aufgaben des Produktions-Managements handeln. Durch die Bildung kombinierter Produktionstypen kann die Auswahl pro-

---

[24] Vgl. *Hahn, D.* 1972.

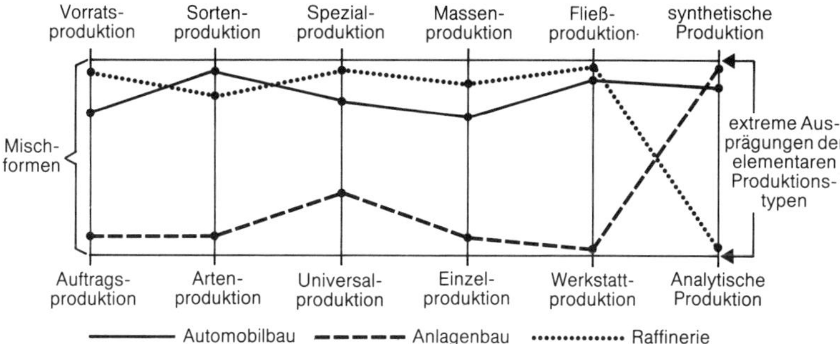

Abb. 6: Polaritätsprofil kombinierter Produktionstypen

blemadäquater Erklärungs- und Entscheidungsmodelle zur Lösung produktionswirtschaftlicher Aufgaben wesentlich erleichtert werden. Zur Formulierung produktionswirtschaftlicher Aussagen im Rahmen der operativen Produktionsplanung in dieser Schrift werden exemplarisch einige kombinierte Produktionstypen herangezogen, deren elementare Merkmale besonders stark miteinander korrelieren.

2. Aufgabenbereiche der Produktion

2.1 Technische und wirtschaftliche Betrachtung der Produktion

2.1.1 Produktionstechnik

Nach der bisher erfolgten, eher technisch orientierten Beschreibung von Elementen, Eigenschaften und Typen von Produktionssystemen, drängt sich die Frage auf, ob der betriebliche Untersuchungsbereich ‚Produktion' nicht ausschließlich Gegenstand der technischen Wissenschaften, im speziellen der ‚Produktionstechnik' ist. Welche Probleme innerhalb dieses Untersuchungsbereiches ‚Produktion' werden von der Betriebswirtschaftslehre, im speziellen der Produktionswirtschaftslehre, behandelt? Zur Beantwortung dieser Frage ist es notwendig, den Produktionsbereich einerseits einer technischen und andererseits einer wirtschaftlichen Betrachtung zu unterziehen. Dazu sollen die Begriffe ‚Produktionstechnik' sowie ‚Produktionswirtschaft' definiert und ihre Untersuchungsbereiche voneinander abgegrenzt werden.

Die **Produktionstechnik** umfaßt eine Reihe von Haupttechniken, die Fertigungs-, Verfahrens- und Energietechnik, sowie einige Hilfstechniken, wie z.B. die Förder-, Meß- und Regeltechnik[1]. Im folgenden soll kurz auf die Haupttechniken eingegangen werden.

2.1.1.1 Fertigungstechnik

Der Begriff ‚Fertigungstechnik' umfaßt alle Techniken, die der Produktion von geometrisch definierten festen Körpern, sogenannten Stückgütern, dienen. Dazu zählen Halbzeuge (z.B. Bleche, Drähte, Textilflächen), Halbfabrikate (z.B. Guß-, Schmiederohlinge), Bestandteile von zusammengesetzten festen Gebilden und die Gebilde selbst (z.B. Geräte, Maschinen, Bekleidungsstücke)[2].

In der Regel erfolgt die Fertigung zusammengesetzter Produkte in drei aufeinanderfolgenden Stufen:

(1) Fertigung von Halbzeugen und Halbfabrikaten (z.B. Gießen von Getriebegehäusen)
(2) Fertigung von Teilen (z.B. mechanische Bearbeitung des Getriebegehäuses)
(3) Montage der Teile (z.B. Einbau von Teilen, z.B. Zahnräder in das Getriebegehäuse)

---

[1] Vgl. *Dolezalek* 1963, S. 101ff.
[2] Vgl. *Weber* 1979, Sp. 1614.

Die ersten beiden Stufen (Bearbeitung) bewerkstelligen eine Körperformgebung (spanlos oder zerspanend) und/oder eine Werkstoffeigenschaftsveränderung (z.B. Härten) und/oder eine Oberflächenbearbeitung (z.B. Korrosionsschutz). Eine Montage (Konfektion) ist erforderlich, wenn die zu erfüllenden Funktionen des Produktes von einem Teil nicht erfüllt werden können. Sowohl für die Bearbeitung als auch für die Montage ist die Reihenfolge der Produktions-Verfahrensschritte technologisch weitgehend festgelegt.

Die systemorientierte Entwicklung der Fertigungstechnik umfaßt zwei Richtungen[3]. Die erste Entwicklungsrichtung ist gekennzeichnet durch die Anwendung kostengünstigerer Fertigungsverfahren mit Einsatz von Mikroprozessoren bzw. Industrierobotern bis hin zu flexiblen Fertigungssystemen. Die zweite Richtung betrifft eher organisatorische Änderungen, wie z.B. Übergang von Reihen- auf Fließproduktion oder diverse Formen der Arbeitsstrukturierung.

2.1.1.2 *Verfahrenstechnik*

Unter ‚Verfahrenstechnik' versteht man alle Techniken zur Produktion von Fließgütern. Dazu zählen alle geometrisch nicht definierten Güter, wie Schüttgüter (Granulate) und alle Arten von Flüssigkeiten und Gasen. Die zu erzeugenden Fließgüter können durch ihre naturwissenschaftlich-technologischen Eigenschaften charakterisiert werden[4].

Die Produktion von Fließgütern erstreckt sich in der Regel über drei Stufen, die unter Umständen unterschiedlichen Branchen zugeordnet werden können:

(1) Gewinnung von Rohstoffen (z.B. Erz-Bergbau),
(2) Erzeugung von Zwischen(Vor-)produkten (z.B. Roheisen aus Hochofenprozeß),
(3) Erzeugung von Fertigprodukten (z.B. Edelstahl aus Stahlwerken).

Als grundsätzliche Verfahrensvarianten innerhalb dieser drei Stufen kommen einerseits analytische und synthetische Verfahren der Stoffumwandlung (z.B. Erzreduktion und Polymerisierung) sowie Stoffreformierung (Molekülstrukturveränderung) und andererseits Verfahren der Aufbereitung des Einsatzstoffes zur Anwendung. Dazu zählen die Separation (z.B. Sortieren, Destillieren), die Mischung (z.B. Legieren, Lösen, Zerstäuben) und die Strukturierung von Stoffen (Zerkleinern, Klassieren). Um den einwandfreien Ablauf der chemischen Reaktionen bei der Stoffumwandlung zu gewähren, ist häufig eine Aufbereitung der Stoffe erforderlich.

Die systemorientierte Entwicklung der Verfahrenstechnik, deren Hauptaufgabe die theoretische Durchdringung der stofflichen und energetischen Prozesse zur Optimierung des Produktionsprozesses ist, wird gekennzeichnet

---

[3] Vgl. *Evans* 1975, S. 441 ff.
[4] Vgl. *Dolezalek* 1960, S. 244 ff.

durch das Streben nach einer verbesserten Ausbeute der hier auftretenden Kuppelproduktion, nach Optimierung des Energieeinsatzes (Energiekopplung) und nach zunehmender Anlagenautomatisierung (Prozeßrechner zur Produktionsregelung und Programmsteuerung bei Chargenprozessen).

2.1.1.3 Energietechnik

Die Energietechnik befaßt sich mit der Produktion von Nutzenergie. Darunter versteht man die Wärmeenergie für Raumheizung und Warmwasser (Niedrigtemperaturwärme) und die Energie zur Durchführung industrieller (fertigungs- und verfahrenstechnischer) Prozesse (hauptsächlich Hochtemperaturwärme) sowie die Antriebs- und Lichtenergie (hauptsächlich elektrische Energie). Als Teilgebiet der Produktionstechnik umfaßt die Energietechnik nur die industriell angewandten Verfahren und Systeme, bei denen die Energie das Produkt repräsentiert (z. B. Energieerzeugung im Kraftwerk)[5].

Die Produktion von Nutzenergie vollzieht sich in der Regel als mehrstufige Transformation primärer Energieformen (z.B. chemisch gebundene Energie fossiler Stoffe) in sekundäre (veredelte) Energieformen (z.B. elektrische Energie). Die Grundprobleme der Energietechnik basieren auf dem Dilemma des laufend wachsenden Energiebedarfs und dem Abbau der bei der Energieproduktion auftretenden erheblichen Umweltbelastung.

Die systemorientierte Entwicklung der Energietechnik ist einerseits gekennzeichnet durch das Bestreben, nicht regenerative Primärenergieträger (fossile Brennstoffe) durch regenerative (z.B. Sonnenenergie) oder solche mit unbegrenztem Vorrat (z.B. Wasserstoff) zu substituieren. Andererseits wird versucht, den Nutzungsgrad der eingesetzten Primärenergie z.B. durch Kopplung von elektrischer Energie und Wärmeenergieproduktion zu steigern.

2.1.2 Produktionswirtschaft

Obwohl die Produktionstechnik, die sich mit Produktionsvorgängen aus naturwissenschaftlich-technischer Sicht befaßt, eine zentrale Bedeutung für den Untersuchungsbereich „Produktion" hat[6], ist die technische Leistungserstellung nur Mittel zur Erreichung ökonomischer und sozialer Ziele. Die sozioökonomische Betrachtungsweise des Untersuchungsbereiches „Produktion" bildet den Gegenstand der „Produktionswirtschaft". Diese befaßt sich mit der Analyse, Planung, Steuerung und Kontrolle der betrieblichen Leistungserstellung unter Beachtung ökonomischer und sozialer Ziele.

---

[5] Vgl. *Weber* 1979, Sp. 1617.

[6] Wegen der großen Bedeutung produktionstechnischer Grundlagen für das Verständnis produktionswirtschaftlicher Zusammenhänge wird jedem Studierenden der Produktionswirtschaft empfohlen, sich damit zu befassen und entsprechende Lehrangebote wie z.B. in „Physikalischer (Mechanischer) und Chemischer Technologie" anzunehmen.

Unter ausschließlich ökonomischen Zielsetzungen orientiert sich die industrielle Produktion am **erwerbswirtschaftlichen Prinzip,** das in Form der **Gewinnmaximierung** das oberste Unternehmungsziel von Betrieben in marktwirtschaftlichen Systemen bildet. Das **Wirtschaftlichkeitsprinzip** ist Mittel zur Erreichung des erwerbswirtschaftlichen Ziels und wird daher nur soweit verfolgt, wie es zur Gewinnsteigerung beiträgt.

Die **Produktivität** als Erfolgsmaßstab betrieblicher Leistungserstellung kennzeichnet das Verhältnis der Ausbringungsmenge (Output) zur Produktionsfaktoreinsatzmenge (Input) und kann damit als Maßstab der technischen Ergiebigkeit aufgefaßt werden. Auch sie wird unter ökonomischer Zielsetzung nur solange gesteigert – z. B. durch Ersatz eines Produktionsfaktors durch einen leistungsfähigeren –, soweit damit bei gegebenem mengen- und wertmäßigen Output die mit Faktorpreisen bewerteten Produktionsfaktor-Einsatzmengen (Kosten) gesenkt werden können und damit eine Steigerung des Gewinns als oberstes Unternehmungsziel erreicht wird. Da eine Messung der Gesamtproduktivität in der Regel nicht realisierbar ist, hilft man sich mit der Ermittlung von Teilproduktivitäten[7].

So können beispielsweise die Produktivitäten der Potentialfaktoreinsätze in bezug auf eine bestimmte Produktart folgendermaßen ermittelt werden:

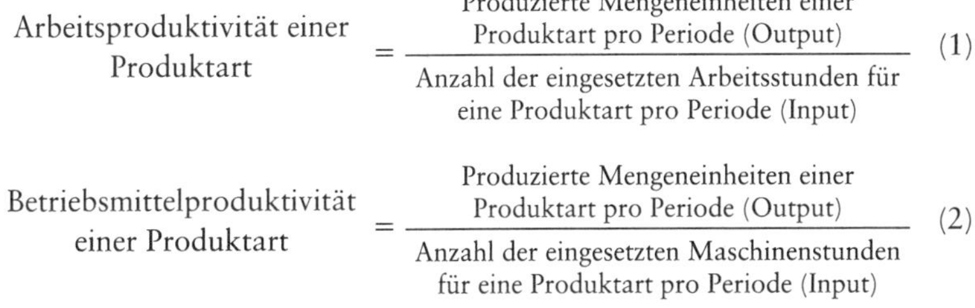

$$\text{Arbeitsproduktivität einer Produktart} = \frac{\text{Produzierte Mengeneinheiten einer Produktart pro Periode (Output)}}{\text{Anzahl der eingesetzten Arbeitsstunden für eine Produktart pro Periode (Input)}} \quad (1)$$

$$\text{Betriebsmittelproduktivität einer Produktart} = \frac{\text{Produzierte Mengeneinheiten einer Produktart pro Periode (Output)}}{\text{Anzahl der eingesetzten Maschinenstunden für eine Produktart pro Periode (Input)}} \quad (2)$$

Produktivitätsbeziehungen zwischen Output und Input eines Produktionsprozesses können auch über reziproke Werte der Produktivität, die sogenannten „Produktionskoeffizienten“, gemessen werden. Diese Verhältnisgrößen geben die Anzahl der Mengeneinheiten eines Produktionsfaktors an, die beim Kombinationsprozeß zur Herstellung einer Produkteinheit benötigt wird.

Die Ermittlung ausschließlich mengenorientierter Teilproduktivitäten bzw. Produktionskoeffizienten und deren Veränderungen im Rahmen von Zeit- oder Betriebsvergleichen liefert keine Information über die Realisierung des erwerbswirtschaftlichen Ziels. Daher ist es notwendig, sowohl den mengenmäßigen Produktionsfaktoreinsatz (Input) als auch die mengenmäßige Ausbringung (Output) mit Input- bzw. Outputfaktorpreisen (Einstands- bzw. Verkaufspreise) zu bewerten. Damit ergeben sich aus Produktivitätskennzahlen sogenannte **„Wirtschaftlichkeitskennzahlen“:**

[7] Vgl. *Zimmermann* 1979, Sp. 521 ff.

$$\text{Wirtschaftlichkeit W} = \frac{\text{Output in Geldeinheiten}}{\text{Input in Geldeinheiten}} = \frac{\text{Leistung L}^{8}}{\text{Kosten K}} \tag{3}$$

Das **Wirtschaftlichkeitsprinzip** als Sollvorschrift der industriellen Produktion läßt sich mit Hilfe dieser Verhältnisgrößen folgendermaßen interpretieren[9]:

(1) Bei gegebener wertmäßiger Leistung L sind die Kosten K zu minimieren:

$$W = \frac{L}{K} \rightarrow \text{MAX!}, \; L = \text{konstant oder} \tag{4}$$

$$W = K \rightarrow \text{MIN!}, \; L = \text{konstant} \tag{5}$$

(2) Bei gegebenen Kosten K ist die wertmäßige Leistung L zu maximieren:

$$W = \frac{L}{K} \rightarrow \text{MAX!}, \; K = \text{konstant oder} \tag{6}$$

$$W = L \rightarrow \text{MAX!}, \; K = \text{konstant} \tag{7}$$

(3) Das Verhältnis von wertmäßiger Leistung und Kosten ist zu maximieren:

$$W = \frac{L}{K} \rightarrow \text{MAX!} \tag{8}$$

Da in der industriellen Produktion meist nur die Kosten beeinflußbar sind, besitzen die Fassungen (1) und (3) (sofern die Kostenminimierung auf die wertmäßige Leistungserzielung einwirkt) des Wirtschaftlichkeitsprinzips besondere Bedeutung.

Produktivität und Wirtschaftlichkeit sind nur Mittel zur Erreichung des erwerbswirtschaftlichen Ziels. Dieses gilt als Maxime produktionswirtschaftlichen Handelns und lautet in Form des **absoluten Perioden-Gewinnziels:**

$$\text{Gewinn G} = L - K \rightarrow \text{MAX!} \tag{9}$$

In Form des **relativen,** d.h. auf den Kapitaleinsatz bezogenen **Perioden-Gewinnziels,** auch **Perioden-Rentabilitätsziel** genannt, lautet es:

$$\text{Rentabilität R} = \frac{G}{\text{Kapital}} \cdot 100 \; [\text{in }\%] \rightarrow \text{MAX!} \tag{10}$$

Die bisherige, aus betriebswirtschaftlicher Sicht stark verkürzte Betrachtungsweise ökonomischer Ziele der Produktionswirtschaft besitzt nur eine geringe Aussagefähigkeit bezüglich der sozialen Dimensionen. Auch ohne umfassende Zielanalyse kann festgestellt werden, daß Produktionssysteme nicht nur durch ökonomische Erfolgsrelationen sondern auch danach zu beurteilen sind, welche Auswirkungen produktionswirtschaftliche Entschei-

---

[8] In der Literatur existieren auch andere Wirtschaftlichkeitskennzahlen, wie z.B.

$$W = \frac{\text{Sollkosten}}{\text{Istkosten}}. \tag{11}$$

[9] Vgl. *Zäpfel* 1982, S. 25.

dungen auf den arbeitenden Menschen haben[10]. Bei Beachtung ökonomischer und sozialer Ziele innerhalb eines umfassenden produktionswirtschaftlichen Zielsystems sind spezifische Zielvorstellungen aller am Produktionsprozeß direkt oder indirekt beteiligten Interessengruppen einzubeziehen. Exemplarisch dargestellt zeigt dies die *Abb. 7*[11].

Interessengruppen	Beispiele für Ziele
Betriebsleitung	Rentabilituäät, Produktivität, Wirtschaftlichkeit, Liquidität, Unabhängigkeit, Flexibilität
Mitarbeiter	Einkommen, Sicherheit des Arbeitsplatzes, Sicherheit und Selbstverwirklichung am Arbeitsplatz
Kunde	Qualität, Preis-Leistungsverhältnis, Liefertermine
Lieferanten	schnelle Bezahlung, langfristige Lieferverträge
Öffentlichkeit	hohe Versorgungsleistung, Umweltschutz

Abb. 7: Interessengruppen und deren Zielvorstellungen

Die konkrete Festlegung produktionswirtschaftlicher Ziele erfolgt in Verhandlungsprozessen zwischen den am Entscheidungsprozeß beteiligten Führungsgruppen. Einzelne Gruppen oder eine Koalition aus mehreren Gruppen werden aufgrund der jeweiligen Machtkonstellation und ihrer Verhandlungsführung ihre Zielvorstellungen weitgehend durchsetzen[12]. Das sich daraus ergebende produktionswirtschaftliche Zielsystem kann beispielsweise wie *Abb. 8* ausfallen[12].

Im folgenden Abschnitt soll auf die institutionellen Träger der Formulierung, Durchsetzung und Überwachung der genannten Ziele, das Produktionsmanagement und Produktions-Controlling, eingegangen werden.

[10] Eine umfassende Zielanalyse findet sich in *Heinen* 1976.
[11] Vgl. *Zäpfel* 1982, S. 29.
[12] Siehe hierzu auch Abschnitt II. 2.1.

Produktionswirtschaftliche Ziele					
Monetäre Ziele	**Zeitziele**	**Mengen- und Qualitätsziele**	**Flexibilitätsziele**	**Soziale Ziele**	**Umweltziele**
• hohe Deckungsbeiträge (kurzfristig-operativ) • hohe Periodengewinne (mittelfristig-taktisch) • hohe Einzahlungsüberschüsse (cash-flow) (langfristig-strategisch)	• kurze Liefertermine • geringe Durchlaufzeiten • maximale Kapazitätsauslastung (beinhaltet geringe Leerzeiten der Potentialfaktoren)	• geringe Ausschußmengen • hoher Qualitätsstandard (beinhaltet weniger Reklamationen)	• gute Anpassungsfähigkeit auf Bedarfs- und Umweltveränderungen • qualifizierte Arbeitskräfte • flexible Betriebsmittelausstattung	• menschengerechte Arbeitsinhalte • ergonomisch gestaltete Arbeitsplätze • sichere Arbeitsplätze	• geringe Schadstoffbelastung der Umwelt • geringer Verbrauch der natürlichen Umwelt

Abb. 8: Produktionswirtschaftliches Zielsystem

2.2 Führung des Produktionssystems

2.2.1 Produktionsmanagement und Produktions-Controlling

Produktionsmanagement kann als Tätigkeit verstanden werden, welche die Gestaltung und Lenkung des Produktionsbereiches zum Gegenstand hat. Sie vollzieht sich in Teilprozessen – wie Produktionsplanung, Produktionssteuerung und -kontrolle. Die charakteristische Folge dieser Teilprozesse und deren wesentliche Inhalte zeigt die *Abb. 9*.

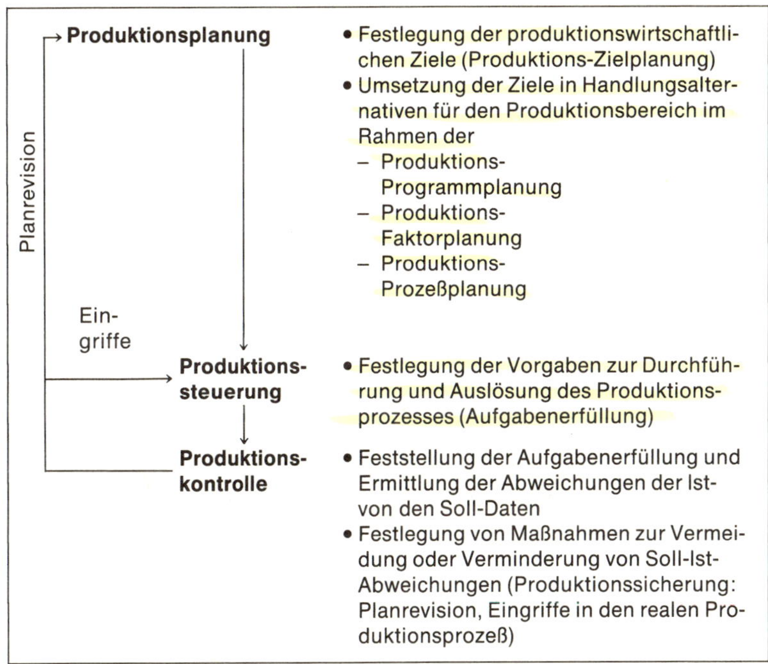

Abb. 9: Teilprozesse des Produktionsmanagements

Produktionsplanung, -steuerung und -kontrolle werden damit zu zentralen Führungsaufgaben im Produktionsbereich, die wegen ihrer Komplexität einer besonderen Unterstützung bedürfen. Zur Erfüllung der Führungsaufgaben ist eine umfassende Informationsversorgung erforderlich.

Das **Produktions-Controlling** als Subsystem des Führungssystems der Produktion verfolgt das **Ziel**, Produktionsplanung, -steuerung und -kontrolle sowie die dazu erforderliche Informationsversorgung als **Produktionsmana-**

gement-Servicefunktion aufeinander abzustimmen und damit die Adaption und Koordination des gesamten Produktionssystems sicherzustellen[13].

An das **Produktionsmanagement** eines modernen Industriebetriebes sind in diesem Zusammenhang folgende Forderungen zu stellen[14].

- Die kurzfristig orientierte Planung, Steuerung und Kontrolle der Produktion müssen in eine längerfristig orientierte **strategisch-taktische Produktionsplanung und -kontrolle** eingebettet werden.

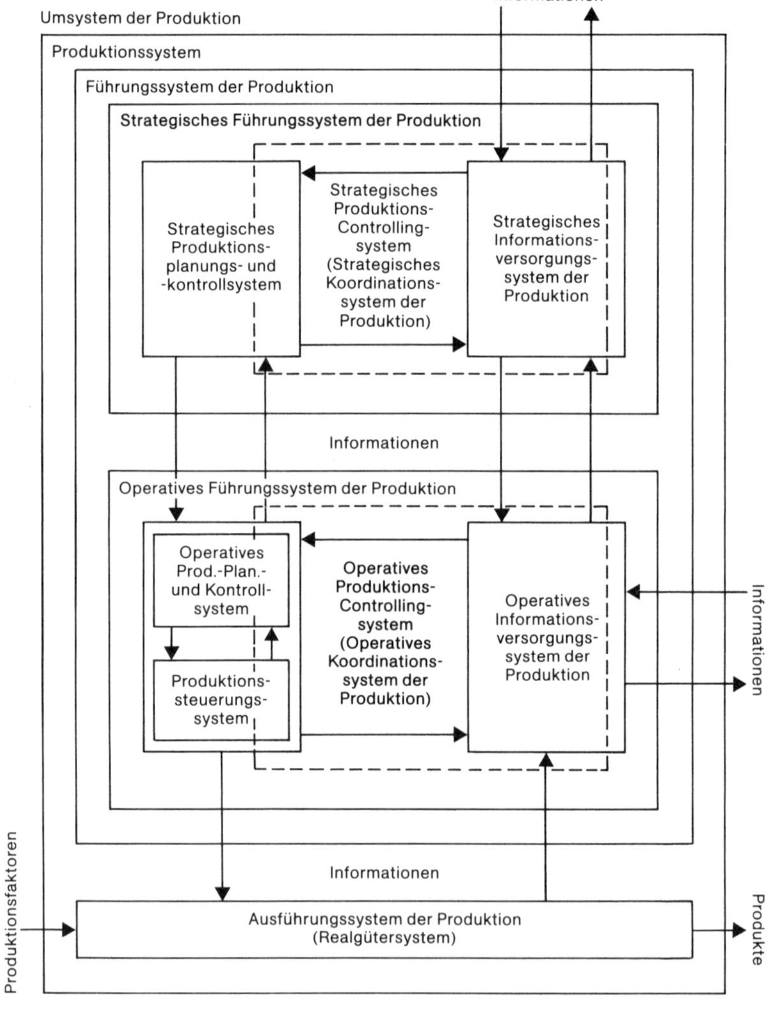

Abb. 10: Controllingsystem der Produktion

[13] In Anlehnung an *Horváth* 1992, S. 142ff.
[14] Vgl. *Hoitsch* 1990, S. 605ff.

- In das produktionswirtschaftliche **Zielsystem** müssen **wettbewerbsrelevante Kriterien,** wie z.B. Qualität und Flexibilität, neben operativen Leistungsmaßstäben, wie beispielsweise Produktivität und Wirtschaftlichkeit, aufgenommen werden.
- Ein strategisch-taktisches Produktionsmanagement muß wichtige **strukturelle Rahmenentscheidungen** für ein leistungsfähiges operatives Produktionsmanagement treffen. Dazu gehören z.B. die Mitwirkung bei der strategischen Programmplanung, die Produktions-Standort- und Fabrikplanung, die Auswahl der Produktionstechnologie und Produktionsanlagen, die Produktions-Personalplanung sowie die Implementierung technischer und betriebswirtschaftlicher Steuerungssysteme der Produktion.
- Die **Produktionsstrategien** müssen integrierender Bestandteil der gesamten Unternehmensstrategie werden.

Mit der Realisierung der genannten Forderungen an das Produktionsmanagement steigt auch die geforderte Leistungsfähigkeit des Produktions-Controllings. Die *Abb. 10* zeigt die hierfür notwendigen Subsysteme eines Produktionssystems und die Einordnung des Produktions-Controllings als Koordinationssystem der Produktion.

Das Produktions-Controlling dient mit seiner Koordinationsfunktion somit zur **Unterstützung** des Produktionsmanagements. Die wesentlichen Probleme der Produktions-Controller-Arbeit liegen an den **Schnittstellen** der Systeme. Produktions-Controller sollten deshalb „Schnittstellenspezialisten“ sein.

2.2.2 Ziel-/Mittel-Katalog des Produktions-Controllings

Zur Erreichung der formulierten Ziele des Produktions-Controllings werden die Mittel der Systemgestaltung und Systemnutzung eingesetzt. Die Aufgabe der **Systemgestaltung** als „Meta“-Koordination besteht im Aufbau und in der Anpassung des Produktionsplanungs-, -steuerungs- und -kontrollsystems sowie eines darauf abgestimmten Informationsversorgungssystems. Zur Erfüllung der **Systemnutzungsaufgabe** als operationale Koordination hat das Produktions-Controlling innerhalb der von ihm geschaffenen Systeme laufende Abstimmungsarbeiten zu erledigen. Die einzelnen Bereiche innerhalb der Systemgestaltungs- und Systemnutzungsaufgaben zeigt die *Abb. 11*.

Als **Methoden der Systemgestaltung** im Produktionsbereich bieten sich in erster Linie Heuristiken an, die man als „Systemanalyse“, „Systemplanung“, „Systemtechnik“, „Systems-Engineering“ oder ähnlich bezeichnet. Sie gehen vom Systemansatz aus und stellen Ablaufschemata und Entscheidungsregeln für die Systementwicklung bereit. Für das Produktions-Controlling eignet sich hier in besonderer Weise die Methode des „Systems-Engineering“, bei welcher der Problemlösungsprozeß durch zwei Komponenten repräsentiert wird[15]:

---

[15] Vgl. *Daenzer* 1988.

		Ziele des Produktions-Controlling	
		Unterstützung der Produktions-Führung durch Koordination von	
		Planung, Steuerung und Kontrolle der Produktion mit der	Informations-versorgung
Mittel zur Zielerreichung	System-gestaltung	• Aufbau und Anpassung des Produktionsplanungs-, -steuerungs- und -kontrollsystems in bezug auf – Strukturen (strategisch-taktische/operative, lang-/kurzfristige Planung und Kontrolle) – Inhalte (Programm-, Faktor-, Prozeßplanung und -kontrolle) – Organisation der Planung, Steuerung und Kontrolle – Instrumente der Planung, Steuerung und Kontrolle (Systemanalyse, Planungsmodelle, Softwarepakete)	• Aufbau und Anpassung des Produktions-Informationssystems in bezug auf – Informationsbeschaffungs- und -analysesysteme (z. B. Prognosesystem, Kostenrechnungssystem, Investitionsrechnungssystem, Betriebsdatenerfassungssystem) – Informationsübermittlungssysteme (Produktions-Berichtssystem)
	System-nutzung	• Unterstützung bei der Aufstellung von Teilplänen (Produktionsprogramm-, -faktor-, -prozeßplan) • Koordination der Teilpläne (integrierte Produktionsplanung) • Erstellung von Teilplänen (z. B. Investitions- und Kostenpläne des Produktionsbereichs) • Durchführung von Abweichungsanalysen im Rahmen der Produktionskontrolle	• Beschaffung und Aufbereitung von produktionswirtschaftlich relevanten Informationen • Weiterleitung von Informationen • Unterstützung bei der Erstellung von Produktions-Berichten • Erstellung von Produktions-Berichten (Abweichungsberichte im Rahmen der Produktionskontrolle, Sonderuntersuchungen)

Abb. 11: Ziel-/Mittel-Katalog des Produktions-Controllings

- Systemgestaltung als eigentliche konstruktive Arbeit an der Problemlösung sowie
- Projektmanagement zur Organisation und Koordination der Problemlösung.

Da die Systemnutzungsaufgabe hauptsächlich laufende Koordinationsarbeiten innerhalb der vom Produktions-Controller geschaffenen Planungs-, Steuerungs-, Kontroll- und Informationsversorgungssysteme sowie ungeplante Aktivitäten im Falle nicht vorhergesehener „Störungen" umfaßt, können hier keine allgemein gültigen Methoden angegeben werden. Das Produktions-Controlling hat sich dabei vorwiegend mit **personalen Aspekten der Koordination** zu beschäftigen, um dem Produktions-Personal die Fähigkeit zu vermitteln, Probleme früh zu erkennen und sich um ihre Lösung mit ad hoc bestimmten Methoden zu bemühen. Damit rücken für den Produktions-Controller die verschiedenen Formen der **Kommunikation** und der **Konfliktbewältigung** in den Mittelpunkt seiner Systemnutzungsaufgabe.

2.2.3 Produktionsplanungs- und -kontrollsystem

Ein Schwerpunkt innerhalb der Systemgestaltungsaufgabe des Produktions-Controllings besteht im Aufbau eines leistungsfähigen Produktionsplanungs-, -steuerungs- (nur im operativen Bereich) und -kontrollsystems. Dabei ist auf eine zeitliche, hierarchische, organisatorische und inhaltliche Differenzierung dieses Systems zu achten[16].

2.2.3.1 Zeitliche Differenzierung

Zeitliche Differenzierung bedeutet, daß, abhängig von der Qualität der Prognosen und dem gewählten Planungshorizont im Produktionsbereich, in der Regel zwischen einer lang- und kurzfristigen Planung unterschieden wird. Als Bezugszeitraum werden bei der langfristigen Planung Perioden $\leq$ 5 Jahre und bei der kurzfristigen Planung Perioden $\leq$ 1 Jahr gewählt. Die zeitlich differenzierten Lang- und Kurzfristpläne werden in Form einer **rollenden** oder **rollierenden Planung** miteinander verzahnt. Dies bedeutet, daß die jeweils erste Teilperiode des **langfristigen Grobplans** durch den Bezugszeitraum des kurzfristigen Feinplans repräsentiert wird. Der **kurzfristige Feinplan** ist ebenfalls in Teilperioden aufgeteilt. Nach Ablauf der ersten Teilperiode des kurzfristigen Feinplans wird dieser für einen Bezugszeitraum fortgeschrieben. Auch der langfristige Grobplan wird nach Ablauf einer Teilperiode für den gesamten Bezugszeitraum fortgeschrieben. *Abb. 12* zeigt ein einfaches Beispiel einer rollenden Planung, bei der die langfristige Grobplanung einen Bezugszeitraum von fünf Jahren und die kurzfristige Feinplanung einen sol-

---

[16] Vgl. *Töpfer* 1976, S. 97ff.

chen von einem Jahr umfaßt. Die Grobplanung weist jährliche Teilperioden, die Feinplanung Quartals-Teilperioden (I., II., III., IV.) auf.

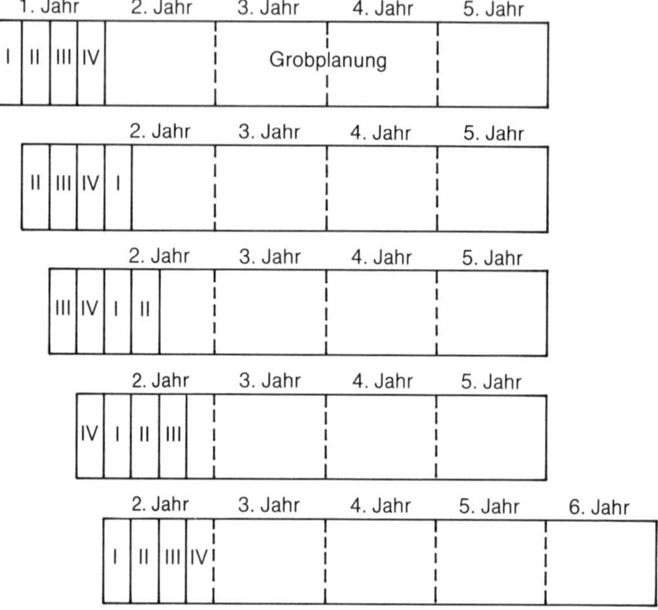

Abb. 12: Rollende (rollierende) Planung

Durch die rollende Planung werden jeweils zum Planungszeitpunkt auftretende neue Informationen in der Mehrperiodenplanung verarbeitet und dadurch eine **zeitliche Koordination** und Realisierbarkeit aller Teilpläne erreicht. Eine **zeitlich sukzessive Produktionsplanung** liegt vor, wenn bei einem Bezugszeitraum von mehreren Teilperioden zunächst der Plan für die erste Teilperiode formuliert wird. Aufbauend auf dessen Ergebnissen und Vorgaben wird dann der Plan für die nächste Teilperiode erstellt usw. Berücksichtigt man dagegen alle Teilperioden gleichzeitig im Rahmen eines Gesamtplans unter Beachtung der zeitlichen Interdependenzen, so spricht man von einer **zeitlich simultanen Produktionsplanung** oder von einer **dynamischen Mehrperioden-Produktionsplanung**[17]. Da aus der Industriepraxis bisher keine Anwendungsfälle für eine dynamische Mehrperiodenplanung bekannt geworden sind, wird auf ihre Darstellung in dieser Schrift verzichtet.

2.2.3.2 Hierarchische und organisatorische Differenzierung

Im engen Zusammenhang mit der zeitlichen Differenzierung des Planungssystems, aber ohne zwangsläufige Identität, steht die **hierarchische Differenzie-**

[17] Siehe hierzu beispielsweise *Stöppler* 1979 und *Pohl* 1978.

rung des Planungsystems. Diese begründet zwischen den Ebenen der eher langfristig orientierten strategisch-taktischen und der eher kurzfristig orientierten operativen Planung ein Über- bzw. Unterordnungsverhältnis. Demnach ist der strategisch-taktische dem operativen Produktionsplan übergeordnet. Dies bedeutet, daß der strategisch-taktische Plan den Handlungsspielraum absteckt, in welchem sich der ungeordnete operative Plan bewegen darf. Aus diesem Grunde werden strategisch-taktische und operative Pläne vertikal in Form des **Gegenstromprinzips**[18] einer **hierarchischen Koordination** unterworfen.

Die hierarchische Koordination mit Hilfe des Gegenstromprinzips verlangt eine **organisatorische Differenzierung** des Planungssystems. Die **strategisch-taktische Planung** wird im ersten Planungsschritt vom oberen Management ausgearbeitet. Sie weist als Gesamtplan mit groben Teilplänen einen geringen Differenzierungsgrad auf, bei dem Problemfelder mit globalen Größen beschrieben werden. Über letztere liegen meist nur grobe Informationen vor. Im zweiten Planungsschritt wird innerhalb der operativen Planung, die vom unteren Management durchgeführt wird, die Realisierbarkeit der strategisch-taktischen Planung überprüft. Die **operative Planung** umfaßt dabei stark differenzierte Teilpläne, in denen Detailprobleme mit detaillierten Größen aufgrund exakter Informationen vorstrukturiert werden. Das Gegenstromprinzip sieht hier ggf. eine Korrektur der strategisch-taktischen Planung in Abstimmung mit dem oberen Management vor. Dieser Rückkopplungsprozeß zwischen den organisatorischen Management-Ebenen wird so lange fortgeführt, bis die strategisch-taktische Planung mit der operativen Planung vertikal abgestimmt ist.

2.2.3.3 Inhaltliche Differenzierung

Die inhaltliche Differenzierung des Planungssystems sieht eine Zuordnung der Teilpläne zu den Gebieten Programm- (inklusive Ziel-), Faktor- und Prozeßplanung vor (siehe *Abb. 13*).

Die strategisch-taktische und operative Produktionsplanung werden einerseits durch außerbetriebliche Begrenzungsfaktoren (Daten) – wie z.B. Marktentwicklung, Gesetzesvorschriften, soziale Normen – und andererseits durch innerbetriebliche Begrenzungsfaktoren – wie vorgelagerte Planungen anderer Funktionsbereiche (z.B. Absatz-, Beschaffungs-, Finanzierungsbereich) – eingeengt.

Programm-, Faktor- und Prozeßpläne werden sowohl auf der strategisch-taktischen als auch operativen Systemebene durch **sachliche Koordination** horizontal aufeinander abgestimmt. Bei der **sachlich sukzessiven Produktionsplanung** wird mit der Teilplanung jenes Bereiches begonnen, der den betrieblichen Engpaß (z.B. Faktorbeschaffung) bildet. Schrittweise werden danach die Teilpläne der übrigen Bereiche ausgearbeitet (z.B. Produktions-

[18] Vgl. *Töpfer* 1976, S. 98.

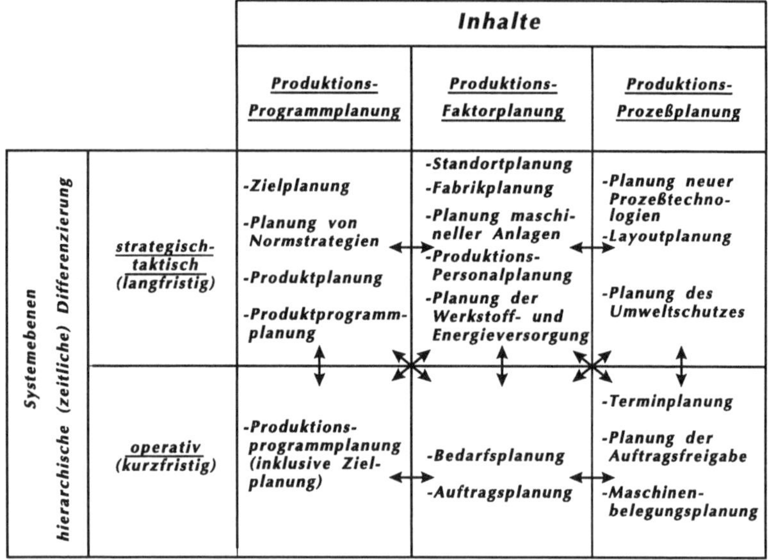

Inhalte
Produktions-Programmplanung
Produktions-Faktorplanung
Produktions-Prozeßplanung
Systemebenen
hierarchische (zeitliche) Differenzierung
strategisch-taktisch (langfristig)
-Zielplanung
-Planung von Normstrategien
-Produktplanung
-Produktprogrammplanung
-Standortplanung
-Fabrikplanung
-Planung maschineller Anlagen
-Produktions-Personalplanung
-Planung der Werkstoff- und Energieversorgung
-Planung neuer Prozeßtechnologien
-Layoutplanung
-Planung des Umweltschutzes
operativ (kurzfristig)
-Produktionsprogrammplanung (inklusive Zielplanung)
-Bedarfsplanung
-Auftragsplanung
-Terminplanung
-Planung der Auftragsfreigabe
-Maschinenbelegungsplanung

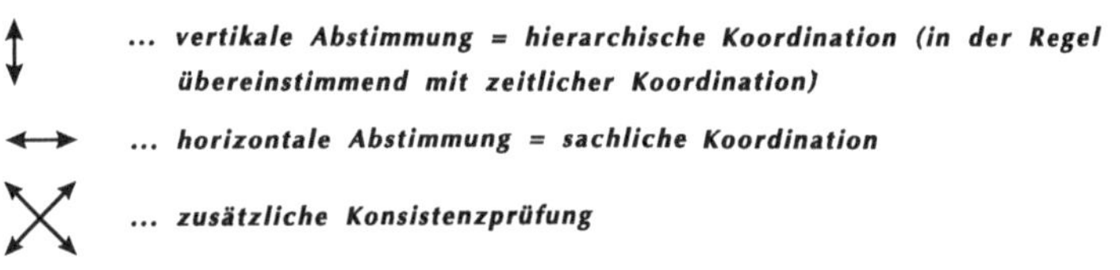

Abb. 13: Inhaltliche Differenzierung des Produktions-Planungssystems

programm, dann Produktionsprozeß usw.), wodurch sich eine sachliche Koordination der Teilpläne ergibt. Die **sachlich simultane Produktionsplanung** sieht das Aufstellen eines Gesamtplans mit Hilfe eines simultanen Planungsmodells (z.B. lineare Optimierung) vor, bei dem gleichzeitig alle Bereiche mit ihren Interdependenzen (z.B. Produktions-Programm, -Faktor- und -Prozeßplanung) erfaßt werden. Während die Zielerreichungsgüte sachlich sukzessiver Produktionsplanungen weitgehend unbestimmt bleibt, führt die sachlich simultane Produktionsplanung zu optimaler Zielerreichung. Aufgrund des hohen Aufwandes für die Informationsversorgung und -verarbeitung wenden bisher nur wenige größere Industriebetriebe in der Bundesrepublik sachlich simultane Planungsmodelle an. Die Begriffe „sukzessive" oder „simultane" Produktionsplanung werden in der vorliegenden Schrift ausschließlich auf die sachliche Koordination bezogen.

2.2.4 *Informationsversorgungssystem der Produktion*

Abgestimmt auf den Informationsbedarf der strategisch-taktischen Produktionsplanung und -kontrolle sowie der operativen Produktionsplanung, -steuerung und -kontrolle als Systeme der Informationsverwendung hat das

Produktions-Controlling für den Aufbau und die Pflege eines Informationsversorgungssystems der Produktion zu sorgen. Dieses umfaßt die **Beschaffung, Analyse** und **Übermittlung** von produktionswirtschaftlich relevanten **Ist-, Wird-**(Prognose-) und **Plan-** bzw. **Soll-**(Vorgabe-) und **Abweichungs-Daten**(-Informationen).

Zu den wichtigsten **Informationsbeschaffungs-** und **-analysesystemen** der **strategisch-taktischen** Produktionsplanung und -kontrolle zählen beispielsweise die Umwelt- und Unternehmensanalyse und -prognose, Frühwarnsysteme und die Kostensenkungs-Potentialanalyse.

Prognosesysteme, kurzfristige Kosten- und Erlösanalyse, Produktions-Datenbanksysteme für Auftrags- und Grunddaten (Stücklisten-, Arbeitsplan-, Betriebsmitteldaten) sowie Betriebsdatenerfassungssysteme sind z.B. Informationsbeschaffungs- und -analysesysteme für die operative Produktionsplanung, -steuerung und -kontrolle. Für die **Übermittlung** produktionswirtschaftlich relevanter Informationen an das Produktionsmanagement ist ein leistungsfähiges und adressatenbezogenes **Produktions-Berichtssystem** aufzubauen.

Istdaten werden zur Zustandsbeschreibung des Umsystems der Produktion und des Produktionsbereiches erhoben. Mit Hilfe von lang- und kurzfristig orientierten qualitativen und quantitativen Prognoseverfahren werden **Wirddaten** zur Vorhersage zukünftiger Zustände generiert. **Solldaten** dienen als Vorgaben für Produktionsbereiche. Differenzen, d.h. **Abweichungen** zwischen Ist- und Plan- bzw. Solldaten werden zur Informationsversorgung der Produktionskontrolle ermittelt.

2.2.5 Instrumente des Produktions-Controllings

Innerhalb der Subsysteme des Führungssystems der Produktion (Produktionsplanungs-, -steuerungs- und -kontrollsystem, Informationsversorgungssystem) werden Instrumente des Produktions-Controllings eingesetzt. Diese sind computergestützte betriebswirtschaftliche Werkzeuge, die das Produktions-Controlling im Rahmen seiner Systemgestaltungsaufgaben dem Produktionsmanagement zur Verfügung stellt. Innerhalb der Systemnutzungsaufgaben hat das Produktions-Controlling für deren fachgerechten Einsatz bei der Problemlösung zu sorgen. Aus informationstechnischer Sicht handelt es sich um Modell- und Methodenbanken der strategisch-taktischen und operativen Produktionsplanung, -steuerung (nur operativ) und -kontrolle sowie um Methoden- und Datenbanken für die Zwecke der Informationsversorgung.

So zählen beispielsweise die Portfolioanalyse, die Netzplantechnik, Lineare Programmierungsmodelle, Lagerhaltungs- und Instandhaltungsmodelle sowie Ablaufplanungsheuristiken zu den Planungsinstrumenten. Kennzahlensysteme, die Plankosten- und -erlösrechnung, Prognosemethoden sowie Investitionsrechnung und Nutzwertanalyse sind den Informationsversorgungsinstrumenten zuzuordnen.

2.3 Überblick über die weitere Vorgehensweise

Nachdem in Teil I die wichtigsten Grundlagen der Produktionswirtschaft behandelt wurden, soll nun ein Überblick über die weitere Vorgehensweise gegeben werden. Aufgrund des begrenzten Umfangs dieser Schrift ist vorerst eine Abgrenzung gegenüber den Nachbargebieten der Produktionswirtschaft erforderlich, die hier nicht untersucht werden können.

Wie die Abb. 1 zeigt, betrifft diese Abgrenzung primär den Bereich der **Grundfunktionen** Beschaffung, Produktion und Absatz eines Betriebes, sekundär – in Abb. 1 nicht mehr dargestellt – aber auch **übergreifende Funktionen** wie Organisation und Personal sowie Investition und Finanzierung. Um Konfliktsituationen bei der Realisierung isolierter Bereichsziele der Grundfunktionen zu vermeiden, wird mit Hilfe einer **logistischen** Vorgehensweise die Materialflußkette als Gesamtheit betrachtet und optimiert. Unter **Logistik** versteht man das Management von Prozessen und Potentialen zur koordinierten Realisierung unternehmensinterner und unternehmensübergreifender **Materialflüsse** sowie der dazugehörigen **Informationsflüsse**[19]. Die Gestaltungs- und Lenkungsaufgaben der Logistik erfordern eine hierarchisch-organisatorische Differenzierung des Führungssystems[20].

Das **strategisch-taktische Logistik-Management** befaßt sich mit der Gestaltung der Material- und Produktflüsse als Erfolgspotentiale, um Wettbewerbsvorteile zu gewinnen bzw. zu erhalten. Dazu zählt beispielsweise die Produktgestaltung unter logistischen Gesichtspunkten (Frage der Variantenzahl), die Wahl der Fertigungs- bzw. Wertschöpfungstiefe, die Wahl der Lieferantenstruktur und die Standort-, Layout- und Lagerplanung. Das **operative Logistik-Management** hat für die konkrete Abwicklung der Material- und Produktflüsse unter Beachtung logistischer Ziele – wie z.B. kurze Durchlaufzeiten der Aufträge, niedrige Lagerbestände, hohe Liefertreue – zu sorgen. Aus funktionaler Sicht werden die Aufgaben des operativen Logistik-Managements häufig auf die drei Bereiche Beschaffungs-, Produktions- und Absatz-(Marketing-/Distributions-)Logistik aufgeteilt[21].

Der Schwerpunkt der vorliegenden Schrift liegt in der Analyse von Managementaufgaben im Beschaffungs- und Produktionsbereich, wobei besonderes Augenmerk auf die Koordination von Planung, Steuerung und Kontrolle mit der dazu erforderlichen Informationsversorgung gelegt wird. Insofern domi-

---

[19] Vgl. *Weber/Kummer* 1990, S. 776. Zur theoretischen Fundierung der Logistik vgl. *Weber* 1992.

[20] Vgl. *Zäpfel* 1991, S. 209ff.

[21] Vgl. *Berg* 1980, S. 10ff.

niert hier die **Controlling-Perspektive.** Gleichwohl werden auch die Probleme des strategisch-taktischen und operativen Logistik-Managements in den Bereichen Beschaffung und Produktion behandelt. Spezielle Entscheidungstatbestände der Absatzlogistik – wie z.B. Transportmittelplanung und -einsatz innerhalb der physischen Distribution werden hier allerdings nicht angesprochen.

Für die Behandlung von Aufgaben des strategischen Produktionsmanagements ist auch eine Abgrenzung zum Grundfunktionsbereich **Absatz** erforderlich. Aus der Sicht einer marktorientierten Unternehmensführung ergeben sich hier vielfältige Schnittmengenbereiche, insbesondere in der strategischen Produktprogramm-, aber auch strategisch-taktischen Faktor- (z.B. Standortwahl) und Prozeßplanung (z.B. Einführungsplanung neuer Technologien). Strategische Planung kann überhaupt nur schwer funktionalisiert werden. Sie ist Aufgabe des gesamten strategischen Managements. Die Abgrenzung zum **Marketing** in dieser Schrift erfolgt hier so, daß die Schnittstellenbereiche zwar analysiert werden, zur Behandlung typischer Marketingaufgaben jedoch auf die Literatur verwiesen wird.

Eine kurzgefaßte Abgrenzung der Inhalte dieser Schrift gegenüber den **übergreifenden Funktionen** eines Produktionsbetriebes zeigt folgendes Bild. Geht man von einer begrenzten Trennbarkeit der betrieblichen **Organisation** in Aufbau- und Ablauforganisation innerhalb der traditionellen Organisationslehre aus, so werden hier im Rahmen der strategisch-taktischen und operativen Prozeßplanung Probleme der Ablauforganisation im Produktionsbereich behandelt. Eine Analyse der Aufbauorganisation von Industriebetrieben wird nicht durchgeführt. Aus dem übergreifenden Funktionsbereich **Personal,** der in der Funktionalbereichslehre „Personalwirtschaft" umfassend behandelt wird, werden hier nur die für den Arbeitseinsatz in der industriellen Produktion relevanten Teilgebiete der Produktions-Personalplanung – wie z.B. Personalstrategien, Planung der Arbeitsbedingungen, Arbeitszeit- und Personalbedarfsplanung sowie Arbeitsbewertung und Lohnplanung – einer Analyse unterzogen.

Der Funktionsbereich **Investition und Finanzierung** weist eine enge Verzahnung mit dem Produktionsbereich auf. Während Fragen der Finanzierung eines Industriebetriebes hier nicht behandelt werden können, wird sowohl im Rahmen der Planung maschineller Anlagen als auch der Planung neuer Prozeßtechnologien bei computerintegrierter Produktion auf die Investitionsplanung und damit ökonomische Bewertung von Potentialen und Prozessen eingegangen. Dabei muß allerdings die Kenntnis dynamischer Investitionsrechnungsverfahren vorausgesetzt werden[22].

Nach Abgrenzung der in dieser Schrift darzustellenden Managementaufgaben der Produktionswirtschaft gegenüber ihren Schnittstellenbereichen werden in **Teil II: Strategisch-taktisches Produktionsmanagement** die eher lang-

---

[22] Siehe hierzu beispielsweise *Kruschwitz* 1993.

fristig angelegten strategisch-taktischen Rahmenbedingungen für das operative Produktionsmanagement behandelt. Im Rahmen einer sachlich sukzessiven Koordination der betrieblichen Gesamtplanung bildet der strategische Produktionsplan einen Teilplan, der aus anderen strategischen Funktionalbereichsplänen abgeleitet bzw. mit ihnen abgestimmt wird. In marktwirtschaftlichen Systemen bildet der strategische Absatz- oder Marketingplan in der Regel den Engpaß und damit Ausgangsplan. Nach einer allgemeinen Betrachtung zu den Grundlagen des **strategisch-taktischen Produktionsmanagements** (1.) wird daher auf den Schnittstellenbereich zwischen strategisch-taktischem Marketing- und Produktionsmanagement im Rahmen der **Strategischen Programmplanung** (2.) eingegangen. Mit ihr wird langfristig der **Output** des Produktionsbetriebes festgelegt.

Die meisten industriellen Produktionsbetriebe sind auf Dauer angelegt und verfolgen als strategisches Oberziel die langfristige Erhaltung und Entwicklung der Unternehmung. Dazu ist eine ständige Schaffung und Erhaltung von Erfolgspotentialen notwendig. Für den Produktionsbereich bilden neben dem strategischen Produktprogramm die strategische Produktionsfaktor- und Produktionsprozeßstruktur die zukünftigen Erfolgspotentiale. Innerhalb der **Strategisch-taktischen Faktorplanung** (3.) wird der langfristig bereitzustellende **Input** untersucht, der als Erfolgspotential zur Realisierung des Outputs erforderlich ist. Hier wird, ausgehend von der Standortplanung, vorerst die strategisch-taktische Planung der Potentialfaktoren (Betriebsmittel- und Personalplanung) und danach jene der Repetierfaktoren als Werkstoff- und Energiesicherungsplanung behandelt.

Einen besonderen Schwerpunkt bildet die **Strategisch-taktische Prozeßplanung** (4.), in der insbesondere auf die Planung neuer Prozeßtechnologien bei computerintegrierter Produktion eingegangen wird. Daneben werden hier die Layoutplanung zur Festlegung der langfristigen Produktions-Prozeßstruktur sowie die Planung des betrieblichen Umweltschutzes behandelt. Danach wird ein kurzer Überblick über die **Strategisch-taktische Produktionskontrolle** (5.) gegeben.

Durch die strategisch-taktische Produktionsplanung sind für das eher kurzfristig orientierte **Operative Produktionsmanagement,** das in Teil III behandelt wird, bereits Rahmenbedingungen festgelegt, die dessen Alternativenspielraum entsprechend eingrenzen. Nach einem Überblick über die **Grundlagen des operativen Produktionsmanagements** (1.) muß daher in der **Operativen Programmplanung** (2.) von einem nach Arten, Qualitäten und Produktionshöchstmengen bereits festgelegten Produktprogramm, von begrenzten Faktorbeständen (Betriebsmittel und Personal) bzw. -beschaffungsmöglichkeiten (Werkstoffe und Energie) sowie bereits festgelegten Prozeßstrukturen (Technologie, Verfahren, Layout) ausgegangen werden. Mit ihr wird der **Output** für eine kurz- bis mittelfristige Planungsperiode bestimmt. Mit Hilfe eines Exkurses zu den produktions- und kostentheoretischen Grundlagen der Produktionsplanung werden in diesem Kapitel Erklärungsmodelle zu Input-

Output-Beziehungen der industriellen Produktion analysiert. Die hier behandelten Produktionsfunktionen bilden die theoretische Basis für die praktische Durchführung der Inputplanung.

Innerhalb der **Operativen Faktorplanung** (3.) zur kurzfristigen Planung des **Inputs** sind bei der Bedarfs- und Auftragsplanung ebenfalls die Rahmendaten der strategisch-taktischen Produktionsplanung zu berücksichtigen. Im sukzessiven Planungskonzept wird dabei von einem gegebenen operativen Produktionsprogramm ausgegangen.

Die **Operative Prozeßplanung, Produktionssteuerung und -kontrolle** (4.) wird kontextbezogen anhand häufig auftretender Kombinationstypen der Produktion behandelt. Je nach Produktionssituation haben ihre Teile Termin- und Maschinenbelegungsplanung einen unterschiedlich hohen Stellenwert. In diesem Kapitel werden auch „neuere“ Verfahren der Produktionsplanung und -steuerung – wie Belastungsorientierte Auftragsfreigabe, Retrograde Terminierung, System OPT, KANBAN und Fortschrittszahlenkonzept – kontextbezogen dargestellt. Das operative Produktionsmanagement hat auch für die Durchsetzung, Kontrolle und Anpassung der operativen Produktionsplanung zu sorgen. Ein Überblick über die Probleme der Produktionssteuerung und -kontrolle beschließt dieses Schwerpunktkapitel.

Aufgrund vielfältiger sachlicher Interdependenzen kann die gesamte operative Produktionsplanung als einziger Optimierungskomplex aufgefaßt werden. Im Abschnitt **Integrierte Produktionsplanung, -steuerung und -kontrolle** (5.) wird diese Problematik vorerst anhand ausgewählter simultaner Ansätze der Unternehmensforschung (des Operations Research) analysiert, die sich aus verschiedenen methodischen und Informationsversorgungs-Gründen in der industriellen Praxis bisher nicht durchsetzen konnten. Danach werden Lösungen dieses Problems mit Hilfe der hierarchischen Produktionsplanung sowie praxiserprobter Produktionsplanungs- und -steuerungssysteme (PPS-Systeme) dargestellt. Deren Einsatz im Konzept der computerintegrierten Produktion (CIM) wird zum Abschluß der Ausführungen analysiert.

II. Strategisch-taktisches Produktionsmanagement

1. Grundlagen des strategisch-taktischen Produktionsmanagements

1.1 Aufgaben des strategisch-taktischen Produktionsmanagements

Strategisches Management soll die geplante, d.h. bewußte Weiterentwicklung der Unternehmung und des für sie relevanten Umweltausschnitts in einer sich ständig wandelnden Gesamtumwelt betreiben[1]. Der Schwerpunkt seiner Aufgaben konzentriert sich auf die Schaffung strategischer Erfolgspotentiale. Lange Zeit standen dabei primär Produkt-/Markt-Potentiale im Vordergrund eines solchen **extern** orientierten strategischen Managements. Durch die Einführung neuer Technologien – wie CAD/CAM (Computer Aided Design/Computer Aided Manufacturing), Flexible Fertigungssysteme, Industrieroboter sowie integrativer Lösungen wie das CIM (Computer Integrated Manufacturing)-Konzept – treten eher **intern** orientierte Ansätze eines strategischen Managements in den Vordergrund. An die Seite von Produkt-/Markt-Potentialen gesellen sich innenorientierte Potentiale – wie Human Ressources, neue Technologien oder Managementsysteme. Das strategische Management wird dabei funktionalisiert und das strategische Produktionsmanagement gewinnt zunehmend an Bedeutung.

Die **Aufgaben des strategischen Produktionsmanagements** bestehen im wesentlichen in der Ziel- und Strategieformulierung zur Gestaltung und Lenkung des Produktionssystems. Dabei liegt sein Arbeitsschwerpunkt auf der Schaffung und Erhaltung einer wettbewerbsfähigen Produktion. Die Konkretisierung der Strategien, die sich aus systemorientierter Sicht auf Entscheidungen über das langfristige strategische Produktprogramm (Output), die zu seiner Realisierung langfristig bereitzustellenden Produktionsfaktoren (Input) und die langfristige Organisation des Produktionsprozesses bezieht, ist **Aufgabe des taktischen Produktionsmanagements.** Da beide Aufgabenfelder sowohl aus theoretischer Sicht als auch in der betrieblichen Praxis häufig nur schwer voneinander zu trennen sind, werden in dieser Schrift die Aufgabenbereiche des strategischen und taktischen Produktionsmanagements **zusammenfassend** behandelt. Mit den Entscheidungen des strategisch-taktischen

[1] Einen Literaturüberblick zum Strategischen Management bietet *Kreikebaum* 1992.

Produktionsmanagements werden Rahmenbedingungen für die **Aufgaben des operativen Produktionsmanagements** geschaffen. Diese umfassen dann den möglichst zieladäquaten Einsatz des gegebenen Produktionssystems zur Durchführung der Produktion. Konkret sind damit **kurzfristig** orientierte Entscheidungen über das operative Produktionsprogramm (Output), die Nutzung und den Einsatz der Produktionsfaktoren (Input) sowie die Ablauforganisation des Produktionsprozesses (Throughput) verbunden.

Im Idealmodell einer modernen Unternehmensführung sind die Aufgaben des strategisch-taktischen und operativen Produktionsmanagements in Form vermaschter Regelkreise miteinander verbunden. Die *Abb. 14* zeigt, daß somit das Führungssystem der Produktion eine hierarchische Struktur mit Rückkopplungen aufweist.

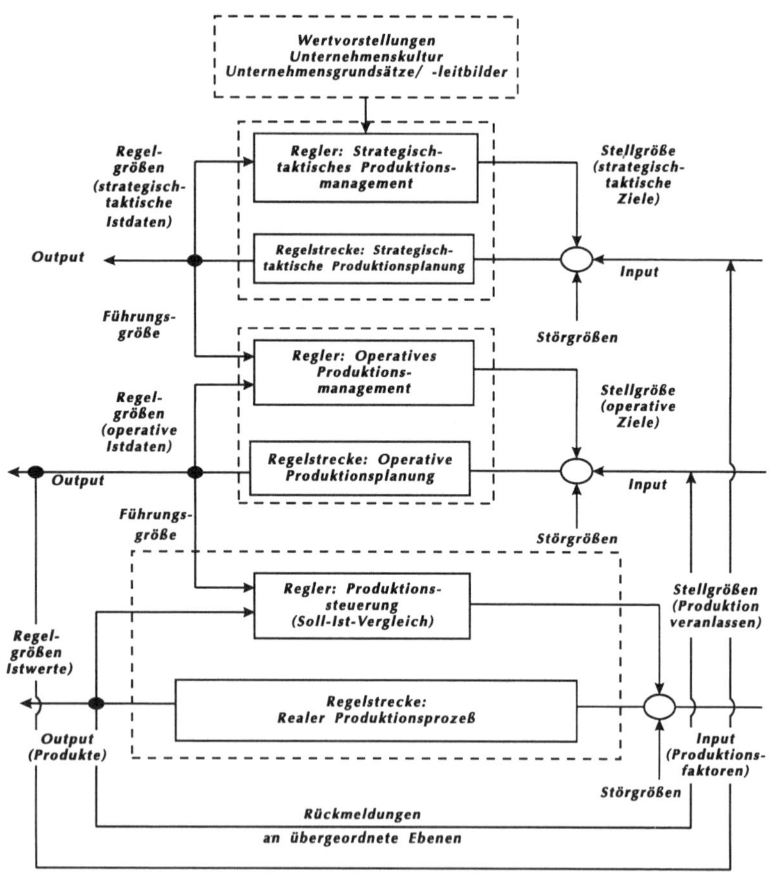

Abb. 14: Regelkreise des Produktionsmanagements

Im Sinne einer „schlanken Produktion" (lean production) soll damit aber nicht eine Über- bzw. Unterordnung des Führungspersonals der Produktion verbunden sein. Vielmehr soll damit nur eine funktionale Abhängigkeit im Rahmen eines arbeitsteiligen Führungsprozesses zum Ausdruck kommen. Eine höhere Führungsebene befaßt sich mit Planungs- und Entscheidungsproblemen größerer Tragweite als eine untere Führungsebene. Aus diesem Grunde bestehen auch unterschiedliche Informationsbedürfnisse auf den einzelnen Führungsebenen, auf die sich das Produktions-Controlling im Rahmen seiner Koordinationsaufgabe einzustellen hat. Während das operative Produktionsmanagement für die operative Produktionsplanung beispielsweise detaillierte Informationen über Bedarfsprognosen für das zukünftige Quartal benötigt, muß das strategisch-taktische Produktionsmanagement für die Erstellung der strategisch-taktischen Produktionsplanung z.B. mit selektierten und verdichteten Informationen über langfristige Prognosen zur Wettbewerbssituation auf dem Beschaffungsmarkt versorgt werden. Führungsgrößen der übergeordneten Ebenen werden der unteren Ebene als Sollwerte vorgegeben. Sie bilden den Rahmen innerhalb dessen die untere Ebene in disaggregierter Betrachtung ihre beeinflußbaren Parameter festlegen kann. Für die oberste Ebene des strategisch-taktischen Produktionsmanagements bilden die autorisierten Wertvorstellungen die Führungsgröße, die – abgeleitet aus der Unternehmensphilosophie – letztlich die Überlebensfähigkeit der Unternehmung sichern sollten.

1.2 Differenzierung der strategisch-taktischen Produktionsplanung und -kontrolle

Die Schaffung neuer und die Erhaltung bestehender Erfolgspotentiale sowie deren Konkretisierung in Maßnahmen der Programm- und Ausstattungsgestaltung sind Inhalte der strategisch-taktischen Produktionsplanung. Sie ist

- grundsätzlich Aufgabe der oberen Managementebenen
- von besonderer Bedeutung für die Vermögens- und Erfolgsentwicklung
- langfristig und hochaggregiert anzulegen
- nicht unbedingt zyklisch und repetitiv, sondern sie wird häufig fallweise initiiert durch schwache Signale aus Frühwarnsystemen
- konzentriert auf die Findung neuer Geschäftsfelder, Produkte (z.B. neue Produkttechnologien) und Produktprogramme, Produktionsfaktoren (z.B. neue Werkstofftechnologien) und Produktionsprozesse (z.B. neue Produktionstechnologien).

Die strategisch-taktische Produktionsplanung als Teil der strategisch-taktischen Gesamtunternehmensplanung umfaßt aus systemorientierter Sicht folgende spezielle Gebiete:

- **Strategische Programmplanung** (Outputplanung)
  - Strategische Produktions-Zielplanung (insbesondere Planung von monetären Zielen, Qualitäts-, Flexibilitäts-, Sozial- und Umweltzielen der Produktion)

- Planung von Normstrategien (gemeinsam mit Marketing)
- Produktplanung (gemeinsam mit Forschung und Entwicklung sowie Marketing)
- Strategische Produktprogrammplanung (gemeinsam mit Marketing)

- **Strategisch-taktische Faktorplanung** (Inputplanung)
  - Produktions-Standortplanung
  - Fabrikplanung
  - Planung maschineller Anlagen (Kapazitäts-, Investitions-, Instandhaltungsplanung)
  - Produktions-Personalplanung (gemeinsam mit Personalwesen: Planung der Personalstrategien, der Arbeitsbedingungen, der Arbeitszeiten und des Personalbedarfs sowie der Arbeitsbewertung und Entlohnung)
  - Planung der Werkstoffsicherung (Planung der Fertigungstiefe, von Beschaffungsstrategien [z.B. Just in Time], von neuen Werkstoffen)
  - Planung der Energiesicherung
- **Strategisch-taktische Prozeßplanung** (Throughputplanung)
  - Planung neuer Prozeßtechnologien bei computerintegrierter Produktion (Planung von Wettbewerbsstrategien und Technologie-Normstrategien [gemeinsam mit Marketing], der CIM-Implementierung, der ökonomischen Bewertung der neuen Prozeßtechnologien)
  - Layoutplanung (bei Werkstatt-, Reihen-, Fließ- und Zentrenproduktion)
  - Planung des betrieblichen Umweltschutzes

Mit den durch die strategisch-taktische Produktionsplanung festgelegten Erfolgspotentialen in Form von langfristig orientierten Produktprogrammen, Produktionsfaktor- und -prozeßstrukturen hofft die Unternehmung während der Realisierung positive wirtschaftliche (z.B. hohe Deckungsbeiträge) und soziale Wirkungen zu erreichen. Zur Umsetzung der meist hochaggregierten strategischen und taktischen Pläne in realisierbare operative Programm-, Faktor- und Prozeßpläne wird eine sachlich und zeitlich differenzierte Konkretisierung strategisch-taktischer Pläne in der operativen Produktionsplanung vorgenommen. Diese ist Aufgabe des unteren, operativen Produktionsmanagements. Die (operative) Produktionssteuerung (siehe *Abb. 14*) ist mit der Durchführung des realen Produktionsprozesses betraut und stellt die unterste Führungsebene dar.

Die strategisch-taktische Produktionsplanung muß um eine **strategisch-taktische Produktionskontrolle** ergänzt werden. Diese umfaßt eine mehrstufige Kontrolle sowie Anpassung der Planungsergebnisse an veränderte Bedingungen und bezieht sich auf die Bereiche Prämissen- und Durchführungskontrolle sowie strategische Überwachung.

2. Strategische Programmplanung

2.1 Strategische Produktions-Zielplanung

Im allgemeinen stellt strategische Planung ein schlecht strukturiertes Problem dar, für das keine eindeutigen Zielfunktionen vorliegen. Als oberstes langfristig orientiertes strategisches Ziel kann jedoch die langfristige Erhaltung und Weiterentwicklung des Systems Unternehmung angenommen werden. Konkret können aus dieser Überlebenszielsetzung einige strategische Handlungsmaximen abgeleitet werden:

- jederzeitige Zahlungsfähigkeit
- dauerhafte Wettbewerbsfähigkeit
- dauerhafte Eigentumssicherung
- dauerhafte Arbeitsplatzsicherung usw.

Auf den Produktionsbereich bezogen läßt sich daraus das in Abb. 8 dargestellte produktionswirtschaftliche Zielsystem ableiten. Wichtige spezielle strategische Produktionsziele wären beispielsweise:

- Monetäres Ziel (Formalziel): Erzielung hoher Einzahlungsüberschüsse (cash-flow)
- Qualitätsziele
- Flexibilitätsziele
- Soziale Ziele
- Umweltziele

Die **strategische Zielplanung** kann nicht als selbständige strategische Teilplanung betrachtet werden, auf deren Basis strategische Maßnahmenplanungen entwickelt werden. Strategische Ziele werden aufgrund ihrer Unschärfe häufig erst im Laufe der strategischen Programm-, Faktor- und Prozeßplanung formuliert und präzisiert. Eine Lösungsmöglichkeit zur Bewältigung des Ablaufproblems der strategischen Zielplanung besteht in der hierarchischen Aufspaltung vager strategischer Oberziele in mehrere konkreter werdende Unter-, Sub- oder Teilziele[1] (siehe *Abb. 15*).

Die Wertvorstellungen von Führungskräften und Interessengruppen (z.B. Arbeitgeber- und Arbeitnehmerverbände) prägen die **Unternehmenskultur.** Diese kann als Gesamtheit gemeinsamer Wert- und Normenvorstellungen sowie geteilter Denk- und Verhaltensmuster der Organisationsmitglieder (Manager, Mitarbeiter, Interessengruppen) angesehen werden und entsteht aus einem historischen Prozeß[2].

---

[1] Vgl. *Kreikebaum* 1991.

[2] Vgl. *Heinen* u.a. 1987.

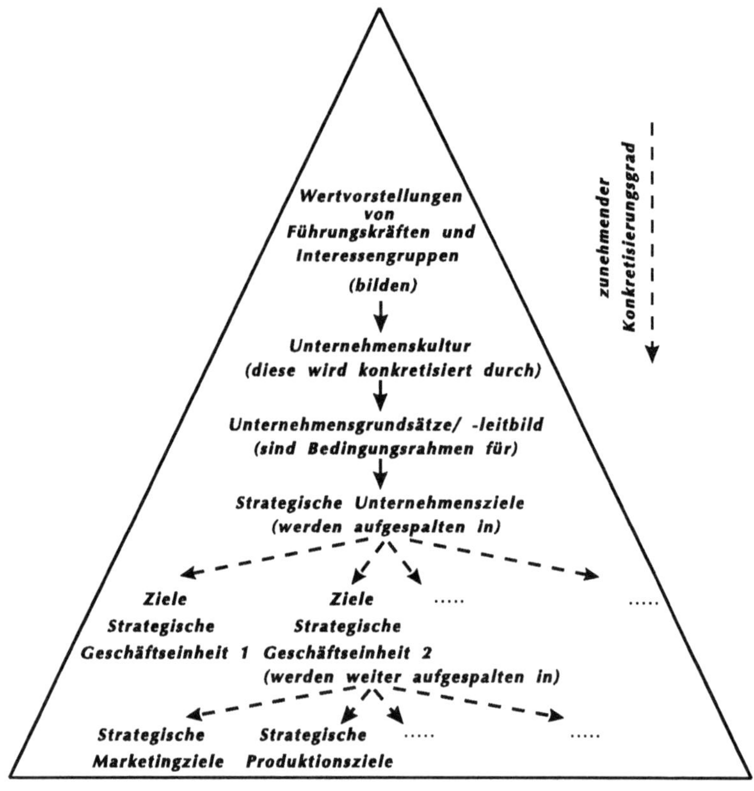

Abb. 15: Strategische Zielhierarchie

Die Unternehmenskultur, die ständig hinterfragt werden muß, bestimmt weitgehend, wie Probleme der externen Anpassung und internen Koordination gelöst werden. Die Unternehmen versuchen mit zunehmender Tendenz ihre Unternehmenskultur in wenigen **Unternehmensgrundsätzen** auszuformulieren, die als Unternehmensleitbild den Bedingungsrahmen für den strategischen Planungsprozeß bilden. Als besonders bedeutsam erweisen sich folgende zusammengefaßte Grundsätze[3]:

- Kundenorientierung (überragende Kundenpflege)
- Innovationsorientierung (hohe Innovationsrate)
- Mitarbeiterorientierung (intensive Mitarbeiterführung und -ausbildung)
- Leistungsorientierung (hohe Qualität, Produktivität und Wirtschaftlichkeit)

Im Rahmen der strategischen Zielplanung müssen diese Unternehmensgrundsätze unter Berücksichtigung **unternehmerischer Visionen** in bereits konkretere **strategische Unternehmensziele** transformiert werden, wobei

[3] Vgl. *Hilti* International 1985, S. 13.

mindestens jeweils **Inhalt** (z.B. Einzahlungsüberschuß), **Ausmaß** (z.B. 100 Mio DM) und **Zeitbezug** (z.B. 1993 bis 1996) angegeben werden müssen. Weitere wesentliche Zielkritierien zur Konkretisierung strategischer Ziele bzw. Teil-/Sub-/Unterziele auf unteren hierarchischen Ebenen sind:

- Organisatorischer Zielbezug: Welche Organisationseinheit ist primär für die Zielerreichung verantwortlich?
- Zielmaßstab: Wie soll Ziel gemessen werden?
- Zielpriorität: Wie wichtig ist Ziel?

Hier sind auch die Fragen nach den Zielbeziehungen zu klären. Verhalten sich die Ziele zueinander identisch, komplementär, neutral/indifferent, konkurrierend/konfliktär? Bei **Zielkonkurrenz** muß angegeben werden, welches Ziel als Haupt- und welches als Nebenziel zu betrachten ist. Bei **Zielkomplementarität** erweisen sich im Rahmen der Zielplanung **definitionslogische Zielaufspaltungen** (wie z.B. das ROI-Kennzahlen-System von Du Pont[4]) und **produktgruppenbezogene Zieldifferenzierungen** als hilfreich. Diese können mit **organisationsbezogenen Zielableitungen** verbunden werden, so daß die oben angeführten Zielkriterien erfüllt werden können[5].

Die Konkretisierung strategischer Ziele nach den oben angeführten Kriterien setzt in der Regel eine Auseinandersetzung mit der externen und internen Situation sowie den strategischen Alternativen der Unternehmung voraus und steht daher am Ende des strategischen Planungsprozesses. Ausgangspunkt der strategischen Unternehmens- und damit auch Produktions-Zielplanung können deshalb nur die Unternehmensgrundsätze sein. Ihre Konkretisierung kann unter Einsatz des Gegenstromprinzips im Rahmen der hierarchischen Koordination der strategisch-taktischen Produktionsprogramm-, -faktor- und -prozeßplanung erfolgen[6].

Eine produktgruppen- und organisationsbezogene Zieldifferenzierung/-ableitung sieht die Aufspaltung strategischer Unternehmensziele in vorerst Spartenziele sowie weiter in Ziele von Strategischen Geschäftsfeldern bzw. Strategischen Geschäftseinheiten vor. Da die Marktchancen und Erfolgspotentiale der einzelnen Produktgruppen völlig verschieden sein können, werden zur Umsetzung eines leistungsfähigen strategischen Managements innerhalb der Unternehmung Strategische Geschäftseinheiten (SGE) oder Strategische Geschäftsfelder (SGF) gebildet. Diese stellen organisatorische Einheiten zur Durchführung der strategisch-taktischen Planung dar. Sie können folgendermaßen charakterisiert werden[7]:

- von anderen Strategischen Geschäftseinheiten unabhängige Marktaufgabe
- eindeutig bestimmbare Konkurrenzsituation
- eigenständige Ziele, Strategien und Programme

---

[4] Vgl. *Horváth* 1992, S. 517f.
[5] Vgl. *Töpfer* 1987.
[6] Siehe Abschnitt I.2.2.3.
[7] Vgl. *Hinterhuber* 1989, S. 121.

- von anderen Strategischen Geschäftseinheiten unabhängige Führung, die für den Erfolg der Strategischen Geschäftseinheit verantwortlich ist.

Im Wege einer weiteren organisationsbezogenen Zielableitung können aus den strategischen Zielen einer Strategischen Geschäftseinheit spezielle funktionale strategische Teilziele des Produktionsbereichs festgelegt werden. Damit wird auch den Kriterien des organisatorischen Zielbezugs (siehe oben) entsprochen. Da viele, insbesondere strategische Ziele einer Strategischen Geschäftseinheit die Organisationseinheit insgesamt betreffen, lassen sie sich nicht mehr weiter in funktionale Teilziele (z.B. strategische Produktionsziele einer Strategischen Geschäftseinheit) aufspalten. Deren Konkretisierung im Wege der strategischen Planung und Realisierung sind Aufgaben des gesamten strategischen Managements. Aus diesem Grunde finden sich in der strategischen Produktionsplanung viele Schnittstellenbereiche bzw. Überschneidungen zur strategischen Absatz- bzw. Marketingplanung und anderen funktionalen Teilplanungen.

Die Segmentierung der Unternehmung in Strategische Geschäftseinheiten ermöglicht die Erkennung von Wettbewerbspositionen, so daß Wettbewerbsvorteile erreicht werden können. Zu diesem Zweck ist für jede Strategische Geschäftseinheit eine Wettbewerbsanalyse in Form einer Umwelt- und Unternehmensanalyse und -prognose durchzuführen. Auf ihrer Basis können Normstrategien für die Strategischen Geschäftseinheiten geplant werden.

2.2 Umweltanalyse und -prognose

Wichtige Voraussetzungen der strategischen Programmplanung sind die Analyse und Prognose relevanter Umweltinformationen. Aus diesem Grunde zählen Umweltanalyse und -prognose zur Informationsversorgung der strategischen Programmplanung. Ihre wichtigsten Teilbereiche sind:

- Generelle Umweltanalyse und -prognose
- Absatzmarktanalyse und -prognose
- Beschaffungsmarktanalyse und -prognose

Mit der Umweltanalyse und -prognose sollen Chancen und Gefahren (Risiken) für die Unternehmung rechtzeitig erkannt werden. Sie dienen zur Beurteilung der **Marktattraktivität,** die als **externe** Einflußgröße zur Planung von Normstrategien von der Strategischen Geschäftseinheit kaum beeinflußt werden kann.

2.2.1 Generelle Umweltanalyse und -prognose

Die Aufgabe der Generellen Umweltanalyse und -prognose besteht in der

- Erfassung aller für die Unternehmung strategisch relevanten Umweltfaktoren

- Analyse der Informationen über strategisch relevante Umweltfaktoren in bezug auf ihre Wirkungsweise
- Prognose der zukünftigen Entwicklung strategisch relevanter Umweltfaktoren.

Um die komplexe Umwelt der Unternehmung erfaßbar zu machen, kann man beispielsweise folgende dreidimensionale Segmentierung vornehmen[8] (siehe *Abb. 16*):

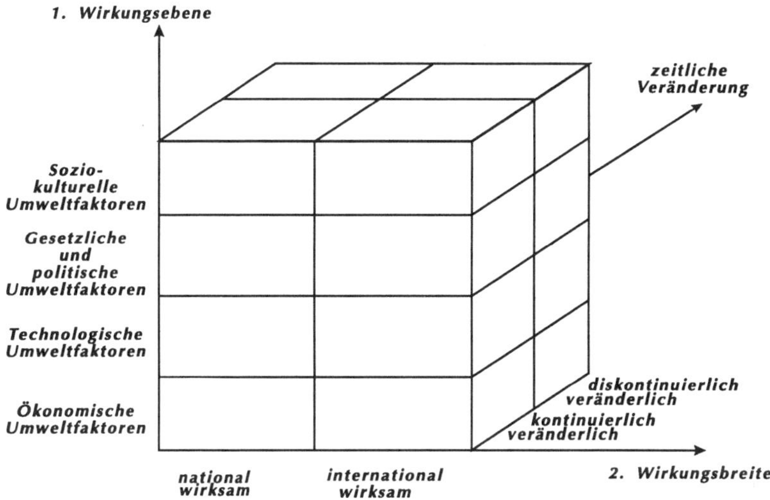

Abb. 16: Umweltfaktoren

Das wichtigste und vielfältigste Umweltsegment bilden die **Ökonomischen Umweltfaktoren.** Sie umfassen alle wichtigen Faktoren der gesamtwirtschaftlichen Entwicklung – wie z.B. Bruttosozialprodukt, Zahlungsbilanz, Wechselkurse, Einkommensverteilung, Inflationsrate, Investitionsneigung, konjunkturelle Entwicklung, Zinsniveau usw.

Die **Technologischen Umweltfaktoren** sind aus produktionswirtschaftlicher Sicht besonders interessant. Dazu zählen die technischen Neuerungen auf den Gebieten der Produkt-, Prozeß-(Verfahrens-) und Werkstofftechnologie.

Zu den **Gesetzlichen und Politischen Umweltfaktoren** gehören alle Gesetze und Verordnungen, die von staatlichen Stellen oder internationalen Behörden erlassen werden und für die Unternehmung relevant sind. Weiterhin zählen hierzu Maßnahmen der Wirtschafts- und Regionalpolitik sowie Indikatoren für die Bedeutung und den Einfluß von Gewerkschaften.

Sozio-kulturelle Umweltfaktoren umfassen das Bevölkerungswachstum, den Ausbildungsstand, das Leistungsbewußtsein, veränderte Konsumgewohnhei-

[8] Vgl. *Dunst* 1983, S. 21ff.

ten, verändertes politisches Bewußtsein, das Freizeitverhalten, das Umweltbewußtsein sowie die Veränderung kultureller Normen.

Die verschiedenen Umweltfaktoren werden zwecks besserer Transparenz in **national** und **international wirksame Umweltfaktoren** unterteilt. Dies ist insbesondere für international tätige export-, aber auch importabhängige Unternehmungen von Bedeutung.

Besonders wichtig ist auch die Unterscheidung der Umweltfaktoren in kontinuierlich und diskontinuierlich veränderliche. Aufgrund der Evolution der Umwelt soll die Umweltanalyse ein permanenter Prozeß sein, der laufend erweitert und revidiert werden muß. Während **kontinuierlich veränderliche Umweltfaktoren** – wie z.B. die Konjunktur – mit quantitativen Prognoseverfahren relativ gut erfaßbar sind, werfen **diskontinuierlich veränderliche Umweltfaktoren** – wie z.B. politische Ereignisse – große Probleme für die strategische Planung auf. Hier erweist sich der Einsatz qualitativer Prognoseverfahren sowie von ausgereiften Frühwarnsystemen[9] als sinnvoll.

2.2.2 Absatzmarktanalyse und -prognose

Wesentliche Chancen und Gefahren für Strategische Geschäftseinheiten lassen sich aus Informationen über die Entwicklung ihres Absatzmarktes erkennen. Die **Absatzmarktanalyse** als Schwerpunktbereich der **Branchenanalyse** soll vor allem klären, wie sich die Absatzmöglichkeiten einer Strategischen Geschäftseinheit im Zeitablauf innerhalb der Branche verändern. Neben den qualitativen und quantitativen Informationen aus der generellen Umweltanalyse und -prognose sind, wenn möglich, branchenbezogene quantitative Informationen – wie Marktvolumen, Marktwachstum, Marktkonzentration (Zahl der Wettbewerber), Verkaufspreisniveau – zur Beurteilung der Marktattraktivität heranzuziehen.

Als wichtiges Instrument der strategischen Programmplanung wurde im Marketing das (nicht unumstrittene) Modell des Produkt-Lebenszyklus entwickelt[10]. Aufgrund des begrenzten Rahmens dieser Schrift kann hier nur auf die wichtigsten Ergebnisse einer Lebenszyklusanalyse eingegangen werden, die für die strategische Programmplanung von besonderer Bedeutung sind.

Im Grundmodell des Produkt-Lebenszyklus wird davon ausgegangen, daß jedes Produkt während seines Lebenszyklus zeitlich nacheinander folgende Phasen durchläuft (siehe *Abb. 17*):

- Einführungsphase mit langsam steigenden Umsätzen
- Wachstumsphase mit großen progressiven Steigerungsraten des Umsatzes
- Reifephase mit kleiner werdenden degressiven Steigerungsraten des Umsatzes
- Sättigungsphase mit in etwa konstantem Umsatz
- Degenerations- oder Schrumpfungsphase mit abnehmenden Umsätzen

---

[9] Vgl. *Gomez* 1983.

[10] Vgl. z.B. *Pfeiffer/Bischof* 1981, S. 133ff.

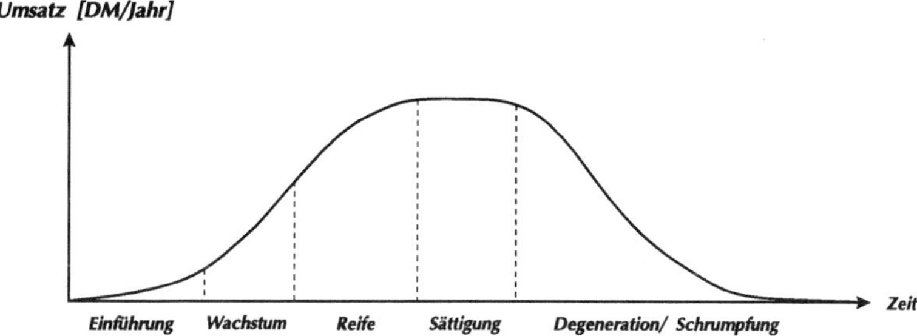

Abb. 17: Produkt-Lebenszyklus

Phase des Lebenszyklus	SGE-Klassifikation	Standard-/ Normstrategie
Einführungsphase	Innovatorische SGE	– Forschungs- und Entwicklungsstrategien – Einführungs- und Anlaufstrategien – Abwehrstrategien
Wachstumsphase	Wachsende SGE	– Abwehrstrategien – Marktanteils-Erhöhungsstrategien – Verdrängungsstrategien
Reifephase	Reifende SGE	– Verdrängungsstrategien – Marktanteils-Sicherungsstrategien – Segmentierungsstrategien
Sättigungsphase	Stagnierende SGE	– Marktanteils-Sicherungsstrategien – Segmentierungsstrategien – Abschöpfungsstrategien
Degenerationsphase	Schrumpfende SGE	– Anpassungsstrategien – Desinvestitionsstrategien – Rumpfmarkt-Erhaltungsstrategien

Abb. 18: Klassifikation von Strategischen Geschäftseinheiten (SGE)

Gegen dieses Grundmodell sind vor allem folgende Kritikpunkte vorgebracht worden[11]:

- unklarer und im Zeitablauf veränderlicher Produktbegriff
- im Zeitablauf veränderlicher Einsatz von Marketing-Mix-Instrumenten
- im Zeitablauf veränderliche Konkurrenzsituation
- im Zeitablauf veränderliche Annahme über das Nachfrageverhalten

Aus der Kritik am Grundmodell des Produkt-Lebenszyklus wird für die strategische Programmplanung eine Partialanalyse der Lebenszyklusphasen vorgeschlagen. Dabei sollten alle Strategischen Geschäftseinheiten daraufhin untersucht werden, in welcher Phase des Lebenszyklus sich ihre Produkte befinden. Danach wird eine **Klassifikation** der Strategischen Geschäftseinheiten und der für sie in Frage kommenden Strategien vorgenommen (siehe *Abb. 18*)[12]. Deren Wahl hängt im wesentlichen vom Marktanteil der Strategischen Geschäftseinheit sowie von Möglichkeiten der Realisierung von Kostensenkungspotentialen ab.

2.2.3 Beschaffungsmarktanalyse und -prognose

Eine Strategische Geschäftseinheit kann ihre strategischen Ziele nur erreichen, wenn sie alle erforderlichen Produktionsfaktoren in ausreichenden Mengen, mit der erforderlichen Qualität und zu wirtschaftlich vertretbaren Preisen beschaffen kann. Um die Chancen und Gefahren der Beschaffung und Sicherung von Produktionsfaktoren im Rahmen der strategischen Programmplanung ausreichend zu berücksichtigen, muß eine **Beschaffungsmarktanalyse** durchgeführt werden.

Ausgangspunkt der Beschaffungsmarktanalyse ist eine **langfristige Bedarfsprognose** aller Produktionsfaktoren, bei der man von der oben dargestellten Klassifikation von Strategischen Geschäftseinheiten ausgehen kann. Die folgende Abb. 19 zeigt Schwerpunkte der Beschaffungsmarktanalyse und -prognose auf.

Fragen der strategisch-taktischen Planung der Produktionsfaktoren (Anlagen, Personal, Werkstoffe und Energie) werden in Abschnitt II.3. behandelt. Die Beschaffungsmarktanalyse und -prognose soll im Rahmen der Umweltanalyse und -prognose lediglich Aufschluß darüber geben, welchen Chancen oder Gefahren die Strategische Geschäftseinheit auf der Inputseite gegenübersteht. Unter anderem sollen mit ihr folgende Fragen geklärt werden:

- Können die Beschaffungsmengen mit den geforderten Qualitäten als unbegrenzt oder begrenzt gesichert bzw. ungesichert betrachtet werden?
- Können Beschaffungspreise als langfristig stabil oder labil angesehen werden?

[11] Vgl. *Kilger* 1986, S. 127ff. und die dort angeführte Literatur.
[12] Vgl. *Kilger* 1986, S. 130.

SGE-Klassifikation	Schwerpunkte der Beschaffungsmarktanalyse und -prognose
Innovatorische SGE	– Suche nach geeigneten Werkstoffen und Vorprodukten für neue Produkte – Wahl zwischen Substitutionsmöglichkeiten – Wahl zwischen Eigenerstellung und Fremdbezug von Vorprodukten – Konzentration auf **Qualität** der Produktionsfaktoren – Personalbeschaffung und -ausbildung
Wachsende und reifende SGE	– Sicherung der Bedarfs**mengen** – Anpassung der Preise und Konditionen bei steigenden Bezugsmengen – Wahl zwischen Eigenerstellung und Fremdbezug – Feststellung der Veränderung des Marktanteils auf den Bezugsmärkten – Personalbeschaffung und -ausbildung (bei wachsenden SGE) – Rationalisierung, Einstellungsstopps, Umsetzungen (bei reifenden SGE)
Schrumpfende SGE	– Überprüfung der Beschaffungskonditionen – Übergang von Eigenerstellung auf Fremdbezug – Kurzarbeit – Personalabbau

Abb. 19: Schwerpunkte der Beschaffungsmarktanalyse und -prognose

Zur letzten Frage kann verallgemeinernd festgestellt werden, daß aufgrund mono- oder oligopolistischer Angebotsstrukturen die Beschaffungsrisiken auf **Rohstoff-** und **Energiemärkten** besonders hoch sind. Dies gilt vor allem für das Preisveränderungs-, aber auch für die **Mengenbegrenzungs-** und **Qualitätsrisiken. Vorprodukte** mit hohem Rohstoffanteil unterliegen ähnlichen Risiken. Je höher der Fertigungskostenanteil an deren Herstellkosten ist, desto stabiler sind ihre Einstandspreise. Für viele **Vorprodukte,** aber auch **Hilfs-** und **Betriebsstoffe, Betriebsmittel, Ersatzteile** und **Dienstleistungen** ändern sich die Preise häufig nur im Konjunkturablauf und aufgrund inflatorischer Preiseinflüsse. Kurzfristig auftretende Produktionsengpässe bei den Lieferanten führen lediglich zu verlängerten Lieferzeiten. Bei **Vorprodukten** und **Betriebsmitteln** mit hohen Qualitätsanforderungen an Präzision muß mit **Qualitätsrisiken** gerechnet werden.

2.3 Unternehmensanalyse und -prognose

2.3.1 Stärken-Schwächen-Analyse

Wie die Umweltanalyse und -prognose als Chancen- und Gefahren(Risiken)-analyse, so dient auch die **Unternehmensanalyse** und **-prognose** als **Stärken-** und **Schwächenanalyse** einer Strategischen Geschäftseinheit zur Informationsversorgung der strategischen Programmplanung. Sie werden zur Beurteilung der **Marktposition** bzw. der **relativen Wettbewerbsvorteile** der Strategischen Geschäftseinheit, verglichen mit den stärksten Wettbewerbern, herangezogen. Die Marktposition als **interne** Einflußgröße zur Planung von Normstrategien ist Gegenstand der Unternehmenspolitik.

Mit umfangreichen Fragenkatalogen (Check-List) werden **Profildarstellungen** der Stärken und Schwächen von Leistungspotentialen einer Strategischen Geschäftseinheit – wie Produktposition, Marktanteile, Marketingkonzept, Finanzsituation, Produktionsstruktur, Kostensituation usw. – erarbeitet. Die *Abb. 20* zeigt einen Ausschnitt eines solchen Stärken-/Schwächenprofils.

Leistungspotentiale	schlecht	mittel	gut	Bemerkungen
	10 9 8 7 6 5 4	3 2 1 0 1 2 3	4 5 6 7 8 9 10	
- Produktqualität (in bezug auf Qualität, Preis)				
- Marktanteile				
- Marketingkonzept				
- Finanzsituation				
- Produktionsstruktur				
- Kostensituation				
. . .				

Abb. 20: Stärken-/Schwächenprofil

2.3.2 Analyse der Kostensituation

2.3.2.1 Analyse der Kostensenkungspotentiale

Innerhalb der Unternehmensanalyse ist die Beurteilung der Kostensituation von besonderer produktionswirtschaftlicher Bedeutung. Um ihre Erfolgspotentiale voll ausschöpfen zu können, muß eine Strategische Geschäftseinheit das **Prinzip der Kostenwirtschaftlichkeit** beachten. Dies bedeutet, daß **output-, input- und prozeßbezogene Kostensenkungspotentiale** mit Hilfe kurz- und langfristiger Maßnahmen zur Kostensenkung auszuschöpfen sind[13].

Die strategische Planung konzentriert sich auf die Analyse **langfristiger Kostensenkungspotentiale.** Die Festlegung von Verfahren zur Analyse kurzfristiger Kostensenkungspotentiale gehört jedoch ebenfalls zu den Systemgestaltungsaufgaben eines strategischen Produktions-Controllings. Hierzu zählen z.B. Planungs- und Kontrollsysteme zur Optimierung der Kapazitätsauslastung von Potentialfaktoren, der Wirtschaftlichkeit des Repetierfaktoreinsatzes und der Ausbeutegrade (Verhältnis von Output- zu Inputmengen) sowie des Produktionsablaufs[14].

Die *Abb. 21* zeigt Möglichkeiten zur Realisierung langfristiger Kostensenkungspotentiale auf.

Kostensenkungspotentiale		
outputbezogen	**inputbezogen**	**prozeßbezogen**
-Realisierung kostengünstiger Konstruktion und Produktgestaltung bei Stückgütern* -Einsatz der konstruktionsbegleitenden Kalkulation -Normung, Typung -Baukastensysteme -Einsatz der Wertanalyse -Realisierung kostengünstiger Werkstoffmischungen bei Fließgütern (z.B. Flüssigkeiten, Schüttgütern)	-Einsatz kostengünstiger Werkstoffarten -Wahl zwischen Eigenerstellung und Fremdbezug von Vorprodukten	-Einsatz rationellerer technologischer Verfahren (mutative Betriebsgrößenvariation**) -Übergang zu rationelleren organisatorischen Verfahren (z.B. von Werkstatt- zur Fließproduktion) -Ausnutzung von Lerneffekten mit zunehmenden Stückzahlen*** -Kapazitätsabbau bei langfristiger Überkapazität

* Siehe hierzu Abschnitt II.2.5
** Siehe hierzu Abschnitt III.2.2
*** Siehe hierzu nächsten Abschnitt II.2.3.2.2 und II.3.5.4

Abb. 21: Kostensenkungspotentiale

2.3.2.2 Langfristige Kostenanalyse mit Kosten-Erfahrungskurven

Die Erschließung von Kostensenkungspotentialen erfordert eine detaillierte Analyse mit Hilfe von Methoden der analytischen Kostenplanung sowie dynamischen Investitionsrechnung. Um ohne den Einsatz dieser aufwendigen

[13] Vgl. ähnlich *Kilger* 1986, S. 139ff.
[14] Siehe hierzu Abschnitt III.

Analysemethoden Kostensenkungsmöglichkeiten in der strategischen Planung berücksichtigen zu können, wurde von der Unternehmensberatung Boston Consulting Group 1966 das **Modell der Kosten-Erfahrungskurve** entwickelt[15]. Dieses überträgt die Überlegungen des Lernkurven-Modells[16], das sich nur auf die Lohnstückkosten von Produkten bezieht, auf die gesamten Kosten der Wertschöpfung (Selbstkosten abzüglich der Material-Einzelkosten). Demnach vermindern sich die inflationsbereinigten Stückkosten der Wertschöpfung um einen konstanten Prozentsatz, wenn sich die kumulierte Produktionsmenge verdoppelt. Die Kostensenkungen werden allerdings nur wirksam, wenn alle Rationalisierungs- und Innovationsmöglichkeiten ausgeschöpft werden.

Danach muß gelten:

$$k_x = k_1 \, (1 - s)^v \qquad (12)$$

Hierbei sind

k_x: Stückkosten bei einer kumulierten Gesamtproduktion von $\bar{x}$
k_1: Stückkosten einer bis zum Zeitpunkt 1 hergestellten Ausgangsmenge x_1
s: Kostensenkungs-Prozentsatz
v: Anzahl Verdoppelungen, ausgehend von x_1

Nach logarithmischen Umformungen erhält man das **Funktionsgesetz der Kosten-Erfahrungskurve:**

$$k_x = k_1 * \left(\frac{\bar{x}}{x_1}\right)^{\frac{\log(1-s)}{\log 2}} \qquad (13)$$

Die *Abb. 22* zeigt ein Beispiel für die Kosten-Erfahrungskurve bei logarithmischer Achsenteilung.

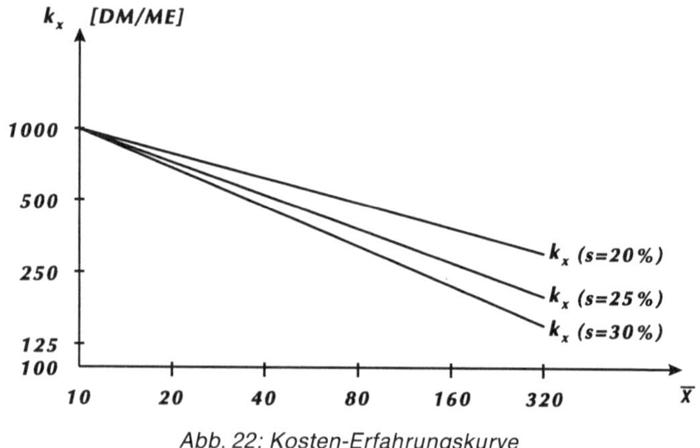

Abb. 22: Kosten-Erfahrungskurve

[15] Vgl. *Henderson* 1984.
[16] Siehe hierzu Abschnitt II.3.5.4.2.3.

Nach dem Modell der Erfahrungskurve sind die Kostensenkungen auf folgende Ursachen zurückzuführen[17]:

- Übergang zu rationelleren technologischen Produktionsverfahren aufgrund des technischen Fortschritts
- Übergang zu rationelleren organisatorischen Produktionsverfahren (z.B. von Werkstatt- zu Fließproduktion)
- Lerneffekte des Personals bei wachsenden Ausbringungsmengen
- Einführung verbesserter Arbeitsmethoden
- Verbesserung der Lagerhaltung von Werkstoffen und Endprodukten
- Rationalisierung der Distributionsverfahren bei wachsenden Umsätzen
- Fixkostendegression bei zunehmender Beschäftigung

Wenn auch der Kostenbegriff des Modells nicht zweifelsfrei geklärt ist (Kosten der Wertschöpfung, also **ohne** Material-Einzelkosten), werden Kostensenkungs-Prozentsätze von 20–30% angegeben[18]. Diese generelle Annahme globaler Kostensenkungs-Prozentsätze in Abhängigkeit von der kumulierten Produktionsmenge kann zu schwerwiegenden Fehlschlüssen führen und gibt Anlaß zu berechtigter **Kritik**[19]:

- Die Kosten der Wertschöpfung eines Produktionsbetriebes werden nur auf **eine Einfluß-/Bezugsgröße der Kostenverursachung** (kumulierte Produktionsmenge) bezogen. Dies ist realitätsfern.
- Das Modell bezieht sich auf den **Einproduktfall.** Im Mehrproduktfall ergeben sich Überlagerungen unterschiedlicher Erfahrungskurven.
- Der Übergang zu rationelleren Verfahren führt zur Faktorsubstitution von Personal durch Betriebsmittel. Damit wird der Einfluß von Lerneffekten eingeschränkt bzw. ausgeschlossen.
- Die Einschränkung auf die Kosten der Wertschöpfung und damit der Ausschluß von Kostensenkungsmöglichkeiten bei Material-Einzelkosten (Rohstoff- und Vorproduktkosten) ist nicht einzusehen. Bei steigenden Produktionsmengen können Mengenrabatte, langfristige Lieferverträge und werkstoffsparende Konstruktion und Produktgestaltung zu erheblichen Kosteneinsparungen führen.

Die Kostenerfahrungskurve kann bestenfalls zur Unterstützung einer globalen Strategiediskussion herangezogen werden. Die Realisierung der Ziele eines leistungsfähigen Produktions-Controllings erfordert im Rahmen der Informationsversorgung der strategischen Programmplanung jedoch eine detaillierte Analyse von Kostensenkungspotentialen. Aus diesem Grunde sollte von einem undifferenzierten Einsatz des Modells der Kostenerfahrungskurve Abstand genommen werden. Stattdessen sollte hier trotz aller Schwierigkeiten dem **Grundsatz der operativen Fundierung der strategischen Planung** gefolgt werden und eine detaillierte **analytische Planung der Kostensenkungs-**

---

[17] Vgl. *Kloock/Sabel/Schumann* 1987.
[18] Vgl. *Henderson* 1984, S. 19.
[19] Vgl. *Kilger* 1986, S. 150f.

möglichkeiten bei steigender Produktionsmenge durchgeführt werden. Auf deren Basis sollten für fixkostenverändernde Rationalisierungsmaßnahmen **dynamische Investitionsrechnungen** zur Bestimmung kritischer Wachstumsgrenzen erstellt werden.

Nach Abschluß der Umwelt- und Unternehmensanalyse und -prognose kann die Planung von Normstrategien durchgeführt werden. So kann im nächsten Abschnitt beispielsweise gezeigt werden, wie mit der Ausschöpfung von Kostensenkungspotentialen bei wachsenden Strategischen Geschäftseinheiten Preissenkungsstrategien geplant werden können.

2.4 Planung von Normstrategien

Zur **Planung von Normstrategien** ist es erforderlich, vorerst die gegenwärtige Stellung von Strategischen Geschäftseinheiten aufgrund der gegebenen Umwelt- und Unternehmenssituation zu bestimmen. Dazu wurden in der betriebswirtschaftlichen Literatur und in der Unternehmenspraxis, vorwiegend aufgrund von Arbeiten von Unternehmensberatungen, graphische Matrix-Darstellungen entwickelt, die als **Portfolio-Methoden** bezeichnet werden. Diese erlauben eine Positionierung von Strategischen Geschäftseinheiten aus der Gesamtsicht einer Unternehmung unter Berücksichtigung strategischer Erfolgsfaktoren. Letztere werden in umwelt- und unternehmensbezogene Faktoren aufgespalten und sind Ergebnis der oben dargestellten Umwelt- und Unternehmensanalyse.

Zu den bekanntesten zweidimensionalen Formen der Portfolio-Methode zählen[20]:

- Marktwachstum-Marktanteil-Portfolio (Boston Consulting Group)
- Marktattraktivität-Wettbewerbsvorteil-Portfolio (Mc Kinsey)
- Lebenszyklus-Wettbewerbsposition-Portfolio.

Die oben angeführten **zweidimensionalen Portfolio-Ansätze** sind sehr anschaulich und ermöglichen eine Gesamtsicht des Unternehmens. Aus diesem Grunde liefern sie einen geeigneten Bezugsrahmen für eine diskursive Auseinandersetzung des Managements über zukünftige Strategien. Diesem Vorteil stehen folgende gravierende **Nachteile** gegenüber:

- Konzentration auf **nur zwei strategierelevante Einflußgrößen,** die derart komprimiert sind, daß sie häufig **nicht vollständig und widerspruchsfrei** formuliert werden können.
- Bewertungstechnik der Hauptachsen des Portfolios wirft schwerwiegende **Gewichtungsprobleme** auf.
- Einflußgrößen lassen **keine eindeutige Trennung von Erfolgs- und Risikofaktoren** zu.

[20] *Hinterhuber* 1989, S. 106ff. und *Kreikebaum* 1991, S. 85ff.

- Verluste bei der Informationsversorgung des Portfolios, da ursprünglich quantifizierbare Einflußgrößen in der qualitativen oder Punkt-Bewertung untergehen.
- **Interdependenzen** zwischen mehreren Strategischen Geschäftseinheiten können nicht berücksichtigt werden.

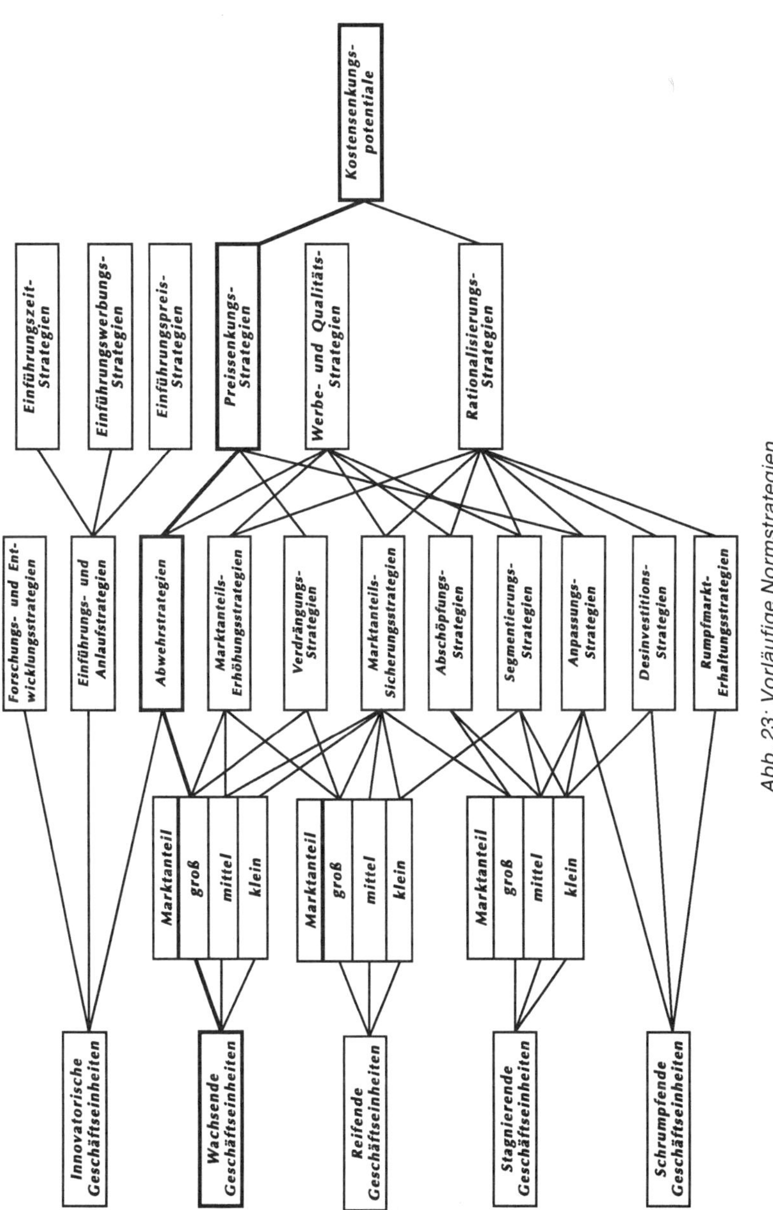

Abb. 23: Vorläufige Normstrategien

Aufgrund der vielen Nachteile bei der Anwendung zweidimensionaler Portfolio-Methoden soll zur Durchführung einer **flexiblen Planung von Normstrategien** (Produkt-/Marktstrategien) mit Hilfe einer mehrdimensionalen Einflußgrößenanalyse folgendes mehrstufiges Verfahren eingesetzt werden[21]:

- Planung **vorläufiger Normstrategien** unter **ausschließlicher** Berücksichtigung der Ergebnisse der Absatzmarkt- und Kostensenkungspotentialanalyse
- **Korrektur** der vorläufigen Normstrategien unter Berücksichtigung weiterer strategierelevanter Informationen aus
  - Beschaffungsmarktanalyse
  - Genereller Umweltanalyse
  - Stärken-Schwächen-Analyse.

Die *Abb. 23* zeigt, welche **vorläufigen Normstrategien** im **ersten Planungsschritt** bei ausschließlicher Berücksichtigung der Absatzmarktsituation und realisierbarer Kostensenkungspotentiale für eine Strategische Geschäftseinheit in Frage kommen können[22].

Die stärker gezeichneten Linien sollen das folgende Beispiel darstellen. Für eine **wachsende Strategische Geschäftseinheit** mit **großem Marktanteil,** die aufgrund ihres verstärkten Einsatzes neuer Produktionstechnologien erhebliche **Kostensenkungspotentiale** aufweist, wäre eine **Abwehrstrategie** in Form einer **kostenorientierten Preissenkungsstrategie** zu empfehlen. Damit können potentielle Konkurrenten solange am Markteintritt und am Erwerb von Erfahrungen gehindert werden, bis der Konkurrenzvorteil der Strategischen Geschäftseinheit nicht mehr aufzuholen ist. Die *Abb. 24* zeigt ein Beispiel einer aggressiven Preisstrategie, die mit einem relativ niedrigen Einkaufspreis

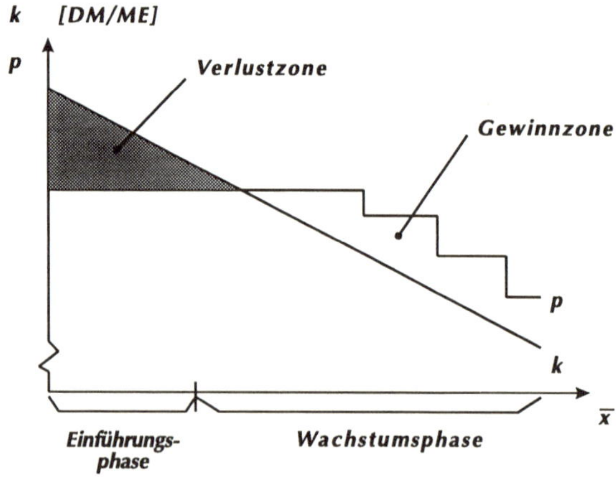

Abb. 24: Aggressive Preisstrategie

[21] Vgl. *Jacob* 1982 und *Kilger* 1986, S. 159 ff.
[22] Vgl. *Kilger* 1986, S. 162.

beginnt und den Preis danach in relativ großen Abständen den sinkenden Kosten anpaßt.

Im **zweiten Planungsschritt** werden die vorläufigen Normstrategien **korrigiert.** Ergibt die Beschaffungsmarktanalyse beispielsweise eine unsichere Mengensituation für einen dominanten Werkstoff, so sind Vorrats- bzw. Substitutionsstrategien vorzusehen. Lassen sich aus der Generellen Umweltanalyse schwache Signale für zukünftige verschärfte Umweltschutzbestimmungen erkennen, so muß möglicherweise die vorläufige Normstrategie aufgrund zu erwartender Kostenerhöhungen korrigiert werden.

Nachdem für alle Strategischen Geschäftseinheiten **korrigierte Normstrategien** geplant wurden, erfolgt deren **Abstimmung** mit den **Zielen und Ressourcen der Gesamtunternehmung.** Dieser Koordinationsprozeß, der vom strategischen Controlling moderiert wird, bezieht sich auf folgende Bereiche[23]:

- Liquiditäts- und Risikowirkungen der Normstrategien: Hierzu ist eine umfassende langfristige Cash-Flow-Analyse unter Annahme realistischer, optimistischer und pessimistischer Zahlungsstromverläufe erforderlich.
- Inanspruchnahme gemeinsamer Ressourcen: Falls Höchstmengen bzw. Kapazitäten nicht ausreichen, müssen Zuteilungsprioritäten für Strategische Geschäftseinheiten festgelegt werden.

Gegebenenfalls erweisen sich Revisionen der Normstrategien als notwendig. Diese könnten beispielsweise zur Aufgabe oder Verschiebung eines Investitionsprojektes oder zum Abbruch eines Forschungs- und Entwicklungsprojektes aufgrund eines zu hohen Risikos führen.

Zweidimensionale Portfolioansätze sind für diesen Koordinationsprozeß nur unzureichend geeignet. Auch hier erweist sich eine mehrstufige Vorgehensweise – wie oben dargestellt – als überlegen.

Das **Ist-Portfolio** zur Darstellung der gegenwärtigen Position der Strategischen Geschäftseinheiten dient als Ausgangspunkt für die Planung von Normstrategien. Diese bewirken eine geplante Positionsänderung der Strategischen Geschäftseinheiten und führen nach dem oben dargestellten Koordinationsprozeß zum **Ziel- oder Sollportfolio** der Unternehmung. In ihm sind die **Plan-Strategien** der Strategischen Geschäftseinheiten enthalten. Diese bilden den Rahmen für die langfristige strategische Produktprogrammplanung. Alle Portfolio-Ansätze dürfen dabei nicht als exakte Planungsmethoden verstanden werden. Sie sollen lediglich als Hilfsmittel zur Strukturierung, Visualisierung und Intensivierung des strategischen Diskussionsprozesses angesehen werden. Allmählich entstehen auch **computergestützte dynamische Portfolio-Modelle,** welche die Schwächen statischer Ansätze zum Teil überwinden.

Das endgültige strategische Produktprogramm kann erst nach Durchführung der Planung neuer Produkte festgelegt werden. Dies gilt in besonderem Maße

---

[23] Vgl. *Dunst* 1983, S. 99.

für die Umsetzung von Forschungs- und Entwicklungsstrategien Innovatorischer Strategischer Geschäftseinheiten.

2.5 Produktplanung

Der Produkt-Lebenszyklus weist auf eine begrenzte Lebens- und Verkaufsfähigkeit von Produkten hin. Sobald sich Produkte des existierenden Produktprogramms der Degenerationsphase nähern, sollen Nachfolgeprodukte geplant werden. Diese Neuproduktplanung erstreckt sich auf folgende Stufen[24]:

- Ideensuche für neue Produkte
- Forschung und Entwicklung (F & E) für erfolgversprechende Produktideen
- konkrete Produktgestaltung

Zur Markteinführung der neuen Produkte sind weiterhin Produkttests auf Testmärkten und Prognosen der Marktdurchdringung erforderlich. Während die ersten drei Stufen eine intensive Zusammenarbeit von Marketing-, Forschung- und Entwicklungs- sowie Produktionsbereich erfordern und als Schnittstellenbereiche hier behandelt werden, beziehen sich die beiden letztgenannten Stufen eher speziell auf den Marketingbereich und werden deshalb hier nicht untersucht.

2.5.1 Ideensuche

Um dem kreativen Denken eine gewisse Basis zu verschaffen, kann man vorerst mit einer **Verwendungsanalyse** existierender Produkte beginnen. Mit ihr können systematisch Lücken in der Bedürfnisbefriedigung aufgezeigt werden. In Verbindung mit einer Analyse der Verbraucherwünsche im Wege einer **Bedarfsanalyse** kann der Rahmen für eine kreative Neuproduktidee abgesteckt werden. Handelt es sich bei dieser nur um eine Produktvariation eines auf dem Markt existierenden Produktes, ist weiterhin eine **Konkurrenzanalyse** durchzuführen. Diese soll darüber Aufschluß geben

- welche ähnlichen Produkte bereits auf dem Markt angeboten werden,
- welches Image diese Produkte haben,
- welche Marketingstrategien die Konkurrenzunternehmen verfolgen.

Weiterhin kann die **Produktpositionierung** mit Hilfe der multidimensionalen Skalierung Marktnischen aufspüren und somit Anstöße für Neuproduktideen liefern[25]. Eine **systematische Ideenfindung** wäre durch die Einrichtung

---

[24] Vgl. *Hansmann* 1992, S. 69ff.

[25] Vgl. beispielsweise Hansmann/Paetow/Zetsche 1983.

eines **Innovationspools** realisierbar[26]. Dieser besteht aus einem Kreis von Mitarbeitern einer Strategischen Geschäftseinheit, in den systematisch Ideen eingebracht, in dem sie ausgetauscht und aufbewahrt werden. Informationsfluß und Ideenfindung können durch traditionelle Gruppentreffen oder **Brainstorming** organisiert werden[27].

Die **Morphologische Methode**[28], die aus Kombinationen von Teillösungen für Funktionselemente eines Produktes eine Gesamtlösung für ein neues Produkt generiert, gehört wie die **Kreative Imitation**[29] ebenfalls zu den Methoden einer systematischen Ideenfindung.

2.5.2 Forschung und Entwicklung

2.5.2.1 Begriff und Teilgebiete

Erfolgsversprechende Produktideen werden durch Forschung und Entwicklung (F & E) konkretisiert. Nach einer empirischen Untersuchung werden ca. 40% der F & E-Budgets deutscher Industrieunternehmen (F & E-Budget beträgt durchschnittlich 5% des Umsatzes) für die Neuproduktentwicklung und ca. 30% für die Weiterentwicklung (Verbesserung) von Produkten ausgegeben[30]. Der Rest entfällt auf Verfahrens- (ca. 15%) und Grundlagenforschung. Aus diesen Zahlen läßt sich die dominierende Bedeutung der Produkt-Forschung & Entwicklung erkennen.

Unter **Forschung** sollen alle Aktivitäten verstanden werden, um neue Kenntnisse zu gewinnen oder bekannte Erkenntnisse zu erweitern bzw. zu vertiefen. Als **Entwicklung** werden genau definierte Projekte zur Umsetzung von gewonnenen Erkenntnissen in neue oder verbesserte Produkte und Verfahren bezeichnet. Die *Abb. 25* gibt einen Überblick über F & E-Teilgebiete. In

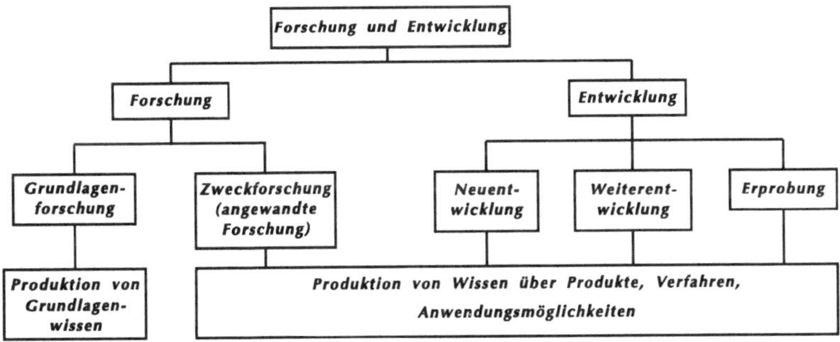

Abb. 25: Teilgebiete und Gegenstände von Forschung und Entwicklung

---

[26] Vgl. *Sabathil* 1991.
[27] Vgl. *Kotler* 1989, S. 329.
[28] Vgl. *Zwicky* 1989.
[29] Vgl. *Drucker* 1985.
[30] Vgl. *Poensgen/Hort* 1983, S. 73ff.

Analogie zum Begriff der industriellen Produktion kann F & E auch als **Produktion neuen Wissens** bezeichnet werden. F & E-Management ist somit ein Teilbereich des sogenannten **Wissensmanagements**[31].

2.5.2.2 Bewertung von F & E-Projekten

Aufgrund des hohen Aufwandes für F & E ist es aus wirtschaftlichen Gründen unbedingt erforderlich, daß F & E-Projekte gründlich beurteilt und bei begrenztem F & E-Budget nach einer **Prioritäten-Reihenfolge** zur Realisierung ausgewählt werden. Dazu können **Bewertungsverfahren** wie die Nutzwertanalyse und die dynamische Investitionsrechnung eingesetzt werden.

Mit Hilfe der **Nutzwertanalyse**[32], die als **Scoring-Modell**[33] ein Punktbewertungsverfahren darstellt, werden Projekten anhand von technischen, wirtschaftlichen und zeitlichen Kriterien meist gewichtete Teil-Nutzenwerte zugeordnet, die additiv oder multiplikativ miteinander verknüpft zu Gesamtnutzenwerten der einzelnen Projekte führen.

Kann der Beitrag eines Projektes zum Unternehmenserfolg quantitativ beurteilt werden, so bieten sich die bekannten Methoden der **dynamischen Investitionsrechnung** zur Projektauswahl an. Unter Einsatz des folgenden, stark vereinfachten ganzzahligen Optimierungsmodells könnte eine Auswahl der erfolgsträchtigsten Projekte durchgeführt werden:

$$Z = \sum_{i=1}^{I} C_i \, x_i \rightarrow \text{MAX!} \qquad (14)$$

$$\sum_{i=1}^{I} a_{ij} x_i \leq B_j \qquad (j = 1, \ldots, J) \qquad (15)$$

$$x_i = 0 \text{ oder } 1 \qquad (i = 1, \ldots, I) \qquad (16)$$

Hierbei sind

Z: Gesamt-Kapitalwert des F & E-Programms

C_i: Kapitalwert (discounted cash-flow) des Projektes i

x_i: Null-Eins-(Binär-)Variable (1 = Aufnahme in das F & E-Programm)

a_{ij}: Inanspruchnahme der Ressource j durch das Projekt i

B_j: Höchstbetrag der zur Verfügung stehenden Ressource j

I: Anzahl der zur Auswahl stehenden Projekte

J: Anzahl der zu berücksichtigenden Ressourcenarten (Kapital, Personal u.s.w.)

Um den Verhältnissen in der Praxis gerecht zu werden, müßte dieses Grundmodell in vielerlei Hinsicht verbessert und erweitert werden[34]. Hier sollte nur die prinzipielle Struktur solcher Modelle gezeigt werden.

---

[31] Vgl. *Albrecht* 1993.
[32] Vgl. *Zangemeister* 1976.
[33] Vgl. *Strebel* 1975.
[34] Vgl. *Brockhoff* 1988.

2.5.3 Produktgestaltung

2.5.3.1 Ablauf der Produktgestaltung

Nach Auswahl der günstigsten Produkt-F & E-Projekte muß nun durch technische **Produktgestaltung** aus der Neuproduktkonzeption ein marktfähiges Produkt hervorgehen. Dazu wird häufig vorerst ein **Prototyp** des künftigen Produktes entwickelt. Dieser wird auf seine technischen Funktionen getestet, wobei entdeckte Funktionsfehler behoben werden. Ist die einwandfreie technische Funktion sichergestellt, können die weiteren, für den Verkaufserfolg wichtigen Produkteigenschaften – wie Form, Styling, Farbe, Verpackung, Markenname (bei Markenartikeln) – festgelegt werden. Bei **Vorratsproduktion** für den anonymen Markt können diese variierbaren Produkteigenschaften mit Hilfe von Testgruppen bestimmt werden. Bei **Auftragsproduktion** (z.B. Investitionsgüterindustrie) trifft man hierzu direkte Absprachen mit dem Auftraggeber, bei denen dieser Ausstattungswünsche äußern kann.

2.5.3.2 Konstruktion

Im Mittelpunkt der technischen Produktgestaltung von Stückgütern steht deren **Konstruktion,** wobei man nach der VDI-Richtlinie 2210 zwischen Neu-(Entwicklungs-), Anpassungs-(Änderungs-), Varianten- und Prinzipkonstruktion unterscheiden kann. Der Konstruktionsprozeß kann in die Phasen Konzipierung (Funktionsfindung, Prinziperarbeitung), Entwurf (Konkretisierung des Lösungskonzepts) und Detaillierung/Ausarbeiten (Einzelteildarstellung, Lösungsbewertung) unterteilt werden.

Der zeitlich aufwendigste Teil des Konstruierens ist das Zeichnen. Hier wird heute überwiegend **CAD** (Computer Aided Design = rechnergestütztes Konstruieren) eingesetzt. Dieses umfaßt einerseits die funktions- und geometrieorientierte Aufgabe des Berechnens und Gestaltens, der Zeichnungserstellung, der geometrischen Modellierung und der Simulation von Funktions- und Bewegungsabläufen. Andererseits werden die geometrie- und technologieorientierten Aufgaben der Arbeitsplanerstellung und der Programmierung numerisch gesteuerter (NC-)Werkzeugmaschinen (CAP = Computer Aided Planning) auch häufig zum CAD-Bereich gezählt. Gelegentlich werden CAD und CAP im Begriff CAE (Computer Aided Engineering) zusammengefaßt. Der CAD-Begriff schließt auch administrative Aufgaben – wie das Erstellen von Stücklisten und die Produktion technischer Dokumentationsunterlagen – ein.

Der Dialog mit dem CAD-System erfolgt über meist farbfähige Bildschirme mit Hilfe graphischer Symbole. Den Kern des Systems bildet die rechnerintegrierte Objektdarstellung, die als Kanten-, Flächen- oder Volumenmodell erfolgen kann. Ein- und Ausgabedaten sowie Zwischenergebnisse werden in Form von Zeichnungen, Stücklisten, Berechnungsergebnissen, Arbeitsplänen und NC-Daten in entsprechenden Dateien für Konstruktion, Berechnung, Technologie usw. geführt und für den Benutzer verfügbar gehalten.

Die *Abb. 26* zeigt konstruktionsprozeßbezogene Kostensenkungspotentiale durch CAD-Einsatz in einer Maschinenbau-Unternehmung mit Einzel- und Kleinserienproduktion[35]. Hier ergeben sich beispielsweise durch CAD-Einsatz Einsparungsmöglichkeiten in 42% der gesamten Konstruktionszeit.

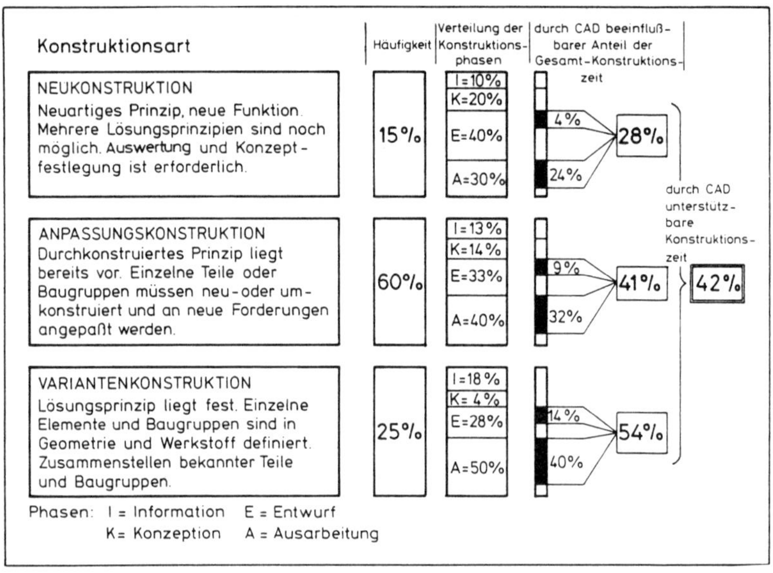

Abb. 26: Beeinflußbare Zeitanteile mit CAD

Die Einführung eines CAD-Systems erfordert wegen der erheblichen wirtschaftlichen und organisatorischen Konsequenzen eine sorgfältige Planung und Überwachung[36].

2.5.3.3 *Produkt-(Output-)bezogene Kostensenkungspotentiale*

2.5.3.3.1 *Konstruktionsbegleitende Kalkulation*

Wie oben dargestellt, versucht man durch CAD-Einsatz auch konstruktionsprozeßbezogene Kostensenkungspotentiale zu realisieren. In der Regel machen die Kosten der Konstruktion nur einen relativ kleinen Prozentsatz der Herstellkosten eines Produktes aus. Der überwiegende Anteil der Herstellkosten (70–80%) wird jedoch im Rahmen der Konstruktion festgelegt. Dies betrifft sowohl die Material-Einzelkosten (z.B. Wahl von Werkstoffen, Wahl

---

[35] *Wiendahl* 1989, S. 94.

[36] Zur strategischen Planung des Einsatzes von CAD innerhalb von CIM-Konzepten siehe Abschnitt III.4.2.

zwischen Eigenerstellung und Fremdbezug) als auch die Fertigungskosten (z.B. Wahl des erforderlichen Fertigungs- und Montageverfahrens). Die Realisierung output-, d.h. produktbezogener Kostensenkungspotentiale kann im Rahmen von CAD durch den Einsatz **konstruktionsbegleitender Kalkulationsverfahren** wesentlich gestützt werden[37]. Die *Abb. 27* zeigt die wichtigsten Verfahren der konstruktionsbegleitenden Kalkulation[38].

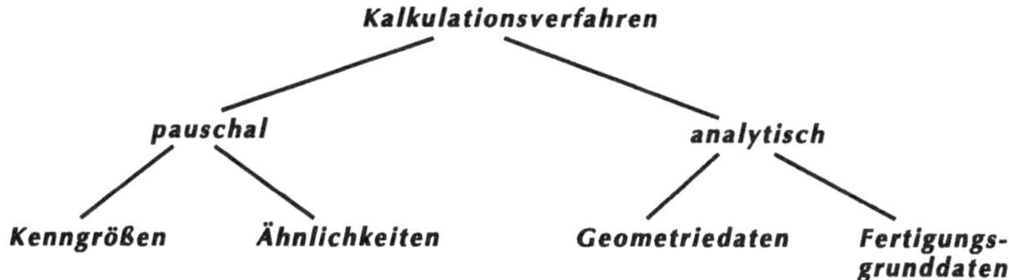

Abb. 27: Verfahren zur konstruktionsbegleitenden Kalkulation

Für die langfristige Einzel-/Auftragsproduktion werden pauschale **Kalkulationen mit Kenngrößen** – wie Materialkosten/kg Maschinengewicht, Fertigungskosten/t, Herstellkosten/m^3 umbauten Raumes – eingesetzt, die lediglich grobe Anhaltspunkte für Kosten im Rahmen der Angebotskalkulation liefern. Innerhalb der **Variantenkonstruktion** kann mit **Ähnlichkeiten** kalkuliert werden, wenn eine Konstruktion nur in Einzelheiten von einer bereits früher ausgeführten abweicht.

Erst mit dem Einsatz analytischer Kalkulationsverfahren besteht die Möglichkeit, produktbezogene Kostensenkungspotentiale zu realisieren. So können mit der **Kalkulation aufgrund von Geometriedaten** die von der Konstruktion beeinflußbaren Parameter **Form, Fertigungsanforderungen und Werkstoff** mit Hilfe genereller Kostenfunktionen auf der Basis von Regressionsanalysen kostenmäßig optimiert werden.

Durch den Einbezug von CAP in den CAD-Arbeitsbereich und die Integration der Plankostenrechnung in das CIM-Konzept[39] gewinnt das leistungsfähigste Verfahren der **Kalkulation aus Fertigungsgrunddaten** erhebliche Bedeutung. Können die Geometriedaten sofort an das NC-Programmiersystem übergeben werden, so lassen sich dort für die festzulegenden Arbeitsgangfolgen Bearbeitungszeiten ermitteln. Diese können mit den entsprechenden Plankostensätzen bewertet und an den CAD-Arbeitsplatz zurückgemeldet werden.

Die konstruktionsbegleitende Kalkulation befindet sich erst im Entwicklungsstadium. Sie erfordert neben einer funktionierenden CAD/CAP-Kopplung eine datenbankorientierte Plankostenrechnung und vor allem die Bereit-

---

[37] Vgl. *Ehrlenspiel* 1985, *Becker* 1990.
[38] Vgl. *Scheer* 1987, S. 162.
[39] CIM = Computer Integrated Manufacturing, siehe hierzu Abschnitt II.4.2.

schaft der Konstrukteure, ihre hohe Kostenverantwortung anzuerkennen und damit neue Aufgabengebiete zu erschließen. Zur Durchführung einer konstruktionsbegleitenden Kalkulation werden in Zukunft Expertensysteme eingesetzt[40].

2.5.3.3.2 Normung, Typung, Baukastenprinzip

Im Rahmen des Konstruktionsprozesses hat der Konstrukteur zwecks Realisierung produktbezogener Kostensenkungspotentiale nach Möglichkeit darauf zu achten, Teile, Komponenten bzw. ganze Produkte zu vereinheitlichen, ohne die absatzwirtschaftlich geforderte Vielfalt bei den Endprodukten zu beschneiden. Solche speziellen Methoden der Produktgestaltung sind:

- Normung
- Typung
- Baukastenprinzip

Unter **Normung** versteht man die einheitliche Festlegung von Größe, Abmessungen, Formen, Farben und Qualitäten **einzelner Teile** eines Produktes. Mit ihr lassen sich nicht nur output-/produktbezogene sondern auch prozeßbezogene Kostensenkungspotentiale (z.B. Steigerung der Produktivität der Montage) realisieren. Neben der Kostensenkung im Produktionsbereich ergeben sich auch folgende qualitative Vorteile beim Absatz der Produkte:

- einheitliche Qualität und damit Erhöhung der Markttransparenz
- Wettbewerbsvorteile aufgrund niedrigerer Verkaufspreise
- höhere Lieferbereitschaft bei Ersatzteilen

Als **Typung** wird die Vereinheitlichung der angebotenen **Produktvarianten** zwecks Verkleinerung des Produktprogramms bezeichnet. Durch sie sollen das Programm übersichtlich gestaltet sowie vereinheitlicht und somit Rationalisierungsmöglichkeiten ausgeschöpft werden. Allerdings entstehen auch negative absatzwirtschaftliche Wirkungen, indem nicht mehr alle Kundenwünsche erfüllt werden können (Wettbewerbsnachteile) und die ausgleichenden Wirkungen der Diversifikation abgeschwächt werden.

Die oben angeführten Nachteile der Typung werden durch Anwendung des **Baukastenprinzips** kompensiert. Hier werden standardisierte Baugruppen unterschiedlich zusammengefügt, so daß jede Kombination einen anderen Typ des Produktes ergibt. Somit werden die Kostensenkungspotentiale der Normung ausgeschöpft, ohne die absatzfördernde Typenvielfalt aufgeben zu müssen. Die *Abb. 28* zeigt, wie sich das Baukastenprinzip in verschiedenen Baukastensystemen realisieren läßt.

---

[40] Vgl. *Bock, M./Bock, R./Scheer* 1990, *Hubka* 1988.

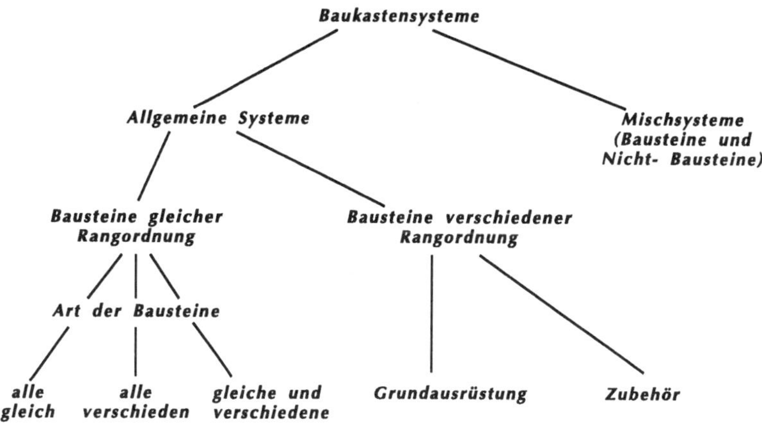

Abb. 28: Baukastensysteme

2.5.3.3.3 *Wertanalyse*

Nach der Deutschen Industrienorm (DIN) 69910 versteht man unter der **Wertanalyse** das systematisch analytische Durchdringen von Funktionsstrukturen mit dem Ziel einer abgestimmten Beeinflussung von deren Elementen (z.B. Kosten, Nutzen) in Richtung einer Wertsteigerung. In der **produktbezogenen Wertanalyse** sollen dabei Kostensenkungs- oder Gewinnerhöhungspotentiale realisiert werden, die für den Funktionswert des Produktes von untergeordneter Bedeutung sind. Sie umfaßt zwei Phasen[41]:

- **Funktionsbeschreibung** des Produktes oder Vorproduktes
- Anwendung von **Produktgestaltungsmaßnahmen**
  - **zur Kostensenkung,** die den Funktionswert möglichst nicht beeinflussen (z.B. Fortfall eines Einzelteils, Gewichtsverminderung, Werkstoffänderung, Austausch von Teilen gegen Normteile, Fremdbezug anstatt Eigenerstellung von Vorprodukten)

  oder:
  - zur **Erhöhung** des Funktions- und damit **Marktwertes** des Produktes
    - bei gleichbleibenden Kosten (z.B. Erhöhung der Leistung oder Nutzungsdauer)

    oder:
    - bei steigenden Kosten, aber Verbesserung der Gewinnsituation.

2.5.4 Simultaneous Engineering

Der traditionelle Produktplanungs- und -entstehungsprozeß ist nach der traditionellen Vorgehensweise mit stark arbeitsteiliger Struktur durch einen

---

[41] Vgl. *Jacob* 1990, S. 455.

sukzessiven Phasenablauf von der Produktplanung (Konstruktion) über die Faktor- und Prozeßplanung bis hin zur Produktionsaufnahme gekennzeichnet. Die mangelnde sachliche Koordination zu Beginn der Produktentstehung führt häufig zu beträchtlichen Änderungskosten sowie zu einem verzögerten Markteintritt.

Mit Hilfe des **Simultaneous Engineering** wird der Forderung nach einer sachlichen Koordination von strategisch-taktischer Produkt-, Faktor- sowie Prozeßplanung und -entwicklung entsprochen, um hierdurch insbesondere bei automatisierter Produktion Kostensenkungspotentiale zu realisieren[42]. Eine solche integrierte Produkt-, Faktor- und Prozeßplanung und -entwicklung ermöglicht eine erhebliche Verkürzung der Produktentstehungsdauer und kann dadurch zu Wettbewerbsvorteilen und einer Realisierung von Erlöserhöhungspotentialen führen[43].

In diesem Zusammenhang wird **Quality Function Deployment** (QFD), ein kundenwunschorientiertes Produktplanungsverfahren, als Kernstück des Simultaneous Engineering bezeichnet[44]. Hierbei werden in einem **Pflichten- oder Lastenheft** neben internen Anforderungen aus den verschiedenen Unternehmensbereichen (z.B. F & E, Produktion) insbesondere die **Kundenanforderungen** sowie sonstige externe Anforderungen (z.B. Umweltschutz) an ein neues Produkt detailliert beschrieben. Auf dieser Basis erfolgt eine simultane und integrierte Produkt-, Faktor- und Prozeßplanung unter Beteiligung aller betroffenen Funktions- und Querschnittsbereiche der Unternehmung sowie der (voraussichtlichen) Zulieferer von Sachpotential- und Repetierfaktoren. Wenn möglich sollen auch potentielle Kunden in diesen Prozeß einbezogen werden.

Da mit QFD viele Zielkonflikte, Schwachstellen und Risikofaktoren sichtbar gemacht werden können, wird sofort mit geeigneten **präventiven Methoden** – wie Fehler-Möglichkeits- und Einflußanalyse, Zuverlässigkeitsanalyse, statistische Versuchsplanung, Montage- und Wartbarkeitsanalyse, Wertanalyse usw. – in den Produktentstehungsprozeß eingegriffen. Dies führt zur Erarbeitung optimaler Detaillösungen und schließlich zur Gestaltung eines robusten marktfähigen Produktes.

Zur erfolgreichen Realisierung von Simultaneous Engineering in Verbindung mit QFD muß neben einer integrierten Ablauforganisation auch eine einheitliche Datenbasis zur Verfügung stehen. Dies kann durch die Einführung eines CIM-Konzeptes erreicht werden[45].

---

[42] Vgl. *Warschat/Wasserloos* 1991, *Rutsch/Lischke/Kuhlmann* 1992.

[43] Vgl. *Eversheim* 1989.

[44] Vgl. *Brunner* 1992.

[45] Siehe hierzu Abschnitt II.4.2.

2.5.5 Qualitätsmanagement

Das oben beschriebene Quality Function Deployment sieht die Kundenanforderungen als Ausgangspunkt des Produktplanungsprozesses. Neben vielen weiteren Anforderungsarten – wie angemessener Preis, Lieferfähigkeit usw. – stehen hier meist Qualitätsanforderungen an erster Stelle. Mit **Qualität** sollen hier alle Eigenschaften und Merkmale eines Produktes (ausgenommen der Verkaufspreis) bezeichnet werden, die aus Kundensicht Präferenzen schaffen und für die Unternehmung Wettbewerbsvorteile bringen. Ein hoher Qualitätsstandard wird deshalb als strategisches (Produktions-)Ziel angesehen. Die Produktqualität muß als „Erfüllungsgrad eines Kundenbedürfnisses" begriffen werden[46].

In der Produktplanung sind im wesentlichen folgende **Qualitätsmerkmale** bzw. **-kategorien** zu beachten[47]:

- Gebrauchstauglichkeit und Funktionstüchtigkeit
- Servicefreundlichkeit
- Umweltfreundlichkeit
- Verwendungssicherheit
- Design

Aus der Sicht des Kunden rückt zunehmend die Umweltfreundlichkeit von Produkten in den Vordergrund. Dies betrifft nicht nur die Verwendung, sondern auch Entsorgungsmöglichkeiten der Produkte. Vielfach ist der Kunde bereit, eine ökologieorientierte Gestaltung der Produktqualität mit der Akzeptanz höherer Verkaufspreise zu honorieren.

Zur **Planung der Produktqualität** werden die Qualitätskategorien in vielerlei quantifizierbare und qualitative Subkategorien unterteilt, wobei diese häufig interdependente Beziehungen aufweisen. In einem ersten Planungsschritt wird versucht, ohne Berücksichtigung der Interdependenzen, die gewünschten Qualitäts-/Eigenschaftskategorien kardinal nach verschiedenen Dimensionen, ordinal nach Rangskalen und nominal nach ihrem Vorhanden- oder Nichtvorhandensein zu bewerten. Eine Visualisierung der Ergebnisse in Form von **Qualitätsprofilen** ist hier hilfreich. Zur Planung des gesamten **Qualitätsniveaus** eines Produktes ist im Anschluß daran eine einheitliche Dimensionierung und Gewichtung der Qualitätskategorien erforderlich. Hier können Punktbewertungsverfahren (Scoring-Modelle) eingesetzt werden, wie sie oben für die Bewertung von F & E-Projekten empfohlen wurden.

Das Qualitätsniveau, sowohl bei der Planung neuer Produkte als auch Verbesserung existierender Produkte, läßt sich durch die Einrichtung sogenannter **Qualitätszirkel** (Quality Circles) signifikant anheben[48]. Diese bestehen

---

[46] Vgl. *Siegwart/Overlack* 1986.
[47] Vgl. *Oess* 1989, S. 34 ff.
[48] Vgl. *Corsten* 1987, *Haindl* 1987, *Wicher* 1987, *Zink/Schick* 1987, *Domsch* 1985.

aus einer Gruppe von Mitarbeitern eines Funktionsbereiches (z.B. Produktion, Vertrieb), die unter Führung eines Gruppenleiters periodisch zusammentreffen, um Qualitätsprobleme ihres Arbeitsbereiches zu erörtern, deren Ursachen zu analysieren und Lösungen zu empfehlen bzw. zu verwirklichen. Die Vorgehensweise ist ähnlich wie bei der Wertanalyse. Neben der Verbesserung der Produktqualität bzw. Sicherung eines hohen Qualitätsniveaus wird mit Qualitätszirkeln auch eine Erhöhung der Produktivität und Leistungsbereitschaft der Mitarbeiter angestrebt[49].

In Analogie und zum Teil verzahnt mit Simultaneous Engineering wird in letzter Zeit ein **Total Quality Management** gefordert, das sich auf alle Unternehmensbereiche erstreckt[50]. Durch qualitätsorientiertes Agieren des Managements aller Unternehmensbereiche soll hierbei die Motivation der Mitarbeiter zur Erreichung eines optimalen Qualitätsniveaus für Produkte und Produktionsprozesse gefördert werden. Dieses erfolgversprechende Konzept setzt eine entsprechende Qualifizierung und laufende Weiterbildung aller Mitarbeiter voraus und greift deshalb weit in die betriebliche Personalwirtschaft ein.

Die geplante Produktqualität wird innerhalb einer computerintegrierten Herstellung (CIM) mit Hilfe von CAQ (Computer Aided Quality Ensurance) überwacht und gesichert[51].

2.6 Strategische Produktprogrammplanung

Die vorangegangenen Ausführungen haben die wesentlichen Schritte beschrieben, die Grundlage der strategischen Produktprogrammplanung sein sollen. Nach Feststellung der strategischen Ziele wurden auf der Basis einer Umwelt- und Unternehmensanalyse und -prognose Normstrategien für Strategische Geschäftseinheiten abgeleitet. Anschließend wurden in der Produktplanung die wesentlichen Phasen der Produktentstehung beleuchtet. Aufbauend auf diesen Grundlagen kann im folgenden die strategische Produktprogrammplanung durchgeführt werden. Hierzu werden vorerst Produktstrategien für neue und eingeführte Produkte analysiert und danach das Produktprogramm festgelegt.

2.6.1 Produktstrategien

2.6.1.1 Neue Produkte

Nach erfolgter Produktplanung kann ein neues Produkt endgültig in das Produktprogramm aufgenommen werden, wenn die Ergebnisse des Produkt-

---

[49] Vgl. *Wildemann* 1992a und b, *Domsch* 1985, S. 428ff.
[50] Vgl. *Zink* 1989, *Dögl* 1986.
[51] Siehe Abschnitt II.4.2.1.5 und III.4.9.3.

tests auf dem Testmarkt und/oder Prognosen über die langfristige Marktdurchdringung vorliegen. Je nachdem, welches Verhältnis die Anzahl der Erstkäufe pro Periode zur Anzahl der Wiederkäufe pro Periode auf dem Testmarkt aufweist, werden folgende Produkteinführungsstrategien empfohlen (siehe *Abb. 29*)[52]:

Erstkäufe/Periode	Wiederkäufe/Periode	Strategie
hoch	hoch	**Aufnahme** des Produktes in das Programm
hoch	niedrig	Produkt überarbeiten oder aufgeben
niedrig	hoch	**Aufnahme** in das Programm, aber Werbung/ Verkaufsförderung intensivieren
niedrig	niedrig	Produkt aufgeben

Abb. 29: Produkt-Einführungsstrategien

Verfolgt die Unternehmung eine **Diversifikationsstrategie**, d.h. versucht sie mit **neuen Produkten** in **neue Märkte** einzudringen, so wird die Grenze zwischen den Bewertungsstufen „hoch" und „niedrig" **unter** derjenigen auf existierenden Märkten festgelegt, um die Diversifikation nicht unnötig zu erschweren. Bei Aufnahme des neuen Produktes in das strategische Produktprogramm wird die Produktionshöchstmenge aufgrund langfristiger Absatzprognosen festgelegt.

2.6.1.2 Eingeführte Produkte

Neben Neuproduktstrategien müssen der strategischen Produktprogrammplanung auch Produktstrategien der bereits auf dem Markt eingeführten Produkte zugrunde gelegt werden.

Folgende Strategien sind denkbar:

- Produktintensivierung
- Produktdifferenzierung
- Produktvariation
- Produkteliminierung

Bei den drei ersten Strategien verbleibt das Produkt im strategischen Produktprogramm. Seine Produktionshöchstmenge wird wiederum aufgrund

[52] Vgl. *Kotler* 1989, S. 353 ff.

langfristiger Absatzprognosen festgelegt, wobei der Einfluß der geplanten Produktstrategie auf die langfristig angestrebten Absatzzahlen zu berücksichtigen ist.

Produktintensivierung

Eine Strategie der Produktintensivierung ist angebracht, wenn z.B. durch Ausscheiden eines Konkurrenten die Wettbewerbsposition des eigenen Produktes verbessert wurde, das Produkt in die Wachstumsphase seines Lebenszyklus eintritt oder die langfristigen Absatzprognosen aufgrund neuer Marktentwicklungen besonders positiv ausfallen. Diese Strategie ist typisch für wachsende Strategische Geschäftseinheiten und ist häufig mit einer Preissenkungs- und Werbestrategie verbunden.

Produktdifferenzierung

Bei dieser Strategie wird ein auf dem Markt angebotenes Grundprodukt (wie bisher oder) in Zukunft in mehreren Ausführungsarten, sogenannten **Varianten** (Modellen, Baureihen, Muster, Sorten, Dessins, Typen usw.), angeboten. Mit dieser Differenzierung, die sich auf technische, funktionale, ästhetische und sonstige Merkmale eines Produktes beziehen kann, versucht die Unternehmung verschiedene Zielgruppen mit z.B. unterschiedlichen Einkommen oder Konsumgewohnheiten anzusprechen.

Während aus absatzwirtschaftlicher Sicht mit dieser Strategie für reifende Strategische Geschäftseinheiten häufig eine neue Wachstumsphase für ein eingeführtes Produkt eingeleitet werden kann, treten im **Produktionsbereich** Probleme aus folgenden Gründen auf:

- Variantenvielfalt: führt häufig zu kleinen Stückzahlen und damit häufigem Umrüsten der Montagesysteme
- Teilevielfalt: führt häufig zu teilespezifischen Investitionen in Maschinen, Werkzeuge, Förder- und Transportsysteme, zur Verhinderung des Einsatzes von Spezialmaschinen mit hoher Produktivität und zu häufigem Umrüsten der Produktionsanlagen
- Auftragsvielfalt: stellt hohe Anforderungen an die operative Produktionsplanung, -steuerung und -kontrolle

Produktvariation

Hier wird ein bisher auf dem Markt angebotenes Produkt in seinen technischen oder funktionalen, ästhetischen (z.B. Design, Farbe, Form), symbolischen (z.B. Markenname) Eigenschaften und/oder Zusatzleistungen verändert und ersetzt damit das ursprüngliche Produkt. Diese Strategie für reifende und stagnierende Strategische Geschäftseinheiten versucht die Entwicklung des technischen Fortschritts oder die Anpassung an veränderte Umweltbedingungen in der Produktgestaltung umzusetzen (Beispiel: Automobilindustrie), um wiederum Wachstumseffekte zu erzielen.

Produkteliminierung

Diese Strategie, die zur Aufgabe des Produktes im strategischen Produktprogramm führt, wird vorgesehen, wenn der Gesamtmarkt schrumpft, alle Kostensenkungspotentiale bereits ausgeschöpft sind und der produktbezogene Cash-Flow negativ zu werden droht. Stagnierende Strategische Geschäftseinheiten werden vorerst noch versuchen, den restlichen Cash-Flow abzuschöpfen, schrumpfende Strategische Geschäftseinheiten werden mit einer Desinvestitionsstrategie das Produkt aus dem Programm nehmen. Gelegentlich muß trotz guter wirtschaftlicher Situation ein Produkt aufgrund von Umwelteinflüssen (zum Beispiel Änderung gesetzlicher Vorschriften im Umweltschutz, Verstoß gegen Sicherheitsbestimmungen) aus dem Programm eliminiert werden.

2.6.2 Kennzeichnung und Gestaltung des Produktprogramms

Mit der Entscheidung über die verfolgten Norm- und Produktstrategien kann nun das langfristige strategische Produktprogramm festgelegt werden. Insbesondere die Entscheidungen über die Produktstrategien dürfen nicht isoliert voneinander betrachtet werden, sondern sind als Elemente voneinander abhängiger Entscheidungen im Rahmen der strategischen Produktprogrammplanung zu verstehen.

Als **strategisches Produktprogramm** bezeichnet man die Zusammenstellung aller zu erzeugender Produktarten mit ihren Produktionshöchst- und ggfs. -mindestmengen in künftigen Perioden. Die Struktur des Produktprogramms kann durch Angabe der Programmbreite und Programmtiefe beschrieben werden (siehe *Abb. 30*).

Die **Programmbreite** (Sortimentsbreite) charakterisiert die Anzahl der unterschiedlichen **Produktarten** einer Unternehmung. Diese können bei produktions- und absatzwirtschaftlicher Verwandtschaft zu **Produktgruppen** oder **Produktlinien** zusammengefaßt werden. Alle verwandten Gruppen zusammen bilden dann ein **Produktfeld** als Gesamtheit aller Erzeugnisse, die sich gedanklich noch auf **ein** Grundprodukt zurückführen läßt. Die **Programmtiefe** (Sortimentstiefe) wird durch die Anzahl der Ausführungsformen pro Grundprodukt (Varianten, Sorten, Modelle usw.) bestimmt. In der strategischen Produktprogrammplanung ist zu beachten, daß innerhalb der Programmbreite **und** -tiefe sowohl **konkurrierende** oder **substitutive** als auch **komplementäre Wirkungen** des **Absatzverbundes** auftreten können.

In der Literatur werden **mathematische Modelle zur Planung des optimalen Produktprogramms** vorgestellt, mit deren Hilfe über Programmbreite und -tiefe, die Einführungszeitpunkte für neue Produkte, die Beibehaltung oder Verbesserung eingeführter Produkte und deren Eliminierung, das Produktionsvolumen, also die maximale Perioden-Produktionsmenge, sowie über

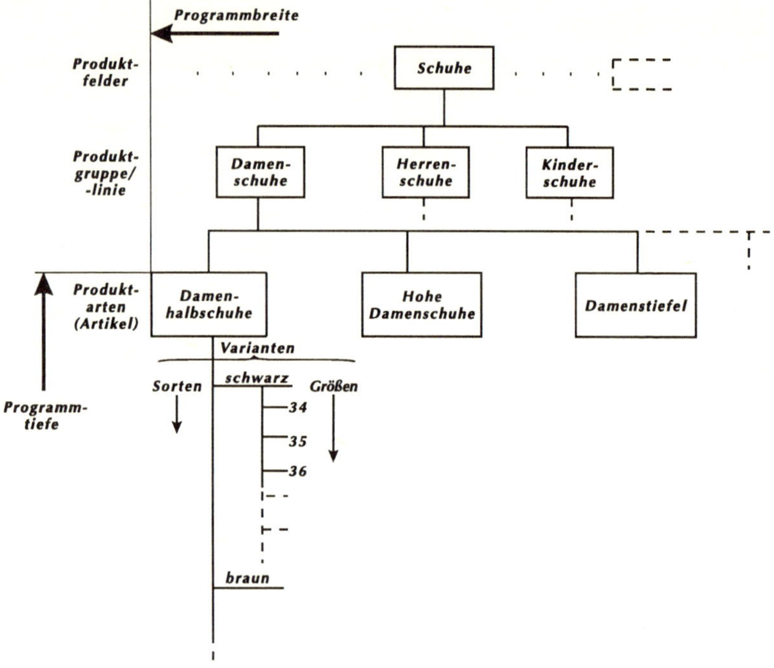

Abb. 30: Struktur des Produktionsprogramms

deren Realisierung mit dem erforderlichen Aufbau von Produktionskapazitäten entschieden werden kann[53].

Eine praktische Anwendung dieser Modelle scheitert in der Regel an folgenden Problemen:

- Rechnerische Lösbarkeit bei einer umfangreichen praktischen Problemstellung: Mit zunehmender Leistungsfähigkeit der EDV wäre grundsätzlich eine Lösung mit Hilfe der gemischt-ganzzahligen Optimierung möglich[54].
- Informationsversorgung des Planungsmodells: Die neben der übrigen Datenbeschaffung notwendige Zahlungsstromprognose setzt eine differenzierte Erlös- und Kostenplanung voraus. Der Aufwand dafür rechtfertigt in den seltensten Fällen den für die Entscheidungshilfe gewonnenen Nutzen.

Gerade im Bereich der strategischen Programmplanung erweist sich der Einsatz quantitativer Optimierungsmethoden nicht unbedingt als sinnvoll. Wie die bisherigen Ausführungen gezeigt haben, liegt hier der Schwerpunkt eher auf qualitativen Überlegungen. Die Zukunft der Computerunterstützung für

[53] Vgl. z.B. *Zäpfel* 1989, S. 77ff., der sein Modell als Grundmodell zur Gestaltung des taktischen Produktprogramms bezeichnet.

[54] Vgl. dazu beispielsweise *Kistner* 1988, *Stepan/Fischer* 1988.

die strategische Programmplanung liegt weniger im Einsatz mathematischer Optimierungsmodelle, sondern in der Anwendung von wissensbasierten Entscheidungsunterstützungssystemen[55]. Diese haben das Ziel, den für die strategische Programmplanung unabdingbaren Strategie-Diskussionsprozeß zu strukturieren und zu unterstützen. Die Entwicklung solcher wissensbasierter Entscheidungsunterstützungssysteme (oft auch als Expertensysteme bezeichnet) deutet darauf hin, daß in Zukunft verstärkt auch mathematische Optimierungsmodelle in wissensbasierte Systeme integriert werden. Insofern erlebt das bereits oftmals für die Betriebswirtschaftslehre totgesagte Gebiet der „Unternehmensforschung"/des „Operations Research" eine Renaissance innerhalb der Wirtschafts- und Betriebsinformatik. Nicht zuletzt ist dieser Trend auch auf die Entwicklung der EDV zurückzuführen, die zusehends leistungsstärkere, benutzerfreundlichere und wirtschaftlichere Anlagen bereitstellt. Die Beschäftigung mit mathematischen Optimierungsmodellen und deren EDV-Realisierung wird deshalb in Zukunft sowohl in der Lehre und Forschung als auch in der praktischen Anwendung an Bedeutung gewinnen.

Selbst wenn kein mathematisches Optimierungsmodell zur strategischen Programmplanung eingesetzt wird, erweist sich deren Informationsversorgung als äußerst schwierig. Darauf soll im nächsten Abschnitt im Überblick eingegangen werden.

2.7 Informationsversorgung der strategischen Programmplanung

2.7.1 Unternehmensexterne und -interne Informationen

Die Aufgaben der strategischen Programmplanung werden vom oberen Management wahrgenommen. Das strategische Controlling leistet dabei Führungsunterstützung in Form der Koordination von Informationsversorgung und strategischer Planung und Kontrolle. Innerhalb der Informationsversorgung hat der Controller für den Aufbau, die Anpassung und die Nutzung eines Informationsversorgungssystems zu sorgen. Dieses System umfaßt Beschaffung, Aufbereitung und Weiterleitung strategischer Informationen. Dazu zählen Informationen über unternehmensexterne und unternehmensinterne Einflußfaktoren auf den Lebenslauf der industriellen Unternehmen[56]:

(1) Unternehmensexterne Informationen (Beispiele):
  (a) Allgemeine Umwelt und Gesellschaft:
  Sozialgesetzgebung und -programm, Beschäftigungsgrad und Arbeitslosenzahlen, Produktion wichtiger Grundstoffe, Entwicklung der natürlichen Ressourcen, Umweltschutz und -gesetzgebung, technologische Entwicklung

---

[55] Vgl. z.B. *Müller-Wünsch* 1991, *Plattfaut* 1988.

[56] Zur Strukturierung dieser Informationen siehe auch Abschnitt II. 2.2 und II. 2.3.

(b) Absatzmarkt allgemein:
Entwicklung der Technologie sowie der Produktionskosten bei Abnehmern und Konkurrenten

(c) Absatzmarkt einzelner Produkte:
Verwendungszweck eigener Produkte und von Substitutionsprodukten, technologischer Entwicklungsstand eigener Produkte und von Substitutionsprodukten

(d) Beschaffungsmarkt:
Vorräte und Angebot des Hauptrohstoffs, der übrigen Werkstoffe (inkl. Energie) und der Werkstoffe für Substitutionsprodukte, technologische Entwicklung bei Rohstoffen und in der Produktionstechnik (eigene Verfahren und Konkurrenzverfahren), verfügbare Patente und Lizenzen, Nachfrage nach Hauptrohstoffen, Preisentwicklung bei Hauptrohstoffen und übrigen Werkstoffen (inkl. Energie) und Produktionsanlagen, Gesetzgebung bezüglich Rohstoffausbeutung, -einfuhr und -ausfuhr, politische Lage der Rohstoffursprungsländer

(e) Arbeitsmarkt:
Arbeitslosenzahl und -quote, Stellung der Gewerkschaften, Sozialprestige der Berufe, Tendenzen der Sozialpolitik, Ausbildungsmöglichkeiten, Sozial- und Ausbildungsprogramme der Konkurrenz, Einwanderungs- und Gastarbeiterpolitik, Lohnniveau und Niveau der Sozialkosten

(f) Kapitalmarkt:
Fiskalpolitik (Ausgaben-, Steuerpolitik) des Staates, Geldpolitik (z.B. Mindestreservenpolitik) der Bundesbank

Zur Beschaffung unternehmensexterner Informationen stehen der Unternehmung viele Quellen zur Verfügung. Diese reichen von Presse- und Informationsdiensten bis hin zu Wirtschaftsauskunfteien. Zunehmend wichtiger werden externe Datenbanken, zu denen die informationssuchende Unternehmung Zugriff hat. Eine solche Datenbank enthält das **PIMS-**(**P**rofit **I**mpact of **M**arket **S**trategies-)**Programm,** in der die wichtigsten Markt-, Wettbewerbs- und Produktionsdaten von mehr als 450 Mitgliedsfirmen mit ca. 3000 Strategischen Geschäftseinheiten aus vorwiegend den USA, Europa und Ostasien enthalten sind[57]. Diese Datenbank repräsentiert die strategische Erfahrung vieler Branchen. Für die informationssuchende Unternehmung bietet sich die Möglichkeit, die eigenen strategischen Alternativen anhand der PIMS-Daten zu überprüfen und zu testen. Ziel des PIMS-Programms ist unter anderem, durch Einsatz multipler Regressionsanalysen Beziehungen zwischen strategischen und damit unabhängigen Variablen der Unternehmung und Zielvariablen – vor allem des Return on Investment (ROI) – als abhängige Variable aufzuzeigen.

Obwohl das PIMS-Programm einer intensiven Kritik unterzogen wurde[58],

---

[57] Vgl. *Buzzell/Gale* 1987.

[58] Vgl. *Zäpfel* 1989a, S. 59f., *Lange* 1981.

die sich insbesondere auf die angewandte Methodik (Durchschnittsbildung über Sektoren und Branchen, Regressionsanalyse) und die Interpretation der Ergebnisse konzentriert, kann die **PIMS-Datenbank** sicherlich als ein brauchbares Instrument der externen Informationsversorgung bezeichnet werden.

(2) Unternehmensinterne Informationen (Beispiele):

(a) Produktionsbereich:
Angaben über Kapazitäten, Auslastung, Terminverzögerungen und Produktionszeiten, Stand und Entwicklung von Produktionsverfahren, Layout und Fabrikorganisation, technischer Stand der Produkte und Produktionsanlagen, Stand der Automation des Materialflusses und des innerbetrieblichen Transports, Stand der Arbeitstechnik, der Arbeitsplatzgestaltung, der Leistungsnormen und -kontrollen, Entwicklung von Kosten-/Leistungsrelationen (Produktivität, Wirtschaftlichkeit), Herstellkostenentwicklung pro Produkteinheit und pro Kostenstelle

(b) Forschung und Entwicklung:
Entwicklung und Stand der betrieblichen Forschungspolitik (Grundlagenforschung, angewandte Forschung, Produktverbesserung, Entwicklung neuer Produkte), des kreativen Potentials und der eingesetzten Arbeitskräfte, Betriebsmittel sowie Finanzmittel, Evaluation der Forschungs- und Entwicklungsprojekte sowie Fortschrittskontrolle

(c) Anlagenwirtschaft:
Aufbau und Abwicklung des Investitionsplanungs- und -kontrollprozesses, Stand der Suchprozesse nach alternativen Investitionsmöglichkeiten, der Evaluationskriterien und der Reparatur- und Instandhaltungspolitik

(d) Materialwirtschaft:
Entwicklung der Materialwirtschaft und deren Organisation, der Werkstoffkosten, -preise, -bestellkosten, -lagerkosten, der Verbrauchsmengen, der Ausbeute, des Ausschusses und des Lagerumschlags

(e) Personalwirtschaft:
Entwicklung und Zusammensetzung des Produktionspersonals, der Arbeitsstunden, der Fehlzeiten und Fluktuationen im Produktionsbereich, Entwicklung der Einkommen, sozialen Situation, Fürsorge und Altersversicherung des Produktionspersonals, Betriebsklima und Betriebstreue im Produktionsbereich, Personalbedarfsentwicklung und -deckung, Nachwuchsförderung, Schulung und Weiterbildung des Produktionspersonals, Verhältnis zu den Gewerkschaften, Arbeitgeberorganisationen und staatlichen Arbeitsbehörden, politische Einflüsse auf Produktionspersonal, Mitbestimmung des Produktionspersonals

(f) Informationswesen:
Entwicklung und Stand des Informationswesens (Kostenrechnung, Investitionsrechnung, Betriebsdatenerfassung, Berichtswesen), Aussage-

fähigkeit und Entscheidungsorientierung des Informationswesens, Stand und Entwicklung der Informationsübermittlung (Zeit, Ort, Personen, Probleme), der Informationsspeicherung, des Automatisierungsgrades im Informationswesen, der Darreichungsform der Informationen und des Zugangs zu Informationen.

2.7.2 Prognose-Informationen

Die oben angeführten Informationen werden innerhalb der Umwelt- und Unternehmens-Analyse vorerst ex post ermittelt. Zur Aufdeckung zukünftiger Entwicklungen innerhalb der Umwelt- und Unternehmensprognose werden dann Prognoseverfahren eingesetzt. Prognosen sind somit Teil der Informationsversorgung der strategischen Planung. Die Abgrenzung zwischen strategischem Planungsprozeß und ex ante-Informationsversorgung ist äußerst schwierig. Die Bestimmung der Prognosebedingungen, die Beurteilung der Erwartungen und die Bewertung der prognostizierten Größen sollen in Form einer entsprechenden Koordination von strategischer Planung und Informationsversorgung durch den Controller durchgeführt werden.

Für den Einsatz innerhalb der strategischen Planung eignen sich insbesondere folgende, eher langfristig orientierte Prognoseverfahren.[59]

- **Qualitative Prognoseverfahren**
  - Delphi-Methode
  - Szenariotechnik
  - Relevanz-Methode
  - Historische Analogie
- **Quantitative Prognoseverfahren**
  - Regressionsrechnung
  - Ökonometrische Modelle
  - Input-Output-Analyse
  - Lebenszyklus-Analyse

Die praktische Beurteilung und die Auswahlkriterien von Prognoseverfahren werden weitgehend durch die strategische Planung vorgegeben[60]. Sie bestimmt

- die Art der benötigten Daten und ihren Detailliertheitsgrad,
- den Zeitraum, über den Daten zur Verfügung gestellt werden sollen,
- die Sensitivität der Daten,
- die beteiligten Personen und Instanzen und
- die notwendige Methodenkenntnis der Beteiligten.

---

[59] Aufgrund des begrenzten Umfangs dieser Schrift wird zur Darstellung dieser Prognoseverfahren auf die Literatur verwiesen, insbesondere auf *Brockhoff* 1977, *Bruckmann* 1978, *Hüttner* 1982, *Makridakis* u.a. 1980, *Schwarze* 1980, *Hansmann* 1983.

[60] Vgl. *Brockhoff* 1977, S. 51.

3. Strategisch-taktische Faktorplanung

3.1 Beziehungen zwischen Programm- und Faktorplanung

Aus **systemorientierter Sicht** ist mit der strategischen Programmplanung der Output langfristig festgelegt. In einem sukzessiven Planungskonzept muß im nächsten Schritt die Frage beantwortet werden, mit welchem Input, d.h. mit welchen Produktionsfaktoren die Unternehmung ihr Programm realisieren soll.

Während die strategisch-taktische Outputplanung als Schnittstellenbereich zwischen strategisch-taktischem Marketing- und Produktionsmanagement mit eindeutigem Marketing-Schwerpunkt anzusehen ist, kann die strategisch-taktische Inputplanung als typischer Schwerpunktbereich des strategisch-taktischen Produktionsmanagements aufgefaßt werden. Schnittstellen zu anderen funktionalen Managementbereichen sind – wie dies der Natur des strategisch-taktischen Managements entspricht – in vielfältiger Weise vorhanden. Insbesondere strategische Entscheidungen sollten ohnehin nur vom gesamten strategischen Management einer Unternehmung getroffen werden. Sofern, wie hier angenommen, das Beschaffungsmanagement Teil des Produktionsmanagements ist, existieren in der strategisch-taktischen Faktorplanung besonders bedeutsame Schnittstellen zum Finanzmanagement (z.B. Investitionsplanung für maschinelle Anlagen), zum Personalmanagement (z.B. Produktions-Personalplanung) und zum Marketingmanagement (z.B. Standortplanung).

Innerhalb der strategisch-taktischen Faktorplanung müssen Strategien zur Bereitstellung von Produktionsfaktoren festgelegt und konkretisiert werden, damit die Unternehmung ihr geplantes strategisches Produktprogramm realisieren kann. Damit leistet das strategisch-taktische Produktionsmanagement seinen Beitrag zur Erhaltung bzw. zum Ausbau der Wettbewerbsfähigkeit der Unternehmung.

Zu den wesentlichen Teilstrategien auf diesem Gebiet zählen:

- Standortstrategien für die Fabriken
- Kapazitätsstrategien für maschinelle Anlagen
- Personalstrategien zur Gestaltung des Personalkonzeptes
- Strategien zur Fertigungstiefe

Diese Faktorstrategien sind im Rahmen der taktischen Faktorplanung zu konkretisieren. Wie bereits oben erwähnt, werden in dieser Schrift strategische und taktische Planungsbereiche zusammengefaßt. Im Sinne einer Optimierung der gesamten strategisch-taktischen Produktionsplanung müßte aufgrund der vielfältigen Interdependenzen zwischen Programm- und Faktorplanung sowie der einzelnen Teilplanungen innerhalb der Faktorplanung eine simultane Programm- und Faktorplanung durchgeführt werden. Aus vielerlei Gründen – wie oben bereits dargestellt – wird hier dem in der Praxis angewandten Sukzessivplanungskonzept gefolgt, wobei in der strategisch-taktischen Faktorplanung von einem gegebenen strategischen Produktprogramm ausgegangen werden kann. Horizontale Abstimmungsprozesse auf der strategisch-taktischen Planungssystemebene werden zur Realisierung einer **sachlichen Koordination** auf jeden Fall notwendig sein.

In gedanklicher Anlehnung an den sukzessiven Ablauf zur Errichtung eines Produktionsbetriebes werden in diesem Abschnitt der Reihe nach folgende Teilgebiete behandelt:

- Strategisch-taktische Potentialfaktorplanung:
  - Produktions-Standortplanung
  - Fabrikplanung
  - Planung maschineller Anlagen
  - Produktions-Personalplanung
- Strategisch-taktische Repetierfaktorplanung:
  - Planung der Werkstoffsicherung
  - Planung der Energiesicherung

3.2 Produktions-Standortplanung

Mit der **Produktions-Standortplanung** wird die langfristig angestrebte räumliche Verteilung der zur Realisierung des strategischen Produktprogramms notwendigen Produktionskapazitäten auf vorhandene und potentiell neue Betriebsstätten festgelegt. Hierzu ist in einem **ersten Schritt** die grundsätzliche **Standortstrategie** festzulegen und danach im **zweiten Schritt** die konkrete **Wahl der Standorte** vorzunehmen. Zur Konkretisierung der Standortwahl werden heuristische und quantitative (analytische) oder Optimierungsmodelle eingesetzt.

3.2.1 Standortstrategien

Die Festlegung der **Standortstrategie** hängt eng mit der Planung von Normstrategien innerhalb der strategischen Produktprogrammplanung zusammen. Ist mit der geplanten Normstrategie eine Kapazitätserweiterung verbunden (z.B. bei wachsenden und reifenden Strategischen Geschäftseinheiten), so müssen an vorhandenen Standorten die Produktionskapazitäten ausgebaut oder an neuen Standorten Kapazitäten aufgebaut werden. Erfordert die Aufrechterhaltung bzw. Verbesserung der Wettbewerbsfähigkeit der Unternehmung einen Kapazitätsabbau (z.B. bei stagnierenden und schrumpfenden

Strategischen Geschäftseinheiten), so kann durch Fertigungssegmentierung eine Konzentration der reduzierten Produktmengenherstellung auf bestimmte Standorte (mit oder ohne Stillegung) oder eine (Teil-)Stillegung von Standorten vorgenommen werden. Die *Abb. 31* zeigt eine Übersicht über mögliche Standortstrategien[1].

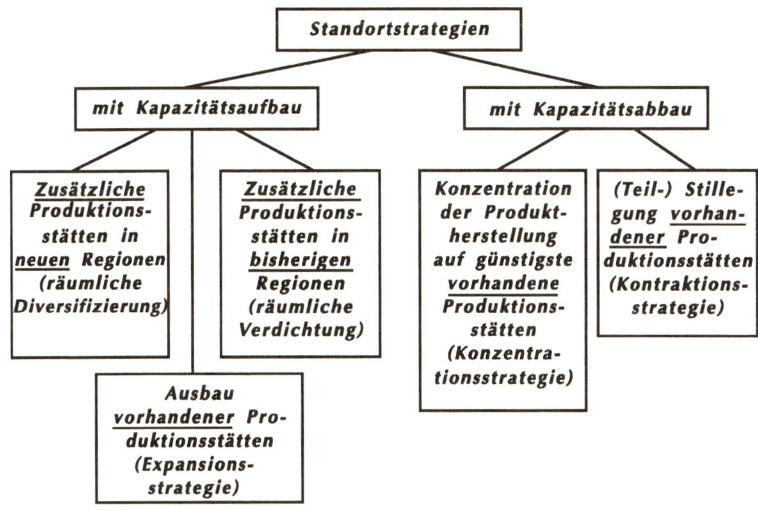

Abb. 31: Standortstrategien

In jüngster Zeit gewinnt die **Fertigungssegmentierung** innerhalb der Konzentrationsstrategien zunehmend an Bedeutung. Sie kennzeichnet die Reorganisation von Betriebsstätten in Form von Fertigungssegmenten, die jeweils an Standorte mit den günstigsten Bedingungen verlagert werden. **Fertigungssegmente** können durch die folgenden Merkmale charakterisiert werden[2]:

- Markt- und Zielausrichtung: Konzentration auf Bildung von Produkt-Markt-Produktions-Kombinationen
- Produktorientierung: Konzentration auf produktorientierte Fertigungsbereiche, d.h. Verringerung der Programmbreite
- Einbezug mehrerer Wertschöpfungsstufen eines Produktes: angestrebte Komplettbearbeitung führt zur relativ hohen Fertigungstiefe[3]
- Übertragung indirekter Funktionen auf die Produktionsmitarbeiter: Job Enrichment[4] mit Übernahme planender Funktionen bewirkt hohen Autonomiegrad der Segmente

---

[1] Vgl. *Lüder* 1982.
[2] Vgl. *Wildemann* 1989, S. 32ff.
[3] Zur Fertigungstiefe siehe Abschnitt II.3.6.1.
[4] Zu Job Enrichment siehe Abschnitt II.3.5.3.

- Kostenverantwortung: Ausgestaltung zu Cost-Center (kleinere Segmente) bzw. Investment-Center (größere Segmente) mit hohem Maß an Kostenverantwortlichkeit

Als **Instrument zur Planung von Standortstrategien** wird eine zweidimensionale Portfoliomethode vorgeschlagen[5]. Die Achsen der Portfoliomatrix kennzeichnen Einflußgrößen auf die Standortstrategien:

- Erfolgspotential der am Standort hergestellten Produkte, gemessen am Marktpotential, Marktanteil, Stück-Gewinnpotential usw.
- Standortattraktivität
  - intern (F & E-Kapazitäten, Leistungsfähigkeit des Produktionssystems usw.)
  - extern (Arbeitsmarktsituation, Lohnniveau, Steuern, Transportkosten, Erweiterungsmöglichkeiten usw.)

Die *Abb. 32* zeigt mögliche Standort-Standardstrategien auf.

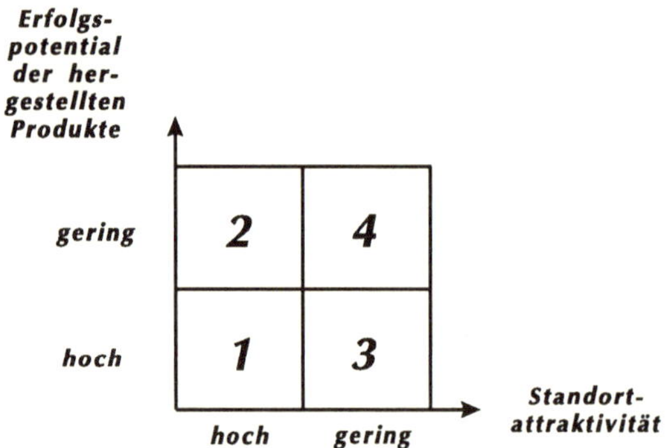

Abb. 32: Standort-Portfolio

Standortstrategie 1:	– Expansionsstrategie oder falls dies nicht möglich: – Strategie der räumlichen Verdichtung
Standortstrategie 2	– Produktionsverlagerung aus weniger attraktiven Standorten oder falls dies nicht möglich: – Kontraktionsstrategie bzw. Stillegung
Standortstrategie 3:	– Produktionsverlagerung zu attraktiveren Standorten (Konzentrationsstrategien) oder falls dies nicht möglich: – (Teil-)Stillegung
Standortstrategie 4:	– Stillegung

[5] Vgl. *Lüder* 1982.

3.2.2 Heuristische Standortplanung

Die Konkretisierung der geplanten Standortstrategien erfolgt im Rahmen der Standortplanung. Die Wahl des Standorts hat langfristige Auswirkungen auf die Zielerreichung des Produktionsbetriebes. Eine Fehlentscheidung kann hier nur mit erheblichen Investitionsausgaben korrigiert werden. Diese Entscheidung muß bereits bei der Unternehmensgründung gefällt werden. Sollten sich bestehende Standorte als nicht mehr günstig herausstellen oder erweisen sich neue Standorte als attraktiver, so muß möglicherweise erneut über einen Standort entschieden werden. Verteilt eine Unternehmung ihre Produktionskapazitäten auf mehrere Standorte, so spricht man von **Standortspaltung.**

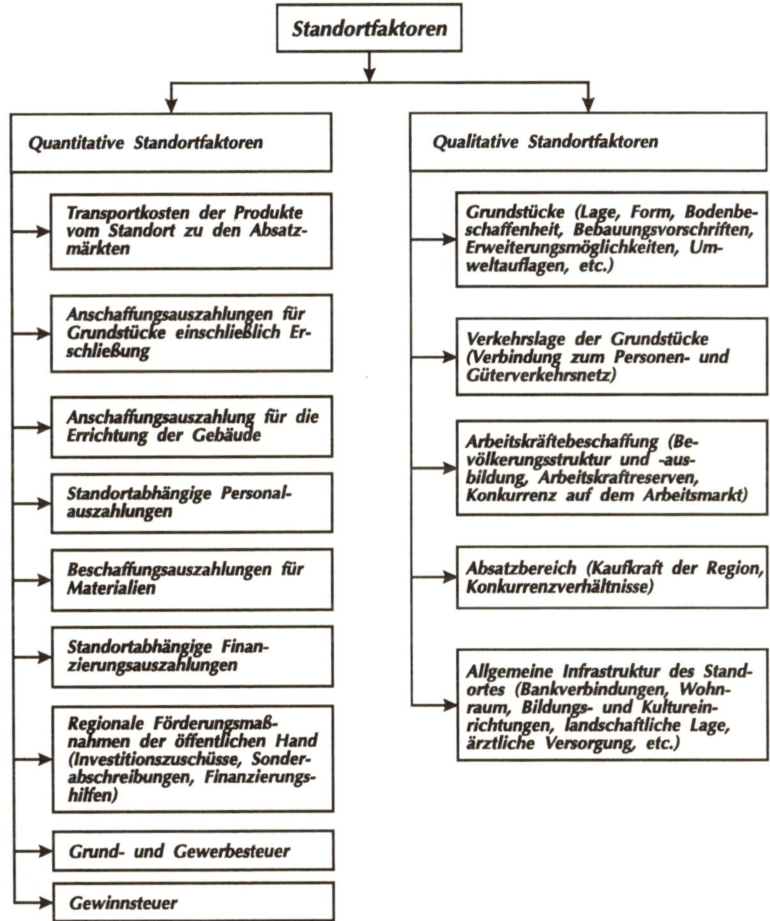

Abb. 33: Standortfaktoren

Zur **Planung des Standorts** hat sich in der Praxis ein **Punktbewertungsverfahren** (Scoring-Modell) bewährt, das hier als **heuristische Standortplanung** bezeichnet wird. Zur Anwendung dieses Verfahrens müssen bereits **potentielle** Standorte bekannt sein. Für diese wird mit Hilfe einer Check-Liste eine Bewertung aller für die Unternehmung relevanten **Standortfaktoren** durchgeführt. Zur Entscheidungsunterstützung wird danach eine Rangfolge der potentiellen Standorte aufgestellt.

Als **Standortfaktoren** bezeichnet man **standortspezifische** kritische Erfolgsfaktoren einer Unternehmung. Die *Abb. 33* zeigt Beispiele für **qualitative** und **quantitative** Standortfaktoren[6]. Während der Beitrag quantitativer Standortfaktoren zur strategischen Zielerreichung direkt gemessen werden kann, muß der Einfluß von qualitativen Standortfaktoren von den Planungs- und Entscheidungsträgern subjektiv geschätzt werden.

Das **Scoring-Modell** zur heuristischen Standortplanung kann folgendermaßen formal dargestellt werden:

- Gegeben sind:
  - n potentielle Standorte S_i $(i = 1, \ldots, n)$
  - m Standortfaktoren F_j $(j = 1, \ldots, m)$
- Festzulegen sind:
  - m Gewichte für Standortfaktoren G_j $(j = 1, \ldots, m)$, wobei deren Summe z.B. 1 ergeben kann (z.B. $G_1 = 0{,}2$, $G_2 = 0{,}5$, $G_3 = 0{,}3$)
  - Bewertungsskala, z.B. von 0 (ungenügend) bis 10 (hervorragend)
  - UPW_{ij}, der ungewogene Punktwert, den der i-te Standort bei der Beurteilung des j-ten Standortfaktors erhält
- Ermittelt werden:
  - $GPW_{ij} = UPW_{ij} \cdot G_j$ als gewogener Punktwert
  - Z_i, die Bewertungsziffer des Standorts i als Resultat einer Verknüpfung der einzelnen GPW_{ij}:

Zum Beispiel[7]: (**Prämisse:** Standortfaktoren müssen unabhängig voneinander bewertet werden können.)

- 1. Additionsregel mit Mindestanforderung:

$$Z_i = \begin{cases} 0 - \text{falls } \min GPW_{ij} = 0 \\ \Sigma\, GPW_{ij} \text{ sonst} \end{cases} \quad (18)$$

- 2. Minimumregel (Minimax-Regel):

$$Z_i = \text{Min } GPW_{ij} \quad (19)$$

Bei beiden Regeln würde ein potentieller Standort, der bei **einem** Standortfaktor eine ungenügende Eignung aufweist ($GPW_{ij} = 0$) nicht berücksichtigt werden. In der Minimumregel kommt das Vorsichtsprinzip zum Ausdruck.

---

[6] Vgl. *Zäpfel* 1989b, S. 147 und *Hansmann* 1992, S. 91f.
[7] Vgl. *Lüder* 1990, S. 38f.

Danach wird ein Standort insgesamt nur so hoch wie sein ungünstigster Standortfaktor bewertet. Der Standort mit dem höchsten Wert seines ungünstigsten Standortfaktors hat höchste Priorität.

Dieses heuristische Modell der Standortplanung liefert in der Praxis brauchbare Ergebnisse. Dennoch ist Kritik angebracht:

- Bewertung und Gewichtung der einzelnen Standortfaktoren sowie die Auswahl der Verknüpfungsregel sind subjektiv und deshalb nicht nachprüfbar.
- Die ungewogene Bewertung der einzelnen Standortfaktoren läßt sich nicht immer eindeutig auf einer Intervallskala abbilden.
- Standortspaltung, d.h. die Aufteilung der Produktion auf mehrere Standorte, läßt sich nicht in das Modell einbeziehen, da z.B. nicht gewährleistet ist, daß sich die ranghöchsten Standorte auch gegenseitig optimal ergänzen würden.
- Quantifizierbare Größen, wie z.B. Kosten und Erlöse, werden nicht entsprechend berücksichtigt.

Der letzte Kritikpunkt legt die Empfehlung nahe, die heuristische Standortplanung um eine quantitative Standortoptimierung zu ergänzen, um den direkten Einfluß des Standortes auf den Erfolg einer Unternehmung sichtbar zu machen.

3.2.3 Quantitative Standortoptimierung

Seit Beginn des 20. Jahrhunderts[8] wurden quantitative Standortmodelle formuliert, die im Laufe der Zeit immer realitätsnäher wurden, indem sie wirklichkeitsferne Prämissen nach und nach aufgaben[9]. Nachfolgend soll in Anlehnung an Hansmann[10] die Grundstruktur eines stark vereinfachten gemischt-ganzzahligen Optimierungsmodells dargestellt werden, wobei dynamische Aspekte nicht berücksichtigt werden.

Zielfunktion:

$$\max Z = \sum_i (e - t_i) * x_i - \sum_i (G_i + A_i + L_i - I_i) * u_i + \left(1 + \frac{r}{100}\right)^m * R \tag{20}$$

Nebenbedingungen:

Absatzbedingung:

$$\sum_{i=1}^{n} x_i \leq x_{Hi} \text{ für alle } i \tag{21}$$

Investitionsbudgetbedingung:

$$\sum_{i=1}^{n} (G_i + A_i - I_i) * u_i + R \leq B \tag{22}$$

Kapazitätsbedingung:

$$x_i \leq K_i * u_i \quad \text{für alle } i \tag{23}$$

---

[8] Vgl. *Weber* 1922.

[9] Vgl. *Zäpfel* 1989b, S. 148ff., *Domschke/Drexl* 1990, Lüder 1990, *Jacob* 1976, *Hansmann* 1974, *Bloech* 1970.

[10] Vgl. *Hansmann* 1992, S. 100ff.

Nichtnegativitätsbedingungen:

$$\left.\begin{array}{l} x_i \geq 0 \\ R \geq 0 \\ u_i = 0 \text{ oder } 1 \end{array}\right\} \text{für alle } i \qquad \begin{array}{r} (24) \\ (25) \\ (26) \end{array}$$

Hierbei sind Variable:

x_i: $(i = 1, \ldots, n)$ Menge der Fertigprodukte in Tonnen, die vom Standort i zum Absatzschwerpunkt transportiert werden

u_i: $(i = 1, \ldots, n)$ Binärvariable des Standorts i, die den Wert 1 annimmt, wenn der Standort i gewählt wird und sonst 0 ist

R: Kapitalbetrag, der auf dem Kapitalmarkt zu r Prozent pro Jahr angelegt wird – durch diese konkrete Kapitalanlagemöglichkeit kann im Modell auf eine Abzinsung der jährlichen Zahlungsströme verzichtet werden und der mehrjährige (z. B. 10jährige) Planungszeitraum als **eine** Periode aufgefaßt werden

Konstante:

e: durchschnittliche Verkaufserlöseinzahlungen in DM/Tonne der Fertigprodukte

t_i: Transportauszahlungen pro Tonne der Fertigprodukte, die von Standort i zum Absatzschwerpunkt transportiert werden

G_i: Auszahlungen für Grundstück am Standort i

A_i: Auszahlungen für sonstige Anlagen (Gebäude, Maschinen usw.) am Standort i

L_i: Auszahlungen für Personal am Standort i

I_i: Investitionszulage am Standort i

x_H: Absatzhöchstmenge in Tonnen

B: Begrenztes Investitionsbudget, das für Produktionsstandorte **oder/und** zur langfristigen Anlage auf dem Kapitalmarkt eingesetzt werden kann

r: durchschnittlicher Kapitalmarktzinssatz pro Jahr für die Planungsperiode

m: Planungsperioden in Jahren

K_i: Produktionskapazität am Standort i

Als **Zielgröße Z** dient der **standortrelevante Cash-Flow** der Planungsperiode. Dies bedeutet, daß standortunabhängige Auszahlungen im Modell nicht berücksichtigt werden.

Dieses Modell ist auf Großrechnern (z. B. mit MPSX), aber auch auf PC (z. B. mit Softwarepaket LINDO[11]) mit Hilfe des **Simplexalgorithmus**[12] und **Branch-and-Bound**-Verfahrens[13] rechenbar.

---

[11] Vgl. *Schrage* 1989.
[12] Vgl. Abschnitt III.2.3.1.
[13] Vgl. Abschnitt III.4.6.3.

Zur **Beurteilung dieses Verfahrens** kann festgestellt werden, daß alle standortrelevanten Ein- und Auszahlungsgrößen berücksichtigt werden können. Weiterhin können eine mögliche Standortspaltung vorgesehen und einschränkende Nebenbedingungen – wie z.B. ein begrenztes Investitionsbudget – berücksichtigt werden. Quantitative Standortoptimierungsmodelle können mit einem im vorhergehenden Abschnitt dargestellten Modell zur heuristischen Standortplanung auf verschiedene Weise kombiniert werden, so daß sich für die äußerst bedeutsame Standortentscheidung eines Produktionsbetriebes eine tragfähige Entscheidungsunterstützung ergibt.

3.3 Fabrikplanung

In einem sukzessiven Konzept der stategisch-taktischen Produktions-Faktorplanung folgt auf die Produktions-Standortplanung die Planung des auf dem gegebenen Standort zu errichtenden Fabrikgebäudes. Die **Fabrikplanung** kann nicht ohne eine grobe Vorstellung über den Produktions-(Material-)fluß und damit über das technische Produktionsverfahren und den Organisationstyp der Produktion (z.B. Werkstatt- oder Fließproduktion) durchgeführt werden. Sie ist deshalb als äußerst komplexe integrierte strategisch-taktische Faktor- und Prozeßplanung aufzufassen. In Analogie zu Simultaneous Engineering als integrierte Produkt-, Faktor- und Prozeßplanung hat sich die rechnergestützte Fabrikplanung zu einer integrierten Grundstücks-, Gebäude- und Maschinen-Kapazitäts- und Layoutplanung entwickelt[14]. Unter Layoutplanung wird dabei die Planung der räumlichen Struktur des Produktionsbetriebs verstanden. Diese wird überwiegend vom technologischen Produktionsverfahren sowie vom teilweise davon abhängigen Organisationstyp der Produktion beeinflußt.

Der komplexe **Ablauf der Fabrikplanung,** die als interdisziplinärer Arbeitsbereich von Produktionstechnik, Materialflußtechnik, Bauingenieurwesen und Architektur, Arbeitswissenschaft sowie Produktionswirtschaft angesehen werden kann, erfolgt über hierarchisch gegliederte Planungsebenen, wobei Rückkopplungen über die Planungsebenen nach dem Gegenstromprinzip zu vertretbaren Lösungen führen (siehe *Abb. 34*).

In der vorliegenden Schrift soll aus didaktischen Gründen eine Aufteilung der darzustellenden Planungsaktivitäten aus systemorientierter Sicht erfolgen. In der hier darzustellenden **Fabrikplanung** innerhalb der **strategisch-taktischen Faktorplanung** wird kurz auf die Werks- und Gebäude-Layoutplanung als Grobplanung eingegangen, während die **Geschoßflächen-, Maschinen- und Einrichtungs-Layoutplanung,** die als Feinplanung stark produktionsprozeß-

---

[14] Vgl. *Langner* 1990.

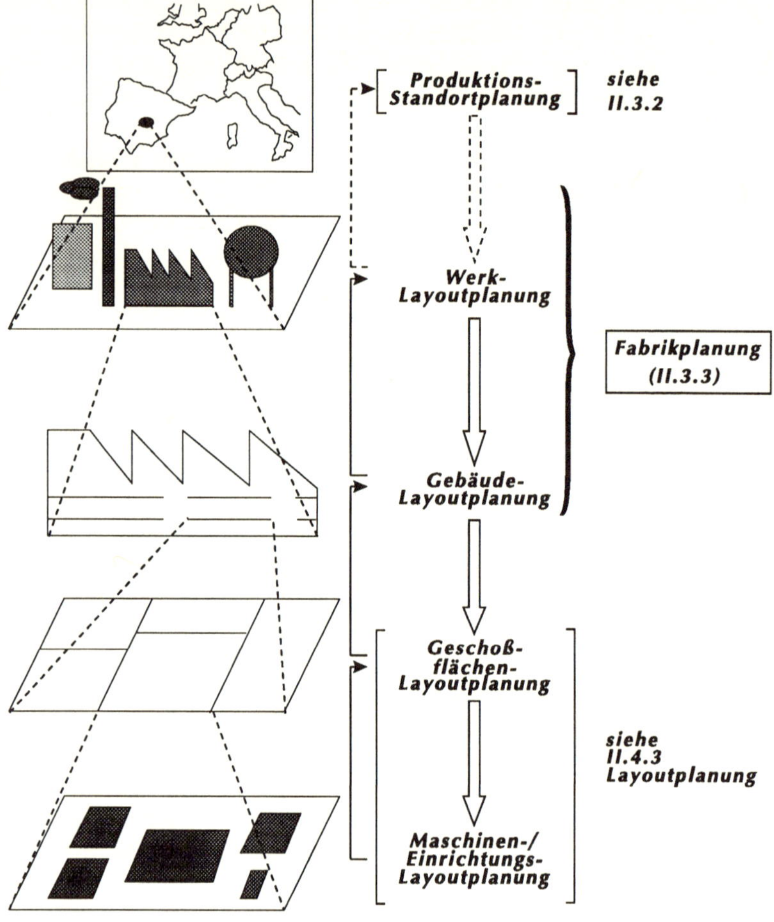

Abb. 34: Ablauf der Fabrikplanung

orientiert ausgerichtet ist, innerhalb der strategisch-taktischen Prozeßplanung behandelt wird[15].

Die Fabrikplanung als integrierte Werks- und Gebäude-Layoutplanung läuft – vereinfacht dargestellt – nach folgenden Schritten ab:

- Analyse des Fabrikgeländes
- Erstellung des Bebauungsplans
- Wahl der Gebäudeform

[15] Vgl. ausführlich zur Fabrikplanung: *Aggteleky* 1981/82/89, *Kettner/Schmidt/Greim* 1983, *Enghardt* 1987.

Analyse des Fabrikgeländes:

Folgende wichtigste Eigenschaften des Fabrikgeländes sind einer sorgfältigen Analyse sowie Bewertung zu unterziehen und in der nächsten Phase zu berücksichtigen:

- Klima des Standorts
- Bodenbeschaffenheit des Fabrikgeländes
- Form und Größe des Fabrikgeländes
- Anbindung des Fabrikgeländes an das öffentliche Verkehrsnetz
- Anbindung des Fabrikgeländes an die Energieversorgung
- Anbindung des Fabrikgeländes an die notwendige Entsorgung
- Gesetzliche Vorschriften inklusive Erlasse des Bauaufsichtsamtes, die für das Fabrikgelände gelten.

Erstellung des Bebauungsplans:

Aufbauend auf einem Raumbedarfsplan aller Funktionsbereiche ist im Bebauungsplan die räumliche Verbindung von zusammengehörigen Funktionsbereichen oder solchen, zwischen denen intensive Wechselbeziehungen bestehen, festzulegen. Hierzu wird das Fabrikgelände in folgende Zonen aufgeteilt:

- Lagerzone für Werkstoffe
- Produktionszone mit Halbfabrikatelager
- Lagerzone für Fertigfabrikate
- Zone für Hilfsbetriebe (Reparatur-, Energieversorgungsbetriebe usw.)
- Zone für Entsorgung
- Verwaltungszone
- Erholungszentren (z.B. Kantine, Fitnessräume, Sportplatz)
- Parkzone

Der innerbetriebliche Standort der einzelnen Zonen wird weitgehend von der Anbindung des Fabrikgeländes an die äußeren Verkehrswege und die Richtung des Materialflusses bestimmt. Letzterer beeinflußt auch die Planung der innerbetrieblichen Verkehrswege. Die innerbetriebliche Standortplanung der Zonen wird weitgehend unter der Zielvorstellung einer Minimierung der innnerbetrieblichen Transportkosten durchgeführt.

Wahl der Gebäudeform:

Die Gebäudeform ist innerhalb der gesetzlichen Vorschriften weitgehend von der Produktart und dem Produktionsvolumen sowie vom Produktionsverfahren abhängig.

Bei ausreichend großem Fabrikgelände und schweren maschinellen Anlagen erweist sich der **Flachbau** am wirtschaftlichsten. Ist das Gelände begrenzt, so wird auf den **Geschoßbau** ausgewichen. Er läßt in der Regel nur leichte Werkstoffe und Maschinen für die oberen Geschosse zu. Besonders schwere Maschinen können nur im Erdgeschoß aufgestellt werden. Dies führt häufig zu Störungen des Materialflusses. Weiterhin können die notwendigen Vertikalverbindungen (Aufzüge) leicht zu Engpässen im Materialfluß werden.

Die Tendenz in der Gebäudeplanung weist in die Richtung **flexibler mehrstufiger Bausysteme.** Diese bestehen aus einer hohen Halle, in die – statisch unabhängig – versetzbare Geschoßeinbauten eingesetzt werden. Solche Systeme entsprechen der Forderung nach einer Minimierung innerbetrieblicher Transportkosten.

3.4 Planung maschineller Anlagen

Nach der Planung des Fabrikgebäudes erfolgt im sukzessiven Planungskonzept die Planung der Einrichtung des Gebäudes mit maschinellen Anlagen. Der wachsende Einsatz des Produktionsfaktors Betriebsmittel, insbesondere maschineller Anlagen, ist das charakteristische Merkmal industrieller Produktionsprozesse. Aus diesem Grunde wird der Planung und Kontrolle des Einsatzes maschineller Anlagen im Produktionsbetrieb eine Sonderstellung eingeräumt. Dies führt häufig zur Bildung eines eigenen organisatorischen Subsystems, das mit **Anlagenwirtschaft** bezeichnet wird[16]. Zur Erfüllung der vielfältigen Koordinationsaufgaben, die mit dem wirtschaftlichen Einsatz maschineller Anlagen verbunden sind, wurde in jüngster Zeit die Bildung eines dezentralen **Anlagen-Controllings** empfohlen[17].

Die Bedeutung der Anlagenwirtschaft und des Anlagen-Controllings nimmt durch die Einführung neuer Prozeßtechnologien ständig zu. Der isolierte Einsatz solcher Anlagen führt zu Insellösungen, die meist nur als Pilotprojekte zur Erfahrungssammlung wirtschaftlich gerechtfertigt werden können. Strategische Ziele können aber nur realisiert werden, wenn eine neue Technologie integrativer Bestandteil des gesamten Produktions- und Informationsverarbeitungs**prozesses** wird. Deshalb wird in dieser Schrift die Planung neuer Prozeßtechnologien innerhalb der strategisch-taktischen **Prozeßplanung** (Abschnitt II.4.) behandelt.

Die Layoutplanung als innerbetriebliche Standortplanung maschineller Anlagen wird als integrativer Teil der Fabrikplanung ebenso häufig der Anlagenwirtschaft und damit der Faktorplanung zugeordnet. Mit ihr wird jedoch der Organisationstyp der Produktion und die langfristige Produktions-**Prozeß**struktur festgelegt. Aus diesem Grunde wird auch die Layoutplanung in dieser Schrift innerhalb der Prozeßplanung (Abschnitt II.4.) behandelt.

In diesem Abschnitt werden zuerst Kapazitätsstrategien und danach eher taktische Aufgaben der Anlagenwirtschaft – wie Kapazitätsplanung, Investitions-, Instandhaltungs- und Nutzungsdauerplanung behandelt.

---

[16] Vgl. *Männel* 1988.
[17] Vgl. beispielsweise *Hoitsch/Baumann* 1992, *Baumann* 1991.

3.4.1 Kapazitätsstrategien

Wie bei den Standortstrategien hängt die Festlegung der **Kapazitätsstrategie** eng mit der Planung von Normstrategien innerhalb der strategischen Produktprogrammplanung zusammen. Zur Aufrechterhaltung bzw. Verbesserung ihrer Wettbewerbsposition werden wachsende und reifende Strategische Geschäftseinheiten in der Regel eine Kapazitätserweiterungsstrategie verfolgen, während stagnierende und schrumpfende Strategische Geschäftseinheiten einen ökonomisch sinnvollen Kapazitätsabbau ins Auge fassen werden. Die Abb. 35 gibt einen Überblick über mögliche Kapazitätsstrategien.

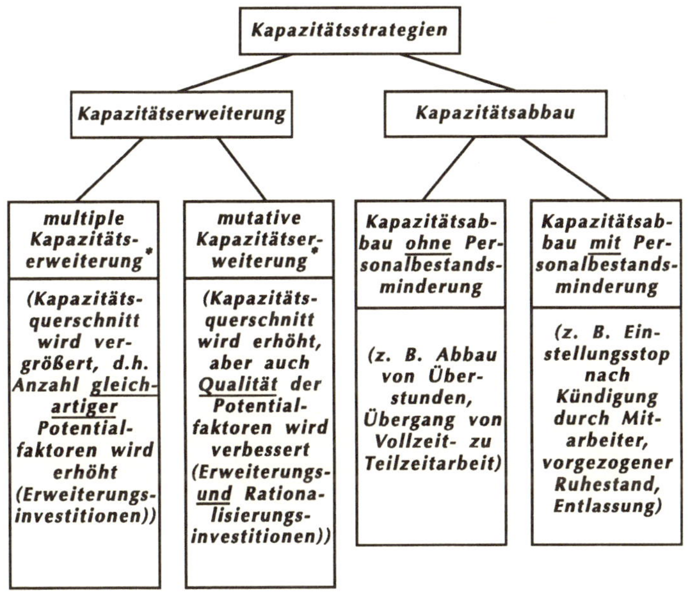

Abb. 35: Kapazitätsstrategien

Während die Planung multipler und mutativer Kapazitätserweiterungen hauptsächlich mit Informationen aus dynamischen Investitionsrechnungen versorgt wird, sind beim Kapazitätsabbau auch die negativen sozialen, personalen und Image-Wirkungen zu berücksichtigen[18]. Eine Auswertung mit Hilfe der PIMS-Datenbank hat gezeigt, daß wachsende Investitionsausgaben für Kapazitätserweiterungen nur dann zur Erhöhung des Return on Investment

---

[18] Vgl. *Hamel* 1982.

(ROI) führen, wenn die zeitliche Entwicklung der Einzahlungen jene der Auszahlungen deutlich übertrifft[19]. Mit Kapazitätsabbau-Strategien sollen vor allem beschäftigungsfixe Kosten (Bereitschaftskosten) abgebaut werden. Aus rein kostenrechnerischer Sicht wäre ein Kapazitätsabbau nur dann sinnvoll, wenn die Senkung der Fixkosten und evtl. weiterer variabler Kosten die durch den Kapazitätsabbau verursachten Stillegungskosten (z.B. Kosten für Sozialpläne, Auslaufkosten) sowie evtl. entfallende Deckungsbeiträge überschreitet.

3.4.2 Kapazitätsplanung

3.4.2.1 Qualitative Kapazität

Unter Bezugnahme auf I.1.1.3 über Charakteristika industrieller Produktionssysteme betrifft die Festlegung der qualitativen Kapazität einerseits den nur **qualitativ** zu beschreibenden **Grad des Technikeinsatzes** und andererseits auch durchaus **quantitative Ausprägungsmerkmale** des Betriebsmittels sowie der auf ihm zu bearbeitenden (Vor-)Produkte.

Der **Grad des Technikeinsatzes** wird bestimmt durch das Verhältnis des Einsatzes menschlicher Arbeitsleistung (für körperliche und lenkende Tätigkeiten) zur Betriebsmittelleistung. Die *Abb. 36* zeigt Grade des Technikeinsatzes in der Teilefertigung, die von manueller bis hin zu automatisierter Tätigkeit reichen[20].

Der Grad des Technikeinsatzes hat nicht nur Wirkungen auf ökonomische Zielgrößen, sondern betrifft auch personale und soziale Ziele (siehe Abschnitt II.3.5).

Zur Wahl des Technikeinsatzes aus ökonomischer Sicht werden in der Literatur gemischt-ganzzahlige Optimierungsmodelle auf der Basis dynamischer Investitionsrechnungen vorgestellt, die als spezieller Ansatz zur simultanen Planung des Investitions- und Produktionsprogramms aufgefaßt werden können[21]. Angesichts der oben beschriebenen schwierigen strategisch-taktischen Mehrfachzielsetzung für dieses Entscheidungsproblem scheint ein praktischer Einsatz eines solchen Modells allerdings fraglich.

Zur Festlegung der qualitativen Kapazität mit Hilfe **quantitativer Ausprägungsmerkmale** des Betriebsmittels und der auf ihm zu bearbeitenden (Vor-) Produkte können beispielsweise folgende Daten herangezogen werden[22]:

- Dimensionen der (Vor-)Produkte
- Genauigkeitstoleranzen

---

[19] Vgl. *Wagner* 1984.
[20] Vgl. *Zäpfel* 1989b, S. 110.
[21] Vgl. *Zäpfel* 1989b, S. 111ff.
[22] Vgl. *Kilger* 1986, S. 373. In der Produktionstheorie werden die technischen Eigenschaften (qualitative Kapazität) eines Betriebsmittels aufgrund konstruktiver Merkmale als z-Situation bezeichnet, siehe dazu Abschnitt III.2.2.1.3.1.

Grad	Tätigkeit	Charakteristiken
1. Grad	manuelle Tätigkeit	■ Der Mensch bearbeitet ein Werkstück, z.B. unter Zuhilfenahme eines Werkzeugs.
2. Grad	mechanisierte Tätigkeit	■ Der Mensch bearbeitet ein Werkstück unter Zuhilfenahme einer Werkzeugmaschine; der Prozeß läuft aber nicht selbsttätig ab.
3. Grad	teilautomatisierte Tätigkeit a)	■ Der Fertigungsprozeß und Werkzeugwechsel laufen automatisch ab, d.h. das technische Mittel nimmt diese Vorgänge selbsttätig vor.
4. Grad	teilautomatisierte Tätigkeit b)	■ Der Fertigungsprozeß und Werkzeugwechsel sowie der Werkstückwechsel werden selbsttätig durch die technischen Mittel bewerkstelligt.
5. Grad	teilautomatisierte Tätigkeit c)	■ Der Fertigungsprozeß, Werkzeug- und Werkstückwechsel sowie die Transporte zwischen den Maschinen werden selbsttätig durch das technische Mittel durchgeführt.
6. Grad	teilautomatisierte Tätigkeit d)	■ Zusätzlich wird zu den im 5.Grad stattfindenden automatisierten Funktionen die automatische Datenverteilung, Datenrückmeldung installiert, d.h. es findet eine Rechnerdirektführung des Prozesses statt.
7. Grad	automatisierte Tätigkeit	■ Zusätzlich zu den automatisierten Funktionen entsprechend dem 6.Grad treten ein automatischer Werkzeugfluß, eine automatische Werkstücklagerung sowie Aufspannung der Werkstücke hinzu.

Abb. 36: Grade des Technikeinsatzes

- Tragfähigkeit
- Intensität (Produktionsgeschwindigkeit)
- Bearbeitungsdruck
- Bearbeitungstemperatur usw.

3.4.2.2 Quantitative Kapazität

In Abschnitt I.1.1.3 wurde die Bestimmung der quantitativen Periodenkapazität dargestellt. Somit liegt für jede Kapazitätseinheit der **Kapazitätsbestand** fest, dem der hier zu ermittelnde **Kapazitätsbedarf** gegenübergestellt wird. Im Anschluß daran wird durch Gegenüberstellung von Kapazitätsbestand und Kapazitätsbedarf in den Planungsperioden im Rahmen der **Kapazitätsabstimmung** eine notwendige quantitative Kapazitätserweiterung (Investition) bzw. ein erforderlicher quantitativer Kapazitätsabbau (Desinvestition/Stillegung) ermittelt. Darüber hinaus wird hier versucht, innerhalb eines Produktionssystems eine optimale **Kapazitätsharmonisierung** zu erreichen.

Ausgangsbasis zur Bestimmung des langfristigen **Kapazitätsbedarfs** ist das strategische Produktprogramm, in dem für jede Produktart/-sorte das Produktionsvolumen, also die maximale Perioden-Produktionsmenge, festgelegt ist. Durch Auswertung von Stücklisten und Arbeitsplänen erfolgt unter Berücksichtigung von Lerneffekten[23] eine in der Regel relativ grobe Berechnung des langfristigen Kapazitätsbedarfs. Letztlich beruht dieser auf langfristigen Absatzprognosen im Rahmen der Informationsversorgung der strategischen Programmplanung.

Zur Kapazitätsabstimmung wird in der Literatur eine Vielzahl teilweise äußerst komplexer Modelle zur simultanen Programm- und Kapazitäts- bzw. Investitionsplanung mit Hilfe der gemischt-ganzzahligen Optimierung vorgestellt[24]. Der praktische Einsatz dieser Modelle scheitert meist an deren überaus aufwendiger Informationsversorgung.

Ein weiteres strategisch-taktisches Planungsproblem im Rahmen der Kapazitätsabstimmung tritt bei Betrieben mit saisonalen Absatzschwankungen auf. Für die Planung der Maschinenkapazität kommen hier grundsätzlich drei Fälle in Betracht[25], die in *Abb. 37* dargestellt sind.

1. Produktion nach dem **Synchronisations-(Gleichlauf-/Parallel-)prinzip:** Die Produktionsgeschwindigkeit (Produktionsmenge pro kurzfristiger Teilperiode, z.B. pro Woche oder Monat) wird der Absatzgeschwindigkeit (Verkaufsmenge pro kurzfristiger Teilperiode) angeglichen. In diesem Fall ist nur eine geringfügige Lagerhaltung notwendig und die Lagerkosten (vor allem Kapitalbindungskosten) sind unerheblich. Die Produktionskapazitäten müssen aber an extremen Nachfragesituationen ausgerichtet sein, daher entstehen insbesondere bei Rückgang der Absatzgeschwindigkeit Kosten der ungenutzten Produktionskapazitäten, die man als sogenannte Leerkosten bezeichnet. Zusätzliche Kosten entstehen hier durch die Schwankungen der Produktionsgeschwindigkeit, die mit einem möglichen Auf- und Abbau des Personalbestandes verbunden sein können.

---

[23] Siehe hierzu Abschnitt II.3.5.4.

[24] Vgl. z.B. *Zäpfel* 1989b, S. 136ff., *Stützle* 1987, *Rosenberg* 1975, *Schweim* 1969.

[25] Vgl. *Brunner* 1962 und *Reichmann* 1968.

2. Produktion nach dem totalen **Emanzipations-(Ausgleichs-)prinzip:** Die Produktionsgeschwindigkeit bleibt völlig losgelöst von der Absatzgeschwindigkeit über die gesamte langfristige Planungsperiode konstant. Die unterschiedliche Absatzgeschwindigkeit, d.h. die schwankenden Verkaufsmengen pro kurzfristiger Teilperiode, werden durch Lagerauf- und -abbau ausgeglichen. Die umfangreiche Lagerhaltung verursacht hier hohe Lagerkosten. Allerdings können die Produktionskapazitäten niedrig gehalten werden. Dadurch entstehen kaum Leerkosten und Kosten aufgrund von Schwankungen der Produktionsgeschwindigkeit.

3. Produktion nach dem **partiellen Emanzipations-(Zeitstufen-)prinzip:** Während die Fälle 1. und 2. Extremlösungen darstellen, kann 3. als eine Zwischen- oder Kompromißlösung bezeichnet werden. Hier paßt sich die Produktionsgeschwindigkeit diskret, d.h. in bestimmten Stufen, und nicht kontinuierlich an die Absatzgeschwindigkeit an. Dabei werden sowohl Lager- als auch Leerkosten und Kosten aufgrund von stufenförmigen Veränderungen der Produktionsgeschwindigkeit auftreten. Die Höhe der einzelnen Kostengruppen wird jedoch wesentlich niedriger sein als bei den jeweiligen Extremlösungen.

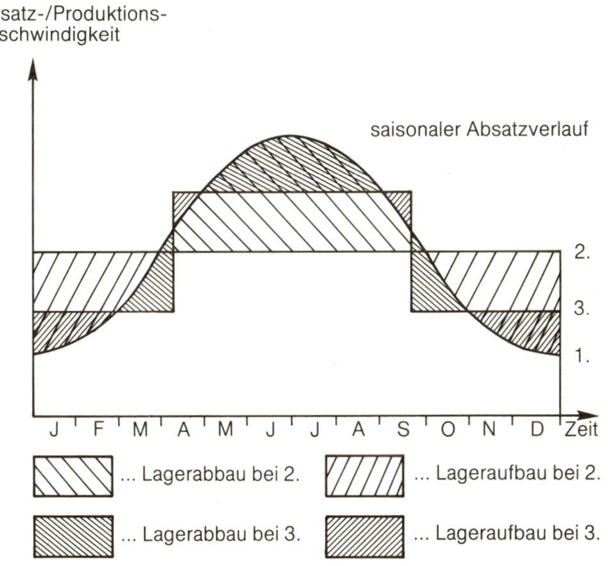

Abb. 37: Alternativen der Planung von Maschinenkapazitäten für Produktionsbetriebe mit saisonalen Absatzschwankungen

Welcher der drei angeführten Fälle in einem Produktionsbetrieb letztlich realisiert wird, hängt in erster Linie vom vorherrschenden Produktionstyp, Auftrags-(Kunden-)/Einzel- oder Vorrats-(Lager-)/Serien- oder Massenproduktion, ab. Betriebe mit Auftrags-/Einzelproduktion tendieren zum Synchronisationsprinzip, da eine Lagerhaltung der Fertigprodukte nur sehr beschränkt stattfindet. Um auch hier eine annähernd gleiche Auslastung der Produktionskapazitäten zu erreichen, versucht man Kundenaufträge von auftragsstarken auf auftragssschwache Perioden zeitlich zu verlagern.

Ein Sonderfall einer solchen **Produktionsglättung** liegt bei absatzsynchroner Produktion in Betrieben mit Vorrats-/Serien- oder Massenproduktion vor, wenn das Produktionsprogramm so zusammengesetzt wird, daß bestimmte Produktgruppen dann ihr Absatzmaximum erreichen, wenn andere Produktgruppen gerade ihr Absatzminimum aufweisen. Diese Situation findet man z.B. in Betrieben der Textilindustrie (Winter-/Sommerbekleidung) und Reifenindustrie (Winter-/Sommerreifen).

Die meisten Betriebe der Serien- und Massenproduktion arbeiten nach dem Prinzip der partiellen oder evtl. totalen Emanzipation und werden daher dem Produktionstyp „Vorrats-(Lager-)Produktion“ zugeordnet. Hier werden die Produktionskapazitäten für eine mittel- bis langfristige Planungsperiode den geplanten Absatzmengen dieser Periode angepaßt. Theoretische Lösungen dieses Problems der simultanen Programm- und Potentialplanung wurden bereits mehrmals in der Literatur mit Hilfe von mehrperiodischen Modellen der gemischt-ganzzahligen Optimierung dargestellt[26]. Aufgrund der eingeschränkten Rechenbarkeit und des erheblichen Informationsversorgungsproblems dieser Modelle konnten sich diese Ansätze in der industriellen Praxis bisher nicht durchsetzen. Meist werden dort relativ einfache Wirtschaftlichkeitsrechnungen mit Hilfe von Produktions- und Lagerkostenvergleichen oder dynamischer Investitionsrechnungen durchgeführt. Eine kurzfristige optimale, d.h. gewinnmaximale Abstimmung der Produktions- und Absatzmenge kann dann nur noch innerhalb der operativen/kurzfristigen Produktions-Programmplanung erfolgen, wobei allerdings von gegebenen, durch die Kapazitätsplanung bereits langfristig festgelegten Produktionskapazitäten auszugehen ist[27].

Das Problem der quantitativen Kapazitätsplanung kann dann als bestmöglich gelöst betrachtet werden, wenn durch eine optimale **Kapazitätsharmonisierung** die optimalen Kapazitäten aller Maschinen auf das geplante langfristige Produktionsvolumen abgestimmt sind. Unter der **optimalen Kapazität** einer Maschine versteht man jene Erzeugungsmenge der Produkte pro Periode, bei der die Maschine mit den geringsten Stückkosten arbeitet. Eine solche optimale Kapazitätsabstimmung durch vollständige kostenmäßige Harmonisierung aller Maschinen eines Produktionssystems läßt sich in der industriellen Praxis meist nicht erreichen. Eine relativ kostengünstige Kapazitätsabstimmung mit Maschinen, die unterschiedliche optimale Kapazitäten aufwei-

---

[26] *Dichtl* 1970, *Jacob* 1972, *Bumba* 1977, *Dichtl* 1977, *Zäpfel* 1979, Sp. 1709ff.

[27] Zur Programmplanung bei saisonalen Absatzschwankungen vgl. *Zäpfel* 1982, S. 140ff. und *Kilger* 1973, S. 455ff. Modelle der Produktionsglättung werden auch mit Hilfe kontrolltheoretischer Ansätze formuliert; siehe dazu *Stöppler* 1983b und die dort angegebene Literatur.

sen, ist dann erreichbar, wenn die Stückkostenverläufe der beteiligten Maschinen relativ flach verlaufen. In einem solchen Fall kann auch eine relativ kostengünstige Anpassung des Produktionssystems an Beschäftigungsschwankungen erfolgen, da nur kleine Veränderungen der Stückkosten auftreten. Diese Stückkostenabweichungen bei Beschäftigungsschwankungen charakterisieren auch ein Maß für die quantitative Flexibilität des Produktionssystems.

Abb. 38 zeigt eine kostenoptimale Kapazitätsharmonisierung eines quantitativ unflexiblen Produktionssystems, *Abb. 39* eine nur grobe Kapazitätsharmonisierung eines allerdings quantitativ flexiblen Produktionssystems.

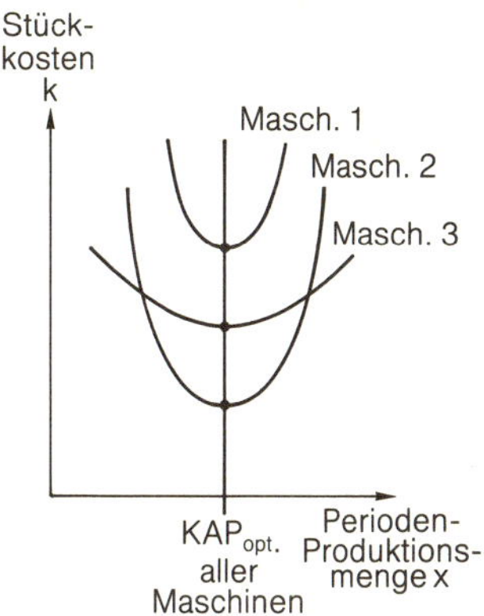

Abb. 38: Kapazitätsharmonisierung eines quantitativ starren Produktionssystems

k
Masch. 3
Masch. 2
Masch. 1
x
$KAP_{opt.1}$
$KAP_{opt.3}$
$KAP_{opt.2}$

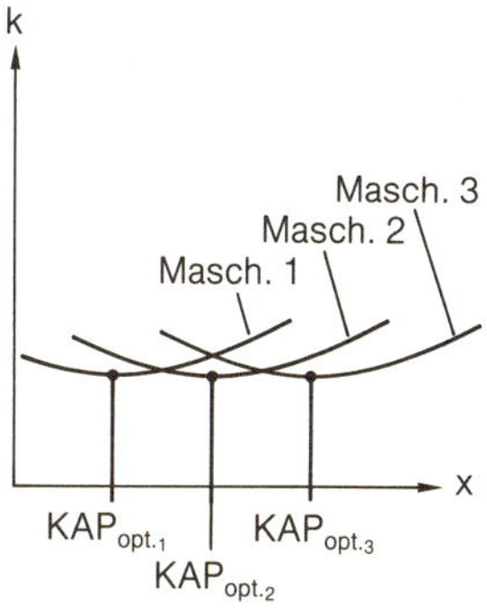

Abb. 39: Kapazitätsharmonisierung eines quantitativ flexiblen Produktionssystems

Die in Abschnitt I.1.1.3. definierte quantitative Periodenkapazität kennzeichnet die sog. **maximale Kapazität.** Neben der optimalen und maximalen Kapazität ist bei einer Reihe von Maschinen hauptsächlich der verfahrenstechnischen Industrie noch die **minimale oder Mindestkapazität** von Bedeutung, die durch die Mindest-Produktionsmenge der Periode gekennzeichnet ist, ab der die Maschine überhaupt erst arbeitsfähig ist[28].

3.4.3 Investitionsplanung

Übersteigt der Kapazitätsbedarf den Kapazitätsbestand, so ist innerhalb der **Investitionsplanung** für die Deckung des Kapazitätsdefizits zu sorgen. Folgende grundsätzliche Möglichkeiten stehen zur Auswahl:

---

[28] So kann z. B. ein Hochofen erst in Betrieb genommen werden, wenn eine bestimmte minimale Ausbringung in der Periode erreicht wird. Auch ein Kraftfahrzeugmotor kann nicht unter einer minimalen Drehzahl (Leerlaufdrehzahl) und damit Minimalleistung betrieben werden.

- Eigenerstellung der maschinellen Anlagen
- Fremdbeschaffung
  - Kauf der maschinellen Anlagen
  - Leasing

Welche Möglichkeit im Einzelfall vorzuziehen ist, wird unter Berücksichtigung weiterer qualitativer Kriterien mit Hilfe von Methoden der dynamischen Investitionsrechnung zu beurteilen sein[29]. Zur Bewältigung der äußerst komplexen Koordinationsaufgaben innerhalb der Investitionsplanung eines Produktionsbetriebs wird die Einrichtung eines **Investitions-Controllings** als dezentraler Controllingbereich empfohlen[30]. Die Aufgaben eines Investitions-Controllings lassen sich unter Berücksichtigung eines idealtypischen Investitionsplanungsprozesses wie folgt zusammenfassen (siehe *Abb. 40*):

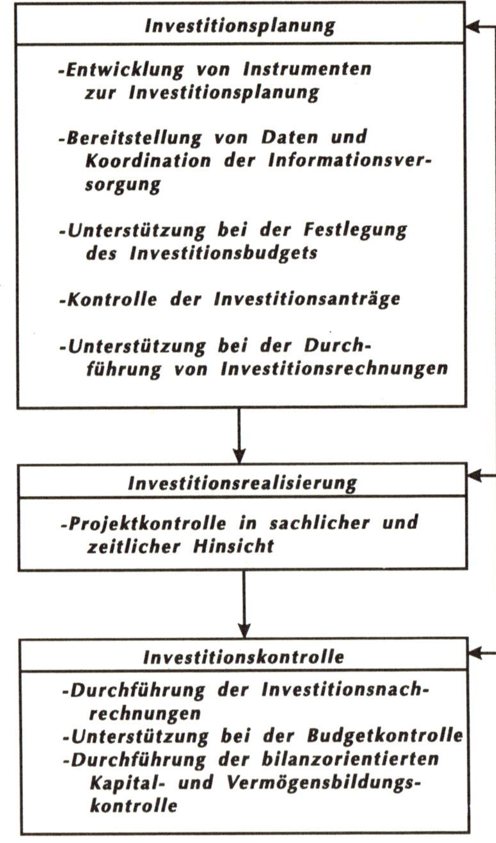

Abb. 40: Aufgaben des Investitions-Controllings

---

[29] Vgl. hierzu beispielsweise *Perridon/Steiner* 1991, S. 25 ff., *Blohm/Lüder* 1991, *Kruschwitz* 1993.

[30] Vgl. *Lange* 1988, *Reichmann/Lange* 1985.

3.4.4 Instandhaltungsplanung

3.4.4.1 Grundlagen

Innerhalb der Investitionsplanung für maschinelle Anlagen sind unter anderem bereits **vorläufige** Instandhaltungspläne zu berücksichtigen. Nach der Investitionsentscheidung ist die **Instandhaltungsplanung** ein weiterer wichtiger Bereich der Anlagenwirtschaft und damit der strategisch-taktischen Produktions-Faktorplanung. Diese Zuordnung ist jedoch nicht zwangsläufig, da die Instandhaltungsplanung sowohl zur Anlagenplanung als auch zur operativen Produktionsplanung enge Beziehungen aufweist. So müssen einerseits im Rahmen der strategisch-taktischen Kapazitätsplanung entsprechende Zeitspannen für die zukünftigen Instandhaltungsmaßnahmen vorgesehen werden, andererseits müssen für die operative Prozeßplanung (z.B. Maschinenbelegungsplanung) die geplanten Ausfallzeiten der Maschinen berücksichtigt werden. Stark interdependente Beziehungen bestehen auch zwischen der Instandhaltungsplanung und der im nächsten Abschnitt darzustellenden Planung optimaler Nutzungsdauern. Mit entsprechenden Instandhaltungsmaßnahmen ließe sich, zumindest theoretisch, eine zeitlich unbegrenzte technische Nutzungsdauer einer Maschine erreichen.

Ziel der Instandhaltungsplanung muß es sein, durch geeignete Maßnahmen den **Verschleißursachen** entgegenzuwirken, um die Funktionstüchtigkeit und Leistungsfähigkeit des Betriebsmittels zu erhalten oder wiederherzustellen. Auf das Betriebsmittel wirken Gebrauchs- und Zeitverschleiß. Der **Gebrauchsverschleiß** wirkt während der Produktionszeit auf die am Produktionsprozeß unmittelbar beteiligten Anlagenteile und hängt von den jeweiligen Prozeßbedingungen (z.B. Intensität, Druck, Temperatur) ab. Durch ihn kann entweder ein Ausfall eines Anlagenteils (Fall a) **oder** eine Abnahme der qualitativen und/oder quantitativen Leistungsfähigkeit sowie eine Erhöhung des Faktorverbrauchs des Betriebsmittels (Ausschuß, Abfall, Energieverbrauch) verursacht werden (Fall b). Auch eine Kombination beider Wirkungen ist denkbar. Die *Abb. 41* zeigt die Kostenwirkungen der beiden grundsätzlichen Fälle[31].

Bei Ausfall eines Anlagenteils (Fall a) bleiben die variablen Kosten pro Maschinenstunde zunächst konstant, bei t_2 ereignet sich der Betriebsmittelausfall. Im anderen Fall (b) führt die abnehmende Leistungsfähigkeit direkt oder indirekt zu progressiv steigenden variablen Kosten pro Maschinenstunde. Sollte eine Grenze für die Zunahme des Stundensatzes mit Δk_{vMAX} festgelegt werden, so müßte bei t_1 das betreffende Anlagenteil erneuert werden.

Der **Zeitverschleiß** wirkt proportional zur Kalenderzeit und führt beispielsweise zu Korrosion und Materialermüdung bei nur mittelbar am Leistungs-

---

[31] Vgl. *Kilger* 1986, S. 382.

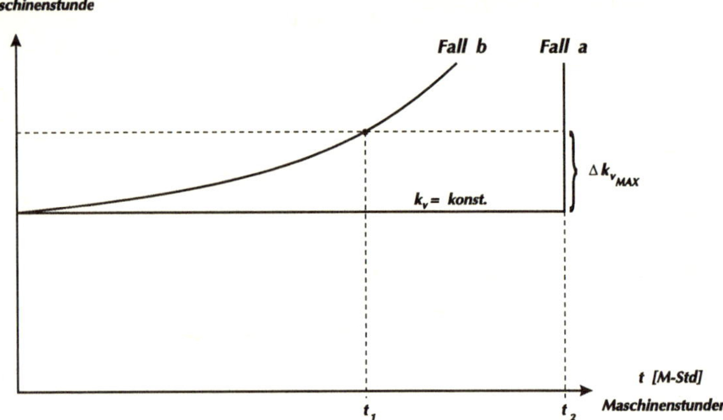

Abb. 41: Kostenwirkungen bei Gebrauchsverschleiß

prozeß beteiligten Anlagenteilen. Obwohl hier grundsätzlich auch beide Wirkungen des Gebrauchsverschleißes denkbar sind, überwiegt der Fall a. Bei vielen Anlagenteilen liegt die Nutzungsdauer, die sich bei reinem Zeitverschleiß ergeben würde, über jener der gesamten Anlage.

Ein unvorhergesehener, also ungeplanter Ausfall von Produktionsanlagen kann gegebenenfalls zu weitreichenden Auswirkungen auf den gesamten Produktionsprozeß führen. Eine sorgfältige und fundierte Instandhaltungsplanung ist daher unabdingbar und kann hohe Verluste vermeiden helfen. Unter **Instandhaltung** soll hier die Planung, Durchführung und Kontrolle von Maßnahmen zur Sicherung, Wiederherstellung und Verbesserung der Funktionsfähigkeit von Anlagen verstanden werden[32]. Damit umfaßt sie die **Wartung** (regelmäßige Pflege von Anlagen, wie z.B. Schmierdienste, Nachregulierungen), die **Inspektion** (regelmäßige Überprüfung des Zustandes von Anlagenteilen) und die **Instandsetzung** (Erneuerung von Anlagenteilen aufgrund eines Plans oder eines störungsbedingten Ausfalls).

In der Instandhaltungsplanung stehen bisher nur für einfache Modellansätze exakte Lösungen zur Verfügung. Diese Modelle konzentrieren sich auf die optimale **Wahl zwischen vorbeugender und ausfallbedingter Instandsetzung** und erlauben die Bestimmung eines **optimalen vorbeugenden Instandhaltungszeitpunktes (Instandhaltungsintervalls)**. Für komplexe Systeme existieren allerdings Simulationsansätze, mit deren Hilfe man heuristische Instandhaltungsstrategien testen kann. Die analytischen Modellansätze werden dabei im Sinne eines Erklärungsmodells zur Entwicklung heuristischer Entscheidungsregeln eingesetzt. Die Zukunft der Instandhaltungsplanung gehört dem Einsatz von Expertensystemen, die als Entscheidungsunterstützungssy-

[32] Vgl. *Arbeitskreis Instandhaltung* 1974.

steme analytische und heuristische Partialmodelle sowie Simulationsmodelle enthalten können.

Da in vielen industriellen Produktionsbetrieben der Instandhaltungsbereich mit zunehmenden Wachstumsraten immer schwieriger überschaubar wird, bieten EDV-Hersteller und Softwarefirmen für diesen Bereich umfangreiche Software-Pakete an, die neben der Datenverwaltung auch die Steuerung der Instandhaltungsaufträge unterstützen. Gleichzeitig werden von diesen Systemen Instandhaltungsdaten an das Rechnungswesen weitergeleitet und Grundlagen für die Investitionsrechnung, vor allem für Ersatzinvestitionen, geschaffen[33].

Im folgenden wird exemplarisch ein einfaches Grundmodell der Instandhaltungsplanung dargestellt, wobei zunächst dessen komplexe Informationsversorgung analysiert wird.

3.4.4.2 Informationsversorgung der Instandhaltungsplanung

3.4.4.2.1 Ausfall- und Reparaturzeitverteilungen

Die Instandhaltungsplanung erfordert Informationen über den Zustand von Anlagen bzw. Anlagenteilen und deren technische Laufzeit. Letztere hängt vom Zustand zum Zeitpunkt der Inbetriebnahme sowie von den im Zeitablauf eintretenden Belastungen der Anlagen/Anlagenteile ab. Zur Vereinfachung der Planung wird häufig die Lauf- oder Kalenderzeit als Bezugsgröße gewählt, da bei annähernd gleichmäßiger Beschäftigung eine enge Korrelation zu den anderen Einflußgrößen der Laufzeit besteht.

Somit kann die technische Lebensdauer T einer Anlage/eines Anlagenteils als **Zufallsvariable** aufgefaßt werden, deren Verteilungsfunktion mit F (t) bezeichnet wird. F (t) gibt die Wahrscheinlichkeit an, daß die Anlage/der Anlagenteil nach t Zeiteinheiten (ZE) ausgefallen ist. *Abb. 42* zeigt den typischen Verlauf einer solchen Verteilungsfunktion (Exponential-, Gamma-, Erlang- oder Normalverteilung), deren Komplement, die **Zuverlässigkeit** R (t) = 1 − F (t) ebenfalls hier dargestellt wird.

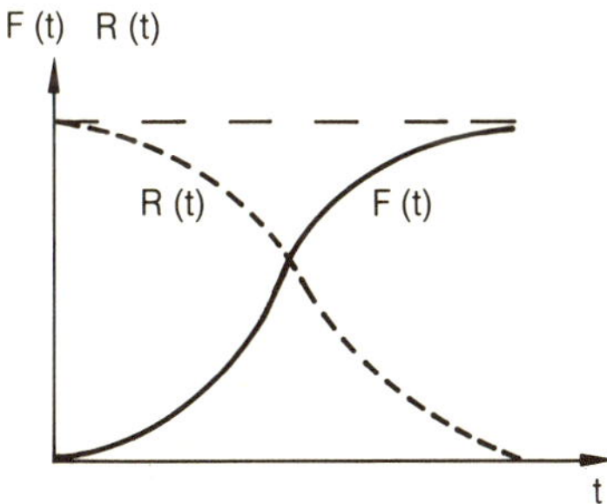

Abb. 42: Typischer Verlauf von Ausfall- bzw. Zuverlässigkeits-Verteilungsfunktionen

---

[33] Vgl. *Männel* 1991.

Die Zuverlässigkeit R (t) gibt die Wahrscheinlichkeit an, daß eine Anlage/ein Anlagenteil zum Zeitpunkt t noch intakt ist. Die Beschreibung des Ausfallverhaltens von Anlagen/Anlagenteilen kann mit Hilfe der Ausfallrate $\lambda(t)$ erfolgen, die wie folgt definiert ist:

$$\lambda(t) = \frac{f(t)}{1 - F(t)} = \frac{f(t)}{R(t)} \qquad f(t) = \text{Dichtefunktion von } F(t) \qquad (27)$$

$\lambda(t)$ gibt die bedingte Dichte für den Ausfall einer Anlage/eines Anlagenteils im Intervall $(t, t + \Delta t$; mit $\Delta t \rightarrow 0)$ unter der Bedingung an, daß die Anlage/der Anlagenteil zum Zeitpunkt t noch intakt ist. Die *Abb. 43* zeigt einen typischen Verlauf der Ausfallrate, bei dem die Wahrscheinlichkeit für einen Ausfall in der nächsten Zeiteinheit mit der Laufzeit der Anlage/des Anlagenteils zunimmt.

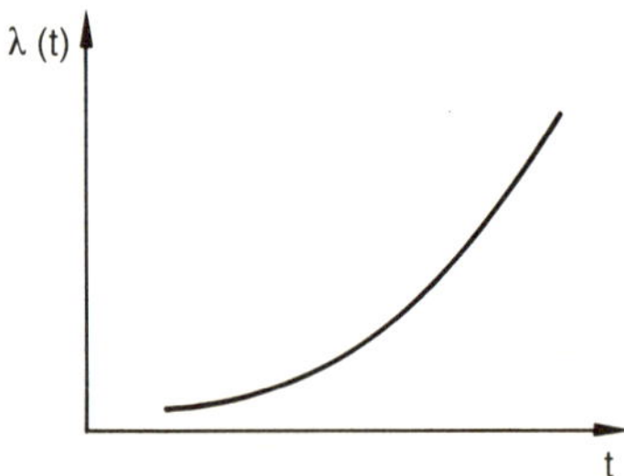

Abb. 43: Verlauf der Ausfallrate

Für die Instandhaltungsplanung sind weiterhin die Erwartungswerte der Dauer von Instandhaltungsmaßnahmen von Bedeutung. Allgemein wird unterstellt, daß der Erwartungswert der Dauer einer geplanten Maßnahme RV (in ZE) geringer ist als der einer ungeplanten RA (in ZE). Dies läßt sich damit begründen, daß bei geplanten Instandhaltungsmaßnahmen die Instandhaltungstermine mit der Maschinenbelegungsplanung abgestimmt werden und auch überhöhte Transport- und Bestellzeiten für Ersatzteile durch eine geplante Ersatzteilbereitstellung vermieden werden können.

3.4.4.2.2 Kostenplanung

Als Bewertungsgrößen der Instandhaltungsplanung werden den Instandhaltungsmaßnahmen direkt zurechenbare Kosten herangezogen. Dazu zählen:

(1) Reparatur-Materialkosten
(2) Reparatur-Bearbeitungskosten
(3) Opportunitätskosten für Produktionsausfall.

Die **Reparatur-Materialkosten,** die als Einzelkosten der Instandhaltungsmaßnahme direkt zurechenbar sind, umfassen die Einstandskosten der Ersatzteile und die Gemeinkosten für die Ersatzteillagerung. In den **Reparatur-Bearbeitungskosten** sind sowohl die Kosten des Reparaturpersonals (auch wenn diese kalenderzeitabhängig anfallen) als auch anteilige Gemeinkosten der Reparaturabteilung des Betriebes enthalten. **Opportunitätskosten** fallen bei Produktionsausfall an, wenn dieser nicht mehr aufgeholt werden kann (entgangene Deckungsbeiträge) oder die spätere Produktion zu höheren Kosten führt.

Der Erwartungswert der relevanten Kosten für eine geplante (KV) bzw. ungeplante (KA) Instandhaltungsmaßnahmen ergibt sich mit:

$$KV = K_M + k_B \cdot RV \text{ bzw. } KA = K_M + k_B \cdot RA \tag{28}$$

K_M: Reparatur-Materialkosten

k_B Reparatur-Bearbeitungs- und Opportunitätskostensatz pro Reparaturzeiteinheit

3.4.4.3 Grundmodell[34] und Erweiterungen

Hier soll ein einfaches Grundmodell der Instandhaltungsplanung dargestellt werden, das auf eine Zielfunktion zur Minimierung der relevanten Instandhaltungskosten ausgerichtet ist und dem folgende wichtigste Prämissen zugrunde liegen:

- das Produktionssystem besteht aus einer Maschine,
- nur ein Teil dieser Maschine unterliegt Verschleißwirkungen und ist damit Gegenstand der Instandhaltung,
- auf der Maschine wird nur eine Produktart produziert, für die keine Absatzbeschränkungen wirksam werden.

Aus der Informationsversorgung zur Instandhaltungsplanung liegen die Ausfallverteilung, die Verteilung der Dauer der Instandhaltungsmaßnahmen und die relevanten Kosten (Material-, Bearbeitungs- und Opportunitätskosten) vor.

Die erwarteten Kosten E(K) eines **Instandhaltungszyklus,** d.h. der Zeit zwischen zwei Instandhaltungsmaßnahmen, setzen sich aus den mit den jeweiligen Eintrittswahrscheinlichkeiten gewichteten Kosten der vorbeugenden bzw. ungeplanten Instandhaltungsmaßnahmen zusammen:

$$E(K) = F(T_p) \cdot KA + (1 - F(T_p)) \cdot KV \tag{29}$$

T_p: vorbeugender Instandhaltungszeitpunkt

Der Erwartungswert der Zykluszeit E(Z) kann als Summe der erwarteten Laufzeit des Anlagenteils und den mit den Wahrscheinlichkeiten gewichteten Dauern der Instandhaltungsmaßnahme wie folgt errechnet werden:

$$E(Z) = \underbrace{\int_0^{T_p} t \cdot f(t) \cdot dt + (1 - F(T_p)) \cdot T_p}_{\text{erwartete Laufzeit des Anlagenteils}} + \tag{30}$$

[34] Vgl. *Scheer* 1979, Sp. 827ff.

$$+ \underbrace{F(T_p) \cdot RA + (1 - F(T_p)) \cdot RV}_{\text{erwartete Dauer der Instandhaltungsmaßnahme}}$$

In der Zielfunktion sollen die erwarteten relevanten Kosten je Zeiteinheit des Instandhaltungszyklus minimiert werden:

$$\frac{E(K)}{E(Z)} \rightarrow \text{MIN!} \tag{31}$$

Unter Verwendung von $\lambda(T_p)$ (Ausfallrate) ergibt sich als Bestimmungsgleichung für den **optimalen vorbeugenden Instandhaltungszeitpunkt (Instandhaltungsintervall) T_p:**

$$\frac{F(T_p) \cdot KA + (1 - F(T_p)) \cdot KV}{E(Z)} = \lambda(T_p) \cdot \frac{KA - KV}{1 + \lambda(T_p) \cdot (RA - RV)} \tag{32}$$

Der oben rechts genannte Ausdruck ergibt den Kostenzuwachs (Grenzkosten) pro Zeiteinheit in bezug auf eine Erhöhung des vorbeugenden Instandhaltungsintervalls T_p um eine Zeiteinheit. Eine Lösung für T_p existiert nur dann, wenn $KA > KV$ ist und die Ausfallrate $\lambda(t)$ eine steigende Form aufweist.

Abb. 44[35] zeigt den Verlauf der Instandhaltungskosten pro Zeiteinheit für ein Beispiel mit den Daten $KV = 500$, $KA = 2500$, $RV = 1$, $RA = 5$ und einer Erlang-Verteilung[36] für die Laufzeit mit dem Phasenparameter $k = 6$ und der mittleren Laufzeit von 10 ZE.

Ein Minimum der Instandhaltungskosten/ZE ergibt sich im Beispiel bei einem **optimalen Instandhaltungsintervall** von 6 ZE (z.B. Wochen). Als Instandhaltungsintervall wird dabei die Zeitspanne zwischen zwei vorbeugenden Instandhaltungsmaßnahmen verstanden. Die durchgezogene Funktion kennzeichnet die erwarteten gesamten Instandhaltungskosten pro ZE, die

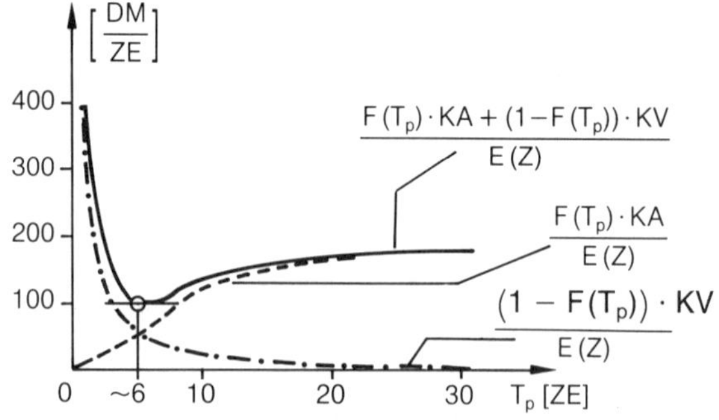

Abb. 44: Verlauf der Instandhaltungskosten

[35] Vgl. *Scheer* 1979, Sp. 830.
[36] Zur Erlang-Verteilung siehe *Körth* u.a. 1972, S. 856ff.

strichlierte Funktion, die erwarteten Kosten/ZE für Ausfallersatz und die strichpunktierte Funktion die erwarteten Kosten/ZE für vorbeugende Instandhaltungsmaßnahmen.

Im Rahmen einer Sensitivitätsanalyse läßt sich zeigen, daß das Optimum auf negative Abweichungen vom optimalen Instandhaltungsintervall empfindlicher reagiert als auf positive. Bei Einführung einer vorbeugenden Instandhaltungspolitik ist es deshalb kostengünstiger, sich von relativ langen Instandhaltungsintervallen an das Optimum heranzutasten, als umgekehrt. Diese Überlegung wird auch durch die Betrachtung der Instandhaltungskostenfunktion in *Abb. 44* gestützt.

In der Literatur zum Operations Research ist eine Reihe von Erweiterungen des hier vorgestellten Grundmodells erarbeitet worden. Meist handelt es sich dabei aber nur um Modelle für Spezialfälle, deren methodische Schwierigkeiten häufig eine exakte Optimierung verhindern. Folgende wichtige Fälle sind bekannt geworden:

- Berücksichtigung mehrerer Anlagen bzw. Anlagenteile[37],
- Ermittlung individueller Ersatzzeitpunkte für mehrere Teile[38],
- Berücksichtigung der Ersatzteil-Bestellpolitik[39],
- Berücksichtigung der Produktions-Programmplanung[40],
- Berücksichtigung von Wartezeiten vor der Instandhaltungsabteilung[41].

In einigen der oben genannten Ansätze sowie einer Reihe zusätzlicher Erweiterungen wird versucht, mit Hilfe von Simulationsmodellen vor allem eine Analyse von konkreten Instandhaltungssystemen zu ermöglichen[42]. Daraus lassen sich Anhaltspunkte für die zukünftige Entwicklung der Instandhaltungsaufgaben und Schwerpunkte für den Einsatz der strategischen Instandhaltungsplanung ableiten.

Zwischen der Instandhaltungsplanung und der **Kapazitätsplanung des Instandhaltungsbereiches** bestehen interdependente Beziehungen, deren simultane Berücksichtigung in der Praxis nicht möglich ist. Eine modelltheoretische Analogie läßt sich zu den oben erwähnten Modellen einer simultanen Produktprogramm- und Kapazitäts- bzw. Investitionsplanung herstellen. Bei der sukzessiven Vorgehensweise in der Praxis wird auf der Basis einer abgeschlossenen Instandhaltungsplanung der Kapazitätsbedarf des Instandhaltungsbereiches bestimmt und für dessen Deckung gesorgt.

---

[37] Vgl. *Churchman* u.a. 1971, *Küpper* 1974.

[38] Vgl. *Jorgenson* u.a. 1967, S. 80ff., *Scheer* 1974, S. 99ff.

[39] Vgl. *Scheer* 1974, S. 172ff.

[40] Vgl. *Küpper* 1974, *Scheer* 1974.

[41] Vgl. *Vergin* 1966, *Kistner* 1974.

[42] Vgl. *Ordelheide* 1973, *Scheer* 1974, *Kistner* 1974.

3.4.5 Planung optimaler Nutzungsdauern

Für die Kapazitäts- und Investitionsplanung maschineller Anlagen ist die Bestimmung von Nutzungsdauern erforderlich. Ebenso ist bei der Planung kalkulatorischer Abschreibungen innerhalb der Plankostenrechnung von geplanten Nutzungsdauern aufgrund von Gebrauchs- und Zeitverschleiß auszugehen. Im sukzessiven Planungskonzept wird in der Kapazitäts- bzw. Investitionsplanung vorerst von relativ grob geschätzten Nutzungsdauern ausgegangen. Eine betriebswirtschaftlich fundierte Investitionspolitik in den Bereichen Anlagenwirtschaft und Anlagen-Controlling erfordert insbesondere bei Ersatzinvestitionen die Planung optimaler Nutzungsdauern[43].

Folgende Fälle der Nutzungsdauerplanung sind zu unterscheiden (siehe *Abb. 45*):

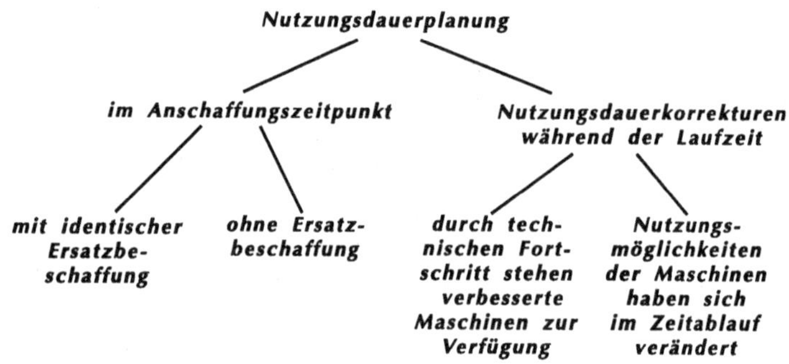

Abb. 45: Nutzungsdauerplanung

Die **Nutzungsdauerplanung im Anschaffungszeitpunkt** geht mangels entsprechender Informationen von einer **identischen Ersatzbeschaffung** aus. Da in dieser Situation von gleichbleibenden Erlösen bzw. Einzahlungen ausgegangen werden kann, reduziert sich die Planung auf ein **Kostenminimierungsproblem.** Abgesehen von den Fällen, in denen durch vertragliche Vereinbarungen mit Kunden eine zeitliche Begrenzung der Absatzmöglichkeiten genau fixiert ist, muß häufig bereits **im Anschaffungszeitpunkt** davon ausgegangen werden, daß aufgrund des Lebenszyklus-Verlaufes von Produkten maschinelle Anlagen **ohne Ersatzbeschaffung** ausscheiden werden. Die Nutzungsdauerplanung entspricht hier der Bestimmung des **optimalen Stillegungszeitpunktes,** bei der sowohl Kosten (Auszahlungen) als auch Erlöse (Einzahlungen) relevant sind und deshalb ein **Gewinnmaximierungsproblem** zu lösen ist.

Nachträgliche **Nutzungsdauerkorrekturen** werden erforderlich, wenn während der Laufzeit von Maschinen Ereignisse eintreten, welche die Einsatzbe-

---

[43] Zu Kriterien der Nutzungsdauer von Investitionsprojekten vgl. *Altrogge* 1992.

dingungen der Maschinen verändern (z.B. Rationalisierung, Preisverfall bei Produkten) und die Planung von Rest-Nutzungsdauern erforderlich machen. Hier soll exemplarisch nur die Nutzungsdauerplanung im Anschaffungszeitpunkt behandelt werden[44].

Die **optimale Nutzungsdauer einer identisch zu ersetzenden Anlage** kann nach folgender Bestimmungsgleichung geplant werden, wobei Kosten-, d.h. Auszahlungsminimierung als Zielfunktion angenommen wird und keine Steuern berücksichtigt werden[45].

$$a_{\varnothing}(t_{Nopt}) = \text{Min}\left\{\left[A + \sum_{t=1}^{t_N} \frac{a_{It} + \Delta a_{Bt}}{(1+i)^t} - \frac{L(t_N)}{(1+i)^{t_N}}\right] * w(i, t_N)\right\} \quad (33)$$

Hierbei sind

Variable:	$a_{\varnothing}$:	durchschnittliche relevante Kosten (Auszahlungen) als Annuität
	t_N:	Nutzungsdauer
	L:	Liquidationserlös (abhängig von t_N)
	w:	Wiedergewinnungsfaktor (abhängig von i und t_N)
Konstante:	A:	Anschaffungsauszahlung
	a_{It}:	durchschnittliche Instandhaltungskosten (-auszahlungen) der Periode t
	Δa_{Bt}:	verschleißbedingte durchschnittliche zusätzliche Betriebskosten (-auszahlungen) der Periode t
	i:	Kalkulationszinssatz

Die Ermittlung der optimalen Nutzungsdauer setzt eine abgeschlossene Instandhaltungsplanung voraus, so daß die voneinander abhängigen Instandhaltungskosten und verschleißbedingten zusätzlichen Betriebskosten bereits vorliegen. Letztere sind nur dann relevant, wenn sie sich in Abhängigkeit von der Nutzungsdauer **permanent** erhöhen. Die Instandhaltungskosten aufgrund vorbeugender und ausfallbedingter Instandsetzungen weisen im Zeitablauf häufig zyklische Schwankungen auf. Zur Ausschaltung relativer Minima muß mit der oben angegebenen Annuitätenfunktion der gesamte Bereich der in Frage kommenden Nutzungsdauern überprüft werden. Steigen die Instandhaltungskosten in Abhängigkeit der Nutzungsdauer jedoch stetig, so existieren keine relativen Minima und das absolute Minimum liegt am Ende der Periode t_N, wenn in der Periode $t_N + 1$ das folgende Kriterium erfüllt ist:

$$A[w(t_N, i) - w(t_N + 1, i)] < a_I(t_N + 1) - a_I(t_N) \quad (34)$$

Treten die zyklischen **Schwankungen der Instandhaltungskosten regelmäßig** auf, so ergeben sich für die Annuität der relevanten Kosten in **abnehmender Folge relative Minima,** wie sie die *Abb. 46* zeigt. In diesem Fall liegt das

[44] Zur theoretischen Grundlegung vgl. *Kistner/Steven* 1992.
[45] Vgl. *Kilger* 1986, S. 401ff.

absolute Minimum der Funktion im Unendlichen, so daß der Ersatz einer solchen Anlage nicht vorteilhaft ist.

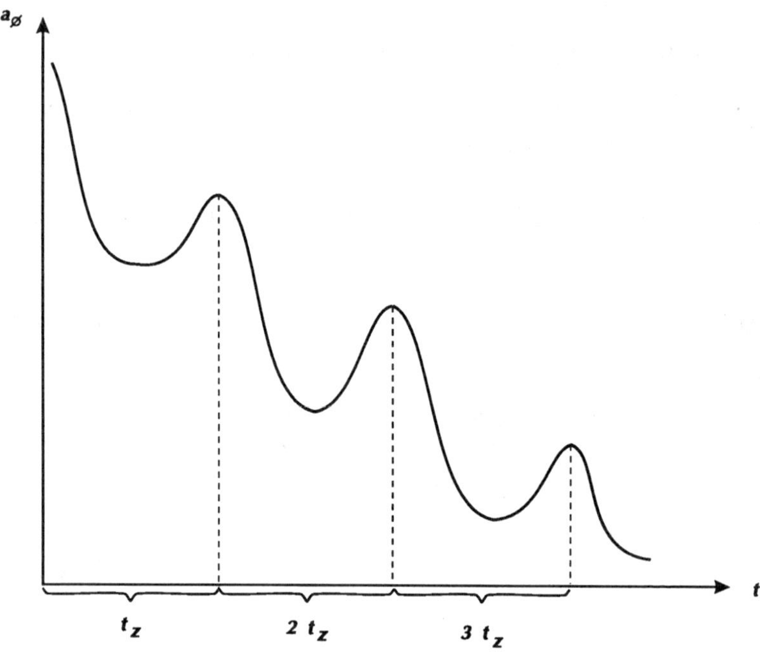

Abb. 46: Annuität bei regelmäßig schwankenden zyklischen Instandhaltungskosten

Bei **unregelmäßigen Zyklen der Instandhaltungskosten** sind keine allgemein gültigen Aussagen über die Existenz einer optimalen (kostenminimalen) Nutzungsdauer möglich, so daß jeder Einzelfall überprüft werden muß.

Für Betriebsmittel, die relativ viele Teile enthalten, deren Lebenserwartung so hoch ist, daß sie in der Instandhaltungsplanung nicht berücksichtigt werden, kann innerhalb ökonomisch relevanter Planungszeiträume keine optimale Nutzungsdauer erreicht werden (z.B. bei Gebäuden). Hier ist eine permanente Instandhaltung vorteilhafter als ein Ersatz[46].

Die **optimale Nutzungsdauer** für eine **Anlage**, die **ohne Ersatzbeschaffung** stillgelegt wird, kann **vor** dem Investitionszeitpunkt nach folgender Bestimmungsgleichung geplant werden[47]:

$$C(t_{N_{opt}}) = \text{Max}\left\{- A + \sum_{t=1}^{t_N} \frac{\sum_{j=1}^{n} (p_{jt} - a_{pjt}) * x_{Ajt} - A_{Ft}}{(1 + i)^t} + \frac{L(t_N)}{(1 + i)^{t_N}}\right\} \qquad (35)$$

[46] Vgl. *Stepan* 1982, S. 438.
[47] Vgl. *Kilger* 1986, S. 409.

Hierbei sind zusätzlich

Variable:	C:	Kapitalwert
	x_{Ajt}:	Absatz- und Produktionsmenge der auf der Anlage hergestellten Produktart j (j = 1, ..., n) in der Periode t
Konstante:	p_{jt}:	einzahlungswirksamer Netto-Verkaufspreis der Produktart j in der Periode t
	a_{pjt}:	auszahlungswirksame proportionale Selbstkosten der Produktart j in der Periode t
	A_{Ft}:	auszahlungswirksame relevante (den Produkten insgesamt zurechenbare) Fixkosten in der Periode t

Im Zeitablauf zyklisch schwankende oder progressiv steigende Instandhaltungskosten sind sowohl in den proportionalen Selbstkosten als auch in den Fixkosten enthalten. Die Anlage soll nur so lange in Betrieb bleiben, bis ihre gewinnmaximale Nutzungsmöglichkeit überschritten wird. Wie bereits erwähnt, gelten die hier dargestellten Überlegungen nur für jene Fälle, in denen die Nutzungsdauer **im Anschaffungszeitpunkt** geplant wird.

3.5 Produktions-Personalplanung

3.5.1 Aufgaben der Produktions-Personalplanung

Der Einsatz neuer Technologien in der industriellen Produktion führt auf den ersten Blick zu einer Substitution des Produktionsfaktors Menschliche Arbeitsleistung durch Betriebsmittel. Trotzdem ist die dominierende Stellung der menschlichen Arbeitsleistung erhalten geblieben. Der Einsatz neuer Technologien hat aber einen Strukturwandel des industriellen Arbeitseinsatzes ausgelöst, der weitgehende Auswirkungen auf die Qualifikationsstruktur und Arbeitsproduktivität mit sich bringt.

Mit dem Strukturwandel haben sich die Probleme des Einsatzes menschlicher Arbeitsleistung in der industriellen Produktion aus folgenden Gründen verstärkt[48]:

- hohes Personalkostenniveau, insbesondere aufgrund hoher Personalnebenkosten (fast 100% der Bruttolöhne ohne Soziallöhne)
- Ausweitung der Mitbestimmungsrechte
- Verminderung der Flexibilität des Arbeitseinsatzes aufgrund von weitreichenden Kündigungsschutzbestimmungen und Mitbestimmungsrechten (Sozialpläne bei Entlassungen)
- zunehmende sozial orientierte Betrachtung des Arbeitseinsatzes durch Betonung der Unternehmenskultur und Anreiz-Beitrags-Beziehung

---

[48] Vgl. *Kilger* 1986, S. 207ff.

- zunehmende gesamtwirtschaftliche Orientierung des betrieblichen Arbeitseinsatzes aufgrund öffentlicher und politischer Kontrolle und Kritik
- verminderte Möglichkeiten der Leistungskontrolle, da Intensität automatisierter Produktionsprozesse von Arbeitskräften häufig nicht mehr beeinflußt werden kann.

In diesem Abschnitt kann kein vollständiger Überblick über die Probleme und Aufgabenbereiche der industriellen Personalwirtschaft gegeben werden. Vielmehr werden hier nur die folgenden speziellen Teilaufgaben analysiert, die mit dem Einsatz der menschlichen Arbeitsleistung im industriellen Produktionsprozeß zusammenhängen:

- Planung von Personalstrategien
- Planung der Arbeitsbedingungen in Produktionssystemen
- Planung von Arbeitszeiten
- Planung des Personalbedarfs
- Arbeitsbewertung
- Lohnplanung

3.5.2 Personalstrategien

Die **Personalstrategie** des Produktionsbereiches ist als funktionale Strategie in die Strategie der Strategischen Geschäftseinheit eingebunden und steht inbesondere mit den verfolgten Kapazitätsstrategien in einem Wechselverhältnis. Eine bewußte Strategiebildung im Personalbereich erfordert eine abgestimmte Planung folgender Personalkonzepte[49]:

- Ressourcenorientiertes Personalkonzept
- Investitionsorientiertes Personalkonzept
- Wertorientiertes Personalkonzept

Das **ressourcenorientierte Personalkonzept** rückt eine vorbeugende Personalentwicklung und -ausstattung in den Vordergrund. Ein qualifiziertes Mitarbeiterteam im Produktionsbereich wird als wesentliches Element zur Beherrschung neuer Produktionstechnologien angesehen. Damit steht die Planung einer Höherqualifizierung der Mitarbeiter im Produktionsbereich durch vorausschauende Aus-, Fort- und Weiterbildung im Mittelpunkt der strategischen Personalplanung.

Im **investitionsorientierten Personalkonzept** wird die Personalstrategie aus der Kapazitätsstrategie maschineller Produktionsanlagen abgeleitet. So erfährt die Kapazitätsstrategie eine Ergänzung hinsichtlich ihrer Umsetzbarkeit und das Produktions-Personal selbst wird zum Investitionsobjekt. In die traditionell technisch und finanzwirtschaftlich ausgerichtete Investitionsplanung müssen qualitative Argumente und Überlegungen aus der Sicht der Personalwirtschaft einbezogen werden. Durch eine solche frühzeitige Perso-

---

[49] Vgl. *Bühner* 1987, S. 252ff.

nalanalyse werden Handlungsspielräume gewonnen, um mögliche Widerstände bei der Einführung neuer Technologien abzubauen bzw. geeignete Vorsorgemaßnahmen zu ergreifen.

Ressourcen- und investitionsorientierte Personalstrategien sind durch ein **wertorientiertes Personalkonzept** zu ergänzen. Mit ihm werden Interessen, Ziele oder Bedürfnisse der Mitarbeiter im Produktionsbereich und damit auch gesellschaftliche Wertvorstellungen in der strategischen Planung berücksichtigt. Solche Personalstrategien leisten einen wesentlichen Beitrag zum Aufbau einer stabilen Unternehmenskultur, wobei die Vermittlung und das Vorleben von Werten als Führungsaufgabe im Vordergrund steht[50]. Die Wertvorstellungen der Mitarbeiter unterliegen einem ständigen Wandel[51]. Die Personalstrategie ist als Antwort auf Wertänderungen und Werthaltungen der Mitarbeiter aufzufassen. Im Produktionsbereich können folgende taktische Problemlösungen eine Operationalisierung einer solchen Personalstrategie ermöglichen:

mehr **Demokratie** durch	– mehr Initiativ- und Mitspracherechte der Mitarbeiter (z. B. Quality Circles) – verbessertes betriebliches Vorschlagswesen – Verflachung der organisatorischen Hierarchie im Produktionsbereich – Qualifizierungsprogramme – gruppenbezogene Arbeitsstrukturierung (siehe Abschnitt II.3.5.3)
mehr **Selbständigkeit** und **Individualität** durch	– Flexibilisierung der Personalzusatzleistungen (z. B. Cafeteria-System[52]) – Flexibilisierung der Arbeitszeit (Teilzeitarbeit, alternative Schichtpläne usw.)

Im folgenden soll ein für die industrielle Produktion ausschlaggebender Bereich zur Umsetzung von Personalstrategien, die Planung von Arbeitsbedingungen, behandelt werden.

3.5.3 Planung der Arbeitsbedingungen

Aus der Sicht der Arbeitswissenschaft werden Produktionssysteme als **Arbeitssysteme** bezeichnet. Die zweckmäßige Organisation von Arbeitssystemen, die unter Beachtung der menschlichen Leistungsfähigkeit und Bedürfnisse ein aufgabengerechtes, optimales Zusammenwirken von arbeitenden Menschen, Betriebsmitteln und Arbeitsgegenständen ermöglicht, wird unter

---

[50] Vgl. BMW AG 1985.
[51] Zur Darstellung der Wertverschiebungen vgl. *Wollert/Bihl* 1983.
[52] Vgl. *Dycke/Schulte* 1986.

dem Oberbegriff **Arbeitsgestaltung** zusammengefaßt[53]. Konkret versteht man darunter:

- Gestaltung der Arbeitsorganisation
  - Arbeitszerlegung und Arbeitsstrukturierung
  - Arbeitsablauf
- Gestaltung der Arbeitsmethoden und des Arbeitsplatzes
  - Anthropometrische Arbeitsgestaltung
  - Physiologische Arbeitsgestaltung
  - Sicherheitstechnische Arbeitsgestaltung
- Gestaltung der Arbeitsumgebung (Lärm, Klima, Beleuchtung usw.)
- Gestaltung der Arbeitszeit

Die Arbeitsgestaltung ist am Prinzip der **Kostenwirtschaftlichkeit** auszurichten, wobei Grundsätze einer **Humanisierung des Arbeitseinsatzes** eingehalten werden müssen. Die *Abb. 47* zeigt eine Liste von Humanisierungszielen[54].

1. *Würde: Selbstachtung, Selbstwert, Identität*
2. *Sinn: Nutzen für andere; Existenzielle Bedeutsamkeit der Tätigkeit; Ganzheitlichkeit der Tätigkeit; Ethos, Dienst, Verantwortung übertragen*
3. *Gerechtigkeit: Fairneß, Chancengleichheit, Nichtdiskriminierung*
4. *Sicherheit: Risiko versus Rigidität und Verplanung, Schutz, Absicherung, Vorsorge, Planbarkeit, Kontinuität*
5. *Orientierung: Reizarmut versus -überflutung, Information, Rückmeldung, Überblick, Struktur, Ordnung*
6. *Gesundheit: Körperliche und seelische Unversehrtheit, Wohlbefinden*
7. *Autonomie: Selbst- und Mitbestimmung, Entscheidungsfreiheit, Wahlmöglichkeiten, Subjekt, nicht Objekt sein*
8. *Kontakt: Isoliertheit versus Ausgeliefertsein, Hilfe, Zugehörigkeit, Solidarität, Nähe, Wärme, akzeptiert werden*
9. *Privatheit: Isolierung versus Öffentlichkeit*
10. *Entfaltung: Stillstand versus Überforderung; Abbau/Aufbau von Fähigkeiten, Fähigkeitseinsatz, Selbstverwirklichung, Lernen, Höherentwicklung, Vielseitigkeit, allseitige Entwicklung*
11. *Abwechslung: Monotonie, Reizarmut, Chaos, Überflutung, Variationen, Kreativität, neue Erfahrungen*
12. *Aktivität/Leistung: Stillstand versus Hektik, Bestätigungsmöglichkeiten, Erfolgserlebnisse, Selbstbestätigung*
13. *Konfliktregelung: Harmonie versus Spannung, Streit, Vertrauen, Verständnis, Offenheit, Konkurrenz, Rivalität*
14. *Anerkennung: Bestätigung, Erfolgserlebnisse, Auszeichnung, Status, Prestige, Aufwertung*
15. *Schönheit: Ästhetik, sich wohlfühlen*

Abb. 47: Humanisierungsziele

[53] Vgl. REFA 1984, S. 94.
[54] Vgl. *Neuberger* 1985, S. 24 ff.

3.5.3.1 Gestaltung der Arbeitsorganisation

Die **Arbeitsorganisation** befaßt sich hauptsächlich mit der Festlegung des Arbeitsinhalts des Produktionssystems, insbesondere mit der Zerlegung von Arbeitsverrichtungen in Teilverrichtungen bzw. Aufteilung eines Aufgabenkomplexes auf die Aufgabenträger (Arbeitszerlegung, Arbeitsteilung). Weiterhin gehört zu den Aufgaben der Arbeitsorganisation die Gestaltung des Arbeitsablaufs, bei der die zweckmäßigste Reihenfolge der von Arbeitskräften und Betriebsmitteln auszuführenden Verrichtungen festgelegt wird.

Das **Ziel der Arbeitszerlegung** besteht darin, durch Spezialisierung der Arbeitskräfte auf wenige Teilarbeitsgänge den Leistungsgrad des Mitarbeiters und damit die Intensität des Arbeitsprozesses zu erhöhen. Weiterhin werden Ausbildungs- und Anlernzeiten verringert.

Ursprünglich herrschte die Ansicht vor, daß durch eine **maximale Arbeitszerlegung** ein **höchstmöglicher Leistungsgrad** zu erreichen wäre. Später wurde erkannt, daß aufgrund **leistungssenkender Wirkungen einer zu weitgehenden Arbeitszerlegung** offenbar ein **Optimum der Arbeitszerlegung** existiert (siehe *Abb. 48*).

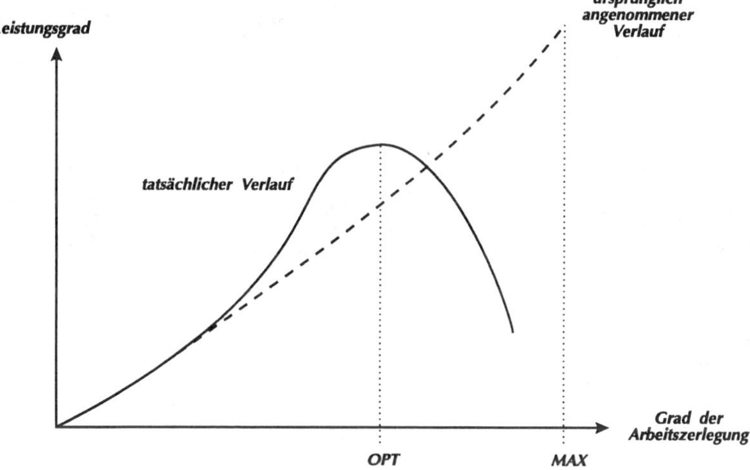

Abb. 48: Leistungsgrad und Arbeitszerlegung

Aufgrund motivationaler, individual- und gruppenpsychologischer Erkenntnisse wurde versucht, dieses Optimum der Arbeitszerlegung durch folgende Maßnahmen zur Verminderung der Arbeitsteilung, **sogenannte Arbeitsstrukturierungsmaßnahmen,** zu erreichen:

- Job Enlargement (quantitative Arbeitserweiterung)
- Job Enrichment (qualitative Arbeitsbereicherung)
- Job Rotation (systematischer Arbeitswechsel)
- Teilautonome Gruppenarbeit (selbststeuernde Arbeitsgruppen)

Die *Abb. 49* zeigt Maßnahmen der Arbeitsstrukturierung mit ihren Auswirkungen auf die Arbeitnehmer.

Maßnahmen der Arbeitsstrukturierung	Auswirkung auf die		
	abgeforderte Qualifikation	Belastung und Beanspruchung	Entlohnung
Arbeitserweiterung (Job Enlargement) ■ Vergrößerter Umfang des Arbeitsinhalts; mehr strukturell gleiche oder ähnliche Arbeitsaufgaben (z. B. vollständige Montage einer Baugruppe)	breites Spektrum beherrschter Arbeitsaufgaben auf gleichem Qualifikationsniveau	Minderung einförmiger Belastung; z.T. erhöhte Belastung durch Leistungsverdichtung	in der Regel keine Auswirkung auf die Eingruppierung
Arbeitsbereicherung (Job Enrichement) ■ Art des Arbeitsinhalts verändert; größere Qualifikationsanforderungen und Dispositionsspielräume (z.B. Reparatur- und Kontrollfunktionen)	erhöht	häufig erhöht wegen des anspruchsvolleren Arbeitsinhalts	evtl. höhere Eingruppierung; abhängig von Eingruppierungsmerkmalen
Systematischer Arbeitswechsel (Job-Rotation) ■ Mehrere Beschäftigte wechseln sich bei der Ausführung verschiedener, zusammenhängender Arbeitsinhalte ab.	gleichbleibend, wenn gleichartige und gleich schwierige Arbeiten; ggf. auch erhöht	Minderung von einseitiger Belastung, erhöhte Belastung durch jeweils neues Einarbeiten	abhängig von den Vorschriften zur Lohndifferenzierung; i.d.R. keine höhere Eingruppierung
Teilautonome Gruppenarbeit mit erweiterten Handlungs - und Entscheidungsspielräumen ■ Übertragung eines Arbeitsinhalts an eine Arbeitsgruppe, die über einige Aspekte der Ausführung entscheiden kann (z. B. Herstellung einer Baugruppe)	meist erhöht, jedoch abhängig von der internen Arbeitsteilung	häufig erhöht; evtl. Probleme durch Belastung einzelner aufgrund der internen Arbeitsteilung	Eingruppierung abhängig von tariflichen Vorschriften

Abb. 49: Maßnahmen der Arbeitsstrukturierung

Die Reaktionen der Arbeitskräfte auf Veränderungen der Arbeitszerlegung sind recht unterschiedlich. Bei manchen Arbeitskräften wirken sich z.B. Monotonieeffekte einer starken Arbeitszerlegung nur geringfügig auf ihren Leistungsgrad aus. Andere wiederum reagieren darauf mit extremer Abnahme ihres Leistungsgrades. Manche Arbeitskräfte fühlen sich durch Maßnahmen der Arbeitsstrukturierung überfordert.

Der **arbeitsorganisatorische Gestaltungsspielraum** bei **Einführung neuer Produktionstechnologien** läßt sich am Beispiel automatisierter flexibler Fertigungssysteme darstellen (siehe *Abb. 50*[55]).

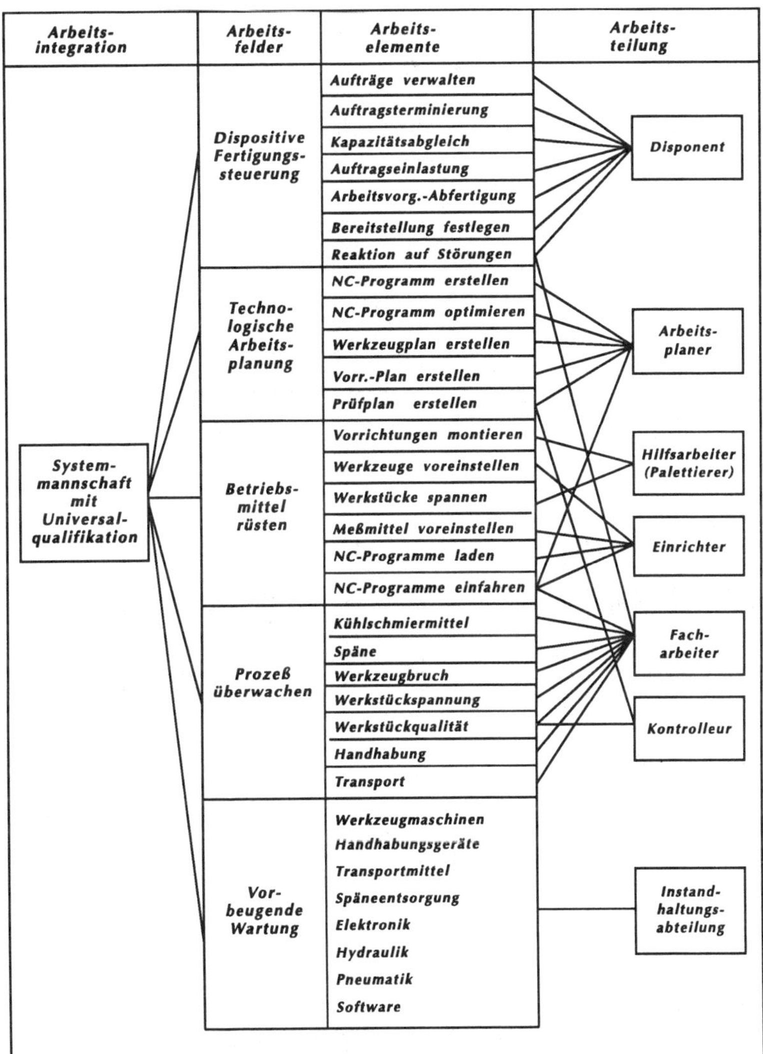

Abb. 50: Arbeitsorganisatorische Gestaltungsalternativen bei automatisierten flexiblen Fertigungssystemen

[55] Vgl. *Spur* 1985.

Das eine Extrem einer weitgehenden **Arbeitsteilung** weist die einzelnen Arbeitselemente spezialisierten Arbeitsplätzen und verschiedenen Abteilungen zu. Im anderen Extrem einer vollständigen **Arbeitsintegration** wird eine Systemmannschaft mit Universalqualifikation als **selbststeuernde Arbeitsgruppe** gebildet, welche die aus den einzelnen Arbeitselementen zusammengefaßten Arbeitsfelder betreut. Die Mitglieder der Systemmannschaft können die Arbeitslemente auch im Wechsel (Job Rotation innerhalb der Arbeitsgruppe) abwickeln.

Bezüglich der NC-Programmierung innerhalb der **technologischen Arbeitsplanung** (CAP = Computer Aided Planning) sind nach empirischen Untersuchungen an 115 Einsatzfällen im Maschinenbau, der elektrotechnischen Industrie sowie im Straßenfahrzeugbau vielfältige alternative Gestaltungsformen der Arbeitsteilung möglich (siehe *Abb. 51*)[56].

	I			II			III			IV			V		
Funktionsträger / Einzeltätigkeiten	Konstrukteur	AV - Progr.	Mitarbeiter der Fertigung	Konstrukteur	AV - Progr.	Mitarbeiter der Fertigung	Konstrukteur	AV - Progr.	Mitarbeiter der Fertigung	Konstrukteur	AV - Progr.	Mitarbeiter der Fertigung	Konstrukteur	AV - Progr.	Mitarbeiter der Fertigung
Separieren der NC-relevanten Geometrie aus der CAD-Datenbasis	●				●				●	●			●		
Programmieren der Werkzeugwege	●				●				●		●				●
Durchführen der Werkzeugsimulation	●				●				●		●				●
Programmieren der Technologiedaten	●				●				●		●				●
Durchführen des Postprozessorlaufes	●				●				●		●				●
Prozentanteil	15 %			46 %			4 %			23 %			9 %		

Abb. 51: Arbeitsteilung bei der NC-Programmierung

Die Aufgabenverteilung für Einzeltätigkeiten kann auf die Bereiche (Funktionsträger) Konstruktion, Arbeitsplanung (AV-Progr.) und die ausführenden Produktionsstellen vorgenommen werden. Für die Mitarbeiter in der Produktion sind die Alternativen III und V interessant, wobei zum Untersuchungszeitpunkt diese Alternativen noch nicht sehr weit verbreitet waren (4% bzw. 9% der Fälle).

[56] Vgl. *Lay/Boffo/Schneider* 1987.

Zusammenfassend kann festgestellt werden, daß bei Einführung neuer Produktionstechnologien ein weiter Raum für arbeitsorganisatorische Gestaltungsmöglichkeiten gegeben ist[57]. Eine echte Chance der Höherqualifizierung des Produktionspersonals ist nur bei weitgehender Arbeitsintegration in schwach arbeitsteiligen Produktionssystemen gegeben.

3.5.3.2 Ergonomische Arbeitsgestaltung und Arbeitszeitgestaltung

Die **Gestaltung von Arbeitsmethode, Arbeitsplatz und Arbeitsumgebung** wird auch unter dem Begriff **ergonomische Arbeitsgestaltung** zusammengefaßt. Unter **Ergonomie** wird ein Teilgebiet der Arbeitswissenschaft verstanden, das auf der Basis anatomischer, physiologischer, psychologischer, soziologischer und technischer Erkenntnisse die Voraussetzungen für eine Anpassung der Arbeit an den Menschen und umgekehrt, des Menschen an die Arbeit, schafft[58].

Gestaltungsbereich	Gestaltungsaufgaben (Beispiele)
1. Anthropometrische Arbeitsgestaltung	Anpassen der Betriebsmittel an die Körpermaße des Menschen und an seine Körperhaltung bei der Arbeit (Sitzen, Stehen, Liegen usw.) • Festlegen von Arbeitsplatzmaßnahmen wie Greifraum (begrenzt durch die Reichweite der Arme), Wirkraum der Beine und Arbeitshöhe • Gestaltung von Griffen und Stellteilen hinsichtlich Form, Abmessungen, Stellweg und -kraft etc.
2. Physiologische Arbeitsgestaltung	Anpassen der Arbeitssituation an die Eigenarten und Fähigkeiten des Menschen • Vermeiden von Bewegungen mit Kraftaufwand nach oben (gegen die Schwerkraft) • Vermeiden statischer Haltearbeit z. B. durch Haltevorrichtungen, Armstützen etc. • Vermeiden einseitiger Belastungen und körperlicher Zwangshaltungen (wie Knien, Bücken, Überkopfarbeit) • informationstechnische Arbeitsgestaltung (Begrenzung der zu verarbeitenden Daten auf das notwendige Maß, Gestaltung von Anzeigegeräten etc.)
3. Sicherheitstechnische Arbeitsgestaltung	Beseitigung von Unfallgefährdungen • Beheben technischer Mängel • Überwachung der Einhaltung von Unfallverhütungsvorschriften, Beseitigen von Mängeln bei der Personalaufsicht und Arbeitsunterweisung etc.

Abb. 52: Gestaltung von Arbeitsmethode und Arbeitsplatz

[57] Vgl. hierzu auch *Bullinger/Ganz* 1990, *Bühner* 1986a, 1986b, 1986c sowie *Bodur/Luczak/Müller* 1986.

[58] Vgl. REFA 1984, S. 125.

Gestaltungsbereich	Gestaltungsaufgaben
Gestaltung der Arbeitsumgebung	Zweck: Verhinderung gesundheitlicher Gefährdungen und Steigerung der Leistungsbereitschaft

1. Lärm	• Verhinderung der Lärmentstehung (primäre Lärmminderungsmaßnahmen)
	• Verhindern der Lärmausbreitung (sekundäre Lärmminderungsmaßnahmen) durch:
	  • Schalldämmung (Behinderung der Schallausbreitung durch reflektierende Hindernisse)
	  • Schalldämpfung (Umwandlung der Schallenergie mit Hilfe absorbierender Materialien)

2. Klima	Beeinflussung der vier Parameter Lufttemperatur, -feuchtigkeit, -geschwindigkeit und Wärmestrahlung. Die Lage der Minimal-, Optimal- und Maximalwerte hängt von der Art der Arbeit ab und kann Tabellen oder Nomogrammen entnommen werden.
3. Beleuchtung	• Sicherstellen einer der jeweiligen Arbeitsaufgabe angemessenen Beleuchtungsstärke (zu geringe Beleuchtungsstärke kann zu schneller Ermüdung, Leistungsminderung und Zunahme der Unfallgefahr führen) • Anstreben einer harmonischen Helligkeitsverteilung (ausgewogenes Verhältnis der Leuchtdichten im Gesichtsfeld) • Begrenzung der Blendung • Einstellen der Lichtrichtung (das LIcht soll seitlich von oben einfallen) und Schattenbildung (Optimum zwischen diffuser Beleuchtung ohne Schatten und zu tiefer Schattenbildung) • Wahl der Lichtfarbe (warmweiß, neutralweiß, Tageslichtweiß) und Farbwiedergabe (vier Stufen)
4. Schädliche Arbeitsstoffe	• Vermeiden fester und flüssiger Schadstoffe, schädlicher Gase, Dämpfe und Stäube durch Verwendung ungefährlicher Arbeitsstoffe oder Änderung des Produktionsverfahrens, soweit dies möglich ist • Unterrichtung der Arbeitspersonen über die Gefährlichkeit von Schadstoffen und die Handhabung von Schutzmaßnahmen • Bereitstellen persönlicher Schutzausrüstungen (wie Augen-, Atemschutz), wenn keine anderen Maßnahmen durchführbar oder wirksam sind Hilfsmittel zur Beurteilung schädlicher Arbeitsstoffe: MAK-Werte (maximale Arbeitsplatz-Konzentrationen)
5. Sonstige Umgebungseinflüsse	• Maßnahmen gegen Vibrationen (mechanische Schwingungen) und Strahlung • Fördern der Leistungsbereitschaft durch Farbgestaltung, Musik am Arbeitsplatz u. a. m.

Abb. 53: Gestaltung der Arbeitsumgebung

Die *Abb. 52* und *53* zeigen eine Zusammenstellung der relevanten Gestaltungsbereiche und der dazugehörigen Gestaltungsaufgaben[59].

Die **Gestaltung der Arbeitszeit** unterliegt der Mitbestimmung und ist durch gesetzliche und tarifvertragliche Regelungen stark eingeengt. Sie umfaßt folgende Aufgaben:

- Festlegung des täglichen **Arbeitsbeginns** und **-endes** einschließlich der Entscheidung über feste und gleitende Arbeitszeit.
- Festlegung der Lage und Dauer der **Arbeitspausen.** Da der Erholungswert einer Pause mit zunehmender Pausenlänge abnimmt, sind häufigere Kurzpausen günstiger als wenige von längerer Dauer.
- Regelung der Schicht-, insbesondere Nachtschichtarbeit. Letztere ist mit gesundheitlichen Risiken verbunden. Bei Wechselschichten ist der Wechselzyklus festzulegen.

Zur Realisierung einer **wertorientierten Personalstrategie** stellt die **Flexibilisierung der Arbeitszeit** eine wesentliche taktische Maßnahme dar. Dazu zählen Möglichkeiten, die individuelle Arbeitszeit und die Betriebszeit zu entkoppeln. Darüber hinaus wird von der Arbeitszeitflexibilisierung ein Beitrag zur Lösung gesamtwirtschaftlicher Arbeitsmarktprobleme erwartet[60]. Im einzelnen kommen folgende Instrumente bzw. deren Kombination zum Einsatz:

- Gleitzeitarbeit und flexible Pausenregelungen (nur während der Kernzeit besteht Anwesenheitspflicht)
- Teilzeitarbeit in folgender Form:
  - verkürzte Arbeitszeit an allen Arbeitstagen
  - Wechsel von Vollzeit- und Freizeitblöcken
  - Job Sharing, wobei sich zwei oder mehr Mitarbeiter einen Vollzeitarbeitsplatz teilen
- Schichtarbeit (z.B. Aufteilung der bisherigen Betriebszeit in Teilzeitschichten
- Variable Arbeitszeitverteilung mit Ausgleich der Arbeitszeit über längeren Zeitraum.

3.5.4 Planung von Arbeitszeiten

Die **Planung von Arbeitszeiten** kann als wichtiger Teilbereich der industriellen Personalwirtschaft mit eher **taktisch-operativem Bezug** angesehen werden. Sie ist eine der wichtigsten Teilaufgaben der **Betriebsdatenerfassung** (BDE) und dient folgenden Zwecken[61]:

---

[59] Vgl. *Blohm/Beer/Seidenberg/Silber* 1987, S. 96f.

[60] Vgl. Beschäftigungsförderungsgesetz 1985, das den Abschluß befristeter Arbeitsverträge erleichtert und Regelungen für Teilzeitarbeit und Job Sharing (Arbeitsplatzteilung) vorsieht.

[61] Vgl. *Kilger* 1986, S. 229.

- Informationsversorgung der Personalbedarfs**planung**
- Bereitstellung von **Plan**daten der Plankostenrechnung
  - Plan-/Istbezugsgröße pro Periode von Kostenstellen (z.B. 140 Vorgabestunden/Monat)
  - Plan-/Istbezugsgröße pro Mengeneinheit von Kostenträgern (z.B. 4,5 Vorgabeminuten pro Stück)
- Informationsversorgung der Produktions**planung**
  - Kapazitätsrestriktionen in operativer Programmplanung[62]
  - Terminplanung innerhalb der operativen Prozeßplanung[63]
- Bereitstellung von Grunddaten für Leistungslohn**planung**
  - Zeitakkord-Lohnsystem
  - Leistungsprämien-Lohnsystem

3.5.4.1 Gliederung der Arbeitszeit

Nach **REFA** wird die Arbeitszeit für eine Serie als **Auftragszeit** bezeichnet. Die *Abb. 54* zeigt deren Gliederung, wobei die Seriengröße hier mit m bezeichnet wird.

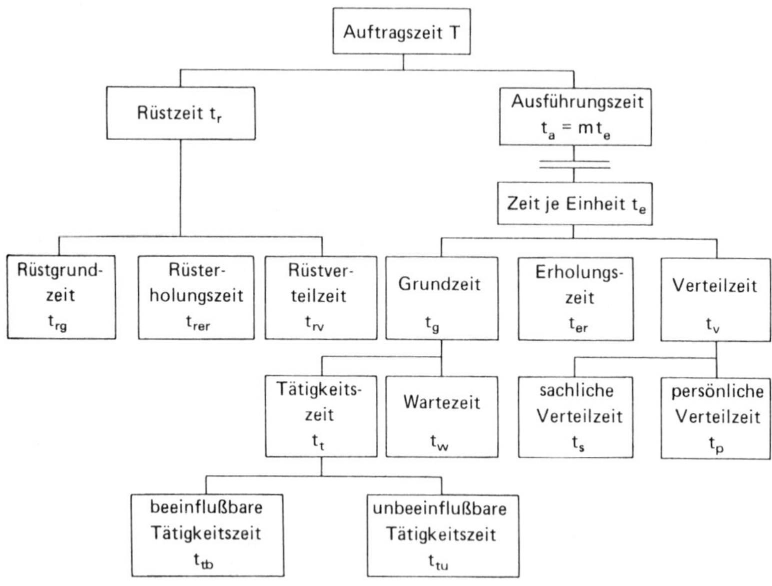

Abb. 54: Gliederung der Auftragszeit nach REFA

REFA unterscheidet zwischen Grund-, Erholungs- und Verteilzeiten. **Grundzeiten** fallen sowohl für Rüst- (Produktions-Vorbereitungs-) als auch für

---

[62] Siehe hierzu Abschnitt III.2.2.2.
[63] Siehe hierzu Abschnitt III.4.

laufende Ausführungsprozesse an. Bei letzteren wird sie pro Mengeneinheit angegeben.

Erholungszeiten dienen der notwendigen Erholung des Menschen und sind abhängig von der Arbeitsschwere, Körperhaltung, Dauer ununterbrochener Tätigkeiten und Häufigkeit des Arbeitswechsels.

Zusätzlich zu den Grund- und Erholungszeiten werden sachliche und persönliche Verteilzeiten vorgesehen, die als Prozentsatz der Grundzeiten ausgedrückt werden. **Sachliche Verteilzeiten** fallen z.B. für die Behebung kleinerer Maschinenstörungen, für außerplanmäßigen Werkzeugwechsel, für Säuberung und gelegentliches Abschmieren der Maschine, kurze Dienstgespräche usw. an. **Persönliche Verteilzeiten** berücksichtigen persönliche Bedürfnisse der Arbeitskräfte wie z.B. Austreten, Beschaffung von Speisen und Getränken usw.

Wichtigste Bestandteile der Auftragszeit sind die **Grundzeiten.** Während die **Rüstgrundzeit** – mit wenigen Ausnahmen bei automatisierten Rüstprozessen – meist weitgehend von der menschlichen Arbeitskraft (hier: Vorarbeiter oder Einrichter) beeinflußt werden kann, unterscheidet man für die **Tätigkeitszeit** als Hauptteil der **Ausführungsgrundzeit** nach REFA[64] folgende Grade der Beeinflussung von Ausbringungsintensitäten (gemessen in Mengeneinheiten pro Zeiteinheit):

- voll beeinflußbare Ausbringungsintensitäten (reine oder überwiegende Handarbeit)
- bedingt beeinflußbare Ausbringungsintensitäten (technologische Prozeßzeiten **nicht** beeinflußbar, Rest, z.B. für Beschicken und Entleeren von Betriebsmitteln, aber beeinflußbar)
- unbeeinflußbare Ausbringungsintensitäten (bei vollautomatisierten Produktionsprozessen, z.B. chemischen Verfahren).

Neben den oben genannten beeinflußbaren und unbeeinflußbaren Tätigkeitszeiten fallen nach REFA noch **Wartezeiten** an, die als Soll- oder Vorgabezeiten für **prozeßbedingte** Unterbrechungen **planmäßig** anfallen (z.B. Reaktionsablauf in der Chemie).
Durch die Zunahme der Automatisierung industrieller Produktionsprozesse nimmt der Anteil bedingt und nicht von der Arbeitskraft beeinflußbarer Ausbringungsintensitäten ständig zu. Deshalb wird im folgenden zwischen der Planung beeinflußbarer und nicht beeinflußbarer Arbeitszeiten unterschieden.

3.5.4.2 Planung beeinflußbarer Arbeitszeiten

Zur Planung der **beeinflußbaren Tätigkeitszeit** als wesentlichen Teil der Grundzeit werden folgende Verfahren herangezogen:

---

[64] Vgl. REFA 1978, S. 21.

- Arbeitszeitplanung auf der Grundlage von Istzeitmessungen (Zeitaufnahme)
- Arbeitszeitplanung auf der Grundlage von Systemen vorbestimmter Zeiten.

3.5.4.2.1 Arbeitszeitplanung mit Zeitaufnahme nach REFA

Neben dem selten angewandten **Bedaux-Verfahren**[65] wird im deutschsprachigen Raum hauptsächlich das **Zeitaufnahmeverfahren nach REFA** zur Arbeitszeitplanung eingesetzt[66]. Dieses läuft in folgenden Schritten ab:

- Beschreibung und Analyse des Arbeitssystems
- Bestimmung der Grundzeiten
  - Ist-Zeitaufnahme
  - Beurteilung des Leistungsgrades
  - Auswertung der Ergebnisse
- Ergänzung der Grundzeiten
  - Bestimmung von Verteilzeiten
  - Bestimmung von Erholungszeiten

Vor der Zeitaufnahme erfolgt eine sorgfältige **Beschreibung und Analyse des Arbeitssystems.** Dabei werden die Arbeitsaufgaben, die Arbeitsverfahren, der Arbeitsablauf und die Arbeitsbedingungen schriftlich festgehalten und somit jederzeit reproduzierbar gemacht. Zur **Bestimmung der Grundzeiten** werden in einer **Ist-Zeitaufnahme** die von der Arbeitskraft benötigten Zeiten mehrmals mit einer Stoppuhr oder einem Spezialgerät gemessen. Um individuelle, zufallsabhängige und willkürliche Einflüsse auf die Ist-Zeitdurchschnitte zu kompensieren, wird parallel zur Zeitaufnahme eine **Beurteilung des Leistungsgrades** durchgeführt. Als Bezugsleistung wird dazu die **REFA-Normalleistung** zugrunde gelegt. Diese ist nach REFA als Leistung einer voll eingearbeiteten Arbeitskraft definiert, die bei normalem Kräfteeinsatz auf Dauer und im Durchschnitt erreichbar ist.

Der Ist-Leistungsgrad in Prozent ergibt sich für jede oder eine ausgewählte Zeitmessung dann folgendermaßen:

$$\text{Ist-Leistungsgrad in Prozent} = \frac{\text{beobachtete Ist-Leistung}}{\text{REFA-Normalleistung}} \cdot 100 \tag{36}$$

Die durchschnittlichen Ist-Zeiten einer Zeitaufnahme werden anschließend wie folgt in **Soll- oder Vorgabezeiten** umgerechnet:

$$\text{Soll- oder Vorgabezeit} = \varnothing\ \text{Ist-Zeit} \cdot \frac{\varnothing\ \text{Ist-Leistungsgrad}}{100} \tag{37}$$

---

[65] Vgl. *Rochau* 1952, S. 12ff.
[66] Vgl. REFA 1978, S. 79ff.

Zur **Auswertung der Ergebnisse** wird zunächst eine formale Mängelprüfung vorgenommen und danach Ablesefehler korrigiert und Ausreißer eliminiert.

Zur **Ergänzung der Grundzeiten** um Verteil- und Erholungszeiten werden langdauernde Zeitaufnahmen, geteilte Zeitaufnahmen nach einem Zufallsplan oder Multimomentaufnahmen zur **Bestimmung von Verteilzeiten** durchgeführt. Bei der Multimomentaufnahme notiert ein Beobachter auf Rundgängen zu unregelmäßigen Zeitpunkten die augenblickliche Zeitart wie Verteilzeit, Ausführungszeit usw. Mit zunehmender Anzahl der Beobachtungen steigt die Genauigkeit der Stichproben. Die Verteilzeiten werden prozentual auf die Grundzeiten des zugehörigen Erhebungszeitraumes bezogen.

Zur **Bestimmung von Erholungszeiten** stehen mehrere Methoden zur Verfügung, die den vielfältigen Unterschieden in Art und Höhe der Arbeitsbelastung gerecht werden. Sie werden in Zeiteinheiten pro Serie/Auftrag bzw. Mengeneinheit ausgedrückt.

Die Zusammenfassung von Grund-, Verteil- und Erholungszeiten ergibt die Soll- oder Vorgabezeit pro Serie/Auftrag:

$$T = t_{rg} * \left(1 + \frac{Z_{Vr}}{100}\right) + t_{rer} + s * \left[t_g * \left(1 + \frac{Z_{Vg}}{100}\right) + t_{er}\right] \quad (38)$$

Hierbei sind

T: Soll- oder Vorgabezeit pro Serie/Auftrag

t_{rg}: Rüst-Grundzeit

Z_{Vr}: sachlicher und persönlicher Verteilzeit-Prozentsatz für Rüsten

t_{rer}: Erholungszeit pro Serie/Auftrag

s: Serien-/Auftragsgröße

t_g: Ausführungs-Grundzeit je Mengeneinheit

Z_{Vg}: sachlicher und persönlicher Verteilzeit-Prozentsatz für Ausführung

t_{er}: Erholungszeit pro Mengeneinheit

Dieses Verfahren besitzt folgende **Vorteile:**

- transparenter Aufbau
- von den Gewerkschaften anerkannt.

Als **Nachteile** werden angeführt:

- Subjektivität der Leistungsgradbeurteilung
- Erfassungs- und Ablesefehler
- Anwendung beschränkt auf bereits im Einsatz befindliche Prozesse.

3.5.4.2.2 Arbeitszeitplanung mit Systemen vorbestimmter Zeiten

Unter den Systemen vorbestimmter Zeiten haben sich im deutschsprachigen Raum vor allem das **Work-Faktor-(WF-)** und das **Methods-Time-Measurement-(MTM-)** Verfahren durchgesetzt. Bei Systemen vorbestimmter Zeiten erfolgt die Ableitung der **Soll- oder Vorgabezeiten** aus überbetrieblich bestimmten, allgemeingültigen Soll-Zeiten elementarer Bewegungseinheiten (Elementarzeiten). Zu den **wichtigsten Bewegungselementen** zählen:

- Hinlangen
- Bringen
- Greifen
- Vorrichten (Drehen eines Arbeitsgegenstandes)
- Fügen (In- oder Auseinanderfügen der Arbeitsgegenstände)
- Loslassen.

Die Systeme vorbestimmter Zeiten beruhen auf folgenden **Grundprinzipien**[67]:

- überbetriebliche Bestimmungsmöglichkeiten von allgemeingültigen Sollzeiten von Bewegungselementen
- Additionsmöglichkeit, Soll-Zeiten von Bewegungseinheiten zu Soll-Grundzeiten zusammenzufassen.

Die Arbeitszeitplanung erfolgt hier in folgenden Schritten[68]:

- Bewegungsablaufanalyse
- Einflußgrößenanalyse
- Bestimmung der Grundzeiten
  - Zeitzuordnung für einzelne Bewegungselemente
  - Addition der Einzelzeiten
- Ergänzung der Grundzeiten um Verteil- und Erholungszeiten.

In der **Bewegungsablaufanalyse** werden die Arbeitsverrichtungen auf Bewegungseinheiten zurückgeführt, wobei auch eine Rationalisierung des Arbeitsablaufes angestrebt wird. Gleichzeitig oder danach erfolgt eine **Einflußgrößenanalyse,** bei der den Bewegungselementen quantitative und/oder qualitative Merkmale zur Beeinflussung der Soll-Elementarzeiten zugeordnet werden. Zu den wichtigsten Einflußgrößen zählen:

- bewegter Körperteil (z.B. Finger, Hand usw.)
- zurückgelegter Weg (in cm)
- Gewicht oder Widerstand (in kg)
- Kontrolle der Bewegung und Bewegungsbeherrschung
  - bestimmtes Ziel
  - Steuern
  - Sorgfalt
  - Richtungsänderung

Die **Bestimmung der Grundzeiten** erfolgt durch **Zeitzuordnung für einzelne Bewegungselemente** und Einflußgrößen. Diese **Soll-Einzelzeiten** kann man den **Zeitwert-Tabellen** entnehmen. Danach erfolgt die **Addition der Einzelzeiten** zur Grundzeit. Wie beim REFA-Verfahren wird zuletzt eine **Ergänzung der Grundzeiten um Verteil- und Erholungszeiten** vorgenommen, wobei im

---

[67] Vgl. *Brink/Fabry* 1974, S. 35 und 50.
[68] Vgl. REFA 1978, S. 65ff.

MTM-Verfahren allerdings bereits pauschal 15% Verteilzeiten in den Ansätzen der Zeitwert-Tabellen enthalten sind.

Gegenüber der Arbeitszeitplanung mit Zeitaufnahme haben diese Systeme folgende **Vorteile:**

- bessere Eignung als Rationalisierungsinstrument des Einsatzes der menschlichen Arbeitsleistung
- nicht nur für realisierte, sondern auch für zukünftige (geplante) Arbeitsverrichtungen einsetzbar
- keine Leistungsgradbeurteilung.

Allerdings werden auch die folgenden **Nachteile** angeführt[69]:

- Tabellenzeitwerte sind nicht nachprüfbar (Geheimhaltungsgründe)
- Bezugsleistung ist unklar (Unterschiede zur REFA-Normalleistung)
- verschiedene Verfahren zeigen divergierende Ergebnisse (aufgrund unterschiedlicher Bezugsleistung, unterschiedlicher Einflußgrößen usw.)
- relativ hoher Aufwand bei Einsatz der Grundverfahren (wirtschaftlicher Einsatz nur bei Serien- und Massenproduktion, wo sich Arbeitsvorgänge oft wiederholen)
- begrenzte Gültigkeit der Additivitätsprämisse (manche der Teilbewegungen laufen simultan ab)
- keine oder nur eingeschränkte Anerkennung als Leistungslohngrundlage durch Gewerkschaften.

Aufgrund der vielen Vor- und Nachteile, sowohl bei REFA als auch den Systemen vorbestimmter Zeiten, ist es für viele Produktionsbetriebe sinnvoll, das REFA-Verfahren als Grundlage für Leistungslohnsysteme **und** ein System vorbestimmter Zeiten für Planungs- und Rationalisierungsaufgaben einzusetzen.

3.5.4.2.3 Arbeitszeitplanung und Lernkurven

Bei Aufnahme neuer Produkte in das Produktprogramm sind in den hierfür eingesetzten Produktionsstellen **neue Arbeitsgänge** zu verrichten, die eine mehr oder weniger lange **Lernphase** für die Arbeitskräfte benötigen. Die oben dargestellten Verfahren der Arbeitszeitplanung führen erst am Ende dieser Lernphase zu stabilen Soll- oder Vorgabezeiten. Zur Abbildung von Lerneffekten kann das Modell der **Lernkurve** herangezogen werden[70]. Dieses geht von der Annahme aus, daß sich die beeinflußbare Tätigkeitszeit bei der Herstellung neuer Produkte um einen konstanten Prozentsatz verringert, wenn sich die kumulierte Produktionsmenge verdoppelt. Somit gilt folgende Annahme:

$$t_x = t_1(1 - l)^v \qquad (39)$$

---

[69] Vgl. *Brink* 1979, Sp. 2198, *Brink/Fabry* 1974, S. 67ff.

[70] Vgl. *Schneider* 1965.

Hierbei sind

t_x: beeinflußbare Tätigkeitszeit pro Mengeneinheit für die x-te Produkteinheit

t_1: beeinflußbare Tätigkeitszeit für die 1. Produkteinheit

l: Lernrate in Prozent

v: Anzahl der Verdoppelungen

Nach logarithmischen Umformungen ergibt sich das **Funktionsgesetz der Lernkurve,** wobei $\bar{x}$ die kumulierte Produktionsmenge darstellt:

$$t_x = t_1 * \bar{x}^{\frac{\log(1-l)}{\log 2}} \tag{40}$$

Die *Abb. 55* zeigt eine Lernkurve.

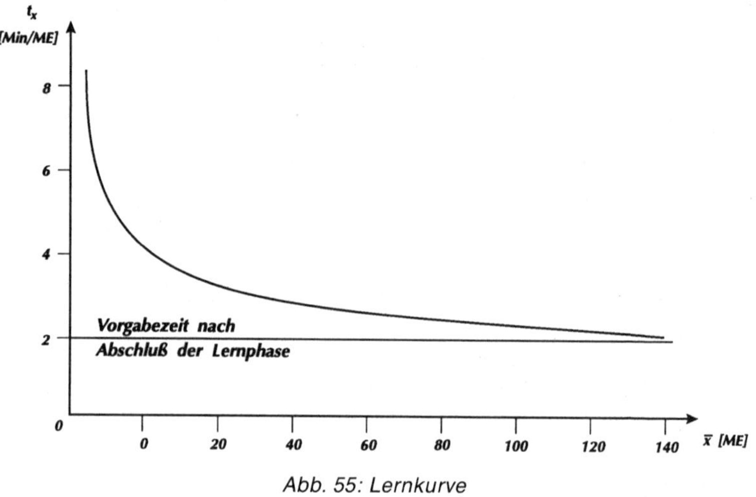

Abb. 55: Lernkurve

Die Lernraten industrieller Produktionsprozesse weisen große betriebsindividuelle Unterschiede auf. Aufgrund zunehmender Anteile nicht beeinflußbarer Tätigkeiten und verbesserter Qualität der Arbeits- und Produktionsplanung sowie -steuerung verringern sich die Lernraten zunehmend. Zu beachten ist, daß sich die Lerneffekte immer nur auf einzelne Arbeitsgänge in bestimmten Produktionsstellen und dort auf die Fertigungslohnkosten, auf bestimmte Teile der Fertigungsgemeinkosten und in manchen Fällen auch auf Teile der Materialkosten auswirken.

Aufgrund der schwierigen Bestimmung der Lernraten (häufig wird von etwa 20% gesprochen) ist die Anwendung des Modells der Lernkurve umstritten. Wenn überhaupt, wird es vorzugsweise in der Personal- und Kostenplanung für neue Produkte eingesetzt[71].

---

[71] Vgl. *Kilger* 1986, S. 251 f.

3.5.4.3 Planung nicht beeinflußbarer Arbeitszeiten

In Produktionsstellen, in denen die Ausbringungsintensität ganz oder überwiegend vom Betriebsmitteleinsatz bestimmt wird, erfolgt die **Planung nicht beeinflußbarer Arbeitszeiten** in folgenden Schritten:

- Planung der ausbringungsbestimmenden Betriebsmittelzeiten (Prozeßzeiten)
- Planung von Bedienungsrelationen der Arbeitskräfte.

Prozeßzeiten können sein[72]:

- programmierte Bearbeitungszeiten bei mechanischer Bearbeitung von Stückgütern
- Reaktionszeiten chemischer Prozesse
- Taktzeiten der organisierten Fließ(band)produktion.

Für die **Planung von Prozeßzeiten** werden folgende Verfahren angewandt:

- Zeitaufnahmen
- Selbstaufschreibung der Betriebsmittel
- Berechnung
- Planung von Taktzeiten[73].

Bei mechanischer Fertigung können Prozeßzeiten häufig durch **Berechnung** geplant werden. Das folgende **Beispiel** zeigt die Planung der von der Arbeitskraft unbeeinflußbaren Hauptnutzungszeit für den Arbeitsgang **Drehen** auf einer Drehmaschine[74]:

$$t_{hu} = \frac{a \cdot L \cdot D \cdot \Pi}{1000 \cdot V \cdot S} \tag{41}$$

Hierbei sind
t_{hu}: Hauptnutzungszeit in Minuten je Mengeneinheit
a: Anzahl der Schnitte je Mengeneinheit
L: Länge des Drehteils in mm
D: Durchmesser des Drehteils in mm
V: Schnittgeschwindigkeit in m pro Minute
S: Vorschub in mm

Aus den Prozeßzeiten werden durch Planung von **Bedienungsrelationen der Arbeitskräfte** die dazugehörigen nicht beeinflußbaren Arbeitszeiten abgeleitet. Bei automatisierten Produktionsprozessen überwiegt die sogenannte **mehrstellige Einzelarbeit.** Dies bedeutet, daß z.B. einem Dreher drei NC-Drehmaschinen zugeordnet werden können. Die **Bedienungsrelation** wäre dabei 3 : 1, d.h. drei Maschinen pro Arbeitskraft.

---

[72] Vgl. REFA 1978, S. 266.
[73] Siehe hierzu Abschnitt II.4.3.4.
[74] Vgl. REFA 1978, S. 266ff.

Für die Planung der nicht beeinflußbaren Arbeitszeit pro Mengeneinheit gilt:

$$t_A = \frac{t_M}{B_R} \tag{42}$$

Hierbei sind

t_A: nicht beeinflußbare Tätigkeitszeit (Grundzeit) pro Mengeneinheit

t_M: Prozeßzeit pro Mengeneinheit

B_R: Bedienungsrelation in Maschinen pro Arbeitskraft

Für **Rüst-** und **Nebentätigkeitszeiten,** die vor, während oder nach den Prozeßzeiten anfallen können, sowie **Verteil-** und **Erholungszeiten** werden die oben beschriebenen Verfahren zur Planung beeinflußbarer Arbeitszeiten eingesetzt. Auf die Planung von Erholungszeiten wird hier häufig verzichtet. Bei Fließproduktion sind diese – falls erforderlich – in die Taktzeiten einzubeziehen.

3.5.5 Planung des Personalbedarfs

Nach erfolgter Planung von Arbeitszeiten sind die wesentlichen Voraussetzungen zur Planung des **quantitativen Personalbedarfs** industrieller Produktionssysteme geschaffen. Für jeden Arbeitsplatz muß jedoch auch das geforderte qualitative Leistungsvermögen festgelegt werden. Deshalb sind bei der Planung des **qualitativen Personalbedarfs** mit Hilfe von **Arbeitsplatz- und Stellenbeschreibungen,** die um **Arbeitsplatzbewertungen** (siehe nächster Abschnitt II.3.5.6) ergänzt werden sollen, die geforderten Berufs- und Qualifikationsgruppen sowie Tätigkeitsmerkmale festzulegen.

Die **Planung des quantitativen Personalbedarfs** kann somit erst nach der qualitativen Personalbedarfsplanung erfolgen. Sie wird innerhalb des Produktionsbereichs nach dem Organisationsplan in Abteilungen und Stellen gegliedert. Der nach qualitativen Merkmalen zu bestimmende **Gesamtbedarf** setzt sich quantitativ aus dem **Einsatz- und Reservebedarf** zusammen. Letzterer ist auf Urlaubs-, Krankheits- und sonstige Fehlzeiten zurückzuführen. Zur Ermittlung des **Einsatzbedarfs** zeigt *Abb. 56* die Arten des Personaleinsatzes[75].

Arten des Personaleinsatzes					
ausbringungsbezogener Personaleinsatz				nicht ausbringungsbezogener Personaleinsatz	
stellengebunden		nicht stellengebunden (Arbeitskräfte austauschbar)		zeitflexibel (keine permanente Besetzung erforderlich)	zeitgebunden (permanente Besetzung erforderlich)
Einzelarbeit	Gruppenarbeit	Einzelarbeit	Gruppenarbeit		

Abb. 56: Arten des Personaleinsatzes

[75] Vgl. *Kilger* 1986, S. 213f.

Zur Informationsversorgung der Personalbedarfsplanung werden die in *Abb. 57* angeführten Verfahren eingesetzt.

Instrumente der Informationsversorgung für die Personalbedarfsplanung				
Schätzverfahren (Erfahrungswerte)	Prognoseverfahren		Analytische Verfahren	
	Zeitreihen-Verfahren (z. B. Trend-extrapolation)	Regressions-analysen (Indikator-Verfahren)	Stellenplan-Verfahren (z. B. mit Kenn-zahlen)	Arbeitszeit-Verfahren (ausbringungs-abhängig)

Abb. 57: Informationsversorgung der Personalbedarfsplanung

Für den Produktionsbereich von besonderer Bedeutung ist die Personalbedarfsplanung für den **ausbringungsbezogenen und stellengebundenen Personaleinsatz.** Exemplarisch soll hier dafür die Ermittlung des **Gesamtpersonalbedarfs bei Einzelarbeit in einer Produktionsstelle** dargestellt werden.

Der Gesamtpersonalbedarf A als Anzahl benötigter Arbeitskräfte pro Periode ergibt sich **analytisch** mit dem **Arbeitszeitverfahren** nach folgender Beziehung[76]:

$$A = \frac{\sum_{j=1}^{n} (t_{Rj} h_j + t_{Aj} x_j) + t_z}{T_{A^*}\left(1 - \frac{r_F}{100}\right)} \tag{43}$$

Hierbei sind

t_R: Plan-Rüstzeit pro Rüstvorang

h: geplante Anzahl von Rüstprozessen (Auflegungshäufigkeit pro Periode)

t_A: Plan-Ausführungszeit pro Ausbringungs-Mengeneinheit

x: Plan-Produktionsmenge pro Periode

t_z: Plan-Zusatzzeiten (z.B. Anlernzeiten, Betriebsstörungen, Reparaturzeiten) pro Periode

T_A: Plan-Arbeitszeiteinheiten einer Arbeitskraft pro Periode ohne Berücksichtigung von Urlaubs-, Krankheits- und sonstigen Fehlzeiten

r_F: Fehlzeit-Prozentsatz zur Berücksichtigung von Urlaubs-, Krankheits- und sonstigen Fehlzeiten

j: Index (Nummer) der Ausbringungs-(Produkt-)art

m: Anzahl der Ausbringungs-(Produkt-)arten

Die oben dargestellte formale Beziehung läßt sich auch zur Personalbedarfsplanung für **stellengebundene Gruppenarbeit** einsetzen. Hierzu müssen für die Gruppenmitglieder nach Arbeitskategorien differenzierte Plan-Arbeitszeiten angesetzt werden.

[76] Vgl. *Kilger* 1986, S. 216.

Der Gesamtpersonalbedarf des Produktionsbereiches ergibt sich durch Aggregation des Stellen-Personalbedarfs, wobei nach Berufs- und Qualifikationsgruppen sowie Tätigkeitsmerkmalen differenziert wird.

Zur **Planung der Personalbedarfs-Deckung** wird eine **Abstimmungsrechnung** durchgeführt:

	Plan-Personalbedarf der Planungsperiode	
./.	Ist-Personalbestand zu Beginn der Planungsperiode	
+	erwartete Abgänge während der Planungsperiode	
./.	bereits feststehende Zugänge während der Planungsperiode	
=	Plan-Veränderungen des Personalbestandes	(44)

Ergibt die Abstimmungsrechnung ein **Defizit,** so sind Maßnahmen der **Personal-Beschaffung** zu planen:

- Interne Personalbeschaffung
  - Einsatz von Überstunden (zeitliche Anpassung)
  - Versetzungen aus anderen Abteilungen
- Externe Personalbeschaffung
  - Neueinstellungen
  - Personal-Leasing.

Zeigt die Abstimmungsrechnung einen **Überhang,** so müssen Maßnahmen der **Personal-Freisetzung** geplant werden:

- Freisetzung ohne Verminderung des Personalbestandes
  - Abbau von Überstunden } (zeitliche Anpassung)
  - Kurzarbeit[77] } (zeitliche Anpassung)
  - Versetzung in andere Abteilungen
- Freisetzung mit Verminderung des Personalbestandes
  - Verzicht auf Neueinstellungen bei freiwilligem oder altersbedingtem Ausscheiden von Mitarbeitern
  - Herabsetzung der Altersgrenzen
  - Entlassungen mit evtl. Interessenausgleich durch Sozialpläne[78]

3.5.6 Arbeitsbewertung

Zur Ermittlung des qualitativen Personalbedarfs sind Arbeitsplatzbeschreibungen nötig. In engem Zusammenhang mit diesen stehen Bewertungen der Arbeitsplätze, die für eine **anforderungsgerechte Differenzierung der Arbeitsentgelte** unabdingbar sind (siehe nächsten Abschnitt II.3.5.7). Um dieser

---

[77] Vgl. RKW 1978, S. 40.
[78] Vgl. RKW 1978, S. 64.

zweifachen Zielsetzung gerecht zu werden, sind folgende Phasen der Arbeitsbewertung erforderlich[79]:

- Beschreibung und Analyse der Arbeitsbedingungen am Arbeitsplatz
- Ermittlung von Arbeitswertzahlen

Anforderungsmerkmale	Kenntnisse Fähigkeiten	Belastungen Beanspruchungen
Grundlagen	Schulkenntnisse Systematische Ausbildung und Lehre Erfahrung, Zusatzkenntnisse	Geistige Anstrengung
Geistige Merkmale	Ausdrucksfähigkeit Logische Denkfähigkeit Schöpferische Denkfähigkeit Geistige Regsamkeit	
Charakter- Merkmale	Autorität Sinn für Zusammenarbeit Takt Initiative Entschlußkraft Verantwortungsbewußtsein Aufmerksamkeit	Belastung aus Verkehr mit Personen Verantwortung für Folgen von Anordnungen Verantwortungen Beanspruchung der Aufmerksamkeit
Körperliche Merkmale	Geschicklichkeit Anforderungen an Sinnesorgane Körperliche Konstitution	Anstrengung der Sinnesorgane Körperliche Anstrengung
Umgebungsmerkmale		Gesundheitsgefährdung Umweltbedingungen

Abb. 58: Erweitertes Genfer Schema der Arbeitsbewertung

[79] Vgl. *Remer* 1978, S. 62.

  - Aufstellung eines Katalogs von Anforderungsmerkmalen
  - Bewertung der Anforderungsmerkmale
  - Gewichtung der Anforderungsmerkmale
- Transformation der Arbeitswertzahlen in Arbeitsentgelte

Zur Ermittlung von Arbeitswertzahlen erfolgt zuerst die **Aufstellung eines Katalogs von Anforderungsmerkmalen.** Die *Abb. 58* zeigt als Beispiel dazu das **erweiterte Genfer Schema der Arbeitsbewertung**[80].

Die Bewertung der Anforderungsmerkmale kann nach den in *Abb. 59* zusammengefaßten Verfahren der Arbeitsplatzbewertung erfolgen, wobei für leistungsabhängige Merkmale (z.B. körperliche Beanspruchung) grundsätzlich von einer **Normalleistung** (nach REFA) ausgegangen wird.

Vergleichsgegenstand / Vergleichsart	Arbeitsplatz, global (summarische Verfahren)	Anforderungsmerkmale (analytische Verfahren)
Stufung	Lohngruppenverfahren	Stufenwertzahlverfahren
Reihung	Rangfolgeverfahren	Rangreihenverfahren

Abb. 59: Verfahren der Arbeitsbewertung

Die **Stufung** legt Anforderungsklassen fest, die unterschiedliche Schwierigkeitsbereiche darstellen. Bei einer **Reihung** werden die Arbeitsplätze bezüglich ihrer Anforderungen in eine mit dem höchsten Anforderungsgrad beginnende Rangordnung gebracht.

Die **summarischen Verfahren** erfassen die Arbeitsanforderungen als Ganzes. Auf eine Differenzierung nach Anforderungsmerkmalen wird verzichtet.

Lohngruppenverfahren:

Die im Betrieb anfallenden Arbeiten werden mit Hilfe von Richtbeispielen oder allgemeinen Beschreibungen einer entsprechenden Lohngruppe mit einem bestimmten Lohnsatz zugeordnet, wobei meist zwischen 6 und 12 Lohngruppen vorgegeben werden. Dieses Verfahren ist leicht verständlich, einfach anwendbar und wird häufig in Tarifverträgen angewandt.

Rangfolgeverfahren:

Alle im Betrieb zu bewertenden Arbeitsplätze werden bezüglich ihres Anforderungsgrades miteinander verglichen und in eine Rangfolge abnehmender Anforderungen gebracht. Bestimmten Intervallen der Rangfolgeliste werden danach Lohnsätze zugeordnet. Auch bei diesem Verfahren ist der Aufwand

[80] Vgl. *Bloch* 1975, S. 147f.

gering, und es ist leicht verständlich. Allerdings ist es nur bei einer überschaubaren Zahl von Arbeitsplätzen anwendbar.

Die **analytischen Verfahren** erfordern eine Einzelbewertung jeder Anforderungsart. Um die unterschiedliche Bedeutung der einzelnen Anforderungsarten für die gesamte Anforderung ausreichend zu berücksichtigen, werden die Anforderungsarten gewichtet. Bei der **gebundenen Gewichtung** ist der Gewichtungsfaktor von vornherein in das Vergleichsverfahren (Stufung oder Reihung) eingearbeitet. **Getrennte Gewichtung** bedeutet, daß die jeweilige Rangnummer oder Stufenzahl noch mit dem Gewichtungsfaktor der Anforderungsart multipliziert werden muß.

Stufenwertzahlverfahren:

Für jedes Anforderungsmerkmal sind mit Hilfe von Richtbeispielen Anforderungsstufen mit Wertzahlen vorgegeben. Jedes Anforderungsmerkmal kann einen Gewichtungsfaktor erhalten. Für die Arbeitswertzahl W_i eines Arbeitsplatzes i gilt folgende Bestimmungsgleichung:

$$W_i = \sum_{j=1}^{n} a_{ij} * g_j \qquad (i = 1, \ldots, m) \tag{45}$$

Hierbei sind

a_{ij}: Stufenwertzahl eines Anforderungsmerkmals j für Arbeitsplatz i

g_j: Gewichtungsfaktor für Anforderungsmerkmal j

Für die Anforderungsmerkmale könnten z.B. folgende Stufen gebildet werden, wobei innerhalb der Stufen Zehntelintervalle zur Abstufung zulässig sind:

1. Stufe: sehr gering:	0–0,9
2. Stufe: gering:	1,0–2,9
3. Stufe: mittel:	3,0–4,9
4. Stufe: hoch/groß	5,0–6,9
5. Stufe: sehr hoch/groß:	7,0–8,0

Das Stufenwertzahlverfahren ist einfach und klar aufgebaut, die Einstufung der Anforderungsmerkmale und die Gewichtungsfaktoren sind erkennbar. Die Anwendung erfordert allerdings eine große Erfahrung.

Rangreihenverfahren:

Für jede Anforderungsart wird mit Hilfe einer Rangplatzskala (0,5, 10, 15, ..., 95, 100) eine Rangreihe gebildet, deren oberste und unterste Plätze jeweils den Arbeitsplätzen zugeordnet werden, die in dieser Anforderungsart die höchsten bzw. geringsten Anforderungen an die Arbeitskraft stellen. Alle anderen Arbeitsplätze werden mit Hilfe von Brückenbeispielen ihrem Anforderungsgrad entsprechend eingereiht. Je nach Art der Gewichtung erhält man für jede Anforderungsart an einem bestimmten Arbeitsplatz entweder direkt oder durch Multiplikation mit dem betreffenden Gewichtungsfaktor der Anforderungsart eine **Anforderungswertzahl.** Die Summe der Anforderungswertzahlen ergibt die **Arbeitswertzahl** eines Arbeitpslatzes. Die Bestimmungsgleichung, die oben für das Stufenwertzahlverfahren angegeben wurde, gilt auch für das Rangreihenverfahren, wobei die Stufenwertzahl a_{ij} durch die Rang-(platz-)Nummer ersetzt werden muß. Die *Abb. 60* zeigt ein stark vereinfachtes Beispiel.

Anforderungsart	Gewichtungsfaktor	Arbeitsplatz 1		Arbeitsplatz 2	
		Rang-Nr.	Wert	Rang-Nr.	Wert
Fachkönnen	1,0	100	100	80	80
Geistige Beanspruchung	0,8	95	76	65	52
Verantwortung	1,0	95	95	45	45
Körperliche Beanspruchung	0,6	15	9	30	18
Umgebungseinflüsse	0,4	5	2	50	20
Arbeitswertzahl			282		215

Abb. 60: Rangreihenverfahren

Durch die vorgegebenen Brückenbeispiele ist das Rangreihenverfahren besonders anschaulich und dem abstrakten Stufenwertzahlverfahren überlegen. Allerdings steigt damit gegenüber letzterem auch der Aufwand.

Der letzte Schritt der analytischen Arbeitsbewertung besteht in der **Transformation der Arbeitswertzahlen in Arbeitsentgelte,** wobei meist von einer linearen Beziehung in folgender Form ausgegangen wird:

$$l_i = l_u + \left(\frac{l_o - l_u}{W_o - W_u}\right) * (W_i - W_u) \qquad (46)$$

Hierbei sind

l_i: Lohnsatz in DM/Stunde des Arbeitsplatzes i

l_u: niedrigster Lohnsatz in DM/Stunde des betrieblichen Tarifvertrages

l_o: höchster Lohnsatz in DM/Stunde des betrieblichen Tarifvertrages

W_o bzw. W_u: dazugehörige Arbeitswertzahlen

W_i: Arbeitswertzahl des Arbeitsplatzes i

Obwohl die analytischen Verfahren der Arbeitsbewertung der Anforderungsgerechtigkeit von Arbeitsentgelten sehr entgegenkommen, wirken sich auch bei ihnen subjektive Einflüsse (z.B. bei der Gewichtung) ausgesprochen negativ aus. Die Verfahren besitzen die Struktur von Scoring-(Punktbewertungs-)

Modellen und sind mit allen für diese Modelle typischen Problemen (z.B. Mehrfachbewertung, Unvollständigkeit der Anforderungsart) behaftet. Trotzdem sollten die Tarifpartner versuchen, Verfahren der analytischen Arbeitsbewertung generell in die Tarifrahmenvereinbarungen einzubeziehen.

3.5.7 Lohnplanung

Im Rahmen der Arbeitsbewertung wird mit der Planung von Arbeitswertzahlen und deren Transformation in Arbeitsentgelte der **anforderungsabhängige Anteil** des **Gesamtlohns** für industrielle Arbeitskräfte als sogenannter **Grund- oder Basislohnsatz** in DM pro Arbeitszeiteinheit (z.B. Stunde) festgelegt. Die Festsetzung des Gesamtlohns, der neben anforderungsabhängigen auch leistungs- und/oder zeitabhängige sowie sonstige Anteile (z.B. Zuschläge, soziale Differenzierung) enthält, hängt von gesetzlichen Bestimmungen, tarifvertraglichen Regelungen und Betriebsvereinbarungen ab.

Die **Lohnplanung** ist ein bedeutendes Instrument der Unternehmensführung zur Beeinflussung der Arbeitsleistung (Anreizwirkung) und Arbeitszufriedenheit. Sie soll daher dem **Grundsatz der Lohngerechtigkeit** entsprechen, wobei über die absolute Lohngerechtigkeit nur subjektive Werturteile abgegeben werden können. Die Betriebswirtschaftslehre kann lediglich einen Beitrag zur relativen Lohngerechtigkeit leisten, indem sie Maßstäbe für eine **anforderungs- und leistungsgerechte Differenzierung** des Arbeitsentgelts aufstellt.

Nach Art der leistungsgerechten Differenzierung und damit Berechnung des Gesamtlohns unterscheidet man drei grundsätzliche **Lohnformen** oder **Lohnsysteme:**

- Zeitlohn
- Akkordlohn
- Prämienlohn

3.5.7.1 Zeitlohn

Als **Lohnbemessungsgrundlage** für den **Zeitlohn** wird die **Ist-Einsatzzeit** vergütet. Bezahlte Urlaubs-, Feiertags-, Krankheits- und sonstige Fehlzeiten gehören nicht zum Arbeitsentgelt, sondern zu den Personalnebenkosten. Der Zeitlohn kann als fester Stundenlohn, fester Schichtlohn und fester Monatslohn für gewerbliche Arbeitnehmer ausbezahlt werden. Letzterer setzt sich immer mehr durch und entspricht festen **Monatsgehältern** von Angestellten.

Der Lohnsatz in DM/Zeiteinheit (z.B. Stunde) wird ausschließlich **anforderungsabhängig** festgelegt, wobei von einem Normalleistungsgrad ausgegangen wird. Die *Abb. 61* zeigt die Abhängigkeit der Lohnkosten pro Zeiteinheit und pro Mengeneinheit vom Leistungsgrad.
Die Leistungsunabhängigkeit des Zeitlohns führt zu schwankenden Lohnkosten pro Mengeneinheit in den Kalkulationen. Er sollte deshalb nur in folgenden Situationen Akkord- und Prämienlohnformen vorgezogen werden:

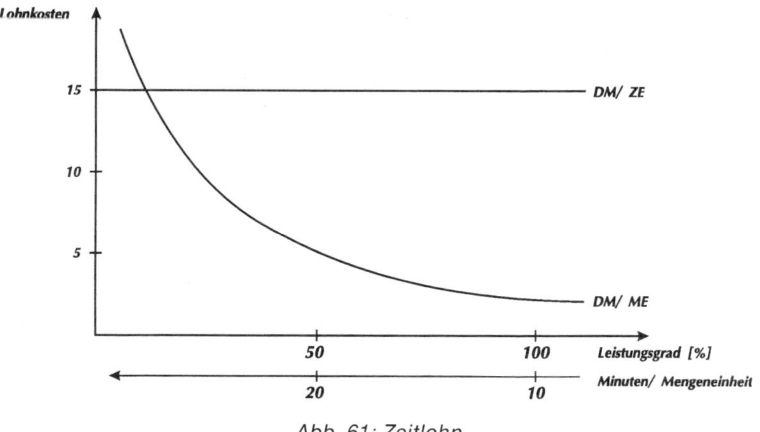

Abb. 61: Zeitlohn

- Arbeitsintensität des Produktionsprozesses von Arbeitskräften nicht oder nur geringfügig beeinflußbar,
- Maßgrößen der Arbeitsleistung lassen sich nicht oder nur schwer quantifizieren,
- ständig wechselnde Arbeitsbedingungen,
- zwischen Produktqualität und Arbeitsintensität bestehen Interdependenzen,
- mit steigender Arbeitsintensität steigen Risiken (z.B. Unfallgefahr, Betriebsmittelschäden).

Der **Anwendungsbereich des reinen Zeitlohns** soll auf Arbeitsplätze mit reiner Anwesenheitsfunktion (z.B. Überwachungs- und Kontrollfunktion) beschränkt werden. In allen anderen für den Zeitlohn in Frage kommenden Fällen erweist sich eine **Ergänzung des Zeitlohns durch Prämienlöhne** als sinnvoll. Die Anwendung dieser kombinierten Zeitlohn- und Prämienlohnsysteme hat in den letzten Jahren durch den Einsatz neuer Produktionstechnologien stetig zugenommen.

Der wesentliche **Vorteil** des Zeitlohns besteht in der einfachen Lohnberechnung, bei der sich der Gesamtlohn pro Periode durch Multiplikation der Ist-Einsatzzeiten pro Periode mit dem Lohnsatz pro Zeiteinheit ergibt.

3.5.7.2 Akkordlohn

Beim **Akkordlohn** wird das Prinzip der Leistungsgerechtigkeit in reiner Form realisiert[81]. Mit Ausnahme von über- oder unterproportionalen Mischakkorden verhält sich hier das Arbeitsentgelt proportional zur Mengenausbringung bzw. zu den Leistungsgraden der Arbeitskräfte. Die Anwendung des Akkordlohns ist an folgende Voraussetzungen geknüpft[82]:

[81] Vgl. *Böhrs* 1980, S. 129ff.
[82] Vgl. REFA 1977, S. 35f.

- Output hängt ganz oder überwiegend vom Leistungsgrad der Arbeitskräfte ab,
- Output muß bestimmbar und Arbeitskräften zurechenbar sein,
- Arbeitsbedingungen müssen relativ konstant bleiben,
- Vorgabezeiten müssen planbar sein,
- Arbeitskräfte müssen geeignet und eingeübt sein.

Man unterscheidet zwischen Geld- und Zeitakkord, wobei der Geldakkord als überholtes Verfahren angesehen und deshalb hier nicht behandelt wird. Beim **Geldakkord** wird der **Lohnsatz pro Mengeneinheit** (z.B. in DM/Stück) festgelegt. Die Berechnung des **Zeitakkordlohns pro Periode** L_{ZA} erfolgt nach folgender Beziehung:

$$L_{ZA} = \sum_{j=1}^{n} t_j^{(n)} * x_j * \underbrace{\frac{1}{60} * \left(1 + \frac{a}{100}\right)}_{\text{Geld- oder Minutenfaktor}} \qquad (47)$$

Hierbei sind

$t_j^{(n)}$: Vorgabezeit bei Normalleistung in Minuten pro Mengeneinheit (Min/Stück) der Produktart j (j = 1, ..., n)

x_j: Produktionsmenge der Produktart j pro Periode (z.B. Monat)

a: Akkordzuschlag auf den Grundlohn in Prozent (liegt zwischen 8% und 25%, im Durchschnitt bei 15%, wird in Tarifverträgen geregelt). Dient als Anreiz dafür, daß Arbeitskräfte mit Anwendung eines Zeitakkordlohnsystems einverstanden sind.

Als **Akkordrichtsatz** bezeichnet man die Summe aus Grundlohn und Akkordzuschlag pro Stunde. Da die Vorgabezeit meist in Minuten angegeben wird, ergibt die Division des Akkordrichtsatzes durch 60 den **Geld- oder Minutenfaktor.**

Die oben angegebene Formel gilt nur für die Vergütung von Ausführungszeiten. Sollten auch Rüstprozesse im Zeitakkord anfallen, so werden die Rüstlöhne durch Multiplikation der Anzahl von Rüstprozessen pro Periode mit den Vorgabezeiten in Minuten pro Rüstprozeß und dem Minutenfaktor ermittelt.

Der **durchschnittliche Leistungsgrad** einer Akkord-Arbeitskraft pro Periode läßt sich folgendermaßen ermitteln:

$$\varnothing\text{Leistungsgrad} = \frac{\text{erarbeitete Vorgabeminuten pro Periode}}{\text{Einsatzzeit für Akkordarbeit in Minuten pro Periode}} * 100\,[\%] \qquad (48)$$

Der **Durchschnitts-Stundenlohn** einer Akkord-Arbeitskraft ergibt sich danach folgendermaßen:

$$\text{Stundenlohn} = \text{Akkordrichtsatz} \cdot \frac{\text{Leistungsgrad in \%}}{100} \qquad (49)$$

Die *Abb. 62* zeigt die Abhängigkeit der Lohnkosten pro Zeiteinheit und pro Mengeneinheit vom Leistungsgrad.

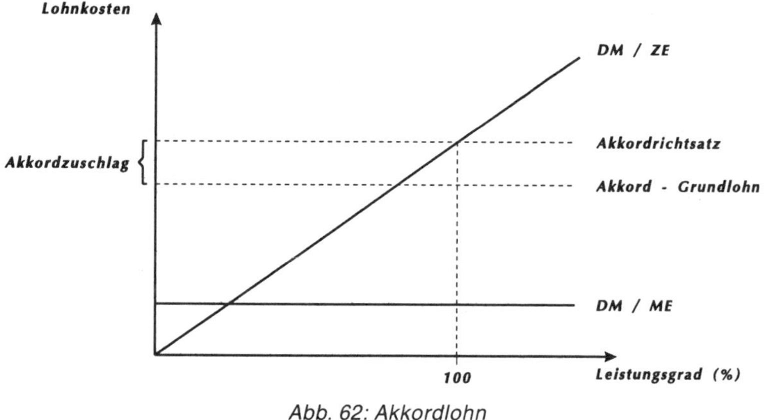

Abb. 62: Akkordlohn

Meist wird in der Praxis ein **Akkordlohn mit garantiertem Mindestlohn** auch bei Leistungsgraden unter 100% in einer Periode vereinbart. Dieser kann vom Akkordrichtsatz bis zum Durchschnitts-Stundenlohn vergangener Perioden reichen. Wird eine Akkord-Arbeitskraft durch von ihr nicht beeinflußbare Situationen (z.B. Maschinenstörungen, Werkzeugbruch, Stromausfall) am Erreichen ihres durchschnittlichen Leistungsgrades und damit ihres Durchschnitts-Stundenverdienstes gehindert, so werden zum Ausgleich **Zusatzlöhne** vergütet.

Bei **Gruppenarbeit** in einer Produktionsstelle kann der Einsatz eines **Gruppenakkordlohnsystems** sinnvoll sein. Der Akkordlohn wird in diesem Fall aufgrund einer gemeinsamen Vorgabezeit für die Gruppe berechnet und dann mit Hilfe prozentualer Zeitanteile auf die Gruppenmitglieder aufgeteilt.

Der Akkordlohn weist gegenüber dem Zeitlohn folgende **Vorteile** auf:

- Mehrleistung führt unmittelbar zu höherem Lohn (Leistungsanreiz)
- Betrieb kann mit konstanten Lohnkosten pro Mengeneinheit kalkulieren

Als **Nachteile** sind zu nennen:

- hoher Aufwand für Vorgabezeitermittlung und Lohnabrechnung
- Kostensteigerungen infolge Überlastung von Mensch und Maschine, schlechter Produktqualität (Maßnahmen zur Qualitätssicherung sind notwendig), erhöhten Materialverbrauchs, erhöhter Ausschußmenge.

Durch Einsatz neuer Produktionstechnologien, bei denen die Voraussetzungen für die Anwendung von Akkordlöhnen kaum mehr gegeben sind, wird der Akkordlohn zunehmend vom Prämienlohn verdrängt[83].

---

[83] Vgl. *Zander* 1986, *v. Eckardstein* 1986.

3.5.5.3 *Prämienlohn*

Beim **Prämienlohn** werden neben den **Ist-Einsatzzeiten** – wie beim Zeitlohn – weitere Lohnbemessungsgrundlagen für Prämien zur Vergütung herangezogen. Der Prämien-Gesamtlohn setzt sich somit aus dem anforderungsgerechten Prämiengrundlohn (garantierter Mindestlohn) und der Prämie zusammen. Folgende Prämien sind denkbar:

- Quantitätsprämie
- Qualitätsprämie
- Ersparnisprämie
- Nutzungsprämie
- Sonderformen: Unfallverhütungs-, Sorgfalts-, Termin-, Pünktlichkeitsprämie
- Kombination der oben genannten Prämien.

Wie beim Akkordlohn besteht bei **Gruppenarbeit** auch die Möglichkeit, **Gruppenprämien** zu vergüten.

Mit Hilfe von Prämienlöhnen lassen sich alle von den Arbeitskräften abhängigen Einflußgrößen auf den Erfolg der Unternehmung erfassen. Sie können daher als besonders wirksames Lohnanreizsystem angesehen werden[84].

In Abhängigkeit von der Maßgröße der Prämienbemessung unterscheidet man zwischen **linearen, progressiven, degressiven** und **stufenförmigen** Prämien (siehe *Abb. 63*), wobei auch kombinierte Prämienverläufe denkbar sind.

In **Prämienlohnsystemen** mit **mehreren Maßgrößen der Prämienbemessung** werden additive (Gesamtprämie ergibt sich durch Addition), gekoppelte (Einsatz von graphischen Parameterdarstellungen) und Punktbewertungs-Verfahren zur Ermittlung des Gesamtprämienlohns eingesetzt. Die *Abb. 64* zeigt exemplarisch eine graphische Parameterdarstellung für eine kombinierte Quantitäts- und Qualitätsprämie[85].

Der **Qualitätsgrad** ergibt sich nach folgender Berechnung:

$$\text{Qualitätsgrad} = \frac{\text{Gesamtproduktion ./. Ausschuß}}{\text{Gesamtproduktion}} \cdot 100\,[\%] \qquad (50)$$

Bei Einsatz neuer Produktionstechnologien, die hohe Investitionsausgaben verursachen, werden **Nutzungsprämien** angewandt, die zum schnellen Rüsten, Beschicken und Entleeren sowie zur Verminderung von Stillständen (z.B. bei Reinigen) durch besondere Sorgfalt und Aufmerksamkeit anregen. Damit läßt sich eine gute Ausnutzung (Auslastung) der Betriebsmittelkapazitäten erreichen. Als Prämien-Maßgröße wird hierzu der **Nutzungsgrad** von Betriebsmitteln herangezogen, der wie folgt bestimmt wird:

---

[84] Vgl. *Baierl* 1974, S. 64.
[85] Vgl. *Kilger* 1986, S. 282.

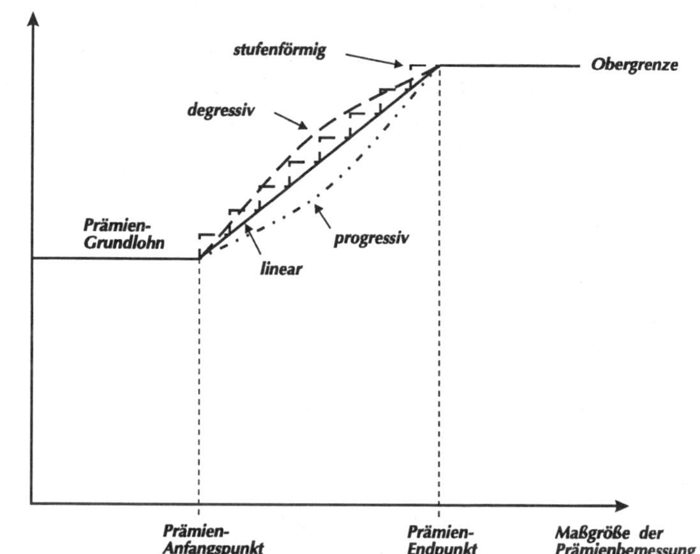

Abb. 63: Prämienlohn

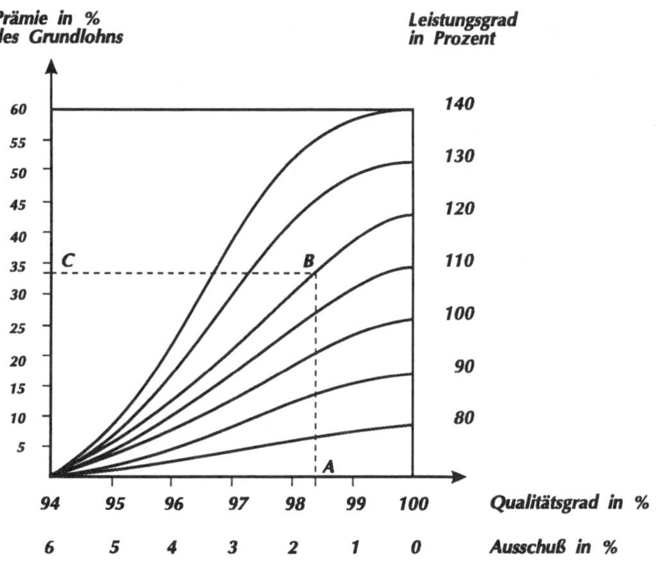

Abb. 64: Kombinierte Quantitäts- und Qualitätsprämie

$$\text{Nutzungsgrad} = \frac{\text{Einsatzzeit ./. Leerlaufzeit}}{\text{Einsatzzeit}} \cdot 100\,[\%] \qquad (51)$$

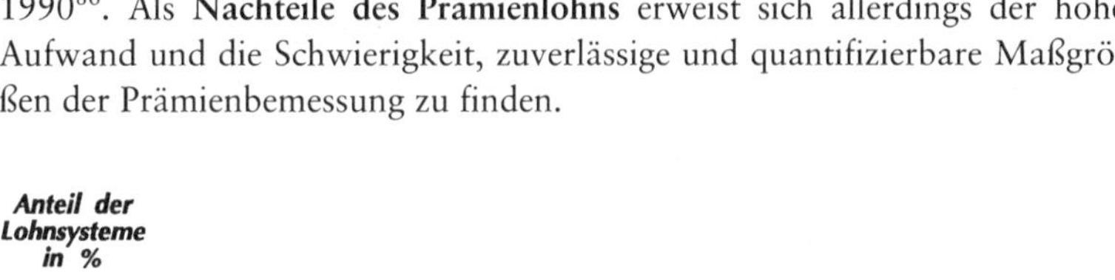

Der Prämienlohn zeichnet sich durch eine große **Anwendungsflexibilität** aus und wird deshalb in Produktionsbetrieben weiter an Bedeutung zunehmen. Die *Abb. 65* zeigt die Entwicklung der Lohnsysteme im Zeitraum 1970 bis 1990[86]. Als **Nachteile des Prämienlohns** erweist sich allerdings der hohe Aufwand und die Schwierigkeit, zuverlässige und quantifizierbare Maßgrößen der Prämienbemessung zu finden.

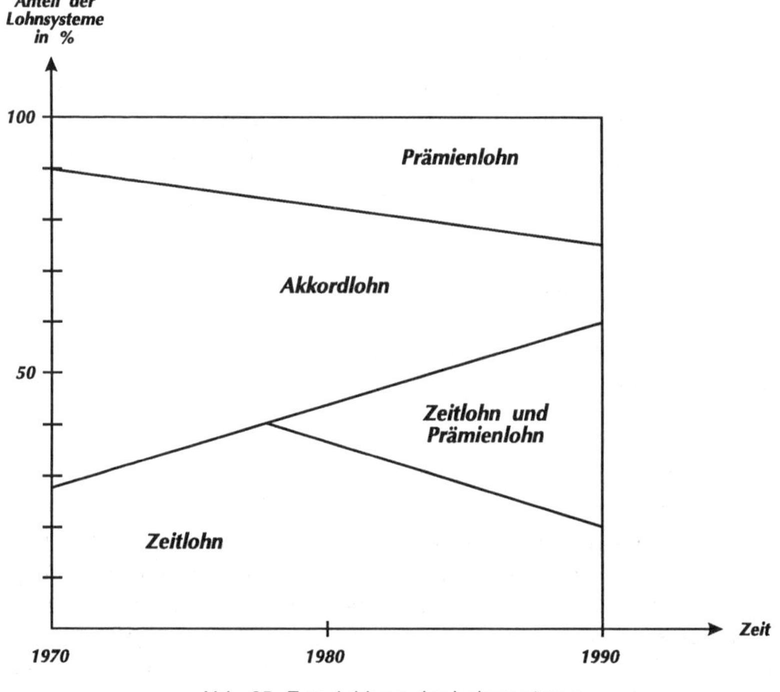

Abb. 65: Entwicklung der Lohnsysteme

3.6 Planung der Werkstoffsicherung

Das Hauptziel der Werkstoffsicherung besteht darin, die zur Realisierung des strategischen Produktprogramms erforderlichen Werkstoffarten (Materialarten) in den erforderlichen **Mengen** und **Qualitäten** sowie zum richtigen **Zeitpunkt** und am richtigen **Ort** unter **Beachtung strategischer Zielsetzungen** bereitzustellen. In werkstoffintensiven Industriebranchen kann der Anteil der

[86] Vgl. *Busch* 1985.

Materialkosten bis zu 80% der Herstellkosten betragen. Die strategische Bedeutung des Materialbereiches im Produktionsbetrieb ist daher hoch einzustufen, wobei innerhalb der strategisch-taktischen Planung insbesondere Maßnahmen zur Realisierung von Kostensenkungspotentialen vorzusehen sind. Industrielle Produktionsbetriebe fassen die hier angefallenen Aufgaben in einem eigenen Funktionsbereich zusammen, der als „Einkauf und Lagerwesen", „Materialwirtschaft", „Materialwirtschaft und Logistik" usw. bezeichnet wird.

Die **längerfristig orientierten strategisch-taktischen Aufgaben der Materialwirtschaft** bestehen darin, den Werkstoffbedarf eines Produktionsbetriebes für eine langfristige (mehrjährige, mindestens 3–5 Jahre umfassende) Planungsperiode zu prognostizieren, die Beschaffung unter Beachtung strategisch-taktischer Zielsetzungen zu sichern und die erforderlichen Lagerkapazitäten für Roh-, Hilfs- und Betriebsstoffe sowie Vorprodukte bereitzustellen. Dabei stellt sich primär die Frage, ob Werkstoffarten in eigener Produktion (Eigenerstellung bzw. -gewinnung) erzeugt oder von Lieferanten fremdbezogen (Fremdbezug) werden sollen. Die strategisch-taktischen Aufgaben der Werkstoffsicherung beziehen sich demgemäß auf folgende Bereiche:

- Planung von Strategien zur Fertigungstiefe (Eigenerstellung/-gewinnung oder Fremdbezug)
- Strategisch-taktische Beschaffungsplanung
- Lagerplanung

3.6.1 Strategien zur Fertigungstiefe

Die **Wertschöpfungskette eines Produktes** innerhalb der industriellen Produktion beginnt bei der Gewinnung, Aufbereitung und dem Einsatz der Produktionsfaktoren und reicht bis zur Abgabe des Produktes an den Vertrieb (z.B. Fertigwarenlager, Versand). Jede Strategische Geschäftseinheit einer Industrieunternehmung muß ihre Position in dieser Wertschöpfungskette definieren. Die **Fertigungstiefe** beschreibt das Ausmaß der Wertschöpfung, die eine Strategische Geschäftseinheit im Verhältnis zur insgesamt erforderlichen Wertschöpfung erbringt. In diesem Zusammenhang ist daher für jeden einzusetzenden Werkstoff die Entscheidung über **Eigenerstellung/-gewinnung oder Fremdbezug zu treffen. Die** *Abb. 66* zeigt Möglichkeiten zur Festlegung der Fertigungstiefe auf[87].

Die Bestimmung der Fertigungstiefe kann als Element einer **Strategie zur vertikalen Integration** aufgefaßt werden. Diese legt fest, welche funktionalen Teilprozesse (Beschaffung, Forschung & Entwicklung, notwendige Produktionsstufen, Absatz) innerhalb der Unternehmung und welche extern – also über Markttransaktionen – realisiert werden sollen.

---

[87] Vgl. *Zäpfel* 1989a, S. 133 sowie *Wildemann* 1992c und 1992d.

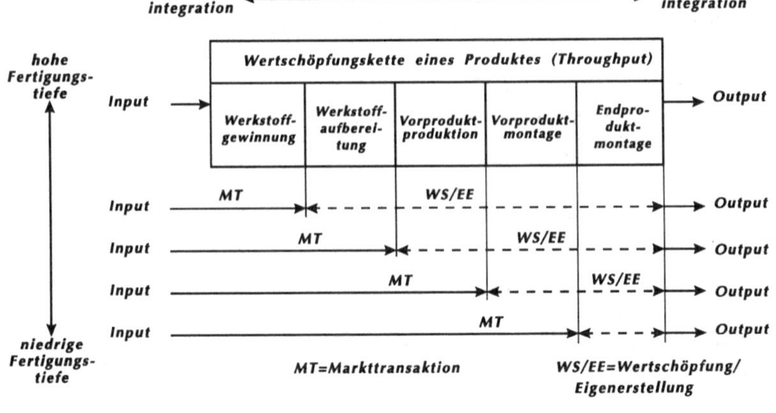

Abb. 66: Fertigungstiefe

Von einer Strategie der **Rückwärtsintegration** wird die Input-/Faktor-Position der Unternehmung betroffen. Die Fertigungstiefe nimmt hier durch die Eigenerstellung/-gewinnung bisheriger Beschaffungsgüter zu. **Vorwärtsintegration** setzt voraus, daß mit dem bisherigen Produkt noch nicht der Letztverbraucher erreicht wird. Die Fertigungstiefe bezieht sich grundsätzlich auf ein bisheriges Produkt und das dafür zu bestimmende Verhältnis der eigenen zur fremden Wertschöpfung. Deshalb ist auch bei Vorwärtsintegration die Fertigungstiefe neu zu bestimmen.

Folgende Strategien zur Fertigungstiefe sind möglich[88]:

- Integrationsstrategie
- Konzentrationsstrategie
- Kooperationsstrategie

Bei der **Integrationsstrategie** erhöht der Produktionsbetrieb seinen Eigenfertigungsanteil an einem bestimmten Produkt durch eine Erweiterung der bisherigen Wertschöpfungsstufen. Dies läßt sich durch Aufbau von Kapazitäten für die Vorstufen im eigenen Produktionsbetrieb, durch Gründung eigener Vorstufenbetriebe und durch Kauf von Vorstufenbetrieben realisieren. Aus strategischer Sicht sollen dadurch Wettbewerbsvorteile entstehen, die z.B. auf folgende Gründe zurückzuführen sind:

- Kostensenkung durch hohe Fertigungstiefe (z.B. Einsparung von Beschaffungs- und Transportkosten, Senkung von Transaktionskosten[89] durch abgestimmte Materialflußsysteme),
- Erhöhung der Differenzierung durch hohe Fertigungstiefe (z.B. eigene Vorproduktproduktion erhöht Möglichkeit der Anpassung an Kunden-

---

[88] Vgl. *Zäpfel* 1989a, S. 134ff.
[89] Transaktionskosten sind eine spezielle Form von Informationskosten, vgl. *Picot* 1982.

wünsche und Abgrenzung gegenüber Konkurrenz. Es ergeben sich Synergieeffekte durch besseres Verständnis der vorgelagerten Prozeßtechnologie).
- Stärkung der Wettbewerbsposition (z.B. Verhinderung, daß Zulieferer Kenntnis von Produkt-/Vorprodukt-Know-How bekommen und durch Vorwärtsintegration zu Konkurrenten werden, Vermeidung von Engpaßsituationen bei Beschaffung und dadurch überhöhten Preisforderungen der Zulieferer, Aufbau von Markteintrittsbarrieren für potentielle Konkurrenten).

Die **Konzentrationsstrategie** sieht eine Erhöhung des Fremdbezugsanteils durch eine Verringerung der bisherigen Wertschöpfungsstufen für ein bestimmtes Produkt vor. Die angestrebten Wettbewerbsvorteile lassen sich beispielsweise folgendermaßen begründen:

- Kostensenkung durch geringe Fertigungstiefe (z.B. Einstandspreis eines Vorproduktes bei Fremdbezug liegt langfristig unter den eigenen Herstellkosten, Abbau bzw. Reduzierung von fixen Kosten für die Vorproduktproduktion durch Stillegung von Vorstufenabteilungen bzw. -betrieben oder Verkauf von Vorstufenbetrieben),
- Technologieführerschaft in bestimmten Teilproduktionsprozessen (z.B. durch Konzentration auf wenige Wertschöpfungsstufen [Fertigungsspezialist versus Montagespezialist]).

Ergebnisse des PIMS-Projektes zeigen, daß Strategische Geschäftseinheiten mit kleinem Marktanteil im Durchschnitt den höchsten ROI erzielen, wenn die vertikale Integration relativ gering ist. Strategische Geschäftseinheiten mit größeren Marktanteilen erreichen dagegen den höchsten ROI bei geringer **oder** hoher Integration. Der niedrigste ROI wird hier bei nur mittlerer Integration erreicht[90].

Mit einer **Kooperationsstrategie** wird eine Zusammenarbeit mit anderen rechtlich selbständigen Unternehmen innerhalb der Wertschöpfungskette eines Produktes angestrebt. Diese kann über eine **Beteiligung** an Gewinnungs- und/oder Verarbeitungsunternehmen und/oder einen **Abschluß langfristiger Lieferverträge** erreicht werden. Für letztere muß beim Abnehmerbetrieb das grundsätzliche **Bereitstellungsprinzip für Werkstoffe** geklärt werden. Folgende Möglichkeiten sind hierbei zu unterscheiden:

- Bereitstellung mit Vorratshaltung (Vorratsbeschaffung)
- Einzelbereitstellung im Bedarfsfall (fallweise Beschaffung)
- Produktionssynchrone Bereitstellung (fertigungs- oder einsatzsynchrone Beschaffung)

Die **Bereitstellung mit Vorratshaltung** sieht die Beschaffung größerer Werkstoffmengen zu bestimmten Beschaffungszeitpunkten vor. Zwischen zwei aufeinanderfolgenden Beschaffungszeitpunkten bilden sich Lagerbestände.

---

[90] Vgl. *Buzzell/Gale* 1987.

Diese können aus folgenden Gründen angelegt werden[91]:

- Ausgleich bei Unterschieden zwischen Produktions- und Beschaffungsgeschwindigkeit[92]
- Wirtschaftlichkeitsmotiv (z.B. Beschaffungskosten sind bei Bezug größerer Mengen aufgrund günstiger Einstandspreise und geringerer Perioden-Bestellkosten niedriger als entsprechende Lagerhaltungskosten)
- Spekulationsmotiv (z.B. Vermeidung erwarteter Werkstoffpreiserhöhungen)
- Sicherheitsmotiv (z.B. Vermeidung von Produktionsstillstand bei Beschaffungsengpässen [z.B. Streik bei Zulieferunternehmen])

Die **Einzelbereitstellung im Bedarfsfall** wird für unregelmäßig benötigte Werkstoffe (z.B. spezielle Teile oder Baugruppen bei Einzel-Auftragsproduktion) angewandt. Der Liefertermin soll dabei exakt mit dem Einsatztermin übereinstimmen. Gelingt dies nicht, so wird die Einzelbereitstellung im Bedarfsfall zum Sonderfall der Bereitstellung mit Vorratshaltung. Stimmen die Termine exakt überein, so wird dieses Bereitstellungsprinzip zum Sonderfall der produktionssynchronen Bereitstellung.

Besondere Bedeutung für die Realisierung einer Konzentrationsstrategie mit Abschluß langfristiger Lieferträge hat die **produktionssynchrone Bereitstellung.** Diese bildet einen wesentlichen Baustein eines **Just-in-Time (JIT)–Konzeptes,** mit dem sowohl in der Beschaffung als auch in der Produktion vorhandene Rationalisierungsreserven im Material-, aber auch Informationsfluß ausgeschöpft werden können. Dazu müssen JIT-Einführungsstrategien für den Abnahmebetrieb[93] und JIT-Entwicklungsstrategien für die Zulieferbetriebe[94] geplant und realisiert werden.

Die hier interessierende **produktionssynchrone** und damit **JIT-Bereitstellung** kann folgendermaßen kurz charakterisiert werden:

- Abschluß langfristiger Rahmen-Lieferverträge zwischen Abnehmer und Zulieferer, die beispielsweise die gesamten Liefermengen einer bestimmten Periode, Qualitäten, Preise usw. festlegen.
- Lieferung exakt zum Bedarfszeitpunkt, wobei absolute Zuverlässigkeit in bezug auf Quantität und Qualität der Lieferung vorausgesetzt wird.
- Abnehmer kooperiert pro Fremdbezugsart nur mit wenigen Zulieferern, wobei ein enger Austausch von Informationen (z.B. Know-How, betriebsübergreifende Vorgangsketten im CIM-Konzept[95]) stattfindet.
- Standorte von Zulieferer und Abnehmer sind nicht zu weit voneinander entfernt.

---

91 Vgl. *Busse* von *Colbe/Niggemann* 1983, S. 587.
92 Siehe hierzu für Produktvorräte Abschnitt II.3.4.2.2.
93 Vgl. ausführlich *Wildemann* 1991a und die dort angegebene Literatur.
94 Vgl. ausführlich *Wildemann* 1992c und die dort angegebene Literatur.
95 Siehe hierzu Abschnitt II.4.2.5.4 und vgl. *Scheer* 1987, S. 172ff.

Durch die enge Verbindung der Informationsflüsse und exakte Abstimmung der Materialflüsse ergibt sich bei einer solchen Kooperationsstrategie eine **Quasi-Integration,** da externe Zulieferer wie interne Vorstufenbetriebe behandelt werden. Die sicherlich vorhandene Abhängigkeit des Zulieferers wird durch Abnahmegarantien und Preiszusicherungen abgeschwächt. Es darf allerdings nicht vergessen werden, daß das für den jeweiligen Abnehmer Lagerbestände vermeidende JIT-Konzept am Anfang der Wertschöpfungskette eines Produktes seine natürliche Grenze findet.

An das **Abrufsystem des Abnehmers** werden hier höchste Ansprüche gestellt. Insbesondere für die Serien- und Massenproduktion läßt sich das JIT-Konzept der Beschaffung mit dem KANBAN-System der Produktionssteuerung auf den Produktionsbereich ausdehnen (siehe Abschnitt III.4.7.2).

Die *Abb. 67* zeigt in zusammenfassender Form die vom Produktionstyp abhängige, d.h. kontextbezogene bzw. situationsabhängige Anwendung der verschiedenen Bereitstellungsprinzipien für Vorprodukte, Roh-, Hilfs- und Betriebsstoffe.

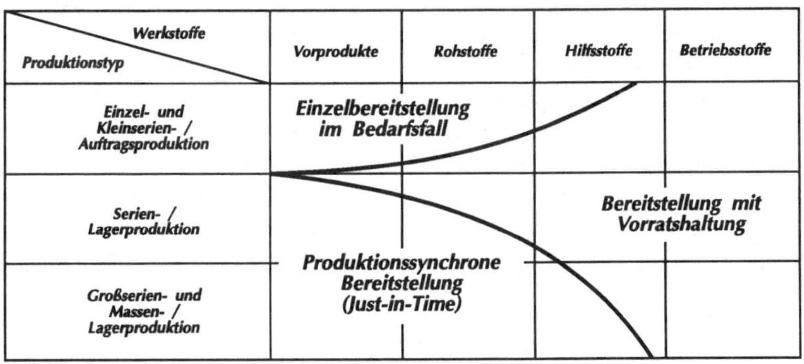

Abb. 67: Produktionstyp und Bereitstellungsprinzip

Mit der Strategie zur Fertigungstiefe wird der **Fremdbezugsanteil** für die einzusetzenden Werkstoffe festgelegt, wobei sich die geplanten Bereitstellungsprinzipien direkt oder indirekt in den (langfristigen) Lieferverträgen niederschlagen. In vielen Fällen werden zur Festlegung der Fertigungstiefe kombinierte Strategien geplant. So verlangt insbesondere die Realisierung einer Konzentrationsstrategie mit Verringerung der vertikalen Integration in der Produktion die gleichzeitige Verfolgung einer Kooperationsstrategie, die gewissermaßen als „Flankenschutz“ eine vertikale Quasi-Integration bewirkt.

Im folgenden werden Planungsaktivitäten für die fremdzubeziehenden Werkstoffe behandelt.

3.6.2 Strategisch-taktische Beschaffungsplanung

Für fremdzubeziehende Werkstoffe sind vorerst globale Beschaffungsstrategien festzulegen. Diese bilden die Rahmenbedingungen für die eher taktische Planung beschaffungspolitischer Instrumente.

3.6.2.1 Beschaffungsstrategien

Das **Ziel von Beschaffungsstrategien** besteht im Aufbau bzw. in der Erhaltung und Sicherung von **inputorientierten Erfolgspotentialen.** Diese lassen sich durch die **Ausschöpfung von Kostensenkungspotentialen** im Bereich der Werkstoffbeschaffung sowie die **Entwicklung neuer Werkstoffe** (Werkstofftechnologien) realisieren. Zur Unterstützung der strategischen Beschaffungsplanung wird in Analogie zur strategischen Produktprogrammplanung die Portfolio-Analyse eingesetzt.

Die Portfolio-Analyse zur Planung von Beschaffungsstrategien umfaßt folgende Schritte[96]:

- **Analyse strategisch relevanter Erfolgsobjekte,** die als Strategische Ressourceneinheiten (SRE) bezeichnet werden. Diese charakterisieren weitgehend homogene Werkstoffgruppen, wobei Eigenschaften sowohl des Beschaffungsmarktes als auch der Repetierfaktoren als Abgrenzungskriterien herangezogen werden.
- **Bestimmung strategischer Erfolgsfaktoren** im Rahmen der **Portfolio-Analyse:**
  Zur Bewertung des **Beschaffungsmarktrisikos** als **erster Dimension** der Portfolio-Matrix können **umweltbezogene Erfolgsfaktoren** – wie z.B. die Verhandlungsmacht der Zulieferer, die Zulieferkapazität, das Versorgungsrisiko, die Kostenentwicklung am Beschaffungsmarkt usw. – herangezogen werden. Das Beschaffungsmarktrisiko gibt die Wahrscheinlichkeit von Versorgungsstörungen an, wobei diese sowohl auf Bezugsmengenengpässen als auch beispielsweise auf Qualitätsproblemen und Preissteigerungen basieren können.

  Die **zweite Dimension** der Portfolio-Matrix charakterisiert die **Bedarfsflexibilität** der Strategischen Ressourceneinheit. Dazu werden **unternehmensbezogene Erfolgsfaktoren** – wie die relative Unternehmensstärke, die Anfälligkeit bei Versorgungsstörungen, Substitutionsmöglichkeiten bei Werkstoffen, die Möglichkeiten der Eigenerstellung bisher fremdbezogener Werkstoffe usw. – einer Bewertung unterzogen.

Die *Abb. 68* zeigt die Portfolio-Matrix, deren Feldern – in Analogie zur Portfolio-Analyse der strategischen Produktprogrammplanung – **Norm- oder Standardstrategien** – als allgemein gehaltene Strategieempfehlungen zu-

---

[96] Vgl. *Reichwald/Dietel* 1991, S. 476ff.

geordnet werden können[97]. Auf deren Basis lassen sich detaillierte Einzelstrategien ableiten und in der eher taktischen Planung beschaffungspolitischer Instrumente konkretisieren.

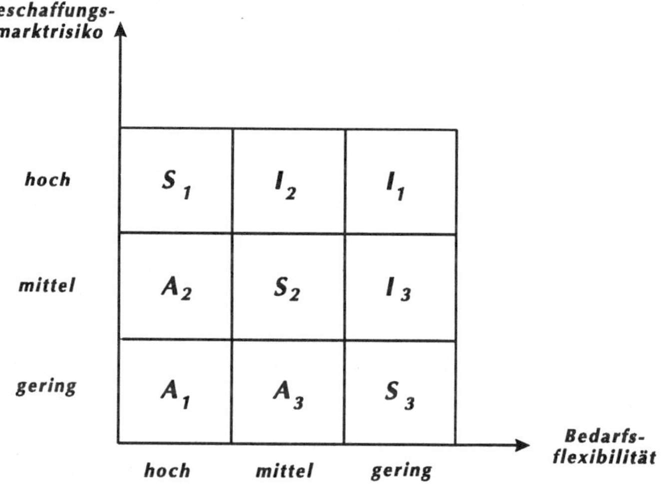

Abb. 68: Portfolio-Matrix für Beschaffungsstrategien

Aus der Positionierung von Strategischen Ressourceneinheiten in den Feldern der Portfolio-Matrix lassen sich folgende Normstrategien ableiten:

- Abschöpfungsstrategien A_1, A_2, A_3
- Investitionsstrategien I_1, I_2, I_3
- Selektive Strategien S_1, S_2, S_3

Abschöpfungsstrategien lassen sich beispielsweise durch folgende Teilstrategien umsetzen:

- Verzicht auf größere Streuung des Lieferantenkreises und Auswahl der Lieferanten nach Kostengesichtspunkten
- Durchsetzung einer **aktiven** Beschaffungspreis- und -qualitätspolitik
- Werkstoffbeschaffung erfolgt zu kostenminimalen Bestellmengen (siehe Abschnitt III.3.3.4)
- Einführung einer konsequenten Just-in-Time-Beschaffung

Investitionsstrategien können z. B. folgendermaßen realisiert werden:

- Versorgungssicherung steht im Vordergrund
- Verstärkung des Mitteleinsatzes zur Verbesserung der eigenen Beschaffungsmarktposition
- Aufstockung der Sicherheitsbestände
- Ausbau der Lagerkapazitäten

---

[97] Vgl. *Reichwald/Dietel* 1991, S. 478.

- Ausweitung des Lieferantenkreises **oder** Konzentration auf wenige Lieferanten mit dauerhaften Lieferbeziehungen, d.h. Abschluß langfristiger Lieferverträge (Quasi-Integration)
- Aufbau von Gegengeschäftsverbindungen mit Lieferanten
- Ausbau der vertikalen Integration
- Intensivierung der Suche nach substitutiven Werkstoffen

Selektive Strategien sind in gemischten Beschaffungssituationen zu empfehlen. Beispielsweise wären bei S_1 vorsichtige Abschöpfungsmaßnahmen und eine partielle Beschaffungskostenminimierung zu empfehlen. Bei S_3 könnte z.B. eine Verbesserung der Bedarfsflexibilität mit einer intensiven Suche nach substitutiven Werkstoffen angestrebt werden.

3.6.2.2 Planung beschaffungspolitischer Instrumente

Mit der Planung **beschaffungspolitischer Instrumente** erfolgt eine Konkretisierung von Beschaffungsstrategien mit Hilfe eher taktischer Aktivitäten. Folgende Instrumente können in aufeinander abgestimmter Form (optimales Beschaffungsmix) zum Einsatz gelangen[98]:

- Beschaffungsmengenpolitik
- Beschaffungspreis- und -konditionenpolitik
- Qualitätspolitik
- Lieferantenpolitik
- Kommunikationspolitik
- Beschaffungsorganisation

Die **Beschaffungsmengenpolitik** betrifft die mengenmäßig-zeitliche Strukturierung des Beschaffungsprogramms und, in Verbindung mit der Lieferantenpolitik, die Zuordnung von Teilmengen auf einzelne Lieferanten. Ausgehend vom gewählten Bereitstellungsprinzip werden hier auch die Verfahren zur Bestellmengen- und Lagerhaltungspolitik (Lagerhaltungsmodelle – siehe hierzu Abschnitt III.3.3.) festgelegt.

Die **Beschaffungspreis- und -konditionenpolitik** erlaubt als **aktive Preispolitik** Einfluß auf die Preis- und Konditionengestaltung zu nehmen. Diese läßt sich häufig bei neuen Markttransaktionen und einem hohen Wert des Beschaffungsobjektes durchsetzen. Bei geringer Marktmacht und routinemäßigen Beschaffungsvorgängen muß sich der Abnehmer im Rahmen einer **passiven Preispolitik** meist der autonomen Preisfestsetzung des Lieferanten beugen. Ein wichtiger Verhandlungsgegenstand sind im Zusammenhang mit der Preisfestsetzung die **Beschaffungskonditionen.** Dazu zählen sowohl preisbezogene Bestandteile – wie Rabatte und Skonti – als auch Nebenleistungen – wie Kundendienst-/Serviceleistungen, Beratungsleistungen, Kreditgewährung, Transport- und Versicherungsleistungen, Regelungen bei Reklamationen usw.

---

[98] Vgl. *Theisen* 1970, S. 85ff.

Auch in der **Qualitätspolitik** muß zwischen einer aktiven und passiven Politik unterschieden werden. Bei **aktiver Qualitätspolitik** versucht der Abnehmer aufgrund einer relativ starken Beschaffungsmarktposition seine eigenen Qualitätsvorstellungen beim Lieferanten durchzusetzen. Dies kann bis zum mittelbaren Einfluß auf dessen Produktgestaltung reichen. Bei **passiver Qualitätspolitik** verhält sich der Abnehmer als Qualitätsanpasser, der sein Beschaffungsprogramm den angebotenen Werkstoffqualitäten anpassen muß.

Innerhalb der **Lieferantenpolitik** sind folgende Aktionsparameter zu bestimmen:

- Art der Lieferanten (Großabnehmer/mittelständische Unternehmen, Bewertung der Leistungsfähigkeit, der finanziellen Solidität usw.)
- Beschaffungswege (Direktbezug vom Hersteller/indirekte Beschaffung beim Handel)
- Anzahl der Lieferanten („single sourcing" bei **einem** Lieferanten versus „multiple sourcing")
- Raumverteilung der Lieferanten (Inlandsbeschaffung/Auslandsbeschaffung, weltweite Beschaffung [„global sourcing"])
- Gestaltung der Lieferantenbeziehungen (langfristige Lieferverträge, Gegengeschäftsvereinbarungen usw.)
- Aufbau von Beschaffungskooperationen (vertikale Quasi-Integration)

Die **Kommunikationspolitik** als **Beschaffungswerbung** versucht, bestehende Lieferantenbeziehungen zu vertiefen oder neue Lieferanten zu gewinnen. Sie erweist sich insbesondere auf Beschaffungsmärkten mit vielen mittelständischen Zulieferern als zweckmäßig. Durch den höheren Bekanntheitsgrad des werbenden Abnehmers werden neue Lieferanten zur Abgabe von Angeboten veranlaßt.

Die Transaktionsbedingungen auf den Beschaffungsmärkten werden auch durch die Gestaltung der **Beschaffungsorganisation** entscheidend beeinflußt. Neben der unvermeidbaren Schaffung eines leistungsfähigen **unternehmensinternen** Beschaffungsbereiches (Einkauf, Materialwirtschaft, Logistik, Beschaffung usw.) werden häufig auch folgende **betriebsfremde Organe** eingeschaltet:

- Handelsvertreter (Vermittlungsvertreter, Abschlußvertreter)
- Kommissionäre (meist auf Rohstoffmärkten tätig)
- Makler (meist auf Rohstoffmärkten zur Vermittlung von Kaufverträgen eingeschaltet)

3.6.3 Lagerplanung

Trotz zunehmender Just-in-Time-Bereitstellung ist in vielen begründeten Fällen auch für Rohstoffe und Vorprodukte, aber insbesondere für Hilfs- und Betriebsstoffe, eine Vorratshaltung notwendig. Die strategisch-taktische **Lagerplanung** für Werkstoffe hat die Aktionsparameter der Läger eines Produk-

tionsbetriebs so festzulegen, daß die benötigten Lagerkapazitäten möglichst kostengünstig zur Verfügung gestellt werden können. Folgende Aktionsparameter sind zu bestimmen[99]:

- Lagerverfahren
- Lagerkapazitäten
- Lagerstandorte

Bei der Planung der **Lagerverfahren** muß zwischen der Lagerbauweise und den Ein- und Auslagerungsverfahren unterschieden werden. Die Lagerbauweise hängt weitgehend von der Werkstoffart ab. Für Gase, Flüssigkeiten und Schüttgüter sind geschlossene Lagerräume (z.B. Gasbehälter, Tanks, Silos) erforderlich. Stückgüter können in Ein- oder Mehrgeschoßlägern, Traglufthallen, Freilägern oder automatisierten Hochregallägern gelagert werden. Bei den Ein- und Auslagerungsverfahren können verschiedene Automatisierungsgrade unterschieden werden.

Die zu planenden **Lagerkapazitäten** hängen sowohl von der langfristigen Bedarfsentwicklung als auch von der geplanten Beschaffungspolitik, insbesondere von den Bestellmengen und Bestellzeitpunkten, ab. Somit müßte man eine simultane Planung der Lagerkapazität und Beschaffungspolitik durchführen. Wegen der Komplexität und aufwendigen Informationsversorgung der hierfür erforderlichen Planungsmodelle wählt man in der Praxis den pragmatischen sukzessiven Weg. In der Planung beschaffungspolitischer Instrumente wird die Bestellmengen- und Lagerhaltungspolitik festgelegt, aus der sich der langfristige Bedarf an Lagerkapazitäten ableiten läßt. Danach werden dann die Läger dimensioniert.

Die Planung von **Lagerstandorten** wird erforderlich, wenn ein Lager mehrere räumlich getrennte Zweigwerke versorgen muß. Bei **Neugründungen** und **Erweiterungen** ist die Lagerstandortplanung in die gesamte Standortplanung des Industriebetriebes einzuordnen, wobei der ausschlaggebende Standortfaktor für Werkstoffläger sicherlich die Transportkosten sind. Bei geplanten **Verlegungen von Lagerstandorten** müßte der Kapitalwert der laufenden Lagerkosteneinsparungen die Investitionsausgaben der Verlagerung kompensieren. Für alle Bereiche der Lagerplanung sind als Instrumente der Informationsversorgung Investitionsrechnungen und Punktbewertungsverfahren (Scoring-Modelle, Nutzwertanalyse) einzusetzen.

3.7 Planung der Energiesicherung

Ausgerichtet am langfristigen Gesamtenergiebedarf des Produktionsbetriebes, der im wesentlichen vom strategischen Produktprogramm, den installierten Produktionskapazitäten, der Produktionsintensität und vom Automa-

---

[99] Vgl. *Kilger* 1986, S. 362f.

tisierungsgrad abhängt, erfolgt die langfristige **Planung der Energiesicherung** als letzter Teil der strategisch-taktischen Faktorplanung. Die im Betrieb eingesetzte Energie wird **Nutzenergie** genannt. Zu den wesentlichen betrieblichen **Nutzenergiearten** zählen:

- Strom
- Wärme in Form von Dampf und Heißwasser
- Gas
- Wasser (z.B. zur Kühlung) und Preßwasser
- Preßluft

Hier soll exemplarisch kurz auf die wichtigste Nutzenergieart **Strom** eingegangen werden.

Die **strategische Bedeutung der Energiesicherung** kann daraus abgeleitet werden, daß die Energietechnik immer tiefer in die Produktionstechnologie eindringt, den Einsatz der menschlichen Arbeitsleistung ablöst, Transportzeiten verkürzt und die Automatisierung von Produktionsprozessen ermöglicht. Mit zunehmendem Energiebedarf wird somit eine Erhöhung der Arbeitsproduktivität erreicht. In der betrieblichen Energieversorgung ruhen meist erhebliche Kostensenkungspotentiale, wobei der Energiekostenanteil an den Gesamtkosten eines Betriebes je nach Branche zwischen ca. 2% im Maschinenbau bis zu 25% in der Aluminiumindustrie schwanken kann.

Die strategisch-taktische Planung der Energiesicherung erstreckt sich auf die folgenden Bereiche[100]:

- langfristige Energiebedarfsplanung
- langfristige Energiebeschaffungsplanung
- langfristige Energie-Rationalisierungsplanung

Grundlage der **langfristigen Energiebedarfsplanung** sind **Belastungskurven.** Diese erhält man, wenn man die jeweilige Belastung über der Zeit aufträgt. Aus diesen Belastungskurven können die **Höchstlast** oder **Spitzenlast** sowie die während des gesamten Zeitabschnitts gleichbleibende Belastung als **Grundlast** abgeleitet werden. In den **Belastungsdauerlinien** wird der Leistungsbedarf nach seiner Höhe geordnet. Die *Abb. 69* zeigt einen typischen Verlauf einer Belastungskurve und daraus abgeleiteten Belastungsdauerlinie.

Belastungsdauerlinien lassen sich in Abhängigkeit vom Produktprogramm (Produktarten, Maximalmengen) und von technologischen Einflußgrößen langfristig prognostizieren und ergeben so den langfristigen Energiebedarf.

Innerhalb der **langfristigen Energiebeschaffungsplanung** ist wie bei den Werkstoffen vorerst eine Entscheidung über **Eigenerzeugung oder Fremdbezug** von Energie zu treffen. Im Prinzip können hier die gleichen Kriterien angelegt werden, wie sie oben für die Werkstoffbeschaffung bzw. Fertigungstiefenbestimmung bereits analysiert wurden.

---

[100] Vgl. *Maier* 1979.

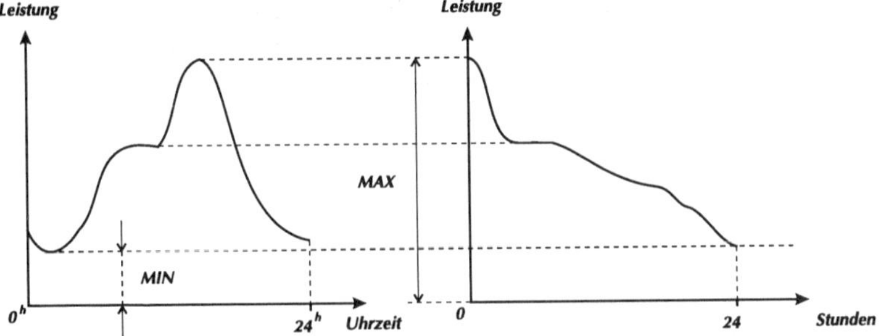

Abb. 69: Belastungskurve und Belastungsdauerlinie

Bei **Fremdbezug von Strom** werden größere Produktionsbetriebe **langfristige Stromlieferungsverträge bzw. Sonderverträge** abschließen. Hier sind folgende Vertragsbedingungen festzulegen:

- Anschlußwert (Summe des Leistungsbedarfs der angeschlossenen Verbrauchseinrichtungen, die gleichzeitig benutzt werden)
- bereitzustellende Leistung (jederzeit zur Verfügung zu stellende Leistung)
- technische Angaben (z.B. Anschlußanlage, Übergabestelle)
- rechtliche Angaben (z.B. Vertragsdauer, Gerichtsstand)
- sonstige Vereinbarungen
- Konditionen:
  - Leistungspreis für bereitzustellende Leistung in DM/kW/Periode
  - Arbeitspreis für Tag- und Nachtstrom in DM/kWh
  - Leistungsfaktorklausel (betrifft Blindstromanteil an Wirkstrom)
  - Preisänderungsklausel (Arbeits- und Leistungspreis meist an Kohlepreis und Lohnkosten gebunden)
  - Mindestabnahmeverpflichtung
  - Zuschlag für Mehrverbrauch im Winter

Die **Gasbezugsverträge** sind ähnlich wie Stromverträge aufgebaut.

Die **langfristige Energie-Rationalisierungsplanung** umfaßt zwei Schwerpunktbereiche:

- Rationalisierung der Energieerzeugung, der Energieverteilung und des Energieeinsatzes:
  - Überprüfung der eingesetzten Energieträger
  - Überprüfung der Bezugsquellen und Verträge
  - Verbesserung des Wirkungsgrades der Energieumwandlung und -verteilung
  - Überprüfung des Energiebedarfs
  - Aufspürung und Beseitigung von Verlustquellen
- Rationalisierung der Wärme-Kraft-Kopplung und Analyse der Abfallenergie.

Wärme-Kraft-Kopplung im Produktionsbetrieb bedeutet, daß der selbsterzeugte Dampf nach Austritt aus den Turbinen, die zum Antrieb der Generatoren für die Eigenstromerzeugung dienen, nicht kondensiert, sondern nutzbringend in den Produktionsanlagen zur Wärmeversorgung eingesetzt wird. Auch **Abfallenergie** (z.B. heißes Kühlwasser, Abgase) kann möglicherweise an anderer Stelle wieder nutzbringend eingesetzt werden.

3.8 Informationsversorgung der strategisch-taktischen Faktorplanung

Die Aufgaben der strategisch-taktischen Faktorplanung werden vom oberen und mittleren Management wahrgenommen. Das Controlling unterstützt das Management in Form der Koordination von Planung und Kontrolle mit der Informationsversorgung. Innerhalb der Informationsversorgung hat der Controller den Aufbau, die Anpassung und die Nutzung eines Informationsversorgungssystems sicherzustellen.

Zu diesem Zweck geht das Controlling von einer Informationsbedarfsanalyse der strategisch-taktischen Faktorplanung aus. Wie oben dargestellt, werden – beginnend mit der Produktions-Standortplanung bis hin zur Planung der Werkstoff- und Energiesicherung – die unterschiedlichsten Modelle und Methoden der Faktorplanung eingesetzt, für deren Implementierung das Controlling im Rahmen seiner **Systemgestaltungsaufgabe** zu sorgen hat.

Faßt man den Informationsbedarf dieser Modelle und Methoden zusammen, so ergeben sich folgende **relevante Informationsarten:**

- Informationen aus dem betrieblichen Rechnungswesen: Kosten- bzw. Auszahlungs- und Erlös- bzw. Einzahlungsdaten
- Technische und arbeitswissenschaftliche Informationen: z.B. technische Standortfaktoren, Betriebsmitteldaten (bautechnische, maschinentechnische, werkstoff- und energietechnische Daten), Arbeitsablaufinformationen, Arbeitszeitdaten
- Rechtliche Informationen: z.B. steuerrechtliche, baurechtliche, arbeits- und sozialrechtliche sowie umweltrechtliche Informationen
- Umweltinformationen (z.B. qualitative und quantitative Informationen über Lieferanten – ausführlicher siehe dazu Abschnitt II.2.7)

So unterschiedlich und schlecht strukturiert die relevanten Informationen für die strategisch-taktische Faktorplanung sind, so vielfältig sind auch die **Methoden der Informationsversorgung,** deren Implementierung ebenfalls zu den Systemgestaltungsaufgaben des Controllings zählt und die man wie folgt zusammenfassen kann:

- Investitionsrechnung zur Aufbereitung/Verarbeitung von Ein- und Auszahlungs-(Cash-Flow-)Informationen

- Kosten- und Erlösrechnung zur Aufbereitung/Verarbeitung von Kosten- und Erlösinformationen
- Punktbewertungsmethoden (Scoring-Modelle) zur Aufbereitung/Verarbeitung vorwiegend qualitativer Informationen
- Prognosemethoden (qualitative und quantitative Verfahren) zur Verarbeitung ökonomischer und nicht-ökonomischer Informationen.

Im Rahmen seiner **Systemnutzungsaufgabe** hat das Controlling die oben genannten relevanten Informationen unter Einsatz von Methoden der Informationsversorgung für die strategisch-taktische Faktorplanung bereitzustellen.

4. Strategisch-taktische Prozeßplanung

4.1 Beziehungen zwischen Programm-, Faktor- und Prozeßplanung

In einer **systemorientierten Betrachtungsweise,** die den Absatzmarkt als dominanten Engpaß auffaßt, wird mit der strategischen Programmplanung der Output langfristig festgelegt. Dem sukzessiven Planungskonzept folgend, wird im nächsten Schritt, der strategisch-taktischen Faktorplanung, der für die Realisierung des Programms erforderliche Input langfristig festgelegt. Neben dieser strategisch-taktischen Faktorplanung bildet im dritten Schritt die strategisch-taktische Prozeßplanung einen weiteren typischen Schwerpunktbereich des strategisch-taktischen Produktionsmanagements. Die Frage, die hier zu beantworten ist, lautet: Mit welchen Produktionsprozessen bzw. -verfahren können langfristig die bereitgestellten Produktionsfaktoren zu Produkten des strategischen Produktprogramms verarbeitet werden?

Wie die Programm- und Faktorplanung weist auch die Prozeßplanung zur Beantwortung dieser Frage vielfältige Interdependenzen vorerst zur Programm- und Faktorplanung, zwischen denen sie eingebettet ist, aber auch zu anderen funktionalen Managementbereichen auf. In diesem Zusammenhang soll nochmals betont werden, daß insbesondere strategische Entscheidungen nur vom gesamten strategischen Management einer Unternehmung getroffen werden sollen. Am Beispiel der Planung des betrieblichen Umweltschutzes als Teilplanung der strategisch-taktischen Prozeßplanung kommt dies besonders deutlich zum Ausdruck. Betriebliche Umweltpolitik kann heute nicht mehr als Aufgabenbereich des Produktionsmanagements angesehen werden, sondern muß integrierender Bestandteil der Unternehmenspolitik werden.

Die Einführung neuer Prozeßtechnologien kann nur in Abstimmung mit der Wettbewerbsstrategie der Unternehmung erfolgen. Deshalb weist die hierzu erforderliche Planung eine besonders bedeutsame Schnittstelle zum strategischen Marketingmanagement auf. Da die Einführung neuer Prozeßtechnologien als **Investition** in das gesamte Produktionssystem aufgefaßt werden muß, welche die finanziellen Ressourcen einer Unternehmung extrem beansprucht, wird der notwendige Planungsprozeß auch als **strategische Investitionsplanung** bezeichnet. Wegen ihrer besonderen Bedeutung für die Wettbewerbsfähigkeit der Unternehmung wird sie gegenüber der Investitionsplanung für maschinelle Anlagen (siehe Abschnitt II.3.4.3) deutlich abgegrenzt und innerhalb der Prozeßplanung behandelt. Als strategische Investitionsplanung weist sie besonders bedeutsame Schnittstellen zum Finanzmanagement auf.

Wie bereits vereinzelt innerhalb der Behandlung der Produktions-Personalplanung (siehe Abschnitt III.3.5) angesprochen, bildet der Personalbereich häufig eine eklatante Schwachstelle bei Einführung neuer Prozeßtechnologien. Aus diesem Grunde muß dieser komplexe Aufgabenbereich des Produktionsmanagements auch als wichtiger Schnittstellenbereich zum Personalmanagement betrachtet werden[1]. Die Gestaltung der langfristigen Produktions-Prozeßstruktur ist auch ein Organisations-, Informations- und Kommunikationsproblem. Wie die Bezeichnung CIM (Computer Integrated Manufacturing) bereits besagt, handelt es sich bei neuen Prozeßtechnologien nicht nur um Produktions- sondern auch um Informationstechnologien. Die strategische Prozeßplanung weist deshalb besonders bedeutsame Schnittstellen auch zu den Managementbereichen **Organisation und EDV/Informationsmanagement** auf.

Mit den Schnittstellen zum Marketing- und Personalmanagement sind exemplarisch die Schnittstellen zur Programm- und Faktorplanung bereits angedeutet worden. Etwas konkreter sind beispielsweise folgende Interdependenzen planerisch zu berücksichtigen:

- Programmplanung:
  - Wettbewerbsstrategie ist Ausgangspunkt für neue Prozeßtechnologien
  - Normstrategien der Programmplanung müssen mit Technologiestrategien abgestimmt werden
  - Produktplanung stellt Anforderungen an CAD und CAQ
  - Technologiekalender erfordert zeitliche Abstimmung der Einführung neuer Produkt-, Werkstoff- (Interdependenzen mit Faktorplanung) und Prozeßtechnologien
- Faktorplanung:
  - Standort- und Fabrikplanung müssen mit Layoutplanung abgestimmt werden
  - Planung maschineller Anlagen (Kapazitäts-, Investitions- und Instandhaltungs- sowie Nutzungsdauerplanung) muß mit Planung neuer Prozeßtechnologien und teilweise auch mit Layoutplanung integriert werden
  - Produktions-Personalplanung, insbesondere Personalstrategien, Planung der Arbeitsbedingungen (vor allem Arbeitsstrukturierung), Arbeitszeit- und Lohnplanung (vor allem Prämienlohnplanung) sind mit Planung neuer Prozeßtechnologien und Layoutplanung abzustimmen.
  - Planung der Werkstoff- und Energiesicherung, insbesondere Planung der Fertigungstiefe, von JIT, sind mit Planung von Prozeßtechnologien und Layoutplanung zu koordinieren.

Über alle oben genannten Interdependenzen zu ökonomischen Planungsgebieten hinausgehend, ist die strategisch-taktische Prozeßplanung ein typi-

---

[1] Siehe hierzu insbesondere *Bullinger/Ganz* 1990 in seiner Schlagzeile: „Ohne Human Integrated Manufacturing kein CIM".

scher Schnittstellenbereich zur technologischen Prozeß- bzw. Verfahrensplanung. Ganz deutlich kommt dies heute im Begriff des **Simultaneous Engineering** (siehe Abschnitt II.2.5.4) zum Ausdruck. Die Planung des Produktionsprozesses wird daher nicht nur vom strategischen Produktprogramm, von der Art des Werkstoffeinsatzes (Stück- oder Fließgütereinsatz) sondern im wesentlichen vom **Stand der Produktionstechnik** beeinflußt. Sie ist daher als Teilplanung mit vorwiegend **produktionstechnischer Basis,** aber mit **organisations-, informations-** und **kommunikations-** sowie **investitionsorientierter Lösungsstruktur** aufzufassen.

Als **verfahrenstechnologische Alternativen** kommen je nach Produktart physikalische (inklusive mechanische), chemische und biologische Verfahren in Betracht. Nach ihrem **Automatisierungsgrad** unterscheidet man zwischen manuellen, mechanisierten, teilautomatisierten (z.B. NC-, CNC-Technik) und automatisierten (z.B. Roboter, flexible Fertigungssysteme) Verfahren (siehe hierzu auch Abschnitt II.3.4.2).

Aus **organisatorischer** Sicht ist ein deutlicher Trend zur Fließproduktion festzustellen (z.B. flexible Fertigungssysteme).

Mit der Festlegung von Strategien zur Produktions-Prozeßgestaltung soll das strategisch-taktische Produktionsmanagement einen weiteren Beitrag zur Erhaltung bzw. zum Ausbau der Wettbewerbsfähigkeit der Unternehmung leisten. Zu den wichtigsten Prozeßteilstrategien zählen Technologiestrategien, Strategien zur Gestaltung der Produktions-Prozeßstruktur und Umweltschutzstrategien. Diese Strategien verlangen eine Konkretisierung im Rahmen der taktischen Prozeßplanung. Wie bereits an anderer Stelle begründet, werden hier wiederum strategische und taktische Planungsbereiche zusammengefaßt. Aufgrund der oben aufgezeigten vielfältigen Interdependenzen zwischen Programm-, Faktor- und Prozeßplanung sowie den einzelnen Teilplanungen innerhalb der Prozeßplanung müßte zur Optimierung der gesamten strategisch-taktischen Produktionsplanung eine simultane Programm-, Faktor- und Prozeßplanung durchgeführt werden. Wie bereits mehrfach erläutert, ist eine derart komplexe Simultanplanung mit Hilfe mathematischer Optimierungsmodelle (gemischt-ganzzahlige Optimierung) zur Kapitalwertmaximierung in der Praxis nicht möglich. In der Literatur wurden solche Modelle bereits vorgestellt[2]. Sie verfolgen in erster Linie didaktische Ziele, da die vielseitigen Interdependenzen in formal-quantitativer Weise deutlich gemacht werden können.

Hier soll wiederum dem in der Praxis angewandten sukzessiven Planungskonzept gefolgt werden, wobei in der strategisch-taktischen Prozeßplanung von einem gegebenen strategischen Produktprogramm und globalen Strategien zur Bereitstellung der Produktionsfaktoren ausgegangen werden kann. Im Sinne einer **sachlichen Koordination** sind jedoch horizontale Abstim-

---

[2] Vgl. z.B. *Hahn* 1985, S. 481 ff. und die dort angegebene Literatur.

mungsprozesse auf der strategisch-taktischen Planungssystemebene erforderlich.

In diesem Abschnitt werden folgende Teilgebiete behandelt:

- Planung neuer Prozeßtechnologien bei computerintegrierter Produktion
- Layout-Planung zur Gestaltung der Produktions-Prozeßstruktur
- Planung des betrieblichen Umweltschutzes

4.2 Planung neuer Prozeßtechnologien bei computerintegrierter Produktion (CIM)

Die Einführung neuer Prozeßtechnologien kann die Wettbewerbsposition einer Unternehmung deutlich verbessern. Sie erlaubt eine Abgrenzung gegenüber der Konkurrenz und ermöglicht eine Preis- bzw. Kostenführerschaft am Markt. Gelingt es, mit neuen Prozeßtechnologien auch neue oder verbesserte Produkte herzustellen, so kann dies zu einer Vergrößerung des Marktvolumens bzw. zu einer Steigerung der Wachstumsrate beitragen.

Eine der bedeutendsten **Prozeßtechnologie-Strategien** der jüngsten Zeit ist die Einführung der computerintegrierten Produktion (Computer Integrated Manufacturing – CIM). Darunter versteht man die integrierte Informationsverarbeitung in allen mit der betrieblichen Leistungserstellung zusammenhängenden betriebswirtschaftlichen **und** technischen Teilbereichen. Dazu zählen die Produktionsplanung und -steuerung und -kontrolle (PPS) als betriebswirtschaftliche Teilbereiche sowie Produktentwicklung (Computer Aided Engineering – CAE), Konstruktion (Computer Aided Design – CAD) und Produktion (Computer Aided Manufacturing – CAM) mit den Teilbereichen Arbeitsplanung (Computer Aided Planning – CAP), Fertigung, innerbetrieblicher Transport und Lagerung, Montage sowie Instandhaltung[3] (CAM im engeren Sinne) und Qualitätssicherung (Computer Aided Quality Ensurance – CAQ) als technische Teilbereiche. Letztere werden kurz mit CAD/CAM zusammengefaßt. Im folgenden sollen vorerst die CIM-Komponenten und danach der komplexe Einführungsprozeß von CIM dargestellt werden, wobei folgende Arbeitsschritte erforderlich sind:

- Analyse von Wettbewerbsstrategien zur Einschätzung der strategischen Bedeutung neuer Prozeßtechnologien
- Ableitung einer Normstrategie für die Einführung der neuen Prozeßtechnologie
- Zeitliche und finanzielle Abstimmung der Einführung neuer Produkt-, Werkstoff- und Prozeßtechnologien mit Hilfe des Technologiekalenders
- Planung der CIM-Implementierung
- Ökonomische Bewertung der neuen Prozeßtechnologien

---

[3] Zur Instandhaltungsplanung siehe Abschnitt II.3.4.4.

4.2.1 CIM-Komponenten

4.2.1.1 Konzept einer computerintegrierten Produktion

CIM bedeutet integrierte Informationsverarbeitung für betriebswirtschaftliche und technische Aufgaben eines Produktionsbetriebes. Die *Abb. 70* zeigt dies symbolisch im sogenannten Y-Modell von Scheer[4]. Der linke Schenkel kennzeichnet mehr betriebswirtschaftliche Aufgaben innerhalb des Produktionsplanungs- und -steuerungs-(PPS-)Systems, der rechte Schenkel die mehr technisch orientierten Aufgaben. Die Verbindung zwischen beiden Aufgabenbereichen wird über die gemeinsame Nutzung von Grunddaten für Stücklisten, Arbeitspläne und Betriebsmittel hergestellt.

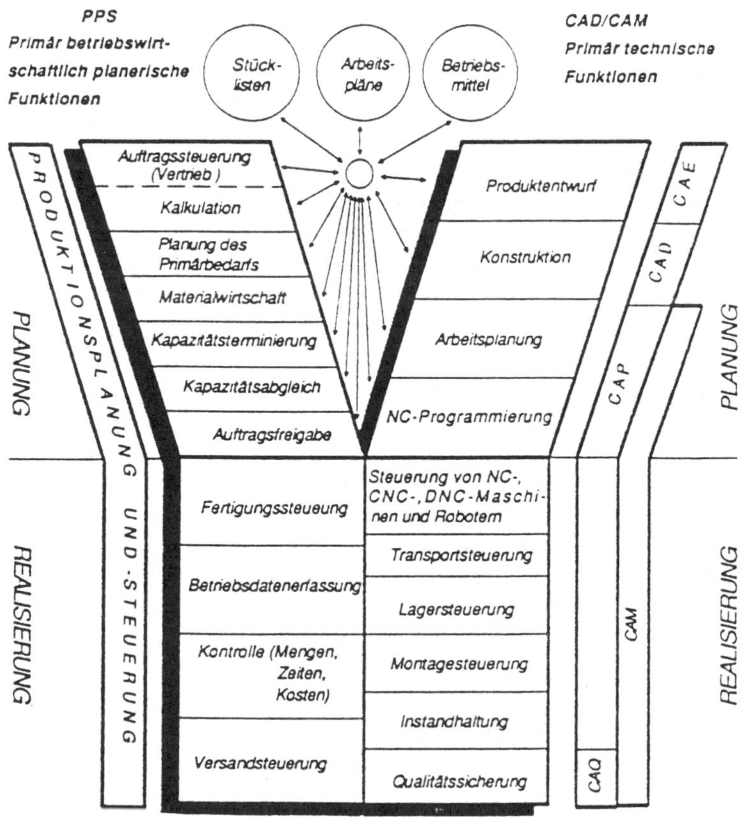

Abb. 70: CIM-Y-Modell

Organisatorisch wird das PPS-System von den Bereichen Logistik, Materialwirtschaft, Einkauf und Arbeitsvorbereitung genutzt, während CAE und

[4] Vgl. *Scheer* 1987, S. 3.

CAD von der Konstruktion eingesetzt werden. Der untere Bereich des Y-Modells, der sich auf den Produktionsprozeß bezieht, sieht eine enge organisatorische Verbindung von PPS- und CA-Funktionen vor. Die Steuerungsfunktionen der maschinellen Anlagen sind hier eng mit der zeitlichen und örtlichen Steuerung der Aufträge und Betriebsdatenerfassung verknüpft. Bei einer Dezentralisierung der Fertigungssteuerung in der Werkstatt (Werkstattsteuerung) könnte die Steuerung der maschinellen Anlagen und die Auftragsterminierung vom Werkstattpersonal auf dem gleichen Rechner (z.B. Prozeßrechner) durchgeführt werden. Automatisch gesteuerte Produktionsanlagen können Start- und Endinformationen sowie Kontrollergebnisse automatisch dem Betriebsdatenerfassungs-(BDE-)System melden. Das hohe Rationalisierungspotential von CIM liegt daher in der **Daten- und Vorgangsintegration.**

Das CIM-Konzept kann durch folgende Merkmale charakterisiert werden[5]:

- anwendungsunabhängige Datenorganisation
- konsequente Vorgangsketten
- kleine Regelkreise

Eine **anwendungsunabhängige Datenorganisation** bedeutet, daß die Datenstrukturen in einem datenbankorientierten Informationssystem so allgemein gefaßt werden, daß sie für vielfältige Aufgaben zur Verfügung stehen (z.B. Arbeitsplan für NC-Programmierung **und** Maschinenbelegungsplanung)[6].

Ein weiteres Merkmal von CIM ist das Denken in **konsequenten Vorgangsketten.** Betriebliche Abläufe werden unabhängig von den gewachsenen aufbauorganisatorischen Strukturen in ihrem Zusammenhang betrachtet und durch geschlossene Informationssysteme begleitet.

Innerhalb der Vorgangsbearbeitungen werden mit Hilfe **kleiner Regelkreise** möglichst ständig Soll-Ist-Vergleiche durchgeführt. Diese ermöglichen bei Abweichungen ein aktuelles Eingreifen in den Steuerungsprozeß. Voraussetzung dafür ist allerdings eine gewisse Dezentralisierung von Steuerungskonzepten (siehe hierzu Abschnitt III.5.3.3)

Eine schnelle betriebswirtschaftliche Beurteilung von Produktentwurfs-/Konstruktions- und Produktionsprozeßalternativen erfordert auch eine **Integration der Kosten- und Erlösrechnung** im CIM-Konzept. CAD/CAM, PPS/BDE und Kosten- und Erlösrechnung müssen daher unter unternehmensstrategischen und wirtschaftlichen Gesichtspunkten implementiert und aufeinander abgestimmt werden. Die *Abb. 71* zeigt aus der Sicht des Produktions-Controllings symbolisch die Integration der Kosten- und Erlösrechnung im CIM-Konzept[7].

---

[5] Vgl. *Scheer* 1987, S. 12ff.
[6] Zur Datenbanktechnik im CIM-Umfeld vgl. *Abramovici* 1992.
[7] Vgl. *Hoitsch* 1992b, S. 29.

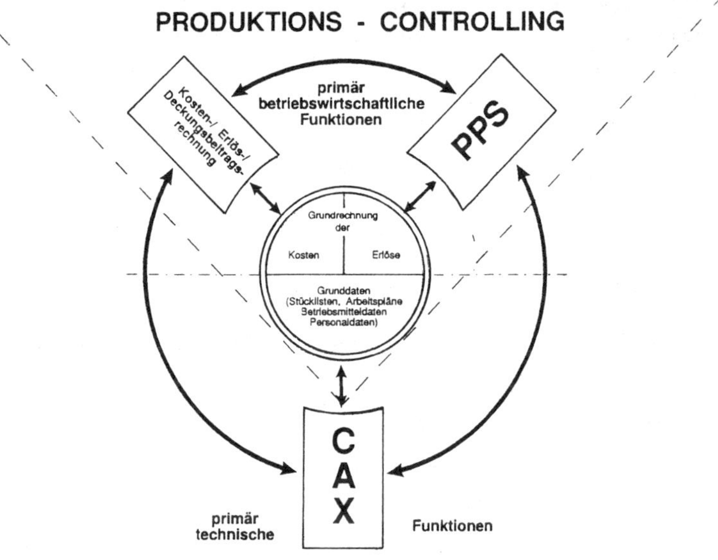

Abb. 71: Kosten- und Erlösrechnung im CIM-Konzept

4.2.1.2 Computergestützte Konstruktion und Produktentwicklung (CAD/CAE)

Im Rahmen der **computergestützten Konstruktion** (CAD) wird ein rechnerinternes Modell des Konstruktionsobjektes entworfen, das als Basis der weiteren Verarbeitung herangezogen werden kann. Auf CAD wurde in dieser Schrift bereits innerhalb der Produktgestaltung (Abschnitt II.2.5.3) eingegangen. Im Zusammenhang mit CIM interessiert hier die Integration von CAD in das CIM-Konzept. Dies betrifft einerseits die Schnittstelle zur Arbeitsplanung (CAP) und andererseits die Verbindung zum PPS-System (siehe hierzu auch Abschnitt II.4.2.1.7).

Innerhalb der primär technischen (CA-)Funktionen soll eine direkte Übernahme der durch CAD generierten Geometriedaten in die NC-Programmierung der maschinellen Anlagen (CAP) möglich sein. Auf der anderen, betriebswirtschaftlichen Seite werden die im CAD-System generierten Stücklisten über die Nutzung einer gemeinsamen Datenbank weiterverarbeitet. Durch die im PPS-System erfolgende Stücklistenauflösung wird für geplante Fertigprodukte der Bedarf an Vorprodukten ermittelt.

Die Arbeitsinhalte des **Computer Aided Engineering** (CAE) werden unterschiedlich weit ausgelegt. In **engster Auslegung** werden hier weitere Funktionen zur Unterstützung der Produktentwicklung/des Produktentwurfs angeboten[8]. Dazu zählen Möglichkeiten, Prototypen von Produkten im Compu-

[8] Vgl. *Scheer* 1985, S. 160.

ter zu entwickeln, welche die Erstellung realer Prototypen weitgehend ersetzen. Mit Hilfe von **Simulationsstudien** (z.B. Bewegungssimulation) können Aussagen über technische Eigenschaften eines neuen Produkts fomuliert werden, ohne daß dieses real existiert. Weiterhin sind hier Simulationen und Berechnungen zur Dimensionierung von Teilen aufgrund ihrer physikalischen Eigenschaften – wie z.B. Festigkeit, Schwingungsverhalten, Verformungen infolge von Belastungen – möglich. Als Beispiel einer dazu eingesetzten Berechnungsmethode sei hier die Finite-Elemente-Methode (FEM) genannt[9]. Eine **mittlere Auslegung** von CAE faßt darunter CAD und CAP zusammen[10]. Die **weiteste Fassung** schließt auch noch CAM mit ein.

4.2.1.3 *Computergestützte Arbeitsplanung (CAP)*

Ausgehend von der konstruktiven Lösung für ein Produkt ist innerhalb von CAP (eindeutiger auch CAPP – Computer Aided Process Planning – genannt) der technologische Prozeßablauf zu planen. Dazu zählen folgende Aufgaben:

- Computergestützte Arbeitsplanerstellung bei konventioneller Produktion
- Programmierung maschineller Anlagen (NC-Maschinen und Industrieroboter)
- Prüfplanung

Die *Abb. 72* zeigt die einzelnen Funktionen der **computergestützten Arbeitsplanerstellung** bei konventioneller Produktion[11].

Neben den CAD-Informationen (Geometriedaten, Stücklisten) wird hier auch auf vielfältige andere Informationsquellen des Produktionsbereichs zurückgegriffen. Über Standard- oder Ähnlichteile-Arbeitspläne, welche die grundsätzlichen Vorgangsfolgen enthalten, werden durch Modifikation die neuen Arbeitspläne erstellt. Werkstoffkataloge zur Charakterisierung von Werkstoffeigenschaften – wie Festigkeit, Oberflächenart, Gießbarkeit, Schweißbarkeit usw. – dienen zur Auswahl der einzusetzenden Werkstoffe. Bei der Festlegung der einzusetzenden Maschinen wird auf die Daten der Betriebsmittelgruppen zurückgegriffen. Zur Auswahl der zu verwendenden Werkzeuge dient die Werkzeugdatei, die als wichtige CA-Schnittstelle zwischen Konstruktion und Produktion aufgefaßt werden kann[12]. Zur Planung nicht beeinflußbarer Vorgabezeiten[13] wird auf Nomogramme, Zeitrichtwerttabellen und Diagramme zurückgegriffen. Alle diese Informationen können elektronisch gespeichert werden.

Organisatorisch wird die Arbeitsplanung der **Arbeitsvorbereitung** zugeordnet. Um die Interdependenzen zwischen Konstruktion und Produktion stärker zu berücksichtigen, versucht man Arbeitsvorbereitung und Kon-

---

[9] Vgl. *Eigner/Maier* 1985.
[10] Vgl. *Zäpfel* 1989a, S. 152ff.
[11] *Spur/Krause* 1984, S. 445.
[12] Vgl. *Schlingensiepen* 1987b.
[13] Siehe hierzu Abschnitt II.3.5.4.3.

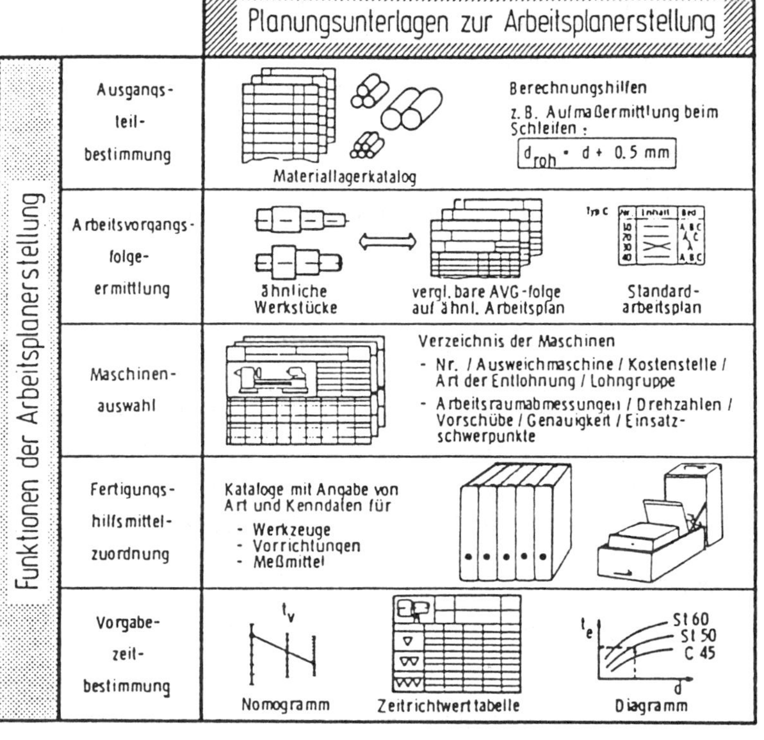

Abb. 72: Arbeitsplanerstellung bei konventioneller Produktion

struktion organisatorisch enger zu verbinden und damit die traditionelle Arbeitsteilung zwischen diesen Bereichen aufzuheben. Bei der Arbeitsplanung computergesteuerter Produktionsanlagen wird diese Tendenz zunehmend verstärkt.

Eine computergesteuerte Produktion erfordert innerhalb von CAP die **Programmierung maschineller Anlagen.** Die Rechner übertragen Wege- und Schaltinformationen und lösen damit Bewegungs- und Schaltfunktionen der Anlage aus. Bei konventioneller Produktion wird die Steuerung der Betriebsmittel von Menschen aufgrund von Informationen aus Arbeitsplänen und Zeichnungen ausgelöst. Bei computergesteuerten Produktionsanlagen (NC-, CNC-, DNC-Maschinen und Roboter) übernehmen Programme die Funktionen von Arbeitsplänen und Zeichnungen sowie des Maschinenführers. Somit kann ein NC-Programm als detaillierter Arbeitsplan mit Anweisungsfunktion betrachtet werden.

Die Datenbasis für die NC-Programmierung ist ähnlich der der Arbeitsplanung bei konventioneller Produktion. Ausgangsinformationen sind Geometriedaten zur Festlegung der Werkzeugbewegung, Technologiedaten (Ein-

spann- oder Schnittwerte) sowie Werkzeug-, Betriebsmittel- und Werkstoffdaten. Ein NC-Programm ist folgendermaßen aufgebaut[14]:

- Allgemeine Angaben
- Rohteilbeschreibung
- Fertigteilbeschreibung
- Technologische Definitionen
- Ausführungsanweisungen.

Bekannte Programmiersprachen zur Erstellung von Bearbeitungsprogrammen sind z.B. APT (**A**utomatically **P**rogrammed **T**ools) und EXAPT (**EX**tended Subset of **APT**). Ein Prozessor (Verarbeitungsprogramm) übersetzt das Bearbeitungsprogramm in ein maschinen**un**abhängiges Format. Danach erfolgt mit Hilfe eines Postprozessors (Anpassungsprogramm) eine Umwandlung der Anweisungen in Steuerbefehle einer **bestimmten** NC-Maschine. Damit kann ein maschinenneutrales Format eines NC-Programms für verschiedene Maschinen verwendet werden.

Der Integrationsgedanke von CIM wird erst bei moderneren Systemen realisiert, bei denen die NC-Programmierung am CAD-Arbeitsplatz im graphischen Dialog durchgeführt wird. In interaktiver Arbeit werden Schritt für Schritt zur CAD-Geometrie die NC-Teilegeometrie definiert und die technologischen Daten eingegeben. Durch dynamische Simulation eines NC-Programms am grafischen Bildschirm lassen sich unmittelbar die Werkzeugwege visualisieren, wobei Fehler sofort korrigiert werden können. Eine vergleichbare Möglichkeit wird auch für die Programmierung an den Maschinen in der Werkstatt angeboten[15].

Die Programmierung von Industrierobotern kann nach folgenden Verfahren durchgeführt werden (siehe *Abb. 73*)[16]:

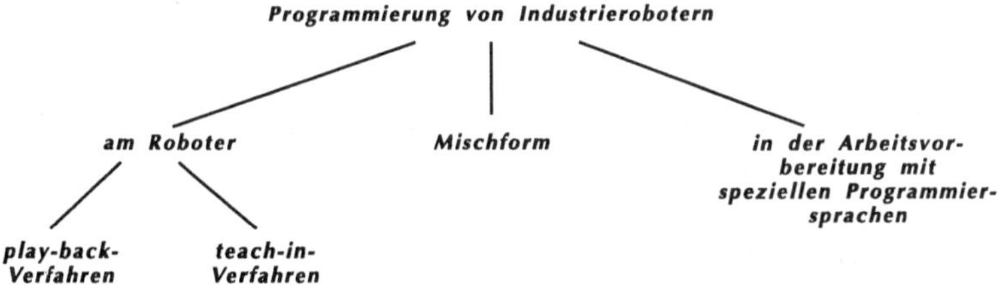

Abb. 73: Programmierung von Industrierobotern

Beim **play-back-Verfahren** wird durch manuelles Führen des Werkzeugträgers oder Greifers die durchgeführte Bewegung gespeichert und in ein Anwendungsprogramm zur Steuerung des Roboters umgesetzt. Beim **teach-in-**

---

[14] Vgl. *Scheer* 1985, S. 14.
[15] Vgl. *Spur/Krause* 1986.
[16] Vgl. *Prager* 1983.

Verfahren wird der Bewegungsablauf durch eine Folge von Schalter- und Tastenbetätigungen am Roboter vorgegeben, die wiederum gespeichert werden und jederzeit abrufbar sind. Auch für Roboter existieren Programmiersysteme mit graphischer Simulation der Bewegungsabläufe[17].

Sowohl play-back- als auch teach-in-Verfahren sind für mehrdimensionale Bewegungsvorgänge zeitaufwendig und fehleranfällig. Sowohl am Roboter (online) als auch in der Arbeitsvorbereitung (offline) wird heute die explizite strukturierte Programmierung eingesetzt. Alle genannten Programmierverfahren sind bisher nur unzureichend in der Lage, das hohe Flexibilitätspotential der Robotertechnik in der Werkstatt umzusetzen. In jüngster Zeit wurden Verfahren der impliziten NC-Programmierung für Roboter vorgestellt, die eine produktnahe Befehlsverarbeitung und Lernprozesse in Robotersystemen mit neuronalen Netzen ermöglichen[18].

Im Rahmen der computergestützten **Prüfplanung** bestimmt der Arbeitsplaner in interaktiver Arbeitsweise, ob nach einem Arbeitsvorgang ein Prüfvorgang mit einem dafür geeigneten Prüfmittel erforderlich ist. Basis der Prüfplanung ist eine Produktbeschreibung, die als Ergebnis des Konstruktionsprozeses mit CAD entsteht[19].

4.2.1.4 Computergestützte Produktion (CAM)

Ähnlich CAE wird auch CAM unterschiedlich ausgelegt. Die **weiteste Fassung** beinhaltet CAP und CAQ unter den technischen Funktionen, aber auch Teilfunktionen der Fertigungssteuerung, also einen Bereich, der hier bereits den betriebswirtschaftlichen Funktionen zugeordnet wurde. Die **engste Auslegung von CAM,** die hier zugrunde gelegt wird, beinhaltet die Steuerung von maschinellen Anlagen in der Produktion, wozu neben NC-, CNC-, DNC-Maschinen sowie Industrierobotern und deren Verkettung zu Fertigungs- und Montagesystemen auch innerbetriebliche Transport- und Lagersysteme zählen.

Im folgenden sollen vorerst Elemente der Produktionsautomatisierung und danach deren Kombination zu flexiblen Organisationsformen der Produktion behandelt werden.

4.2.1.4.1 Elemente der Produktionsautomatisierung

Als Elemente der Produktionsautomatisierung bezeichnet man folgende Betriebsmittel:

- NC-, CNC-, DNC-Maschinen
- Industrieroboter
- Lagersysteme
- Innerbetriebliche Transportsysteme

[17] Vgl. *Spur/Krause* 1984.
[18] Vgl. *Feldmann/Reinisch* 1992.
[19] Vgl. *Spur-Krause* 1984, S. 541 f.

Die ersten automatisierten Fertigungsanlagen waren **NC**-(Numerical Control-)Maschinen (z.B. Bohr-, Dreh-, Fräsmaschinen). Hier wird das Programm in der Arbeitsvorbereitung erstellt und über einen Lochstreifen in die Maschine eingegeben. Die Steuerung der Maschinen ist fest verdrahtet, so daß Änderungen des Programms nur durch Neueingabe eines geänderten Lochstreifens möglich sind.

CNC-(Computerized Numerical Control-)**Maschinen** erlauben eine flexiblere Handhabung, da diese mit einem Kleinrechner ausgestattet sind, und die Programmierung direkt an der Maschine vorgenommen werden kann. Das Programm kann aber auch über einen von der Arbeitsvorbereitung extern erstellten Lochstreifen eingegeben werden, steht jedoch – im Gegensatz zur NC-Maschine – dann zur Bearbeitung im Speicher bereit.

Ein **DNC**-(Direct Numerical Control-)**System** besteht aus mehreren NC- bzw. CNC-Maschinen, die mit einem Digitalrechner verbunden sind. Dieser verwaltet die NC-Programme, also die Steuerinformationen, in einer NC-Programmbibliothek und verteilt sie zeitgerecht an die einzelnen Maschinen. Programmierung und Änderung der Programme können ebenfalls an diesem zentralen Rechner durchgeführt werden. Weiterhin kann dieser auch für Auswertungs- und Erfassungsfunktionen (z.B. Maschinen- und Werkzeugstatistik) eingesetzt werden.

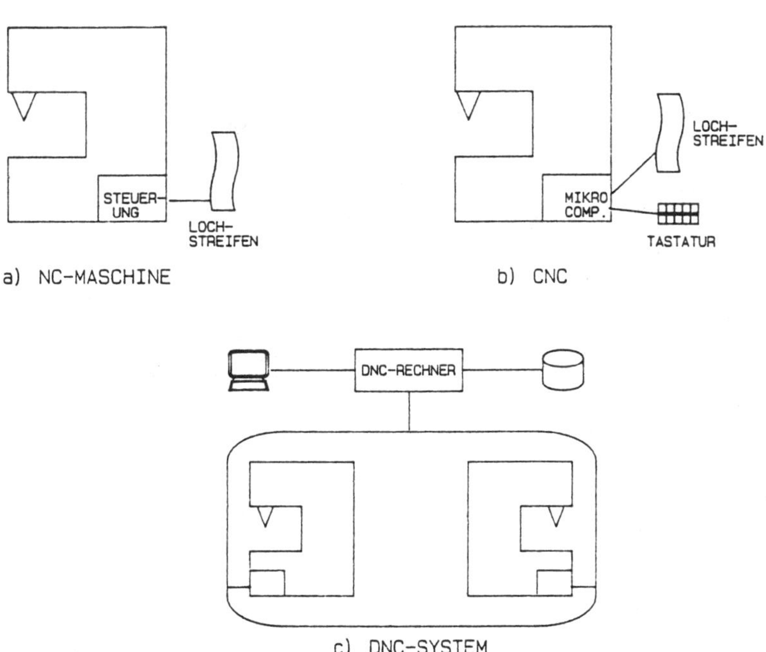

Abb. 74: Steuerung von NC-Maschinen

Die *Abb. 74* zeigt die Steuerungsmöglichkeiten von NC-Maschinen[20].

Industrieroboter sind nach der VDI-Richtlinie 2860 universell einsetzbare Bewegungsautomaten, deren Bewegungen in mehreren Achsen hinsichtlich der Bewegungsfolge und Wege bzw. Winkel frei programmierbar und ggf. sensorgeführt sind. Sie können mit Greifern, Werkzeugen oder anderen Fertigungsmitteln ausgerüstet werden und Handhabe- oder andere Fertigungsaufgaben ausführen.

Die *Abb. 75* zeigt, welche Ziele mit dem Einsatz flexibler Handhabungsgeräte, wie Industrieroboter auch bezeichnet werden können, verfolgt werden. Dabei werden Probleme in Teilefertigung und Montage aufgezeigt (linke Seite), zu deren Lösung der Robotereinsatz in Frage kommt. Weiterhin werden kurz zusammengefaßt die Möglichkeiten von Industrierobotern beschrieben (rechte Seite)[21].

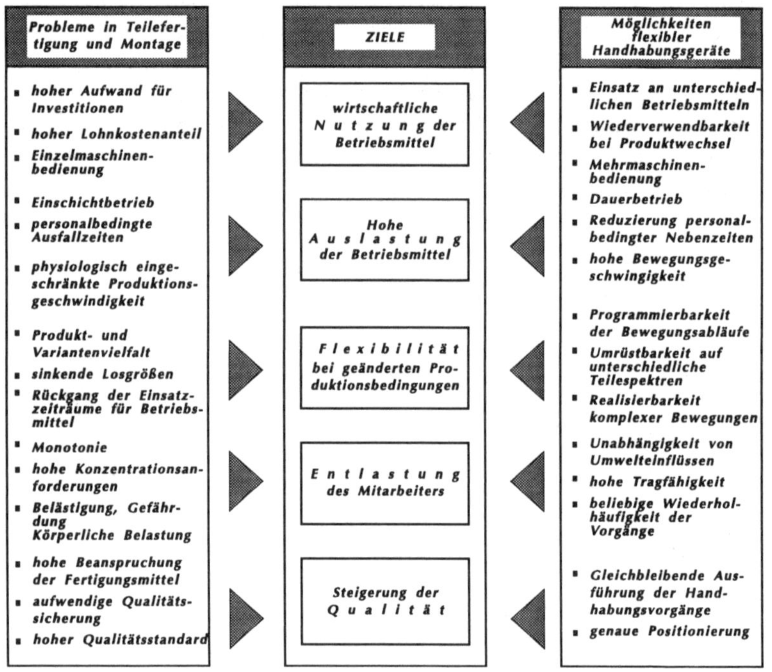

Abb. 75: Ziele des Industrierobotereinsatzes

Industrieroboter werden vor allem für folgende Tätigkeiten eingesetzt:

- **Werkzeug**handhabung:
  - Punktschweißen
  - Bahnschweißen

---

[20] *Scheer* 1987, S. 48.
[21] *Eversheim/Bette/Hausmann* 1986, S. 474.

- Beschichten
- Montagevorgänge
- Entgraten

- **Werkstück**handhabung: (Beschickung von)
  - Werkzeugmaschinen
  - Pressen
  - Druck/Spritzguß
  - Schmieden

Die Industrieroboter werden sich von den nächsten Jahren in vielen industriellen Produktionsprozessen etablieren. Der intensivierte Robotereinsatz stellt allerdings ein vielschichtiges Problemfeld dar, das einerseits durch die Auslegung und Realisierung von Industrieroboterarbeitsplätzen und andererseits durch die Auswirkung der Roboteranwendungen begrenzt wird.

Besonders bedeutsam sind die Auswirkungen auf die Beschäftigungslage und -struktur, die bereits zu Beginn einer breiten Roboteranwendung analysiert werden müssen. Der Einsatz von Industrierobotern führt auf der einen Seite zum Wegfall von Arbeitsplätzen oder zur Veränderung von Arbeitsinhalten. Auf der anderen Seite müssen aber auch positive Konsequenzen – wie Reduzierung von den Menschen belastenden und monotonen Täigkeiten – gesehen werden[22].

Zur Automatisieriung der Werkstoff-, Werkstück- und Werkzeugbereitstellung werden zunehmend **automatisierte Lagersysteme** eingesetzt. Diese verwalten Lagerbehälter oder Fächer und steuern die Ein- und Auslagerungen (Lagerspiele), wobei Optimierungen durchgeführt werden.

Automatisierte innerbetriebliche Transportsysteme sind ein wesentliches Element von CAM. Unter den zahlreichen automatisierten, nicht-stetigen Transportsystemen nimmt das **Fahrerlose Transportsystem** (FTS) eine Sonderstellung ein[23]. Seine Transportwege sind durch Induktionsschleifen festgelegt. Zur Steuerung von FTS sind Positionsdaten der Fahrzeuge, Herkunfts- und Zielorte sowie Mengendaten erforderlich, wobei die Stationen bestimmten Betriebsmittelgruppen und Lägern zugeordnet werden. Die Transporte werden in einem Fahrplan zugesammengestellt. Das FTS wird auch als Informationsgeber für das Betriebsdatenerfassungssystem genutzt.

Durch eine sinnvolle Kombination automatisierter Lager- und Transportsysteme kann die Durchlaufzeit von Aufträgen erheblich verringert werden. So kann ein bestimmter Auftrag nach Bedarf jederzeit lokalisiert, aus- oder eingelagert und transportiert werden.

---

[22] Zu Marktanalysen, Auswirkungen, Wirtschaftlichkeit und Entwicklungstendenzen des Industrierobotereinsatzes vgl. *Eversheim/Bette/Hausmann* 1986 sowie *Warnekke/Schiele* 1986.

[23] Vgl. *Schulze* 1985.

4.2.1.4.2 *Flexible Organisationsformen der Produktion*

Flexible Organisationsformen der Produktion sind:

- Bearbeitungszentren
- Flexible Fertigungszellen
- Flexible Fertigungssysteme
- Fertigungs- und Montageinseln
- Flexible Transferstraßen

Bevor auf die CAM-Organisationsformen eingegangen wird, soll kurz der für CAM relevante Flexibilititätsbegriff untersucht werden.

Flexibilität der Produktion ist hier als Oberbegriff für ein Bündel von Eigenschaften und Fähigkeiten eines Produktionssystems zu verstehen, das Anpassungen an variierende Situationen und Zustände erlaubt. Die *Abb. 76* zeigt eine für CIM relevante Systematik zur Flexibilität der Produktion[24].

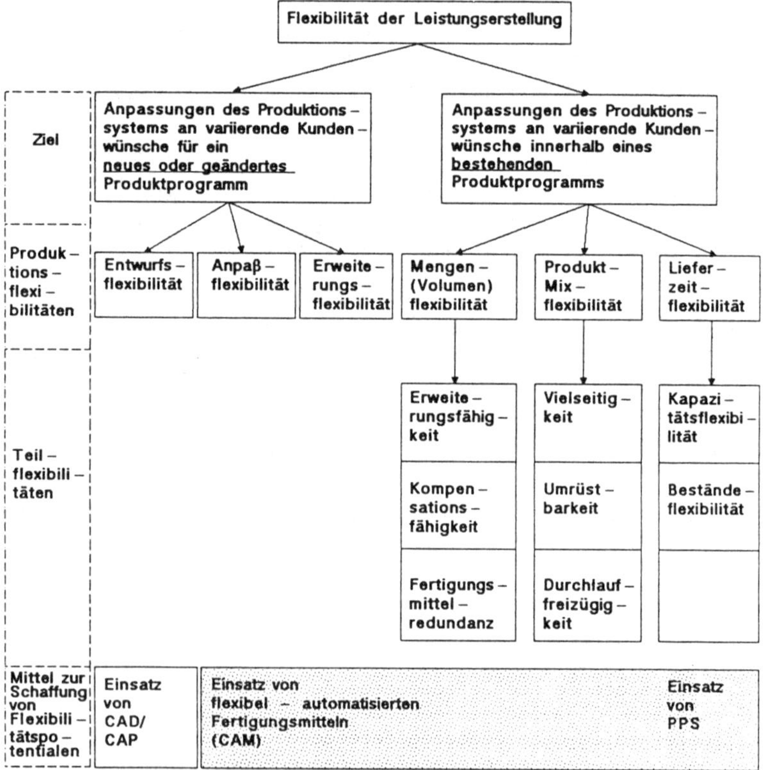

Abb. 76: Flexibilität der Produktion

[24] *Zäpfel* 1989a, S. 269. Zur unterschiedlichen Systematisierung und Definition von Flexibilitätsarten vgl. auch *Horváth/Mayer* 1986, *Kaluza* 1984, *Maier* 1982.

Für CAM sind folgende Produktionsflexibilitäten von besonderer Bedeutung:

- Anpaßflexibilität = Weiterverwendbarkeit vorhandener CIM-Elemente bei geänderten/neuen Produkten
- Erweiterungsflexibilität = Anpaßbarkeit vorhandener CIM-Elemente an veränderte Anforderungen
- Mengen-/Volumenflexibilität = Anpassungsfähigkeit an variierende Beschäftigung in einzelnen Perioden (z. B. zeitliche und intensitätsmäßige Anpassung – siehe Abschnitt III.2.2.1.3)
- Produktmix-Flexibilität = Vielseitigkeit, Umrüstbarkeit und Durchlauffreizügigkeit (frei programmierbare Transportwege)
- Lieferzeit-Flexibilität = Anpassungsfähigkeit an Kunden-Terminwünsche

Die für CAM relevanten Produktionsflexibilitäten können nur im Zusammenwirken mit einem leistungsfähigen PPS-System aktiviert werden. CAM schafft lediglich Flexibilitätspotentiale, die zur Verbesserung der Wettbewerbsfähigkeit der Unternehmung aber erst realisiert werden müssen.

Alle Organisationsformen zur Flexibilisierung der Produktion streben eine stärkere Integration bzw. Ergänzung von Funktionen an. Ein **Bearbeitungszentrum** verfügt über eine NC-Steuerung und einen automatischen Werkzeugwechsel, so daß mehrere Arbeitsgänge nacheinander (wie z. B. Bohren und Fräsen) in einer Aufspannung (also ohne Unterbrechung) durchgeführt werden können. In der Klein- und Mittelserienproduktion sind Bearbeitungszentren aufgrund kurzer Durchlaufzeiten bereits bei kleinen Stückzahlen wirtschaftlich.

Flexible Fertigungszellen (FFZ) bestehen aus mehreren numerisch gesteuerten (CNC-)Werkzeugmaschinen mit einem Pufferlagersystem für Werkstükke und einer automatischen Spann- und Beladestation. Zusätzlich verfügen sie über eine computergestützte Werkzeugbruchkontrolle und -verschleißmessung, eine variable Platzcodierung und eine automatische Standzeitüberwachung für Werkzeuge. Flexible Fertigungszellen eignen sich zur automatischen Bearbeitung ähnlicher Werkstücke über einen längeren Zeitraum. Bei automatisierter Werkstückver- und -entsorgung können sie vollkommen autonom arbeiten.

Flexible Fertigungssysteme (FFS) stellen eine Weiterentwicklung der Flexiblen Fertigungszellen dar und bestehen aus einem Bearbeitungs-, Materialfluß- und Informationssystem, die miteinander verbunden sind[25]. Ein Mini-

---

[25] Vgl. *Viehweger* 1992, *Knauer* 1987.

computer besorgt die gesamte Steuerung (DNC-System), wobei dieser den Werkstück- und Werkzeugtransport sowie die Versorgung der Produktionsanlagen (z.B. CNC-Maschinen, Bearbeitungszentren, Roboter) mit den entsprechenden Steuerungsprogrammen (NC-Programme) für deren Mikrocomputer übernimmt. Die *Abb. 77* zeigt ein anschauliches Beispiel für ein Flexibles Fertigungssystem[26].

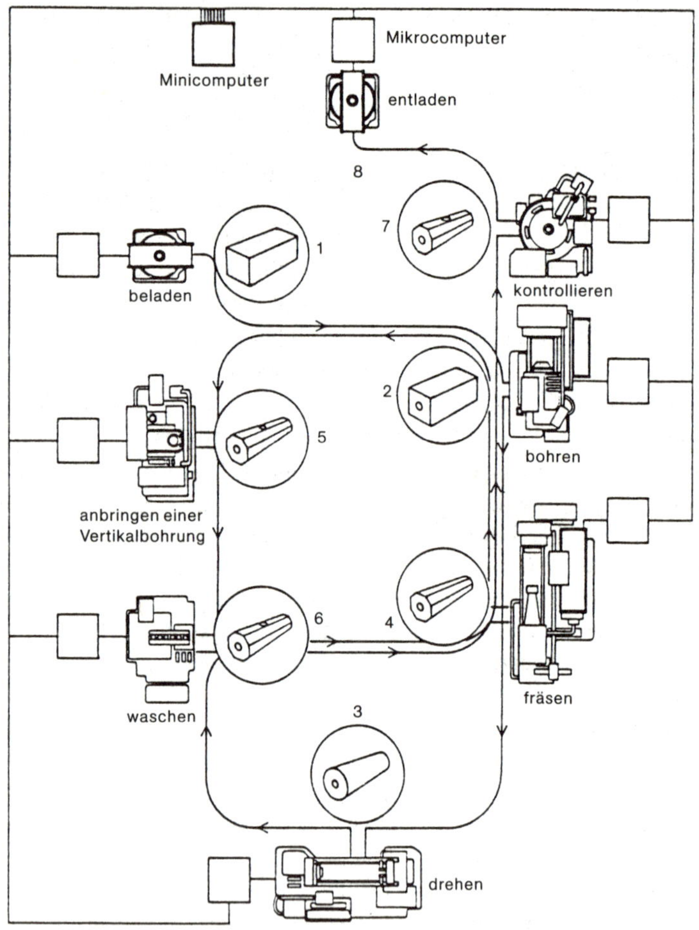

Abb. 77: Flexibles Fertigungssystem

Ein Flexibles Fertigungssystem zeichnet sich durch hohe Produktmix-Flexibilität aus, da Umrüstvorgänge in den Produktionsablauf weitgehend ohne dessen Blockierung integriert werden können und Durchlauffreizügigkeit ge-

[26] *Gunn* 1982, S. 95. Zu einem jüngst realisierten Praxisbeispiel in einem mittelständischen Betrieb vgl. *Schossig* 1992.

sichert ist. Letztere bedeutet, daß die Arbeitsabläufe flexibel gestaltet werden können, da der Transport an keine bestimmte Reihenfolge des Maschinendurchlaufs gebunden ist.

Als produktionsorganisatorischer Beitrag zur Umsetzung eines Konzeptes der **Fertigungssegmentierung** (siehe Abschnitt II.3.2.1) eignen sich **Fertigungs- und Montageinseln.** Hier werden aus gegebenen Ausgangswerkstoffen Vorprodukte (z.B. Baugruppen) oder Endprodukte fast vollständig gefertigt und/oder montiert. Die erforderlichen maschinellen Anlagen sind nach dem Fließprinzip zusammengefaßt. Die Auswahl der Vor-/Endprodukte, die sich für eine Inselfertigung bzw. -montage eignen, kann anhand von statistischen Ähnlichkeitsuntersuchungen (Clusteranalyse[27]) durchgeführt werden.

Fertigungs- und Montageinseln eignen sich auch für manuelle Bearbeitungsformen. Obwohl der Computereinsatz nicht das dominierende Kriterium darstellt, sind Fertigungsinseln häufig als Flexible Fertigungssysteme organisiert, wobei ein Steuerungsrechner für ein ausgewähltes Teilespektrum Planungs- oder konkrete Maschinensteuerungsfunktionen inklusive Transport- und Lagersteuerung übernimmt. Charakteristisch ist, daß alle für die Produktion/Montage benötigten Produktionsfaktoren in der Insel vorhanden sind und sie ihre Planungs- und Steuerungsfunktionen auch weitgehend autonom ausüben kann.

Während die bisher dargestellten computergestützten Organisationsformen in erster Linie für die Einzel- und Klein- bis maximal Mittelserienproduktion geeignet sind, werden **Flexible Transferstraßen** (Flexible Transferlinien) in der Mittel- bis Großserienproduktion eingesetzt. Auch hier wird eine vergleichsweise hohe Produktmix-Flexibilität in bezug auf eine schnelle Umrüstbarkeit des Systems und damit Anpassung an wechselnde Produktionsaufträge angestrebt. Während man bei Flexiblen Fertigungssystemen von einem Bearbeitungsspektrum von 4 bis 100 unterschiedlichen Werkstücken ausgeht, reduziert sich dieses bei Flexiblen Transferstraßen auf etwa 2 bis 8[28]. Die Charakteristika einer Transferstraße – gerichteter Materialfluß (Fließprinzip), taktgebundene Werkstückweitergabe, optimales Layout der Bearbeitungsstationen – bleiben auch bei einer Flexiblen Transferstraße erhalten. Deren Flexibilität bezieht sich auf alle ihre Komponenten – Transportsteuerung, Materialfluß und Bearbeitungsstationen.

Die Auslegung dieser flexiblen Organisationsformen der computergestützten Produktion erfordert eine sorgfältige Layout-Planung. Im Abschnitt II.4.3.5 wird innerhalb der Layout-Planung für Zentrenproduktion (Fertigung nach dem Gruppenprinzip) exemplarisch auf die Layout-Planung eines Flexiblen Fertigungssystems eingegangen.

---

[27] Vgl. *Späth* 1983.
[28] Vgl. *Spur/Specht* 1985.

4.2.1.5 *Computergestützte Qualitätssicherung (CAQ)*

Die computergestützte Qualitätssicherung überlagert als Querschnittsaufgabe alle bisher dargestellten CA-Systeme von CAE/CAD über CAP bis CAM. In diesen Bereichen werden Qualitätsmerkmale festgelegt (z.B. Konstruktion) oder es sind Qualitätsanforderungen sicherzustellen (z.B. Arbeitsplanung, Fertigung). Aus logistischer Sicht hat die Qualitätssicherung bzw. -prüfung den gesamten Materialfluß, beginnend mit der Eingangsprüfung der Werkstoffe, der Qualitätsprüfung innerhalb des Produktionsprozesses bis hin zur Endkontrolle der Produkte, zu begleiten. Dieser aufwendige Prozeß der Qualitätssicherung verursacht in manchen Produktionsbetrieben bis zu 50% der Fertigungskosten. Trotzdem ist dieser hohe Aufwand gerechtfertigt, da Qualität als strategisches produktionswirtschaftliches Ziel ein entscheidender strategischer Erfolgsfaktor ist und daüber hinaus – aufgrund reiner Kostenüberlegungen – das späte Beheben eines Fehlers unter Umständen wesentlich teurer ist[29].

Die **Computerunterstützung** der Qualitätssicherung erfolgt auf zwei Ebenen[30]:

- Qualitätsprüfung mit automatisierten Einrichtungen (Analyseinstrumente, Sensoren, Zähler usw.)
- Planung des Prüfvorganges

Zur **Qualitätsprüfung mit automatisierten Einrichtungen** sind in den Produktionsstellen Funktionsprüf- und Meßsysteme, auch als CAT (Computer Aided Testing) bzw. CAI (Computer Aided Inspection) bezeichnet, einzusetzen. Mit der Integration von CAQ (CAT/CAI) in das CIM-Konzept wird ein Regelkreis mit vielfältigen Rückkopplungen zu anderen CA-Systemen (z.B. CAD, CAP) geschlossen, der eine Minimierung von Datenredundanzen und eine schnelle Nutzung von Informationen ermöglicht[31]

4.2.1.6 *Computergestützte Produktionsplanung und -steuerung (PPS) und Betriebsdatenerfassung (BDE)*

Die kurzfristig orientierte operative Produktionsplanung, -steuerung und -kontrolle ist zentrale Aufgabe des operativen Produktionsmanagements und wird im Hauptteil III dieser Schrift ausführlich behandelt. In den Abschnitten III.5.3.3 (PPS-Systeme) und 5.4 (PPS im CIM-Konzept) wird speziell auf die computergestützten Systeme der Produktionsplanung und -steuerung eingegangen. An dieser Stelle soll in Form eines ersten Überblicks nur kurz auf die Bausteine (Module) eines PPS-Systems als Zusammenfassung der betriebswirtschaftlichen Komponenten eines CIM-Konzeptes eingegangen werden.

---

[29] Vgl. *Vogeley* 1987.
[30] Vgl. *Scheer* 1987, S. 53f.
[31] Vgl. *Kring* 1989. Zur statistischen Qualitätskontrolle siehe Abschnitt III.4.9.3.

Aufgabe der operativen Produktionsplanung, -steuerung und -kontrolle ist es, zwecks Realisierung kurzfristiger produktionswirtschaftlicher Ziele für erwartete und/oder bereits vorliegende Kundenaufträge den mengenmäßigen und zeitlichen Produktionsablauf unter Berücksichtigung vorhandener Kapazitäten festzulegen, zu veranlassen und zu überwachen.

In der Praxis eingesetzte PPS-Systeme weisen trotz vielfältiger Unterschiede im Detail eine Grundstruktur auf (siehe *Abb. 78*[32]), die dem sukzessiven Planungskonzept von MRP II (Manufacturing Resources Planning)[33] folgt.

Kernstück eines PPS-Systems und wesentliche Schnittstelle zu den CA-Bereichen im CIM-Konzept ist die **Grunddatenverwaltung.** Mit Hilfe meist relationaler Datenbanken[34] werden folgende Grunddaten gesammelt, gespeichert und aktualisiert:

- Stücklistendaten: Geben an, welche Komponenten mit welcher Menge in ein Vor-/Endprodukt eingehen (Erzeugnisstrukturdaten) und beschreiben die Komponenten mit z.B. Teilenummer, Lagerbestand, Vorlaufzeit, Kosten usw. (Teiledaten).
- Arbeitsplandaten (Arbeitspläne): Beschreiben den technologischen Arbeitsablauf mit Angabe des zu belegenden Arbeitsplatzes, der Ausführungszeit je Mengeneinheit usw.
- Arbeitsplatz-/Betriebsmitteldaten: z.B. Kapazitäten, Kostensätze usw.

In der (operativen) **Produktionsprogrammplanung** (Outputplanung) werden aufgrund von Absatzprognosen und/oder abgeschlossenen Kundenaufträgen die grobterminierten Produktions- und Absatzmengen an Produkten für die Planungsperiode festgelegt. Diese stellen den **Primärbedarf** dar, der die Basis für die anschließende **Mengenplanung** (Inputplanung) im Rahmen der **Materialwirtschaft** darstellt. Aufgrund von Stücklistenauflösungen wird dort der terminierte **Sekundärbedarf** an Rohstoffen und Vorprodukten ermittelt und mit den Lagerbeständen abgestimmt (Bestandsführung). Für Hilfs- und Betriebsstoffe, die als **Tertiärbedarf** bezeichnet werden, wird eine auf den Vergangenheitsbedarf aufbauende verbrauchsgesteuerte Disposition vorgenommen, die ersatzweise auch für Rohstoffe und Vorprodukte eingesetzt werden kann. Sekundär- und Tertiärbedarf werden im Rahmen der Auftrags-/Losgrößenplanung (Seriengrößenplanung bei Eigenfertigung bzw. Bestellmengenplanung bei Fremdbezug) zu Aufträgen/Losen/Serien- bzw- Bestellmengen zusammengefaßt.

Innerhalb des Moduls **Zeitwirtschaft** wird eine **Termin- und Kapazitätsplanung** für die Produktionsaufträge mit Bestimmung der Start- und Endtermine der Arbeitsvorgänge erstellt. Während in der Durchlaufterminierung noch keine Kapazitätsschranken berücksichtigt werden, soll in der Kapazitätsterminierung ein Kapazitätsabgleich (-ausgleich) zwischen Kapazitätsbedarf

---

[32] *Zäpfel* 1989a, S. 191.
[33] Vgl. *Glaser/Geiger/Rohde* 1991, S. 2ff.
[34] Vgl. *Scheer* 1988.

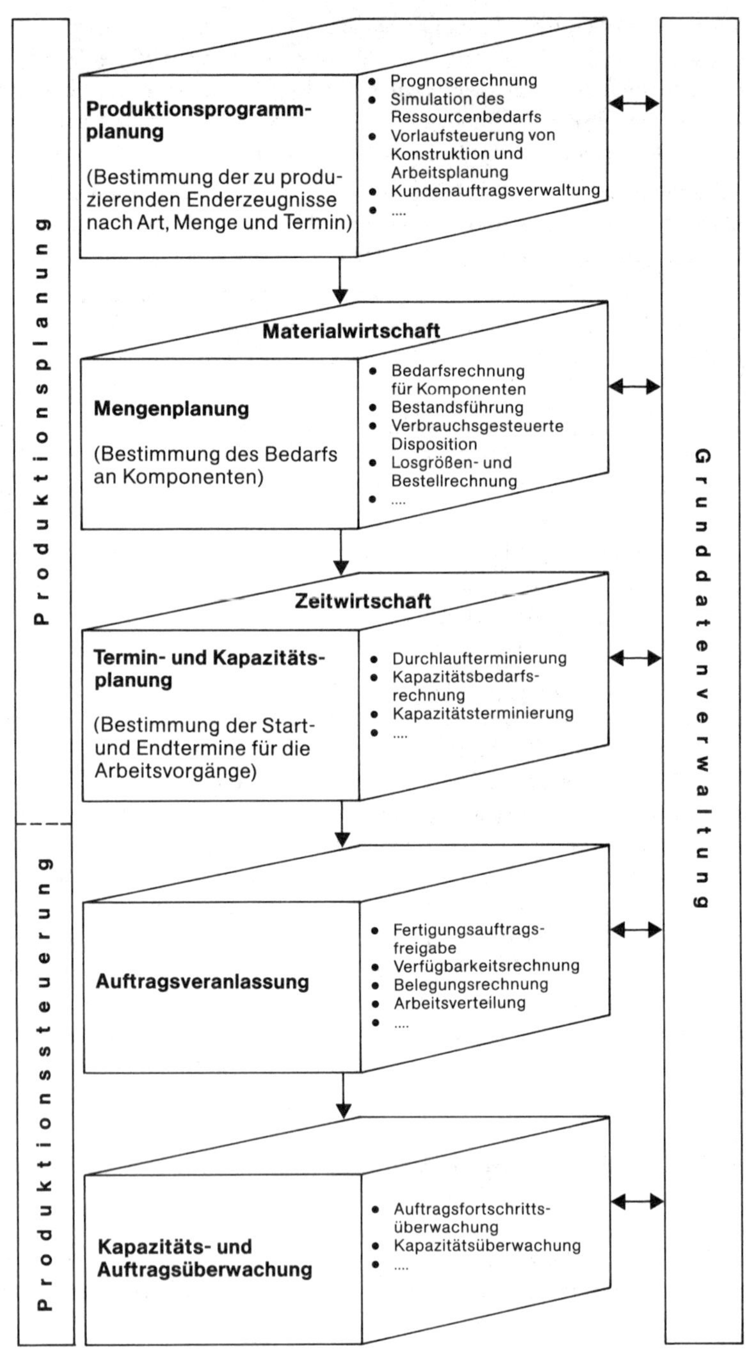

Abb. 78: Grundstruktur eines PPS-Systems

und -angebot erreicht werden. Obwohl auch hier nicht einheitlich vorgegangen wird, faßt man die bis hierher beschriebenen Module unter dem Begriff der **Produktionsplanung** zusammen.

Die **Auftragsveranlassung** stellt den Übergang von der Planung zur Realisierung dar und ist deshalb Kernteil der **Produktionssteuerung.** Nach der Auftragsfreigabe an die Produkion ist eine Verfügbarkeitsprüfung der bereitzustellenden Produktionsfaktoren (Personal, Maschinen, Werkzeuge, Vorrichtungen, Material usw.) sowie eine Terminfeinplanung als Maschinenbelegungsplanung (Reihenfolgeplanung/Belegungsrechnung/Fertigungssteuerung/Werkstattsteuerung) durchzuführen, bevor mit der Auftragsverteilung (Arbeitsverteilung an die Mitarbeiter der Realgüterprozeß begonnen wird.

Die **Kapazitäts- und Auftragsüberwachung** als Teil der **Produktionskontrolle** wird meist als zweiter Baustein der Produktionssteuerung aufgefaßt. Mit ihr wird der Produktionsvollzug verfolgt und dabei der Auftragsfortschritt und die Kapazitätsinanspruchnahme überwacht. In diesem Zusammenhang spielt die **Betriebsdatenerfassung** (BDE) eine wichtige Rolle, die zur Erfassung von auftrags-, maschinen-, mitarbeiter- und materialbezogenen Daten dient. Durch Soll-(Plan-)Istdaten-Vergleiche mit anschließender Abweichungsanalyse, die zu Eingriffen in den laufenden Produktionsprozeß bzw. zu Planrevisionen führen kann, werden die Anforderungen an eine leistungsfähige Produktionskontrolle erfüllt.

Im Sinne eines ganzheitlichen Logistikkonzeptes werden gelegentlich auch Vertriebsfunktionen – wie die Auftragssteuerung und Versandsteuerung (siehe *Abb. 70*) – noch als Bestandteile des PPS-Systems betrachtet.

4.2.1.7 Schnittstellen zwischen den CIM-Komponenten

Die strategische Bedeutung von CIM kommt erst durch den ablauforganisatorischen Zusammenhang der CIM-Komponenten zum Ausdruck. Dieser bezieht sich auf folgende Integrationsbereiche:

- Integration der Module innerhalb des PPS-Systems
- Integration der CA-Komponenten innerhalb des CAD/CAM-Systems
- Integration von PPS und CAD/CAM

Die **Integration der Module innerhalb des PPS-Systems** wird durch das sukzessive Vorgehensmodell der operativen Produktionsplanung, -steuerung und -kontrolle – wie oben beschrieben – ereicht. Mit Hilfe der Betriebsdatenerfassung werden über die Produktionskontrolle zwei Regelkreise der Datenbeziehungen innerhalb des PPS-Systems geschlossen.

Die **Integration der CA-Komponenten innerhalb des CAD/CAM-Systems** (in weitester Auslegung) kann durch die Datenbeziehungen zwischen CAD/CAE und CAM (inklusive CAP) charakterisiert werden. Hierbei erfolgt eine direkte Übernahme der vom CAD-System generierten Geometriedaten durch CAP. Ergänzt um Technologiedaten, die aus vorhandenen Arbeitsplänen entnommen oder interaktiv eingegeben werden, entsteht unter Einsatz eines

Prozessors ein maschinenunabhängiger (-neutraler) Programmcode. Sobald das zu belegende Betriebsmittel feststeht, kann mit Hilfe sogenannter Postprozessoren eine Anpassung des maschinenunabhängigen NC-Programms an die spezifischen Eigenschaften des Betriebsmittels sowie der einzusetzenden Werkzeuge und Werkstoffe erfolgen und damit ein betriebsmittelbezogenes NC-Programm erstellt und in die Maschine eingegeben werden.

Die **Integration von PPS und CAD/CAM** wird einerseits durch den Datenfluß von CAD/CAM zu PPS und andererseits durch den umgekehrten Datenfluß von PPS zu CAD/CAM erreicht. Bei den gemeinsam bewegten Daten unterscheidet man drei Kategorien:

- Grunddaten
- Kundenauftragsdaten
- Fertigungsauftragsdaten

Die **Grunddaten** (auch PPS-Grunddaten: Stücklisten, Arbeitspläne, Betriebsmitteldaten) wurden oben (Abschnitt II.4.2.1.6) mit der Grunddatenverwaltung als Kernstück eines PPS-Systems bereits beschrieben. **Kundenauftragsdaten** spezifizieren den Kundenauftrag und können z.B. spezielle Kosteninformationen oder Geometriedaten zur Transportmittelreservierung beim Versand sein. Zu den **Fertigungsauftragsdaten** zählen die Werkstattzeichnung, Geometriedaten für die Fertigung, NC-Programme sowie Transport-, Lager- und Montagedaten.

Die *Abb. 79*[35] zeigt die wichtigsten **Datenflüsse von CAD/CAM in Richtung PPS** und gibt die wesentlichen betriebswirtschaftlich relevanten Entscheidungen im PPS-Bereich an, für welche die CAD/CAM-Daten herangezogen werden können.

Grunddatenfluß von CAD/CAM zu PPS:

Im Bereich der Grunddaten können durch automatische Stücklistengenerierung aus der technischen Zeichnung des **CAD-Bereiches** die Stücklistendaten abgeleitet werden. Dabei wird für jedes Teil ein Teilesatz angelegt und die Anzahl der Teile, die in die übergeordnete Baugruppe eingeht, automatisch aus der Zeichnung abgelesen. Da zwischen Konstruktions- und Fertigungsstücklisten Unterschiede in der Zusammenfassung von Teilen zu übergeordneten Baugruppen auftreten können (konstruktiv orientierte gegenüber fertigungstechnisch orientierter Zusammenfassung), werden Konstruktions- und Fertigungsstücklisten meist in einer Datenbank parallel verwaltet, wobei Teilesätze und gemeinsame Struktursätze nur einmal enthalten sind. Gesonderte Strukturbeziehungen können über diese Grundbeziehungen gelegt werden. Die von CAD gelieferten Grunddaten müssen vom PPS-System um ständig zu aktualisierende Angaben über z.B. Durchlaufzeiten, Lieferzeiten, Kosten usw. ergänzt werden.

---

[35] *Bauernfeind* 1985, S. 402.

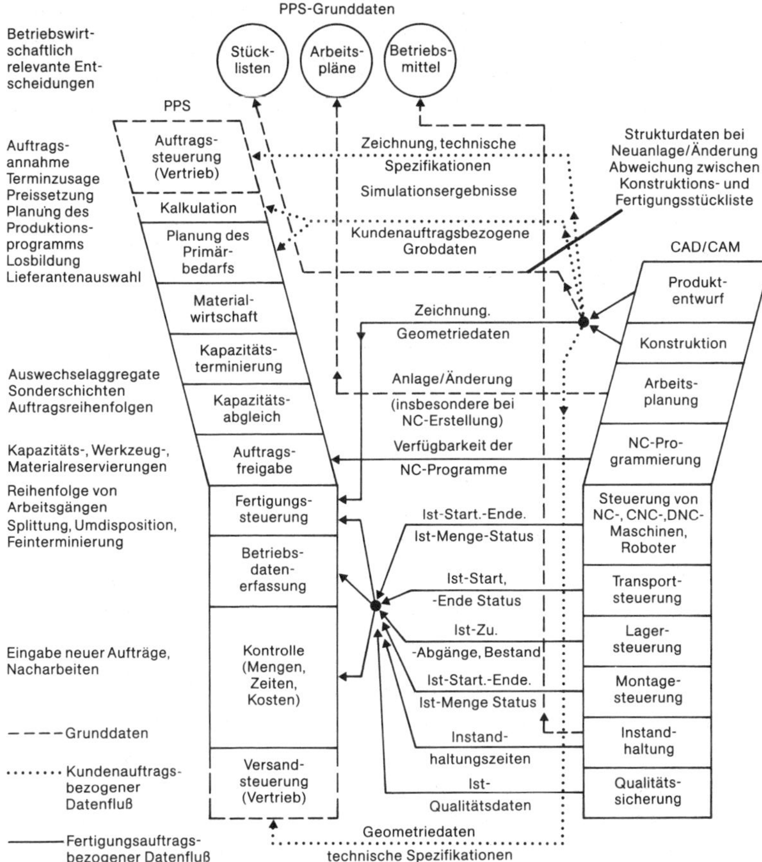

Abb. 79: Datenfluß von CAD/CAM zu PPS

Aus dem **CAP-Bereich** werden Arbeitspläne in die PPS-Grunddatenverwaltung übernommen, die bei einer automatischen Generierung von NC-Programmen aus CAD-Zeichnungen um zusätzliche Angaben über z.B. Rüstzeiten, Bearbeitungszeiten usw. ergänzt werden.

Die **computergestützte Instandhaltung** stellt Plandaten über vorbeugende Instandhaltungsmaßnahmen der Betriebsmitteldatenverwaltung zur Verfügung, die in der Kapazitätsterminierung und Maschinenbelegungsplanung/ Fertigungssteuerung zu berücksichtigen sind.

Kundenauftragsdatenfluß von CAD/CAM zu PPS:

In der kundenorientierten Auftragsproduktion besitzt der CAD/CAE-Bereich einen hohen Stellenwert, da hier Kundenwünsche bezüglich technischer Spezifikationen bereits innerhalb der Auftragsaquisition des Vertriebsbereiches überprüft werden können. Weiterhin können vom CAD-Bereich mit Hilfe der konstruktionsbegleitenden Kalkulation in Verbindung mit Expertensystemen frühzeitig Kosteninformationen für die Preisverhandlungen des Vertriebsbereiches zur Verfügung gestellt werden[36]. Kundenauftragsbezogene Geometriedaten können der Versandsteuerung zur rechtzeitigen Bereitstellung von Transportkapazitäten übermittelt werden.

Fertigungsauftragsdatenfluß von CAD/CAM zu PPS:

CAP signalisiert der Auftragsfreigabe die Verfügbarkeit von NC-Programmen. Für die Arbeitsverteilung innerhalb der Fertigungssteuerung/Auftragsveranlassung werden vom CAD-Bereich Werkstattzeichnungen bereitgestellt. Die automatisierten Fertigungs-, Transport-, Lager- und Montagesysteme sowie die Qualitätssicherung liefern Ist-Informationen über realisierte Start- und Endtermine, produzierte Mengen und Qualitäten an das Betriebsdatenerfassungssystem, wobei geeignete Informationsgeber eine direkte Übernahme von der Fertigungsanlage ermöglichen. Auch Ist-Instandhaltungszeiten werden auf diesem Wege an das PPS-/BDE-System weitergeleitet.

Die *Abb. 80*[37] zeigt die wichtigsten **Datenflüsse von PPS zu CAD/CAM** und gibt die wesentlichen betriebswirtschaftlich relevanten Entscheidungen im CAD/CAM-Bereich an, deren weitreichende ökonomische Konsequenzen die Produktions**wirtschaftler** bisher nicht ausreichend gewürdigt haben.

Grunddatenfluß von PPS zu CAD/CAM:

Bei einer fertigungsorientierten Konstruktion muß auf Grunddaten und aktuelle Daten von Betriebsmitteln zurückgegriffen werden. Dies gilt für die Betriebsmittel- und Werkzeugspezifikation sowie für aktuelle Kapazitätsinformationen aus den Bereichen Kapazitätsterminierung und -abgleich. Letztere sollen bei der Konstruktion eines Eilauftrags den Einsatz von Engpaßmaschinen verhindern. Für selbsterstellte Vorprodukte müssen dem Konstrukteur aus der Arbeitsplandatei Informationen über die Standardfertigungsverfahren zur Verfügung gestellt werden. In der Konstruktion sollte möglichst auf vorhandene Teile bzw. Zeichnungen zurückgegriffen werden. Die relevanten Informationen werden aus der Stücklistendatei geliefert bzw. mit Hilfe eines Retrieval-Systems zum Suchen ähnlicher Teile gewonnen.

Um Kundenwunschterminen entgegenzukommen, benötigt der CAD-Bereich für zeitkritische Vorprodukte geplante Durchlaufzeiten bei Eigenerstellung bzw. Beschaffungszeiten bei Fremdbezug. Innerhalb des CAD-Bereiches werden damit betriebswirtschaftlich relevante Entscheidungen über Eigenerstellung oder Fremdbezug von Vorprodukten, über das einzusetzende Fertigungsverfahren und die einzusetzenden Werkstoffe mit Hilfe geeigneter Informationen getroffen. Durch Einsatz der konstruktionsbegleitenden Kalkulation und die Integration der Kosten- und Erlösrechnung in das CIM-Konzept kann hier die Bewertung und Auswahl von Alternativen in den Kon-

---

[36] Vgl. *Bock/Kraemer/Scheer* 1991.

[37] *Bauernfeind* 1985, S. 401.

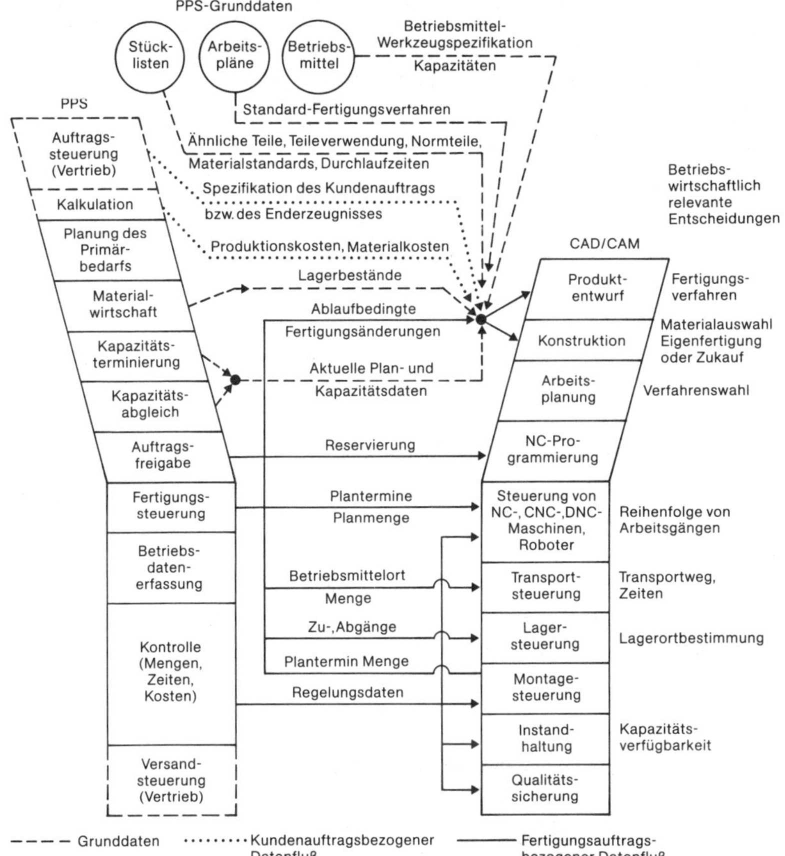

Abb. 80: Datenfluß von PPS zu CAD/CAM

struktionsprozeß einbezogen werden[38]. Wie bereits erwähnt, wird der überwiegende Anteil der Herstellkosten eines Produktes somit von der Konstruktion festgelegt. Innerhalb der PPS-Funktionen gibt es nur noch geringe Freiheitsgrade der Kostenbeeinflussung (z.B. über die Auftragsgrößenbildung, Maschinenbelegungsplanung usw.).

Kundenauftragsdatenfluß von PPS zu CAD/CAM:

Die Auftragssteuerung des Vertriebsbereiches liefert dem CAD-Bereich Informationen über kundenwunschorientierte Spezifikationen des Auftrages. Weiterhin kann ein Kunde eine Preisobergrenze für ein bestimmtes Produkt festlegen, die wiederum die Produkteigenschaften determiniert. Dies erfordert eine Variation der Produktgestaltung durch CAD-begleitende Wertanalysen

[38] Vgl. *Hoitsch* 1992b, S. 23ff.

im Sinn einer Grenzerfolgs- bzw. Gewinnveränderungsanalyse mittels Simulation[39].

Fertigungsauftragsdatenfluß von PPS zu CAD/CAM:

Mit der Auftragsfreigabe werden Reservierungen von NC-Programmen bei CAP vorgenommen. Eine Vielzahl von Steuerungsimpulsen für die Realisierungsphasen von CAM liefert die Fertigungssteuerung/Maschinenbelegungsplanung:

- Vorgabe der Plantermine und Planmengen für Produktion und Montage
- Vorgabe der Maschinenstandorte und Transportmengen für die Transportsteuerung
- Vorgabe der ein- und auszulagernden Mengen für die Lagersteuerung

Soll-Ist-Vergleiche innerhalb der Betriebsdatenerfassung liefern Regelungsimpulse für abweichungsverursachende Anlagen und Steuerungssysteme (Produktion, Montage, Qualitätssicherung).

Mit der Darstellung des CIM-Konzeptes, der CIM-Komponenten und ihrer Schnittstellen bzw. Integration wurde eine erste Vorstellung der wesentlichen Inhalte einer computerintegrierten Produktion entwickelt. In den folgenden Abschnitten soll der komplexe Einführungsprozeß von CIM dargestellt werden, wobei **marktorientiert** von einer Analyse der Wettbewerbsstrategie zur Einschätzung der strategischen Bedeutung neuer Prozeßtechnologien auszugehen ist.

4.2.2 Analyse von Wettbewerbsstrategien

Mit der Einführung neuer Prozeßtechnologien kann die Unternehmung ihre Wettbewerbsposition entscheidend verändern. Die Einführungsplanung hat deshalb bei der Analyse der eigenen Wettbewerbsposition und der verfolgten Wettbewerbsstrategie anzusetzen.

Grundsätzlich kann zwischen drei generischen Wettbewerbsstrategien unterschieden werden[40]:

- Kostenführerschaftsstrategie
- Differenzierungsstrategie
- Konzentrationsstrategie

Die **Kostenführerschaftsstrategie** zielt darauf ab, durch Ausschöpfung sämtlicher Kostensenkungspotentiale bei entsprechend großen Produktionsmengen, einen entscheidenden Kostenvorsprung gegenüber Wettbewerbern zu erreichen. Mit einer **Differenzierungsstrategie** versucht die Strategische Geschäftseinheit, das eigene Produkt gegenüber den anderen Produkten der Branche abzuheben. Mit der Einzigartigkeit des Produktes soll für den Ab-

---

[39] Vgl. *Steffen* 1991.
[40] Vgl. *Porter* 1989.

nehmer ein Zusatznutzen geschaffen werden, der von ihm mit einer Preisprämie honoriert wird. Eine direkte Konfrontation mit dem Wettbewerber soll vermieden werden. Konzentriert sich die Strategische Geschäftseinheit auf ein bestimmtes Marktsegment (eine spezielle Marktnische) und verfolgt dort eine Differenzierungs- und/oder Kostenführerschaftstrategie[41], so spricht man von einer **Konzentrationsstrategie.**

Mit dem Einsatz neuer Prozeßtechnologien innerhalb von CIM können sowohl Differenzierungs- als auch Kostenführerschaftsstrategien unterstützt werden. Die drei Wettbewerbsstrategien sind auf unterschiedliche Produkt-Markt-Kombinationen ausgerichtet, für die bestimmte kritische Erfolgsfaktoren relevant sind (siehe *Abb. 81*[42]).

	Merkmale der Produkt-Markt-Kombination				Bedeutung der kritischen Erfolgsfaktoren				
Wettbewerbsstrategie:	Vielfalt	Markt-Größe	Wachstum	Veränderung	Kosten	Service	Qualität	Flexibilität	Einführungszeit
Konzentration	◑	○	●	●	○	●	◑	●	●
Differenzierung	●	◑	◑	●	◑	◑	●	●	●
Kostenführerschaft	○	●	○	○	●	○	○	○	◑

○ Gering ◑ Mittel ● Groß

Abb. 81: Kritische Erfolgsfaktoren der Wettbewerbsstrategien

Nach *Abb. 81* ergibt sich beispielsweise eine Differenzierungsstrategie für mittlere Marktgrößen mit mittlerem Wachstum, aber hoher Veränderungsrate und großer Produktvielfalt.

Aus den kritischen Erfolgsfaktoren einer Wettbewerbsstrategie läßt sich nun die grundsätzliche Eignung einer Prozeßtechnologie für diese Strategie ableiten:

- Konzentrationsstrategie:
  - CAD/CAM-System mit Schwerpunkt: Änderungskonstruktion
  - FFS neben konventioneller Werkstattproduktion
  - Industrieroboter für Einzelaufgaben neben konventionellen Anlagen
- Differenzierungsstrategie:
  - CAD/CAM-System mit Schwerpunkt: Neukonstruktion
  - FFS mit Fertigungssegmentierung

---

[41] Zur kontroversen Diskussion über eine alternative oder simultane Verfolgung von Differenzierungs- und Kostenführerschaftsstrategien vgl. *Corsten/Will* 1992b und die dort angegebene Literatur.

[42] *Wildemann* 1986b, S. 8.

- Kostenführerschaftsstrategie:
  - CAD-System als Insellösungen neben konventioneller Konstruktion
  - Starre und Flexible Transferstraßen
  - Verkettete Industrieroboter

Beispielsweise haben zur Umsetzung einer Differenzierungsstrategie die kritischen Erfolgsfaktoren Qualität, Flexibilität und Einführungszeit besondere Bedeutung. Die somit geforderte Anpassungs- und Innovationsfähigkeit bei hoher Qualität kann mit einem durchgängigen CAD/CAM-System mit dem Schwerpunkt im Bereich der Neukonstruktion sowie mit dem Einsatz Flexibler Fertigungssysteme und von Industrierobotern erreicht werden. Die bei-

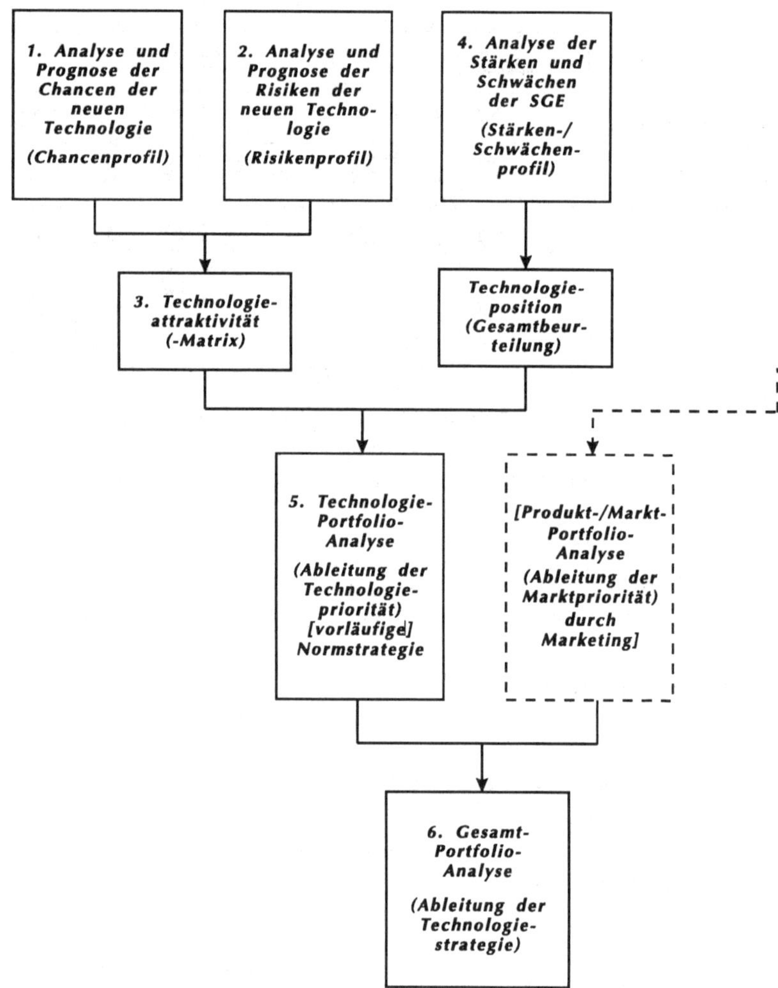

Abb. 82: Ableitung einer Norm-/Technologiestrategie

den letztgenannten Technologien ermöglichen die Realisierung von Kostensenkungspotentialen und berücksichtigen damit die immerhin mittlere Bedeutung des kritischen Erfolgsfaktors „Kosten".

4.2.3 Ableitung einer Normstrategie

Zur **Ableitung einer Normstrategie** für die Einführung neuer Prozeßtechnologien kann analog zur Festlegung von Normstrategien für die Produktprogrammplanung verfahren werden[43]. Folgende Schritte sind erforderlich (siehe *Abb. 82*).

Die *Abbildungen 83* bis *86* zeigen aus empirischen Untersuchungen abgeleitete Chancen- und Risikenprofile als Ergebnis der **ersten beiden Schritte** (Chancen- und Risikenanalyse/-prognose) für CAD/CAM-Systeme und Fle-

CAD/CAM — **Zum Planungszeitpunkt**

Chancenmerkmal \ Chancenbewertung	niedrig	mittel	hoch
▪ Steigerung des Wettbewerbspotentials	○	●	
▪ Kostenreduzierung		○ ●	
▪ Produktivitätssteigerung im Konstruktionsbereich		○ ●	
▪ Flexibilitätserhöhung		○ ●	
▪ Qualitätsverbesserung		○	●
▪ Automatisierung im Konstruktionsbereich		○ ●	
▪ Attraktivität der Arbeitsplätze		●	○
▪ Dynamik der Technologie		○ ●	
▪ Synergieeffekte durch integrierten Informationsfluß		○	●
Gesamtchancen		○	●

● · · Strategie: Früheinstieg ○ - · Strategie: Sinnvolles Warten

Abb. 83: Chancen von CAD/CAM

[43] Siehe hierzu auch Abschnitt II.2, insbesondere II.2.4.

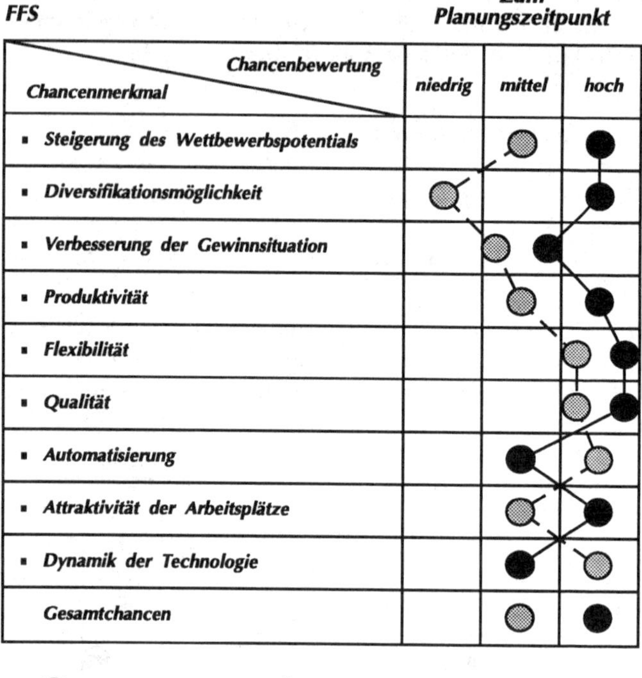

Abb. 84: Chancen von Flexiblen Fertigungssystemen

xible Fertigungssysteme[44], wobei für die Einführung von CAD/CAM-Systemen zwischen einer Strategie des **Früheinstiegs** und **Sinnvollen Wartens** und von FFS zwischen **Anwendern** und **Potentiellen Anwendern** unterschieden wurde.

Im **dritten Schritt** wird mit Hilfe einer Matrix durch Gegenüberstellung von Chancen und Risiken die Technologieattraktivität bestimmt (siehe *Abb. 87* – für CAD/CAM und FFS[45]).

Zur Beurteilung der Wettbewerbswirkungen ist im **vierten Schritt** eine Stärken-/Schwächenanalyse der eigenen Unternehmung/Strategischen Geschäftseinheit in bezug auf die neue Prozeßtechnologie durchzuführen. Hierzu ist für jeden kritischen Erfolgsfaktor zu beurteilen, ob die Ressourcen der Unternehmung/der Strategischen Geschäftseinheit stark, mittel oder schwach sind. Mit Hilfe von Punktbewertungsverfahren ergibt sich die **Gesamtbeurteilung der Technologieposition der Unternehmung/Strategischen Geschäftseinheit** (siehe *Abb. 88* – für CAD/CAM und *Abb. 89* – für FFS[46]).

[44] *Wildemann* 1986b, S. 10–13.
[45] *Wildemann* 1986b, S. 15.
[46] *Wildemann* 1986b, S. 16 und 17.

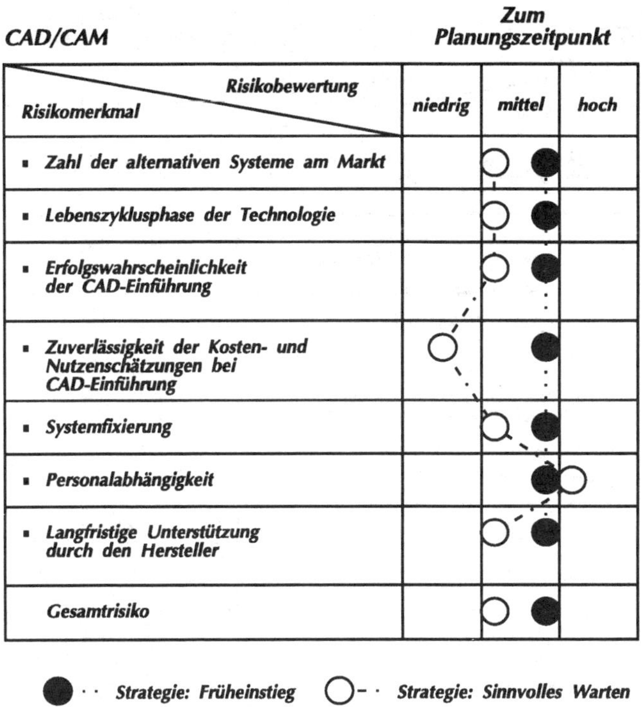

CAD/CAM — **Zum Planungszeitpunkt**

Risikomerkmal / Risikobewertung	niedrig	mittel	hoch
▪ Zahl der alternativen Systeme am Markt		○ ●	
▪ Lebenszyklusphase der Technologie		○ ●	
▪ Erfolgswahrscheinlichkeit der CAD-Einführung		○ ●	
▪ Zuverlässigkeit der Kosten- und Nutzenschätzungen bei CAD-Einführung	○	●	
▪ Systemfixierung		○ ●	
▪ Personalabhängigkeit		●	○
▪ Langfristige Unterstützung durch den Hersteller		○ ●	
Gesamtrisiko		○ ●	

● · · Strategie: Früheinstieg ○- · Strategie: Sinnvolles Warten

Abb. 85: Risiken von CAD/CAM

Im **fünften Schritt** können in der **Technologie-Portfolio-Analyse**[47] externe Chancen/Risiken und damit die Technologieattraktivität mit der Beurteilung der internen Ressourcen (Technologieposition) kombiniert bzw. verknüpft werden. Daraus lassen sich Handlungsanweisungen, d.h. **Normstrategien,** ableiten (s. *Abb. 90* – für CAD/CAM und *Abb. 91* – für FFS[48]).

Die oben dargestellten Profile und Portfolios gehen auf empirische Untersuchungen zurück, bei denen für die Einführung von CAD/CAM zwischen Früheinsteigern und Sinnvoll Wartenden und von FFS zwischen Anwendern und Potentiellen Anwendern unterschieden wurde. Beabsichtigt eine Unternehmung/Strategische Geschäftseinheit neue Prozeßtechnologien einzuführen, so muß sie im Rahmen des strategischen Planungsprozesses alle Profile und Portfolios selbst erarbeiten. Dies ist sicherlich mit einem hohen Aufwand verbunden, der allerdings im Vergleich zu den notwendigen Investitionen in neue Technologien vergleichsweise gering ist.

---

[47] Zur Weiterentwicklung der zweidimensionalen Technologie-Portfolio-Analyse zum mehrdimensionalen Technologieprofil vgl. *Dang/Lenz* 1992.

[48] *Wildemann* 1986b, S. 19.

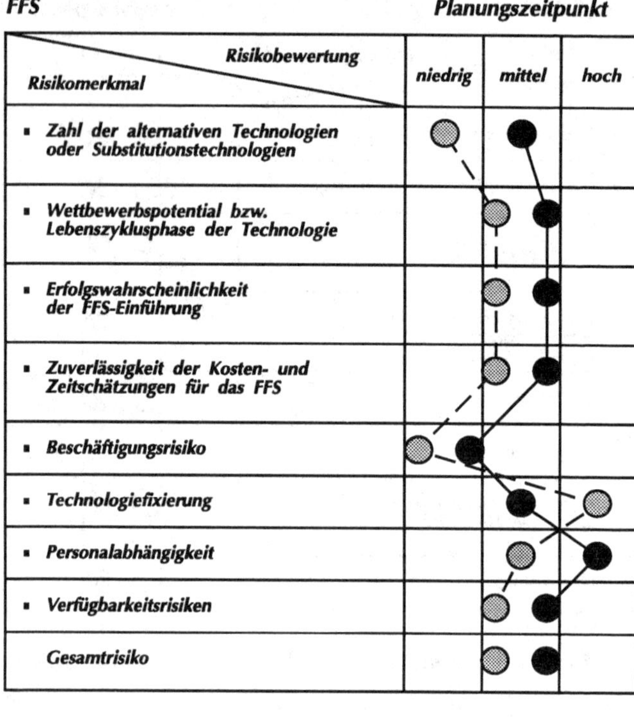

Abb. 86: Risiken von Flexiblen Fertigungssystemen

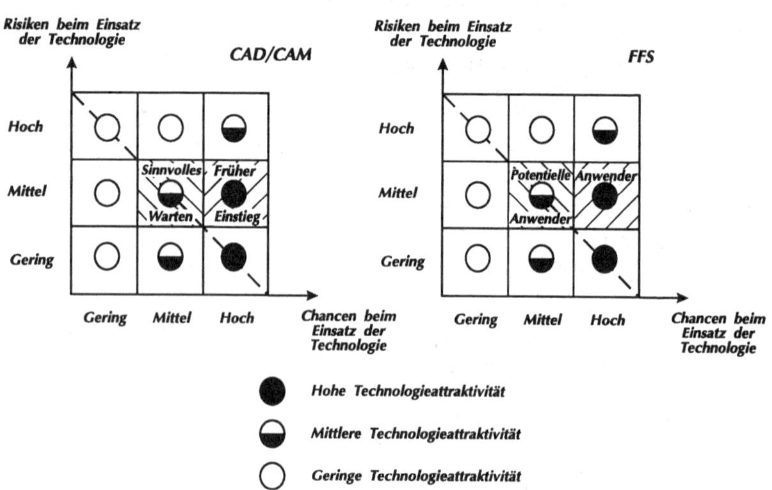

Abb. 87: Technologieattraktivität-Matrix

CAD/CAM

Kritische Erfolgsfaktoren \ Beurteilung	schwach	mittel	stark
▪ Finanzierungspotential			○ ●
▪ Teilespektrum (Variantenvielfalt)			○ ●
▪ Systematisierung des Konstruktionsprozesses		○ ●	
▪ Planungs-know-how für DV-Systeme			○ ●
▪ Erfahrung mit DV-Systemen			○ ●
▪ Beziehungen zu Hard-/Software-Anbietern		○	●
▪ Personalqualifikation		○ ●	
▪ Integrationsmöglichkeit in Gesamtorganisation		○ ●	
▪ Verbreitung von CNC-Maschinen		●	○
▪ Schnittstellen zur Datenübernahme		○ ●	
▪ Gesamtbeurteilung der Technologieposition der Unternehmung		●	○

● · · Strategie: Früheinstieg ○ - · Strategie: Sinnvolles Warten

Abb. 88: Technologieposition für CAD/CAM

Die oben dargestellte Technologie-Portfolio-Analyse vernachlässigt weitgehend wichtige Marktgesichtspunkte. Die Einführung neuer Prozeßtechnologien muß als aktive Variable der gesamten Unternehmensstrategie aufgefaßt werden. Eine Integration der Technologieplanung in die Gesamtplanung erfordert eine Zusammenführung bzw. Koordination von Technologie- und Marktportfolio in einem Gesamtportfolio[49]. Diese ist jedoch nur für marktfähige Produkte sinnvoll, die mit den neuen Prozeßtechnologien hergestellt werden sollen. Da sich neue Prozeßtechnologien aber häufig gerade durch ihre **Produktflexibilität** auszeichnen, also für mehrere Produkte einer Unternehmung/Strategischen Geschäftseinheit eingesetzt werden können, erübrigt sich eine Zusammenführung von Technologie- und Marktportfolio. Das schwerpunktmäßig vom strategischen Marketing-Management erarbeitete Produkt-/Markt-Portfolio, aus dem **Marktprioritäten** für marktfähige Pro-

[49] Vgl. *Wolfrum* 1992, *Ewald* 1991.

FFS

Kritische Erfolgsfaktoren \ Beurteilung	schwach	mittel	stark
▪ Finanzierungspotential		●	◎
▪ Erfahrung mit NC-Technologie			● ◎
▪ Personalqualifikation		◎	●
▪ Vertrautheit mit Gruppentechnologie		◎ ●	
▪ Integration im Gesamtsystem		◎ ●	
▪ Flexibilität der vor- und nachgelagerten Bereiche	●	◎	
▪ Planungs-know-how für komplexe Systeme			● ◎
▪ Beziehungen zu Anbietern von FFS		● ◎	
▪ Schnittstellenprobleme	◎	●	
▪ Wettbewerbsstrategie -Differenziertes Produktprogramm -Kurze Lieferzeiten -Hohe Kundennähe -.			◎ ●
▪ Erfahrung mit DV-Systemen		●	◎
Gesamtbeurteilung der Technologieposition		● ◎	

● —— Anwender ◎ – – Potentielle Anwender

Abb. 89: Technologieposition für FFS

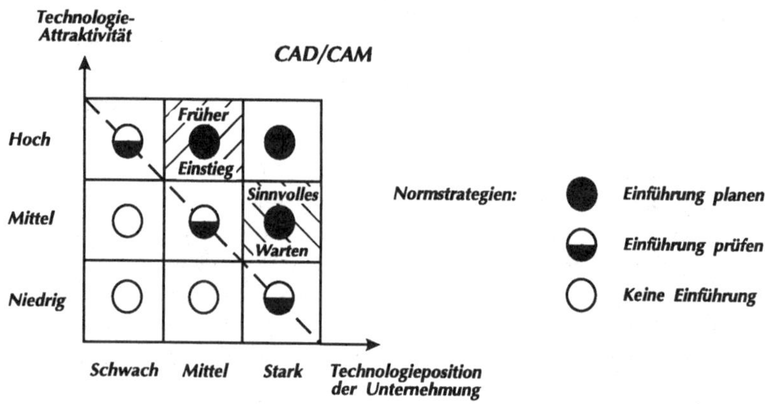

Abb. 90: Normstrategien für CAD/CAM

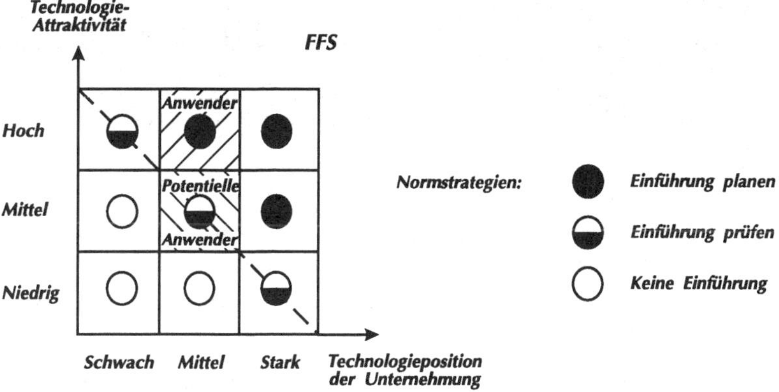

Abb. 91: Normstrategien für FFS

dukte abgeleitet werden können, liefert in einem solchen Fall wertvolle Hinweise dafür, mit welchem Produkt die Produktion nach Einführung der neuen Prozeßtechnologie starten soll.

Bei **produktspezifischen** Prozeßtechnologien wird im **sechsten Schritt** zur Ableitung einer Normstrategie eine **Gesamtportfolio-Analyse** mit Hilfe der in *Abb. 92* dargestellten Gesamtportfolio-Matrix durchgeführt.

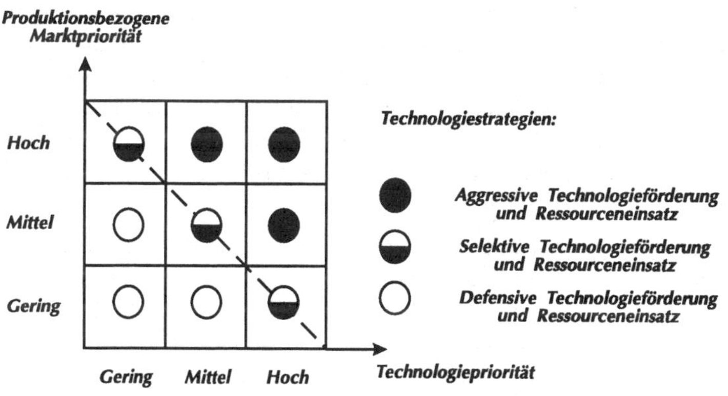

Abb. 92: Gesamtportfolio

Mit der **produktionsbezogenen Marktpriorität** werden produktspezifische Marktprioritäten aus dem Produkt-/Markt-Portfolio (basierend auf der Bewertung von Marktattraktivität und relativer Marktposition) auf die entsprechenden Prozeßtechnologien übertragen. Sie ergibt sich **je Produkt** nach folgender Beziehung:

$$\begin{matrix}\text{Produktionsbezogene} \\ \text{Marktpriorität} \\ \text{je Produkt}\end{matrix} = \begin{matrix}\text{Marktpriorität} \\ \text{des Produktes}\end{matrix} * \begin{matrix}\text{Kapazitätsanteil,} \\ \text{der für das Produkt} \\ \text{vorgesehen ist}\end{matrix} \quad (52)$$

Die **produktionsbezogene Marktpriorität der neuen Prozeßtechnologie** insgesamt ergibt sich wie folgt:

$$\begin{matrix}\text{Produktionsbezogene} \\ \text{Marktpriorität} \\ \text{der Technoloigie}\end{matrix} = \sum_{j=1}^{n} \begin{matrix}\text{Produktionsbezogene} \\ \text{Marktpriorität} \\ \text{je Produkt j}\end{matrix} \quad (53)$$

n: Anzahl der Produkte, die mit neuer Prozeßtechnologie hergestellt werden sollen

Die Technologiepriorität entspricht der aus dem Technologie-Portfolio abgeleiteten (vorläufigen) Normstrategie:

- Einführung planen = hohe Technologiepriorität
- Einführung prüfen (selektieren) = mittlere Technologiepriorität
- keine Einführung = geringe Technologiepriorität

Die höchste Präferenz genießen diejenigen Prozeßtechnologien, die sowohl eine hohe Markt- als auch Technologiepriorität aufweisen. Für sie werden aggressive Technologieförderung und Ressourceneinsätze als Technologie-(Norm-)Strategie vorgeschlagen.

Wie bereits mehrfach bei Anwendung der Portfolio-Analyse erwähnt, kann **auch** die Technologie-Portfolio-Analyse – und ihre Koordination mit der Produkt-/Markt-Portfolio-Analyse – immer nur als **didaktisches Hilfsmittel** und als Bezugsrahmen für die Diskussion wettbewerbs- und technologiestrategischer Entscheidungsprobleme betrachtet werden. Aus ihr lassen sich nur **erste** Handlungsempfehlungen für das strategische Management ableiten, die in jedem Falle unter Berücksichtigung spezifischer Unternehmens- und Branchengegebenheiten noch einer weiteren Überprüfung, Bewertung und Konkretisierung bedürfen[50].

Die Portfolio-Analyse zeigt in einer **komparativ-statischen** Betrachtungsweise die strategische Position eines Unternehmens/einer Strategischen Geschäftseinheit zu einem bestimmten **Zeitpunkt** und ermöglicht die Ableitung von Norm-(Soll-)Strategien. Zur Berücksichtigung des Faktors **Zeit** bei der Planung neuer Technologien wird in der nächsten Planungsphase der Technologiekalender als weiteres Instrument eingesetzt.

4.2.4 Technologiekalender

Mit dem **Technologiekalender** läßt sich der Einsatz neuer Produkt-, Werkstoff- und Prozeßtechnologien in Verbindung mit der Entwicklung des strate-

---

[50] Vgl. auch *Stock* 1990.

gischen Produktprogramms im Zeitablauf abbilden. Aus letzterem kann der Kapazitätsbedarf an Potentialfaktoren abgeleitet werden, zu dessen Finanzierung ein Bedarf an finanziellen Mitteln (Investitionsbedarf) entsteht. Innerhalb des Technologiekalenders kann eine globale Abstimmung von Investitionsbedarf und geplantem Investitionsbudget vorgenommen werden. Im einzelnen sind dazu folgende Schritte erforderlich[51]:

- Abbildung des geplanten Technologieeinsatzes im Zeitablauf
- Abbildung des geplanten strategischen Produktprogramms nach Menge und Struktur im Zeitablauf
- Abbildung des erforderlichen Kapazitätsbedarfs in den einzelnen Produktionsbereichen im Zeitablauf, getrennt nach Sach- und Personalkapazität
- Abbildung des erforderlichen Gesamt-Investitionsbedarfs im Zeitablauf, getrennt nach Investitionen für neue Prozeßtechnologien, Forschungs- und Entwicklungsinvestitionen, produktspezifische Investitionen und Ersatz- und Rationalisierungsinvestitionen
- Abbildung des aus der Finanzplanung zur Verfügung stehenden begrenzten Gesamt-Investitionsbudgets im Zeitablauf
- Abstimmung von Gesamt-Investitionsbedarf und Gesamt-Investitionsbudget

Die *Abb. 93* zeigt eine vereinfachte graphische Darstellung des Technologiekalenders[52].

Zur **Abbildung des geplanten Technologieeinsatzes** (1. Schritt) wird zwischen folgenden Technologiesektoren unterschieden:

- Produkttechnologien – betreffen technologische Entwicklungen bezüglich Bauart und Funktionsweise von Vorprodukten/Endprodukten
- Werkstofftechnologien – betreffen neue Werkstoffe, die Auswirkungen auf Produkt-(Werkstoffanwendung) und Prozeß-(Werkstoffverarbeitung) Technologie haben
- Prozeßtechnologien – betreffen alle Entwicklungen bezüglich Herstellung, Verarbeitung und Montage von Vor-/Endprodukten

Aus der strategischen Produktplanung (siehe Abschnitt II.2.5) ergeben sich Einsatzzeitpunkte für neue Produkt- und Werkstofftechnologien. Im Sinne eines Simultaneous-Engineering (siehe Abschnitt II.2.5.4) werden damit auch die Einsatzzeitpunkte für neue Prozeßtechnologien grob geplant. Im nächsten (2.) Schritt erfolgt die **Abbildung des geplanten strategischen Produktprogramms** nach Menge und Struktur im Zeitablauf. Aus der Graphik läßt sich der Lebenszyklus der Produkte ablesen. Bei stark diversifiziertem Produktprogramm einer Unternehmung muß diese Darstellung für jede Strategische Geschäftseinheit einzeln vorgenommen werden.

---

[51] Vgl. hierzu auch *Schuh/Martini/Böhlke/Schmitz* 1992.

[52] In Anlehnung an *Wildemann* 1986b, S. 23 und 25, vgl. auch *Schuh/Martini/Böhlke/Schmitz* 1992, S. 33.

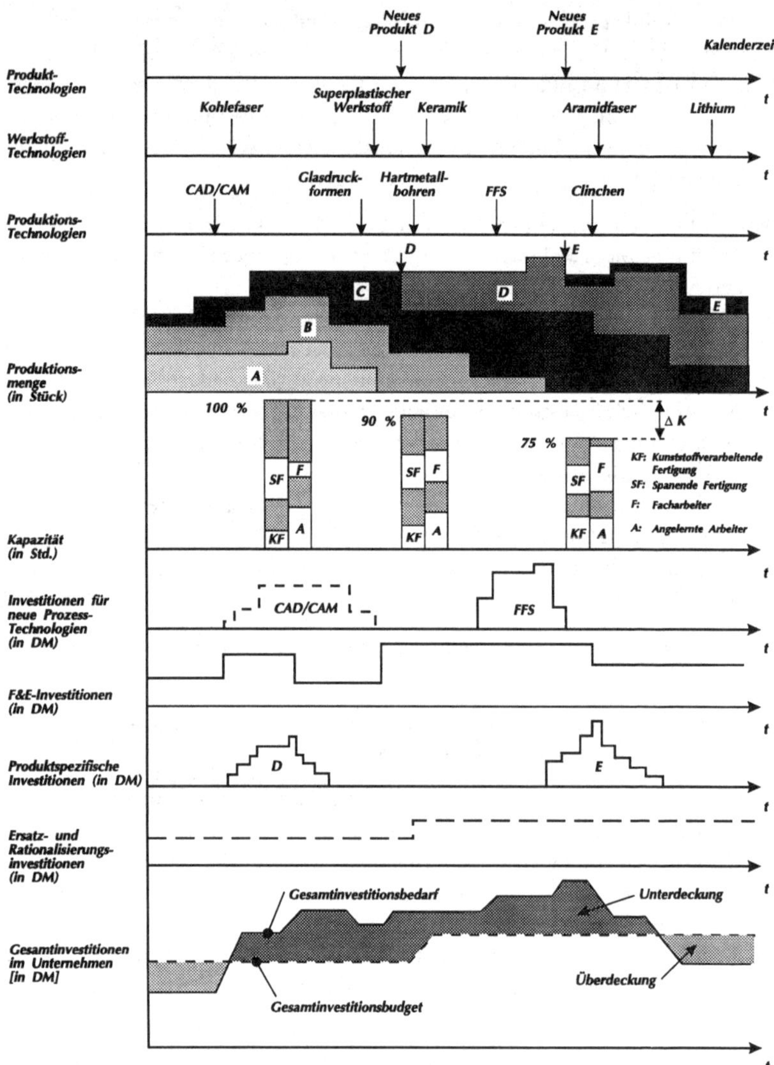

Abb. 93: Technologiekalender

Die Entwicklung des Produktprogramms und die Einsatzzeitpunkte der neuen Technologien bestimmen den **erforderlichen** Potentialfaktor-**Kapazitätsbedarf,** dessen **Abbildung** in der Graphik exemplarisch für die Anlagenkapazitäten in der Kunststoffverarbeitung sowie spanenden Fertigung und für die Personalkapazitäten für Fach- und angelernte Arbeiter vorgenommen wurde (3. Schritt). Die Reduzierung der erforderlichen Gesamtkapazität (ΔK) kann auf Produktivitätszuwächse, Erfahrungs- und Lernkurveneffekte, wertanalytische Verbesserungen der Produkte und Bedarfsschwankungen zurückgeführt werden. Gleichzeitig kann sich die Struktur des Kapazitätsbedarfs zwischen und in den Produktionsbereichen verschieben. In der Graphik wurde eine allmähliche Verfahrenssubstitution zwischen spanender Fertigung und Kunststoffverarbeitung abgebildet, die eine allmähliche Umlenkung investiver Mittel von der spanenden in die Kunststoff-Fertigung erforderlich macht. Im Personalbereich ist eine Substitution von angelernten Arbeitern durch Fach-Arbeiter im Zeitablauf abgebildet.

Aus der Kapazitätsbedarfsplanung des Technologiekalenders läßt sich der **erforderliche Investitionsbedarf** für neue Prozeßtechnologien, Forschung & Entwicklung, produktspezifische Investitionen sowie Ersatz- und Rationalisierungsinvestitionen ableiten und **abbilden.** Aggregiert ergibt sich der Gesamt-Investitionsbedarf im Zeitablauf (4. Schritt). Im nächsten (5.) Schritt wird das in der Finanzplanung festgelegte **Gesamt-Investitionsbudget** im Zeitablauf **abgebildet** und im letzten (6.) Schritt mit dem Gesamt-Investitionsbedarf abgestimmt. Bei Über- und Unterdeckungen müssen Ausgleichsmaßnahmen geplant werden, die zu einer Umschichtung von Teilbudgets nach festgelegten Prioritäten bzw. zu einer Revision der strategischen Planung führen können. Mit dem Technologiekalender lassen sich somit Investitionen in strategisch wichtige Bereiche lenken.

4.2.5 Planung der CIM-Implementierung

Mit der Analyse der Wettbewerbsstrategie, der Ableitung einer Normstrategie und der Planung des Technologiekalenders sind die relativ grob strukturierten Phasen der strategischen Planung neuer Prozeßtechnologien für die computerintegrierte Produktion weitgehend abgeschlossen. Die nunmehr folgenden Phasen der Planung der CIM-Implementierung und ökonomischen Bewertung der neuen Prozeßtechnologien können als eher taktische Planungsbereiche zur Konkretisierung der strategischen Planung aufgefaßt werden. Dabei ist zu beachten, daß der gesamte strategisch-taktische Planungsprozeß im Sinne des Gegenstromprinzips mit Rückkopplungen auszustatten ist. So kann beispielsweise die (taktische) Planung der CIM-Einführungspfade eine Revision des (strategischen) Technologiekalenders erforderlich machen. Die eher taktische ökonomische Bewertung der neuen Prozeßtechnologien könnte auch zu einer Revision der Normstrategie (Technologiestrategie) führen, wenn z.B. die Strategie „Sinnvollen Wartens“ ökonomisch günstiger wäre als die ursprünglich geplante Strategie des „Früheinstiegs“. Das sukzessive Stufenkonzept der Planung neuer Prozeßtechnologien ist daher als iterativ ablaufender Planungsprozeß zu charakterisieren.

Das Planungskonzept zur CIM-Implementierung muß das gesamte strategisch-taktische Planungskonzept der Unternehmung umfassen. Dieses beginnt beim Produktprogramm, wird fortgesetzt mit der Standort-, Fabrik-, insbesondere Anlagen- und Personalplanung, der Planung der Werkstoff- und Energiesicherung, der Planung der Aufbau- und Ablauforganisation, der Layoutplanung, der Planung des betrieblichen Umweltschutzes und endet bei der Planung der Produktionstechnik und des gesamten Informationssystems. Die Planung der CIM-Implementierung ist somit Teil der strategisch-taktischen Unternehmensplanung. Sie läuft nach folgenden Schritten ab, wobei die Überzeugung des Top-Managements und frühzeitige Überzeugung des Middle-Managements als unabdingbare Voraussetzungen anzusehen sind:

- Analyse des Ist-Integrationsstandes
- Erarbeitung des CIM-Soll-Integrationskonzeptes
- Planung der CIM-Architektur
- Planung der Einführungspfade und Implementierungsschritte

Die Planung der CIM-Implementierung erfordert umfangreiches organisatorisches Wissen über die informationellen Verflechtungen und Abläufe eines Produktionsbetriebes. Weiterhin sind Kenntnisse über Hard- und Softwareentwicklungen in den Bereichen Produktions- und Informationstechnologien notwendig. Zweckmäßig ist die Bildung interdisziplinärer Projektteams, bestehend aus externen und internen Experten der Bereiche Produktionstechnik, Arbeitswissenschaft, Produktionswirtschaft (Betriebswirtschaft und Wirtschaftsingenieurwesen), Informatik und Wirtschaftsinformatik.

Dem gesamten Planungsprozeß ist als Leitlinie ein **CIM-Referenzmodell** zugrunde zu legen[53]. Seit einiger Zeit liegen hierzu computergestützte Verfahren vor, die eine bessere Beherrschung der CIM-Planung zum Ziele haben[54]. In dieser Schrift wird als Referenzmodell das Y-CIM-Modell von Scheer herangezogen, das in Abschnitt II.4.2.1.1 bereits vorgestellt wurde. Für dieses Referenzmodell kann ein expertensystemgestützter **CIM-Analyzer** als CASE (Computer Aided Software Engineering) -Tool eingesetzt werden[55].

4.2.5.1 Analyse des Ist-Integrationsstandes

Die **Analyse des Ist-Integrationsstandes** orientiert sich am CIM-Referenzmodell, wobei neben den bereits existierenden EDV-Systemen auch manuelle Bearbeitungsfolgen analysiert werden. Damit lassen sich Schnittstellen sowie EDV-technische oder organisatorische Brüche innerhalb des Ablaufs zusammengehöriger Vorgangsketten feststellen. Letztere folgen der Auftragsabwicklung von der Kundenanfrage bis hin zum Versand der fertigen Produkte. Die *Abb. 94* zeigt beispielhaft den Ist-Ablauf der Primärbedarfsplanung als **Vorgangskettendiagramm** innerhalb der operativen Produktionsplanung und -steuerung (PPS)[56].

Diese Darstellung konzentriert sich auf organisatorische sowie EDV-technische Brüche und soll aufzeigen, an welchen Stellen einer Auftragsbearbeitung Wartezeiten entstehen, die bei der konsequenten EDV-Integration vermieden werden können. Mit Hilfe des Y-Referenzmodells kann der Entwicklungs-

---

[53] Vgl. *Spur/Mertins/Hinterhuber* 1990.
[54] Vgl. *Schüle/Schumann* 1992a und 1992b, *Schuhmann* 1992.
[55] Vgl. *Nüttgens/Keller/Scheer* 1992, *Greiner-Dürr* 1990, *Scheer/Heß/Jost* 1990.
[56] *Scheer* 1987, S. 70.

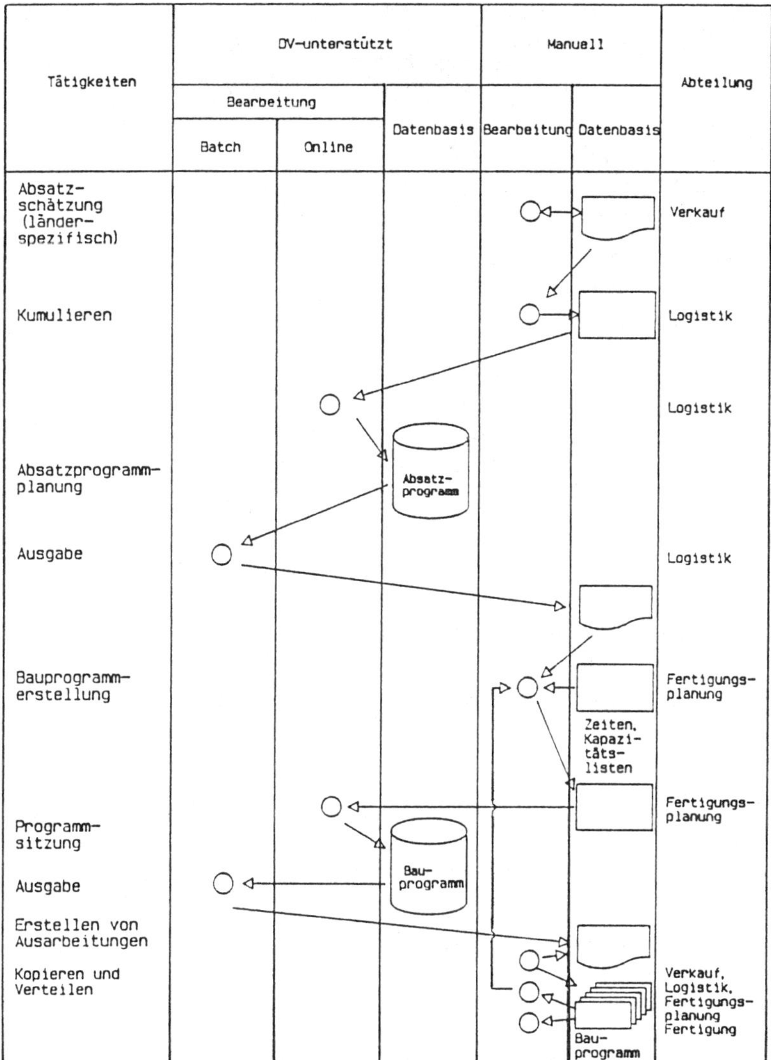

Abb. 94: Ist-Ablauf Primärbedarfsplanung

stand der EDV-Unterstützung bzw. -Integration abschließend sichtbar gemacht werden, so daß Schwachstellen und Lücken sofort optisch sichtbar werden (siehe *Abb. 95* – ein praktischer Fall aus einer Unternehmung der Fahrzeugindustrie[57]).

Die Ergebnisse der Ist-Analyse werden der Geschäftsleitung präsentiert, wobei die Schwachstellen der gegenwärtigen Systeme deutlich gemacht und

[57] *Lingnau* 1985.

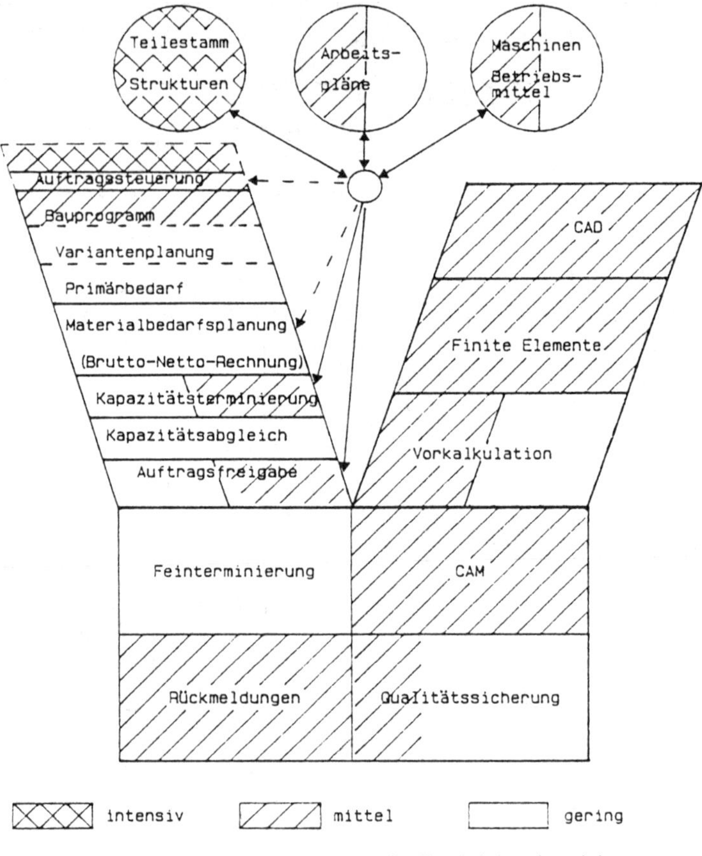

Abb. 95: EDV-Unterstützung im Produktionsbereich

die wesentlichen Entwicklungsprioritäten für das Sollkonzept festgelegt werden.

4.2.5.2 *Erarbeitung des CIM-Soll-Integrationskonzeptes*

Zur **Erarbeitung des CIM-Soll-Integrationskonzeptes** werden Arbeitsgruppen/Arbeitskreise für die wesentlichen Teilgebiete – z. B. Materialwirtschaft, Integration von CAM mit Fertigungssteuerung usw. – gebildet, die wiederum mit Hilfe des CIM-Referenzmodells Vorgangskettendiagramme für zukünftige Soll-Abläufe entwerfen. Die *Abb. 96* zeigt beispielshaft den Soll-Ablauf der Primärbedarfsplanung, bei dem statt abteilungsbezogener Verarbeitung zusammenhängende Abläufe im Mittelpunkt stehen und eine weitgehende on-line-Verarbeitung angestrebt wird[58].

---

[58] *Scheer* 1987, S. 71.

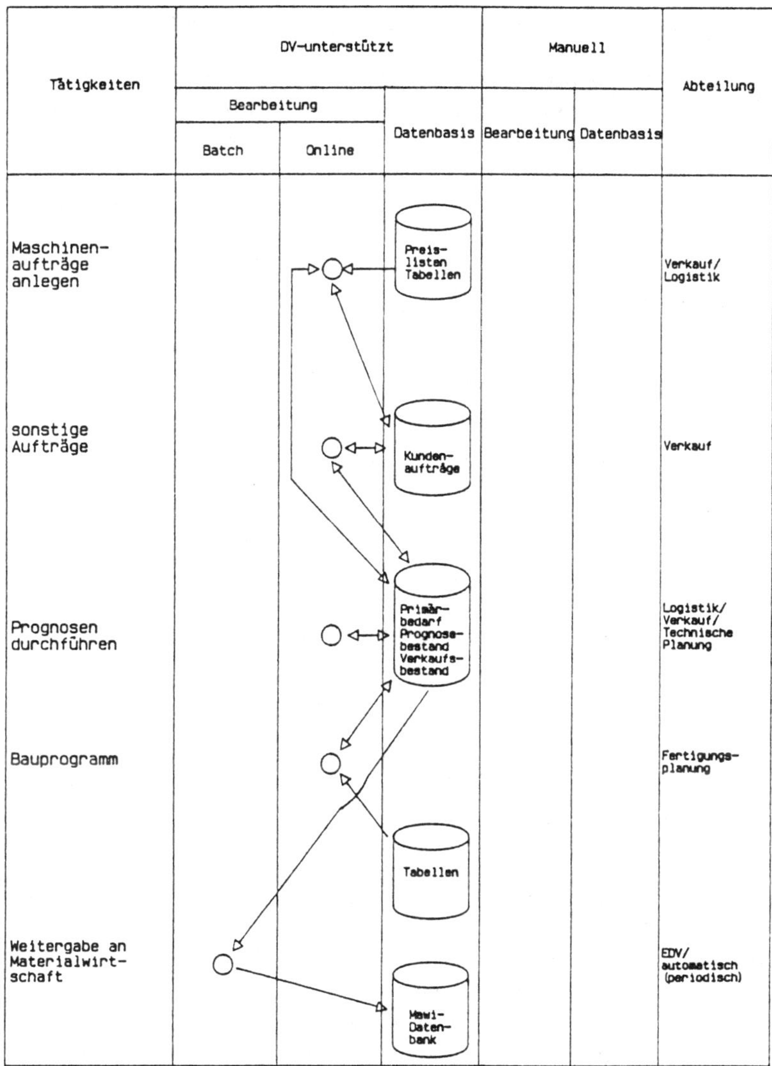

Abb. 96: Soll-Ablauf Primärbedarfsplanung

Die Ergebnisse der Arbeitsgruppen/Arbeitskreise werden abschließend zu einem **Gesamt-Integrationskonzept** zusammengeführt. Mit den organisatorischen Soll-Abläufen ist auch der Anforderungskatalog für die CIM-Architektur (Rechnerhierarchie) weitgehend vorgegeben. Bevor mit der (konkreten) Planung der Einführungspfade und CIM-Implementierung begonnen wird, muß nun die CIM-Architektur in Form einer an die Unternehmensorganisation angepaßten Rechnerorganisation geplant werden.

4.2.5.3 Planung der CIM-Architektur

Das **CIM-Konzept** wird durch die integrierte Informationsverarbeitung für alle mit der Produktion zusammenhängenden Betriebsbereiche, **Datenintegration** genannt, und die Bildung verbundener Ablaufschritte, die **Vorgangsintegration,** umfassend charakterisiert. Der Entwurf der **CIM-Architektur** hängt von einer Vielzahl situativer Gegebenheiten, insbesondere vom Kombinationstyp der Produktion, ab und läßt sich allgemeingültig nicht darstellen.

Im folgenden werden vorerst lediglich organisatorisch-technische Lösungen der Datenintegration und danach solche der Vorgangsintegration behandelt.

4.2.5.3.1 Datenintegration

Nach der Intensität der Integration von CAD/CAM und PPS unterscheidet man mit wachsendem Integrationsgrad zwischen folgenden Möglichkeiten:

- Organisatorische Verbindung EDV-technisch unverbundener Systeme
- Integration unverbundener Systeme durch Tools (PC, Query, Netze)
- Dateitransfer zwischen den Systemen
- Gemeinsame Datenbasis der Systeme
- Anwendung zu Anwendung-Beziehung durch Programmintegration

Die *Abb. 97*[59] zeigt diese Möglichkeiten der Datenintegration.

Bei der **organisatorischen Verbindung EDV-technisch unverbundener Systeme** werden mit Hilfe **zweier** Geräte an jeweils **einem** Arbeitsplatz (Konstruktion, Arbeitsplanung, Produktionsplanung) Daten von einem System (z.B. CAD/CAM) in das andere (z.B. PPS) manuell übertragen. Für CIM kann dies bestenfalls als Notlösung bezeichnet werden.

Die **Integration unverbundener Systeme durch Tools** (Werkzeuge, wie: PC, Datenbank-Abfrage [Query], lokale Netzwerke [LAN = local area network]) ermöglicht bereits eine Integration von Daten, womit Auswertungen über beide Systeme hinweg möglich werden. Aus beiden Systemen lassen sich Daten in die Datenbasis des **PC** (Mikrocomputer) transferieren und stehen dort zur Auswertung zur Verfügung. Mit **Datenbank-Abfragesprachen** (Query-Sprachen) können Auswertungen und Auskünfte nach Bedarf aus einer Datenbank abgerufen werden. Mit **lokalen Netzwerken** (LAN) können die Systemkomponenten Daten austauschen und damit kommunizieren[60]. In letzter Zeit wurden hierzu verstärkt Standardisierungsbemühungen zur Vernetzung von Automatisierungseinrichtungen in der Fertigung unternommen, wobei das Projekt „Manufacturing Automation Protocol (MAP)“ besondere Bedeutung erlangt hat[61].

---

[59] *Scheer* 1987, S. 94.
[60] Vgl. z.B. *Geitner* 1987.
[61] Vgl. *Suppan-Borowka/Simon* 1986.

1. Stufe: Organisatorische Verbindung EDV-technisch unverbundener Systeme

2. Stufe: Integration der unverbundenen Systeme durch Tools (PC, Query, Netze)

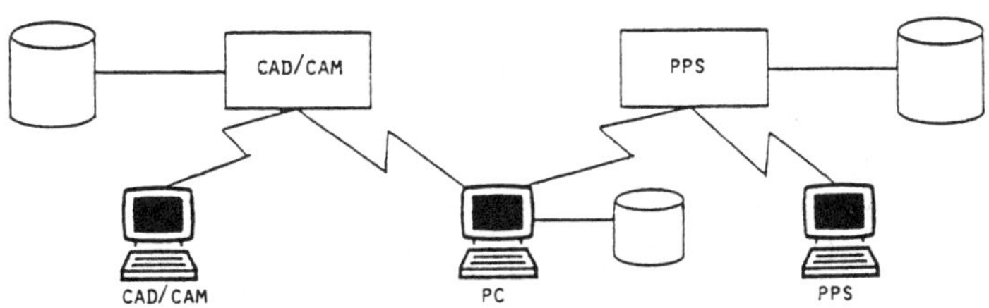

3. Stufe: Dateitransfer zwischen den Systemen

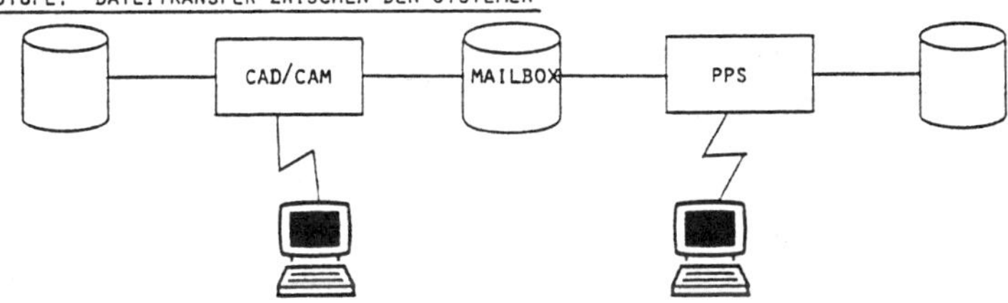

4. Stufe: Gemeinsame Datenbasis der Systeme

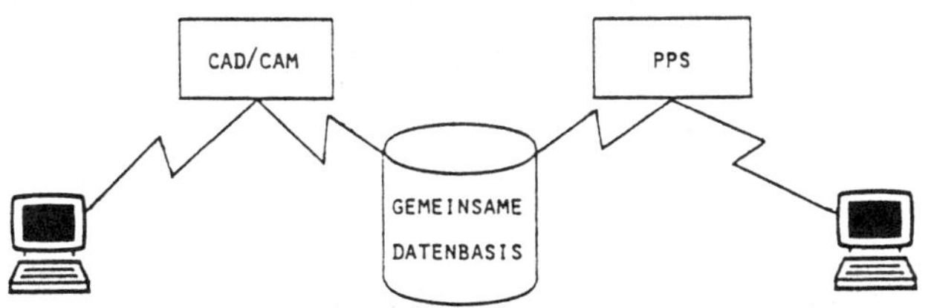

5. Stufe: Anwendung- Anwendung- Beziehung durch Programmintegration

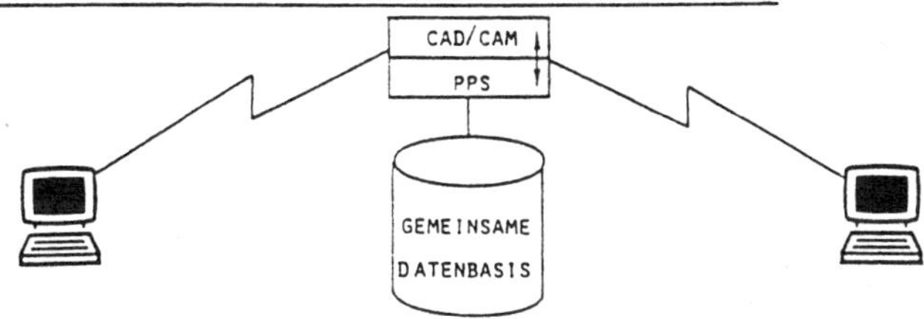

Abb. 97: Möglichkeiten der Datenintegration

Bei einem **Dateitransfer zwischen den Systemen** (CAD/CAM, PPS) werden Daten aus einem System über eine Schnittstellendatei (Mailbox, Message- oder Aktionsdatei) gegebenenfalls mit Hilfe von Kopplungsprogrammen[62] in das andere System übertragen.

Einen relativ hohen Integrationsgrad weisen Lösungen mit **gemeinsamer Datenbasis der Systeme** auf. Mit Hilfe eines gemeinsamen einheitlichen Datenbanksystems wird für beide Systeme (CAD/CAM, PPS) ein einheitlicher Datenaufbau definiert. An der (Weiter-) Entwicklung dieses Konzeptes wird heute in der Forschung der Wirtschaftsinformatik gearbeitet[63].

Den höchsten Integrationsgrad, der heute noch ein Idealziel des CIM-Konzeptes darstellt, wird mit einer **Anwendung zu Anwendung-Beziehung durch Programmintegration** erreicht. Hier sind die Anwendungssysteme selbst im Sinne verschränkter Programmfunktionen miteinander verbunden. Dies bedeutet, daß EDV-Betriebssysteme und Datenbanksysteme der verschiedenen Anwendungsbereiche miteinander kommunizieren können.

4.2.5.3.2 Vorgangsintegration

Wie oben bereits beschrieben, werden mit CIM aufeinander aufbauende Teilvorgänge im Rahmen der Auftragsabwicklung durch Vorgangsketten miteinander integriert, wobei Vorgangs- und Datenintegration wechselseitig voneinander abhängen. Von der Vorgangsintegration wird die gesamte Aufbau- und Ablauforganisation des Produktionsbetriebes berührt[64]. Mit der (Neu-) Bildung funktionaler Hierarchieebenen in der CIM-Planung muß geklärt werden,

- in welchem Über- bzw. Unterordnungsverhältnis diese stehen,
- auf welchem Aggregationsniveau in sachlicher und zeitlicher Hinsicht jede Ebene ihr Problem behandelt,
- welche Modelle, Methoden und Rechner jede Ebene zur Funktionserfüllung einsetzt und
- auf welche Art und Weise Vorgaben und Rückmeldungen erfolgen

usw.

Die Ausgestaltung einer solchen **CIM-Funktions- und Rechnerhierarchie** ist situationsbezogen vorzunehmen, wobei der Kombinationstyp der Produktion eine zentrale Rolle spielt. Generell werden die Ebenen so gebildet, daß die nachfolgenden Ebenen einen abnehmenden Planungshorizont, aber einen zunehmenden Detaillierungsgrad aufweisen. Die *Abb. 98* zeigt ein **Beispiel** einer Funktions- und Rechnerhierarchie für einen Industriekonzern[65].

---

[62] Vgl. *Nedeß/Landvogt* 1986.
[63] Vgl. *Scheer* 1988.
[64] Vgl. *Zanner* 1992, *Bierter/Alioth/Züst* 1992.
[65] *Scheer* 1987, S. 78.

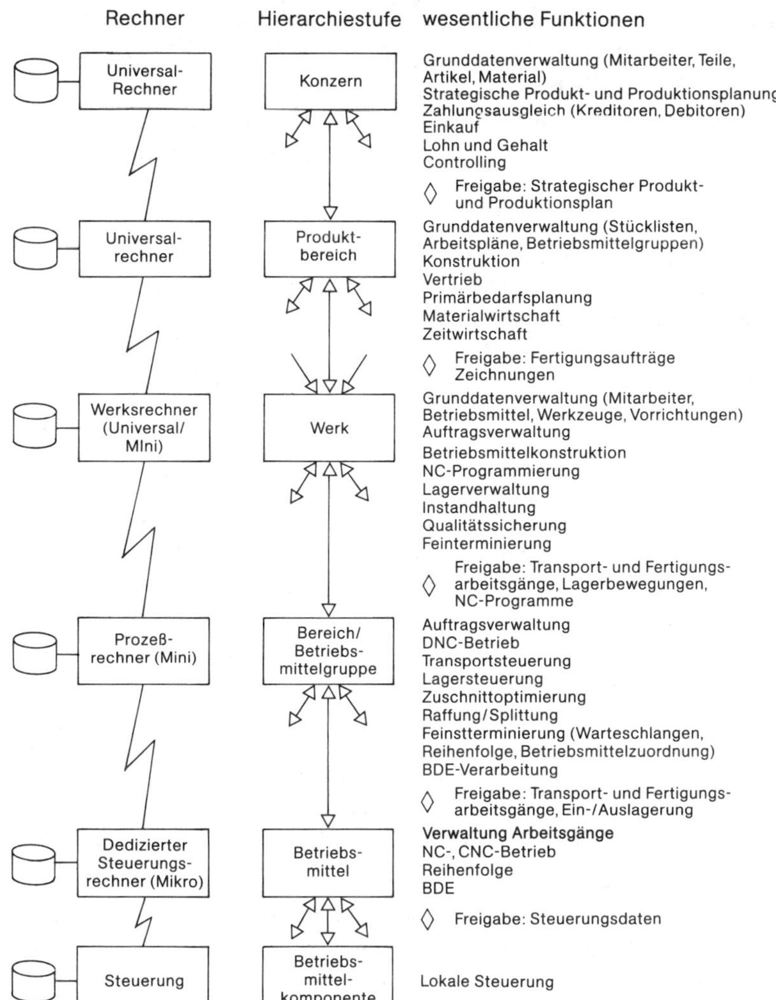

Abb. 98: Funktions- und Rechnerhierarchie eines Industriekonzerns

Die CIM-Architektur weist eine **Baumstruktur** auf, bei der jede Einheit einer Ebene mehrere Einheiten der direkt untergeordneten Ebene koordiniert. Ein Werk kann für mehrere Produktbereiche (Sparten, Strategische Geschäftseinheiten) tätig sein, so daß hier mehrere Pfeile von der übergeordneten Produktbereichsebene einmünden können. Der höchsten Ebene, der Konzernebene, sind neben strategischen Planungsfunktionen auch übergreifende operative betriebswirtschaftliche Funktionen – wie Zahlungsausgleich, Lohn- und Gehaltsabrechnung, Controlling und evtl. auch Einkauf – zugeordnet. In *Abb. 98* wurden im übrigen wesentliche computergestützte Funktionen der Auftragsabwicklung aus den CIM-Bereichen PPS und CAD/CAM den verschiedenen Hierarchiestufen zugeordnet und die erforderlichen Hardware-Konfigurationen angegeben.

Die jeweils in beide Richtungen weisenden Pfeile zwischen den Hierarchiestufen deuten an, daß Informationen auch als Rückmeldungen an übergeordnete Hierarchiestufen weitergeleitet werden. Insgesamt bildet die Verknüpfung der einzelnen Ebenen (Stufen) ein System kaskadierter (vermaschter) Regelkreise.

Vollständige CIM-Systeme sind bisher (noch) nicht am Markt verfügbar. Viele Hersteller und Anbieter von CIM-Komponenten bieten – meist in Kooperation mit verschiedenen Anwendern – Prototypen von CIM-Konzepten bereits an. Zur Darstellung von Prototypen und bereits realisierten Konzepten sowie zum Marketing-Management für neue Produktionstechnologien wird auf die Literatur verwiesen[66].

4.2.5.4 Planung der Einführungspfade und Implementierungsschritte

Mit der Einführungsstrategie soll ein optimaler Anpassungspfad vom Ist-Integrationsstand zum Soll-Integrationskonzept mit der geplanten CIM-Architektur festgelegt werden. Hierzu sind folgende zentrale Fragen zu beantworten[67]:

- Wann soll die neue Prozeßtechnologie eingeführt werden?
- Wer erstellt die neuen Systeme?
- Wie soll die Systemveränderung durchgeführt werden?
- Wo werden die neuen Technologien eingeführt und in welche Richtung erfolgt ihre Verbreitung im Unternehmen?
- Wie soll die Integration mit dem bestehenden Umfeld erfolgen?
- Welche organisatorischen und personalen Aspekte sind bei der Einführung zu beachten?

Alle Einzelentscheidungen zu diesem Fragenkomplex sind zu einem Gesamtkonzept zu integrieren, das – ausgehend von der verfolgten Wettbewerbsstrategie, der abgeleiteten Normstrategie und den Meilensteinen des Technologiekalenders – die situativ optimale Vorgehensweise festlegt. Unternehmungen, die eine **Differenzierungs**- oder **Konzentrationsstrategie** mit wachsender Tendenz zur Individualisierung ihrer Produkte verfolgen, werden die **Einführungszeitpunkte** für CIM relativ früh ansetzen (Früheinstieg). **Kostenführer** werden zwar einzelne CIM-Komponenten – wie z.B. Industrieroboter – relativ früh einführen, aber mit der CIM-Integration die Strategie des Sinnvollen Wartens präferieren, um das Risiko der Einführung (absolut) neuer Technologien in Grenzen zu halten.

Bei der **Erstellung des neuen CIM-Systems** dominiert die Kombination des Fremdbezugs eines Basissystems mit partiellen Eigenentwicklungen. Voll-

---

[66] Vgl. beispielsweise *Stockert/Vogel* 1988, *Rück/Brodbeck* 1988, *Günter/Kleinaltenkamp* 1987, *Scheer* 1987, S. 119ff., *Haller* 1985.

[67] Vgl. *Wildemann* 1986a, S. 337ff.

ständige Eigenentwicklungen oder fremdbezogene Turnkey-Systeme werden relativ selten zu finden sein.

Die **Durchführung der Systemveränderderung** wird bei CIM in der Regel schrittweise erfolgen. Auf der Basis des CIM-Referenzmodells bzw. des Soll-Integrationskonzeptes wird die CIM-Implementierung schrittweise mit CIM-Teilketten beginnen. Deren Auswahl ist wiederum situationsbezogen vorzunehmen, wobei der Kombinationstyp der Produktion ausschlaggebend ist. Folgende wesentliche CIM-Teilketten können vor Erreichung des Soll-Integrationsstandes implementiert werden (siehe *Abb. 99*[68]):

- Verbindung von Planung und Steuerung
- Verbindung von CAD und CAM
- Verbindung der PPS-Grunddatenverwaltung mit CAD/CAP
- Verbindung von BDE und CAM

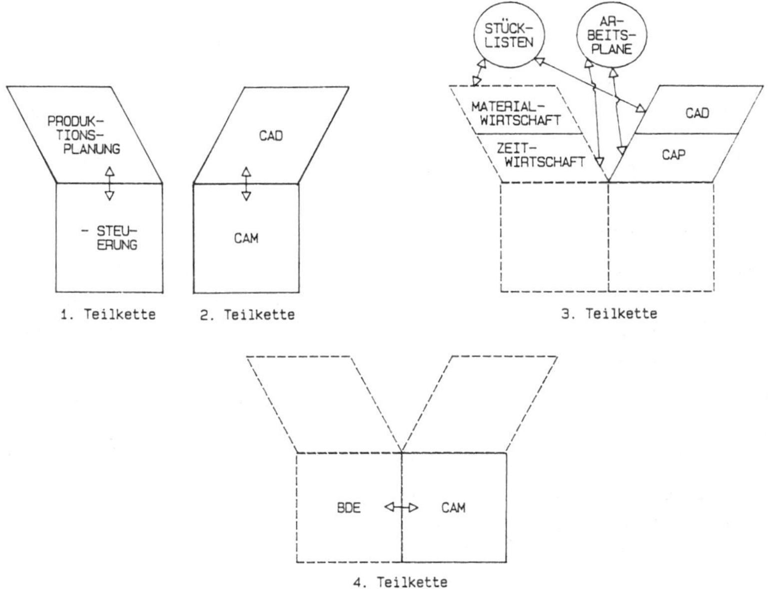

Abb. 99: CIM-Teilketten

Verbindung von Planung und Steuerung

Durch die zunehmende Dezentralisierung verschiebt sich die Gewichtung der Funktionen innerhalb des PPS-Systems. Gegenüber herkömmlichen PPS-Systemen wird im CIM-PPS-System die Grobplanung – d.h. Vertriebsplanung und operative Programmplanung (Primärbedarfsplanung) – durch verbesser-

[68] Vgl. *Scheer* 1987, S. 85ff. Zur Beschreibung von CIM-Teilketten mit entsprechender Hardwareausstattung für große, mittlere und kleine Produktionsbetriebe, siehe auch *Hoff* 1987.

te Prognosen sowie durch den Einsatz von Optimierungs- und Simulationsmodellen verstärkt. Dies gilt auch für die Steuerungsebene bzw. Feinplanungsebene, die ebenfalls durch Einsatz neuerer Verfahren der Fertigungssteuerung[69] – wie z.B. Belastungsorientierte Auftragsfreigabe, System OPT, KANBAN – sowie von Verfahren zur innerbetrieblichen Transport- und Lageroptimierung verbessert wird. Die Verbindung zwischen Planungs- und Steuerungsebene wird durch eine Koordinationsebene (Leitebene) hergestellt, die z.B. in Form eines elektronischen **Leitstandsystems** organisiert wird[70]. Zur Hierarchiebildung zwischen Planungs- und Steuerungsebenen ist die geplante CIM-Architektur (siehe Abschnitt II.4.2.5.3) zu berücksichtigen.

Verbindung von CAD und CAM:

Hier ist eine Schnittstelle von CAD zu CAM zu implementieren, um Geometrieinformationen weiterleiten zu können. Auf diese Möglichkeiten wurde bereits in Abschnitt II.4.2.1.7 eingegangen.

Verbindung der PPS-Grunddatenverwaltung mit CAD/CAP

Bei der Auswahl von CAD- bzw. CAP-Systemen muß hier darauf geachtet werden, daß eine automatische Generierung von Stücklisten bzw. Arbeitsplänen möglich ist, und diese Datenstrukturen auch an das PPS-System übergeben werden können.

Verbindung von BDE und CAM:

Von intelligenten Steuerungssystemen der Produktionsanlagen können Maschinen- und Leistungsdaten erfaßt und direkt an das Betriebsdatenerfassungssystem weitergegeben werden. Hierzu müssen BDE-Terminals geeignete Eingabeschnittstellen aufweisen.

Während die bisher beschriebene Systemveränderung nur zur Daten- und Vorgangsintegration **innerhalb** von Produktionsbetrieben führt, ermöglichen CIM-Konzepte auch die Integration von Vorgangsketten über die Betriebsgrenzen hinweg zu Kunden und Lieferanten. Solche **betriebsübergreifende Vorgangsketten in CIM** können technisch über Electronic-Mail-Dienste, Bildschirmtextsysteme und Herstellernetzkonzepte (z.B. SNA von IBM, DECNET von DEC, TRANSDATA von SIEMENS) sowie selbst gestaltete Netze realisiert werden. Die Abbildungen 100 bis 102[71] zeigen die Schritte einer **Logistikkette** mit den **betriebswirtschaftlichen Funktionsfolgen** Beschaffung, Auftragsbearbeitung, Produktionsplanung und -steuerung, Versand, Wareneingang, Fakturierung und Zahlungsabwicklung zwischen Endverbraucher, Hersteller (Automobilbau) und Zulieferer (Reifenhersteller). Dabei zeigt die *Abb. 100* die konventionelle **Ausgangssituation,** die *Abb. 101* eine bereits verbesserte Version mit **Datenaustausch** (z.B. über Electronic-

---

[69] Siehe hierzu auch Abschnitt III.4.

[70] Vgl. *Kurbel/Meynert* 1988 sowie Abschnitt III. 4.9.2.2.

[71] *Scheer* 1987, S. 177, 178 und 182.

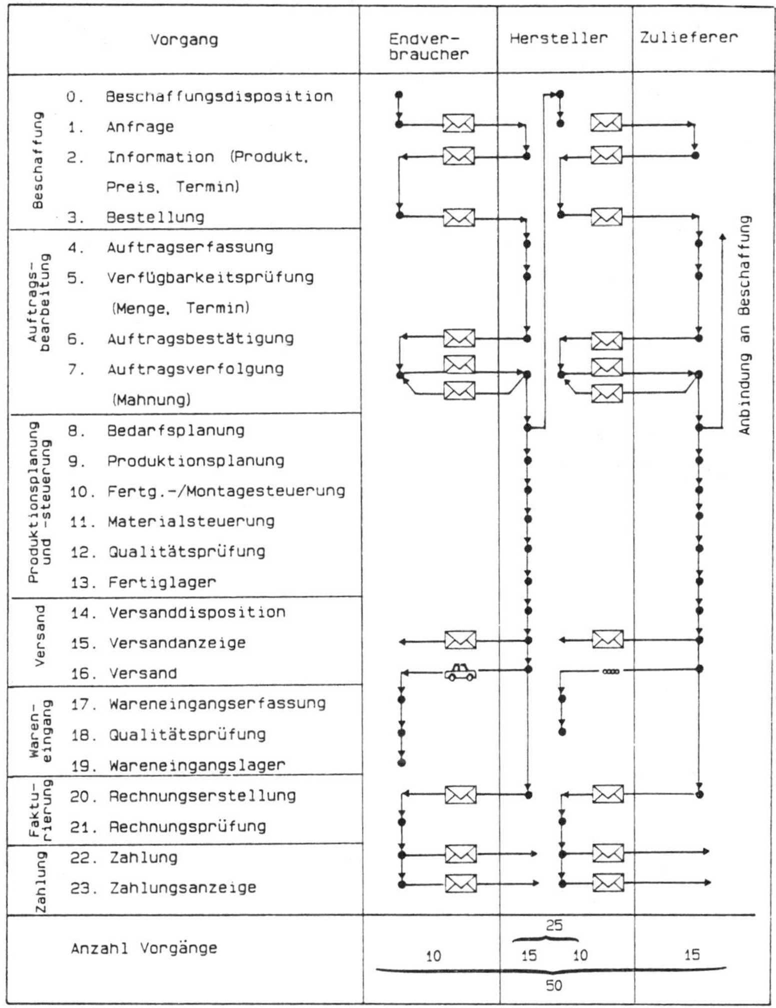

Abb. 100: Ausgangssituation einer Logistikkette

Mail-Dienste oder Btx) und die *Abb. 102* die optimale Möglichkeit der **Anwendungsintegration,** bei der die Anwendungsprogramme der Logistikpartner miteinander kommunizieren können.

Die letztgenannte Version bietet folgende Vorteile:

- Realisierung einer Just-in-Time-Produktion mit erheblicher Bestandsreduzierung
- Kommunikation in Papierform wird reduziert
- Dispositionsfunktionen zwischen Produktion, Montage, Bestellung und Zulieferung entfallen aufgrund der engen zeitlichen Verknüpfung

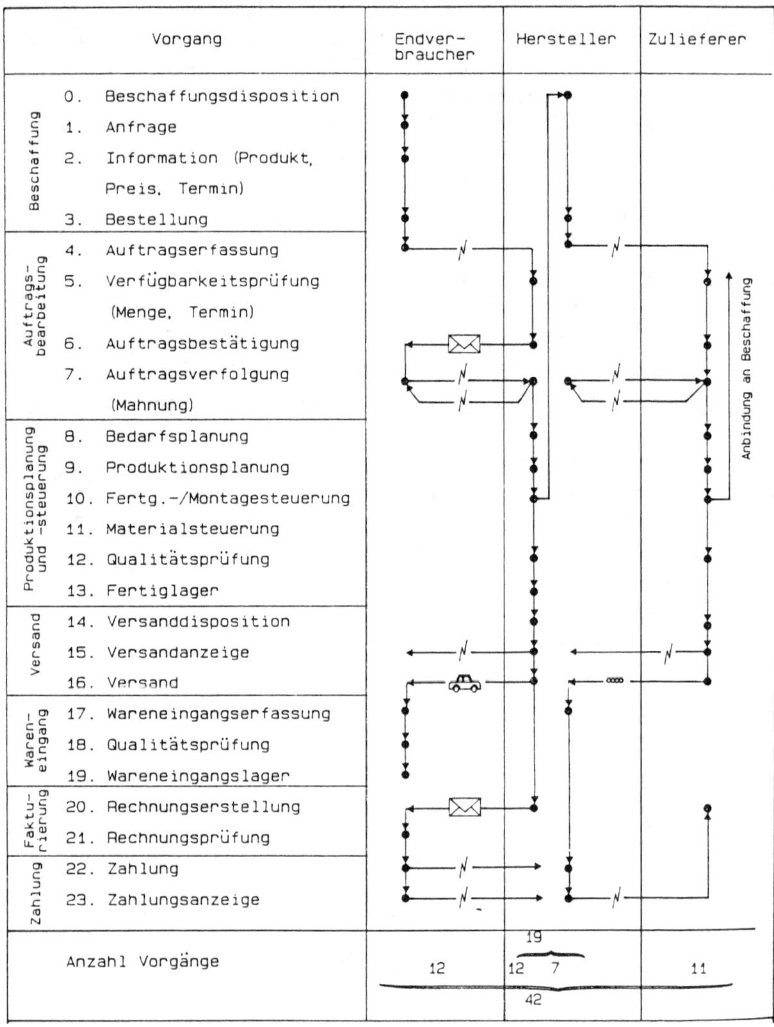

Abb. 101: Datenaustausch innerhalb einer Logistikkette

- Funktionsverlagerung zwischen den Partnern:
  - Auftragsbearbeitung des Lieferanten wird vom Kunden übernommen
  - Wareneingangsfunktionen des Kunden werden vom Lieferanten übernommen

Die Anzahl der zu bearbeitenden Vorgänge läßt sich mit dieser überbetrieblichen Vorgangsintegration von insgesamt 50 in der Ausgangssituation über 42 bei Datenaustausch bis zu 35 bei Anwendungsintegration reduzieren.

Ein ähnlicher Rationalisierungseffekt läßt sich mit einer **überbetrieblichen CAD/CAM-Integration** erreichen. Die *Abbildungen 103–105* zeigen diese

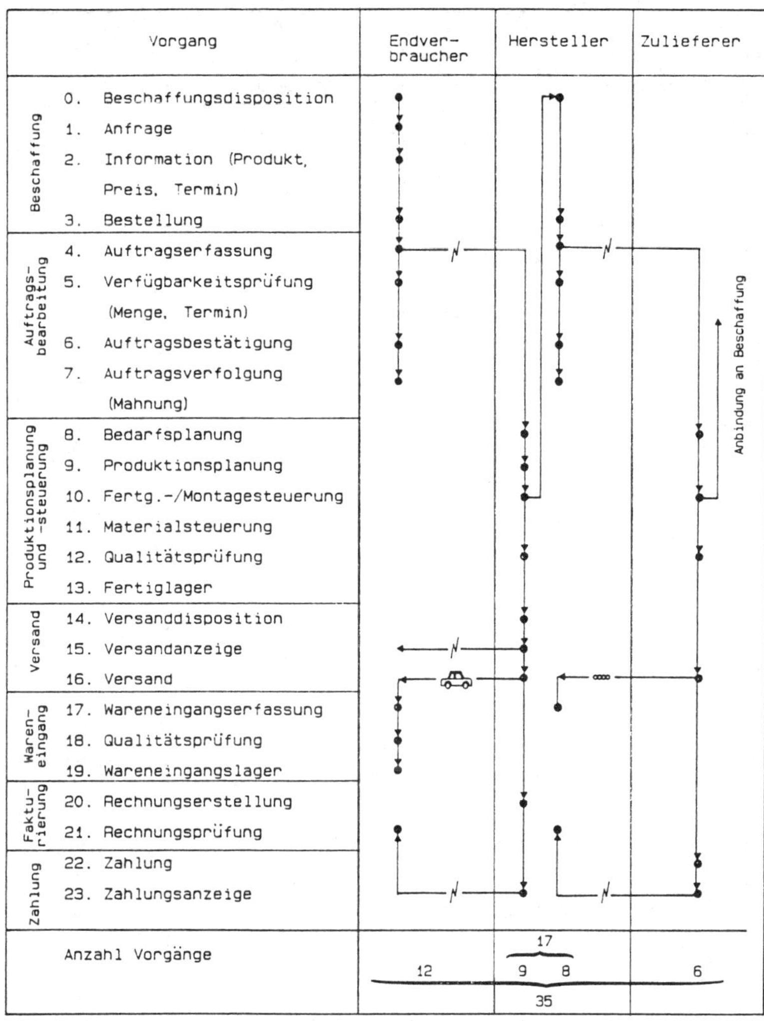

Abb. 102: Anwendungsintegration innerhalb einer Logistikkette

überbetrieblichen CAD/CAM-Vorgangsketten zwischen Hersteller und Zulieferer[72], wobei *Abb. 103* wiederum die **Ausgangssituation,** *Abb. 104* den überbetrieblichen **Datenaustausch** und *Abb. 105* die **Anwendungsintegration** darstellen.

Eine konsequente Weiterverfolgung dieser Integrationstendenz kann soweit führen, daß die gesamte Konstruktion und NC-Programmierung des Zulieferers vom Hersteller übernommen wird, und dieser fertige NC-Datensätze

[72] *Scheer* 1987, S. 187, 188 und 189.

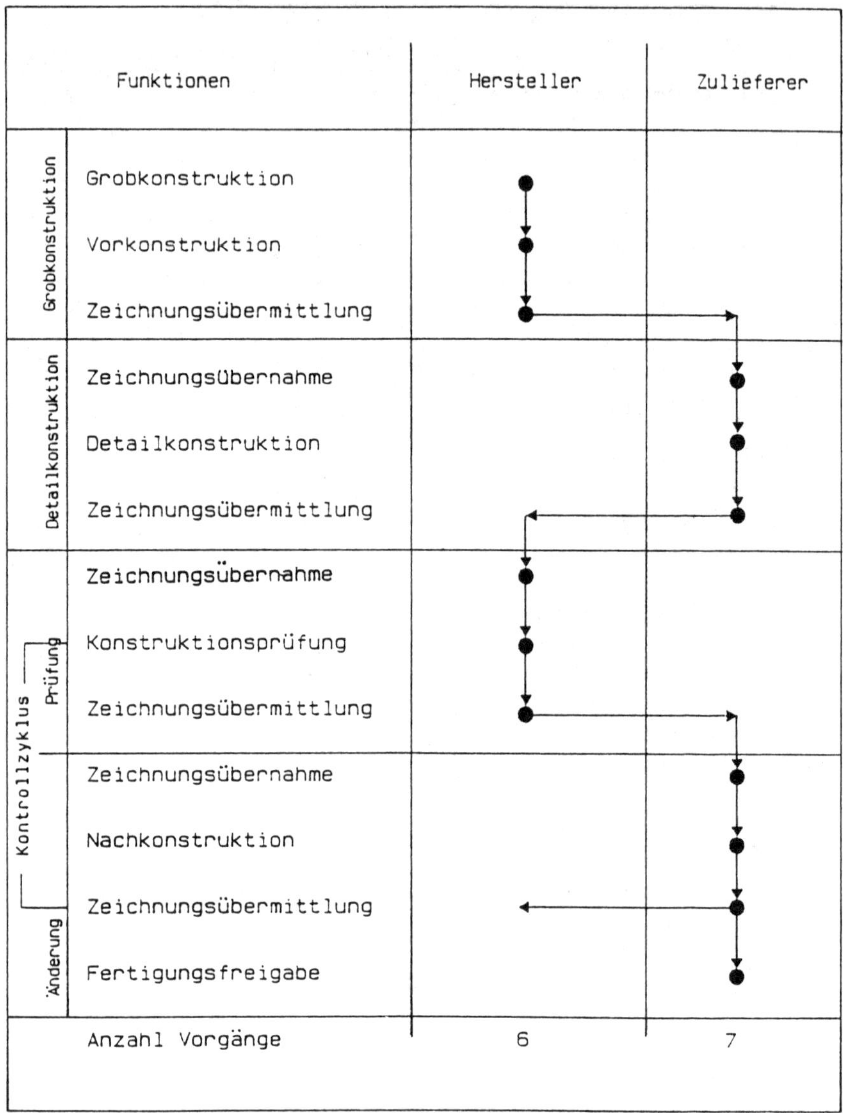

Abb. 103: Ausgangssituation unverbundener CAD/CAM-Systeme

überträgt. Weiterhin könnte er Daten der Qualitätssicherung des Zulieferers zur Kontrolle automatisch aus dessen CAM-Bereich zurückbekommen. Die betriebsübergreifenden Vorgangsketten bilden somit eine Ergänzung zu den oben beschriebenen vier innerbetrieblichen CIM-Teilketten.

Die Auswahl des Bereiches, **wo die neuen Technologien zuerst eingeführt werden,** erfolgt aufgrund einer Schwachstellenanalyse. Dabei wird häufig

	Funktionen	Hersteller	Zulieferer
Grobkonstruktion	Grobkonstruktion		
	Vorkonstruktion		
	Zeichnungsübermittlung		
Detailkonstruktion	Zeichnungsübernahme		
	Detailkonstruktion		
	Zeichnungsübermittlung		
Kontrollzyklus – Prüfung	Zeichnungsübernahme		
	Konstruktionsprüfung		
	Zeichnungsübermittlung		
Kontrollzyklus – Änderung	Zeichnungsübernahme		
	Nachkonstruktion		
	Zeichnungsübermittlung		
	Fertigungsfreigabe		
	Anzahl Vorgänge	5	5

Abb. 104: CAD/CAM-Datenaustausch

vorerst eine Insellösung realisiert und dann – wie oben beschrieben – schrittweise eine Integration herbeigeführt. Große Schwierigkeiten bereitet die **Integration mit dem bestehenden Umfeld.** Hier sind insbesondere die Probleme der Integration der sogenannten indirekten Bereiche – wie Instandhaltung, innerbetrieblicher Transport, Qualitätssicherung usw. – angesprochen. Häufig sind CIM-Komponenten in ein konventionelles Umfeld einzuordnen, das erst nach und nach an das Integrationskonzept herangeführt werden kann.

Einen ganz besonders heiklen Problembereich stellen die **organisatorischen und personalen Aspekte der CIM-Einführung** dar. Wie oben erwähnt ist häufig eine umfassende Reorganisation mit der CIM-Einführung verbunden.

	Funktionen	Hersteller	Zulieferer
Grobkonstruktion	Grobkonstruktion	●	
	Vorkonstruktion		
	Zeichnungsübermittlung		
Detailkonstruktion	Zeichnungsübernahme		
	Detailkonstruktion	●	
	Zeichnungsübermittlung	●	
Kontrollzyklus – Prüfung	Zeichnungsübernahme		
	Konstruktionsprüfung		●
	Zeichnungsübermittlung		●
Kontrollzyklus – Änderung	Zeichnungsübernahme		
	Nachkonstruktion	●	
	Zeichnungsübermittlung	●	
	Fertigungsfreigabe		●
	Anzahl Vorgänge	5	3

Abb. 105: CAD/CAM-Anwendungsintegration

Auch die Arbeitsorganisation (Arbeitsstrukturierung) verändert sich teilweise erheblich. Von großer Bedeutung sind Maßnahmen der Organisations- und Personalentwicklung. Eine vorbereitende und installationsparallele Schulung des Personals ist unabdingbar[73].

In empirischen Untersuchungen wurden in letzter Zeit erhebliche Integrationslücken in existierenden CIM-Systemen konstatiert. Zu deren Behebung wurde ein umfassendes Stufenkonzept zur Integration entwickelt. Zum Ab-

[73] Vgl. *Burdach* 1985 sowie Abschnitt II.3.5.

schluß der Ausführungen über die Planung der CIM-Implementierung sollen in einer kurzen Zusammenfassung die wesentlichen Schritte eines solchen Konzeptes angeführt werden[74], die nach Meinung von Experten sukzessive zu durchlaufen sind:

- Vereinfachung der Abläufe durch Fertigungssegmentierung
- Formulierung gezielter Fertigungsstrategien in bezug auf Fertigungstiefe und Programmbreite und damit vertikale Integration sowie Qualitätssicherung
- Flexible Automatisierung in Teilbereichen durch Einführung flexibler Produktionsanlagen (z.B. FFS)
- Realisierung der papierlosen inner- und überbetrieblichen Kommunikation in Produktion und Beschaffung (PPS und CAD/CAM)
- Integration von CIM-Komponenten in ein Gesamtkonzept
- Ganzheitliche Beurteilung des CIM-Konzeptes

Der letzte Schritt wird im nächsten Abschnitt zur ökonomischen Bewertung der neuen Prozeßtechnologien eingehend behandelt.

4.2.6 Ökonomische Bewertung der neuen Prozeßtechnologien

4.2.6.1 Grundlagen

Mit der Einführung neuer Prozeßtechnologien wird eine entscheidende Veränderung der qualitativen und quantitativen Kapazität und Flexibilität des Produktionssystems bewirkt. Mit den damit verbundenen Verschiebungen von Input-Output-Beziehungen ergeben sich erhebliche ökonomische Konsequenzen, die eine fundierte Bewertung verlangen[75]. Die Einführung neuer Prozeßtechnologien hat weiterhin massive Auswirkungen sowohl auf das Führungs- als auch auf das Ausführungspersonal. Dieser Problemkreis wurde bereits in Abschnitt II.3.5 im Rahmen der Produktions-Personalplanung angesprochen.

In diesem Abschnitt sollen die ökonomischen Wirkungen neuer Prozeßtechnologien einer Analyse und Bewertung unterzogen werden. Sie beeinflussen die Gewinnsituation und die langfristige Sicherung der Wettbewerbsfähigkeit der Unternehmung. Zur Wirtschaftlichkeitsbeurteilung von CIM-Komponenten sowie ganzheitlicher CIM-Konzepte liegen bereits zahlreiche Untersuchungen vor[76]. Ebenso wurde die Funktion des strategischen (Produktions-) Controllings als Koordinationsinstanz in diesem Zusammenhang bereits analysiert[77].

---

[74] Vgl. *Wildemann* 1991b.

[75] Vgl. *Wildemann* 1987b.

[76] Vgl. beispielsweise *Eisele/Schwan* 1992, *Schumann/Mertens* 1990, *Weise* 1991, *Mertens/Schumann* 1989, *Zäpfel* 1989a, *Horváth/Mayer* 1988a, *Schreuder/Upmann* 1988, *Horváth/Kleiner/Mayer* 1987, *Schlingensiepen* 1987, *Wildemann* 1987a und 1986b.

[77] Vgl. *Hoitsch* 1992b und 1989, *Serfling/Schönebeck* 1989, *Horváth/Mayer* 1988b.

Vereinfacht dargestellt vertreten (fast) alle diese Untersuchungen eine von zwei konträren Auffassungen:

- Strategisches Wettbewerbskonzept:
  - Wirkungen einer CIM-Investition – wie z.B. Flexibilitätserhöhung, Durchlaufzeitverkürzung, Qualitätsverbesserung – sind schwer oder nicht monetär meßbar
  - Hauptnutzenfaktor resultiert aus strategischen Wettbewerbsvorteilen
  - Einsatz von Portfolio-Analysen, Technologiekalender, Nutzwertanalyse, Argumentenbilanz zur Bewertung ist sinnvoll
  - Investitionsrechnung zur Bewertung monetärer Wirkungen hat nur untergeordnete Bedeutung und dient lediglich zur Alternativenauswahl

- Taktisches Gewinnkonzept:
  - Wirkungen einer CIM-Investition müssen sich – wenn auch nur mit Näherungsverfahren – monetär quantifizieren lassen
  - Nutzenfaktoren müssen Gewinnvorteile bringen
  - Einsatz klassischer (dynamischer) Investitionsrechnungsverfahren zur Bewertung ist sinnvoll
  - CIM-Investitionen müssen sich wie herkömmliche Rationalisierungsmaßnahmen über Kostensenkungen, gegebenenfalls Erlöserhöhungen und über Amortisationsdauern begründen (rechtfertigen) lassen

Die Verdrängung der Betriebsergebniskonsequenzen im strategischen Konzept ist ebenso wie die Außerachtlassung strategischer Erfolgsfaktoren im taktischen Konzept für eine umfassende Bewertung von CIM-Investitionen nicht zufriedenstellend. Hier soll eine Methode dargestellt werden, die sowohl die Auswirkungen von CIM-Investitionen auf die Wettbewerbsposition der Unternehmung als auch die finanziellen Konsequenzen in ausreichendem Maße berücksichtigt. Der Ablauf erfolgt dabei in folgenden Schritten[78]:

- Mit Hilfe strategischer Planungsmethoden (Portfolio-Analyse, Technologiekalender) werden Normstrategien und Rahmenbedingungen zur Einführung von CIM festgelegt, die in ausreichender Weise zukünftige Erfolgspotentiale berücksichtigen (wurde bereits in den Abschnitten II.4.2.1 bis 4.2.5 behandelt)

- Simulation der möglichen finanziellen Konsequenzen der Normstrategien durch:
  - operative Fundierung der strategischen Investitionsplanung mit Hilfe von Eventual-Kosten- und -Erlösplanungen
  - erweiterte (flexible) dynamische Investitionsrechnung nach dem Entscheidungsbaumverfahren (Durchspielen von Szenarien) mit Risikoanalyse
  - Ergänzung der Investitionsrechnung durch Break-Even-Analyse

---

[78] Vgl. *Hoitsch/Backes* 1992.

- Erstellung einer Argumentenbilanz zur Bewertung nicht exakt monetär quantifizierbarer Wirkungen
- Bestätigung oder Revision der Normstrategie

4.2.6.2 *Operative Fundierung der strategischen Investitionsplanung*

Als Vorstufe zur Investitionsrechnung wird eine differenzierte kurzfristig orientierte mehrperiodische Eventual-Kosten- und -Erlösplanung für die projektierte neue Prozeßtechnologie erstellt. Durch Aggregation und Dynamisierung über den gewählten Planungshorizont kann eine Transformation der zahlungsrelevanten Eventual-Plankosten- und -erlösdaten zur Langfristplanung von Aus- und Einzahlungsströmen der Investitionsplanung erfolgen.

Trotz des vergleichsweise hohen Aufwandes erscheint ein **Plädoyer für eine detaillierte operative Fundierung der strategischen Investitionsplanung** aus zwei Gründen zweckmäßig zu sein:

- Informationsversorgungsaufwand für differenzierte analytische Eventual-Kosten- und -Erlösplanung ist im Verhältnis zum finanziellen Ausmaß eines CIM-Investitionsprojektes gerechtfertigt
- Kosten- und Erlösplanung ist nach erfolgter Investition zur ergebnisorientierten Steuerung des betreffenden Unternehmensbereiches ohnehin erforderlich. Die Eventualplanungen vor dem Investitionszeitpunkt liefern hierzu eine brauchbare Grundlage[79].

Die *Abb. 106* zeigt hierzu beispielhaft die Verschiebung der Kostenstruktur bei alternativen Produktionsanlagen[80].

Vertreter des strategischen Wettbewerbskonzepts empfehlen hier die Planung **pauschaler Kostensenkungs- und Erlöserhöhungspotentiale** ohne Berücksichtigung direkter und indirekter Preiswirkungen[81]. Pauschale Kostensenkungspotentiale, die zur Prognose reduzierter Auszahlungsströme herangezogen werden, ersetzen dabei unter anderem auch schwer zurechenbare Einzahlungen. Hinter diesem Ansatz steht die Beantwortung der Frage, welche Rendite die Unternehmung in Zukunft **ohne** die Investition in die neue Prozeßtechnologie erwirtschaftet. Dieser auf dem Opportunitätskostenkonzept basierende Ansatz erlaubt eine ganzheitliche Betrachtungsweise der Bewertungsproblematik. Die *Abb. 107* zeigt eine Darstellung der wichtigsten Kostensenkungspotentiale für CAD/CAM und FFS[82].

Eine solche pauschale Globalplanung relevanter Daten für die strategische Investitionsplanung kann zu einer unzureichenden Informationsversorgung des strategischen Managements führen. Die Einführung neuer Prozeßtechno-

---

[79] Zur Kostenplanung für neue Technologien in der Produktion siehe z.B. *Knoop* 1986 und 1987 sowie *Platt* 1987.
[80] Vgl. *Platt* 1987.
[81] Vgl. z.B. *Wildemann* 1986b, S. 31ff.
[82] *Wildemann* 1986b, S. 32 und ders. 1987b, S. 210ff.

Kostenarten \ Anlagen	Unverkettete Werkzeugmaschinen	Flexible Fertigungssysteme	Transfer-straßen
I Personal-kosten	I 43,7 %	I 24,7 %	I 19,7 %
II Kapital-kosten	II 17,8 %	II 33,1 %	II 29,8 %
III Fertigungs-gemeinkosten (ohne Personal)	III 13,5 %	III 13,9 %	III 23,7 %
IV Sonstige Kosten	IV 25,0 %	IV 28,3 %	IV 26,8 %
Summe	**100 %**	**100 %**	**100 %**

Abb. 106: Kostenstruktur bei alternativen Produktionsanlagen

logien in der industriellen Praxis erfolgt in der Regel nach einem bausteinhaften, d.h. modularen und zeitlich sukzessiven Realisierungskonzept. Dieser schrittweise Einführungsprozeß muß möglichst realistisch über die Zahlungsströme innerhalb des Planungshorizonts abgebildet und mit dem Finanzplan abgestimmt werden. Das grobe Rahmenkonzept hierzu kann durch den Technologiekalender (siehe Abschnitt II.4.2.4) geliefert werden. Unterschiedliche Möglichkeiten bezüglich der Erwartungen über die Kosten- und Erlösentwicklung sollten durch mehrere Szenarien – wie z.B. pessimistische, realistische und optimistische Entwicklung – erfaßt werden.

Entscheidungsrelevante Nutzenfaktoren – wie z.B. Flexibilität und Durchlaufzeitverkürzung – sollen soweit wie möglich quantifiziert werden[83]. Der Nutzen der zeitlichen Flexibilität in Form bedienerarmer Produktionsprozesse kann unmittelbar quantifiziert werden. In bezug auf die qualitative Flexibilität arbeitet eine flexible Anlage aufgrund mittelfristiger Umrüst- und Umbaubarkeit, trotz wesentlich höherer Anschaffungsauszahlungen, ab einer bestimmten Neuproduktfrequenz mittelfristig wirtschaftlicher als eine starre Anlage.

Ein flexibles Produktionssystem kann für andere, zum Zeitpunkt der Planung noch gar nicht erkennbare Produktionsaufgaben weiterverwendet werden. Der **Weiterverwendbarkeitsgrad,** der den Anteil der Investition an den

[83] Vgl. *Weise* 1991, *Wildemann* 1987b, *Züst* 1987, speziell für CAD vgl. *Kuba* 1986, für CAP vgl. *Schulz/Dey/Schmid* 1986.

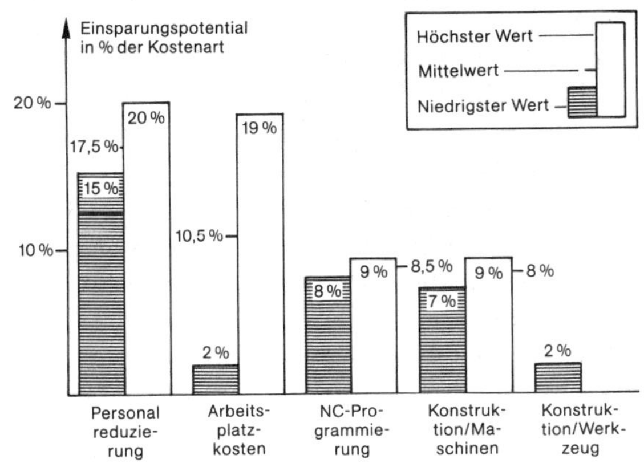

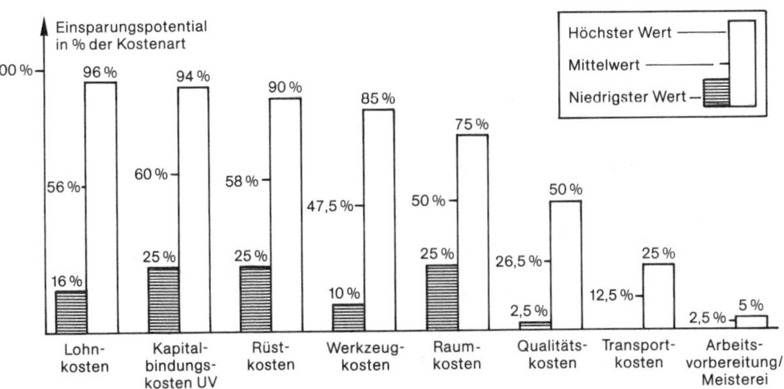

Abb. 107: Kostensenkungspotentiale für CAD/CAM und FFS

Anschaffungsauszahlungen kennzeichnet, der **nach** einem repräsentativen Aufgabenwechsel weiterverwendet werden kann, wird z.B. auf 0,2 bei Transferstraßen im Automobilbau bis auf 0,8 bei Industrierobotern geschätzt[84]. Dieser Nutzenfaktor wird durch Ansatz einer längeren Nutzungsdauer berücksichtigt. In der Investitionsrechnung müßten hier neben eventuell zusätzlichen Auszahlungen für spätere Peripherieänderungen auch zusätzliche Einzahlungen aufgrund der Erfüllung neuer Aufgaben berücksichtigt werden.

Äußerst schwierig ist der Nutzen einer Durchlaufzeitverkürzung zu quantifizieren. Sie kann zu früherer Erlös-, d.h. Einzahlungsrealisierung sowie verminderten Auszahlungen für Lagerung und Handling führen. Verminderte

[84] Vgl. *Schünemann/Lehnen* 1983, *Jacobi* 1982.

Bestandsrisiken wären über geringere lagerdauerabhängige Opportunitätskosten, d.h. geringere entgangene oder verminderte Einzahlungen aufgrund technischer Überalterung und/oder schlechterer Qualität der Endprodukte abzubilden. Der gleiche Effekt ergibt sich durch kürzere Durchlaufzeiten aufgrund kleinerer Seriengrößen, wenn Fehler frühzeitig erkannt und somit der Ausschuß reduziert werden kann.

Durch Senkung der Einführungszeiten von Produkten – z.B. aufgrund verkürzter Entwurfszeiten, vereinfachter Zeichnungsänderung und vereinfachter Anwendung des Baukastenprinzips bei CAD sowie erhöhter Produktionskapazität, Produktivität und Anpassungsfähigkeit flexibler Fertigungsanlagen – können früher Erlöse bzw. Einzahlungen realisiert werden.

Eine vom Marketing durchzuführende Quantifizierung der Deckungsbeitrags- bzw. Einzahlungssteigerungen aufgrund einer verbesserten Marktposition bleibt unerläßlich. Über eine Art von Break-Even-Analyse soll dem Marketing auch deutlich gemacht werden, welcher Mehrerlös erforderlich wäre, um die Wirtschaftlichkeit neuer Prozeßtechnologien zu begründen.

4.2.6.3 Investitionsrechnung und Break-Even-Analyse

Der vollständige Planungsprozeß zur ökonomischen Rechtfertigung von CIM-Investitionen läuft in folgenden Schritten ab[85]:

- Dynamische Planung der Anschaffungsauszahlungen für Hard- und Software sowie Planungs- und Schulungsaufwand unter Berücksichtigung von Weiterverwendbarkeitsgraden
- Operative kostenartenweise Eventual-Kostenplanung für die relevanten Alternativen der neuen Prozeßtechnologien
- Dynamische Planung der Auszahlungsströme auf der Basis aggregierter zahlungswirksamer Werte der Eventual-Kostenplanungen, wobei Erfahrungskurveneffekte zu berücksichtigen sind.
- Dynamische Planung der Einzahlungsströme unter Berücksichtigung geplanter Erlöserhöhungs- bzw. Deckungsbeitragserhöhungspotentiale aufgrund quantifizierter Nutzenfaktoren und einer verbesserten Wettbewerbsposition. Hier sind auch Opportunitätskosten, d.h. Einzahlungsminderungen aufgrund eines eventuell reduzierten Outputs in der Anlaufphase zu berücksichtigen.
- Ermittlung von Risikoprofilen des Kapitalwertes (Risikoanalyse) mit Hilfe einer flexiblen Investitionsplanungsrechnung (Entscheidungsbaumverfahren), welche die modularen Implementierungsprozesse unter Berücksichtigung unterschiedlicher Szenarien abbildet[86].
- Break-Even-Analyse.

Im folgenden sollen der grundsätzliche Ablauf des Entscheidungsbaumverfahren und der Break-Even-Analyse dargestellt werden.

---

[85] *Hoitsch/Backes* 1992, S. 44 ff.

[86] Vgl. auch *Canada/Sullivan* 1989, *Miltenberg* 1987, *Miltenberg/Krinsky* 1987.

4.2.6.3.1 *Entscheidungsbaumverfahren*

Zur Abbildung des komplexen CIM-Einführungsprozesses erweist sich das stochastische Entscheidungsbaumverfahren in Kombination mit der Kapitalwertmethode als geeignetes flexibles Planungs- und Kontrollinstrument[87].

Beim **stochastischen Entscheidungsbaumverfahren**[88] werden zur Berechnung des Entscheidungsbaumes Simulations- und Monte-Carlo-Techniken eingesetzt, wobei die Entscheidungssituationen in einem Modell nachgebildet werden. Die bestimmenden Parameter des Kapitalwertes werden mit Hilfe eines Zufallszahlengenerators und unter der Annahme einer bestimmten Wahrscheinlichkeit (sogenannte stochastische Simulation) ermittelt. Dieser Vorgang kann beliebig oft wiederholt werden, bis ein stabiles Ergebnis vorliegt.

Mit der Anwendung eines computergestützten Simulationsprogramms lassen sich durch die explizite Angabe der Verteilungsfunktion der **Einzahlungen** – oder ersatzweise durch Schätzung ihrer Parameter – die Verzweigungen eines herkömmlichen Entscheidungsbaumes auf jeweils einen Ast reduzieren. Anstatt – wie im herkömmlichen Entscheidungsbaum – mit Erwartungswerten zu rechnen, wird hier eine aus einer Grundgesamtheit stammende Zahl erzeugt, welche der angenommenen Verteilungsfunktion entspricht. Dies führt sowohl zu einer Vereinfachung des Entscheidungsbaumes als auch zu einer realistischeren Verteilung der Ergebnisse in Form von Kapitalwerten. Folgen in Abhängigkeit von den Ergebnissen weitere Entscheidungen, so sollte angegeben werden, ab welchem Schwellenwert diese relevant werden. Damit werden Entscheidungen, die bei einer bestimmten Datenkonstellation unsinnig sind, ausgesondert und die Berechnung des Baumes vereinfacht.

Die Höhe der **Auszahlungen** unterliegt hier ebenfalls einer Wahrscheinlichkeitsverteilung. Dadurch wird die Unsicherheit zwar nicht beseitigt, aber deutlich sichtbar gemacht. Sie fließt ins Kalkül ein, was bei herkömmlichen Entscheidungsbäumen mit deterministischen Inputgrößen nicht der Fall ist.

Da in der Regel eine Risikoneutralität des Investors auszuschließen ist, muß für jede Alternative eine Wahrscheinlichkeitsverteilung des Kapitalwerts mit ihren Parametern (Erwartungswert, Standardabweichung, Spannweite usw.) angegeben werden. Vom Entscheidungsträger ist dann die von ihm präferierte Alternative aus einer Anzahl entsprechend aufbereiteter Verteilungen auszuwählen. Scheiterte ein solches analytisches Vorgehen bisher am Aufwand (unter anderem Verknüpfung vieler unterschiedlicher Verteilungsfunktionen bei bedingten Wahrscheinlichkeiten), so eröffnet die Simulation einen gangbaren Lösungsweg, um zu dieser Verteilung des Kapitalwertes zu gelangen.

Wie bereits angedeutet, basiert das **Prinzip stochastischer Entscheidungsbäume** auf der Simulation. Die *Abb. 108* veranschaulicht symbolisch die Vorgehensweise.

---

[87] Vgl. *Ossadnik* 1990.
[88] Vgl. *Hespos/Strassmann* 1965.

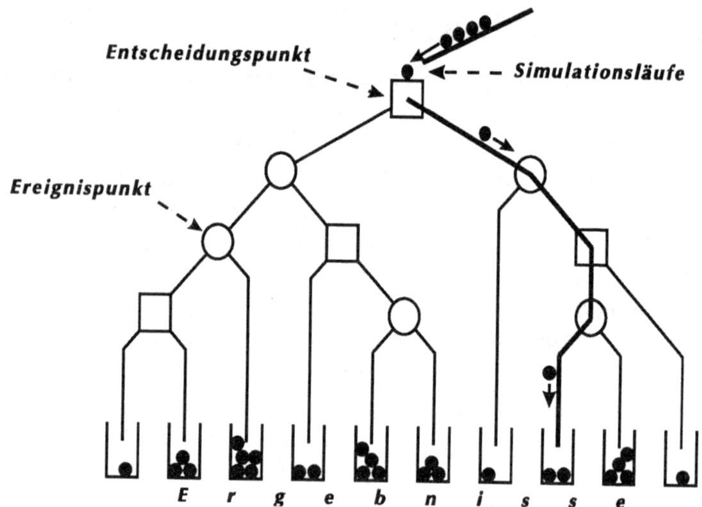

Abb. 108: Prinzip des stochastischen Entscheidungsbaumes

Jeder Simulationslauf wird durch eine Kugel repräsentiert, die durch den Entscheidungsbaum rollt. An **Entscheidungspunkten** wird ein fest vorgegebener Weg eingeschlagen (entsprechend der gewählten Alternative), an **Ereignispunkten** ermittelt das Programm, entsprechend den angenommenen Wahrscheinlichkeiten, selbständig den zu wählenden Weg. Der Simulationslauf wird beendet, nachdem die Kugel in einen „Behälter" gefallen ist.

Der Wert der auf dem Weg durch den Entscheidungsbaum auftretenden Zahlungen wird den Verteilungsfunktionen entsprechend ermittelt und der Kugel in ihrem Lauf mitgegeben, so daß sich in einem bestimmten Behälter mehrere Ergebnisse für diesen einen Weg finden. Da diese Menge einem wohl definierten Weg durch den Entscheidungsbaum entspricht, läßt sich – bei genügender Anzahl an Simulationsläufen – die dazugehörige Verteilungsfunktion ermitteln. Falls notwendig und wünschenswert, lassen sich auch mehrere Ergebnisse zusammenfassen. Die ermittelte Lösungsmenge kann – nach einer statistischen Aufbereitung – dem Entscheidungsträger zugeleitet werden. Dieser wählt dann aufgrund seiner Risikoneigung die zu realisierende Alternative aus.

Der Entscheidungsbaum bildet mit seinen Entscheidungspunkten den im Zeitablauf zu vollziehenden modularen Einführungsprozeß der neuen Technologie ab. Die **Ereignispunkte** charakterisieren **Szenarien für die Entwicklung der Rückflüsse.** Letztere werden für jede Periode des Planungszeitraumes durch Differenzbildungen der Einzahlungen und Auszahlungen ermittelt. Vor der Bestimmung der Wahrscheinlichkeitsfunktionen ist eine **dynamische Investitionsrechnung** durchzuführen, so daß die auftretenden Zahlungen im Entscheidungsbaum nicht mit ihren nominellen Werten, sondern bereits als Barwerte angesetzt werden können.

Bei komplexen und realistischen stochastischen Entscheidungsbäumen bietet sich das Verfahren der vollständigen Enumeration an. Da viele Entscheidungen nur eine Alternative beinhalten (z.B. Produktionsstätte ausbauen/nicht ausbauen) und unwahrscheinliche Entscheidungssituationen ausgeschlossen werden können (d.h. eine Vereinfachung der Struktur des Entscheidungsbaumes), läßt sich das auf den ersten Blick sehr aufwendige Verfahren der vollständigen Enumeration unter Einsatz der heute verfügbaren Hardware mit vertretbaren Rechenzeiten anwenden. Zudem liegt dieser Aufwand nicht auf der Seite des Anwenders, sondern betrifft den Rechner.

Die **Aufbereitung der Ergebnisse** erfolgt in der Form, daß der Investor eine transparente Darstellung der Entscheidungssituation erhält und auf dieser Grundlage eine sinnvolle Entscheidung treffen kann. Hier bieten sich graphische Darstellungen der Wahrscheinlichkeitsfunktionen und der Risikoprofile der einzelnen Alternativen an (siehe Fallbeispiel). Die durch die Anwendung des stochastischen Entscheidungsbaumverfahrens gewonnenen Daten können analog den **Verfahren der Risikoanalyse** bewertet werden[89]. Dabei obliegt es dem Entscheidungsträger, ob er z.B. eine Alternative mit einem hohen Erwartungswert und einer großen Streuung einer mit einem geringeren Erwartungswert und geringerer Streuung vorzieht.

Das **Ergebnis der Risikoanalyse** ist ein **Risikoprofil,** welches die kumulierte Wahrscheinlichkeit w dafür aufzeigt, daß der Kapitalwert C einen gegebenen Wert mindestens erreicht. Ein Vorteil dieser Darstellung liegt u.a. darin, daß unmittelbar abzulesen ist, mit welcher Wahrscheinlichkeit der Kapitalwert negativ wird. Diese Wahrscheinlichkeit wird als Verlustwahrscheinlichkeit bezeichnet. Darüber hinaus weist die Steilheit des Risikoprofils auf die Streuung der Kapitalwerte hin. Je steiler der Verlauf, desto geringer ist die Streuung. Für miteinander zu vergleichende Investitionen wird diejenige als stochastisch dominant bezeichnet, bei der für jeden Wert der kumulierten Wahrscheinlichkeit w, der Kapitalwert C mindestens genau so hoch ist, wie jener der zu vergleichenden Alternative (sog. stochastische Dominanz 1. Ordnung). Ein rational handelnder Investor wird somit immer die dominante Variante wählen. Es genügt daher, dem Entscheidungsträger nur diejenigen Alternativen vorzulegen, die von keiner anderen dominiert werden[90].

Graphisch dargestellt bedeutet dies, daß das Risikoprofil der dominanten Investition oberhalb des Profils der Alternative liegt und dieses wohl tangieren, es aber in keinem Punkte schneiden darf.

Das hier vorgestellte Verfahren geht vorerst von innerhalb der strategischen Planung verabschiedeten Normstrategien aus. Die Bewertung der Ergebnisse des Entscheidungsbaumverfahrens könnte ggf. zu einer Revision der ursprünglichen Strategie (z.B. Früheinstieg) Anlaß geben und zu einer erneuten

---

[89] Vgl. *Blohm/Lüder* 1991, S. 266ff.

[90] Wird von einem risikoscheuen Investor ausgegangen, ließe sich auch die stochastische Dominanz 2. Grades heranziehen.

Berechnung des Entscheidungsbaumes auf der Basis einer anderen Strategie (z.B. Sinnvolles Warten) führen. Auf diesem Wege kann eine Koordination von strategischer Planung und Wirtschaftlichkeitsanalyse erreicht werden. Darüber hinaus kann dieses Verfahren zu einem rollierenden Investitionsplanungs- und -kontrollsystem ausgebaut werden.

4.2.6.3.2 Fallbeispiel einer CIM-Teilinvestition

Die Anwendbarkeit der stochastischen Entscheidungsbäume sei im folgenden an einer stark vereinfachten Wirtschaftlichkeitsberechnung zur Einführung einer CIM-Teilinvestition demonstriert. Die Struktur des Problems ist in *Abb. 109* dargestellt. Hier zeigt sich die Eignung des Entscheidungsbaumes für die Darstellung sequentieller Entscheidungen zu unterschiedlichen Zeitpunkten aufgrund unterschiedlicher Umweltkonstellationen. Der sukzessive Planungsablauf wird transparent gemacht.

Im Entscheidungszeitpunkt 0 muß über die Normstrategie (Einführungsstrategie) entschieden werden. Diese Entscheidung sollte aufgrund qualitativer Analysemethoden der strategischen Planung vorbereitet werden, wobei eine Revision nach erfolgter Wirtschaftlichkeitsanalyse denkbar wäre. Die Strategien des „Späteinstiegs" und des „Sinnvollen Wartens" sind deshalb nur angedeutet.

Der „Früheinstieg" besteht im Beispiel aus Investitionen zur Verkettung bereits bestehender CNC-Maschinen mit einem übergeordneten Leitrechner (Direct Numerical Control, DNC) und der Einführung eines CAD-Grundmoduls. Auf dieser Basis werden drei mögliche Umweltzustände untersucht. Es ist vorstellbar, daß sich die Erwartungen, die in die neue Technologie gesetzt wurden, nicht erfüllen. Kostensenkungspotentiale konnten sich z.B. nicht realisieren lassen, oder es traten große Akzeptanzprobleme bei der Belegschaft auf. In diesem Szenario würde der weitere Ausbau von CIM vorerst gestoppt werden. Statt dieser pessimistischen Einschätzung des weiteren Verlaufs kann aber auch eine die Erwartung übertreffende (optimistische) Entwicklung eintreten. In diesem Falle stellt sich die Frage, ob in eine Flexible Fertigungszelle (FFZ) und erste Erweiterung des CAD-Grundmoduls investiert werden sollte. Zwischen diesen beiden Szenarien liegt der „realistische" Verlauf der Umweltentwicklung. Hier muß anschließend über einen DNC-Ausbau entschieden werden. Nach jeder Entscheidung gibt es wieder alternative Umweltzustände, auf die gegebenenfalls weitere Entscheidungen folgen. So z.B., ob die Flexiblen Fertigungszellen zu einem Flexiblen Fertigungssystem (FFS) und das CAD-System mit einer zweiten Erweiterung ausgebaut werden sollen oder zunächst nur eine Fertigungsinsel realisiert wird.

An den Ereignispunkten wurden die Wahrscheinlichkeiten der möglichen Umweltzustände angegeben. Als Verteilungsfunktion für die Ein- und Auszahlungen wurde hier meistens eine Betaverteilung unterstellt. Dies beruht

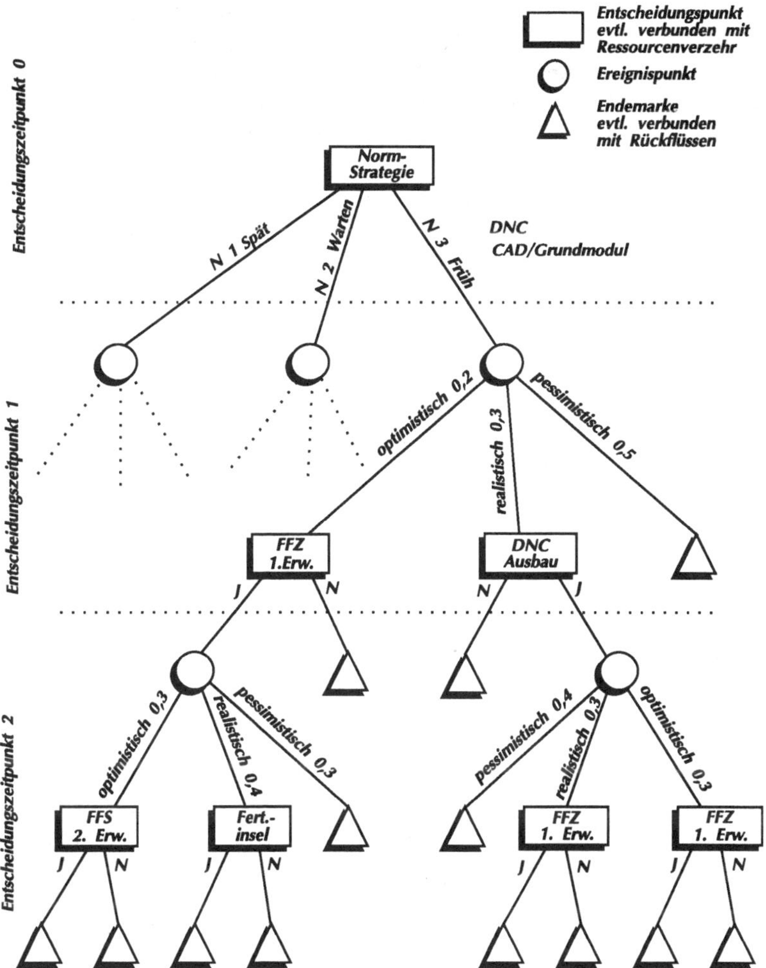

Abb. 109: CIM-Entscheidungsbaum

auf der Erfahrung mit PERT, einem Verfahren der Netzplantechnik[91], welches vor allem zur Projektplanung und -kontrolle eingesetzt wird. Die Annahme einer Betaverteilung in bezug auf die Vorgangsdauern stellt dabei eine gute Approximation an die reale Situation dar. Die Betaverteilung hat den Vorteil, sehr „schätzfreundlich" zu sein. Sie besitzt die Eigenschaft, die Verteilungsdichte auf ein endliches Intervall zu beschränken, wodurch Extremsituationen ausgeschlossen werden, und verläuft im allgemeinen nicht symmetrisch zum Erwartungswert. Diese Eigenschaften treten nicht nur bei der Verteilung von Zeitdauern, sondern auch bei der Verteilung von Kosten auf.

[91] Siehe hierzu auch Abschnitt III 4.3.2.

Es läßt sich oft ein günstigster Wert angeben, der auch bei optimistischen Annahmen nicht unterschritten wird. Auch der ungünstigste Fall ist meist abzuschätzen. Die Annahme der Asymmetrie ist in bezug auf anzusetzende Kosten ebenfalls plausibel[92]. Allerdings lassen sich auch unterschiedliche, beliebige Verteilungen verwenden. Im Beispiel wurden 2000 Simulationsläu-

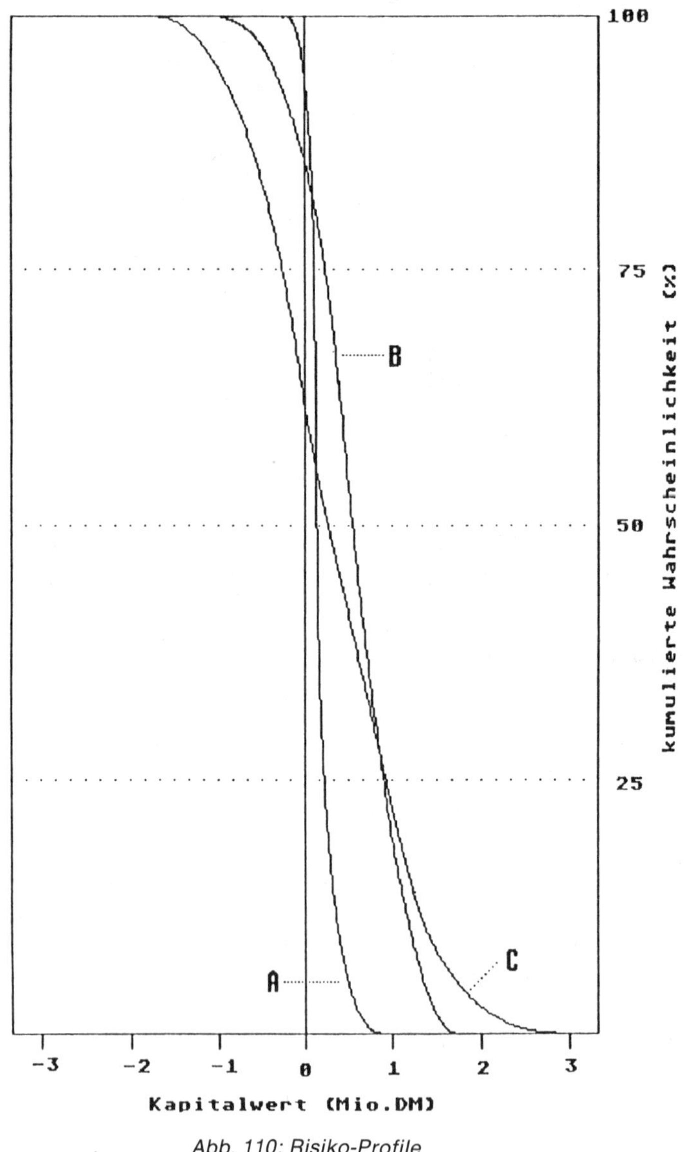

Abb. 110: Risiko-Profile

[92] Vgl. *Blohm/Lüder* 1991, S. 235.

fe durchgeführt. Die anschließende Dominanzanalyse ergab drei Alternativen, die nicht durch andere dominiert werden. Deren Risikoprofile sind in *Abb. 110* dargestellt.

Alternative A repräsentiert dabei die Situation, bei der – unabhängig von der Umweltsituation – kein weiterer Ausbau durchgeführt wird. Bei Alternative B wird im Entscheidungszeitpunkt 1 nur bei einem optimistischen Szenario die Anlage zu einer Flexiblen Fertigungszelle mit erster CAD-Erweiterung ausgebaut. Im Entscheidungszeitpunkt 2 wird nicht weiter investiert. Die Entscheidung zu einer Erweiterung bei realistischen und optimistischen Umweltkonstellationen, sowohl im Entscheidungszeitpunkt 1 als auch im Entscheidungszeitpunkt 2 führt zum Risikoprofil der Alternative C. Als Ergänzung wurden der Mittelwert μ und die Streuung σ für jede dieser Alternativen angegeben.

Die Anwendung dieses Verfahrens charakterisiert eine echte Koordinationsaufgabe des strategischen (Produktions-)Controllings, wobei dem Entscheidungsträger die Entscheidung nicht abgenommen werden soll. Durch eine fundierte Informationsversorgung und Entscheidungsunterstützung sollen Fehlentscheidungen vermieden werden. Einerseits werden bei diesem Verfahren alle Alternativen eliminiert, die nur einen geringen Gewinn bei einem trotzdem hohen Risiko erwarten lassen. Andererseits wird durch intensive Analyse und Strukturierung der Entscheidungssituation ein besseres Problemverständnis der Entscheidungsträger geschaffen.

4.2.6.3.3 Sensitivitäts- und Break-Even-Analyse

Vertreter des strategischen Wettbewerbskonzepts, welche die Investitionsrechnung mit untergeordneter Bedeutung lediglich zur Bewertung monetärer Wirkungen im Rahmen der (eher taktischen) Alternativenauswahl einsetzen, empfehlen wegen der Unsicherheit der Daten eine ergänzende **Sensitivitätsanalyse** bezüglich der wichtigsten Ergebnis-Einflußfaktoren. Die *Abb. 111* zeigt exemplarisch die Ergebnisse einer Sensitivitätsanalyse für CAD/CAM-Systeme. Als Maß für die Relevanz der Einflußparameter kann dabei die Kurvensteigung herangezogen werden, wobei eine große Steigung einen großen Einfluß auf das Ergebnis der Investitionsrechnung signalisiert[93].

Der **Reduzierfaktor** gibt das Verhältnis des Arbeitszeitaufwandes für die manuelle Konstruktion eines Produktes zu jenem der CAD-Unterstützung an, wobei der Arbeitseinsatz des Konstrukteurs und des technischen Zeichners zusammen betrachtet werden. Der Reduzierfaktor reicht vom Wert 2 (z.B. für Berechnung) bis zum Wert 10 (z.B. für die Suche nach Wiederholteilen). Wichtigster Einflußparameter ist die **Verfügbarkeit** des CAD/CAM-Systems, deren Rückgang sehr schnell zu einem hohen negativen Kapitalwert führen kann. Die Bedeutung einzelner Einflußparameter auf die Wirtschaft-

---

[93] *Wildemann* 1986b, S. 37.

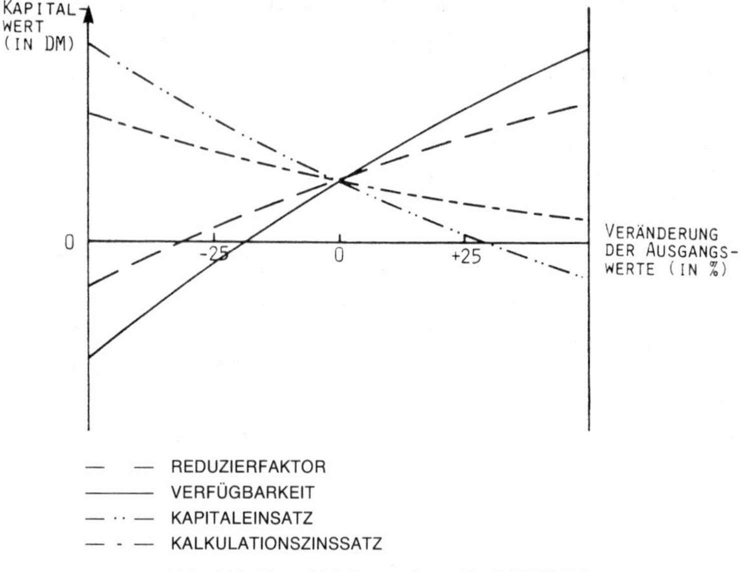

Abb. 111: Sensitivitätsanalyse für CAD/CAM

lichkeit neuer Prozeßtechnologien ist in *Abb. 112* zusammenfassend dargestellt[94].

In dem hier vorgestellten Entscheidungsbaumverfahren, das von einer operativen Fundierung der strategischen Planung zur Einführung von CIM ausgeht, hat die Investitionsplanung – wie oben gezeigt – ungleich größere Bedeutung.

Zur Erhöhung der Transparenz des Entscheidungsprozesses kann in **Ergänzung des Entscheidungsbaumverfahrens** für jede Entscheidungsstufe des modularen Einführungsprozesses eine Art **Break-Even-Analyse** durchgeführt werden. Hierbei werden für jedes Szenario die Barwerte der laufenden Rückflüsse nach abnehmender Quantifizierbarkeit den eindeutig quantifizierbaren Anschaffungsauszahlungen gegenübergestellt. Dazu müssen die Zahlungsströme für jedes Szenario gesondert geplant werden, wobei folgende Datenstrukturierung nach abnehmender Quantifizierbarkeit vorgenommen werden sollte:

- Eindeutig quantifizierbare Anschaffungsauszahlungen für Hard- und Software sowie Planungs- und Schulungsaufwand
- Eindeutig quantifizierbare laufende Auszahlungen aufgrund der operativen mehrperiodischen Eventual-Kostenplanung
- Eindeutig quantifizierbare Einzahlungen aufgrund der operativen mehrperiodischen Eventual-Erlösplanung
- Schwer quantifizierbare Einzahlungen mit vorverlagertem Einzahlungs-

[94] *Wildemann* 1986b, S. 38.

Einflußgrößen \ Neue Produktionstechnologie		CAD/CAM	IR	FFS
Investition	• Kapitaleinsatz	●	●	●
	• Kalkulationszinssatz	◒	◒	◒
	• Nutzungsdauer		●	●
Laufende Kosten	• Personalkosten			◒
	- Bedienung			
	- Instandhaltung		○	
	• Materialkosten		○	○
	• Informationskosten (Schnittstellen)			◒
Laufende Erträge	Reduzierung von			
	• Personalkosten	●	●	●
	• Materialkosten			◒
	• Informationskosten			○
Zusätzliche Faktoren	• Verfügbarkeit	●	●	●
	• Reduzierfaktor	◒		
	• Weiterverwendbarkeitsgrad (erforderliche Typnachfolgeinvestition)		●	●
	• Losgrößen	●		●

Legende: ● = hohe Sensitivität
◒ = mittlere Sensitivität
○ = geringe Sensitivität

Abb. 112: Sensitivitätsanalyse für CIM-Komponente

zeitpunkt aufgrund der Quantifizierung von Nutzenfaktoren (Flexibilität, Durchlaufzeitverkürzung)

- Schwer quantifizierbare Einzahlungen auf der Basis von zusätzlichen Deckungsbeiträgen aus einer verbesserten Wettbewerbsposition der Unternehmung.

In einem „Schichtenmodell“[95] werden den eindeutig quantifizierbaren Anschaffungsauszahlungen zuerst die Barwerte der Rückflüsse aus der Differenz der eindeutig quantifizierbaren Ein- und Auszahlungen gegenübergestellt. Danach werden die Barwerte der zusätzlichen Rückflüsse aus der Differenz der schwer quantifizierbaren und eindeutig quantifizierbaren Einzahlungen,

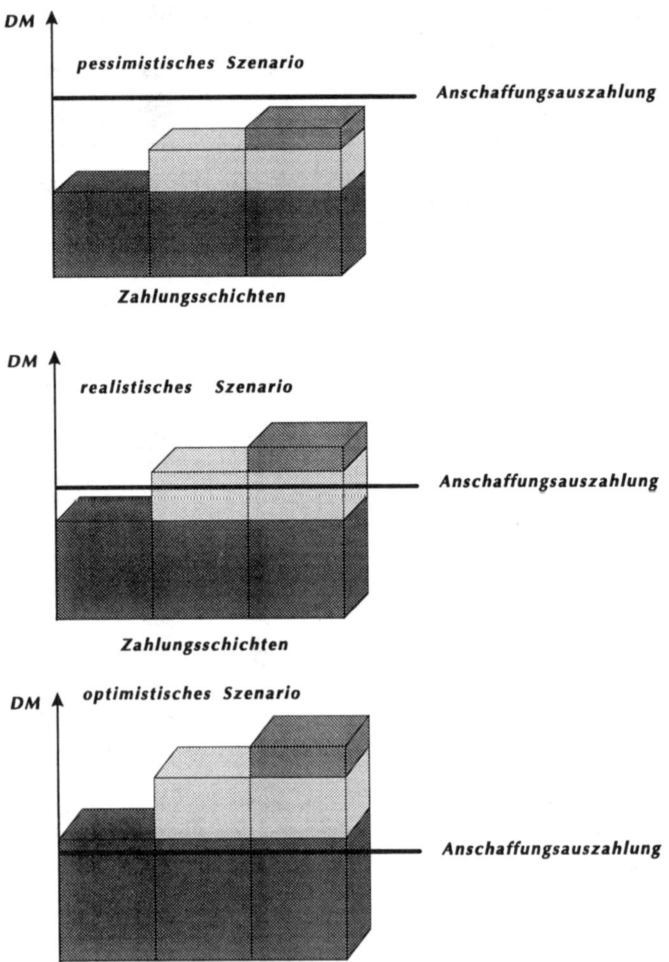

Abb. 113: Schichtenmodell der Break-Even-Analyse

[95] Vgl. ähnlich *Horváth/Mayer* 1988b, S. 52f.

d.h. zusätzliche Rückflüsse aufgrund vorverlagerter Einzahlungszeitpunkte, angesetzt. Zuletzt stellt man die schwer quantifizierbaren zusätzlichen Einzahlungen auf der Basis zusätzlicher Deckungsbeiträge in Rechnung.

Aus der graphischen Darstellung eines Beispiels in *Abb. 113* kann man erkennen, daß im pessimistischen Szenario, selbst bei Einbezug von Deckungsbeitragssteigerungen aufgrund von Wettbewerbsverbesserungen, die für diese Entscheidungsphase relevante Teilinvestition nicht wirtschaftlich wäre. Erst im optimistischen Szenario würde sich ein Überschuß der eindeutig quantifizierbaren laufenden Rückflüsse über die Anschaffungsauszahlungen ergeben. Durch diese Darstellungsform kann man relativ gut erkennen, auf welchen Grundannahmen die Rechnung beruht und welche Nutzenfaktoren berücksichtigt wurden.

4.2.6.4 *Argumentenbilanz*

Zur Ergänzung der Investitionsanalyse, die sich in erster Linie auf monetär quantifizierbare Einflußgrößen konzentriert, können eher qualitative und schwer monetär quantifizierbare Wirkungen auf die strategischen Ziele der Unternehmung in einer Argumentenbilanz berücksichtigt werden (siehe *Abb. 114*)[96].

AKTIVA	PASSIVA
I. INNENWIRKUNGEN	I. INNENWIRKUNGEN
GLEICHTEILEVERWENDUNG	AKZEPTANZ DER ANWENDER
STANDARDISIERUNG	GERINGE KONTROLLE DER EINSPARUNG
FLEXIBILITÄTSSTEIGERUNG	ARBEITSPLATZGESTALTUNG
QUALITÄTSSTEIGERUNG IM KONSTRUKTIONSBEREICH	ANTWORTZEIT-VERHALTEN
KONSTRUKTIONSFEHLERREDUZIERUNG	SYSTEM-AUSWAHL DURCH NICHT-ANWENDER
DURCHLAUFZEITREDUZIERUNG	DISKONTIERUNG DER EINSPARUNG DURCH VERSPÄTETE PRODUKTIVITÄT
INTEGRIERTER INFORMATIONSFLUß	AUTONOME RESTARBEITSPLÄTZE
PRODUKTIVITÄTSSTEIGERUNG	FINANZIELLES RISIKO
SYSTEMATISIERUNG DES PRODUKTIONSPROGRAMMS	EINFÜHRUNGSRISIKO
BILDUNG VON FUNKTIONSKETTEN	KAPAZITÄTSRISIKO
KONTINUIERLICHE FERTIGUNG	NEUHEITSGRAD
INNOVATIONSFREUNDLICHKEIT	TECHNOLOGIEFIXIERUNG
TECHNOLOGIEANSCHLUß HALTEN	II. AUSSENWIRKUNGEN
ERHÖHUNG DES AUTOMATIONSGRADES	SOFTWARE LIEFERVERZÖGERUNG
TRANSPARENZ IN DER FERTIGUNG	HARDWARE LIEFERVERZÖGERUNG
UNABHÄNGIGKEIT VOM MITARBEITERFACHWISSEN	GROßER ANSPRUCH AN DV-PROGRAMME
UNFALLSCHUTZ	PROGRAMMIERKAPAZITÄT
BEHEBUNG VON ENGPÄSSEN	ZULIEFERPROBLEME
KNOW-HOW GEWINN	AKZEPTANZ DES MARKTES
II. AUSSENWIRKUNGEN	
QUALITÄTSSTEIGERUNG	III. ARGUMENTENGEWINN DER NEUEN TECHNOLOGIE
FLEXIBILITÄT, RASCHE MARKTANPASSUNG	
VERKÜRZTE PRODUKTANLAUFZEITEN	
SCHNELLE REAKTION AUF KUNDENWÜNSCHE	
IMAGEEFFEKT	

Abb. 114: Argumentenbilanz

[96] *Wildemann* 1986b, S. 33.

Positive (Aktiva) und negative (Passiva) Argumente können mit Hilfe von Punktbewertungsverfahren – ähnlich einer Nutzwertanalyse (Scoring-Modell) – einander gegenübergestellt werden. So kann ein Argumentengewinn bzw. -verlust ermittelt werden.

In Entscheidungssituationen zur Einführung neuer Prozeßtechnologien können monetär quantifizierbare und qualitative Faktoren gewichtet werden. Unternehmen, die eine Differenzierungs- oder Konzentrationsstrategie verfolgen, werden den strategischen (qualitativen) Wirkungen eine höhere Gewichtung verleihen, als solche, die eine Kostenführerschaftsstrategie durchsetzen wollen.

Wie bereits nach Abschluß der Investitionsrechnung empfohlen, kann auch nach Abschluß des gesamten Bewertungsprozesses eine Überprüfung bzw. Revision der ursprünglichen Normstrategie (Einführungsstrategie) erfolgen. Damit werden im Sinne einer vertikalen Koordination nach dem Gegenstromprinzip Regelkreise in Bewegung gesetzt, die eine sinnvolle Entscheidungsunterstützung für das strategische Management in diesem komplexen Prozeß zur Einführung neuer Prozeßtechnologien ermöglichen.

4.3 Layout-Planung

Die Planung neuer Prozeßtechnologien legt Norm-(Einführungs-)Strategien für ganzheitliche CIM-Systeme und für CIM-Komponenten fest. Letztere betreffen auch die Ausstattung des Produktionsbereiches mit maschinellen Anlagen – wie z.B. NC-, CNC-, DNC-Maschinen, Flexiblen Fertigungssystemen und Industrierobotern. Damit werden auch bereits Rahmenbedingungen zur Gestaltung der Produktionsstruktur geschaffen, die innerhalb der Layout-Planung nunmehr im Detail konkretisiert werden müssen.

In der Fabrikplanung (siehe Abschnitt II.3.3) werden in enger Abstimmung mit der Planung neuer Prozeßtechnologien ebenfalls bereits grobe Vorstellungen zur künftigen räumlichen Produktionsstruktur – man nennt diese „Grob-Layout“ – entwickelt. In diesem Sinne kann die Layout-Planung als Konkretisierungsphase innerhalb der Fabrikplanung zur Planung des sogenannten „Fein-Layouts“ aufgefaßt werden.

Unter **Layout-Planung** soll hier die Planung der Produktionsstruktur, d.h. der **Konfiguration und räumlichen Anordnung von Produktionsanlagen,** verstanden werden. Als **innerbetriebliche Standortplanung** ist sie **einerseits** Fortsetzung und integrierender Bestandteil einer umfassenden Fabrikplanung, als **Konfigurationsplanung** befaßt sie sich **andererseits** mit der Konkretisierung der Rahmenplanung zur Einführung neuer Prozeßtechnologien (Abschnitt II.4.2) sowie der Planung maschineller Anlagen, insbesondere Kapazitätsplanung (Abschnitt II.3.4). Somit bestehen zwischen der Layout-Planung und den oben angeführten Planungsbereichen vielfältige Interdependenzen, die nur mit Hilfe simultaner Planungsmethoden theoretisch ausreichend berücksichtigt werden können. Im sukzessiven Planungskonzept der Praxis, dem hier gefolgt wird, werden die bereits dargestellten übergeordneten Rahmenpläne (z.B. CIM-Rahmenplan, Kapazitätsplan, Fabrikplan) für die hier darzustellende Layout-Planung als einengende Restriktionen aufgefaßt. Dies bedeutet beispielsweise, daß bei der Planung der räumlichen Anordnung von Maschinen in der Werkstattproduktion von einer gegebenen Gebäude-Layout-Planung (Grob-Layout-Planung) aus der Fabrikplanung ausgegangen werden kann und die gegebenen Werkstattflächen nunmehr mit maschinellen Anlagen belegt werden.

Durch den Einsatz des Gegenstromprinzips muß mit Hilfe von vermaschten Regelkreisen (Kaskadenregelung) eine vertikale Koordination über- und untergeordneter Teilpläne sichergestellt- und damit gegebenenfalls eine Revision eines übergeordneten Teilplanes (z.B. hier: Fabrikplan) möglich sein.

Hier sollen folgende Teilbereiche der Layout-Planung, die als eher taktische Planung der Produktions-Prozeßstruktur aufzufassen ist, behandelt werden:

- Planung des Organisationstyps der Produktion
- Layout-Planung in der Werkstattproduktion
- Layout-Planung in der Reihenproduktion
- Layout-Planung in der Fließproduktion
- Layout-Planung in der Zentrenproduktion.

4.3.1 Planung des Organisationstyps der Produktion

In den einführenden Grundlagen (Abschnitt I.1.3) wurde bereits in synoptischer Form eine Charakterisierung elementarer und kombinierter Kombinationstypen der Produktion vorgenommen. Bevor mit der Planung der räumlichen Anordnung und der Konfiguration von Produktionsanlagen begonnen wird, muß der grundsätzliche Organisationstyp der Produktion festgelegt werden. Dabei unterscheidet man zwischen folgenden elementaren Organisationstypen der Produktion:

- Werkstattproduktion nach dem Verrichtungsprinzip
- Reihenproduktion nach dem Flußprinzip
- Fließproduktion nach dem Flußprinzip
- Zentrenproduktion nach dem Gruppenprinzip

Darüber hinaus kann man zwischen den Sonderfällen der

- Baustellenproduktion nach dem Verrichtungsprinzip (z.B. Industrieanlagenbau) und
- Wanderproduktion nach dem Fließprinzip (z.B. Straßenbau)

unterscheiden.

Nach dem **Verrichtungsprinzip** werden maschinelle Anlagen, die gleichartige Verrichtungen (z.B. Drehen, Bohren, Fräsen) durchführen, zu Produktionsbereichen (z.B. Werkstätten) zusammengefaßt (z.B. Dreherei, Bohrerei, Fräserei). Beim **Flußprinzip** werden die maschinellen Anlagen entsprechend der technologischen Arbeitsgangfolge (technologischer Arbeitsablauf) angeordnet. Im **Gruppenprinzip** versucht man Vorteile des Verrichtungs- und Flußprinzips miteinander zu verbinden. Einerseits soll damit eine Anpassungsfähigkeit an wechselnde Arbeitsaufgaben innerhalb eines bestimmten Rahmens (wie beim Verrichtungsprinzip), andererseits soll eine möglichst fließende Materialbewegung (wie beim Flußprinzip) erreicht werden.

In vielen Produktionsbetrieben werden in verschiedenen Abteilungen unterschiedliche Produktionsprinzipien angewandt (z.B. Fertigung nach Verrichtungs-, Montage nach Flußprinzip).

Organisationstyp der Produktion / Einflußgrößen		Werkstatt-produktion	Reihen-produktion	Fließ-produktion	Zentren-produktion
- technologischer Verfahrensablauf:					
	- gleiche Arbeitsgangfolgen der Produktarten		X	X	
	- unterschiedliche Arbeitsgangfolgen	X			X
- Programmbreite:					
	- breit (viele Produktarten)	X			X
	- schmal (wenige Produktarten)		X	X	
- Auftragsgröße:					
	- Einzelproduktion	X			X
	- Kleinserienproduktion	X			X
	- Mittelserienproduktion		X		
	- Großserien- und Massenproduktion			X	
- Produktionsgeschwindigkeit					
	- gleichmäßig		X	X	
	- schwankend	X			X

 ... **relevante Einflußgröße**

Abb. 115: Einflußgrößen des Organisationstyps der Produktion

Die **Planung des Organisationstyps der Produktion** hängt von folgenden Einflußgrößen ab:

- technologischer Verfahrensablauf (Arbeitsgangfolge)
- Breite des strategischen Produktionsprogramms (Anzahl der Produktarten)
- Auftragsgröße (Seriengröße) pro Produktart
- Stabilität der Produktionsgeschwindigkeit (Produktionsmenge pro Zeiteinheit) in der Planungsperiode

Die *Abb. 115* zeigt die Konsequenzen unterschiedlicher Ausprägungen der Einflußgrößen für den Organisationstyp der Produktion.

Im Hinblick auf die wichtigen strategischen Nutzengrößen **Flexibilität** und **Produktivität** kommen für die mechanische Fertigungsindustrie folgende Organisationstypen der Produktion in Frage (siehe *Abb. 116*):

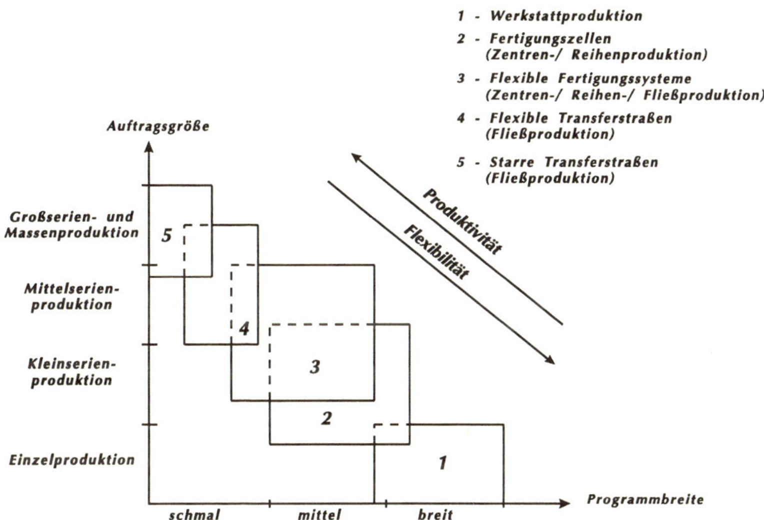

Abb. 116: Organisationstypen der Produktion für die Fertigungsindustrie

Mit einer sorgfältigen Analyse der relevanten Einflußgrößen und daraus folgender Wahl des Organisationstyps der Produktion sind die Voraussetzungen für die Konkretisierung der Prozeßstruktur geschaffen. Im folgenden sollen Verfahren der Layout-Planung bei Werkstatt-, Reihen-, Fließ- und Zentrenproduktion behandelt werden.

4.3.2 Werkstattproduktion

4.3.2.1 Kennzeichnung der Werkstattproduktion

In der örtlich ungebundenen Werkstattproduktion werden Maschinen und Arbeitsplätze mit gleichartigen Arbeitsverrichtungen zu einer produktionstechnischen Einheit, der sog. **Werkstatt,** zusammengefaßt. So sind in der mechanischen Fertigung beispielsweise alle Drehmaschinen in einer Werkstatt, der Dreherei, und alle Bohrmaschinen in einer anderen Werkstatt, der Bohrerei, vereint. Der Weg eines Werkstücks durch die Produktion wird daher einerseits durch die notwendigen Arbeitsverrichtungen und andererseits durch den innerbetrieblichen Standort der zu durchlaufenden Werkstätten bestimmt. Eine Werkstattproduktion findet vornehmlich innerhalb der Einzel- und Kleinserienproduktion statt. Prinzipiell kann festgestellt werden, daß die örtlich gebundene Werkstattproduktion dann Anwendung findet, wenn aufgrund eines häufigen Wechsels der herzustellenden Produktart mit unterschiedlichen Arbeitsgängen und Arbeitsgangfolgen eine Anordnung der Maschinen nicht nach einem allgemeinen Arbeitsablauf erfolgen kann.

Da eine zeitliche Abstimmung der Arbeitsgänge in den verschiedenen Bearbeitungsstufen eines Produktes kaum erreicht werden kann, ergeben sich Wartezeiten und somit Zwischenläger in den einzelnen Werkstätten. Die Planung der Maschinenbelegung, der Reihenfolge der Bearbeitung von Aufträgen und die Terminplanung stehen hier im Mittelpunkt der operativen Produktionsplanung, im speziellen der operativen/kurzfristigen Produktions-Prozeßplanung[97].

Den Nachteilen einer komplexen operativen Produktions-Prozeßplanung für diesen Produktionstyp stehen unter strategischen Gesichtspunkten die Vorteile einer relativ hohen qualitativen Kapazität und Flexibilität gegenüber, da hier hauptsächlich Mehrzweck-(Universal-) und Mehrverfahrenmaschinen sowie breit ausgebildete Generalisten (z.B. Metallfacharbeiter) eingesetzt werden.

Da die räumliche Anordnung der Maschinen und Arbeitsplätze die wesentlichste Einflußgröße auf die Höhe der innerbetrieblichen Transportkosten bildet, erfolgt die Layout-Planung als innerbetriebliche Standortplanung v.a. unter der Formalzielsetzung der Transportkostenminimierung. Durch die Vielzahl unterschiedlicher Produkte mit unterschiedlichen Arbeitsgängen bzw. Arbeitsgangfolgen und einer Vielzahl von Werkstätten im Produktionsbetrieb ist eine optimale, d.h. kostengünstigste Lösung für die räumliche Anordnung der Maschinen äußerst schwer zu finden.

Zur Behandlung dieses Planungsproblems in der Praxis steht eine Reihe von Verfahren zur Verfügung, die sich in drei Hauptgruppen einteilen lassen[98].

(1) Manuelle Planungsverfahren,
(2) Computergestützte Planungsverfahren im Batch-Betrieb,
(3) Interaktive Planungsverfahren.

---

[97] Siehe hierzu Abschnitt III.4.4.
[98] Vgl. *Domschke/Stohl* 1979, Sp. 1887ff.

4.3.2.2 Manuelle Planungsverfahren

In der industriellen Praxis werden meist manuelle Planungsverfahren in der Layout-Planung eingesetzt. Eine Zusammenfassung der bekanntesten Verfahren findet man bei *Schmigalla*[99]. Beim weitverbreiteten **Dreiecksverfahren** werden die Maschinen/Arbeitsplätze in den Eckpunkten eines Dreiecksnetzes angeordnet. Das Verfahren geht davon aus, daß die Transportkosten minimiert werden, wenn die Maschinen/Arbeitsplätze in den Eckpunkten eines Dreiecks so nah wie möglich beieinander plaziert werden. Die Standorte der Maschinen werden so festgelegt, daß ihre Entfernungen umgekehrt proportional zu den zwischen ihnen zu transportierenden Mengen sind.

Wichtige Instrumente weiterer manueller Verfahren sind Zeichnungen (Grundriß, Aufriß, usw.), Schablonen und Modelle. Dem Vorteil der Einfachheit manueller Verfahren steht der Nachteil gegenüber, daß nur eine relativ kleine Alternativenzahl überprüft werden kann[100].

4.3.2.3 Computergestützte Planungsverfahren im Batch-Betrieb

Die Entwicklung der EDV seit Beginn der 60er Jahre führte zur Ausarbeitung computergestützter Planungsverfahren, deren Problemstellung allerdings zuerst in ein mathematisches Modell transformiert werden muß. Meist führt dieser mathematische Optimierungsansatz zu einem quadratischen Zuordnungsproblem, für das Lösungsverfahren existieren, mit denen man Probleme bis zu einer Größenordnung von 15 Maschinen mit annehmbarem Rechenaufwand lösen kann. Aus diesem Grunde haben diese Modelle für die industrielle Praxis kaum Bedeutung erlangt.

Die mangelnde Praktikabilität der Optimierungsverfahren führte zur Entwicklung heuristischer Ansätze, die lediglich zu suboptimalen Lösungen führen. Man kann sie in zwei Hauptgruppen unterteilen:

- Eröffnungs- oder Konstruktionsverfahren,
- Verbesserungsverfahren.

Die **Eröffnungs- oder Konstruktionsverfahren** gehen so vor, daß in jedem Schritt des Verfahrens eine Maschine ausgewählt und angeordnet wird. Sie brechen ab, sobald alle Maschinen angeordnet sind. Hierzu zählt z.B. das Verfahren CORELAP (COmputerized RElationship LAyout Planning)[101].

Die **Verbesserungsverfahren** benötigen eine Ausgangslösung, die dann durch Vertauschen der Maschinen verbessert wird. Sie brechen ab, wenn durch weiteres Vertauschen von Maschinen keine Verbesserung des Zielkriteriums (Transportkostenminimierung) mehr erreicht werden kann. Hierzu zählt z.B.

---

99 *Schmigalla* 1969.
100 Vgl. *Frey* 1975, S. 523 ff.
101 *Lee/Moore* 1967.

das Verfahren CRAFT (Computerized Relative Allocation of Facilities Technique)[102].

Eine Kombination von Konstruktions- und Verbesserungsverfahren stellt die **Umlaufmethode** von *Kiehne*[103] dar.

Exemplarisch für die Gruppe der computergestützten Verfahren soll hier ein stark vereinfachtes, manuell berechenbares Zahlenbeispiel eines Verbesserungsverfahrens dargestellt werden[104]:

Gegeben sind vier (n) mögliche Standorte 1, 2, 3, 4 für vier (n) Maschinen I, II, III, IV. Aufgrund der technologischen Reihenfolge der Maschinenbelegung durch die zu erzeugenden Produkte des strategischen Produktprogramms ergibt sich folgende Transportmengenmatrix, welche die Übergangsbeziehungen zwischen den Maschinen, d.h. Stückzahl x_{ij} (in ME), die von Maschine i zu Maschine j transportiert wird, für eine Planungsperiode charakterisiert (siehe *Abb. 117*).

Abb. 118 zeigt die Matrix der Entfernungen in Entfernungseinheiten (EE, z.B. m) e_{ij} zwischen den möglichen Standorten der vier Maschinen:

von $_i$ \ nach $_j$	I	II	III	IV
I		16	2	20
II			8	0
III				14
IV				

Abb. 117: Matrix der Transportmengen

von $_i$ \ nach $_j$	1	2	3	4
1		160	240	200
2	160		120	140
3	240	120		160
4	200	140	160	

Abb. 118: Matrix der Entfernungen

[102] *Amour/Buffa* 1973.
[103] *Kiehne* 1969.
[104] Vgl. *Hansmann* 1984, S. 93ff.

Der Transportkostensatz eines bereits festgelegten Fördermittels für den innerbetrieblichen Transport einer Mengeneinheit der Produkte pro Entfernungseinheit von Maschine i bis nach Maschine j k_{Tij} beträgt 1 DM.

Die Zielfunktion lautet:

$$K_T = \sum_{ij} k_{Tij} \cdot e_{ij} \cdot x_{ij} \Rightarrow \text{Min!} \qquad (54)$$

K_T: innerbetriebliche Transportkosten pro Periode

Im **ersten Rechenschritt** wird versucht, eine **Ausgangslösung** zu finden, bei der die Maschinenkombination mit der höchsten Transportmenge die Standortkombination mit der geringsten Entfernung zugewiesen bekommt:

Laut *Abb. 117* ist dies die Maschinenkombination I→IV mit 20 ME und die Standortkombination 2→3 bzw. 3→2 mit 120 EE.

Die Maschinenkombination mit der nächsthöchsten Transportmenge wäre I→II. Während die Maschine I zwischen den Standorten 2 oder 3 wählen muß (die Maschine IV muß abhängig davon auf Standort 3 oder 2 plaziert werden), liegt für Maschine II noch kein Standort fest. Sie kann auf 1 oder 4 plaziert werden. Folgende Standortkombinationen stehen daher zur Auswahl:

2→1	mit der Entfernung	160
2→4	mit der Entfernung	**[140]**
3→1	mit der Entfernung	240
3→4	mit der Entfernung	160

Die günstigste Standortkombination für die Maschinenkombination I→II wäre daher 2→4 mit 140 EE.

Damit ist die Ausgangslösung festgelegt:

Maschine I auf Standort 2
Maschine II auf Standort 4
Maschine III auf Standort 1
Maschine IV auf Standort 3

Abb. 119 zeigt die Umgruppierung der Transportmengenmatrix nach der Reihenfolge der Standorte 1 bis 4.

Gemäß der Zielfunktion werden nun die Elemente der Transportmengenmatrix (*Abb. 119*) mit den entsprechenden Entfernungen aus der Matrix der Entfernungen (*Abb. 118*) multipliziert und mit dem Transportkostensatz pro Mengen- und Entfernungseinheit bewertet:

14 ME (III→IV)	·	240 EE (1→3)	·	1,–/ME/EE	=	3360,–
+ 2 ME (I→III)	·	160 EE (2→1)	·	1,–/ME/EE	=	320,–
+ 20 ME (I→IV)	·	120 EE (2→3)	·	1,–/ME/EE	=	2400,–
+ 16 ME (I→ II)	·	140 EE (2→4)	·	1,–/ME/EE	=	2240,–
+ 8 ME (II→III)	·	200 EE (4→1)	·	1,–/ME/EE	=	1600,–
				K_T	=	9920,–

von i \ nach j	III	I	IV	II
III			14	
I	2		20	16
IV				
II	8		0	

Abb. 119: Revidierte Transportmengenmatrix (Ausgangslösung)

Die Ausgangslösung führt zu geplanten innerbetrieblichen Transportkosten von DM 9920,–/Periode.

Im **zweiten Rechenschritt** wird durch Vertauschung von Maschinen eine Verbesserung der Ausgangslösung im Sinne einer Reduzierung der Transportkosten angestrebt. Es existieren n! Vertauschungsmöglichkeiten. Aufgrund des hohen Rechenaufwandes sollen nur einige Lösungsmöglichkeiten geprüft werden. Da in der Regel Zweiervertauschungen durchgeführt werden, gibt es $\binom{n}{2}$ Möglichkeiten. Im Beispiel wären dies

$$n = 4 \rightarrow \frac{4!}{2!\,(4-2)!} = \frac{4!}{2!\,2!} = \frac{4 \cdot 3 \cdot 2}{2 \cdot 2} = 6 \text{ Möglichkeiten:}$$

I → II, I → III, I → IV, II → III, II→ IV, III → IV.

Die Maschinen II und IV haben keine Transportbeziehungen zueinander. Sie können daher maximal weit voneinander entfernt liegen: 1 → 3 = 240 EE.

Man vertauscht nun die Maschine II mit der Maschine III. Daraus ergibt sich folgende Transportmengenmatrix (siehe *Abb. 120*):

von i \ nach j	II	I	IV	III
II			0	8
I	16		20	2
IV				
III			14	

Abb. 120: Revidierte Transportmengenmatrix

Berechnung der Transportkosten:

8 ME (II→ III)	= 200 EE (1→4)	· 1,–/ME/EE	= 1600,–
+ 16 ME (I→ II)	· 160 EE (2→1)	· 1,–/ME/EE	= 2560,–

+ 20 ME (I → IV)	· 120 EE (2 → 3)	· 1,–/ME/EE	= 2400,–
+ 2 ME (I → III)	· 140 EE (2 → 4)	· 1,–/ME/EE	= 280,–
+ 14 ME (III → IV)	· 160 EE (4 → 3)	· 1,–/ME/EE	= 2240,–
			K_T = 9080,–

Die verbesserte Lösung mit Transportkosten von 9080,– DM/Periode gegenüber der Ausgangslösung von 9920,– lautet:

Maschine I auf Standort 2
Maschine II auf Standort 1
Maschine III auf Standort 4
Maschine IV auf Standort 3

Im **dritten Rechenschritt** gibt es bei Zweiervertauschungen wiederum sechs Vertauschungsmöglichkeiten, wobei die bereits gewählte Vertauschung von II und III ausfällt:

II → IV, (II → III), I → II, I → IV, I → III, III → IV.

Man vertauscht nun die Maschine I mit der Maschine IV. Daraus ergibt sich folgende Transportmengenmatrix (siehe *Abb. 121*):

von $_i$ \ nach $_j$	II	IV	I	III
II		0		8
IV				
I	16	20		2
III		14		

Abb. 121: Revidierte Transportmengenmatrix

Berechnung der Transportkosten K_T:

8 · 200 · 1 + 16 · 240 · 1 + 20 · 120 · 1 + 2 · 160 · 1 + 14 · 140 · 1 = 1600 + 3840 + 2400 + 320 + 1960 = 10120,–

Da diese Lösung zu höheren Transportkosten führt als die vorhergehende erste Vertauschung wird sie fallengelassen.

Man vertauscht nun die Maschine II mit der Maschine IV und erhält folgende Transportmengenmatrix (siehe *Abb. 122*):

Berechnung der Transportkosten K_T:

8 · 140 · 1 + 20 · 240 · 1 + 16 · 120 · 1 + 2 · 160 · 1 + 14 · 200 · 1 = 1120 + 4800 + 1920 + 320 + 2800 = 10960,–

von $_i$ \ nach $_j$	IV	II	I	III
IV				
II	0			8
I	20	16		2
III	14			

Abb. 122: Revidierte Transportmengenmatrix

Auch diese und die noch möglichen Vertauschungen bringen keine Verbesserung des Ergebnisses aus der ersten Vertauschung. Das Ergebnis dieser Layout-Planung, das man als suboptimale Lösung bezeichnen kann, lautet somit:

Maschine I auf Standort 2
Maschine II auf Standort 1
Maschine III auf Standort 4
Maschine IV auf Standort 3

Die minimalen innerbetrieblichen Transportkosten pro Periode betragen DM 9080,–.

4.3.2.4 Interaktive Planungsverfahren

Die computergestützten Planungsverfahren im Batch-Betrieb der Layout-Planung geben dem Planer nach Eingabe der benötigten Daten keine Möglichkeit mehr, das Ergebnis zu beeinflussen. Besonders restriktiv wirkt sich hier die Annahme bekannter innerbetrieblicher Transportkosten aus, die voraussetzt, daß in einem vorgelagerten Planungsschritt das innerbetriebliche Fördermittel bereits festgelegt wurde. Bei den meisten praktischen Problemstellungen ist diese Festlegung aber erst im Zuge der Layout-Planung möglich, da abhängig vom Standort der Maschinen ggf. unterschiedliche Fördermittel günstig sind[105].

Da der starre Einsatz computergestützter Planungsverfahren eine Reihe von Nachteilen aufweist[106], wurden in jüngerer Zeit dialogfähige Programme zur Layout-Planung entwickelt. Das z.B. von *Hardeck*[107] entwickelte Verfahren BELINDA (BEstimmung von Layouts im INteraktiven DiAlog) ermöglicht eine sehr komfortable Mensch-Maschine-Kommunikation. Der Planer kann hier Nebenbedingungen neu formulieren, bereits festgelegte Standorte wieder zurücknehmen und beliebige neue Plazierungen vornehmen. Dazu bedient er

[105] Vgl. *Hardeck* 1977, S. 41.
[106] Vgl. hierzu auch die Arbeiten von *Buffa* 1976 und *Coleman* 1977.
[107] *Hardeck* 1977.

sich eines aktiven graphischen Bildschirms, über den mit Hilfe eines Lichtstiftes Informationen an den Rechner weitergegeben werden.

Anwendungsprogramme von **CAD-Systemen zur Layout-Planung** wurden von *Heinzel*[108] (LAYPLA = **Lay**out**pla**nungssystem) und *Brandt*[109] (LAPLAS = **La**yout**pla**nungs**s**ystem) entwickelt.

LAPLAS ist als Stufenkonzept angelegt, das zunächst Ideal- und darauf aufbauend Realstandorte der Maschinen bestimmt.

Hier wird die Fähigkeit des Menschen ausgenutzt, gegebene Maschinenanordnungen von der Anschauung her zu beurteilen. Der Bildschirm gibt nicht nur Informationen in graphischer Form aus, sondern erlaubt auch die Übertragung geometrischer Daten ohne vorherige Digitalisierung.

Diesem erheblichen Vorteil interaktiver Planungsverfahren steht die unabdingbare Bereitstellung der entsprechenden Hard- und Software als wirtschaftlicher Nachteil gegenüber, der unter Umständen die Planungskosten unverhältnismäßig anwachsen läßt.

Zusammenfassend kann festgestellt werden, daß für die Layout-Planung in der Werkstattproduktion heute ein umfangreiches Instrumentarium zur Verfügung steht, aus dem unter Wirtschaftlichkeitsgesichtspunkten für eine konkrete Aufgabenstellung das geeignete Verfahren ausgewählt werden kann.

4.3.3 Reihenproduktion

4.3.3.1 Kennzeichnung der Reihenproduktion

Die Reihenproduktion, auch Straßen- oder Linienproduktion genannt, kann als zeitlich ungebundenes Produktionssystem bezeichnet werden, bei dem durch die ständige Wiederholung gleichartiger Produktionsprozesse im Rahmen einer Großserien- oder Massenproduktion eine räumliche Anordnung der Maschinen/Arbeitsplätze nach dem Ablauf des Produktionsprozesses erfolgt. Bei diesem **Prozeßfolgeprinzip** können die innerbetrieblichen produktbezogenen Transportwege, -zeiten und damit auch -kosten vergleichsweise geringgehalten werden. Diese Kostenvorteile ziehen allerdings den Verzicht auf qualitative Flexibilität im Hinblick auf die Produktion anderer Produktarten auf denselben Produktionsanlagen nach sich.

Wesentliche Ausgangsbedingungen für die Layout-Planung sind hier die

- oftmalige (Serienproduktion) oder ständige (Massenproduktion) Wiederholung der Produktion einer Erzeugnisart oder mehrerer verwandter Erzeugnisarten (Sortenproduktion) und die
- Anordnung der Maschinen/Arbeitsplätze (Bearbeitungsstationen) nach der verfahrenstechnologischen Folge der an den Produkten zu vollziehenden Verrichtungen.

---

[108] Vgl. *Heinzel* 1985.
[109] Vgl. *Brandt* 1989.

Da in der Reihenproduktion keine starre zeitliche Bindung der Bearbeitungsstationen existiert, müssen bei unterschiedlichen Produktionsgeschwindigkeiten der Stationen entsprechende Zwischenläger eingerichtet werden, die eine Ausgleichs- oder Pufferfunktion erfüllen. Durch eine bestmögliche zeitliche Abstimmung der Arbeitsaufgaben in den einzelnen Stationen einer Reihenproduktion kann das Ausmaß der erforderlichen Zwischenlager und damit der daraus resultierende Kapitalbedarf geringgehalten werden.

4.3.3.2 Planung der Zyklusdauer

Wesentlichste Ausgangsgröße für die Layout-Planung in der Reihenproduktion ist die **Zyklusdauer,** d.h. die geplante Ausführungszeit für die abzugrenzenden Arbeitsaufgaben der einzelnen Maschinen/Arbeitsplätze (Bearbeitungsstationen). Sie wird folgendermaßen errechnet:

$$\text{Zyklusdauer} = \frac{\text{Betriebszeit/Planungsperiode}}{\text{Produktionsmenge/Planungsperiode}} \qquad (55)$$

Abb. 123 zeigt den Ansatz der Zyklusdauer für eine einfache Reihen-/Großserien- und Sortenproduktion mit drei Bearbeitungsstationen[110].

	Maschine/ Arbeitsplatz A	Maschine/ Arbeitsplatz B	Maschine/ Arbeitsplatz C	Fertigwaren-lager
	vollzieht die 1. Arbeitsaufgabe an der	vollzieht die 2. Arbeitsaufgabe an der	vollzieht die 3. Arbeitsaufgabe an der	Aufnahme von fertiggestellter
1. Zyklus	1. Produkteinheit	–	–	–
2. Zyklus	2. Produkteinheit	1. Produkteinheit	–	–
3. Zyklus	3. Produkteinheit	2. Produkteinheit	1. Produkteinheit	–
4. Zyklus	4. Produkteinheit	3. Produkteinheit	2. Produkteinheit	1. Produkteinheit
	usw.	usw.	usw.	
	Zyklusdauer	Zyklusdauer	Zyklusdauer	

Abb. 123: Zyklusdauer einer Reihen-/Großserien- und Sortenproduktion mit drei Bearbeitungsstationen

[110] Vgl. *Steffen* 1979, Sp. 31f.

Die Zyklusdauer bestimmt die zeitliche Ausdehnung der Arbeitsaufgaben der einzusetzenden Maschinen/Arbeitsplätze (Bearbeitungsstationen). Mit ihr kann auch die Anzahl der einzusetzenden Maschinen/Arbeitsplätze (Bearbeitungsstationen) bestimmt werden, die entsprechend dem verfahrenstechnologischen Ablauf in der Regel in einer „Reihe", d.h. räumlich hintereinander angeordnet werden.

Zwecks Minimierung der Anzahl der einzusetzenden Bearbeitungsstationen bemüht sich die Layout-Planung um die **Minimierung der Leerzeiten** aller Bearbeitungsstationen. Die damit angestrebte Minimierung der Anzahl von Bearbeitungsstationen steht auch im Mittelpunkt der Layout-Planung der zeitlich gebundenen Fließ-(band-)produktion. Hier besteht kein Unterschied zur Layout-Planung bei Reihenproduktion.

4.3.4 Fließproduktion

4.3.4.1 Kennzeichnung der Fließproduktion

In der Fließproduktion, bei der es sich um ein zeitlich gebundenes Produktionssystem handelt, werden die Maschinen/Arbeitsplätze (Bearbeitungsstationen) nach dem verfahrenstechnologisch vorgegebenen Produktionsablauf angeordnet, wobei die einzelnen Arbeitsgänge zeitlich aufeinander abgestimmt sind. Man unterscheidet hier zwischen der natürlichen (Zwangslauf- oder Prozeß-)Fließproduktion, wie sie hauptsächlich in der verfahrenstechnischen (chemischen) Industrie zu finden ist, und der künstlichen Fließproduktion (Fließbandproduktion), bei der die Bewegung der herzustellenden Produkte kontinuierlich oder rhythmisch auf einem Förderband als Transportmittel durch Dispositionen bestimmt wird. Bei der natürlichen Fließproduktion, die in der Regel automatisch ohne personalbezogene Einflußmöglichkeiten abläuft, wird die Layout-Planung auf verfahrenstechnische Überlegungen reduziert. Ähnlich verhält sich die Planungssituation bei technisch verketteten Maschinen mit einheitlichen Produktionsgeschwindigkeiten bzw. automatisierten Fließproduktionssystemen der Fertigungstechnik. Der aufgrund technologischer Bedingungen festgelegte Produktionsprozeß besitzt kaum Freiheitsgrade für eine wirtschaftliche Gestaltung des Layouts. Umfassendere Layout-Alternativen sind bei vorwiegend personalbezogenen Systemen der Fließproduktion (künstliche Fließ- bzw. Fließbandproduktion) anzutreffen.

Durch den Einsatz von Einzweck-(Spezial-) und Einverfahrenmaschinen besitzt die Fließproduktion gegenüber der Werkstattproduktion eine weit geringere qualitative Flexibilität. Gegenüber Beschäftigungsrückgängen sind diese Systeme aufgrund der hohen Fixkostenintensität äußerst empfindlich. Diesen Nachteilen der geringen qualitativen und quantitativen Flexibilität stehen die Vorteile der hier vorherrschenden Massenproduktion gegenüber, die durch kurze Durchlaufzeiten der Produkte durch die Produktion, geringe

Lagerkosten für Zwischenprodukte, Kostenminderungen aufgrund von Lernerfolgen der Beschäftigten und höhere Produktionsgeschwindigkeiten gekennzeichnet sind. Probleme der operativen Produktions-Prozeßgestaltung, wie Termin-, Maschinenbelegungs- und Reihenfolgeplanung, haben keine nennenswerte Bedeutung, da diese bereits im Rahmen der hier behandelten Layout-Planung zu lösen sind.

4.3.4.2 Rangwertregelverfahren

Im Rahmen der Layout-Planung für die Fließ-(band-)produktion sind die Anzahl der Maschinen/Arbeitsplätze (Bearbeitungsstationen) und die Taktzeit, d.h. die Zeit, die ein herzustellendes Produkt in einer Bearbeitungsstation (Fließbandstation) verweilt, zu bestimmen. Die Rechenmodelle, die zur sogenannten „Fließbandabstimmung" eingesetzt werden, gehen von folgenden Anwendungsbedingungen aus:

- Arbeitselemente sind vorgegeben,
- Reihenfolge der Bearbeitung ist technologisch vorgegeben,
- Bearbeitungszeiten je Arbeitselement sind vorgegeben,
- Einsatzzeit der Potentialfaktoren ist vorgegeben,
- Produktionsmenge der Einsatzzeit ist vorgegeben.

Als Beispiel für die vielschichtige modellmäßige Behandlung dieses Planungsproblems[111] soll ein einfaches heuristisches Verfahren der Fließbandabstimmung (Austaktung), das sogenannte Rangwert(regel)verfahren[112] mit einer zeitorientierten Zielsetzung im folgenden dargestellt werden. Dieses, wie die meisten übrigen Verfahren der Fließbandabstimmung, arbeitet mit der Zielsetzung der **Maximierung des Bandwirkungsgrades BWG:**

$$BWG = \frac{\sum_{j=1}^{m} t_j \cdot 100}{t_{max} \cdot m} \Rightarrow MAX! \qquad (56)$$

t_j: Belegungszeit des Fließbandes (Bearbeitungszeit der Produkte) in den einzelnen Bandstationen $j = 1, 2, \ldots, m$

m: Anzahl der Bandstationen

t_{max}: Maximale Taktzeit des Fließbandes

Das Verfahren arbeitet nach dem Grundsatz, die Arbeitselemente (nicht mehr sinnvoll unterteilbare Arbeitsgänge) unter Beachtung der technologischen Reihenfolgebedingungen für eine vorgegebene maximale Taktzeit so auf eine festzulegende Stationenzahl zu verteilen, daß das Verhältnis aus der Summe der Belegungs-/Bearbeitungszeiten und der Taktzeiten aller Stationen

---

[111] Siehe hierzu die Übersicht über Entscheidungsmodelle und Lösungsverfahren zur Fließbandabstimmung in *Küpper* 1982, S. 175, *Zäpfel* 1989b, S. 202 sowie *Ghosh/Gagnon* 1989 und die dort angegebene Literatur.

[112] Vgl. *Hahn, R.* 1972, S. 46ff.

ein Maximum wird. Die technologisch vorgegebenen Reihenfolgebedingungen werden mit Hilfe eines Vorranggraphen dargestellt, dessen Pfeile die Reihenfolgebedingungen und dessen Knoten die Arbeitselemente kennzeichnen. *Abb. 124* verdeutlicht dies für das Beispiel anhand einer Fließproduktion mit acht Arbeitselementen.

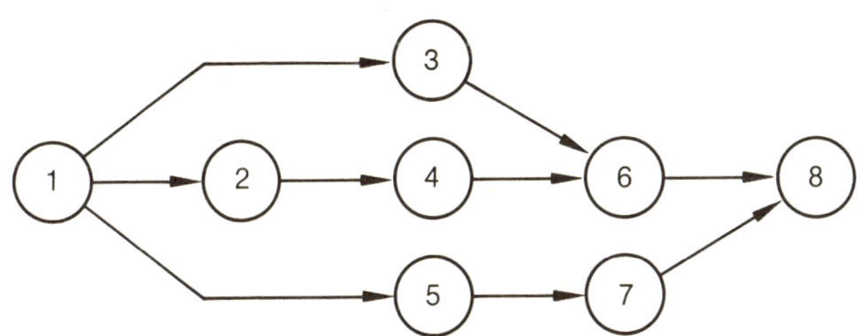

Abb. 124: Vorranggraph einer Fließproduktion mit acht Arbeitselementen

Es ist durchaus möglich, daß Arbeitselemente auftreten können, die ohne festgelegte Reihenfolge beliebig zuordenbar sind. Bei der Fließbandabstimmung kann ganz allgemein davon ausgegangen werden, daß nicht alle Bearbeitungsfolgen eindeutig vorgegeben sind. Die technologisch vorgegebenen Reihenfolgebedingungen schränken nur die Anzahl der zulässigen Bearbeitungsfolgen ein und sind damit als technologische Restriktionen aufzufassen.

Zur Bestimmung der maximalen Taktzeit des Fließbandes werden Mengendaten des strategischen Produktprogrammplans und Zeitdaten aus der Planung der täglichen Arbeitszeit benötigt:

$$\text{maximale Taktzeit } t_{max} = \frac{\text{mögliche effektive Einsatzzeit der Maschinen/Arbeitsplätze pro Schicht}}{\text{langfristig (strategisch) geplante Produktionsmenge pro Schicht}} \qquad (57)$$

Im Beispiel soll die Einsatzzeit/Schicht 460 Minuten und das langfristige Produktionsprogramm/Schicht 46 Produkteinheiten umfassen:

$$t_{max} = \frac{460 \text{ Minuten}}{46 \text{ ME}} = 10 \text{ Minuten/ME}$$

Bei Überschreiten dieser maximalen Taktzeit könnte die geplante Produktionsmenge pro Schicht nicht realisiert werden.

Nach dem Rangwertregelverfahren werden für jedes Arbeitselement sogenannte **Rangwerte** ermittelt, welche die Prioritätenzuordnung charakterisieren. Unter Beachtung der technologisch vorgegebenen Reihenfolgebedingungen aus dem Vorranggraphen werden die Arbeitselemente so zusammengefaßt und auf Bandstationen verteilt, daß die Anzahl der Bandstationen minimiert wird.

Das Verfahren läuft in drei Schritten ab[113]:

(1) Ermittlungen der **Rangwerte:** Der Rangwert eines Arbeitselements wird aus der Summe der eigenen Bearbeitungszeit und den Rangwerten seiner direkten technologischen Nachfolger aus dem Vorranggraphen gebildet. Dies erfolgt retrograd gemäß *Abb. 125:*

Arbeits-element	Bearbei-tungszeit	Rangwerte der direkten Nach-folger	Rangwert des Arbeits-elements	Rang
8	6	0	6	8
7	4	6	10	6
6	3	6	9	7
5	6	10	16	3
4	5	9	14	4
3	3	9	12	5
2	2	14	16	2
1	4	12 + 16 + 16	48	1

Abb. 125: Tabelle der Rangwerte der einzelnen Arbeitselemente

(2) Ermittlung einer **ersten Arbeitsverteilung** (Ausgangslösung) für die vorgegebene maximale Taktzeit: Gemäß *Abb. 126* werden die Arbeitselemente in der Reihenfolge ihrer Rangwerte (Rang) so den einzelnen Bandstationen sukzessive zugeordnet, daß bei keiner Bandstation die Taktzeit überschritten wird.

(3) Lösungsverbesserung durch **schrittweise Verringerung der Taktzeit:** Die Taktzeit wird um eine Zeiteinheit verringert. Danach wird wie im 2. Schritt eine neue Arbeitsverteilung vorgenommen. Dieser Vorgang wird so lange wiederholt, bis die Anzahl der Bandstationen um eine Einheit erhöht werden muß. Die Arbeitsverteilung vor Erhöhung der Stationenzahl ergibt die (sub)optimale Lösung mit der minimalen Stationenzahl und Taktzeit sowie, daraus abgeleitet, den maximalen Bandwirkungsgrad. *Abb. 126* zeigt, daß im gewählten Beispiel die Ausgangslösung 5 Bandstationen mit der maximalen Taktzeit von 10 Minuten ergab. Durch schrittweise (hier zweimalige) Verbesserung konnte die Taktzeit auf 8 Minuten bei gleichbleibender Stationenzahl von 5 abgesenkt werden. Bei weiterer Reduzierung der Taktzeit auf 7 Minuten würde sich bereits eine Stationenzahl von 6 ergeben und der Bandwirkungsgrad von seinem (sub)optimalen Wert von 82,50% auf 78,57% absinken.

Das heuristische Rangwertregelverfahren führt zu einer befriedigenden suboptimalen Lösung, deren Entfernung vom eigentlichen Optimum unbekannt

[113] Vgl. *Küpper* 1982, S. 168f.

Taktzeit	Station	Arbeitselement	Bearbeitungszeit	Verfügbare Zeit	Leerzeit nach Zuordnung	Belegungszeit	Bandwirkungsgrad
10	1	1 2	4 2	10 6	6 4	6	$BWG = \frac{33 \cdot 100}{10 \cdot 5} = 66\%$
	2	5	6	10	4	6	
	3	4 3	5 3	10 5	5 2	8	
	4	7 6	4 3	10 6	6 3	7	
	5	8	6	10	4	6	
9	1	1 2	4 2	9 5	5 3	6	$BWG = \frac{33 \cdot 100}{9 \cdot 5} = 73{,}33\%$
	2	5	6	9	3	6	
	3	4 3	5 3	9 4	4 1	8	
	4	7 6	4 3	9 5	5 2	7	
	5	8	6	9	3	6	
8	1	1 2	4 2	8 4	4 2	6	$BWG = \frac{33 \cdot 100}{8 \cdot 5} = 82{,}5\%$
	2	5	6	8	2	6	
	3	4 3	5 3	8 3	3 0	8	
	4	7 6	4 3	8 4	4 1	7	
	5	8	6	8	2	6	
7	1	1 2	4 2	7 3	3 1	6	$BWG = \frac{33 \cdot 100}{7 \cdot 6} = 78{,}57\%$
	2	5	6	7	1	6	
	3	4	5	7	2	5	
	4	3 7	3 4	7 4	4 0	7	
	5	6	3	7	4	3	
	6	8	6	7	1	6	

Abb. 126: (Sub-)Optimierung des Bandwirkungsgrades

bleibt. Mehrere vergleichende Untersuchungen kamen zu dem Ergebnis, daß dieses Verfahren zu relativ guten Bandwirkungsgraden führt[114].

Der Layout-Plan im vorliegenden Beispiel wird in *Abb. 127* dargestellt.

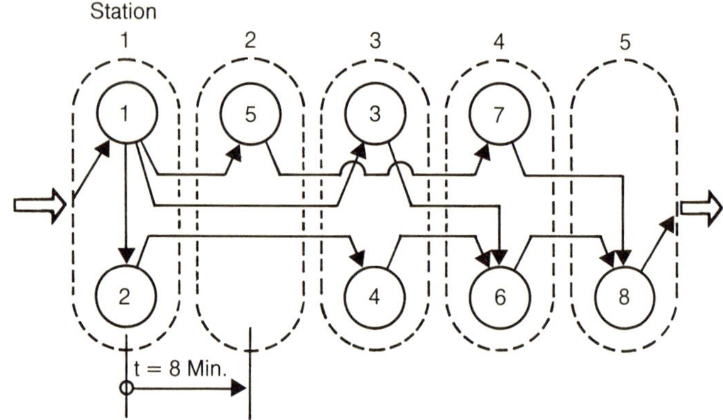

Abb. 127: Layout-Plan

4.3.4.3 Planung von Pufferlägern

Ein Kennzeichen der Fließproduktion ist dadurch gegeben, daß bei Ausfall einer Bandstation das gesamte Fließband stillsteht. Diese Bandstillstandszeiten können für eine begrenzte Zeit durch Aufbau von **Pufferlägern** vor der gestörten Station und Abbau von Pufferlägern hinter der gestörten Station vermieden werden. Neben der Verringerung von Bandstillstandszeiten werden dadurch eine verbesserte Kapazitätsauslastung sowie geringere Durchlaufzeiten der Produkte und damit evtl. auch eine verbesserte Erlössituation erreicht. Diesen Vorteilen stehen allerdings Lagerkosten in Form von Kapitalbindungs- und Raumkosten gegenüber.

Innerhalb der Layout-Planung sind Pufferläger so zu dimensionieren, daß die Summe der Lagerraum-, Kapitalbindungs- und Opportunitätskosten aufgrund entgangener Gewinne (Deckungsbeiträge) durch Bandstillstand minimiert werden. Hierbei sind drei Probleme simultan zu lösen:

(1) Ermittlung der Zahl der Pufferläger,
(2) Festlegung der Standorte der Pufferläger,
(3) Bestimmung der Kapazität der Pufferläger.

Aufgrund der komplizierten Zielsetzung und zahlreicher Einflußfaktoren ist eine analytische Lösung nicht praktikabel. Man setzt daher Simulationsmodelle ein, mit deren Hilfe durch Simulation der Bandausfall-Verteilungsfunktionen[115] das Verhalten des Fließproduktionssystems studiert werden kann.

---

[114] Vgl. *Bussmann/Mertens* 1968, S. 353ff., *Hahn, R.* 1972, S. 42ff., *Lutz* 1974, S. 38ff.

[115] Siehe hierzu auch Abschnitt II. 3.4.4.2.

Auf diese Weise kann man viele Standort-, Anzahl- und Kapazitätsvarianten statistisch testen und eine suboptimale Lösung in Form der besten Kombination auswählen[116].

4.3.5 Zentrenproduktion

4.3.5.1 Kennzeichnung der Zentrenproduktion

In der **Zentrenproduktion** nach dem Gruppenprinzip erfolgt eine örtliche Zusammenfassung von maschinellen Anlagen, auf denen Vor-/Endprodukte möglichst vollständig bearbeitet werden. Die Layout-Planung der Zentrenproduktion basiert auf folgenden Voraussetzungen[117]:

- Ähnlichkeitsbildung der Erzeugnisse[118]:
  - Bildung von Teilefamilien: Setzen sich aus Teilen zusammen, deren Endform ähnlich ist und die daher gemeinsam gefertigt werden können.
  - Bildung von Fertigungsfamilien: Setzen sich aus Teilen zusammen, deren Form in Einzelheiten ähnlich ist und die daher bei einzelnen Arbeitsgängen gemeinsam gefertigt werden können.
  - Bildung von Ablauffamilien: Zusammenfassung ähnlicher Produktionsabläufe bei vielen Erzeugnistypen und -varianten.
- Fertigungssegmentierung[119]: Räumliche und organisatorische Zusammenfassung von maschinellen Anlagen für jede Ablauffamilie, so daß eine vollständige Bearbeitung der Teile einer Ablauffamilie durch ein Fertigungssegment (= Fertigungsbereich) möglich wird.
- Teilautonome Gruppenarbeit in jedem Fertigungssegment[120]

Zur Zentrenproduktion nach dem Gruppenprinzip zählen folgende Produktionskonzepte[121]:

- Fertigungs- und Montageinseln
- Flexibel automatisierte Produktionskonzepte:
  - Flexible Fertigungszellen
  - Flexible Fertigungssysteme
  - Flexible Transferstraßen

Im folgenden soll exemplarisch auf die **Layout-Planung,** d.h. hier auf die **Konfigurationsplanung,** für Flexible Fertigungssysteme eingegangen werden.

4.3.5.2 Flexible Fertigungssysteme (FFS)

Mit der Einführung eines FFS werden folgende Ziele verfolgt:

- Einsparungen an Personalkosten
- höhere Auslastung der Produktionsanlagen

---

[116] Siehe hierzu *Jodl* 1977, *Savsar/Bilos* 1985.
[117] Vgl. *Zäpfel* 1989b, S. 226f.
[118] Vgl. *REFA* 1985, S. 474ff.
[119] Siehe hierzu auch Abschnitt II.3.2.1.
[120] Siehe hierzu Abschnitt II.3.5.3.1.
[121] Siehe hierzu auch Abschnitt II.4.2.1.4.

- geringere Durchlaufzeiten der Aufträge
- niedrige Zwischenlagerbestände
- höhere Anpassungsfähigkeit an veränderte Produktionsaufgaben

Die Erreichung dieser Ziele hängt von der sachgerechten Lösung folgender komplexer Planungsprobleme ab:

- Taktische Planung der Konfiguration eines FFS **vor** dessen Installation
- Operative Prozeßplanung und -steuerung eines FFS **nach** dessen Installation:
  - Einlastungsplanung
  - Systemablaufplanung
  - Systemablaufsteuerung

Die operative Prozeßplanung und -steuerung eines FFS ist Aufgabe des operativen Produktionsmanagements und wird in dieser Schrift in Abschnitt III.4.5 behandelt.

Im Rahmen der **Konfigurationsplanung eines FFS** sind folgende Parameter festzulegen[122]:

- Art und Anzahl der Produkte, die in dem FFS hergestellt werden sollen
- Komponenten des FFS:
  - Art und Anzahl der einzusetzenden Maschinen (Drehmaschinen, Fräsmaschinen, Bohrmaschinen usw.)
  - Art und Anzahl der Be-/Entladestationen (Spannplätze)
  - Art und Kapazität der Transportsysteme für Werkstücke und Werkzeuge (schienengebundenes oder induktiv gesteuertes Transportsystem)
  - Art und Anzahl der Pufferplätze und Lagersysteme (maschinennahe oder zentrale Puffer)
  - Art und Kapazität des Werkzeugversorgungssystems (lokale oder zentrale Werkzeugmagazine)
  - Art und Anzahl der benötigten Paletten (= genormte Lademittel) und Vorrichtungen (Universal- oder Spezialpaletten)
- Layout des FFS (räumliche Aufstellung der Maschinen)
- Aufbau und Struktur des Planungs- und Steuerungssystems (Rechnerhardware und einzusetzende Planungs- und Steuerungssoftware)
- Anzahl und Qualifikation des Bedienungspersonals

Die oben genannten Parameter sind so festzulegen, daß die mit der Einführung eines FFS verfolgten Ziele realisiert werden können[123].

Die *Abb. 128* zeigt beispielhaft das Layout eines FFS[124], in dem mehrere Bearbeitungsmaschinen durch ein zentrales Werkzeugversorgungssystem mit

---

[122] Vgl. *Tempelmeier* 1992b.

[123] Zur Entscheidungsunterstützung bei der Einführung und dem Betrieb von FFS vgl. ausführlich *Tempelmeier/Kuhn* 1992 und die dort angegebene Literatur.

[124] *Tempelmeier* 1992b, S. 408.

Werkzeugkassetten versorgt werden. Letztere werden an einem Werkzeugrüstplatz voreingestellt und zum Einsatz an den Maschinen vorbereitet. Danach werden sie in einem zentralen Hintergrundmagazin gelagert oder kurz vor ihrem Einsatz zu einem maschinennahen Werkzeugmagazin transportiert. Dies erfolgt mit einem eigenen Werkzeugtransportsystem. Die Werkstücke werden durch ein Fahrerloses Transport System (FTS) transportiert.

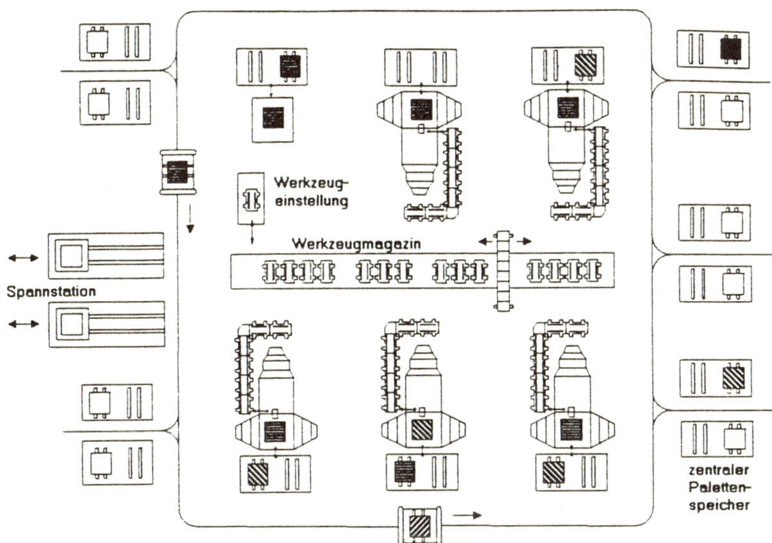

Abb. 128: FFS mit zwei FTS-Fahrzeugen und einem zentralen Werkzeug-Hintergrundmagazin

Zahlreiche Interdependenzen zwischen den Parametern der Konfigurationsplanung erzwingen ein modellgestütztes systematisches Vorgehen. Folgende Methoden der Konfigurationsplanung können eingesetzt werden:

- Statische Engpaßmodelle der Praxis[125]
- Geschlossene Warteschlangennetzwerke (Closed Queueing Network = CQN-Modell)[126]
- Offene Warteschlangennetzwerke[127]
- Simulationsmodelle[128]

Im folgenden soll exemplarisch auf den Einsatz eines groben Simulationsmodells kurz eingegangen werden. Neben dem im Verhältnis zum analytischen Verfahren (z.B. CANQ, MVA) relativ geringen Entwicklungsaufwand hat

[125] Vgl. *Tempelmeier* 1992b, S. 410ff.

[126] Besonders bekannt geworden sind das CANQ (Computer Analysis of Network of Queues-Verfahren von Solberg, vgl. ders. 1977 und die Mittelwertanalyse (Mean-Value Analysis = MVA) von *Reiser/Lavenberg*, vgl. dies. 1980.

[127] Vgl. *Bitran/Tirupati* 1988, *Yao/Buzacott* 1985.

[128] Vgl. *Tempelmeier/Kuhn* 1992, S. 294ff.

ein solches Modell den Vorteil, daß die Annahmen und der Detaillierungsgrad der Modellierung im Ermessen des Planers liegen.

Die *Abb. 129* zeigt ein einfaches SIMAN-Grobsimulationsmodell[129] eines FFS mit drei Bearbeitungsstationen und einem Transportsystem mit Universalpaletten, in dem vier Produktarten bearbeitet werden sollen[130].

```
Modelldefinition
BEGIN;
;
; Grobsimulation eines FF-Systems
;
        CREATE,1:0,X(1);                      X(1)=Anzahl Paletten im System
ANFANG  ASSIGN:NS=DP(1,1):MARK(2);            Produktart
        ASSIGN:IS=0;                          Arbeitsgangzähler
WEITER  ROUTE:0.,SEQ;
;
        STATION,1-3;                          Bearbeitungsstationen
;       ------------
        QUEUE,M;
        SEIZE:STATION(M);
        DELAY:A(1);                           Bearbeitung
        RELEASE:STATION(M):NEXT(WEITER);
;
        STATION,4;                            Transporter
;       ---------
        SEIZE:FTS;
        DELAY:A(1);                           Transport (Lastfahrt)
        RELEASE:FTS:NEXT(WEITER);
;
        STATION,5;                            Systemausgang
;       ---------
        ASSIGN:J=NS;
        TALLY:J,INT(2):NEXT(ANFANG);          Durchlaufzeit
END;
```

```
Definition des experimentellen Rahmens:
BEGIN;
PROJECT,FFS,HT,1/1/87;
DISCRETE,100,2,6,6;
RESOURCES:1-3,Station:4,FTS;
;
;          ┌ Nummer des Arbeitsplans
;          │ ┌ Stationsnummer (1-3:Bearbeitung; 4:Transport; 5:Systemausgang)
;          │ │ ┌ Bearbeitungszeit
;          ↓ ↓ ↓
SEQUENCES:1,3,60./4,3./1,428.7/4,3./3,90./4,3./1,56.88/4,3./
            3,90./4,3./1,57.71/4,3./3,90./4,3./1,57.51/4,3./
            3,90./4,3./1,351.9/4,3./3,90./4,3./2,228.9/4,3./3,30./5:
          2,3,60./4,3./1,469.7/4,3./3,90./4,3./2,639.9/4,3./3,30./5:
          3,3,60./4,3./1,184.9/4,3./3,90./4,3./1,130./4,3./3,30./5:
          4,3,60./4,3./1,46.84/4,3./3,90./4,3./1,223.2/4,3./3,90./4,3./
            2,18.74/4,3./3,30./5;
PARAMETERS:1,.2,1,.4,2,.8,3,1.,4:          Verteilung der Produktart
TALLIES:1,DLZ 1:2,DLZ 2:3,DLZ 3:4,DLZ 4;
DSTAT:1,NR(1),Ausl Masch 1:2,NR(2),Ausl Masch 2:3,NR(3),Ausl Masch 3:
    4,NR(4), Ausl FTS:5,NQ(1),WS Masch 1:6,NQ(2),WS Masch 2:
    7,NQ(3),WS Masch 3:8,NQ(4),WS FTS;
INITIALIZE,X(1)=4;
REPLICATE,1,0,500000;
END;
```

Abb. 129: SIMAN-FFS-Grobsimulationsmodell

---

[129] SIMAN (SIMulation ANalysis language) ist eine primär zur Simulation komplexer Warteschlangen geeignete Simulationssprache, vgl. *Domschke/Drexl* 1991, S. 214ff., *Pegden/Shannon/Sadowski* 1990.

[130] *Tempelmeier* 1988, S. 971 und 972.

Die Beschreibung der Arbeitspläne der Produktarten erfolgt im SEQUENCES-Element des experimentellen Rahmens, wobei die Transportvorgänge explizit in die Arbeitspläne aufgenommen werden. Durch die modulare Struktur von SIMAN kann die Konfiguration des FFS (z.B. Veränderung der Anzahl der Stationen oder der Anzahl der Maschinen in einer Station) verändert werden, ohne daß das gesamte Simulationsmodell neu programmiert werden muß. Weiterhin können Problemaspekte einbezogen werden, die aufgrund restriktiver Annahmen in den analytischen Modellen nicht berücksichtigt werden können (z.B. begrenzte Ausgangspuffer der Maschinen, Einsatz der Transportmittel zum Werkzeugtransport).

Im SIMAN-Grobsimulationsmodell wird der reale Materialfluß mit deterministischen Bearbeitungszeiten abgebildet und simuliert. Der Informationsversorgungsaufwand entspricht jenem der analytischen Modelle (wie CANQ und MVA). In vergleichenden Untersuchungen hat sich erwiesen, daß analytische Verfahren – im Vergleich zur Grobsimulation – kürzere Rechenzeiten verursachen. Somit kann der Planer bereits in der Konfigurationsphase mit relativ geringem Aufwand eine große Anzahl von Systemalternativen hinsichtlich der verfolgten Zielsetzungen untersuchen. Sollten allerdings Problemaspekte einbezogen werden, die aufgrund der Annahmen von Warteschlangenmodellen in analytischen Modellen nicht berücksichtigt werden können, so ist der Einsatz von Simulationsmodellen zu bevorzugen. Bevor die endgültige Konfiguration eines FFS festgelegt wird, erweist sich jedoch eine detaillierte **Feinsimulation** zur Ermittlung der „optimalen" FF-Systemalternative als sinnvoll[131].

4.4 Planung des betrieblichen Umweltschutzes

4.4.1 Grundlagen der betrieblichen Umweltschutzpolitik

Industrielle Produktionsprozesse verursachen häufig erhebliche Umweltbelastungen in einer Region. Die Umweltproblematik dringt immer stärker in das öffentliche Bewußtsein und in die Gesetzgebung ein. Zur Erreichung der Unternehmensziele im Sinne einer umweltschutzorientierten Unternehmenspolitik hat das Produktionsmanagement im Rahmen der strategisch-taktischen Prozeßplanung Strategien und Maßnahmen des betrieblichen Umweltschutzes festzulegen[132].

Umweltbelastungen ergeben sich, wenn Herstellung und Verwendung industrieller Produkte nachteilige Wirkungen auf die menschliche Gesundheit sowie auf die **Umweltgüter** Luft, Boden und Wasser verursachen. Da letztere bisher weitgehend als **freie Güter** in der betriebswirtschaftlichen Kostenrech-

---

[131] Vgl. *Tempelmeier/Endesfelder* 1987.

[132] Zum Umweltschutz im Produktionsbereich vgl. *Steven* 1992b, *Dyckhoff* 1992.

nung nicht enthalten waren, hat eine extensive Umweltnutzung die Wirtschaftlichkeit von Produktionsprozessen nicht beeinträchtigt. Eine Lösung des Umweltproblems ist deshalb nur möglich, wenn Umweltgüter zu **Produktions- und damit Kostenfaktoren** der Unternehmung werden.

Die staatliche Umweltschutzpolitik versucht seit vielen Jahren diesem Umstand mit folgenden **Umweltschutznormen** (für die BRD) Rechnung zu tragen:

- Luftreinhaltung und Lärmschutz:
  - Bundesimmissionsschutzgesetz[133] (vom 14. 5. 1990)
  - Technische Anleitung (TA) Luft (vom 27. 2. 1986)
  - Verkehrslärmschutzverordnung (vom 12. 6. 1990)
  - Verordnung über Großfeuerungsanlagen (vom 22. 6. 1983)
- Gewässerschutz:
  - Wasserhaushaltsgesetz (5. Novelle 1987)
  - Abwasserabgabengesetz (2. Novelle 1989)
- Strahlenschutz: Strahlenschutzverordnung (vom 22. 5. 1981)
- Abfallbeseitigung: Abfallgesetz (vom 27. 8. 1986)
- Behandlung gefährlicher Stoffe: Chemikaliengesetz (vom 16. 9. 1980, neueste Fassung vom 14. 3. 1990).

Die staatliche Umweltschutzpolitik basiert auf dem sogenannten **Verursacherprinzip**, bei dem der Verursacher – i.d.R. der Produktionsbetrieb – die Umweltschutzkosten trägt. Vereinzelt wird auch das **Gemeinlastprinzip** angewandt, bei dem die Umweltschutzkosten die öffentliche Hand und damit die Allgemeinheit trägt (z.B. erhöhte Abschreibungsmöglichkeiten für bestimmte Umweltschutzinvestitionen nach § 7d Einkommensteuergesetz, öffentliche Finanzhilfen als Umweltschutzsubventionen).

Aufgrund gesetzlicher Vorschriften oder auf freiwilliger Basis gaben industrielle Produktionsbetriebe im Zeitraum 1982 bis 1987 **im Durchschnitt** 4,3% ihres Investitionsbudgets für Umweltschutzmaßnahmen aus, wobei die Mineralölindustrie mit 13,5% und die Chemische Industrie mit 10,1% verständlicherweise die Branchenaufgliederung anführen. Innerhalb gesetzlicher Rahmenbedingungen existieren für die Unternehmungen gewisse Wahlmöglichkeiten für Umweltschutzstrategien. Die sich in letzter Zeit entwickelnde **ökologisch orientierte Betriebswirtschaftslehre**[134] schlägt allerdings die Entwicklung einer weit über die gesetzlichen Rahmenbedingungen hinausgehenden **umweltschutzorientierten Unternehmensstrategie** vor. Diese kann, aufgrund des gestiegenen Umweltbewußtseins der Bevölkerung, zu verbesserten Absatzchancen und dadurch zu relativen Wettbewerbsvorteilen führen, wel-

---

[133] **„Immission“** bedeutet Einwirkung von Schadstoffen auf schutzbedürftige Objekte, **„Emission“** ist die Abgabe von Schadstoffen in die Umwelt.

[134] Vgl. z.B. *Hopfenbeck* 1990, *Wagner* 1990, *Oberholz* 1989, *Seidel/Menn* 1988, *Steger* 1988, *Strebel* 1980.

che die strategische Position der Unternehmung gegenüber ihren Konkurrenten erheblich verbessern.

4.4.2 Umweltschutzorientierte Unternehmensstrategien

Zur **Planung umweltschutzorientierter Unternehmensstrategien** kann die **Portfolio-Analyse** eingesetzt werden[135] (siehe *Abb. 130*).

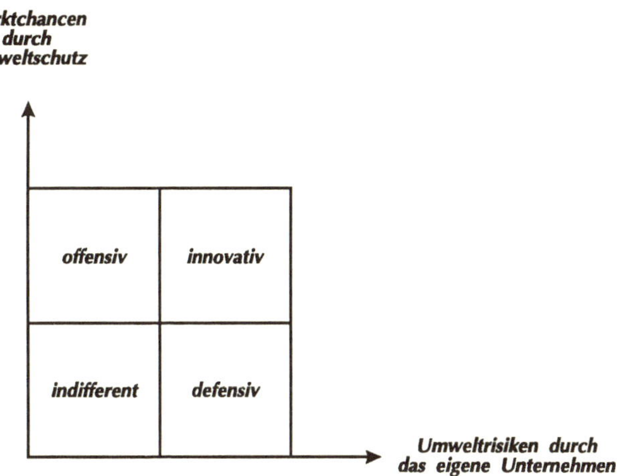

Abb. 130: Umweltschutz-Portfolio

Die grundsätzliche Vorgehensweise entspricht dem an anderer Stelle bereits mehrfach dargestellten Ablauf einer Portfolio-Analyse (z.B. Technologie-Portfolio). Auf der Ordinate werden die Marktchancen aufgrund umweltfreundlicher Produkte oder Produktionsprozesse (Technologien) gemessen. Auf der Abszisse bewertet man Umweltrisiken des eigenen Unternehmens, die mit Beschaffungs-, Produktions- und Absatzprozessen verbunden sind[136].

Aus der Positionierung von Produkten oder Produktionsprozessen (Technologien) Strategischer Geschäftseinheiten in den vier Feldern dieser zweidimensionalen Portfolio-Matrix lassen sich folgende umweltorientierte Unternehmensstrategien ableiten[137]:

- **Indifferente** Strategien: Betreffen Strategische Geschäftseinheiten, die kaum die Umwelt belasten und auf Märkten tätig sind, die umweltfreundliche Produkte oder Produktionsprozesse nicht honorieren.

---

[135] Vgl. *Steger* 1988, S. 151.

[136] Zum Management ökologischer Risiken in der Produktionsplanung vgl. *Kistner/Steven* 1991 b.

[137] Vgl. *Pieroth/Wicke* 1988, S. 13ff.

- **Defensive** Strategien: Strategische Geschäftseinheiten werden gerade die jeweiligen Mindestanforderungen der Umweltschutzgesetzgebung erfüllen. Sie werden versuchen, die Erfüllung von Umweltschutzanforderungen
  - zu verzögern,
  - durch umweltbelastende Substitution zu unterlaufen,
  - durch Produktionseinschränkungen oder
  - durch Stillegungen oder
  - durch Standortwechsel zu umgehen.

  Da mit solchen Strategien die Unternehmensexistenz langfristig nicht gesichert werden kann, ist aus strategischer Sicht eine solche reaktive Strategie – auch wenn sie dem kurzfristigen Ziel einer Kostenminimierung entgegenkommt – abzulehnen.
- **Offensive** Strategien: Hier wird der Umweltschutz zu einem betriebswirtschaftlichen Instrument, um mit neuen Technologien den Produktionsprozeß insgesamt zu verbessern. Durch lückenlos umweltbewußtes Verhalten werden langfristige Wettbewerbsvorteile erzielt. Konkret können mit solchen Strategien beispielsweise folgende Maßnahmen verbunden sein:
  - Erfüllung bzw. Übererfüllung von Umweltschutzanforderungen (z.B. durch Verbesserung der Meß-, Steuerungs- und Regelungstechnik, wodurch Schadstoffausstoß und Energieverbrauch gesenkt werden können)
  - Verbesserung der betrieblichen Ablauforganisation (z.B. durch Einbezug von Recycling in PPS-Systeme[138], Verkauf von Abfallstoffen, papierlose Kommunikation im CIM-Konzept)
  - Eigenentwicklung umweltfreundlicher Werkstoffe, falls solche vom Beschaffungsmarkt nicht zu erhalten sind. Das dabei erworbene Know-How kann zu neuen Marktchancen führen.
  - Investitionen in neue umweltfreundliche Prozeßtechnologien, die langfristig zu erwartende Umweltauflagen schon jetzt kostengünstig erfüllen können.
  - Offensives Umweltschutzmarketing[139] (Information der Kunden über Umweltfreundlichkeit von Produkten und Verpackung, Einsatzstoffen und Produktionsprozeß).
- **Innovative** Strategien: Hier versuchen Unternehmen/Strategische Geschäftseinheiten große Umweltschutzinvestitionen vorzunehmen, um einerseits die Umweltrisiken deutlich zu mindern, andererseits dadurch ein großes Marktpotential auszuschöpfen. Damit wird eine auf lange Sicht angelegte Maximierung des ROI angestrebt.

Die **Planung einer umweltschutzorientierten Unternehmensstrategie** muß mit der von der Unternehmung/Strategischen Geschäftseinheit verfolgten **Wettbewerbsstrategie** (siehe Abschnitt II.4.2.2) koordiniert werden. Bei Verfol-

---

[138] Vgl. *Corsten/Reiss* 1991.
[139] Vgl. *Meffert/Ostmeier* 1990.

gung einer reinen **Kostenführerschaftsstrategie** werden Umweltschutzmaßnahmen, die zu einer Erhöhung der Fertigungskosten (z.B. durch Einbau eines verbesserten Abgasfilters) führen, ohne das Produkt jedoch zu verändern, die Wettbewerbsposition der Unternehmung eindeutig negativ beeinflussen.

Die Realisierung einer **Differenzierungsstrategie** eröffnet hingegen weite Spielräume für eine umweltschutzorientierte Unternehmensstrategie. Aufgrund der besonderen Produktqualität können höhere Umweltschutzkosten wesentlich leichter auf den (umweltbewußten) Kunden weitergewälzt werden. Die Unternehmung/Strategische Geschäftseinheit gerät hier allerdings in große Schwierigkeiten, wenn Umweltschutzmaßnahmen den Gebrauchsnutzen – und damit die Qualität – ihrer Produkte vermindern (z.B. Substitution von FCKW durch Butan in Sprayflaschen. Letzteres ist zwar umweltfreundlich, dafür aber brennbar und damit im Gebrauch gefährlich).

Die Unternehmen/Strategischen Geschäftseinheiten müssen aus langfristig orientierter strategischer Sicht versuchen, innovative umweltschutzorientierte Unternehmensstrategien umzusetzen. Mit neuen umweltschutzorientierten Produkt-, Werkstoff- und Prozeßtechnologien soll erreicht werden, daß der Gebrauchsnutzen des Produktes steigt und gleichzeitig langfristige Kostensenkungspotentiale im Entwicklungs- und Produktionsprozeß realisiert werden können. Konkret sind damit folgende Maßnahmen zu ergreifen[140]:

- Berücksichtigung bestehender und langfristig zu erwartender Umweltschutzauflagen
- Vermeidung des Einsatzes umweltbelastender Vorprodukte, Roh-, Hilfs- und Betriebsstoffe
- Gewährleistung der Umweltverträglichkeit des Produktionsprozesses
- Gewährleistung der Umweltverträglichkeit der Entsorgung von Produkten, Einsatzstoffen und Abfällen (inkl. Recycling)[141].

4.4.3 Umweltschutzmaßnahmen in der Prozeßplanung

Im Rahmen der strategisch-taktischen Prozeßplanung sind aus systemorientierter Sicht folgende Maßnahmen festzulegen[142] (siehe *Abb. 131*):

Inputbezogene Umweltschutzmaßnahmen betreffen den Produktionsfaktoreinsatz, wobei Prozeßtechnologien (zusätzliche maschinelle Anlagen) dem eigentlichen Produktionsprozeß so vorgeschaltet werden, daß eine Transformation des Inputs in umweltschädigende Schadstoffe in berechenbarem Umfang vermieden wird (z.B. Entschwefelung von Brennstoffen).

Outputbezogene Umweltschutzmaßnahmen bewirken mit Hilfe nachgeschalteter Prozeßtechnologien (Entsorgungs-, Wiederaufbereitungsanlagen),

---

[140] Vgl. *Hansmann* 1992, S. 151.
[141] Vgl. *Matschke/Lemser* 1992, *Steven* 1992a, *Wagner/Fichtner* 1992.
[142] Vgl. *Zäpfel* 1989b, S. 123ff., ausführlicher *Strebel* 1980, *Lange* 1978.

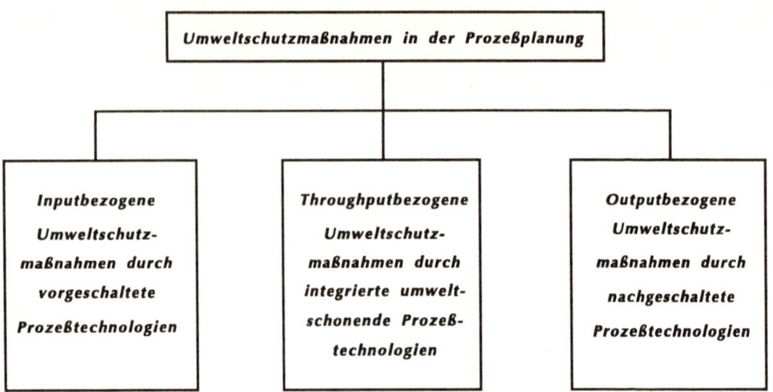

Abb. 131: Umweltschutzmaßnahmen in der Prozeßplanung

daß der umweltgefährdende Output (Schadstoffe) des Produktionsprozesses (z.B. Abluft, Abgas, Abwasser, Abfall) aufgefangen, soweit wie möglich geordnet beseitigt oder wiederaufbereitet erneut in den Produktionsprozeß – durch Recycling – eingesetzt bzw. am Markt verkauft wird. Da auch **Lärm** ein Output des Produktionsprozesses ist, zählen hierzu auch Anlagen der Lärmbekämpfung (z.B. Schalldämmungs- und Schwingungsdämpfungseinrichtungen).

Unter **Recycling** versteht man nicht nur die Rückführung des umweltgefährdenden Outputs (Schadstoffe), sondern auch der nach dem Konsum verbrauchten Produkte (z.B. verschrottete Kraftfahrzeuge) in den Produktionsprozeß. Damit können einerseits natürliche Einsatzstoffe substituiert, andererseits entstehende Abfallmengen reduziert werden, so daß zumindest partiell eine Umstellung von einer Durchfluß- zu einer **Kreislaufwirtschaft** erreicht werden kann.

Throughputbezogene Umweltschutzmaßnahmen betreffen die Einführung umweltfreundlicher neuer Technologien, die als konstruktives Merkmal untrennbar mit der Produktionsanlage verbunden sind. Über **Verfahrensänderungen** wird hier eine Reduzierung von Emissionen erreicht (z.B. Übergang von traditionellen Feuerungsanlagen zu Wirbelschichtfeuerungen, Übergang vom traditionellen Kontaktverfahren zur Doppelkatalyse in der Schwefelsäureherstellung, wodurch Schwefeldioxid-Emissionen verringert werden).

Die schwierigen Koordinationsprobleme innerhalb der Planung, betriebswirtschaftlichen Bewertung und Umsetzung umweltschutzorientierter Unternehmens- und Produktionsprozeßstrategien bzw. Maßnahmen haben in jüngster Zeit zur Forderung nach Einführung eines Umwelt-Controllings/Ökologischen Controllings/Umweltorientierten Produktions-Controllings geführt[143]. Die Planung umweltschutzorientierter neuer Produktionstechno-

[143] Vgl. z.B. *Hoitsch/Kals* 1993, *Kals* 1992, *Seidel/Behrens* 1992, *Wagner/Janzen* 1991.

logien hat im Prinzip nach dem gleichen Verfahren zu erfolgen, wie es hier zur Einführung neuer Prozeßtechnologien (siehe Abschnitt II.4.2) vorgestellt wurde. Dabei sind, ausgehend von rein strategischen Überlegungen (Wettbewerbs-, Normstrategie usw.), auch investitionsanalytische Aspekte zu beachten[144].

4.5 Informationsversorgung der strategisch-taktischen Prozeßplanung

Die strategisch-taktische Prozeßplanung ist Aufgabe des oberen und mittleren Managements. Die Koordination von Prozeßplanung und -kontrolle mit der erforderlichen Informationsversorgung wird vom Controlling durchgeführt, wobei dieses den Aufbau, die Anpassung und die laufende Nutzung eines entsprechenden Informationsversorgungssystems zu bewerkstelligen hat.

Das Controlling geht hierbei von einer Informationsbedarfsanalyse der strategisch-taktischen Prozeßplanung aus. Wie oben dargestellt, werden, ausgehend von der Planung neuer Prozeßtechnologien bis hin zur Planung des betrieblichen Umweltschutzes, die unterschiedlichsten Modelle und Methoden der Prozeßplanung eingesetzt, für deren Implementierung das Controlling innerhalb seiner Systemgestaltungsaufgaben zu sorgen hat.

Faßt man den Informationsbedarf dieser Modelle und Methoden zusammen, so ergeben sich folgende **relevante Informationsarten:**

- Informationen aus dem betrieblichen Rechnungswesen: Kosten- bzw. Auszahlungs- und Erlös- bzw. Einzahlungsdaten
- Technische Informationen: z.B. Daten maschineller Anlagen, EDV-technische Daten, umwelttechnische Daten (z.B. Schadstoffkoeffizienten)
- Rechtliche Informationen: z.B. umweltrechtliche Informationen
- Umweltinformationen: z.B. über Chancen und Risiken neuer Prozeßtechnologien, über Marktchancen des Umweltschutzes.

Die benötigten Informationen sind häufig schlecht strukturiert, so daß deren Aufbereitung und Verarbeitung mit Hilfe von **Methoden der Informationsversorgung** schwierig und aufwendig werden kann. Folgende Methoden der Informationsversorgung, deren Implementierung zu den Systemgestaltungsaufgaben des Controllings zählt, werden zur strategisch-taktischen Prozeßplanung eingesetzt:

- Investitionsrechnung zur Aufbereitung/Verarbeitung von Ein- und Auszahlungs-(Cash-Flow-)Informationen
- Kosten- und Erlösrechnung zur Aufbereitung/Verarbeitung von Kosten- und Erlösinformationen

---

[144] Ein Grundmodell zur taktischen Planung von Umweltschutzmaßnahmen auf investitionsrechnerischer Basis wurde von *Zäpfel* vorgestellt, vgl. *Zäpfel* 1989b, S. 126ff.

- Punktbewertungsmethoden (Scoring-Modelle) zur Aufbereitung/Verarbeitung vorwiegend qualitativer Informationen
- Prognosemethoden (qualitative und quantitative Verfahren) zur Verarbeitung ökonomischer und nicht-ökonomischer Informationen
- Kennzahlenanalyse zur Verarbeitung quantitativer ökonomischer und nicht-ökonomischer Informationen.

Das Controlling hat innerhalb seiner **Systemnutzungsaufgabe** die oben angeführten Informationen (unter Einsatz von Methoden der Informationsversorgung) für die strategisch-taktische Prozeßplanung bereitzustellen.

5. Strategisch-taktische Produktionskontrolle

5.1 Grundlagen der strategisch-taktischen Produktionskontrolle

Mit der Verabschiedung von strategisch-taktischen Produktionsplänen werden langfristige Entwicklungen und Aktivitäten eingeleitet. Deren Implementierung erstreckt sich meist über einen mehrjährigen Zeitraum. Man kann davon ausgehen, daß sich während dieses Zeitraums die zugrunde gelegten Strategieverhältnisse in der Umwelt und innerhalb der Unternehmung kontinuierlich oder diskontinuierlich verändern. Diesem Umstand kann folgendermaßen Rechnung getragen werden:

- Planerische Vorbeugemaßnahmen
- Materielle Vorbeugemaßnahmen

Planerische Vorbeugemaßnahmen lassen sich zum einen durch eine **flexible** strategisch-taktische Planung realisieren, indem auf der Basis mehrfacher Szenarien neben dem verabschiedeten Produktionsplan mehrere weitere wettbewerbsmäßig lebensfähige strategisch-taktische Alternativen (Eventualpläne) erarbeitet werden. Mit Hilfe einer leistungsfähigen computerunterstützten strategisch-taktischen Kontrolle im Sinne einer Frühwarnung können rechtzeitig die situationsgerechten Pläne umgesetzt werden.

Materielle Vorbeugemaßnahmen können darin bestehen, daß im vorhinein **strategisch-taktische Reserven** in Form von z.B. Nachwuchs-Führungskräften, finanziellen Mitteln oder wichtigen Werkstoffen bereitgestellt werden.

Die **strategisch-taktische Kontrolle** wird – wie die operative Kontrolle – in der Regel als letzte Phase des strategisch-taktischen Führungsprozesses aufgefaßt. Ihre Funktion besteht weitgehend in der Rückkopplungs-(feed-back-) Aufgabe, d.h. der Initiierung von Anpassungs- bzw. Korrekturmaßnahmen bei den vorgelagerten Führungsprozeßphasen. Während im operativen Bereich (siehe Abschnitt III.4.9) und im taktischen Bereich diese Auffassung ohne Probleme zu realisieren ist, treten speziell innerhalb der strategischen Kontrolle folgende Probleme auf[1]:

- Kontrollvariablen (z.B. Erfolgspotentiale) sind häufig nur schwer oder überhaupt nicht meßbar
- Rückkopplung basiert auf Abweichungsanalyse, d.h. auf Abweichungen von bereits **realisierten** Plänen. Fehlgegangene Strategien können nur in den seltensten Fällen nachkorrigiert werden.

---

[1] Vgl. *Munari/Naumann* 1984, S. 377f.

Die strategische Kontrolle sollte Überraschungen und Veränderungsnotwendigkeiten frühzeitig erfassen und signalisieren können, um damit die **grundsätzliche Vorläufigkeit** der strategischen Planung und des zugrundeliegenden Selektionsprozesses deutlich zu machen. Damit wird die traditionelle Auffassung der Kontrolle als nachgeordnetes, an fertige Planungen angeschlossenes Prüfverfahren aufgegeben. Die strategische Kontrolle wird als **Begleitverfahren** des gesamten strategischen Planungs- und Realisierungsprozesses – quasi als Alarmsystem von Anfang an – aufgefaßt[2].

Strategische Produktionskontrolle hat somit eine risikokompensierende Funktion zur strategischen Produktionsplanung wahrzunehmen. Sie trifft also Vorkehrungen zur Begrenzung des mit der Verabschiedung strategischer Produktionspläne verbundenen Selektionsrisikos. Strategische Produktionspläne werden somit von Anfang an als potentiell revisionsbedürftig eingestuft.

5.2 Aufgabenbereiche der strategischen Produktionskontrolle

Die strategische Produktionskontrolle umfaßt folgende **Aufgabenbereiche**[3]:

- **Prämissenkontrolle:** Fortlaufende Überprüfung der Richtigkeit strategischer Schlüsselfaktoren (Prämissen), wobei selektiv nach einer Dringlichkeitsordnung der Prämissen vorgegangen werden soll.
- **Durchführungskontrolle** (Planfortschrittskontrolle):
  - Kontrolle der Wirkungen strategischer Pläne anhand kürzerfristiger Handlungsziele (Meilensteine)
  - Steuerung nach Beantwortung folgender Frage: Sollen aufgrund der Meilenstein-Überprüfung die strategischen Produktionspläne beibehalten oder revidiert werden?
- **Strategische Überwachung:**
  - soll Ausblendung der beiden anderen Kontrollarten auffangen (siehe *Abb. 132*),
  - ist im Sinne einer **prozessual ungerichteten** Beobachtung nicht inhaltlich vorregelbar,
  - ihr Schwerpunkt liegt auf der Absicherung der Wettbewerbskonzepte,
  - soll möglichst **frühzeitig** Umwelt- und Unternehmensveränderungen als Bedrohung eines strategischen Plans identifizieren.

Die **Prämissenkontrolle** konzentriert sich auf diejenigen Prämissen, die auf schwachen Prognosen basieren, völlig außerhalb des Einflußbereiches der eigenen Unternehmung liegen und in der strategischen Produktionsplanung einen kritischen Stellenwert aufweisen. Hierzu gehören beispielsweise:

---

[2] Vgl. *Schreyögg/Steinmann* 1985, S. 396ff.

[3] Vgl. *Hasselberg* 1991.

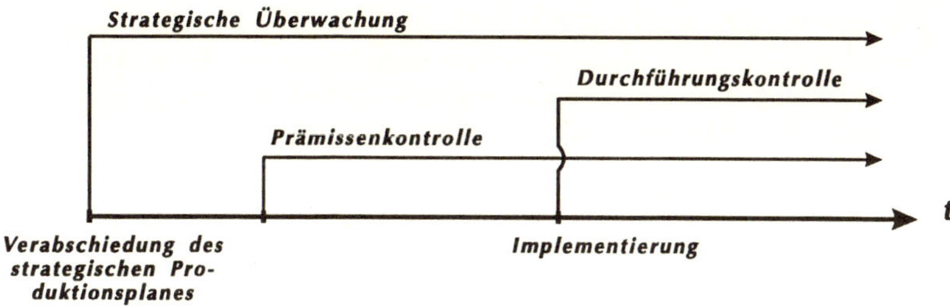

Abb. 132: Strategische Überwachung

- Diskontinuitäten bei Technologieentwicklung
- Flexibilitätsniveau aufgrund der Entwicklung des Absatzmarktes
- Finanzmittel
- Personalbereitstellung
- Akzeptanz neuer Technologien

Am Beispiel der Planung neuer Technologien soll die Prämissenkontrolle bereits bei den Checklisten einsetzen, die zur Ermittlung der Technologieattraktivität und -position herangezogen werden. Ebenso sollten die Verfügbarkeitszeitpunkte neuer Technologien im Technologiekalender mit hoher Kontrollintensität überwacht werden. Prämissenabweichungen aufgrund gesetzlicher Veränderungen, technologischer Sprünge und veränderter Markt- bzw. Wettbewerbssituationen sind meist als unbeeinflußbare Größen anzusehen. Um rechtzeitig Strukturveränderungen erkennen zu können, sollen hier **Frühwarnsysteme** eingesetzt werden[4]. Diese gehen von der Annahme aus, daß sich zukünftige Entwicklungen schon lange **vor** ihrem eigentlichen Auftreten durch „schwache Signale" ankündigen, die man erfassen und deuten kann.

Zur **Durchführungskontrolle** wird ein Zeit- und Aktivitätsplan eingesetzt, so daß eine laufende Projektfortschrittskontrolle anhand der Meilensteine erfolgen kann. Solche Meilensteine oder Haltepunkte könnten je nach Umfang des Projektes alle 1–2 Jahre an den Zeitpunkten vorgesehen werden, an denen definierte Projektabschnitte abgeschlossen sein sollen. Hier wird dann entschieden, ob der Plan weiter verfolgt werden soll oder ob Korrekturen erforderlich sind. Gegebenenfalls kann auf einen anderen (Eventual-)Plan umgestiegen werden, was im Extremfall zum Abbruch eines Projekts führen könnte. Abweichungsanalysen können hier auf der Basis von Kennzahlen (z.B. Produktivität, Durchlaufzeit der Aufträge) oder Budgets (z.B. Investitionen, Kosten usw.) erfolgen.

Die **Strategische Überwachung** konzentriert sich auf die Absicherung der verfolgten Wettbewerbsstrategie. Sie setzt als Zielkontrolle bei einer Gesamtüberprüfung der strategischen Situation einer Strategischen Geschäftseinheit bzw. Unternehmung an und bezieht sich zwar vorrangig auf externe Einfluß-

[4] Vgl. z.B. *Gomez* 1983.

faktoren – wie z.B. Markt- und Technologieveränderungen – aber auch auf interne Einflußgrößen – wie z.B. Veränderung der eigenen Technologieposition. Als Kontrollinstrumente werden hier insbesondere Portfoliomethoden herangezogen, wobei dem Soll-Portfolio jeweils ein aktuelles Ist-Portfolio gegenüberzustellen ist.

Alle im Kontrollprozeß gewonnenen Informationen und Erfahrungen sollen als Grundlage für zukünftige strategisch-taktische Produktionsplanungen herangezogen werden. Im Rahmen eines adressatenbezogenen Berichtswesens sind sie zu dokumentieren und den mit der strategisch-taktischen Planung befaßten Instanzen zur Verfügung zu stellen.

III. Operatives Produktionsmanagement

1. Grundlagen des operativen Produktionsmanagements

1.1 Aufgaben des operativen Produktionsmanagements

Mit den Entscheidungen des strategisch-taktischen Produktionsmanagements werden langfristige Rahmenbedingungen für die Aufgaben des operativen Produktionsmanagements geschaffen. Dieses bestimmt mit seinen gegenwärtigen Entscheidungen die unmittelbar anstehenden Zustände im Produktionsbereich. Der Einfluß des operativen Produktionsmanagements auf die Entwicklung des Produktionsbereichs ist daher weniger weitreichend als der des strategisch-taktischen Produktionsmanagements.

Die Aufgaben des **operativen Produktionsmanagements** umfassen folgende Bereiche:

- operative Produktionsplanung
- Produktionssteuerung oder Produktionsveranlassung
- Durchsetzung oder Realisierung der operativen Produktionsplanung
- operative Produktionskontrolle

In der Terminologie eher technisch orientierter Institutionen, wie REFA (Verband für Arbeitsstudien und Betriebsorganisation), AWF (Ausschuß für wirtschaftliche Fertigung) und VDI (Verband Deutscher Ingenieure) werden die Aufgaben des operativen Produktionsmanagements folgendermaßen bezeichnet:

- Fertigungs- bzw. Arbeitsplanung
- Fertigungs- bzw. Arbeitssteuerung

Fertigungs- bzw. Arbeitsplanung umfaßt dabei alle auftragsunabhängigen, Fertigungs- bzw. Arbeitssteuerung alle auftragsbezogenen Aufgaben des operativen Produktionsmanagements.

Durch die strategisch-taktische Produktionsplanung sind für die operative, kurzfristig angelegte Produktionsplanung Rahmendaten festgelegt, die deren Alternativenspielraum entsprechend eingrenzen.

Dies bedeutet, daß in der operativen Produktions-Programmplanung von einem nach Arten und Qualitäten bereits festgelegten Produktprogramm ausgegangen werden muß und nur mehr über die arten- und mengenmäßige Zusammensetzung innerhalb dieses Produktprogramms entschieden werden kann. Dabei sind auch die durch die strategisch-taktische Produktions-Faktorplanung bereits festgelegten Potentialfaktorbestände (begrenzte Personal- und Betriebsmittelkapazitäten sowie -ausstattung) und die durch die strategisch-taktische Produktions-Prozeßplanung bereits festgelegten Produktionstypen und technologischen Verfahren als gegeben zu betrachten und somit als Restriktionen zu berücksichtigen.

Innerhalb der operativen (kurzfristigen) Produktions-Faktor- und -Prozeßplanung sind ebenfalls die Rahmendaten der strategisch-taktischen Prozeß- und Faktorplanung als Restriktionen zu betrachten.

Die Ergebnisse der strategisch-taktischen Produktionsplanung sind in der Regel auf einen längeren Zeitraum bezogen. Ihre Umsetzung erfordert eine konkretere Planung von kurz- bis mittelfristig orientierten Programmen, Prozessen und Faktoren für den Produktionsbereich in bezug auf jene Teilperioden, in die sich der langfristige Planungszeitraum zerlegen läßt. Mit der operativen Produktionsplanung werden daher die durch die strategisch-taktische Produktionsplanung global vorgegebenen Planungsinhalte in unmittelbar realisierbare Programme, Prozesse und Produktionsfaktoren transformiert.

Innerhalb der operativen Produktionsplanung kann auch auf die ständig auf den Produktionsbereich wirkenden vorübergehenden Veränderungen der Umwelt und der übrigen funktionalen Unternehmensbereiche Rücksicht genommen werden. Diese erfordern permanent kurzfristige operative Anpassungsmaßnahmen, die einerseits eine Auswahl geeigneter Produktionsleistungen aus den gegebenen Produktfeldern und andererseits dafür den optimalen Einsatz der gegebenen Produktionsausstattung erfordern.

Im einzelnen umfaßt die operative Produktionsplanung, die eine Planung der operativen produktionswirtschaftlichen Ziele voraussetzt, nach der hier vertretenen systemorientierten Betrachtungsweise operative, d.h. kurzfristige Output-, Input- und Throughput-(Prozeß-)planungen oder konkreter die

- (operative/kurzfristige) Produktions-Programmplanung (Outputplanung),
- (operative/kurzfristige) Produktions-Faktorplanung (Inputplanung),
- (operative/kurzfristige) Produktions-Prozeßplanung (Throughputplanung),

bei gegebenen Produktions-Potentialfaktorbeständen (Personal- und Betriebsmittelbestände).

Die gesamte operative Produktionsplanung kann als einziger Optimierungskomplex aufgefaßt werden. So wird beispielsweise in der Serien- und Sortenproduktion mit Hilfe der linearen Programmierung (Optimierung) ein optimaler operativer Produktions-Programmplan bestimmt, der die gewinngünstigste Output-Inputkombination ergibt. Dieses, nach Art und Menge festgelegte Produktionsprogramm wird mit Hilfe der optimalen Serien-(Los-)größenplanung im Rahmen der operativen Produktions-Faktorplanung unter Einsatz von Lagerhaltungsmodellen in kostengünstigste Auftrags-(Serien-, Los-)größen gebündelt.

Bereits zwischen Programm- und Seriengrößenplanung bestehen Interdependenzen, da innerhalb der Programmplanung der Einfluß alternativer Seriengrößen auf die Stückkosten und damit Deckungsbeiträge der Produkte zwecks Komplexitätsreduktion ausgeklammert werden mußte. Die optimierten Seriengrößen (Aufträge) müssen dann innerhalb der Produktions-Prozeßplanung zeitlich und kapazitätsmäßig verplant werden. Hier wird versucht, optimale, d.h. kostengünstigste Reihenfolgen für die Aufträge mit Hilfe unterschiedlichster Optimierungsverfahren zu ermitteln. Zwischen dieser Reihenfolgeplanung und der vorher erfolgten Seriengrößenplanung gibt es wiederum Interdependenzen. Einerseits kann die Seriengrößenplanung zu nicht realisierbaren Reihenfolge- bzw. Maschinenbelegungsplänen führen und andererseits müßten eigentlich reihenfolgeabhängige Rüstkosten bereits bei der Seriengrößenplanung bekannt sein und berücksichtigt werden.

Obwohl zahlreiche Ansätze der Unternehmensforschung (Operations Research) für eine sachlich simultane Optimierung der gesamten operativen Produktionsplanung in Form einer optimalen Programm-, Losgrößen- und Reihenfolgeplanung bereits seit langem existieren[1], konnten sich diese aus verschiedenen Gründen in der industriellen Praxis bisher nicht durchsetzen. Man begnügt sich daher mit sukzessiven Lösungen und versucht, getrennte (Sub-)Optimierungen in den Teilbereichen der Programm-, Faktor- und Prozeßplanung zu erreichen.

1.2 Differenzierung der operativen Produktionsplanung, -steuerung und -kontrolle

Die operative Produktionsplanung, -steuerung und -kontrolle ist Aufgabe des operativen Produktionsmanagements. Die operative Produktionsplanung umfaßt dabei die Teilbereiche Programm-(Output-), Faktor-(Input-) und Prozeß-(Throughput-)Planung.

Eine detailliertere Betrachtung umfaßt folgende Teilaufgaben in den einzelnen Bereichen des operativen Produktionsmanagements[2]:

- **Produktions-Programmplanung**
  - Festlegung der Produktarten und -mengen für Planungszeitraum (Primärbedarf)
  - Bestimmung der gewünschten Lagerhaltung für Produkte
  - Festlegung der Liefertermine
  - Erstellung einer groben Kapazitätsübersicht und Bestimmung eventuell erforderlicher Anpassungsmaßnahmen
- **Produktions-Faktorplanung**
  - Feststellung des Brutto- und Nettobedarfs (Bruttobedarf ÷ vorhandene Lagerbestände) an Rohstoffen und Vorprodukten (Sekundärbedarf)
  - Feststellung des Brutto- und Nettobedarfs an Hilfs- und Betriebsstoffen sowie Werkzeugen (Tertiärbedarf)

---

[1] Siehe hierzu Abschnitt III.5.2.
[2] Vgl. *Zäpfel* 1982, S. 40ff.

- Bestimmung, welcher Nettobedarf durch Eigenerstellung oder Fremdbezug zu decken ist
- Ermittlung der Bedarfszeitpunkte für eigenzuerstellende und fremdzubeziehende Nettobedarfe
- Bestimmung von Serien-(Auftrags-)größen (nur in Serienproduktion) bzw. Bestellmengen

- **Produktions-Prozeßplanung**
  - Festlegung von Anfangs- und Endterminen für Serien-(Auftrags-)größen bzw. Aufträge
  - Abstimmung von Kapazitätsbedarf(-nachfrage) und Kapazitätsbestand(-angebot)
  - Freigabe der Aufträge
  - Terminierung von Arbeitsgängen durch Bestimmung von Reihenfolgen

- **Produktionssteuerung**
  - Erstellung von Arbeitsunterlagen
  - Bereitstellung der Produktionsfaktoren
  - Zuteilung der Arbeit und Auslösen der Aufgabendurchführung
  - Sicherung der Produktion durch ggf. notwendiges Eingreifen in Produktionsprozeß bzw. Planänderung nach Produktionskontrolle

- **Produktionskontrolle**
  - Überwachung der Produktmenge
  - Überwachung der Termine
  - Überwachung der Produktqualität
  - Überwachung der Produktionskosten

Welche der oben angeführten Teilaufgaben im speziellen Fall eines realen Produktionssystems besonders bedeutsam sind, hängt von den Situations- und Strukturmerkmalen eines gegebenen Betriebes ab. *Abb. 133* soll dies exemplarisch für ausgewählte Produktionstypen aufzeigen. Das Zeichen „–" bedeutet dabei, daß die angeführten Teilaufgaben geringe, das „+" große und das „++" sehr große Bedeutung für den speziellen Produktionstyp haben.

Zur Erfüllung seiner Aufgaben benötigt das operative Produktionsmanagement die Unterstützung des **operativen Produktions-Controllings.** Dieses hat für die Koordination der Informationsversorgung mit der operativen Produktionsplanung, -steuerung und -kontrolle zu sorgen. Im wesentlichen sind hier vom (Produktions-)Controller folgende Informationen bereitzustellen:

- **für die operative Programmplanung**
  - Bedarfsprognosen
  - Plan-Grenzselbstkosten der Produkte
  - Plan-Nettoerlöse der Produkte
  - Plan-Bearbeitungszeiten der Produkte
  - Kapazitäten der Betriebsmittel/Arbeitsplätze

  .
  .
  .

- **für die operative Faktorplanung**
  - Stücklisten-/Rezepturdaten
  - Verbrauchsprognosen

Produktionstyp / Teilaufgabe	Einzel-/ Auftrags-/Werkstattproduktion	Serien-/Vorrats-/Reihenproduktion	Massen-/Vorrats-/ Fließproduktion
Bestimmung der gewünschten Lagerhaltung für Produkte	–	+	++
Bestimmung von Eigenerstellungs- und Fremdbezugs-Nettobedarf	++	+	–
Abstimmung von Kapazitätsbedarf und -bestand	++	+	–
Erstellung von Arbeitsunterlagen	++	+	–
Überwachung der Produktqualität	+	+	++

Abb. 133: Situations- und Strukturmerkmale ausgewählter Produktionstypen und operative Teilaufgaben

- Plan-Grenzherstellkosten für Einzelteile und Vorprodukte
- Fremdbezugspreise für Einzelteile und Vorprodukte

.
.
.

- **für die operative Prozeßplanung, Produktionssteuerung und -kontrolle**
  - Soll-Bearbeitungszeiten für Produkte
  - Arbeitsablaufdaten
  - Durchlaufzeiten der Aufträge
  - Kapazitätsbedarf
  - Kapazitätsbestand
  - Arbeitsunterlagen für Produktions-Durchführung
  - Plan- und Ist-Kostendaten der Produktionsstellen
  - Plan- und Ist-Termindaten
  - Plan- und Ist-Qualitätsdaten

.
.
.

Innerhalb seiner Systemgestaltungsaufgaben zur Unterstützung des operativen Produktionsmanagements hat der Produktions-Controller vor allem für den Aufbau und die Anpassung eines leistungsfähigen operativen Produktionsplanungs-, -steuerungs- und -kontrollsystems, eines aussagefähigen Plankostenrechnungssystems (z.B. Grenzplankostenrechnung), eines Betriebsdatenerfassungssystems (z.B. Terminalsystem) sowie eines adressatenorientierten Berichtssystems zu sorgen. Im Rahmen der Systemnutzung hat er das operative Produktionsmanagement bei der Aufstellung der operativen Produktionspläne zu unterstützen, monetäre Pläne (Kostenpläne) selbst zu erstellen und Abweichungsanalysen im Zusammenhang mit der Produktionskontrolle (Mengen-, Zeit-, Qualitäts- und Kostenkontrolle) durchzuführen.

Die Darstellung der Aufgaben des operativen Produktionsmanagements wird sich hier auf Sachleistungsbetriebe beschränken, deren Fertigprodukte aus mehreren Vorprodukten bestehen (mehrteilige Produktion) und mehrere Betriebsmittel/Arbeitsplätze (Produktionsstufen) durchlaufen (mehrstufige Produktion). Aufgrund des begrenzten Umfangs dieser Schrift wird eine Beschränkung auf einige wichtige kombinierte Produktionstypen vorgenommen, deren elementare Merkmale besonders stark miteinander korrelieren[3].In diesen ausgewählten Produktionstypen werden die einzelnen Teilaufgaben des operativen Produktionsmanagements mit unterschiedlicher Intensität wahrgenommen.

Im Bereich der **operativen Programmplanung** sollen in dieser Schrift folgende repräsentative kombinierte Produktionstypen behandelt werden:

- **Serienproduktion,** genauer: Unverbundene, synthetische, mehrstufige Serien-, Vorrats-, Mehrprodukt-, Sorten- und Reihenproduktion (z.B. Reifenindustrie, Werkzeugmaschinenbau, Spielwarenindustrie)
- **Einzelproduktion,** genauer: Unverbundene, synthetische, mehrstufige Einzel-, Auftrags-, Mehrprodukt-, Arten- und Baustellen-/Werkstatt-/Zentrenproduktion (z.B. Anlagenbau, Schiffbau, Großmaschinenbau)

Da für die **reine Massenproduktion,** die in der Regel als Fließproduktion organisiert wird, kaum Handlungsalternativen in der operativen Programmplanung gegeben sind, entfällt deren Behandlung in dieser Schrift. Häufig auftretende Engpaß- oder Unterbeschäftigungsprobleme können hier nur im Rahmen der strategisch-taktischen Produktionsplanung (z.B. Programmplanung, Kapazitätsplanung, Layoutplanung) gelöst werden.

Die **operative Faktorplanung** ist methodisch weitgehend unabhängig von einer Produktionstypenabgrenzung zwischen Einzel-, Serien- und Massenproduktion vorzunehmen. Aus diesem Grunde unterbleibt hier in deren Darstellung ein Bezug zu kombinierten Produktionstypen. Eine Ausnahme bildet nur die Behandlung der Auftragsgrößenplanung, die bei Eigenerstellung von Vorprodukten in Form der Seriengrößenplanung ein spezifisches Problem der Serienproduktion darstellt.

Eine Abgrenzung der Darstellung im Hinblick auf spezielle kombinierte Produktionstypen ist insbesondere für die **operative Prozeßplanung** von Bedeutung. Hier sollen folgende Produktionstypen behandelt werden, wobei der Organisationstyp der Produktion die entscheidende Rolle spielt:

---

[3] Siehe hierzu Abschnitt I.1.3

- Einzel-/Auftrags-/**Baustellenproduktion** (z.B. Anlagenbau)
- Einzel- und Kleinserien-/Auftrags-/**Werkstattproduktion** (z.B. Spezialmaschinenbau)
- Einzel- und Kleinserien-/Auftrags-/**Zentrenproduktion** (z.B. Maschinenbau)
- Serien-/Vorrats-/**Reihenproduktion** (z.B. Reifenindustrie)
- Großserien- und Massen-/Vorrats-/**Fließproduktion** (z.B. Automobilbau)

Bei allen oben genannten Kombinationstypen handelt es sich auch um unverbundene, synthetische und mehrstufige Produktionen. Einzelproduktionen sollen hier dabei Artenproduktionen sein, Kleinserien-, Serien-, Großserien- und Massenproduktion werden hier als Sortenproduktionen betrachtet.

Die hier erfolgte Einschränkung des Untersuchungsgegenstandes auf bestimmte Produktionstypen aufgrund des beschränkten Umfangs dieser Schrift hat zur Folge, daß einige in der industriellen Praxis häufig auftretende Produktionstypen –wie z.B. die in der chemischen Industrie auftretende analytische Produktion und die meist mit ihr korrelierende Kuppelproduktion (verbundene Produktion) – hinsichtlich ihrer speziellen Produktionsplanungs- und -steuerungsprobleme hier nicht behandelt werden[4].

Die bei diesen speziellen Produktionstypen häufig auftretenden Umweltschutzprobleme und deren Berücksichtigung in der operativen Produktionsplanung und-steuerung können hier nicht untersucht werden[5]. Probleme des betrieblichen Umweltschutzes sollten im übrigen im Rahmen der strategisch-taktischen Produktionsplanung gelöst werden (siehe hierzu Abschnitt II.4.4). Die in diesem Zusammenhang zu treffenden Entscheidungen für eine umweltschutzorientierte Unternehmenspolitik sollen eine langfristige Sicherung der Wettbewerbsposition der Unternehmung garantieren. Mangelhafte strategisch-taktische Rahmenbedingungen auf diesem Gebiet können durch Entscheidungen der operativen Produktionsplanung nur schwerlich korrigiert werden. Modelle der operativen Produktionsplanung, in denen Maßnahmen des betrieblichen Umweltschutzes abgebildet werden, können allerdings zur Entscheidungsunterstützung innerhalb der strategisch-taktischen Produktionsplanung herangezogen werden. Dies würde auch der in dieser Schrift oftmals erhobenen Forderung nach einer operativen Fundierung der strategisch-taktischen Produktionsplanung entgegenkommen.

---

[4] Zu diesem Problemkreis siehe z.B. *Hahn/Laßmann* 1990, S. 312ff. und *Zäpfel* 1982 sowie die dort jeweils angegebene Literatur.

[5] Siehe hier z.B. *Hoitsch/Kals* 1993, *Corsten/Reiss* 1991, *Kistner* 1989.

2. Operative Programmplanung

2.1 Kennzeichnung und Gestaltung von Produktionsprogrammen

Unter dem **Produktionsprogramm** eines Betriebes versteht man die Zusammenstellung sowohl aller im Betrieb zu erzeugenden Produktarten im Sinne eines Leistungsangebotes als auch aller vom Betrieb in einem Zeitabschnitt zu produzierenden Mengen je Produktart. Aufgrund zeitlicher Verschiebungen und mengenmäßiger Unterschiede zwischen Leistungserstellung im Betrieb und Leistungsverwertung am Markt kann eine Lagerhaltung der Fertigprodukte und, als Konsequenz daraus, eine Abgrenzung zwischen Produktionsprogramm und Absatzprogramm einer Periode notwendig werden.

Durch die strategische Produktprogrammplanung (siehe Abschnitt II.2.6) werden die Produktfelder festgelegt, die dann den Rahmen für die Gestaltung des kurzfristigen operativen Produktionsprogramms bilden. Die Programmgestaltung ist abhängig vom jeweiligen Produktionsprogrammtyp.

Bei **Auftrags- oder Bestellproduktion** kundenindividueller Produkte im Rahmen der Einzelproduktion wird sich die kurzfristige operative Programmgestaltung weitgehend auf die Bemessung der qualitativ und quantitativ möglichen Leistung im Sinne eines Leistungsangebotes beschränken. Allerdings wird auch hier das Produktionsmanagement versuchen, durch entsprechende Akquisition ein bestimmtes Auftragspolster aufzubauen und durch Referenzproduktbildung aus Aufträgen vergangener Perioden Prognosen über zukünftige Aufträge durchzuführen. Durch Bildung von Baukastensystemen kann für Vorprodukte (Einzelteile, Baugruppen) auch eine gewisse Programmplanung im Rahmen einer begrenzten Vorratsproduktion ermöglicht werden.

Bei **Vorrats- oder Marktproduktion** von standardisierten Produkten (Typen, Sorten, Muster, Größen, Modelle usw.) im Rahmen der Serienproduktion kann die kurzfristige operative Programmgestaltung mit relativ großer Sicherheit durchgeführt werden. Während die betriebliche Praxis hier noch weitgehend sachlich sukzessive Planungsmethoden anwendet, bietet die Unternehmensforschung (Operations Research) eine Reihe von Modellen zur sachlich simultanen Produktarten- und -mengenplanung an, die eine Optimierung von operativen Produktionsprogrammen im Hinblick auf gewählte (geplante) Ziele und unter Berücksichtigung vielfältiger Nebenbedingungen (Restriktionen) ermöglichen.

2.2 Produktions- und kostentheoretische Grundlagen

2.2.1 Zielfunktion der Programmplanung

In der operativen Produktions-Programmplanung wird versucht, operative produktionswirtschaftliche Ziele in realisierbare Maßnahmen (Produktionsprogramme) umzuformen. Dabei sind die durch die strategisch-taktische Planung gesetzten Rahmenbedingungen – gegebenes Produktartenprogramm, gegebene Ressourcen (insbes. Potentialfaktorbestände) – zu beachten. Operative produktionswirtschaftliche Ziele werden in Verhandlungsprozessen zwischen Marketing-, Produktions-, Beschaffungs-, Personal- und Finanzmanagement festgesetzt. Für die quantitative Bestimmung des Produktionsprogramms wird das aus vielfältigen Zielkategorien – wie Ergebnis-, Liquiditäts- und Sozialzielen – zusammengesetzte Zielsystem meist auf das Ergebnisziel der Periode reduziert. Als Beschränkungen gegenüber einer maximalen Zielerreichung treten außerbetriebliche Rahmenbedingungen des Absatz- und Beschaffungsmarktes sowie gesetzliche Bestimmungen und innerbetriebliche Rahmenbedingungen des Absatz-, Produktions-, Beschaffungs-, Personal- und Finanzbereiches auf. In einer ersten Einführung in die Programmplanung wird vorerst nur auf das üblicherweise dominierende Ziel, das zu maximierende Ergebnisziel, eingegangen.

Die monetäre Zielfunktion zur optimalen Gestaltung des Produktionsprogramms und ihre Komponenten zeigt *Abb. 134*.

In der operativen Programmplanung wird von gegebenen Beständen an Potentialfaktoren (gegebene Personal- und Betriebsmittelkapazitäten) ausgegangen. Diesen Faktorbeständen können (beschäftigungs-)fixe Kosten der Periode – Gehälter und Zeitlöhne mit entsprechenden Sozialkosten, Zeitabschreibungen auf Gebäude und Maschinen, kalkulatorische Verzinsung des Anlagevermögens und fester Anteile des Umlaufvermögens, Mieten, Pachten, Versicherungen usw. – zugerechnet werden. Die Hauptprämisse der operativen Programmplanung besteht darin, daß die Potentialfaktorbestände für die (kurzfristige) Planungsperiode fest vorgegeben und damit als unveränderbar angesehen werden. Aus diesem Grunde kann bei alternativen Programmen keine Veränderung der fixen Kosten der Periode eintreten. Sie zählen daher nicht zu den relevanten Kosten[1] dieses Planungsproblems.

Ebenso wird davon ausgegangen, daß sich die (beschäftigungs-)fixen Erlöse der Periode – periodenbezogene Lizenzerlöse, Erlöse für Grundgebühren (z.B. Strombereitstellung von Elektrizitätswerken, Telefon-Grundgebührenerlöse der Post) – bei Variation des Produktionsprogramms nicht verändern, da sie meist auf langfristige Verträge zurückgehen. Sie sind deshalb ebenfalls nicht relevante Daten der operativen Programmplanung. Die in *Abb. 134*

[1] Zum Begriff der „relevanten Kosten" vgl. *Kilger* 1981, S. 186ff.

$G =$ Gewinn (Betriebsergebnis) der Periode					
E Erlös der Periode			÷ K Kosten der Periode		
E_F fixe (beschäftigungsunabhängige) Erlöse der Periode	+	E_V variable (beschäftigungsabhängige) Erlöse der Periode	K_V variable (beschäftigungsabhängige) Kosten der Periode	+	K_F fixe (beschäftigungsunabhängige) Kosten der Periode
$\sum_{j=1}^{n}$ Summe aller Produktarten j = 1 bis n	p_{V_j} · Netto-Verkaufspreis pro Einheit der Produktart j	x_j Produktions- und Absatzmenge der Produktart j	$\sum_{j=1}^{n}$ Summe aller Produktarten j = 1 bis n	k_{V_j} · variable Selbstkosten pro Einheit der Produktart j	x_j Produktions- und Absatzmenge der Produktart j

Abb. 134: Komponenten der monetären Zielfunktion

dargestellte Zielfunktion der operativen Programmplanung unterstellt, daß zwischen Produktions- und Absatzprogramm eine vollständige Übereinstimmung besteht und daher keine Bestandsveränderungen der Fertigwarenlager in der Planungsperiode auftreten. Man bezeichnet daher die Programmplanung auch als Produktions- und Absatzprogrammplanung.

Aus den genannten Gründen reduziert sich die monetäre Zielfunktion auf

$$DB = E_v \div K_v = \sum_{j=1}^{n} p_{v_j} \cdot x_j - k_{v_j} \cdot x_j =$$

$$\sum_{j=1}^{n} (p_{v_j} - k_{v_j}) \cdot x_j = \sum_{j=1}^{n} db_j \cdot x_j \qquad (j = 1, 2, \ldots, n) \qquad (58)$$

DB: Deckungsbeitrag der Periode
db_j: Deckungsbeitrag pro Einheit der Produktart j

Zur weiteren Vereinfachung der operativen Programmplanung müssen neben den bereits genannten Prämissen (Einfach-Zielsetzung, konstante Personal- und Betriebsmittelkapazitäten, keine Berücksichtigung fixer Erlöse, keine Fertigwarenlager-Bestandsveränderungen, d.h. Produktionsprogramm = Absatzprogramm) noch folgende eingeführt werden. In der Zielfunktion des in dieser Schrift behandelten **Standardansatzes** der operativen Programmplanung wird von absatzmengenunabhängigen konstanten Netto-Verkaufspreisen ausgegangen. Diese ergeben sich aus Brutto-(Listen-)Verkaufspreisen abzüglich Erlösschmälerungen (Rabatte, Skonti, Provisionen).[2] Absatz- bzw. preistheoretisch werden dabei die Bedingungen des Mengenanpassers auf vollkommenen Märkten bei vollkommener Konkurrenz unterstellt.[3] Diese Verkaufspreisbedingung führt für eine Produktart eines Mehrproduktbetriebes zu einem linearen Erlösverlauf in Abhängigkeit von der abgesetzten Produktionsmenge.[4] *Abb. 135* zeigt die unterstellten Preis-Absatz- und Erlösfunktionen für eine Produktart j.

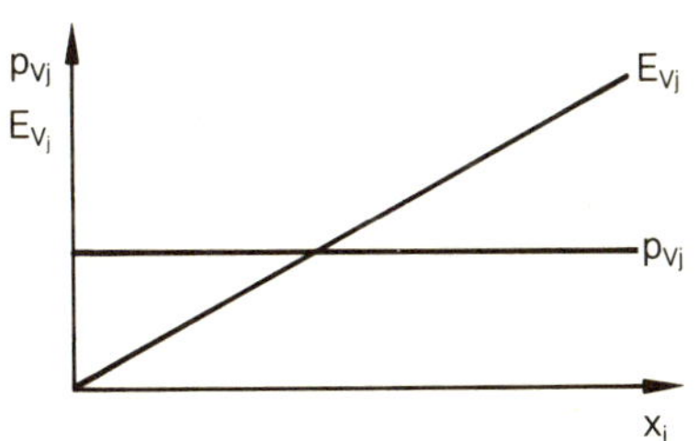

Abb. 135: Preis-Absatz- und Erlösfunktion

[2] Erlösschmälerungen, die häufig als echte negative Gemeinerlöse absatzmengen- bzw. umsatzabhängig anfallen, müssen vereinfacht mit durchschnittlichen Werten pro Mengeneinheit angesetzt werden.

[3] Vgl. *Meffert* 1980, S. 255

[4] In den Erweiterungen zum Standardansatz wird auch der Fall einer linear-fallenden Preis-Absatz-Funktion behandelt. Vgl. Abschnitt III.2.3.1.2.3.

Einer eingehenderen Analyse bedürfen nunmehr die für die operative Programmplanung relevanten variablen Kosten pro Produkteinheit. In den Standardansätzen der operativen Programmplanung werden diese ebenfalls als konstant angenommen. Zum Verständnis dieser Prämisse muß hier näher auf produktions- und kostentheoretische Erklärungsmodelle eingegangen werden. Dazu wird auf den Ausgangspunkt unserer Betrachtungen, das Produktionssystem, zurückgegriffen, das durch seinen In-, Out- und Throughput beschrieben werden kann[5].

2.2.1.1 Limitationalität und Substitutionalität von Produktionsprozessen

Die quantitativen Beziehungen zwischen Input und Output eines Produktionssystems lassen sich durch eine **Produktions- oder Transformationsfunktion** (Produktionsfaktor-Produkt-Beziehung) wiedergeben[6]. Input-Output-Beziehungen von Produktionsstellen als unterste Betrachtungsebene des Produktionsbereiches werden mit dem Begriff „Transformationsfunktion", solche des gesamten Produktionsbetriebes als oberste Betrachtungsebene des Produktionsbereiches mit dem Begriff „Produktionsfunktion" versehen. Im folgenden soll hier keine explizite Unterscheidung beider Funktionen durchgeführt werden. In allgemeiner Form kann eine Produktionsfunktion wie folgt dargestellt werden:

$$(x_1, x_2, \ldots, x_j, \ldots, x_n) = f(r_1, r_2, \ldots, r_i, \ldots, r_m) \qquad (59)$$

x: Produktionsmenge der Produktart j = 1 bis n
r: Produktionsfaktor-Einsatzmenge der Faktorart i = 1 bis m

Die Umkehrung dieser Beziehung, die kostentheoretisch relevant wird, bezeichnet man als **Faktoreinsatzfunkion.** Betrachtet man die Faktorarten i in Abhängigkeit vom Output, so ergibt sich:

$$(r_1 \ldots, r_i, \ldots, r_m) = g(x_1, x_2, \ldots, x_j, \ldots, x_n) \qquad (60)$$

Bezieht man die Einsatzmenge einer Faktorart i auf eine Output-(Produkt-)einheit j bei gleichzeitigem Einsatz der erforderlichen weiteren Produktionsfaktoren, so erhält man den **Produktionskoeffizienten** a_{ij} einer Faktorart i bezogen auf die Produktart j:

$$a_{ij} = r_{ij}/x_j \qquad (61)$$

Je nach Ersetzbarkeit (Substituierbarkeit) von Produktionsfaktoren im Produktionsprozeß unterscheidet man zwischen limitationalen und substitutionalen Produktionsprozessen. **Limitationalität** liegt vor, wenn die Produktionsfaktormengen zueinander **und** zur Produktionsmenge eindeutig quantifizierbare Verhältnisse aufweisen. Bleiben bei Variation der Produktionsmenge **alle** Produktionskoeffizienten a_{ij} konstant, so liegt **lineare Limita-**

---

[5] Vgl. Abschnitt I.1.1.
[6] Vgl. *Hoitsch* 1992c.

tionalität vor. Unterliegt dabei jedoch mindestens ein Produktionskoeffizient der eingesetzten Produktionsfaktoren einer Veränderung, so herrscht **nicht-lineare Limitationalität** vor. *Abb. 136* zeigt die Bedingungen der linearen Limitationalität mit zwei eingesetzten Faktorarten r_1 und r_2 im Einprodukt-betrieb mit Hilfe einer Ertrags-(Output-)Isoquantendarstellung. **Isoquanten** sind Indifferenzkurven, denen als Parameter konstante Produktionsmengen (konstanter Ertrag, Output) zugrundeliegen. *Abb. 136* läßt erkennen, daß Mehreinsätze einer Faktorart bei Konstanz der anderen Einsatzmengen zu keiner Erhöhung der Produktionsmenge führen. Die Ertragsisoquanten sind deshalb strichliert gezeichnet, sie charakterisieren **ineffiziente Faktorkombinationen.** Die Isoquanten schrumpfen aus diesem Grunde zu einem (effizienten) Punkt zusammen. Die Verbindungslinie der effizienten Faktorkombinationen für alternative Produktionsmengen bezeichnet man als **Prozeßstrahl**[7]. Ein praktisches Beispiel für derartige linear-limitationale Produktionsverhältnisse wäre der Montageprozeß für Bleistifte, bei denen die Bleistiftmine die Faktorart r_1 und der Holzmantel die Faktorart r_2 darstellen würde.

Abb. 137 zeigt die Möglichkeiten nicht-linearer Limitationalität[8]. Die Produktionsprozesse A, B und C sind durch ein konstantes Faktoreinsatzverhältnis r_1/r_2, aber durch monoton steigende (Prozeß A), monoton fallende (Prozeß B) und zuerst fallende, dann steigende Produktionskoeffizienten a_{ij} (Prozeß C) gekennzeichnet. Der Prozeß D wiederum ist durch ein variables, technisch eindeutig vorgegebenes Faktoreinsatzverhältnis und mindestens einen variablen Produktionskoeffizienten gekennzeichnet. Daraus ist erkennbar, daß eine nähere Beschreibung nicht-linear-limitationaler Produktionsprozesse sowohl Angaben über die Faktoreinsatzverhältnisse als auch die Produktionskoeffizienten erfordert. Beispiele nicht-linearer Limitationalität findet man häufig in Produktionsprozessen der chemischen Industrie.

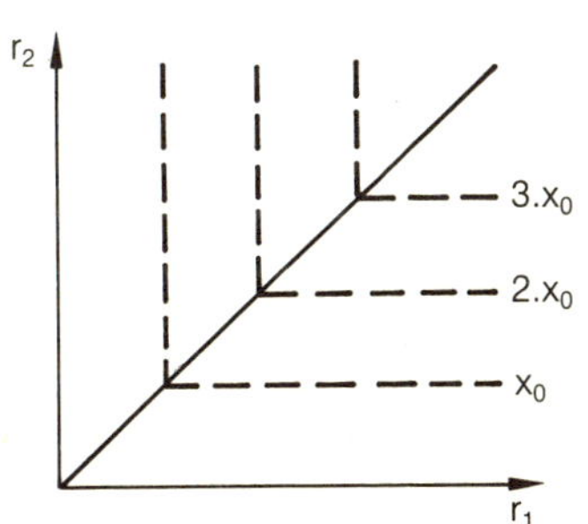

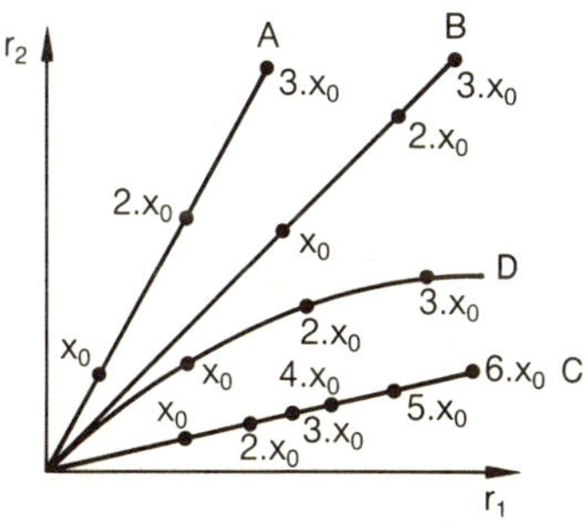

x_o = bestimmte (konstante) Produktionsmenge

Abb. 136: Linear-limitationaler Produktionsprozeß

Abb. 137: Nicht-linear-limitationale Produktionsprozesse

[7] Vgl. *Steffen* 1983, S. 42.
[8] Vgl. *Busse von Colbe/Laßmann* 1988, S. 104.

Eine proportionale Veränderung aller Einsatzmengen, wie dies in *Abb. 136* und in den Fällen A, B und C der *Abb. 136* dargestellt ist, bezeichnet man als **Niveauvariation**[9] oder nach Gutenberg als **multiple Anpassung** des Produktionsapparates an variierende Produktionsmengen.[10] Eine Produktionsfunktion ist **linear-homogen**, wenn eine Niveauänderung proportionale Produktmengenänderungen zur Folge hat. (*Abb. 136*) Sie ist **nicht-linear-homogen**, wenn die Niveauänderung zu über- oder unterproportionalen Produktmengenänderungen führt (Fall A und B in *Abb. 137*). Man spricht von einer **inhomogenen** Produktionsfunktion, wenn die Produktionsmengen wechselnd über- und unterproportional zur Niveauerhöhung steigen (Fall C in *Abb. 137*) oder der Prozeßstrahl nicht-linear verläuft (Fall D in *Abb. 137*).

Substitutionalität liegt vor, wenn eine Verringerung der Einsatzmenge eines Produktionsfaktors durch Erhöhung der Einsatzmenge eines anderen Faktors oder mehrerer anderer Faktoren kompensiert werden kann. Produktionsmenge und Produktqualität bleiben dabei unverändert[11]. Die Substitutionalität ist **total** oder **alternativ**, wenn eine Faktorart vollständig durch eine andere ersetzt werden kann. Sie ist **partiell** oder **peripher**, wenn eine Faktorart nur in Grenzen aber niemals vollständig ersetzt werden kann. Ein praktisches Beispiel für totale Substitutionalität wäre der alternative Einsatz von Super- oder Normalbenzin in Verbrennungskraftmaschinen, partielle Substitution wäre z.B. der teilweise Ersatz von Naturkautschuk durch Kunstkautschuk bei der Reifenproduktion. *Abb. 138* und *139* zeigen beide Fälle mit Hilfe einer Ertrags-(Output-)Isoquantendarstellung. Der Verlauf der Indifferenzkurven in *Abb. 138* und *139* kann linear oder nicht-linear sein.

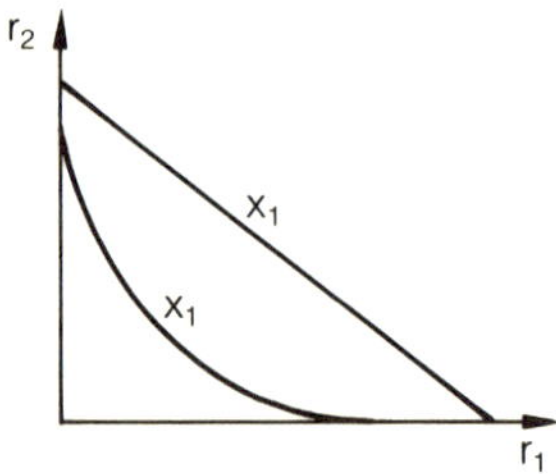

Abb. 138: Totale/alternative Substitutionalität

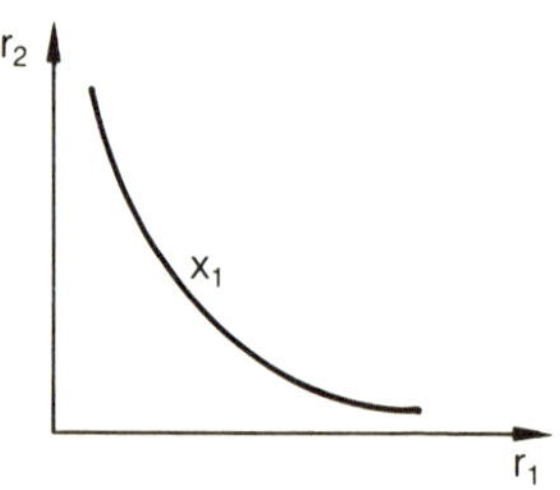

Abb. 139: Partielle/periphere Substitutionalität

Die Homogenitätsbedingungen von Produktionsfunktionen lassen sich auch auf substitutionale Produktionsbedingungen übertragen und mit Hilfe von Isoquanten darstellen. *Abb. 140* zeigt den linear-homogenen Fall, *Abb. 141* und *142* zwei nicht-linear-homogene Fälle.

---

[9] Vgl. *Busse von Colbe/Laßmann* 1988, S. 113ff.
[10] Vgl. *Gutenberg* 1979, S. 423ff.
[11] Vgl. *Steffen* 1983, S. 25

Die formale Darstellung der Homogenitätsbeziehungen von Produktionsfunktionen erfolgt mit Hilfe des **Niveauvariators** λ[12]:

$$\lambda^c \cdot x = f(\lambda \cdot r_1, \lambda \cdot r_2, \ldots, \lambda \cdot r_i, \ldots, \lambda \cdot r_m) \tag{62}$$

Bei einem **Grad der Homogenität**

von $c = 1$	spricht man von einer linear-homogenen Produktionsfunktion,
bei $c > 1$	von einer überproportional nicht-linear-homogenen Produktionsfunktion,
bei $c < 1$	von einer unterproportional nicht-linear-homogenen Produktionsfunktion,

bei c > **und** < 1 bzw. < **und** > 1 von einer inhomogenen Produktionsfunktion.

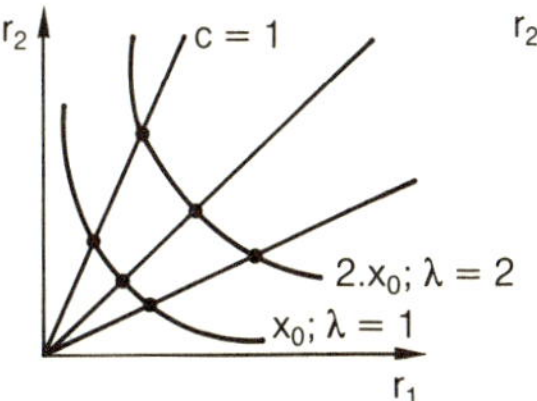

Abb. 140: Linear-homogene Produktionsfunktion

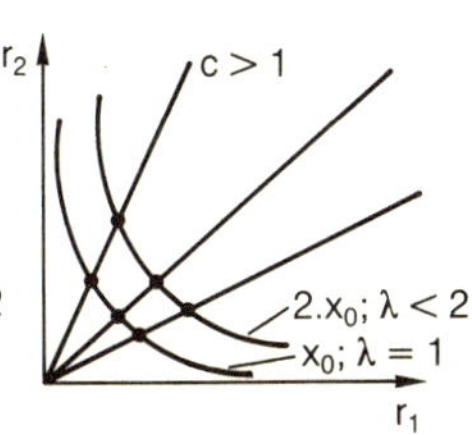

Abb. 141: Überproportional nicht-linear-homogene Produktionsfunktion

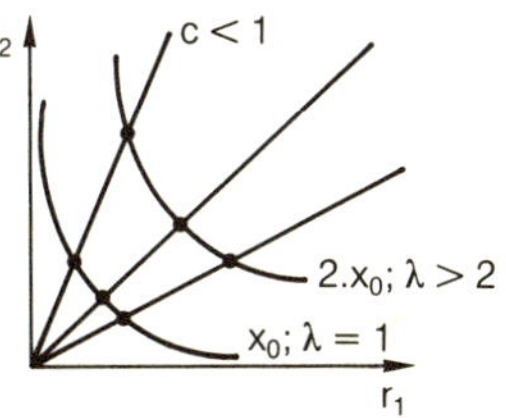

Abb. 142: Unterproportional nicht-linear-homogene Produktionsfunktion

Die Prozeßstrahlen kennzeichnen mögliche Faktoreinsatzverhältnisse.

Abb. 143 zeigt die fünf Fälle für c = 1, > 1, < 1, > und < 1, < und > 1 in Form einer Funktion $x = f(\lambda)$.

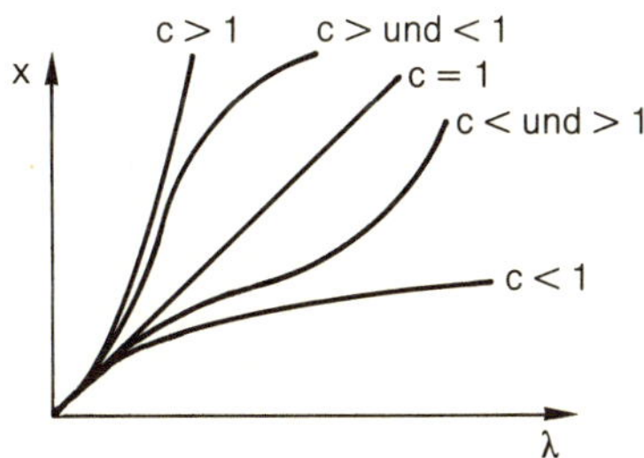

Abb. 143: Homogene und inhomogene Produktionsfunktionen

[12] λ wird auch als „Größe" oder „Niveau der Produktion" bezeichnet, vgl. *Dellmann* 1980, S. 63.

In realen Produktionsprozessen können zugleich limitationale und substitutionale Beziehungen auftreten. So kann sich z.B. eine bestimmte Teilmenge der eingesetzten Produktionsfaktoren limitational, eine andere Teilmenge substitutional verhalten. Neben Produktionsprozessen mit kontinuierlich substituierbaren Produktionsfaktoren (*Abb. 138* und *139*), bei denen eine Substitution zwischen unendlich vielen limitationalen Produktionsprozessen stattfinden kann (siehe Prozeßstrahlen in der *Abb. 140, 141* und *142*), ist in realen Produktionsprozessen auch häufig eine Substitution zwischen endlich vielen limitationalen Prozessen durch Niveauvariation bei den einzelnen Prozessen möglich. So können beispielsweise in der Stahlindustrie die beiden Repetierfaktoren Roheisen und Schrott im Rahmen unterschiedlicher Verfahren (z.B. *Siemens-Martin-* oder Oxygen-Verfahren) in unterschiedlichen Einsatzverhältnissen miteinander kombiniert werden. *Abb. 144* zeigt ein solches Beispiel für zwei alternative linear-limitationale Produktionsprozesse (*Siemens-Martin-* oder Oxygen-Verfahren) mit zwei Einsatzfaktoren (Roheisen oder Schrott).

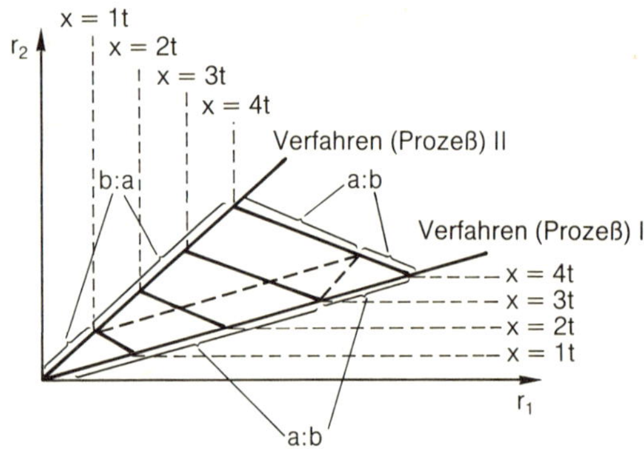

Abb. 144: Alternative linear-limitationale Produktionsprozesse

Die beiden Produktionsprozesse weisen unterschiedliche Faktoreinsatzverhältnisse und damit unterschiedliche Produktionskoeffizienten auf. Jeder der beiden Prozeßstrahlen charakterisiert zwar linear-limitationale Produktionsverhältnisse, für die Gesamtsituation liegen aber trotzdem substitutionale Verhältnisse vor. So kann eine bestimmte Produktionsmenge x^* (z.B. 4 t) zum Teil nach Prozeß I (z.B. 3 t) und zum anderen Teil (z.B.1 t) nach Prozeß II erzeugt werden. Eine Substitution zwischen diesen beiden Verfahren bedeutet zugleich eine Substitution zwischen den Repetierfaktormengen r_1 und r_2. Allgemein gilt folgender formaler Zusammenhang[13]:

---

[13] Vgl. *Steffen* 1983, S. 51 f.

$$x^* = \frac{a}{a+b} \cdot x^* + \frac{b}{a+b} \cdot x^* \qquad (63)$$

Gesamtproduktionsmenge	Produktionsmenge nach Prozeß I	Produktionsmenge nach Prozeß II
(z. B. 4 t)	(z. B. 3 t)	(z. B. 1 t)

Eine erste Beurteilung der Relevanz der bisherigen produktionstheoretischen Überlegungen für die operative Produktions-Programmplanung soll folgendes deutlich herausstellen:

In der monetären Zielfunktion zur Gestaltung des Produktionsprogramms wird von konstanten, d.h. über die gesamte Breite der möglichen Beschäftigungsvariation gleichbleibenden variablen Durchschnittskosten pro Produkteinheit ausgegangen. Wie dies bei den folgenden produktions- und kostentheoretischen Überlegungen noch näher zu begründen sein wird, verlangt diese Prämisse folgende produktionstheoretische Gegebenheiten:

Die Produktionskoeffizienten aller eingesetzten Repetierfaktoren sind konstant; dies bedeutet, daß Produktions-/Transformationsfunktionen mit folgenden Eigenschaften unterstellt werden:

- lineare Limitationalität[14] und
- lineare Homogenität.

Die unterschiedlichen Eigenschaften von Input-Output-Beziehungen in Produktionssystemen (lineare/nicht-lineare Limitationalität, totale/partielle Substitutionalität, lineare/nicht-lineare Homogenität/Inhomogenität) führten in der betriebswirtschaftlichen Produktionstheorie[15] zur einer Typisierung von Produktionsfunktionen. *Gutenberg* hat mit einer alphabetischen Bezeichnung der einzelnen Typen von Produktionsfunktionen begonnen, die sich auch weiterhin fortgesetzt hat. Teilweise werden mit diesen Typen auch die Namen der Autoren verbunden, die erstmalig eine solche Produktionsfunktion veröffentlichten. *Abb. 145* gibt einen Überblick über Typen betriebswirtschaftlicher Produktionsfunktionen.[16]

Die vorliegende Schrift erhebt nicht den Anspruch, eine Einführung in die Produktions- und Kostentheorie zu sein.[17] An dieser Stelle sollen nur die für

[14] Substitutionalität zwischen linear-limitationalen Prozessen ist zugelassen, jedoch wird sich dies in der Zielfunktion ggf. mit unterschiedlichen variablen Kosten pro Produkteinheit für alternative Produktionsverfahren niederschlagen.

[15] Die betriebswirtschaftliche und die volkswirtschaftliche Produktionstheorie basieren auf identischen Grundlagen. In der volkswirtschaftlichen „Mikroökonomie“ hat sich eine Produktionstheorie herausgebildet, die Informationen für gesamtwirtschaftliche Entscheidungsprozesse liefern sollte. Die betriebswirtschaftliche Produktionstheorie bildet die Basis für die einzelwirtschaftliche Kostentheorie, Kostenrechnung, Kostenplanung und Produktionsplanung und dient damit der einzelwirtschaftlichen Entscheidungsvorbereitung.

[16] Vgl. dazu auch *Botta* 1986, *Witte* 1988.

[17] Zur fundierten Aneignung produktions- und kostentheoretischer Kenntnisse wird

Betriebswirtschaftliche Produktionsfunktionen					
statische Produktionsfunktionen (Berücksichtigung der Mengenstruktur des Produktionsprozesses)				dynamische Produktionsfunktionen (Berücksichtigung der Mengen- und Zeitstruktur des Produktionsprozesses)	
Typ A (Ertragsgesetz)	**Typ B** *(Gutenberg)*	**Typ C** *(Heinen)*	**Typ D** *(Kloock)*	**Typ E** *(Küpper)*	**Typ F** *(Matthes)*
• partielle Substitutionalität der Produktionsfaktoren • für industrielle Produktions- und Kostenplanung keine Bedeutung	• lineare Limitationalität (*Leontief*) **und** nichtlineare Limitationalität (Verbrauchsfunktion) • Grundlage der betriebswirtschaftlichen Kostentheorie • Basis aller übrigen Produktionsfunktionen (C, D, E, F)	• Erweiterung und Verfeinerung von B • Limitationalität und Substitutionalität	• Limitationalität und Substitutionalität • mehrstufige und zyklische Produktionsprozesse • allgemeiner Input-Output-Ansatz (damit ist A, B und C darstellbar)	• Weiterentwicklung von D unter Berücksichtigung der Zeitstruktur des Produktionsprozesses • speziell für Serienproduktion	• Weiterentwicklung von C unter Einbezug der Netzplantechnik • speziell für Einzelproduktion • Berücksichtigung von Geld-(Finanz-) Prozessen

Abb. 145: Typen betriebswirtschaftlicher Produktionsfunktionen

das Verständnis der operativen Produktions-Programmplanung unbedingt notwendigen produktionstheoretischen Grundlagen und deren kostentheoretische Konsequenzen behandelt werden. Zur produktions- und kostentheoretischen Fundierung des Standardansatzes der Programmplanung (insbesondere der Zielfunktion) ist vor allem die Produktionsfunktion vom Typ B (*Gutenberg*-Produktionsfunktion) von Bedeutung, die sowohl linear-limitationale Produktionsverhältnisse mit unmittelbarer Produktionsfaktor-Produkt-Beziehung (*Leontief*–Produktionsfunktion) als auch linear- und nichtlinear-limitationale Verhältnisse mit mittelbaren Produktionsfaktor-Produkt-Beziehungen beschreiben kann. Bei letzteren stehen die Potentialfaktoren im Mittelpunkt der Betrachtungen, die aufgrund ihres Nutzungsvorrats über mehrere Perioden hinweg in den Produktionsprozeß eingesetzt werden können. Während die Produktionsfunktion vom Typ B mit ihren kostenmäßigen Konsequenzen aus den genannten Gründen etwas ausführlicher behandelt wird, soll der Vollständigkeit halber hier auch kurz auf die Funktionen vom Typ A und C eingegangen werden. Innerhalb der produktionstheoretischen Analyse der Nebenbedingungen in den Standardansätzen der operativen Programmplanung wird die Beschreibung der Produktionsfunktion vom Typ D als allgemeiner Input-Output-Ansatz notwendig, da diese in den Nebenbedingungen zu berücksichtigende mehrstufige Produktionsprozesse abbildet.[18]

2.2.1.2 *Produktions- und Kostenfunktion vom Typ A*

Obwohl die Produktionsfunktion vom Typ A, das sogenannte **Ertragsgesetz,** für die Produktions- und Kostenplanung des Industriebetriebes keine besondere Relevanz besitzt, soll der Vollständigkeit halber und als ein Beispiel für einen kontinuierlich partiell substitutionalen Produktionsprozeß im Überblick auf diese erste in der Wirtschaftswissenschaft diskutierte Produktionsfunktion eingegangen werden. Die Funktion, die auch als **Gesetz vom zu- und abnehmenden Ertragszuwachs** bezeichnet wird, beschreibt die unmittelbare Abhängigkeit der Produktionsmenge eines Einprodukt-Betriebes vom Einsatz eines variablen Produktionsfaktors bei Konstanz eines oder mehrerer weiterer eingesetzter Produktionsfaktoren. Diese Produktionsfunktion unterstellt dabei partielle Substitutionalität der eingesetzten Produktionsfaktoren. *Abb. 146* zeigt eine solche **Ertragsfunktion** beim Einsatz eines variablen Faktors r_1 (in der Landwirtschaft: z.B. Arbeitseinsatz auf dem Feld) und

auf die Literatur verwiesen. Als spezielle Einführungen in die Produktions- und Kostentheorie wären u.a. zu nennen: *Busse von Colbe/Laßmann* 1988, *Dellmann* 1980, *Ellinger/Haupt*, 1990, *Kistner* 1981, *Steffen* 1983.

[18] Die Produktionsfunktionen vom Typ B und Typ D bilden auch die wesentlichen produktionstheoretischen Grundlagen der Produktions-Faktorplanung. Daher wird im Abschnitt III.3. dieser Schrift auf die hier dargestellten Grundlagen zurückgegriffen. An anderer Stelle wird auch auf weitere Typen von Produktionsfunktionen eingegangen. Insbesondere in der operativen Prozeßplanung wird auf die dynamischen Produktionsfunktionen vom Typ E und F hingewiesen.

eines konstanten Faktors r_2 (in der Landwirtschaft: z.B. Ackerfläche mit konstantem Saatgut- und Düngemitteleinsatz).

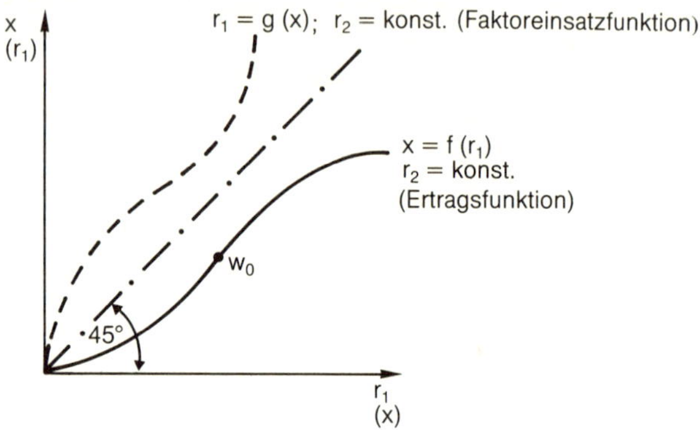

Abb. 146: Faktoreinsatz-/Ertragsfunktion

Die Ertragsfunktion zeigt zuerst zunehmende und nach einem Wendepunkt w_0 abnehmende Ertragszuwächse. Sie wird wie folgt formuliert:

$$x = f(r_1);\ r_2 = \text{konstant} \qquad (64)$$

Spiegelt man die Ertragsfunktion an einer 45°-Achse und vertauscht die Koordinaten, so ergibt sich die sog. **Faktoreinsatzfunktion:**

$$r_1 = g(x);\ r_2 = \text{konstant} \qquad (65)$$

Ökonomische Aussagen über die Eigenschaften von Produktionssystemen erfordern eine Bewertung des Faktoreinsatzes in Ergänzung zu den bisher hier abgehandelten rein mengenmäßigen Input-Output-Beziehungen. Damit wird die Produktionstheorie zu einer **Kostentheorie** erweitert. **Kosten** einer Periode K_i sind mit Faktorpreisen p_{ei} bewertete Einsätze oder Verbräuche von Produktionsfaktormengen r_i:

$$K_i = r_i \cdot p_{ei} \qquad (66)$$

Werden mehrere Faktorarten in den Produktionsprozeß eingesetzt, so ergeben sich folgende Periodenkosten K:

$$K = \sum_{i=1}^{m} r_i \cdot p_{ei}\ (i = 1, 2, \ldots, m) \qquad (67)$$

Der in der Produktions- und Kostentheorie in der Regel verwendete **wertmäßige Kostenbegriff**[19] setzt als Faktorpreise aktuelle Einstandspreise (Beschaffungspreise) p_e der Produktionsfaktoren an, die für die Wiederbeschaffung

[19] Im Gegensatz dazu wird beim **pagatorischen Kostenbegriff** von den tatsächlich geleisteten Zahlungen für die Produktionsfaktoren ausgegangen, siehe hierzu *Koch* 1959, S. 8f.

der Verbrauchs- bzw. Einsatzmengen anfallen. Durch die Bewertung der Faktormengen mit Faktorpreisen werden die Einsatz- bzw. Verbrauchsmengen unterschiedlicher Produktionsfaktorarten in einheitliche Wert-(Geld-) größen umgeformt und damit addierbar gemacht. Aus den bisherigen Überlegungen können die wichtigsten Einflußgrößen auf die Höhe der Periodenkosten anhand der *Abb. 147* bereits abgeleitet werden.

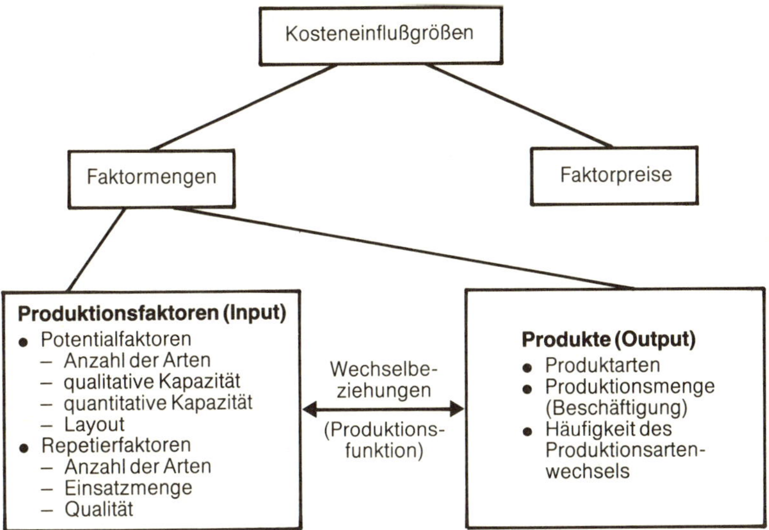

Abb. 147: Kosteneinflußgrößen

Bewertet man den variablen Faktorverbrauch in der Faktoreinsatzfunktion (*Abb. 146*) mit Faktorpreisen, so erhält man die Kostenfunktion für die variablen Gesamtkosten K_V:

$$K_{V_1}(x) = r_1 \cdot p_{e1} = g(x) \cdot p_{e1} \tag{68}$$

Wird nun auch der konstante Faktor r_2 mit p_{e2} bewertet, so erhält man die fixen Kosten der Periode K_F. Gemeinsam mit den variablen Kosten K_V ergibt sich die Gesamtkostenfunktion nach *Abb. 148:*

$$K(x) = K_F + K_V \tag{69}$$

Anhand der *Abb. 148* lassen sich weitere Kostenkategorien definieren:

$$\text{Grenzkosten: } K' = \frac{dK}{dx} \tag{70}$$

Die **Grenzkosten** kann man als Gesamtkostenzuwachs bei Erzeugung einer zusätzlichen Produkteinheit definieren.

$$\textbf{Durchschnittskosten: } k = \frac{K}{x} = \frac{K_F}{x} + \frac{K_V}{x} \tag{71}$$

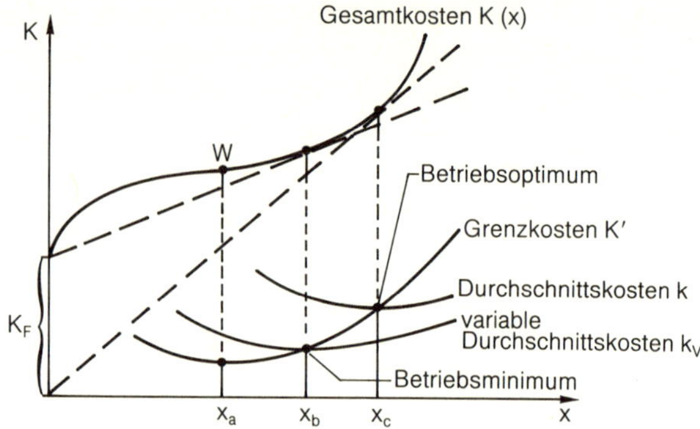

Abb. 148: Kostenverläufe nach dem Ertragsgesetz

$$\text{Fixe Durchschnittskosten: } k_F = \frac{K_F}{x} \tag{72}$$

$$\text{Variable Durchschnittskosten: } k_V = \frac{K_V}{x} \tag{73}$$

Als markante, kostentheoretisch interessante Punkte der *Abb. 148* sind zu definieren:

(1) Das **Betriebsoptimum** als Produktionsmenge x_c mit den geringsten Durchschnittskosten,

(2) das **Betriebsminimum** als Produktionsmenge x_b mit den geringsten variablen Durchschnittskosten,

(3) das **Minimum der Grenzkosten** bei Produktionsmenge x_a.

Langfristig muß der Betrieb versuchen, seine gesamten Kosten zu decken. Die Höhe der Durchschnittskosten im Betriebsoptimum kann deshalb als langfristige Preisuntergrenze bezeichnet werden. Kurzfristig könnte sich die Preisuntergrenze an der Höhe der variablen Durchschnittskosten im Betriebsminimum orientieren. Während dieser Periode würde allerdings ein Verlust in Höhe der fixen Kosten entstehen.

Zum Abschluß dieses kleinen Überblicks über die Produktions- und Kostenfunktion vom Typ A soll nochmals darauf hingewiesen werden, daß die hier zugrunde gelegten unmittelbaren Produktionsfaktor-Produkt-Beziehungen mit partiell substitutionalen Produktionsfaktoren für die Erfassung bzw. Abbildung industrieller Produktionsprozesse nicht geeignet sind.[20] Abgesehen von der kontinuierlichen partiellen Substitutionalität der Produktionsfaktoren im Ertragsgesetz, die in industriellen Produktionsprozessen kaum anzutreffen ist, zeigt sich dies in der ertragsgesetzlichen Prämisse konstanter Faktoreinsatzmengen, insbesondere der Potentialfaktoren (z.B. Ackerfläche). Bei Einsatz maschineller Anlagen in industriellen Produktionsprozessen ergeben

---

[20] Vgl. *Gutenberg* 1979, S. 325.

sich über beeinflußbare Maschinenzeiten und Produktionsgeschwindigkeiten Auswirkungen sowohl auf den Faktorverbrauch als auch auf die Produktionsmenge (Output). Die Abbildung der dort vorherrschenden limitationalen Produktionsverhältnisse erfordert daher neben der Darstellung unmittelbarer Produktionsfaktor-Produkt-Beziehungen mit limitationalen Produktionsfaktoren (sog. *Leontief*-Produktionsfunktionen) auch die Analyse mittelbarer Produktionsfaktor-Produkt-Beziehungen, wie dies die Produktionsfunktion vom Typ B vorsieht.

2.2.1.3 Produktions- und Kostenfunktion vom Typ B

2.2.1.3.1 Produktionsfunktion

Zur produktions- und kostentheoretischen Begründung der Prämissen operativer Programmplanungsansätze kann auf die Produktions- bzw. Transformationsfunktion von *Gutenberg* (Typ B) zurückgegriffen werden, die zur Darstellung unmittelbarer Produktionsfaktor-Produkt-Beziehungen auch die *Leontief*-Produktionsfunktion für linear-limitationale Produktionsverhältnisse beinhaltet. Da die operative Produktions-Programmplanung von in der strategisch-taktischen Produktionsplanung bereits festgelegten Potentialfaktorbeständen ausgeht, interessieren hier neben der Analyse der Leistungsabgabe dieser Potentialfaktoren in erster Linie die Input-Output-Beziehungen der Repetierfaktoren (Rohstoffe inkl. Vorprodukte wie Halbzeuge, Einzelteile, Baugruppen sowie Hilfs- und Betriebsstoffe, Energie). Da Roh- und Hilfsstoffe direkt in das Produkt eingehen und damit Bestandteil des Produkts werden, bestehen bei diesen Repetierfaktoren unmittelbare Produktionsfaktor-Produkt-Beziehungen. Betriebsstoffe (inkl. Werkzeuge) und Energie weisen nur eine mittelbare Produktionsfaktor-Produkt-Beziehung auf. Sie werden an Betriebsmitteln, also sachlichen Potentialfaktoren eingesetzt und im Produktionsprozeß verbraucht. Daher hängen sie unmittelbar mit der Leistungsabgabe und Einsatzdauer der sachlichen Potentialfaktoren zusammen. Der durch Gebrauchsverschleiß bedingte Verbrauch der materiellen Potentialfaktoren „Betriebsmittel“ wird produktionstheoretisch ähnlich dem Verbrauch an Repetierfaktoren mit mittelbarer Produktionsfaktor-Produkt-Beziehung angesehen.

Der personale Potentialfaktor „physische menschliche Arbeitsleistung im Fertigungslohn“ (betrifft Mitarbeiter, die direkt an der Herstellung der Produkte beteiligt sind) wird hinsichtlich seiner Input-Output-Beziehungen in der industriellen Praxis und Produktionstheorie wie ein Repetierfaktor mit unmittelbarer Produktionsfaktor-Produkt-Beziehung behandelt. Die restlichen personalen Potentialfaktoren, wie physische Arbeitsleistung im Hilfslohn sowie die geistige Arbeitsleistung, behandelt man in bezug auf ihre Input-Output-Beziehungen in Produktionstheorie und -praxis wie Betriebsmittel, deren Leistungsabgabe nur eine mittelbare Produktionsfaktor-Produkt-Beziehung aufweist.

Für unmittelbare Produktionsfaktor-Produkt-Beziehungen von Roh-, Hilfsstoffen, Vorprodukten und physischer menschlicher Arbeitsleistung im Fertigungslohn gelten linear-limitationale *Leontief*-Produktionsfunktionen in folgender Form[21]:

$$r_{ij} = a_{ij} \cdot x_j, \text{ wobei } a_{ij} = \text{konstant} \tag{74}$$

Die Faktoreinsatzfunktion zeigt *Abb. 149*.

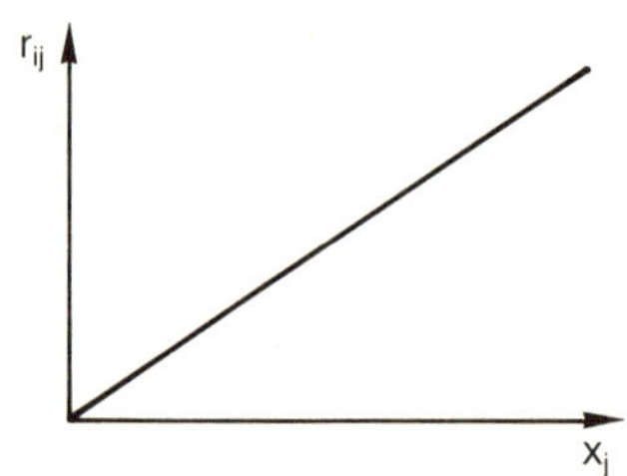

Abb. 149: Faktoreinsatzfunktion

Der Verbrauch von Produktionsfaktoren mit mittelbarer Produktionsfaktor-Produkt-Beziehung pro Arbeitseinheit eines Betriebsmittels $\bar{a}_{ik}$ (Produktionskoeffizient) hängt einerseits von gegebenen konstruktiven Betriebsmittelmerkmalen – wie z.B. Durchmesser der Spannvorrichtung, Antriebsart des Werkzeughalters einer Werkzeugmaschine – und andererseits von der Produktionsgeschwindigkeit (Intensität) des Betriebsmittels ab:

$$\bar{a}_{ik} = \frac{r_{ik}}{b_k} = f(z_{1k}, z_{2k}, \ldots, z_{zk}, d_k), \text{ wobei} \tag{75}$$

$$d_k = \frac{b_k}{t} \tag{76}$$

$z_{1k}, z_{2k}, \ldots, z_{zk}$: technische Eigenschaften des Betriebsmittels k aufgrund konstruktiver Merkmale (z-Situation)

d_k: Produktionsgeschwindigkeit (Intensität, z.B. in Umdrehungen pro Minute)

b_k: Anzahl der Arbeitseinheiten (z.B. Umdrehungen der Werkzeugmaschine) pro Periode

Da die technischen Eigenschaften eines Betriebsmittels aufgrund seiner konstruktiven Merkmale innerhalb der Betrachtungs-(Planungs-)periode der operativen (kurzfristigen) Produktions-Programmplanung als gegeben und unveränderlich angenommen werden können, vereinfacht sich die oben angeführte Beziehung zur sogenannten **Verbrauchsfunktion**[22]:

---

[21] Vgl. *Gutenberg* 1979, S. 336f.
[22] Vgl. *Gutenberg* 1979, S. 327.

$$\bar{a}_{ik} = \frac{r_{ik}}{b_k} = f(d_k) \tag{77}$$

Der Produktionskoeffizient $\bar{a}_{ik}$ als spezifischer Faktorverbrauch pro Arbeitseinheit ist somit nicht mehr als konstant zu betrachten (wie bei der *Leontief*-Produktionsfunktion), sondern ist abhängig von der jeweiligen Produktionsgeschwindigkeit (Intensität) des Betriebsmittels. *Abb. 150* zeigt zwei denkbare Formen von Verbrauchsfunktionen.

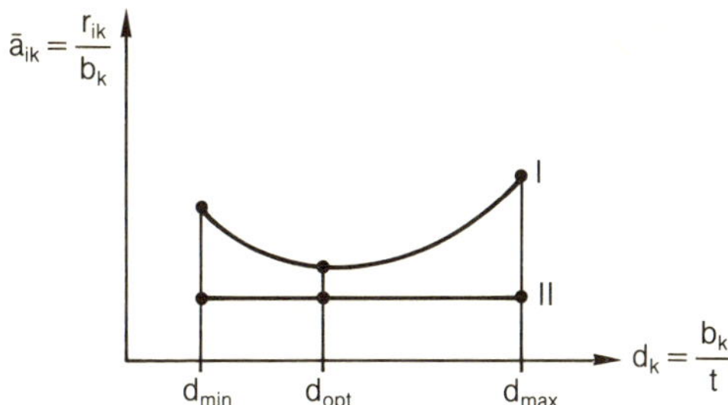

Abb. 150: Verbrauchsfunktionen

Die Verbrauchsfunktion I zeigt z.B. den spezifischen Stromverbrauch einer Werkzeugmaschine in kWh/1000 Umdrehungen in Abhängigkeit von der Drehzahl (Produktionsgeschwindigkeit) in Umdrehungen pro Minute. Produktionsanlagen benötigen meist eine **Mindest-Produktionsgeschwindigkeit** d_{min}, unterhalb der eine Anlage nicht funktioniert. Bei deren Überschreitung sinkt häufig der spezifische Faktorverbrauch bis zu einem Minimum, das als **optimale Produktionsgeschwindigkeit** d_{opt} bezeichnet wird. Eine weitere Steigerung der Intensität ist nur bis zu einer technologisch begrenzten **Maximal-Produktionsgeschwindigkeit** d_{max} möglich, bei der in der Regel der höchste spezifische Faktorverbrauch auftritt. Die Verbrauchsfunktion I kennzeichnet eine nicht-linear-limitationale Input-Output-Beziehung.[23]

Die Verbrauchsfunktion II, die konstant verläuft und daher kein Minimum aufweist, charakterisiert eine linear-limitationale Input-Output-Beziehung mit konstantem Produktionskoeffizienten $\bar{a}_{ik}$ und bildet daher die Grundlage für eine *Leontief*-Produktionsfunktion. Man könnte sich darunter die Verbrauchsfunktion für physische menschliche Arbeitsleistung im Fertigungslohn vorstellen, der in Form eines leistungsabhängigen, konstanten Akkordlohns anfällt und daher unabhängig von der Produktionsgeschwindigkeit der Produktionsmaschine ist.

Berücksichtigt man die durch ein Betriebsmittel k an **einer** Produkteinheit j zu vollziehenden Arbeitseinheiten α_{jk} (z.B. Umdrehungen der Werkzeugma-

---

[23] Bei variabler Produktionsgeschwindigkeit wird die *Gutenberg*-Produktionsfunktion gelegentlich auch als **substitutional** bezeichnet, da eine **bestimmte** Produktionsmenge durch **verschiedene** Produktionsgeschwindigkeiten in **unterschiedlichen** Zeitspannen erreicht werden kann, vgl. *Schneeweiß* 1992, S. 51.

schine pro Mengeneinheit des Fertigprodukts) und unterstellt, daß die Produktionsmenge x_j proportional zur Anzahl der Arbeitseinheiten b_{jk} ist, so ergibt sich folgender formaler Zusammenhang:

$$b_{jk} = \alpha_{jk} \cdot x_{jk}, \text{ wobei } \alpha_{jk} = \frac{b_{jk}}{x_{jk}} = \text{konstant} \tag{78}$$

α_{jk}: Arbeitseinheiten pro Produkteinheit (Proportionalitätsfaktor = Produktionskoeffizient)

Aus (77) folgt:

$$r_{ijk} = \bar{a}_{ik}\,(d_k) \cdot b_{jk} = \bar{a}_{ik}\,(d_k) \cdot \alpha_{jk} \cdot x_{jk} \tag{79}$$

Die oben genannte Input-Output-Beziehung wird als Produktionsfunktion vom Typ B (*Gutenberg*-Produktionsfunktion) bezeichnet. Die angenommene Proportionalität zwischen der Anzahl der Arbeitseinheiten und der Produktionsmenge an Fertigprodukten unterstellt hier wiederum linear-limitationale Produktionsbedingungen.

Mit der Produktionsfunktion vom Typ B kann für eine gegebene (geplante) Perioden-Produktionsmenge x_{jk} der Produktart j auf dem Betriebsmittel k der notwendige Produktions-(Repetier-)Faktorverbrauch der Periode r_{ijk} der (Repetier-)Faktorart i in bezug auf die Produktart j und das Betriebsmittel k bestimmt werden.

Beispiel

Gegeben:
- Produktionskoeffizient $\bar{a}_{ik}$ (aus Verbrauchsfunktion) = 0,05 kWh Stromverbrauch pro 1000 Umdrehungen einer Werkzeugmaschine bei einer
- Drehzahl (Intensität) d_k = 1000 Umdrehungen pro Minute
- Proportionalitätsfaktor α_{jk} = 5000 Umdrehungen pro Stück
- Produktionsmenge x_{jk} = 100 Stück pro Periode

Gesucht: Stromverbrauch r_{ijk} pro Periode an der Werkzeugmaschine k bei einer Drehzahl d_k von 1000 Umdrehungen pro Minute

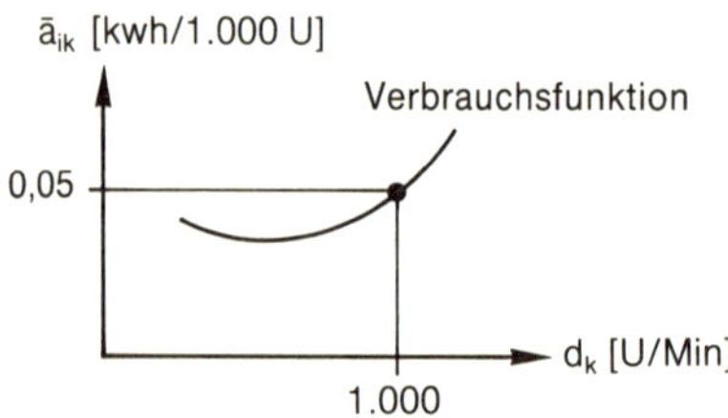

Lösung: $r_{ijk} = \bar{a}_{ik}\,(d_k) \cdot \alpha_{jk} \cdot x_{jk}$ (*Gutenberg*-Produktionsfunktion)
= 0,05 kWh/1000 U (bei 1000 U/Min) · 5000 U/Stk · 100 Stk/Periode
= 25 kWh Stromverbrauch pro Periode (z. B. pro Tag)

(bei ausschließlicher Produktion von Produktart j)

Die Ausführungen in Abschnitt I.1.1.3 über Charakteristika industrieller Produktionssysteme haben gezeigt, daß die quantitative Periodenkapazität eines Produktionssystems, bestehend aus mehreren Betriebsmitteln, durch die maximale Produktionsgeschwindigkeit d_{max}, die maximale Produktionszeit t_{max} der Periode pro Betriebsmittel und die maximale Anzahl der in der Betrachtungsperiode eingesetzten gleichartigen Potentialfaktoren (Betriebsmittel) $\bar{n}_{max}$ beeinflußt wird. Sofern aus technologischer Sicht eine Variation dieser drei Einflußgrößen möglich ist, kann sich ein Produktionssystem folgendermaßen an Schwankungen der Auftragslage (Beschäftigung) und damit Produktionsmenge der Periode anpassen:

(1) Zeitliche Anpassung durch Variation von t (Anzahl der Produktionszeiteinheiten pro Periode und pro Betriebsmittel)
(2) Intensitätsmäßige Anpassung durch Variation von d (Anzahl der Arbeitseinheiten pro Zeiteinheit)
(3) Quantitative Anpassung durch Variation von $\bar{n}$ (Anzahl der eingesetzten Betriebsmittel in der Periode)
(4) Kombinierte Anpassung durch Kombination von (1), (2) und (3).

Dieser Anpassungszusammenhang kann formal wie folgt dargestellt werden:

$$x_{jk} = \frac{d_k}{\alpha_{jk}} \cdot t_k \cdot \bar{n}_k, \text{ wobei: } \alpha_{jk} = \text{konstant} \qquad (80)$$

Beispiel

Gegeben:
- d_k = 1000 U/Min (Konstante)
- α_{jk} = 5000 U/Stk (Konstante)
- t_k = 9000 Min/Mon/Maschine (Variable)
- $\bar{n}_k$ = 5 gleichartige Maschinen (Konstante)

Gesucht: x_{jk} bei zeitlicher Anpassung (Intensität und Maschinenzahl = konstant)

Lösung: $$x_{jk} = \frac{1000 \text{ U/Min}}{5000 \text{ U/Stk}} \cdot 9000 \text{ Min/Mon/Masch.} \cdot 5 \text{ Masch.}$$
$$= \underline{\underline{9000 \text{ Stk/Mon}}}$$

Bei Konstanz der gleichzeitig in der Periode eingesetzten, gleichartigen Betriebsmittel $\bar{n}$ und des Proportionalitätsfaktors α_{jk} in der Betrachtungsperiode kann die oben formulierte Beziehung mit Hilfe von Isoquanten wie in *Abb. 151* graphisch dargestellt werden.

Der **Periodenverbrauch einer Produktionsfaktorart** kann unter Berücksichtigung der gegebenen Anpassungsart aus der Verbrauchsfunktion abgeleitet werden. Bei **zeitlicher Anpassung** bleibt der Produktionskoeffizient $\bar{a}_{ik}$ für eine festgelegte Intensität (d) konstant. Eine Veränderung der Produktions-

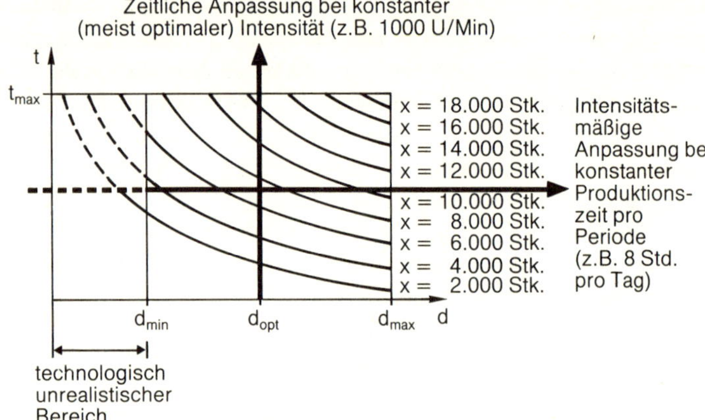

Abb. 151: Isoquanten-Darstellung[24]

menge kann nur durch Variation der Produktionszeit pro Periode (t) erreicht werden. In Abhängigkeit der Produktionszeit und damit Produktionsmenge pro Periode ergeben sich für drei unterschiedliche Intensitätsstufen (d_{min}, d_{opt}, d_{max}) spezielle Produktionsfunktionen (Faktoreinsatzfunktionen) bei zeitlicher Anpassung (siehe *Abb. 152*).

Bei zeitlicher Anpassung besteht daher eine direkt-proportionale Abhängigkeit der Produktionsmenge x_{jk} von der Produktionszeit t_k in der Form:

$$x_{jk} = C_1 \cdot t_k, \text{ wobei } C_1 = \frac{d_k \cdot \bar{n}_k}{\alpha_{jk}} \qquad (81)$$

Diese Produktionsfunktionen werden aus jeweils einem festen Punkt der Verbrauchsfunktion ($\bar{a}_{ik}$ bei z.B. d_{min}, d_{opt}, d_{max}) abgeleitet und sind daher linear-limitationale Produktionsfunktionen (*Leontief*-Produktionsfunktionen).

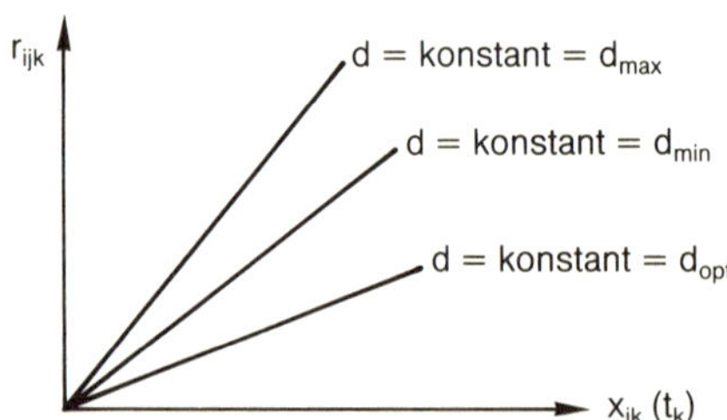

Abb. 152: Faktoreinsatzfunktionen bei unterschiedlichen Intensitätsstufen[25]

---

[24] Vgl. ähnlich *Dellmann* 1980, S. 78.

[25] Vgl. ähnlich *Busse von Colbe/Laßmann* 1988, S. 151.

Bei **intensitätsmäßiger Anpassung** des Produktionssystems an Beschäftigungsänderungen wird Punkt für Punkt aus der Verbrauchsfunktion der jeweils veränderliche Produktionskoeffizient $\bar{a}_{ik}$ in Abhängigkeit der dazugehörigen veränderlichen Intensitäten abgetragen und als Funktion der Produktionsmenge der Periode dargestellt. Letztere muß erst ebenfalls Punkt für Punkt aus der Beziehung (80) ermittelt werden. Die Größen α_{jk}, t_k und $\bar{n}_k$ werden dabei als Konstante angenommen, so daß eine proportionale Abhängigkeit in folgender Form entsteht:

$$x_{jk} = C_2 \cdot d_k, \text{ wobei } C_2 = \frac{t_k \cdot \bar{n}_k}{\alpha_{jk}} \qquad (82)$$

Abb. 153 zeigt den Periodenverbrauch einer Faktorart (Produktionsfunktion/Faktoreinsatzfunktion) in Abhängigkeit der Produktionsmenge der Periode.

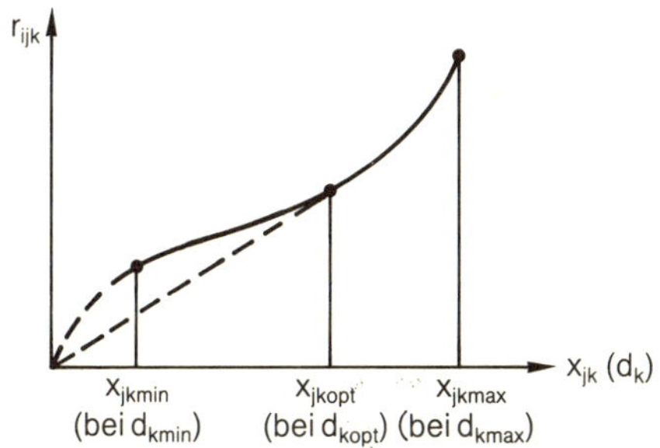

Abb. 153: Faktoreinsatzfunktion bei intensitätsmäßiger Anpassung[26]

Die Produktionsfunktion wird auf der Basis einer nicht-linearen, meist quadratischen Verbrauchsfunktion ebenfalls nicht-linear, meist kubisch und daher nicht-linear-limitational. Die Ähnlichkeit mit der Faktoreinsatzfunktion des Ertragsgesetzes, das partiell substitutionale Produktionsverhältnisse unterstellt, ist aufgrund der oben beschriebenen Bedingungen rein formaler Natur[27].

2.2.1.3.2 *Kostenfunktion*

Durch Bewertung der Faktoreinsatzfunktion $r_{ijk} = f(x_{jk})$ mit Faktorpreisen p_{ei} ergibt sich die Kostenfunktion $K_{ijk} = g(x_{jk})$. Ebenso wird durch Multiplikation der veränderlichen Produktionskoeffizienten $\bar{a}_{ik}$ aus der Verbrauchsfunktion ein variabler Kostensatz $k_{V_{ik}}$ pro Arbeitseinheit eines Betriebsmittels k:

$$k_{V_{ik}} = \bar{a}_{ik} \cdot p_{ei} \qquad (83)$$

[26] Vgl. ähnlich *Steffen* 1983, S. 76.
[27] Vgl. *Steffen* 1983, S. 72.

Abb. 154 zeigt die daraus entwickelte **monetäre Verbrauchsfunktion,** welche die Abhängigkeit der variablen Durchschnittskosten einer Faktorart (z.B. variable Betriebsstoffkosten) pro Arbeitseinheit eines Betriebsmittels (z.B.1000 Umdrehungen) von dessen Intensität (z.B. U/Min) wiedergibt.

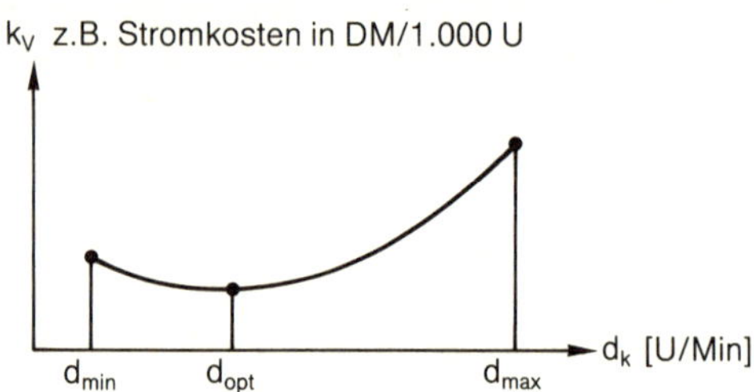

Abb. 154: Monetäre Verbrauchsfunktion

Aus einer der linear-limitationalen Produktionsfunktionen (Faktoreinsatzfunktionen) vom Typ B nach *Abb. 152* ergibt sich durch Bewertung der Faktormengen der Periode mit Faktorpreisen die lineare Kostenfunktion für variable Periodenkosten einer Faktorart in Abhängigkeit der Perioden-Produktionsmenge (Beschäftigung) bei zeitlicher Anpassung mit mittelbarer Produktionsfaktor-Produkt-Beziehung. Sie ist in der Form identisch mit Kostenfunktionen für Produktionsfaktoren mit unmittelbarer Produktionsfaktor-Produkt-Beziehung aufgrund von *Leontief*-Produktionsfunktionen (Faktoreinsatzfunktionen) nach *Abb. 149* (siehe *Abb. 155*).

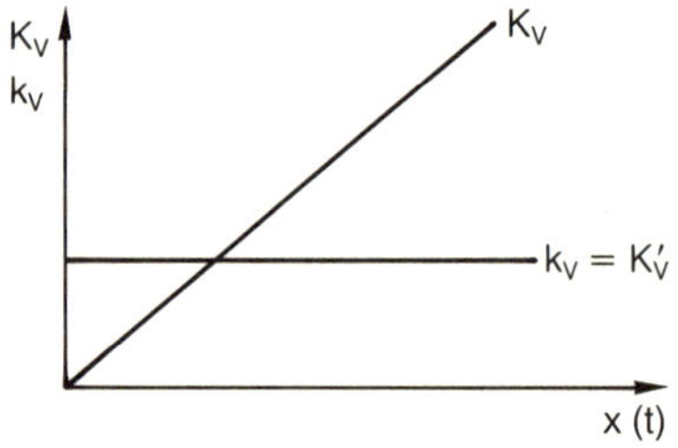

Abb. 155: Kostenfunktionen aufgrund von Leontief-Produktionsfunktionen und bei zeitlicher Anpassung

Abb. 155 zeigt, daß bei linearer Perioden-Kostenfunktion die variablen Durchschnittskosten den Grenzkosten entsprechen und konstant bleiben. Dies kann durch folgende Ableitung belegt werden, wobei unterstellt wird, daß α_{jk} konstant bleibt:

$$K_V = k_V \cdot x; \qquad (84)$$

$$\downarrow$$

$$(\alpha_{jk} = \text{konstant!})$$

$$K'_V = \frac{dK_V}{dx} = k_V \qquad (85)$$

Die nicht-linear-limitationale Produktionsfunktion (Faktoreinsatzfunktion) vom Typ B nach *Abb. 153* führt über die Bewertung mit Faktorpreisen zur nicht-linearen Kostenfunktion für variable Periodenkosten einer Faktorart in Abhängigkeit der Perioden-Produktionsmenge (Beschäftigung) bei intensitätsmäßiger Anpassung und mittelbarer Produktionsfaktor-Produkt-Beziehung (siehe *Abb. 156*).

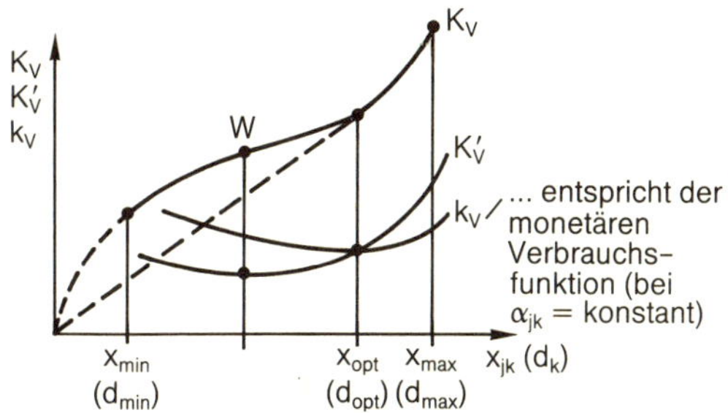

Abb. 156: Kostenverläufe bei intensitätsmäßiger Anpassung

Die bisher beschriebenen Produktions- und Kostenfunktionen vom Typ B eignen sich vor allem zur Beschreibung und Erklärung der Input-Output-Beziehungen folgender Produktionsfaktoren:

- Produktionsfaktoren mit unmittelbarer Produktionsfaktor-Produkt-Beziehung (z.B. Repetierfaktoren wie Roh-, Hilfsstoffe, Vorprodukte, physische menschliche Arbeitsleistung im Fertigungs-(Akkord-)lohn),
- Produktionsfaktoren mit mittelbarer Produktionsfaktor-Produkt-Beziehung (z.B. Repetierfaktoren wie Betriebsstoffe, Energie).

Folgende Produktionsfaktorarten müssen für die Zwecke der operativen Produktions-Programmplanung noch produktions- und kostentheoretisch analysiert werden:

- sachliche Potentialfaktoren, insbesondere materieller Betriebsmitteleinsatz (Verschleiß von Anlagen) und immaterieller Betriebsmitteleinsatz,
- personale Potentialfaktoren, insbesondere physische menschliche Arbeitsleistungen im Hilfslohn und geistige menschliche Arbeitsleistung,
- Zusatzfaktoren.

Während die Input-Output-Beziehungen der bisher angesprochenen Produktionsfaktoren empirisch relativ leicht ermittelbar sind, ist der **Verschleiß materieller Betriebsmittel** im Produktionsprozeß kaum meßbar. Der Einsatz materieller Betriebsmittel führt einerseits zu einem von der Produktionsmenge der Periode (Beschäftigung) nutzungsabhängigen **Gebrauchsverschleiß,** andererseits tritt durch das bloße Vorhandensein des Betriebsmittels ein nutzungsunabhängiger **Zeitverschleiß** durch technisch-wirtschaftliche Überholung, Witterungseinflüsse, Korrosion, Materialermüdung oder Wegfall der Nutzungsmöglichkeiten auf[28].

[28] Siehe hierzu auch Abschnitt II.3.4.4.1.

Mangels empirisch ermittelter Verbrauchsfunktionen für eine hier auftretende mittelbare Produktionsfaktor-Produkt-Beziehung des Gebrauchsverschleißes wird eine unmittelbare Faktor-Produkt-Beziehung unterstellt, die näherungsweise wie folgt formuliert werden kann:

$$\text{Gebrauchsverschleiß } r_{ik} = \bar{a}_{ik} \cdot \alpha_{jk} \cdot x_{jk}, \text{ wobei } \bar{a}_{ik} = \frac{1}{B_k} \qquad (86)$$

B_k: Anzahl der Arbeitseinheiten, die mit dem Betriebsmittel k insgesamt (während der gesamten Nutzungsdauer) geleistet werden kann

Der Faktorverbrauch aufgrund des Zeitverschleißes weist keine Beziehung zur Produktionsmenge der Periode (Beschäftigung) auf.

$$\text{Zeitverschleiß } r_{ik} = \frac{1}{T_k} \qquad (87)$$

T_k: Anzahl der Nutzungsperioden (z.B. Monate, Jahre) des Betriebsmittels k ohne Einfluß des Gebrauchsverschleißes

Durch Bewertung der Faktoreinsatzmengen der Periode mit Faktorpreisen (Wiederbeschaffungspreise der Betriebsmittel) erhält man variable Abschreibungskosten (Gebrauchsverschleiß) bzw. fixe Abschreibungskosten (Zeitverschleiß) der Periode für materielle Betriebsmittel[29].

Für den Einsatz immaterieller Betriebsmittel, physischer menschlicher Arbeitsleistung im Hilfs-(Zeit-)lohn und geistiger menschlicher Arbeitsleistung sowie von Zusatzfaktoren besteht in der Regel – ähnlich wie beim Zeitverschleiß materieller Betriebsmittel – keine Beziehung zur Produktionsmenge (Output) der Periode. Hier wird die Einsatzmenge bzw. Einsatzzeit der Periode als disponierbare Einflußgröße des Faktorverbrauchs angesehen. Durch Bewertung der Einsatzmengen bzw. Einsatzzeiten der Periode mit Faktorpreisen (z.B. Zeitlohn-Stundensatz, Monatsgehalt) erhält man outputunabhängige fixe Kosten für die Produktionsfaktoren. Für outputunabhängige Zusatzfaktoren (z.B. Beraterhonorare, Versicherungsprämien), die keine Mengen- oder Zeitverbrauchskomponente aufweisen, faßt man den aufgewendeten Perioden-Geldbetrag als Mengeneinsatz des Produktionsfaktors in der Periode auf und bewertet diesen dann mit dem Faktorpreis „1" (Einheits-DM)[30]. Damit erhält man ebenfalls auf einheitlicher formaler Grundlage ausschließlich outputunabhängige, also fixe Periodenkosten für diese Produktionsfaktoren. Unter Berücksichtigung variabler Kosten für Repetierfaktoren sowie variabler Kostenanteile der Potentialfaktoren (z.B. physische menschliche Arbeitsleistung im Fertigungs-(Akkord-)lohn, Gebrauchsverschleiß-Abschreibung) ergeben sich als Summe der Kostenfunktionen aller Produktionsfaktoren für ein (Einprodukt-)Produktionssystem (Einprodukt-

---

[29] Vgl. *Steffen* 1983, S. 77. Zu den komplexen Beziehungen zwischen Gebrauchs- und Zeitverschleiß sowie zur Abschreibungsermittlung siehe *Kilger* 1981, S. 401 ff.

[30] Vgl. *Hoitsch* 1977, S. 121 und 131 sowie *Laßmann* 1968, S. 75.

Produktionsstelle) folgende Gesamtkostenverläufe, wobei *Abb. 157* die zeitliche und *Abb. 158* die intensitätsmäßige Anpassung beschreiben:

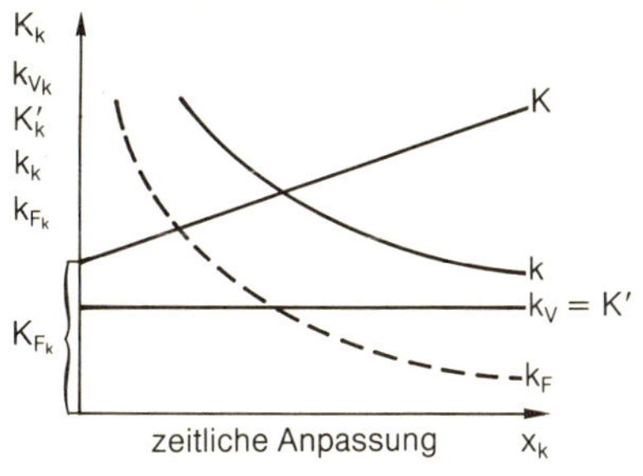

Abb. 157: Kostenverläufe bei zeitlicher Anpassung

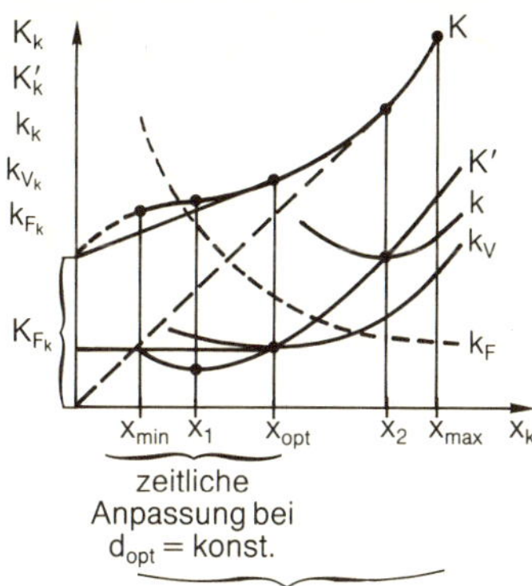

Abb. 158: Kostenverläufe bei zeitlicher und intensitätsmäßiger Anpassung

Werden in einer Produktionsstelle mehrere Produktarten hergestellt, so wird als Beschäftigungs-(Output-)maßstab, der als **Bezugsgröße** bezeichnet wird, die Anzahl der Arbeitseinheiten b_k des Betriebsmittels in der Periode herangezogen:

$$b_k = \sum_{j=1}^{n} \alpha_{jk} \cdot x_{jk} \tag{88}$$

In Produktionsstellen dienen als Bezugsgrößen beispielsweise die Anzahl der Fertigungs- oder Maschinenstunden der Periode. α_{jk} würde in einem solchen Fall z.B. die Anzahl der Maschinenstunden des Betriebsmittels k pro Produkteinheit j angeben (wobei d_k = konstant).

Abb. 158 zeigt unter der rein intensitätsmäßigen Anpassung im Vergleich dazu auch den Kostenverlauf bei zeitlicher Anpassung mit optimaler Intensität. Unter Beachtung des Wirtschaftlichkeitsprinzips wäre es nach obigem Schaubild kostengünstiger, zwischen 0 und x_{opt} mit zeitlicher Anpassung bei optimaler Intensität zu fahren. Ab x_{opt} ist eine Steigerung der Ausbringungsmenge nur mehr durch Steigerung der Intensität von d_{opt} auf d_{max} zu erreichen. Den Bereich $0 \leqq x_{opt}$ könnte man daher als ineffizienten Bereich der intensitätsmäßigen Anpassung bezeichnen.

Die bisher durchgeführten kostentheoretischen Analysen der Produktionsfunktion vom Typ B basierten auf der Annahme, daß die Anzahl der gleichzeitig in den Produktionsprozeß eingesetzten und gleichartigen Betriebsmittel $\bar{n}_k$ unverändert bleibt. Wird $\bar{n}_k$ variiert, so liegt der Fall einer **quantitativen Anpassung** des Produktionssystems an Veränderungen der Auftragslage (Beschäftigung) vor. Im Gegensatz zur zeitlichen oder intensitätsmäßigen Anpassung, die beide zu einer kontinuierlich verlaufenden Produktions- bzw. Kostenfunktion führen, kann die quantitative Anpassung nur diskret, d.h. in Form von Beschäftigungsstufen erfolgen. Innerhalb der Intervalle dieser Beschäftigungsstufen kann für die einzelnen eingesetzten Betriebsmittel wiederum eine kontinuierliche zeitliche oder intensitätsmäßige Anpassung erfolgen. Die quantitative Anpassung kann daher nur in Kombination mit einer zeitlichen und/oder intensitätsmäßigen Anpassung auftreten. Unter der Bedingung einer zeitlichen Anpassung der einzelnen Betriebsmittel ergibt sich folgender Gesamtkostenverlauf für die quantitative oder kombinierte zeitlich-quantitative Anpassung (siehe *Abb. 159):*

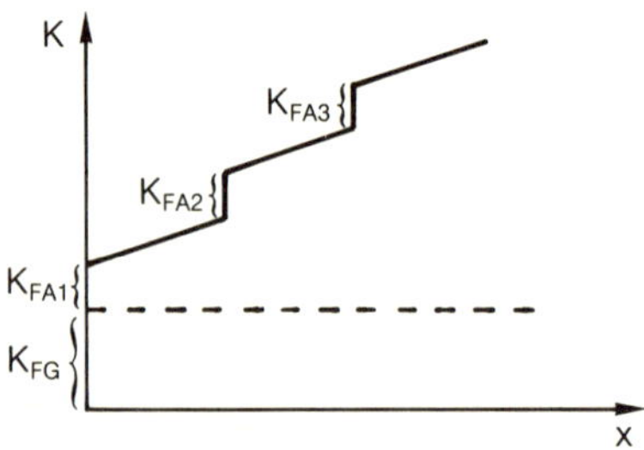

Abb. 159: Gesamtkostenverlauf bei quantitativer Anpassung mit sprungfixen Kosten

Dieser stufenförmige Gesamtkostenverlauf unterstellt, daß mit der Stillegung eines Betriebsmittels (A3, A2, A1) ein Teil der fixen Kosten (hier K_{FA3}, K_{FA2}, K_{FA1}, z.B. Kosten für Anlaufenergie), die sogenannten intervall- oder sprungfixen Kosten, abgebaut werden kann[31]. Alle übrigen Fixkosten sämtlicher innerhalb des betrachteten Produktionssystems vorhandenen Betriebsmittel sind im Fixkostenblock K_{FG} enthalten.

Für Überlegungen der langfristigen strategisch-taktischen Produktionsplanung sind insbesondere Kostenverläufe relevant, die auf eine Variation des **vorhandenen** Potentialfaktorbestandes zurückzuführen sind. Unter der Prämisse, daß innerhalb der Beschäftigungsintervalle, also kurzfristig, zeitliche, intensitätsmäßige, kombinierte zeitlich-intensitätsmäßige oder eine Kombination mit der quantitativen Anpassung vorherrscht, sind folgende langfristige Anpassungsmaßnahmen oder **Betriebsgrößenvariationen** denkbar[32]:

(1) **Multiple Anpassung** oder **Betriebsgrößenvariation:**
Bei Variation des Potentialfaktorbestandes werden produktionstechnologisch gleichartige Betriebsmittel investiert (Erweiterungsinvestition) bzw. desinvestiert (ausgeschieden).

---

[31] Vgl. *Busse von Colbe/Laßmann* 1988, S. 275 ff.

[32] *Gutenberg* nennt diese langfristigen Anpassungsmaßnahmen „Betriebsgrößenvariation“; vgl. *Gutenberg* 1979, S. 424 ff.

(2) **Mutative Anpassung** oder **Betriebsgrößenvariation:**
Bei Variation des Potentialfaktorbestandes werden produktionstechnologisch verschiedenartige Betriebsmittel, d.h. technologisch höherwertige (rationellere), investiert (Rationalisierungsinvestition) bzw. minderwertige desinvestiert (ausgeschieden).

Abb. 160 zeigt die Kostenfunktion für den Fall der multiplen, *Abb. 161* für den Fall der mutativen Betriebsgrößenvariation:

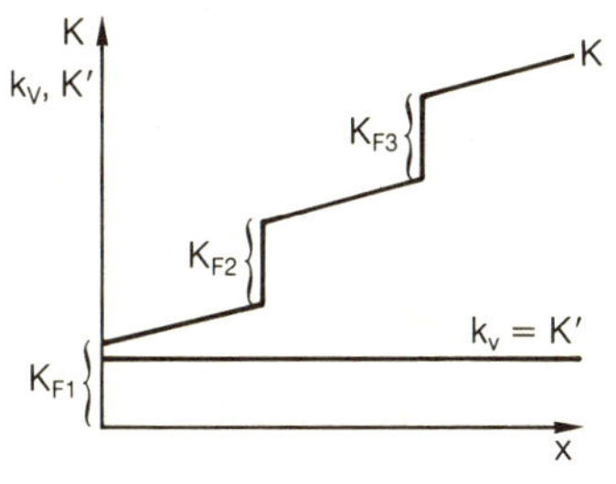

Abb. 160: Kostenfunktion bei multipler Betriebsgrößenvariation

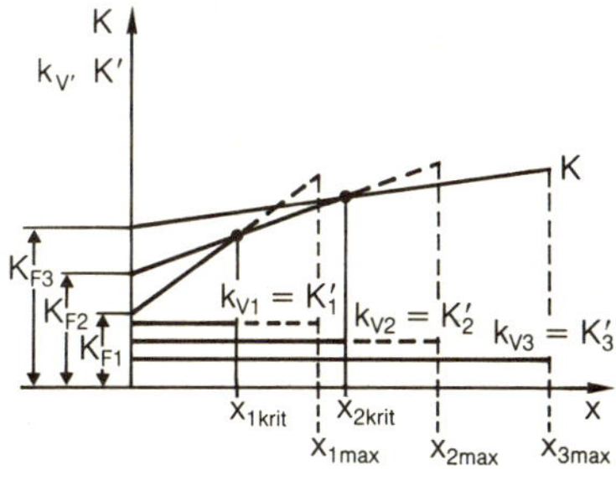

Abb. 161: Kostenfunktion bei mutativer Betriebsgrößenvariation

Aus *Abb. 160* ist erkennbar, daß im Falle der multiplen Anpassung keine Veränderung der variablen Durchschnittskosten (und bei linearem Kostenverlauf der intervallweisen zeitlichen Anpassung auch der Grenzkosten) eintritt. Abb. 161 zeigt für den Fall der mutativen Anpassung, daß durch die erwähnten Rationalisierungsinvestitionen das technologische Verfahren verändert wird und damit eine stufenweise Senkung der variablen Durchschnittskosten (Grenzkosten) erreicht werden kann. Beim Übergang auf rationellere Verfahren steigt jedoch der Fixkostenblock entsprechend an. Die Beschäftigungsgrößen x_{1krit} und x_{2krit} charakterisieren kritische Beschäftigungen, die den jeweils kostengünstigeren Verfahrensabschnitt begrenzen.

Der empirische Gehalt der beiden Erklärungsmodelle für langfristige Anpassungsprozesse ist äußerst gering. Die Modelle unterstellen u.a. Einproduktproduktion, völlig identische Potentialfaktoren bei multipler Anpassung und Konstanz der Produktqualität bei mutativer Anpassung. Diese realitätsfernen Prämissen führen zu dem Ergebnis, daß die Modelle bestenfalls globale Anhaltspunkte für strategische Überlegungen liefern, für einen Einsatz in der strategischen Produktionsplanung sind sie jedoch nicht geeignet. Der in diesem Abschnitt behandelte Problemkreis der operativen Produktions-Programmplanung geht von der Annahme eines gegebenen Potentialfaktorbestandes aus. Insofern erweisen sich multiple und mutative Anpassungsprozesse hier als nicht relevant. Ihre überblicksartige Darstellung erfolgte als Abrundung der kostentheoretischen Analyse zur Produktionsfunktion vom Typ B.

2.2.1.4 Produktions- und Kostenfunktion vom Typ C

Da für viele reale Input-Output-Beziehungen in Produktionssystemen das Erklärungsmodell der Produktionsfunktion vom Typ B nicht ausreicht, wurde von *Heinen* eine Weiterentwicklung propagiert, die sich in der Literatur mit der Bezeichnung Produktionsfunktion vom Typ C durchgesetzt hat[33]. In diesem Modell wird der Produktionsprozeß in kleinste Teilprozesse, sogenannten **Elementarkombinationen** zerlegt, für die eindeutige Input-Output-Beziehungen bestimmbar sind. Eine solche Elementarkombination j in der Produktionsstufe k weist eine **Kombinationszeit** t_{jk} auf, die als Intensitätsmaß des Potentialfaktors aufgefaßt wird. Neben der Kombinationszeit werden weitere Einflußgrößen auf den Faktorverbrauch einer Periode berücksichtigt[34]: die **Ausbringungsmenge** bei einmaligem Vollzug einer Elementarkombination λ_{jk}, die **Intensitätsverläufe** $db_{jk}^{(u)}/dt$ (b = Anzahl der Arbeitseinheiten) **anderer Potentialfaktoren** u bei substitutionalen Produktionsverhältnissen, die **Ausschußkoeffizienten** c_{jk}, die **Arbeitsverteilungskoeffizienten** v_{jk} und die **erzeugte Menge an Zwischenprodukten** r_k. Der Ausschußkoeffizient c_{jk} wäre beispielsweise 1,1, wenn durchschnittlich 10% Ausschuß pro einmaligem Vollzug einer Elementarkombination anfallen. Der Arbeitsverteilungskoeffizient v_{jk} bildet die Arbeitsverteilung oder Maschinenbelegung ab. Er gibt an, welcher Anteil der Zwischenproduktmenge r_k in der j-ten Elementarkombination in der Produktionsstufe k produziert wird.

Hieraus ergibt sich die erweiterte Verbrauchsfunktion:

$$r_{ijk} = f_{ijk}(t_{jk}, \lambda_{jk}, db_{jk}^{(u)}/dt \cdot \frac{c_{jk}}{\lambda_{jk}} \cdot v_{jk} \cdot r_k \qquad (89)$$

Diese Verbrauchsfunktion wird in bezug auf verschiedene Kombinationsarten variiert. Diejenigen Elementarkombinationen, die eine sichtbare produktionstechnische Reifesteigerung mit sich bringen, werden **primäre Elementarkombinationen** genannt, andere wiederum, die nur einen indirekten Einfluß auf die Produktherstellung nehmen, bezeichnet man als **sekundäre Elementarkombinationen.** Die Elementarkombinationen können weiterhin **limitationale** oder **substitutionale** Produktionsverhältnisse aufweisen. Als weiteres Differenzierungsmerkmal unterscheidet man noch zwischen **outputvariablen** (z.B. innerbetrieblicher Transport unterschiedlicher Halbfabrikatemengen), **outputfixen** (z.B. Gesenkschmieden eines Einzelteils) sowie **zeitvariablen** (z.B. mechanische Bearbeitung auf Werkzeugmaschinen) und **zeitfixen** (z.B. feste Reaktionszeit bei chemischen Produktionsprozessen) **Elementarkombinationen.**

Die Abbildung der Input-Output-Beziehungen eines bestimmten Produktionsprozesses erfordert die Formulierung von **Wiederholungsfunktionen,**

---

[33] Vgl. *Heinen* 1978, S. 220ff.

[34] Vgl. *Schweitzer* 1979, Sp. 1506.

welche die Anzahl der dafür zu wiederholenden Elementarkombinationen wiedergeben und mit den Verbrauchsfunktionen in eine geschlossene Transformations- bzw. Produktionsfunktion integriert werden:

$$r_{ik} = \sum_{j} r_{ijk} \cdot w_j \tag{90}$$

w_j: Wiederholungsfaktor = Anzahl der Durchführungen der Elementarkombinationen

Die Wiederholungsfunktionen müssen für primäre und sekundäre Elementarkombinationen getrennt ermittelt werden. Je nach Kombinationstyp (limitational/substitutional, outputfix/outputvariabel, zeitfix/zeitvariabel) und Wiederholungstyp (primäre/sekundäre Elementarkombination) ergeben sich unterschiedliche Formen von Produktionsfunktionen[35].

Durch Bewertung der Gesamtverbrauchs(-einsatz-)menge r_{ik} der Faktorart i in der Produktionsstufe k mit Faktorpreisen (wie bei Typ B) erhält man Kostenfunktionen in Abhängigkeit der genannnten Einflußgrößen, die Unterlagen zu alternativen Gestaltungsmöglichkeiten der Produktion liefern.

Bisher sind keine Anwendungsfälle der Produktions- und Kostenfunktion vom Typ C in der Praxis der Produktions- und Kostenplanung bekannt geworden. Dies ist wohl auf die noch ausstehende empirische Bestätigung dieses Modells zurückzuführen. Für eine produktions- und kostentheoretische Fundierung der Zielfunktion des Standardansatzes zur operativen Produktions-Programmplanung genügen die Annahmen der Produktionsfunktion vom Typ B.

2.2.1.5 Prämissen der Zielfunktion

Abschließend soll eine zusammenfassende Charakterisierung der produktions- und kostentheoretischen Grundlagen zur Formulierung von Zielfunktionen in Standardansätzen der operativen Programmplanung vorgenommen werden. Die Überlegungen gingen davon aus, daß in der Zielfunktion enthaltene relevante variable Kosten pro Produkteinheit über die gesamte Beschäftigungsbreite als Konstante angenommen wurden, und die fixen Kosten der Periode aufgrund ihrer Unveränderbarkeit bei Programmvariationen als irrelevante Daten aufgefaßt wurden. Unterstellt man weiterhin konstante Netto-Verkaufspreise der Produktarten, so bleiben auch die Deckungsbeiträge pro Produkteinheit unveränderlich. Die Annahme unveränderbarer variabler Kosten pro Produkteinheit und fixer Kosten der Periode setzte folgende Produktionsbedingungen voraus:

(1) Konstanz des Potentialfaktorbestandes in der Periode
(2) Konstanz der Produktionskoeffizienten aller eingesetzten Produktionsfaktoren

[35] Vgl. *Schweitzer/Küpper* 1974, S. 128.

<table>
<tr><td>Material-Einzelkosten (für Rohstoffe/ Vorprodukte)</td><td>Variable Material-Gemeinkosten (variable Kosten der Beschaffungs- und Lagerkostenstellen)</td><td>Variable Fertigungs-Einzel- und -Gemeinkosten (variable Kosten der Fertigungskostenstellen)</td><td>Sondereinzelkosten der Fertigung (Spezialwerkzeuge, Modelle, Lizenzen)</td><td>Variable Verwaltungs- und Vertriebs-Gemeinkosten (variable Kosten der Verwaltungs- und Vertriebskostenstellen)</td><td>Sondereinzelkosten des Vertriebes (Fracht- und Verpakkungskosten)</td></tr>
<tr><td colspan="2">Variable Materialkosten (Plan- Grenz- Materialkosten)</td><td colspan="2">Variable Fertigungskosten (Plan- Grenz- Fertigungskosten)</td><td colspan="2" rowspan="2">Variable Verwaltungs- und Vertriebskosten (Plan- Grenz- Verwaltungs- und Vertriebskosten)</td></tr>
<tr><td colspan="4">Variable Herstellkosten (Plan- Grenz- Herstellkosten)</td></tr>
<tr><td colspan="6">Variable Selbstkosten (Plan- Grenz- Selbstkosten)</td></tr>
</table>

Abb. 162: Kalkulationsschema

Dies setzt voraus, daß der Einsatz/Verbrauch aller Repetierfaktoren und die eingesetzten Arbeitseinheiten von Potentialfaktoren pro Produkteinheit folgende Input-Output-Beziehungen aufweisen:

(3) Linear-limitationale und linear-homogene Transformations-/Produktionsfunktionen (*Leontief-/Gutenberg*-Produktionsfunktionen).
Dies setzt voraus:

(4) Zeitliche Anpassung der Potentialfaktoren an Beschäftigungsveränderungen (Veränderungen der Produktionsmenge der Periode)

(5) Konstanz der Produktionsfaktorpreise

(1)–(5) hat zur Folge:

(6) Lineare und stetige Gesamtkostenfunktionen. Diese haben zur Folge:

(7) Variable Kosten pro Produkteinheit (variable Durchschnittskosten) und Grenzkosten sind gleich hoch und über die gesamte Beschäftigungsbreite ($0 < x_{max}$) konstant.

(8) Fixe Kosten der Periode bleiben bei kurzfristigen Programmvariationen unveränderlich und sind deshalb irrelevante Daten der operativen Programmplanung.

Bei Abweichungen von den Bedingungen (1) bis (8) müssen spezielle Ansätze der operativen Programmplanung entwickelt werden. So wird an anderer Stelle dieser Schrift noch darauf hingewiesen, wie beispielsweise intensitätsmäßige Anpassungsprozesse oder veränderliche Produktionsfaktorpreise in der Programmplanung berücksichtigt werden können[36]. Die variablen Kosten pro Produkteinheit (= Grenzkosten) werden innerhalb einer für die Informationsversorgung der operativen Programmplanung notwendigen **Grenzplankostenrechnung** nach dem Schema der *Abb. 162* ermittelt (alle Daten beziehen sich auf **eine** Mengeneinheit **einer** Produktart), wobei der Grundsatz der Relevanz der Kosten zu beachten ist.[37]

2.2.2 Nebenbedingungen der Programmplanung

2.2.2.1 Restriktionen der Funktionsbereiche

Die bisherigen produktions- und kostentheoretischen Betrachtungen bezogen sich ausschließlich auf die Begründung der monetären Zielfunktion (Ergebnisziel) in Standardansätzen zur operativen Programmplanung. Diese enthalten neben der Zielfunktion noch Rahmen- oder Nebenbedingungen, auch Restriktionen genannt, die meist Ergebnisse strategisch-taktischer Planungsüberlegungen sind und das Entscheidungsfeld der operativen Programmplanung entsprechend einschränken. Die Rahmen- oder Nebenbedingungen beziehen sich auf den Absatz-, Produktions-, Beschaffungs- und auch Finanzie-

---

[36] Siehe Abschnitt III.2.3.2.

[37] Dies gilt insbesondere für Sondereinzelkosten und Teile der Gemeinkosten. Vgl. *Kilger* 1981, S. 186ff.

rungsbereich des Betriebes. In den Standardansätzen werden Finanzierungsbedingungen in der Regel nicht berücksichtigt. Beschaffungsrestriktionen werden formal wie Nebenbedingungen des Produktionsbereichs behandelt und hier nicht explizit analysiert. Sie beziehen sich auf Begrenzungen verfügbarer Produktionsfaktormengen, wobei Repetierfaktor-Mengenbeschränkungen den Beschaffungsbereich betreffen und Potentialfaktor-Kapazitätsbeschränkungen dem Produktionsbereich zugerechnet werden. Die Rahmenbedingungen des Absatzbereiches können auf zweierlei Arten den zulässigen Bereich möglicher Produktionsprogramme beschränken. Als **Absatz-Mindestmengen** aufgrund bereits vertraglich abgeschlossener Aufträge verlangen sie Produktions-Mindestmengen, die auf alle Fälle in der Periode erzeugt werden müssen. Als **Absatz-Höchstmengen** aufgrund bereits vertraglich abgesicherter Aufträge und Prognosen[38] über noch realisierbare Aufträge begrenzen sie den Lösungsraum nach oben hin. Für Produktionsmengen, die über den Absatz-Höchstmengen liegen, bestehen keine Absatzchancen. Die Absatz-Höchstmengen hängen von Markttrends, von der Intensität des Einsatzes absatzpolitischer Instrumente, vom Konsumenten- und Konkurrenzverhalten sowie von der Angebotsmenge substitutiver Produkte ab.

2.2.2.2 Produktionsfunktion vom Typ D

Die Analyse der Rahmenbedingungen des Produktionsbereiches verlangt eine Fortsetzung der in Abschnitt III.2.2.1 bereits begonnenen produktionstheoretischen Betrachtungen. Die Produktionsbedingungen beziehen sich erstens auf die gegebene Transformations-/Produktionsfunktion und zweitens auf die zur Verfügung stehenden Produktionsfaktoren. Mit der bisher ausführlicher behandelten Produktionsfunktion vom Typ B lassen sich nur einstufige Produktionsprozesse zur Herstellung einteiliger Produkte beschreiben. Die Formulierung von Neben-(Rahmen-)bedingungen des Produktionsbereichs erfordert eine exaktere Abbildung realer Produktionsprozesse, die insbesondere in der Serien- und Einzelproduktion meist mehrstufig sind und zur Herstellung mehrteiliger Produkte dienen. Solche Produktionsprozesse können mit Hilfe des allgemeinen Input-Output-Ansatzes für linear-limitationale Produktionsverhältnisse dargestellt werden, der den Kern der Produktionsfunktion vom Typ D (*Kloock*-Produktionsfunktion) bildet[39]. Das operative Produktionsprogramm für eine mehrteilige, mehrstufige Produktion enthält neben den Endprodukten auch die eigenzuerstellenden Vorprodukte (Halbzeuge, Einzelteile, Baugruppen). Zu deren Ermittlung muß die Produktionsfunktion bekannt sein. Ebenso müssen mit Hilfe von Produktionsfunktionen die kapazitätsmäßigen Inanspruchnahmen von Betriebsmitteln (Anzahl der

[38] Auf die vielfältigen kurzfristigen Prognosemethoden, die sowohl zur Absatzprognose als auch zur Vorhersage des verbrauchsgebundenen Repetierfaktorverbrauchs eingesetzt werden, wird in Abschnitt III.3.2.2 im Überblick eingegangen.

[39] *Kloock* 1969.

Arbeitseinheiten eines Betriebsmittels pro Produkteinheit α_{jk}) beschrieben werden, um begrenzte Betriebsmittelkapazitäten des Produktionsbereichs bei der operativen Programmplanung entsprechend berücksichtigen zu können.

Aufgrund der Komplexität der produktionstheoretischen Beziehungen soll hier die *Leontief*-Produktionsfunktion in der Darstellung des allgemeinen Input-Output-Ansatzes anhand eines einfachen Beispiels entwickelt werden. Folgende Produktionsstruktur soll gegeben sein (siehe *Abb. 163*):

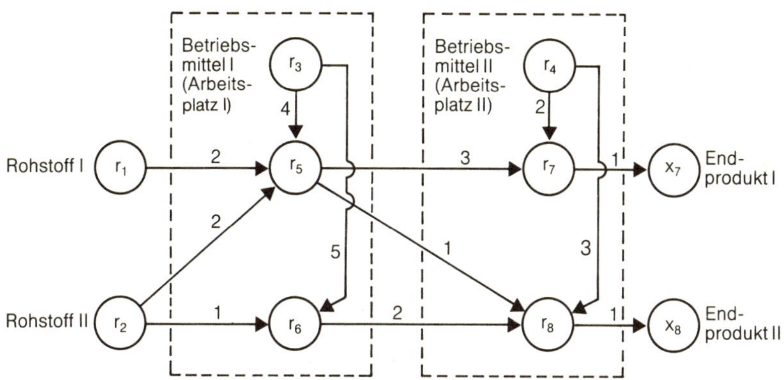

Abb. 163: Produktionsstruktur

Dabei bedeuten r_1, r_2, r_3, r_4 sogenannte **ursprüngliche** (**originäre**) **Produktionsfaktoren** (Rohstoffe, Betriebsmittel- und Arbeitsleistung), r_5, r_6, r_7, und r_8 sogenannte **abgeleitete** (**derivative**) **Produktionsfaktoren**[40] (Vorprodukte) und x_7 sowie x_8 die beiden Endprodukte. Die beiden Rohstoffe r_1 und r_2 werden auf den Betriebsmitteln/Arbeitsplätzen r_3 und r_4 zu Vor- bzw. Endprodukten verarbeitet.

Die im Rahmen der Produktionsfunktion vom Typ B bereits abgeleitete *Leontief*-Produktions-/Transformationsfunktion lautet in diesem Fall:

$$r_i = \sum_j a_{ij} \cdot r_j + x_i \qquad (i = 1, \ldots, m) \tag{91}$$

Die Produktionskoeffizienten a_{ij} sind konstant und entsprechen der Menge des Faktors i, die zur Herstellung **einer** Einheit des Faktors j notwendig ist. x_i ist die Menge der hergestellten Endprodukte. In Matrizenform kann man die obengenannte Beziehung wie folgt schreiben:

$$\mathbf{r} = \mathbf{A} \cdot \mathbf{r} + \mathbf{x} \tag{92}$$

[40] Diese sind nicht zu verwechseln mit den *Gutenberg*schen „derivativen Produktionsfaktoren" der einstufigen, einteiligen Produktion. *Gutenberg* versteht darunter die dispositiven Faktoren Planung und Betriebsorganisation; siehe *Abb. 2*.

Durch Umformung erhält man:

$$\mathbf{r} - \mathbf{A} \cdot \mathbf{r} = \mathbf{x}$$
$$(\mathbf{E} - \mathbf{A}) \cdot \mathbf{r} = \mathbf{x}$$

E: Einheitsmatrix

Bei Existenz der Inversen erhält man:

$$\mathbf{r} = (\mathbf{E} - \mathbf{A})^{-1} \cdot \mathbf{x} \qquad (93)$$

Bei m ursprünglichen Produktionsfaktoren lautet die gesamte *Leontief*-Produktionsfunktion:

$$\mathbf{r}_m = (\mathbf{E} - \mathbf{A})_m^{-1} \cdot \mathbf{x} \qquad (94)$$

Auf der Basis dieser *Leontief*-Produktionsfunktion in der Form des allgemeinen Input-Output-Ansatzes baut die **Produktionsfunktion vom Typ D** auf. An die Stelle der speziellen Produktionskoeffizienten-Matrix **A** der *Leontief*-Produktionsfunktion für ausschließlich linear-limitationale Produktionsverhältnisse tritt die **Direktverbrauchsmatrix F**, die eine Berücksichtigung beliebiger Einflußgrößen auf den Faktorverbrauch (wie z.B. Intensitätsgrad, Ausschußkoeffizienten) ermöglicht. Neben linear-limitationalen können auch nicht-linear-limitationale und substitutionale Produktionsverhältnisse dargestellt werden. Außerdem erlaubt die Produktionsfunktion vom Typ D auch eine Abbildung zyklischer Produktionsstrukturen, bei denen eine oder mehrere Produktionsstellen auch vorgelagerte Stellen beliefern[41].

Damit läßt sich nachweisen, daß die *Leontief*-Produktionsfunktion sowie die Produktionsfunktionen vom Typ A (Ertragsgesetz), Typ B (*Gutenberg*) und Typ C (*Heinen*) als Sonderfälle von Typ D aufgefaßt werden können.

Die formale Input-Output-Beziehung der Produktionsfunktion vom Typ D lautet:

$$\mathbf{r}_m = [\mathbf{E} - \mathbf{F}\,(\ldots)]^{-1} \cdot \mathbf{x} \qquad (95)$$

Die Punkte in der runden Klammer symbolisieren die oben erwähnten Einflußgrößen. Da die Produktionsfunktion vom Typ D sehr umfassend formuliert wurde, lassen sich fast alle Ausprägungen produktionstheoretischer Aussagen aus ihr ableiten[42]. Der empirische Gehalt eines Aussagensystems ist aber umso größer, je mehr denkbare Fälle die aus ihm ableitbaren Sätze ausschließen[43]. Aus diesem Grunde ist der empirische Gehalt der Produktionsfunktion vom Typ D gering.

Hier soll ausschließlich auf die *Leontief*-Ausprägung vom Typ D zurückgegriffen werden. Diese umfaßt zwei weitere, für die Zwecke der operativen

---

[41] Vgl. *Kloock* 1969, S. 59f. und *Schweitzer/Küpper* 1974, S. 145.

[42] Ausnahmen bilden z.B. bestimmte Fälle der Kuppelproduktion, Verschnittprozesse und Mischrezepturen.

[43] Vgl. *Popper* 1969, S. 83ff.

Programmplanung entwickelte Modelle, das **Gozintomodell** von *Vazsonyi*[44], auf das in Abschnitt III.3. dieser Schrift noch eingegangen wird, und das **Produktionsmodell** von *Pichler*[45].

Im Beispiel können die *Leontief*-Produktionsfunktionen durch folgendes Gleichungssystem ausgedrückt werden:

$$r_8 = x_8 \qquad r_4 = 2\,r_7 + 3\,r_8$$
$$r_7 = x_7 \qquad r_3 = 4\,r_5 + 5\,r_6$$
$$r_6 = 2\,r_8 \qquad r_2 = 2\,r_5 + r_6$$
$$r_5 = 3\,r_7 + r_8 \qquad r_1 = 2\,r_5$$

Für die ursprünglichen Produktionsfaktoren (r_1 bis r_4) ergeben sich in Abhängigkeit von den hergestellten Endprodukten x_7 und x_8 durch Auflösung des Gleichungssystems folgende Produktionsfunktionen:

$$r_1 = 6\,x_7 + 2\,x_8 \qquad r_3 = 12\,x_7 + 14\,x_8$$
$$r_2 = 6\,x_7 + 4\,x_8 \qquad r_4 = 2\,x_7 + 3\,x_8$$

Das Ergebnis würde z.B. bedeuten, daß zur Herstellung einer Mengeneinheit der Endproduktart I (x_7) 12 Fertigungsstunden auf Betriebsmittel/Arbeitsplatz I (r_3) oder zur Herstellung einer Mengeneinheit der Endproduktart II (x_8) 4 Mengeneinheiten (z.B. Stück oder Tonnen) der Rohstoffart II (r_2) erforderlich wären.

Die beschaffungs- und kapazitätsmäßigen Rahmenbedingungen (Beschränkungen, Restriktionen) des Produktionsbereichs in bezug auf die beiden Rohstoffarten und Betriebsmittel/Arbeitsplätze des Beispiels können folgendermaßen formuliert werden:

$$r_i \leqq R_i, \text{ für alle } i \qquad (96)$$

R_i: maximale Verfügbarkeit (Beschaffungs-/Lagermenge, Betriebsmittel-/Arbeitsplatzkapazität) des Produktionsfaktors i

In der industriellen Praxis ist der Begriff der Produktionsfunktion für die oben beschriebenen Zusammenhänge nicht gebräuchlich[46]. Produktionsfunktionen von Rohstoffen und Vorprodukten werden unter den Bezeichnungen **Stücklisten, Teileverwendungsnachweise, Mengenbilanzen** und **Rezepturen** für die Planung eingesetzt. Sie kennzeichnen das **Mengengerüst** der Produktion. Produktionsfunktionen für die kapazitätsmäßige Inanspruchnahme von Betriebsmitteln/Arbeitsplätzen finden in sog. **Arbeitsplänen** ihren Niederschlag, die das **Zeitgerüst** der Produktion charakterisieren. Die operative Programmplanung der mehrteiligen und mehrstufigen Produktion müßte sämtliche herzustellenden Outputfaktorarten – also Endprodukte **und** Vorprodukte – mit Hilfe des Mengen- und Zeitgerüstes festlegen. Bedenkt man jedoch, daß die Anzahl der Vor- und Endprodukte bzw. der Arbeits(vor)gän-

---

[44] *Vazsonyi* 1962.
[45] *Pichler* 1966 und *Dellmann* 1980, S. 85ff.
[46] Vgl. *Zäpfel* 1991b.

ge in einem Produktionsbetrieb sehr schnell über 100000 hinausgehen kann, so wird verständlich, daß eine simultane Vor- und Endproduktplanung in der industriellen Praxis nicht realisierbar ist. Daher wird in der operativen Produktions-Programmplanung vorerst nur das Produktionsprogramm für die End- oder Fertigprodukte bestimmt. Die Mengen- und Zeitdaten werden dabei – wie oben mit Hilfe der *Leontief*-Produktionsfunktion gezeigt wurde – in aggregierter Form auf die End-/Fertigprodukte bezogen, die dann den sog. **Primärbedarf** der Periode bilden. Modelle der Programmplanung für die mehrteilige und mehrstufige Produktion, die eine Integration von Programm- und Faktorplanung beinhalten, werden in Abschnitt III.5. angesprochen.

Die obige Aggregation muß ohnehin auch für die Formulierung der Rahmen-/Nebenbedingungen des Beschaffungs- und Produktionsbereichs durchgeführt werden und stellt somit keinen zusätzlichen Aufwand dar. Das Mengengerüst wird durch Stücklisten-/Rezepturauflösung im Rahmen der operativen Faktorplanung in seine Elemente zerlegt. Der so ermittelte Bedarf an Repetierfaktoren zur Erstellung eines operativen Produktionsprogramms wird als **Sekundärbedarf** bezeichnet. Das Zeitgerüst, das sich in Arbeitsplänen niederschlägt, bildet die wesentlichste Informationsgrundlage für die Bestimmung der zeitlichen Kapazitätsausnutzung der Potentialfaktoren in der operativen Prozeßplanung.

Im folgenden sollen zuerst Entscheidungsmodelle der operativen Programmplanung für den Produktionstyp der Serienproduktion beschrieben werden, die durch eine Zielfunktion mit Extremierungsvorschrift und Nebenbedingungen (Restriktionen) definiert werden können. Die zum Teil wirklichkeitsfremde Prämisse konstanter Deckungsbeiträge pro Produkteinheit in der Zielfunktion dieser Modelle und der hohe Rechenaufwand dieser Modelle führte zur Entwicklung von Ermittlungsmodellen, Betriebs- und Absatzmodelle genannt, bei denen auf der Basis von Kosten- und Erlösfunktionen Ergebnissimulationen für alternative Produktionsprogramme durchgeführt werden können. Diese Ermittlungsmodelle der operativen Programmplanung für die Serienproduktion werden im Anschluß an die Entscheidungsmodelle behandelt. Zum Abschluß dieses Abschnitts wird auf die Entscheidungsmodelle zur Programmplanung bei Einzelproduktion eingegangen.

Alle oben erwähnten Modelle bilden eine wertvolle Entscheidungshilfe innerhalb des Planungsprozesses, der jedoch von Personen getragen wird. Die Bedeutung dieser Modelle liegt nicht nur in der Stimulation zur Alternativensuche und -bewertung, sondern auch in der intersubjektiven Nachprüfbarkeit der Konsequenzen von Planentwürfen. Findet ein mit Hilfe solcher Modelle erarbeiteter Planentwurf keine Akzeptanz bei den Planungsträgern, so kann durch Änderung der beeinflußbaren Parameter ein Alternativentwurf ausgearbeitet werden.

2.3 Programmplanung in der Serienproduktion

In diesem Abschnitt soll die operative Programmplanung für den Produktionstyp der Serienproduktion behandelt werden, wobei unter „Serienproduktion" hier exemplarisch der kombinierte Produktionstyp der unverbundenen, synthetischen, mehrstufigen Serien-, Vorrats-, Mehrprodukt-, Sorten- und Reihenproduktion verstanden wird.

2.3.1 Entscheidungsmodelle der Programmplanung

Hinsichtlich der Rahmenbedingungen des Beschaffungs- und Produktionsbereichs kann man in der operativen Programmplanung grundsätzlich von drei Faktorkonstellationen ausgehen, von denen jede eine individuelle rechentechnische Behandlung erfordert[47]:

(1) Im Beschaffungs- (Repetierfaktor-) und Produktions- (Potentialfaktor-) bereich existieren **keine** mengen- bzw. zeitmäßigen Beschränkungen der Produktionsfaktoren (Repetierfaktormenge, Potentialfaktorkapazität).
(2) In den oben genannten Bereichen tritt **eine** vorab bekannte mengen- bzw. zeitmäßige Beschränkung **eines** Produktionsfaktors auf.
(3) Es treten **mehrere** (> 1) mengen- bzw. zeitmäßige Beschränkungen von Produktionsfaktoren auf. Da bei einer solchen Faktorkonstellation vorab nicht bekannt ist, welcher (welche) Produktionsfaktor (Produktionsfaktoren) tatsächlich zum Engpaß werden, kann man sie auch als „Faktorkonstellation mit vorab unbekanntem Engpaß" bezeichnen.

Die Bestimmung der jeweiligen Faktorkonstellation läuft nach einem vorgegebenem Schema ab (siehe *Abb. 164*).

Anhand eines kleinen Fallbeispiels soll zuerst ein Grundmodell (Standardansatz) der operativen Programmplanung entwickelt werden. Anschließend wird exemplarisch auf einige Erweiterungen des Grundmodells eingegangen, bei denen Möglichkeiten der Mehrfachzielsetzung, der Berücksichtigung unsicherer Absatzdaten sowie linear-fallender Preis-Absatz-Funktionen untersucht werden. Andere Erweiterungen des Grundmodells, die Bereiche der operativen Faktor- und/oder Prozeßplanung in die Programmplanung integrieren (z.B. Probleme der mehrteiligen Produktion, Fremdbezugs-, Verfahrenswahl-, Losgrößen- und Maschinenbelegungsprobleme), werden exemplarisch in Abschnitt III.5. angesprochen.

2.3.1.1 Grundmodell

2.3.1.1.1 Fallbeispiel

Die Maschinenbau GmbH (MBG) ist ein mittelständischer Industriebetrieb der Serienproduktion mit etwa 260 Beschäftigten (davon 205 in der Produk-

---

[47] Vgl. auch *Kilger* 1973, S. 76 ff.

tion) und einem Jahresumsatz von derzeit 32 Mio. DM. Das Produktionsprogramm der MBG umfaßt im wesentlichen zwei Produkte: Einen speziellen Typ einer Automatendrehmaschine und einen speziellen Typ eines Kunststoffmischers. Die Automatendrehmaschine ist dasjenige Produkt, dem der Betrieb seinen weltweiten Ruf verdankt. In der Produktion folgt jeweils auf

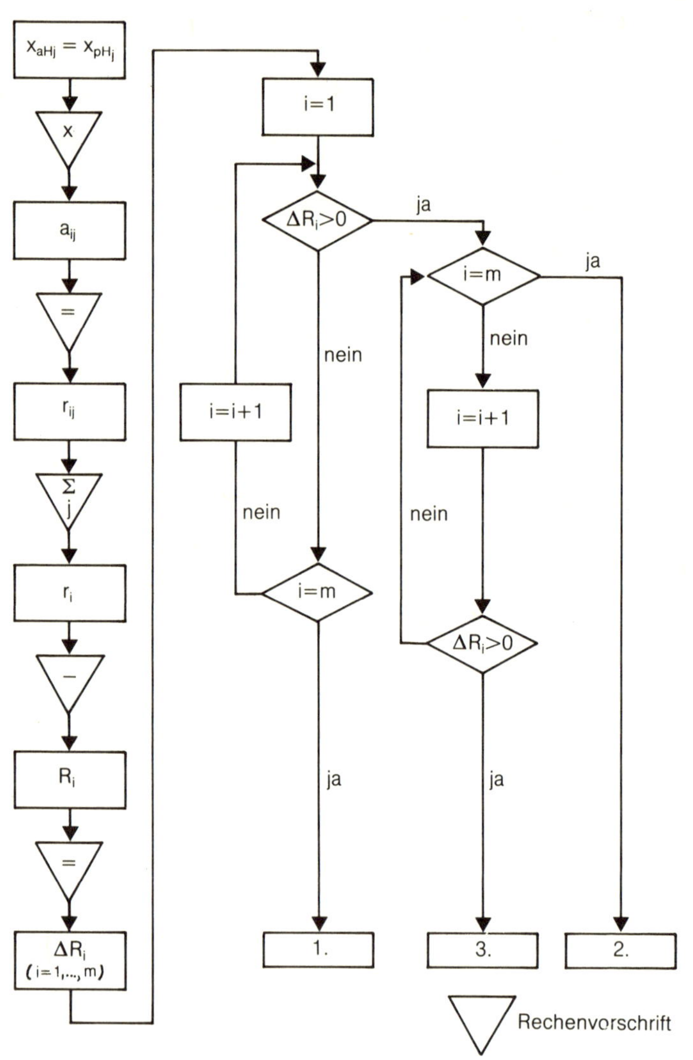

Legende

x_{aH}:	Absatzhöchstmengen	R:	vorhandene Faktormengen/-zeit
x_{pH}:	Produktionshöchstmengen	△ R:	Faktorüberschuß (< 0)/-defizit (> 0)
r:	Faktormengen-/-zeitbedarf	m:	Anzahl der Faktorarten

Abb. 164: Schema zur Bestimmung der Faktorkonstellation

eine Serie von Automatendrehmaschinen eine Serie von Kunststoffmischern. Die Serien werden auf Vorrat gefertigt und ab Fertigwarenlager verkauft.

Folgende Arbeitsvorgänge sind für beide Produkte erforderlich: Drehen, Hobeln, Schneiden, Bohren, Schleifen, Montage, Lackierung und Verpackung. Die fünf erstgenannten Arbeitsvorgänge erfolgen integriert auf NC-Werkzeugmaschinen eines Flexiblen Fertigungssystems in der Abteilung (Produktions-/Kostenstelle) 1 „Mechanische NC-Fertigung". Der Zusammenbau erfolgt dann in der Abteilung (Produktions-/Kostenstelle) 2 „Montage", die „Lackierung und Verpackung" als letzter Bearbeitungsvorgang in Abteilung (Produktions-/Kostenstelle) 3. Die Produktion der Kunststoffmischer erfordert den gleichen Arbeitsablauf wie die der Automatendrehmaschinen. Gußstücke, Leichtmetallteile, Teile aus rostfreiem Stahl und Normteile sowie die elektrische und elektronische Ausstattung (z.B. E-Motor, elektronisches Steuerungssystem) werden zugekauft.

Der Produktionszeit-(Faktor-)bedarf pro Stück für die Arbeitsvorgänge und die Kapazität[48] für die zu untersuchenden drei Faktorkonstellationen in den drei Produktionsstellen beträgt in Fertigungsstunden (siehe *Abb. 165*):

Abteilung	Automaten-dreh-maschine	Kunst-stoff-mischer	Kapazität		
			Faktor-konstel-lation 1	Faktor-konstel-lation 2	Faktor-konstel-lation 3
Produktionsstelle 1: Mechanische NC-Fertigung	360	280	100000	67900	67900
Produktionsstelle 2: Montage	120	80	50000	50000	21400
Produktionsstelle 3: Lackierung und Verpackung	20	10	6000	6000	3300

Abb. 165: Produktionszeitbedarf und Kapazität für die Faktorkonstellationen

Bis zum Planungsjahr war eine zufriedenstellende Kapazitätsausnutzung zu verzeichnen. Die Verkaufsaussichten beider Produkte erscheinen für die nächsten Jahre sehr erfreulich. Eine Erhöhung der Exportquote, insbesondere für Automatendrehmaschinen, gilt als wahrscheinlich. Unter Berücksichtigung der geplanten Verkaufspreiserhöhung zeigen die Absatzprognosen für das nächste Jahr (Planungsperiode) folgende Zahlen (siehe *Abb. 166*).

Von den 140 prognostizierten Automatendrehmaschinen sind für 45 Stück bereits Kaufverträge abgeschlossen worden. 60 von den prognostizierten 100

[48] Die Kapazitätsangaben berücksichtigen bereits grob geschätzt den Zeitbedarf für Reparaturen, Umrüstungen und Leerlauf.

Produktart	Netto-Verkaufspreis pro Produkteinheit	Absatzmenge für Planungsperiode
Automatendrehmaschine	190000	140 Stk.
Kunststoffmischer	140000	100 Stk.

Abb. 166: Netto-Verkaufspreise und Absatzprognose

Kunststoffmischern sind ebenfalls rechtlich fester Bestandteil der Auftragsbücher.

Vor einigen Jahren stellte der Betrieb das interne Rechnungswesen auf ein System der Grenzplankosten- und Plandeckungsbeitragsrechnung um. Für jede Produkteinheit ermittelt der Kosteningenieur planmäßig die proportionalen (Grenz-)Selbstkosten. Der Differenzbetrag zwischen dem geplanten Netto-Verkaufspreis und den Plan-Grenz-Selbstkosten pro Produkteinheit wird als Plan-Deckungsbeitrag pro Produkteinheit bezeichnet. Die Kosten- und Ergebnisplanung der beiden Produkte für das nächste Jahr (Planungsperiode) zeigt folgendes Bild (siehe *Abb. 167*):

Werte pro Produkteinheit in DM	Automatendreh-maschine	Kunststoff-mischer
Plan-Grenz-Materialkosten Plan-Grenz-Fertigungskosten	60000 40000	50000 35000
Plan-Grenz-Herstellkosten	100000	85000
Plan-Grenz-Verwaltungs- und -Vertriebskosten	10000	5000
Plan-Grenz-Selbstkosten	110000	90000
Plan-Netto-Verkaufspreis	190000	140000
Plan-Deckungsbeitrag	80000	50000

Abb. 167: Kosten- und Ergebnisplanung

Die geplanten Fixkosten des gesamten Betriebes betragen für die Planungsperiode DM 12000000,–.

Aufgaben

Für das nächste Jahr (Planungsperiode) ist das optimale, d.h. gewinnmaximale operative Produktionsprogramm unter folgenden Prämissen zu ermitteln:

- Der Betrieb kann n (2) Fertigprodukte in m (3) Produktionsstellen herstellen.
- Produktions- und Absatzmengen stimmen in der Planungsperiode für jedes Produkt überein.
- Für jedes Produkt ist eine Absatzhöchst- und Absatzmindestmenge gegeben und über den Einsatz des Marketing-Mix bereits entschieden.
- Die einzelnen (beiden) Produkte konkurrieren nur um die Produktionskapazitäten. Es existieren keine Beschränkungen aus dem Beschaffungs- (Repetierfaktor-) und Finanzbereich.
- Die Deckungsbeiträge pro Produkteinheit sind für jedes Produkt konstant (d.h. lineare Kosten- und Erlösfunktionen).
- Die Produktionskapazitäten sind gegeben und für die Planungsperiode als unveränderlich anzunehmen (keine Investitionen, keine Zusatzschichten, keine Überstunden, keine Intensitätserhöhung der Betriebsmittel).
- Die Produktionskoeffizienten sind ebenfalls konstant (linear-limitationale Produktionsverhältnisse, daher auch keine intensitätsmäßige Anpassung).
- Umrüstzeiten werden nicht gesondert berücksichtigt.

2.3.1.1.2 *Lösung: Keine Faktorbeschränkungen*

- Vergleich: Kapazitätsbedarf und gegebene Kapazität (siehe *Abb. 168*):

	Absatz-/ Produktions-höchstmengen Stück/Jahr	Produktions stelle 1		Produktions-stelle 2		Produktions-stelle 3	
		Std/Stk	Std/Jahr	Std/Stk	Std/Jahr	Std/Stk	Std/Jahr
Automatendrehmaschinen	140	360	50400	120	16800	20	2800
Kunststoffmischer	100	280	28000	80	8000	10	1000
Kapazitätsbedarf	–	–	78400	–	24800	–	3800
gegebene Kapazität	–	–	100000	–	50000	–	6000
freie Kapazität	–	–	21600	–	25200	–	2200

Abb. 168: Kapazitätsrechnung ohne Engpaß

- Ergebnis: **Keine** Produktionsfaktorbeschränkungen, daher **keine** Nebenbedingungen für den Produktionsbereich. Ergebnis entspricht der 1. Faktorkonstellation.

- **Grundmodell:**

Zielfunktion: $\max G(x) = \sum_{i=1}^{n} db_j \cdot x_j - K_F =$ (97)

$= \sum_j (p_{Vj} - k_{Vj})\, x_j - K_F$

Nebenbedingungen

Absatzhöchstmengenbedingung: $x_j \leqq x_{aHj}$ $(j = 1, \ldots, n)$ (98)

Absatzmindestmengenbedingung: $x_j \geqq x_{aMj}$ $(j = 1, \ldots, n)$ (99)

Hierbei sind

Variable: G: Gewinn (Betriebsergebnis) der Periode
x_j: Produktions-/Absatzmenge der Produktart j

Konstante: db_j: Deckungsbeitrag pro Mengeneinheit der Produktart j
p_{Vj}: Netto-Verkaufspreis (-Erlös) pro Mengeneinheit der Produktart j
k_{Vj}: Grenz-Selbstkosten (proportionale = variable Kosten) pro Mengeneinheit der Produktart j
K_F: Fixkosten des Betriebes in der Planungsperiode
x_{aHj}: Absatzhöchstmenge der Periode für Produktart j
x_{aMj}: Absatzmindestmenge der Periode für Produktart j

Im Fallbeispiel ergibt sich folgende Rechnung:

G(x) = 80 000,– · 140 Stk + 50 000,– · 100 Stk − 12 000 000,– =
= 11 200 000,– + 5 000 000,– − 12 000 000,– =
= 4 200 000,–/Jahr = maximaler Gewinn (Betriebsergebnis)/Jahr

Optimales Produktionsprogramm: $\underline{\underline{x_1 = 140 \text{ Stk}}}$, $\underline{\underline{x_2 = 100 \text{ Stk}}}$

2.3.1.1.3 *Lösung: Beschränkung eines Faktors (vorab bekannter Engpaß)*

- Vergleich: Kapazitätsbedarf und gegebene Kapazität (siehe *Abb. 169*):

	Produktions-stelle 1	Produktions-stelle 2	Produktions-stelle 3
Kapazitätsbedarf in Std/Jahr (lt. *Abb. 168*)	78 400	24 800	3 800
gegebene Kapazität in Std/Jahr (lt. *Abb. 165*)	− 67 900	− 50 000	− 6 000
Kapazitätsdefizit (+) freie Kapazität (−)	+ 10 500	− 25 200	− 2 200

Abb. 169: Kapazitätsrechnung mit einem Engpaß

- Ergebnis: Beschränkung **eines** Produktionsfaktors (Potentialfaktor: „Mechanische NC-Fertigung"). Ergebnis entspricht der 2. Faktorkonstellation.
- **Grundmodell:**

Zielfunktion: max $G(x) = \sum_j db_j x_j - K_F$

Nebenbedingungen:

Kapazitätsrestriktion: $\sum_j a_{Ej} x_j \leqq R_E$ (100)

Absatzhöchstmengenbedingung: $x_j \leqq x_{aHj}$ $(j = 1, \ldots, n)$

Absatzmindestmengenbedingung: $x_j \geqq x_{aMj}$ $(j = 1, \ldots, n)$

Hierbei sind (zusätzlich)

Konstante a_{Ej}: Produktionskoeffizient (Produktionsfaktor-Inanspruchnahme [Produktionszeit]) pro Produkteinheit j des Engpaß-Produktionsfaktors (Produktionsstelle) E

R_E: verfügbare Mengen-/Zeiteinheiten (Kapazität) des Engpaß-Produktions-(Potential-)faktors (Produktionsstelle) E

Im Fallbeispiel ergibt sich folgende Rechnung:

$$
\begin{aligned}
G(x) = \quad & 80000{,}- \cdot x_1 + 50000{,}- \cdot x_2 - 12000000{,}- \\
& 360 \cdot x_1 + 280 \cdot x_2 \leqq 67900 \\
& x_1 \leqq 140 \\
& x_2 \leqq 100 \\
& x_1 \geqq 45 \\
& x_2 \geqq 60
\end{aligned}
$$

Aufgrund der beschränkten Produktionszeit-Kapazität der Stelle 1 erfolgt die rechnerische Optimierung mit Hilfe der **engpaßbezogenen** oder **spezifischen** (auch **relativen**) **Deckungsbeiträge** db_{jE} der Produktart j, bezogen auf den Engpaß-Produktionsfaktor (Produktionsstelle 1) E (siehe *Abb. 170*):

$$db_{jE} = \frac{db_j}{a_{Ej}} \text{ für alle j} \qquad (101)$$

Produktart j	Deckungsbeitrag db_j in DM/Stk	Engpaß-Produktionskoeffizient a_{Ej} in Std./Stk	Engpaß/Deckungsbeitrag db_{jE} in DM/Std.	Absatz-/Produktions-Höchstmenge x_{aHj} in Stk/Jahr	Kapazitätsbedarf $a_{Ej} \cdot x_{aHj}$ in Std./Jahr
1	80000	360	222,22	140	50400
2	50000	280	178,57	100	28000

Abb. 170: Engpaß-Deckungsbeiträge und Kapazitätsbedarf

Im Fallbeispiel ist der spezifische (Enpaß-)Deckungsbeitrag der Produktart 1 (ebenso wie der Stück-Deckungsbeitrag) höher als jener der Produktart 2.

Unter Berücksichtigung der Absatzmindestmengen der Produktart 2 wird man hier vorerst die maximalen Absatzmöglichkeiten (Absatzhöchstmengen) der Produktart 1 ausschöpfen. Es könnte aber durchaus auch der Fall eintreten, daß die Rangfolge der spezifischen Deckungsbeiträge anders wäre als jene der Stück-Deckungsbeiträge. Höchste Priorität bei einer Programmoptimierung mit dieser Faktorkonstellation genießt immer die Produktart mit dem höchsten spezifischen (Engpaß-)Deckungsbeitrag. Der stufenförmige Optimierungsvorgang kann graphisch wie in *Abb. 171* dargestellt werden.

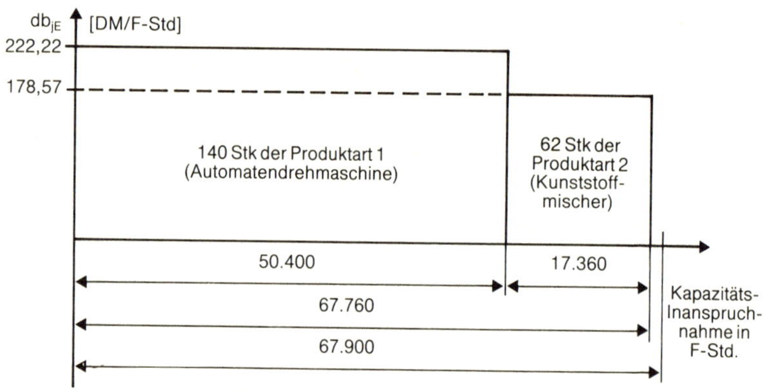

Abb. 171: Graphische Optimierung

Zunächst wird der Faktorbedarf (Kapazitäts-Inanspruchnahme) bei Realisierung der Absatzhöchstmengen von Produktart 1 eingeplant. Dieser ergibt sich aus *Abb. 170* mit 50400 Fertigungsstunden/Jahr. Danach wird innerhalb der Restkapazität des Engpasses (67900 ÷ 50400 = 17500 Fertigungsstunden) die Produktart 2 (mit dem nächstniedrigeren spezifischen Deckungsbeitrag) mit jener Produktions-/Absatzmenge eingeplant, die einer vollen Ausnutzung der noch freien Restkapazität entspricht. Wäre diese kleiner als die Absatzmindestmenge dieser Produktart, so müßte letztere eingeplant werden, und die Plan-Absatzmenge (Absatzhöchstmenge) der zuerst eingeplanten Produktart (1) vermindert werden. Sollte die sich daraus ergebende realisierbare Absatz-/Produktionsmenge der zuerst geplanten Produktart dann aber kleiner werden als ihre Absatzmindestmenge, so ist das Planungsproblem ohne Kapazitätserweiterung (Investition) des Engpasses nicht mehr lösbar. Allenfalls könnten Strafkosten (Konventionalstrafen) aufgrund nicht eingehaltener Verträge in der Rechnung berücksichtigt werden.

Realisierbare ganzzahlige Absatz-/Produktionsmenge der Produktart 2 =

$$\frac{\text{Restkapazität}}{a_{E2}} = \frac{17500}{280} = 62 \text{ Stück.}$$

Mit 62 Stück von Produktart 2 können nur 17360 Fertigungsstunden der Restkapazität von 17500 Stunden ausgenutzt werden. Der verbleibende Rest von 140 Stunden kann für die Planung nicht mehr genutzt werden.

Bei Auftreten einer relativ hohen Restkapapzität muß für die Grenzproduktart (letzte ins Programm aufgenommene Produktart) geprüft werden, ob durch Reduzierung der geplanten Produktions-/Absatzmenge der vorletzten ins Programm aufgenommenen Produktart um **eine** Mengeneinheit und Erhöhung der Produktions-/Absatzmenge der Grenzproduktart um **zwei** Mengeneinheiten ein insgesamt höherer Perioden-Deckungsbeitrag durch bessere Ausnutzung der Restkapazität erreicht werden kann.

Da die Absatzmindestmenge der Produktart 2 mit 60 Stück kleiner als das Planungsergebnis von 62 Stück ist, können somit alle Nebenbedingungen eingehalten werden. Der Wert der Zielfunktion ergibt sich mit:

$$\begin{aligned} G(x) &= 80\,000,\!- \cdot 140 \text{ Stk} + 50\,000,\!- \cdot 62 \text{ Stk} - 12\,000\,000,\!- \\ &= 11\,200\,000,\!- + 3\,100\,000,\!- - 12\,000\,000,\!- \\ &= 2\,300\,000,\!- \text{ DM/Jahr} = \text{maximaler Gewinn (Betriebsergebnis)/Jahr} \end{aligned}$$

Die Bewertung der Zielfunktion kann auch mit Hilfe der spezifischen Deckungsbeiträge erfolgen[49]. Dabei entspricht die Fläche der Felder in *Abb. 171* dem Perioden-Deckungsbeitrag des optimalen Programms:

$$\begin{aligned} G(x) &= \sum_j db_{jE} \cdot r_{Ej} - K_F \\ &= \sum_j db_{jE} \cdot a_{Ej} \cdot x_j - K_F \end{aligned} \qquad (102)$$

r_{Ej}: Kapazitäts-(Faktor-)bedarf der realisierbaren Mengeneinheiten von Produktart j im Engpaß E

Im Fallbeispiel ergibt sich folgende Rechnung:

$$\begin{aligned} G(x) &= 222{,}22 \text{ DM/Std.} \cdot 360 \text{ Std./Stk.} \cdot 140 \text{ Stk.} + \\ &+ 178{,}57 \text{ DM/Std.} \cdot 280 \text{ Std./Stk.} \cdot 62 \text{ Stk.} - 12\,000\,000,\!- = \\ &= 11\,200\,000,\!- + 3\,100\,000,\!- - 12\,000\,000,\!- = \\ &= 2\,300\,000,\!- \text{ DM/Jahr} = \text{maximaler Gewinn (Betriebsergebnis)/Jahr} \end{aligned}$$

Optimales Produktionsprogramm: $\underline{\underline{x_1 = 140 \text{ Stk,}}}$ $\underline{\underline{x_2 = 62 \text{ Stk.}}}$

2.3.1.1.4 *Lösung: Beschränkung mehrerer Faktoren (vorab unbekannter Engpaß)*

- Vergleich: Kapazitätsbedarf und gegebene Kapazität (siehe *Abb. 172*)
- Ergebnis: Beschränkungen **mehrerer** Produktionsfaktoren (Potentialfaktoren: „Mechanische NC-Fertigung“, „Montage“ und „Lackierung und Verpackung“). Ergebnis entspricht der 3. Faktorkonstellation.

---

[49] Die Lösung über die Stückdeckungsbeiträge bezeichnet man als **primale**, jene über die spezifischen Deckungsbeiträge als **duale Lösung**; vgl. *Kilger* 1973, S. 138 ff.

	Produktionsstelle 1	Produktionsstelle 2	Produktionsstelle 3
Kapazitätsbedarf in Std./Jahr (lt. *Abb. 168*)	78400	24800	3800
gegebene Kapazität in Std./Jahr (lt. *Abb. 165*)	– 67900	– 21400	– 3300
Kapazitätsdefizit (+)	+ 10500	+ 3400	+ 500

Abb. 172: Kapazitätsrechnung bei mehreren Engpässen

- **Grundmodell:**

Zielfunktion: $\max G(x) = \sum_j db_j \cdot x_j - K_F$

Nebenbedingungen:

Kapazitätsrestriktion: $\sum_j a_{ij}x_j \leq R_j (i = 1, \ldots, m)$ (103)

Absatzhöchstmengenbedingung: $x_j \leq x_{aHj} (j = 1, \ldots, n)$
Absatzmindestmengenbedingung: $x_j \geq x_{aMj} (j = 1, \ldots, n)$

Hierbei sind (zusätzlich):

Konstante: a_{ij}: Produktionskoeffizient (Produktionsfaktor-Inanspruchnahme [Produktionszeit] pro Produkteinheit j) der (möglichen) (Engpaß-)Produktionsfaktoren (Produktionsstellen) i

R_i: verfügbare Mengen-/Zeiteinheiten (Kapazität) der (möglichen) (Engpaß-)Produktionsfaktoren (Produktionsstellen) i

Im Fallbeispiel ergibt sich folgende Rechnung:

$$
\begin{array}{lrrrl}
\max G(x) = & 80000,\!- x_1 + & 50000,\!- x_2 - & 12000000 & (I) \\
& 360\,x_1 + & 280\,x_2 \leq & 67900 & (II) \\
& 120\,x_1 + & 80\,x_2 \leq & 21400 & (III) \\
& 20\,x_1 + & 10\,x_2 \leq & 3300 & (IV) \\
& x_1 & \leq & 140 & (V) \\
& & x_2 \leq & 100 & (VI) \\
& x_1 & \geq & 45 & (VII) \\
& & x_2 \geq & 60 & (VIII)
\end{array}
$$

Dieses Grundmodell der operativen Produktions-Programmplanung hat die Form einer **linearen Optimierungsaufgabe.** Es wird daher auch als **Standardansatz** der **linearen Optimierung (Programmierung)** bezeichnet, der mit Hilfe effizienter Algorithmen (z.B. Simplex-Methode) durch **Standardsoftware** fast jedes EDV-Herstellers gelöst werden kann[50]. Einzelheiten zur linearen Optimierung (Programmierung) finden sich im übrigen in jedem Lehrbuch der Unternehmensforschung (Operations Research)[51]. Das einfache Fallbeispiel mit nur zwei Variablen (Produktarten 1 und 2) läßt sich auch graphisch wie in *Abb. 173* lösen.

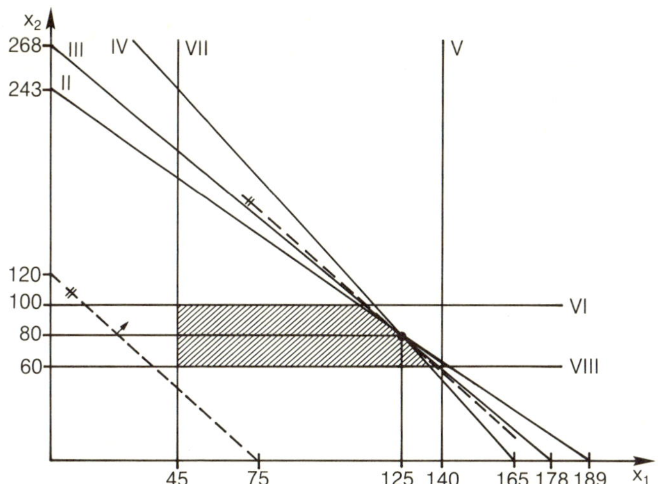

Abb. 173: Graphische Lösung des Optimierungsproblems

- Eintragung der Restriktionen II–VIII:

  z.B. IV: $x_1 = 0$ setzen, $\rightarrow x_2 = \dfrac{3300}{10} = 330;$

  dann: $x_2 = 0$ setzen, $\rightarrow x_1 = \dfrac{3300}{20} = 165;$

  Die aus den beiden Punkten (0,330) und (165,0) resultierende Gerade repräsentiert die Restriktion IV im Koordinatensystem. Damit wird der Lösungsraum durch das in *Abb. 173* schraffiert gezeichnete Polyeder definiert.

- Danach wird für einen beliebigen Periodengewinn, hier z.B. $G(x) = -\,6\,000\,000,–$ die Lage (Neigung) der Zielfunktion (Iso-Gewinnkurve) ermittelt:

  $G(x) = -\,6\,000\,000,– = 80\,000,– \; x_1 + 50\,000,– \; x_2 - 12\,000\,000,–;$

  dann:

---

[50] Z.B.: MPSX von IBM, APEX von Control Data. Für PC-Lösungen vgl. *Llewellyn/Sharda* 1990.

[51] Vgl. beispielsweise *Domschke/Drexl* 1991 und die dort angegebene Literatur.

$$x_1 = 0 \text{ setzen}, \rightarrow x_2 = \frac{6\,000\,000}{50\,000} = 120; \text{ dann:}$$

$$x_2 = 0 \text{ setzen}, \rightarrow x_1 = \frac{6\,000\,000}{80\,000} = 75;$$

Die aus den beiden Punkten (0,120; 75,0) resultierende Iso-Gewinnkurve (strichpunktierte Gerade) im Koordinatensystem ist so lange vom Koordinatenursprung weg parallel zu verschieben, bis die Gewinngerade die äußerste Begrenzung des zulässigen Lösungsraumes tangiert. Bei Parallelverschiebung der Gewinngeraden vom Koordinatenursprung weg erhöht sich der Periodengewinn, bis er am äußeren Berührungspunkt des Lösungsraumes sein Maximum erreicht.

Das durch graphische Lösung gefundene optimale Produktionsprogramm lautet:

$\underline{\underline{x_1 = 125 \text{ Stk},}}$ $\underline{\underline{x_2 = 80 \text{ Stk.}}}$

Der (maximale) Periodengewinn wäre damit:

$$G(x) = 80\,000,\!- \cdot 125 + 50\,000,\!- \cdot 80 - 12\,000\,000,\!- = 2\,000\,000,\!-$$

Die fixen Kosten der Periode hätte man aufgrund ihrer Irrelevanz bei der Optimierung außer Ansatz lassen können. Ohne sie ergäbe sich bei der Optimierung ein maximaler Perioden-Deckungsbeitrag von DM 14000000,–.

Da für praktische Probleme in der Regel mehr als zwei Variable zu berücksichtigen sind, hat die graphische Lösungsmethode lediglich didaktische Bedeutung. Bevor auf einige Erweiterungen des Grundmodells eingegangen wird, sollen die Grenzen des Grundmodells nochmals hervorgehoben werden:

- Einfachzielsetzung: nur Gewinn/Deckungsbeitrag wird maximiert;
- Konstanz des Marketing-Mix: Absatzplan (Mengen und Preise) wird als Datum berücksichtigt, Unsicherheit der Daten bleibt unberücksichtigt;
- Lineare Limitationalität aller eingesetzten Produktionsfaktoren;
- Fehlen finanzieller Nebenbedingungen;
- Fragen der Eigenfertigung oder des Fremdbezugs von Vorprodukten nicht berücksichtigt;
- Kapazitätsgrenzen fest vorgegeben; Überstunden, Zusatzschichten und intensitätsmäßige Anpassung nicht berücksichtigt;
- Umrüstkosten nicht explizit berücksichtigt: Interdependenzen mit Prozeßplanung vernachlässigt;
- Operative Prozeß-(Verfahrens-)variationen (unterschiedliche Produktionsabläufe) nicht berücksichtigt;
- Möglichkeiten der Lagerhaltung nicht berücksichtigt: Saisonschwankungen des Absatzes nicht erfaßt;
- Möglichkeiten der Kuppelproduktion nicht berücksichtigt;
- Umweltschutz nicht berücksichtigt.

2.3.1.2 *Erweiterungen des Grundmodells*

In diesem Abschnitt sollen einige Erweiterungen des Grundmodells der operativen Programmplanung exemplarisch dargestellt werden, die Lösungsmöglichkeiten zur Berücksichtigung mehrerer Ziele, unsicherer Absatzdaten und preispolitischer Entscheidungen aufzeigen. Dabei wird grundsätzlich von der Faktorkonstellation 3., also von mehreren Beschränkungen der Produktionsfaktoren ausgegangen.

2.3.1.2.1 *Mehrfachzielsetzung*

Die Analyse produktionswirtschaftlicher Ziele hat gezeigt, daß das Produktionsmanagement – und damit auch die operative Programmplanung als Teilaufgabe des Produktionsmanagements – ein ganzes Bündel von Zielen zu beachten hat. Bisher wurde hier nur das monetäre Ziel der Gewinn-(Deckungsbeitrags-)Maximierung innerhalb der Programmplanung berücksichtigt. Produktionswirtschaftliche **Ziele** können sich zueinander **komplementär** (harmonisch), **konfliktär** (konkurrierend) oder **neutral** (indifferent) verhalten. *Abb. 174* zeigt Zielbeziehungen für zwei Ziele eines Zielsystems.

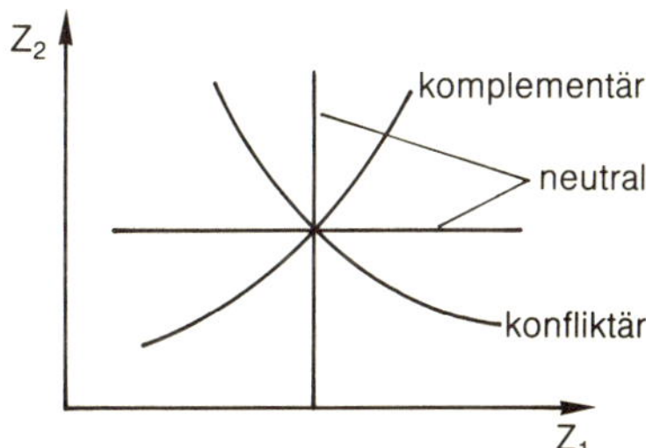

Abb. 174: Zielbeziehungen

Komplementäre und neutrale Zielbeziehungen werfen in der operativen Programmplanung bei Mehrfachzielsetzung keine besonderen Probleme auf. Im Falle komplementärer Zielbeziehungen führt die Optimierung eines Ziels auch zur Erhöhung des Zielerreichungsgrades der komplementären Ziele. Bei neutralen Zielbeziehungen berührt die Optimierung eines Ziels in keiner Weise die Zielerreichungsgrade der übrigen neutralen Ziele. Erst die Berücksichtigung konfliktärer Mehrfachzielsetzungen wirft in der Programmplanung Probleme auf, für die eine Reihe verschiedener Lösungsansätze vorgeschlagen werden[52].

Unter den zahlreichen Lösungsmöglichkeiten – wie z.B. Goal-Programming[53], Maximierung des minimalen Zielerreichungsgrades[54] usw. – soll hier

---

[52] Vgl. *Bamberg/Coenenberg* 1981, *Zäpfel* 1982, S. 99ff.
[53] Vgl. *Lee* 1972, *Ignizio* 1976.
[54] Vgl. *Zäpfel* 1982, S. 102ff.

die aufgrund ihrer Einfachheit in der Praxis häufig eingesetzte Lösungsmethode mit Hilfe der **Zielgewichtung** dargestellt werden.

Formal kann diese Erweiterung des Grundmodells wie folgt dargestellt werden:

Zielfunktion: $\max Z(x) = \sum_{\beta=1}^{B} \sum_{j=1}^{n} g_\beta \cdot z_{\beta j} \cdot x_j$ (104)

Nebenbedingungen:

Gewichtungsbedingungen: $\sum_{\beta=1}^{B} g_\beta = 1$ (105)

$g_\beta > 0$ (106)

Alle übrigen Nebenbedingungen, wie Kapazitätsrestriktionen, Absatzhöchst- und -mindestmengenbedingungen, bleiben wie im Grundmodell erhalten.

Hierbei sind (zusätzlich)
Variable: Z: Zielgröße (z.B. Deckungsbeitrag, Umsatz)
Konstante: g_β: Gewichtungsfaktor bezogen auf das Ziel β ($\beta = 1, \ldots, B$)
$z_{\beta j}$: Zielbeitrag des Ziels β pro Produkteinheit j

Bei einer Annahme, daß im Fallbeispiel sowohl der Perioden-Deckungsbeitrag mit einem Zielgewicht von 0,7 als auch der Perioden-Umsatz (Perioden-Erlös) mit einem Zielgewicht von 0,3 berücksichtigt werden soll, ergibt sich folgende Rechnung:

$$
\begin{aligned}
\max Z(x) &= 0{,}7 \cdot 80\,000{,}\text{–} \cdot x_1 + 0{,}7 \cdot 50\,000{,}\text{–} \cdot x_2 + \\
&\quad + 0{,}3 \cdot 190\,000{,}\text{–} \cdot x_1 + 0{,}3 \cdot 140\,000{,}\text{–} \cdot x_2 = \\
&= 113\,000\, x_1 + 77\,000\, x_2 \rightarrow \text{MAX!} && \text{(I)} \\
& 360\, x_1 + 280\, x_2 \leqslant 67\,900 && \text{(II)} \\
& 120\, x_1 + 80\, x_2 \leqslant 21\,400 && \text{(III)} \\
& 20\, x_1 + 10\, x_2 \leqslant 3\,300 && \text{(IV)} \\
& x_1 \leqslant 140 && \text{(V)} \\
& x_2 \leqslant 100 && \text{(VI)} \\
& x_1 \geqslant 45 && \text{(VII)} \\
& x_2 \geqslant 60 && \text{(VIII)}
\end{aligned}
$$

Das durch graphische Lösung in *Abb. 175* gefundene optimale Produktionsprogramm lautet[55]:

$x_1 = 117$ Stk, $x_2 = 92$ Stk

Der maximale Zielfunktionswert ergibt sich mit:

$Z(x) = 113\,000{,}\text{–} \cdot 117 + 77\,000{,}\text{–} \cdot 92 = 20\,305\,000{,}\text{–}$

[55] Die Lösung zeigt, daß dieses Programm nicht identisch ist mit dem Programm des Grundmodells. Dies bedeutet, daß im Fallbeispiel in diesem Fall eine konfliktäre Zielbeziehung zwischen dem Gewinn- und Umsatzziel besteht.

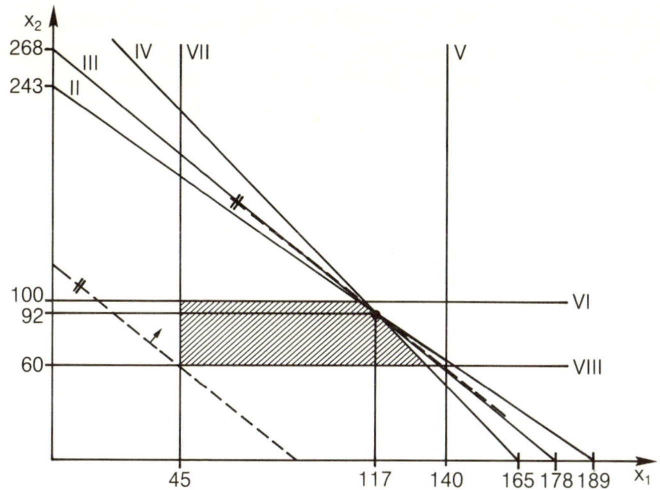

Abb. 175: Graphische Lösung des Optimierungsproblems

Der maximale Periodendeckungsbeitrag wäre (Ziel 1):

DB(x) = 80000,– · 117 + 50000,– · 92 = 13960000,–

Der maximale Periodenumsatz (-erlös) wäre (Ziel 2):

U(x) = 190000,– · 117 + 140000,– · 92 = 35110000,–

Das Hauptproblem dieser Methode besteht darin, daß die Zielgewichte nur subjektiv bestimmt werden können. Die Träger der Programmplanung müssen entscheiden, wieviel Mehrerfüllung des einen Ziels sie einer bestimmten Mindererfüllung des anderen Ziels für angemessen halten. Ein weiteres methodisches Problem tritt auf, wenn die Zielbeiträge (Koeffizienten) $z_{\beta j}$ völlig verschiedene Größenordnungen aufweisen. Die Dominanz einer Zielgröße wird in der rechnerischen Durchführung daher nicht nur vom gewählten Gewichtungsfaktor g_β, sondern auch von der Größenordnung der Zielbeiträge beeinflußt. Diese Tatsache kann gegebenenfalls der Intention des Planers widersprechen[56].

2.3.1.2.2 *Unsichere Absatzdaten*

Die bisherigen Ausführungen zur operativen Programmplanung sind stillschweigend von sicheren, d.h. deterministischen Daten ausgegangen. Grundsätzlich können jedoch sämtliche Daten, wie Ein- und Verkaufspreise, Kosten, Produktionskoeffizienten, Kapazitätsgrenzen und die Absatzhöchstmengen mit Unsicherheit behaftet sein. Als ganz besonders unsicher sind die Absatzhöchstmengen anzusehen, die zum Großteil auf Prognosen beruhen.

---

[56] Vgl. *Zäpfel* 1982, S. 102.

In der Regel kann man für sie bestenfalls Ober- und Untergrenzen vorhersagen. Die Literatur zur Unternehmensforschung (Operations Research) stellt zur Lösung solcher Probleme viele Ansätze der stochastischen Programmierung bereit[57]. In der industriellen Praxis werden jedoch vorwiegend **Anpassungsmaßnahmen** geplant, um Unterschiede zwischen Produktions- und Absatzmengen ausgleichen zu können.

Hierbei wird folgendermaßen vorgegangen:

- Aufgrund von Absatzhöchstmengenprognosen wird das Produktionsprogramm festgelegt.
- Nach Bekanntwerden von Änderungen der Absatzhöchstmengen werden Anpassungsmaßnahmen getroffen, um Differenzen zwischen Produktions- und Absatzmengen auszugleichen.

Das Bündel möglicher Kompensationsmaßnahmen zeigt *Abb. 176*[58].

In allgemeiner Form kann dieses Planungsproblem wie folgt modellmäßig dargestellt werden:

Zielfunktion: $\max Z(x,y,w)$ (107)

Nebenbedingungen:

Absatzhöchstmengenbedingung: $x_j + y_j - w_j = \tilde{x}_{aHj} \quad (j = 1, \ldots, n)$ (108)
wobei: $\tilde{x}_{aHj} \in [u_j, o_j] \quad (j = 1, \ldots, n)$

Nichtnegativitätsbedingungen: $y_j = \tilde{x}_{aHj} - x_j \geqq 0 \quad (j = 1, \ldots, n)$ (109)

$w_j = x_j - \tilde{x}_{aHj} \geqq 0 \quad (j = 1, \ldots, n)$ (110)

Alle übrigen Nebenbedingungen, wie Kapazitätsrestriktionen und Absatzmindestmengenbedingung, bleiben wie im Grundmodell erhalten. Hierbei sind (zusätzlich)

Variable: y_j: Fehlmengen bei Unterproduktion
w_j: Überschußmengen bei Überproduktion
Verteilung: $\tilde{x}_{aHj}$: Wahrscheinlichkeitsverteilung der Absatzhöchstmengen mit den Ober- und Untergrenzen o_j und u_j

Die oben angeführte, allgemein formulierte Zielfunktion enthält auch die mit den Anpassungsmaßnahmen verbundenen Kostenwirkungen. In der Regel wird der Erwartungswert des Deckungsbeitrages unter Berücksichtigung der Anpassungskosten maximiert. Wenn zusätzlich dazu diskrete Verteilungen für die Absatzhöchstmengen angenommen werden, so kann eine Lösung des Problems mit Hilfe der linearen Optimierung erfolgen[59]. Durch die Einfüh-

---

[57] Vgl. *Zäpfel/Brunner* 1978 und die dort angegebene Literatur sowie *Dinkelbach* 1973.
[58] Vgl. *Zäpfel* 1982, S. 116.
[59] Vgl. z.B. *Werner* 1973.

Kompensationsmaßnahmen								
Überproduktion Absatz < Produktion				Unterproduktion Absatz > Produktion				
Fertigwarenlagerhaltung und späterer Verkauf (Voraussetzungen: Lagerfähigkeit, Bedarf in späteren Perioden)	Verkauf der Überproduktion zu besonderen Konditionen (Preisnachlässe, großzügige Zahlungsziele)	Anderweitige Verwendung der Produkte (Umbau der Produkte, Verkauf als Schrott, Wiedereinsatz als Rohstoff)	Vernichtung der Produkte	Verzicht auf Befriedigung der Nachfrage (Problem: Fehlmengenkosten, evtl. Kundenverlust)	Nachlieferung in späteren Perioden (Preiszugeständnisse notwendig, Good-will-Verlust)	kurzfristige Nachlieferung durch		
						Fremdbezug, sofern kurzfristig möglich	Zeitliche Anpassung (z. B. Überstunden)	Intensitätsmäßige Anpassung
Kombination der Maßnahmen				Kombination der Maßnahmen				

176: Kompensationsmaßnahmen

rung stochastischer Elemente in die operative Programmplanung wird der Rechenaufwand allerdings stark erhöht. Unter bestimmten Voraussetzungen sind für stetige Verteilungen der Absatzhöchstmengen spezielle Verfahren der nicht-linearen-Optimierung einsetzbar[60].

2.3.1.2.3 Preispolitik und Programmplanung

In den vorausgegangenen Abschnitten wurde stets von der Prämisse konstanter Verkaufspreise ausgegangen, bei der vollkommene Konkurrenz am Absatzmarkt unterstellt wird. Hier soll die Möglichkeit der Berücksichtigung monopolistischer, d.h. **linear-fallender Preis-Absatz-Funktionen** in der operativen Programmplanung kurz dargestellt werden, wobei das Auftreten oligopolistischer Interdependenzen ausgeschlossen wird. Alle übrigen Prämissen der Programmplanung bleiben erhalten.

Gegeben sei eine linear-fallende Preis-Absatz-Funktion in der Form von *Abb. 177*:

$$p_{V_j} = \bar{u}_j - \bar{v}_j \cdot x_j \; (j = 1, \ldots, n) \qquad (111)$$

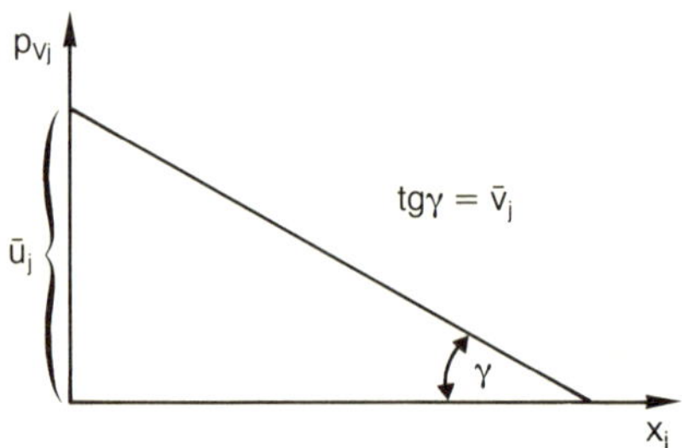

Abb. 177: Preis-Absatz-Funktion

Im Rahmen der operativen Programmplanung werden in einem solchen Fall simultan die optimalen Verkaufspreise und die dazugehörigen Produktions-/Absatzmengen bestimmt. Gegenüber dem Grundmodell verändert sich die Zielfunktion zu folgender Form:

Zielfunktion: $$\max G(x) = \sum_{j}^{n} [(\bar{u}_j - \bar{v}_j \cdot x_j) - k_{V_j}] \cdot x_j - K_F \qquad (112)$$

Die linearen Nebenbedingungen des Grundmodells bleiben erhalten. Die Zielfunktion zeigt, daß es sich hier um ein **quadratisches Optimierungsproblem** handelt. Für Modelle mit Zielfunktionen in allgemeiner quadratischer Form und linearen Nebenbedingungen gibt es kaum befriedigende Lösungsalgorithmen. In spezieller Form der hier dargestellten linear-fallenden Preis-Absatz-Funktion sind die Parameter $\bar{v}_j$ positiv, so daß die Zielfunktion als

---

[60] Vgl. *Zäpfel/Brunner* 1978.

positiv semidefinit[61] bezeichnet werden kann. Damit kann dieses Problem der Klasse der quadratischen Programmierungsmodelle zugeordnet werden, für die zuverlässige Lösungsalgorithmen existieren[62].

Die Lösung solcher quadratischer Programme für umfangreichere praktische Problemstellungen erfordert sehr hohe Rechenzeiten und große Speicherkapazitäten der eingesetzten EDV-Anlage. *Kilger* schlägt daher vor, die Gewinn-(Ziel-)funktion durch Auflösung der Preis-Absatz-Funktionen in diskrete „Preis-Mengenpunkte" zu linearisieren[63]. Durch Ansatz von nach Preispunkten differenzieren Grenzerlösen formuliert er einen Näherungsansatz, der mit Hilfe der bekannten Algorithmen der linearen Optimierung gelöst werden kann[64].

Zum Abschluß der Ausführungen über Entscheidungsmodelle zur operativen Programmplanung soll betont werden, daß die beim Grundmodell vorherrschende, zum Teil wirklichkeitsfremde Prämisse konstanter Deckungsbeiträge pro Produkteinheit umgangen werden kann. Dazu werden auch bei sachlich-simultaner Planung Mehrfachdurchrechnungen erforderlich, die mit Hilfe von variierten Koeffizienten und Restriktionsbedingungen die Auswirkungen unterschiedlich hoher Deckungsbeiträge oder Restriktionsveränderungen innerhalb bestimmter Bandbreiten auf die Perioden-Betriebsergebnisse aufzeigen. In diesem Falle wird die parametrische Planungsrechnung[65] eingesetzt, die der geschilderten Aufgabenstellung besonders entspricht.

Entscheidungsmodelle der Programmplanung dürfen immer nur als formale Hilfsmittel innerhalb der Problemlösungsprozesse aufgefaßt werden. Letztere sind jedoch weit umfangreicher. Bereits beim Aufbau des Entscheidungsmodells müssen wichtige Vorentscheidungen getroffen werden. Diese betreffen die Präzisierung des Ziels oder der Ziele, das Feststellen des zulässigen Lösungsraums, aus dem die Programme gewählt werden können sowie die endgültige Festlegung der Extremierungsvorschrift[66].

2.3.2 Ermittlungsmodelle der Programmplanung

Das Auffinden des unter bestimmten Bedingungen optimalen Produktionsprogramms wird beim Einsatz simultaner Entscheidungsmodelle durch die rechentechnische Lösung vorweggenommen. Dieser Planungsweg ist hinsichtlich der notwendigen Informationsbereitstellung und -verarbeitung außerordentlich aufwendig. Die erforderlichen Entscheidungsmodelle sind auch noch nicht so weit entwickelt, daß sie für eine Anwendung in mittelständischen Industriebetrieben unter Wirtschaftlichkeitsgesichtspunkten

---

[61] Vgl. *Künzi/Krelle* 1962, S. 34.
[62] Vgl. *Künzi/Krelle* 1962, S. 93 ff.
[63] Vgl. *Kilger* 1973, S. 522 f., *Vischer* 1967, S. 62 f.
[64] Vgl. *Kilger* 1973, S. 523 ff.
[65] Vgl. *Müller-Merbach* 1971, S. 153 ff.
[66] Vgl. *Zäpfel* 1982, S. 88.

empfehlenswert erscheinen. Bis auf wenige der größeren Industriebetriebe der Bundesrepublik, die simultane Entscheidungsmodelle einsetzen, werden aus Tradition bzw. aus zwingenden ökonomischen Gründen in deutschen Industriebetrieben zur operativen Programmplanung sachlich-sukzessive Planungsverfahren eingesetzt. Zu diesem Zweck sind Ermittlungsmodelle zur Programmplanung entworfen worden, die mit Hilfe der Simulation auf der Basis linearer Kosten- und Erlösmodelle alternative Produktionsprogramme und deren Auswirkungen auf das Perioden-Betriebsergebnis berechnen. Die **Kosten- oder Betriebsmodelle** werden aus linear-limitationalen Produktionsfunktionen, die **Erlös- oder Absatzmodelle** aus linearen Preis-Absatz-Funktionen abgeleitet. Mit Hilfe der **Matrizenrechnung** werden im Rahmen des in diesem Abschnitt dargestellten Grundmodells die Produktions-Prozeßparameter bei gegebenem Potentialfaktorbestand konstant gehalten und die Auswirkungen verschiedener (alternativer) Programme auf das Perioden-Betriebsergebnis ermittelt. Dabei können auch die Inputfaktor-(Einstands-) und Outputfaktor-(Verkaufs-)preise verändert werden. Die realitätsferne Prämisse konstanter Deckungsbeiträge der simultanen Entscheidungsmodelle verliert hier ihre Bedeutung. Diese Ermittlungsmodelle arbeiten mit deutlich geringerem Aufwand als die simultanen Entscheidungsmodelle. Die eigentliche Entscheidung über das zu verabschiedende Produktionsprogramm bleibt dem Produktionsmanagement überlassen. Der Einsatz dieser Modelle erfordert daher einen sukzessiven Planungsprozeß.

2.3.2.1 Planungs- und Kontrollprozeß

Anhand der *Abb. 178*[67] wird der Ablauf des Planungs- und Kontrollprozesses zur Gestaltung bzw. Anpassung des operativen Produktionsprogramms in Form des Gegenstromverfahrens analysiert.

Aus der Entscheidung des strategischen Produktionsmanagements über das langfristige Gewinn-(Betriebsergebnis-)Ziel des Betriebes wird das kurzfristige Gewinnziel der operativen Programmplanung abgeleitet (1). Parallel dazu erfolgt durch das operative Produktionsmanagement die Planung des Mengen- (2) und Preisgerüstes (3) der Kosten und Erlöse (Leistungen) auf der Basis prognostizierter Einflußgrößendaten. Daraus kann ein erster wertmäßiger Planentwurf für das operative Produktionsprogramm und daraus folgende Betriebsergebnis erstellt werden (4). Der dort ausgewiesene Zielerreichungswert (Plan-Gewinn-/Betriebsergebnis) wird in Phase (5) mit der Zielvorgabe aus (1) verglichen. Wird die Zielvorgabe, die gewisse Toleranzen (Bandbreiten) beinhaltet, nicht erreicht, so wird in Phase (6) vom strategischen und operativen Produktionsmanagement gemeinsam darüber entschieden, ob das Gewinnziel durch Zielrevision geändert wird (1) und/oder durch betriebspolitische Entscheidungen eine Planrevision des operativen Produktionsprogramms/Betriebsergebnisses vorgenommen wird (7). Dieser Rück-

---

[67] Vgl. *Hoitsch* 1976, S. 132ff.

kopplungsprozeß wiederholt sich, bis das aus dem Produktionsprogramm resultierende Plan-Betriebsergebnis dem gesetzten Gewinnziel entspricht (8). Der endgültige Programmplan wird verabschiedet und an die Zielerreichungs- oder Planrealisationsphase (Realgüter-/Produktionsprozeß) (9) und die Kontrollphase (10) weitergegeben. In Phase (10) werden aus den Plandaten der Phase (8) und den Istdaten aus Phase (9) Plan-Ist-Abweichungen ermittelt, die nach eingehender Analyse zu Eingriffen in die geplanten Güterprozesse bzw. direkt in den Realgüterprozeß führen können.

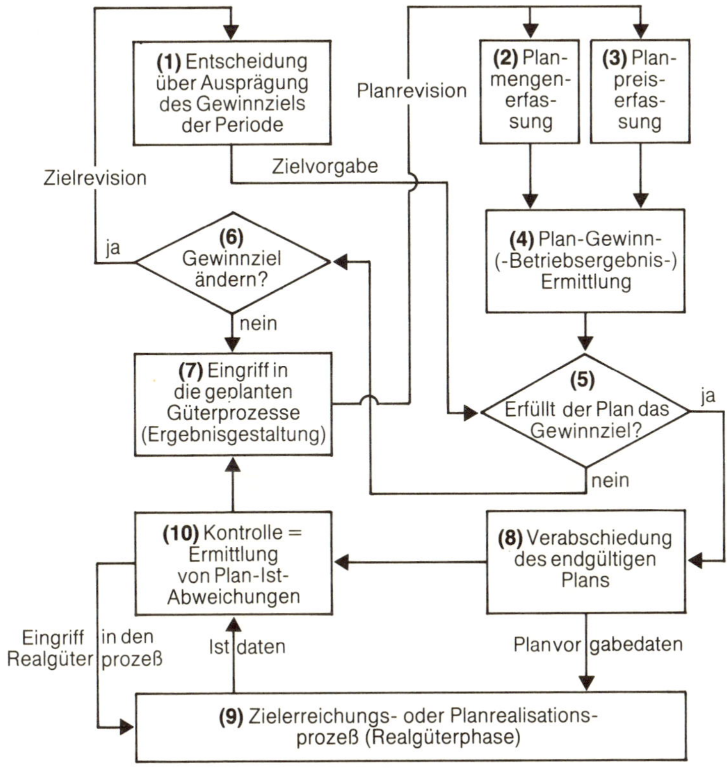

Abb. 178: Ablauf des Planungs- und Kontrollprozesses

Der Ablauf des Planungs- und Kontrollprozesses gemäß *Abb. 178* kann als **Simulationsprozeß** zur stufenweisen Verbesserung der Zielerreichung der operativen Programmplanung ohne Optimalitätsgarantie mit Hilfe ergebnisorientierter Ermittlungsmodelle aufgefaßt werden[68].

Der Einsatz von Ermittlungsmodellen zur operativen Programmplanung erscheint als methodische Alternative zu simultanen Entscheidungsmodellen

[68] Vgl. *Hoitsch* 1976, S. 134.

vergleichsweise praktikabel[69]. Nachdem der Ablauf des Planungs- und Kontrollprozesses grob skizziert wurde, soll im folgenden auf die Struktur des eingesetzten Rechen-(Ermittlungs-)modells eingegangen werden[70].

2.3.2.2 *Aufbau des Rechenmodells*

Entscheidungsmodelle der simultanen Programmplanung werden in der Regel mit Kosten- bzw. Deckungsbeitragsinformationen aus einem System der **Grenzplankosten- und Deckungsbeitragsrechnung** versorgt. Prinzipiell wäre dieses Kostenrechnungssystem auch als Ermittlungsmodell zur sachlich-sukzessiven Programmplanung einsetzbar. Anhand umfangreicher empirischer Untersuchungen wurde nachgewiesen, daß dieses primär stückbezogene Rechnungssystem in vielen Betrieben der Serienproduktion nicht immer ausreichende Entscheidungshilfen für das Produktionsmanagement im Rahmen der operativen Programmplanung bietet[71]. Als Hauptgründe für die Kritik an den primär stückbezogenen Rechnungssystemen werden die zwangsläufige Schlüsselung von nicht zurechenbaren Gemeinkosten und -erlösen sowie die zum Teil realitätsfremden Annahmen über Produktions- und Absatzbedingungen der Betriebe genannt.

In der Grenzplankostenrechnung werden beispielsweise fixierte Einsatzproportionen für substituierbare Inputfaktoren unf fixierte Prozeßbedingungen der Programmplanung zugrunde gelegt sowie reale Absatzbedingungen (wie z.B. Absatzverbunderscheinungen) weitgehend vernachlässigt. Die Praxis der Serienproduktion weist häufig komplexere Produktions- und Absatzbedingungen auf, so daß in solchen Fällen primär stückbezogene Rechnungen auf der Basis von Stückkosten und Stückdeckungsbeiträgen sinnvollerweise durch periodenbezogene Rechnungssysteme ersetzt werden sollten.

Das aufgrund empirischer Untersuchungen von *Riebel* entwickelte System der **Relativen Einzelkosten- und Deckungsbeitragsrechnung** könnte im wesentlichen die Anforderungen an ein ergebnisorientiertes Rechnungssystem zur operativen Programmplanung erfüllen. Für Aufgaben der operativen Programmplanung bei komplexen Produktions- und Absatzstrukturen, wie sie bei vielen Betrieben der Serienproduktion vorherrschen, ergeben sich auch in diesem System kaum lösbare Probleme[72]. Die Grundannahmen dieses Systems, vereint mit verwertbaren Erkenntnissen der Grenzplankostenrechnung, führten zur Weiterentwicklung ergebnisorientierter Rechnungssysteme, die im Rahmen anwendungsbezogener Forschung der Eisen- und Stahlindustrie ihren Ausgangspunkt nahm.

---

[69] Vgl. *Chmielewicz* 1974, S. 493.

[70] Vgl. *Hoitsch* 1976, S. 135ff. und ders. 1977, S. 55ff.

[71] Vgl. *Laßmann* 1968, S. 54ff., *Franke* 1972, S. 23ff., *Wittenbrink* 1975, *Hoitsch* 1977.

[72] Vgl. *Laßmann* 1968, S. 119ff.

Aufbauend auf den Ergebnissen dieser Arbeiten und einiger Weiterentwicklungen[73] wird hier ein **Ermittlungs-/Betriebs- und Absatzmodell** der operativen Programmplanung dargestellt, das eine betriebswirtschaftliche Steuerung alternativer kurzfristiger Handlungsmöglichkeiten auf folgenden Gebieten erlaubt:

- Zusammensetzung des operativen Produktions- und Absatzprogramms,
- Preisfestsetzung im Beschaffungs- und Absatzbereich,
- Auswahl zwischen substitutionalen Roh-, Hilfs- und Betriebsstoffen,
- Auswahl zwischen substitutionalen Produktionsverfahren,
- Anpassungsprozesse der Potentialfaktoren.

Da in diesem Abschnitt Variationsmöglichkeiten der operativen Faktor- und Prozeßplanung außer Ansatz bleiben, werden vorerst hier nur das Produktions-/Absatzprogramm sowie die Beschaffungs- und Verkaufspreise als Aktionsparameter berücksichtigt. Die gleichzeitige Berücksichtigung der weiteren Handlungsmöglichkeiten (Faktor- und Prozeßvariation) soll in Abschnitt III. 5. angesprochen werden.

Neben den oben erwähnten Planungsaufgaben wird das Rechnungssystem zur Erfüllung von Kontroll- und Dokumentationszwecken eingesetzt[74].

Das Rechnungssystem wird in Form eines **Matrizenmodells** ähnlich dem allgemeinen Input-Output-Ansatz der Produktionsfunktion vom Typ D dargestellt[75]. Die technologischen und ökonomischen Gegebenheiten der Produktionsstellen werden unter Berücksichtigung ihrer wechselseitigen Leistungsverbundenheit als Strukturmodelle abgebildet und miteinander verknüpft. Die solchen Modellen unterstellte Linearitätsprämisse für alle Funktionen kann bei Auftreten von Nichtlinearitäten im Kosten- und Erlös-(Leistungs-)bereich durch zusätzliche Rechenschritte entschärft werden. Das Ermittlungsmodell wird als statisches, deterministisches Einperiodenmodell aufgebaut, das für die Zwecke der Mehrperiodenplanung durch die Verknüpfung mehrerer Einperiodenmodelle zu einem komparativ-statischen Modell erweitert werden kann.

Der Aufbau des Ermittlungsmodells erfordert einige **organisatorische Voraussetzungen.** So müssen neben einem Kostenarten-, -stellen- und -trägerplan auch ein Erlös-(Leistungs-)arten-, -stellen- und -trägerplan nach absatzwirtschaftlichen Gesichtspunkten aufgestellt werden[76]. Nach diesen Modellvoraussetzungen soll nun der eigentliche Aufbau des Rechenmodells anhand der *Abb. 179* dargestellt werden. Das Rechenmodell ist auf die monetäre Zielgröße der operativen Programmplanung, das Perioden-Betriebsergebnis, ausgerichtet.

---

[73] Vor allem *Steffen/Steinecke* 1962a und 1962b, *Wartmann* 1963, *Laßmann* 1968, *Franke* 1972, *Wittenbrink* 1977, *Hoitsch* 1977, *Walter* 1977.

[74] Vgl. *Hoitsch* 1976, S. 156ff., ders. 1977, S. 284ff.

[75] Vgl. Abschnitt III.2.2.2 und die zitierten Arbeiten in Fußn. 73 sowie *Pichler* 1966, *Vogel* 1968, *Kloock* 1969, *Lotz* 1969, *Schuhmann* 1969.

[76] Vgl. *Kilger* 1981, S. 313ff., *Hoitsch* 1976, S. 138, und ders. 1977, S. 107ff.

Im Wege einer **Kosteneinflußgrößenanalyse** als Grundlage des Perioden-Kostenmodells werden im **1. Schritt** (lt. *Abb. 179*) mathematische Systeme von Funktionen aufgestellt, die bestimmte Abhängigkeiten der einzelnen Inputfaktorverbräuche von sogenannten Kosteneinflußgrößen wiedergeben. Letztere können teils vom Produktionsmanagement disponiert werden (wie z.B. Produktionsprogramm, Losgrößen, Losreihenfolgen, Rohstoffmischungen, Produktionsverfahren, Schichtzeiten usw.), teils aber von außerhalb des Betriebs gesteuert werden (wie z.B. Arbeitstage je Kalendermonat, arbeitsrechtliche Bestimmungen, saisonale Einflüsse usw.). Innerhalb des Kostenmodells kann man zwischen vier Typen von Inputfaktormengen-/Einflußgrößenfunktionen unterscheiden[77]:

(1) Empirisch-induktive Inputfunktionen,

(2) Technologisch-deduktive Inputfunktionen,

(3) Geschätzte Inputfunktionen,

(4) Inputfunktionen für kalkulatorische Kostenarten.

Zu (1): **Empirisch-induktive Inputfunktionen** werden aus Verbrauchsmessungen vergangener Perioden mit Hilfe statistischer Berechnungen ermittelt. Sie nehmen im Inputfaktormengen-/Einflußgrößen-Funktionensystem aufgrund ihrer relativ einfachen Erarbeitung das Hauptgewicht ein[78].

Zu (2): Als **technologisch-deduktive-Inputfunktionen** bezeichnet man solche Funktionen, bei denen die Beziehungen zwischen Inputfaktorverbrauch und Einflußgröße aus bekannten technischen Gesetzmäßigkeiten oder aufgrund naturgesetzlicher Zusammenhänge abgeleitet werden können. Solche Inputfunktionen werden aus Verbrauchsfunktionen abgeleitet[79].

Zu (3): Da die Ermittlung empirisch-induktiver und technologisch-deduktiver Inputfunktionen teilweise mit hohem Aufwand verbunden sein kann, werden für relativ unbedeutende Inputfaktorarten, die keinen wesentlichen Einfluß auf das Betriebsergebnis ausüben, **Schätzungen von Inputfunktionen** durchgeführt[80].

Zu (4): Für kalkulatorische Kostenarten (kalkulatorische Abschreibungen, Zinsen usw.) kann ein Inputfaktorverbrauch nicht exakt ermittelt werden. Hier werden vom Produktionsmanagement **kalkulatorische Funktionen,** die auf unternehmerischen Entscheidungen basieren, dem Modell vorgegeben[81].

---

[77] Vgl. *Wohlgemuth* 1975, S. 79ff.
[78] Vgl. *Hall* 1959, *Weber* 1967, *Pressmar* 1971.
[79] Vgl. Abschnitt III.2.2.1.3.
[80] Vgl. dazu ein Beispiel in *Wohlgemuth* 1975, S. 93ff.
[81] Vgl. *Laßmann* 1968, S. 98ff.

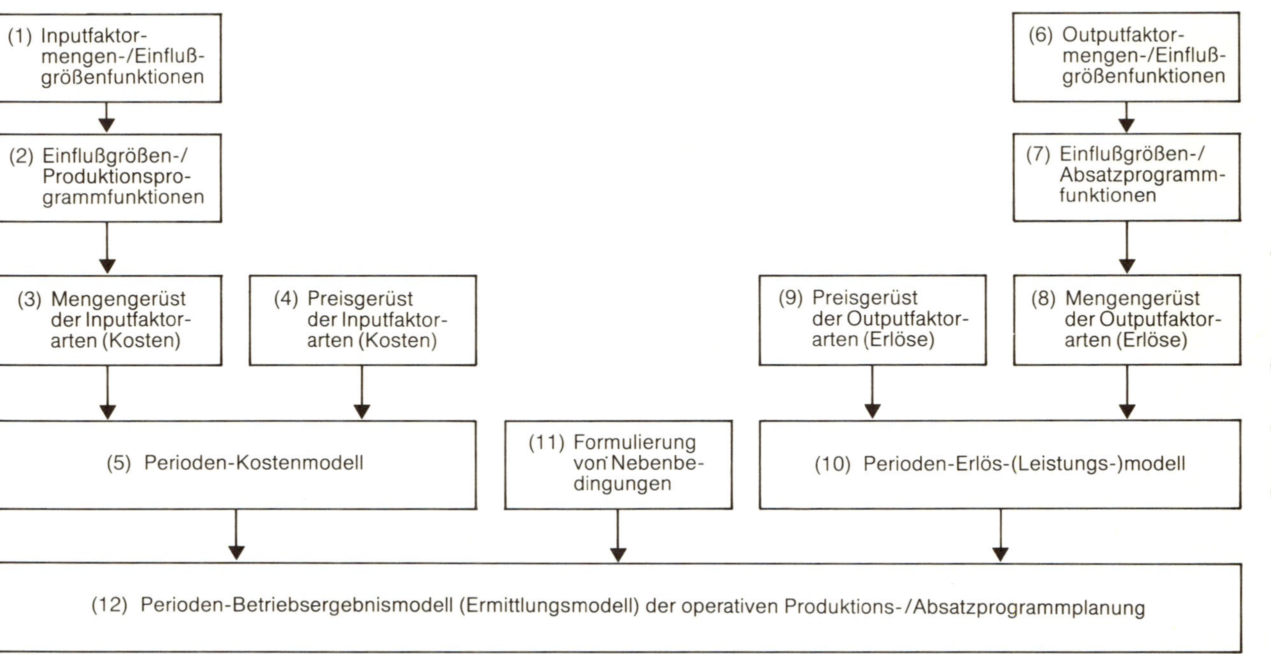

Abb. 179: Perioden-Rechenmodell

Die folgenden beiden Gleichungen zeigen die formale Darstellung des **Inputfaktormengen-/Einflußgrößen-Funktionensystems** einer Produktions(kosten-)stelle[82]:

$$R_i = u_i + a_{i1} \cdot e_1 + a_{i2} \cdot e_2 + \ldots + a_{im} \cdot e_m \qquad (113)$$

$$= u_i + \sum_{j=1}^{m} a_{ij} \cdot e_j \quad (i = 1, \ldots, n)$$

R: Inputfaktormenge einer Kostenart pro Periode

u: Verbrauchsmenge einer Inputfaktorart, die unabhängig von den angeführten Einflußgrößen in der Planungsperiode anfällt (fixer Faktorverbrauch)

a: Produktionskoeffizient einer Inputfaktorart pro Einheit der zugehörigen Einflußgröße

e: Input-Einflußgrößenmenge pro Periode

n: Anzahl der Inputfaktorarten i laut Kostenartenplan

m: Anzahl der Input-Einflußgrößenarten j, die in einer Produktions(kosten-)stelle wirksam werden

In Vektor-/Matrizenschreibweise[83]:

$$\mathbf{r} = \mathbf{A} \cdot \mathbf{e} \qquad (114)$$

$$\begin{bmatrix} R_1 \\ R_2 \\ \vdots \\ R_i \\ \vdots \\ R_n \end{bmatrix} = \begin{bmatrix} u_1 & a_{11} & \ldots & a_{1j} & \ldots & a_{1m} \\ u_2 & a_{21} & \ldots & a_{2j} & \ldots & a_{2m} \\ \vdots & \vdots & & \vdots & & \vdots \\ u_i & a_{i1} & \ldots & a_{ij} & \ldots & a_{im} \\ \vdots & \vdots & & \vdots & & \vdots \\ u_n & a_{n1} & \ldots & a_{nj} & \ldots & a_{nm} \end{bmatrix} \cdot \begin{bmatrix} 1 \\ e_1 \\ \vdots \\ e_j \\ \vdots \\ e_m \end{bmatrix}$$

Im **2. Schritt** (lt. *Abb. 179*) werden im **Einflußgrößen-/Produktionsprogramm-Funktionensystem** die quantitativen Beziehungen zwischen den einzelnen Einflußgrößen und den Produktionsmengen einer Periode erfaßt. Die folgenden beiden Gleichungen zeigen die formale Darstellung für eine Produktions(kosten-)stelle:

$$e_j = b_{j1}\, x_1 + b_{j2}\, x_2 + \ldots + b_{jp}\, x_p + b_{j(p+1)}\, x_{(p+1)} + b_{j(p+2)}\, x_{(p+2)} \qquad (115)$$

$$= \sum_{k=1}^{p+2} b_{jk}\, x_k \qquad (j = 1, \ldots, m)$$

---

[82] Zur formalen Darstellung des Ermittlungsmodells vgl. *Hoitsch* 1976, S. 141 ff. und ders. 1977, S. 136 ff.

[83] Vektoren werden als fettgedruckte Kleinbuchstaben, Matrizen als fettgedruckte Großbuchstaben dargestellt.

b: Input-Einflußgrößenmenge pro Produkteinheit der Produktart (Kostenträger) k = 1 bis p bzw. pro Monat (p + 1) und pro Los (p + 2)

x: Produktions-(= Absatz-)menge einer Produktart in einer Periode

x_{p+1}: programmbezogene Einflußgröße „Monatsfaktor“[84] } sind auch in e enthalten

x_{p+2}: programmbezogene Einflußgröße „Anzahl der Lose“ } sind auch in e enthalten

In Vektor-/Matrizenschreibweise:

$$\mathbf{e} = \mathbf{B} \cdot \mathbf{x} \tag{116}$$

$$\text{Rechenwert} - \begin{bmatrix} 1 \\ e_1 \\ e_2 \\ \vdots \\ e_j \\ \vdots \\ e_m \end{bmatrix} = \begin{bmatrix} b_{11} & b_{12} & \dots b_{1k} & \dots b_{1\,p+3} \\ b_{21} & b_{22} & \dots b_{2k} & \dots b_{2\,p+3} \\ \vdots & \vdots & \vdots & \vdots \\ b_{j1} & b_{j2} & \dots b_{jk} & \dots b_{j\,p+3} \\ \vdots & \vdots & \vdots & \vdots \\ b_{m+1\,1} & b_{m+1\,2} & \dots b_{m+1\,k} & \dots b_{m+1\,p+3} \end{bmatrix} \cdot \begin{bmatrix} 1 \\ x_1 \\ x_2 \\ \vdots \\ x_k \\ \vdots \\ x_p \\ x_{p+1} \\ x_{p+2} \end{bmatrix} - \text{Rechenwert}$$

Somit sind die Voraussetzungen für den 3. Schritt (lt. *Abb. 179*) geschaffen, in dem durch Verknüpfung des Input-Einflußgrößen-Funktionensystems mit dem Einflußgrößen-/Produktionsprogramm-Funktionensystem das **Mengengerüst der Inputfaktorarten** (Mengengerüst der Kosten) einer Produktions(kosten)stelle ermittelt werden kann:

$$R_i = u_i + \sum_{j=1}^{m} a_{ij} \left(\sum_{k=1}^{p+2} b_{jk} \cdot x_k \right) \qquad (i = 1, \dots, n) \tag{117}$$

In Vektor-/Matrizenschreibweise:

$$\mathbf{r} = \mathbf{A}\,(\mathbf{B} \cdot \mathbf{x}) \tag{118}$$

In mehrstufigen Produktionsprozessen müssen anschließend die Verknüpfungen der Produktionsprogramme der einzelnen Produktionsstellen in Form von **Verflechtungs- oder Strukturmatrizen** abgebildet werden. Dazu ist es notwendig, für jede Produktart ein Stoff-Flußbild anzufertigen, aus dem stufenweise auf retrogradem Wege die funktionalen Beziehungen zwischen dem Produktionsprogramm der Produktionsstelle und dem Produktionsprogramm des gesamten Betriebes abgeleitet werden. *Abb. 180* zeigt das stark vereinfacht dargestellte Stoff-Flußbild für die Reifenproduktion, *Abb. 181* die dazugehörige Strukturmatrix[85].

---

[84] Der „Monatsfaktor“ gibt den Einfluß eines spezifischen Monats (z.B. Februar) auf den Mengenverbrauch der von jahreszeitlichen Einflüssen (z.B. natürliche Lichtverhältnisse, Außentemperatur usw.) abhängigen Inputfaktorarten wieder.

[85] Vgl. *Hoitsch* 1977, S. 141 ff.

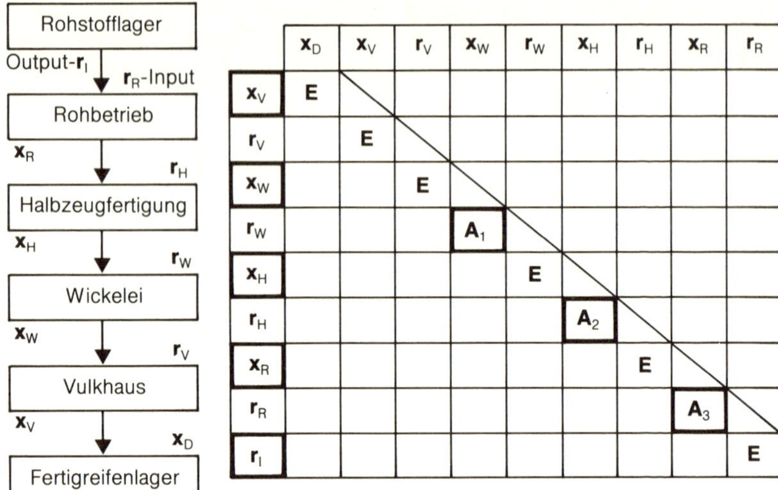

Abb. 180: Materialfluß der Reifenproduktion

Abb. 181: Strukturmatrix

Innerhalb der und zwischen den einzelnen Produktionsstellen bestehen folgende Input-Output-Beziehungen:

Output-Vulkhaus	x_V	= Input-Fertigreifenlager	$x_b \cdot E$	(Einheitsmatrix)
Input-Vulkhaus	r_V	= Output-Vulkhaus	$x_V \cdot E$[86]	
Output-Wickelei	x_W	= Input-Wickelei	$r_W \cdot E$	
Input-Wickelei	r_W	= Output-Wickelei	$x_W \cdot A_1$	(Produktionskoeffizientenmatrix)
Output-Halbzeugfertigung	x_H	= Input-Wickelei	$r_W \cdot E$	
Input-Halbzeugfertigung	r_H	= Output-Halbzeugfertigung	$x_H \cdot A_2$	(Produktionskoeffizientenmatrix)
Output-Rohbetrieb	x_R	= Input-Halbzeugfertigung	$r_H \cdot E$	
Input-Rohbetrieb	r_R	= Output-Rohbetrieb	$x_R \cdot A_3$	(Produktionskoeffizientenmatrix)
Output-Rohstofflager	r_I	= Input-Rohbetrieb	$r_R \cdot E$	

[86] Hier erfolgt eine **durchlaufende** Produktion, daher E nicht A.

Die Produktionskoeffizienten-Matrizen drücken die technologischen Beziehungen zwischen periodenbezogenem Input und Output innerhalb der Produktionsstellen aus. Demnach enthalten diese Koeffizienten auch das geplante **Mengengefälle,** das die Verhältniswerte für Ausschuß und Abfall charakterisiert.[87] Sollte beispielsweise die funktionale Abhängigkeit zwischen dem Produktionsprogramm des Rohbetriebs und jenem des Vulkhauses ermittelt werden, so ergibt sich nach der Strukturmatrix folgende Beziehung:

$$\mathbf{x}_R = \mathbf{x}_V \cdot \mathbf{A}_1 \cdot \mathbf{A}_2$$

Daraus kann dann beispielsweise auch das Mengengerüst der Inputfaktorarten (Kosten) für den Rohbetrieb nach den Gleichungen (117) bzw. (118) bestimmt werden.

Den Inputfaktormengen werden nun Faktor-(Beschaffungs-/Einstands-)preise zugeordnet. Die Zusammenstellung der Preise für alle Inputfaktorarten pe_i zum **Preisgerüst der Inputfaktoren** (Preisgerüst der Kosten) erfolgt im **4. Schritt** (lt. *Abb. 179*):

$$pe = pe_1, pe_2, \ldots, pe_i, \ldots, pe_n$$

Durch Bewertung des Mengengerüstes mit dem Preisgerüst wird im **5. Schritt** (lt. *Abb. 179*) das **Perioden-Kostenmodell** fertiggestellt:

$$K = \sum_{i=1}^{n} \left(pe_i \sum_{\alpha=1}^{a} R_{i\alpha} \right) \qquad (120)$$

K ... Periodenkosten des Betriebes
a ... Anzahl der Produktions(kosten)stellen α

In Vektorschreibweise:

$$K = \mathbf{pe} \cdot \mathbf{ra}, \text{ wobei } \mathbf{ra} = [\mathbf{r}_1, \mathbf{r}_2, \ldots, \mathbf{r}_\alpha, \ldots, \mathbf{r}_a] \cdot \mathbf{s} \qquad (121)$$

ra: Vektor des Mengengerüstes der Inputfaktorarten
s: summierender Vektor, dessen a Komponenten alle 1 sind

Analog zu den Schritten 1. bis 5. erfolgt auf der Erlös-(Leistungs-)seite in den **Schritten 6. bis 10.** der Aufbau des **Perioden-Erlös-(Leistungs-)modells.** Allerdings sind die Ansätze zur Aufstellung von Erlös-(Leistungs-)modellen bisher eher bescheiden geblieben. Von wenigen Ausnahmen abgesehen, ist eine empirische Absicherung und Quantifizierung entsprechender Koeffizienten für Erlös-(Leistungs-)modelle bisher ausgeblieben.[88] Nach wie vor werden in den meisten Industriebetrieben die Angebotspreise entweder aus Stückkostenkalkulationen mit Gewinnaufschlägen abgeleitet oder man betrachtet den Preis als „Marktdatum“, um eventuell Deckungsbeiträge ermitteln zu können.

---

[87] Vgl. *Medicke* 1968, S. 176f., *Kilger* 1981, S. 145 und 300ff.
[88] Vgl. *Laßmann* 1973, S. 9. Als Ausnahme kann man folgende Arbeiten bezeichnen: *Hay/Bodewig* 1965, *Vogelsang/Glaszinski/Rauen* 1965, *Kolb* 1981.

Die in *Abb. 179* gezeigte mögliche Struktur eines Erlös-(Leistungs-)modells läßt dessen Komplexität erahnen. Während man im Kostenmodell zum Teil auf technologisch-deduktive Inputfunktionen in den einzelnen Produktionsstellen zurückgreifen kann, ist man im 6. Schritt (lt. *Abb. 179*) des Rechenmodells, beim Aufbau des Outputfaktormengen-/Einflußgrößen-Funktionensystems, fast ausschließlich auf empirisch-induktive oder geschätzte Outputfunktionen angewiesen. Diesen Funktionen kann meist kein besonderer „Glaubwürdigkeitsgrad" zugemessen werden, da nicht nur die Einflußgrößenwerte aufgrund von Absatzprognosen an sich unsicher sind, sondern auch der angenommene Zusammenhang zwischen Outputfaktormenge und Einflußgröße häufig empirisch nicht ausreichend abgesichert ist.

Aufgrund ihrer formalen Analogie zum Kostenmodell werden hier die **Schritte 6. bis 9.** nicht im einzelnen dargestellt.[89] Das **Perioden-Erlös-(Leistungs-) modell** nach **Schritt 10.** (lt. *Abb. 179*) hat folgende Form:

$$E = \sum_{b=1}^{h} \left(p_{Vb} \sum_{\beta=1}^{d} x_{b\beta} \right) \tag{122}$$

E: Periodenerlöse des Betriebes
h: Anzahl der Outputfaktorarten b
p_V: Verkaufspreise der Outputfaktoren
d: Anzahl der Erlös-(Leistungs-)stellen β
x: Outputfaktormenge der Periode einer Erlösstelle

In Vektorschreibweise:

$$E = \mathbf{pv} \cdot \mathbf{xa}, \text{ wobei } \mathbf{xa} = [\mathbf{x}_i, \mathbf{x}_2, \ldots, \mathbf{x}_\beta, \ldots, \mathbf{x}_d] \cdot \mathbf{s}$$

xa: Vektor des Mengengerüstes der Outputfaktorarten
s: summierender Vektor, dessen d Komponenten alle 1 sind.

Im hier dargestellten Modell werden keine Bestandsveränderungen im Fertigwarenlager berücksichtigt. Damit besteht Identität zwischen Produktions- und Absatzprogramm. Der Einsatz dieses Ermittlungsmodells zur Planung des operativen Produktionsprogramms erfordert die Berücksichtigung von **Nebenbedingungen,** die in **Schritt 11.** (lt. *Abb. 179*) zu formulieren sind. Wie beim Einsatz simultaner Entscheidungsmodelle sind hier im wesentlichen Kapazitäts-, Absatz- und Beschaffungsrestriktionen sowie technologische Prozeßrestriktionen, qualitätsorientierte Restriktionen und statistisch bedingte Restriktionen bezüglich des Geltungsbereichs der Einflußgrößenfunktionen, der sog. „Spannweiten"[90], zu berücksichtigen.

Die folgenden formalen Beziehungen zeigen Beispiele solcher Nebenbedingungen:

$$\mathbf{x} \leq \mathbf{x}_{aH} \text{ Absatzrestriktion} \tag{124}$$

---

[89] Siehe hierzu *Hoitsch* 1976, S. 145 ff., ders. 1977, S. 164 ff.

[90] Als „Spannweite" wird hier der praktisch relevante Variationsbereich der unabhängigen Variablen einer Funktion bezeichnet; vgl. *Laßmann* 1968, S. 86.

$\mathbf{B} \cdot \mathbf{x} \leqq \mathbf{e}_H$ Kapazitäts-(Einflußgrößenmengen-)restriktion (125)

$\mathbf{ra} \leqq \mathbf{ra}_H$ Beschaffungs-(Inputfaktormengen-)restriktion (126)

x_{aH}: Vektor der Höchstmengen des Absatzes
e_H: Vektor der Höchstmengen der Input-Einflußgrößen
ra_H: Vektor der Höchstmengen der Inputfaktoren (Beschaffung)

Im **12. Schritt** (lt. *Abb. 179)* werden das Perioden-Erlösmodell und das Perioden-Kostenmodell zum **Perioden-Betriebsergebnismodell** der operativen Produktions-Programmplanung zusammengeführt:

$$\begin{aligned} BE &= E - K \\ &= \mathbf{pv} \cdot \mathbf{xa} - \mathbf{pe} \cdot \mathbf{ra} \end{aligned} \quad (127)$$

BE: Perioden-Betriebsergebnis(-Gewinn) des Betriebes

2.3.2.3 Modelleinsatz zur Programmplanung

Durch die formale Struktur des Rechenmodells in Form des Baukastenprinzips (Kosten-, Erlös, Betriebsergebnismodell) können bestimmte Elemente (Skalare) eines Vektors oder einer Matrix innerhalb eines eingegrenzten Teilmodells oder im Gesamtmodell verändert und die Auswirkungen dieser Änderungen (Kosten-, bzw. Erlös- oder Ergebnisänderungen) getrennt berechnet werden. Damit lassen sich Ergebnisdifferenz- oder Ergebnisveränderungsrechnungen durchführen, die im Rahmen des sukzessiven Planungsprozesses wertvolle Informationen liefern.

Betrachtet man die formale Struktur des Ergebnismodells, so kann man folgende **Komponenten** feststellen:

- Verkaufspreis-Vektoren **pv**
- Outputfaktormengen-Vektoren **xa**
- Einstandspreis-Vektoren **pe**
- Inputfaktormengen-Vektoren **ra**
- Restriktions-Vektoren $\mathbf{x}_{aH}$, $\mathbf{e}_H$, $\mathbf{ra}_H$

Beim Einsatz des Ermittlungsmodells zur operativen Programmplanung können nun Änderungen dieser Komponenten aufgrund von Veränderungen bestimmter Markt- oder Betriebsverhältnisse berücksichtigt werden. Die Auswirkungen solcher Änderungen auf die Periodenkosten, -erlöse und -betriebsergebnisse werden getrennt ermittelt. Unter Berücksichtigung der gesetzten Restriktionen kann man sich mit Hilfe der Simulation des Rechenmodells an ein angestrebtes Optimum bzw. an die Zielvorgabe herantasten.

Für folgende wichtige Einzelprobleme innerhalb der Programmplanung bei unveränderlicher Produktions-Faktor- und -Prozeßstruktur lassen sich mit dem Modell alternative Konstellationen mit ihren Auswirkungen auf das Betriebsergebnis der Periode durchrechnen:

(1) Alternative Produktions-/Absatzprogramme,
(2) Alternative Einstandspreise der Inputfaktorarten,
(3) Alternative Verkaufspreise der Outputfaktorarten.

Daneben existieren weitere Möglichkeiten zur Durchrechnung alternativer Produktions-Faktor- und -Prozeßstrukturen, die in Abschnitt III.5. behandelt werden.

Zu (1): Aufgrund von Auftragsbeständen liegen in vielen Industriebetrieben mit Serienproduktion für die operative Programmplanung bereits Kapazitätsbelegungen in der Regel bis weit über die Hälfte der verfügbaren Produktionskapazität vor. Mit Hilfe des Rechenmodells können alternative Verteilungsmöglichkeiten der noch freien Kapazität auf bestimmte Produktgruppen oder Zusatzaufträge simuliert werden, deren Basis wiederum alternative Absatzprognosen oder konkrete Kundenanfragen bilden. Dabei können die Auswirkungen dieser alternativen Programmkonstellationen auf das Perioden-Betriebsergebnis vorausberechnet werden. Für die Annahme oder Ablehnung eines Zusatzauftrages bei bereits bestehender voller Kapazitätsauslastung und damit möglicher Verdrängung bereits eingeplanter Produktionsaufträge kann das Rechenmodell wertvolle Informationen liefern.

Zu (2): Hier können alternative Ansätze der Beschaffungsmarktpreise und deren Auswirkungen auf das Perioden-Betriebsergebnis durchgespielt werden. Damit ergeben sich unter Vermeidung hohen Rechenaufwandes wertvolle Informationen bei Verhandlungsprozessen im Rahmen von Abschlüssen langfristiger Lieferverträge mit Stammlieferanten, wie sie z.B. für die wichtigsten Repetierfaktoren in der Regel getätigt werden.

Zu (3): Ohne besonderen Aufwand kann das Rechenmodell Informationen zur Verfügung stellen, welchen Einfluß verschiedene Verkaufspreisstellungen, die unter Umständen aufgrund einer bekannten Preis-Absatz-Funktion mit Absatzmengenveränderungen verbunden sind, auf das Perioden-Betriebsergebnis ausüben. Rechnungssysteme, die letztlich auf Stückergebnisse (z.B. Deckungsbeiträge pro Produkteinheit wie die Grenzplankostenrechnung) ausgerichtet sind, können hier nur wenige brauchbare Informationen für eine programmorientierte Preispolitik im Sinne eines „kalkulatorischen Ausgleichs“[91] bieten.

Das hier dargestellte ergebnisorientierte Rechenmodell (Betriebs- und Absatzmodell) zur Planung des operativen Produktionsprogramms und daraus resultierenden Betriebsergebnisses wirft bis zu seiner Realisierung in der industriellen Praxis eine Reihe von **Problemen** auf:

---

[91] Vgl. *Riebel* 1972, S. 60ff.

(1) Bis auf wenige Industriezweige, wie Eisen- und Stahlindustrie, Raffinerien, Kraftwerke, existieren selbst in industriellen Großbetrieben nur vage Vorstellungen über die funktionalen Abhängigkeiten der Inputfaktormengen von Einflußgrößen (Kosteneinflußgrößenanalyse). Eine der wesentlichsten Voraussetzungen des Kosten-(Betriebs-)modells ist jedoch die Kenntnis dieser Funktionen, wobei technologisch-deduktive die oberste Priorität genießen, jedoch auch mit empirisch-induktiven Funktionen, besonders in der Eisen- und Stahlindustrie, zufriedenstellende Ergebnisse erzielt wurden. Die Entwicklung technischer Prozeßrechenmodelle, die teilweise mit dem Kostenmodell integriert werden können[92], wird hier befruchtend wirken.

(2) Das Wissen über die funktionalen Zusammenhänge der Outputfaktormengen mit deren Einflußgrößen (Erlös-/Leistungseinflußgrößenanalyse) liegt noch weit hinter jenem der Kostenseite. Die Forderung nach einer Erlös-/Leistungsrechnung, die sich analog zur Kostenrechnung aus einer Erlös-/Leistungsarten-, -stellen- und -trägerrechnung zusammensetzt, wird in letzter Zeit immer dringender gestellt. Ohne interdisziplinäre Forschungsarbeiten auf breiter empirischer Basis von Fachleuten des Marketings und Rechnungswesens kann hier kein Fortschritt erwartet werden.

(3) Das hier dargestellte Rechenmodell ist ein Ermittlungsmodell und kann auch als Vorstufe zu einem umfassenden simultanen Optimierungsmodell betrachtet werden. Die in Abschnitt III.2.3.1 dargestellten Optimierungsmodelle bauen auf gegebenen Plan-Deckungsbeiträgen pro Produkteinheit als Daten auf und arbeiten mit einer sogenannten **nettoformulierten Zielfunktion**[93]. Dadurch sind diese Modelle – wie bereits beschrieben – vielfältigen Grenzen unterworfen. Seit einiger Zeit werden auch simultane Optimierungsmodelle vorgestellt, die auf einer **bruttoformulierten Zielfunktion** aufbauen und daher unabhängig von der Kenntnis der Produkt-Deckungsbeiträge sind[94]. Optimierungsmodelle (z.B. Kosten-Optimierungsmodelle) auf der Basis des hier dargestellten Rechenmodells für abgegrenzte Teilbereiche (Teilbetriebe) eines größeren Industriebetriebes sind bereits in der Praxis realisiert[95]. Für die Programmplanung umfassenderer Bereiche von Industriebetrieben wird vorerst die Simulation des Rechenmodells, die sich auf punktuelle Alternativrechnungen beschränkt, die wirtschaftlichere Lösung darstellen. Diese erlauben bestenfalls Annäherungen an ein vermutetes Optimum durch Betriebsergebnis-Differenzrechnungen oder Vergleiche mit Ergebnissen vergangener Perioden durch Betriebsergebnis-Veränderungsrechnungen.

---

[92] Siehe dazu *Wartmann* 1963/64/65.

[93] Vgl. *Wohlgemuth* 1975, S. 51ff.

[94] Vgl. *Wohlgemuth* 1975, S. 56ff., *Sehner/Steinecke/Wartmann*, 1974, dies. 1975, *Walter* 1977, *ter Schüren/Sehner/Walter* 1981 sowie Abschnitt III.5.2.

[95] Siehe *Franke* 1972.

(4) Das Ermittlungsmodell kann als statisches, d.h. einperiodisches Rechenmodell bezeichnet werden. Der Ausbau dieses Modells zu einem dynamischen Mehrperiodenmodell durch Hintereinanderschaltung mehrerer Einperiodenmodelle oder eine Simultanrechnung ist möglich.[96] Letztere stößt jedoch bald auf die Grenzen der Leistungsfähigkeit der derzeit in der Industrie vorhandenen EDV-Anlagen.

2.4 Programmplanung in der Einzelproduktion

2.4.1 Einflußgrößen der Programmplanung

Wie in der Serienproduktion wird auch bei der Programmplanung in der Einzelproduktion von einem **gegebenen Betriebsmittelbestand** und damit determinierter quantiativer und qualitativer Betriebsmittelkapazität ausgegangen. Der Produktionstyp der Einzelproduktion korreliert stark mit jenem der (**Kunden-**)**Auftragsproduktion,** der hier unterstellt wird. In Produktionsbetrieben mit kundenindividueller Auftragsproduktion werden im allgemeinen Universal- bzw. Mehrzweckmaschinen vorhanden sein. Bei einer solchen flexiblen Einzel- und Auftragsproduktion wird in der Regel der Organisationstyp der **Werkstattproduktion** (aber auch Baustellen- und Zentrenproduktion) dominieren. Der eben geschilderte Kombinationstyp der Produktion verlangt den Einsatz hochqualifizierter Facharbeiter, die selbständig in der Lage sind, aus Konstruktionszeichnungen und -anweisungen die notwendigen Arbeitsgänge abzulesen und durchzuführen.

Neben diesen innerbetrieblichen Determinanten sind in der Programmplanung noch außerbetriebliche Einflußgrößen der Beschaffungs- und Absatzseite zu berücksichtigen. Von der Beschaffungsseite können Beschränkungen in bezug auf den Repetierfaktoreinsatz (Werkstoff-/Energieeinsatz) ausgehen. Wesentlich umfangreicher sind die Einflüsse der Absatzseite, die sich hier auf die einzelnen (Kunden-)Aufträge beziehen. Grundsätzlich können nur solche Aufträge angenommen werden, deren **qualitative** und **quantitave Kapazitätsanforderungen** den vorhandenen qualitativen und quantitativen Kapazitäten des Betriebes entsprechen. Für den einzelnen Auftrag, über den in der Programmplanung entschieden werden soll, liegen noch keine exakten Konstruktionszeichnungen und Arbeitspläne vor. Der erfahrene Produktionsplaner kann jedoch aus den zur Angebotsabgabe bereits erstellten Grobentwürfen durchaus eine grobe Kapazitätsbeanspruchungsplanung erstellen, die für die operative Programmplanung als ausreichend angesehen wird. Meist kann der Planer auch auf bereits durchgeführte, zumindest ähnliche Konstruktionen und Teilkonzeptionen zurückgreifen.

---

[96] Siehe *Pohl* 1978, *Stöppler* 1983 a.

Der **Liefertermin** des Auftrags stellt ebenfalls eine wichtige Einflußgröße der Programmplanung dar. Ähnlich wie bei der Kapazitätsbeanspruchungsplanung wird der erfahrene Produktionsplaner auch hier den möglichen Liefertermin des Auftrags grob abschätzen können. Obwohl der Liefertermin für den Auftraggeber von entscheidender Bedeutung für die Auftragserteilung sein kann, besteht in der Programmplanung die Tendenz, einen Auftrag mit früherem Liefertermin eher abzulehnen, um die Planung nicht zu stark an diesem einen Auftrag ausrichten zu müssen[97]. In den folgenden Ausführungen wird der Liefertermin als Datum angesehen. Es wird der Liefertermin angesetzt, mit dem ein Kunde gerade noch einverstanden wäre.

Als weitere wichtige Einflußgrößen der Programmplanung gelten die **variablen (Grenz-)Kosten** sowie die **Erlöse** eines Auftrags. Auch hier ist der Kostenplaner auf relativ schwache Informationen angewiesen. Meist lassen sich nur globale Vorschaukalkulationen aufgrund des Angebots-Grobentwurfs erstellen. Wie bei der Kapazitäts- und Terminplanung kann der erfahrene Kostenplaner aber auch auf exakte Kalkulationen vergleichbarer Konstruktionen zurückgreifen. Als Erlös wird der Betrag angesetzt, zu dem der Abschluß eines speziellen Auftrags als sicher unterstellt werden kann[98].

Die auftragsbezogenen Daten sowie die inner- und außerbetrieblichen Daten des Produktions- und Beschaffungsbereichs bilden den Rahmen, in dem sich die operative Programmplanung vollzieht. Als monetäre Zielfunktion wird wiederum die Maximierung des Perioden-Deckungsbeitrags angesehen. Gegenstand der Entscheidung ist die Annahme oder Ablehnung der vorliegenden Aufträge, d.h. Aufnahme oder Nichtaufnahme der Aufträge in das operative Produktionsprogramm. Ebenso wie in der Programmplanung bei Serienproduktion werden in den folgenden Darstellungen Entscheidungsprobleme der operativen Faktor- (z.B. Eigenfertigung oder Fremdbezug von Einzelteilen) und operativen Prozeßplanung (z.B. Terminplanung) nicht in die Programmplanung einbezogen. Die Integration der operativen Faktorplanung in die Programmplanung kann für die Einzelproduktion in Analogie zu den Modellen der Serienproduktion erfolgen und wird hier nicht als eigenständiger Problemkreis behandelt. Ungleich bedeutender für die (meist längerfristige) Einzelproduktion ist die Integration der operativen Prozeßplanung, insbesondere Terminplanung, in die Programmplanung. Simultane Programm-, Faktor- und Prozeßplanungsmodelle für die Einzelproduktion werden wegen ihrer praktischen Irrelevanz hier nicht behandelt[99].

---

[97] Vgl. *Czeranowsky* 1974, S. 12

[98] Zum Einsatz der konstruktionsbegleitenden Kalkulation im Rahmen von CAD siehe Abschnitt II.2.5

[99] Einen Modellansatz hierzu zeigt *Czeranowsky* 1974, S. 54ff.

2.4.2 Beschränkung eines Faktors

Bei ausreichend freien Produktionskapazitäten und keinerlei Beschränkungen im Beschaffungsbereich wird in der Programmplanung jeder Auftrag in das Programm aufgenommen, dessen Deckungsbeitrag einen positiven Wert aufweist[100]. Tritt eine einzige Faktorbeschränkung im Produktions-(Potentialfaktor-) oder Beschaffungs-(Repetierfaktor-)bereich auf, so wird die Programmoptimierung – wie in der bereits behandelten Serienproduktion – an den **spezifischen (engpaßbezogenen, relativen) Deckungsbeiträgen** db_{jE} der einzelnen Aufträge ausgerichtet. Mit Ausnahme der Absatzrestriktionen gelten auch hier alle Prämissen, die bereits anläßlich der Programmplanung bei Serienproduktion angesprochen wurden (konstante Deckungsbeiträge pro Auftrag, konstante Produktionskoeffizienten usw.)[101].

Als Optimierungskriterium gilt:

$$db_{jE} = \frac{db_j}{a_{Ej}} \text{ für alle } j \tag{128}$$

db_{jE}: Deckungsbeitrag je Einheit der Engpaßfaktornutzung für Auftrag j
db_j: Deckungsbeitrag je Auftrag j
a_{Ej}: Produktionskoeffizient (Faktor-Inanspruchnahme [z.B. Produktionszeit] pro Auftrag j) des Engpaß-Produktionsfaktors (z.B. Produktionsstelle) E

Der sukzessive Aufbau des operativen Produktionsprogramms für die Planungsperiode erfolgt in der Regel nach abnehmenden spezifischen Deckungsbeiträgen bis zur vollständigen Ausnutzung der vorhandenen Kapazität des Enpaß-Produktionsfaktors. *Abb. 182* zeigt dies anhand eines Beispiels[102].

Abb. 182 zeigt die zur Auswahl anstehenden Aufträge j = 1 bis 7, die bis zum Planungszeitpunkt zur Annahme oder Ablehnung bereitstehen, mit ihren spezifischen Deckungsbeiträgen und ihrer Inanspruchnahme des Engpasses (z.B. Fertigungsstunden). Nach *Abb. 182* kann der (fünftbeste) Auftrag 5 aus Kapazitätsgründen nicht mehr realisiert werden. Man könnte jedoch – wie dies strichliert eingezeichnet wurde – auf den deckungsbeitragsgeringeren Auftrag 6 ausweichen. Eine deutlich höhere Deckungsbeitragssumme der Periode ergäbe sich, wenn man den Auftrag 4 ablehnt und statt dessen den Auftrag 5 realisiert. Man kann aus diesen einfachen Überlegungen erkennen,

[100] Tatsächlich zeigt das Verhalten der Praxis, daß in Zeiten schlechter Wirtschaftslage auch Aufträge mit negativen Deckungsbeiträgen angenommen werden, um die Beschäftigung des Betriebes einigermaßen aufrechtzuerhalten. Dies bedeutet, daß solche Aufträge nicht einmal die ihnen direkt zurechenbaren (variablen) Kosten decken. Bei langfristiger Einzelproduktion muß aber nach Möglichkeit eine Vollkostendeckung der Aufträge angestrebt werden, da häufig über längere Zeit hinweg keine anderen Aufträge die Perioden-Fixkosten decken.

[101] Vgl. Abschnitt III.2.3.

[102] Vgl. *Czeranowsky* 1974, S. 15ff.

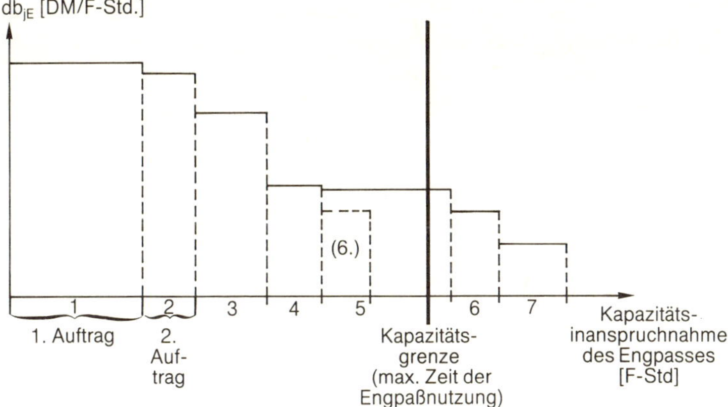

Abb. 182: Graphische Optimierung

daß durch die Unteilbarkeit der Aufträge eine Programmoptimierung nicht einfach durch Aneinanderreihung der Aufträge mit abnehmendem spezifischen Deckungsbeitrag erfolgen kann. Besonders kritisch muß der Grenzbereich der Engpaßkapazität untersucht werden. Während im vorliegenden Beispiel noch durch probierendes Vertauschen eine Optimallösung herbeigeführt werden kann, ist in praktischen Fällen die Planungssituation nicht mehr so einfach zu überblicken. Daher empfiehlt sich die Formulierung eines Ansatzes der linearen Optimierung[103]:

Zielfunktion: $\max DB(x) = \sum_{j=1}^{n} db_j \cdot u_j$ (129)

Nebenbedingungen:

Kapazitätsrestriktion: $\sum_{j=1}^{n} a_{Ej} \cdot u_j \leq R_E$ (130)

Binärrestriktion: $0 \leq u_j \leq 1$, ganzzahlig $(j = 1, \ldots, n)$ (131)

Hierbei sind

Variable: DB: Deckungsbeitrag pro Periode für alle zu produzierenden Aufträge

u_j: ganzzahlige Hilfsvariable;
bei $u_j = 1$: Auftrag wird angenommen,
bei $u_j = 0$: Auftrag wird abgelehnt

Stellt man hier einen Vergleich des Modells mit jenem bei Serienproduktion an, so steht die Produktionsmenge bei Einzelproduktion im Regelfall fest. Sie kann nur 0 oder 1 sein. Diese spezielle Situation wird durch die binären Hilfsvariablen (0 – 1 Variablen) u_j charakterisiert.

---

[103] Vgl. *Czeranowsky* 1974, S. 16.

2.4.3 Beschränkung mehrerer Faktoren

Nunmehr wird eine (3.) Faktorkonstellation betrachtet, bei der von vornherein nicht erkennbar ist, bei welchem Produktionsfaktor (Potential-/Repetierfaktor) ein Engpaß auftreten wird. Der Engpaß ist somit programmabhängig. Je nach Programmzusammensetzung (Auftragsselektion) können unterschiedliche Produktionsfaktoren zum Engpaß werden. Gegenstand der Programmplanung ist wiederum die Entscheidung darüber, ob ein Auftrag für die bevorstehende Planungsperiode angenommen oder abgelehnt wird. Weiterhin wird die Aufgabenstellung gegenüber dem zuletzt geschilderten Problem erweitert, indem Entscheidungen über eine Kapazitätsreservierung für zusätzlich erwartete, gewinnträchtige Aufträge im Planungszeitraum in das Entscheidungsmodell einbezogen werden[104].

Aufgrund der erweiterten Aufgabenstellung wird die verplanbare Kapazität jedes Produktions-(Potential-)faktors in freie und (bedingt) reservierte Anteile unterteilt. Zur Steuerung des Zugriffs auf die reservierten Faktorbestände durch die zur Auswahl stehenden Aufträge werden **Quasikosten** eingeführt. Eine Aufnahme von Aufträgen in das Programm unter Inanspruchnahme der Kapazitätsreserven wird nur dann als ökonomisch sinnvoll erachtet, wenn die Annahme des Auftrags sich trotz der zugerechneten Quasikosten lohnt. Die Festlegung dieser Quasikosten und der zu reservierenden Kapazitätsanteile für jede Faktorart ist von zentraler Bedeutung. Die Quasikosten orientieren sich an den vom Produktionsmanagement festzusetzenden Deckungsbeitragsschranken[105]. Die Menge der zu erwartenden Aufträge, die über den festgesetzten Schranken liegt und dadurch Blockierungen der Faktorkapazitäten verursacht, bestimmt den Umfang der zu reservierenden Faktorkapazitäten. Stellt sich nach einem Optimierungslauf heraus, daß die Kapazitätsreservierung nicht ausreicht, so können diese Parameter beim nächsten Lauf verändert werden.

Aufbauend auf der geschilderten Entscheidungssituation ergibt sich folgender gemischt-ganzzahliger Optimierungsansatz:

Zielfunktion: $$\max. \sum_{j=1}^{n} db_j \cdot u_j - \sum_{i=1}^{m} \sum_{j=1}^{n} q_i \bar{t}_{ij} \quad (132)$$

Nebenbedingungen:

Kapazitätsrestriktionen: $$\sum_{j=1}^{n} \bar{t}_{ij} \leq Z_i \cdot R_i \quad (i = 1, \ldots m) \quad \mathbf{(133)}$$

$$\sum_{j=1}^{n} t_{ij} \leq (1 - Z_i)\, R_i \quad (i = 1, \ldots m) \quad (134)$$

[104] Vgl. *Jacob* 1971.

[105] *Jacob* bezeichnet diese als „Rentabilitätsschranken“.

Vollständigkeitsbedingungen:[106]

$$t_{ij} + \bar{t}_{ij} \geq u_j \cdot a_{ij} \quad (i = 1, \ldots, m)\ (j = 1, \ldots, n) \qquad (135)$$

Binärrestriktionen: $0 \leq u_j \leq 1$, ganzzahlig $(j = 1, \ldots, n)$ (136)

Nichtnegativitätsbedingungen: $t_{ij}, \bar{t}_{ij} \geq 0$ $(i = 1, \ldots, m)$ $(j = 1, \ldots, n)$ (137)

Hierbei sind (zusätzlich):

Variable:
- t_{ij}: zugewiesener Anteil (z.B. Produktionszeit) an freier Kapazität des Produktionsfaktors i für Auftrag j
- $\bar{t}_{ij}$: zugewiesener Anteil an „reservierter" Kapazität von Produktionsfaktor i für Auftrag j

Konstante:
- q_i: Quasikosten pro Kapazitätseinheit (z.B. Produktionszeiteinheit), sofern ein Zugriff auf die reservierte Kapazität des Produktionsfaktors i erfolgt
- a_{ij}: Produktionskoeffizient (Faktor-Inanspruchnahme, z.B. Produktionszeit) pro Auftrag j des Produktionsfaktors i
- Z_i: (im voraus festgelegter) Anteil für die reservierte Kapazität des Produktionsfaktors i $(0 \leq Z_i \leq 1)$

Die **Zielfunktion** zeigt, daß die Auswahl der ins Programm aufzunehmenden Aufträge so vorgenommen wird, daß die Summe der Auftrags-Deckungsbeiträge unter Abzug der Quasikosten für die beanspruchten reservierten Faktorkapazitäten maximal wird. Die **Kapazitätsrestriktionen** stellen sicher, daß die von den Aufträgen in Anspruch genommenen Kapazitätsanteile jeder Faktorart i, sowohl der freien als auch der reservierten Kapazität, eine bestimmte Obergrenze nicht überschreiten dürfen. Die **Vollständigkeitsbedingungen** gewährleisten, daß für einen Auftrag j, der ins Programm aufgenommen wird, auch tatsächlich die dafür notwendigen Kapazitätsanteile der Produktionsfaktoren i bereitgestellt werden.

Die **Ganzzahligkeitsbedingungen** (Binärrestriktionen) erfordern zur (exakten) Lösung einen Algorithmus der gemischt-ganzzahligen Optimierung, der bei umfangreichen Problemstellungen – wie sie in der industriellen Praxis auftreten – meist rechentechnische Schwierigkeiten aufwirft. Abgesehen davon kann dieses Modell nur auf wenige Fälle der Einzel-/Auftragsproduktion angewendet werden. Es unterstellt bereits abschlußreife Aufträge, die sicher in eine Bestellung umgewandelt werden können. Wie bereits im Falle einer Faktorbeschränkung erwähnt, müssen die Kapazitätsbedarfe der einzelnen Aufträge sowie die Kapazitätsgrenzen der Produktionsfaktoren eindeutig bekannt sein. Auch die Deckungsbeiträge der zur Auswahl stehenden Aufträge müssen definitiv feststehen.

Empirische Untersuchungen im Apparatebau mit typischer Einzel-/Auftragsproduktion haben beispielsweise gezeigt, daß nur etwa 7% der Angebote

---

[106] Diese Vollständigkeitsbedingungen unterscheiden sich von denen des *Jacob*-Modells und sind rechentechnisch vorteilhafter; vgl. *Knolmeyer* 1980.

tatsächlich zu Aufträgen umgewandelt werden[107]. In der Literatur wurden verschiedene Ansätze vorgestellt, die dieser Tatsache Rechnung tragen[108]. In einer kritischen Beurteilung aller Programmplanungsmodelle zur Einzelproduktion muß festgestellt werden, daß mit ihnen die Struktur der Entscheidungsprobleme eindeutig beschrieben werden kann. Eine nutzenstiftende Anwendung in der industriellen Praxis aufgrund der meist realitätsfernen Prämissen bzw. schwierigen Ermittlung von Erfolgswahrscheinlichkeiten der Angebote ist jedoch kaum möglich. Bisher sind auch keine Anwendungsfälle simultaner Entscheidungsmodelle zur operativen (kurzfristigen) Programmplanung bei Einzel-/Auftragsproduktion bekannt geworden.

2.5 Programmplanung in PPS-Systemen

In Standardsoftwarepaketen zur computergestützten Produktionsplanung und -steuerung (PPS) haben die in Abschnitt III.2 dargestellten Modelle und Methoden der Programmplanung bisher keine Berücksichtigung gefunden. Die **Module Auftragssteuerung** und **Primärbedarfsplanung** in PPS-Systemen sehen hier lediglich Verfahren zur Prognose zukünftiger Absatzmengen und/ oder Programmroutinen zur Kundenauftragsbearbeitung bzw. Kundenauftragsverwaltung vor. Die Brutto-Primärbedarfsdaten, welche die in den einzelnen Teilperioden des Planungszeitraumes abzusetzenden Produktmengen darstellen, werden nicht als Entscheidungsvariable aufgefaßt, sondern gehen als Input-Daten in das PPS-System ein. Durch Abzug verfügbarer Fertigprodukt-Lagerbestände ergeben sich Netto-Primärbedarfsdaten, die als Produktionsmengen die Ausgangsbasis für die Programmodule **Materialwirtschaft** und **Zeitwirtschaft** bilden.

Die in Abschnitt III.2 dargestellten Programmplanungsansätze können außerhalb des PPS-Systems eingesetzt werden. Allerdings besteht dabei die Gefahr, daß die betreffenden Absatz- bzw. Produktionsmengen nicht ausreichend mit den im PPS-System detailliert berücksichtigten Faktorkapazitäten und -beständen abgestimmt werden. Als Konsequenz daraus könnten sich die Produktionsmengen aufgrund der in der Material- und Zeitwirtschaft zu beachtenden Rahmenbedingungen nicht realisieren lassen. Zur Vermeidung solcher Koordinationsprobleme müssen die Modelle und Methoden der Programmplanung künftig in computergestützte PPS-Systeme einbezogen werden, so daß die Primärbedarfe als Entscheidungsvariable unter Berücksichtigung der Grunddaten (z.B. Kapazitätsdaten) festgelegt werden.

Die Abbildung realer Entscheidungssituationen bei mehrteiliger Produktion und mehrstufigen Produktionsprozessen in entsprechenden Modellen der

---

107 Vgl. *Opitz/Brankamp/Arlt* 1970.

108 Vgl. *Opitz/Brankamp/Arlt* 1970, *Stark/Mayer* 1971, *Trampedach* 1973, *Goodman/Baurmeister* 1976.

Programmplanung erreicht häufig eine Größenordnung für die Modelle, die eine operationale Lösung ausschließt. Als Ausweg bietet sich der Einsatz sogenannter **verdichteter Modelle** an.

Zur **Reduzierung der Modellgröße** und damit Operationalisierung der Modelle wird folgendermaßen vorgegangen:

- **Reduzierung der Anzahl der Entscheidungsvariablen** durch **Aggregation** von End- und Vorprodukten zu Produkt- und Teilegruppen mit Definition von lediglich auf die Gruppen bezogenen Entscheidungsvariablen[109] **und**
- **Reduzierung der Anzahl der Restriktionen** durch Zusammenfassung von art- und funktionsverwandten Faktoreinheiten zu Faktorgruppen (z.B. Maschinengruppen).

Für den weiteren PPS-Verarbeitungsprozeß müssen die verdichteten Daten für die Produkt- und Teilegruppen wieder disaggregiert werden, was unter Umständen zu praktischen Problemen führt. Als Ausweg und damit Alternative zur Aggregation bietet sich die Möglichkeit an, nur die Endprodukte (Primärbedarf) und die in diese direkt eingehenden, selbst zu erstellenden Vorprodukte (Sekundärbedarf) als Entscheidungsvariable in das Programmplanungsmodell einzubeziehen. Die optimalen Vorproduktmengen können dann – wie üblich – mittels Stücklistenauflösung in Sekundärbedarfe weiterer Erzeugnisbestandteile aufgeschlüsselt werden.

Der Einbezug verdichteter Modelle der operativen Programmplanung in PPS-Systeme führt zur Bestimmung gewinn- bzw. deckungsbeitragsmaximaler Primär- und Sekundärbedarfsmengen, die hinsichtlich der berücksichtigten Absatz- und Faktorrestriktionen auch zulässig bzw. realisierbar sind. Allerdings darf auch hier nicht übersehen werden, daß damit nur ein Teil der im Produktionsbereich bestehenden Interdependenzen in simultaner Weise erfaßt wird. Die Vorgabe der ermittelten Primär- bzw. Sekundärbedarfsdaten für die nachfolgenden PPS-Dispositionsschritte (Material- und Zeitwirtschaft) gewährt immerhin eine bescheidene Garantie, daß die Produktionsaufträge und Termine realisiert werden können. Praktische Anwendungsfälle solcher verdichteter Ansätze sind bisher noch nicht bekannt geworden.

Verdichtete Programmplanungsmodelle können im Wege der sukzessiven Vorgehensweise innerhalb eines PPS-Systems der obersten operativen Planungsebene zugeordnet werden. Im Rahmen hierarchischer Ansätze der integrierten Produktionsplanung (siehe Abschnitt III.5.3.1) werden die hier generierten Daten in nachfolgenden (unteren) Planungsebenen (Material-, Zeitwirtschaft) weiterverarbeitet.

2.6 Informationsversorgung der operativen Programmplanung

Die Auswahl und Implementierung geeigneter Programmplanungsmodelle und -methoden ist eine wesentliche Systemgestaltungsaufgabe des Produk-

[109] Vgl. IBM 1985 (Standardsoftwarepaket COPICS MPSP).

tions-Controllings. Neben den oben angeführten Problemen scheitert deren praktischer Einsatz meist an den Schwierigkeiten der Informationsversorgung dieser Modelle und Methoden. Eine Informationsbedarfsanalyse des Standardansatzes zur Programmplanung ergibt folgenden Datenbedarf:

- Plan-Deckungsbeiträge pro Mengeneinheit der Produkte bzw. Plan-Nettoerlöse und variable Plan-Selbstkosten (Plangrenzselbstkosten) pro Mengeneinheit der Produkte
- Plan-Produktionskoeffizienten der Produkte in den Faktorbereichen (z.B. Produktionsstellen)
- Plan-Kapazitäten bzw. maximale Plan-Beschaffungsmengen der Produktionsfaktoren
- Plan-Absatzhöchst- bzw. -mindestmengen der Produkte

Bei realitätsnahen erweiterten Ansätzen werden weitere Daten benötigt. Die Bereitstellung dieser Informationen stellt hohe Anforderungen an die Methoden der Informationsversorgung. Als Mindestausstattung des Controllings sind hier folgende Instrumente der Informationsversorgung erforderlich:

- Grenzplankosten- und Plandeckungsbeitragsrechnung
- Betriebsdatenerfassungs-(BDE-)System auf Plan-(Soll-) und Istdatenbasis
- PPS-Grunddatenverwaltung (Stücklisten-, Arbeitspläne-, Betriebsmitteldaten)
- Auftragsdatenverwaltung
- Absatzprognoseverfahren

Der Aufbau und die laufende Pflege dieser Informationsversorgungs-Subsysteme hat unter Wirtschaftlichkeitsgesichtspunkten zu erfolgen, wobei von einem vergleichsweise hohen Aufwand auszugehen ist. Das aufwendigste Subsystem stellt die Grenzplankosten- und Plandeckungsbeitragsrechnung dar, deren Datenoutput für die gesamte operative Planung in der Unternehmung benötigt wird. Darüber hinaus wird dieses System auch zur Kontrolle und Dokumentation eingesetzt[110].

Nach dem Grundsatz der relevanten Kosten erfordert die Bereitstellung von Kosten- bzw. Deckungsbeitragsdaten aus einem System der Grenzplankosten- und Plandeckungsbeitragsrechnung für die Zwecke der operativen Programmplanung meist noch eine besondere Aufbereitung der Daten. In die Plan-Grenzselbstkosten der Produkte sollten beispielsweise keine echten Gemeinkosten – wie z.B. Sondereinzelkosten der Fertigung und des Vertriebes pro Mengeneinheit, linearisierte sprungfixe Gemeinkosten der indirekten Bereiche (Produktionsleitung, -vorbereitung, innerbetrieblicher Transport usw.) – einbezogen werden. Weiterhin müssen Teile der Grenzfertigungskosten außer Ansatz bleiben, die erst nach erfolgter Faktor- und Prozeßplanung geplant werden können (z.B. Rüstkosten, Lagerkosten). Da die operative Programmplanung im Vergleich z.B. zur Prozeßplanung eine Grobplanung mit relativ weit gestrecktem Planungshorizont darstellt, hilft man sich hier

---

[110] Vgl. hierzu *Kilger* 1981.

häufig mit dem Ansatz von auf Erfahrung beruhenden (Ist-)Durchschnittswerten. Ähnliche Probleme stellen sich auch beim Ansatz geplanter Erlöse pro Mengeneinheit. Auch hier wird häufig eine Verletzung des Grundsatzes von den relevanten Erlösen toleriert, indem z. B. echte (negative) Gemeinerlöse – wie Rabatte, Skonti, Provisionen – mit konstanten Durchschnittswerten pro Mengeneinheit als Erlösschmälerungen angesetzt werden.

Beim Einsatz von Betriebs-/Absatzmodellen (Ermittlungsmodellen) zur operativen Programmplanung wird die Kosten- und Erlösrechnung als Periodenrechnung in das Planungsmodell integriert. Dies beseitigt zweifelsohne viele Koordinationsprobleme, die beim Einsatz der Grenzplankosten- und Plandeckungsbeitragsrechnung zur Programmplanung vorhanden sind. Eine Integration der laufenden Kosten- und Erlösrechnung in die Modelle der Produktionsplanung erweist sich aber nur für bestimmte praktische Einzelfälle (z. B. Grundstoffindustrie) als sinnvoll[111].

[111] Vgl. *Kilger* 1981, S. 109.

3. Operative Faktorplanung

3.1 Kennzeichnung und Gestaltung des Produktions-Faktorbedarfs

Mit der Planung des operativen Produktionsprogramms sind die Mengen der Enderzeugnisse für die Periode festgelegt. Das geplante Produktionsprogramm wird in der operativen Faktorplanung als **Primärbedarf** der Periode bezeichnet. Die Realisierung des geplanten Programms erfordert die Bereitstellung von Produktionsfaktoren (Input), deren Beziehungen zum Produktionsprogramm (Output) durch Produktionsfunktionen abgebildet werden. Die operative Produktionsplanung geht von in der strategisch-taktischen Produktionsplanung festgelegten und daher hier gegebenen (vorhandenen) Potentialfaktorbeständen aus. Aus diesem Grunde beschränkt sich die operative Produktions-Faktorplanung ausschließlich auf die Bereitstellung der Repetierfaktoren. Mit der Bereitstellung der Repetierfaktoren sind folgende Teilpläne verbunden:

- Planung des Repetierfaktorbedarfs,
- Planung der Repetierfaktorbeschaffung,
- Planung der Repetierfaktorlagerung,
- Planung des Repetierfaktoreinsatzes.

Die operative Repetierfaktorplanung, insbesondere Werkstoffplanung, wird innerhalb von PPS-Systemen dem Modul **Materialwirtschaft** zugeordnet. Auch aus der Sicht der **Unternehmensorganisation** werden funktionale Unternehmensbereiche, die sich mit der Bedarfs-, Beschaffungs-, Lagerungs- und Einsatzplanung von Werkstoffen befassen, als **Materialwirtschaft, Einkauf, Beschaffungswirtschaft, Logistik, Lagerwirtschaft** usw. bezeichnet.

In diesem Abschnitt, der in seiner Struktur weitgehend dem sukzessiven Planungskonzept innerhalb von PPS-Systemen entspricht, werden folgende Teilbereiche der operativen Faktorplanung behandelt:

- Bedarfsplanung
  - Deterministische/programmgebundene Bedarfsplanung
  - Stochastische/verbrauchsgebundene Bedarfsplanung
- Auftragsplanung (Beschaffungs-, Lager-, Einsatzplanung)
  - Eigenerstellung oder Fremdbezug von Vorprodukten
  - Seriengrößenplanung bei Eigenerstellung
  - Bestellmengenplanung bei Fremdbezug

Der Bedarf an Repetierfaktoren zur Realisierung eines geplanten Produktionsprogramms wird Sekundär- bzw. Tertiärbedarf genannt. Der Begriff **Sekundärbedarf** umfaßt die benötigten Mengen an Rohstoffen und Vorprodukten (Halbfabrikate, Halbzeuge, Einzelteile, Baugruppen u.ä.), als **Tertiärbedarf** bezeichnet man den Bedarf an Hilfs- und Betriebsstoffen, mit gelegentlicher Einbeziehung benötigter Werkzeuge und Energie.

Aus modellanalytischer Sicht wäre es durchaus möglich, die operative Faktorplanung in die operative Programmplanung zu integrieren. Simultane Planungsmodelle dieser Art scheitern im praktischen Einsatz häufig an ihrem schnell überdimensional werdenden Umfang. Die industrielle Praxis bleibt daher bei der sachlich-sukzessiven Vorgehensweise, bei der zunächst das Produktionsprogramm (der Primärbedarf) festgelegt wird, und anschließend daraus der Sekundärbedarf abgeleitet wird. Die Ermittlung des Tertiärbedarfs orientiert sich ohne Bezug zum Produktionsprogramm ausschließlich am Verbrauch vergangener Perioden und extrapoliert diesen in die Zukunft. Generell könnte man den (Sekundär-)Bedarf an Rohstoffen und Vorprodukten auch auf diese Weise ermitteln. Aufgrund des meist hohen Anteils dieser Repetierfaktoren am Herstellkostenvolumen bevorzugt man für den Sekundärbedarf in der Regel die **programmgebundene** (programmgesteuerte) oder **deterministische Bedarfsermittlung,** während für den Tertiärbedarf das Verfahren der **verbrauchsgebundenen** (verbrauchsgesteuerten) oder **stochastischen Bedarfsermittlung** eingesetzt wird.

Abb. 183 zeigt im Überblick die Möglichkeiten der Bedarfsermittlung[1].

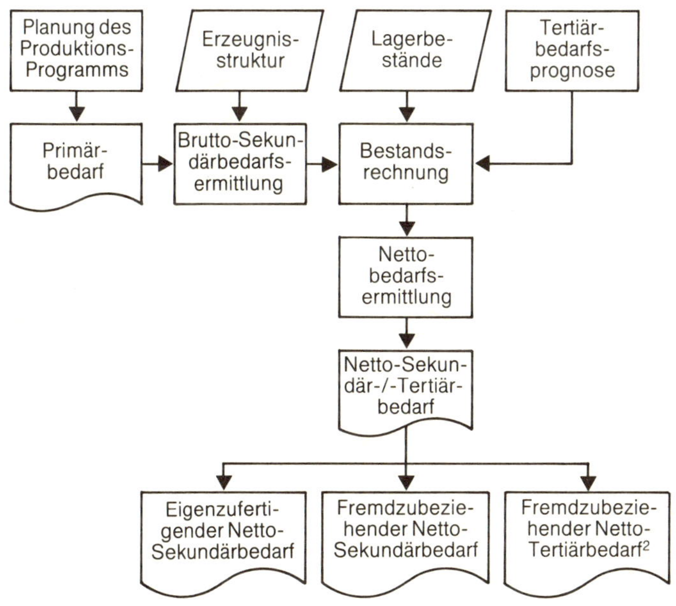

Abb. 183: Möglichkeiten der Bedarfsermittlung

[1] Vgl. *Zäpfel* 1982, S. 154.

Die produktionstheoretischen Überlegungen haben gezeigt, daß alle Repetierfaktoren (Input) einen durch Produktionsfunktionen gegebenen output-, d.h. programmabhängigen Bedarf aufweisen. Insofern kann die programmgebundene (programmgesteuerte, deterministische) Bedarfsermittlung sicherlich in jedem Fall als das geeignetste Verfahren bezeichnet werden. Für Repetierfaktoren mit unmittelbaren Produktionsfaktor-Produkt-Beziehungen (Roh-, Hilfsstoffe, Vorprodukte) läßt sich mit Hilfe von in der Regel auftretenden linear-limitationalen *Leontief*-Produktionsfunktionen der Bedarf der Periode relativ einfach ermitteln[3]. Bedeutend schwieriger wäre die deterministische Bedarfsermittlung für Repetierfaktoren mit nur mittelbaren Produktionsfaktor-Produkt-Beziehungen (Betriebsstoffe, evtl. auch Werkzeuge und Energie), da diese die Kenntnis der Verbrauchsfunktionen voraussetzt. Daraus könnte dann z.B. mit Hilfe der *Gutenberg*-Produktionsfunktion der Periodenbedarf errechnet werden[4]. In der industriellen Praxis wird der Bedarf solcher Repetierfaktoren in der Regel jedoch verbrauchsgesteuert ermittelt.

Eine stochastische (verbrauchsgebundene, -gesteuerte) Bedarfsermittlung benötigt keine Informationen über existierende Produktionsfunktionen von Repetierfaktoren. In ihr wird versucht, aus einer Analyse der Verbrauchsdaten vergangener Perioden den zukünftigen Bedarf zu berechnen. Bei einer art-, mengen- und/oder strukturmäßigen Veränderung des Produktionsprogramms im Zeitablauf kann dieses Verfahren zu Fehlprognosen führen, die sich dann konkret in überhöhten Lagerbeständen oder Fehlmengen niederschlagen. Trotz dieser unter Umständen gefährlichen Konsequenzen der Verfahren existieren gute Argumente für deren Anwendung.

In vielen Produktionsbetrieben, insbesondere der Einzel-/Auftragsproduktion, liegen zum Zeitpunkt der Bedarfsermittlung keine Informationen über Produktionsfunktionen, z.B. in Form von Stücklisten, vor, so daß nur im Wege der verbrauchsgebundenen Bedarfsermittlung sowohl der Sekundär- als auch der Tertiärbedarf geplant werden kann. Auch in der Serien- und Massen-/Lagerproduktion wäre ein ähnlicher Zustand dann denkbar, wenn für standardisierte Produkte Lieferzeiten erzwungen werden, die unter ihren Produktionszeiten liegen. Da in einem solchen Fall sowohl das Produktions-/Absatzprogramm, also der Primärbedarf, als auch der davon abhängige Repetierfaktorbedarf, d.h. Sekundär-/Tertiärbedarf, stochastische Größen sind, können entweder Output (Produktionsprogramm) und Input (Repetierfaktoren) verbrauchsgebunden disponiert werden, oder das Produktions-/Absatzprogramm wird aufgrund von Erwartungen geplant und der Repetierfaktorbedarf (vor allem Rohstoffe und Vorprodukte) wird programmgebunden (deterministisch) ermittelt[5].

---

[2] In größeren Industriebetrieben wird häufig auch der Netto-Tertiärbedarf (z.B. an Werkzeugen oder Energie) durch eigene Hilfsbetriebe (z.B. Werkzeugmacherei oder innerbetriebliche Energieversorgung) in Form der Eigenproduktion gedeckt.

[3] Vgl. Abschnitt III.2.2.1.3.1.

[4] Ebenda

[5] Vgl. *Zäpfel* 1982, S. 179.

Ein anderes Argument für den Einsatz verbrauchsgebundener Bedarfsermittlungsverfahren basiert auf dem empirischen Befund, daß der relative Periodenverbrauchswert eines Teils der eingesetzten Repetierfaktoren gering genug ist, um mit diesem Verfahren ausreichend genau planen zu können. Der relative Jahresverbrauchswert wird häufig innerhalb der **ABC-Analyse** als Abgrenzungskriterium zwischen programm- und verbrauchsgebundener Bedarfsermittlung empfohlen. Die Repetierfaktoren werden dann in drei Klassen eingeteilt:

A-Klasse: Repetierfaktoren (Werkstoffe), die insgesamt ca. 70% des gesamten Periodenverbrauchswertes darstellen

B-Klasse: Repetierfaktoren (Werkstoffe), die insgesamt weitere ca. 20% des gesamten Periodenverbrauchswertes darstellen

C-Klasse: Repetierfaktoren (Werkstoffe), welche die restlichen ca. 10% des gesamten Periodenverbrauchswertes darstellen.

Die Ergebnisse der Klassenbildung lassen sich in seiner sogenannten **Lorenz-** oder **Pareto-Kurve** darstellen. Ein **Beispiel** für die ABC-Analyse zeigen die *Abb. 184* und *185*.

Im Beispiel der *Abb. 184* und *185* repräsentieren 20% der Repetierfaktorpositionen bereits 71,8% des gesamten Periodenverbrauchswertes (A-Klasse), die nächsten 30% der Positionen dann weitere 17,7% des gesamten Peri-

Repetier-faktor Nr.	Mengen-Verbrauch in ME / Periode	Preis in DM/ME	Verbrauchs-wert in DM/ Periode	Rang	% - Anteil am gesamten Periodenver-brauchswert	Klassenbildung					
						% - Anteil am kumulierten Perioden-verbrauchswert		Klasse		% - Anteil an Anzahl der Positionen	
1	400	1,40	560 ,-	6	3,3	C 1	42,5	A 1	A	10	20
2	110	1,20	132 ,-	10	0,8	C 5	71,8	A 2		10	
3	40	22,10	884 ,-	4	5,2	B 2	79,1	B 1		10	
4	20	245,50	4910 ,-	2	29,3	A 2	84,3	B 2	B	10	30
5	1500	0,15	225 ,-	9	1,3	C 4	89,5	B 3		10	
6	2450	0,16	392 ,-	8	2,4	C 3	92,8	C 1		10	
7	120	10,20	1224 ,-	3	7,3	B 1	95,5	C 2		10	
8	4500	0,10	450 ,-	7	2,7	C 2	97,9	C 3	C	10	50
9	3300	2,16	7128 ,-	1	42,5	A 1	99,2	C 4		10	
10	70	12,50	875 ,-	5	5,2	B 3	100,0	C 5		10	
Summe			16. 780 ,-		100,0					100	100

Abb. 184: ABC-Analyse der Repetierfaktoren

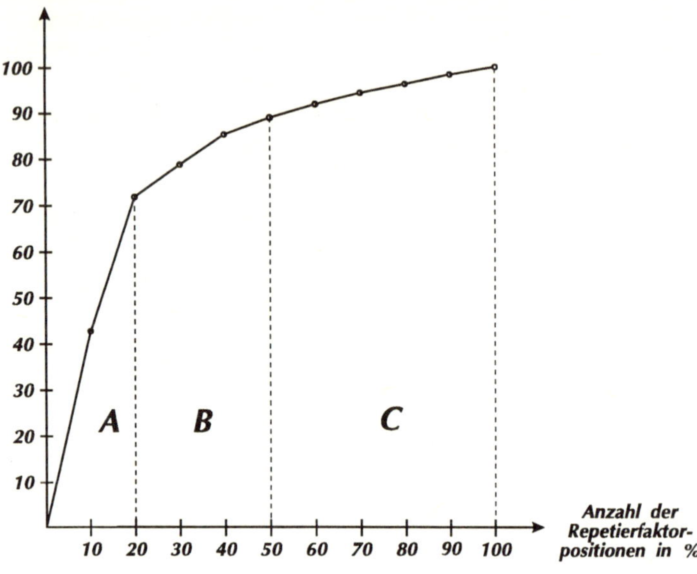

Abb. 185: Graphische Darstellung der ABC-Analyse

odenverbrauchswertes (B-Klasse) und die restlichen 50% der Positionen nur mehr 10,5% des gesamten Periodenverbrauchswertes.

Die ABC-Analyse läßt die relative ökonomische Bedeutung von Repetierfaktoren erkennen. Danach sollen A-Faktoren programmgesteuert und C-Faktoren verbrauchsgesteuert oder auf Grund von Schätzungen disponiert werden. Die B-Faktoren nehmen eine Mittelstellung ein. Sie werden – wenn sich dies als zweckmäßig erweist – zu Gruppen (z.B. Teilefamilien) zusammengefaßt und dann programmgesteuert oder als Einzelpositionen verbrauchsgesteuert disponiert.

Die Unsicherheit bei der Bedarfsermittlung verbrauchsgesteuerter Faktoren soll mit der Planung entsprechender Sicherheits-Lagerbestände aufgefangen werden. Obwohl die ABC-Analyse ein willkürliches Verfahren darstellt, hat sich deren Anwendung praktisch bewährt. Aus diesem Grunde läßt sie sich auch außerhalb der Materialwirtschaft in Bereichen einsetzen (z.B. in der Vertriebssteuerung mit Deckungsbeitragsklassen), wo ähnliche Problemstrukturen auftreten.

Die Klassen der ABC-Analyse können durch folgende weitere Merkmale des Faktorverbrauches ergänzt werden:

- X- bzw. R-Faktoren: weisen einen regelmäßigen, konstanten Verbrauch auf,
- Y- bzw. S-Faktoren: weisen einen saisonal schwankenden oder trendartigen Verbrauch auf,

- Z- bzw. U-Faktoren: weisen einen unregelmäßigen, zufallsverteilten Verbrauch auf.

ABC- und XYZ- bzw. RSU-Analyse zusammen erlauben die Bildung von insgesamt neun Faktorklassen, denen unterschiedliche Einkaufs-, Dispositions- und Kontrollmaßnahmen zugeordnet werden können. X/R-Faktoren, deren Bedarf relativ einfach und genau vorhergesagt werden kann, eignen sich für eine produktionssynchrone Bereitstellung. Y/S-Faktoren sind nur ungenau in ihrem Verbrauchsverhalten zu bestimmen und erfordern deshalb eine Bereitstellung mit Vorratshaltung. Für Z/U-Faktoren kann eine Einzel-

	Programmgebundene/deterministische Bedarfsermittlung	Verbrauchsgebundene/stochastische Bedarfsermittlung
Grundgedanke	Bedarfsermittlung für Repetierfaktoren mit bekannter Produktionsfunktion in Form von Stücklisten/Rezepturen durch Stücklisten-/Rezepturauflösung des Produktionsprogramms	Bedarfsermittlung für Repetierfaktoren mit unbekannter Produktionsfunktion durch Extrapolation vergangener Verbrauchsmengen für Planungsperiode
Anwendung	Vor allem für Rohstoffe und Vorprodukte (Halbzeuge, Halbfabrikate, Normteile, Baugruppen) (= Sekundärbedarf)	Vor allem für Hilfs- und Betriebsstoffe (evtl. auch für Werkzeuge und Energie) (= Tertiärbedarf)
benötigte Informationen	Produktionsprogramm und Erzeugnisstruktur	Verbrauchsentwicklung vergangener Perioden
Vorteile	Exakte Ableitung aus Primärbedarf, dadurch relativ geringe Lagerbestände und hohe Lieferbereitschaft	Bei Anwendung einfacher Prognoseverfahren – relativ geringer Aufwand. Kurze Lieferzeiten, wenn Bedarf vordisponiert wird.
Nachteile	Hoher Aufwand bei vielen End- und Vorprodukten durch Stücklisten-/Rezepturerstellung, -änderungsdienst und -auflösung. Unter Umständen lange Lieferzeiten, wenn Bedarfsermittlung erst nach Konstruktion und Stücklistenerstellung erfolgt.	Hohe Lagerhaltungskosten, wenn hohe Lieferbereitschaft aufrechterhalten werden soll. Risiko fehlerhafter Bedarfsprognosen und damit Auftreten von Fehlmengen.

Abb. 186: Programm- und verbrauchsgebundene Bedarfsermittlung

bereitstellung im Bedarfsfall oder eine Bereitstellung mit Vorratshaltung zweckmäßig sein[6].

Bevor im einzelnen auf die beiden Bedarfsermittlungsverfahren eingegangen wird, sollen Grundgedanke, Anwendung, benötigte Informationen sowie Vor- und Nachteile beider Verfahren in *Abb. 186* systematisch gegenüber gestellt werden[7].

3.2 Bedarfsplanung

3.2.1 Deterministische Bedarfsplanung

Der aus der Programmplanung bekannte Primärbedarf wird hier unter Verwendung bekannter Erzeugnisstrukturen (Stücklisten/Rezepturen) in seine Bestandteile zerlegt. Die Auflösung der Erzeugnisstrukturen führt zum Brutto-(Sekundär-)bedarf der Periode. Dieser wird den vorhandenen Lager- und Werkstattbeständen im Rahmen der Abgleichsrechnung gegenübergestellt. Daraus ergibt sich der Netto-(Sekundär-)bedarf der Periode. Danach wird entschieden, ob der Nettobedarf eigengefertigt oder fremdbezogen werden soll. Bei Eigenfertigung wird der Nettobedarf zu wirtschaftlichen Losgrößen gebündelt und als geplante Produktionsaufträge weiterbearbeitet. Bei Fremdbezug werden wirtschaftliche Bestellmengen ermittelt.

3.2.1.1 Erzeugnisstrukturen

Mit Hilfe von **Erzeugnisstrukturen** kann die Zusammensetzung eines Endproduktes aus mechanischen oder/und chemischen Bestandteilen dargestellt werden. Die **Stücklisten** oder **Verwendungsnachweise** in der mechanischen Produktion (z.B. im Maschinenbau) können als wichtigste Erscheinungsform bezeichnet werden. Andere Darstellungsformen sind die **Rezeptur** in der chemischen Produktion, die **Zutatenliste** in der Textilindustrie, **Materiallisten** in der Bauindustrie, **Gattierungslisten** in der Stahlindustrie und **Holzlisten** in der holzverarbeitenden Industrie. Die folgenden Darstellungen beziehen sich auf Stücklisten, gelten jedoch auch für alle übrigen Darstellungsformen von Erzeugnisstrukturen. *Abb. 187* zeigt die im folgenden beispielhaft angesprochenen Organisations- und Verarbeitungsformen von Stücklisten[8].

Bei **analytischem** Aufbau einer Stückliste werden alle Baugruppen und Einzelteile, die in ein Endprodukt oder in eine übergeordnete Baugruppe eingehen, mit der jeweiligen Bedarfszahl ausgewiesen. **Synthetischer** Aufbau einer Stückliste bedeutet, daß aus ihr erkennbar wird, für welche Erzeugnisse und Baugruppen ein bestimmter Einzelteil bzw. eine bestimmte Baugruppe verwendet wird. Man nennt sie daher **Verwendungsnachweise.**

---

[6] Siehe hierzu Abschnitt II.3.6.1.
[7] Vgl. *Zäpfel* 1982, S. 181.
[8] Vgl. *Mertens* 1982, S. 135.

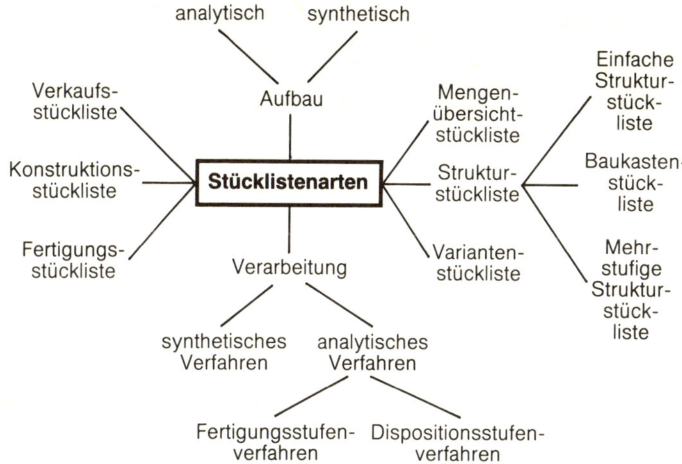

Abb. 187: Organisations- und Verarbeitungsformen von Stücklisten

Abb. 188 zeigt ein einfaches Beispiel einer Erzeugnisstruktur, die nach Produktionsstufen aufgebaut ist, und aus der in den folgenden Abbildungen Beispiele für Stücklisten abgeleitet werden.

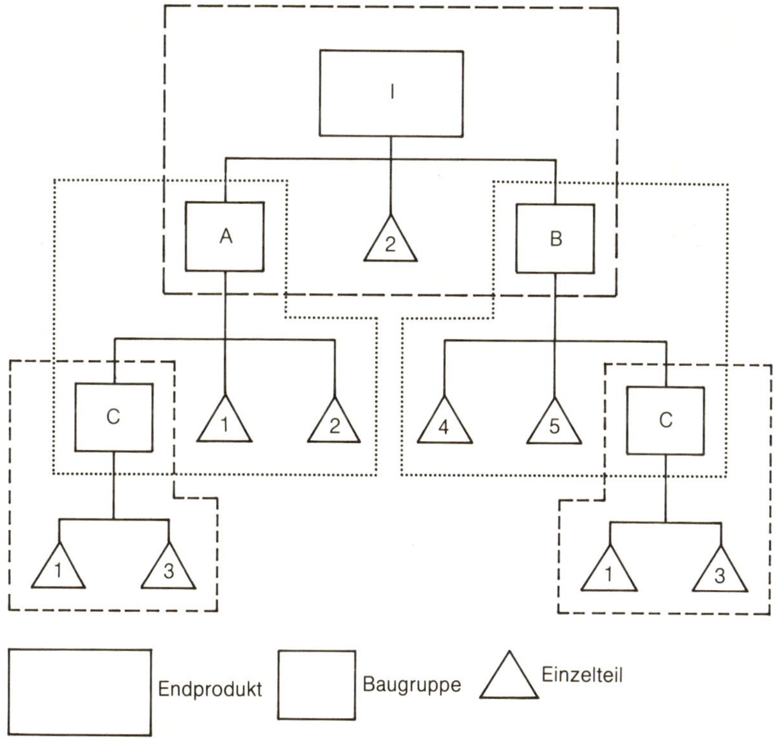

Abb. 188: Erzeugnisstruktur nach Produktionsstufen

Abb. 189 zeigt eine Mengenübersichtsstückliste mit analytischem Aufbau, *Abb. 190* eine solche mit synthetischem Aufbau (Mengenübersichtsverwendungsnachweis):

Produkt I		
Nr.	Bezeichnung	Menge
A	Baugruppe	1
B	Baugruppe	1
C	Baugruppe	2
1	Einzelteil	3
2	Einzelteil	2
3	Einzelteil	2
4	Einzelteil	1
5	Einzelteil	1

Abb. 189: Mengenübersichtsstückliste

Einzelteil 1		
Nr.	Bezeichnung	Menge
I	Produkt	3
A	Baugruppe	2
B	Baugruppe	1
C	Baugruppe	1

Abb. 190: Mengenübersichtsverwendungsnachweis

Die **analytische Mengenübersichtsstückliste** gibt alle Baugruppen und/oder Teile an, die in das Endprodukt eingehen. Der **synthetische Mengenübersichtsverwendungsnachweis** zeigt, mit welcher Menge eine Baugruppe oder ein Einzelteil in das Endprodukt bzw. in welche Baugruppe eingeht.

Die **Strukturstücklisten** gliedern sich nach konstruktiv zusammengehörenden Baugruppen. Je nach Darstellung unterscheidet man hier:

- **Einfache Strukturstücklisten:** Sie enthalten den strukturellen Aufbau der Zusammenbauten bis zum letzten Einzelteil (siehe *Abb. 191*).

Produkt I besteht aus Nr.	Bezeichnung	Menge
A	Baugruppe	1
C	–,,–	1
1	Einzelteil	1
3	–,,–	1
1	–,,–	1
2	–,,–	1
B	Baugruppe	1
C	–,,–	1
1	Einzelteil	1
3	–,,–	1
4	–,,–	1
5	–,,–	1
2	–,,–	1

Abb. 191: Einfache Strukturstückliste

- **Baukastenstücklisten:** Sie zeigen nach *Abb. 192* den strukturellen Aufbau der Zusammenbauten nur bis zur nächstniedrigeren Produktionsstufe, die in *Abb. 188* mit strichlierten Linien umrandet ist.

Produkt I besteht aus		
Nr.	Bezeichnung	Menge
A B 2	Baugruppe –„– Einzelteil	1 1 1
Baugruppe A besteht aus		
Nr.	Bezeichnung	Menge
C 1 2	Baugruppe Einzelteil –„–	1 1 1
Baugruppe B besteht aus		
Nr.	Bezeichnung	Menge
4 5 C	Einzelteil –„– Baugruppe	1 1 1
Baugruppe C besteht aus		
Nr.	Bezeichnung	Menge
1 3	Einzelteil –„–	1 1

Abb. 192: Baukastenstückliste

- **Mehrstufige Strukturstücklisten:** Bei ihnen werden Baugruppen, die mehrmals vorkommen, in der höchsten Produktionsstufe nur mit ihrer Zusammenbaunummer aufgeführt und in einer eigenen Stückliste in ihre Einzelteile aufgelöst (siehe *Abb. 193*).

Die Strukturstückliste hat gegenüber der Mengenübersichtsstückliste in der EDV eine wesentlich größere Bedeutung, weil sie eine separate Planung der für die einzelnen Produktionsstufen erforderlichen Produktionsaufträge erlaubt. Damit läßt sich auch die zeitliche Struktur der notwendigen Arbeitsgänge bei der Herstellung des Endproduktes innerhalb der Prozeßplanung ableiten. Aus der Sicht der elektronischen Datenverarbeitung setzt sich von den verschiedenen Arten der Strukturstücklisten die Baukastenstückliste immer mehr durch, da sie den bei der Speicherung von Erzeugnisstrukturen häufig eingesetzten Verkettungstechniken am ehesten entspricht.

Strukturstückliste 1. Stufe		
Produkt I besteht aus		
Nr.	Bezeichnung	Menge, bezogen auf I
A	Baugruppe	1
C	Baugruppe	1
1	Einzelteil	1
2	–„–	1
B	Baugruppe	1
C	Baugruppe	1
4	Einzelteil	1
5	–„–	1
2	–„–	1
Strukturstückliste 2. Stufe		
Baugruppe C besteht aus		
Nr.	Bezeichnung	Menge, bezogen auf C
1	Einzelteil	1
3	–„–	1

Abb. 193: Mehrstufige Strukturstückliste

Diese Verkettungstechnik soll anhand des Einsatzes eines **Stücklistenprozessors** zur Erstellung einer Baukastenstückliste für die Baugruppe B und zur Erstellung eines Teilverwendungsnachweises für Einzelteil 2 anhand der *Abb. 194* demonstriert werden. Stücklistenprozessoren arbeiten nach dem Prinzip der **Adreßverkettung von Teilestammsätzen und Erzeugnisstruktursätzen.** Als Teile werden hier die Produkte selbst und **alle** Erzeugniselemente, also sowohl End- als auch Vorprodukte (Baugruppen **und** Einzelteile), bezeichnet. Aus dem Erzeugnisstrukturbild der *Abb. 188* geht hervor, daß die Baugruppe B aus den Teilen 4 (Einzelteil), 5 (Einzelteil) und C (Baugruppe) besteht. Jedes Teil ist als Teilestammsatz im Stammbereich und als Struktursatz im Strukturbereich gespeichert. Für den Stücklistenprozessor werden im Teilestammsatz zwei wichtige Informationen vermerkt, die automatisch gesucht und gespeichert werden:

(1) Adresse der ersten Position der gewünschten Baukastenstückliste im Erzeugnisstrukturbereich (Ankeradresse der Stücklistenkette),
(2) Adresse der ersten Teileverwendung der betrachteten Stücklistenposition im Erzeugnisstrukturbereich (Ankeradresse der Teileverwendungskette).

Zur Erstellung der Baukastenstückliste für Baugruppe B werden zuerst über die Teilenummer TN (B) der Teilestammsatz gesucht und die Daten zum

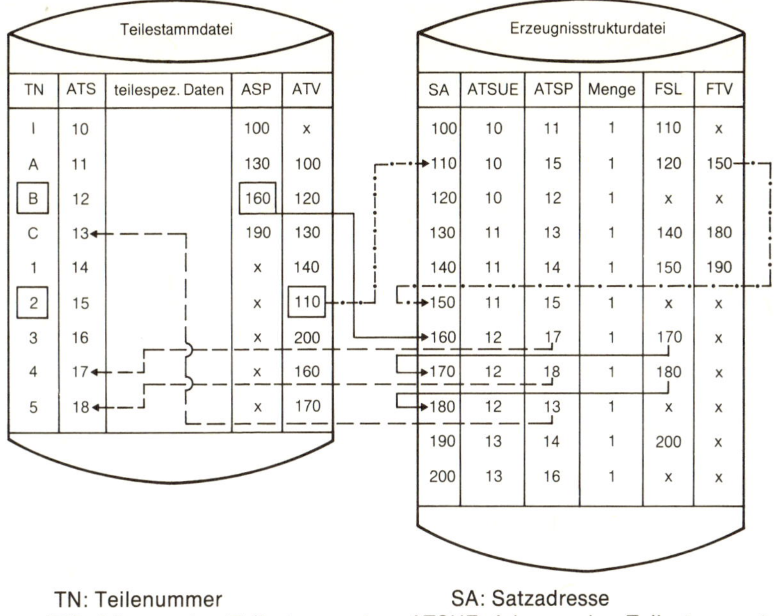

Teilestammdatei

TN	ATS	teilespez. Daten	ASP	ATV
I	10		100	x
A	11		130	100
B	12		160	120
C	13		190	130
1	14		x	140
2	15		x	110
3	16		x	200
4	17		x	160
5	18		x	170

Erzeugnisstrukturdatei

SA	ATSUE	ATSP	Menge	FSL	FTV
100	10	11	1	110	x
110	10	15	1	120	150
120	10	12	1	x	x
130	11	13	1	140	180
140	11	14	1	150	190
150	11	15	1	x	x
160	12	17	1	170	x
170	12	18	1	180	x
180	12	13	1	x	x
190	13	14	1	200	x
200	13	16	1	x	x

TN: Teilenummer
ATS: Adresse des Teilestammsatzes
ASP: Adresse der 1. Stücklistenposition
ATV: Adresse der 1. Teileverwendung
x: keine Position bzw. Ende der Adreßkette

SA: Satzadresse
ATSUE: Adresse des Teilestammsatzes der übergeordneten Baugruppe
ATSP: Adresse des Teilestammsatzes dieser Position
FSL: Folgeadresse Stückliste
FTV: Folgeadresse Teileverwendung

——→ Stücklistenkette
—·—·→ Teileverwendungskette
– – –→ Übernahme-Teilestammsatz

Abb. 194: Stücklistenprozessor

Drucken des Stücklistenkopfes verwendet. Im Teilestammsatz wird die Adresse der ersten Stücklistenposition ASP (160) im Strukturbereich gefunden. Der Struktursatz der ersten Position weist die Adresse des Teilestammsatzes dieser Position ATSP (17 = Teilenummer 4) sowie die Adresse des Struktursatzes der nächsten Stücklistenposition FSL (170) auf. Dem Teilestammsatz (17 = Teilenummer 4) werden die teilespezifischen Daten, dem zugehörigen Struktursatz der ersten Stücklistenposition die Mengendaten (z.B. Teil 4 wird in Baugruppe B einmal (1) benötigt) entnommen und ausgedruckt. Durch die Folgeadresse FSL (170) erhält man den Struktursatz der zweiten Position und damit die Adresse des Teilestammsatzes dieser Position ATSP (18), druckt die teilespezifischen Daten sowie die Mengendaten der zweiten Position aus und setzt diesen Vorgang fort, bis die letzte Position (13 = Baugruppe C) der Baugruppe (B) erreicht ist. Das Ende der Adreßkette wird mit dem Symbol x gekennzeichnet. Über eine entsprechende gegenläufige Adreßverkettung kann eine synthetische Baukastenstückliste (Baukastenverwendungsnachweis) erstellt werden. In *Abb. 194* ist dies für den Einzelteil 2 durch strichpunktierte Linien eingezeichnet. Der schematische Ablauf entspricht dem oben dargestellten für Stücklisten.

Durch die Entwicklung großer, universeller Datenbanksysteme verwenden größere Industriebetriebe statt der speziellen Stücklistenprozessoren vielfach diese Datenbanksysteme für die Verwaltung der Erzeugnisstrukturen. Damit ergeben sich flexiblere Möglichkeiten der Integration (z.B. mit dem Rechnungswesen oder dem Vertrieb). Auch Datenredundanzen lassen sich eher vermeiden als bei Stücklistenprozessoren. Den klassischen Stücklistenprozessoren mangelt es auch an Anpassungsmöglichkeiten an moderne Dialoglösungen. Der Aufwand für universellere Datenbanken im Vergleich zu den Stücklistenprozessoren ist höher und nur dann sinnvoll, wenn man die Datenbank über das Stücklistenwesen hinaus auch für andere Funktionen nutzt.[9]

Variantenstücklisten werden vor allem in solchen Produktionsbetrieben (z.B. in der Automobilindustrie) eingesetzt, die neben einem Grundtyp eines Produktes eine Vielzahl von Varianten herstellen, die sich in ihrer strukturellen Zusammensetzung kaum voneinander unterscheiden. Oft wird in Großbetrieben, die eine hohe Variantenzahl der Endprodukte herstellen, die Stücklistengliederung nach der Aufbauorganisation des Betriebes ausgerichtet. So wird beispielsweise in Automobilunternehmen die Baugruppe „Lenkung" in der **Verkaufsstückliste** nach „Normalausführung" und „Servolenkung" klassifiziert, die **Konstruktionsstückliste** untergliedert nach sämtlichen mit der Lenkungsfunktion zusammenhängenden Baugruppen und Einzelteilen, während in den **Fertigungsstücklisten** bestimmte Teile der Lenkung zur Baugruppe „Vorderachse" zählen.

3.2.1.2 Ermittlung des Bruttobedarfs

Die Ermittlung des Bruttobedarfs erfordert eine Auflösung der Erzeugnisstruktur. Man kann hier zwischen der analytischen und synthetischen Stücklistenauflösung (Bedarfsauflösung, -ermittlung, Stücklistenverarbeitung) wählen. In der **analytischen Bedarfsauflösung** werden die Endprodukte aufgrund der Stücklisten in die benötigten Teile zerlegt. Im Prozessorkonzept wird mit Hilfe der Erzeugnisstrukturbereiche der Sekundärbedarf aller Baugruppen und Einzelteile aus dem Primärbedarf des Endproduktes ermittelt. Die **synthetische Bedarfsauflösung** stellt im Prozessorkonzept mit Hilfe der Teileverwendungskette fest, bei welchen Erzeugnissen dieses Teil in welcher Menge vorkommt. Aus dem Bedarf der übergeordneten Teilenummer geht

---

[9] Das Prinzip des Stücklistenprozessors bleibt auch z.B. in einer relationalen Datenbank gleich. Diese arbeitet sogar in der Regel langsamer als konventionelle Prozessoren, vgl. *Geitner* 1983, Teil 1, S. 365.

unmittelbar der Sekundärbedarf der Teile hervor. Obwohl synthetische Verfahren den (Sekundär-)Bedarf sofort nach Teilenummern sortiert liefern, konnten sie sich aufgrund langer Rechenzeiten bisher nicht durchsetzen.

Neben der in der industriellen Praxis üblicherweise listenförmigen Darstellung der Erzeugnisstrukturen in Form von Stücklisten usw. werden in der betriebswirtschaftlichen Literatur häufig **Erzeugnisbäume** (**Stammbäume**) und **Gozinto-**[10]**Graphen** verwendet. Auf das Beispiel in *Abb. 188* bezogen, entsteht in *Abb. 195* folgender Stammbaum:

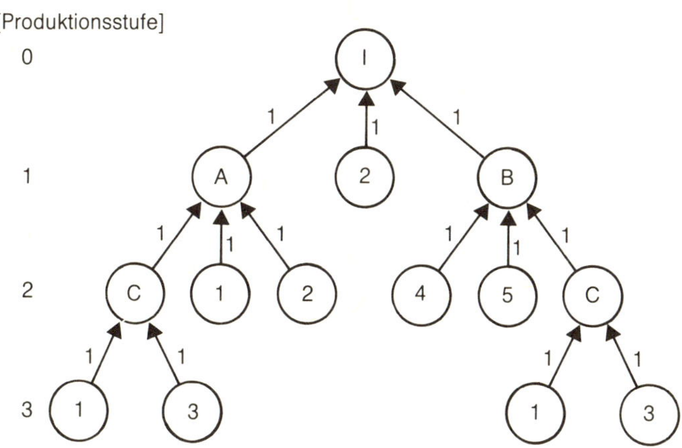

Abb. 195: Stammbaum – Fertigungsstufenverfahren

Die Zahlen an den Kanten (Pfeilen) symbolisieren die Menge der untergeordneten Vorprodukte, die in eine Mengeneinheit eines jeweils direkt übergeordneten Vor- bzw. des Endproduktes eingehen. Der Erzeugnisbaum ist hierarchisch nach **Produktions-(Fertigungs-)stufen** geordnet, so daß Wiederholteile auf jeder Stufe eingezeichnet werden, auf der sie tatsächlich eingesetzt werden. Dadurch können Redundanzen entstehen, die bei Einsatz des Gozinto-Graphen unterbleiben. Dieser zeigt somit eine kompakte Darstellung der Erzeugnisstruktur und ist deshalb besonders gut für deren Auflösung zur Bruttobedarfsermittlung geeignet. Die Auflösung des Primärbedarfs mit Hilfe von Erzeugnis- oder Stammbäumen mit Produktions-(Fertigungs-)stufenstruktur stellt ein analytisches Verfahren der Stücklistenverarbeitung dar, das als **Fertigungsstufenverfahren** bezeichnet wird.

Abb. 196 zeigt die Gozinto-Graphen-Darstellung der Erzeugnisstruktur, die nach sog. Dispositionsstufen gegliedert ist. Als **Dispositionsstufe** bezeichnet man die tiefste (unterste) Produktions-(Fertigungs-)stufe, in der gleiche Erzeugniskomponenten, die mehrfach vorkommen, eingesetzt werden. Wird

---

[10] Vgl. *Vazsonyi* 1962, **Gozinto** bedeutet „the part that **goes into**"; Vazsonyi hat daraus den Namen eines italienischen Mathematikers Zeparzat Gozinto konstruiert und ihn aus Jux als Erfinder dieses Verfahrens bezeichnet.

der Primärbedarf mittels Gozinto-Graphen aufgelöst, so wäre dies (wie oben) ebenfalls ein analytisches Verfahren der Stücklistenverarbeitung, das als **Dispositionsstufenverfahren** bezeichnet wird. Aus der Gozinto-Graphen-Darstellung läßt sich sowohl der analytische Aufbau der Erzeugnisstruktur in Form des Stücklistenzusammenhangs als auch der synthetische Aufbau in Form eines Verwendungsnachweises erkennen.

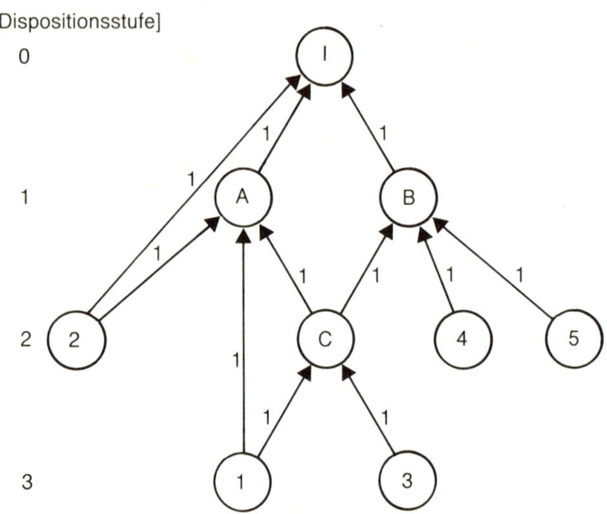

Abb. 196: Gozinto-Graph-Dispositionsstufenverfahren

Algebraisch kann man den Gozinto-Graphen durch **Mengenbilanzen**[11] darstellen, die den (linear-limitationalen) Repetier-Faktoreinsatzfunktionen entsprechen[12].

1. Dispositionsstufe: $r_A = x_I$; $r_B = x_I$

2. Dispositionsstufe: $r_2 = x_I + r_A$; $r_C = r_A + r_B$; $r_4 = r_B$; $r_5 = r_B$

3. Dispositionsstufe: $r_1 = r_A + r_C$; $r_3 = r_C$

Der prinzipielle Vorgang der Bedarfsauflösung soll hier im Beispiel nach dem Gozinto-Graphen-Verfahren verdeutlicht werden. Von dem Endprodukt I sollen 100 Mengeneinheiten hergestellt werden ($x_I = 100$). Nach den Mengenbilanzen ergeben sich folgende Werte:

1. Dispositionsstufe: $r_A = 100$; $r_B = 100$

2. Dispositionsstufe: $r_2 = 100 + 100 = 200$; $r_C = 100 + 100 = 200$;
$r_4 = 100$; $r_5 = 100$

3. Dispositionsstufe: $r_1 = 100 + 200 = 300$; $r_3 = 200$

---

[11] Vgl. *Zäpfel* 1982, S. 75.

[12] Solche algebraischen Beziehungen wurden bereits in Abschnitt III.2.2.2 bei der Formulierung von Nebenbedingungen der Programmplanung mit Hilfe der Produktionsfunktion vom Typ D aufgestellt.

Neben der hier gezeigten Bedarfsauflösung nach dem Dispositionsstufenverfahren, das in der industriellen Praxis am weitesten verbreitet ist, existieren noch weitere Verfahren, wie zum Beispiel das synthetische Auflösungsstufenverfahren[13], das hier nicht behandelt wird.

Bei komplexen Produktionsprozessen ist der Gozinto-Graph nicht mehr anwendbar. Man kann den Teilebedarf durch Inversion einer Matrix bestimmen, die im folgenden entwickelt wird. Hierzu wird in *Abb. 197* der Gozinto-Graph in eine **Direktbedarfsmatrix** (Direktverbrauchsmatrix) F mit dem Rang n transformiert, wobei n die Anzahl der Knoten darstellt.

Einsatz von \ Einsatz in	1	3	2	C	4	5	A	B	I
1	0	0	0	1	0	0	1	0	0
3	0	0	0	1	0	0	0	0	0
2	0	0	0	0	0	0	1	0	1
C	0	0	0	0	0	0	1	1	0
4	0	0	0	0	0	0	0	1	0
5	0	0	0	0	0	0	0	1	0
A	0	0	0	0	0	0	0	0	1
B	0	0	0	0	0	0	0	0	1
I	0	0	0	0	0	0	0	0	0

Abb. 197: Direktbedarfsmatrix

Zur Ermittlung des Gesamtbedarfs an Teilen und ihrer Verwendungsstruktur wird eine **Gesamtbedarfsmatrix G** entwickelt. Dazu werden aus formalen Gründen auch die fiktiven Bedarfe, d. h. z. B. Einsatz von A in A, eingeführt, weil F sonst nicht invertierbar ist. Damit ergibt sich:

$$\mathbf{r} = (\mathbf{E} - \mathbf{F})^{-1} \cdot \mathbf{x} \quad \text{(siehe Abschnitt III.2.2.2.2)} \qquad (138)$$
$$= \mathbf{G} \cdot \mathbf{x}$$

$$\mathrm{G} = (\mathrm{E} - \mathrm{F})^{-1} \qquad (139)$$

Die Gesamtbedarfsmatrix **G** ergibt sich durch Inversion von (**E** − **F**). Sie enthält noch Diagonalelemente mit dem Wert „1". Durch Subtraktion der Einheitsmatrix E von der Gesamtbedarfsmatrix erhält man nach *Abb. 198* die **Mengenübersichtsmatrix M:**

$$\mathbf{M} = \mathbf{G} - \mathbf{E} \qquad (140)$$

[13] Vgl. *Zäpfel* 1982, S. 157.

Die **Spalten** dieser Matrix repräsentieren die **Stücklisten.** So benötigt man z.B. für Produkt I insgesamt: 3 Einzelteile 1, 2 Einzelteile 3, 2 Einzelteile 2, 2 Baugruppen C, 1 Einzelteil 4, 1 Einzelteil 5, 1 Baugruppe A und 1 Baugruppe B. Die **Zeilen** bilden die **Teilverwendungsnachweise.** So gehen z.B. von Einzelteil 1 1 ME in C, 2 ME in A, 1 ME in B und insgesamt 3 ME in I ein.

Einsatz von \ Einsatz in	1	3	2	C	4	5	A	B	I
1	0	0	0	1	0	0	2	1	3
3	0	0	0	1	0	0	1	1	2
2	0	0	0	0	0	0	1	0	2
C	0	0	0	0	0	0	1	1	2
4	0	0	0	0	0	0	0	1	1
5	0	0	0	0	0	0	0	1	1
A	0	0	0	0	0	0	0	0	1
B	0	0	0	0	0	0	0	0	1
I	0	0	0	0	0	0	0	0	0

Abb. 198: Mengenübersichtsmatrix

Die oben abgeleiteten formalen Beziehungen entsprechen dem allgemeinen Input-Output-Ansatz der Produktionsfunktion vom Typ D in der speziellen Form der *Leontief*-Produktionsfunktion, wie er in Abschnitt III.2.2.2.2 abgeleitet wurde. Die Direktbedarfsmatrix **F** entspricht dabei der Matrix der konstanten Produktionskoeffizienten **A**, welche die linear-limitationalen Input-Output-Beziehungen zwischen unter- und übergeordneten Teilen auf den Dispositionsstufen abbilden. Mit Hilfe der Matrizenform der *Leontief*-Produktionsfunktion können somit Stücklisten aufgelöst und der (Brutto-)Sekundärbedarf von Teilen berechnet werden. So kann im Falle der operativen Produktions-Faktorplanung der Kreis zwischen Produktionstheorie und Produktionsplanung geschlossen werden.

3.2.1.3 Ermittlung des Nettobedarfs

Die Ermittlung des Bruttobedarfs berücksichtigt noch keine Lagerbestände des Sekundärbedarfs. In der **Nettobedarfsrechnung** wird der ermittelte Bruttobedarf um den verfügbaren Bestand korrigiert. Die auf diese Weise ermittelten Netto-Sekundärbedarfe werden bei Fremdbezug in der Auftragsplanung zu optimalen Bestellmengen bzw. bei Eigenerstellung zu optimalen Seriengrößen gebündelt und in Auftrag gegeben.

Anhand der *Abb. 199* soll für die Baugruppe C und den in diese eingehenden Einzelteil 1 eine Nettobedarfsrechnung durchgeführt werden. Der **Lagerbestand** (Istbestand) stellt eine Stichtagsgröße dar und muß in zwei Teile aufgespalten werden. Der eine Teil ist für bestimmte Produktionsaufträge reserviert, aber von der Werkstatt noch nicht abgerufen worden, und wird zuzüglich einem **Sicherheitsbestand** als **reservierter Lagerbestand** oder **Vormerkbestand** bezeichnet. Der andere Teil, über den noch verfügt werden kann, wird als **verfügbarer Lagerbestand** bezeichnet. Eine eingegangene Bestellung bzw. ein eingegangener Produktionsauftrag einer vorgelagerten Stelle erhöht den

Nettobedarfsrechnung für Baugruppe C		Periode 1	Periode 2	Periode 3	Periode 4
1. Bruttobedarf nach Stücklistenauflösung		100	120	90	100
2. Bruttobedarf mit geplantem Ausschuß-Mengengefälle 1,1		110	132	99	110
3. Lagerbestand ./. reservierten Lagerbestand = verfügbarer Lagerbestand	500 300 200	200	→ 90	→ 58	–
4. offene Bestellungen bzw. Werkstattaufträge (Produktionsaufträge) = Bestellbestand		–	100	–	–
5. verfügbarer Bestand (3. + 4.) nach Abzug des Bruttobedarfs (2.)		90	58	–	–
6. Nettobedarf		–	–	41	110
Vorlaufverschiebung = 2 Perioden					
Nettobedarfsrechnung für Einzelteil 1		Periode 1	Periode 2	Periode 3	Periode 4
1. Bruttobedarf nach Stücklistenauflösung		41	110	·	·
2. Bruttobedarf mit geplantem Ausschuß-Mengengefälle 1,2		50	132	·	·
3. Lagerbestand ./. reservierter Lagerbestand = verfügbarer Lagerbestand	250 210 40	40	→ 110	·	·
4. offene Bestellungen bzw. Werkstattaufträge (Produktionsaufträge) = Bestellbestand		120	–	·	·
5. verfügbarer Bestand (3. + 4.) nach Abzug des Bruttobedarfs (2.)		110	–	·	·
6. Nettobedarf		–	22	·	·

Abb. 199: Nettobedarfsrechnung

verfügbaren Lagerbestand, während ein Abruf für Produktionszwecke den reservierten Lagerbestand vermindert, aber gleichzeitig den **Werkstattbestand** dieser Position erhöht. Die bestellten, aber noch nicht eingegangenen Repetierfaktoren bilden den **Bestellbestand.** Der verfügbare Lagerbestand und der Anteil des Bestellbestandes, der noch nicht für einen geplanten Produktionsauftrag reserviert wurde, ergeben zusammen den insgesamt für Dispositionszwecke **verfügbaren Bestand.** Dieser wird vom Bruttobedarf abgezogen, die Differenz ergibt den **Nettobedarf** der Periode. In der EDV-gesteuerten Bestandsführung sind alle auftretenden Bestandsarten für jeden Repetierfaktor im Teilestammsatz gespeichert. Eine differenzierte Nettobedarfsrechnung kann dann beispielsweise nach dem Schema der *Abb. 199* durchgeführt werden.

Von besonderer Bedeutung ist hier die **Vorlaufverschiebung** für Einzelteile. Sie ergibt sich als Differenz zwischen der Durchlaufzeit (siehe Abschnitt III.4.1.2.2.1) des übergeordneten Vor-/Endprodukts (z.B. Baugruppe) und der Vorlaufzeit des Einzelteils. Als **Vorlaufzeit** bezeichnet man die Zeitspanne zwischen Beginn der Montage des übergeordneten Vor-/Endproduktes und dem Bedarfszeitpunkt des Einzelteils.

Wie bereits *Abb. 183* gezeigt hat, kann der Nettobedarf insbesondere von Vorprodukten (z.B. Einzelteilen und Baugruppen), entweder durch Eigenerstellung oder Fremdbezug gedeckt werden.

3.2.2 Stochastische Bedarfsplanung

Die produktionstheoretischen Ausführungen in Abschnitt II.2.2 haben gezeigt, daß der Bedarf an sämtlichen Repetierfaktoren programmgebunden, d.h. deterministisch geplant werden kann. Eine solche Bedarfsplanung setzt jedoch die Kenntnis der Produktionsfunktionen voraus. Die ABC-Analyse hat ergeben, daß der relativ hohe Aufwand für diese Verfahrensweise nur für Repetierfaktoren vertretbar ist, die einen relativ hohen Anteil am Periodenverbrauchswert aller lagerfähigen Repetierfaktoren aufweisen. Dazu zählen Rohstoffe und Vorprodukte (Einzelteile, Baugruppen usw.), die dann als A- bzw. B-Faktoren bezeichnet werden. Für C-Faktoren lohnt sich der hohe Planungsaufwand nicht mehr, ihr Bedarf wird daher ohne Bezug zum Output bzw. Produktionsprogramm verbrauchsgebunden (verbrauchsgesteuert, stochastisch) oder durch Schätzungen ermittelt. Zu dieser Gruppe zählt man den sogenannten **Tertiärbedarf** an **Hilfs- und Betriebsstoffen** sowie **Werkzeugen.** Die Bedarfsplanung des nicht lagerfähigen Repetierfaktors **Energie** wird je nach seiner Bedeutung innerhalb des Gesamtkostenvolumens einmal bedarfsgesteuert (mit Hilfe einer Produktionsfunktion – Typ B) oder verbrauchsgesteuert (aufgrund von Verbrauchswerten vergangener Perioden) erfolgen.

Generell könnte der Bedarf aller Repetierfaktoren auch verbrauchsgebunden ermittelt werden. Also auch der Sekundärbedarf an Rohstoffen und Vorprodukten würde damit ohne Bezug zum Produktionsprogramm und daher auch ohne Kenntnis der Produktionsfunktionen ermittelt werden. Die verbrauchsgebundene Planungsmethode geht vom Verbrauch vergangener Perioden aus und extrapoliert diesen mit Hilfe unterschiedlicher Prognosemethoden in die Zukunft. Der zukünftige Bedarf wird somit aus dem Verbrauch der Vergangenheit vorausgesagt. Die dazu eingesetzten quantitativen Prognosemethoden müssen insbesondere zur Vorhersage für relativ kurzfristige Zeiträume geeignet sein und werden der Gruppe der Zeitreihenanalyse und -projektion zugeordnet. Die gleichen Methoden werden auch innerhalb der operativen (kurzfristigen) Programmplanung zur Bestimmung von Absatzhöchstmengen und damit zur Ermittlung des Primärbedarfs von Endprodukten eingesetzt.[14]

Mit der verbrauchsgebundenen Tertiärbedarfsermittlung von B- bzw. C-Faktoren wird wie bei den bedarfsgebundenen Verfahren der Bruttobedarf der Periode ermittelt (siehe *Abb. 183*). Unter Abzug von Lager-, Werkstatt- und Bestellbestand sowie Zurechnung von Vormerkungen ergibt sich der Nettobedarf der Periode. Während für bedarfsgesteuerte Repetierfaktoren aufgrund des genau bekannten Verbrauchstermins von **deterministischen Bedarfsverteilungen,** d.h. von deterministischen **Lagerabgangsraten** als mengenmäßigen Lagerabgang pro Zeiteinheit, ausgegangen werden kann, müssen für verbrauchsgesteuerte Repetierfaktoren **stochastische Bedarfsverteilungen** unterstellt werden. Der Einfachheit halber wird während der Planungsperiode eine gleichbleibende Wahrscheinlichkeitsverteilung des zeitlichen Bedarfs unterstellt. Der Mittelwert dieser Verteilung kann dem Durchschnittsverbrauch der Vergangenheit entsprechen und berechtigt in der Regel zur Annahme einer konstanten Lagerabgangsrate. Liegen allerdings bekannte zyklische Verbrauchsschwankungen, Trends oder Informationen über andere zukünftige Bedarfsverteilungen vor, so muß mit einer variablen Lagerabgangsrate gerechnet werden. In jedem Fall kann die Beschaffungs- und Lagerplanung verbrauchsgesteuerter Repetierfaktoren nur von unsicheren oder stochastischen Informationen über die Lagerabgänge ausgehen.

In der industriellen Praxis wird zur Materialbedarfsvorhersage zwischen drei denkbaren Bedarfssituationen unterschieden, die jeweils den Einsatz spezifischer Prognosemethoden erfordern:

(1) Konstanter Materialbedarf in Abhängigkeit der Zeit,
(2) trendförmiger Materialbedarf in Abhängigkeit der Zeit,
(3) saisonal schwankender Materialbedarf in Abhängigkeit der Zeit.

Da in dieser Schrift die Behandlung operativer Planungsprobleme industrieller Saisonbetriebe ausgeklammert bleibt, beschränkt sich die Darstellung auf die beiden erstgenannten Bedarfssituationen[15]. Bevor eine spezielle Prognose eingesetzt wird, ist zunächst eine Analyse der Bedarfsentwicklung erforderlich[16].

---

[14] Im Abschnitt III.2.2.2 über Nebenbedingungen der Programmplanung (Absatzhöchstmengenbedingungen) wurde bereits darauf verwiesen.

[15] Zu (3) siehe z.B. *Hansmann* 1983, S. 46ff. und die dort angegebene Literatur.

[16] Zur Datenanalyse vgl. *Schröder* 1981, S. 23ff.

3.2.2.1 Konstanter Bedarf

Konstanter Materialbedarf in Abhängigkeit von der Zeit t charakterisiert eine wie in *Abb. 200* dargestellte Bedarfssituation, bei der die Perioden-Bedarfsmengen r_t im Zeitablauf um die gleichbleibende Bedarfshöhe schwanken und kein saisonaler Einfluß erkennbar ist.

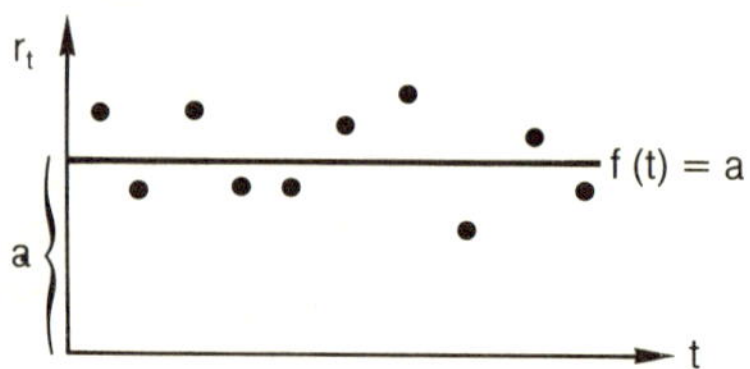

Abb. 200: Konstanter Materialbedarf

Zur Bedarfsvorhersage für diese Situation eignen sich folgende Prognosemethoden:

- einfache Mittelwertbildung,
- gleitende Mittelwertbildung (gleitende Durchschnitte),
- exponentielle Glättung erster Ordnung.

Bei allen drei Methoden wird am Ende der T-ten Teilperiode aus Vergangenheitsdaten ein Mittelwert gebildet, der als Prognose für den in der (T + 1)-ten Teilperiode auftretenden Bedarf einer bestimmten Faktorart angesehen wird. Daher stellen die drei genannten Methoden unterschiedliche Möglichkeiten zur Mittelwertbildung dar.

3.2.2.1.1 Mittelwertbildung

Die **einfache Mittelwertbildung** geht so vor, daß aus bekannten Ist-Verbrauchswerten der Teilperioden 1, 2, ..., T das einfache arithmetische Mittel $\bar{r}_{Te}$ errechnet wird:

$$\bar{r}_{Te} = \frac{1}{T} \sum_{t=1}^{T} r_t = \frac{(T-1) \cdot \bar{r}_{T-1}}{T} + \frac{r_T}{T} \tag{141}$$

r_t: Faktorverbrauch der Periode t

Die prognostizierte Brutto-(Tertiär-)bedarfsmenge für die (T + 1)-te Periode $\hat{r}_t$ entspricht dem Mittelwert $\bar{r}_{Te}$. Problematisch an dieser Methode ist die Tatsache, daß sämtliche Vergangenheitsdaten mit dem gleichen Faktor 1/T gewichtet werden, und daß die jüngsten Daten mit wachsendem T einen immer geringer werdenden Einfluß auf die Prognose ausüben. Damit wird eine nur sehr träge Anpassung der Prognose an Veränderungen der Verbrauchs- und damit Bedarfsentwicklung erreicht.

Die **gleitende Mittelwertbildung** verhindert die Berücksichtigung weit zurückliegender Verbrauchsdaten. Der gleitende Mittelwert $\bar{r}_{Tg}$, der sich am

Ende der T-ten Periode ergibt, repräsentiert den Mittelwert des Verbrauchs, der, ausgehend von der T-ten Periode, in den jeweils letzten k Perioden aufgetreten ist, und stellt gleichzeitig die Prognosemenge $\hat{r}_t$ für die (T + 1)-te Periode dar:

$$\bar{r}_{Tg} = \frac{1}{K} \cdot \sum_{t=1}^{k} r_{T-k+t} = \bar{r}_{Tg-1} + \frac{r_T - r_{T-k}}{k} \tag{142}$$

Mit dem Parameter k kann der Einfluß der jüngsten Verbrauchs- bzw. Bedarfsentwicklung auf die Bedarfsvorhersage bzw. die **Reagibilität** der Prognose auf Verbrauchs-/Bedarfsschwankungen gesteuert werden. Je kleiner k gewählt wird, desto schneller paßt sich die Prognose an Änderungen im Verbrauchs-/Bedarfsverlauf an. Damit könnte mit dieser Methode auch ein einsetzender Trend berücksichtigt werden. Die Prognose schreibt allerdings den Trend nicht ausreichend fort, sondern flacht ihn ganz deutlich ab. Die Methode der gleitenden Mittelwertbildung eignet sich daher auch für die Glättung einer Zeitreihe mit Trend. Zur Vorhersage von Bedarfsdaten sollte sie allerdings nur bei Zeitreihen ohne Trend angewendet werden.

3.2.2.1.2 Exponentielle Glättung erster Ordnung

Die **exponentielle Glättung erster Ordnung** ist die derzeit in der industriellen Praxis am weitesten verbreitete Methode der Bedarfsvorhersage, da sich ihr Einsatz in bezug auf die Rechenzeiten und den Speicherbedarf von EDV-Anlagen als vergleichsweise günstig erwiesen hat. Mit dieser Methode kann eine gezielte Anpassung an jüngste Verbrauchs-/Bedarfsentwicklungen auf rechentechnisch einfache Art und Weise erreicht werden. Der nach dieser Methode errechnete Mittelwert $\bar{r}_{Tex}$ ergibt sich folgendermaßen:

$$\bar{r}_{Tex} = \bar{r}_{T-1} + \alpha(r_T - \bar{r}_{T-1}) \tag{143}$$

α: Anpassungskonstante (Glättungskoeffizient, Reaktionsparameter) $(0 < \alpha < 1)$

Soll mit dieser Methode eine Bedarfsprognose am Ende einer Periode nur für die jeweils nachfolgende Periode erstellt werden, so zeigt sich folgendes Prognoseprinzip:

Lag die Prognose für die T-te Periode mit $\hat{r}_T = \bar{r}_{T-1ex}$ unter (über) dem tatsächlichen Bedarf dieser Periode (r_T), so ist die Prognose für die (T + 1)-te Periode $\hat{r}_{T+1} = \bar{r}_{Tex}$ um einen bestimmten Teil der auftretenden Abweichung höher (niedriger) als diese Prognose anzusetzen. Je nach der Höhe von α kann dabei eine stärkere oder schwächere Anpassung der neuen Prognose an den in der T-ten Periode tatsächlich eingetretenen Verbrauch/Bedarf erfolgen.

Bei $\alpha = 1$ wäre $\hat{r}_{T+1} = \bar{r}_{Tex} = r_T$ und entspräche einer vollständigen Anpassung der Prognose an das jüngste Verbrauchs-/Bedarfsdatum. Bei $\alpha = 0$ wäre $\bar{r}_T = \bar{r}_{T-1}$ bzw. $\hat{r}_{T+1} = \hat{r}_T$ und würde bedeuten, daß die Methode überhaupt nicht auf Verbrauchs-/Bedarfsschwankungen reagiert. Der oben genannte Ansatz läßt sich auch folgendermaßen schreiben:

$$\bar{r}_T = \alpha r_T + (1 - \alpha)\bar{r}_{T-1} \tag{144}$$

Unter Berücksichtigung von

$$\bar{r}_{T-1} = \alpha r_{T-1} + (1 - \alpha)\bar{r}_{T-2} \tag{145}$$

ergibt sich

$$\bar{r}_T = \alpha r_T + \alpha (1 - \alpha)\, r_{T-1} + (1 - \alpha)^2 \bar{r}_{T-2} \tag{146}$$

und durch rekursives Einsetzen für $\bar{r}_{T-2}, \bar{r}_{T-3}, \ldots$

$$\bar{r}_T = \alpha r_T + \alpha(1 - \alpha) r_{T-1} + \alpha(1 - \alpha)^2 r_{T-2} + \\ + \alpha(1 - \alpha)^3 r_{T-3} + \ldots \tag{147}$$

Für eine unendliche Zeitreihe ergibt sich:

$$\bar{r}_T = \alpha \sum_{i=0}^{\infty} (1 - \alpha)^i r_{T-i} \tag{148}$$

Daraus wird erkennbar, daß $\bar{r}_T$ ein **exponentiell gewogener Mittelwert** ist. Die Gewichtung der vergangenen Ist-Verbrauchsdaten erfolgt ausgehend von der T-ten Periode in Richtung früherer Perioden exponentiell fallend. Die Ist-Verbrauchs-/Bedarfsdaten werden daher für die Prognose umso geringer berücksichtigt, je weiter sie zurückliegen. Je höher dabei α gewählt wird, desto stärker nehmen die Gewichte ab und desto schneller reagiert die Methode auf aktuelle Bedarfsentwicklungen bzw. auch auf Zufallsschwankungen. Ohne nähere theoretische Begründung werden für die praktische Durchführung α-Werte zwischen 0,1 und 0,3 empfohlen[17].

Die exponentielle Glättung erster Ordnung soll durch ein Beispiel für die Formel (144) demonstriert werden (s. *Abb. 201*), wobei $\bar{r}_0 = r_1$ und $\alpha = 0{,}2$ gesetzt werden.

Für Bedarfssituationen mit trendförmigem Verlauf erweisen sich die bisher angeführten Prognosemethoden als nicht geeignet. Dies erkennt man am Beispiel, da die nach Periode 5 errechneten Werte dem einsetzenden Trend nur zögernd folgen. Die Prognose würde der tatsächlichen Bedarfsentwick-

T	1	2	3	4	5	6	7	8	9	10
r_T	338	330	346	340	336	352	368	396	418	
$\bar{r}_T$	(338)	338	336	338	338	338	340	346	356	368

Abb. 201: Beispiel für exponentielle Glättung erster Ordnung

[17] *Hüttner* 1982, S. 99.

lung hinterherhinken. Aus diesem Grunde sind für solche Situationen die folgenden Prognosemethoden einzusetzen.

3.2.2.2 *Trendförmiger Bedarf*

Ein linear-trendförmiger Materialbedarf in Abhängigkeit von der Zeit t, wie in *Abb. 202* dargestellt, ist dann gegeben, wenn eine Zeitreihe von Verbrauchs-/Bedarfsdaten bei gewissen Zufallsschwankungen einen grundsätzlich linear ansteigenden bzw. linear fallenden Verlauf aufweist.

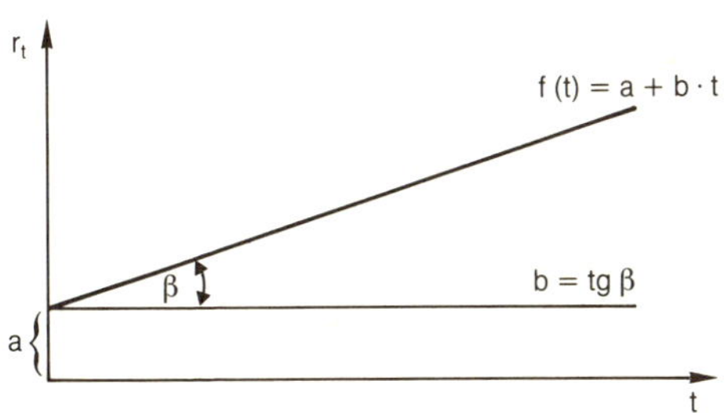

Abb. 202: Trendförmiger Materialbedarf

Zur Bedarfsvorhersage bieten sich folgende Prognosemethoden an:

- Lineare Trendrechnung (Methode der kleinsten Quadrate),
- exponentielle Glättung erster Ordnung mit Trendkorrektur,
- exponentielle Glättung zweiter Ordnung.

3.2.2.2.1 *Lineare Trendrechnung*

Bei der (linearen) **Trendrechnung,** die als Sonderfall der einfachen linearen Regression interpretiert werden kann, werden die Koeffizienten a und b so bestimmt, daß die Summe der Abweichungsquadrate zwischen den Ist-Verbrauchs-/Bedarfsdaten und den Funktionswerten der Trendgeraden minimiert wird. Der Trend wird durch die Gerade

$$r_t = a + b * t \qquad (149)$$

beschrieben. Die Summe der Abweichungsquadrate der Werte r_t von den Trendwerten soll minimiert werden:

$$f(a, b)\colon \sum_{t=1}^{k} (r_t - (a + b * t))^2 \rightarrow \text{Min!} \qquad (150)$$

Durch partielles Differenzieren erhält man für 12 Beobachtungspunkte:

$$b = \frac{12 * \sum_{t=1}^{k} t * r_t - 6 * (k + 1) * \sum_{t=1}^{k} r_t}{k * (k^2 - 1)} \qquad (151)$$

$$a = \frac{1}{k} * \sum_{t=1}^{k} r_t - b * \frac{k+1}{2} \tag{152}$$

Das letzte Beispiel wird um zwei Perioden erweitert (insgesamt 12 Perioden) und ergibt nunmehr folgende Trendgerade (siehe *Abb. 203*) und einen Prognosewert für die Periode 13:

T	1	2	3	4	5	6	7	8	9	10	11	12
r_T	338	330	346	340	336	352	368	396	418	390	372	370

Es ergibt sich :

$b = 5{,}68$

$a = 326$

Die Trendgerade lautet damit :

$r_T = 326 + 5{,}68 * T$

Der Prognosewert für die Periode 13 ist dann :

$\overline{r}_{12} = 326 + 5{,}68 * 13 = \underline{\underline{400}}$

Abb. 203: Beispiel für lineare Trendrechnung

Das oben dargestellte Verfahren reagiert auf anhaltende Trendänderungen nur relativ langsam. Das liegt u. a. daran, daß alle Zeitreihenwerte, die für die Berechnung der Gleichungsparameter herangezogen werden, mit gleicher Gewichtung eingehen. Für eine schnellere Anpassung an Trendbewegungen sollten die zeitlich jüngsten Werte stärker gewichtet werden. Dies erfolgt beim Verfahren der exponentiellen Glättung erster Ordnung mit Trend.

3.2.2.2.2 Exponentielle Glättung erster Ordnung mit Trend

Wie das Beispiel *(Abb. 201)* gezeigt hat, kann die exponentielle Glättung erster Ordnung einem linearen Trend nicht ausreichend folgen. Nach p Zeitperioden beträgt der Fehler:

$$\frac{b}{\alpha} * (1 - (1 - \alpha)^p) \tag{153}$$

Für $p \to \infty$ geht der Fehler gegen $\frac{1}{\alpha}$ b.

Dieser Wert kann zur Anpassung an einen linearen Trend verwendet werden, wobei $\bar{r}_T$ der Prognosewert der exponentiellen Glättung erster Ordnung (ohne Trend) ist.

$$\bar{r}_{T_{Trend}} = \bar{r}_T + \frac{1}{\alpha} * b \tag{154}$$

Für eine weitere Verbesserung der Extrapolation wird die Steigung b selbst als zeitlich veränderlich betrachtet und ihrerseits einer exponentiellen Glättung erster Ordnung unterzogen:

$$b_T = \beta * (r_T - r_{T-1}) + (1 - \beta) * b_{T-1} \qquad \text{mit } 0 \leq \beta \leq 1 \tag{155}$$

Mit diesem Steigungswert b_T wird dann die exponentielle Glättung erster Ordnung mit Trend folgendermaßen berechnet:

$$\bar{r}_{T_{Trend}} = \bar{r}_T + \frac{1}{\alpha} * b_T \tag{156}$$

$$\bar{r}_{T_{Trend}} = \alpha * r_T + (1 - \alpha) * \bar{r}_{T-1} + \frac{1}{\alpha} * b_T \tag{157}$$

Das oben angeführte Beispiel wird nun für die exponentielle Glättung erster Ordnung mit Trend fortgesetzt (siehe *Abb. 204*), wobei $\alpha = \beta = 0{,}2$ gesetzt wurde:

T	1	2	3	4	5	6	7	8	9	10	11	12	13
r_T	338	330	346	340	336	352	368	396	418	390	372	370	
$\bar{r}_T$	(338)	338	336	338	338	338	340	346	356	368	372	372	372
b_T	0	-1,6	1,92	0,34	-0,52	2,78	5,42	9,94	12,34	4,28	0,02	-0,4	
$\bar{r}_{T_{Trend}}$	-	338	328	348	340	336	354	374	406	430	394	372	370

Abb. 204: Beispiel für exponentielle Glättung erster Ordnung mit Trend

Dieses Verfahren reagiert schnell auf den einsetzenden Trend und zieht auch mit dem Trend stark mit. Auch bei einer Trendumkehr (nach Periode 9) reagiert es schnell und genau.

3.2.2.2.3 Exponentielle Glättung zweiter Ordnung

Die exponentielle Glättung zweiter Ordnung soll angewandt werden, wenn von der Zeitreihe ein linearer Trend angenommen werden kann. Hier wird die Summe der diskontierten Abweichungsquadrate von der Trendgeraden minimiert:

$$f(a,b): \sum_{i=1}^{\infty} (1 - \alpha)^i * \left(r_{T-i} - (a + b * (T - i))\right)^2 \rightarrow \text{Min!} \tag{158}$$

Das Parameter a und b werden durch partielle Ableitungen unter Berücksichtigung einer endlichen Zeitreihe ermittelt. Die Berechnung der Prognosewerte erfordert folgende Schritte:

1. Schritt: $\bar{r}_T = \alpha * r_T + (1 - \alpha) * \bar{r}_{T-1}$ (159)

2. Schritt: $\bar{\bar{r}}_T = \alpha * \bar{r}_T + (1 - \alpha) * \bar{\bar{r}}_{T-1}$ (160)

3. Schritt: $a_T + b_T * T = \bar{r}_T + (\bar{r}_T - \bar{\bar{r}}_T)$ (161)

4. Schritt: $b_T = \frac{\alpha}{1 - \alpha} * (\bar{r}_T - \bar{\bar{r}}_T)$ (162)

Aus den Schritten 3 und 4 ergeben sich die Geradenparameter b_T (direkt aus dem 4. Schritt) und a_T (durch Einsetzen von b_T in die Gleichung des 3. Schrittes). Die Prognoserechnung erfolgt nach folgender formaler Beziehung:

$\bar{\bar{r}}_T = a_T + b_T * (T + 1)$ (Einschrittprognose) (163)

bzw.

$\bar{\bar{r}}_T = a_T + b_T * (T + k)$ (Mehr-(k-)Schrittprognose) (164)

In Fortsetzung des Beispiels zur linearen Trendrechnung (siehe Abb. 203 mit Fortschreibung für die Perioden 14, 15, 16) ergeben sich im Vergleich dazu hier folgende Prognosewerte (siehe *Abb. 205*):

T	***13***	***14***	***15***	***16***
$\bar{r}_T$ (linearer Trend)	***400***	***406***	***412***	***416***
$\bar{\bar{r}}_T$ (exponentielle Glättung 2. Ordnung)	***388***	***392***	***396***	***400***

Abb. 205: Beispiel für exponentielle Glättung zweiter Ordnung

Der Vergleich in *Abb. 205* zeigt, daß die exponentielle Glättung zweiter Ordnung wirkungsvoll auf den nach Periode 9 einsetzenden Trendumschwung reagiert. Dies ergibt sich durch die stärkere Gewichtung der jüngsten Zeitreihenwerte.

Beide bisher dargestellten Methoden der exponentiellen Glättung verwenden nur einen einzigen (konstanten) Glättungsparameter α. Untersuchungen haben ergeben, daß ein konstanter Wert für α den Anforderungen einer sich verändernden Zeitreihenstruktur nicht gerecht wird[18]. In der Literatur wurde daher empfohlen, eine dynamische Anpassung des Glättungsparameters α vorzunehmen[19].

Die Anwendung exponentieller Glättungsverfahren dritter oder noch höherer Ordnung erlaubt auch die Erfassung nicht-linearer Verbrauchs-/Bedarfsverläufe. Dabei werden allerdings Zufallsschwankungen leider häufig als strukturelle Entwicklungen mißdeutet.

---

[18] Vgl. *Hansmann* 1983, S. 31 und 39.

[19] Vgl. *Chow* 165, S. 314ff., *Smith* 1974, S. 421ff.

In der industriellen Praxis werden Prognosemethoden der exponentiellen Glättung zweiter und höherer Ordnung kaum angewandt, weil der Rechenaufwand mit höherer Ordnung exponentiell zunimmt, die ökonomische Interpretation der Koeffizienten nicht mehr möglich bzw. unplausibel ist und die Prognoseergebnisse nicht oder nur unwesentlich verbessert werden[20]. Bei Auftreten eines Trends wird die exponentielle Glättung erster Ordnung mit Trendkorrektur gegenüber jener der zweiten Ordnung bevorzugt, da erstere mit geringerem Aufwand zum gleichen Ergebnis führt.

Wegen der großen praktischen Bedeutung der exponentiellen Glättung erster Ordnung als Informationsversorgungsinstrument für die Programm-(Absatzhöchstmengen-) und Faktor-(stochastische Bedarfs-)planung sollen hier zusammenfassend deren Vor- und Nachteile dargestellt werden[21]. Folgende **Vorteile** sind herauszustreichen:

- Die Methode läßt sich leicht programmieren, da nur elementare Rechenoperationen durchzuführen sind.
- Der Speicherbedarf für EDV-Anlagen ist niedrig.
- Die Prognosemethode kann durch einen einzigen Paramter (α) gesteuert werden.
- Die Methode ist leicht durchschaubar und plausibel, so daß deren Ergebnisse und ihre Begründung auch Nicht-Fachleuten verständlich gemacht werden kann.

Gegenüber diesen Vorteilen müssen jedoch auch **Nachteile** genannt werden:

- Als einziger Einflußfaktor wird nur die „Zeit" berücksichtigt. Vom theoretischen Standpunkt aus ist es jedoch problematisch, eine Zeitreihe nur aus sich selbst heraus zu prognostizieren. Der Einsatz dieser Methode scheint daher nur bei mangelnder Kenntnis quantifizierbarer kausaler Einflußfaktoren auf die Zeitreihe gerechtfertigt.
- Unbefriedigend bleibt auch die dem „Fingerspitzengefühl" überlassene, nicht objektive Bestimmung des Glättungsparameters α.
- Die exponentielle Gewichtung der Schätzfehler ist problematisch. Sind letztere reine Zufallsschwankungen, so ist eine Gewichtung überflüssig, sind sie jedoch auf kausale Einflußfaktoren zurückzuführen, dann wäre die Methode falsch gewählt und man müßte zu kausalen Methoden, wie z.B. der Regressionsanalyse, übergehen. Da eine Quantifizierung kausaler Einflußfaktoren in der Praxis meist nicht möglich ist und fast immer Strukturveränderungen in der Zeitreihe auftreten, ist es durchaus sinnvoll, die aktuelle Struktur stärker zu gewichten als frühere Entwicklungen. Dieser Überlegung wird mit der exponentiellen Glättung gefolgt.

Die Gewichtung der Zeitreihenwerte erfolgt bei der exponentiellen Glättung nach einem starren Schema, das nicht immer auf die Eigenart einer konkreten Zeitreihe abgestimmt werden kann. Moderne Zeitreihenanalysemethoden

---

[20] Vgl. *Hansmann* 1983, S. 43f.
[21] Vgl. *Hansmann* 1983, S. 44f.

(time series analysis methods) versuchen, die Gewichte der Vergangenheitsdaten individuell für jede Zeitreihe zu optimieren. Diese Methoden, die nach Vorarbeiten wesentlich von *Box/Jenkins*[22] und *Makridakis/Wheelwright*[23] weiterentwickelt wurden, stehen auf wesentlich höherem mathematischen Niveau und enthalten die exponentielle Glättung als Spezialfall. Die Methode von *Box/Jenkins* konnte sich aufgrund ihres hohen mathematischen Komplexitätsgrades in der industriellen Praxis bisher (noch) nicht durchsetzen. Aus diesem Grunde wurde von *Makridakis/Wheelwright* eine vereinfachte Variante entwickelt, die unter dem Namen „adaptives Filtern"[24] bekannt geworden ist. Im angloamerikanischen Bereich hat diese Methode eine gewisse Verbreitung in der Praxis erfahren, da sie die Vorteile der exponentiellen Glättung mit der Flexibilität der *Box/Jenkins*-Methode kombiniert. Als Hauptnachteil wird von wissenschaftlicher Seite der fehlende statistisch-theoretische Unterbau beklagt.

Eine zusammenfassende Bewertung aller genannten Prognosemethoden gelangt zum Ergebnis, daß für die Zwecke der verbrauchsgesteuerten Produktions-Faktorplanung (ohne Berücksichtigung von Saisoneinflüssen) die hier beschriebenen konstanten und linearen Modelle der Durchschnittsbildung, der Trendrechnung und der exponentiellen Glättung (1. Ordnung) vollauf ausreichen. Innerhalb der operativen Produktions-(Absatz)Programmplanung (Absatzhöchstmengenplanung) bzw. Primärbedarfsplanung wäre es durchaus empfehlenswert, trotz des höheren Aufwandes modernere Zeitreihenanalyseverfahren einzusetzen. Obwohl bereits spezielle Prognose-Software hierzu angeboten wird[25], haben sich moderne Prognosemethoden im Standard-Software-Angebot zur Produktionsplanung und -steuerung (PPS) bisher noch nicht durchgesetzt.

Für die Absatzhöchstmengenplanung der operativen Programmplanung bzw. Primärbedarfsplanung werden neben den oben dargestellten quantitativen Verfahren (extrapolierende Verfahren, Zeitreihenanalysen) **subjektive** (pragmatische, intuitive, qualitative) **Verfahren** eingesetzt. Diese beruhen überwiegend auf menschlicher Erfahrung und Einschätzung der Zukunft. Prognosewerte werden aufgrund des Urteils von **Experten** gefunden. Dies kann durch **Befragung der Verkäufer** oder sonstiger Fachleute (z.B. Kunden) geschehen.

Eine subjektive Prognose kann als **Einzelurteil** oder Gruppenurteil abgegeben werden. Beim **abhängigen Gruppenurteil** werden die Prognosewerte in einer Gruppendiskussion, eventuell unterstützt durch Brainstorming, erarbeitet. Die Qualität der Prognosewerte kann hier folgendermaßen negativ beeinflußt werden:

---

[22] *Box/Jenkins* 1976.

[23] *Makridakis/Wheelwright* 1978.

[24] Einzelheiten zu diesem Verfahren mit einer umfangreichen Fallstudie finden sich bei *Hüttner* 1982, S. 142ff.

[25] Z.B. das „*Box/Jenkins*-Zeitreihenanalysesystem" von der *I. P. Sharp* GmbH.

- Vorhandensein einer dominierenden Persönlichkeit in der Gruppe
- Gruppenzwang zur Konformität
- Einbringung irrelevanter Informationen
- Kommunikation außerhalb des Themas.

Das bekannteste Verfahren zur Abgabe eines **unabhängigen Gruppenurteils** stellt die **Delphi-Methode** dar. Der Ablauf dieser strukturierten Gruppenbefragung kann wie folgt charakterisiert werden:

- Verwendung eines formalen Fragebogens
- anonyme Einzelantworten
- Ermittlung einer statistischen Gruppenantwort
- Information aller Teilnehmer über die Gruppenantwort
- Wiederholung der Befragung bis eine starke Verdichtung des Gruppenurteils erreicht ist oder keine nennenswerte Korrektur der Einzelergebnisse erfolgt.

Subjektive Prognoseverfahren sind auch für die langfristige strategische und taktische Planung von besonderer Bedeutung (siehe hierzu auch die Abschnitte II.2.7, 3.8 und 4.5).

3.3 Auftragsplanung

3.3.1 Grundlagen

Nach Ermittlung des Nettobedarfs an Werkstoffen (Roh-, Hilfs-, Betriebsstoffen und Vorprodukten) erfolgen in der **Auftragsplanung** Dispositionen zur Deckung dieser Materialbedarfe innerhalb der Planungsperiode. Bei **Eigenerstellung** von Vorprodukten werden die Nettobedarfe zu **Produktionslosen/Serien/(Produktions-)Aufträgen** gebündelt. Bei **Fremdbezug** von Werkstoffen (inklusive Vorprodukten) werden **Beschaffungslose/(Beschaffungs-) Aufträge** gebildet. Als **Losgröße/Auftragsgröße** wird die Menge identischer Materialien bezeichnet, die entweder zwischen zwei Umrüst-(Rüst-/Umbau-/Einricht-)vorgängen auf einer Produktionsanlage ohne Unterbrechung hergestellt (Seriengröße) oder auf einmal fremdbeschafft (Bestellmenge) und danach einem Zwischen-, Fertigwaren- oder Eingangslager (bei Beschaffung) zugeführt wird.

Ein Umrüst- bzw. Beschaffungsvorgang verursacht **los- bzw. auftragsfixe Kosten** in Form von **Rüstkosten** bzw. **Bestellkosten.** Ebenso verursacht der an die Produktion bzw. Beschaffung sich anschließende Lagerungsvorgang **los- bzw. auftragsvariable Kosten,** d.h. **Lagerhaltungskosten** in Form von Kapitalbindungs-, Versicherungskosten usw. Bei gegebener Kapazität und damit unveränderlichen beschäftigungsfixen Kosten des Produktions-, Beschaffungs- und Lagerbereiches sind hier ausschließlich variable (Grenz-)Kosten anzusetzen. Sofern der Materialbedarf nicht oder nicht rechtzeitig gedeckt werden kann, können **Fehlmengenkosten** in Form von Produktionsunterbrechungskosten, Konventionalstrafen und/oder Opportunitätskosten (entgangene Deckungsbeiträge) durch Absatzeinbußen anfallen.

Innerhalb der Auftragsplanung wird versucht, optimale Losgrößen zu ermitteln, bei denen die in Abhängigkeit von der Losgröße sich gegenläufig verhaltenden losfixen und -variablen Perioden-Grenzkosten ein Minmum annehmen (siehe *Abb. 206*)[26].

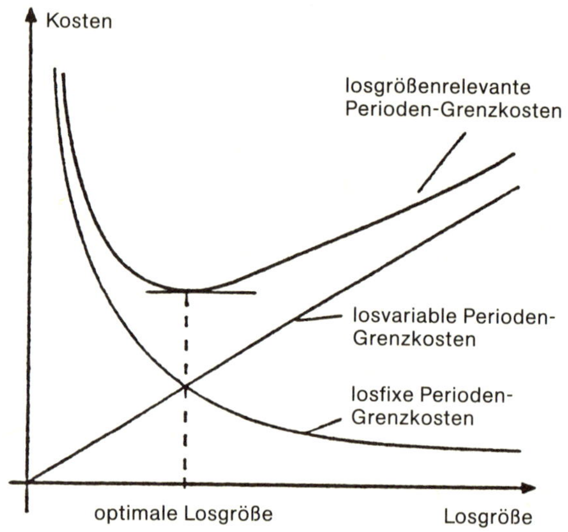

Abb. 206: Ermittlung der optimalen Losgröße

Die losfixen Perioden-Grenzkosten (Rüst- bzw. Bestellkosten) hängen von der Anzahl der Umrüst- bzw. Bestellvorgänge je Periode (Auflagezahl/Auflegungshäufigkeit bzw. Bestellhäufigkeit) ab. In Abhängigkeit einer wachsenden Losgröße (mit sinkender Auflegungs- bzw. Bestellhäufigkeit pro Periode) verlaufen sie degressiv-fallend (Auflagendegression). Die losvariablen Perioden-Grenzkosten (Lagerhaltungskosten) hängen vom durchschnittlichen Lagerbestand der Periode ab, der mit wachsender Losgröße ansteigt.

Mit zunehmender Automatisierung der Rüstprozesse und damit Senkung der losfixen Perioden-Grenzkosten tendiert die optimale Losgröße zum Grenzwert 1 (Kleinstserien- bis Einzelproduktion)[27]. Neuere Konzepte der Logistik – wie z.B. **Just-in-Time** – versuchen eine bedarfs-(produktions-)synchrone und damit lagerhaltungsfreie Materialbedarfsdeckung zu erreichen. Hier tendieren die losvariablen Perioden-Grenzkosten gegen Null und damit die Los-

[26] Neben dieser Zielfunktion der Minimierung der losgrößenrelevanten Gesamtkosten wurden bereits Losgrößenoptimierungen nach finanzwirtschaftlichen Kriterien – wie z.B. Kapitalwert und interner Zinssatz – vorgestellt, vgl. *Rieper* 1989, *Schramm* 1987, *Rieper* 1986. Siehe hierzu auch Abschnitt III.3.4.

[27] Zur Problematik der Rüstzeitsenkung vgl. *Steffen* 1987a und b.

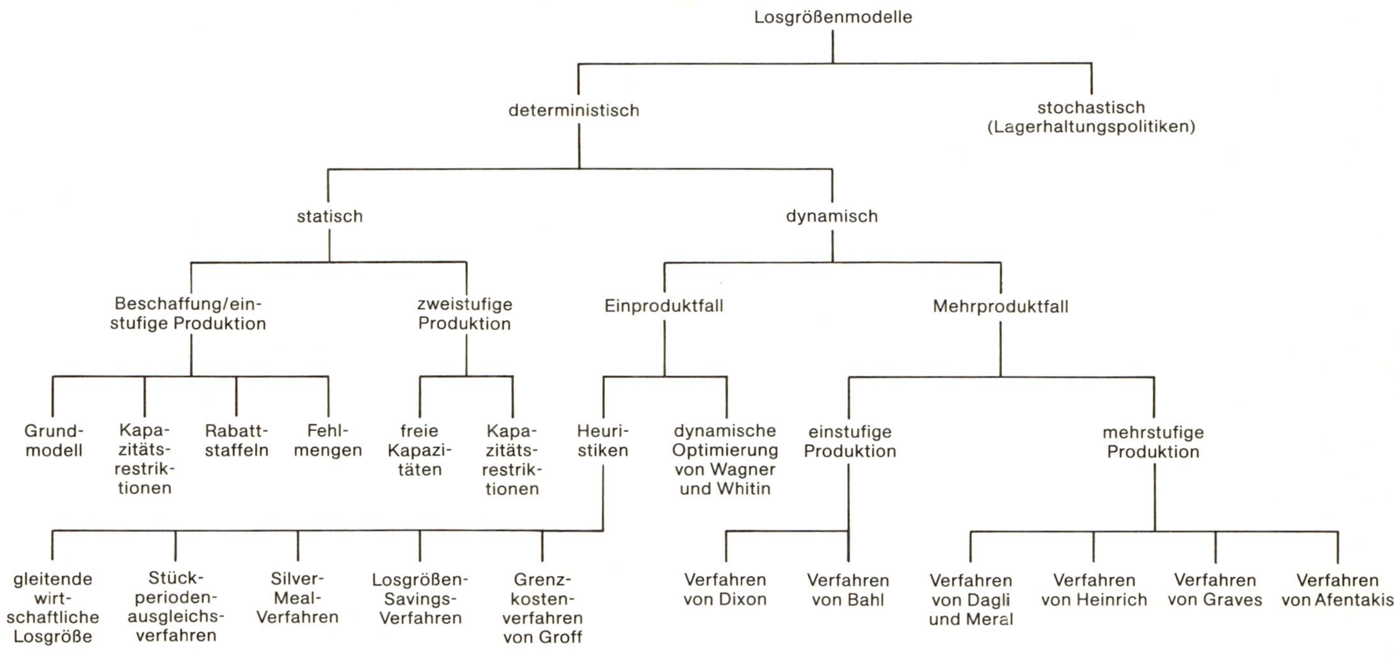

Abb. 207: Losgrößenmodelle (Lagerhaltungsmodelle)

größe gegen unendlich. Konkret wird hier bei Fremdbezug eine kontinuierliche- und produktionssynchrone Zulieferung und bei Eigenerstellung eine offene Massenproduktion mit kontinuierlicher Auslieferung verlangt. Sofern der Produktionsprozeß nach Ablauf der Planungsperiode unterbrochen wird und die Anlagen auf eine andere Vor-/Endproduktart umgerüstet werden, entspricht die Losgröße dem jeweiligen Perioden-Nettobedarf. Da in diesem Fall die Werkstoffe (inklusive Vorprodukte) sofort weiterverarbeitet bzw. die Endprodukte verkauft werden, treten nur sehr geringe Lagerhaltungskosten auf. In allen oben genannten Fällen kann sich eine Losgrößenoptimierung erübrigen.

Seit über 70 Jahren werden in der Literatur Modellansätze zur Bestimmung optimaler Losgrößen für unterschiedlichste Anwendungssituationen vorgestellt. Die *Abb. 207* zeigt eine von mehreren Möglichkeiten zur Systematisierung des Angebots an Losgrößenmodellen, die auch als **Lagerhaltungsmodelle** bezeichnet werden.

Nach der Sicherheit der für das Modell relevanten Daten unterscheidet man zwischen **deterministischen** und **stochastischen** Modellen. Letztere bilden Lagerhaltungspolitiken ab, die nur zur Beschaffungsplanung von Materialien eingesetzt werden, deren Bedarf ebenfalls stochastisch, d.h. verbrauchsgebunden ermittelt wird (z.B. Tertiärbedarf von C-Werkstoffen).

Unter der Prämisse eines **konstanten Materialbedarfs pro Zeiteinheit** werden **statische Modelle** formuliert, die in der Literatur als **Grundmodell der optimalen Bestellmenge** bzw. **Seriengröße für einstufige Produktion** (klassisches Losgrößenmodell) mit verschiedenen **Erweiterungen** (z.B. Berücksichtigung von Lager- und Kapazitätsrestriktionen, Rabattstaffeln der Einstandspreise und Fehlmengen) vorgestellt wurden. Für den Fall der **zwei-/mehrstufigen Produktion** wurden Modelle ohne und mit Kapazitätsrestriktionen aufgebaut.

Für **praxisnahe Fälle mit variablem Materialbedarf pro Zeiteinheit** wurden **dynamische Modelle,** insbesondere für den Einsatz im Rahmen von PPS-Systemen, erarbeitet, die sowohl den **Einprodukt-** als auch den **Mehrproduktfall** bei **ein- und mehrstufiger Produktion** abbilden. Obwohl hier bereits realitätsnahe **Optimierungsmodelle** formuliert wurden, arbeiten die meisten PPS-Systeme mit **Heuristiken** (heuristischen Verfahren).

Im folgenden wird zuerst das (hier) kurzfristig orientierte operative Entscheidungsproblem der Wahl zwischen Eigenerstellung oder Fremdbezug von Vorprodukten behandelt. Danach erfolgt eine Analyse der Planung optimaler Seriengrößen bei Eigenerstellung, wobei aus der Vielzahl der Lagerhaltungsmodelle exemplarisch folgende Losgrößenmodelle dargestellt werden:

- Deterministisch-statisches Grundmodell
- Deterministisch-dynamische Modelle
  - Dynamische Optimierung
  - Heuristiken:

- Gleitende wirtschaftliche Losgröße
- Stück-Perioden-Ausgleich
- Silver-Meal-Verfahren
- Groff-Verfahren

Ein kurzer Überblick über Probleme der Seriengrößenplanung bei mehrstufiger Mehrpodukt-Produktion schließt die Betrachtungen zur Seriengrößenplanung ab.

Mit wenigen Ausnahmen (z.B. Modelle für die mehrstufige Produktion) sind die Lagerhaltungsmodelle der Seriengrößenplanung mit kleinen Modifikationen auch für die danach zu behandelnde Planung optimaler Bestellmengen geeignet. Anstatt der Rüstkosten werden bestellfixe Kosten als los- bzw. auftragsfixe Kosten angesetzt. Die Lagerhaltungskosten beziehen sich dann auf das Eingangslager und nicht auf Zwischen- oder Fertigwarenläger. Wegen der weitgehend formalen Identität der Lagerhaltungsmodelle werden in diesem Abschnitt nur das deterministisch-statische Grundmodell der Bestellmengenplanung und die ausschließlich für die Beschaffungspolitik verbrauchsgesteuerter Werkstoffe eingesetzten stochastischen Modelle dargestellt. Ein kurzer Überblick über Probleme der Just-in-Time-Beschaffungsplanung schließt die Auftragsplanung ab.

3.3.2 Eigenerstellung oder Fremdbezug von Vorprodukten

Die Frage, ob Vorprodukte in der eigenen Produktion hergestellt oder fremdbezogen werden sollen, mündet in einer Grundsatzentscheidung, die bereits im Rahmen der langfristigen strategisch-taktischen Produktionsplanung gelöst werden soll (siehe Abschnitt II.3.6). Zur Eigenerstellung müßten die entsprechenden Produktionspotentiale, insbesondere Betriebsmittel und Arbeitskräfte bereitgestellt werden. In vielen Industriebetrieben werden in Form einer „verlängerten Werkbank“ Vorprodukte durch Fremdvergabe bestimmter Arbeitsvorgänge mittels Lohnarbeit erstellt. Lohnarbeit kann als externer Produktionsprozeß angesehen werden, bei dem die Bereitstellung der zu bearbeitenden Repetierfaktoren durch den auftragerteilenden Betrieb erfolgt. Sind in einem Produktionsbetrieb die zur Herstellung von Vorprodukten erforderlichen Potentiale vorhanden, und können auf diesen auch alternative Vor- bzw. Endprodukte bearbeitet werden, so kann durch das Wahlproblem „Eigenerstellung oder Fremdbezug“ ein operatives Produktions-Planungsproblem entstehen, da mit der Entscheidung auch kurzfristig auf die Beschäftigungssituation von Produktionsstellen Einfluß genommen wird. Die Vielschichtigkeit dieses Problems sollen folgende Aspekte aufzeigen:

Aspekte für den Fremdbezug:

- bestehende Patente oder sonstige Rechte anderer Unternehmungen zwingen zum Fremdbezug,
- Fremdbezug ist kostengünstiger,

- fremdbezogene Vorprodukte weisen eine bessere Qualität auf,
- Erfahrungen spezialisierter Lieferanten kommen eigener Produktion bzw. F&E zugute,
- Fremdbezug ermöglicht voll- oder überbeschäftigten Betrieben eine Ausweitung des Produktions- und Absatzvolumens,
- Fremdbezug bringt absatzwirtschaftliche Vorteile (z.B. Präferenzen für Lieferanten von Vorprodukten),
- Fremdbezug ist mit geringeren finanziellen Belastungen verbunden,
- Fremdbezug bringt Elastizitätsvorteile (z.B. Lieferantenwechsel bei Umstrukturierung des Programms).

Aspekte für die Eigenerstellung:

- es besteht ein produktionswirtschaftlicher Zwang zur Eigenerstellung (z.B. bei geschlossenem Produktionsprozeß),
- Eigenerstellung ist kostengünstiger,
- Eigenerstellung erreicht bessere Qualität,
- Eigenerstellung ist mit geringeren Materialbereitstellungsrisiken verbunden,
- Eigenerstellung kann sich auf langjährige Erfahrungen stützen, die andere Betriebe nicht besitzen,
- Eigenerstellung ermöglicht eine bessere Auslastung der Kapazitäten,
- Angliederung oder Errichtung vorgelagerter Produktionsstufen bietet eine rentable Kapitalanlagemöglichkeit,
- Eigenerstellung bringt absatzwirtschaftliche Vorteile (z.B. bei eventueller Konkurrenz durch Zulieferbetriebe),
- Eigenerstellung bringt zeitliche Vorteile, weil plötzlich auftretender Bedarf schnell befriedigt werden kann,
- Eigenerstellung bietet Möglichkeit einer Ausweitung des wirtschaftlichen Einflußbereiches.

Hier soll nur der Kostenaspekt untersucht werden[28], wobei vorerst von einem gegebenen (optimalen) Produktionsprogramm und gegebenen Kapazitäten (Betriebsmittel und Personal) auszugehen ist. Bezogen auf die geschilderten Faktorsituationen der Programmplanung[29] werden nur die 1. Faktorkonstellation (**keine** Faktorbeschränkung) und die 2. Faktorkonstellation (**eine** Faktorbeschränkung) untersucht, da diese entweder keine oder nur partielle Veränderungen des Produktionsprogramms nach sich ziehen. Die Berücksichtigung mehrerer Faktorbeschränkungen, die eine integrierte Planung des Produktionsprogramms und -Faktoreinsatzes mit Hilfe simultaner Entscheidungsmodelle erfordert, wird in Abschnitt III.5. angesprochen.

1. Faktorkonstellation: Keine Faktorbeschränkungen

Bei dieser Faktorkonstellation werden nur solche eigenerstellbaren Vorprodukte fremdbezogen, deren geplante Grenzherstellkosten größer sind als die relevanten Fremdbezugskosten. Letztere bestehen aus dem Lieferantenpreis abzüglich Rabatt, zuzüglich Beschaffungsnebenkosten, wie z.B. Fracht-, Verpackungs- und Versicherungskosten sowie den bestellmengenabhängigen Kosten.

---

[28] Eine umfassende Analyse des Entscheidungsproblems bietet *Männel* 1981 und die dort angegebene Literatur.

[29] Siehe Abschnitt III.2.3.1.

Für das Wahlproblem gilt folgendes Entscheidungskriterium:

$$\min k_{VHv}, p_{Fv} \qquad (v = 1, \ldots, z) \qquad (165)$$

k_{VHv}: geplante Grenzherstellkosten pro Mengeneinheit eines Vorproduktes
p_{Fv}: relevante Fremdbezugskosten pro Mengeneinheit eines Vorproduktes

2. Faktorkonstellation: Beschränkung **eines** Faktors

Hier tritt im Falle der kostengünstigeren Eigenerstellung eines Vorproduktes ein Engpaß in einem Vorstufenbetrieb oder in einer speziellen Teilefertigung auf. Der Engpaß in der Vorproduktfertigung wird nach folgendem Verfahren kostenoptimal (kostenminimal) belegt:

- Ermittlung der Mehrkosten des Fremdbezugs pro Mengeneinheit
- Division der Mehrkosten pro Mengeneinheit durch die Engpaßbelastung (Produktionskoeffizient) in Fertigungs(Maschinen-)Minuten(-Stunden) pro Mengeneinheit ergibt die **relativen Mehrkosten** des Fremdbezugs
- Aufstellung einer **Rangfolge** der Vorprodukte nach ihren relativen Mehrkosten bei Fremdbezug
- Zuordnung der Vorprodukte mit ihren Periodenmengen nach der Rangfolge zum Engpaß, wobei mit dem Vorprodukt begonnen wird, das die höchsten relativen Mehrkosten bei Fremdbezug aufweist
- Abbruch der Zuordnung, wenn Engpaßkapazität voll ausgelastet ist
- Restliche Vorprodukte mit ihren Periodenmengen werden fremdbezogen.

Dieses Verfahren kann auch eingesetzt werden, wenn die Engpaßkapazität kurzfristig durch zeitliche Anpassung in Form von Überstunden erhöht wird. In den Grenzherstellkosten der Vorprodukte müssen dann allerdings die Überstunden-(Mehrarbeitslohn-)Zuschläge für das Produktionspersonal berücksichtigt werden.

Die relativen Mehrkosten bei Fremdbezug Δk_{FBEv} ergeben sich nach folgender Beziehung:

$$\Delta k_{FBEv} = \frac{p_{Fv} - k_{VHv}}{a_{Ev}} \qquad (v = 1, \ldots, z) \qquad (166)$$

a_{Ev}: Produktionskoeffizient (Produktionsfaktor-Inanspruchnahme [Produktionszeit] pro Mengeneinheit) des Vorproduktes v für den Engpaß-Produktionsfaktor (Produktionsstelle) E

3.3.3 Planung optimaler Seriengrößen bei Eigenerstellung

3.3.3.1 Grundlagen

Im Mittelpunkt der Serienproduktion steht die Frage, wie häufig der Materialfluß unterbrochen und – damit unmittelbar zusammenhängend – welche geschlossene Auftragsmenge eines Produktes jeweils hergestellt wird. Diese Auftragsmenge, die ohne Unterbrechung in einer Produktionsstelle erzeugt wird, bezeichnet man als **Serien-** oder **Los-**, auch **Auftragsgröße.** Sie kann alternativ wie folgt bestimmt werden:

(1) Die Serie entspricht genau dem jeweiligen Perioden-Nettobedarf eines Vor-/Endproduktes. Jede Neuauflage erfordert Einrichte-/Rüstarbeiten und verursacht damit Einrichte-/Rüstkosten. Lagerkosten treten jedoch kaum auf, da in der gleichen Teilperiode das Vorprodukt weiterverarbeitet bzw. das Endprodukt verkauft wird.

(2) Die Serie wird durch Bündelung mehrerer oder aller in der Planungsperiode vorgesehenen Nettobedarfe eines Vor-/Endproduktes gebildet. Da hier die Serie größer als der aktuelle Verbrauch ist, entstehen Lagerkosten für die Zwischen- bzw. Endlagerung. Durch die Bündelung und damit verbundene **Auflagendegression** fallen jedoch geringere Einrichte-/Rüstkosten an, als dies bei separater Auflage jedes Perioden-Nettobedarfs der Fall wäre. Die Bündelung setzt jedoch Lagerfähigkeit und Mehrfachverwendung eines Vor-/Endproduktes während der Planungsperiode voraus.

In diesem Zusammenhang versucht man durch **Ähnlichkeitsbildung** in Form einer Zusammenfassung von ähnlichen Teilen und Arbeitsvorgängen zu einer wirtschaftlichen Aufgabendurchführung zu gelangen[30].

Da Rüst- und Lagerkosten sich gegenläufig verhalten, versucht man bei der Los-(Seriengrößen-)bildung ein Minimum der Summe beider Kostenarten anzustreben.

Einrichte- oder Rüstkosten

Unter **Einrichten** oder **Rüsten** versteht man die Vorbereitung eines Betriebsmittels für die Erfüllung seiner Arbeitsaufgaben sowie – wenn erforderlich – das Rückversetzen des Betriebsmittels in seinen ursprünglichen Zustand. Die **Einrichte- oder Rüstkosten,** auch **auflagefixe Kosten** genannt, bestehen zum Großteil aus den unmittelbaren Einrichtekosten der Betriebsmittel, die durch Bewertung der Rüstzeiten mit dem dazugehörigen Grenzrüstkostensatz[31] ermittelt werden. Zusätzlich fallen sehr oft noch Kosten für die Werkzeug- und Materialbeschaffung, die Ausgabe der Zeichnungen und die Auftragsdisposition an, sofern diese nicht als fixe Bereitschaftskosten aufzufassen sind. Die Einrichte- oder Rüstkosten, die pro Auftrag/Serie als fester Betrag (auflagefix) anfallen, verteilen sich bei wachsender Serien-/Auftragsgröße auf immer mehr Produkteinheiten und werden daher, bezogen auf die Produkteinheit, immer kleiner. *Abb. 208* zeigt diesen **Auflagendegressionseffekt.**

Die Höhe der Rüstkosten kann in der Serien- und Sortenproduktion auch von der Reihenfolge des Sortenwechsels, der sog. **Sortenschaltung** abhängen. So bestimmt z.B. in Druckereibetrieben der Wechsel der Druckfarbe die erforderlichen Reinigungsarbeiten.

---

[30] Siehe Abschnitt II.4.3.5.1.

[31] Zur Kostenplanung und insbesondere zur Ermittlung von Grenzkosten für Rüstvorgänge siehe *Kilger* 1981, S. 332 und S. 478 ff.

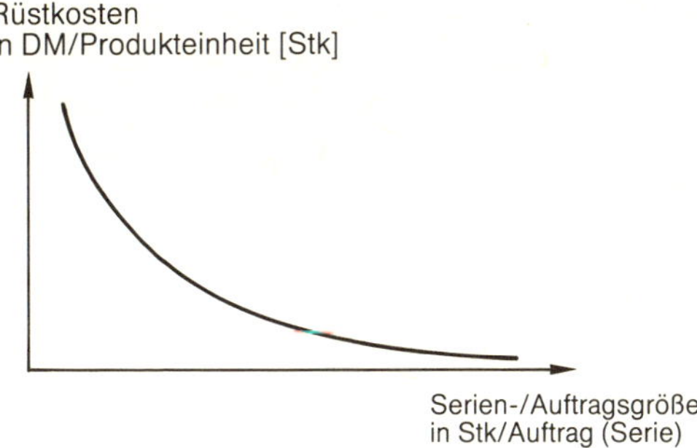

Abb. 208: Auflagendegression

Neben den oben angesprochenen **direkten Rüstkosten** fallen in manchen Fällen sog. **indirekte Rüstkosten** an. Durch Lernprozesse aufgrund zunehmender Seriengrößen kann der Anteil an Ausschuß und/oder wertverminderter Ware entsprechend verkleinert werden. Meist können diese Einsparungseffekte bei wachsender Seriengröße jedoch nicht oder nur sehr schwer quantifiziert werden, so daß sie näherungsweise durch Zuschläge (für indirekte Rüstkosten) auf die direkten Rüstkosten berücksichtigt werden[32]. Die indirekten Rüstkosten führen zu wachsenden Seriengrößen.

Lagerkosten

Eine Lagerhaltung wird durch asynchrone Materialflußbeziehungen der Vorprodukte zwischen den Betriebsmitteln (Zwischenlager) bzw. zwischen den Betriebsmitteln der letzten Produktionsstufe und dem Versand (Verkauf) von Endprodukten (Fertigwaren-/Endlager) notwendig. Die **relevanten Lagerkosten** setzen sich aus den Kosten der Einlagerung, der Vorratshaltung und der Auslagerung zusammen[33]. Die **Kosten der Einlagerung** von eigenerstellten Vor-/Endprodukten fallen zum Teil pro Einlagerungsvorgang (fix) an (z.B. Kosten des Einlagerungsbelegs, der Verbuchung u.ä.) und werden daher zweckmäßigerweise in die auflagefixen Kosten (Einrichte-/Rüstkosten) des vorangegangenen Arbeitsganges einbezogen. Ein anderer Teil (wie z.B. Akkordlöhne für Lagerarbeiter) wird sich stückproportional verhalten und ist bei gegebenem Produktionsprogramm (gegebenen Produktionsmengen) nicht relevant. Bei einer integrierten Programm- und Seriengrößenplanung sind stückproportionale Kosten jedoch in die relevanten Grenzselbstkosten einzubeziehen. Analoges gilt für die **Kosten der Auslagerung.**

Die **Kosten der Vorratshaltung** verhalten sich proportional zur Lagerdauer und sind teils wert-, teils mengenabhängig. Die **zeit- und wertproportionalen**

---

[32] In der Praxis werden als „indirekte Rüstkosten“ auch häufig Opportunitätskosten bezeichnet, die sich aus der alternativen Nutzung des Betriebsmittels während der Rüstzeit ergeben; vgl. *Roth* 1976, *Tangermann* 1973. Deren Ansatz ergibt nur in bestimmten Engpaßsituationen einen Sinn.

[33] Vgl. *Kilger* 1973, S. 388ff., *Pack* 1963, S. 475ff. und ders. 1964, S. 70ff.

Lagerkosten stellen Kapitalbindungskosten dar und setzen sich aus kalkulatorischen Zinsen, Prämien der Feuerversicherung, der Gewerbekapital- und Vermögenssteuer[34] zusammen. Als Bezugsgröße zur Verrechnung dieser Lagerkostengruppe dienen die ausgabewirksamen proportionalen Herstellkosten. Dies kann sicherlich nur eine Näherungslösung sein, da eine genaue Erfassung der Zinsbelastung nur im Wege eines auf Zahlungsstrombasis aufgebauten Totalmodells möglich ist[35]. Die relativ selten anfallenden **zeit- und mengenproportionalen Lagerkosten** setzen sich aus zeit- und mengenproportionalen Lohnkosten für Umschichtungen, Aussortierungen oder sonstige während der Lagerdauer auftretende Lagerbewegungen zusammen. Die **fixen Kosten für Lagerraum und Lagereinrichtungen** sind in der operativen Losgrößenplanung nicht relevant.

Neben den oben angeführten relevanten Lagerkosten, die auch als **direkte Lagerkosten** bezeichnet werden können, sind ggf. auch **indirekte Lagerkosten** anzusetzen, die auf zeitproportionale Wertminderungen, z.B. durch Korrosion, Mengenverluste infolge von Schwund und zunehmendes Absatzrisiko, zurückzuführen sind.

Neben den relevanten Rüst- und Lagerkosten der Zielfunktion sind bestimmte weitere relevante Daten und Nebenbedingungen zu berücksichtigen, welche die Losbildung beeinflussen bzw. ggf. beschränken:

(1) Der **Nettobedarf der Periode** x_j, der gebündelt werden soll, bestimmt auch die **Bedarfsgeschwindigkeit** v_{Bj}, die entweder als **Absatzgeschwindigkeit** von Endprodukten v_{Aj} oder **Produktionsgeschwindigkeit einer nachgelagerten Produktionsstufe** v_{p+1j} interpretiert werden kann:

$$v_{Bj} = \frac{x_j}{T_B{}^{(P)}} \left[\frac{\text{Stk}}{\text{Tag}}\right] \qquad (j = 1, \ldots, n) \tag{167}$$

$$v_{Aj} = \frac{x_{Aj}}{T_A{}^{(P)}} \left[\frac{\text{Stk}}{\text{Tag}}\right] \qquad (j = 1, \ldots, n) \tag{168}$$

$$v_{p+1j} = \frac{x_{p+1j}}{T_p{}^{(P)}} \left[\frac{\text{Stk}}{\text{Tag}}\right] \qquad (j = 1, \ldots, n) \tag{169}$$

$T_{B,\,A,\,p}{}^{(P)}$: Länge der Bedarfs-, Verkaufs- bzw. Produktionsperiode der nachgelagerten Stufe in Zeiteinheiten (z.B. Bedarfs-, Verkaufs-, Produktionstage)

Die Bedarfsmengen werden hier als **deterministische Daten** angenommen. Sollte diese Prämisse fallengelassen werden, so müßte man in **stochastischen** Planungsmodellen für die Nettobedarfe Zufallsvariable einführen und Verteilungsfunktionen angeben.

---

[34] Bei der Vermögensteuer ist darauf zu achten, daß sie sich nur auf das Eigenkapital bezieht.

[35] *Kilger* 1973, S. 389 und *Strobel* 1964, S. 249.

(2) Neben den Produktions-(Ausführungs-)zeiten pro Stück und den Rüstzeiten pro Rüstvorgang, die beide Grundlagen der relevanten Kosten bzw. Bezugsgrößen bilden, sind als **weitere relevante Daten des Produktionsbereichs** zu beachten:

- die **Produktionsgeschwindigkeit der ausführenden Produktionsstellen** v_{Pj} [Stk/Tag],
- die **Kapazität der ausführenden Produktionsstellen.**

(3) **Als relevante Daten des Lagerbereichs** sind neben den bereits erwähnten Lagerkosten ggf. Kapazitätsangaben des (der) Lagers (Läger) zu berücksichtigen.

(4) Insbesondere bei mehrstufiger Produktion sind **Mengenkontinuitätsbedingungen** zu beachten. Sie sollen sicherstellen, daß weder in den Zwischenlägern noch im Fertigwarenlager Fehlmengen auftreten können.
Eine ähnliche Bedingung ist in der mehrteiligen Produktion zu beachten. Hier müssen die Seriengrößen eines untergeordneten Teils jeweils mit einem entsprechenden zeitlichen Vorlauf so bestimmt werden, daß die Seriengrößen übergeordneter Teile realisierbar sind.

In diesem Abschnitt werden Seriengrößen unter der Annahme bestimmt, daß das Produktionsprogramm und damit der Nettobedarf der Periode fest vorgegeben ist. Aus diesem Grunde sind die Erlöse der Periode als nicht-relevante Daten zu betrachten und **kostenminimale Seriengrößen** zu bestimmen. Ein derartiges **sukzessives** Vorgehen kann eigentlich nur als Spezialfall der Seriengrößenplanung angesehen werden. In bestimmten Situationen (z.B. Engpaßsituationen) wird eine **simultane** Ermittlung **gewinnmaximaler Seriengrößen** erforderlich, die als integrierte Programm- und Seriengrößenplanung bezeichnet wird.[36]

Die Bestimmung gewinnmaximaler oder kostenminimaler Seriengrößen ohne Berücksichtigung der Termin- und Maschinenbelegungs- (Reihenfolge-)planung führt häufig zu Lösungen, die sich nicht zu zeitlich durchführbaren Serienfolgen oder -zyklen kombinieren lassen. Daraus folgt, daß das Seriengrößenproblem immer **simultan** mit dem **Seriensequenzproblem** bzw. dem Problem der **optimalen Sortenschaltung** gelöst werden müßte. Mit dem hier dargestellten **sukzessiven Planungsverfahren** – also zuerst Seriengrößenplanung und dann Termin- und Maschinenbelegungsplanung – gelangt man nur zu **suboptimalen Lösungen.** Modelle der integrierten Programm-, Seriengrößen- und Reihenfolgeplanung werden in Abschnitt III.5.2 angesprochen.

Innerhalb der Seriengrößenplanung wird hinsichtlich der Weiterleitung der zu einer Serie gehörenden Mengeneinheiten an die nachgelagerte Stelle (Zwischen-/Endlager) zwischen einer Situation der offenen und geschlossenen Produktion unterschieden. **Offene Produktion** (gleichmäßiger Produktionsausstoß, täglicher Lagerzugang) bedeutet, daß die einzelnen Mengeneinhei-

---

[36] Vgl. *Hoitsch* 1982b, S. 348ff.

ten einer Serie bereits weiterverarbeitet bzw. versandt werden, bevor die Produktion des zugehörigen Gesamtloses abgeschlossen ist. Bei **geschlossener Produktion** (zeitpunktgeballter Produktionsausstoß, einmaliger Lagerzugang) werden alle Mengeneinheiten einer Serie auf einmal weitergeleitet. Eine solche Situation kann aufgrund eines gemeinsamen Schlußarbeitsganges der ganzen Serie technologisch bedingt sein oder aufgrund diskontinuierlicher Transportverbindungen auch ökonomische Gründe haben. Streng davon zu unterscheiden ist die modelltheoretische Prämisse der sog. **Momentanproduktion.** Dabei wird zwecks Modellvereinfachung völlig unrealistisch unterstellt, daß die Produktion einer Serie keine Zeit erfordert und daher auch keine Lagerkosten während der Produktionsdauer zu berücksichtigen sind.

Werden **Fehlmengen** in nachgelagerten Stellen (Zwischen-/Endlager) ausgeschlossen, so wird **ständige Lieferbereitschaft** gefordert. Anderenfalls wird zwischen **Erfüllungsverzug** und **Bedarfsverlust** unterschieden. Bei Erfüllungsverzug werden die Fehlmengen vorgetragen und durch spätere Nachlieferung abgebaut. Bei Bedarfsverlust können aufgetretene Fehlmengen nicht mehr nachgeliefert werden. Bei Erfüllungsverzug entstehen ggf. Verzugskosten, bei Bedarfsverlust evtl. Straf-, aber auf jeden Fall Opportunitätskosten in Form entgangener Deckungsbeiträge.

Die Planung optimaler Seriengrößen unterscheidet zwischen offenen und geschlossenen Planungsperioden. **Offene Planungsperiode** bedeutet, daß die gleichen Produktarten auch in Zukunft produziert werden und die relevanten Kosten sich nur geringfügig ändern. Diese Annahme läßt auch Seriengrößen zu, die zu nicht-ganzzahligen **Auflegungshäufigkeiten** führen. Letztere werden durch das Verhältnis des Nettobedarfs der Periode zur Seriengröße bestimmt. **Geschlossene Planungsperioden** verlangen Seriengrößen, denen ganzzahlige Auflegungshäufigkeiten entsprechen.

In den folgenden Abschnitten soll zunächst ein statisches Seriengrößenmodell behandelt werden. Im Anschluß daran werden Hinweise zur Gestaltung und praktischen Anwendung dynamischer Modelle gegeben.

3.3.3.2 Deterministisch-statisches Grundmodell

Statische Modelle der Seriengrößenplanung beruhen auf der einschneidenden, ausgesprochen realitätsfernen Prämisse, daß Bedarfs- und Kostendaten innerhalb der Planungsperiode konstant bleiben. Im anschließend dargestellten Grundmodell engen weitere Prämissen den Realitätsbezug noch mehr ein.

Die Planungssituation baut hier auf folgenden Voraussetzungen auf:

In einem Betrieb der Serienproduktion durchlaufen n Produktarten nacheinander m Produktionsstellen (Reihenproduktion), wobei nur in einer einzigen Produktionsstelle mit einem Betriebsmittel Rüstprozesse anfallen. Die Produktionshöchstmengen der Planungsperiode x_{Hj} entsprechen dem Nettobedarf und sind als gegeben und konstant anzusehen, wobei sich die Bedarfsmengen gleichmäßig auf die Planungsperiode verteilen (Bedarfsgeschwindigkeit v_{Bj} ist konstant). Die vorhandenen Produktionskapazitäten reichen zur Herstellung des Nettobedarfs unter Berücksichtigung der Rüstzeiten voll aus. Die kostenminimalen Seriengrößen werden ohne Berücksichtigung des Seriensequenz-(Reihenfolge-/Maschinenbelegungs-)problems geplant. Die Planungsperiode beträgt ein Jahr und wird als offen betrachtet.

Die **Zielfunktion** des Grundmodells lautet:

$$K_{SGj} = K_{Rj} + K_{Lj} \rightarrow \text{Min!} \qquad (j = 1, \ldots, n) \qquad (170)$$

K_{SGj}: seriengrößenrelevante Kosten der Periode für Produktart j
K_{Rj}: Rüstkosten der Periode für Produktart j
K_{Lj}: Lagerkosten der Periode für Produktart j

$$K_{Rj} = \frac{x_{Hj}}{s_j} \cdot k_{Rj} = a_{hj} \cdot k_{Rj} \qquad (171)$$

s_j: Seriengröße der Produktart j
k_{Rj}: auflagefixe Kosten (Rüstkosten) der Produktart j pro Rüstvorgang
a_{hj}: Auflegungshäufigkeit der Produktart j in der Periode

$$K_{Lj} = B_j \cdot k_{Lj} \qquad (172)$$

B_j: durchschnittlicher Lagerbestand der Produktart j
k_{Lj}: Lagerkosten der Produktart j pro Mengeneinheit und Periode (Jahr)

$$k_{Lj} = k_{Hj}(i_z + i_K) + k_{LMj} \qquad (j = 1, \ldots, n) \qquad (173)$$

k_{Hj}: ausgabewirksame Grenzherstellkosten pro Produkteinheit
i_z: Kalkulationszinssatz in % p.a./100
i_K: Prozentsatz zur Deckung der übrigen zeit- und wertproportionalen Lagerkosten in % p.a./100 (z.B. Vermögens- und Gewerbekapitalsteuer, Feuerversicherung)
k_{LMj}: mengenproportionale Lagerkosten pro Mengeneinheit und Periode (Jahr)

B_j ergibt sich bei offener Produktion nach *Abb. 209*, bei geschlossener Produktion nach *Abb. 210*.

Bei **offener Produktion** ergibt sich:

$$B_j = \frac{1}{2} \cdot t_{Pj}(v_{Pj} - v_{Bj}), \qquad (174)$$

wobei $v_{Pj} = \operatorname{tg}\alpha_j$ und $v_{Bj} = \operatorname{tg}\beta_j$ $\qquad (j = 1, \ldots, n)$

t_{Pj}: Produktionsdauer einer Serie
t_{Bj}: Bedarfsdauer für eine Serie

Mittels Substitution von t_{Pj} durch s_j/v_{Pj} ergibt sich:

$$B_j = \frac{s_j}{2} \cdot \left(1 - \frac{v_{Bj}}{v_{Pj}}\right) \qquad (j = 1, \ldots, n) \qquad (175)$$

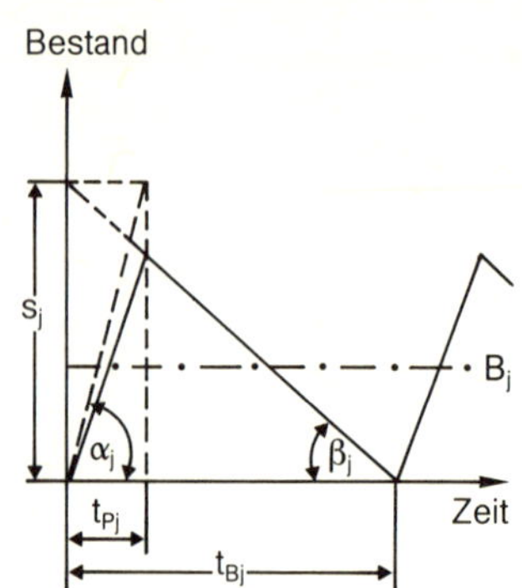

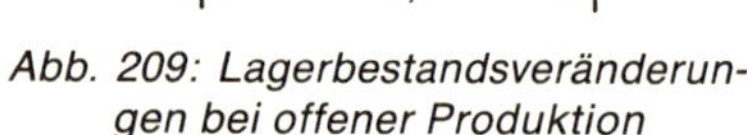
Abb. 209: Lagerbestandsveränderungen bei offener Produktion

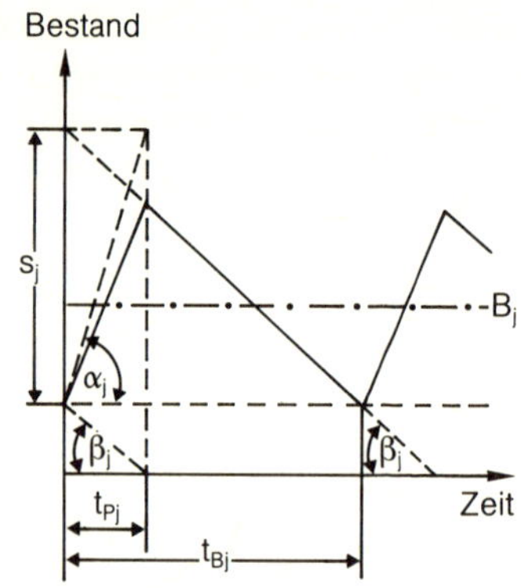

Abb. 210: Lagerbestandsveränderungen bei geschlossener Produktion

Bei **geschlossener Produktion** kann während der Produktionsdauer t_{Pj} kein Bedarf geliefert werden. Aus diesem Grunde muß zu Beginn der Produktion bereits ein Anfangsbestand von $t_{Pj} \cdot v_{Bj}$ vorhanden sein, der auch später nicht unterschritten werden darf:

$$B_j = t_{Pj} \cdot v_{Bj} + \frac{1}{2} t_{Pj} (v_{Pj} - v_{Bj}) \qquad (j = 1, \ldots, n) \qquad (176)$$

Durch Substitution von t_{Pj} wie oben ergibt sich:

$$B_j = \frac{s_j}{2} \left(1 + \frac{v_{Bj}}{v_{Pj}}\right) \qquad (j = 1, \ldots, n) \qquad (177)$$

Die beiden Gleichungen für den Durchschnittsbestand (175) und (177) unterscheiden sich nur durch das Vorzeichen in der runden Klammer. Im Sonderfall der **Momentanproduktion** wäre $v_{Pj} = \infty$ und $t_{Pj} = 0$. Damit wäre $B_j = s_j/2$. Die vollständige Zielfunktion lautet nunmehr:

$$K_{SGj} = \frac{x_{Hj}}{s_j} \cdot k_{Rj} + \frac{s_j}{2} \left(1 \pm \frac{v_{Bj}}{v_{Pj}}\right) \cdot k_{Lj} \cdot T_B^{(P)} \qquad (178)$$

Bei $T_B^{(P)} = 1$ (1 Jahr) ergibt sich durch Differentiation nach s_j, Nullsetzen der ersten Ableitung und Auflösung nach s_j folgende Bestimmungsgleichung für die **optimalen (kostenminimalen) Seriengrößen:**

$$s_{j_{opt.}} = \sqrt{\frac{2 x_{Hj} \cdot k_{Rj}}{\left(1 \pm \frac{v_{Bj}}{v_{Pj}}\right) \cdot k_{Lj}}} \qquad (j = 1, \ldots, n) \qquad (179)$$

Abb. 211 zeigt den Verlauf der Zielfunktion und die Lage des Optimums.

Abb. 211 zeigt, daß das Optimum im Schnittpunkt der Rüst- und Lagerkostenkurve liegt und die Gesamtkostenfunktion K_{SGj} im Bereich des Opti-

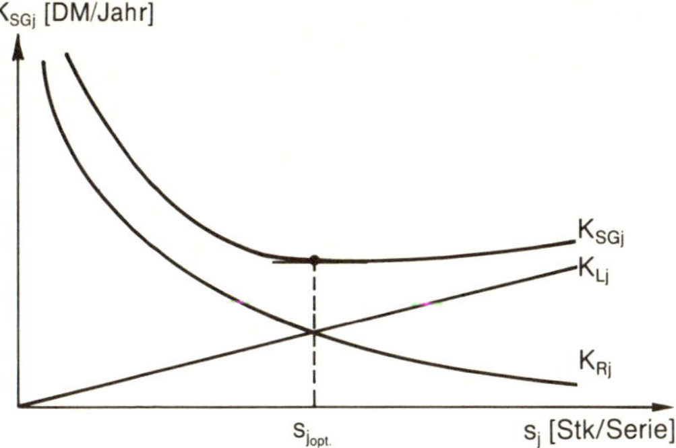

Abb. 211: Verlauf der seriengrößenrelevanten Kosten und optimale Seriengröße

mums relativ flach verläuft. **Sensitivitätsanalysen** haben gezeigt, daß die Sensibilität der seriengrößenrelevanten Kosten in bezug auf Abweichungen vom Optimum relativ gering ist. Insbesondere bei Überschreitungen der kostenminimalen Seriengrößen ergeben sich nur geringfügige Kostenerhöhungen, so daß im Rahmen der Seriensequenzplanung notwendig werdende Vergrößerungen der ursprünglich geplanten optimalen Seriengrößen innerhalb einer bestimmten Toleranz nur unbedeutende Kostenkonsequenzen nach sich ziehen[37].

Werden **geschlossene Planungsperioden** unterstellt, so wird von **kostenminimalen Auflegungshäufigkeiten** ausgegangen. Dazu substituiert man in Gleichung (178) s_j durch x_{Hj}/a_{hj} und erhält durch Nullsetzen der ersten Ableitung:

$$a_{hj} = \sqrt{\frac{x_{Hj}\left(1 \pm \frac{v_{Bj}}{v_{Pj}}\right) k_{Lj}}{2\, k_{Rj}}} \qquad (j = 1, \ldots, n) \qquad (180)$$

Das Grundmodell der optimalen Seriengröße, das sich auf einen **einstufigen** Produktionsprozeß bezieht, kann durch Einführung von Mengenkontinuitätsbedingungen ohne Schwierigkeiten für die **zweistufige** Produktion erweitert werden[38]. Modellanalytische Probleme ergeben sich erst bei mehr als zwei Produktionsstufen. Hier erweist sich der Einsatz von Simulationsverfahren unter Verwendung analytisch abgeleiteter Seriengrößenformeln als praktikable Lösung.

Im Grundmodell wird von ausreichend **freien Kapazitäten** im Produktionsfaktorbereich ausgegangen. Mit Hilfe der **Lagrangeschen Multiplikatormethode** kann das Grundmodell für den Fall eines Engpasses im Faktorbereich erweitert werden[39]. Dabei wird unterstellt, daß bei unveränderbaren Netto-

---

[37] Vgl. *Czeranowsky* 1989, *Müller-Merbach* 1962, S. 79ff.
[38] Vgl. *Hoitsch* 1975.
[39] Vgl. *Kilger* 1973, S. 412.

bedarfsmengen der Periode die Engpaßkapazität auf jeden Fall so groß sein muß, daß mindestens eine einzige Serie pro Periode von jeder im Engpaß herzustellenden Produktart realisiert werden kann. Ist dies nicht möglich, so stehen auch die Nettobedarfsmengen zur Disposition, und es muß zu gewinnmaximalen Modellen übergegangen werden, wie sie in Abschnitt III.5.2 angesprochen werden. Dies gilt auch für Faktorkonstellationen mit mehreren vorab unbekannten Kapazitätsengpässen. Im Rahmen einer integrierten Programm- und Seriengrößenplanung sind für bestimmte Produktarten die vorgegebenen Absatz- bzw. Produktionshöchstmengen nicht mehr realisierbar.

Statische Seriengrößenmodelle unterstellen konstante Bedarfs- und Kostendaten innerhalb der Planungsperiode. Realtypische Problemstellungen können mit solchen Modellen nur unvollkommen abgebildet werden. Dies dürfte auch ein Grund sein, warum erweiterte statische Modelle nur geringe Aufnahme in der industriellen Praxis gefunden haben. In PPS-Standard-Software-Paketen findet man heute fast ausschließlich dynamische Seriengrößenmodelle.

3.3.3.3 Deterministisch-dynamische Modelle

Bei deterministisch-dynamischen Modellen der Seriengrößenplanung wird die Planungsperiode $T^{(P)}$ in T Teilperioden ($t = 1, \ldots, T$) unterteilt. Es wird vorerst eine einstufige Einproduktproduktion betrachtet, deren Nettobedarfe für die einzelnen Perioden variabel und bekannt sind. Fehlmengen sind nicht zugelassen. Sowohl im Produktions- als auch Lagerbereich sind ausreichend freie Faktorkapazitäten vorhanden. Für jede Teilperiode t wird entschieden, ob und in welcher Höhe ein Los aufgelegt wird. Wird ein Los aufgelegt, so entspricht dies entweder dem Nettobedarf der Teilperiode oder einer Bündelung zukünftiger Perioden-Nettobedarfe.

In diesem Abschnitt sollen zuerst der Lösungsalgorithmus der Dynamischen Optimierung nach Wagner und Whitin und danach einige wichtige Heuristiken dargestellt werden[40]. Zum Abschluß soll im Überblick auf die Probleme der Seriengrößenplanung bei mehrstufiger Mehrproduktproduktion eingegangen werden.

3.3.3.3.1 Dynamische Optimierung nach Wagner und Whitin

Die fundamentale Rekursionsbeziehung des Wagner-Whitin-Algorithmus lautet[41]:

$$K_{SGT} = \mathrm{Min}\left[\underset{1 \le \tau \le T}{\mathrm{Min}}\left[k_R + k_L * \sum_{t=\tau+1}^{T} x_{Ht} * (t-\tau) + K_{SG\tau-1}\right]; k_R + K_{SGT-1}\right] \tag{181}$$

---

[40] Vgl. hierzu auch *Steven* 1990, *Kistner/Switalski* 1988, *Knolmayer* 1985.

[41] Vgl. *Wagner/Whitin* 1958, S. 92, *Scheer* 1990, S. 133.

K_{SGT}: minimale seriengrößenrelevante Kosten, wenn Produktion und Lagerhaltung bis zur Bedarfsperiode T optimal geplant werden

Die Planung beginnt bei Periode 1 und wird **vorwärtsschreitend** bis zur letzten Periode durchgeführt. Mit Hilfe der zweifachen Minimumbildung innerhalb der Rekursionsbeziehung findet man nach den Sätzen der Dynamischen Optimierung (Programmierung) das Optimum für den Planungszeitraum.

Die beiden Terme der Rekursionsbeziehung, die durch das Semikolon getrennt sind, geben folgende optimale Strategien wieder:

- Der linke Term bezeichnet die seriengrößenrelevanten Kosten, wenn der Nettobedarf der Periode T in einer früheren Periode τ erstellt wird.
- Der rechte Term gibt an, daß in Periode T ein neues Los aufgelegt wird, das den Nettobedarf dieser Periode T deckt.

Das folgende Beispiel, das zum Vergleich auch bei der Darstellung der Heuristiken herangezogen wird, soll den Ablauf des Wagner-Whitin-Algorithmus verdeutlichen. In *Abb. 212* sind die gegebenen Nettobedarfe eines Vorproduktes pro Monat für die einzelnen Teilperioden dargestellt, wobei vorausgesetzt wird, daß das relevante Lager im Vormonat (Juli 1992) leer ist und der unbekannte Nettobedarf des nächsten, außerhalb des betrachteten Planungszeitraumes liegenden Monats (Februar 1993) ebenfalls mit Null angesetzt werden kann[42].

Monat	Aug. 92	Sept. 92	Okt. 92	Nov. 92	Dez. 92	Jan. 93
Periode t	1	2	3	4	5	6
Nettobedarf x_{Ht}	4	1	1	2	0	3

Abb. 212: Nettobedarf für ein Vorprodukt

Weiterhin sollen sein:

k_R = 900,– DM pro Rüstvorgang

k_L = 290,– DM pro Stk und Monat. Wird der Bedarf einer Teilperiode in der gleichen Teilperiode hergestellt und weiterverarbeitet (verkauft), so sind die Lagerhaltungskosten nicht entscheidungsrelevant.

Da die Kosten des Vormonats (Juli 92) nicht betrachtet werden, ist $K_{SGO} = 0$. Die Rekursion für die erste Periode (T = 1) lautet:

$$K_{SG1} = \text{Min}\left[\underset{1\leq\tau\leq 1}{\text{Min}}\ [\text{undefiniert, da } 1 \leq \tau \leq 1 \text{ nicht erfüllt ist}];\ k_R + 0\right] \quad (182)$$

Damit liegt die Lösung ohne Minimierung vor. Der Nettobedarf der Periode 1 ($x_{H1} = 4$) wird in Periode 1 produziert, wobei 900,– DM an Rüstkosten anfallen. Somit ergeben sich für K_{SG1} = 900,– DM und für s_1 = 4 Stk.

[42] Vgl. *Hansmann* 1992, S. 258 ff.

Danach werden die Perioden 1 und 2 zusammen betrachtet:

$$K_{SG2} = \text{Min}\left[\min_{1 \leq \tau \leq 2} [k_R + k_L * x_{H2} + K_{SG0}]; k_R + K_{SG1}\right] \tag{183}$$

Mit Daten versorgt, ergibt sich:

$$K_{SG2} = \text{Min}\,[900 + 290 * 1 + 0; 900 + 900]$$

Somit ergeben sich für $K_{SG2} = 1190$,– DM und für $s_1 = 5$ Stk. Die Zusammenfassung der Nettobedarfe der Perioden 1 und 2 zu einem Los ($s_1 = 5$ Stk) ist somit kostengünstiger als die Alternative (2 * 900,–/Rüstvorgang = 1800,– DM).

Die nächste Zusammenfassung der ersten drei Perioden ergibt:

$$K_{SG3} = \text{Min}\left[\min_{1 \leq \tau \leq 3} [k_R + k_L * (x_{H2} + 2 * x_{H3}) + K_{SG0}; k_R + k_L * x_{H3} + K_{SG1}]; k_R + K_{SG2}\right] \tag{184}$$

$$K_{SG3} = \text{Min}\left[\min_{1 \leq \tau \leq 3} [1770; 2029]; 2090\right]$$

Somit ergeben sich für $K_{SG3} = 1770$,– DM und für $s_1 = 6$ Stk, was bedeutet, daß die Zusammenfassung der Nettobedarfe der ersten drei Perioden zur kostengünstigsten Lösung führt.

Die Darstellung der Rekursionsbeziehung wird ab dem 4. Term etwas unübersichtlich. Die *Abb. 213* zeigt die Ergebnisse für die Perioden 4, 5 und 6. In der letzten (6.) Periode wird zusätzlich zu den kostengleichen Losen der Vorperiode ein Los mit dem Nettobedarf dieser Periode aufgelegt.

Perioden	**T = 4**	**T = 5**	**T = 6**	**Optimale Lösungen**
K_{SGT}	2670 ,-	2670 ,-	3570 ,-	1. 3570 ,- 2. 3570 ,-
s	$s_1=6$ und $s_4=2$ oder $s_1=5$ und $s_3=3$	$s_1=5$ und $s_3=3$ oder $s_1=6$ und $s_4=2$	zusätzlich: $s_6 = 3$	1. $s_1=5, s_3=3, s_6=3$ 2. $s_1=6, s_4=2, s_6=3$

Abb. 213: Lösungen des Wagner-Whitin-Algorithmus

Der Wagner-Whitin-Algorithmus hat sich bisher in der PPS-Praxis noch nicht durchgesetzt[43]. Die mangelnde Akzeptanz dieses exakten Verfahrens wird mit folgenden Argumenten begründet[44]:

- Für eine realitätsnahe Situation mit vielen Vor-/Endproduktarten ist das Verfahren zu rechenaufwendig.

[43] Ausnahme: System RM der *SAP AG,* vgl. *SAP AG* 1988.
[44] Vgl. *Orlicky* 1975, S. 136.

- Der Algorithmus setzt voraus, daß am Ende der Planungsperiode kein Lagerbestand vorhanden ist.
- Der Algorithmus ist mathematisch zu schwierig, um von Anwendern verstanden und akzeptiert zu werden.

Bei richtiger Anwendung erweist sich der Rechenaufwand als nicht wesentlich größer als bei den im folgenden dargestellten Heuristiken. Der End-Lagerbestand am Planungshorizont spielt nur eine untergeordnete Rolle, da immer nur ein Los bindend geplant werden muß. Wenn eine reine Anschlußplanung betrieben wird oder wenn der gesamte Nettobedarf aus einem einzigen Los befriedigt werden soll, ist der effektive Nettobedarf durch geeignete Endbestände zu korrigieren.

In der Praxis wird häufig eine rollierende Planung durchgeführt, bei welcher der Wagner-Whitin-Algorithmus bald seine Optimalitätseigenschaft verliert, die auf einem abgegrenzten Planungszeitraum beruht.

Damit werden heuristische Verfahren für die PPS-Praxis interessant[45], die im folgenden beschrieben werden. Diese versuchen, bestimmte Optimalitätseigenschaften des Grundmodells auf den Fall variabler Perioden-Nettobedarfe zu übertragen. Mit Heuristiken werden befriedigende – nicht unbedingt optimale – Lösungen mit geringerem Rechen- und Programmieraufwand als beim Wagner-Whitin-Algorithmus erreicht.

3.3.3.3.2 Gleitende wirtschaftliche Losgröße

Dieses Verfahren geht von diskreten Bedarfsmengen x_{Ht} in den einzelnen Teilperioden $t = 1$ bis T aus. Eine Menge, die in Periode τ produziert und erst in Periode t benötigt wird, muß $t - \tau$ Perioden gelagert werden $(t \geq \tau)$. Die Lagerkosten für einen einzelnen Bedarf x_{Ht} betragen daher:

$$k_L = x_{Ht}(t - \tau) \tag{185}$$

k_L: Lagerkosten pro Mengeneinheit und (Teil-)Periode

Werden z.B. die Bedarfe der Perioden τ bis T in einer Serie produziert, so entstehen dafür Lagerkosten in Höhe von:

$$k_L \cdot \sum_{t=\tau}^{T} x_{Ht}(t - \tau) \tag{186}$$

Die gesamten seriengrößenrelevanten Kosten in den Perioden τ bis T wären dann:

$$K_{SG_{\tau T}} = k_R + k_L \cdot \sum_{t=\tau}^{T} x_{Ht}(t - \tau) \tag{187}$$

Die Bedarfe x_{Ht} faßt man iterativ solange zusammen, bis die seriengrößenrelevanten Kosten pro Produkteinheit minimal sind:

---

[45] Vgl. *SAP AG* 1988, S. 90ff.; *Fogarty/Hoffmann* 1983, S. 323ff.

$$k_{SG_{\tau T}} = \frac{K_{SG_{\tau T}}}{\sum_{t=\tau}^{T} x_{Ht}} \rightarrow \text{Min!} \tag{188}$$

$k_{SG_{\tau T}}$ stellt zunächst eine monoton fallende Funktion dar. Ihr Minimum ist erreicht, wenn durch Hinzunahme eines weiteren Periodenbedarfs x_{HT+1} gilt:

$$k_{SG_{\tau T}} < k_{SG_{\tau T+1}} \tag{189}$$

Die **gleitende wirtschaftliche Losgröße** ergibt sich dann mit:

$$s = \sum_{t=\tau}^{T} x_{Ht} \tag{190}$$

Die Zielfunktion, die auf eine Minimierung der seriengrößenrelevanten Stückkosten abstellt, führt höchstens zufällig auch zu Seriengrößen, die ein Minimum der seriengrößenrelevanten Periodenkosten ergeben. Insofern ist die Lösung in der Regel nur als suboptimal zu bezeichnen[46].

Zur Verdeutlichung wird das Wagner-Whitin-Beispiel nunmehr mit der gleitenden wirtschaftlichen Losgrößen-Heuristik berechnet[47].

Im ersten Schritt wird festgestellt, welche Nettobedarfe der Perioden τ bis T in Periode 1 (τ = 1) produziert werden sollten:

$$k_{SG_{11}} = \frac{900 + 0}{4} = 225{,}\text{–/Stk}$$

$$k_{SG_{12}} = \frac{900 + 290 * 1}{5} = 238{,}\text{–/Stk}$$

Es gilt: $k_{SG11} < k_{SG12}$. Dies bedeutet, daß in der Produktionsperiode 1 (τ = 1) nur der Nettobedarf der Periode 1 (T = 1) als Seriengröße s_1 = 4 Stk angesetzt wird.

Die *Abb. 214* zeigt das Ergebnis für die Produktionsperiode (τ =)2:

Produktionsperiode τ	Bedarfsperiode T	Seriengrößenrelevante Stückkosten $k_{SG_{\tau T}}$	
2	2	900/1	= 900,-
	3	(900+290•1)/2	= 595,-
	4	(900+290•(1+2•2))/4	= 587,50,-
	5	(900+290•(1+2•2+0•3))/4	= 587,50,-
	6	(900+290•(1+2•2+0•3+3•4))/4	= 832,90,-

Abb. 214: Gleitende wirtschaftliche Losgröße

[46] Vgl. *Kurbel* 1983, S, 68.
[47] Vgl. *Hansmann* 1992, S. 262f.

Bei Weiterführung des Verfahrens lautet das Ergebnis somit: $s_1 = 4$ Stk, $s_2 = 4$ Stk, $s_6 = 3$ Stk mit $K_{SG} = 5020,-$ DM.

Im Vergleich zum *Wagner-Whitin*-Algorithmus mit K_{SG} von 3570,– DM zeigt sich, daß das Optimum deutlich verfehlt wurde. Die Gründe dafür sind folgende[48]:

- Stückkosten k_{SG} hängen sehr stark vom jeweiligen, stark schwankenden Periodenbedarf ab
- Interdependenzen zwischen den Bedarfsperioden, die bei Wagner-Whitin während des gesamten Verfahrens berücksichtigt werden, sind hier zerschnitten.

3.3.3.3.3 Stück-Perioden-Ausgleich (part-period-algorithm)

Ein Verfahren, das nunmehr die Minimierung der seriengrößenrelevanten Periodenkosten anstrebt, ist der **Stück-Perioden-Ausgleich** (part-period-algorithm)[49]. Dieser Ansatz geht von der in *Abb. 211* dargestellten Überlegung aus, daß im Optimum Lager- und Rüstkosten gleich hoch sind. Bezogen auf den einfachen Fall der Momentanproduktion (B = s/2) zeigt sich:

$$\frac{x_H}{s} \cdot k_R = \frac{s}{2} \cdot k_L \cdot T^{(P)} \qquad (191)$$

Rüstkosten = Lagerkosten

Dieser Grundgedanke wird nun auf eine diskrete Betrachtungsweise übertragen, wobei das Optimum näherungsweise dort erreicht wird, wo gilt:

$$k_R \approx k_L \sum_{t=\tau}^{T} x_{Ht}(t - \tau) \qquad (192)$$

bzw.

$$\frac{k_R}{k_L} \approx \sum_{t=\tau}^{T} x_{HT}(t - \tau) \qquad (193)$$

Da die Dimension der zweiten Schreibweise „Stück x Perioden" ergibt, bezeichnet man dieses Verfahren als „Stück-Perioden-Ausgleich". Aufgrund der Monotonie der rechten Seite der oben genannten Beziehung wird wiederum eine iterative Berechnung in der Form durchgeführt, daß zu einer Serie solange jeweils ein weiterer Periodenbedarf x_{HT+1} hinzugefügt wird, bis gilt:

$$k_R \geq k_L \sum_{t=\tau}^{T} x_{Ht}(t - \tau) \quad \text{und} \quad k_R < k_L \sum_{t=\tau}^{T+1} x_{Ht}(t - \tau) \qquad (194)$$

Die Seriengröße umfaßt dann – wie vorhin – die Bedarfe der Perioden τ bis T:

$$s = \sum_{t=\tau}^{T} x_{Ht} \qquad (195)$$

---

48 Vgl. *Hansmann* 1992, S. 263.

49 Vgl. *De Matteis* 1968.

In Gestalt der Formel (192) wird dieses Verfahren als **Kostenausgleichsverfahren**[50], nach Formel (193) als **Stück-Perioden-Ausgleich** bezeichnet. Nach letzterem wird das Zahlenbeispiel fortgesetzt. Es ergibt sich[51]:

$$\frac{k_R}{k_L} = 3{,}1 \geq \sum_{t=\tau}^{T} x_{Ht} * (t - \tau) \text{ und } 3{,}1 < \sum_{t=\tau}^{T+1} x_{Ht} * (t - \tau)$$

Für T = 3 sind die oben angeführten Bedingungen erfüllt:

$$3{,}1 > \sum_{t=1}^{3} x_{Ht} * (t - 1) = 3 \text{ und } 3{,}1 < \sum_{t=1}^{4} x_{Ht} * (t - 1) = 9$$

Somit wird der Nettobedarf der Perioden 1 bis 3 in einem Los $s_1 = 6$ Stk in der Produktionsperiode ($\tau =$) 1 produziert. Für die Perioden 4 bis 6 wird analog verfahren. Es ergibt sich ein Los $s_4 = 2$ Stk in der 4. Periode und ein letztes Los $s_6 = 3$ Stk (= Nettobedarf) in der 6. Periode[52]. Das Ergebnis entspricht in diesem Fall der optimalen Lösung nach *Wagner-Whitin.*

3.3.3.3.4 Silver-Meal-Heuristik

Dieses Verfahren[53] beruht wie das Grundmodell auf der Minimierung der seriengrößenrelevanten Perioden-(Monats-)kosten nach folgender Beziehung:

$$K_{SG_{\tau T}} = \frac{k_R + k_L * \sum_{t=\tau}^{T} x_{Ht} * (t - \tau)}{T - \tau + 1} \rightarrow \text{Min!} \qquad (196)$$

Die seriengrößenrelevanten Periodenkosten eines Losauflagezyklus werden durch die Zykluslänge dividiert. Die *Abb. 215* zeigt das Ergebnis des ersten Planungsschrittes.[54]:

Produktionsperiode τ	*Bedarfsperiode T*	*seriengrößenrelevante Perioden-(Monats-) kosten $K_{SG_{\tau T}}$*	
1	*1*	*900/1*	*= 900,-*
	2	*(900+290•1)/2*	*= 595,-*
	3	*(900+290•(1+1•2))/3*	*= 590,-*
	4	*(900+290•(1+1•2+2•3))/4*	*= 877,50,-*

Abb. 215: Silver-Meal-Heuristik

[50] Vgl. *Knolmayer* 1985 a und b.
[51] Vgl. *Hansmann* 1992, S. 264.
[52] Durch den Bedarfsausfall müssen die Bedarfe in Formel (194, rechter Teil) von T = τ bis T + 2 summiert werden.
[53] Vgl. *Silver/Meal* 1973.
[54] Vgl. *Hansmann* 1992, S. 264.

Das Minimum ergibt sich, wenn die Nettobedarfe der Perioden 1 bis 3 in einem Los s_1 in der 1. Periode produziert werden. Die Auswertung wird wieder bei folgendem Kriterium abgebrochen:

$$K_{SG_{\tau T}} < K_{SG_{\tau T+1}} \tag{197}$$

Bei ungünstigem Bedarfsverlauf können allerdings lokale Minima auftreten[55].

In der Periode 4 als nächster Produktionsperiode ergibt sich die kostenminimale Seriengröße s_4 mit 2 Stk (= Nettobedarf) (Nettobedarf $x_{H5} = 0$). Für die Periode 6 wird ein Los in Höhe des Nettobedarfs von 2 Stk aufgelegt. Die Lösung nach *Silver-Meal* ist somit:
$s_1 = 6$ Stk, $s_4 = 2$ Stk, $s_6 = 3$ Stk, wobei $K_{SG} = 3570$,– DM. Sie entspricht in diesem Fall der optimalen Lösung nach *Wagner-Whitin.*

3.3.3.3.5 Groff-Heuristik

Die **Heuristik von Groff**[56], auch als **Grenzkostenverfahren** der Losgrößenplanung bezeichnet, basiert auf der Eigenschaft des Grundmodells, daß bei der optimalen Seriengröße die Grenzrüstkosten gleich den Grenzlagerkosten sind. Wird eine gegebene Seriengröße, die den Nettobedarf der Periode 1 bis T abdeckt, um die Bedarfsmenge der Periode (T + 1) vergrößert, dann sinken marginal die durchschnittlichen Rüstkosten pro Periode um:

$$\frac{k_R}{T} - \frac{k_R}{T+1} = \frac{k_R}{T * (T+1)} \tag{198}$$

Der marginale Anstieg der durchschnittlichen Lagerkosten pro Periode beträgt angenähert:

$$\frac{x_{HT+1}}{2} * k_L \tag{199}$$

Ausgehend von einer bestimmten Periode T wird die Seriengröße dieser Periode s_T so lange um Bedarfsmengen zukünftiger Perioden vergrößert, bis der Anstieg der durchschnittlichen Lagerkosten pro Periode größer ist als die Verringerung der durchschnittlichen Rüstkosten pro Periode.

Befindet man sich in Periode T, so lautet die Zielfunktion:

$$\text{Max}\left\{ \tau \;\middle|\; \frac{x_{HT+\tau}}{2} * k_L \leq \frac{k_R}{\tau * (\tau + 1)} \right\} \tag{200}$$

oder umgeformt:

$$\text{Max}\left\{ \tau \;\middle|\; x_{HT+\tau} * \tau * (\tau + 1) \leq \frac{2 * k_R}{k_L} \right\} \tag{201}$$

---

[55] Vgl. *Tempelmeier* 1992, S. 170.
[56] Vgl. *Groff* 1979.

Die Iteration mit τ (τ = T, T + 1, ...) erfolgt folgendermaßen:

- Berechne: $y = x_{HT+\tau} * \tau * (\tau + 1)$ (202)
- Falls: $y < \frac{2 * k_R}{k_L}$, führe eine weitere Iteration durch; (203)
- Anderenfalls setze: $s_T = \sum_{w=T}^{\tau} x_{Hw}$ (204)

Anhand des Zahlenbeispiels soll in *Abb. 216* das *Groff*-Verfahren dargestellt werden, wobei wie vorhin k_R = 900,– DM pro Rüstvorgang und k_L = 290,– DM pro Stk und Monat sind.

Somit ergibt sich für:

$$\omega = \frac{2 * k_R}{k_L} = \frac{2 * 900}{290} = 6{,}21 \quad (205)$$

T	τ	$x_{HT+\tau}$	y	ω	Anweisung	s_T
1	0	$x_1 = 4$	4∗0∗(0+1) = 0 <	6,21	weitere Iteration	-
1	1	$x_2 = 1$	1∗1∗(1+1) = 2 <	6,21	weitere Iteration	-
1	2	$x_3 = 1$	1∗2∗(2+1) = 6 <	6,21	weitere Iteration	-
1	3	$x_4 = 2$	2∗3∗(3+1) = 24 >	6,21	$s_1 = x_1 + x_2 + x_3$	6
4	0	$x_4 = 2$	2∗0∗(0+1) = 0 <	6,21	weitere Iteration	-
4	1	$x_5 = 0$	0∗1∗(0+1) = 0 <	6,21	weitere Iteration	-
4	2	$x_6 = 3$	3∗2∗(2+1) = 18 >	6,21	$s_4 = x_4 + x_5 + x_6$	5

Abb. 216: Groff-Heuristik

Es ergeben sich nach *Groff* s_1 = 6 Stk und s_4 = 5 Stk, wobei K_{SG} = 4410,– DM. In diesem Fall wird die optimale Lösung nach Wagner-Whitin (K_{SG} = 3570,– DM) nicht erreicht.

Die verschiedenen Verfahren zur Lösung des deterministisch-dynamischen Einprodukt-Losgrößenproblems wurden in umfangreichen Simulationsexperimenten miteinander verglichen[57]. Insbesondere bei rollierendem Planungshorizont hat sich bei regelmäßigem Bedarf das Verfahren von *Groff* und bei sporadischem Bedarf das *Silver-Meal*-Verfahren bzw. eine Kombination der beiden letztgenannten Verfahren als effizient erwiesen. In der Studie von

[57] Vgl. *Wemmerlöv* 1982, *Knolmeyer* 1985 a und b, *Zoller/Robrade* 1987.

Wemmerlöv lagen die seriengrößenrelevanten Kosten bei Einsatz der Verfahren von *Silver-Meal* und *Groff* im Durchschnitt nur um etwa 1% über den mit dem exakten Verfahren nach *Wagner-Whitin* errechneten Kosten. Im Vergleich dazu zeigten die in der PPS-Praxis derzeit am weitesten verbreiteten Verfahren der gleitenden wirtschaftlichen Losgröße und des Stückperiodenausgleichs wesentlich schlechtere Ergebnisse, wobei letzteres im Durchschnitt noch bessere Ergebnisse erzielte als die gleitende wirtschaftliche Losgröße.

Je nach Bedarfsstruktur (sporadisch/regelmäßig), Prognosesicherheit der Nettobedarfe und Länge des rollierenden Planungszeitraumes sollte in PPS-Systemen eine Auswahl bereits implementierter Verfahren möglich sein, wobei (wie bei RM von *SAP AG*) der *Wagner-Whitin*-Algorithmus als Vergleichsmaßstab für die Güte der eingesetzten Heuristiken grundsätzlich verfügbar sein sollte.

3.3.3.3.6 Seriengrößenplanung bei mehrstufiger Mehrprodukt-Produktion

Die oben erwähnten Prämissen sowohl der statischen als auch dynamischen Ansätze der Seriengrößenplanung, daß jedes Vor- bzw. Endprodukt für sich geplant wird und zumindest bei den dynamischen Ansätzen nur eine Produktionsstufe beachtet wird, abstrahieren stark von den tatsächlichen Produktionsbedingungen, insbesondere der Fertigungs- und Montageindustrien. Hier sind zusätzlich zu den behandelten Problemen zwei Fragen zu klären[58]:

(1) Wie sollen Serien von Produkten gebildet werden, die aus mehreren Vorprodukten bestehen?
Dazu muß die Abhängigkeit der Seriengrößenbildung eines Erzeugnisbestandteils von der gewünschten Seriengrößenbildung übergeordneter Erzeugnisse geklärt werden.

(2) Wie sollen termingerechte Serien eines Erzeugnisses gebildet werden, das mehrere Produktionsstufen durchläuft?
Dazu müssen termingerechte Seriengrößen in den einzelnen Produktionsstufen bestimmt werden.

In der industriellen Praxis werden diese Fragen innerhalb der **terminierten Teilebedarfsplanung** beantwortet, indem versucht wird, das mehrstufige und mehrteilige Problem auf einstufige und einteilige Seriengrößenprobleme zurückzuführen.

Dieses sukzessive Verfahren kann wie folgt beschrieben werden[59]:

(1) Aus den Netto-Primärbedarfen x_{Hlt} eines Erzeugnisses l in der Periode t ($t = 1, \ldots, T$) werden Seriengrößen bestimmt.

(2) Aus jeder Seriengröße s_{lt} des Erzeugnisses l in der Periode t wird für seinen technologischen Vorgänger k ein Brutto-Sekundärbedarf nach folgender Beziehung abgeleitet:

---

[58] Vgl. *Zäpfel* 1982, S. 210 f.

[59] Vgl. *Schmidt* 1972, S. 48 ff., *Zäpfel* 1982, S. 211 ff.

$$r_{k,t} - \Delta_{kl} = a_{kl} \cdot s_{lt} \quad (206)$$

$r_{k,t}$: Brutto-Sekundärbedarf für Erzeugnis k in Periode t

Δ_{kl}: Zeit, um die das Erzeugnis k früher als Erzeugnis l bereitgestellt werden muß (Vorlaufverschiebung)

a_{kl}: Menge, die von Erzeugnis k benötigt wird, um eine Mengeneinheit von Erzeugnis l zu produzieren (Produktionskoeffizient)

s_{lt}: Seriengröße des Erzeugnisses l in der Periode t

(3) Der oben ermittelte Brutto-Sekundärbedarf wird in der Periode $t - \Delta_{kl}$ mit den bereits vorhandenen Bedarfsmengen in dieser Periode zusammengefaßt.

(4) Mit dieser Verfahrensweise wird der Brutto-Sekundärbedarf nach Perioden getrennt für alle Erzeugnisse ermittelt. Die Vorlaufverschiebung ist notwendig, um untergeordnete Erzeugnisbestandteile rechtzeitig bereitzustellen. Ein untergeordneter Erzeugnisbestandteil muß um seine Durchlaufzeit früher gestartet werden als zu seinem Bedarfszeitpunkt beim übergeordneten Erzeugnis[60].

(5) Zur Ermittlung des Netto-Sekundärbedarfs werden die zeitlich am frühesten anfallenden Bruttobedarfe vom verfügbaren Lagerbestand gedeckt. Erst wenn dieser nicht mehr ausreicht, wird ein Nettobedarf ausgewiesen.

(6) Die Seriengrößenbildung untergeordneter Erzeugnisbestandteile erfolgt dann nach den bekannten Formeln (Minimum der Rüst- und Lagerkosten), wobei folgende Ergebnisse denkbar sind:

- Seriengröße = Nettobedarf der betreffenden Periode
- Seriengröße = Nettobedarf der betreffenden Periode + Nettobedarf der (mehrerer) folgenden (folgender) Periode(n).

(7) Die so ermittelten Seriengrößen müssen hinsichtlich ihres Kapazitätsbedarfs einer Überprüfung unterzogen werden. Gegebenenfalls sind sie kapazitätsmäßig nicht realisierbar und müssen wiederum korrigiert werden. Würde man bereits bei der Seriengrößenplanung die begrenzten Kapazitäten mitberücksichtigen, so entstünde für die mehrteilige und mehrstufige Serienproduktion ein äußerst komplexes Planungsproblem, zu dessen Lösung in der Literatur Modellvorschläge gemacht wurden[61]. Wegen des Umfangs realer Problemstellungen (sehr viele Erzeugnisbestandteile, sehr viele Produktionsstufen) ist die industrielle Praxis an schwierigen oder überhaupt nicht durchführbaren Optimallösungen weniger interessiert.

In der betriebswirtschaftlichen Literatur sind für die mehrstufige Mehrprodukt-Produktion heuristische Verfahren entwickelt worden. Diese **Verfahren**

---

[60] Siehe auch Abschnitt III.3.2.1.3. Zur Bestimmung der Durchlaufzeit siehe Abschnitt III.4.1.2.2.

[61] Das Optimierungsproblem hat die Form eines Fixed-Charge-Problems, vgl. hierzu *Gallus* 1974, *Zäpfel/Attmann* 1980.

der Kostenanpassung koordinieren die Seriengrößenplanung in den einzelnen Produktionsstufen in der Form, daß die durch Veränderungen der Seriengröße in einer oberen Produktionsstufe verursachte Veränderung der Rüst- und Lagerkosten in den unteren Produktionsstufen berücksichtigt wird[62]. Nach Erfahrungen der Autoren aufgrund vieler Simulationsexperimente erweist sich z.B. das **Verfahren von Heinrich**[63] im Vergleich zu den derzeit in PPS-Systemen eingesetzten Verfahren als erheblich leistungsfähiger. Wie für das *Wagner-Whitin*-Verfahren bereits gefordert, sollte auch dieses Verfahren in Zukunft in PPS-Systemen verfügbar sein.

Bei Einsatz neuer Technologien in der Produktion, die teilweise automatische Rüstprozesse (z.B. automatischer Werkzeugwechsel) bei laufender Produktion ermöglichen, wird die Bedeutung der Seriengrößenplanung in Zukunft abnehmen[64]. Mit Umsetzung des Just-in-Time-Prinzips werden die Produktionsmengen weitgehend dem zeitlichen Bedarf zu folgen haben und die Seriengrößen mit erheblicher Reduzierung der Lagerkosten gegen 1 tendieren.

In Produktionsprozessen, die man der Verfahrenstechnik zuordnen kann, treten im Vergleich zu direkten Rüstkosten häufig die bereits erwähnten indirekten Rüstkosten in teilweise beachtlicher Höhe auf. In solchen Fällen wird die Seriengrößenplanung auch zukünftig ihre Bedeutung beibehalten.

Im sukzessiven Planungskonzept folgt nach dem Splitting der Nettobedarfe in Serien-(Auftrags-)größen die operative Prozeßplanung, bei der die Serien (Aufträge) terminiert und den Betriebsmitteln in festzulegenden Reihenfolgen zugeordnet werden.

Alle oben behandelten deterministisch-statischen und -dynamischen Losgrößenmodelle für die einstufige Einproduktproduktion eignen sich auch für die Planung optimaler Bestellmengen, die im nächsten Abschnitt behandelt wird.

3.3.4 Planung optimaler Bestellmengen bei Fremdbezug

3.3.4.1 Grundlagen

Die kurzfristig orientierte operative Planung der Materialbeschaffung ist eingebettet in die Rahmenbedingungen der strategisch-taktischen Planung der Werkstoffsicherung (siehe Abschnitt II.3.6). In letzterer werden Beschaffungsstrategien formuliert und der Einsatz beschaffungspolitischer Instrumente langfristig festgelegt. Mit zunehmender Tendenz verlagern sich ehemals operative Aktivitäten der Materialwirtschaft (z.B. Lieferantenwahl, Konditionenpolitik) auf die strategisch-taktische Ebene (z.B. Abschluß langfristiger Lieferverträge). Als wichtigste direkte Aktionsparameter der operativen Materialwirtschaft verbleiben meist nur die Bestellmengen und die Be-

---

[62] Vgl. *Tempelmeier* 1992, S. 223 ff.
[63] Vgl. *Heinrich* 1987, *Heinrich/Schneeweiß* 1986.
[64] Vgl. *Rieper/Majerus* 1991, *Nyhuis* 1988.

stellzeitpunkte sowie die von ihnen abhängigen Lagerbestände der Eingangsläger als indirekte Aktionsparameter.

Das **Ziel der kurzfristig orientierten operativen Materialbeschaffung** besteht darin, die oben genannten Aktionsparameter so festzulegen, daß die erforderlichen Materialmengen zum Bedarfszeitpunkt mit den geringstmöglichen Kosten bereitgestellt werden. Dieses Ziel soll mit der **Planung optimaler Bestellmengen** (Beschaffungs-Los-/Auftragsgröße) erreicht werden.

Zu den **bestellmengenrelevanten Kosten** zählen die folgenden **beschäftigungsvariablen,** d.h. von den kurzfristigen Aktionsparametern der Materialwirtschaft abhängigen **Kosten:**

- Material-Einzelkosten
- Bestellfixe Kosten
- Lagerkosten
- Fehlmengenkosten

Die **beschäftigungsfixen Kosten** für die Bereitstellung von Personal- und Betriebsmittelkapazitäten im Einkaufs- und (Eingangs-)Lagerbereich stellen **nicht relevante Kosten** dar und bleiben deshalb außer Ansatz.

Die **Material-Einzelkosten** ergeben sich als Produkt aus Netto-Einstandspreisen (beinhalten Bezugskosten wie z.B. Transport- und Versicherungskosten) und Nettobedarfsmengen der Planungsperiode. Letztere sind im sukzessiven Planungskonzept aus der Bedarfsplanung (siehe Abschnitt III.3.2) fest vorgegeben. Aus diesem Grunde zählen die Material-Einzelkosten nur dann zu den relevanten Kosten, wenn die Netto-Einstandspreise während der Planungsperiode schwanken oder überhaupt von den Bestellmengen abhängig sind (z.B. bestellmengenabhängige Rabatte).

Die **bestellfixen Kosten** oder **Bestellkosten** setzen sich aus **beschäftigungsvariablen Kosten** zusammen, die für jeweils **eine** Materialbestellung (**einen** Bestellvorgang) anfallen und von der Bestellmenge **un**abhängig sind (vergleichbar mit den Rüstkosten bei Eigenerstellung von Vorprodukten). Die Bestellkosten pro Periode ergeben sich durch Multiplikation der Anzahl der Bestellungen (Bestellvorgänge) pro Periode (vergleichbar mit der Auflegungshäufigkeit der Periode bei Eigenerstellung) mit den zugehörigen bestellfixen Kosten.

Zu den bestellfixen Kosten zählen beispielsweise:

- variable Kosten des **Einkaufsbereiches** pro Bestellvorgang (also für **eine** Bestellung) für
  - Angebotseinholung
  - Auftragserteilung
  - Terminüberwachung
  - Rechnungskontrolle
- variable Kosten des **Lagerbereiches** pro Eingang **einer** Bestellung für
  - Warenannahme

- Materialprüfung
- Einlagerung

Die **Lagerkosten** wurden bereits im Rahmen der Seriengrößenplanung behandelt (siehe Abschnitt III.3.3.3.1). Während sich diese dort auf Zwischenläger in der Produktion oder Fertigwaren-(End-)läger nach der Produktion bezogen, sind sie hier nur für **Eingangsläger** relevant. Die **ein- und auslagerungsabhängigen Lagerkosten** von Eingangslägern können beschäftigungsvariabel pro Bestellvorgang oder pro Mengeneinheit anfallen. Im ersten Fall werden sie den bestellfixen Kosten zugerechnet, im zweiten Fall erhöhen sie die Material-Einzelkosten pro Mengeneinheit (Addition zu Netto-Einstandspreis).

Fehlmengenkosten stellen Opportunitätskosten dar und sind schwierig zu planen. Ihre Höhe hängt von den folgenden Konsequenzen einer mangelnden Lieferbereitschaft des Materiallagers ab:

- spätere Nachlieferungen von Fertigprodukten zu reduzierten Verkaufspreisen
- erhöhte Frachtkosten bei verspäteter Lieferung
- Konventionalstrafen bei verspäteter Lieferung
- Verlust von Kundenaufträgen und deren Deckungsbeiträge
- dauernder (vollständiger) Kundenverlust

Aufgrund bestellfixer Kosten, die mit den Rüstkosten bei Eigenerstellung vergleichbar sind, und von Lagerkosten des Eingangslagerbereiches, die mit der gelagerten Menge variieren und mit den Lagerkosten im Zwischen- und Endlagerbereich bei Eigenerstellung verglichen werden können, existieren bei Fremdbezug von Werkstoffen (inkl. Vorprodukten) die gleichen gegenläufigen Kostenbeziehungen wie bei der Seriengrößenplanung. Somit können – wie bereits erwähnt – alle deterministisch-statischen und -dynamischen Losgrößenmodelle für die einstufige Einproduktproduktion für die Planung optimaler Bestellmengen eingesetzt werden. Trotzdem sind folgende wichtige Unterschiede zu beachten[65]:

- Seriengrößen werden von der Unternehmung autonom bestimmt, Bestellmengen hängen von **Lieferbedingungen** der Lieferanten ab, die wiederum Ergebnis von Verhandlungsprozessen im Rahmen der strategisch-taktischen Planung der Werkstoffsicherung sein können.
- **Planungsunsicherheit** wächst, da fremde Entscheidungsinstanzen (Lieferanten) zu berücksichtigen sind. Nicht vorhersehbare Lieferverzögerungen bringen verstärkt **stochastische** Elemente in die Planung, die eventuell über **Sicherheits-Lagerbestände** abgefangen werden müssen.

Damit wird eine Erweiterung der bisher behandelten deterministischen Lagerhaltungs-(Losgrößen-)modelle um stoachastische Modelle (Lagerhaltungspolitiken) erforderlich.

---

[65] Vgl. *Hansmann* 1992, S. 270.

In diesem Abschnitt sollen folgende Verfahren behandelt werden:

- Deterministisch-statisches Grundmodell der optimalen Bestellmenge
- Stochastische Modelle (Lagerhaltungspolitiken)
  - Bestellpunktverfahren
  - Bestellrhythmusverfahren
- Just-in-Time-Beschaffung

3.3.4.2 Deterministisch-statisches Grundmodell

Das **Grundmodell zur Planung optimaler Bestellmengen** entspricht formal dem Grundmodell der Seriengrößenplanung im Sonderfall der Momentanproduktion (siehe Abschnitt III.3.3.3.2). Es wurde bereits 1915 von *Harris* und 1929 von *Andler* entwickelt und basiert neben der Annahme deterministischer Daten auf folgenden weiteren Prämissen[66]:

- Daten der Bedarfsstruktur:
  - vorgegebener Periodenbedarf
  - konstanter Materialbedarf pro Zeiteinheit
  - keine Fehlmengen zulässig
  - konstante Materialqualität
  - offene Planungsperiode (d.h. Bedarf besteht in gleicher Weise über die Planungsperiode hinaus)
- Daten der Beschaffung:
  - konstante Netto-Materialeinstandspreise pro Stück
  - isolierte Beschaffung (d.h. keine Verbundbeziehungen der losfixen Grenzkosten [Bestellkosten])
  - konstante Grenzkosten pro Bestellvorgang
  - beliebig teilbare Beschaffungsmengen
  - beliebig bestimmbare Lieferzeitpunkte für Beschaffungslose
- Daten der Lagerhaltung:
  - keine Begrenzung der Lagerkapazität
  - keine Sicherheitsbestände
  - keine Mengenverluste im Lager
  - Grenz-Lagerkosten verhalten sich proportional zu den durchschnittlichen Lagerbeständen und der Lagerdauer, wobei zwischen wert- und mengenabhängigen Lagerkosten unterschieden wird.

Zur Darstellung des Grundmodells werden folgende Kurzzeichen verwendet:

x: Nettobedarf an Werkstoffen (Material inkl. Vorprodukte) in ME/Periode laut Bedarfsplanung

r_B: Bestellmenge in ME/Bestellung

k_M. relevanter Netto-Einstandspreis des Werkstoffs (Material-Einzelkosten) in DM/ME

k_B: bestellfixe Kosten in DM/Bestellvorgang

---

[66] Vgl. *Hoitsch* 1992a, S. 82.

k_L: Lagerkosten in DM/ME und Periode, wobei

$$k_L = k_M \cdot (i_z + i_K) + k_{LM} \quad (207)$$

i_z: Kalkulationszinssatz in % p.a./100

i_K: Verrechnungs-(Prozent-)satz für sonstige zeit- und wertabhängige Lagerkosten in % p.a./100

k_{LM}: Verrechnungssatz für mengenabhängige Lagerkosten in DM/ME und Periode

K_{BM}: bestellmengenrelevante Gesamtkosten der Periode

h: Bestellhäufigkeit in Anzahl der Bestellvorgänge pro Periode

Der einzige Aktionsparameter des Grundmodells ist die Bestellmenge. Mit ihr werden zugleich die Bestellhäufigkeit und – bei vorgegebener Beschaffungszeit t_B – die Bestellzeitpunkte bestimmt (siehe *Abb. 217*):

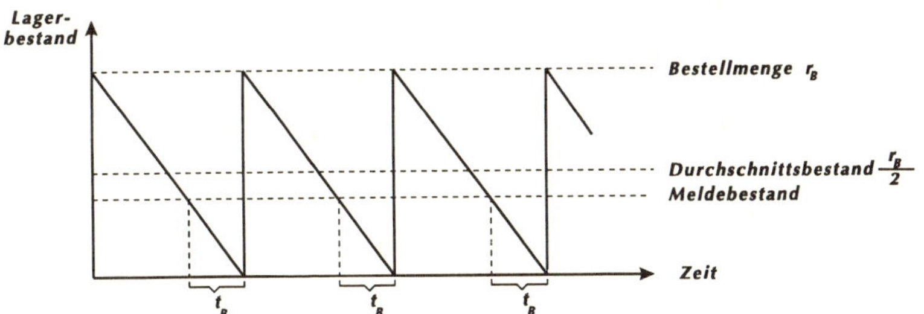

Abb. 217: Bestandsentwicklung im Grundmodell

Die *Abb. 217* zeigt den Verlauf des konstanten Nettobedarfes pro Zeiteinheit in Form kontinuierlicher Lagerabgänge im Zeitablauf. Der **Durchschnittsbestand** stimmt deshalb mit der halben Bestellmenge überein. Der **Meldebestand** ergibt sich als Produkt aus Beschaffungszeit und Verbrauch (Bedarf) pro Zeiteinheit (z.B. ME/Tag).

Die Zielfunktion des Grundmodells lautet:

$$K_{BM} = h * k_B + \frac{r_B}{2} * k_L \rightarrow \text{Min!}$$

$$= \frac{x}{r_B} * k_B + \frac{r_B}{2} * k_L \quad (208)$$

Differenziert man diese Gleichung nach r_B und setzt die erste Ableitung gleich Null, so erhält man die **Bestimmungsgleichung für die optimale Bestellmenge:**

$$r_{Bopt} = \sqrt{\frac{2 * x * k_B}{k_L}} \quad (209)$$

Bei geschlossenen Planungsperioden ergeben sich **optimale Bestellhäufigkeiten:**

$$h = \frac{x}{r_{Bopt}} = \sqrt{\frac{x * k_L}{k_R}} \qquad (210)$$

Das Grundmodell der optimalen Bestellmenge kann z.B. folgendermaßen abgewandelt und erweitert werden[67]:

- Berücksichtigung von Mengenrabatten
- Berücksichtigung von Preiserhöhungen
- Annahme von Lagerkapazitätsrestriktionen
- Berücksichtigung von Mehrproduktlägern
- Berücksichtigung von Fehlmengen

Wie bereits erwähnt, können weiterhin alle oben behandelten deterministisch-dynamischen Modelle der Seriengrößenplanung auch für die Bestellmengenplanung eingesetzt werden[68].

3.3.4.3 Stochastische Modelle

Wegen der Unsicherheit der relevanten Daten werden in der betrieblichen Praxis stochastische Losgrößen-/Lagerhaltungsmodelle eingesetzt. Während die deterministischen (statischen und dynamischen) Modelle vorzugsweise für die Bestellmengenplanung von Materialien eingesetzt werden, deren Bedarf deterministisch, also programmgebunden (-gesteuert) ermittelt wurde (z.B. A- und teilweise B-Werkstoffe), eignen sich stochastische Modelle eher für die Beschaffungsplanung von Werkstoffen (z.B. teilweise B- und vor allem C-Werkstoffe, wie z.B. Hilfs- und Betriebsstoffe), deren Bedarf stochastisch, also verbrauchsgebunden (-gesteuert) ermittelt wurde.

Neben der Unsicherheit der Materialbedarfsdaten kann auch von unsicheren Beschaffungszeiten aufgrund von Lieferschwierigkeiten der Lieferanten (Engpässe, Betriebsstörungen) und schwankenden Transportzeiten ausgegangen werden. Weitere Unsicherheitsfaktoren können durch Fehllieferungen und außerplanmäßige Lagerverluste auftreten.

Mit deterministischen Lagerhaltungsmodellen werden simultan optimale Bestellmengen, Bestellzeitpunkte und Bestellrhythmen ermittelt. Somit ergibt sich kein Wahlproblem zwischen alternativen Lagerhaltungspolitiken. Bei Einsatz stochastischer Modelle sind infolge der Datenunsicherheit laufende Lagerbestandskontrollen und Sicherheitsbestände zur Vermeidung bzw. Verminderung von Fehlmengen erforderlich. Folgende stochastische Modelle, auch Lagerhaltungspolitiken, werden eingesetzt:

- Bestellpunktverfahren
- Bestellrhythmusverfahren

---

[67] Vgl. *Lackes* 1990, *Müller-Manzke* 1987, *Schneeweiß/Alscher* 1987.

[68] Vgl. *Günther* 1991, der die Bestellmengenplanung aus logistischer Sicht analysiert, sowie *ter Haseborg* 1990, *Bogaschewsky* 1988.

3.3.4.3.1 *Bestellpunktverfahren*

Beim **Bestellpunktverfahren** wird nach jedem Lagerabgang überprüft, ob der verfügbare Restbestand (zuzüglich bereits erfolgter Bestellungen = Bestellbestand) einen vorher bestimmten **Meldebestand**, auch **kritischer Lagerbestand, Bestellgrenze oder Bestellpunkt** genannt, genau erreicht oder unterschreitet. Ist dies der Fall, so wird ein Bestellvorgang ausgelöst (siehe *Abb. 218*).

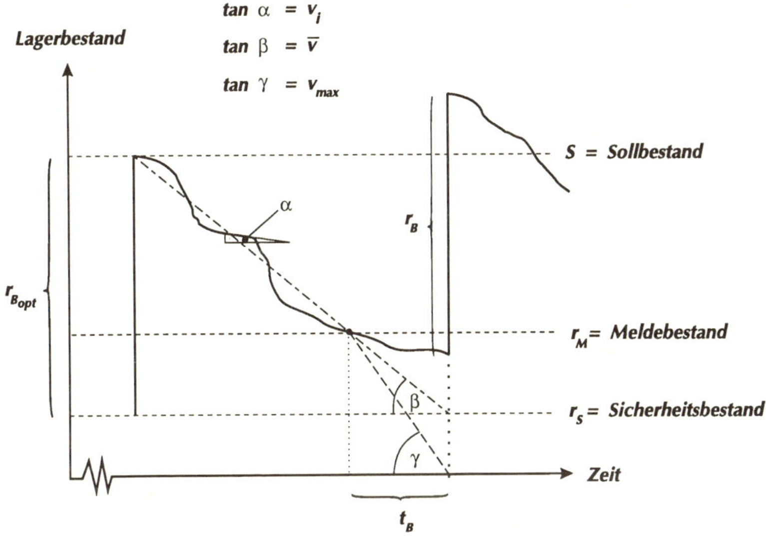

Abb. 218: Bestellpunktverfahren

Zur Realisierung einer optimalen Lagerhaltungspolitik kann mit Hilfe des Grundmodells eine optimale Bestellmenge r_B ermittelt werden (Prämisse: deterministischer konstanter Bedarf pro Zeiteinheit = $\bar{v}$ = tan β), die mit dem noch zu bestimmenden Sicherheitsbestand r_s den Sollbestand S des Lagers ergibt. Wird keine Bestellmengenoptimierung durchgeführt, so können auch auf Erfahrung beruhende oder vertraglich festgelegte konstante Bestellmengen angesetzt werden. Das Lager soll bei jedem Bestellvorgang bis zum Sollbestand S (rechnerisch) aufgefüllt werden. Die Differenz zwischen Sicherheitsbestand und festgelegtem Sollbestand ist konstant und ergibt eine über die gesamte Planungsperiode **feste Bestellmenge.** Der tatsächliche Lagerbestand nach Zugang einer Bestellung schwankt in der Regel um den Sollbestand (bei $\varnothing\ v_i$ (= tan α) > $\bar{v}$: Lagerspitze < S; bei $\varnothing\ v_i < \bar{v}$: Lagerspitze > S).

Eine andere praktizierte Möglichkeit besteht darin, mit **variablen Bestellmengen,** die als Differenz des Sollbestandes und Istbestandes zum Kontrollzeitpunkt ermittelt werden, das Lager (rechnerisch) wiederum aufzufüllen. Hier liegt der tatsächliche Lagerbestand nach Zugang einer Bestellung meist unter dem Sollbestand oder er kann ihn gerade erreichen (kein Abgang während der Beschaffungszeit).

Das entscheidende Kriterium dieses Verfahrens ist die Höhe des **Meldebestandes,** der folgendermaßen ermittelt wird[69]:

$$r_M = \bar{v} * t_B + r_s \tag{211}$$

Sollten Fehlmengen auf jeden Fall vermieden werden, so müßte der Meldebestand den maximal möglichen Bedarf während der Beschaffungszeit decken:

$$r_{Msicher} = \bar{v} t_B + r_s = v_{max} * t_B \tag{212}$$

Während in **vollständig formulierten stochastischen Lagerhaltungsmodellen**[70], die aufgrund ihrer Informationsversorgungsprobleme in der Praxis kaum eingesetzt werden, neben den Sicherheitsbeständen auch die gesamte Lagerhaltungspolitik bestimmt werden, soll hier ein praxisrelevantes **vereinfachtes Näherungsverfahren** zur Bestimmung des Sicherheitsbestandes und Meldebestandes dargestellt werden, das einen bestimmten **Servicegrad** garantiert.

Als **Servicegrad** oder **Lieferbereitschaftsgrad** SGR bezeichnet man in der Regel die Wahrscheinlichkeit, mit welcher innerhalb der Beschaffungszeit der Bedarf gedeckt werden kann bzw. Fehlmengen ausgeschlossen werden können. Sein Optimum liegt dort, wo die Summe aus Fehlmengenkosten und Lagerkosten des Sicherheitsbestandes ein Minimum annimmt (siehe *Abb. 219*)[71].

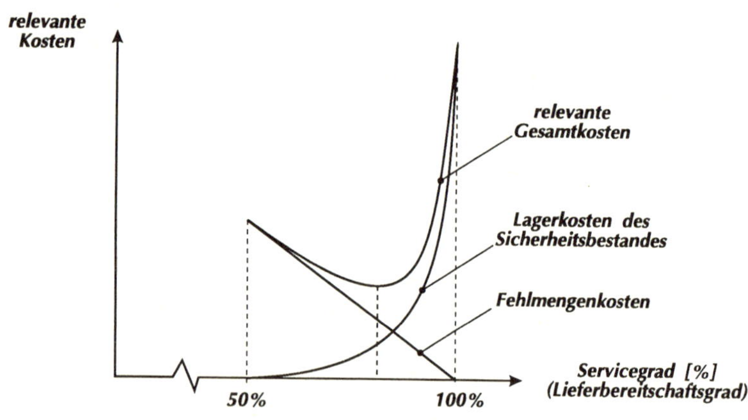

Abb. 219: Optimaler Servicegrad

Unter den vereinfachenden Prämissen, daß die Beschaffungszeit konstant ist und Fehllieferungen ausgeschlossen werden, hängt der erforderliche Sicher-

[69] Vgl. *Reichwald/Dietel* 1991, S. 529.
[70] Vgl. z.B. *Schneeweiß* 1981 und die dort angegebene Literatur.
[71] Vgl. *Reichmann* 1979, Sp. 1064.

heitsbestand allein von Bedarfsschwankungen ($0 < v_i < v_{max}$) innerhalb der Beschaffungszeit ab. Kann man davon ausgehen, daß der Nettobedarf während der Beschaffungszeit einer Normalverteilung entspricht, deren Mittelwert $\bar{v} \cdot t_B$ und deren Standardabweichung σ_v bekannt sind, so gelten die in *Abb. 220* dargestellten Gesetzmäßigkeiten[72]:

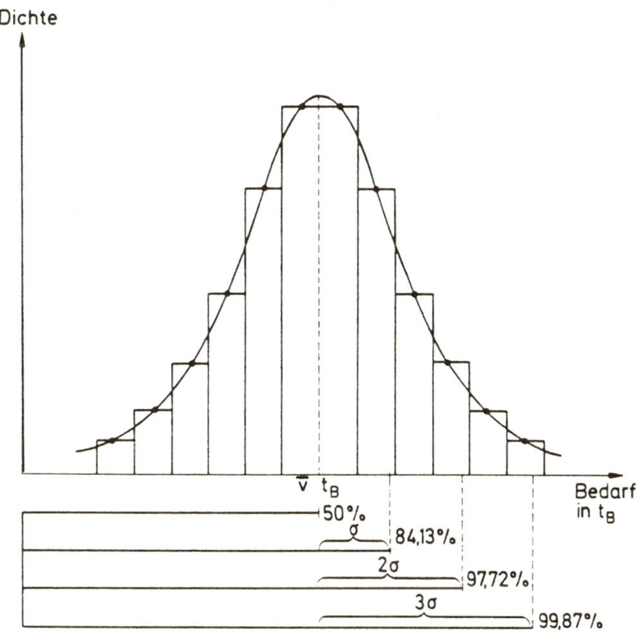

Abb. 220: Normalverteilung des Bedarfs während der Beschaffungszeit

Daraus lassen sich folgende Servicegrade ableiten:

- Nettobedarf innerhalb von $t_B \leq \bar{v} * t_B \rightarrow 50\%$
- Nettobedarf innerhalb von $t_B \leq \bar{v} * t_B + 1 * \sigma \rightarrow 84{,}13\%$
- Nettobedarf innerhalb von $t_B \leq \bar{v} * t_B + 2 * \sigma \rightarrow 97{,}72\%$
- Nettobedarf innerhalb von $t_B \leq \bar{v} * t_B + 3 * \sigma \rightarrow 99{,}87\%$

Wenn $r_M = \bar{v} * t_B + r_S$, dann ist

Sicherheitsbestand r_S = Sicherheitsfaktor SF_{SGR} * Standardabweichung σ_v (213)

↓

abhängig vom Servicegrad SGR

Für die Standardabweichung σ_v gilt:

$$\sigma_v = \sqrt{\frac{1}{n} * \sum_{i=1}^{n} (v_i * t_B - \bar{v} * t_B)^2} \qquad (214)$$

[72] Vgl. *Kilger* 1986, S. 358.

Wird ein angestrebter Servicegrad SGR in Prozent angegeben, so kann man aus statistischen Tabellen zur Standard-Normalverteilung ablesen, wie groß der zugehörige Sicherheitsfaktor SF_{SGR} (entspricht dem Servicegrad-Quantil der Standard-Normalverteilung) ist. Beträgt beispielsweise der durchschnittliche Nettobedarf während einer zwölftägigen Beschaffungszeit 900 ME und wurde eine Standardabweichung von 230 ME ermittelt, so erhält man folgende alternative Sicherheitsbestände[73]:

Servicegrad 90%: Sicherheitsbestand = (SF_{90}) 1,28 · (σ) 230 = 294 ME
Servicegrad 95%: Sicherheitsbestand = (SF_{95}) 1,65 · (σ) 230 = 380 ME

Nach $r_M = \bar{v} * t_B + r_S$ (Formel (211)) ergeben sich folgende zugehörige **Meldebestände:**

Servicegrad 90%: 900 + 294 = 1194 ME
Servicegrad 95%: 900 + 380 = 1280 ME

3.3.4.3.2 Bestellrhythmusverfahren

Ist eine laufende Überprüfung der Lagerbestände nicht realisierbar oder zu aufwendig, so kann das **Bestellrhythmusverfahren** angewandt werden. Hier wird zu festgelegten Kontrollzeitpunkten mit konstanten Kontrollabständen festgestellt, ob der Meldebestand gerade erreicht bzw. unterschritten wurde. Ist dies der Fall, wird in der Regel die Differenz zwischen dem Sollbestand und dem effektiven Lagerbestand abzüglich bereits georderter Bestellmengen (Bestellbestand) als (variable) Bestellmenge festgelegt (siehe *Abb. 221*). Eine feste Bestellmenge ist hier zwar theoretisch denkbar, in der Praxis jedoch meist unbrauchbar. Der Sollbestand entspricht hier in der Regel der Lagerkapazität. Er kann aber auch analog zum Bestellpunktverfahren mit Bestellmengenoptimierung nach dem Grundmodell errechnet werden. In diesem Fall ist allerdings zu berücksichtigen, daß der Sicherheitsbestand im Extremfall sowohl die Beschaffungszeit als auch einen Teil des zeitlichen Kontrollabstandes abdecken muß (siehe unten).

Wählt man hier relativ große Kontrollabstände, so lassen sich die Kontrollkosten reduzieren, die Gefahr von Fehlmengen nimmt aber zu. Weiterhin kann der Meldebestand knapp nach einem Kontrollzeitpunkt erreicht werden, so daß der Meldebestand den tatsächlichen Bedarf (Verbrauch) zwischen Erreichen des Meldebestandes und dem Eintreffen der Lieferung nach dem nächsten Kontrollzeitpunkt überbrücken muß[74]. Dies führt tendenziell zu einem höheren Meldebestand, der bei einem Servicegrad von 100% folgendermaßen festgelegt werden müßte:

$$r_M = v_{max} * (\Delta T + t_B) \qquad (215)$$

[73] Vgl. *Kilger* 1986, S. 358.
[74] Vgl. *Harlander/Platz* 1978, S. 211.

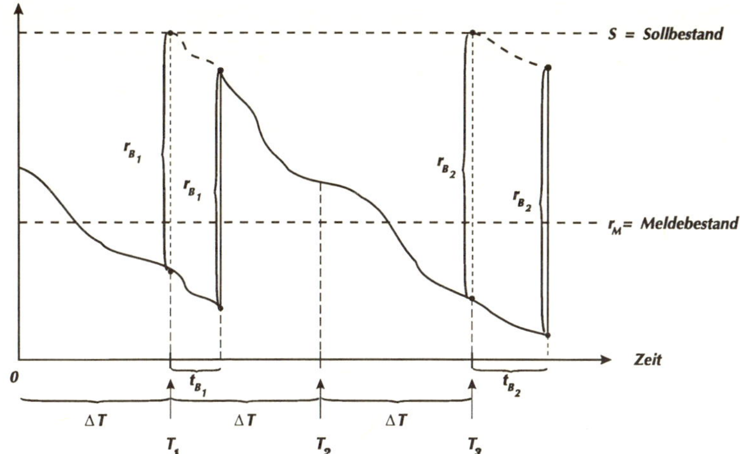

Abb. 221: Bestellrhythmusverfahren

Sowohl beim Bestellpunkt- als auch Bestellrhythmusverfahren handelt es sich um heuristische Vorgehensweisen, die sich durch einen einfachen Aufbau und einen geringen Planungsaufwand auszeichnen. Man muß jedoch beachten, daß weder die Bestellmengen noch die Bestellzeitpunkte eine exakte Optimierung erfahren.

3.3.4.4 Just-in-Time-Beschaffung

Strategisch-taktische Überlegungen zur Just-in-Time-Bereitstellung (produktionssynchrone Bereitstellung) wurden bereits in Abschnitt II.3.6 über die Planung der Werkstoffsicherung angestellt. In der operativen Faktorplanung ist somit von gegebenen Rahmenbedingungen – z.B. durch langfristige Lieferverträge – auszugehen. Just-in-Time-Beschaffung bedeutet, daß die zur Produktion eines Vor-/Endproduktes benötigten Werkstoffe (inkl. Vorprodukte) genau zum richtigen Zeitpunkt am Ort der Produktion bereitgestellt werden müssen.

Diese weitgehend eingangslagerfreie Beschaffungspolitik läßt sich betriebswirtschaftlich mit dem Grundmodell der optimalen Bestellmenge erklären. Wenn danach die optimale Bestellmenge so bestimmt wird, daß sich Bestell- und Lagerkosten annähernd die Waage halten, und bei EDV-mäßiger Abwicklung der Bestellungen die Bestellkosten (bestellfixen Kosten) gegen Null tendieren, so müssen auch die Lagerkosten dieser Tendenz folgen. Dies läßt sich durch häufiges Abrufen von Bestellungen mit kurzen Lieferfristen unter weitgehender Vermeidung einer Eingangslagerung realisieren. Trotz dafür langfristig festgelegter Lieferbedingungen können **Lieferverzögerungen,** z.B. durch Produktionsschwierigkeiten beim Lieferanten oder durch Störungen des Anlieferungstransportes (Witterungsbedingungen, Straßen- und Verkehrsverhältnisse usw.), nicht ausgeschlossen werden.

Die bei Just-in-Time-Beschaffung überaus wichtige **Beschaffungs-(Liefer-) zeit** setzt sich aus einem **vertraglich abgesicherten** und damit **deterministischen Anteil** und einem durch Störungen verursachten **stochastischen Anteil** zusammen.

Während in den oben behandelten stochastischen Lagerhaltungsmodellen von einem stochastischen Bedarf, aber deterministischen Beschaffungszeiten ausgegangen wurde, ist die Situation hier genau umgekehrt. Der Nettobedarf pro Periode wird deterministisch durch programmgebundene Bedarfsermittlung festgelegt, die Beschaffungszeiten enthalten jedoch einen stochastischen Anteil, der wiederum durch einen Sicherheitsbestand aufgefangen werden muß. Dieser ergibt sich aufgrund ähnlicher Überlegungen, wie sie oben für das Bestellpunktverfahren beschrieben wurden, nach folgender Beziehung[75]:

$$r_S = SF_{SGR} * \sigma_{t_B} * x_H \qquad (216)$$

Hierbei ist zusätzlich

σ_{tB} : Standardabweichung der Beschaffungs-(Liefer-)zeit

Die oben angeführte formale Beziehung gilt strenggenommen nur für einen konstanten Perioden-Nettobedarf x_H, der allerdings bei produktionssynchroner Beschaffung durchaus realistisch ist.

Ein Beispiel soll die Zusammenhänge kurz verdeutlichen[76]:

Gegeben:
- x_H = 2200 ME/Monat, bei 22 Arbeitstagen/Monat = 100 ME/Tag
- SGR = 99% (!) wegen extrem hoher Fehlmengenkosten
- t_B = 1 Tag
- σ_{tB} = 0,5 Tage
- aus statistischer Tabelle: $SF_{SGR(99)}$ (SGR-Quantil) = 2,33

Gesucht: r_S

$r_S = 2{,}33 \cdot 0{,}5 \cdot 100 = 116{,}5$ ME

Somit müßte etwas mehr als ein Tagesbedarf zusätzlich bestellt und langfristig als Sicherheitsbestand gelagert werden.

3.4 Informationsversorgung der operativen Faktorplanung

Die Systemgestaltungsaufgaben des Controllings innerhalb der operativen Planung und Kontrolle der Produktionsfaktoren (hier: Repetierfaktoren, v.a. Material/Werkstoffe) ist hier eingebettet in die Implementierungsaufgaben

---

[75] Vgl. *Hansmann* 1992, S. 275.
[76] Vgl. *Hansmann* 1992, S. 276.

für ein leistungsfähiges PPS-System. Im besonderen beziehen sie sich auf das Modul Materialwirtschaft, das die oben beschriebenen Verfahren der deterministischen und stochastischen Bedarfsplanung sowie deterministisch-dynamischen und stochastischen Verfahren der Losgrößenbestimmung und Lagersteuerung umfassen sollte.

Eine globale Informationsbedarfsanalyse dieser Verfahren ergibt zusammenfassend folgenden Datenbedarf:

- Technische Daten und Zeitdaten (z.B. Stücklisten, Zeitdaten [Durchlaufzeiten, Vorlaufzeiten, Vorlaufverschiebungen], Produktions- und Lagerkapazitäten)
- Mengendaten (z.B. Netto-Primärbedarfsdaten aus Programmplanung, Materialverbrauchsdaten vergangener Perioden, Bestandsdaten)
- Kostendaten (z.B. Plangrenzherstellkosten von Vorprodukten, Plangrenzrüst- bzw. -bestellkosten, Plangrenzlagerkosten, Fehlmengenkosten)

Als Mindestausstattung des Controllings sind hier folgende Instrumente der Informationsversorgung erforderlich:

- PPS-Grunddatenverwaltung (Stücklisten-, Arbeitspläne-, Betriebsmitteldatei)
- Auftragsdatenverwaltung
- Betriebsdatenerfassungs-(BDE-)System auf Plan-(Soll-) und Ist-Datenbasis
- Materialverbrauchs-Prognoseverfahren
- Grenzplankostenrechnung

Vergleicht man diese Instrumente mit den für die operative Programmplanung erforderlichen Informationsversorgungs-Subsystemen, so stellt man eine fast vollständige Übereinstimmung fest. Dies bedeutet, daß für die operative Faktorplanung im Prinzip die gleichen Informationsversorgungsinstrumente einzusetzen sind wie für die operative Programmplanung. Kurzfristig orientierte Prognoseverfahren können sowohl zur Prognose von Absatzhöchstmengen in der Programmplanung als auch zur Berechnung verbrauchsgebundener Bruttobedarfe in der Faktorplanung eingesetzt werden.

Wie für die Programmplanung, so benötigen die Kostendaten der Grenzplankostenrechnung vor ihrer Bereitstellung in der Faktor-(z.B. Losgrößen-)planung eine besondere Aufbereitung. Nach dem Grundsatz der Relevanz der Kosten[77] dürfen z.B. in der Losgrößenplanung nur Einzelkosten der Rüst- bzw. Bestell- und Lagervorgänge berücksichtigt werden. Die bestellfixen Kosten lassen sich als Bestell- bzw. Liefertransaktionskosten interpretieren und sind sehr schwierig zu erfassen. Aufgrund der heute gebräuchlichen EDV-mäßigen Abwicklung der Bestellungen dürften die einer einzelnen Bestellung zurechenbaren Einzelkosten häufig weit überschätzt werden, was wiederum zu überdimensionierten Bestellmengen führt. Hier ist auch auf die

[77] Vgl. *Günther* 1991, S. 650ff., *Weber* 1987.

Konditionen der Einkaufspreisstellung zu achten (z.B. Transport- und Versicherungskosten trägt Käufer oder Verkäufer). Innerhalb der Lagerkosten dominieren Kapitalbindungskosten, deren exakte Verrechnung, sowohl was die Höhe der Kapitalbindung als auch den zu verwendenden Zinssatz anbelangt, äußerst schwierig ist. Eine Bestellmengenoptimierung aufgrund finanzwirtschaftlicher Kriterien[78] – wie z.B. Kapitalwert- oder Interne Zinsfußoptimierung – ist nicht empfehlenswert, da damit eher strategisch-taktische Planungsprobleme der Bereitstellung und Verwendung finanzieller Mittel berührt werden. Die Losgrößenplanung (Bestellmengen- und Seriengrößenplanung) wird in dieser Schrift unter dem Gesichtspunkt einer hierarchischen Differenzierung des Planungssystems als rein operatives Entscheidungsproblem aufgefaßt.

---

[78] Vgl. *Rieper* 1989, *Schramm* 1987, *Rieper* 1986.

4. Operative Prozeßplanung, Produktionssteuerung und -kontrolle

4.1 Kennzeichnung und Gestaltung von Produktionsprozessen

4.1.1 Grundlagen der Prozeßgestaltung

Mit der Planung des Produktionsprogramms (Outputplanung) wurde der Primärbedarf der Periode festgelegt. Dieser bildete die Grundlage der operativen Faktorplanung (Inputplanung), in der zuerst der Brutto-Sekundär- bzw. -Tertiär- und im Anschluß daran der terminierte Netto-Sekundär- bzw. -Tertiärbedarf bestimmt wurde. Wie oben erwähnt, wird der Netto-Tertiärbedarf in der Regel fremdbezogen und führt entsprechend der eingesetzten Lagerhaltungssysteme zu gebündelten Beschaffungsaufträgen. Die Deckung des terminierten Netto-Sekundärbedarfs kann durch Eigenerstellung von Vorprodukten oder Fremdbezug von Rohstoffen und Vorprodukten erfolgen. Bei Fremdbezug wird eine Bündelung der Nettobedarfe zu wirtschaftlichen (optimalen) Bestellmengen vorgenommen. In teilweiser Analogie zum Fremdbezug erfolgt auch bei Eigenerstellung von Vorprodukten und schließlich auch bei der Herstellung der Endprodukte bei Lagerproduktion eine Bündelung der Nettobedarfe, die zu Produktionsaufträgen (bei Serienproduktion: Serien oder Lose) führt.

Die Planung der Durchführung dieser Produktionsaufträge ist Aufgabe der operativen **Produktions-Prozeßplanung** (auch -Durchführungsplanung, -Vollzugsplanung, -Ablaufplanung genannt) oder **Throughputplanung,** bei der detaillierte Vorgaben für die Durchführung des Produktionsprozesses unter Beachtung der Rahmenbedingungen aus der operativen Programm- und Faktorplanung sowie strategisch-taktischen Prozeßplanung zu erstellen sind. Der Anstoß zur Realisierung des Produktionsprozesses (der Produktionsdurchführung) erfolgt durch die **Produktionssteuerung,** deren Aufgabe in der Veranlassung und Sicherung des Produktionsprozesses besteht. Der Begriff der „Produktionssteuerung" wird in der Literatur und industriellen Praxis sehr unterschiedlich ausgelegt. Die eben erfolgte Aufgabenabgrenzung kann als engste Auslegung des Begriffs aufgefaßt werden, die häufig als **Werkstattsteuerung** bezeichnet wird. Teilweise versteht man unter Produktionssteuerung (Fertigungssteuerung) nur die Erstellung einiger Teilschritte der Prozeßplanung, wie z.B. die Kapazitätsterminierung oder Maschinenbelegungsplanung. In weitester Auslegung wird unter Produktionssteuerung sogar die gesamte Planung, Durchführung und Überwachung der Prozeßabläufe sowie des Einsatzes an Werkstoffen verstanden. In der industriellen

Praxis wird häufig auch die Institution, also die lenkende Produktionseinrichtung, als „Produktionssteuerung" (Fertigungssteuerung) bezeichnet[1]. Die Überwachung des Produktionsprozesses in Form von Soll-(Plan-)Ist-Vergleichen der Produktionsmengen, Termine, Produktqualität sowie der Produktionskosten wird durch die **Produktionskontrolle** bewerkstelligt.

Die konkrete Ausgestaltung der oben erwähnten Aufgabengebiete hängt im Falle eines realen Produktionssystems von den Situations- und Strukturmerkmalen eines gegebenen Produktionsbetriebes, also vom Produktionstyp ab. In dieser Schrift wird eine exemplarische Eingrenzung aller denkbaren Produktionstypen auf folgende wichtige Kombinationstypen vorgenommen, deren Merkmale besonders stark miteinander korrelieren:

- Einzel-/Auftrags-/Baustellenproduktion
- Einzel- und Kleinserien-/Auftrags-/Werkstattproduktion
- Einzel- und Kleinserien-/Auftrags-/Zentrenproduktion
- Serien-/Vorrats-/Reihenproduktion
- Großserien- und Massen-/Vorrats-/Fließproduktion

Im einzelnen werden in der operativen Produktions-Prozeßplanung, -Steuerung und -Kontrolle folgende Teilbereiche bearbeitet:

- Terminplanung
  - Durchlaufterminierung (Termingrobplanung ohne Kapazitätsschranken)
  - Kapazitätsterminierung (Termingrobplanung mit Kapazitätsschranken)
- Maschinenbelegungsplanung (Reihenfolge- und Terminfeinplanung)
- Produktionssteuerung
  - Veranlassung der Aufgabendurchführung (Erstellung von Arbeitsunterlagen, Bereitstellung der Produktionsfaktoren, Zuteilung der Arbeit und Auslösung der Aufgabendurchführung)
  - Sicherung der Aufgabendurchführung (ggf. notwendiges Eingreifen in den Produktionsprozeß bzw. Planänderung nach Produktionskontrolle)
- Produktionskontrolle (Kontrolle der Aufgabendurchführung durch Überwachung der Produktmengen, Termine, Produktqualität und Produktionskosten)

Über die Durchführung der einzelnen Aufgaben der Prozeßplanung, Produktionssteuerung und -kontrolle entscheidet das operative Produktionsmanagement nach Maßgabe der geplanten operativen produktionswirtschaftlichen Ziele, die aus dem Zielsystem der strategischen Ziele abgeleitet werden. Die folgenden Ausführungen befassen sich vorerst mit der Analyse des Zielsystems der Prozeßplanung. Der darauf folgende Abschnitt befaßt sich mit der Frage, welche produktionstheoretischen Ansätze als Erklärungsmodelle zur Gestaltung des Produktionsprozesses herangezogen werden können. Den Kernteil bilden dann die Ausführungen zur Prozeßplanung für die einzelnen Produktionstypen sowie zur Produktionssteuerung und -kontrolle.

---

[1] Vgl. *Zäpfel* 1982, S. 242.

4.1.2 Zielsystem der operativen Prozeßplanung

Ausgehend von dem in Abschnitt I.2.1.2 dargestellten System produktionswirtschaftlicher Ziele können für die operative Prozeßplanung insbesondere monetäre, Zeit-, Mengen- und Qualitäts-, soziale sowie Umweltziele von Bedeutung sein. Bei gegebenem Produktions-/Absatzprogramm reduziert sich das Gewinnziel auf Kostenziele, da von gegebenen Erlösen ausgegangen werden kann. Hier soll zunächst eine Beschränkung auf die für die Prozeßplanung besonders wichtigen Formal-, d.h. **Kostenziele** vorgenommen werden. In der industriellen Praxis werden für diese ersatzweise auch **Zeitziele** herangezogen, die danach ebenfalls hier analysiert werden. Ein Aspekt sozialer Zielsetzung betrifft die Erweiterung des Handlungs- und Entscheidungsspielraumes der Mitarbeiter, die an der Produktionsdurchführung beteiligt sind. Mögliche Ansätze zur Umsetzung dieses Ziels werden in Abschnitt III.4.9 angesprochen.

Im Rahmen der Prozeßplanung wird versucht, eine **Minimierung der** für die Produktionsdurchführung **entscheidungsrelevanten Kosten** zu erreichen. Zu diesen zählen vor allem folgende Kostenarten:

- Kosten für die Erzeugung der Produkte auf den Potentialfaktoren (Fertigungs- oder ggf. Herstellkosten),
- Kosten des Stillstandes von Potentialfaktoren (Leerkosten),
- Kosten für die Lagerung von Vor- bzw. Endprodukten (Zwischen- und Endlagerkosten),
- Kosten für die Über-/Unterschreitung bzw. für die Einhaltung von Lieferterminen (Anpassungskosten).

Im folgenden wird eine Analyse der relevanten Kosten durchgeführt, wobei die Lagerkosten bereits in Abschnitt III.3.3.3.1 behandelt wurden.

4.1.2.1 Kostenziele

Fertigungs-/Herstellkosten

In vielen Produktionsbetrieben existieren Betriebsmittel, die gleiche Arbeitsgänge, jedoch zu unterschiedlichen Kosten ausführen können. Somit muß innerhalb der Prozeßplanung ein Wahlproblem zwischen mehreren Produktionsstellen (Verfahrenswahl) gelöst werden, wobei eine Minimierung der nach Verfahrensalternativen differenzierten relevanten Grenzkosten anzustreben ist. Fallen bei allen in Frage kommenden Verfahrensalternativen die gleichen proportionalen Materialkosten an, so sind ausschließlich die **Grenzfertigungskosten** pro Produkteinheit als relevante Kosten anzusehen. Trifft diese Prämisse nicht zu, so wird in der Zielfunktion eine Minimierung der **Grenzherstellkosten** angestrebt.

Leerkosten

Die Perioden-Fixkosten eines Betriebsmittels lassen sich in Abhängigkeit von dessen Auslastung (Ausnutzung) nach *Abb. 222* in Nutz-(K_{F_N}) und Leerkosten (K_{F_L}) unterteilen[2].

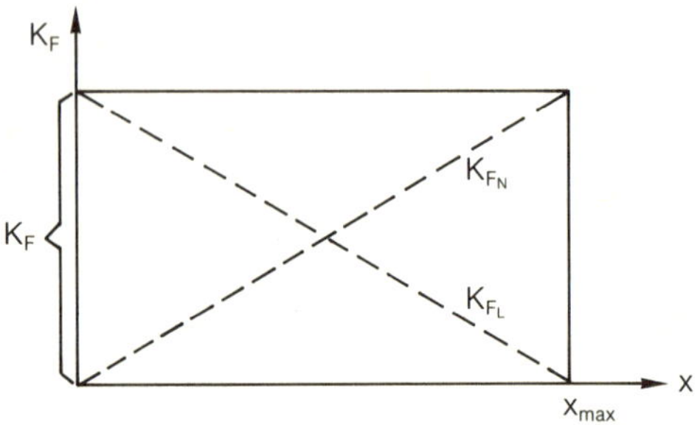

Abb. 222: Nutz- und Leerkostenverlauf

Leerkosten entstehen durch Leer- oder Stillstandszeiten von Betriebsmitteln, in denen diese auf Belegung mit Arbeitsaufgaben warten. In Form von Opportunitätskosten lassen sie sich als entgangene Deckungsbeiträge bei alternativer Nutzung von Betriebsmitteln durch zusätzliche Aufträge in den Leer- oder Stillstandszeiten interpretieren. Liegt das Produktionsprogramm fest und können somit keine zusätzlichen Aufträge realisiert werden, so fehlen zusätzliche Nutzungsmöglichkeiten der Leer- oder Stillstandszeiten, und die Leerkosten sind ohne Bedeutung. Wie später zu zeigen sein wird, soll innerhalb der Realisierung von Zeitzielen eine Maximierung der Kapazitätsauslastung durch **Minimierung der Leer- oder Stillstandszeiten** angestrebt werden. Dadurch soll die produktive Nutzung der vorhandenen betrieblichen Kapazitäten möglichst hoch sein. Ein direkter Kosteneffekt wird aber bei gegebenem realisierbaren Produktionsprogramm damit nicht erreicht. Auch bei dieser Zielsetzung spielt die Vorstellung eine Rolle, durch Zusatzaufträge kurzfristige Mengenerhöhungen des Produktions-/Absatzprogramms zu erreichen bzw. in Engpaßsituationen Mengeneinschränkungen zu vermeiden.

Terminabweichungs- und Anpassungskosten

Durch Störungen im Produktionsprozeß können (Liefer-)Terminabweichungen auftreten, die je nach Gestaltung des Liefervertrages ganz unterschiedliche kostenmäßige Konsequenzen nach sich ziehen können. Entweder ist eine verspätete Lieferung für den Kunden völlig wertlos (1) oder es wird eine Konventionalstrafe vereinbart (2). Weiterhin sind Fälle denkbar, in denen bestimmte Termintoleranzen (3) oder eine als branchenüblich angesehene, aber nicht ausdrücklich vereinbarte Lieferzeit (4) zugelassen sind. Die beiden

---

[2] Vgl. *Gutenberg* 1979, S. 348 ff.

Fälle (1) und (2) können zu **Fehlmengenkosten** in Form entgangener Deckungsbeiträge bzw. von Konventionalstrafen führen. In den Fällen (3) und (4) kann es unter Umständen zu Kosten in Form von notwendig werdenden Preisnachlässen kommen. In jedem Fall treten bei Terminüberschreitungen Goodwill-Verluste auf. Auch bei vorzeitiger Lieferung, d.h. Terminunterschreitungen, können für den Lieferbetrieb Kosten entstehen, wenn der Kunde die vorzeitige Lieferung nicht akzeptiert und diese an den Absender zurückgeht.

Da viele Industriebetriebe unter allen Umständen versuchen, drohende Terminüberschreitungen durch kurzfristige Anpassungsmaßnahmen – wie zeitliche und intensitätsmäßige Anpassung, Inbetriebnahme von Reservemaschinen (quantitative Anpassung), kurzfristige Fremdvergabe von Arbeiten – zu vermeiden, können dadurch sogenannte **Anpassungskosten** entstehen[3].

4.1.2.2 Zeitziele

Da die oben genannten, auf das Gesamtgebiet der Prozeßplanung ausgerichteten Kostenziele in der industriellen Praxis häufig schwer zu quantifizieren sind und nach Festlegung des Produktionsprogramms und der Seriengrößen ein großer Teil der Gesamtkosten bereits festliegt, arbeitet man in einem Teilgebiet der Prozeßplanung, der Maschinenbelegungsplanung (Ablauf-/ Reihenfolgeplanung) ersatzweise häufig mit relativ leicht quantifizierbaren **Zeitzielen.** Als dominierende Zeitziele werden hier folgende analysiert[4]:

- Minimierung der Durchlaufzeiten,
- Maximierung der Kapazitätsauslastung,
- Minimierung von Terminabweichungen.

Minimierung der Durchlaufzeiten

Die Durchlaufzeit eines Auftrags j setzt sich aus folgenden Teilzeiten zusammen:

- Bearbeitungszeiten (einschließlich Rüstzeit) a_{ij} des Auftrags j auf Betriebsmittel i,
- Transportzeiten t_{Tij} des Auftrags j zu Betriebsmittel i,
- Wartezeiten t_{Wij} des Auftrags j vor Betriebsmittel i.

Sofern Parallelbearbeitungen eines Auftrags ausgeschlossen werden, ergibt sich für die Durchlaufzeit T_{dj}:

$$T_{dj} = \sum_{i=1}^{m} (a_{ij} + t_{Tij} + t_{Wij}) \tag{217}$$

Sind a_{ij} und t_{Tij} fest vorgegeben und reihenfolgeunabhängig, so ist $T_{dj} = f(t_{Wij})$.

---

[3] *Zäpfel* 1982, S. 191.
[4] Vgl. *Seelbach* 1975, S. 32ff.

Folgende Zielsetzungen sind in diesem Zusammenhang gebräuchlich:

- Minimierung der maximalen Durchlaufzeit (auch Zykluszeit genannt):

$$Z_{D\,max} = \max\{T_{d1}, \ldots, T_{dn}\} \rightarrow \text{Min!} \quad (218)$$

$Z_{D\,max}$: Zeitspanne zur Durchführung **aller** n Aufträge (Zykluszeit)

- Minimierung der mittleren Durchlaufzeit $\bar{Z}_D$:

$$\bar{Z}_D = \frac{1}{n} \sum_{i=1}^{n} T_{dj} \rightarrow \text{Min!} \quad (219)$$

- Minimierung der Wartezeiten $Z_{W\,min}$:

$$Z_{W\,min} = \sum_{i=1}^{m} \sum_{j=1}^{n} t_{Wij} \rightarrow \text{Min!} \quad (220)$$

Da a_{ij} und t_{Tij} sowie n konstant sind, gelangen die beiden letztgenannten Zielfunktionen zum gleichen Ergebnis.

Das erstgenannte Ziel der Minimierung der maximalen Durchlaufzeit (Zykluszeit) wird von einigen Autoren nur unter speziellen Bedingungen als angemessen erachtet[5]. Unter der Voraussetzung, daß ein gegebenes Produktionsprogramm mit festgelegten Auftragsgrößen zu realisieren ist, kann dieses Zielkriterium als brauchbar angesehen werden. Dies wird auch durch die Tatsache bestätigt, daß fast alle heute anwendbaren Lösungsansätze zur Ablaufplanung sich ausschließlich daran orientieren[6].

Alle durchlaufzeitbezogenen Ziele basieren auf der monetären Zielsetzung, durch einen möglichst schnellen Produktionsfluß die Kapitalbindungskosten der Aufträge zu minimieren.

Maximierung der Kapazitätsauslastung

Die Gesamtzeit der Maschinenbelegung von Produktionsstellen in einer Betrachtungsperiode T_B setzt sich aus der Summe der Bearbeitungszeiten (a_{ij}) und ablaufbedingten Leerzeiten (t_{Li}) zusammen:

$$T_B = \sum_{i=1}^{m} \sum_{j=1}^{n} a_{ij} + \sum_{i=1}^{m} t_{Li} \quad (221)$$

Wählt man die maximale Durchlaufzeit $Z_{D\,max}$ als Betrachtungsperiode, so ergibt sich für die Leerzeit t_{Li}:

$$t_{Li} = Z_{D\,max} - \sum_{j=1}^{n} a_{ij} \quad (222)$$

Als kapazitätsbezogene Ziele werden genannt:

- Maximierung der Kapazitätsauslastung KA_{max}:

---

[5] Vgl. *Günther* 1971, S. 86 ff., *Siegel* 1974, S. 28 ff.
[6] Vgl. *Seelbach* 1975, S. 37.

$$KA_{max} = \frac{\sum_{i=1}^{m} \sum_{j=1}^{n} a_{ij}}{\sum_{i=1}^{m} \sum_{j=1}^{n} a_{ij} + \sum_{i=1}^{m} t_{Li}} \rightarrow \text{Max!} \tag{223}$$

KA stellt hier das Verhältnis der Gesamtbearbeitungszeit zur Gesamtzeit der Maschinenbelegung T_B dar.

- Minimierung der Leerzeiten $T_{L\,min}$:

$$T_{L\,min} = \sum_{i=1}^{m} t_{Li} \rightarrow \text{Min!} \tag{224}$$

Bei konstanten Bearbeitungszeiten stimmen die beiden letztgenannten Zielsetzungen überein. Wie oben bereits angesprochen, soll mit diesen Zielsetzungen eine möglichst gute Nutzung der vorhandenen betrieblichen Kapazitäten erreicht werden.

Minimierung von Terminabweichungen

Wird davon ausgegangen, daß für einen Auftrag j eine Lieferzeit LZ_j vertraglich vereinbart wurde, so ergibt sich die Terminabweichung $\triangle LZ_j$:

$$\triangle LZ_j = T_{dj} - LZ_j \tag{225}$$

Bei $\triangle LZ_j > 0$ liegt eine Lieferzeit-(Termin-)überschreitung (Verspätung, Verzögerung) vor, bei $\triangle LZ_j < 0$ wird zu früh geliefert. Meist interessieren nur Zielsetzungen, die sich auf Lieferverspätungen beziehen:

- Minimierung der maximalen Verspätung LV_{max}:

$$LV_{max} = \max_j [\max \{T_{dj} - LZ_j, 0\}] \rightarrow \text{Min!} \tag{226}$$

- Minimierung der Summe aller Verspätungen LVA:

$$LVA = \sum_{j=1}^{n} \max \{T_{dj} - LZ_j, 0\} \rightarrow \text{Min!} \tag{227}$$

Neben den oben genannten Zeitzielen werden in der Literatur noch weitere Zeitzielsetzungen (wie z.B. Minimierung der Rüstzeiten) genannt, deren Erörterung hier unterbleibt. Die praktische Relevanz der Zeitzielsetzung wurde in einer umfangreichen empirischen Untersuchung belegt[7].

Zeitzielbeziehungen

Zu klären ist die Frage, ob ein Maschinenbelegungsplan, der im Hinblick auf ein Ziel als optimal befunden wurde, auch optimal in bezug auf ein anderes Ziel ist. Behauptet wird, daß das Ziel Minimierung der maximalen Durchlaufzeit $Z_{D\,max}$ und das Ziel Maximierung der Kapazitätsauslastung KA_{max} äquivalent sind: Wenn

---

[7] *Panwalkar/Dudek* 1973.

$T_{L\,min} = \sum_{i=1}^{m} t_{Li} = \sum_{i=1}^{m} (Z_{D\,max} - \sum_{j=1}^{n} a_{ij})$, dann ist

$$T_{L\,min} = m \cdot Z_{D\,max} - \sum_{i=1}^{m} \sum_{j=1}^{n} a_{ij} \tag{228}$$

Da a_{ij} und m konstant angenommen werden, führt $T_{L\,min}$ und $Z_{D\,max}$ zum gleichen Ergebnis[8].

Da weiterhin:

$$KA_{max} = \frac{\sum_{i=1}^{m} \sum_{j=1}^{n} a_{ij}}{m \cdot Z_{D\,max}} \tag{229}$$

ergibt sich folgende Aussage: $Z_{D\,max}$ und KA_{max} sowie $T_{L\,min}$ führen zum gleichen Maschinenbelegungsplan.

Die oben formulierte Aussage beruht allerdings auf der Prämisse, daß ein gegebenes Produktionsprogramm mit festgelegten Auftragsgrößen zu realisieren ist. Damit entspricht die Betrachtungs-(Planungs-)Periode zur Erstellung der Maschinenbelegungsplanung der Zykluszeit. Diese Situation ist typisch für die Serien-/Vorrats-/Reihenproduktion, bei der Leerzeiten nach der letzten Bearbeitung keine Bedeutung haben. In der Einzel-/Auftrags-/Werkstattproduktion, bei der in der Praxis häufig kein festgelegtes Produktionsprogramm für die Periode existiert, können die verbleibenden Leerzeiten jedoch für später eingehende zusätzliche Aufträge genutzt werden. Das von Gutenberg konstatierte **Dilemma der Ablaufplanung in der Werkstattproduktion,** im Laufe der Zeit sogar zum Trilemma bzw. Polylemma erweitert, bezieht sich auf diese Situation und weist eine konfliktäre Beziehung zwischen den Zielen der minimalen Durchlaufzeit (mittlere Durchlaufzeit) und der maximalen Kapazitätsauslastung nach[9].

Es wird weiter behauptet, daß die Ziele Minimierung der mittleren Durchlaufzeit $\bar{Z}_D$ und die Minimierung der Wartezeiten $Z_{W\,min}$ aquivalent sind:

$$\bar{Z}_D = \frac{1}{n} \cdot \sum_{j=1}^{n} \left(\sum_{i=1}^{m} a_{ij} + t_{Tij} + t_{Wij} \right) \tag{230}$$

Bei Konstanz von a_{ij} und t_{Tij} zeigt sich eine Äquivalenz zwischen $\bar{Z}_D$ und $Z_{W\,min}$.

Das Anstreben von **Zeitzielen,** die auch als **Ersatzziele** für monetäre Ziele aufgefaßt werden können, darf selbst bei Komplementarität mit diesen nicht darüber hinwegtäuschen, daß die monetären (Kosten- und auch Erlös-)Konsequenzen von operativen Prozeßplänen im Verborgenen bleiben. Bei immer härter werdenden Wettbewerbsbedingungen müssen in Zukunft PPS-Syste-

---

[8] Vgl. *Zäpfel* 1982, S. 252.

[9] Vgl. *Gutenberg* 1979, S. 216, *Rinnooy Kan* 1976, *Siegel* 1974, *Mensch* 1972.

me entwickelt werden, die auch im Bereich der operativen Prozeßplanung von monetären Zielen ausgehen[10].

Bevor auf die Prozeßplanung bei ausgewählten Kombinationstypen der Produktion eingegangen wird, soll eine kurze, überblicksartige Analyse produktionstheoretischer Erklärungsansätze zur Prozeßplanung vorgenommen werden, um den Stellenwert einer dynamischen Produktionstheorie für die praktische Durchführung der operativen Prozeßplanung einschätzen zu können.

4.2 Produktionstheoretische Grundlagen der operativen Prozeßplanung

Die betriebswirtschaftliche Produktionstheorie hat die Aufgabe, generelle Hypothesen über die Wirkungszusammenhänge von Input-Output-Prozessen zu entwickeln. Diese Hypothesen, die als Produktionsfunktionen oder Produktionsmodelle bezeichnet werden, sollen im konkreten Einzelfall zur Entwicklung prognostisch verwertbarer Gesetzmäßigkeiten des Produktionsprozesses im Rahmen der Produktionsplanung anregen. Insbesondere sollen produktionstheoretische Aussagen zu folgenden Fragen Erklärungen und darauf aufbauende Prognosen abgeben können:

- Welche Produktionsfaktor**arten** können oder müssen zur Produktion gegebener Endproduktarten eingesetzt werden (Artenstruktur)?
- Welche Produktionsfaktor**mengen** sind erforderlich, um gegebene Endproduktmengen zu produzieren (Mengenstruktur)?
- Welche Einsatz**termine** für die Bereitstellung der Produktionsfaktorarten und -mengen sind einzuhalten, damit zu gegebenen Terminen bestimmte Endproduktarten und -mengen produziert werden können (Zeitstruktur)?

Lange Zeit hat sich die betriebswirtschaftliche Produktionstheorie vor allem mit der **Arten- und Mengenstruktur** von Produktionsprozessen befaßt und diese in Produktions- bzw. Transformationsfunktionen abgebildet[11]. Die Produktionsfunktionen vom Typ A, B, C und D können als **statische** Produktionsfunktionen bezeichnet werden und sind als solche Modelle einer **statischen Produktionstheorie.** Diese Produktionsmodelle haben zum Teil empirisch gehaltvolle Hypothesen zur Planung des Produktionsprogramms und der Produktionsfaktoren geliefert.

Die Berücksichtigung der **Zeitstruktur** von Produktionsprozessen in mathematischen Modellformulierungen führt zu **dynamischen Produktionsfunktionen,** die als formale Darstellung einer Hypothese über die gesetzmäßige Beziehung zwischen Inputfaktormengen (Produktionsfaktoren) mit Terminen ihres Einsatzes und Outputfaktormengen (Produkte) mit Terminen der Aus-

---

[10] Siehe hierzu Abschnitt III.5.4.

[11] Vgl. Abschnitt III.2.2.

bringung interpretiert werden können und als solche Modelle einer **dynamischen Produktionstheorie** repräsentieren. Nur eine solche Theorie kann die Basis zur Entwicklung von Gestaltungsmodellen der operativen Prozeßplanung bilden.

4.2.1 Dynamische Produktionstheorie

Bevor im Überblick auf die bisher erarbeiteten Modelle einer dynamischen Produktionstheorie eingegangen wird, soll eine Abgrenzung zwischen statischen und dynamischen Produktionsfunktionen vorgenommen werden. In **statischen Produktionsfunktionen** beziehen sich alle auftretenden Variablen auf denselben Zeitpunkt bzw. Zeitraum. Damit haben auch Aussagen über die Wirkung von Einflußgrößen auf die Transformationsdauer von Produktionsprozessen rein statischen Charakter[12]. Eine mittlere Position zwischen statischen und dynamischen Produktionsfunktionen nehmen die **komparativ-statischen** bzw. **kinetischen Modelle** ein. Diese enthalten Variable, die verschiedenen Zeitpunkten bzw. Zeiträumen zugeordnet sind. Es existieren hier keine Verknüpfungen zwischen Variablen verschiedener zeitlicher Zuordnung, jedoch werden Größen verschiedener Zeitpunkte bzw. -räume miteinander verglichen. Auf Periodenbasis nennt man solche Modelle **komparativ-statisch,** bilden sie die Zeit als kontinuierlich variierende Größe ab, so bezeichnet man sie als **kinetisch.**

Dynamische Produktionsfunktionen sind dadurch gekennzeichnet, daß in mindestens einer im Modell auftretenden Relation eine Verknüpfung von Variablen verschiedener Zeitzuordnung erfolgt[13]. Dynamische Produktionsfunktionen lassen sich in stationäre und in evolutorische Modelle unterscheiden. In **stationären Modellen** bleiben die Relationen, die zwischen Variablen verschiedener Zeitzuordnung bestehen, im Zeitablauf gleich, in **evolutorischen Modellen** verändern sie sich. Für operative, d.h. kurzfristige Problemstellungen, wie sie hier behandelt werden, eignen sich vorzugsweise stationäre Modelle. Evolutorische Produktionsmodelle beziehen sich vorwiegend auf längere Betrachtungszeiträume, wie sie für die strategische Produktionsplanung unterstellt werden. Eine Berücksichtigung von Lernprozessen bei der Erstellung von Arbeitsplänen innerhalb der Prozeßplanung wäre zwar bereits ein evolutorischer Prozeß, wurde aber bisher in betriebswirtschaftliche Produktionsfunktionen noch nicht einbezogen. In langfristigen evolutorischen Produktionsfunktionen wird beispielsweise die Wirkung des technischen Fortschritts berücksichtigt[14].

Hier kann gleich vorweg genommen werden, daß betriebswirtschaftliche dynamische Produktionsfunktionen bisher nur in stationärer Form vorliegen.

---

[12] Vgl. *Troßmann* 1983, S. 39.
[13] Vgl. *Stein* 1965, S. 155.
[14] Vgl. *Sabel* 1974, Sp. 1216.

Ihr dynamischer Charakter zeigt sich dadurch, daß Lagerbestandsvariable auftreten, deren zeitliche Veränderungen explizit abgebildet werden, und daß die Verflechtungsbeziehungen zwischen Produkten und/oder Produktionsstellen auch in ihrer zeitlichen Ausdehnung betrachtet werden.

Eine Analyse der umfangreichen Literatur zur dynamischen Produktionstheorie läßt drei Gruppen von Ansätzen erkennen[15]:

- Ansätze vorwiegend anwendungsindifferenter mathematisch-formaler Art,
- Ansätze mit vorwiegend volkswirtschaftlichem Gegenstandsbereich,
- Ansätze mit vorwiegend betriebswirtschaftlichem Gegenstandsbereich.

Mathematisch-formale Ansätze beziehen sich auf die Konzepte der **dynamischen Aktivitätsanalyse**[16] und der **dynamischen Produktionskorrespondenzen**[17]. **Dynamische volkswirtschaftliche Produktionsmodelle** beruhen auf der **neoklassischen marginalanalytischen Darstellungsweise** und befassen sich in der Regel mit längerfristigen Veränderungsprozessen in der volkswirtschaftlichen Produktion, wie dem technischen Fortschritt und volkswirtschaftlichen Wachstum[18].

Die hier interessierenden **betriebswirtschaftlich orientierten Ansätze** versuchen, produktionstheoretische Aussagen auf konkrete betriebliche Situationen zu beziehen. Sie verfolgen das Ziel, Grundlagen für betriebliche Prognosen und Entscheidungen, d.h. Planungsgrundlagen zu liefern und sind deshalb wesentlich differenzierter ausgestaltet als die Ansätze der beiden vorhin erwähnten Gruppen.

Eine Dynamisierung betriebswirtschaftlicher Produktionsfunktionen wird seit langem diskutiert. Die früheren Ansätze dazu beschränken sich jedoch entweder auf die Formulierung von Anforderungen und möglichen Eigenschaften solcher Modelle[19] oder sie beinhalten nur ganz bescheidene dynamische Verknüpfungen[20]. Neuere dynamische Ansätze lassen hier zwei Gruppen erkennen, die sich durch die grundsätzliche Art der Zeitberücksichtigung voneinander unterscheiden[21]:

(1) Dynamische Produktionsfunktionen mit Zeitkontinuum (kontinuierliche Modelle)

(2) Dynamische Produktionsfunktionen mit Periodeneinteilung (diskontinuierliche Modelle)

---

[15] Vgl. *Troßmann* 1983, S. 164ff.

[16] Vgl. *Henn/Opitz* 1972.

[17] Vgl. *Shephard/Färe* 1975 und 1980, *Wittmann* 1979.

[18] Vgl. *Krelle* 1969, S. 117ff., *Ott* 1959, *Streißler* 1959, S. 86ff., *Frisch* 1965, S. 291.ff.

[19] Vgl. *Schmidt* 1967, S. 127ff.

[20] Vgl. z.B. *Elsner* 1964, S. 20ff., *Lücke* 1973, S. 299ff.

[21] Vgl. *Troßmann* 1983, S. 42ff.

Zu (1): Kontinuierliche Modelle[22]

Diese Modelle berücksichtigen die Zeit als kontinuierlich variierenden Parameter eines Betrachtungsintervalls [0, T] bzw. [0, ∞]. Da in diesen Modellen in jedem beliebigen Zeitpunkt Änderungen von Gütermengen abgebildet werden können, lassen sich die Entwicklung von Beständen, das Heranreifen von Produkten und der kontinuierliche Verbrauch von Produktionsfaktoren genauestens darstellen. Sie eignen sich daher besonders für die Abbildung kontinuierlicher Produktionsprozesse, wie sie z.B. im Falle einer kontinuierlichen Fließ-/Massenproduktion vorliegen. Auch Lerneffekte oder Intensitätsveränderungen von Betriebsmitteln (Laufgeschwindigkeit des Fließbandes) können mit Hilfe von Differentialgleichungen exakt erfaßt werden.

Ein weiterer Schwerpunkt für die sinnvolle Anwendung kontinuierlicher Modelle liegt in der Abbildung zeitlicher Änderungen der technologischen Bedingungen. Ähnlich wie bei den volkswirtschaftlichen Ansätzen werden hier die Wirkung des beeinflußbaren oder nicht beeinflußbaren technischen Fortschritts sowie andere Veränderungen der mengenmäßigen oder zeitlichen Input-Output-Beziehungen betrachtet.

Die äußerst genaue Abbildungsart dieser Modelle führt meist schon bei relativ einfachen Produktionsstrukturen zu komplexen mathematischen Darstellungs- und Lösungsproblemen. Dazu werden anspruchsvolle mathematische Methoden, wie Differentialgleichungssysteme, Variationsrechnung und die Kontrolltheorie auf der Basis des *Pontrjagin*schen Maximumprinzips eingesetzt[23].

Die kontinuierlichen Modelle eignen sich als Basis für Produktions-Planungsmodelle in solchen Fällen, bei denen entweder eine detaillierte Analyse eines Teil-Produktionsprozesses durchgeführt wird, der wesentlichen zeitlichen Schwankungen unterliegt (z.B. im Saisonbetrieb), oder bei denen längerfristige Entwicklungen ohne Detailanalyse von Einzelprozessen in ihren globalen Auswirkungen untersucht werden. Die Besonderheiten der mehrstufigen Mehrproduktproduktion werden dabei in der Regel nicht detailliert abgebildet. Produktionsplanungsprobleme von Saisonbetrieben werden in dieser Schrift nicht behandelt. Aus diesem Grunde wird der kontinuierliche Ansatz hier nicht weiter verfolgt.

Die spezielle Eignung dieser Modelle zur Abbildung des Produktionsprozesses in der Fließ-/Massenproduktion hat für die Praxis der operativen Produktionsplanung nur geringe Relevanz, da der Großteil der Ablaufprobleme dieses Produktionstyps bereits in der strategisch-taktischen Produktionsplanung gelöst werden muß (z.B. Fließbandabstimmung).

Aus den oben genannten Gründen weisen die diskontinuierlichen Produktionsmodelle (mit Periodeneinteilung) als Grundlage der operativen Produk-

---

[22] Vgl. z.B. *Stöppler* 1975, S. 24ff.
[23] Vgl. z.B. *Stöppler* 1975, S. 87ff.

tions-Prozeßplanung für die hier untersuchten kombinierten Produktionstypen einen höheren Stellenwert auf.

Zu (2): Diskontinuierliche Modelle

In der zweiten Gruppe der dynamischen Produktionsfunktionen steht die Abbildung der Zeitstruktur bei mehrstufiger Produktion im Mittelpunkt. Der Betrachtungszeitraum wird dabei in Perioden aufgeteilt. Als Bestandsvariable treten Lager- bzw. Vorrats- oder Kapazitätsbestandsvariable, als Bewegungsvariable die Variablen der erzeugten Produktmengen auf. Bestandsvariable werden auf den Periodenbeginn bezogen, für Bewegungsvariable wird als Bezugspunkt das Periodenende gewählt. Verknüpfungsbeziehungen zwischen den einzelnen Perioden geben an, wie die Bestände bzw. die Produktionsmengen der Betrachtungsperiode von Beständen bzw. Produktionsmengen der gleichen Periode sowie Vorperiode abhängen. Bei diskontinuierlichen Modellen werden die Vorgänge innerhalb der gleichen Periode zeitlich nicht mehr differenziert. Dies bedeutet, daß innerhalb jeder Periode eine statische Betrachtungsweise vorliegt, die teilweise zu Abbildungsproblemen führen kann[24]. Die Abbildungsgenauigkeit eines diskontinuierlichen Modells hängt deshalb stark von seinem strukturellen Aufbau ab. Die Wahl der Periodenlänge, die Definition von Zwischenprodukten als separate Güterarten sowie die Wahl des zeitlichen Abstandes (Verweildauer) zwischen Faktoreinsatz und Fertigstellung des Produktes sind relevante modelltechnologische Entscheidungsprobleme.

In der für die operative Prozeßplanung relevanten Gruppe der diskontinuierlichen betriebswirtschaftlichen dynamischen Produktionsmodelle liegen bisher drei Untersuchungen vor:

- Dynamische Produktionsfunktion vom Typ E[25],
- Dynamische Produktionsfunktion vom Typ F[26],
- Dynamische Produktionsfunktion auf der Basis von Produktionskorrespondenzen (spätestterminierte dynamische Inputfunktion)[27].

Im folgenden Abschnitt wird in knapper Form nur auf die Produktionsfunktion vom Typ E eingegangen. Die **spätestterminierte dynamische Inputfunktion** kann als Anwendung und Erweiterung von Typ E angesehen werden. Ihre Hauptmerkmale – Dynamisierung durch Periodisierung, die Berücksichtigung positiver und verschiedener Verweildauern, die Zulässigkeit analytischer, synthetischer, durchlaufender und umgruppierender Produktion, die periodenweise Bedarfsauflösung sowie der Ansatz der Produktionskorrespondenzen – rechtfertigen die Bezeichnung „allgemeine dynamische Produktionsfunktion“. Zu ihrer detaillierten Darstellung wird auf die Literatur verwiesen[28].

---

[24] Vgl. *Troßmann* 1983, S. 45 ff.

[25] *Küpper* 1979, 1980, 1981.

[26] *Matthes* 1979.

[27] *Troßmann* 1983.

[28] Ebenda.

Während die Produktionsfunktion vom **Typ E** in erster Linie zur Abbildung der Produktionsverhältnisse in der **Serienproduktion** geeignet erscheint, wird in der Produktionsfunktion vom **Typ F** versucht, auf der Basis eines Ansatzes der Netzplantechnik ein umfassendes dynamisches Produktionsmodell für die **Einzelproduktion** (Projektproduktion) zu entwerfen[29]. Ein wesentliches Ziel dieses Modells besteht darin, die für die Durchführung einzelner Teilprozesse eines Auftrags bestehenden terminlichen Freiheitsgrade aufzuzeigen. Diese ergeben sich aus zeitlichen Minimal- und Maximalbedingungen, durch welche die zeitliche Struktur eines Auftrags charakterisiert wird. Zur Erfüllung dieser Bedingungen stehen bestimmte Anpassungskombinationen aus Einsatzgeschwindigkeiten, -zeiten, -mengen, -qualitäten und -verfahren zur Auswahl, deren Wirkungen auf bestimmte Zielgrößen analysiert werden. Die Analyse basiert insbesondere auf dem MPM-Ansatz der Netzplantechnik[30], der mit Transformationsfunktionen vom Typ C und der Theorie betrieblicher Anpassungsformen kombiniert wird.

4.2.2 Produktionsfunktion vom Typ E

Die **Produktionsfunktion vom Typ E** basiert auf dem allgemeinen Input-Output-Ansatz[31], wobei Input-(Produktions-) und Outputfaktoren (Produkte) in ihrer Arten-, Mengen- und Zeitstruktur abgebildet werden, und der Betrachtungs-(Planungs-)zeitraum in eine vorgegebene Zahl unmittelbar aufeinanderfolgender Intervalle unterteilt wird. Elemente dieses Ansatzes sind Mengengleichungen und dynamische Transformationsfunktionen[32]. Die folgende **Mengengleichung** beschreibt, welche Menge der i-ten Güterart im Intervall t hervorgebracht (r_i^t), zur Herstellung einer anderen Güterart wieder eingesetzt (r_{ij}^t) oder am Markt abgesetzt (x_i^t) wird sowie am Ende von t (l_i^t) bzw. zu Beginn von t und am Ende von $t-1$ gelagert (l_i^{t-1}) ist. Der gesamte Produktionsprozeß wird durch J Gleichungen der folgenden Art für jedes Intervall t erfaßt:

$$r_i^t = \sum_j r_{ij}^t + x_i^t + l_i^t - l_i^{t-1} \quad \forall \, i \text{ und } t \tag{231}$$

Die **dynamischen Transformationsfunktionen** charakterisieren die mengenmäßigen und zeitlichen Beziehungen zwischen den erzeugten Gütermengen r_j und den für diese Produktion notwendigen Einsatzmengen r_{ij} eines Prozesses j, wobei die exakte Angabe der Input-Output-Beziehungen (z.B. in Form einer Leontief-Produktionsfunktion oder *Gutenberg*-Verbrauchsfunktion) offenbleibt. Für jeden Produktionsfaktor i im Prozeß j wird dabei eine vorgegebene konstante Verweilzeit τ unterstellt:

---

[29] Vgl. *Matthes* 1979, S. 3ff.

[30] Vgl. z.B. *Wille/Gewald/Weber* 1972, S. 60ff. und *Knolmayer/Rückle* 1976, S. 431ff. sowie Abschnitt III.4.3.2 dieser Schrift.

[31] Vgl. Abschnitt III.2.2.2.

[32] Die folgenden Ausführungen mit ihrer formalen Symbolik beziehen sich weitgehend auf *Küpper* 1981, S. 228ff.

$$r_{ij}^t = f_{ij}^\tau (\ldots) \cdot r_j^{t+\tau} \quad \forall i, j \text{ und } t \tag{232}$$

Betragen die Verweilzeiten für alle Güterarten und Prozesse genau **eine** Intervalldauer ($\tau = 1$), so ergibt sich:

$$r_{ij}^t = f_{ij}^1 (\ldots) \cdot r_j^{t+1} \quad \forall i, j \text{ und } t \tag{233}$$

Die oben angeführte Beziehung in die Mengengleichung eingesetzt, ergibt die Grundgleichung des **Input-Output-Modells:**

$$r_i^t = \sum_j f_{ij}^1 (\ldots) \cdot r_j^{t+1} + x_i^t + l_i^t - l_i^{t-1} \quad \forall i \text{ und } t \tag{234}$$

In Matrizenschreibweise ergibt sich für jedes Intervall t:

$$\mathbf{r}^t = \mathbf{F}_1 \cdot \mathbf{r}^{t+1} + \mathbf{x}^t + \mathbf{l}^t - \mathbf{l}^{t-1} \quad \forall t \tag{235}$$

Für t = 0 (Beginn des 1. Intervalls) gilt:

$$0 = \mathbf{F}_1 \cdot \mathbf{r}^1 + 0 + \mathbf{l}^0 - \bar{\mathbf{l}}^0 \tag{236}$$

$\mathbf{l}^0$: Lagerbestände, über die zu Beginn des ersten Intervalls noch nicht disponiert ist

$\bar{\mathbf{l}}^0$: Lageranfangsbestände

Für t = T (Ende des letzten Intervalls) gilt:

$$\mathbf{r}^T = 0 + \mathbf{x}^T + \mathbf{l}^T - \mathbf{l}^{T-1} \tag{237}$$

Zur Auflösung der Gleichungssysteme werden die Gleichungen für $\mathbf{r}^T$ des letzten Intervalls T in die Gleichungen des vorletzten Intervalls T − 1 eingesetzt. Nach diesem Prinzip wird der gesamte Ansatz rekursiv nach $\mathbf{r}^t$ aufgelöst und daraus die **dynamische Produktionsfunktion der Unternehmung vom Typ E** bei Transformationsfunktionen für **Verweilzeiten von einem Intervall** abgeleitet:

$$\mathbf{r}^t = \sum_{\vartheta=0}^{T-t} \mathbf{F}_1^\vartheta \cdot (\mathbf{x}^{t+\vartheta} + \mathbf{l}^{t+\vartheta} - \mathbf{l}^{t+\vartheta-1}) \quad (t = 0, \ldots, T) \tag{238}$$

wobei: $\mathbf{r}^0 = 0$; $\mathbf{F}_1^0 = \mathbf{E}$; $\mathbf{l}^{-1} = \bar{\mathbf{l}}^0$

Für **unterschiedliche Verweilzeiten** von $\tau = 0$ bis $\tau = \Omega$ ergeben sich folgende Transformationsfunktionen:

$$r_{ij}^t = \sum_{\tau=0}^{\Omega} f_{ij}^\tau (\ldots) \cdot r_j^{t+\tau} \tag{239}$$

Die obigen Funktionen in die Mengengleichungen eingesetzt und das Gleichungssystem für alle Intervalle rekursiv nach $\mathbf{r}^t$ aufgelöst, ergibt die **dynamische Produktionsfunktion der Unternehmung vom Typ E für Verweilzeiten mit unterschiedlicher Dauer:**

$$\mathbf{r}^t = \sum_{\vartheta=0}^{T-t} \mathbf{F}_\vartheta^* \cdot (\mathbf{x}^{t+\vartheta} \cdot \mathbf{l}^{t+\vartheta} - \mathbf{l}^{t+\vartheta-1}) \quad (t = 0, \ldots, T) \tag{240}$$

wobei: $r^0 = 0; l^{-1} = \bar{l}^0;$

$$F_0^* = (E - F_0)^{-1}; \tag{241}$$

$$F_\vartheta^* = \sum_{v=1}^{\vartheta} (E - F_0)^{-1} \cdot F_v \cdot F_{\vartheta - v}^* \tag{242}$$

Die Verweilzeiten sind im oben angeführten Modell nur von den eingesetzten bzw. hergestellten Güterarten abhängig und berücksichtigen nicht den Einfluß von variablen Produktionsgeschwindigkeiten und Losgrößen in einem Teilprozeß (Arbeitsgang). Insofern kann dieser Ansatz die realen Gegebenheiten der Serienproduktion nur näherungsweise wiedergeben.

Die Berücksichtigung der Maschinenbelegung und Losgrößen erfordert die Einführung binärer intervallbezogener **Zuordnungsvariablen** z_{im}^t, die angeben, ob die Produktart im Intervall t von dem Betriebsmittel m erzeugt wird oder nicht:

$$z_m^t = \begin{cases} 1, - \text{ Produktion} \\ 0, - \text{ keine Produktion} \end{cases} \tag{243}$$

Weiterhin wird vorausgesetzt, daß jedes Betriebsmittel m in jedem Intervall t höchstens eine Produktart i erzeugt:

$$\sum_i z_{im}^t \leqslant 1, \text{ ganzzahlig } \forall \, m \text{ und } t \tag{244}$$

Die Werte der Zuordnungsvariablen für ein Betriebsmittel m in aufeinanderfolgenden Intervallen zeigen die Reihenfolge der verschiedenen, auf ihm hergestellten Produktarten. Unter Berücksichtigung der Produktionsmengen je Intervall kann man auch die Zahl der zu einem Los oder Auftrag gehörenden Produkte erkennen. Darüber hinaus zeigen die Werte der Zuordnungsvariablen für dieselbe Produktart auch deren Verteilung auf verschiedene Betriebsmittel (Arbeitsverteilung).

Der Einfluß der oben erwähnten Prozeßbedingungen – Arbeitsverteilung, Losgrößen und Reihenfolgen – wird in einem **System von Nebenbedingungen** berücksichtigt, das mit der Produktionsfunktion verbunden wird.

Im folgenden Produktionsmodell werden die Güterarten i in die Vor- und Endproduktarten p bzw. q = 1, …, Q sowie die originären Einsatzgüter (Produktionsfaktoren) Stoffe S und (maschinelle bzw. menschliche) Arbeit A gegliedert. Die gesamte Betrachtungsperiode mit einer Dauer von D wird in T aufeinanderfolgende Intervalle mit den variablen Intervalldauern d^t aufgespalten. Die Produktionszeitvariablen d_{pm}^t bzw. d_{qm}^t geben an, wie lange die Vorproduktart p bzw. die Endproduktart q im Intervall t vom m-ten Betriebsmittel erzeugt wird. Unter Berücksichtigung der Produktionsgeschwindigkeit (Intensität) ϱ_{pm} bzw. ϱ_{qm} und Verweilzeiten von $\tau = 1$ für alle Produkte ergibt sich die neue Grundgleichung (**Produktgleichung**):

$$r_p^t = \sum_m \varrho_{pm} d_{pm}^t = \sum_{q=1}^{Q} \sum_m f_{pq}^1 \cdot \varrho_{pm} \, d_{qm}^{t+1} + x_p^t + l_p^t - l_p^{t-1} \quad \forall \, p \text{ und } t \tag{245}$$

Zur Abbildung von Alternativen bei der Festlegung von Arbeitsverteilung und Reihenfolgen der Lose bzw. Aufträge werden mit Hilfe der Zuordnungsvariablen **Maschinenbelegungsbedingungen** formuliert:

$$\sum_p z^t_{pm} \leq 1, \text{ ganzzahlig} \quad \forall\, m \text{ und } t \tag{246}$$

Die Beziehungen zwischen den Produktionszeitvariablen d^t_{pm} und den Zuordnungsvariablen Z^t_{pm} charakterisieren folgende Nebenbedingungen:

$$d^t_{pm} \leq z^t_{pm} \cdot D \tag{247}$$

Die **Losgrößen** werden durch Umrüstvariable u^t_{qpm} sowie diesen entsprechenden Koeffizienten h_{qpm} für reihenfolgeabhängige Rüstzeiten in folgenden Nebenbedingungen bzw. Einsatzbedingungen erfaßt:

$$u^t_{qpm} \geq z^{t-1}_{qm} + z^t_{pm} - 1 \quad \forall\, p, q, m, t \tag{248}$$

$$\sum_{q,p} h_{qpm} \cdot u^t_{qpm} + \sum_p d^t_{pm} \leq d^t \quad \forall\, m, t \tag{249}$$

Weiterhin müssen noch eine **Intervallzeitbedingung** sowie **Nichtnegativitätsbedingungen** formuliert werden:

$$\sum_t d^t \leq D \qquad \text{(Intervallzeitbedingung)} \tag{250}$$

$$d^t_{pm}, z^t_{pm}, x^t_p, l^t_p, u^t_{qpm} \geq 0 \quad \forall\, p, q, m, t \tag{251}$$

Die Verknüpfung der Produktgleichungen (245) mit den oben formulierten Nebenbedingungen erfolgt über die Produktionszeitvariablen d^t_{pm}. Damit können die Interdependenzen zwischen Produktions-, Absatz- sowie Lagermengen an Produkten und den Prozeß-Einflußgrößen Arbeitsverteilung, Losgrößen sowie Reihenfolgen abgebildet werden.

Die Produktgleichungen, welche die Outputzeiten des Modells kennzeichnen, kann man auch in Matrizenform angeben, indem die Produktionszeitvariablen d^t_{pm} je Intervall zu einem Spaltenvektor $\mathbf{d}^t$ mit den Elementen (d^t_{11}, d^t_{12}, ..., d^t_{1M}, d^t_{21} ...), die Beziehungen f^1_{pq} zu einer Direktverbrauchsmatrix $\mathbf{F}_{pp}$ und die Koeffizienten der Produktionsgeschwindigkeiten zu einer Matrix $\mathbf{F}_{PD}$ zusammengefaßt werden:

$$\mathbf{r}^t_p = \mathbf{F}_{PD} \cdot \mathbf{d}^t = \mathbf{F}_{pp} \cdot \mathbf{F}_{PD} \cdot \mathbf{d}^{t+1} + \mathbf{x}^t_p + \mathbf{l}^t_p - \mathbf{l}^{t-1}_p \quad (t = 0, \ldots, T) \tag{252}$$

Als Beispiel für die zusätzlich zu entwickelnden Gleichungen für den originären Faktoreinsatz sollen hier nur der Verbrauch an **Stoffen** S (ohne Differenzierung in Roh-, Hilfs- und Betriebsstoffe) sowie der Verbrauch an **Arbeit** A (ohne Differenzierung zwischen menschlicher und maschineller Arbeit) dargestellt werden. Für jede konstante Produktionsgeschwindigkeit ϱ_{pm} gilt für den Stückverbrauch in Abhängigkeit von den Produktionszeiten die folgende Funktion, in der diese direkten funktionalen Beziehungen mit einer Verweilzeit von einem Intervall in einer Direktverbrauchsmatrix $\mathbf{F}_{SD}$ zusammengefaßt werden:

$$\mathbf{r}_S^t = \mathbf{F}_{SD} \cdot \mathbf{d}^{t+1} + \mathbf{x}_S^t + \mathbf{l}_S^t - \mathbf{l}_S^{t-1} \quad (t = 0, \ldots, T) \tag{253}$$

Die Einsatzzeiten für **Arbeit** $\mathbf{r}_A^t$ hängen von den Produktions- und Rüstzeiten des gleichen Intervalls ab. Die funktionalen Beziehungen zwischen diesen Größen werden in den Matrizen $\mathbf{F}_{AD}$ und $\mathbf{F}_{AU}$ zusammengefaßt:

$$\mathbf{r}_A^t = \mathbf{F}_{AD} \cdot \mathbf{d}^t + \mathbf{F}_{AU} \cdot \mathbf{u}^t \quad (t = 1, \ldots, T) \tag{254}$$

Zusammen mit den oben angegebenen Nebenbedingungen (246) bzw. (251) und weiteren folgenden Nichtnegativitätsbedingungen

$$\mathbf{r}_S^t, \mathbf{x}_S^t, \mathbf{l}_S^t, \mathbf{r}_A^t \geq 0 \quad \forall t \tag{255}$$

repräsentieren die Gleichungssysteme (252) bis (254) ein umfassendes dynamisches Produktionsmodell (Produktionsfunktion vom Typ E). Dieses Modell berücksichtigt verschiedene **Einflußgrößen** auf die zeitlich verteilten Faktoreinsatzmengen, die nicht nur von zeitlich verteilten Absatzmengen und Mindestlagerbeständen, sondern auch von Entscheidungen über Arbeitsverteilung, Losgrößen und Auftragsreihenfolgen abhängen. Da ohne Schwierigkeiten zeitliche, intensitätsmäßige und quantitative Anpassungsmöglichkeiten in das Produktionsmodell eingebaut werden können, kann es u.a. als wertvolle Basis zum Aufbau von Modellen der operativen Prozeßplanung herangezogen werden. Die Berücksichtigung der **Interdependenz der Einflußgrößen** verstärkt den Aussagegehalt dieses Modells für die Prozeßplanung.

Bei **variabler Arbeitsverteilung** einer Produktart auf Betriebsmittel mit unterschiedlichen technisch-ökonomischen Eigenschaften werden über die Arbeitsverteilung die Einsatzmengen an Werkstoffen und menschlicher sowie maschineller Arbeit beeinflußt. Gleichzeitig hat die Arbeitsverteilung einen Einfluß auf die Stück- und Rüstzeiten als wichtige Bestimmungsfaktoren der Losgröße. Sie legt auch fest, welche Aufträge an den Betriebsmitteln in eine Reihenfolge zu bringen sind.

Über die **Losgröße** wird die Zahl der zu bearbeitenden Aufträge festgelegt, die ihrerseits wiederum maßgeblicher Bestimmungsfaktor der Arbeitsverteilung sind. Damit lassen sich die insgesamt erforderlichen Rüstzeiten bestimmen, die dann einen Einfluß auf die insgesamt zur Verfügung stehenden Bearbeitungszeiten und somit maximal herstellbaren Produktionsmengen ausüben. Mit den Losgrößen ergeben sich die Bearbeitungsdauern je Auftrag, die einen wichtigen Bestimmungsfaktor des Reihenfolgeproblems bilden und auch weitgehend die Durchlaufzeiten der Aufträge determinieren.

Die **Reihenfolge** der Aufträge beeinflußt die Warte- und Leerzeit. Damit beeinflußt sie die Durchlaufzeiten der Aufträge und die Kapazitätsauslastung der Potentialfaktoren. Die Arbeitsverteilung hängt wiederum davon ab, welche Betriebsmittel freie Kapazitäten aufweisen und welche günstigen Auftragsfolgen erzielbar sind. Bei reihenfolgeabhängigen Rüstzeiten bestimmt die Reihenfolge die Dauer der Rüstzeit und damit auch die Losgröße selbst.

Zusammenfassend kann festgestellt werden, daß die Arbeitsverteilung die Wahl der Losgrößen und Auftragsfolgen bestimmt, die Losgröße die Arbeitsverteilung und Reihenfolgen und die Reihenfolgen Bestimmungsgrößen des Losgrößen- und Arbeitsverteilungsproblems beeinflussen. Gleichzeitig sind diese Handlungsvariablen des Industriebetriebes **gemeinsam** maßgebend für die maximal herstellbare Produktionsmenge, die Durchlaufzeiten der Aufträge, die Kapazitätsauslastung, die Lagerbestände und damit die zeitliche Verteilung der Produktion. Die Auswirkungen jeder einzelnen Variablen auf die Arten-, Mengen- und Zeitstruktur der Produktion sind von den Ausprägungen der anderen Größen abhängig, ihre Einflüsse sind somit **interdependent.**

Durch die Offenlegung dieser Interdependenzen in der (dynamischen) Produktionsfunktion vom Typ E steht ein Erklärungsmodell der Produktionstheorie für den Produktionstyp der Serienproduktion zur Verfügung, das wertvolle (Prognose-)Informationen zur Gestaltung der operativen Prozeßplanung für diesen Produktionstyp liefert und die Grundlage zum Aufbau insbesondere integrierter Modelle der Produktionsplanung bildet.

4.3 Prozeßplanung in der Einzel-/Auftrags-/Baustellenproduktion

4.3.1 Grundlagen und Fallbeispiel

Den Produktionstyp der Einzelproduktion findet man in der industriellen Praxis in sehr vielen Varianten. In vielen Branchen läßt er sich kaum von jenen der Kleinserienproduktion abgrenzen. In anderen Industriezweigen dominiert hier die **Großprojektproduktion.** Wegen des begrenzten Umfangs dieser Schrift kann nicht auf alle Ausprägungen der Einzelproduktion eingegangen werden. In einer exemplarischen Darstellung wird hier auf einen Typ der **Einzelprojektproduktion** eingegangen, dessen Merkmale besonders stark mit der **Auftrags-** (Bestell-), **Arten-** und **Baustellenproduktion** korrelieren. Die vollständige Bezeichnung des in diesem Abschnitt speziell behandelten Produktionstyps lautet: Unverbundene, synthetische, mehrstufige Einzel-, Auftrags-, Mehrprodukt-, Arten- und Baustellenproduktion.

Im Mittelpunkt der Prozeßplanung in der Einzelproduktion steht die **Terminplanung,** da es sich hier meist um eine längerfristige Fertigung handelt und der Liefertermin zu einem ausschlaggebenden Planungskriterium wird. Die hier darzustellende **Baustellenproduktion** kann im wesentlichen durch die **Ortsungebundenheit der Produktionsfaktoren** (Potentialfaktoren) und die meist für einen längeren Zeitraum gegebene **Ortsgebundenheit der Produkte** (auf der Baustelle) gekennzeichnet werden. Aus diesem Grunde entfällt hier die Darstellung der Maschinenbelegungsplanung als Teil der Prozeßplanung für den Einzelauftrag.

Eine eingehende **produktionstheoretische Analyse** zur **Einzelproduktion** wurde von *Matthes* im Rahmen seiner **Produktionsfunktion vom Typ F** vorgelegt, die auf der Basis der Produktionsfunktion vom Typ C und dem Ansatz der **Netzplantechnik** entwickelt wurde[33]. Letztere wird auch in der industriellen Praxis zur Prozeßplanung in der Einzelproduktion eingesetzt. Soweit möglich sollen auch hier die Ausführungen anhand eines stark vereinfachten praktischen Fallbeispiels dieses speziellen Produktionstyps, dem **Anlagenbau,** dargestellt werden.

Fallbeispiel: Produktion(Bau) einer Prüfstation

In einem mittelständischen Industriebetrieb des Anlagenbaus werden Prüfstationen in Einzelanfertigung speziell nach Kundenwünschen hergestellt. Für einen Kunden-Industriebetrieb soll eine Prüfstation nach dessen Wünschen hergestellt werden. Neben diesem Einzelauftrag werden im Betrieb keine anderen kundenindividuellen Projekte bearbeitet. Zur Terminplanung der Einzelaufträge wird die MPM (Metra Potential Methode) der Netzplantechnik[34] eingesetzt. Die Herstellung der Prüfstation erfordert die Realisierung des folgenden Arbeitsplans, wobei von der Arbeitsvorbereitung nicht nur die einzelnen Arbeitsgänge mit ihren (Produktions-)Dauern, sondern auch die vorhergehenden und nachfolgenden Arbeitsgänge in *Abb. 223* angegeben wurden. Damit ist die technologische Reihenfolge der einzelnen Arbeitsgänge innerhalb des Einzelauftrags (Projektes) festgelegt.

Arbeitsgang	Bezeichnung	Nr.	Dauer in Std	vorhergehender Arbeitsgang	nachfolgender Arbeitsgang
A	Konstruktion, Grobentwurf	5	100	–	B, D, I
B	Detailzeichnungen und -berechnungen	10	100	A	C, E
C	Werkstoffe vorbereiten	15	120	B	F
D	Fremdbezüge bestimmen	20	120	A	G
E	Gußrahmen herstellen	25	70	B	F
F	Einzelteile herstellen	30	170	C, E	H
G	Fremdbezüge beschaffen	35	300	D	H, I
H	Fremdbezüge montieren	40	40	F, G	J
I	Lastversuch vorbereiten	45	120	A, G	K, L
J	Fremdbezüge vorjustieren	50	60	H	K
K	Lastversuch durchführen	55	50	I, J	M
L	Abnahme vorbereiten	60	70	I	N
M	Fremdbezüge entjustieren	65	80	K	N
N	Abnahme	70	20	L, M	–

Abb. 223: Technologische Basisdaten

Im vorliegenden Fallbeispiel werden teilweise Überlappungen von Arbeitsgängen zugelassen, so daß der nachfolgende Arbeitsgang schon beginnen

[33] Vgl. *Matthes* 1979.

[34] Zu allgemeinen Darstellungen der Netzplantechnik vgl. z.B. *Schwarze* 1990 und die dort angegebene Literatur.

kann, wenn der betrachtete Arbeitsgang noch nicht vollständig abgeschlossen ist. Weiterhin wird davon ausgegangen, daß ein betrachteter Arbeitsgang unmittelbar an seinen vorhergehenden Arbeitsgang angeschlossen werden kann, so daß keine evtl. technologisch begründeten Wartezeiten (z.B. durch Abkühlen, Trocknen usw.) zu berücksichtigen sind.

4.3.2 Terminplanung

Zur Terminplanung in der Einzelproduktion wird meist die **Netzplantechnik** eingesetzt, da hierzu auch umfangreiche Anwendersoftware zur Verfügung steht[35]. Als **Netzplan** wird eine graphische oder tabellarische Darstellung von Arbeitsabläufen (Arbeitsgangfolgen) und deren Abhängigkeiten bezeichnet. Graphentheoretisch handelt es sich bei einem Netzplan um einen speziellen (bewerteten, gerichteten) Graphen ohne Schleifen, der aus zwei formalen Elementen, den **Knoten** und **Kanten** bzw. **Pfeilen** besteht. Als wichtigste Verfahren der Netzplantechnik sind die CPM (Critical Path Method), PERT (Project Evaluation and Review Technique) und MPM (Metra Potential Methode) bekannt geworden. Alle anderen bisher entwickelten Verfahren lassen sich auf diese drei Grundformen zurückführen. Ein **CPM-Plan** wird als **deterministischer Vorgangspfeilnetzplan** bezeichnet, bei dem die Vorgänge, d.h. Arbeitsgänge, beschrieben, mit deterministischen Zeiten bewertet und durch Pfeile dargestellt werden. Ein **PERT-Plan** kann als **stochastischer Ereignisknotennetzplan** aufgefaßt werden, bei dem die Ereignisse, d.h. Abschluß bzw. Beginn von Arbeitsgängen, beschrieben und durch Knoten dargestellt sowie die Vorgangsdauer als Zufallsvariable angegeben werden. Ein **MPM-Plan** wird als **deterministischer Vorgangsknotennetzplan** bezeichnet, bei dem die Vorgänge (Arbeitsgänge) durch Knoten repräsentiert werden und die Pfeile/Kanten ausschließlich die Abhängigkeiten zwischen den Vorgängen ausdrücken. Als offensichtlich leistungsfähigste Variante findet im deutschsprachigen Raum in den letzten Jahren MPM zunehmend Verbreitung. Folgende Gründe für den Einsatz der Netzplantechnik in der Terminplanung innerhalb der Einzelproduktion werden genannt:

- Notwendigkeit einer genauen Analyse des Auftragsablaufs durch Zusammenarbeit zwischen planenden und ausführenden Stellen bereits in der Anfangsphase.
- Graphische Darstellung erleichtert Kontrollmöglichkeit in bezug auf die Vollständigkeit der Projektplanung.
- In der Terminplanung werden Zeitreserven der Arbeitsgänge und ihre Bedeutung für die Einhaltung des Fertigstellungstermins festgestellt.
- Durch Einsatz der EDV werden Planer von zeitraubender Routine befreit, das Durchrechnen auch großer Netzpläne (z.B. mit mehreren tausend Arbeitsgängen) ist möglich.

---

[35] Vgl. z.B. *SIEMENS* 1985, *IBM* 1984.

- Die Kosten für den Einsatz der Netzplantechnik bewegen sich in einem vertretbaren Rahmen von 0,1% bis 1% der Projektkosten.

Im ersten Teil der Terminplanung, der **Durchlaufterminierung,** erfolgt zunächst eine **Strukturanalyse,** an die sich die Erstellung des **Netzplans** anschließt. Danach werden im Rahmen der **Zeitplanung** zuerst durch **Vorwärtsterminierung** die frühestmöglichen Anfangs- und Endtermine und anschließend durch **Rückwärtsterminierung** die spätestmöglichen Anfangs- und Endtermine für die einzelnen Arbeitsgänge und den gesamten Auftrag berechnet sowie die zeitlichen Spielräume, die sog. **Pufferzeiten,** ermittelt.

Im zweiten Teil der Terminplanung, der **Kapazitätsterminierung,** auch **Kapazitätsplanung** genannt, werden durch zeitliche Verschiebungen einzelner Arbeitsgänge Kapazitätsbedarf und Kapazitätsangebot ausgeglichen. Hier kann sich evtl. eine Verschiebung des geplanten Endtermins ergeben.

Die Anwendung der Netzplantechnik ermöglicht im Anschluß an die oben genannten Schritte auch noch eine **Kosten- und Finanzplanung** für das Einzelprojekt, auf die hier aber nicht eingegangen wird.

4.3.2.1 Durchlaufterminierung

Zur Darstellung des MPM-Netzplans (Vorgangsknotennetzplan) werden die Knoten nach folgendem Schema beschriftet (siehe *Abb. 224)*:

i/Nr.	D_i	FAZ_i
FEZ_i	FAZ_N	SAZ_i
SEZ_i	GP_i	FP_i

i/Nr: Buchstabe/Nummer des Arbeitsgangs
D_i: Dauer des Arbeitsgangs i
FAZ_i: frühestmöglicher Anfang des Arbeitsgangs i
FEZ_i: frühestmögliches Ende des Arbeitsgangs i
FAZ_N: Minimum der frühestmöglichen Anfangszeitpunkte der Nachfolger von i ($FAZ_N = \min_{j \in N(i)} FAZ_j$)
SAZ_i: spätestmöglicher Anfang des Arbeitsgangs i
SEZ_i: spätestmögliches Ende des Arbeitsgangs i
GP_i: Gesamtpufferzeit des Arbeitsgangs i
FP_i: freie Pufferzeit des Arbeitsgangs i

Abb. 224: Vorgangsknoten

Im ersten Schritt der Durchlaufterminierung wird im Rahmen der **Strukturanalyse** die **Ablaufstruktur** des Auftrags bestimmt. Dazu wird der Auftrag in einzelne Arbeitsgänge (Vorgänge) zerlegt und für diese die Dauern geplant. Danach werden die technologisch und organisatorisch bedingten Abhängigkeiten zwischen den Arbeitsgängen bestimmt. Die Ergebnisse der Strukturanalyse werden in einer **Vorgangsliste** bzw. **Vorgangstabelle,** wie sie *Abb. 223* zeigt, zusammengefaßt.

Der nächste Schritt befaßt sich mit der **Konstruktion des Netzplans.** Im Fallbeispiel ist dabei zu berücksichtigen, daß in vier Fällen keine geschlossene Reihenfolge vorliegt, sondern Überlappungen von Arbeitsgängen auftreten. So kann Arbeitsgang B schon 50 Std. nach dem Anfang von A beginnen, Arbeitsgang F schon 100 Std. nach dem Anfang von C, Arbeitsgang H schon 20 Std. vor dem Abschluß von G und Vorgang J kann gleichzeitig mit H beginnen. Diese Überlappungen werden im MPM-Netzplan durch Verkürzung der Zeitabstände von 100 auf 50 Std., von 120 auf 100 Std., von 300 auf 280 Std. und von 40 auf 0 Std. berücksichtigt. *Abb. 225* zeigt den MPM-Netzplan, wobei in diesem Schritt vorerst nur der Arbeitsgang, dessen Nummer und Dauer in die Knoten eingetragen werden.

Die **Vorwärtsterminierung** (Vorwärtsrechnung) ermittelt nun die frühestmöglichen Anfangs- und Endtermine der einzelnen Arbeitsgänge, wobei der frühestmögliche Endzeitpunkt des letzten Arbeitsgangs zugleich den frühestmöglichen Liefertermin für den Auftrag bedeutet. Hier wird mit dem Anfangsknoten begonnen und sukzessive FAZ_j und FEZ_j für alle Knoten j bestimmt. Ein Knoten wird erst dann berechnet, wenn alle seine Vorgängerknoten abgearbeitet sind. Es gelten folgende formale Beziehungen:

$$FEZ_j = FAZ_j + D_j \qquad (256)$$

FAZ_j kann mehrere Vorgänger haben. Der frühestmögliche Anfangstermin von j (FAZ_j) wird daher vom „ungünstigsten" Vorgänger bestimmt:

$$FAZ_j = \max_{i \in V(j)} (FAZ_i + Z_{ij}) \qquad (257)$$

Z_{ij}: Minimalabstand zwischen dem Anfang des Vorgangs i und dem Anfang des nachfolgenden Vorgangs j

$V_{(j)}$: Menge der Arbeitsgänge, die Vorgänger von j sind

Mit Hilfe der Daten aus *Abb. 223* und dem Netzplan aus *Abb. 225* ergeben sich folgende Werte:

$FAZ_5 = 0$ | $FEZ_5 = 0 + 100 = 100$
$FAZ_{10} = 0 + 50 = 50$ | $FEZ_{10} = 50 + 100 = 150$
$FAZ_{15} = 50 + 100 = 150$ | $FEZ_{15} = 150 + 120 = 270$
$FAZ_{20} = 0 + 100 = 100$ | $FEZ_{20} = 100 + 120 = 220$
$FAZ_{25} = 50 + 100 = 150$ | $FEZ_{25} = 150 + 70 = 220$
$FAZ_{30} = \max (150 + 100; 150 + 70) = 250$ | $FEZ_{30} = 250 + 170 = 420$
$FAZ_{35} = 100 + 120 = 220$ | $FEZ_{35} = 220 + 300 = 520$
$FAZ_{40} = \max (250 + 170; 220 + 280) = 500$ | $FEZ_{40} = 500 + 40 = 540$
$FAZ_{45} = \max (0 + 100; 220 + 300) = 520$ | $FEZ_{45} = 520 + 120 = 640$
$FAZ_{50} = 500 + 0 = 500$ | $FEZ_{50} = 500 + 60 = 560$

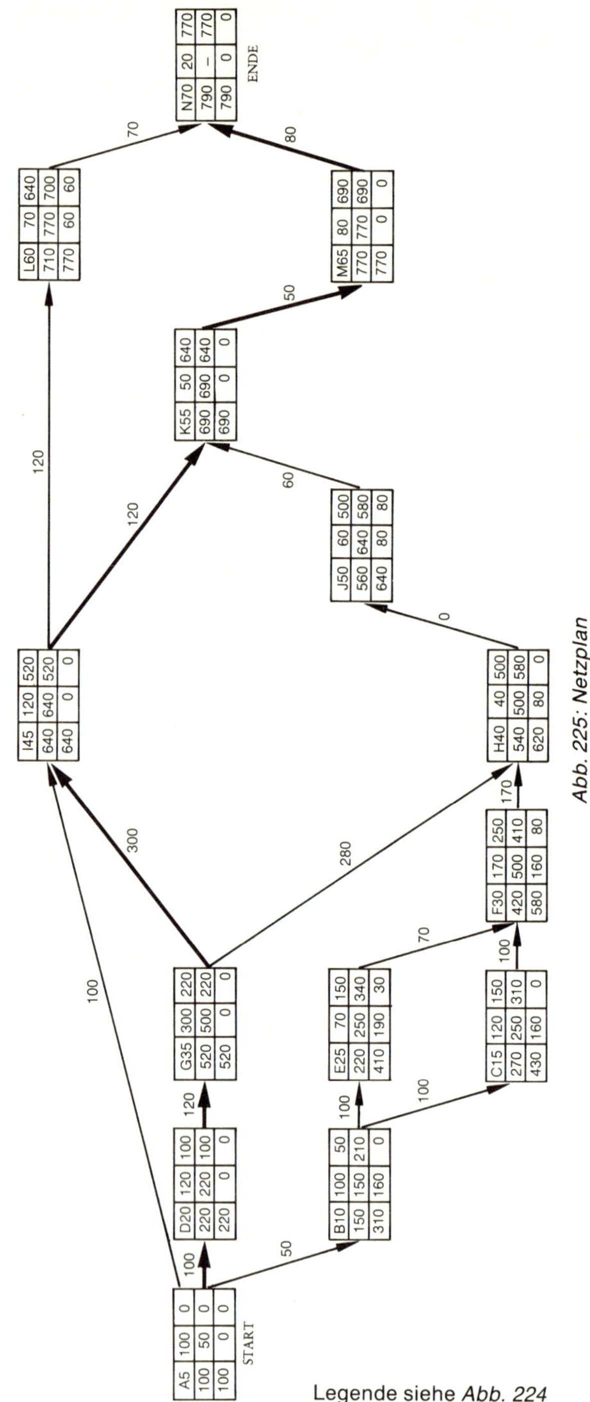

Legende siehe *Abb. 224*

Abb. 225: Netzplan

FAZ_{55} = max (520 + 120; 500 + 60) = 640 — FEZ_{55} = 640 + 50 = 690
FAZ_{60} = 520 + 120 = 640 — FEZ_{60} = 640 + 70 = 710
FAZ_{65} = 640 + 50 = 690 — FEZ_{65} = 690 + 80 = 770
FAZ_{70} = max (640 + 70; 690 + 80) = 770 — FEZ_{70} = 770 + 20 = 790

Die Ergebnisse der Vorwärtsterminierung werden in die Knoten des Netzplans *(Abb. 225)* und die Tabelle der *Abb. 226* eingetragen.

In der **Rückwärtsterminierung** (Rückwärtsrechnung) werden ausgehend vom Endknoten sukzessive die spätestmöglichen Anfangs- und Endtermine SAZ_i und SEZ_i analog zur Vorwärtsterminierung ermittelt, wobei der SEZ des letzten Arbeitsgangs gleich seinem FEZ gesetzt wird. Dies bedeutet, daß der frühestmögliche Liefertermin dem spätestmöglichen gleichgesetzt wird. Falls ein fester Liefertermin für den Auftrag vereinbart wurde, kann auch dieser als SEZ des letzten Arbeitsgangs angesetzt werden. Im Fallbeispiel gilt hier jedoch: SEZ = FEZ. Es gelten folgende formale Beziehungen:

$$SEZ_i = SAZ_i + D_i, \qquad (258)$$

wobei

$$SAZ_i = \min_{j \in N(i)} (SAZ_j - Z_{ij}) \qquad (259)$$

N (i): Menge der Arbeitsgänge, die Nachfolger von i sind

Die Ergebnisse der Rückwärtsterminierung im Fallbeispiel zeigen *Abb. 225* und *226*.

Arbeitsgang	Nr.	Dauer D	Zeitpunkte					Pufferzeiten	
			FAZ	FEZ	SAZ	SEZ	FAZ_N	GP	FP
A	5	100	0	100	0	100	50	0	0
B	10	100	50	150	210	310	150	160	0
C	15	120	150	270	310	430	250	160	0
D	20	120	100	220	100	220	220	0	0
E	25	70	150	220	340	410	250	190	30
F	30	170	250	420	410	580	500	160	80
G	35	300	220	520	220	520	500	0	0
H	40	40	500	540	580	620	500	80	0
I	45	120	520	640	520	640	640	0	0
J	50	60	500	560	580	640	640	80	80
K	55	50	640	690	640	690	690	0	0
L	60	70	640	710	700	770	770	60	60
M	65	80	690	770	690	770	770	0	0
N	70	20	770	790	770	790	–	0	0

Abb. 226: Ergebnisse der Durchlaufterminierung

Der letzte Schritt innerhalb der Durchlaufterminierung befaßt sich mit der Errechnung der **Pufferzeiten.** Diese charakterisieren Zeitreserven der Arbeitsgänge, um die diese verschoben werden können, ohne daß notwendigerweise der Endtermin des Auftrags verschoben wird. Man unterscheidet zwischen vier Arten von Pufferzeiten, bei denen sinnvollerweise nur nicht-negative Werte zugelassen werden:

- Gesamtpufferzeit GP_i,
- Freie Pufferzeit FP_i,
- Bedingte Pufferzeit BP_i,
- Unabhängige Pufferzeit UP_i.

Abb. 227 zeigt die Ermittlung der Pufferzeiten in graphischer Form.

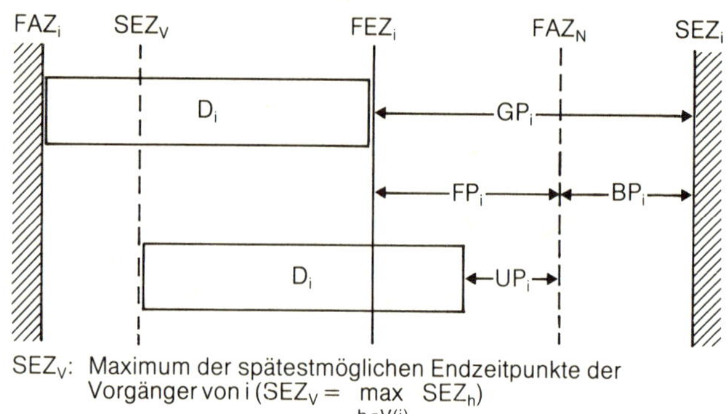

Abb. 227: Darstellung der Pufferzeiten

Als **Gesamtpufferzeit** GP_i eines Arbeitsgangs i (Vorgangs i) wird die Differenz zwischen seinen spätestmöglichen und frühestmöglichen End- bzw. Anfangsterminen (-zeitpunkten) bezeichnet:

$$GP_i = SEZ_i - FEZ_i = SAZ_i - FAZ_i \tag{260}$$

Nutzt man die Gesamtpufferzeit eines Arbeitsgangs (Vorgangs) aus, so bleibt für mindestens einen Nachfolger keine Zeitreserve mehr übrig.

Die **Freie Pufferzeit** FP_i eines Arbeitsgangs i (Vorgang i) ist die kleinste Differenz zwischen den frühestmöglichen Anfangsterminen der Nachfolger von i und dem frühestmöglichen Endtermin von i:

$$FP_i = \min_{j \in N(i)} (FAZ_j - FEZ_i) = FAZ_N - FEZ_i \tag{261}$$

Wird der Beginn eines Arbeitsgangs (Vorgangs) um seine freie Pufferzeit verschoben, so bedeutet dies keine Gefährdung der frühestmöglichen Anfangstermine der nachfolgenden Arbeitsgänge (Vorgänge).

Als **Bedingte Pufferzeit** BP_i bezeichnet man den Teil der Gesamtpufferzeit GP_i, dessen Inanspruchnahme nach Verbrauch der freien Pufferzeit zu einer Verschiebung der frühestmöglichen Anfangstermine von nachfolgenden Arbeitsgängen führt:

$$BP_i = GP_i - FP_i \tag{262}$$

Unter der **Unabhängigen Pufferzeit** UP_i eines Arbeitsgangs (Vorgangs) i versteht man jene Zeitreserve, die einem Arbeitsgang bleibt, wenn seine Vorgänger spätestmöglich enden und seine Nachfolger frühestmöglich beginnen. Somit hat ihre Ausnutzung überhaupt keinen Einfluß auf die Termine der Vorgänger und Nachfolger und damit auch auf den gesamten Auftrag (Projekt):

$$UP_i = \min_{j \in N(i)} FAZ_j - (\max_{h \in V(i)} SEZ_h + D_i) = FAZ_N - SEZ_V + D_i) \tag{263}$$

Für das Fallbeispiel wurden nur die Gesamtpufferzeit GP_i und die Freie Pufferzeit FP_i ermittelt und in den Netzplan der *Abb. 225* sowie in die Tabelle der *Abb. 226* eingetragen.

Besondere Bedeutung für die Einhaltung des Liefertermins haben die sogenannten **kritischen Arbeitsgänge** (Vorgänge), deren Gesamtpufferzeit gleich Null ist. Die Nichteinhaltung der Termine für diese Arbeitsgänge hat zur Folge, daß auch der Liefertermin für den Auftrag (Projekt) nicht eingehalten werden kann. Die lückenlose Reihenfolge kritischer Arbeitsgänge ergibt den **kritischen Weg,** dem im Rahmen der Terminkontrolle besondere Aufmerksamkeit zu widmen ist. Im Fallbeispiel setzt sich der kritische Weg aus den Arbeitsgängen A → D → G → I → K → M → N zusammen und ist in *Abb. 225* fettgedruckt.

Als sinnvolle Ergänzung zum Netzplan wird der zeitliche Ablauf eines Auftrags (Projektes) auch meist als auftrags-(projekt-)bezogener Terminplan in Form eines auftrags-(projekt-)bezogenen Balkendiagramms dargestellt. *Abb. 228* zeigt ein solches Balkendiagramm für das Fallbeispiel, wobei die kritischen Arbeitsgänge schraffiert und die Gesamtpufferzeit strichliert dargestellt sind. Der Beginn jedes Arbeitsgangs ist hierbei auf den frühestmöglichen Anfangstermin gelegt worden.

Ergeben sich in der Durchlaufterminierung bei vorgegebenem Liefertermin für den Einzelauftrag unerlaubte Start- oder Endtermine, so müssen Maßnahmen zur **Durchlaufzeitverkürzung** getroffen werden. Es handelt sich dabei um die Möglichkeiten der Übergangszeitreduktion, der Überlappung und Splittung, wobei Überlappung im Fallbeispiel bereits berücksichtigt wurde.

Übergangszeitreduktion

Die Durchlaufzeit setzt sich aus der eigentlichen Bearbeitungszeit und den Übergangszeiten zwischen den Arbeitsgängen zusammen. Die Bearbeitungszeit macht in diskontinuierlichen Produktionsprozessen, wie z.B. in der metallverarbeitenden Industrie, meist nur ca. 30% der Durchlaufzeit aus. Eine Verkürzung der Durchlaufzeit wird daher in erster Linie über eine Verkürzung der Übergangszeit erreicht. Diese setzt sich aus folgenden Elementen zusammen:

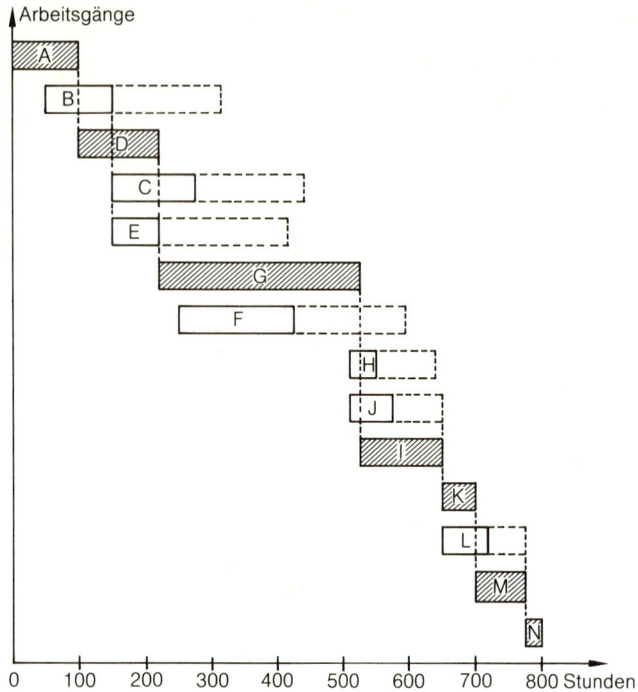

Abb. 228: Terminplan als Balkendiagramm

- Wartezeiten vor Beginn eines Arbeitsgangs, vor der Kontrolle und vor dem Transport,
- technologisch bedingte Liegezeit vor und nach der Bearbeitung (z.B. Anheizen, Abkühlen),
- Kontrollzeit,
- Nachbearbeitungszeit,
- Transportzeit bis zum nächsten Arbeitsplatz.

In Software-Systemen werden diese Zeiten häufig als pauschale Erfahrungswerte angesetzt und als Puffer aufgefaßt. Da die Wartezeiten den größten Anteil an der Übergangszeit ausmachen, versucht man in erster Linie diese zu reduzieren.

Überlappung

Die Realisierung der Überlappung setzt in mehrstufigen Produktionsprozessen eine sog. offene Produktion voraus. Dies bedeutet: Bereits fertig bearbeitete Mengeneinheiten eines Auftrags in einer Produktionsstelle werden der nächsten Produktionsstelle zugeführt, bevor die Produktion des zugehörigen Gesamtauftrags abgeschlossen ist. Bei geschlossener Produktion, die produktionstechnologisch oder transportwirtschaftlich begründet sein kann, scheidet diese Möglichkeit allerdings aus. In der Baustellenproduktion bedeutet

Überlappung, daß ein nachfolgender Arbeitsgang bereits vor Abschluß des betrachteten Arbeitsganges begonnen wird.

Splittung

Diese Möglichkeit der Durchlaufzeitreduzierung setzt voraus, daß zur Produktion eines bestimmten Teils mehrere funktionsgleiche Aggregate zur Verfügung stehen und die benötigten Arbeitskräfte sowie Werkzeuge vorhanden sind. Die Gesamtauftragsgröße wird in mehrere Teilauftragsgrößen aufgespalten, die dann parallel bearbeitet werden. Bei gleichzeitigem Einsatz von m Aggregaten reduziert sich der Zeitbedarf auf 1/m der ursprünglichen Bearbeitungszeit. Allerdings muß dieser Zeitvorteil mit einer Vervielfachung der Rüstkosten erkauft werden. Wird bei der Auftragsgrößenrechnung mit einfachen Modellen (Grundmodell) gearbeitet, so stimmen die tatsächlichen Rüstkosten bei Splittung nicht mehr mit den zugrunde gelegten losfixen Kosten überein. Hier wäre es sinnvoll, bereits in der Auftragsgrößenplanung diese Möglichkeit zu berücksichtigen. Ansonsten muß die Erhöhung der Rüstkosten mit den Kosten für eine Terminüberschreitung abgewogen werden.

Mit der Verminderung der Durchlaufzeiten werden im Rahmen der Durchlaufterminierung neue Start- und Endtermine für die Arbeitsgänge ermittelt. Sollte trotz Durchlaufzeitreduzierung der geplante Liefertermin nicht eingehalten werden können, so ist mit tatsächlichem Verzug zu rechnen. Da in der Durchlaufterminierung keine Kapazitätsschranken berücksichtigt werden, kann trotz planmäßigem Liefertermin aufgrund von Durchlaufzeitreduzierungen eine kapazitätsmäßig begründete Terminverzögerung eintreten. Die Korrektur von Start- und Endterminen bei Über- und/oder Unterbelegung von Kapazitäten erfolgt in der kapazitätsorientierten Terminermittlung, die als Kapazitätsterminierung, Kapazitätsplanung oder Kapazitätsausgleich (Kapazitätsabgleich) bezeichnet wird.

4.3.2.2 Kapazitätsterminierung

In der Einzelproduktion werden nun die Arbeitsgänge kapazitätsmäßig verplant. Für das Fallbeispiel sollen hier exemplarisch Kapazitätsbedarf und vorhandene Kapazität an Projektingenieuren aufeinander abgestimmt werden. Zur Erfüllung des Einzelauftrags könnten maximal sechs Projektingenieure bereitgestellt werden. Der Kapazitätsbedarf an Projektingenieuren für die einzelnen Arbeitsgänge wird unter Angabe der Gesamtpufferzeit und der freien Pufferzeit in *Abb. 229* angeführt.

Abb. 230 zeigt die Kapazitäts-Belastungsübersicht (Kapazitätsgebirge), wobei zunächst die frühestmöglichen Anfangszeitpunkte angesetzt wurden. Die kritischen Arbeitsgänge (GP = 0) werden an der Basis des Diagramms zuerst eingeplant. Darüber werden die subkritischen Arbeitsgänge mit FP = 0 und anschließend die unkritischen Arbeitsgänge mit FP > 0 eingezeichnet und unterschiedlich schraffiert bzw. nicht mehr schraffiert.

Arbeitsgang	Nr.	Kapazitätsbedarf an Projektingenieuren	Pufferzeiten	
			GP	FP
A	5	4	0	0
B	10	3	160	0
C	15	0	160	0
D	20	3	0	0
E	25	1	190	30
F	30	2	160	80
G	35	2	0	0
H	40	3	80	0
I	45	3	0	0
J	50	3	80	80
K	55	3	0	0
L	60	3	60	60
M	65	5	0	0
N	70	5	0	0

Abb. 229: Kapazitätsbedarf der Vorgänge und Pufferzeiten

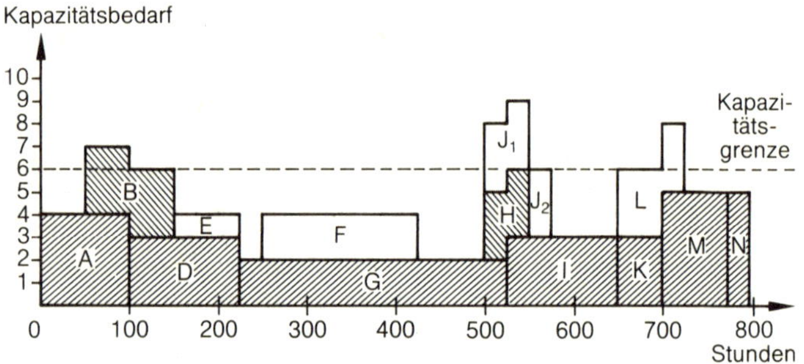

Abb. 230: Kapazitätsbelastung gemäß Terminplanung

Abb. 230 zeigt, daß die Kapazitätsgrenze von sechs Projektingenieuren in drei Zeiträumen überschritten wird. Sollten beispielsweise nun die Projektdauer und die gegebene Kapazitätsgrenze nicht überschritten werden, so führen drei Änderungen hier sofort zum Ziel:

(1) Der **Arbeitsgang J** hat eine freie Pufferzeit von 80 Stunden. Er kann also ohne Schwierigkeiten um 40 Std. verschoben werden, ohne daß dies den frühestmöglichen Start des nachfolgenden Arbeitsgangs beeinflußt.

(2) **Arbeitsgang L** kann nicht so einfach ausgeglichen werden. Man könnte jedoch, sofern dies technologisch und organisatorisch machbar ist, anstatt 3 Projektingenieuren für die letzten 20 Stunden 1 Projektingenieur für 60 Stunden einsetzen. Die Vorgangsdauer würde somit von 70 Stunden auf 110 Stunden verlängert werden, was bei einer freien Pufferzeit (und Gesamtpufferzeit) von 60 Stunden kein Problem wäre.

(3) **Arbeitsgang B** kann nur durch die teilweise Ausnutzung seiner Gesamtpufferzeit von 50 Stunden nach rechts (in die Zukunft) verschoben und damit kapazitätsmäßig ausgeglichen werden. Da aber B keine freie Pufferzeit aufweist, zieht dieser Kapazitätsausgleich eine Verschiebung der frühestmöglichen Anfangstermine der Nachfolger nach sich. Daher müssen auch die Arbeitsgänge C, E und F jeweils um 50 Stunden nach rechts (in Richtung Zukunft) verschoben werden. Die gesamten Verschiebungen liegen aber im Rahmen der Gesamtpufferzeit der betroffenen Arbeitsgänge, so daß der Liefertermin für den Einzelauftrag trotzdem eingehalten werden kann.

Abb. 231 zeigt den Kapazitäts-Belastungsplan nach dem Kapazitätsausgleich (Kapazitätsabgleich). Nach dieser Kapazitätsabstimmung muß natürlich auch der Netzplan entsprechend geändert werden.

Der im Fallbeispiel vorgenommene Kapazitätsausgleich war aus zweierlei Gründen einfach und damit praxisfern gewesen. Es handelte sich erstens nur um ein kleines Beispiel, bei dem nur die Nichtüberschreitung des Liefertermins und der Kapazitätsgrenze beachtet wurde. Zweitens wurde nur **eine** Kapazitätsart (Potentialfaktor: Projektingenieure) berücksichtigt. In der industriellen Praxis sind hier meist mehrere Kapazitätsarten (Potentialfaktoren) nur in beschränktem Maße vorhanden, so daß eine „simultane" Abstimmung erfolgen muß. Die zum Kapazitätsausgleich notwendige Verschiebung eines Arbeitsgangs bei einer Kapazitätsart kann bei einer anderen Kapazitätsart möglicherweise zu einer Überschreitung der Kapazitätsgrenze führen. Der Kapazitätsausgleich wird daher zu einem äußerst komplexen Problem ausarten, zu dessen Lösung die unten in Abschnitt III.4.4.1.2 beschriebenen Möglichkeiten eingesetzt werden können.

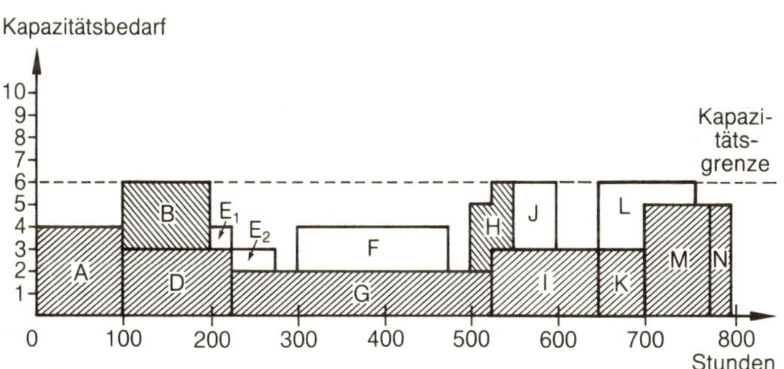

Abb. 231: Kapazitätsbelastung nach Kapazitätsausgleich

Die nunmehr abgehandelte Terminplanung in der Einzelproduktion stellt eine Grobplanung dar, da sie sich auf die gesamte Dauer der Einzelauftragsbearbeitung bezieht. Die Realisierung der einzelnen Arbeitsgänge eines solchen Projektes verlangt im Anschluß an die hier erfolgte Termingrobplanung eine definitive und detaillierte Festlegung des Produktionsablaufs. Werden in größeren Produktionsbetrieben zur gleichen Zeit mehrere Projekte nebeneinander bearbeitet, so wäre eine simultane Mehr-(Multi-)projektplanung erforderlich. Da eine solche Simultanplanung mit der heute verfügbaren Netzplantechnik nicht möglich ist, werden Heuristiken in Form von Prioritätsregeln eingesetzt wie sie im folgenden Abschnitt zur Werkstattproduktion beschrieben werden.

4.4 Prozeßplanung in der Einzel- und Kleinserien-/Auftrags-/Werkstattproduktion

In der **Werkstattproduktion,** die hier als kombinierte Einzel- und Kleinserien-/Auftrags-/Werkstattproduktion untersucht wird, paßt sich der Materialfluß einem nach dem Verrichtungsprinzip angeordneten, **fixierten Werkstättenlayout** an. Der Materialfluß durch die Werkstätten kann sich dabei in Abhängigkeit der technologischen Bearbeitungsfolge von Produkt (Auftrag) zu Produkt (Auftrag) verändern. Hieraus resultiert einerseits eine hohe qualitative und quantitative Flexibilität im Sinne einer Anpassungsfähigkeit an differenzierte Kundenwünsche hinsichtlich veränderter oder neuer Produkte sowie eines relativ leichten Ausgleichs von Beschäftigungsschwankungen durch ein variierendes Produktionsprogramm. Andererseits wird die hier zu behandelnde operative Prozeßplanung zu einem äußerst komplexen Problem, zu dessen Lösung viele analytische (Optimierungs-) und heuristische (Näherungs-)Verfahren bereitstehen. Für die Lösung von praxisrelevanten Problemstellungen eignen sich meist nur heuristische Verfahren.

Im folgenden sollen Termin- und Maschinenbelegungsplanung für diesen komplexen Produktionstyp beschrieben werden, wobei zur Durchlaufterminierung hier auch die bereits oben für die Baustellenproduktion dargestellte Netzplantechnik eingesetzt werden kann.

Als Verbindungsglied zwischen (häufig zentraler) Termin- und (meist dezentraler) Maschinenbelegungsplanung bekommt hier die **Auftragsfreigabe** besondere Bedeutung. Wird ein Produktionsauftrag freigegeben, so tritt er in den Produktionsbereich (Werkstatt, Fertigungsinsel usw.) ein und wird dort planerisch weiter bearbeitet (Maschinenbelegungsplanung/Reihenfolgeplanung/Werkstattsteuerung/Fertigungssteuerung) sowie über die Produktionssteuerung (Auslösung des Produktionsprozesses) seiner Realisierung zugeführt. Da traditionelle Verfahren der Kapazitätsterminierung und Auftragsfreigabe die in der Werkstattproduktion auftretenden Probleme nicht zufriedenstellend zu lösen vermochten, wurden „neuere“ Verfahren der operativen Prozeßplanung – wie System OPT, Belastungsorientierte Auftragsfreigabe, Retrograde Terminierung, Input/Output-Control – entwickelt, die in diesem Abschnitt folgendermaßen im Zusammenhang behandelt werden:

- Terminplanung:
  - Durchlaufterminierung

  - Kapazitätsterminierung
  - System OPT (Integration von Material- und Zeitwirtschaft)
- Auftragsfreigabe:
  - Belastungsorientierte Auftragsfreigabe (BORA)
  - Input/Output-Control
- Maschinenbelegungsplanung:
  - Job-Shop-Modelle
  - Prioritätsregelverfahren

4.4.1 Terminplanung

Die **Terminplanung** hat die Aufgabe, die **Zeitstruktur** (das **Zeitgerüst**) des Produktionsprozesses in detaillierter Form festzulegen. Dazu gehören die Festlegung der Start- und Endtermine der Produktionsaufträge. Anhand der verfügbaren Produktionskapazitäten wird die Realisierbarkeit der festgelegten Produktionstermine überprüft und gegebenenfalls hergestellt. Diese in zwei Stufen erfolgende sukzessive Vorgehensweise der Terminplanung bezeichnet man wie in der Baustellenproduktion als **Durchlauf- und Kapazitätsterminierung** (Kapazitätsplanung). Obwohl die Terminplanung einen höheren zeitlichen Detaillierungsgrad als die terminierte Bedarfsplanung aufweist, wird sie dennoch als **Termingrobplanung** bezeichnet. Mit noch höherem zeitlichen Detaillierungsgrad wird erst in der Maschinenbelegungsplanung eine Terminfeinplanung simultan mit der Reihenfolgeplanung vorgenommen.

Zur Terminplanung werden hauptsächlich zwei Darstellungstechniken eingesetzt:

- Balkendiagrammtechnik (Gantt-Diagramm),
- Netzplantechnik.

Während sich die Balkendiagrammtechnik zur Darstellung der Zeitstruktur einfacher Produktionsabläufe gut eignet, kann die Netzplantechnik auch zur zeitlichen Strukturierung äußerst komplexer Produktionsabläufe herangezogen werden. Auf die Netzplantechnik wurde in Abschnitt III.4.3.2 (Terminplanung in der Einzel-/Auftrags-/Baustellenproduktion) bereits eingegangen. Aus diesem Grunde soll hier die Balkendiagrammtechnik zur Darstellung der Terminplanung in der Werkstattproduktion eingesetzt werden.

4.4.1.1 Durchlaufterminierung

In der **Durchlaufterminierung,** die auch als **auftragsorientierte Terminplanung** bezeichnet wird, sollen Anfangs- und Endtermin je Arbeitsvorgang unter Berücksichtigung der technologischen Arbeitgsgangfolgen festgelegt werden. Letztere sind mit ihrem Zeitbedarf (Kapazitätsbedarf) in den **Arbeitsplänen** festgelegt. Wie die Abbildung 232 zeigt, enthalten diese auch noch weitere, für die Terminplanung nicht relevante Informationen (z.B.

Arbeitsplan Nr. A 35								
Teile-Nr. 327		Losgröße: 120 Stück			Werkstoff: St 50		Datum: 21. 3. 1992	
Lfd. Nr. des Arbeitsgangs	Bezeichnung des Arbeitsgangs	Kostenstellen-Nr.	Arbeitsplatz-Nr.	Werkzeug-Nr.	Rüstzeit in Min	Stückzeit in Min	Masch.-Std.-Satz in DM	Lohngruppe
1	Drehen	4101	41013	D-142	8	84	46,–	06
2	Bohren	4105	41051	B-5,∅	2	12	12,–	04
3	Fräsen	4201	42012	F-32	6	110	25,–	05
...	...	...	...	...	...	...	...	...

Abb. 232: Arbeitsplan

Maschinen-Stunden-Sätze, Lohngruppen usw.). In diesem ersten Schritt der Terminplanung werden noch keine Kapazitätsbeschränkungen berücksichtigt.

Die Darstellung der Zeitstruktur erfordert die Beachtung der Vernetzung von Produktionsaufträgen, die durch Erzeugnisstrukturen festgelegt sind. So kann ein bestimmter Produktionsauftrag mehrere technologische Vorgänger haben, d.h. von mehreren, zeitlich früher herzustellenden Aufträgen abhängig sein. Setzt sich ein Produktionsauftrag aus Sekundärbedarfsmengen zusammen, die aus verschiedenen Aufträgen höherer Produktionsstufen abgeleitet und bei der Auftragsgrößenplanung zusammengefaßt wurden, so kann er auch mehrere Nachfolger haben.

Für die Durchlaufterminierung können verschiedene Vorgehensmethoden gewählt werden:

(1) Vorwärtsterminierung,
(2) Rückwärtsterminierung,
(3) Kombinierte Terminierung.

In der Netzplantechnik (in Abschnitt III.4.3.2 behandelt) wird verfahrensbedingt die kombinierte Terminierung eingesetzt.

Die **Vorwärtsterminierung,** die auch als **progressive Terminierung** oder **Terminierung mit frühestem Start** bezeichnet wird, geht vom Anfangstermin der Aufträge der untersten Produktionsstufe aus. Von diesem Termin wird stufenförmig in Richtung Zukunft weitergerechnet. Dieses Verfahren hat den Nachteil, daß alle Teile so früh wie möglich, unter Umständen sogar früher als notwendig, produziert und dann gelagert werden, wodurch unnötig hohe Lagerzeiten und damit Lagerkosten entstehen.

Die *Abb. 233* zeigt ein **auftragsbezogenes** Balken-(Gantt-)Diagramm zur Vorwärtsterminierung für die Herstellung eines Auftrags in der mechanischen Fertigung (Einzelteilherstellung).

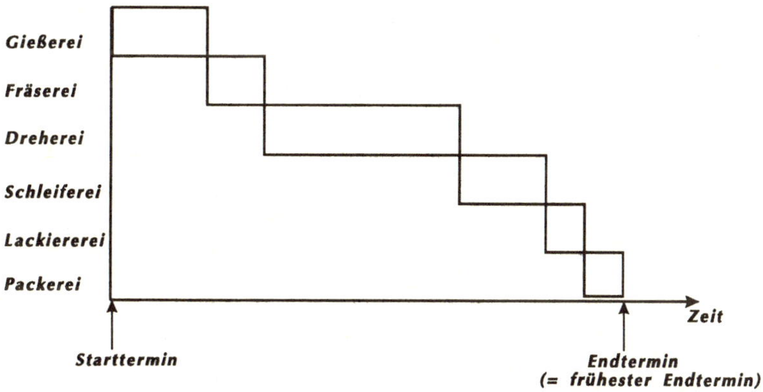

Abb. 233: Balkendiagramm bei Vorwärtsterminierung

Die **Rückwärtsterminierung,** auch als **retrograde Terminierung** oder **Terminierung mit spätestem Start** bezeichnet, geht von einem vorgegebenen Endtermin aus und ermittelt die notwendigen Starttermine der Arbeitsgänge, die dann als Spätest-Starttermine bezeichnet werden können. Der Nachteil des progressiven Verfahrens läßt sich dabei zum Teil vermeiden, doch kann bei einer Störung des Produktionsprozesses (z.B. durch Stromausfall) der gewünschte Endtermin nicht eingehalten werden.

Die *Abb. 234* zeigt ein auftragsbezogenes Balken-(Gantt-)Diagramm zur Rückwärtsterminierung für einen Auftrag in der mechanischen Fertigung (Einzelteilherstellung).

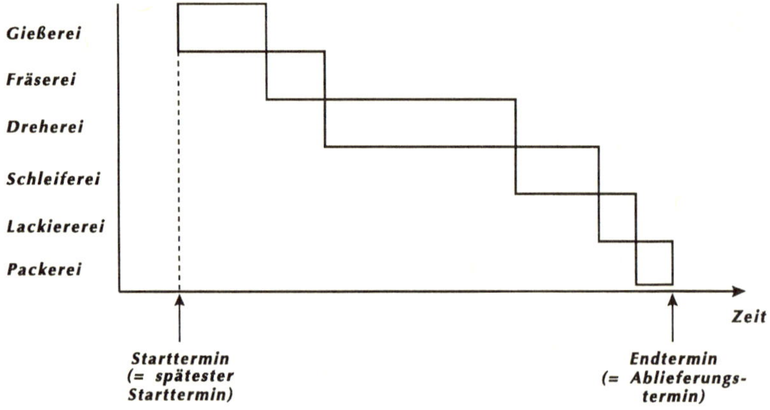

Abb. 234: Balkendiagramm bei Rückwärtsterminierung

Sollten sich bei der Durchlaufterminierung unerlaubte Start- oder Endtermine ergeben, so müssen Maßnahmen geplant werden, welche die Zulässigkeit des Terminplans herstellen. Bei der Vorwärtsterminierung können Endtermine auftreten, die hinter den geplanten Lieferterminen liegen. Die Rückwärtsterminierung kann zu Startterminen führen, die vor dem Beginn des Planungszeitraumes liegen. In beiden Fällen muß versucht werden, die Durchlaufzeiten der Aufträge zu verkürzen. Als Möglichkeiten kommen hier Übergangszeitreduktion, Überlappung und Splittung zum Einsatz[36].

4.4.1.2 *Kapazitätsterminierung*

Im ersten Teil der Terminplanung, der Durchlaufterminierung, wurde ausschließlich die zeitliche Vernetzung der Produktionsaufträge (Serien) berücksichtigt. Dabei wurden für die Bearbeitungszeiten relativ grobe Durchschnittsdaten angesetzt, da noch keine endgültige Zuordnung von Aufträgen zu bestimmten Kapazitätseinheiten (Aggregaten) vorgesehen war. Im zweiten

---

[36] Siehe Abschnitt III.4.3.2.1.

Teil der Terminplanung, der Kapazitätsterminierung, erfolgt nunmehr eine exakte Zuordnung der Aufträge (Serien) zu Kapazitätseinheiten. Aus diesem Grunde müssen hier ökonomische Verfahrenswahlprobleme vorweg geklärt werden.

In vielen Produktionsbetrieben kann innerhalb des Produktionsprozesses zwischen mehreren Produktionsstellen gewählt werden, wenn in diesen Betriebsmittel installiert sind, die gleiche Arbeitsgänge, wenn auch zu unterschiedlichen Kosten, ausführen können. Produktionstheoretisch handelt es sich bei diesem auch als **Verfahrenswahl** bezeichneten Problem der Prozeßplanung um die Substitution von Produktionsfunktionen[37]. In der Unternehmensforschung (Operations Research) spricht man von Zuteilungs- und Produktionsaufteilungsproblemen bei denen optimal zwischen mehreren „Prozessen" oder „Aktivitäten" zu wählen ist.

Wird in einer solchen Situation vorausgesetzt, daß ein gegebenes Produktionsprogramm mit festgelegten Nettobedarfen zu realisieren ist und die Produktionskapazitäten in jedem denkbaren Verfahrensfall zu deren Herstellung ausreichen, so werden in der Regel Grenzfertigungs- bzw. (bei unterschiedlichen Materialkosten) Grenzherstellkosten-Vergleiche der denkbaren Verfahrensalternativen durchgeführt. Tritt ein Kapazitätsengpaß auf, so wird die Opportunitätskostensumme des Engpasses optimiert. Die Opportunitätskosten können als Verfahrens-(Grenzkosten-)Abweichung pro Einheit der Engpaßbelastung definiert werden. Die Verfahrensabweichungen entstehen, wenn ein Arbeitsgang nicht für alle Produktarten kostenoptimal ausgeführt werden kann und daher eine bestimmte Produktionsmenge dem nächstgünstigeren Verfahren zugeordnet werden muß. Werden mehrere Engpässe wirksam, so müssen simultane Planungsverfahren eingesetzt werden, da unter Umständen auch die Nettobedarfe und damit das Produktions-/Absatzprogramm der Periode zur Disposition stehen. Solche Fälle werden in Abschnitt III.5.2 angesprochen[38].

Mit der Lösung des oben angesprochenen Planungsproblems liegt nunmehr fest, auf welchen Kapazitätseinheiten die Aufträge bearbeitet werden sollen. Daher wird vorerst eine Kapazitätsbelastungsplanung und im zweiten Schritt ein Kapazitätsausgleich zwischen Kapazitätsbedarf und Kapazitätsangebot (vorhandene Kapazität) durchgeführt. Dabei können unterschiedliche Maßnahmen zum Kapazitätsausgleich (Kapazitätsabgleich) ergriffen werden.

4.4.1.2.1 Kapazitätsbelastungsplanung

Liegen nach evtl. zu lösenden Verfahrenswahlproblemen die endgültigen Zuordnungen der Aufträge zu Kapazitätseinheiten fest, so kann für jede Kapazitätseinheit der kumulierte Kapazitätsbedarf festgestellt werden[39]. Je nach

---

[37] Vgl. *Laßmann* 1958, S. 169 und Abschnitt III.2.2.1.1.

[38] Zur optimalen Verfahrenswahl siehe *Kilger* 1973, S. 164 ff.

[39] Meist liegt schon bei der Durchlaufterminierung die Zuordnung von Aufträgen zu

Detaillierungsgrad der Planung werden Einzelarbeitsplätze (z.B. Einzelaggregate) oder Arbeitsplatzgruppen (z.B. Maschinengruppen) als Kapazitätseinheiten aufgefaßt.

Abb. 235 zeigt eine **Belastungsübersicht** für **eine** Kapazitätseinheit – auch **Belegungsprofil** genannt – in Form eines sog. **Kapazitätsgebirges,** dessen Säulen den Kapazitätsbedarf aller Aufträge in den einzelnen Perioden repräsentieren.

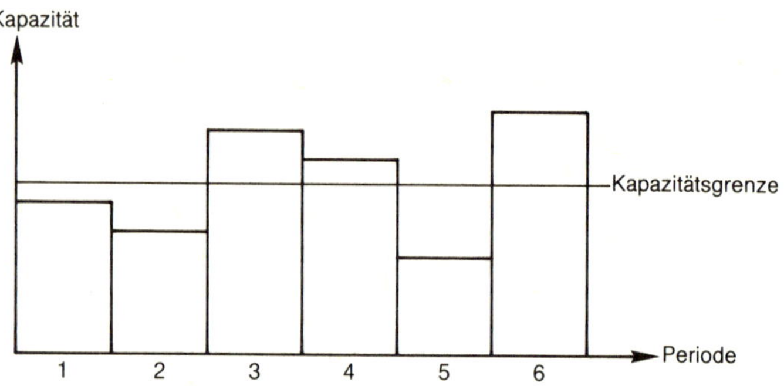

Abb. 235: Belastungsübersicht einer Kapazitätseinheit

Das Kapazitätsgebirge kann eine generelle Überbelastung, eine generelle Unterbelastung oder – wie in *Abb. 235* – Über- und Unterbelastungszustände in verschiedenen Perioden aufweisen.

Bei **genereller Überbelastung** muß entweder das Kapazitätsangebot erhöht oder der Kapazitätsbedarf gesenkt werden. Folgende operative, d.h. kurzfristige Maßnahmen zur **Erhöhung des Kapazitätsangebotes** sind denkbar[40]:

- zeitliche Anpassung in Form von Überstunden oder zusätzlichen Schichten,
- intensitätsmäßige Anpassung, nur wenn technologisch möglich, durch Erhöhung der Produktionsgeschwindigkeit der Kapazitätseinheiten (Aggregate),
- quantitative Anpassung durch Inbetriebnahme von Reservekapazitätseinheiten und Umsetzung von Arbeitskräften aus anderen, unterbeschäftigten Bereichen zu Engpaßbereichen.

Als operative (kurzfristige) Maßnahmen zur **Senkung des Kapazitätsbedarfs** kommen in Frage:

- Auslagerung von Aufträgen auf andere Arbeitsplätze (Ausweich- oder Ersatzarbeitsplätze), die unter Umständen höhere Maschinenstundensätze aufweisen,

---

Kapazitätseinheiten fest und der Kapazitätsbedarf kann quasi als Nebenprodukt der Durchlaufterminierung ermittelt werden. Siehe dazu *Kauffmann* 1981, S. 38 f.

[40] Vgl. Abschnitt III.2.2.1.3 sowie *Gutenberg* 1979, S. 365 ff.

- Vergabe von Lohnarbeiten an andere Betriebe,
- Inanspruchnahme von Fremdbezugsmöglichkeiten,
- Hinnahme von generellen Terminverzögerungen durch Verschieben von Produktionsaufträgen auf zukünftige Perioden,
- Verschiebung planmäßiger Instandhaltungsarbeiten auf spätere Perioden.

Im Falle einer **generellen Unterbelastung** kann entweder das Kapazitätsangebot vermindert oder der Kapazitätsbedarf erhöht werden. Folgende operative (kurzfristige) Maßnahmen zur **Senkung des Kapazitätsangebotes** wären möglich:

- zeitliche Anpassung in Form von Kurzarbeit oder Schichtabbau,
- intensitätsmäßige Anpassung, nur wenn technologisch möglich, durch Senkung der Produktionsgeschwindigkeit der Kapazitätseinheiten (Aggregate) (kann allerdings wie die Erhöhung der Produktionsgeschwindigkeit zu Kostensteigerungen führen),
- quantitative Anpassung durch Stillegung von Kapazitätseinheiten und Umsetzung von Arbeitskräften zu überbeschäftigten Kapazitätseinheiten.

Eine **Erhöhung des Kapazitätsbedarfs** könnte durch folgende Maßnahmen erreicht werden:

- Übernahme von Aufträgen aus anderen, z.B. Engpaß-Bereichen,
- Übernahme von Lohnarbeit für andere Betriebe,
- Hereinnahme zusätzlicher Aufträge,
- vorzeitige Auftragsfreigabe und damit Terminverkürzungen,
- Vorziehen von Instandhaltungsarbeiten.

4.4.1.2.2 Kapazitätsausgleichsverfahren

Treten bei einer Kapazitätseinheit – wie in *Abb. 235* dargestellt – sowohl Über- als auch Unterbelastungen auf, wäre es grundsätzlich denkbar, nach den oben beschriebenen Maßnahmen in jeder Periode Kapazitätsangebot und -bedarf aufeinander abzustimmen. Eine solche Strategie läßt sich in der industriellen Praxis meist aus organisatorischen Gründen nicht realisieren. Daher wird versucht, einen zeitlichen **Kapazitätsausgleich** (**Kapazitätsabgleich**) zwischen den Perioden in der Form durchzuführen, daß das Kapazitätsgebirge geglättet wird.

So könnte man beispielsweise Überbelastungen einfach in die jeweils nächste Periode mit Unterbelastung verschieben. Ein Ausgleichsverfahren, das Über- und Unterbelastungen durch Verlagerung von Aufträgen sowohl in frühere als auch in spätere Perioden abbaut, wäre allerdings sinnvoller. Meist wird die Entscheidung über die Verlagerungsrichtung davon abhängig gemacht, ob bis zur Betrachtungsperiode insgesamt eine Über- oder Unterbelastung vorherrscht. Zur graphischen Darstellung bieten sich hier **Kapazitäts-Summenkurven** – wie in *Abb. 236* dargestellt – an, die sowohl die kumulierte Soll-Kapazität (Kapazitätsangebot) als auch die kumulierte Ist-Kapazität (Kapazitätsnachfrage) abbilden.

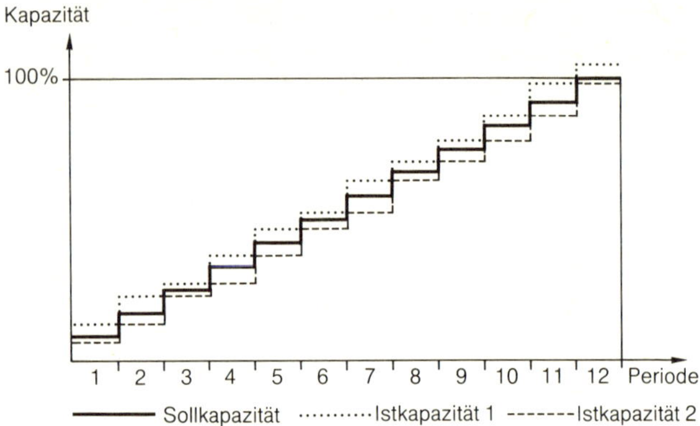

Abb. 236: Kapazitätssummenkurve

Wenn die Summenkurve des Kapazitätsbedarfs (1: --------) der Summenkurve des Kapazitätsangebots (———) voreilt, so ist tendenziell bis zu dieser Periode eine Überbelastung gegeben, und man versucht, Arbeitsgänge in die Zukunft (nach rechts) zu verschieben. Anderenfalls (2: --------) erfolgt eine Verlagerung in Richtung Gegenwart (nach links).

Müssen beim Kapazitätsausgleich durch zeitliche Verschiebung von Aufträgen auch die Auswirkungen auf andere Aufträge berücksichtigt werden, die aufgrund der erzeugnisstrukturellen Vernetzung Vorgänger oder Nachfolger des betrachteten Auftrags darstellen, so können erhebliche Schwierigkeiten auftreten. Solange eine zeitliche Verschiebung durch Zeitpuffer abgefangen werden kann – also durch unbelegte Maschinenzeiten, um die ein Arbeitsgang verschoben werden kann, ohne daß Terminverschiebungen auftreten – ist sie unproblematisch. Ist dies nicht der Fall und müssen Vorgänger oder Nachfolger mitverlagert werden, so kann sich die Verschiebung letztendlich bis zu den Lieferterminen der Endprodukte auswirken.

Der Kapazitätsausgleich durch zeitliche Verschiebung, aber auch die Wahl der übrigen produktionswirtschaftlichen Maßnahmen bei genereller Über- oder Unterbelastung repräsentieren ein überaus anspruchsvolles Optimierungsproblem. Start- und Endtermine der Aufträge bzw. Arbeitsgänge müssen so festgelegt werden, daß Über- und Unterbelastung der Kapazitäten beseitigt werden und die Produktionsdurchführung mit möglichst minimalen Kosten verbunden ist. Simultane Planungsansätze mit Hilfe binärer Optimierungsmodelle zur Lösung von Kapazitätsausgleichsproblemen wurden in der Literatur vorgestellt, haben aber aufgrund des begrenzten Problemumfangs nur theoretische Bedeutung[41]. Auch die Modellansätze, die zur Maßnahmenoptimierung bei genereller Überbelastung mit Hilfe kapazitätserhöhender Anpassungsprozesse (insbesondere in Form zeitlicher und intensitätsmäßiger

---

[41] Vgl. *Pritsker/Watters/Wolfe* 1969/70, *Zäpfel* 1982, S. 236ff.

Anpassung) entworfen wurden[42], haben sich ebenfalls aufgrund der eingeschränkten Anwendungsmöglichkeiten in der industriellen Praxis bisher noch nicht durchsetzen können.

In vielen Softwaresystemen, die in der industriellen Praxis eingesetzt werden, kommen deshalb sehr einfache heuristische Lösungskonzepte zum Einsatz, wenn nicht sogar ganz auf einen Ausgleichsalgorithmus verzichtet wird. Hier erweist sich der Einsatz von **Mensch-Maschine-Dialogsystemen** als sinnvoll, da die menschliche Fähigkeit, strukturelle Zusammenhänge zu erkennen, oft bessere Ergebnisse nach sich zieht.

Ein **heuristischer Lösungsansatz,** der das komplexe produktionswirtschaftliche Problem der Kapazitätsterminierung hauptsächlich auf eine Anpassung des Kapazitätsgebirges an die vorhandenen Kapazitäten reduziert, arbeitet mit **Auftragsprioritäten**[43]. Diese stellen ein Maß für die Bedeutung des Auftrags im Verhältnis zu den anderen Aufträgen dar. Die **Wertzahl** eines Auftrags (Serie) errechnet sich mit Hilfe einer Prioritätsregel, in die unterschiedliche Parameter – wie externe Priorität des Auftrags, Puffer oder Verzug und Kapitalbindung des Auftrags – eingehen. Die Kapazitätsterminierung läuft nach folgenden Schritten ab:

(1) Bestimmung der Auftragsprioritäten mit Hilfe von Wertzahlen.

(2) Jede Arbeitsplatzgruppe wird auf der Basis der Früheststarttermine aus der Durchlaufterminierung zuerst mit dem Auftrag belegt, der die höchste Priorität hat. Nach der Rangfolge ihrer Prioritäten werden alle Aufträge nach und nach eingeplant.

(3) Bei Überbelastung werden die Arbeitsgänge in die nächste, nicht überbelastete Periode verlegt.

(4) Gelingt es nicht, einen Arbeitsgang bis zu dem aus der Rückwärtsterminierung bekannten spätesten Startzeitpunkt einzuplanen, so werden Ausweichmaßnahmen geprüft, wie sie in Abschnitt III.4.4.1.2.1 bei Überbelastung beschrieben wurden (z.B. Fremdbezug, Auslagerung auf andere Arbeitsplätze). Bestehen keine Ausweichmöglichkeiten, so werden der Startzeitpunkt des Arbeitsganges und damit auch der Fertigstellungstermin neu geplant, bis ein Kapazitätsangebot für den Auftrag gefunden wird.

(5) Sollte Unterbelastung auftreten, so wird geprüft, ob die Aufträge früher freigegeben werden können.

Diese Vorgehensweise kann bewirken, daß der Fertigstellungstermin eines Auftrags entweder eingehalten werden kann (Verschiebung einzelner Arbeitsgänge innerhalb der Puffer) oder daß neue Termine vorgegeben werden müssen. Als Ergebnis der Kapazitätsterminierung liegen realisierbare Start- und damit Endtermine für jeden Arbeitsgang auf den einzelnen Kapazitätseinheiten auf der Basis der Auftragsprioritäten und begrenzter Kapazitäten

---

[42] Vgl. *Kilger* 1973, S. 203ff.

[43] Vgl. *Stommel* 1970, *Kinzer* 1971, *Opitz/Brankamp/Miese* 1974, *Brankamp* 1979.

vor. Die dargestellte Heuristik garantiert nicht, daß eine optimale Lösung gefunden wird.

Die Terminplanung weist die Merkmale einer Grobplanung auf, da sie sich in der Regel auf einen Zeitraum von mehreren Wochen oder Monaten bezieht. Die Durchführung der Produktionsaufträge (Serien) erfordert eine definitive und detaillierte Festlegung des Produktionsablaufs, die als Maschinenbelegungsplanung, auch Feinterminierung, Kapazitätsbelegungs-, Terminfein-, Reihenfolge- oder Ablaufplanung sowie auch als Werkstatt-, Fertigungs- oder Arbeitssteuerung bezeichnet wird und einen Zeitraum von mehreren Tagen bis zu ca. zwei Wochen umfaßt.

4.4.1.3 System OPT

Im sukzessiven Planungskonzept, in dem auf die Faktorplanung (Bedarfs- und Auftragsplanung) die Prozeßplanung (hier: Terminplanung) folgt, müssen ggfs. zur Beseitigung von Engpässen in der Kapazitätsterminierung Vorgaben der terminierten Bedarfs- und Auftragsgrößenplanung wiederum korrigiert werden. Wie bereits oben erwähnt, kann eine Simultanplanung aus vielerlei Gründen nicht durchgeführt werden.

Das in den USA bekannt gewordene **System OPT**[44] versucht, eine Verbindung von Material- und Zeitwirtschaft herzustellen. Das Verfahren ist bisher in seinen Einzelheiten nicht veröffentlicht worden. OPT strebt eine **Optimierung des Throughputs** an, indem Engpaßkapazitäten („Flaschenhälse") optimal ausgenutzt werden. Die Kapazitätsauslastung des gesamten Produktionsbereiches tritt dabei in den Hintergrund. Bei der Planerstellung können Beschränkungen – wie Bearbeitungsreihenfolgen, Rüstzeiten, Instandhaltung, Fehlzeiten usw. – simultan berücksichtigt werden. Im folgenden soll kurz der Ablauf dieses Verfahrens skizziert werden.

Zunächst ist eine detaillierte Beschreibung der benötigten Produktionsfaktoren und des Produktionsprozesses erforderlich. Letztere wird mit Hilfe des **Auftrags- oder Produktnetzes,** einer netzwerkartigen Kombination von Daten, die sonst in Form von Stücklisten und Arbeitsplänen verfügbar sind, erfaßt (siehe *Abb. 237*)[45].

Anschließend werden durch eine **Rückwärtsterminierung** und darauf aufbauende Kapazitätsbedarfsermittlung **kritische Engpaßfaktoren** identifiziert. Nach diesem Schritt sind die **Auslastungsprozentsätze** der einzelnen Bearbeitungsstationen (Produktionsstellen) bekannt. Als kritisch und damit als Engpaß gelten Belastungen nahe 100% und darüber.

Die identifizierten **Engpässe** sind dann permanent auszulasten. Zur Rüstzeitminimierung werden hier größere Lose gebildet als nach der Losgrößenplanung üblich. Um Störungen aus vorgelagerten Bereichen auffangen zu kön-

---

[44] Vgl. *Goldratt* 1988, Jacobs 1986, Vollmann 1986.
[45] Vgl. *Hoitsch/Lingnau* 1992.

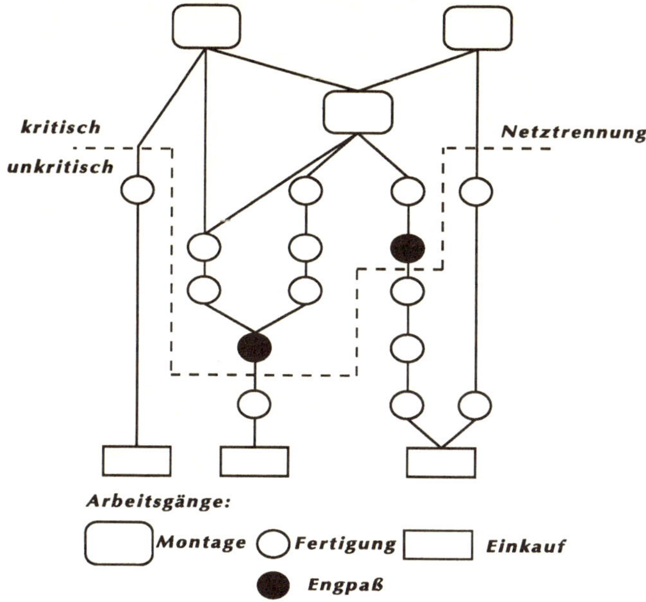

Abb. 237: Auftrags-/Produktnetz

nen, sind entsprechende Sicherheitsbestände (Pufferläger) an den Übergängen vom unkritischen zum kritischen Netzteil zu plazieren. Instandhaltungsaktivitäten an den Engpässen sind vorbeugend und wenn möglich, außerhalb der normalen Betriebszeit durchzuführen.

Die den Engpässen **nachgelagerten (kritischen) Arbeitsgänge** werden durch eine **Vorwärtsterminierung** verplant. Die den Engpässen **vorgelagerten (unkritischen) Arbeitsgänge** werden durch **Rückwärtsterminierung** so nahe wie möglich an die kritischen Arbeitsgänge angeschlossen, um die Durchlaufzeit der Aufträge zu reduzieren.

Die so erhaltene (vorläufige) Kapazitätsterminierung wird als Grundlage für einen erneuten Durchlauf des Verfahrens herangezogen. Nach in der Regel fünf bis sechs Durchläufen, die Rechenzeiten im Stundenbereich beanspruchen, sind die Engpässe so weit entlastet, daß ein ausgeglichener und mit der Materialwirtschaft abgestimmter Termin- bzw. Kapazitätsbelegungsplan vorliegt.

Eine Beurteilung des Verfahrens wird dadurch erschwert, daß der dem Verfahren zugrunde liegende Algorithmus bisher nicht bekannt ist und die Mehrzahl der erhältlichen Informationen auf Quellen zurückgeht, die kommerzielle Interessen an OPT haben. Charakteristisch für OPT ist neben der Engpaßplanung als Ausgangspunkt für die gesamte Produktionsplanung die iterative Abstimmung von Material- und Zeitwirtschaft. Hervorzuheben ist allerdings die Anfälligkeit des erstellten Plans gegenüber Störungen im Bereich der Engpaßkapazitäten. Solche Störungen bedingen einen erneuten (aufwendigen) Rechenlauf.

4.4.2 Auftragsfreigabe

Nach der Terminplanung mit Durchlauf- und Kapazitätsterminierung wird ein Produktionsauftrag für die Werkstatt freigegeben. Die klassische **Hauptaufgabe dieser Auftragsfreigabe** besteht in der Prüfung, ob sämtliche zur Produktion benötigten Produktionsfaktoren (inkl. Informationen) verfügbar sind (Verfügbarkeitsprüfung).

Dazu zählen:

- Einzelteile und Baugruppen gemäß Arbeitsplan und Stückliste
- Betriebsmittel, die für die Auftragsdurchführung benötigt werden
- Personal, das für die Auftragsdurchführung benötigt wird
- Informationen für die Produktion, wie Arbeitspläne, NC-Programme, Werkstattzeichnungen usw.

Diese klassische Hauptaufgabe der Auftragsfreigabe wird aufgrund praktischer Erfahrungen im Umgang mit PPS-Systemen seit einiger Zeit als nicht mehr ausreichend angesehen. Die Auftragsfreigabe soll in Zukunft über die Verfügbarkeitsprüfung hinausgehend einen höheren Stellenwert als Instrument der Produktionsplanung und -steuerung annehmen.

Zu diesem Zweck wurden in den letzten Jahren mehrere Instrumente entwikkelt, von denen zwei im folgenden dargestellt werden:

- Belastungsorientierte Auftragsfreigabe (BORA)
- Input/Output-Control (IOC)

4.4.2.1 Belastungsorientierte Auftragsfreigabe (BORA)

4.4.2.1.1 Ablauf des Verfahrens

Die Anwendung der klassischen PPS-Verfahren in den Bereichen Durchlauf- und Kapazitätsterminierung sowie Auftragsfreigabe, wie sie oben beschrieben wurden, hat in vielen praktischen Fällen das sogenannte **Durchlaufzeit-Syndrom** zur Folge. Danach führen unsichere, lange Durchlaufzeiten zu einer frühzeitigen Auftragsfreigabe, die wiederum zu größeren Warteschlangen vor den einzelnen Bearbeitungsstationen und damit zu hohen Werkstattbeständen führen. Diese haben eine verlängerte mittlere Durchlaufzeit zur Folge, wodurch die Aufträge noch früher freigegeben werden usw. Das Verhalten der PPS-Disponenten in diesem Zusammenhang wurde auch als **Fehlerkreis der Fertigungssteuerung**[46] bezeichnet. Weiterhin wurde festgestellt, daß trotz des hohen Rechenaufwandes für ihre Erstellung, Kapazitätsterminierung und Maschinenbelegungspläne aufgrund von Störungen und Änderun-

---

[46] Vgl. *Kettner/Jendralski* 1979, S. 410ff.

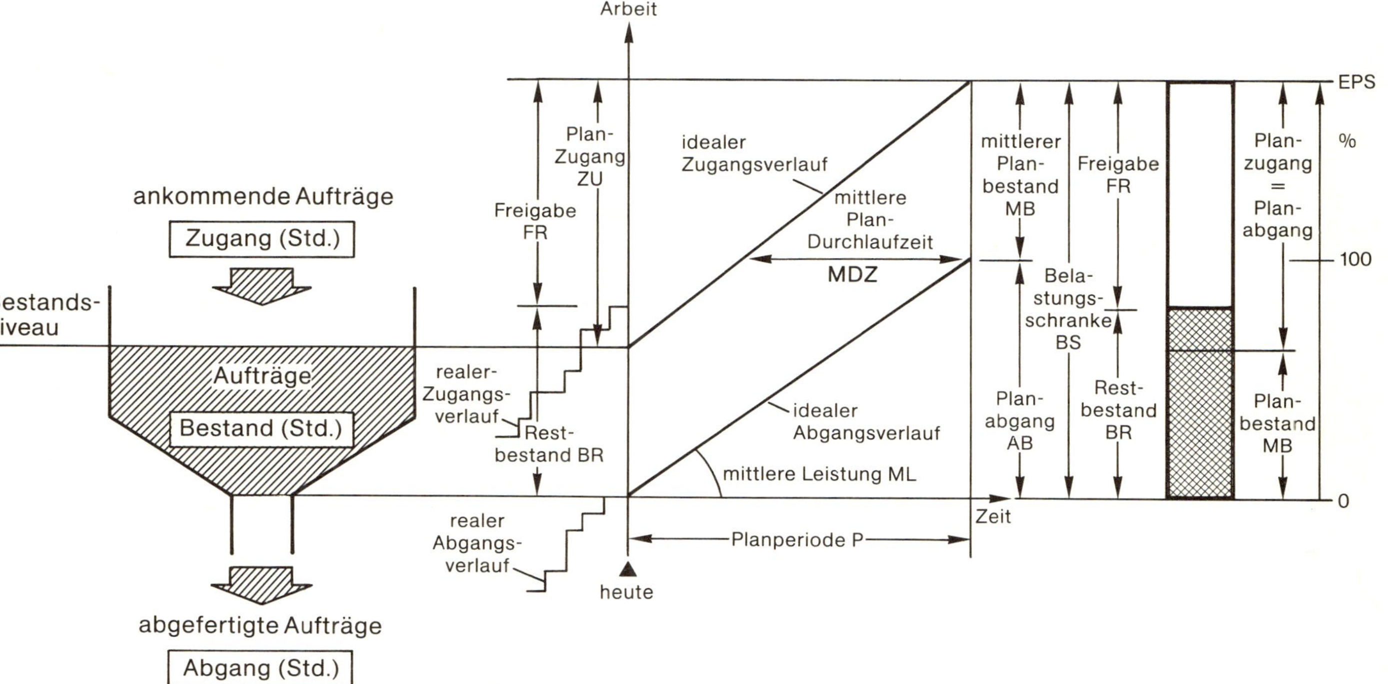

Abb. 238: Trichtermodell, Durchlaufdiagramm und Belastungskonto

gen sehr rasch veralten, so daß informelle Steuerungssysteme auf Meisterebene erforderlich werden, um termingerecht liefern zu können.

Bechte, Kettner und Wiendahl schlagen mit ihrem Verfahren der **Belastungsorientierten Auftragsfreigabe**[47] vor, Aufträge erst dann für die Werkstatt freizugeben, wenn sie dort auch bearbeitet werden können und nicht nur die Werkstattbestände vor den Betriebsmitteln in Form von Warteschlangen vergrößern.

Diesem Verfahren liegt das sogenannte **Trichtermodell der Werkstattproduktion** zugrunde. Jedes Arbeitssystem (Bearbeitungsstation/Arbeitsplatz) läßt sich danach als Trichter auffassen, an dem Aufträge ankommen (Zugang), auf ihre Abfertigung warten (Bestand) oder das System verlassen (Abgang). Für jede Bearbeitungsstation werden Zugänge, Bestände und Abgänge für die folgende Periode (Planungsperiode) auf einem **Belastungskonto** verbucht. Die *Abb. 238* zeigt Trichtermodell, Durchlaufdiagramm und Belastungskonto[48].

Ziel des Verfahrens ist es, nur soviele Aufträge freizugeben, daß das System nicht überlastet wird. D.h., daß Zugangs- und Abgangsverlauf parallel verlaufen. Unter dieser Voraussetzung bleibt der mittlere Planbestand an Halbfabrikaten (Vorprodukten) während der gesamten Planungsperiode konstant, und die **mittlere Durchlaufzeit** ist nur noch von der **Bestandshöhe** abhängig. Die *Abb. 239* zeigt diesen Zusammenhang, wobei die **mittlere Leistung** die abgefertigte Arbeit darstellt und diese sowie der Bestand in **Arbeitszeiteinheiten** (Arbeitszeitstunden) gemessen werden[49].

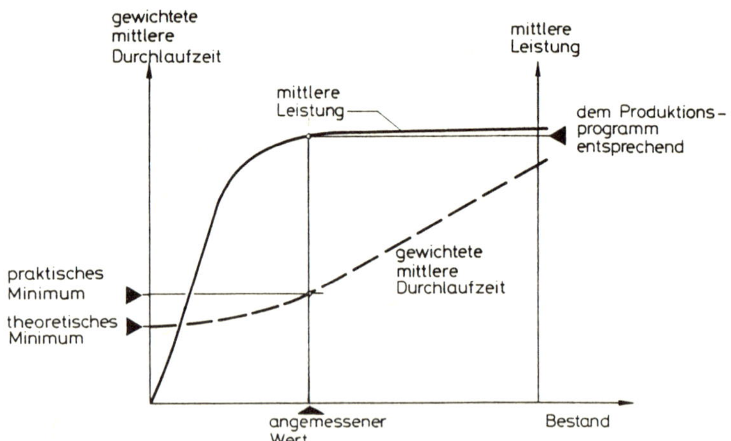

Abb. 239: Zusammenhang zwischen Durchlaufzeit, Leistung und Bestand

[47] Vgl. *Bechte* 1980, *Kettner/Bechte* 1981, *Wiendahl* 1987a und b.
[48] *Wiendahl* 1988, S. 63 und 76.
[49] *Wiendahl* 1987b, S. 31.

Mit Hilfe des Trichtermodells soll zunächst die prinzipielle Vorgehensweise des Verfahrens als **Regler-Analogie** symbolisch dargestellt werden (siehe *Abb. 240*[50]):

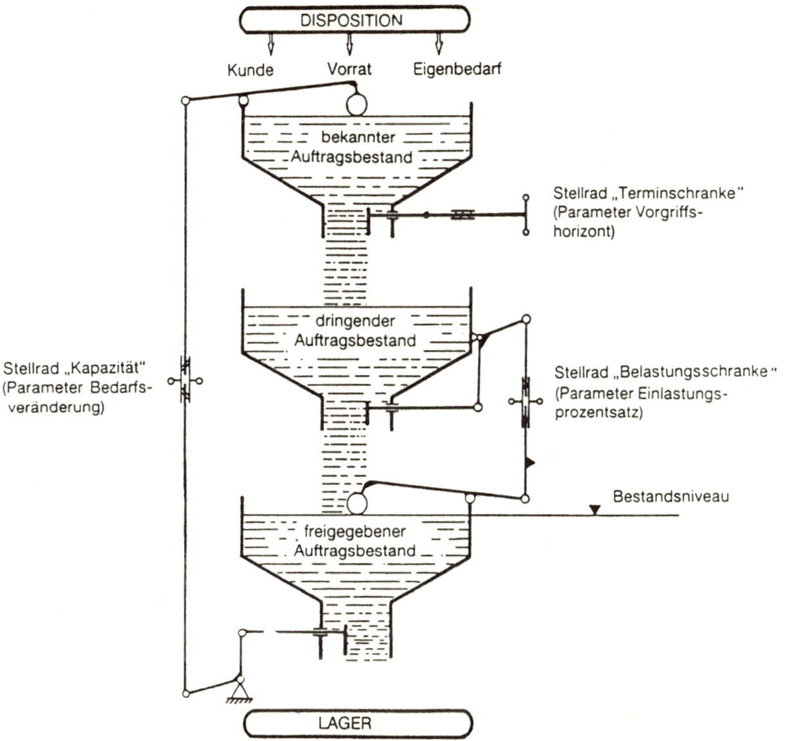

Abb. 240: Regler-Analogie der BORA

Der oberste Trichter enthält sämtliche bekannte Aufträge. Der Parameter **„Vorgriffshorizont"** läßt nur diejenigen Aufträge in den dringenden Auftragsbestand (mittlerer Trichter) einfließen, die innerhalb der sog. **Terminschranke** liegen. Dort wird über den Regelmechanismus **„Belastungsschranke"** wiederum nur soviel Arbeit freigegeben, daß im untersten Arbeitstrichter das gewünschte Bestandsniveau und damit die mittlere Durchlaufzeit konstant gehalten werden. Verändert man den Parameter **„Einlastungsprozentsatz"**, stellt sich bei gleichem Durchfluß (gleicher Kapazität) ein anderes Bestandsniveau und damit eine andere Durchlaufzeit ein.

Die BORA geht von folgenden Rahmenbedingungen aus:

- Endtermine aller Aufträge sind bekannt
- Kapazitäten der Bearbeitungsstationen (Arbeitsplätze/Arbeitssysteme) sind festgelegt

---

[50] *Wiendahl* 1987a, S. 256.

- Terminplanung und damit Kapazitätsabgleich ist soweit durchgeführt, daß über einen längeren Zeitraum gesehen die gegebenen Kapazitäten zur Abarbeitung der Aufträge ausreichen.

Die **zentrale Fragestellung** lautet: Welche Aufträge sollen im Laufe der nächsten Planungs- (hier: Plan-)periode (in der Regel ein Tag bis eine Woche) freigegeben werden, um die geplanten Sollbestände vor den Bearbeitungsstationen einzuhalten.

Folgende Arbeitsschritte sind erforderlich:

- Reihung der Aufträge nach ihrer **Dringlichkeit** (kleinste Pufferzeit = dringlichster Auftrag) mit Rückwärtsterminierung.
- Freigabe dringlicher Aufträge, deren spätestmöglicher Starttermin um nicht mehr als eine vom Produktionsmanagement vorzugebende Zeitspanne **„Vorgriffshorizont“** in der Zukunft liegt. Der Grenzzeitpunkt wird als **Terminschranke** bezeichnet. Nicht dringliche Aufträge werden im aktuellen Planungsdurchlauf nicht berücksichtigt, sondern erst im nächsten Planungsdurchlauf wieder zur Disposition gestellt.
- **Einlastung der Aufträge** in der Reihenfolge ihrer spätestmöglichen Starttermine, wobei überprüft wird, ob durch die Freigabe eines dringlichen Auftrages an jeder Bearbeitungsstation, die dieser durchlaufen muß, die **Belastungsschranke** voraussichtlich nicht überschritten wird. Diese ergibt sich aus der Periodenkapazität zuzüglich dem Planbestand vor der Bearbeitungsstation, ausgedrückt in Anzahl von Arbeitszeiteinheiten. Die Einhaltung der Belastungsschranke bedeutet damit auch ein Einhalten der Planbestände.
- **Verbuchung** der Belastung einer Bearbeitungsstation **auf** ihrem **Belastungskonto** (Zugang) bzw. Verbuchung einer Ist-Leistung nach der Auftragsbearbeitung (Abgang). Die **Belastung** der Arbeitsgänge der Aufträge, die sich in der Warteschlange direkt vor der Bearbeitungsstation befinden, entspricht dem Arbeitsinhalt als Summe aus Rüst- und Bearbeitungszeiten.
- **Abwertung der Arbeitsinhalte** (Belastung) jener Aufträge, die **vor** der Ankunft an der betrachteten Bearbeitungsstation noch andere Stationen zu durchlaufen haben, mit Hilfe eines **Abwertungsfaktors** (Gewichtungsfaktors) (siehe unten).
- **Wiederholung der oben angeführten Arbeitsschritte** solange, bis die Liste der dringlichen Aufträge abgearbeitet ist. Die nach der Belastungsprüfung nicht freigegebenen Aufträge (nicht machbaren Aufträge) werden, wie die nicht dringlichen Aufträge, in der nächsten Planungsperiode im Planungslauf erneut berücksichtigt.

Die beiden vom Produktionsmanagement zu setzenden Parameter sind:

- Vorgriffshorizont (VGH) bzw. Terminschranke (TS)
- Einlastungsprozentsatz (EPS) bzw. Belastungsschranke (BS)

Der **Vorgriffshorizont** (die Terminschranke) legt fest, um welche Zeitspanne ein Auftrag maximal gegenüber seinem errechneten spätestmöglichen Starttermin vorgezogen werden kann, sofern dies die Belastungsschranke im späteren Ablauf zuläßt. Obwohl eine Freigabe immer nur für die nächste Planungsperiode (z.B. eine Woche) erfolgt, können bei Wahl eines entsprechenden Vorgriffshorizonts auch bereits terminierte Nettobedarfe zukünftiger Perioden für die Freigabe berücksichtigt werden. Häufig werden drei Perioden (z.B. 3 Wochen) als geeigneter Vorgriffshorizont angesehen[51].

Der **Einlastungsprozentsatz** (die Belastungsschranke) definiert die geplante mittlere Durchlaufzeit für die Abarbeitung der Aufträge. Häufig führen Einlastungsprozentsätze zwischen 200% und 300% zu vernünftigen Durchlaufzeiten und guten Auslastungen der Bearbeitungsstationen.

Es gelten folgende formale Zusammenhänge:

$$MDZ = \frac{MB}{KAP} \tag{264}$$

Hierbei sind

MDZ: Mittlere Durchlaufzeit, gemessen in Perioden. Entspricht jener Zeit, die zur Abarbeitung des Planbestandes benötigt wird.

MB: Mittlerer Planbestand, gemessen in Arbeitszeiteinheiten.

KAP: Periodenkapazität (hier: Mittlere Leistung ML) der Bearbeitungsstation, gemessen in Arbeitszeiteinheiten.

Soll die MDZ eingehalten werden, so darf die **Belastung** des Arbeitssystems in der Planungsperiode, definiert als Anfangsbestand plus Zugang, nicht größer sein als die geplante mittlere Leistung (Periodenkapazität) zuzüglich dem mittleren Planbestand (Prämisse: gleichmäßiger Zugang während der Planungsperiode).

$$BS = MB + KAP \tag{265}$$

BS: Belastungsschranke ausgedrückt in Arbeitszeiteinheiten

Aussagefähiger als die BS ist der Einlastungsprozentsatz EPS:

$$EPS = \frac{BS}{KAP} * 100 \, [\%] \tag{266}$$

$$EPS = \frac{MB + KAP}{KAP} * 100 \, [\%] \tag{267}$$

Durch Einsetzen von MDZ in EPS ergibt sich:

$$EPS = (1 + MDZ) \cdot 100 \, [\%] \tag{268}$$

Wird z.B. eine MDZ von **einer** Planungsperiode vorgesehen, so ist ein EPS von 200% zu wählen, eine MDR von **zwei** Perioden ergibt einen EPS von 300% usw.

Die Wahrscheinlichkeit, mit der ein Auftrag in der nächsten Periode an der Bearbeitungsstation p zur Bearbeitung bereitsteht, wird durch den Abwer-

---

[51] Vgl. *Wiendahl* 1987a, S. 263.

tungsfaktor gekennzeichnet. In der Praxis wird der **Abwertungsfaktor** ABF für eine bestimmte Bearbeitungsstation p folgendermaßen ermittelt:

$$ABF_p = \frac{100}{EPS_1} * \frac{100}{EPS_2} * \ldots\ldots \frac{100}{EPS_{p-1}} \tag{269}$$

Haben alle Bearbeitungsstationen denselben EPS, vereinfacht sich die obige Beziehung zu:

$$ABF_p = \left(\frac{100}{EPS}\right)^{p-1} \tag{270}$$

Anhand eines Beispiels (siehe *Abb. 241*) soll der Ablauf der BORA dargestellt werden[52].

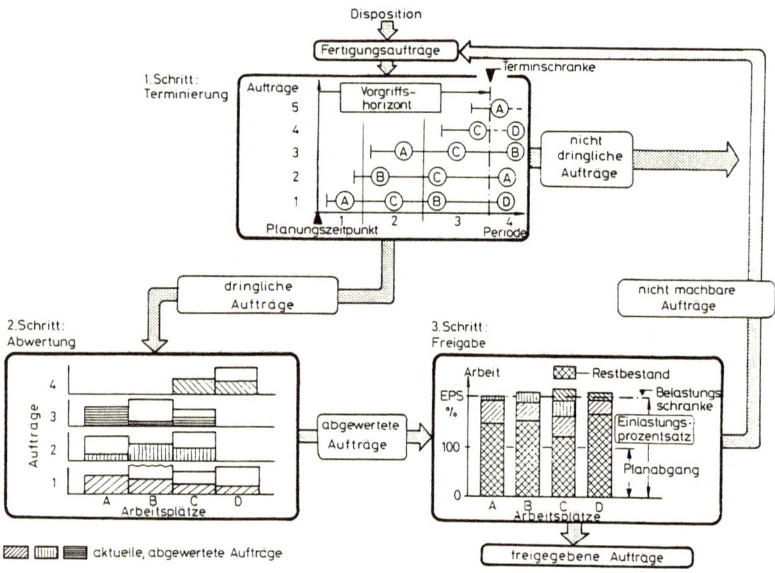

Abb. 241: Beispiel zur belastungsorientierten Auftragsfreigabe

Im Beispiel *(Abb. 241)* beginnt man mit der Einlastung des dringlichsten Auftrages. Dies ist der Auftrag 1, der nacheinander die Arbeitsplätze A, C, B und D durchlaufen muß. Das **Belastungskonto** des Arbeitsplatzes A wird probehalber mit dem Vorgabezeitwert (Rüst- und Bearbeitungszeit/Arbeitsinhalt) des ersten Arbeitsganges von 1 belastet. In der Regel wird damit noch nicht die Belastungsschranke des Arbeitsplatzes A erreicht sein, so daß nun der 2. Arbeitsgang des Auftrages 1 probehalber in diesem Fall auf das Belastungskonto von Arbeitsplatz C eingelastet werden kann. Da das Belastungskonto immer nur für die nächste Periode gilt, müßte man die Wahrschein-

[52] Vgl. *Wiendahl* 1987b, S. 32.

lichkeit dafür kennen, daß der 2. Arbeitsgang noch in der ersten Planperiode am Arbeitsplatz C ankommt. Wäre dieser Wert bekannt, könnte man den Belastungswert des 2. Arbeitsganges um diesen Wahrscheinlichkeitsfaktor (= Abwertungsfaktor ABF_C) **abwerten** und den abgewerteten Belastungswert in die nächste Planperiode einlasten.

Im Beispiel (Abb. 241) betrage der Einlastungs-Prozentsatz für jeden Arbeitsplatz einheitlich 200. Der Vorgabezeitwert des 2. Arbeitsganges des Auftrages 1 wird um den Abwertungsfaktor 100/200 = 0,5 abgewertet und in dieser Höhe dem Belastungskonto des Arbeitsplatzes C belastet, sofern dadurch die Belastungsschranke des Arbeitsplatzes C nicht überschritten wird. Für die 3. Periode ergibt sich ein Abwertungsfaktor von 0,25 für den Vorgabezeitwert des 3. Arbeitsgangs, der dem Konto B belastet wird, sofern damit die Belastungsschranke von B nicht überschritten wird. Ebenso verfährt man mit dem 4. und letzten Arbeitsgang des Auftrages 1. Ergibt diese Probebelastung, daß auch bei Arbeitsplatz D die Belastungsschranke nicht überschritten wird, wird der Auftrag 1 freigegeben. Die vier betroffenen Arbeitsplatzkonten werden endgültig mit der abgewerteten Auftragszeit des jeweiligen Arbeitsvorgangs belastet.

Nun prüft man den zweiten Auftrag, dann den dritten, vierten usw. Sobald die Belastung eines Arbeitsganges die Belastungsschranke des zugehörigen Kontos erstmals überschreitet, wird dieses Konto gesperrt. Der nächste Arbeitsvorgang, der auf dieses gesperrte Konto trifft, wird dann zusammen mit allen übrigen Arbeitsvorgängen, die zu seinem Auftrag gehören, abgewiesen und der gesamte Auftrag in die Liste der **nicht machbaren Aufträge** eingetragen.

Alle nicht dringlichen oder nicht machbaren Aufträge durchlaufen in der nächsten Planungsrunde erneut das Verfahren. Bei sehr stark streuenden Durchlaufzeiten kann es sinnvoll sein, individuelle Belastungsschranken für jeden Arbeitsplatz zu wählen.

Die BORA wird inzwischen als PPS-Modul von vielen Software-Anbietern eingesetzt[53] und in über 50 Praxisfällen angewandt.

4.4.2.1.2 Beurteilung des Verfahrens

Der praktische Einsatz in vielen Anwendungsfällen hat gezeigt, daß die BORA einen bedeutenden Fortschritt in der modernen Produktionsplanung und -steuerung darstellt. Die **heuristische Vorgehensweise,** einen Auftrag erst freizugeben, wenn er eine realistische Chance hat auch bearbeitet zu werden, kann als **Hauptvorteil** des Verfahrens angesehen werden.

Die **einfache Steuerung** des Verfahrens mit nur **zwei Parametern** (TS und BS) kann einerseits als großer Vorteil bezeichnet werden. Andererseits gibt es

---

[53] Z.B. System RM von *SAP,* INTEPS FS von *Brankamp,* PSK 2000 von *Strässle,* ABS von *SIEMENS.*

kein exaktes Verfahren, diese beiden Parameter zu bestimmen. Sie müssen durch Versuch festgelegt werden. Die Praxis neigt hier zu einer festen „durchschnittlichen" Parametereinstellung. Simulationsuntersuchungen haben gezeigt, daß eine solche Verhaltensweise bei schwankenden Belastungszuständen zu Defiziten des Verfahrens in Form hoher Endlagerzeiten, schlechter Termintreue oder mangelhafter Auslastung führen kann[54]. Ein Produktionsbetrieb, der nur ein mangelhaftes Terminplanungsystem besitzt, darf durch einfachen Einbau eines BORA-Moduls in sein (mangelhaftes) PPS-System keine wesentlichen Verbesserungen im Hinblick auf die Realisierung seiner operativen produktionswirtschaftlichen Ziele erwarten.

In der Literatur werden folgende Möglichkeiten vorgeschlagen, die oben beschriebenen Defizite der BORA zu beheben[55]:

- Dynamisierung der Parameter der BORA, d.h. laufende Anpassung an die Planungssituation (insb. den Belastungsverlauf)[56]
- Erhöhung der Genauigkeit der Grobplanung, d.h. besserer Kapazitätsabgleich innerhalb der Terminplanung
- Ersatz der BORA durch Planungsmethoden mit größerem Funktionsumfang, so daß Teilplanungen (wie z.B. Terminplanung), welche die BORA auf die übergeordnete Grobplanung verlagert, in die Auftragsfreigabe integriert werden[57]. Ein Vorschlag dazu wäre die kostenorientierte Input/Output-Control, die in Abschnitt III.4.4.2.2 kurz behandelt wird[58].

Weiterhin darf bei Einsatz der BORA nicht übersehen werden, daß eine Verminderung der Kapitalbindung in den Werkstattbeständen von Repetierfaktoren (Halbfabrikate/Vorprodukte, aber auch Roh- und Hilfsstoffe) nur dann erreicht wird, wenn für die noch nicht freigegebenen Aufträge auch noch keine Repetierfaktoren bereitgestellt wurden. Da über diese im sukzessiven Planungskonzept aber bereits vorher in der Faktorplanung (Auftragsgrößen-/Bestellmengenplanung) entschieden wurde, und entsprechende Beschaffungsaufträge schon ausgelöst sein können, wäre eine stärkere Verzahnung der BORA mit den vorgelagerten PPS-Stufen (Terminplanung und operativer Faktorplanung) erforderlich.

Die oben angeführte Kritik an der BORA bezieht sich im wesentlichen auf die fehlende Integration vorgelagerter Teilplanungsbereiche (Terminplanung, Faktorplanung). Ein weiteres Problem ergibt sich durch die fehlende Betrachtung von **Engpaßbetriebsmitteln.**

---

[54] Vgl. *Zäpfel/Missbauer/Kappel* 1992.

[55] Vgl. *Zäpfel/Missbauer/Kappel* 1992, S. 911f.

[56] Zur Möglichkeit des Einsatzes wissensbasierter Systeme zur Parametereinstellung vgl. z.B. *Mertens* 1989, S. 120.

[57] Vgl. hierzu *Missbauer* 1987, S. 66ff.

[58] Zu weiteren Verbesserungen bzw. Alternativen von BORA vgl. z.B. *Brecht* 1992 (Bestandsregelnde Auftragsfreigabe = BRAF), *Adam* 1988 (Retrograde Terminierung), *Knolmayer/Holdhof* 1986 (Durchlauforientierte Auftragsfreigabe = DORA) sowie *Holdhof* 1986.

Das Verfahren der **Engpaßorientierten Auftragsfreigabe/Steuerung** (EOS)[59], das ebenfalls aus der Kritik an der BORA entwickelt wurde, versucht die nächste PPS-Stufe „Maschinenbelegung“ mit der BORA zu verknüpfen. In ähnlicher Form wie das System OPT, das eine Integration von Material- und Zeitwirtschaft über eine Engpaßsteuerung anstrebt, wird hier eine engpaßorientierte Auftragsfreigabe mit den Prioritätsregelverfahren der Maschinenbelegungsplanung (siehe Abschnitt III.4.4.3) integriert.

Das Prinzip des Verfahrens EOS besteht darin, daß Belastungsschranken nur für die in der Kapazitätsterminierung konstatierten Engpaß-Bearbeitungsstationen festgelegt werden, und die Einlastungsprozentsätze für jede dieser Engpaßstationen individuell gemäß ihrer Belastung in der Kapazitätsterminierung bestimmt werden. Die Abwertung der Belastung durch die Produktionsaufträge erfolgt nicht schematisch durch eine Potenz des reziproken Einlastungsprozentsatzes (siehe Formel (270)) sondern mit Hilfe einer differenzierten Wahrscheinlichkeitsermittlung. Die Freigabe der Aufträge erfolgt dann wie bei BORA, wobei die Abarbeitung der Warteschlange (Belastung) vor der Bearbeitungsstation dann nach Prioritätsregeln der Maschinenbelegungsplanung erfolgt.

Simulationsuntersuchungen haben gezeigt, daß mit der EOS ca. 30% kürzere mittlere Durchlaufzeiten und wesentlich geringere Streuungen der Durchlaufzeiten zu erreichen sind[60].

4.4.2.2 Input/Output-Control (IOC)

Wie bei der BORA so geht auch die **Input/Output-Control** (IOC) von der Erkenntnis aus, daß die mittlere Durchlaufzeit der Aufträge von den Auftragsbeständen in der Produktion abhängt[61]. Mit IOC wird versucht, eine Abstimmung der Beauftragung (= Zusammenfassung der Bildung und Freigabe der Aufträge) mit den gegebenen Kapazitäten über alle Perioden des Planungszeitraumes zu erreichen, wobei die Bestände vor den einzelnen Bearbeitungsstationen (= Warteschlagen) eine bestimmte Höhe aufweisen sollen.

Dieser, auf reinen Mengen- und Zeitdaten beruhende Ansatz ist ein Planungshilfsmittel, das keine ausreichende methodische Unterstützung im Entscheidungsprozeß der Auftragsfreigabe bietet. Das Problem verstärkt sich, wenn in realen Situationen der Komplexitätsgrad und die Anzahl der Handlungsalternativen zunimmt. Hier setzt die Weiterentwicklung dieses Konzeptes an, die als **kostenorientierte Input/Output-Control** im folgenden kurz beschrieben werden soll.

Mit der **kostenorientierten Input/Output-Control** (KIOC)[62] soll eine Optimierung der Abstimmung von Beauftragung und Kapazitäten unter Kostengesichtspunkten erfolgen. Hierzu wurden zwei Ansätze entwickelt:

---

[59] Vgl. *Hansmann* 1992, S. 309ff. sowie *Hansmann/Kleeberg* 1989.
[60] Vgl. *Hansmann/Kleeberg* 1989, S. 13.
[61] Vgl. *Belt* 1976, *Wight* 1974.
[62] Vgl. *Zäpfel/Missbauer* 1988, *Missbauer* 1987.

- Sukzessivkonzept: Entkopplung von Material- und Zeitwirtschaft
- Simultankonzept: Integration von Material- und Zeitwirtschaft

Das **Sukzessivkonzept** der KIOC geht von folgender Situation aus[63]:

- Planungszeitraum wird in T Perioden unterteilt.
- Terminierte Nettobedarfsrechnung liefert Aufträge nach Art, Menge und spätestem Endtermin.
- Gegebene (Normal-)Kapazität für jede Bearbeitungsstation
- (Normal-)Kapazitäten der Bearbeitungsstationen sind durch zeitliche (z.B. Überstunden, Sonderschichten), intensitätsmäßige und quantitative Anpassungsmaßnahmen variierbar. Bei notwendigen Anpassungsprozessen sind jene mit den niedrigsten Kostenerhöhungen zu ergreifen (z.B. zuerst Überstunden, dann Sonderschichten usw.).
- Frühzeitige Auftragsfreigabe führt zu Lagerkostenerhöhungen im Zwischenlagerbereich.
- Nach der Zielfunktion einer Minimierung der Summe aus Lagerkosten und Kapazitätserhöhungs-(-anpassungs-)kosten werden ermittelt:
  - Freigabeperiode für jeden Auftrag
  - Maßnahmen der Kapazitätserhöhung für jede Bearbeitungsstation in den einzelnen Perioden des Planungszeitraumes

  Diese Orientierung erfolgt unter der Nebenbedingung, daß alle zu bearbeitenden Aufträge rechtzeitig fertiggestellt sein müssen.

Die *Abb. 242*[64] stellt eine vereinfachte Darstellung des Ablaufs von KIOC dar.

Nach diesem Ablauf ist ein **Plan zulässig,** wenn der Istbestand kleiner oder gleich dem Sollbestand ist, der sich **vor** einer Bearbeitungsstation befindet. Der Sollbestand entspricht wie bei der BORA dem Arbeits(-Zeitstunden)-inhalt, der innerhalb der festgelegten Plandurchlaufzeit abgearbeitet werden kann. Ausgangspunkt für das Optimierungsverfahren, das mit Hilfe eines LP-Modells die kostengünstigsten Anpassungsmaßnahmen auswählt, ist der unzulässige Plan[65].

Das **Simultankonzpet** der KIOC faßt die Beauftragung, d.h. die Seriengrößenbestimmung und die Auftragsfreigabe, als **eine** Entscheidungsaufgabe auf, die in der **terminierten Bedarfsplanung** der mehrstufigen Mehrproduktproduktion (siehe Abschnitt III.3.3.3.3.6) zu lösen ist. Bei gegebenem Teilebedarf sind hier die Lose zu bestimmen, die in den Perioden des Planungszeitraumes freizugeben sind. Dies bedeutet, daß ein dynamisches Losgrößenoptimierungsproblem so zu lösen ist, daß die Bestände bei der Produktion der einzelnen Lose (Aufträge) auf einem bestimmten Niveau bleiben. Die Planungsgenauigkeit kann durch die Wahl der Periodenlänge gesteuert werden.

---

[63] Vgl. *Missbauer* 1987, S. 112ff.
[64] *Corsten* 1990, S. 429.
[65] Zum formalen Aufbau dieses Optimierungsmodells vgl. *Zäpfel/Missbauer* 1988, S. 45ff.

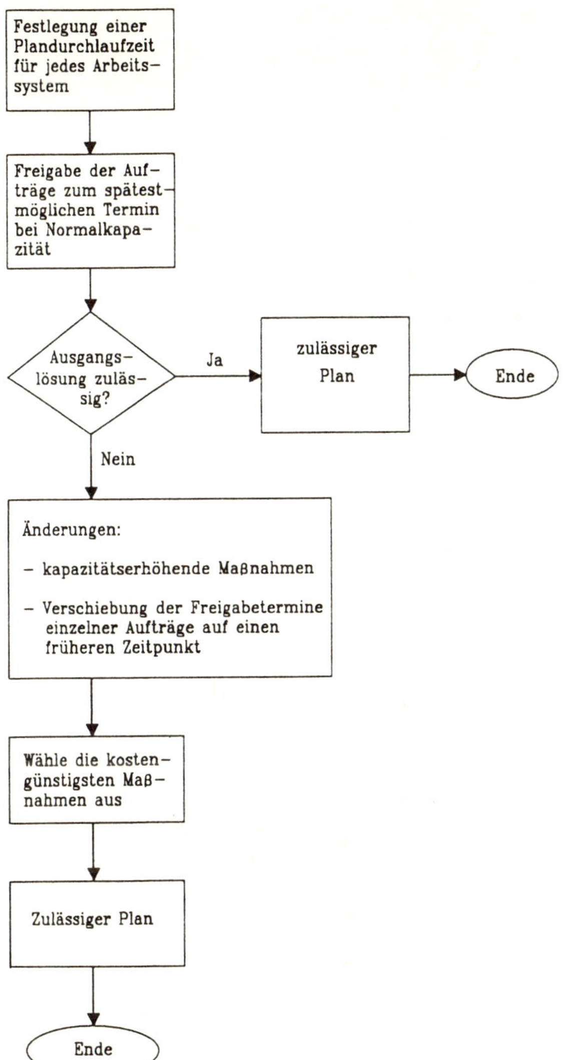

Abb. 242: Sukzessivkonzept der kostenorientierten Input/Output-Control

Auch hier werden zunächst die Plandurchlaufzeiten und damit die Sollbestände vor den Bearbeitungsstationen festgelegt. Das Input/Output-Modell des Auftragsdurchlaufs dient dann zur Überprüfung der Zulässigkeit des gegebenen Losgrößen- und Kapazitätsplans. Bei Unzulässigkeit wird in einem iterativen Verfahren unter Kostengesichtspunkten ein gültiger Plan generiert[66].

---

[66] Vgl. *Zäpfel/Missbauer* 1988, S. 41f.

Mit der (meist zentralen) Durchführung der Auftragsfreigabe werden die Aufträge an die Werkstatt übergeben, in der (meist dezentral) mit wesentlich kürzerem Planungszeitraum die Maschinenbelegungsplanung (analog: Reihenfolge-, Ablaufplanung, Werkstatt-, Fertigungs-, Arbeitssteuerung) vorgenommen wird.

4.4.3 Maschinenbelegungsplan

Das Problem der Maschinenbelegungsplanung in der hier behandelten Werkstattproduktion besteht darin, daß in der Regel jeder Auftrag eine individuelle technologische Bearbeitungsreihenfolge aufweist. Damit ist hier folgende Aufgabe zu lösen:

Für n Aufträge (Aufträge), die auf m Maschinen (Arbeitsplätze, Bearbeitungsstellen) bearbeitet werden müssen, soll ein Maschinenbelegungs-/Ablaufplan erstellt werden, der bezüglich mindestens einer Zielgröße möglichst optimal ist. Dabei sind folgende Prämissen zu beachten:

- Jeder Auftrag durchläuft eine technologisch vorgegebene Maschinenfolge, die für jeden Auftrag unterschiedlich sein kann (no identical routing).
- Ein Auftrag kann einen anderen überholen (passing permitted).
- Jeder Arbeitsvorgang der Aufträge wird auf einer anderen Maschine (Arbeitsplatz, Bearbeitungsstelle) durchgeführt.
- Rüst-, Bearbeitungs-(Produktions-) und Transportzeiten sind bekannt und konstant, wobei die Rüstzeiten (Rüstkosten) reihenfolgeunabhängig sind.
- Die in der Periode zu erfüllenden Aufträge liegen aus der Programmplanung fest und wurden in der Terminplanung bereits grobterminiert.

Die Durchführung der Maschinenbelegungsplanung orientiert sich an den im Abschnitt III.4.1.2 formulierten Zielvorstellungen. Insbesondere wird auch hier wieder das Ziel der „Minimierung der maximalen Durchlaufzeit (Zykluszeit)“ angesprochen.

Für die Maschinenbelegungsplanung in der Werkstattproduktion wurden auf dem Gebiet der Unternehmensforschung (Operations Research) zahlreiche Lösungsansätze erarbeitet, die auch als „Job-Shop-Modelle“ bezeichnet werden. Die Anzahl der möglichen Reihenfolgen steigt hier auf $(n!)^m$ an. *Abb. 243* zeigt eine Übersicht der wichtigsten Arbeiten zu diesem Problemkreis[67].

Obwohl das Angebot an Lösungsverfahren für den praxisbezogenen allgemeinen Fall (m und n = beliebig) kaum überschaubar ist, sind nur wenige Ansätze für eine praktische Anwendung geeignet[68]. Dies liegt im wesentli-

---

[67] Vgl. *Zäpfel* 1982, S. 263, *Küpper* 1982, S. 203, *Kistner/Steven* 1990b.

[68] Die prinzipielle Vorgehensweise der auch für Job-Shop-Probleme relativ gut geeigneten Branch-and-Bound-Verfahren wird in dieser Schrift in Abschnitt III.4.6.3 für die Reihenproduktion (Flow-Shop) dargestellt. Beispiele für ihre Anwendung in der

Problemumfang	Werkstattproduktion (Job-Shop)
zweistufige Produktion (m = 2) Auftragszahl beliebig (n = beliebig)	• Spezielle Optimierungsverfahren (*Jackson* 1956, *Szwarc* 1968, S. 134ff.)
mehrstufige Produktion m = beliebig n = 2	• Graphisches Optimierungsverfahren (*Akers* 1956, *Szwarc* 1960, *Hardgrave/Nemhauser* 1963, *Mensch* 1968, *Riedesser* 1971)
m = beliebig n = beliebig	• Heuristische Verfahren (*Akers/Friedman* 1955, *Giffler/Thompson* 1960, *Heller/Logemann* 1961) • Branch-and-Bound-Verfahren (*Brooks/White* 1965, *Charlton/Death* 1970, *Balas* 1969, *Florian/Trepant/McMahon* 1970, *Ashour/Hiremath* 1973, *Siegel* 1974, S. 152ff., *Rinnooy Kan* 1976, Argyris 1977) • Gemischt-ganzzahlige Optimierung (*Krelle* 1958, *Bowman* 1959, *Wagner* 1959, *Manne* 1960, *Nemeti* 1964, *Land/Laporte/Miliotis* 1978) • Nicht-lineare Optimierung (*Nepomiastchy* 1973, *Huckert* 1979) • Prioritätsregelverfahren (div. Verfasser)

Abb. 243: Job-Shop-Modelle

chen daran, daß der Rechenumfang mit dem Problemumfang exponentiell anwächst. Untersuchungen zur Komplexitätstheorie haben ergeben, daß auch in Zukunft kaum damit zu rechnen ist, mit polynomial beschränkten Verfahren praktische Problemlösungen zu erreichen[69]. Aus diesen Gründen werden zur Lösung von Maschinenbelegungsproblemen in der Werkstattproduktion meist heuristische Verfahren herangezogen, die mit **Prioritätsregeln** arbeiten. Auf diese Verfahren soll nunmehr eingegangen werden.

Die Anwendung dieser Verfahren geht von der Vorstellung aus, daß die auf einer Maschine zu bearbeitenden Aufträge eine **Warteschlange** bilden. Die Abarbeitung dieser Warteschlange wird nach einer Prioritätsregel vorgenommen. Dabei wird jedem Arbeitsgang ein Zahlenwert zugeordnet, der als Priorität bezeichnet wird. Die **Prioritätsregel** ist dann eine Vorschrift, die entsprechend den zugeordneten Zahlenwerten eine Auswahl aus den um die Bearbeitungsstelle konkurrierenden Aufträgen ermöglicht. *Abb. 244* zeigt eine

---

Werkstattproduktion (Job-Shop) finden sich in *Seelbach* u.a. 1975, S. 129ff. sowie *Küpper* 1982, S. 191ff.

[69] Vgl. *Brucker* 1979, *Lenstra/Rinnooy Kan/Brucker* 1977.

Zusammenstellung der bekanntesten **elementaren** oder **einfachen**, auch **Basis-Prioritätsregeln**, bei denen jeweils nur **ein** Reihenfolgekriterium zur Anwendung gelangt[70]. Diese Regeln werden heuristisch aus dem Zielsystem der Prozeßplanung abgeleitet[71]. Sie erfüllen daher die einzelnen Ziele unterschiedlich gut.

Benennung	Kurzbeschreibung: Als nächster ist der Auftrag von der zu belegenden Maschine zu bearbeiten,
• KOZ-Regel (**k**ürzeste **O**perations**z**eit-)	der die kürzeste Operationszeit (Bearbeitungs-, Produktionszeit) hat.
• LOZ-Regel (**l**ängste **O**perations**z**eit-)	der die längste Operationszeit hat.
• GRB-(LFR-)Regel (**gr**ößte **R**est**b**earbeitungszeit-) (auch: **L**ängste **F**ertigungs**r**estzeit-)	dessen im Moment der Belegung noch verbleibende Bearbeitungszeit auf allen noch benötigten Maschinen die längste ist.
• KRB-(KFR-)Regel (**k**ürzeste **R**est**b**earbeitungszeit-) (auch: **K**ürzeste **F**ertigungs**r**estzeit-)	dessen im Moment der Belegung noch verbleibende Bearbeitungszeit auf allen noch benötigten Maschinen die kürzeste ist.
• WT-Regel (**W**er**t**-)	der den höchsten Produktionswert hat oder alternativ: ..., dessen Produktwert **vor** Ausführung des jeweiligen Arbeitsgangs der größte ist (dynamische Wert-Regel).
• SZ-Regel (**S**chlupf-**Z**eit-)	bei dem die Differenz zwischen dem Liefertermin und der Restbearbeitungszeit (Schlupf) am kleinsten ist.
• FLT-Regel (**f**rüheste **L**iefer**t**ermin-)	der den frühesten Liefertermin hat.
• MAA-Regel (am **m**eisten noch **a**uszuführende **A**rbeitsgänge-)	der die meisten noch auszuführenden Arbeitsgänge aufweist.
• WAA-Regel (am **w**enigsten noch **a**uszuführende **A**rbeitsgänge-)	der die wenigsten noch auszuführenden Arbeitsgänge aufweist.
• FCFS-Regel (**f**irst **c**ome – **f**irst **s**erved –)	der zuerst auf der jeweiligen Maschine ankommt.

[70] Vgl. *Zäpfel* 1982, S. 273f., *Küpper* 1982, S. 197ff.
[71] Siehe Abschnitt III.4.1.2.

Benennung	Kurzbeschreibung: Als nächster ist der Auftrag von der zu belegenden Maschine zu bearbeiten,
• ZUF-Regel (**Zuf**alls-)	der den größten Wert zwischen Null und Eins aufweist, wobei diese Werte für jeden Arbeitsgang bei seiner Ankunft in der Warteschlange durch einen Zufallszahlengenerator erzeugt und dem Arbeitsgang (Auftrag) zugeordnet werden.
• GGB-Regel (**g**rößte **G**esamt**b**earbeitungszeit-)	der die größte Gesamtbearbeitungszeit auf **allen** Maschinen hat.
• KGB-Regel (**k**leinste **G**esamt**b**earbeitungszeit-)	der die kleinste Gesamtbearbeitungszeit auf **allen** Maschinen hat.
• UK-Regel (**U**mrüst**k**osten-)	der die geringsten Umrüstkosten auf der betrachteten Maschine verursacht.

Abb. 244: Prioritätsregeln zur Reihenfolgebestimmung

In der industriellen Praxis werden im Rahmen der Anwender-Software zu Produktions-Planungs- und -Steuerungssystemen (PPS-Systeme) häufig **kombinierte Prioritätsregeln** eingesetzt, die durch Verknüpfung elementarer Prioritätsregeln gebildet werden[72]. Die **Verknüpfung** kann **additiv, multiplikativ** oder **alternativ** erfolgen. Bei der **additiven Verknüpfung** erfolgt eine einfache Addition der Zahlenwerte. Besitzen die Bewertungskriterien einen unterschiedlichen Stellenwert, so wird eine Gewichtung vorgenommen. Die **multiplikative Verknüpfung** läßt sich durch Multiplikation der Zahlenwerte erreichen, wobei hier eine Gewichtung über Exponenten herbeigeführt werden kann. Wie Untersuchungen ergeben haben, muß durch eine additive bzw. multiplikative Verknüpfung nicht unbedingt eine bessere Zielerfüllung erreicht werden als bei elementaren Regeln. Gelegentlich kann sogar das Gegenteil eintreten[73]. Bei der Anwendung der **alternativen Verknüpfung** müssen Bedingungen formuliert werden, die jeweils nur eine bestimmte elementare Prioritätsregel gelten lassen. So kann z.B. die alternative Verknüpfung der KOZ- mit der SZ-Regel so erfolgen, daß bei Terminüberschreitungen die SZ-Regel und ansonsten die KOZ-Regel wirksam wird.

Die bisher unterstellte Prämisse, daß alle zu bearbeitenden Aufträge gleichzeitig zu Beginn der Planungsperiode zur Bearbeitung bereitstehen und die zu belegenden Maschinen frei sind, charakterisiert das etwas praxisferne **statische Problem der Maschinenbelegung.** In der Realität stellt sich meist ein **dynamisches Problem der Maschinenbelegung,** bei dem die Aufträge wäh-

[72] Z.B. COPICS von *IBM*.
[73] Vgl. *Gräßler* 1968.

rend der Planungsperiode sukzessive vor der zu belegenden Maschine eintreffen und diese bereits belegt sein kann. Das statische Problem entspricht allerdings eher der Vorgehensweise der sukzessiven Produktionsplanung, bei der die Aufträge der Periode bereits durch die operative Programmplanung festgelegt wurden. Die operative Prozeßplanung, und hier speziell die Maschinenbelegungsplanung, hat zu prüfen, ob das Programm überhaupt zeitlich in Form eines realisierbaren Ablaufplans (Reihenfolgeplans) innerhalb der Planungsperiode umsetzbar ist.

Prioritätsregeln setzt man sowohl zur Lösung des statischen als auch dynamischen Problems der Maschinenbelegungsplanung ein. Mit Hilfe von Simulationsstudien lassen sich ihre Auswirkungen auf die Zielerreichung testen. Diese **Simulationsstudien** laufen in mehreren Schritten ab:

(1) Für jeden Produktions(teil)betrieb muß ein eigenes, der Realität nachempfundenes Simulationsmodell in Form eines sog. „Betriebsmodells" aufgebaut werden. Als Dateninput werden eingegeben:
- Anzahl der Aufträge,
- Anzahl der Maschinen (Bearbeitungsstellen),
- technologische Maschinen-(Reihen-)folgen für jeden Einzelauftrag,
- Rüstzeiten (Rüstkosten) pro Auftrag,
- Produktions-(Bearbeitungs-)zeiten für jeden Auftrag auf jeder Maschine,
- geplanter Fertigstellungstermin für jeden Auftrag auf jeder Maschine.

(2) Gehen die Produktionszeiten als deterministische Größen in das Modell ein, so sind dies in der Einzel- und Kleinserien-Auftragsproduktion meist nur Schätzwerte. Soll die Ungewißheit über die Produktionszeiten in der Reihenfolgeplanung berücksichtigt werden, so müssen diese als stochastische Größen angesetzt werden. In diese fließen beispielsweise unvorhersehbare Betriebsstörungen, die Verwendung inhomogener Werkstoffe oder die im Zeitablauf veränderliche Leistung von Arbeitskräften ein. Hier könnte man empirisch ermittelte Häufigkeitsverteilungen für die Produktionszeiten zugrunde legen, was aber bei stark kundenindividueller Auftragsproduktion schwierig sein wird. Daher unterstellen die meisten Ansätze theoretische Verteilungsfunktionen, wie Exponential-, Gleich-, Normal- oder Erlang-Verteilungen. Mit Hilfe der aus der gewählten Verteilung erhaltenen Zufallszahlen wird dann eine Realisierung der stochastischen Produktionszeiten simuliert.

(3) Für jede zu testende Prioritätsregel werden der Maschinenbelegungsplan (Reihenfolgeplan) mit den im 2. Schritt gefundenen Produktionszeiten aufgestellt und folgende Daten ermittelt und gespeichert:
- Durchlaufzeit,
- Zykluszeit,
- Stillstands-(Leer-)zeit der Maschinen,
- Terminüberschreitung der Aufträge.

Der 2. und 3. Schritt werden so lange wiederholt, bis die vorgegebene Anzahl von Simulationsläufen erreicht ist[74]. Ist dies der Fall, so folgt der 4. Schritt.

(4) Für jede zu testende Prioritätsregel werden ermittelt:

- mittlere Durchlaufzeit, Streuung der Durchlaufzeit aller n Aufträge im Simulationslauf h (h = 1, 2, ..., k) und über alle k Simulationsläufe sowie Konfidenzintervall für die **wahre** mittlere Durchlaufzeit,
- Zykluszeit im Simulationslauf h, mittlere Zykluszeit und deren Streuung aller k Simulationsläufe sowie Konfidenzintervall für die **wahre** mittlere Zykluszeit,
- Stillstands-(Leer-)zeit aller m Maschinen im Simulationslauf h, mittlere Stillstandszeit und Streuung aller k Simulationsläufe sowie Konfidenzintervall für die **wahre** mittlere Stillstandszeit,
- Terminüberschreitungswahrscheinlichkeit.

Exemplarisch sollen hier nur für die Durchlaufzeit die Berechnungsformeln dargestellt werden:

mittlere Durchlaufzeit aller n Aufträge im Simulationslauf h

$$\mu_h^D = \sum_{j=1}^{n} t_{hj}^D / n \qquad (271)$$

$t_{h_j}^D$: Durchlaufzeit des Auftrags j im h-ten Simulationslauf

Streuung der Durchlaufzeit im Simulationslauf h

$$s_h^D = \sqrt{\frac{\sum_{j=1}^{n} (t_{h_j}^D - \mu_h^D)^2}{n}} \qquad (272)$$

mittlere Durchlaufzeit aller n Aufträge über alle k Simulationsläufe

$$\mu^D = \sum_{h=1}^{k} \mu_h^D / k \qquad (273)$$

Streuung der mittleren Durchlaufzeit für alle k Simulationsläufe

$$s^D = \sqrt{\frac{\sum_{h=1}^{k} (\mu_h^D - \mu^D)^2}{k-1}} \qquad (274)$$

Konfidenzintervall für die **wahre** mittlere Durchlaufzeit (Konfidenzzahl = 95%)[75]

---

[74] Zur Bestimmung der Anzahl von Simulationsläufen vgl. *Seelbach* u.a. 1975, S. 152ff.

[75] Die gewählte Konfidenzzahl von 95% bedeutet, daß etwa 95% der Auftragsdurchläufe die **wahre** mittlere Durchlaufzeit aufweisen; zur Berechnung von Konfidenzintervallen vgl. *Kreyszig* 1974, S. 182ff.

$$\mu_h^D = \mu^D \pm 1{,}96 \cdot \frac{s^D}{\sqrt{k}} \text{ für } k > 100 \qquad (275)$$

Anhand eines kleinen **Fallbeispiels,** bei dem fünf kundenindividuelle Einzelaufträge über vier Maschinen laufen sollen, werden im Rahmen eines manuell durchzuführenden **ersten Simulationslaufs** die **KOZ-** und **GRB-Prioritätsregel** getestet und miteinander verglichen, wobei die **Durchlaufzeit, Zykluszeit** und die **Stillstandszeit** als Vergleichsmaßstab herangezogen werden[76].

Die n Aufträge benötigen folgende deterministische Produktionszeiten (in Zeiteinheiten) auf den m zu belegenden Maschinen (*Abb. 245*):

Maschine i / Auftrag j	1	2	3	4 (m)
I	72	99	36	27
II	45	27	81	108
III	18	45	45	72
IV	63	9	54	36
V (n)	90	54	27	45

Abb. 245: Tabelle der Produktionszeiten

Die technologische Reihenfolge der Maschinenbelegung zeigt *Abb. 246.*

Auftrag j	technologische Maschinenfolgen						
I	1	→	2	→	3	→	4
II	3	→	2	→	4	→	1
III	2	→	1	→	4	→	3
IV	1	→	3	→	2	→	4
V	1	→	3	→	2	→	4

Abb. 246: Technologische Reihenfolge der Maschinenbelegung

Abb. 247: zeigt das **Balkendiagramm** bei Anwendung der **KOZ-Regel.**

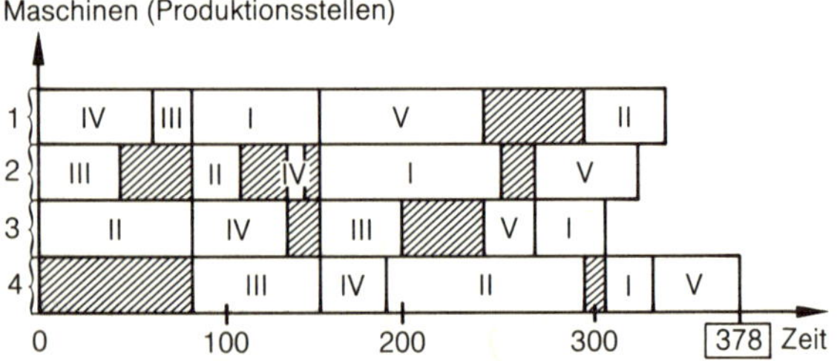

Abb. 247: Maschinenbelegungsplan bei Anwendung der KOZ-Regel

[76] Vgl. *Hansmann* 1992, S. 305 ff.

Ergebnis:

- Zykluszeit: 378 ZE → Speichern

- Durchlaufzeiten:
  I = 333 ZE
  II = 342 ZE
  III = 198 ZE
  IV = 189 ZE
  V = 378 ZE

- Leer-(Stillstands-)zeiten: 54 (1) + 90 (2) + 63 (3) + 90 (4) = 297 ZE
- mittlere Durchlaufzeit aller n Aufträge im Simulationslauf h:

$$\mu_h^D = \sum_{j=1}^{n} t_{h_j}^D / n = \frac{333 + 342 + 198 + 189 + 378}{5} = 288 \text{ ZE}$$

- Streuung der Durchlaufzeit im Simulationslauf h:

$$s_h^D = \sqrt{\frac{\sum_{j=1}^{n} (t_{h_j}^D - \mu_h^D)^2}{n}}$$

$$= \sqrt{\frac{(333-288)^2 + (342-288)^2 + (198-288)^2 + (189-288)^2 + (378-288)^2}{5}}$$

= 78,7 ZE

Zur Anwendung der **GRB-Regel** muß zuerst eine **Matrix der Restbearbeitungszeiten** für alle Aufträge unter Berücksichtigung der technologischen Maschinenfolgen aufgestellt werden. Dies zeigt *Abb. 248.*

Auftrag j \ Restbearbeitungszeit vor Maschine i	1	2	3	4
I	234	162	63	27
II	45	180	261	153
III	135	180	45	117
IV	162	45	99	36
V	216	99	126	45

Abb. 248: Tabelle der Restbearbeitungszeiten

Abb. 249 zeigt das **Balkendiagramm** bei Anwendung der **GRB-Regel.**

Ergebnis:

- Zykluszeit: 486 ZE → Speichern

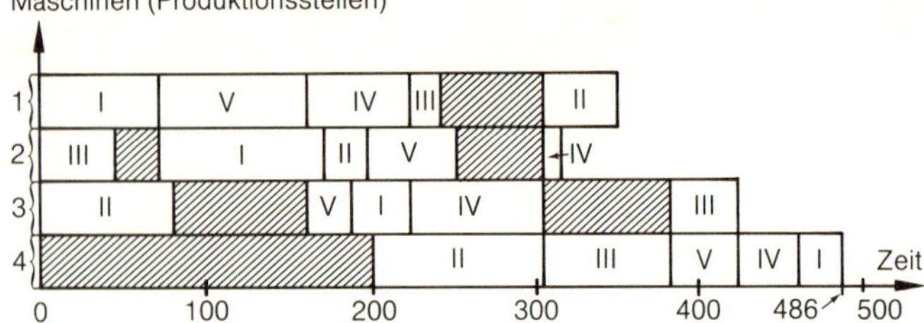

Abb. 249: Maschinenbelegungsplan bei Anwendung der GRB-Regel

- Durchlaufzeiten: I = 486 ZE
  II = 351 ZE
  III = 423 ZE
  IV = 459 ZE
  V = 423 ZE
- Leer-(Stillstands-)zeiten: 63 (1) + 54 (2) + 180 (3) + 198 (4) = 495 ZE
- mittlere Durchlaufzeit aller n Aufträge im Simulationslauf h:

$$\mu_h^D = \frac{486 + 351 + 423 + 459 + 423}{5} = 428{,}4 \text{ ZE}$$

- Streuung der Durchlaufzeit im Simulationslauf h:

$$s_h^D = \sqrt{\frac{\begin{pmatrix} 486 \\ ./.\ 428{,}4 \end{pmatrix}^2 + \begin{pmatrix} 351 \\ ./.\ 428{,}4 \end{pmatrix}^2 + \begin{pmatrix} 423 \\ ./.\ 428{,}4 \end{pmatrix}^2 + \begin{pmatrix} 459 \\ ./.\ 428{,}4 \end{pmatrix}^2 + \begin{pmatrix} 423 \\ ./.\ 428{,}4 \end{pmatrix}^2}{5}}$$

$$= 45{,}39 \text{ ZE}$$

Bei der hier gewählten Stichprobe von k = 1, die für statistische Aussagen jedoch nicht ausreicht, erweist sich die KOZ-Regel der GRB-Regel gegenüber als eindeutig überlegen. Sie ergibt sowohl die kürzere Zykluszeit und kürzere Durchlaufzeiten der Aufträge als auch kürzere Leerzeiten der Maschinen. Die Terminüberschreitungswahrscheinlichkeit wurde nicht geprüft. Man kann jedoch vermuten, daß auch diese bei der KOZ-Regel günstiger liegt.

Aufgrund umfangreicher Simulationsstudien[77], deren wesentliche Ergebnisse von *Hoss* zusammengestellt wurden, zeigt sich folgendes Bild (siehe *Abb. 250)*[78].

Danach läßt sich zumindest tendenziell feststellen, daß die KOZ-Regel in bezug auf Kapazitätsauslastung und Durchlaufzeiten am besten abschneidet.

---

[77] Vgl. *Rowel/Jackson* 1956, *Jackson* 1957, *Baker/Dzielinski* 1960, *Conway/Johnson/Maxwell* 1960, *Conway/Maxwell* 1962, *Le Grande 1963*, *Conway* 1965, *Gräßler* 1968.

[78] Vgl. *Hoss* 1965.

Prioritätsregel / Ziele	KOZ	KRB	dyn. WT	SZ
Maximale Kapazitätsauslastung	sehr gut	gut	mäßig	gut
Minimale Durchlaufzeit	sehr gut	gut	mäßig	mäßig
Minimale Zwischenlagerkosten	gut	mäßig	sehr gut	mäßig
Minimale Terminabweichung	schlecht	mäßig	mäßig	sehr gut

Abb. 250. Bewertung der Prioritätsregeln

Als Nachteil wird die hohe Varianz der Durchlaufzeiten genannt, die durch die Verzögerung von Aufträgen mit längeren Operationszeiten (Produktions-, Bearbeitungszeiten) verursacht wird. Aus diesem Grunde wurde vorgeschlagen, eine Verknüpfung der KOZ-Regel mit der SZ-Regel vorzunehmen.[79]

Gestützt auf die oben erwähnten Ergebnisse verwenden die Anwender-Software-Produkte zur Produktionsplanung und -steuerung (PPS) eine Vielzahl verschiedener kombinierter Prioritätsregeln, die mit Gewichtungsfaktoren arbeiten. Der Benutzer kann dabei wohl eine individuelle Gewichtung vornehmen, die Auswahl einer für seine Zwecke passenden Prioritätsregel wird ihm jedoch nicht abgenommen.

Weitere Arbeiten zu diesem Problemkreis[80] versuchen mit Hilfe komplexer Simulationsmodelle, reale Strukturen nachzubilden und die Kostenwirkungen von Prioritätsregeln festzustellen. Die Ergebnisse dieser Untersuchungen weichen dabei von früheren Arbeiten zum Teil erheblich ab[81]:

- Im gesamten betrachteten Auslastungsbereich liefert keine der untersuchten Prioritätsregeln in bezug auf die ermittelte wichtigste Kerngröße mit Sicherheit die besten Ergebnisse.
- Die Anwendung der einzelnen Prioritätsregeln ergibt nur geringe Unterschiede bei den beeinflußbaren dispositiven Kosten. Die Unterschiede liegen unter 1,5% der Herstellkosten.
- In der Tendenz häufig bessere Ergebnisse als mit elementaren lassen sich mit kombinierten Prioritätsregeln erzielen. Allerdings sind auch hier die Unterschiede nur geringfügig.

---

[79] Vgl. *Hoss* 1965 und *Gräßler* 1968.
[80] Vgl. *Papendieck* 1971, *Hauk* 1973, *Tangermann* 1973, *Haupt* 1974.
[81] Vgl. *Tangermann* 1973 und *Berr/Tangermann* 1976.

Aufgrund dieser Ergebnisse der Simulation von Prioritätsregeln kann abschließend festgestellt werden, daß eine kritiklose Übernahme von Prioritätsregeln in einem Produktionsbetrieb ohne Prüfung der eigenen Betriebsbedingungen der Maschinenbelegung nicht empfehlenswert ist.[82]

4.5 Prozeßplanung in der Einzel- und Kleinserien-/Auftrags-/Zentrenproduktion mit Flexiblen Fertigungssystemen

4.5.1 Grundlagen

Der oben behandelte Produktionstyp der Einzel- und Kleinserien-/Auftrags-/Werkstattproduktion wird häufig in bestimmten betrieblichen Teilbereichen mit einer Zentrenproduktion kombiniert. Unter einer **Zentrenproduktion** versteht man die Zusammenfassung mehrerer verschiedener Verrichtungsarten und der dazu erforderlichen Produktionseinrichtungen bzw. Arbeitssysteme in Teilbereichen des Betriebes[83]. Technische Erscheinungsformen einer automatisierten Zentrenproduktion können Bearbeitungszentren, Flexible Fertigungszellen oder Flexible Fertigungssysteme (FFS) sein. In diesem Abschnitt soll die operative Prozeßplanung für FFS untersucht werden[84].

Als produktions- und arbeitsorganisatorische Methode zur Umsetzung des Gruppenprinzips[85] kann das FFS nach dem Konzept der Fertigungssegmentierung als Produktions-(Fertigungs-)insel geführt werden. Neben dem FFS können in einem Betrieb der Einzel- und Kleinserien-/Auftragsproduktion auch weitere Produktions-(Fertigungs-)inseln als konventionelle Werkstatt, Bearbeitungszentrum oder Flexible Fertigungszelle eingerichtet werden.

Die **operative Produktionsplanung für FFS** weist gegenüber jener für konventionelle Werkstatt-, Reihen- und Fließproduktion einige Unterschiede auf. So müssen in relativ grober, aggregierter Form in der **operativen Programmplanung** die Produktionsmengen der Teiletypen bestimmt werden, die **gleichzeitig** im FFS hergestellt werden sollen. Auf monetäre Ziele ausgerichtete ganzzahlige Optimierungsmodelle gehen hier meist von einer **Minimierung der Kosten bei Unter- und Überbelastung des FFS** aus. In die Nebenbedingungen müssen neben den beschränkten Maschinenkapazitäten auch Beschränkungen der Kapazitäten für Werkzeugmagazine und Spannvorrichtungen sowie Werkzeug-/Werkstück-Zuordnungsbedingungen aufgenommen werden[86]. Da solche Modelle relativ rasch die Grenzen der numerischen Auswertung erreichen, ist ein praktischer Einsatz derzeit noch nicht möglich. Unter Berücksichtigung der bereits unter strategisch-taktischen Gesichtspunkten er-

---

[82] Vgl. auch *Kramer/Weber* 1986.
[83] Siehe Abschnitt II.4.3.5.
[84] Siehe hierzu auch Abschnitt II.4.2.1.4 sowie II.4.3.5.
[85] Siehe hierzu auch Abschnitt II.3.5.3.1.
[86] Vgl. z.B. *Stecke/Kim* 1988.

folgten Auswahl von Teiletypen und zusammengefaßten Teilefamilien, die zur Bearbeitung im FFS vorgesehen sind, erfolgt deshalb die operative Programmplanung mit Hilfe der in Abschnitt III.2 dargestellten Planungsmodelle, wobei das Restriktionensystem für die im FFS zu bearbeitenden Teile – wie oben dargestellt – zu erweitern ist.

Die **Auftragsgrößenplanung** ist einerseits integrativer Bestandteil der **operativen Faktorplanung.** Andererseits lassen sich die Entscheidungen über die Auftragsgrößen in einem FFS erst im Zusammenhang mit der **Einlastungsplanung** im Rahmen der **operativen Prozeßplanung** treffen, da diese erheblich von der Ausstattung und Versorgung der Bearbeitungsmaschinen mit Werkzeugen beeinflußt wird. Das Ziel der Minimierung der Lagerkosten hat innerhalb des FFS i. d. R. keine Bedeutung, da der Lagerbestand an Vorprodukten im FFS aufgrund der festen Anzahl zirkulierender Werkstücke (Paletten) annähernd konstant ist. Aus der operativen Faktorplanung werden somit die terminierten Netto-Sekundärbedarfsmengen ohne Zusammenfassung zu Aufträgen (Serien, Losen) direkt an die operative Prozeßplanung für das FFS weitergegeben.

Sofern neben dem FFS noch weitere Fertigungsinseln (Fertigungssegmente) existieren, auf denen eine Vor-, Zwischen- und Nachbearbeitung der Werkstücke stattfindet oder die sogar vollständig als Alternative zum hier betrachteten FFS eingesetzt werden können, so ist innerhalb der **operativen Prozeßplanung** eine **Terminplanung** mit Durchlauf- und Kapazitätsterminierung – wie oben für die Werkstattproduktion beschrieben – durch das (hierarchische) PPS-System[87] zentral vorzunehmen. Bei einer Organisation nach dem Fertigungsinselkonzept kommt dabei der Koordination der Fertigungsinseln besondere Bedeutung zu[88].

Die terminierten Aufträge bzw. Netto-Sekundärbedarfsmengen mit geplanten frühesten Anfangs- und spätesten Fertigungsstellungsterminen werden dann einer bestimmten Fertigungsinsel, im speziellen Fall dem hier betrachteten FFS, im Rahmen der **Auftragsfreigabe** zugeordnet. Die nachfolgenden Schritte der operativen Prozeßplanung – Einlastungsplanung und Maschinenbelegungsplanung – erfolgen in der Regel dezentral.

4.5.2 Einlastungsplanung

Die **Einlastungsplanung** für ein FFS umfaßt folgende Schritte[89]:

- Verfügbarkeitsprüfung
- Serienbildung
- Systemrüstungsplanung

---

[87] Vgl. *Solot* 1990.
[88] Vgl. *Ruffing* 1992, *Kern/Ruffing/Scheer* 1989.
[89] Vgl. *Tempelmeier/Kuhn* 1992, S. 38 ff.

Die **Verfügbarkeitsprüfung** erstreckt sich auf Rohteile, Werkzeuge, NC-Programme usw., die für die Abarbeitung des zugeordneten Auftragsbestandes erforderlich sind. Dieser für die Planungsperiode einplanbare Auftragsbestand kann jedoch nicht gleichzeitg im FFS gefertigt werden. In der Einlastungsplanung muß deshalb entschieden werden, wann und mit welchen anderen Aufträgen ein spezieller Auftrag in das FFS gemeinsam eingelastet wird. Gleichzeitig ist die Bestückung der lokalen Werkzeugmagazine mit Werkzeugen und die Zuordnung der Spannvorrichtungen zu den Paletten festzulegen. Da das Problem der Auftragseinlastung in ein FFS derart komplex ist, daß es für praktische Fälle nicht mehr exakt lösbar ist, wird es sukzessive in zwei Schritten – Serienbildung und Systemrüstungsplanung – gelöst[90].

In der **Serienbildung** wird bestimmt, welche Aufträge bzw. Werkstücke **wann** gemeinsam gefertigt werden sollen. Dabei werden die freigegebenen Netto-Sekundärbedarfe in voneinander unabhängige Serien zerlegt, die nacheinander im FFS bearbeitet werden. Alle Teile einer Serie sollen nach vorheriger Ausstattung des FFS mit den benötigten Werkzeugen (Umrüstung der Werkzeugmagazine) vollständig bearbeitet werden können. Obwohl die Bearbeitungszentren als Elemente des FFS mehrere unterschiedliche Arbeitsgänge ohne Umrüstzeitverluste ausführen können, ist die vielfach geäußerte Meinung, im FFS eine Seriengröße „1“ zu realisieren, nicht problemlos. Bei begrenzten Werkzeugmagazinen ist eine Zusammenfassung mehrerer Werkstücke zu Serien angebracht.

Die **Seriengröße** ist technisch und zeitlich begrenzt. Die **technische Begrenzung** resultiert aus den beschränkten Kapazitäten an Werkzeugmagazinen, die **zeitliche Begrenzung** ergibt sich durch die vorgegebene Einteilung des Planungshorizontes in Planungsperioden. Die Zykluszeit einer Serie sollte dann nicht länger als eine Planungsperiode sein.

Die in der Literatur vorgestellten Modelle und Lösungsverfahren der Serienbildung für FFS unterscheiden zwischen im Zeitablauf festen und variablen Serien. Weiterhin unterscheidet man zwischen einer vollständigen und unvollständigen Serienbildung. Während bei vollständiger Serienbildung in jedem Planungslauf der gesamte vorliegende Netto-Sekundärbedarf zu Serien zusammengefaßt wird, bricht man bei unvollständiger Serienbildung das Planungsverfahren nach Ermittlung der nächsten einzulastenden Serie ab[91].

Im Rahmen der **Systemrüstungsplanung** (siehe *Abb. 251*)[92] wird festgelegt, an welchen Maschinen die notwendigen Werkzeuge bereitzustellen sind, wobei sich ersetzende Maschinen mit den gleichen Werkzeugsätzen für einen Arbeitsgang auszustatten sind. Hier wird der Unterschied zur operativen

---

[90] Vgl. *Kuhn* 1990.

[91] Zu den Modellen und Methoden der Serienbildung vgl. *Tempelmeier/Kuhn* 1992, S. 389ff.

[92] *Tempelmeier/Kuhn* 1992, S. 415.

Prozeßplanung in der Werkstattproduktion deutlich. Im FFS besteht **keine** vorgegebene Zuordnung eines Arbeitsganges zu einer Maschine. Diese Zuordnung ist erst über die Bereitstellung der notwendigen Werkzeuge herzustellen, wobei verschiedene Restriktionen zu beachten sind.

Ein weiterer Bestandteil der Systemrüstungsplanung ist die Zuordnung der Spannvorrichtungen zu den Paletten, die wiederum von der Serienbildung und Werkzeugbestückung abhängt. Durch sie wird die Anzahl der gemeinsam im FFS zirkulierenden, identischen Werkstücke endgültig festgelegt.

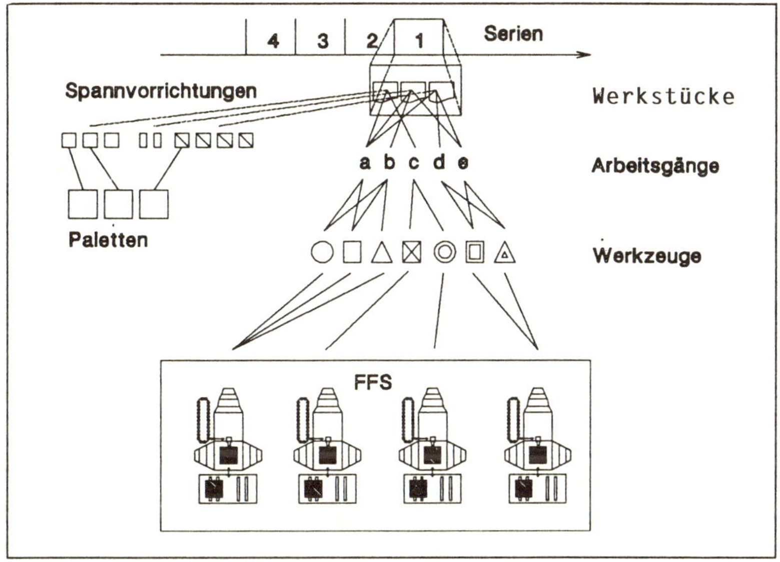

Abb. 251: Systemrüstung

Mit der Einlastungsplanung werden die ursprünglich bestehenden Freiheitsgrade des FFS sukzessive eingeschränkt. Sie ist somit für einen effizienten und effektiven Betrieb eines FFS (Vermeidung von ablaufbedingten Leerzeiten, geringer Rüstzeitverlust, Einhaltung von Fälligkeitsterminen) von besonderer Bedeutung.

4.5.3 Maschinenbelegungsplanung

An die Einlastungsplanung schließt sich die **Maschinenbelegungsplanung** – auch FFS-Steuerung, Reihenfolgeplanung oder Systemablaufplanung genannt – an. In ihr werden unter Berücksichtigung des aktuellen Systemzustandes (Zustand aller Maschinen, Werkzeuge, Fahrzeuge und Werkstücke) die konkrete zeitliche und räumliche Struktur der Bearbeitungsprozesse im FFS festgelegt. Zur Maschinenbelegungsplanung werden in der Literatur unterschiedliche Ansätze vorgeschlagen[93]. Diese gehen von einem unbelegten FFS aus und versuchen unter Berücksichtigung von Vorrangbeziehungen einen Reihenfolge-/Ablaufplan aufzustellen, wobei eine feste Zuordnung der Arbeitsgänge zu den Maschinen aus der Einlastungsplanung vorausgesetzt wird.

Im Unterschied zum klassischen Maschinenbelegungsproblem müssen bei einem FFS beschränkte Pufferplätze (Zwischenlager innerhalb des FFS) berücksichtigt werden. Auf der Basis eines Branch-and-Bound-Verfahrens (siehe hierzu Abschnitt III.4.6.3) wurde ein heuristisches Verfahren zur Maschinenbelegungsplanung für FFS entwickelt, das von einer Zielsetzung der Minimierung von Leerzeiten an der Engpaßmaschine ausgeht[94]. Weiterhin wird zur Lösung der Reihenfolgeplanung und Werkstückeinsteuerung ein zweistufiges heuristisches Verfahren vorgeschlagen, das eine Minimierung der Terminabweichungen anstrebt[95].

Für praktische Problemstellungen werden auch die in der Maschinenbelegungsplanung bei Werkstattproduktion, insbesondere in PPS-Systemen eingesetzten **Prioritätsregeln** (siehe Abschnitt III.4.4.3) zur Lösung des Auswahlproblems herangezogen[96].

In **wissensbasierten Systemen** wurde das Prioritätsregelverfahren weiterentwickelt[97]. Hier werden systemspezifische Kenntnisse, die aufgrund von Vergangenheitserfahrungen gewonnen wurden, in Form von deklarativen Fakten und prozeduralem heuristischen Wissen (Regeln) in einer Wissensbasis gespeichert. Einige Systeme verfügen zusätzlich über eine Wissenserwerbskomponente, so daß die Wissensbasis im Zuge der Anwendung erweitert werden kann.

Für die Maschinenbelegungsplanung eines FFS wird mit Hilfe des wissensbasierten Systems über die Anwendung einer zur Auswahl stehenden Prioritätsregel entschieden[98], wobei die Anwendung einer Lösungsvariante mittels Simulation vorausschauend bewertet werden kann.

Zur **Simulation alternativer Maschinenbelegungspläne** werden Experimente an einem betriebsspezifischen formalen Modell – Betriebsmodell genannt – computergestützt durchgeführt. Das Betriebsmodell ist mehrmals mit jeweils veränderten Eingangsgrößen – z.B. unterschiedlichen Prioritäten für die einzuplanenden Werkstücke – zu durchlaufen, um auf diese Weise Aussagen über das Verhalten des Betriebsmodells und damit über das reale System (z.B. Durchlaufzeiten der Aufträge, Auslastung der Bearbeitungsstationen, Termineinhaltung) zu gewinnen.

---

93 Einen Überblick gibt z.B. *Schmidt* 1989.

94 Vgl. *Erschler/Roubellat/Thuriot* 1985.

95 Vgl. *Sawik* 1990.

96 Vgl. *Schmidt* 1989, S. 74f.

97 Vgl. *Zelewski* 1990, *Mertens/Hildebrand/Kotschenreuther* 1989, *Morton/Smunt* 1986, *Tou* 1985.

98 Vgl. *Ben-Arieh* 1986, *Subramanyam/Askin* 1986.

Mit solchen Simulationsstudien wurde auch bereits gezeigt, daß der Einsatz von Prioritätsregeln für die (dezentrale) Maschinenbelegungsplanung im FFS nur bedingt geeignet ist[99], da aufgrund der begrenzten Palettenzahl im FFS an den jeweiligen Entscheidungspunkten nur kurze Warteschlangen verursacht werden und dadurch die zur Disposition stehende Alternativenmenge relativ klein ist.

An dieser **Schwachstelle** der FFS-Maschinenbelegungsplanung setzt ein neuerer Ansatz der **engpaßorientierten Auftragsfreigabe** an, der als Weiterentwicklung des bereits in Abschnitt III.4.4.2.1.2 für die Werkstattproduktion angesprochenen engpaßorientierten Steuerungsverfahrens (EOS) zu betrachten ist[100]. In diesem Verfahren erfolgt **nach** der Einlastungsplanung (Verfügbarkeitsprüfung, Serienbildung, Systemrüstungsplanung) keine automatische Weitergabe (Freigabe) an die Maschinenbelegungsplanung (wie oben dargestellt). Hier wird die Belastungssituation des FFS im Zusammenhang mit allen übrigen Bearbeitungsstationen der Werkstattproduktion berücksichtigt. Im Rahmen einer **integrierten belastungsorientierten Auftragsfreigabe und Maschinenbelegungsplanung** wird entschieden, welche Teiletypen (Serien, Aufträge) zur Einschleusung in das FFS endgültig freigegeben werden sollen. Diese belastungsorientierte Auftragsfreigabe ersetzt die **vor** der Einlastungsplanung durchzuführende (klassische) Auftragsfreigabe und berücksichtigt auch die außerhalb des FFS zu belegenden Bearbeitungsstationen der konventionellen Werkstattproduktion. Von der (zentralen) Terminplanung erfolgt hier nur eine einfache Zuordnung der Teiletypen (Vorprodukte) zum FFS, auf deren Basis die (in der Regel dezentrale) Einlastungsplanung zu erfolgen hat. Bei diesem Verfahren wird ein konkretes FFS mit seiner Struktur und seinen Produktionsgegebenheiten in einem Simulationsmodell abgebildet. Da Flexible Fertigungssysteme in der Praxis häufig als Fertigungsinseln in eine konventionelle Werkstattproduktion eingebettet sind, müssen durch eine kombinierte Betrachtung Aussagen über **optimale Belastungsschranken und Prioritätsregeln,** sowohl für das FFS als auch für die Werkstattbereiche – unter Berücksichtigung des gesamten Produktionsprozesses – abgeleitet werden können.

Unter Berücksichtigung der **Minimierung der mittleren Durchlaufzeit und mittleren Terminabweichung** (Verspätungszeit) der Kundenaufträge als Ziele der operativen Prozeßplanung wurden mit der EOS für FFS mit Hilfe des Simulationsmodells folgende Ergebnisse ermittelt:

Für ein in der Praxis eingesetztes FFS ergab sich – **unabhängig** von der gewählten Prioritätsregel (SZ-, GRB-Regel, kombinierte Regeln) – eine **optimale Belastungsschranke** von etwa 150% (siehe *Abb. 252*)[101].

---

[99] Vgl. *Co/Jaw/Chen* 1988, *Hutchinson/Leong/Snyder/Ward* 1991.
[100] Vgl. *Hansmann/Kleeberg* 1991.
[101] Vgl. *Hansmann/Kleeberg* 1991, S. 14.

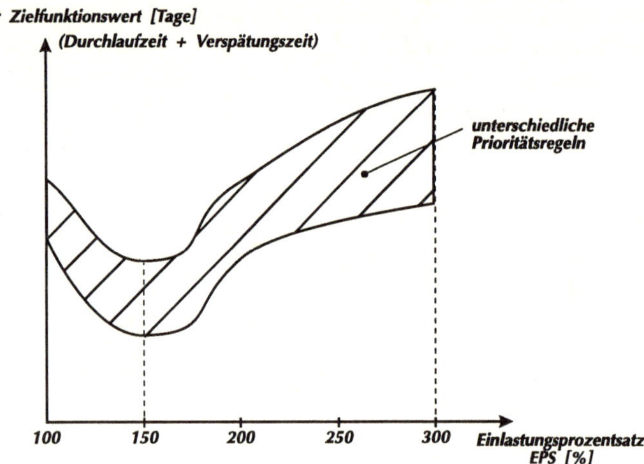

Abb. 252: Optimale Belastungsschranke im FFS

Zur Darstellung der gegenläufigen Tendenzen von Durchlaufzeit und Verspätungszeit in Abhängigkeit der Belastungsschranke unter Anwendung der SZ-Regel siehe *Abb. 253*[102].

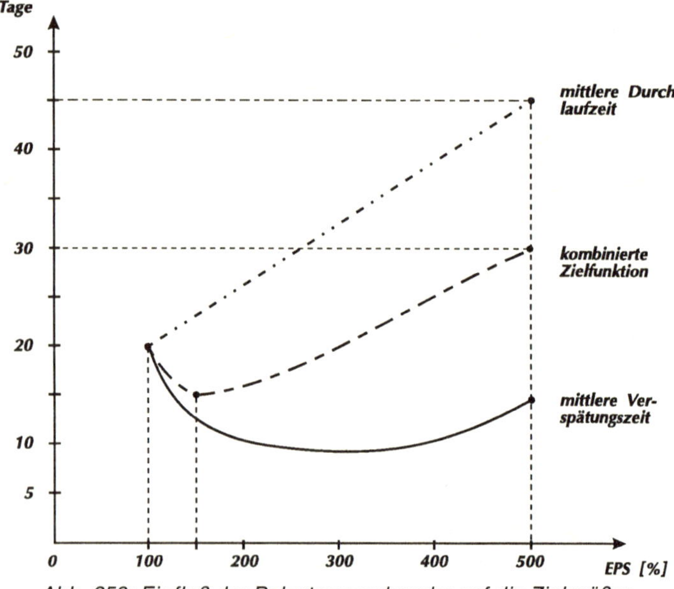

Abb. 253: Einfluß der Belastungsschranke auf die Zielgrößen

Die **kombinierte Zielfunktion,** die gemäß den Zielvorstellungen der Unternehmung beide Zeiten (Durchlaufzeit und Verspätungszeit) gleich gewichtet,

[102] Vgl. *Hansmann/Kleeberg* 1991, S. 12.

kann als Minimierungsvorschrift für die Summe dieser Zeiten interpretiert werden.

Die oben genannten Ergebnisse zeigen, daß im untersuchten, speziellen Fall eine optimale Belastungsschranke im FFS existiert.

Im untersuchten, speziellen Fall hat sich herausgestellt, daß sowohl für die Bearbeitungszentren des FFS als auch für die Maschinen der konventionellen Werkstattproduktion die KOZ-Regel, zum Teil in Kombination mit anderen Regeln, die besten Simulationsergebnisse liefert. Für die **Rüst- und Spannplätze** wird folgendes hierarchisches Vorgehen empfohlen:

Die **Umrüstung der Paletten** (Vorbereitung der Spannvorrichtung auf einer Palette) soll nach folgender Auswahl-Hierarchie ablaufen:

- **Erste Priorität** haben die Teile, die bereits Arbeitsgänge im FFS durchlaufen haben und auf die **Aufrüstung** einer Palette für einen **weiteren** Arbeitsgang im FFS **warten.** Bei mehreren Teilen (Teiletypen) entscheidet die Prioritätsregel **KRB.**
- **Zweite Priorität** hat die **Abrüstung** einer für einen Arbeitsgang hergerichteten Palette nach der Abspannung des letzten Teils einer Serie, d.h. wenn das ganze Los diesen Arbeitsgang beendet hat und die Spannvorrichtung auf dieser Palette nicht mehr benötigt wird.
- **Dritte Priorität** hat die **Aufrüstung** von Paletten für die **vor** dem FFS **wartenden Aufträge,** die noch nicht bearbeitet worden sind, wobei die Reihenfolge nach der **KRB-Regel** bestimmt wird.

Diese Auswahl-Hierarchie beeinflußt die mittlere Durchlaufzeit der Teile durch das FFS positiv, da „angearbeitete" Teile möglichst schnell weiterbearbeitet und Paletten für neue Serien vorbereitet werden können.

Für das **Auf- und Abspannen der Werkstücke** auf die vorher aufgerüsteten Spannvorrichtungen der Paletten wird eine Auswahl-Hierarchie mit zwei Prioritätsstufen empfohlen:

- **Erste Priorität** haben die **vor** einer Spannstation **wartenden** Teile, für die eine aufgerüstete Palette verfügbar ist. Die Reihenfolge der Teile bei der **Aufspannung** ergibt sich aus der **KRB**-Regel.
- **Zweite Priorität** hat die **Abspannung** der aus dem FFS kommenden Teile, wobei wiederum die **KRB**-Regel die Reihenfolge bestimmt.

Durch das Verfahren „Aufspannung **vor** Abspannung" wird ebenfalls der Durchfluß der Werkstücke gefördert und eine gute Auslastung der Bearbeitungszentren des FFS erreicht.

4.6 Prozeßplanung in der Serien-/Vorrats-/Reihenproduktion

4.6.1 Grundlagen und Fallbeispiel

In der industriellen Praxis begegnet man der Serienproduktion in sehr vielen Ausprägungen. So tritt beispielsweise die Kleinserienproduktion häufig in Kombination mit der Auftrags- und Werkstattproduktion, die Großserienproduktion häufig in Verbindung mit der Vorrats- und Fließ(band-)produktion auf. Wie eingangs erwähnt, wird hier exemplarisch auf einen weitverbreiteten Typ der (**Mittel-**)**Serienproduktion** eingegangen, dessen Merkmale besonders stark mit jenen der **Vorrats-, Sorten-** und **Reihenproduktion** korrelieren. Die vollständige Bezeichnung des in diesem Abschnitt speziell behandelten Produktionstyps lautet: Unverbundene, synthetische, mehrstufige Serien-, Vorrats-, Mehrprodukt-, Sorten- und Reihenproduktion. Auch hier sollen sich die Ausführungen, soweit möglich, an einem stark vereinfachten praktischen Fallbeispiel dieses speziellen Produktionstyps, der **Reifenproduktion,** orientieren.

Fallbeispiel: Reifenproduktion

Abb. 254 zeigt in vereinfachter Form den Ablauf des Reifen-Produktionsprozesses.

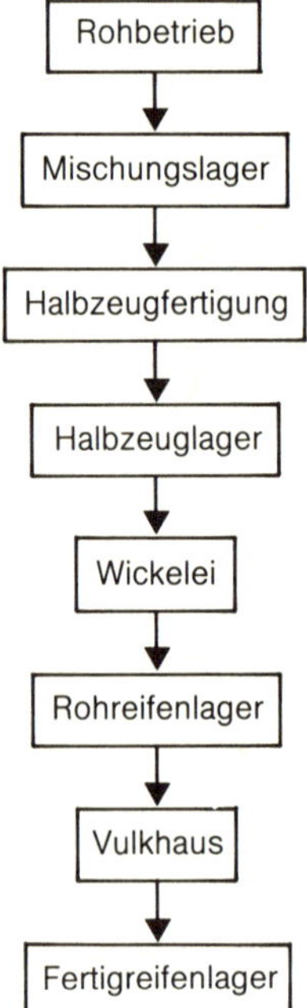

Abb. 254: Ablauf des Reifen-Produktionsprozesses

Im **Rohbetrieb** werden auf sog. „Knetern" Gummimischungen erzeugt, die auf Walzwerken zu Gummiplatten, Mischungen genannt, verarbeitet und im Mischungslager zwischengelagert werden. In der **Halbzeugfertigung** werden die Gummiplatten auf Spritzmaschinen und Kalandern zu Gummibahnen und Gummi-Gewebebahnen (Laufstreifen), Halbzeuge genannt, weiterverarbeitet und im Halbzeuglager zwischengelagert. Die Weiterverarbeitung der Halbzeuge erfolgt in der **Wickelei,** in der die Laufstreifen auf Stahlreifenmodellen (Trommeln) mit Hilfe von Wickelmaschinen zu Rohreifen verarbeitet und im Rohreifenlager zwischengelagert werden. Die Endverarbeitung des Rohreifens findet im Vulkhaus statt. Hier wird der Rohreifen unter Einwirkung von Wärme und Druck auf Vulkanisationsmaschinen (Heizer) in Stahlformen vulkanisiert und erhält dort sein endgültiges Profil. Die Endlagerung erfolgt im Fertigreifenlager.

Die Prozeßplanung bei Serien-/Vorrats-/Reihenproduktion kann von gegebenen Seriengrößen aus der operativen Faktorplanung (Auftragsplanung) ausgehen und läuft – wie die Prozeßplanung bei Werkstattproduktion – in folgenden Schritten ab:

- Terminplanung
- Auftragsfreigabe
- Maschinenbelegungsplanung

Die klassische Auftragsfreigabe, die den Übergang von der (meist) zentralen Terminplanung zur (meist) dezentralen Maschinenbelegungsplanung darstellt, entspricht bei Reihenproduktion weitgehend der oben dargestellten Auftragsfreigabe bei Werkstattproduktion. Auf ihre Darstellung kann deshalb hier verzichtet werden. Da in der Reihenproduktion die Bearbeitungsstationen nach der technologischen Arbeitsgangfolge angeordnet sind, und die Maschinenbelegungsfolge für alle Produktarten gleich ist, wird hier die Komplexität der operativen Prozeßplanung gegenüber jener der Werkstattproduktion erheblich reduziert. Aus diesem Grunde erübrigt sich hier auch der Einsatz einer belastungsorientierten Auftragsfreigabe.

4.6.2 Terminplanung

Der Ablauf der Terminplanung in der Reihenproduktion entspricht jenem der Werkstattproduktion. In einer sukzessiven Vorgehensweise erfolgt zuerst eine **Durchlauf-** und dann eine **Kapazitätsterminierung.** Im folgenden soll für das Fallbeispiel der Reifenproduktion nur kurz die Durchlaufterminierung mit Vorwärts- und Rückwärtsterminierung dargestellt werden. Zur Durchlaufzeitverkürzung und Kapazitätsterminierung wird auf die Ausführungen zur Werkstattproduktion (siehe Abschnitt III.4.4.1) verwiesen.

Mit einer **Vorwärtsterminierung** kann der frühestmögliche Endtermin einer Serie ermittelt werden.

Abb. 255 zeigt mit Hilfe eines serien-(auftrags-)bezogenen Balkendiagramms für die Herstellung **einer** Serie in der Reifenproduktion, daß unnötige Lagerzeiten für Gummimischungen und Laufstreifen auftreten.

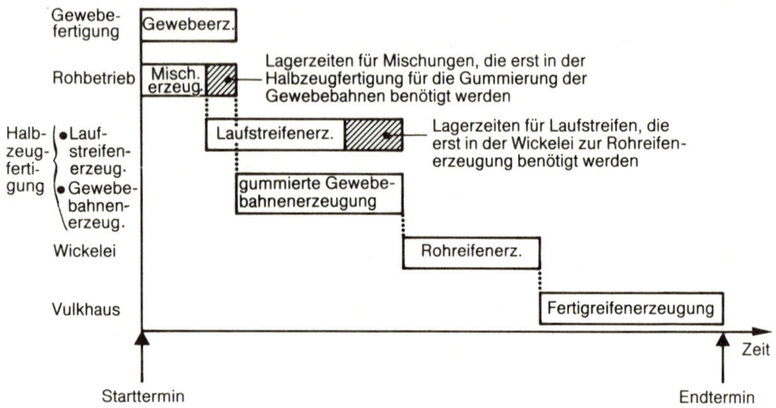

Abb. 255: Balkendiagramm bei Vorwärtsterminierung

Im Rahmen einer **Rückwärtsterminierung** können, ausgehend von einem vorgegebenen (spätestmöglichen) Endtermin, die spätestmöglichen Starttermine für die notwendigen Arbeitsgänge bestimmt werden.

Abb. 256 zeigt dieses Verfahren mit Hilfe eines serien-(auftrags-)bezogenen Balkendiagramms für **eine** Serie in der Reifenproduktion.

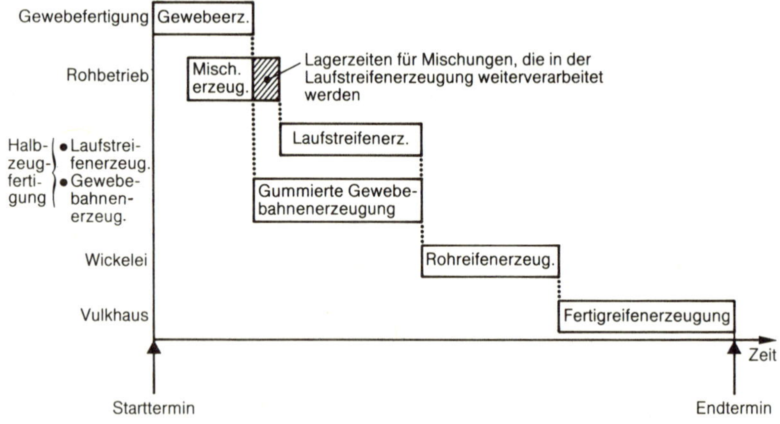

Abb. 256: Balkendiagramm bei Rückwärtsterminierung

Die Terminplanung weist auch in der Serien-/Vorrats-/Reihenproduktion die Merkmale einer Grobplanung auf, die sich in der Regel auf einen Zeitraum von mehreren Wochen oder Monaten bezieht. Da hier auf Vorrat gearbeitet wird, hat die Terminplanung keinen so hohen Stellenwert wie beispielsweise in der Einzel- und Kleinserien-/Auftrags-/Werkstattproduktion.

Nach der (meist zentralen) Terminplanung erfolgt hier die klassische Auftragsfreigabe der Serien (Aufträge) an die (meist dezentrale) Maschinenbelegungsplanung in der Werkstatt.

Die Maschinenbelegungsplanung wird in der Regel dezentral in der Werkstatt durchgeführt. Deshalb müssen die Aufträge von der meist zentralen Terminplanung vorher für die Werkstatt freigegeben werden.

4.6.3 Maschinenbelegungsplanung

4.6.3.1 Grundlagen

In der hier behandelten Serien- und Reihenproduktion kann von einer technologisch fest vorgegebenen und gleichen Bearbeitungsreihenfolge für die einzelnen Produktarten ausgegangen werden. Dies bedeutet, daß die **Maschinenfolge** (technologische Folge) für **alle Produktarten gleich** ist und das Maschinenbelegungsproblem auf die Bestimmung der Serienfolge (Seriensequenz, Auftragsfolge, Reihenfolge der Serien/Aufträge) der einzelnen Produktarten reduziert wird. Mit der Serienfolge werden auch Start- und Endtermine der Serien und der erforderlichen Arbeitsvorgänge im Detail festgelegt, so daß mit der Maschinenbelegungsplanung simultan eine (extrem kurzfristige) **Feinterminierung** stattfindet.

In der Serien- und Reihenproduktion stellt sich daher folgendes Problem der Maschinenbelegungsplanung:

Für **n Serien** (Aufträge), die alle auf **m Maschinen** (Arbeitsplätze, Bearbeitungsstationen) bearbeitet werden müssen, soll ein Maschinenbelegungs-/Ablaufplan erstellt werden, der bezüglich mindestens einer Zielgröße möglichst optimal ist. Dabei sind folgende Prämissen zu beachten:

- Jede Serie (jeder Auftrag) durchläuft eine technologisch vorgegebene Maschinenfolge, die für alle Serien gleich ist (identical routing).
- Eine Serie (ein Auftrag) kann eine andere Serie (einen anderen Auftrag) nicht überholen (passing not permitted).
- Jeder Arbeitsvorgang zur Herstellung einer Serie wird auf einer anderen Maschine (Arbeitsplatz, Bearbeitungsstation) durchgeführt.
- Rüst-, Bearbeitungs- (Produktions-) und Transportzeiten sind bekannt und konstant.
- Die Seriengrößen stehen aus der Seriengrößenplanung fest und sollen in der Planungsperiode durchgesetzt werden.

Der Maschinenbelegungsplanung werden sowohl Kosten- als auch Zeit-Zielvorstellungen zugrunde gelegt. Insbesondere sollen hier die Ziele „Minimierung der Rüstkosten“ für Prozesse mit reihenfolgeabhängigen Rüstkosten und „Minimierung der maximalen Durchlaufzeit (Zykluszeit)“ für Prozesse

Reihenproduktion (Flow-Shop)		
Problemumfang	reihenfolgeabhängige Rüstkosten	reihenfolge-unabhängige Rüstkosten
einstufige Produktion m = 1 Anzahl der Serien beliebig (n = beliebig)	Traveling-Salesman-Probleme (z. B. *Müller-Merbach* 1970, S. 65 f.) • Heuristische Verfahren – Eröffnungsverfahren – Suboptimierende Verfahren • Optimierungsverfahren – Dynamische Programmierung – Branch-and-Bound-Verfahren – Begrenzte Enumeration	Spezielle Optimierungsverfahren (*Smith* 1956, *Emmons* 1969)
mehrstufige Produktion m = 2 n = beliebig		Kombinatorische Verfahren (*Johnson* 1954, *Mitten* 1959)
m = 3 n = beliebig		Kombinatorische Verfahren (*Johnson* 1954, *Lomnicki* 1965, *Szwarc* 1974)
m = beliebig n = beliebig	Traveling-Salesman-Problem (*Piehler* 1960, *Seiffart* 1961)	Branch-and-Bound-Verfahren (*Jaeschke* 1964, *Ignall/Schrage* 1965, *Brown/Lomnicki* 1966, *McMahon/Burton* 1967, *Gupta* 1969, *Müller-Merbach* 1966, 1970, *Seelbach* u. a. 1975, S. 133 ff.) Heuristisches Verfahren (*Palmer* 1965, *Campbell/Dudek/Smith* 1970, *Gupta* 1971, *Liesegang* 1974)

Abb. 257: Flow-Shop-Modelle

mit reihenfolge**un**abhängigen Rüstkosten angesprochen werden. Als Darstellungsform der Maschinenbelegung soll das bereits innerhalb der Terminplanung erwähnte und in der industriellen Praxis am weitesten verbreitete Hilfsmittel der Balkendiagramme, auch GANTT-Diagramme, Maschinenbelegungsdiagramme, Plan- oder Belastungstafeln genannt, verwendet werden.

Für den Bereich der Maschinenbelegungsplanung in der Reihenproduktion mit identischen Maschinenfolgen (identical routing) sind auf dem Gebiet der Unternehmensforschung (Operations Research) zahlreiche Lösungsansätze erarbeitet worden, die auch als „Flow-Shop-Modelle" bezeichnet werden und häufig nur auf stark vereinfachte Problemstellungen ausgerichtet sind (z.B. $n_{max} = 2$). Die *Abb. 257* zeigt eine Übersicht der wichtigsten Arbeiten zu diesem Problemkreis.[103]

Gewissermaßen als repräsentative Auswahl aus der Vielzahl der Lösungsvorschläge sollen hier die folgenden behandelt werden:

- Planung bei reihenfolgeabhängigen Rüstkosten:
  - Heuristische Verfahren zur Lösung eines Traveling-Salesman-Problems:
    Eröffnungsverfahren
    Suboptimierendes Verfahren
  - Optimierungsverfahren mit Branch-and-Bound
- Planung bei reihenfolgeunabhängigen Rüstkosten:
  - Kombinatorisches Verfahren für die zweistufige Produktion (*Johnson*-Algorithmus)
  - Heuristisches Verfahren für die mehrstufige Produktion (*Campbell/Dudek/Smith*-Algorithmus)

Viele Ansätze der Unternehmensforschung (Operations Research) sind angesichts praktischer Größenordnungen zu aufwendig. Die industrielle Praxis bevorzugt daher auch im Bereich der Reihenproduktion den Einsatz heuristischer Verfahren auf der Basis von Prioritätsregeln. Diese stellen Kriterien dar, nach denen die jeweils nächste auf einer Maschine zu bearbeitende Serie aus einer Warteschlange vor der Bearbeitungsstation ausgewählt wird.[104]

4.6.3.2 *Planung bei reihenfolgeabhängigen Rüstkosten*

Die Darstellung der Maschinenbelegungsplanung in der Reihenproduktion wird hier wiederum auf das Fallbeispiel der Reifenproduktion bezogen. In diesem Abschnitt soll dabei angenommen werden, daß innerhalb des Produktionsablaufs entweder in einer einzigen Produktionsstufe oder – was in der Reihenproduktion mit identischer Maschinenfolge für alle Produktarten auf das gleiche Problem hinausläuft – in mehreren oder allen Produktionsstufen reihenfolgeabhängige Rüstkosten auftreten.

---

[103] Vgl. *Küpper* 1982, S. 203 und 208, *Zäpfel* 1982, S. 263 sowie *Siegel* 1974, *Seelbach* u.a. 1975, *Kurbel* 1978, S. 66ff.

[104] Siehe Abschnitt III. 4.4.3.

Bei einem Teil der Heizer in der Reifenproduktion ist insbesondere der erste Fall von praktischer Bedeutung (in **einer** Produktionsstufe treten reihenfolgeabhängige Rüstkosten auf), da tatsächlich die Rüstzeiten für Umrüstvorgänge auf diesen Heizern im Vulkhaus innerhalb bestimmter Toleranzen davon abhängen, welche Produktarten-(Sorten-)folgen vulkanisiert werden. So erfordert beispielsweise das Umstellen dieser Heizer von einer Serie, bestehend aus PKW-Reifen einer bestimmten Dimension, auf eine Serie aus PKW-Reifen einer anderen Dimension eine geringere Rüstzeit als auf eine Serie aus Klein-LKW-Reifen. Auf der anderen Seite ist es auch durchaus möglich, daß der umgekehrte Fall, also das Umrüsten von Klein-LKW-Reifen auf PKW-Reifen wiederum eine andere Rüstzeit erfordert als jenes von PKW- auf Klein-LKW-Reifen.

Die Aufgabe der Maschinenbelegungsplanung besteht nun darin, jene Reihenfolge der Serien (Sorten, Aufträge) zu finden, bei welcher die reihenfolgeabhängigen Rüstkosten dieser einen Stelle bzw. die Summe der reihenfolgeabhängigen Rüstkosten aller Stellen minimal werden. Solche Aufgabenstellungen weisen die Struktur des sog. **Traveling-Salesman-(Handelsreisenden-) Problems** auf.[105]

Hier sollen zur Lösung dieses Problems zuerst zwei heuristische Verfahren, das Eröffnungsverfahren und ein suboptimierendes Verfahren, und anschließend ein Optimierungsverfahren mit Hilfe der Branch-and-Bound-Methode dargestellt werden.[106]

Bezogen auf die Reifenproduktion ergibt sich folgende Problemstellung:

Auf einer bestimmten Heizergruppe, bestehend aus identischen Aggregaten, werden fünf Reifensorten I bis V (Produktarten) (n = 5) vulkanisiert. Nach einer differenzierten analytischen Kostenplanung ergeben sich für die Umbauvorgänge von der einen auf eine Serie einer anderen Produktart (Sorte) folgende reihenfolgeabhängigen Anteile an Grenzrüstkosten in DM/Umbauvorgang, die in einer **Rüstkostenmatrix** nach *Abb. 258* zusammengefaßt werden.

Aus der Seriengrößenplanung liegen die Serien-(Auftrags-)größen für diese fünf Produktgruppen bereits fest. Bei ihrer Berechnung wurden nur die reihenfolge**un**abhängigen, also für alle Seriensequenzen gleich hohen Anteile an den Grenzrüstkosten/Umbauvorgang berücksichtigt. Da auf der betreffenden Heizergruppe nur diese fünf Produktarten in der Planungsperiode bearbeitet werden sollen, ist nach einer vollständigen Sortenfolge (Bearbeitungszyklus) die Rückkehr zur ersten Sorte zwangsläufig notwendig. Aus diesem Grunde sind $(n-1)!$, d.h. $4!$ $(4 \cdot 3 \cdot 2 \cdot 1 = 24)$ mögliche Seriensequenzen denkbar. Man könnte nun diese 24 Reihenfolgen mit Hilfe der **vollständigen Enumeration** einzeln auswerten und die kostengünstigste auswählen. Da bei prakti-

---

[105] Vgl. *Müller-Merbach* 1971, S. 292ff. und S. 326ff.
[106] Vgl. *Domschke/Drexl* 1991, S. 114ff.

von Sorte \ auf Sorte	I	II	III	IV	V
I	–	90	120	180	150
II	120	–	150	210	180
III	120	180	–	120	210
IV	240	300	180	–	120
V	240	210	300	150	–

Abb. 258: Rüstkostenmatrix

schen Problemstellungen aber meist sehr hohe n auftreten, müssen andere Verfahren herangezogen werden.

4.6.3.2.1 Heuristische Verfahren

Hier soll zuerst ein **Eröffnungsverfahren,** und zwar das **Verfahren des besten Nachfolgers,** und darauf aufbauend dann ein **suboptimierendes Verfahren** dargestellt werden, das mit einer **Reduktion der Rüstkostenmatrix** arbeitet.

(a) Verfahren des besten Nachfolgers

Man beginnt mit einer beliebigen Sorte und wählt als Nachfolger die Sorte mit den geringsten Rüstkosten aus.

Lösung:

- 1. Sorte (beliebig gewählt): I
- Reihenfolge: I → II → III → IV → V → I
  Rüstkosten: 90 150 120 120 240
- Rüstkostensumme: 720

Liegt die erste Sorte einmal fest, so müssen für die zweite Sorte (n – 1), für die dritte Sorte (n – 2) Möglichkeiten usw. miteinander verglichen werden. Die letzte Sorte bietet nur **eine** Möglichkeit. Insgesamt müssen daher 1 + 2 + ... + (n – 1) = [(n – 1) · n]/2 Vergleiche, im Beispiel [(5 – 1) · 5]/2 = 10 Vergleiche durchgeführt werden. Gegenüber der vollständigen Enumeration mit 24 Vergleichen brauchen hier nur 10 Vergleiche durchgeführt zu werden.

(b) Reduktion der Rüstkostenmatrix

Um eine Verbesserung der vorhin ermittelten Ausgangslösung zu erreichen, müssen Möglichkeiten zur Rüstkosteneinsparung herausgefunden werden. Dazu wird von jeder Zeile i und Spalte j der Rüstkostenmatrix ein beliebiger

Wert u_i bzw. v_j in der Höhe abgezogen, daß erstens die gegenwärtige (Ausgangs-, noch zu verbessernde) Lösung mit ihren Übergängen in der Rüstkostenmatrix den Wert „Null" aufweist und zweitens möglichst wenige negative Werte auftreten. Diese werden zwecks Lösungsverbesserung geprüft und führen dann ggf. zu einer günstigeren Reihenfolge, wobei hohe negative Werte auf eine günstige Reihenfolge hindeuten.

Abb. 259 zeigt eine solche reduzierte Rüstkostenmatrix.

von Sorte \ auf Sorte	I	II	III	IV	V	u_i
I	–	0	[−60]	90	−30	90
II	0	–	0	150	30	60
III	[−60]	60	–	0	0	120
IV	150	270	60	–	0	30
V	0	30	30	−30	–	180
v_j	60	0	90	0	90	Σu_i + Σv_j 480 + 240 = 720

Abb. 259: Reduzierte Rüstkostenmatrix

Die höchsten negativen Werte weisen die Übergänge I → III (− 60) und III → I (− 60) auf. Man prüft zunächst die **erste** Möglichkeit I → III und zerlegt dazu die ursprüngliche Reihenfolge in folgende Teile:

III → IV → V → [I → III] und II

Sorte II wird nun mit dem kostengünstigsten Übergang in die Reihenfolge eingebaut:

I → III	→	IV	→	V	→	I
	↑		↑		↑	
II:	180 + 210		300 + 180		210 + 120	
Rüstkosten:	Σ 390		Σ 480		[Σ 330]	

Ergebnis: Der Übergang V → II → I ist mit Rüstkosten von 330 am kostengünstigsten. Die neue verbesserte Reihenfolge wäre damit:

	I	→	III	→	IV	→	V	→	II	→ I
Die Rüstkostensumme		↑		↑		↑		↑		↑
ergibt sich mit:		120	+	120	+	120	+	210	+	120 = 690

Als nächstes wird die **zweite** Möglichkeit III → I aus der reduzierten Rüstkostenmatrix geprüft. Man zerlegt dazu die ursprüngliche Reihenfolge in folgende Teile:

I → II → III → I und IV → V

Die beiden gekoppelten Sorten IV → V werden nun zwischen I und II bzw. II und III eingebaut und die Rüstkostensumme dafür errechnet:

1. Möglichkeit:	I	→	IV	→	V	→	II	→	III	→	I
		↑		↑		↑		↑		↑	
Rüstkosten:		180	+	120	+	210	+	150	+	120 = 780	
2. Möglichkeit:	I	→	II	→	IV	→	V	→	III	→	I
		↑		↑		↑		↑		↑	
Rüstkosten:		90	+	210	+	120	+	300	+	120 = 840	

Wie die Rechnung zeigt, ergeben sich durch die zweite Möglichkeit mit ihren beiden Varianten keine Verbesserungen gegenüber der ersten Möglichkeit. Die **beste heuristische Lösung** ist demnach die Reihenfolge (Serien- bzw. Sortensequenz):

I → III → IV → V → II → I mit Rüstkosten in Höhe von 690.

4.6.3.2.2 Optimierungsverfahren mit Branch-and-Bound

Branch-and-Bound kann als ein systematisches Suchverfahren auf der Basis der vollständigen Enumeration bezeichnet werden, bei dem jedoch nicht alle möglichen Lösungen berechnet werden. Vielmehr wird versucht, gewisse Mengen zulässiger Lösungen zu bestimmen, welche die optimale Lösung sicher **nicht** enthalten und die daher nicht mehr weiter verfolgt zu werden brauchen. Das Verfahren soll hier Schritt für Schritt anhand des Fallbeispiels aus der Reifenproduktion dargestellt werden.

1. Schritt: Zuerst wird die Rüstkostenmatrix reduziert, indem von jeder Zeile das Zeilenminimum und danach von jeder Spalte das Spaltenminimum abgezogen werden. Die Summe der Zeilen- und Spaltenminima stellt eine **Schranke** dar, die als **Bound** bezeichnet wird. Dieser Bound dient für spätere Rechenvorgänge als **Abbruchkriterium.** Es können keine Reihenfolgen existieren, die geringere Kosten als der Bound aufweisen. *Abb. 260* zeigt die reduzierte Matrix und die Berechnung des Bounds.

2. Schritt: Für jedes Element d_{ij}, das in der reduzierten Matrix den Wert 0 aufweist, wird das Minimum der Zeile i und Spalte j ermittelt (mit Ausnahme des Feldes d_{ij}). Die Minima werden addiert und ergeben den geringsten Kostenzuwachs, der bei Ausschluß der Sortenfolge i → j entsteht. Die Minima-Summen werden als Hochzahl an das Element d_{ij} in der Matrix geschrieben (siehe *Abb. 260*).

3. Schritt: Nun wird die Sortenfolge i → j ausgewählt, die den höchsten Wert des geringsten Kostenzuwachses aufweist, wenn sie nicht berücksichtigt

von i \ auf j	I	II	III	IV	V	min i
I	–	0^{60}	0^{0}	90	60	90
II	0^{0}	–	0^{0}	90	60	120
III	0^{0}	60	–	0^{0}	90	120
IV	120	180	30	–	$\boxed{0^{90}}$	120
V	90	60	120	0^{60}	–	150
min j	0	0	30	0	0	Σ min i + Σ min j = Bound 600 + 30 = 630

Abb. 260: Reduzierte Rüstkostenmatrix

wird. Dadurch ergibt sich eine Aufspaltung von zulässigen Lösungen in disjunkte Teilmengen. Diese Aufspaltung oder Verzweigung wird **Branch** (Branching) genannt. In *Abb. 260* wäre dies die Folge IV → V, deren Feld in der Matrix eingerahmt wurde. Es ergibt sich folgende Verzweigung mit ihren beiden Möglichkeiten *(Abb. 261)*:

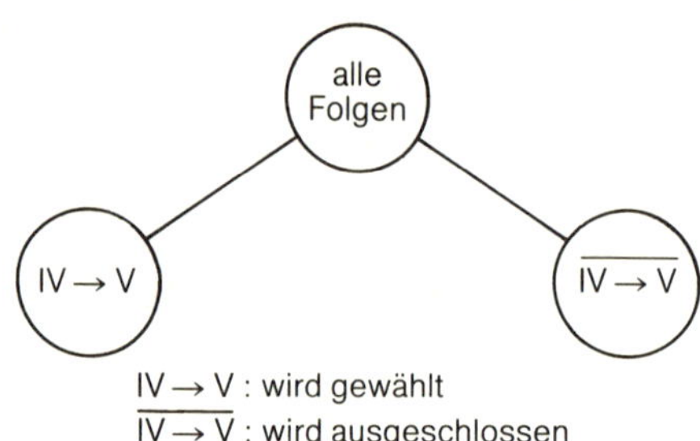

Abb. 261: Verzweigungsmöglichkeiten

4. Schritt: Der Bound für die Verzweigung i → j (IV → V) wird wie folgt berechnet:

(a) Zeile i und Spalte j werden gestrichen

(b) Ein Kurzzyklus wird durch Verbieten der Sortenfolge j → i (V → IV) mit dem Symbol ∞ verhindert. Im weiteren Verlauf des Verfahrens erfolgt dies durch Verbieten der Verbindung Endsorte → Anfangssorte der schon realisierten Teilfolge.

(c) Die nun um eine Dimension verkleinerte Matrix wird wie oben reduziert. Die Summe aus Zeilen- und Spaltenminima wird zum alten Bound addiert und ergibt den **aktuellen Bound.**

Abb. 262 zeigt diese Vorgänge.

auf j / von i	I	II	III	IV	min i
I	∞	0	0	90	0
II	0	∞	0	90	0
III	0	60	∞	0	0
V	90 − 60 = 30	60 − 60 = 0	120 − 60 = 60	∞	60
min j	0	0	0	0	Σmin i + Σmin j + alter Bound = aktueller Bound 60 + 0 + 630 = 690

Abb. 262: Reduzierte Rüstkostenmatrix

5. Schritt: Nunmehr wird für die sich aus dem 3. Schritt ergebende zweite Möglichkeit der Verzweigung, nämlich $\overline{IV \rightarrow V}$, nach folgendem Schema der aktuelle Bound berechnet:

(a) Die Folge i → j (IV → V) wird als verbotene Sortenfolge mit dem Symbol ∞ gekennzeichnet.

(b) Nur die i-te Zeile und j-te Spalte wird um ihre Minima reduziert.

(c) Die Summe der Minima wird zum alten Bound addiert und ergibt den **aktuellen Bound** für diesen Ast der Verzweigung.

Abb. 263 zeigt diese Vorgänge.

auf j / von i	I	II	III	IV	V	min i
I	∞	0	0	90	60 − 60 = 0	0
II	0	∞	0	90	60 − 60 = 0	0
III	0	60	∞	0	90 − 60 = 30	0
IV	120 − 30 = 90	180 − 30 = 150	30 − 30 = 0	∞	∞	30
V	90	60	120	0	∞	0
min j	0	0	0	0	60	Σ min i + Σ min j + alter Bound = aktueller Bound 30 + 60 + 630 = 720

Abb. 263: Reduzierte Rüstkostenmatrix

6. Schritt: Man vergleicht nun die aktuellen Bounds beider Äste der Verzweigung und wählt jene Möglichkeit als optimalen Weg aus, die den kleineren aktuellen Bound (d.h. geringere Rüstkosten) aufweist. Da im vorliegenden Fall die Möglichkeit IV → V mit einem aktuellen Bound von 690 geringere Rüstkosten als die Möglichkeit $\overline{\text{IV} \rightarrow \text{V}}$ mit 720 aufweist, scheidet letztere aus der optimalen Reihenfolge aus.

Wäre hier bereits eine **zulässige** Sortenfolge erreicht, deren Rüstkosten kleiner sind als die aktuellen Bounds, so wäre dies die optimale Lösung und das Verfahren wäre beendet. Andernfalls wird das Verfahren mit dem 2. Schritt erneut begonnen, wobei als Ausgangsmatrix diejenige mit dem niedrigsten aktuellen Bound zugrunde gelegt wird.

Im vorliegenden Fall besteht noch keine vollständige, d.h. zulässige Reihenfolge. Bisher war nur der Übergang von IV → V als optimal anerkannt worden. Der niedrigste aktuelle Bound ergibt sich aus der Matrix des 4. Schritts nach *Abb. 262* mit vier Sorten und einem Bound von 690. Das Verfahren beginnt nun erneut bei dem 2. Schritt.

Die sich aus dem **erneuten 2. Schritt** ergebende Matrix zeigt *Abb. 264*.

von i \ auf j	I	II	III	IV	min i
I	∞	0	0	90	0
II	0	∞	0	90	0
III	0	60	∞	$\boxed{0^{90}}$	0
V	30	0^{30}	60	∞	30
min j	0	0	0	90	

Abb. 264: Reduzierte Rüstkostenmatrix

Im **erneuten 3. Schritt** werden als nächste zu berechnende Verzweigung die Möglichkeiten III → IV bzw. $\overline{\text{III} \rightarrow \text{IV}}$ ausgewählt, da III → IV den höchsten Wert des geringsten Kostenzuwachses aufweist, wenn sie nicht gewählt wird.

Für den **erneuten 4. Schritt** wird III → IV ausgewählt und daher Zeile und Spalte aus der Matrix in *Abb. 264* gestrichen. Die Matrix wird nach *Abb. 265* reduziert und der aktuelle Bound berechnet.

Nunmehr wird im **erneuten 5. Schritt** für die zweite Möglichkeit $\overline{\text{III} \rightarrow \text{IV}}$ (Ausschluß von III → IV) der aktuelle Bound errechnet. Dazu wird in der Matrix aus *Abb. 264* die i-te Zeile und j-te Spalte reduziert und der aktuelle Bound in *Abb. 266* errechnet.

auf j / von i	I	II	III	min i
I	∞	0	0	0
II	0	∞	0	0
V	30	0	∞	0
min j	0	0	0	Σmin i + Σmin j + alter Bound = aktueller Bound 0 + 0 + 690 = 690

Abb. 265: Reduzierte Rüstkostenmatrix

auf j / von i	I	II	III	IV	min i
I	∞	0	0	90 – 90 = 0	0
II	0	∞	0	90 – 90 = 0	0
III	0	60	∞	∞	0
V	30	0	60	∞	0
min j	0	0	0	90	Σmin i + Σmin j + alter Bound = aktueller Bound 0 + 90 + 690 = 780

Abb. 266: Reduzierte Rüstkostenmatrix

Im **erneuten 6. Schritt** wird festgestellt, daß durch Vergleich der aktuellen Bounds der beiden Möglichkeiten der letzten Verzweigung (690 ↔ 780) als optimale Lösung der Übergang III → IV gefunden wurde. Da aber bis jetzt erst ein Teil der gesamten Sortenfolge, nämlich III → IV → V als optimal erkannt wurde, ist noch keine vollständige, d.h. zulässige Lösung gefunden worden.

Der niedrigste aktuelle Bound ergab sich aus der Matrix nach *Abb. 265* mit drei Sorten in Höhe von 690. Das Verfahren wird fortgesetzt, indem im **erneuten 2. Schritt** die Hochzahlen für die Elemente $d_{ij} = 0$ ermittelt und in *Abb. 267* eingetragen werden.

Der **erneute 3. Schritt** ergibt zwei gleichrangige Verzweigungsalternativen: II → I bzw. $\overline{\text{II} \rightarrow \text{I}}$ oder V → II bzw. $\overline{\text{V} \rightarrow \text{II}}$. Hier soll II → I bzw. $\overline{\text{II} \rightarrow \text{I}}$ gewählt werden.

auf j / von i	I	II	III	min i
I	∞	0^0	0^0	0
II	$\boxed{0^{30}}$	∞	0^0	0
V	30	0^{30}	∞	30
min j	30	0	0	

Abb 267: Reduzierte Rüstkostenmatrix

Im **erneuten 4. Schritt** wird wie gehabt in *Abb. 268* der aktuelle Bound von II → I berechnet.

auf j / von i	II	III	min i
I	∞	0	0
V	0	∞	0
min j	0	0	Σmin i + Σmin j + alter Bound = aktueller Bound 0 + 0 + 690 = 690

Abb. 268: Reduzierte Rüstkostenmatrix

Der **erneute 5. Schritt,** der die zweite Möglichkeit der Verzweigung, nämlich II → I, berechnen soll, ergäbe einen Bound von 720. Er erweist sich als nicht mehr notwendig, da mit dem 4. Schritt (Bound = 690) bereits eine zulässige Reihenfolge gefunden wurde, die keine Erhöhung des alten Bounds erbracht hat. Die zulässige Sortenfolge lautet: I → III → IV → V → II → I. Sie weist Rüstkosten in Höhe von 690 Geldeinheiten (120 + 120 + 120 + 210 + 120) auf. Dabei wurden IV → V im ersten, III → IV im zweiten und II → I im dritten Rechendurchlauf gefunden.

Der **erneute 6. Schritt** bestätigt, daß die gefundene Reihenfolge als zulässig zu bezeichnen ist und daß die Rüstkosten in Höhe von 690 Geldeinheiten niedriger sind als alle aktuellen Bounds noch offenstehender Verzweigungen. Somit ist eine **optimale Lösung** gefunden, deren graphische Darstellung in Form eines **Entscheidungs-** oder **Verzweigungsbaums** in *Abb. 269* gezeigt wird.

In *Abb. 269* enthält jeder Knoten eine festgelegte Teilfolge mit einem bestimmten Bound in Höhe der Rüstkosten RK. Bei n Sorten weist der Baum

$(2^{n+1} - 1)$ Knoten auf. Im Fallbeispiel sind dies $(2^{5+1} - 1) = 2^6 - 1 = 63$ Knoten. Bei vollständiger Enumeration müßten somit 63 Knoten berechnet werden, denen bei Branch-and-Bound nur 8, bzw. eigentlich nur 7 Knoten, das sind ca. 12%, gegenüberstehen. Für praktische Problemstellungen größeren Umfangs ist aber auch dieser Prozentsatz meist noch zu hoch.

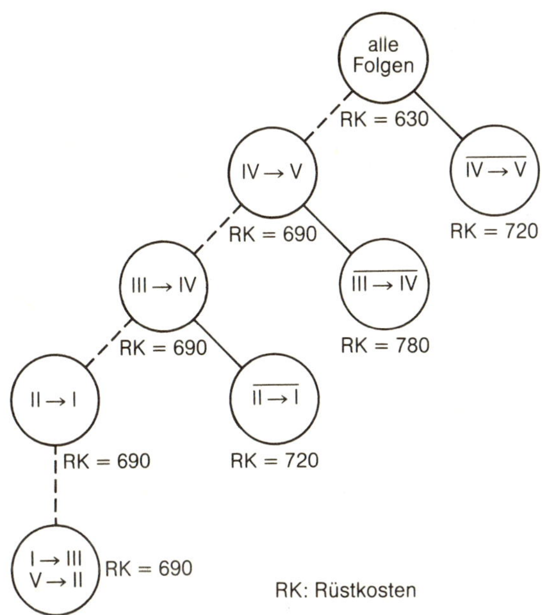

Abb. 269: Verzweigungsbaum

4.6.3.3 Planung bei reihenfolgeunabhängigen Rüstkosten

In der Praxis der industriellen Serien-/Sorten- und Reihenproduktion findet man viele Produktionsprozesse, bei denen der Umbau der Aggregate von einer auf die andere Serie (Sorte) weitgehend unabhängig von der Sortenfolge ist. Auch in der Reifenproduktion wird ein Großteil der Aggregate in Wickelei und Vulkhaus nur zur Herstellung ganz bestimmter Produktarten (Sorten) eingesetzt (z.B. nur für Mittelklasse-PKW-Reifen), so daß dann das Umrüsten von einer auf die andere Sorte reihenfolgeunabhängig erfolgt. In einem solchen Fall werden in der Maschinenbelegungsplanung die Rüstkosten zu nicht relevanten Daten. Als sinnvolle Zielsetzungen bieten sich dann Minimierungsziele für andere Kostenarten, wie z.B. Zwischenlagerkosten (vor allem Kapitalbindungskosten/kalkulatorische Zinskosten), an. Da die hier relevanten Kosten aber sehr heterogener Natur und schwer erfaßbar sind, ist für die Maschinenbelegungsplanung das Ziel der Kostenminimierung meist nicht operational. Aus diesem Grunde wird in der industriellen Praxis mit

Ersatzzielen in Form von **Zeitzielen** gearbeitet, wie sie oben bereits beschrieben wurden. Im folgenden wird für die Maschinenbelegungsplanung im Rahmen der Serien-/Sorten- und Reihenproduktion bei reihenfolgeunabhängigen Rüstkosten die am häufigsten für diese Problemstellung angewandte Zielsetzung der **Minimierung der maximalen Durchlaufzeit,** d.h. **Minimierung der Zykluszeit** (maximum flow), zugrunde gelegt.[107]

In der Reihenproduktion herrscht identische Maschinenfolge (flow-shop/identical routing) für alle Sorten vor, wobei eine Überholung einer Serie durch eine andere ausgeschlossen bleibt (passing not permitted). Damit ergeben sich für n Serien also n! Reihenfolgen. Da reine Lagerproduktion angenommen wird, fallen bei Terminüberschreitungen keine Strafkosten an. Die Bearbeitungszeiten (in Zeiteinheiten) der Serien j in den Produktionsstellen i (Arbeitsplätze, Bearbeitungsstationen, Maschinen) werden in einer Bearbeitungszeitmatrix zusammengefaßt. Zuerst soll ein kombinatorisches Verfahren für die zweistufige Produktion behandelt werden, auf das im Anschluß daran die Darstellung eines heuristischen Verfahrens für die mehr-(als zwei-)stufige Produktion folgt.

4.6.3.3.1 *Kombinatorisches Verfahren für die zweistufige Produktion*

Bezogen auf das Fallbeispiel der Reifenproduktion soll hier die Reihenfolge für den Durchlauf von fünf Serien unterschiedlicher Halbzeugsorten I, II, III, IV und V durch den Rohbetrieb (Produktionsstelle 1) und die Halbzeugfertigung (Produktionsstelle 2) in der Planungsperiode bestimmt werden. Die Bearbeitungs-(Produktions-)zeiten, die dafür erforderlich sind, werden in der Bearbeitungszeitmatrix in *Abb. 270* zusammengefaßt.

Produktionsstelle i / Serie j (Sorte)	Rohbetrieb (Produktionsstelle 1)	Halbzeugfertigung (Produktionsstelle 2)
I	40	55
II	25	15
III	10	25
IV	35	5
V	50	30

Abb. 270: Matrix der Bearbeitungszeiten

[107] Während in der anglo-amerikanischen Literatur zur Ablaufplanung meist mit der Zielfunktion „Minimierung der Zykluszeit" gearbeitet wird (vgl. z.B. *Conway/Maxwell/Miller* 1967), bevorzugen deutsche Autoren gelegentlich das Ziel „Minimierung der Gesamtbelegungszeit", das wiederum mit dem Ziel „Minimierung der mittleren Durchlaufzeit" übereinstimmt (vgl. z.B. *Mensch* 1968).

Das Verfahren läuft in folgenden **Schritten** ab:[108]

(1) Der Arbeitsgang mit der kleinsten Bearbeitungszeit t_{ij} aus der Matrix nach *Abb. 270* wird ermittelt:
Ergebnis: IV in 2 mit $t_{ij} = t_{2IV} = 5$

(2) Erfolgt dieser Arbeitsgang in Produktionsstelle 1, so wird die Serie in die **erste freie Stelle** der Reihenfolge gesetzt. Anderenfalls (Bearbeitung in Produktionsstelle 2) wird der Arbeitsgang an die **letzte freie Stelle** der Reihenfolge gesetzt.
Ergebnis: Serie IV wird an die **letzte** Stelle gesetzt.

(3) Die Zeile dieser Serie (IV) wird in der Matrix gestrichen.

(4) Falls die Reihenfolge noch unvollständig ist, wird sie ab dem 1. Schritt wiederholt, ansonsten wird das Verfahren beendet.

Daraus ergibt sich folgende schrittweise Lösung:

2. Durchlauf: III in 1, $t_{1\,III}$ = 10, an **erste** Stelle,
3. Durchlauf: II in 2, $t_{2\,II}$ = 15, an **vierte** (vorletzte) Stelle.
4. Durchlauf: V in 2, $t_{2\,V}$ = 30, an **dritte** Stelle.
5. Durchlauf: I in 1, $t_{1\,I}$ = 40, an **zweite** Stelle.

Die optimale Reihenfolge lautet: III → I → V → II → IV.

Die Zykluszeit läßt sich aus dem folgenden arbeitsplatz-(stellen-)bezogenen Balkendiagramm der *Abb. 271* ablesen:

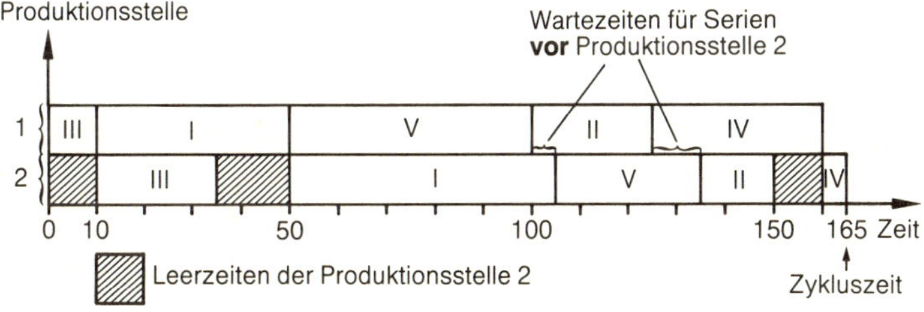

Abb. 271: Maschinenbelegungsplan

Ergebnis:

- Zykluszeit: 165 ZE
- Wartezeiten der Serien **vor** Produktionsstelle 2:
  5 ZE + 10 ZE = 15 ZE
- Leerzeiten der Produktionsstelle 2: 10 ZE + 15 ZE + 10 ZE = 35 ZE

Zur einfachen logischen Begründung des Verfahrens können folgende Überlegungen angeführt werden[109]:

---

[108] Vgl. *Johnson* 1954, S. 61 ff.

[109] Eine eingehende Beweisführung des *Johnson*-Algorithmus findet sich bei *Conway/Maxwell/Miller* 1967, S. 86 f.

(a) Die Zykluszeit (maximale Durchlaufzeit) Z_{Dmax} kann nicht kleiner sein als die Summe aller Bearbeitungszeiten in Produktionsstelle 1 zuzüglich der Bearbeitungszeit der letzten Serie in Produktionsstelle 2:

$$Z_{Dmax} \geq \sum_{j=1}^{n} t_{1j} + t_{2n} \tag{276}$$

(b) Die Zykluszeit Z_{Dmax} kann nicht kleiner sein als die Summe aller Bearbeitungszeiten in Produktionsstelle 2 zuzüglich der Bearbeitungszeit der ersten Serie in Produktionsstelle 1:

$$Z_{Dmax} \geq \sum_{j=1}^{n} t_{2j} + t_{11} \tag{277}$$

(c) die Summe der Bearbeitungszeiten sowohl in Produktionsstelle 1 als auch in 2 ist jeweils konstant. Somit kann eine Minimierung der Zykluszeit nur durch Minimierung von t_{2n} und t_{11} erreicht werden. Dies wird im 2. Schritt versucht.

(d) Für die restlichen n-1 Serien werden dieselben Überlegungen angestellt.

Simulationsstudien haben gezeigt, daß die Zykluszeit kein geeignetes Maß für die Zwischenlager- und damit Kapitalbindungskosten der Serien ist. Ihre Minimierung wird eher über das Ersatzziel „Minimierung der Gesamtdurchlaufzeit (Gesamtbelegungszeit)“ der Serien erreicht. Die optimale Lösung nach dem vorliegenden Verfahren entspricht nicht dem letztgenannten Ziel. Bei einer ebenfalls möglichen Serienfolge III → II → I → V → IV wie sie *Abb. 272* zeigt, könnte man die sich oben ergebende Wartezeit der Serien V und II vor Produktionsstelle 2 von 15 ZE (5 ZE bzw. 10 ZE) auf eine Wartezeit der Serie V von 5 ZE drücken, ohne daß die Zykluszeit von 165 ZE verlängert wird.

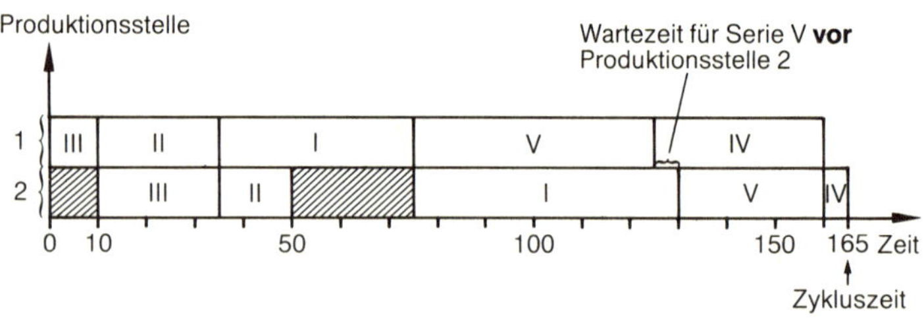

Abb. 272: Maschinenbelegungsplan

Ergebnis:

- Zykluszeit: 165 ZE
- Wartezeit: der Serie V **vor** Produktionsstelle 2: 5 ZE
- Leerzeiten: 10 ZE + 25 ZE = 35 ZE

Das vorliegende Verfahren berücksichtigt allerdings besser das Ziel der „Minimierung von Terminabweichungen“.

4.6.3.3.2 Heuristisches Verfahren für die mehrstufige Produktion

Im Fallbeispiel aus der Reifenproduktion durchläuft jede Reifenserie vier Produktionsstufen (m = 4): Rohbetrieb, Halbzeugfertigung, Wickelei und

Serie j (Sorte) \ Produktionsstelle i	Rohbetrieb Produktionsstelle 1	Halbzeugfertigung Produktionsstelle 2	Wickelei Produktionsstelle 3	Vulkhaus Produktionsstelle 4
I	40	55	20	15
II	25	15	45	60
III	10	25	25	40
IV	35	5	30	20
V	50	30	15	25

Abb. 273: Matrix der Bearbeitungszeiten

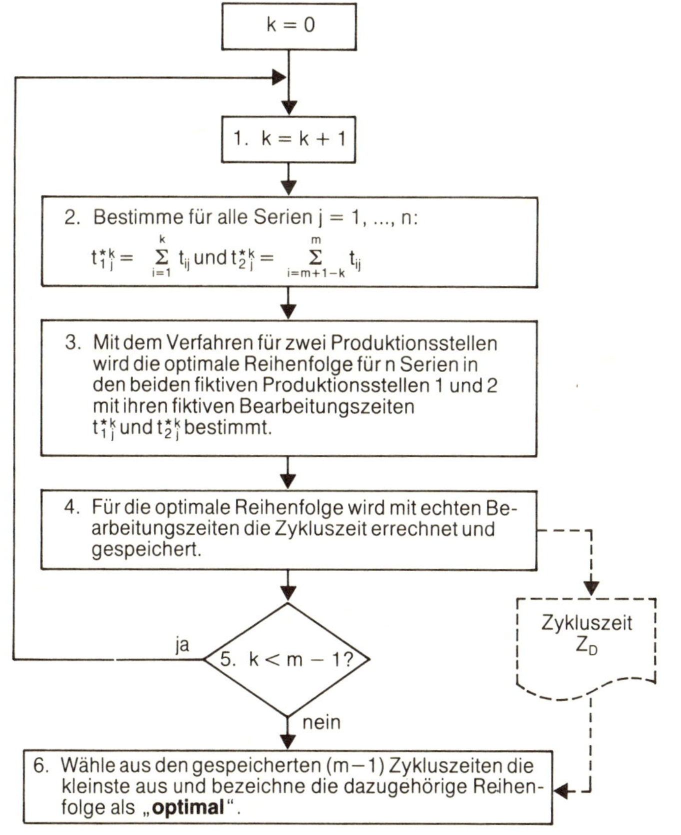

Abb. 274: Algorithmus zur Bestimmung der Reihenfolge

Vulkhaus. Im folgenden Beispiel soll für die gewählten fünf Serien I, II, III, IV und V eine optimale Reihenfolge für ihren Durchlauf durch die vier Produktionsstellen gefunden werden. Das hierfür eingesetzte Verfahren baut auf dem oben beschriebenen auf und kann deshalb als dessen Erweiterung aufgefaßt werden. Es gelten auch alle oben angegebenen Prämissen. Die Bearbeitungszeitmatrix in *Abb. 273* enthält eine Zusammenstellung der Produktionszeiten t_{ij} (in Zeiteinheiten) der Serien I bis V in den vier Produktionsstellen (Produktionsstufen).

Das Verfahren beruht auf der Überlegung, die vorhandenen Produktionsstellen zu zwei **fiktiven** Produktionsstellen mit Addition der Bearbeitungszeiten zusammenzufassen, um das daraus entstandene Problem mit dem oben besprochenen Verfahren (für 2 Produktionsstellen) lösen zu können. Aus dem Gesamtproblem werden (m − 1) Hilfsprobleme konstruiert, die schrittweise nach dem folgenden Algorithmus der *Abb. 274* gelöst werden[110]. Zur Bestimmung der optimalen Reihenfolge dient wiederum die Zielsetzung der „Minimierung der Zykluszeit".

Für das Fallbeispiel ergibt sich folgende Rechnung:

1. Schritt: $k = 0 + 1 = 1$

2. Schritt: $t_{1j}^{*1} = t_{1j}$, $t_{2j}^{*1} = t_{4j}$ (siehe *Abb. 275*).

Produktionsstelle i / Serie j	1	2
I	40	15
II	25	60
III	10	40
IV	35	20
V	50	25

Abb. 275: Matrix der Bearbeitungszeiten

3. Schritt: Optimale Reihenfolge nach dem Verfahren aus Abschnitt III.4.6.3.3.1 (zweistufige Produktion):
III → II → V → IV → I

4. Schritt: Errechnung der Zykluszeit (siehe *Abb. 276*).

---

[110] Vgl. *Campbell/Dudek/Smith* 1970, S. 630ff.

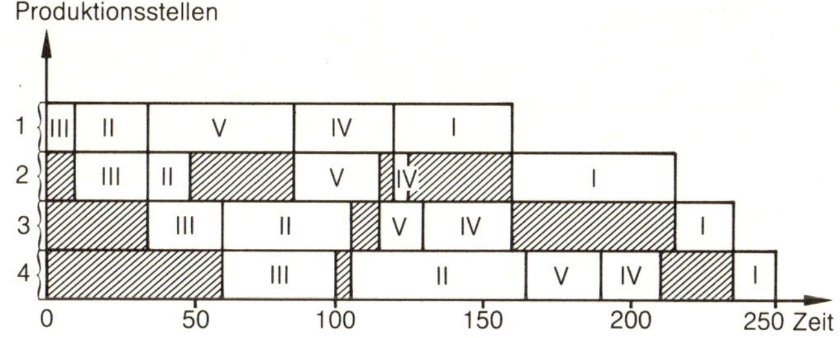

Abb. 276: Maschinenbelegungsplan

Ergebnis:

- Zykluszeit: 250 ZE → Speichern
- Wartezeit vor den Produktionsstellen 2 bis 4: 0 (III) + 10 (II) + 35 (V) + 35 (IV) + 0 (I) = 80 ZE
- Leerzeiten: 0 (1) + 85 (2) + 100 (3) + 90 (4) = 275 ZE

5. Schritt: $k < m - 1$?
$1 < 3$? → ja!

1. Schritt: $k = 1 + 1 = 2$

2. Schritt: $t^{*2}_{1j} = \underset{i=1}{t_{1j}} + \underset{i=k=2}{t_{2j}}, \quad t^{*2}_{2j} = \underset{\substack{i=m+1-k\\=4+1-2\\=3}}{t_{3j}} + \underset{i=m=4}{t_{4j}}$ (siehe *Abb. 277*).

Serie j \ Produktionsstelle i	1	2
I	95	35
II	40	105
III	35	65
IV	40	50
V	80	40

Abb. 277: Matrix der Bearbeitungszeiten

3. Schritt: Optimale Reihenfolge nach dem Verfahren aus Abschnitt III.4.6.3.3.1 (zweistufige Produktion):
Zwei Möglichkeiten: (a) III → IV → II → V → I
(b) III → II → IV → V → I
Die Möglichkeit (a) wird weiter verfolgt.

4. Schritt: Errechnung der Zykluszeit (siehe *Abb. 278*).

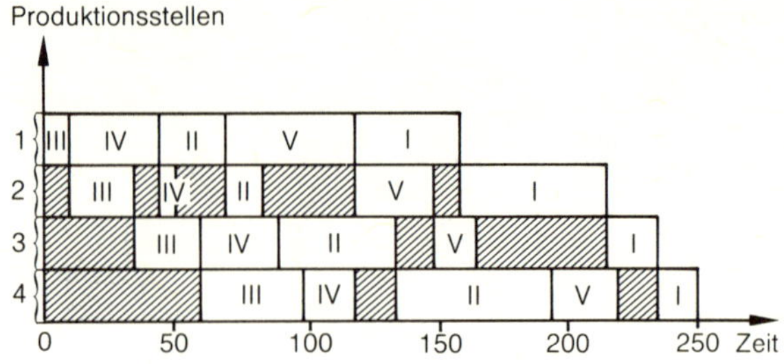

Abb. 278: Maschinenbelegungsplan

Ergebnis:

- Zykluszeit: 250 ZE → Speichern
- Wartezeit vor den Produktionsstellen 2 bis 4: 0 (III) + 20 (IV) + 5 (II) + 30 (V) + 0 (I) = 55 ZE
- Leerzeiten: 0 (1) + 85 (2) + 100 (3) + 90 (4) = 275 ZE

5. Schritt: $k < m - 1$?
$2 < 3$? → ja!

1. Schritt: $k = 2 + 1 = 3$
2. Schritt: $t_{1j}^{*3} = t_{1j} + t_{2j} + t_{3j}$, $t_{2j}^{*3} = t_{2j} + t_{3j} + t_{4j}$ (siehe *Abb. 279*).

Serie j \ Produktionsstelle i	1	2
I	115	90
II	85	120
III	60	90
IV	70	55
V	95	70

Abb. 279: Matrix der Bearbeitungszeiten

3. Schritt: Optimale Reihenfolge nach dem Verfahren aus Abschnitt III.4.6.3.3.1 (zweistufige Produktion):
III → II → I → V → IV
4. Schritt: Errechnung der Zykluszeit (siehe *Abb. 280*).

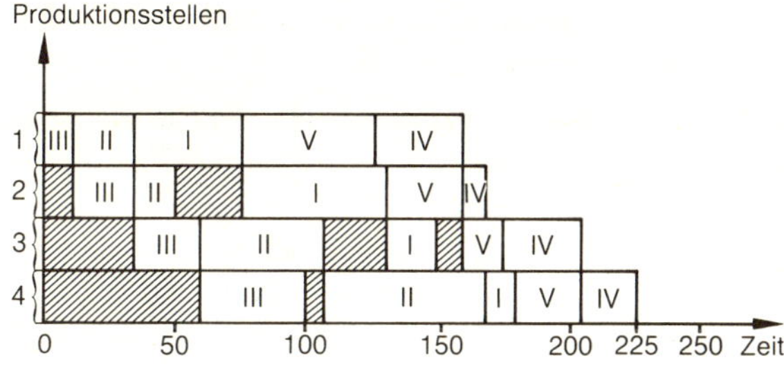

Abb. 280: Maschinenbelegungsplan

Ergebnis:

- Zykluszeit: 225 ZE → Speichern
- Wartezeit vor Produktionsstelle 2 bis 4: 0 (III) + 10 (II) + 15 (I) + 10 (V) + 10 (IV) = 45 ZE
- Leerzeiten: 0 (1) + 35 (2) + 70 (3) + 65 (4) = 170 ZE

5. Schritt: $k < m - 1$?
$3 < 3$? → nein! → Alle Hilfsprobleme sind gelöst!

6. Schritt: Im Speicher stehen folgende Zykluszeiten (siehe *Abb. 281*).

k	1	2	3
Z_D	250 ZE	250 ZE	225 ZE

Abb. 281: Gespeicherte Zykluszeiten

Ergebnis: Die geringste Zykluszeit beträgt 225 ZE. Die dazugehörige Reihenfolge ist optimal:
III → II → I → V → IV

Das dargestellte Verfahren versucht mit Hilfe der Optimalitätsüberlegungen des Verfahrens für die zweistufige Produktion mehr-(als zwei-)stufige Reihenfolgeprobleme zu lösen. Von den n! Reihenfolgen bei Einsatz der vollständigen Enumeration zur Maschinenbelegungsplanung in der Reihenproduktion werden (m − 1) Reihenfolgen ausgewertet, die möglichst unterschiedliche Richtungen im Entscheidungsbaum der vollständigen Enumeration symbolisieren sollen.

Dieses Verfahren ist für den EDV-Einsatz gut geeignet, da es einfach zu programmieren ist und mit relativ geringen Rechenzeiten arbeitet. Eine Optimalitätsgarantie für die erarbeiteten Maschinenbelegungspläne kann nicht gegeben werden. Das Verfahren läßt auch keine Aussagen zu, wie andere

Zeitziele, wie z.B. Gesamtdurchlaufzeit-, Stillstandszeit-, Terminabweichungs-Minimierung, hier erreicht werden.

In der industriellen Praxis kommt auch in der Serien-/Sorten- und Reihenproduktion hauptsächlich die heuristische Vorgehensweise zur Anwendung, bei der der gesamte Produktionsbereich als ein System von Serienwarteschlangen aufgefaßt wird. Diese Warteschlangen, die sich vor den einzelnen Produktionsstellen bilden, werden nach bestimmten Prioritätsregeln aufgebaut und abgearbeitet. Diese stellen Kriterien dar, nach denen zu bearbeitende Serien aus der Warteschlange ausgewählt werden. Die Maschinenbelegungsplanung mit Hilfe von Prioritätsregeln hat in der Werkstattproduktion eine weitaus größere Bedeutung als in der Reihenproduktion, da dort meist zusätzlich auch noch unterschiedliche Maschinenfolgen berücksichtigt werden müssen (siehe Abschnitt III.4.4.3).

Mit der Reihenfolgeplanung sind auch die Start- und Endtermine für die Produktion der einzelnen Serien festgelegt. Im Rahmen der Produktionssteuerung kann anschließend die Produktionsdurchführung (Aufgabenverteilung, Arbeitsverteilung, Fertigungs-, Produktionsveranlassung) eingeleitet werden.

4.7 Prozeßplanung in der Großserien- und Massen-/Vorrats-/Fließproduktion

4.7.1 Grundlagen

In der **Fließproduktion** werden die Bearbeitungsstationen in der Reihenfolge der für die Produkterstellung erforderlichen Verrichtungsarten, also nach der technologischen Reihenfolge des Produktentstehungsprozesses, angeordnet. Der Prozeßtyp der Fließproduktion korrespondiert in der Regel mit den Merkmalsausprägungen der Großserien- und Massen- sowie Vorratsproduktion. In letzter Zeit ist bei der Produktion hochwertiger Großserien- und Massenprodukte (z.B. Kraftfahrzeuge der Oberklasse) allerdings eine deutliche Tendenz zur kundenorientierten Auftragsproduktion in Form der Variantenproduktion festzustellen.

In diesem Abschnitt werden exemplarisch die Probleme der operativen Prozeßplanung bei unverbundener, synthetischer, mehrstufiger Großserien- und Massen-, Vorrats-, Mehrprodukt-, Sorten-(Varianten-) und Fließproduktion dargestellt. Bei diesem Kombinationstyp der Produktion fallen ablaufbeeinflussende Erzeugnisartenwechsel – wie beispielsweise in der Einzel- und Kleinserien-/Werkstattproduktion oder Serien-/Reihenproduktion – im allgemeinen nur in relativ großen Zeitabständen (z.B. Umbau einer Fließstrecke auf eine andere Produktart) an. Dies bedeutet, daß die Gestaltung des Produktionsvollzuges eine langfristig orientierte strategisch-taktische Entscheidung über die Form der Ablauf-(Prozeß-)organisation erfordert. Solche Probleme werden im Rahmen der strategisch-taktischen Produktionsplanung, im speziellen innerhalb der Layout-Planung gelöst (siehe Abschnitt II.4.3.4).

Bei Schwankungen des Perioden-Nettobedarfs im Zeitablauf hat sich die Fließstrecke zeitlich, intensitätsmäßig, quantitativ oder kombiniert quantitativ und qualitativ anzupassen. Bei **zeitlicher Anpassung** bleibt die Produktionsgeschwindigkeit (bei Fließband: Taktzeit) konstant und die Arbeitszeit der Bearbeitungsstationen wird variiert (Überstunden, Sonder- und Zusatzschichten, Kurzarbeit). Eine **intensitätsmäßige Anpassung** durch Variation der Produktionsgeschwindigkeit (bei Fließband: Verkürzung/Verlängerung der Taktzeit) ist meist nur extrem kurzfristig innerhalb enger Grenzen möglich. **Quantitative Anpassung** setzt voraus, daß Reservefließstrecken zur Verfügung stehen. Die **kombiniert quantitative und qualitative Anpassung** kann durch Neuverteilung der Arbeitsverrichtungen auf mehr oder weniger Bearbeitungsstationen bei schnellerer oder langsamerer Produktionsgeschwindigkeit (bei Fließproduktion: kürzeren oder längeren Taktzeiten) realisiert werden. Diese bereits längerfristig orientierte taktische Anpassungsmaßnahme ist nur bei längerfristig voraussehbaren Änderungen der Perioden-Nettobedarfsmengen gerechtfertigt.

Wie oben dargestellt, ist die operative Prozeßplanung bei Fließproduktion enger als bei jedem anderen Produktionstyp mit der strategisch-taktischen Prozeßplanung verzahnt und durch diese determiniert. Aufgrund der zeitlichen und räumlichen Kopplung der Bearbeitungsstationen erübrigt sich die Termin- und Maschinenbelegungsplanung. Somit verbleibt der operativen Prozeßplanung nur noch die Auftragsfreigabe.

Aus der terminierten Nettobedarfsplanung der operativen Faktorplanung werden in der Regel **Tagesprogramme** der operativen Prozeßplanung zugeordnet. Innerhalb der **Auftragsfreigabe** erfolgt zuerst eine **Verfügbarkeitsprüfung** der Produktionsfaktoren, die zur Realisierung der Tagesprogramme in den Bearbeitungsstationen erforderlich sind. Zur endgültigen Freigabe der Tagesprogramme (Aufträge) kann alternativ folgendermaßen verfahren werden:

- Traditionelle Auftragsfreigabe nach dem **Bringprinzip,** auch **Pushprinzip** oder **Schiebelogik** genannt, eventuell ergänzt um ein Fortschrittszahlenkonzept zur Überwachung der Materialflüsse, Bestände und Durchlaufzeiten
- Auftragsfreigabe nach dem **Holprinzip,** auch **Pullprinzip** oder **Ziehlogik** genannt, die als KANBAN-System bekannt wurde.

Im folgenden soll zuerst auf das KANBAN-System eingegangen werden und danach das traditionelle Verfahren in Verbindung mit dem Fortschrittszahlenkonzept dargestellt werden.

4.7.2 KANBAN-System und Just-in-Time-Prinzip

Das KANBAN-System wurde 1965 von der Toyota Motor Company entwickelt. Zu diesem Zeitpunkt wurde das Verfahren vor allem als ein leicht durchschaubares Instrument zur Überwachung der Bestände im Produktionsbereich und zur Kontrolle des Produktionsflusses angesehen. Durch die mit KANBAN einhergehende Erhöhung der Übersichtlichkeit im Produktionsbereich sollten Management wie Produktionsarbeiter angeregt werden, sich Gedanken über weitere Möglichkeiten zur Produktivitätssteigerung zu machen. Die Produktionsprozeßplanungs- und -steuerungsfunktionen waren zweitrangig.

Obwohl das KANBAN-System insbesondere für den innerbetrieblichen Materialfluß konzipiert wurde, wird es heute erfolgreich auch zur zwischenbetrieblichen Materialflußsteuerung eingesetzt. Eine Minimierung der Durchlaufzeiten der Aufträge sollte bei KANBAN durch eine „Produktion auf Abruf“ (just-in-time-production) erreicht werden. Mit den zunehmenden Erfolgen der japanischen Automobilindustrie rief dieses Steuerungsinstrument das Interesse der Produktionsplaner in aller Welt hervor. Es gilt heute als ausgereiftes und bewährtes Hilfsmittel, vor allem auf dem Gebiet der Großserien- und Massenproduktion.

4.7.2.1 KANBAN-Prinzip

Mit dem KANBAN-Verfahren[111] wird gleichsam das Supermarkt-Prinzip auf Produktionsbetriebe übertragen. Ein Verbraucher (Senke) hat sich die benötigten Teile selbständig aus der ihm vorgelagerten Stufe (Quelle) abzuholen (bzw. hat den Auftrag dazu an das Transportsystem selbständig zu erteilen). Die entstehende Lücke wird entdeckt und wieder aufgefüllt. Jeder Bearbeitungsstation ist ein Eingangs- und ein Ausgangslager (Pufferlager) zugeordnet. Zwischen jeweils zwei aufeinanderfolgenden Bearbeitungsstationen werden selbststeuernde Regelkreise geschaffen. Innerhalb dieser Regelkreise erfolgt die kurzfristige Materialflußsteuerung durch die jeweils nachgelagerte Bearbeitungsstation nach dem **Holprinzip.**

Als Informationsträger dient dabei eine sog. **KANBAN-Karte.** Jede KANBAN-Karte bezeichnet jeweils eine gleichgroße Anzahl von Teilen, wobei zwischen Produktions- und Transportkarten unterschieden wird.

Zur Verwirklichung des Just-in-Time-Gedankens darf die Senke niemals mehr Material anfordern als benötigt wird oder vorzeitig Material anfordern. Die Quelle darf ihrerseits niemals mehr Teile als angefordert produzieren oder Teile vor Eingang der Bestellung erzeugen. Material wird nur in Behältern transportiert und gelagert. Jeder Behälter beinhaltet entsprechend

---

[111] Vgl. *Wildemann* 1983 und 1988.

der KANBAN-Karte stets die gleiche Menge an Teilen bzw. Material (Standardbehälter). Somit lassen sich die Bestände der in den Pufferlägern befindlichen Teile bzw. Materialien durch die Anzahl der im Umlauf befindlichen KANBAN-Karten regulieren.

Die Anzahl der KANBAN-Karten zwischen zwei Bearbeitungsstationen entspricht dem Bedarf in der Wiederbeschaffungszeit (ausgedrückt als Anzahl von Behältern) zuzüglich eines Sicherheitsfaktors, der nach der Systemeinführung sukzessive so weit gesenkt wird, daß keine Beeinträchtigung des Produktionsprozesses auftritt[112].

Der Inhalt eines (Standard-)Behälters entspricht einer Standard-Losgröße, die unter Berücksichtigung von Rüst- und Lagerkosten einmal bestimmt und nur bei wesentlichen Änderungen des Produktionsprogramms modifiziert wird. Idealerweise sollte das Tagesprogramm einer Bearbeitungsstation in mehrere Standard-Lose(-Behälter) aufgelöst werden.

Zur Funktionsweise des Systems ist ein hohes Qualitätsbewußtsein nötig. Die Pflicht der Mitarbeiter, nur 100%-ige „Gut-Teile“ zur Ablieferung bereitzustellen, ist ein wesentliches KANBAN-Prinzip. Die enge Verknüpfung der Bearbeitungsstationen führt dazu, daß Mängel sofort sichtbar werden und sich den verantwortlichen Aufgabenträgern direkt zurechnen lassen. Mit dem KANBAN-System werden deshalb häufig auch Qualitätszirkel (siehe Abschnitt II.2.5.5) eingerichtet.

Am Beispiel des Materialflusses zwischen Quelle und Senke soll der Materialfluß und damit der Kreislauf der KANBANS verdeutlicht werden:

1. Schritt: Ein gefüllter Standardbehälter wird mit der angehefteten und deutlich sichtbaren Transport-KANBAN-Karte vom Eingangslager der Senke in den Produktionsbereich der Senke hereingeholt.

2. Schritt: Die Transport-KANBAN-Karte wird von dem Behälter entfernt und in der KANBAN-Karten-Box der Senke abgelegt.

3. Schritt: Die Transport-KANBAN-Karte wird in das Ausgangslager der Quelle gebracht.

4. und 5. Schritt: Dem Ausgangslager der Quelle wird ein voller Behälter der im 1. Schritt bewegten Teile entnommen. Die anhaftende Produktions-KANBAN-Karte wird in der KANBAN-Karten-Box der Quelle abgelegt, der volle Behälter mit der mitgebrachten Transport-KANBAN-Karte versehen und in das Eingangslager der Senke gebracht.

6. Schritt: Die Produktions-KANBAN-Karten, die sich in der KANBAN-Box der Quelle angesammelt haben, werden nach der zeitlichen Priorität sortiert und an eine „Ermächtigungsbox“ weitergegeben, um die Produktion (Auffüllen der Behälter) zu veranlassen (Auftragsfreigabe), oder zurückgehalten, um einen verfrühten Produktionsbeginn zu verhindern.

---

[112] Vgl. *Bitran/Chang* 1987.

7. Schritt: Die in der Ermächtigungsbox befindlichen Produktions-KANBAN-Karten weisen die Quelle an, einen Behälter (ein Los) dieser Teile so schnell wie möglich zu produzieren und mit der Produktions-KANBAN-Karte im Ausgangslager abzustellen. Die Produktions-KANBAN-Karten in der Ermächtigungs-Box zeigen der Quelle die noch abzuarbeitenden Aufträge der nachgelagerten Bearbeitungsstation (Senke) an.

Das Eingangslager der Senke kann mit dem Ausgangslager der Quelle zu einem gemeinsamen Pufferlager zusammengefaßt werden. Dies gilt auch für die Boxen von Senke und Quelle.

Aus der Beschreibung wird ersichtlich, daß der Materialfluß von einem gegenläufigen Informationsfluß begleitet wird (siehe *Abb. 282*; die Zahlen deuten die Schritte an).

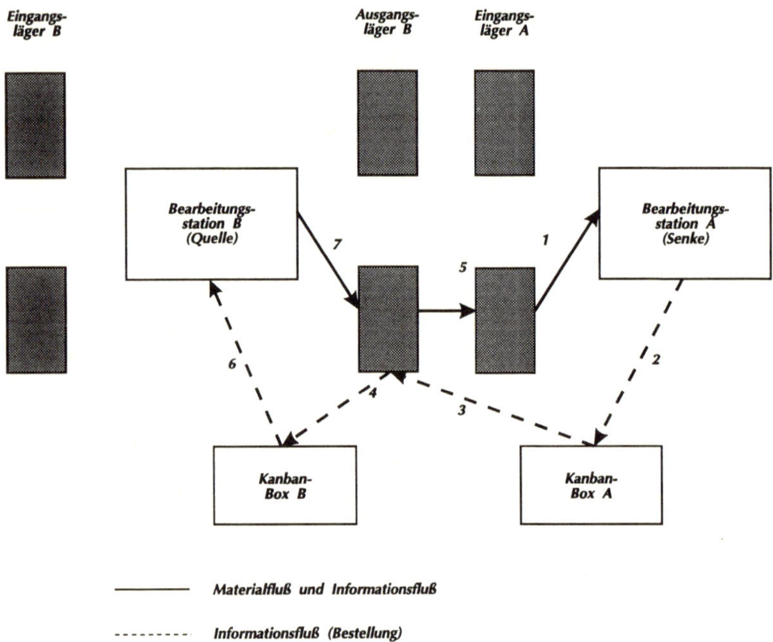

Abb. 282: Ablauf des Material- und Informationsflusses beim KANBAN-Verfahren

Die ursprüngliche Kontrolle des Materialflusses (durch den KANBAN) wird heute auf den Rechner übertragen. Der Vorteil dieser EDV-Systeme liegt vor allem darin, daß das operative Produktionsmanagement einen Überblick über sämtliche Lagerbestände, Arbeitsvorräte, Ausnahmesituationen sowie über die aktuellen und zukünftigen Arbeitsbelastungen erhält. Das EDV-System erstellt sogenannte Rahmenaufträge, die den Tagesbedarf wiedergeben (Tagesprogramm). Die Bedarfe werden in Produktionsabrufe aufgelöst. Produktionsabrufe sind geplante Arbeitsvorräte von der Größe eines KAN-

BAN-Loses (Behälterinhalt). Sie werden auf allen Bearbeitungsstationen (planmäßig) eingelastet, die an der Produktion der betreffenden Teilenummer beteiligt sind.

Nach Auflösung des Tagesbedarfes (Tagesprogrammes) in KANBAN-Lose wird diese Information der letzten Bearbeitungsstation (z.B. Endmontage) zur Verfügung gestellt („Produktionsabruf"). Diese holt sich die benötigten Vorprodukte aus den vorgelagerten Stationen ab und meldet den Vollzug an das System. Damit werden die Mengen aus dem Ausgangslager abgebucht. Bei Unterschreiten eines definierten Abrufbestandes im Ausgangslager der vorgelagerten Stufe wird an der jeweiligen Erzeugerstation ein Produktionsabruf mit dem Status „geplant" aktiviert.

Die Entnahme von Material aus Ausgangslägern vorgelagerter Bearbeitungsstationen führt somit zu einer Nachbestellung in Höhe der Entnahmemenge. Da die neu aktivierten Produktionsabrufe ihrerseits eine Materialentnahme aus vorgelagerten Zwischen(Puffer-)lägern veranlassen, wird eine Bestellung an die nächste vorgelagerte Produktionsstufe weitergegeben. Dort kommt die geschilderte Logik ebenfalls zum Tragen, so daß schrittweise in schneller Folge an allen Bearbeitungsstationen per „Linie" **geplante Arbeitsvorräte aktiviert** werden. In dieser „Abruf-Kaskade" ist der Informationsfluß dem Materialfluß entgegengerichtet. Diese **Just-in-Time-Produktion** kann im Rahmen einer **Just-in-Time-Auslieferung** zwischenbetrieblich bis zu den Zulieferern fortgesetzt werden.

Es ist Aufgabe der Werkstatt, autonom anhand des tatsächlichen Verbrauchs – ablesbar an der Bestandssituation ihrer Ausgangsläger – zu entscheiden, wann und in welcher Menge Material nachzuproduzieren ist. Bei Störungen im Materialfluß wird automatisch eine Meldung für die Produktionssteuerung erstellt, die deren Behebung veranlassen soll.

4.7.2.2 Voraussetzungen und Beurteilung von KANBAN

Für eine erfolgreiche Anwendung von KANBAN ist ein stetiger Bedarf der Teile bzw. Produkte über einen längeren Zeitraum erforderlich. Bedarfsschwankungen sind ungünstig. Das Produktionsprogramm sollte über einen möglichst langen Zeitraum hin weitgehend unverändert bleiben, da die ansonsten notwendig werdenden Anpassungsmaßnahmen den Erfolg der Produktivitätssteigerungen gefährden können.

Von Vorteil ist ein Baukastensystem der zu produzierenden Teile, also deren Mehrfachverwendung in verschiedenen Baugruppen. Die verschiedentlich aufgestellte Forderung nach Großserien- und Massenproduktion mit möglichst wenig Varianten der Produkte bzw. Teile ist für den angestrebten Produktivitätsfortschritt sicherlich wertvoll, wird sich aber im Zeitalter der „Käufermärkte" mit ihrem Hang zur Individualität nicht immer verwirklichen lassen. Mit Simulationsexperimenten wurde allerdings bereits nachgewiesen, daß KANBAN auch für die Klein- und Mittelserienproduktion von standardisierten Varianten geeignet ist[113]. Dies gilt insbesondere dann, wenn keine bzw. kurze Rüstzeiten vorliegen und die Kapazitätsbelastung im Zeitablauf gleichmäßig ist. Bei schwankenden Perioden-Nettobedarfsmengen muß **vor** der Auftragsfreigabe eine Terminplanung mit Kapazitätsabgleich durchgeführt werden. Für eine rein kundenindividuelle Auftrags-/Variantenproduktion ist KANBAN nicht wirtschaftlich einsetzbar, da aufgrund fehlender Informationen Vorprodukt-Pufferlagerbestände nur schwer vorweg bestimmt werden können.

Ein **Vorteil** des KANBAN-Systems gegenüber anderen traditionellen Verfahren der operativen Prozeßplanung bei Fließproduktion besteht in der Motivationssteigerung der Mitarbeiter aufgrund der übertragenen Selbstverantwortung. Die Mitarbeiter sind ständig gefordert, sich an konzeptionellen Verbesserungen der Abläufe zu beteiligen. Man kann deshalb von einer Mobilisierung des „human capital" sprechen. Dies ist ein wichtiger Aspekt im Rahmen des Bestrebens nach einer Humanisierung der Arbeit.

Die **Nachteile** des Verfahrens leiten sich im wesentlichen aus den oben genannten Einschränkungen ab. So verhindert beispielsweise die Voraussetzung gefüllter Zwischenläger (Pufferläger) zwischen allen Produktionsstufen eines Erzeugnisses die Anwendung des Verfahrens bei Serienanläufen und Konstruktionsänderungen.

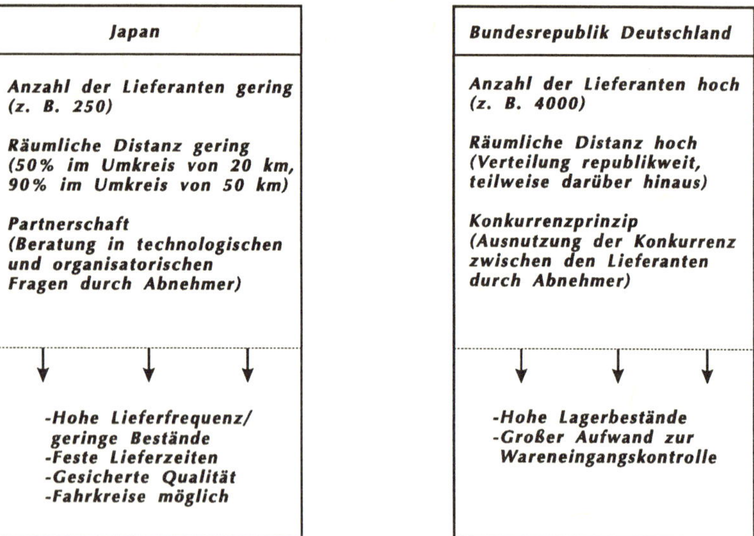

Abb. 283: Beziehungen zwischen Lieferant und Abnehmer in der Automobilindustrie

[113] Vgl. *Zäpfel/Hödlmoser* 1992.

Wenn bundesdeutschen Anwendern dieses Verfahrens mit Japan vergleichbare Erfolge bisher mehrheitlich versagt blieben, so ist das neben Mentalitätsunterschieden, unterschiedlichen Produktphilosophien usw. auch auf regionale Faktoren zurückzuführen. Im Vergleich der Automobilindustrie beider Länder wird deutlich, auf welche Probleme die angestrebte unternehmensübergreifende KANBAN-Anwendung in der Bundesrepublik stößt (siehe *Abb. 283*). Es liegt nahe, daß sich mit einer geringen Anzahl von Zulieferfirmen, die noch dazu um das Automobilwerk herum gruppiert sind, eine Just-in-Time-Anlieferung als Bestandteil des KANBAN-Verfahrens eher verwirklichen läßt als mit vielen, weit entfernten Zulieferern. Die hohe Zahl von Zulieferern ist im Fall der Bundesrepublik hauptsächlich Konsequenz eines ausgeprägten Sicherheitsdenkens. Pro Fremdteil existieren i.d.R. mehrere Zulieferer, wofür das Risiko ursächlich sein dürfte, zu sehr in Abhängigkeit von einem Zulieferer zu geraten. Dies gilt speziell für das Risiko im Zusammenhang mit Arbeitskämpfen.

Zusammenfassend kann KANBAN als ein originelles, unkonventionelles Konzept der operativen Prozeßplanung bei Fließproduktion betrachtet werden, das bei einigen Unternehmen eine Reduzierung der Durchlaufzeiten von ca. 50% und der Fertigwarenbestände von 25% erzielt hat[114].

4.7.3 Fortschrittszahlen-Konzept

In der konventionellen operativen Prozeßplanung bei Fließproduktion werden nach der terminierten Nettobedarfsplanung der operativen Faktorplanung die Tagesprogramme im Rahmen einer **traditionellen Auftragsfreigabe** mit Verfügbarkeitsprüfung der erforderlichen Produktionsfaktoren den einzelnen Bearbeitungsstationen zur Realisierung zugewiesen. Als Ergänzung konventioneller Produktionsplanungs- und -steuerungssysteme kann zur Überwachung der Materialflüsse, Bestände und Durchlaufzeiten das Fortschrittszahlen-Konzept eingesetzt werden.

Das **Fortschrittszahlenkonzept** wurde bereits in den sechziger Jahren zur Verbesserung der Fertigungsorganisation in einem Unternehmen der Automobil-Zulieferindustrie eingeführt. Insofern ist dieses Konzept nicht neu. Da sich jedoch erst in den letzten Jahren ein breiter Anwenderkreis, sowohl der Zuliefer- als auch der Automobilindustrie mit seinen Möglichkeiten beschäftigt, wird dieses Verfahren hier behandelt.

Beim Fortschrittszahlenkonzept wird die gesamte Produktion gedanklich in Einheiten gegliedert. Diese Einheiten kann man als Kontrollblöcke oder **Kontrollbereiche** mit **Zählpunkten** bezeichnen. Der Feinheitsgrad kann dabei bis zur einzelnen Maschine herunterreichen. Mercedes-Benz definiert z.B. folgende Zählpunkte[115]: Wareneingang, Beginn Rohteilefertigung, Rohteile-

---

[114] Vgl. *Wildemann* 1988, S. 50.
[115] Vgl. *Heinemeyer* 1988.

Ablieferung, Beginn Teilefertigung, Teile-Ablieferung, Montage-Beginn, Montage-Ablieferung, Versand. Für jeden Kontrollblock wird an einem Stichtag (z.B. Iventur) damit begonnen, alle Wareneingänge einer bestimmten Teilenummer aufzuaddieren. Die in einer Einheit benötigten Teile können dabei eigengefertigt oder fremdbezogen sein. Die kumulierte Zahl wird als (Eingangs-)Fortschrittszahl bezeichnet. Die Zählung der aus einem Kontrollblock abgehenden Teile kann sich erübrigen, wenn die so erhaltene Ausgangs-(Ablieferungs-)Fortschrittszahl identisch ist mit der Eingangs-Fortschrittszahl des nachfolgenden Kontrollblockes. Bei einer zwischenbetrieblichen Betrachtung, etwa im ursprünglichen Anwendungsfeld der Automobilindustrie, ist die Ausgangs-(Ablieferungs-)Fortschrittszahl des Zulieferers die Eingangs-Fortschrittszahl für den Automobilproduzenten.

Aus einer Fortschrittszahl (FZ) kann also direkt die kumulierte Menge der seit einem Stichtag (z.B. Inventur) in einen Kontrollblock eingegangenen Teile abgelesen werden (FZ vom heutigen Tag). Die Überwachung des Produktionsprozesses erfolgt durch einfache Soll-Ist-Vergleiche, indem den Ist-Fortschrittszahlen die aus der terminierten Nettobedarfsplanung der operativen Faktorplanung abgeleiteten Soll-Fortschrittszahlen gegenübergestellt werden. Somit können **Produktionsvorläufe** bzw. **-rückstände** sichtbar gemacht werden.

Die graphische Darstellung eines Soll-Ist-Vergleichs zeigt *Abb. 284*.

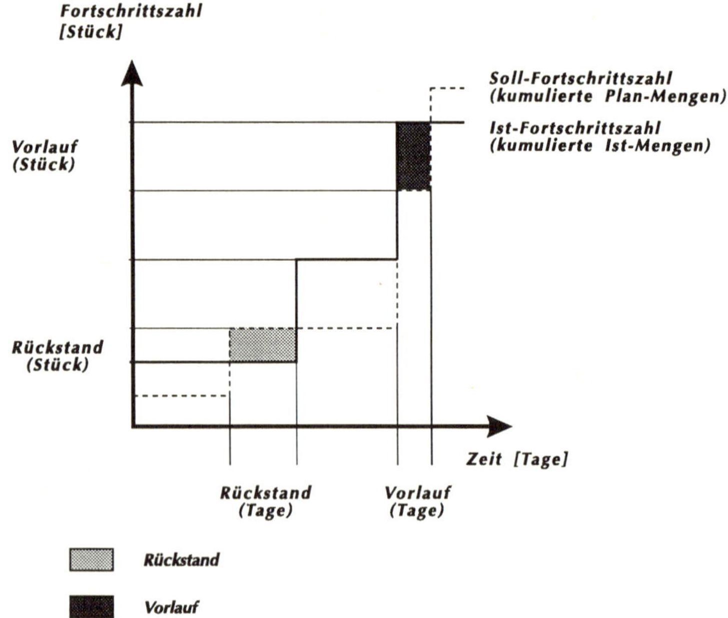

Abb. 284: Soll-Ist-Vergleich der Fortschrittszahl einer bestimmten Teilnummer

Eine Überwachung des **Umlaufbestandes** (Bestand der Pufferläger) zu jedem Zeitpunkt t U_t^j läßt sich blockweise wie folgt vornehmen:

$$U_t^j = FZ_{t0}^j + EFZ_t^j - AFZ_t^j \tag{278}$$

FZ_{t0}^j: Menge der Teile der Teilenummer j, die sich zum Zeitpunkt t_0 im Umlauf befindet

EFZ_t^j: Eingangs-Fortschrittszahl der Teilenummer j zum Zeitpunkt t

AFZ_t^j: Ausgangs-(Ablieferungs-)Fortschrittszahl der Teilenummer j zum Zeitpunkt t.

Die *Abb. 285* zeigt die Darstellung des Umlaufbestandes und der mittleren Durchlaufzeit MDZ.

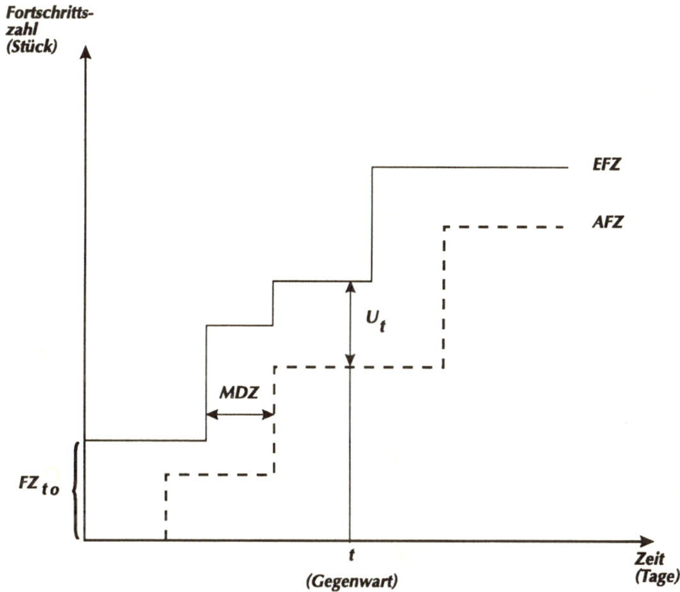

Abb. 285: Zusammenhang zwischen Fortschrittszahlen, Beständen und Durchlaufzeiten

Die mittlere Durchlaufzeit MDZ ergibt sich – ähnlich wie bei der BORA (siehe Abschnitt III.4.4.2.1) – aus der Division des mittleren Umlaufbestandes durch die Ausgangs(Ablieferungs-)Fortschrittszahl **pro Zeiteinheit.** Damit können neben den Umlaufbeständen auch die Durchlaufzeiten an den einzelnen Kontrollblöcken überwacht werden.

Eine der wichtigsten Voraussetzungen des Fortschrittszahlenkonzepts besteht darin, daß die herzustellenden Produkte/Vorprodukte über längere Zeit hinweg (Wochen und Monate) praktisch unverändert zu fertigen sind. Daraus leitet sich der Einsatz des Verfahrens für die Großserien- und Massenproduktion ab. Werden externe Zulieferunternehmen in das Konzept eingebunden, so sind dazu längerfristige Rahmenverträge erforderlich. Zur kurzfristigen Abstimmung der Teileanlieferungen ist der Zulieferer per Datenfernübertragung in das PPS-System des Auftraggebers einzubeziehen. Innerhalb eines Unternehmens ist eine aktuelle Betriebsdatenerfassung (BDE) mit hoher Datenqualität Voraussetzung, um auf Störungen des Produktionsprozesses flexibel reagieren zu können (siehe hierzu Abschnitt III.4.9).

Als **Vorteile** der Fortschrittszahlen werden genannt:

- vereinfachte und eindeutigere Kommunikation zwischen beteiligten Bereichen
- erleichterte Bestandsüberwachung
- universelle Anwendbarkeit der Fortschrittszahlen für grob- und feinstrukturierte Materialflüsse
- Erkennen von systematischen Fehlern mit der Fortschrittszahl-Kontrolle (z. B. Fehler in den Stammdaten in Form von falschen Mengenangaben)
- Möglichkeit zur betriebsspezifischen Festlegung von Zielhierarchien bei der Unterstützung der (Ersatz-)Ziele der operativen Prozeßplanung.

Relativ einfach gestaltet sich die Berechnung des aktuellen Teilebedarfs. Dieser kann zu jedem Zeitpunkt durch einfachen Vergleich der Soll-Fortschrittszahl mit der Ist-Fortschrittszahl ermittelt werden.

Innerhalb seines eng begrenzten Anwendungsbereiches erweist sich das Fortschrittszahlenkonzept als einfaches und effektives Steuerungsinstrument. In der Literatur werden nur sehr wenige Nachteile genannt[116]. Offen bleibt allenfalls, inwieweit durch den zwischenbetrieblichen Einsatz dieses Verfahrens die Lagerhaltung lediglich vom Kunden auf den Lieferanten übertragen wird. Diese Frage bleibt aber auch bei allen Just-in-Time-Konzepten offen.

4.8 Informationsversorgung der operativen Prozeßplanung

Die Systemgestaltungsaufgabe des Controllings im Rahmen der operativen Prozeßplanung betrifft hier die ganzheitlichen Implementierungsaufgaben für ein leistungsfähiges PPS-System. Im besonderen beziehen sie sich auf die Module Zeitwirtschaft (Durchlauf- und Kapazitätsterminierung) und Auftragsveranlassung (insb. Auftragsfreigabe und Maschinenbelegungsplanung). Wie bereits an geeigneter Stelle erwähnt, sind nicht alle in den Abschnitten III.4.3 bis 4.7 dargestellten Modelle und Methoden der operativen Prozeßplanung in PPS-Standard-Software-Konzepten implementiert. Aus diesem Grunde können auch große Unterschiede in bezug auf den Informationsbedarf der betreffenden Module eines Standard-PPS-Systems und den hier vorgestellten Modellen und Methoden der operativen Prozeßplanung auftreten. Diese gehen häufig auf die unterstellten Zielsysteme zurück. Aufgrund mangelhafter Operationalität von Kostenzielen werden in PPS-Syste-

[116] Vgl. z. B. *Meyer/Schefenacker* 1983, *Helberg* 1987, S. 77 ff.

men häufig Ersatzziele in Form von Zeitzielen unterstellt. Damit lassen sich die Zeitwirtschaft und Auftragsveranlassung in PPS-Systemen weitgehend unabhängig von einer Informationsversorgung durch Kostendaten einer Plankostenrechnung betreiben. Einige der hier dargestellten Modelle und Methoden der operativen Prozeßplanung müssen jedoch mit Kostendaten versorgt werden.

Eine globale Informationsbedarfsanalyse aller Verfahren ergibt zusammenfassend folgenden Datenbedarf:

- Technische Daten und Zeitdaten (z.B. PPS-Grunddaten wie Stücklisten, Arbeitspläne, Betriebsmitteldaten [insb. Kapazitätsdaten], Instandhaltungsdaten, Durchlaufzeiten, Vorlaufzeiten, Vorlaufverschiebungen, Terminschranken, Belastungsschranken, Liefertermine)
- Mengendaten (z.B. Nettobedarfsdaten, Auftrags-(Los-/Serien-)größen, Bestandsdaten)
- Kostendaten (z.B. Plangrenzherstellkosten von Vorprodukten, Plangrenzrüstkosten, Plangrenzfertigungskosten [z.B. Maschinenstundensätze]).

Als Mindestausstattung des Controllings sind hier folgende Instrumente der Informationsversorgung notwendig:

- PPS-Grunddatenverwaltung (Stücklisten-, Arbeitspläne-, Betriebsmittel-[Arbeitsplatz-]dateien)
- Auftragsdatenverwaltung
- Betriebsdatenerfassungs-(BDE-)System auf Plan-(Soll-) (und Ist-)datenbasis
- Grenzplankostenrechnung

Innerhalb der Informationsversorgung der operativen Prozeßplanung nimmt der **Arbeitsplan** (siehe Abschnitt III.4.4.1.1) eine zentrale Stellung ein. Während das Mengengerüst der Produktion in Form von Stücklisten und Teileverwendungsnachweisen abgebildet wird, schlägt sich das **Zeitgerüst der Produktion** im Arbeitsplan nieder. Für standardisierte Erzeugnisse im Rahmen der Serien- und Massen-/Vorratsproduktion werden **auftragsneutrale Arbeitspläne** erstellt, ohne daß bereits konkrete Kundenaufträge vorliegen. Durch Ergänzung solcher Arbeitspläne um auftragsabhängige Daten (Termin, Stückzahl, Auftrags-Nr. usw.) gelangt man zum **auftragsbezogenen Arbeitsplan,** der insbesondere in der Einzel- und Kleinserien-/Auftragsproduktion von vornherein erstellt wird. Für jede einzelne eigenerstellte Stücklistenposition ist ein Arbeitsplan anzufertigen.

Wie die Stückliste, so ist auch der Arbeitsplan ein **Auftrags-Begleitpapier,** das in jeder zu durchlaufenden Stelle unterschiedlich verarbeitet wird:

- Arbeitsvorbereitung: Arbeitsplan ist Unterlage zur Ermittlung von Zeitvorgaben
- Prozeßplanung: Arbeitsplan ist Unterlage zur Ermittlung der Durchlaufzeiten und Kapazitätsbelastung
- Werkstatt: Arbeitsplan dient als Produktions- und Montagevorlage

- Kostenrechnung: Arbeitsplan liefert Informationen über die Arbeitsgangfolge für Plankalkulation/Vorkalkulation (Fertigungskosten).

Ähnlich wie die Stücklistenerstellung mit dem oben behandelten Stücklistenprozessor (siehe Abschnitt III.3.2.1.1) können mit Hilfe eines **Arbeitsplanprozessors** EDV-gesteuerte Arbeitspläne erstellt werden. Im Gegensatz zum Stücklistenprozessor, der mit zwei Dateien arbeitet, werden hier vier Dateien – Arbeitsgang-, Arbeitsplatz-, Teilestamm- und Erzeugnisstrukturdateien – mittels Adreßverkettung miteinander verknüpft[117]. Arbeitsplandaten können wie beim Stücklistenprozessor auch in synthetischer Form als Betriebsmittel-/Arbeitsplatzverwendungsnachweise erstellt werden. Wie bei der Stücklistenverarbeitung können auch bei der Arbeitsplanverarbeitung relationale Datenbankkonzepte die Funktion des Arbeitsplanprozessors übernehmen.

Die Versorgung der operativen Prozeßplanung mit **Kostendaten** aus einer Grenzplankostenrechnung erfordert eine strenge Beachtung des Grundsatzes von der Relevanz der Kosten. Dies gilt insbesondere für die Lösung von Problemen der kurzfristigen zeitlichen, intensitätsmäßigen, quantitativen und kombinierten Anpassung der Produktion an Schwankungen des Auftragsvolumens (der Beschäftigung) sowie bei Verfahrenswahlentscheidungen im Rahmen der Kapazitätsterminierung bzw. Maschinenbelegungsplanung.

Da innerhalb der operativen Prozeßplanung bei gegebenen Kapazitäten nur die Grenzkosten (variablen Kosten) relevant sein können, deren Höhe aber von dem in der Kostenplanung gewählten Fristigkeitsgrad (Planungshorizont) abhängt, ist auf eine strenge Identität der Planungshorizonte in Kostenplanung und operativer Prozeßplanung zu achten. Gegebenenfalls müssen bei abweichenden Fristigkeitsgraden Sonderrechnungen zur Ermittlung relevanter Grenzkosten erstellt werden.

Treten bei Verfahrenswahlentscheidungen Engpaßsituationen auf, so müssen Sonderrechnungen durchgeführt werden. Bei gegebenem operativen Produktionsprogramm (Plan-Nettobedarf pro Periode) und **einem** vorab bekannten Engpaß versucht man – ähnlich wie bei der operativen Entscheidung über Eigenerstellung oder Fremdbezug von Vorprodukten (siehe Abschnitt III.3.3.2) – durch relative Kostenminimierung mit Ermittlung von relativen Verfahrensabweichungen (Verfahrensabweichung pro Einheit der Engpaßbelastung) eine Minimierung der Verfahrensabweichung der Periode zu erreichen. Bei gegebenem operativen Produktionsprogramm und mehreren vorab unbekannten Engpässen können nur simultane Planungsmodelle (mit Linearer Programmierung) das Problem lösen. Während hier Kosten-Minimierungs-Modelle zum Einsatz kommen, müssen in Situationen, in denen die Engpaßwirkungen durch Einsatz kosten**un**günstigerer Verfahren nicht mehr kompensiert werden können, Gewinn-Maximierungs-Modelle (Deckungsbeitrags-Maximierungs-Modelle) (siehe Abschnitt III.5.2) eingesetzt werden.

---

[117] Vgl. z.B. *Kurbel* 1983, S. 180ff.

4.9 Produktionssteuerung und -kontrolle

4.9.1 Grundlagen

Mit der Verabschiedung eines detaillierten Prozeßplans werden Vorgaben für die ausführenden Produktionsstellen festgelegt. Die Realisierung dieser Vorgaben ist allerdings nicht immer ohne Probleme möglich, da eine Reihe von Störarten auf das reale Produktionssystem einwirken. Diese Störungen bewirken, daß die Istdaten aus der Realisierung des Produktionsprozesses von den Plandaten aus der Prozeßplanung abweichen. Überschreiten diese Abweichungen einen dispositiv festgelegten Toleranzbereich, so werden Eingriffe in den Produktionsprozeß durch die Instanz der Produktionssteuerung notwendig. Diese Eingriffe bewirken, daß der Produktionsprozeß wieder stabilisiert werden kann und die Istdaten wiederum den Plandaten folgen. Zur Erklärung der Funktion der Produktionssteuerung eignen sich kybernetische (Regelkreis-)Modelle, die graphisch wie folgt dargestellt werden können (siehe *Abb. 286*)[118]:

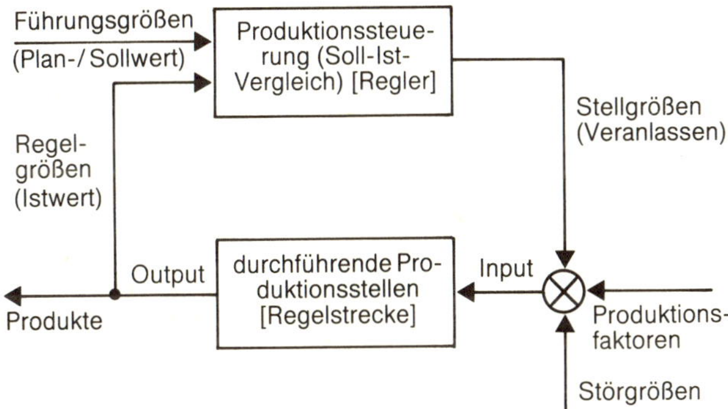

Abb. 286: Regelkreis-Modell

In der Terminologie der Kybernetik würde **Produktionssteuerung und -kontrolle** eigentlich als **Produktions-Regelung**[119] bezeichnet werden. Unter Regelung wird ein Lenkungssystem verstanden, das auf einem durch Rückkopplung geschlossenen Wirkungskreislauf basiert, bei dem das Ergebnis der Regelstrecke (Produktionsstellen) überwacht und mit Hilfe eines Reglers (Instanz: Produktionssteuerung) einer angestrebten Größe laufend angenähert wird. Hier sollen unter dem Begriff der **Funktion „Produktionssteuerung“** die beiden zeitlichen Phasen vor und nach der Produktionskontrolle verstanden werden. Die Phase **vor** der Produktionskontrolle umfaßt die Veranlas-

[118] Vgl. *Hoitsch* 1971, S. 20 ff., S. 98 ff., *Zäpfel* 1982, S. 240 ff.
[119] Vgl. *Milberg/Burger* 1991.

sung der Produktionsdurchführung aufgrund der Plan-/Sollvorgaben der Prozeßplanung, die Bereitstellung der Produktionsfaktoren am Ort der Produktionsdurchführung und die Aufgabenverteilung. Der Vergleich zwischen Plan- bzw. Sollwerten aus der Prozeßplanung mit Istwerten aufgrund der realisierten Produktionsdurchführung wird als **Soll-Ist-Vergleich** bezeichnet und terminologisch der **Produktionskontrolle** zugeordnet. Institutionell werden sowohl die Funktionen der „Produktionssteuerung" als auch „Produktionskontrolle" von der Instanz (Abteilung) „Produktionssteuerung" bewerkstelligt. Innerhalb der zweiten Phase der (Funktion) Produktionssteuerung, gelegentlich auch als **Sichern des Produktionsvollzugs** bezeichnet, werden nach Auftreten von Abweichungen der Istdaten von den Plan-/Solldaten entsprechende Maßnahmen veranlaßt bzw. Planrevisionen durchgeführt. In Betrieben der mechanischen Produktion wird die Instanz (Abteilung) „Produktionssteuerung" häufig auch als „Fertigungssteuerung" bezeichnet und als **Leitstand** organisiert.

Bezogen auf das in *Abb. 286* dargestellte Schaubild ergibt sich folgende Beschreibung des Regelkreises: Der **Instanz „Produktionssteuerung"** werden aufgrund der operativen Prozeßplanung (insbes. Maschinenbelegungsplanung) detaillierte Plan-/Sollwerte über Maschinenbelegung, Termine, Mengen, Qualitätsstandards und Kosten als **Führungsgrößen** vorgegeben.[120] Diese Führungsgrößen werden von der Instanz „Produktionssteuerung" in Form von **Stellgrößen** an die **durchführenden Produktionsstellen,** der sog. **Regelstrecke,** in Form der **Bereitstellung von Produktionsfaktoren am Ort der Produktionsdurchführung** und der **Aufgabenverteilung,** weitergegeben. Damit erfolgt eine **Veranlassung** der Produktionsdurchführung durch den **Input** von Stellengrößen als Informationsinput und dem materiellen Verarbeitungsinput in Form der bereitgestellten Produktionsfaktoren. Auf die Regelstrecke (Produktionsstellen) wirken **Störgrößen** ein, die als dispositions-, personal-, betriebsmittel- und werkstoff-(inklusive energie-) bedingte Einflüsse auf den Produktionsprozeß die Erreichung des Plan-/Sollwertes verhindern. Als **Output** der Regelstrecke werden in materieller Sicht die quantitativ und qualitativ meßbaren Erzeugnisse (Produkte) aufgefaßt, die in informationeller Sicht **Regelgrößen,** d.h. Istwerte, darstellen. Die Instanz „Produktionssteuerung" (Regler) nimmt nun periodische (tägliche, wöchentliche, monatliche) Soll-Ist-Vergleiche vor, bei denen die Regelgrößen (Istwerte) mit den Führungsgrößen (Plan-/Sollwerte) verglichen und **Regelabweichungen** ermittelt werden. Die Aufgabe der Instanz „Produktionssteuerung" (Regler) besteht nun darin, nach Feststellung einer Regelabweichung durch Veranlassen veränderter Stellgrößen die Regelgröße (Istwert) trotz der einwirkenden Störungen auf den Soll-/Planwert der Führungsgröße zu bringen oder zumindest innerhalb einer vorgegebenen Bandbreite zu halten bzw. durch Veranlassen von Maß-

---

[120] In dezentral organisierten PPS-Systemen wird die Maschinenbelegungsplanung (Werkstatt- oder Fertigungssteuerung) von der Instanz „Produktionssteuerung" vor Ort/in der Werkstatt durchgeführt (siehe Abschnitt III.5.3.3).

nahmen die einwirkenden Störungen zu beseitigen. Eine realitätsgetreue Abbildung der Aufgaben der Produktionssteuerung läßt sich durch ein solches vereinfachtes Regelkreismodell allerdings nicht erreichen. Vielmehr müßte man die Steuerung der Produktionsdurchführung in Form untereinander gekoppelter Regelkreise, also in Form eines Systems vermaschter Regelkreise darstellen[121].

Störarten			
Dispositionsbedingte Störungen	Personalbedingte Störungen	Werkstoff-/Energiebedingte Störungen	Betriebsmittelbedingte Störungen
• Fehlende oder fehlerhafte Produktionsunterlagen (z. B. Stücklisten, Arbeitspläne) → Verzögerungen, Ausschuß, Mehrarbeit • Fehlende oder mangelhafte Planvorgabe (Maschinenbelegungs-, Terminvorgaben) → Verzögerungen	• Arbeitsfehler → Ausschuß, Mehrarbeit • Abweichungen vom geplanten Leistungsgrad → Verzögerungen • Krankheit, kurzfristige Urlaubsinanspruchnahme, unentschuldigtes Fernbleiben → Verzögerungen	• Werkstoffehler → Ausschuß, Mehrarbeit • Qualitativ-ungenügende Werkstoffe → Ausschuß, Mehrarbeit • falsche Werkstoffzugaben, → Ausschuß, Mehrarbeit • Energieausfall → Verzögerungen	• Maschinenausfall → Verzögerungen • Mängel an Betriebsmittel → Ausschuß, Mehrarbeit, Verzögerungen • ungeplante Verlängerung von Wartungsarbeiten → Verzögerungen

Abb. 287: Störarten

Als **Störungen** werden Ereignisse bezeichnet, die unerwartet eintreten und eine negative Beeinflussung der Aufgabendurchführung, z. B. durch Betriebsunterbrechung oder Produktionsverzögerungen, bewirken. *Abb. 287* zeigt im Überblick Arten und Auswirkungen von Störungen[122]. Störungen verlangen zu ihrer Behebung das Eingreifen des Produktionsmanagements. Sinnvollerweise werden für alle denkbaren Störarten bereits Vorsorgemaßnahmen getroffen, damit beim Eintreffen der Störung deren Einfluß auf die Produktionsdurchführung gering gehalten werden kann. So dienen z. B. **Reserveaggregate** oder der unmittelbare Einsatz von **Springern** (an mehreren Produktionsstellen einsetzbare Arbeitskräfte) bei Ausfall von Aggregaten oder Arbeitskräften dazu, daß keine wesentlichen Beeinträchtigungen der Produktionsdurchführung auftreten.

---

[121] Vgl. *Zäpfel* 1982, S. 309 ff. und Abschnitt III.5.3.
[122] Vgl. *Zäpfel* 1982, S. 244.

Im folgenden sollen zuerst die Funktion der Produktionssteuerung, die in der Bereitstellung der Produktionsfaktoren am Ort der Produktionsdurchführung und der Aufgabenverteilung besteht, sowie anschließend die Funktion der Produktionskontrolle als Mengen-, Termin-, Qualitäts- und Kostenkontrolle behandelt werden.

4.9.2 Produktionssteuerung

4.9.2.1 Bereitstellung der Produktionsfaktoren

Zur Auslösung des Produktionsprozesses wird es notwendig, sämtliche zur Produktion erforderlichen Unterlagen – wie Stücklisten, Arbeitspläne, Lohnbelege usw. – am Arbeitsplatz bereitzustellen, die Werkstoffe den Produktionsstellen zuzuführen und die notwendigen Arbeitskräfte sowie Betriebsmittel für die Planungsperiode zu reservieren. Die **Bereitstellung** hat die Aufgabe, die zur Durchführung einer Aufgabe erforderlichen Eingaben (Material, Informationen, Energie) und Kapazitäten (Menschen und Betriebsmittel) termingemäß in der lt. Produktionsplanung zuvor ermittelten Art und Menge am Arbeitsplatz zur Verfügung zu stellen.

Dabei sind folgende Bereitstellungsarten denkbar:

- auftragsbezogene Bereitstellung,
- arbeitssystembezogene Bereitstellung,
- gemischt auftrags- und arbeitssystembezogene Bereitstellung.

Die **auftragsbezogene Bereitstellung** sieht am Arbeitsplatz nur die Bereitstellung der zur Durchführung einer Aufgabe für einen bestimmten Auftrag benötigten Produktionsfaktoren vor. Hier weisen die Arbeitsplätze eine nur geringe Betriebsmittelintensität auf. Die Werkzeuge sind auftragsspezifisch und werden vom Werkzeuglager bereitgestellt. Diese Bereitstellungsart ist relativ aufwendig und findet sich häufig bei Baustellenproduktion.

Bei der **arbeitssystembezogenen Bereitstellung** werden die Produktionsfaktoren für alle am Arbeitsplatz üblicherweise vorkommenden Aufgaben ständig bereitgehalten. So liegen hier in dezentralen arbeitsplatzbezogenen Werkstofflägern häufig benötigte Stoffe ständig bereit. Der Vorteil des geringen Bereitstellungsaufwandes wird durch die Kapitalbindungskosten der dezentralen Läger teilweise wieder aufgehoben. Diese Bereitstellungsart erweist sich für eine automatische (Fließband-) Produktion als sinnvoll.

Die kombinierte **auftrags- und arbeitssystembezogene Bereitstellung** erweist sich als die flexibelste Form. Hier wird eine bestimmte Grundausstattung an Werkzeugen, Vorrichtungen, häufig verwendeten Werkstoffen und häufig benötigten Arbeitsunterlagen direkt am Arbeitsplatz laufend bereitgehalten. Seltener benötigte Produktionsfaktoren werden dagegen auftragsabhängig und individuell bereitgestellt. Diese Bereitstellungsart kann für ortsgebundene Arbeitssysteme mit wechselnden Aufgaben, wie dies in der Werkstatt- und Reihen-(Serien-)produktion der Fall ist, empfohlen werden.

4.9.2.2 Aufgabenverteilung

Mit der **Aufgabenverteilung,** die auch als **Arbeits- oder Auftragsverteilung** sowie **Produktions-(Fertigungs-)Veranlassung** bezeichnet wird, beginnt die Realisierung des in der operativen Prozeßplanung vorstrukturierten Produktionsprozesses. Hier wird veranlaßt, die Planwerte in die Realität, d.h. in Istwerte, umzusetzen. Die Aufgabenverteilung hat dafür zu sorgen, daß die Aufträge (Einzel-(Kunden-)Aufträge, Serien, Lageraufträge) termingemäß lt. Maschinenbelegungs-(Terminfein-)planung begonnen und beendet werden können.

Die Aufgabenverteilung kann mit Hilfe verschiedener betrieblicher Stellen und unterschiedlicher technischer Hilfsmittel durchgeführt werden, wobei die gewählte organisatorische Lösung nicht nur die Wirtschaftlichkeit des Durchsetzungssystems, sondern auch die Erfüllung personaler (sozialer) Ziele beeinflußt. Je nachdem, wie die einzelnen dispositiven Aufgaben organisatorisch verteilt werden, unterscheidet man:

- vorwiegend zentrale Aufgaben-(Arbeits-, Auftrags-)verteilung (ZAV),
- vorwiegend dezentrale Aufgaben-(Arbeits-, Auftrags-)verteilung (DAV).

Von einer vorwiegend **zentralen Aufgabenverteilung** spricht man, wenn diese durch die Instanz „Produktionssteuerung" oder eine ihr unmittelbar unterstellte zentrale Arbeitsverteilungsstelle, z.B. in Form eines **Leitstandes,** erfolgt. Ein Leitstand lenkt und überwacht mit Hilfe einer Plantafel, die in etwa dem Aufbau eines Balken- (GANTT-)Diagramms entspricht, sowie mittels optischer und/oder akustischer Signal- und Meldeeinrichtungen als Kommunikationsmittel mit der Werkstatt bzw. Abteilung die Aufgabenverteilung im Betrieb. *Abb. 288* zeigt eine solche ZAV[123].

Während in **zentral organisierten PPS-Systemen** die Maschinenbelegungsplanung von einer **zentralen Instanz „Produktionsplanung"** im Batch-Betrieb durchgeführt wird, und der Leitstand ausschließlich mit den Funktionen „Produktionssteuerung und -kontrolle" (Bereitstellung der Produktionsfaktoren, Aufgabenverteilung, Produktionskontrolle, Sichern des Produktionsvollzuges) befaßt ist, übernimmt der Leitstand in **dezentral organisierten PPS-Systemen** zusätzlich auch Aufgabenbereiche der operativen **Prozeßplanung.**

Ein **elektronischer (Fertigungs-)Leitstand**[124] mit PC- oder Workstation-Ausstattung mit **graphischer Oberfläche** und einem **interaktiven** Fertigungs-(Werkstatt-)steuerungsprogramm kann folgende Aufgaben durchführen:

- Auftragsübernahme von der übergeordneten zentralen Instanz „Produktionsplanung" nach Auftragsfreigabe

---

[123] Vgl. *Bendeich* 1974, S. 167.
[124] Vgl. Binner 1992, *Mertins/Tonn/Wegener/Wilksch* 1992, *Poensgen* 1990, *Scheer* 1990, S. 231f.

- Maschinenbelegungsplanung:
  - manuell auf dem Bildschirm mit GANTT (Balken-)Diagrammen oder
  - automatisch mit vorgegebenem Algorithmus oder durch
  - Simulation alternativer Belegungspläne (z.B. mit Prioritätsregeln)
- Freigabe von Arbeitsgängen an die Werkstatt
- Auftragsüberwachung (Produktionssteuerung und -kontrolle) mit Rückmeldungen an die übergeordnete zentrale Instanz „Produktionsplanung" (z.B. Termine, Arbeitsfortschritte).

In der **bereichsweisen Leitstandorganisation** führt dabei der Leitstand die gesamte Maschinenbelegungsplanung für den ganzen Fertigungsbereich und jedes einzelne Betriebsmittel durch, so daß dem Disponenten auf der Meisterebene kein weiterer Entscheidungsspielraum verbleibt. Eine solche bereichsweise Leitstandorganisation entspricht im Hinblick auf die Aufgabenverteilung der **ZAV.**

Bei einer **abgestuften Leitstandorganisation** übernimmt der Leitstand nur die Maschinenbelegungsplanung der **Betriebsmittelgruppen.** Die Belegung der einzelnen Betriebsmittel innerhalb der Gruppe fällt in das Entscheidungsfeld des Disponenten auf der Meisterebene. Dadurch werden dessen heuristische Erfahrungen vor Ort und dessen flexibles Reagieren auf Störungen vorteilhaft mit der interaktiven Steuerungsfunktion des Leitstandes kombiniert. Die abgestufte Leitstandorganisation läßt sich in bezug auf die Aufgabenverteilung mit der unten zu beschreibenden dezentralen Aufgabenverteilung (**DAV**) realisieren.

Bei der ZAV hat der Leitstand die Aufgabe, die einzelnen Arbeitsgänge eines Auftrags zu veranlassen und durchzusetzen. Dazu werden die Arbeitsanweisungen an die Arbeitsverteiler weitergeleitet. Die Arbeitsverteiler, auch Werksverteiler genannt, sind meist unbesetzte Organisationsmittel, die von den Mitarbeitern in der Produktion zur Kommunikation mit dem Leitstand und zur Aufnahme der Belege verwendet werden. Die Meister können sich hier auf die Mitarbeiterführung, -ausbildung, und -anleitung sowie die Kontrolle des Produktionsprozesses konzentrieren.

Bei einer vorwiegend **dezentralen Aufgabenverteilung** übernehmen die Meister auch die Aufgabenverteilung und lösen damit den Produktionsprozeß aus. Die Instanz der Produktionssteuerung legt hier nur Rahmendaten fest, um eine Koordination des Auftragsdurchlaufs über alle dispositiv selbständigen Abteilungen zu erreichen. *Abb. 289* zeigt eine DAV[125].

Sowohl die ZAV als auch die DAV leisten keinen Beitrag zur Erreichung personaler (sozialer) Ziele im Sinne einer Humanisierung der Arbeitswelt. Bei beiden Systemen sind auf der (untersten) Ebene der Werkstatt-Mitarbeiter Disposition und Ausführung getrennt, was zu negativen Arbeitserlebnissen

---

[125] Vgl. *Bendeich* 1974, S. 167.

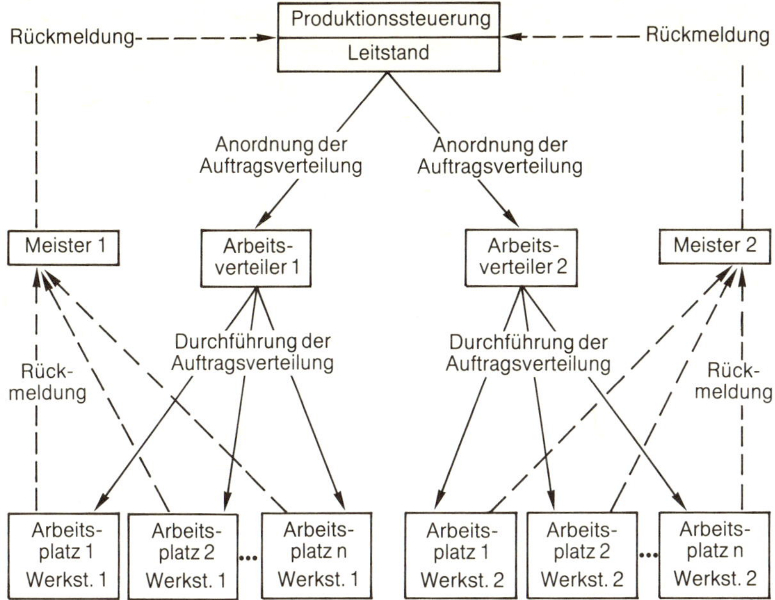

Abb. 288: Zentrale Aufgabenverteilung

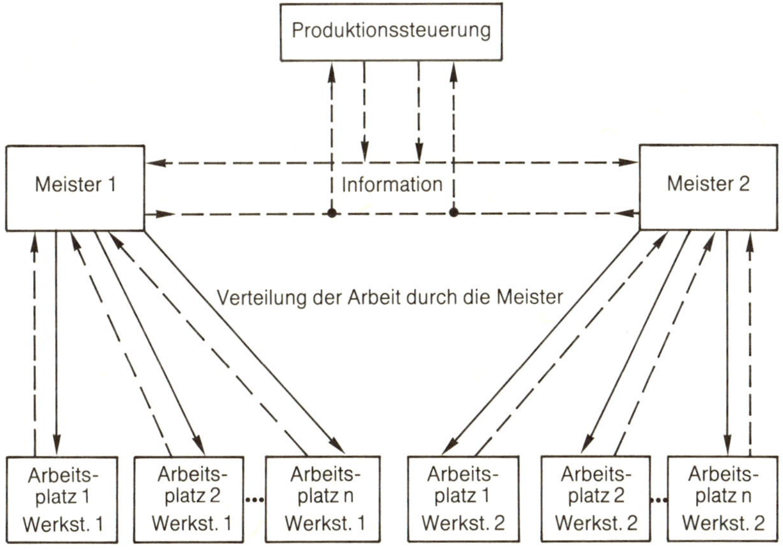

Abb. 289: Dezentrale Aufgabenverteilung

führen kann.[126] Aus diesem Grunde wird in jüngerer Zeit vorgeschlagen, modifizierte Formen der DAV einzurichten, die folgenden personalen Zielen eher entsprechen[127]:

- Erweiterung der Selbstverantwortung der Werkstatt-Mitarbeiter durch Übernahme von Produktionssteuerungsaufgaben,
- Schaffung von Dispositionsspielräumen im Produktionsbereich.

Im Rahmen der **gruppeninternen Steuerung** übernehmen Gruppen von Werkstatt-Mitarbeitern nicht nur ausführende Tätigkeiten, sondern disponieren selbständig über die Reihenfolge innerhalb eines zugeteilten Arbeitsvorrats sowie die Materialbereitstellung. Zusätzlich dazu übernehmen sie im Wege der Auftragsbearbeitung die Mengen-, Termin- und Qualitätskontrolle. Die Meister können sich hier, ähnlich wie bei der ZAV, auf die Menschenführung, Mitarbeiterberatung und -ausübung konzentrieren. Zur Koordination der Produktionsdurchführung für das gesamte Produktionsprogramm wird eine **gruppenübergreifende Produktionssteuerung** (Instanz) eingerichtet, die den einzelnen Gruppen, unter Berücksichtigung der Gruppenkapazität, einen Auftrags-(Arbeits-)vorrat für eine bestimmte Periode zuteilt. Das übergeordnete Produktionsmanagement greift nur im Falle von Störungen ein, die gruppenübergreifende Konsequenzen nach sich ziehen. Aus diesem Grunde sind auch hier Rückkopplungen an die gruppenübergreifende Steuerungsinstanz über den Auftragsfortschritt erforderlich. *Abb. 290* zeigt eine spezielle Form eines solchen dezentralen Durchsetzungssystems[128].

Einen den personalen Zielen der Produktionswirtschaft noch weiter entgegenkommenden Ansatz der Produktionssteuerung bietet das in Abschnitt III.4.7.2 behandelte **KANBAN-System.** Hier werden wesentliche Aufgaben der Produktionssteuerung, die teilweise bereits bis in die Prozeßplanung hineinreichen, den Werkstatt-Mitarbeitern übertragen.

Mit der Bereitstellung der Produktionsfaktoren am Ort der Produktionsdurchführung und der Aufgabenverteilung (Auftrags-, Arbeitsverteilung, Fertigungs-, Produktionsveranlassung) ist die erste Phase der Funktion „Produktionssteuerung", nämlich das Veranlassen der Produktion im Sinne einer Umsetzung der Plan-/Sollwerte, abgeschlossen. Zeitlich gesehen kann nun der reale Produktionsprozeß ablaufen, dessen quantitative und auch qualitative Erfassung sich in Istwerten niederschlägt. Diese Istwerte (Regelgrößen), die im Rahmen der Produktionskontrolle erhoben werden, zeigen ggf. die Auswirkungen von Störungen (Störgrößen) auf die Produktionsdurchführung. Dadurch werden dann möglicherweise die Planwerte überholt und Planrevisionen erforderlich (bei externen Einflüssen) oder Eingriffe des Produktionsmanagements in den Produktionsprozeß nötig, um diese Störungen

---

[126] Vgl. *Frieling* 1980.

[127] Vgl. *Zäpfel* 1982, S. 279f. sowie *Lederer* 1978, *Kölle/Scheiber/Weber* 1980, *Warnecke/Kölle* 1980.

[128] Vgl. *Zäpfel* 1982, S. 280.

zu eliminieren (bei internen Störungen). Planrevisionen und Eingriffe in den Produktionsprozeß werden in der zweiten Phase der Funktion „Produktionssteuerung" durchgeführt, die auch als **Sichern** (Sicherungsphase) des Produktionsvollzugs[129] bezeichnet und in der Regel auch von der Instanz „Produk-

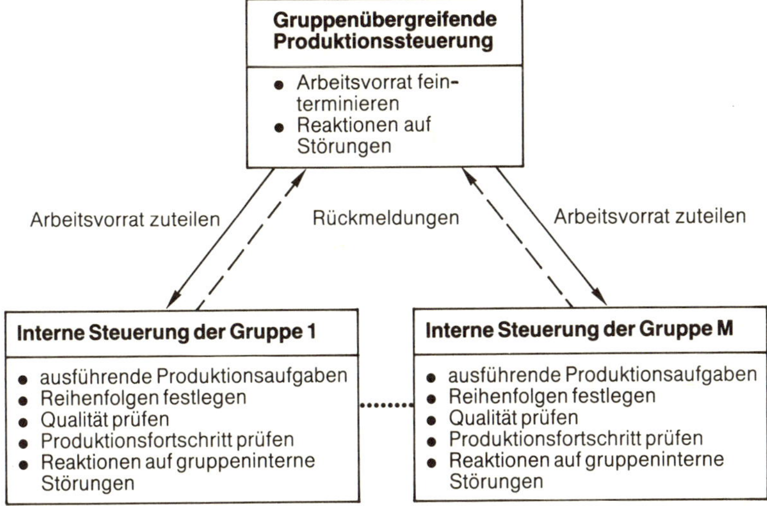

Abb. 290: Gruppenübergreifende Produktionssteuerung

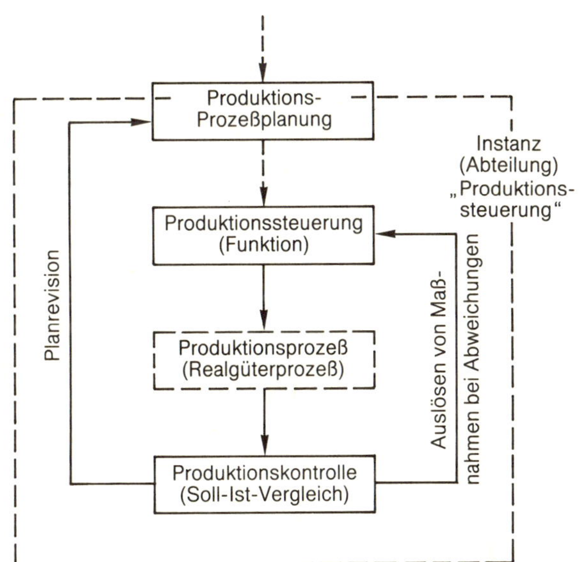

Abb. 291: Operative Prozeßplanung, Produktionssteuerung und -kontrolle

[129] Vgl. *Zäpfel* 1982, S. 285 ff.

tionssteuerung“ vorgenommen wird. Die im nächsten Abschnitt zu behandelnde Produktionskontrolle, die sich mit der Ermittlung der Ist-Werte und dem Soll-(Plan-)Ist-Vergleich befaßt, liegt somit in zeitlicher Sicht zwischen der ersten und zweiten Phase der Funktion „Produktionssteuerung“. *Abb. 291* zeigt symbolisch den Zusammenhang zwischen operativer Prozeßplanung, Produktionssteuerung und -kontrolle auf, wobei angedeutet werden soll, daß die Funktionen der Produktionssteuerung **und** -kontrolle von der Instanz (Abteilung) „Produktionssteuerung“ wahrgenommen werden.

Je nach betriebsindividueller Ausgestaltung der Organisation des PPS-Systems werden die Aufgaben der operativen Produktions-Prozeßplanung entweder von der zentralen Produktionsplanungsabteilung oder von der Instanz (Abteilung) „Produktionssteuerung“ erfüllt.

4.9.3 Produktionskontrolle

Die **Produktionskontrolle,** gelegentlich auch als **Überwachung des Produktionsvollzugs** bezeichnet, besteht in der Feststellung der Aufgabenerfüllung durch Erhebung von Istdaten und dem Vergleich dieser Istdaten mit den Solldaten der Planung im Rahmen des Soll-Ist-Vergleichs. Letzterer besteht nicht nur aus der Ermittlung von Soll-Ist-Abweichungen, sondern vielmehr aus der Analyse der ermittelten Abweichungen zwecks Erklärung der Abweichungsursachen. Die Produktionskontrolle erfüllt folgende Zwecke:

- Bei Auftreten von Abweichungen aufgrund beeinflußbarer Störungen soll sie Anpassungsmaßnahmen auslösen, die in der Folge eine Eliminierung der Abweichungen bewirken;
- Bei Auftreten von Abweichungen aufgrund nicht beeinflußbarer Störungen soll sie den Anstoß zu Planrevisionen geben, welche die geänderten Bedingungen berücksichtigen;
- Bei Auftreten von Abweichungen aufgrund von Planungsfehlern soll sie Lernprozesse in Gang setzen, die zur Verbesserung künftiger Planansätze führen.

In der Terminologie der eingangs durchgeführten kybernetischen Modellanalyse muß sichergestellt sein, daß die Regelgröße in einem einheitlichen Maßstab dem Regler (Instanz: Produktionssteuerung) zeitgerecht rückgemeldet werden, wobei der Regler innerhalb einer bestimmten Toleranzbreite der Soll-Ist-Abweichungen überhaupt nicht reagiert. Zeitgerechte Rückmeldung bedeutet, daß nur knapp nach dem Zeitpunkt der Abweichungsentstehung eine noch einwandfreie Erklärung der Abweichungsursachen innerhalb der Abweichungs-(Ursachen-)analyse möglich wird. Letztere soll folgende Informationen bzw. Hinweise liefern:

- Welche Anpassungsmaßnahmen müssen eingeleitet werden, um die Wirkungen der abweichungsverursachenden Störungen zu beseitigen oder zu mildern;

- Welche Daten müssen bei zukünftigen Planungen sorgfältiger ermittelt werden bzw. welche Schätz-(Prognose-)werte sind insbesondere bei Planrevisionen dafür einzusetzen.

Die laufende und zeitgerechte Rückmeldung von Istdaten des Produktionsvollzugs bezieht sich auf folgende Teilbereiche der Produktionskontrolle:

- Mengen- und Terminkontrolle,
- Qualitätskontrolle,
- Faktoreinsatzkontrolle,
- Kostenkontrolle,

Im Rahmen der **Mengen- und Terminkontrolle,** die auch als **Fertigungs-(Produktions-)Fortschrittskontrolle** bezeichnet wird, erfolgt eine Rückmeldung z.B. folgender Istdaten:

- Auftragsnummer,
- Arbeitsgangnummer,
- Anfangs- und Endtermine von Arbeitsgängen und Aufträgen,
- Terminüberschreitungen,
- produzierte Mengen,
- Daten über Mengen von Produkten der 1. und 2. Wahl bzw. Ausschußmengen.

Die **Qualitätskontrolle** stellt eine vorwiegend produktionstechnische Aufgabe dar, da mit ihr Mängel in den Produkteigenschaften festgestellt werden sollen. Ein ökonomisches Problem stellt sich hier dadurch, daß der Prüfaufwand für eine repräsentative Qualitätsfeststellung zu bestimmen ist.

Die **indirekte statistische Qualitätskontrolle** beschränkt sich auf reine Attributsprüfungen (gut oder schlecht), so daß sich Korrekturen des Produktionsprozesses erst nach dessen Abschluß aufgrund des Prüfungsergebnisses vornehmen lassen. Eine solche Qualitätskontrolle kann nur Anlaß zu Ermahnungen für zukünftige Auftragsdurchführungen sein und Informationen über die Abnahme oder Ablehnung eines Auftrags liefern.

Die **direkte statistische Qualitätskontrolle** stellt eine messende Attributsprüfung in Form einer fortschreitenden Reihenkontrolle dar, wobei exakte Messungen an den laufend dem Produktionsprozeß zu entnehmenden Stichproben durchgeführt werden. Hier können Trends bei den Meßwerten rechtzeitig erkannt und in kybernetischer Sicht regelnde Eingriffe in den Produktionsprozeß vorgenommen werden, bevor überhaupt oder im nennenswerten Umfang Ausschuß entsteht.

Das in Japan entwickelte Konzept der **Qualitätszirkel (quality circles)** versucht innerhalb der Qualitätskontrolle neue Qualitätsstandards zu entwerfen. Diese Qualitätskontrolle bezieht sich allerdings nicht nur auf Produkte, sondern erstreckt sich auch auf die Analyse und Beseitigung aller betrieblichen Schwachstellen[130]. Damit ergeben sich auch Berührungspunkte mit dem

---

[130] Siehe hierzu Abschnitt II.2.5.5. Zur ganzheitlichen Qualitätssicherung vgl. *Wildemann* 1992a und b.

japanischen KANBAN-Produktionssteuerungssystem, das sich stark an personalen Zielen der Produktionswirtschaft orientiert.

Innerhalb von **CIM-Konzepten** werden **CAQ-Systeme** zur Qualitätssicherung bzw. -prüfung des gesamten Materialflusses eingesetzt (siehe Abschnitt II.4.2.1.5).

Innerhalb der **Faktoreinsatzkontrolle** werden beispielsweise folgende Istdaten rückgemeldet:

- Mitarbeiterbezogene Daten:
  - Anwesenheitszeit
  - Leistungsgrad
  - Kriterium für Prämien (erreichte Qualitäten, Materialverbrauch usw.)
- Arbeitssystem- bzw. betriebsmittelbezogene Daten:
  - Auslastungsgrad der Betriebsmittel
  - Rüst-, Bearbeitungs-(Lauf-), Leer-(Stillstands-/Störungs-)zeiten der Betriebsmittel
  - Einsatzzeitabweichungen
  - geleistete Betriebsmittelstunden
- Werkstoffbezogene Daten:
  - Verfügbarkeit und Verbrauch von Werkstoffen
  - Qualitätsfehler von Werkstoffen
  - Verschnitt, Abfälle
  - Materialverbrauchsabweichungen
- Werkzeug- und Vorrichtungsdaten
  - Einsatzort und -zeit
  - aktuelle Entnahme und Zugang
  - Bruch nach Ursachen

Die **Kostenkontrolle** vollzieht sich innerhalb des im Betrieb installierten Kostenrechnungssystems und erstreckt sich in der Regel auf folgende Bereiche:

- kostenstellenweise periodische (meist monatliche) Einzelkostenkontrolle der Material- und Fertigungs-Einzelkosten im Rahmen des Einzelkostenarten-Soll-Ist-Vergleichs,
- kostenartenweise periodische Gemeinkostenkontrolle der Produktions-(Fertigungs-)Kostenstellen im Rahmen des Kostenstellen-Soll-Ist-Vergleichs[131],
- kostenartenweise periodische Kostenkontrolle der Herstellkosten von Kostenträgern (Vor- und Endprodukte) im Rahmen des Kostenträger-Soll-Ist-Vergleichs.

Eine zufriedenstellende Kostenkontrolle ist nur innerhalb eines flexiblen Plankostenrechnungssystems, wie beispielsweise der Grenzplankostenrechnung[132] oder Betriebsmodellrechnung[133], möglich.

---

[131] Vgl. z.B. für den Bereich der Wärmeenergiekosten *Hoitsch* 1974, S. 81ff.

[132] Zur Kostenkontrolle in der Grenzplankostenrechnung vgl. *Kilger* 1981, S. 241ff. und insbes. für mittelständische Industriebetriebe vgl. *Hoitsch* 1982a, S. 226ff.

[133] Vgl. z.B. *Laßmann* 1968, *Hoitsch* 1977.

In Abhängigkeit vom Organisationstyp der Produktion (Werkstatt-, Reihen-, Fließproduktion), der Störungsfrequenz und der geforderten Wirtschaftlichkeit des Produktions-Informationssystems (z.B. geforderter Detailliertheitsgrad der Informationen) können die Rückmeldungen laufend, fallweise oder kombiniert fallweise und laufend erfolgen. Hierzu existieren z.B. folgende technisch-organisatorische Möglichkeiten:

- Laufende Rückmeldung:
  - Datenerfassungsgeräte im On-Line-Betrieb
  - Wechselsprechanlagen
  - Bildschirmgeräte
- Fallweise Rückmeldung:
  - Datenerfassungsgeräte
  - Auftrags- oder Lohnkarten
  - Terminkarten
  - Spezielle Rückmeldekarten
- Kombinierte Rückmeldung:
  - Zur Bruttolohnverrechnung: Auftrags- oder Lohnkarten
  - Zur Fortschrittskontrolle:
    - Auftrags- oder Lohnkarten
    - Termin- oder Rückmeldekarten
    - Abreißbeleg
    - Datenerfassungsgerät

In jüngster Zeit rücken hier **Betriebsdatenerfassungsgeräte** zur Erfassung und Ausgabe betrieblicher Daten mittels automatisch arbeitender Datengeber (Sensoren) und/oder personell bedienter Datenstationen in den Vordergrund.

Eine aktuelle Produktionssteuerung und -kontrolle ist nur mit einem leistungsfähigen **Betriebsdatenerfassungs-(BDE-)System** zu realisieren[134]. Dieses Rückmeldesystem liefert neben den oben angeführten Informationen zur Faktoreinsatzkontrolle auch **auftragsbezogene Daten** – wie Start- und Endzeitpunkte von Arbeitsgängen, Maschinenbelegungen und Aufträgen, produzierte Menge sowie erreichte Qualitätsstufen.

Zur Koordination der Informationsversorgung mit der Produktionsplanung, -steuerung und -kontrolle ist die Einrichtung eines **Produktions-Controllings,** dessen Funktion und Ziele in Abschnitt I.2.2.1 behandelt wurden, erforderlich.

Nach der Ermittlung und Analyse der Soll-Ist-Abweichungen müssen in der zweiten Phase der Produktionssteuerung (als Funktion) geeignete Anpassungsmaßnahmen gewählt werden. Diese Phase wird häufig auch als **Sichern des Produktionsvollzugs** bezeichnet und umfaßt folgende Möglichkeiten:

- Anpassen der Istwerte an die Sollwerte (Eingreifen durch neuerliches Veranlassen):

---

[134] Vgl. *Roschmann/Geitner/Chen* 1992.

Hier werden beim Auftreten von Soll-Ist-Abweichungen von der Produktionssteuerung Maßnahmen veranlaßt, die als Stellgrößen eine nachträgliche Einhaltung der Sollwerte bewirkt. So könnte z.B. ein bereits in Verzug geratener Auftrag durch nachträgliche Beschleunigung an die Solltermine herangeführt werden.

- Anpassen der Sollwerte an die Istwerte (Planrevision):
  Verfügt der Regler (Produktionssteuerung) über keinerlei Eingriffsmöglichkeiten mehr, so tritt nach *Abb. 291* eine Rückkopplung zur operativen Prozeßplanung auf. Dies bedeutet, daß der letzte Planungslauf wiederholt wird, um neue Vorgaben unter Berücksichtigung der veränderten Situation festzulegen.

Eine leistungsfähige Produktionssteuerung kann plötzlich auftretenden Störungen mit Hilfe von ex-ante-Maßnahmen wirkungsvoll begegnen. Hierzu zählen alle Maßnahmen der Reservehaltung – wie Sicherheitsbestände bei Werkstoffen, Reserveaggregate, vorbeugende Instandhaltung, Springer und Einplanung von Zeitreserven[135]. Da alle diese Maßnahmen Kosten verursachen, muß eine Abwägung gegenüber ihren Nutzen vorgenommen werden, was sicherlich in der Praxis mit großen Problemen verbunden ist.

Die bisherigen Ausführungen haben gezeigt, daß die operative Produktions-Programm-, -Faktor-, -Prozeßplanung, Produktionssteuerung und -kontrolle voneinander abhängige Elemente eines Gesamtsystems sind. Der Erfolg des Produktionsmanagements bezieht sich weniger auf die Güte der einzelnen Elemente dieses Systems, sondern auf deren sinnvolle Integration. Auf die Möglichkeiten der integrierten operativen Produktionsplanung, -steuerung und -kontrolle soll im letzten Abschnitt dieser Schrift eingegangen werden.

---

[135] Für die Werkstattproduktion vgl. *Müller* 1988. Zur Bewältigung von Störungen im Produktionsprozeß und von Unsicherheiten in der Produktionsplanung und -steuerung vgl. *Schneeweiß* 1988.

5. Integrierte Produktionsplanung, -steuerung und -kontrolle

5.1 Grundlagen der integrierten Produktionsplanung

Die bisherigen Ausführungen zur **operativen** Produktionsplanung, -steuerung und -kontrolle waren gemäß einer sachlich-sukzessiven Vorgehensweise in folgende Teilgebiete gegliedert:

- Produktions-Programmplanung,
- Produktions-Faktorplanung,
- Produktions-Prozeßplanung, Produktionssteuerung und -kontrolle.

Diese drei Teilgebiete der Produktionsplanung, die wechselseitig voneinander abhängen, bilden eine Einheit, die nur aus methodischen Gründen aufgespalten wurde[1]. Die hier auftretenden Interdependenzprobleme lassen sich in der Planungspraxis mit Hilfe der **zeitlichen, hierarchisch/organisatorischen** und **sachlichen Koordination** lösen.

Die Ausführungen in Abschnitt I.2.2.3 über das Produktions-Planungssystem haben erkennen lassen, daß eine **zeitliche Koordniation** von Planungs-Teilgebieten mit unterschiedlichem Planungshorizont in Form der **rollenden oder rollierenden Planung** zu erreichen ist. Auf die operative Produktionsplanung, -steuerung und -kontrolle bezogen wird dabei folgendermaßen **vom Groben ins Feine** geplant:

- Unter der Annahme gegebener Produktionskapazitäten wird zunächst innerhalb der **Programmplanung** global festgelegt, mit welchen Produktarten und -mengen diese Kapazitäten optimal ausgenutzt werden können.
- Mit dem Produktionsprogramm ist der Primärbedarf der Periode festgelegt, der die Ausgangsdaten zur Ermittlung des Sekundär- bzw. Tertiärbedarfs der Produktionsfaktoren liefert. Die mengen- und termingerechte Bereitstellung der Produktionsfaktoren, die durch die **Faktorplanung** gedanklich vorbereitet wird, ist nur dann möglich, wenn die Programmplanung eine Zeitspanne vor der Faktorplanung erfolgt, die mindestens die längste Lieferzeit der Faktoren inklusive innerbetrieblicher Manipulationszeiten sowie die Dauer der Faktorplanung und -bestellung umfaßt. Die Planungsperiode der Faktorplanung entspricht in der Regel der zeitlichen Ausdehnung der globalen Programmplanung bzw. der möglicherweise bereits kürzeren Dauer der terminierten Primärbedarfsplanung.

---

[1] Vgl. *Gutenberg* 1979, S. 150, *Zäpfel* 1982, S. 290.

- In die Programmplanung gehen nur globale Vorstellungen über den Produktionsablauf ein, die erst in der auf einen kürzeren Zeitraum bezogenen **Prozeßplanung** konkretisiert werden können. Selbst innerhalb der Prozeßplanung erfolgt dann noch eine zeitliche Differenzierung, wenn ausgehend von der Terminplanung (Termingrobplanung) bis hin zur detaillierten Maschinenbelegungsplanung (Terminfeinplanung) vom Groben ins Feine geplant wird.
- Bei Auftreten von Störungen innerhalb der Produktionsdurchführung kann eine detaillierte Maschinenbelegungsplanung bereits nach wenigen Stunden wieder überholt sein. Die auf das einzelne Betriebsmittel (Arbeitsplatz) bezogenene Produktionssteuerung und -kontrolle muß sich daher auf einen noch kürzeren Zeitraum beziehen als die Maschinenbelegungsplanung. Den tendenziellen Zusammenhang zwischen Genauigkeitsgrad und den Zeiträumen, auf die sich die Teilgebiete der operativen Produktionsplanung, -steuerung und -kontrolle beziehen, zeigt *Abb. 292*[2].

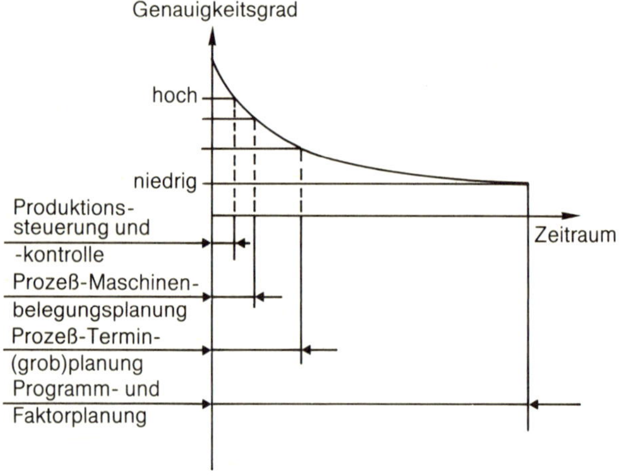

Abb. 292: Genauigkeitsgrad und Zeiträume

Eine **hierarchisch/organisatorische Differenzierung** und darauf aufbauende **Koordination**[3] der operativen Produktionsplanung, -steuerung und -kontrolle, wie sie in der hierarchischen Produktionsplanung, -steuerung und -kontrolle (Abschnitt III.5.3.1) realisiert wird, erweist sich aus folgenden Gründen als sinnvoll:

Hierarchisch übergeordnete Bereiche legen aufgrund ihres Informationsstandes Vorgaben für untergeordnete Bereiche fest. Diese haben die Vorgaben in detaillierte Anweisungen unter Einbezug solcher Zusatzinforma-

---

[2] Vgl. *VDI* 1972, S. 8, *Zäpfel* 1982, S. 295.
[3] Siehe Abschnitt I.2.2.3.

tionen zu transformieren, die nur auf einer der Realisierung der Vorgaben näher liegenden Ebene gewonnen werden können. Die Rückkopplung stufenförmig nach oben aggregierter Korrekturinformationen zu übergeordneten Bereichen erfolgt nach dem Gegenstromprinzip.

Die hierarchisch/organisatorische Koordination deckt sich in ihrem sukzessiven Ablauf weitgehend mit den Stufen der zeitlichen und sachlichen Koordination. Durch die Beteiligung untergeordneter Bereiche am Planungs-, Steuerungs- und Kontrollprozeß trägt sie auch maßgeblich zur Erreichung personaler (sozialer) Ziele bei.

Am ausführlichsten hat sich die Betriebswirtschaftslehre bisher mit dem Problem der **sachlichen Interdependenzen** der operativen Produktionsplanung und deren Lösungsmöglichkeiten im Rahmen der **sachlichen Koordination** auseinandergesetzt. Sachliche Interdependenzen bestehen insbesondere zwischen folgenden Teilgebieten der operativen Produktionsplanung:

- Programm- und Faktorplanung,
- Programm- und Seriengrößenplanung (nur in der Serienproduktion),
- Programm- und Maschinenbelegungs-(Verfahrens-)planung,
- Programm- und Terminplanung (insbes. in der Einzelproduktion),
- Seriengrößen- und Maschinenbelegungs-(Reihenfolge-)planung.

Die sachlichen Interdependenzen zwischen der **Programm- und Faktorplanung** bestehen einerseits darin, daß das Programm (der Primärbedarf) die Grundlage der Faktor-Bedarfsplanung bildet. Andererseits müssen in die Programmplanung Informationen über Faktorbeschränkungen einbezogen werden. Eine sukzessive Planungsmethode, bei der zuerst das Programm und dann der Faktorbedarf festgelegt werden, ist nur dann zu rechtfertigen, wenn die Faktorkosten je Mengeneinheit bereits vor der Programmplanung eindeutig feststehen und keine Mengenbeschränkungen der Faktoren (Engpässe) die absetzbaren Produktionsmengen begrenzen.

In der Serienproduktion tritt das Problem der wechselseitigen Abhängigkeit von **Programm- und Seriengrößenplanung** in bezug auf die Auslastung gegebener Produktionskapazitäten sowie die Verursachung von Rüstkosten als Teil der für die Programmplanung relevanten Herstellkosten auf. Die Auflegungshäufigkeiten aus der Seriengrößenplanung, die auf den Primärbedarf der Periode aus der Programmplanung zurückgehen, bestimmen einerseits den Kapazitätsanteil, der für die Rüstzeiten bereitgestellt werden muß. Andererseits muß die Programmplanung auf begrenzte Kapazitäten Rücksicht nehmen, die sich aus dem Rest des nach Abzug der Rüstzeiten verbleibenden Kapazitätsanteils für die Bearbeitung ergeben. Die relevanten Kosten in der Zielfunktion der Programmplanung enthalten die Rüstkosten pro Produkteinheit, die aber erst nach der Seriengrößenplanung bekannt werden. Eine sukzessive Vorgehensweise, bei der zuerst das Programm und dann die Seriengrößen bestimmt werden, erweist sich daher nur unter Beachtung einschränkender und realitätsferner Prämissen als vertretbar.

Ebenfalls hinsichtlich relevanter Kosten für zu belegende Kapazitäten stehen **Programm- und Maschinenbelegungs-(Verfahrens-)planung** in wechselseitiger Abhängigkeit zueinander. Die relevanten Stückkosten und die gegebenenfalls als Engpässe zu berücksichtigenden Betriebsmittelkapazitäten für die Programmplanung basieren einerseits auf einem festgelegten Verfahrensablauf. Auf der anderen Seite kann ein Maschinenbelegungs-(Verfahrens-)plan nicht ohne Kenntnis des Perioden-Produktionsprogramms aufgestellt werden. Eine „richtige" Lösung kann nur durch eine gemeinsame (sachlich-simultane) Programm- und Maschinenbelegungs-(Verfahrens-)planung gefunden werden.

Ein ähnliches Problem stellt sich insbesondere bei der längerfristigen Einzelproduktion zwischen **Programm- und Terminplanung.** Hier müssen ebenfalls auf der einen Seite innerhalb der Programmplanung die terminierten Kapazitätsbelegungen bekannt sein. Andererseits hat die Kapazitätsterminierung von den um knappe Kapazitäten konkurrierenden Aufträgen aus der Programmplanung auszugehen.

An das sachliche Interdepenzproblem zwischen Programm- und Seriengrößenplanung schließt sich in der Serienproduktion ein weiteres zwischen **Seriengrößen- und Maschinenbelegungs-(Reihenfolge/Seriensequenz-)planung** an. Eine isolierte Seriengrößenplanung kann möglicherweise gar nicht in einen realisierbaren Maschinenbelegungsplan umgesetzt werden. Die isolierte Maschinenbelegungsplanung baut wiederum auf mengenmäßig vorbestimmten Serien-/Auftragsgrößen auf. Das Interdependenzproblem vergrößert sich erheblich, wenn auch noch reihenfolgeabhängige Rüstkosten auftreten. Auch hier würden die in der Realtität gegebenen Probleme eine gemeinsame Planung von Seriengrößen und Maschinenbelegung erfordern.

Die zeitlichen, hierarchisch/organisatorischen und sachlichen Interdependenzprobleme können durch den Einsatz integrierter Systeme der Produktionsplanung, -steuerung und -kontrolle gelöst werden. **Integration** bedeutet dabei die Zusammenführung der einzelnen Teilgebiete der Produktionsplanung, -steuerung und -kontrolle zu einem Gesamtsystem, das eine gegenseitige Abstimmung der Handlungsalternativen im Hinblick auf ein Ziel oder mehrere Ziele erlaubt[4]. Diese Abstimmung kann auf folgende Art erreicht werden:

- simultane Abstimmung aller Teilgebiete in einem Akt (simultane Planung),
- sukzessive Abstimmung aller Teilgebiete im Wege einer schrittweisen Abfolge (sukzessive Planung).

Im folgenden sollen zuerst simultane und anschließend sukzessive Ansätze der Produktionsplanung-, -steuerung und -kontrolle dargestellt werden. Ein Überblick über die operative Produktionsplanung, -steuerung und -kontrolle im CIM-Konzept beschließt die Ausführungen.

---

[4] Vgl. *Zäpfel* 1982, S. 297.

5.2 Simultane Ansätze

Mit simultanen Planungsansätzen werden die Handlungsalternativen der berücksichtigten Teilgebiete für alle Perioden in einem Modell erfaßt und die optimalen Werte der Handlungsalternativen gleichzeitig und in gegenseitiger Abstimmung festgelegt. Damit werden alle zu berücksichtigenden zeitlichen, hierarchisch/organisatorischen und sachlichen Interdependenzen explizit einbezogen.

Simultane Ansätze für die Produktionsplanung können methodisch in zwei Gruppen eingeteilt werden[5].

- produktbezogene Simultanmodelle (stückbezogene Simultanmodelle), die mit einer **nettoformulierten Zielfunktion** arbeiten und
- einflußgrößenbezogene Simultanmodelle mit **bruttoformulierter Zielfunktion.**

In **produktbezogenen Simultanmodellen** der Produktionsplanung setzt sich die nettoformulierte Zielfunktion aus relevanten Daten (Kosten und Erlösen) zusammen, deren einzige Bezugs-(Einfluß-)größe die Produkteinheiten des Produktionsprogramms darstellen. Die Aufstellung der Zielfunktion setzt hier eine stück-(mengeneinheits-)bezogene Plankalkulation auf der Basis variabler (propoprtionaler) Kosten voraus, wie dies im System der Grenzplankostenrechnung vorgesehen ist. Die **einflußgrößenbezogenen Simultanmodelle** (Optimierungsmodelle auf der Basis von sog. Betriebs- und Absatzmodellen) mit bruttoformulierter Zielfunktion berücksichtigen neben den Produkteinheiten explizit noch weitere Kosten-(Erlös-)einflußgrößen in der Zielfunktion und können daher auf eine in fast jedem Fall problematische Stückkostenkalkulation verzichten. Als den Produkteinheiten direkt zurechenbare relevante Kosten werden hier nur die relativen (Produkt-)Einzelkosten angesetzt.

Simultane Planungs-(Entscheidungs-)modelle werden in Situationen eingesetzt, in denen vermutet werden kann, daß mehr als eine Faktorbeschränkung auftritt bzw. der Faktor-Engpaß vorab nicht bekannt ist.

Wegen der geringen Praxisrelevanz simultaner Planungsmodelle soll im folgenden aus der Vielzahl der in der Literatur dargestellten Ansätze nur exemplarisch auf ein produktbezogenes Simultanmodell der integrierten Programm-, Seriengrößen- und Maschinenbelegungsplanung sowie im Überblick auf einflußgrößenbezogene Simultanmodelle für die Serienproduktion eingegangen werden.

---

[5] Vgl. *Wohlgemuth* 1975, S. 51 ff.

5.2.1 Produktbezogenes Simultanmodell

Die Analyse der sachlichen Interdependenzen der Produktionsplanung hat ergeben, daß in der Serienproduktion besonders enge Beziehungen zwischen der Seriengrößen- und Maschinenbelegungs-(Reihenfolge-)planung bestehen.

Seriengrößen- und Reihenfolgeprobleme werden auch maßgeblich von der Programmplanung beeinflußt. Deshalb wird versucht, alle drei Problembereiche der operativen Produktionsplanung, die Programm-, Seriengrößen- und Maschinenbelegungsplanung in einem simultanen Ansatz der integrierten Produktionsplanung zu vereinen. Hierzu wurde eine Reihe von Modellen entwickelt, die als Optimierungs- oder heuristische Modelle ihren Anwendungsbereich in der ein- und mehrstufigen Serienproduktion finden[6].

Die produktionstheoretische Fundierung der integrierten Programm-, Seriengrößen- und Maschinenbelegungsplanung erfolgt mit Hilfe der (dynamischen) Produktionsfunktion vom Typ E, die in Abschnitt III.4.2.2 analysiert wurde. Zur Transformation dieses Erklärungsmodells in ein Entscheidungsmodell muß die Produktionsfunktion auf der Basis des Input-Output-Ansatzes um eine Zielfunktion ergänzt werden, welche die Auswirkungen des Produktionsprozesses auf Kosten und Erlöse aufzeigt. Je mehr es gelingt, Interdependenzen der Produktion in einem Planungsansatz direkt zu erfassen, desto einfacher läßt sich die Zielfunktion formulieren. Dadurch werden die Probleme der Kostenzurechnung innerhalb der Kostenplanung (-rechnung) bei der Bereitstellung der relevanten Kosten für die Produktionsplanung erheblich verringert[7]. Chronologisch gesehen wurde die Produktionsfunktion vom Typ E zu einem Zeitpunkt entwickelt, zu dem bereits seit vielen Jahren simultane Ansätze zur integrierten Produktionsplanung vorlagen. Insofern kann festgestellt werden, daß diese Ansätze ohne spezielle produktionstheoretische Fundierung entwickelt wurden. Das Erklärungsmodell der dynamischen Produktionsfunktion vom Typ E liefert jedoch wertvolle Einsichten in die interdependente Struktur der Produktionsplanung in der Serienproduktion und insbesondere Informationen zur Verringerung der Probleme bei der Ermittlung bzw. Zurechnung der relevanten Kosten für die Zielfunktion der Planungsmodelle.

Die Entwicklung der dynamischen Produktionstheorie auf der Basis diskontinuierlicher Modelle weist in die Richtung eines intensiven Zusammenwirkens von Produktionstheorie und Produktionspolitik (Produktionsplanung).

---

[6] Zu Optimierungsmodellen für die **einstufige Produktion** siehe z.B. *Adam* 1969, S. 91 ff., *Oßwald* 1979, S. 38 ff., S. 77 ff. und S. 107 ff.; zu heuristischen Modellen siehe *Dellmann* 1975, S. 151 ff. und S. 107 ff.; zu heuristischen Modellen siehe *Dellmann* 1975, S. 151 ff. Zu Optimierungsmodellen für die **mehrstufige Produktion** siehe z.B. *Adam* 1963, ders. 1969, S. 152 ff., *Pressmar* 1975, *Oßwald* 1979, S. 174 ff.; zu einem heuristischen Modell vgl. *Seelbach* u.a. 1975, S. 188 ff.

[7] Vgl. *Küpper* 1981, S. 238.

Mit dem in Abschnitt III. 4.2.1 (Dynamische Produktionstheorie) erwähnten Ansatz einer dynamischen Produktionsfunktion auf der Basis von Produktionskorrespondenzen wird versucht, ein entsprechendes Modell einer dynamischen Produktionspolitik aufzustellen[8]. Herbei erfolgt auch eine Analyse bekannter Ansätze der integrierten Produktionsplanung[9] aus der Sicht einer dynamischen Produktionstheorie.

Simultane Ansätze zur integrierten Programm-, Seriengrößen- und Maschinenbelegungsplanung lassen sich als gemischt-ganzzahlige Optimierungsaufgaben formulieren. Durch die Einbeziehung der Maschinenbelegungs-(Terminfein-)planung erfolgt eine Dynamisierung des Ansatzes. Das Zeitraster der Planungsperiode muß dabei so differenziert ausgelegt werden, daß für jede Maschine und jeden Zeitpunkt der Planungsperiode entschieden werden kann, ob eine Anlage belegt wird und ggf. welche Serie eines Produktes auf ihr erzeugt werden soll, um einen optimalen Wert der Zielfunktion zu erreichen. Dazu wird die Planungsperiode in $t = 1, \ldots, T$ Zeitintervalle zerlegt. Weiterhin werden **Binärvariable** x_{sjit} eingeführt, die angeben, ob in Periode t die Maschine i ($i = 1, \ldots, m$) mit einer Serie zur Durchführung des Arbeitsganges s ($s = 1, \ldots, S$) von der Produktart j ($j = 1, \ldots, n$) belegt wird. Die Länge des Zeitintervalls muß so gewählt werden, daß eine ausreichende Genauigkeit für die Maschinenbelegungsplanung (Terminfeinplanung) erreicht wird.

Das hier dargestellte Modell, das in Anlehnung an *Adam*[10] formuliert wurde, soll folgende Fragen beantworten:

- Welche Produktarten in welchen Produktmengen sollen in der Planungsperiode erzeugt und abgesetzt werden (operative Produktions-Programmplanung)?
- In welchen Mengen sollen die geplanten Produktionsmengen zu Serien gebündelt werden (Seriengrößenplanung)?
- Auf welchen Anlagen und zu welchen Zeiten sollen die Serien produziert werden (Maschinenbelegungsplanung)?

Die simultane Berücksichtigung mehrerer Teilgebiete der operativen Produktionsplanung erfordert den Ansatz von Erlösen aus dem Verkauf der produzierten Endprodukte, von variablen Vertriebskosten, von Grenzherstellkosten ohne Rüstkosten, von Grenzrüstkosten sowie Grenzkosten der Zwischen- und Endlagerung der Serien. Die Rüstkosten sollen als reihenfolgeunabhängig angenommen werden. Das Modell hat folgende Form:

Zielfunktion:

$$\max DB = \sum_{j=1}^{n} \sum_{t=1}^{T} (p_{vj} - k_{aj}) \cdot x_{ajt} - \qquad (279)$$

[8] Vgl. *Troßmann* 1983, S. 171 ff.
[9] Vgl. *Schmidt* 1972, *Kurbel* 1978, *Oßwald* 1979.
[10] Vgl. *Adam* 1963 und 1969 sowie *Zäpfel* 1982, S. 299 ff.

$$- \sum_{s=1}^{S} \sum_{j=1}^{n} \sum_{i=1}^{m} \sum_{t=1}^{T} (x_{sjit} \cdot P_{sjit} - y_{sjit} \cdot a_{sjit} - u_{sjit} \cdot P_{sjit}) \cdot k_{Hsji} -$$

$$- \sum_{s=1}^{S} \sum_{j=1}^{n} \sum_{i=1}^{m} \sum_{t=1}^{T} y_{sjit} \cdot k_{Rsji} - \sum_{s=1}^{S} \sum_{j=1}^{n} \sum_{t=1}^{T} x_{Lsjt} \cdot k_{Lsj}$$

Nebenbedingungen:

Eindeutigkeitsbedingung: $\sum_{s=1}^{S} \sum_{j=1}^{n} x_{sjit} \leq 1$, ganzzahlig, für alle i und t (280)

Zwischenlagerbedingung: $x_{Lsjt} = x_{Lsjt-1} + \sum_{i=1}^{m} (x_{sjit} \cdot P_{sjit} - y_{sjit} \cdot a_{sjit} - u_{sjit} \cdot P_{sjit}) -$ (281)

$$- \sum_{i=1}^{m} (x_{s+1jit} \cdot P_{s+1jit} - y_{s+1jit} \cdot a_{s+1jit} - u_{s+1jit} \cdot P_{s+1jit})$$

für alle j und t sowie $s = 1, \ldots, S - 1$

End-(Fertigwaren-)lagerbedingung: $x_{LSjt} = x_{LSjt-1} + \sum_{i=1}^{m} (x_{Sjit} \cdot P_{Sjit} - y_{Sjit} \cdot a_{Sjit} -$ (282)

$$- u_{Sjit} \cdot P_{Sjit}) - x_{ajt} \text{ für alle j und t}$$

Absatzbedingung: $x_{aMjt} \leq x_{ajt} \leq x_{aHjt}$, für alle j und t (283)

Variablenbeziehungsbedingung: $x_{sjit} \geq u_{sjit} + t^{\%}_{Rsji} \cdot y_{sjit}$, für alle s, j, i, t (284)

Umrüstbedingung 1: $y_{sjit} + x_{sjit-1} - x_{sjit} \geq 0$, für alle s, j, i, t (285)

Umrüstbedingung 2: $2y_{sjit} - x_{sjit} + x_{sjit-1} \leq 1$, für alle s, j, i, t (286)

Nichtnegativitätsbedingungen für alle Variablen. (287)
Hierbei bedeuten (zusätzlich)

Variable: x_{ajt}: Absatzmenge der Produktart j in der Teilperiode t

$$x_{sjit} = \begin{cases} 1, \text{die Maschine i wird in Teilperiode t für} \\ \quad \text{Arbeitsgang s der Produktart j belegt} \\ 0, \text{sonst} \end{cases}$$

$$y_{sjit} = \begin{cases} 1, \text{die Maschine i wird in Teilperiode t für} \\ \quad \text{Arbeitsgang s der Produktart j umgerüstet} \\ 0, \text{sonst} \end{cases}$$

u_{sjit}: Stillstandszeiten in Bruchteilen (%) der Länge einer Teilperiode auf der Maschine i in Teilperiode t, soweit diese nicht durch Umrüsten bedingt sind

x_{Lsjt}: Lagerbestand am Ende der Teilperiode t der Produktart j, der sich nach der Produktionsstufe (dem Arbeitsgang) s ergibt

Konstante:

k_{aj}: variable Vertriebskosten pro Mengeneinheit der Produktart j

P_{sjit}: Produktionsmöglichkeit (Sortenleistung) in Mengeneinheiten der Produktart j für Arbeitsgang s in Teilperiode t auf Maschine i

a_{sjit}: mengenmäßiger Produktionsausfall durch Umrüsten für Arbeitsgang s der Produktart j in Teilperiode t auf Maschine i

k_{Hsji}: Grenzherstellkosten pro Ausbringungseinheit der Produktart j für Arbeitsgang s auf Maschine i

k_{Rsji}: Grenzrüstkosten für Arbeitsgang s der Produktart j auf Maschine i

k_{Lsj}: Grenzlagerkosten pro Mengeneinheit der (gelagerten) Produktart j nach Arbeitsgang s

$t^{\%}_{Rsji}$: Rüstzeit für Arbeitsgang s der Produktart i auf Maschine i in Bruchteilen(%) der Länge einer Teilperiode

Die **Eindeutigkeitsbedingung** stellt sicher, daß bei der Planung der Serienfolge jede einzelne Maschine in jeder Teilperiode nur zur Produktion einer Serie herangezogen werden kann. Die Ungleichungen erlauben aber auch Nichtbelegungen.

Die **Zwischenlagerbedingung** zeigt auf, daß sich die Endbestände der Teilperiode aus den Endbeständen der Vorperiode t − 1, vermehrt um die Lagerzugänge in t entsprechend der Ausbringung einer Serie der Produktart j in Teilperiode t der Produktionsstufe (des Arbeitsgangs) s und vermindert um die Lagerabgänge in t ergeben. Letztere sind durch Bedarf und damit Ausbringung der nächstfolgenden Produktionsstufe (des nächstfolgenden Arbeitsgangs) s + 1 einer Serie von j in der Teilperiode t bestimmt.

Die **Endlagerbedingung** sagt aus, daß hier der Lagerzugang den Produktionsmengen aller Maschinen entspricht, die für die letzte Produktionsstufe S einer Serie eingesetzt werden. Rüstprozesse und Stillstandszeiten führen allerdings zu Produktionsausfällen (auch beim Zwischenlagerzugang). Der Lagerabgang ist auf die Absatzmenge der Produktart j in der Teilperiode t zurückzuführen. Damit wird zugelassen, daß in der Betrachtungsperiode der Verkauf auch direkt aus der Produktion bedient werden kann.

Die **Variablenbeziehungsbedingung** stellt die richtige Ermittlung der Ausbringung für jede Teilperiode sicher, indem die durch Stillstands- und Rüstzeiten verursachten Produktionsausfälle explizit berücksichtigt werden. Sowohl Stillstands- als auch Rüstzeiten werden in Bruchteilen (%) einer Teilperiode ausgedrückt und dürfen zusammen nicht größer als Eins sein.

Die **Umrüstbedingungen** sichern ab, daß nur in Teilperioden mit einem Serien-(Sorten-)wechsel die Varibale y_{sjit} den Wert Eins annehmen muß. Dabei ist zu beachten, ob es entsprechend der Zielfunktion günstig ist, den Wert dieser Variablen zu erhöhen oder nicht. Soll er nach der Zielfunktion möglichst klein sein, so hat die Variable die oben genannte Umrüstbedingung 1 zu erfüllen. Aus der Tabelle nach *Abb. 293* ist dies erkennbar[11]

y_{sjit}	x_{sjit-1}	x_{sjit}	Anmerkung
0	0	0	kein Rüstprozeß
0	1	1	kein Rüstprozeß
0	1	0	kein Rüstprozeß, Produktion beendet
1	0	1	Rüstprozeß

Abb. 293: Umrüstbedingungen

Mit dieser Bedingung wird die Variable y_{sjit} auf Eins gezwungen, wenn in t − 1 das Produkt nicht hergestellt wurde und in t auf der betrachteten Maschine zur Produktion vorgesehen ist. In allen anderen Fällen wird die Variable aufgrund der Maximierung der Zielfunktion den Wert Null annehmen.

Erweist es sich als günstig, entsprechend der Zielfunktion den Wert der Variablen möglichst groß zu machen, so muß er durch die oben formulierte Umrüstbedingung 2 begrenzt werden.

Zusammenfassend sollen nochmals stichwortartig die **wichtigsten Prämissen** dieses Modells genannt werden:

- Rüstzeiten für alle Maschinen werden durch die Länge der Teilperiode (des Zeitintervalls) begrenzt.
- Rüstzeiten bzw. -kosten sind unabhängig von der Seriensequenz (Sortenschaltung).
- Auf einer Maschine kann gleichzeitig nur **ein** Arbeitsgang durchgeführt werden.
- Die Länge der Teilperioden (Zeitintervalle) muß vorher festgelegt werden.
- Produktionswirtschaftliche Anpassungsmöglichkeiten werden nicht berücksichtigt.

Das oben dargestellte Modell kann noch folgendermaßen erweitert werden:

- Einführung reihenfolgeabhängiger Rüstkosten[12],
- Einbezug von Wahlproblemen zwischen Eigenerstellung und Fremdbezug[13],
- Berücksichtigung produktionswirtschaftlicher Anpassungsmöglichkeiten,
- Behandlung der Länge der Zeitintervalle als Variable[14].

Grundsätzlich sind gegen eine integrierte Produktionsplanung im oben dargestellten Umfang folgende Einwände geltend zu machen:

---

[11] Vgl. *Zäpfel* 1982, S. 302.
[12] Vgl. *Dinkelbach* 1964, S. 58 ff.
[13] Vgl. *Schneiderhan* 1971, S. 62 ff.
[14] Vgl. *Pressmar* 1974, S. 462 ff.

- Für eine praktische Anwendung solcher gemischt-ganzzahliger Optimierungsmodelle der oben beschriebenen Form fehlen derzeit noch die rechentechnischen Voraussetzungen. Trotzdem finden solche Ansätze ihren Zweck darin, als Erklärungsmodelle Einsichten in die Problemstruktur der interdependenten Produktionsplanung zu liefern.
- Die derzeitige und zukünftige Entwicklung der EDV läßt möglicherweise den oben formulierten Einwand hinfällig erscheinen. Die simultane Planung entspricht jedoch kaum der in der industriellen Praxis notwendigen hierarchisch-/organisatorischen Differenzierung von Produktions-Planungssystemen. Eng damit zusammen hängt auch das Problem der zeitlichen Differenzierung der Produktionsplanung. Diese bewirkt, daß die einzelnen Teilgebiete der operativen Produktionsplanung mit unterschiedlichen Planungshorizonten arbeiten müssen, da der Detaillierungsgrad der zu ermittelnden relevanten Daten mit wachsendem Planungshorizont abnimmt. Wie bereits ausführlich dargelegt wurde, verlieren die Daten insbesondere der Maschinenbelegungsplanung schnell ihre Aktualität, so daß in der industriellen Praxis der Schwerpunkt auf die Produktionsteuerung und -kontrolle gelegt wird. Aus den genannten Gründen ist der praktische Nutzen simultaner Ansätze der integrierten Produktionsplanung trotz ihrer bestechenden theoretischen Vollkommenheit äußerst zweifelhaft.
- Die Informationsversorgung von Simultanmodellen entwickelt sich in der Paxis zu einem schwer lösbaren Problem. Derzeit eingesetzte Kosten- und Erlösrechnungssysteme – wie z.B. die Grenzplankosten- und Plandekkungsbeitragsrechnung – sind meist nicht in der Lage, die jeweils relevanten Kosten- und Erlösdaten mit vertretbarem Aufwand zu liefern. Darüber hinaus entspricht die Linearitätsprämisse dieser Planungsmodelle nicht den realen Gegebenheiten der technischen Daten (z.B. Produktionskoeffizienten).
- Verläßt man die engen Grenzen des Produktionssystems und berücksichtigt Interdependenzen zu übrigen betrieblichen Funktionsbereichen (z.B. Beschaffung, Absatz, Finanzierung), so kann der oben dargestellte Ansatz der operativen Produktionsplanung nicht mehr als simultane Planung angesehen werden.

Die eben formulierten Einwände gegen die simultanen Ansätze der integrierten Produktionsplanung auf der Basis produktbezogener Modelle gelten in gleichem Maße auch für die noch zu behandelnden einflußgrößenbezogenen Modelle. Sie brauchen daher dort nicht mehr wiederholt zu werden.

5.2.2 Einflußgrößenbezogene Simultanmodelle

In einigen Branchen der industriellen Produktion, z.B. in der Grundstoffindustrie und Teilen der chemischen Industrie, herrschen beschaffungs-, produktions- und absatzwirtschaftlicheVerhältnisse vor, für die eine Anwendung produktbezogener Modelle innerhalb der integrierten Produktionsplanung als denkbar ungünstig erscheint. Eine integrierte operative Produktionsplanung hat hier vor allem auf folgende betriebliche Gegebenheiten Rücksicht zu nehmen:

- mehrstufige Mehrproduktproduktion mit innerbetrieblicher Leistungsverflechtung und meist Kuppelproduktion,
- Produktionsverfahrenswahlprobleme,
- Werkstoffsubstitutionsmöglichkeiten,
- Seriengrößen- und Seriensequenzprobleme,
- Zwischenlagerungsmöglichkeiten,
- variables Beschaffungsverhalten,
- variables Absatzverhalten,
- wachsende Produkt- und Dienstleistungsverbunde usw.

Ein produktbezogener Ansatz verliert in einer solchen Situation seine Operationalität, weil jede denkbare Kombination der oben angeführten Freiheitsgrade zu anderen, alternativ-konstanten Grenzkosten pro Produkteinheit führen würde. Auch eine Aufspaltung der relevanten Grenzselbstkosten in relevante Kosten 1. Grades (konstanter Anteil der Grenzselbstkosten, der nur von der Produktmenge abhängig ist) und solche 2. Grades (restlicher Anteil der Grenzselbstkosten, der alternativ-konstant auch noch von anderen Einflußgrößen, z.B. Produktionsverfahren, Wahl zwischen Eigenerstellung und Fremdbezug usw., abhängig ist) erweist sich bei derart komplexen Betriebsverhältnissen gegenüber der unmittelbaren Aufnahme aller wesentlichen Einflußgrößen in das Planungsmodell als unzweckmäßig. Solche Modelle wären äußerst kompliziert in der Handhabung und aufwendig. Produktbezogene Modelle müßten sich in diesen Fällen für alle denkbaren Entscheidungsalternativen auf sog. Alternativkalkulationen mit alternativ-konstanten Grenzselbstkosten stützen, die als relevante Daten in eine sog. **nettoformulierte Zielfunktion** eingehen.

Ein Ausweg aus dieser Situation bietet sich durch den Einsatz von **einflußgrößenbezogenen Modellen** an, die auf der Basis der in Abschnitt III.2.3.2 dargestellten Ermittlungsmodelle (Betriebs- und Absatzmodelle) durch Aufstellung einer **bruttoformulierten Zielfunktion** simultane Optimierungsmodelle ergeben, die unabhängig von der Kenntnis der Produkt-Deckungsbeiträge sind. Ein solcher Ansatz kann als organisatorische Integration der Kosten- und Leistungsrechnung in die Modellanalyse der Produktionsplanung aufgefaßt werden. Es wurden allerdings bereits Bedenken geäußert, einerseits die laufende Kosten- und Leistungs-(Erlös-)rechnung der strengen Formalisierung mathematischer Restriktionen und Optimierungsalgorithmen zu unterwerfen und andererseits die Planungsmodelle mit der weitgehenden Kostenartendifferenzierung und den interdependenten Beziehungen der Kostenstellenrechnung zu belasten[15].

Unter Verwendung der in Abschnitt III.2.3.2 abgeleiteten formalen Beziehungen hat eine bruttoformulierte Zielfunktion folgende Gestalt:

---

[15] Vgl. *Kilger* 1981, S. 109.

$$\max BE = \mathbf{pv} \cdot \mathbf{xa} - \mathbf{pe} \cdot \mathbf{ra} \quad (288)$$

Hinter den Vektoren **xa** für die Absatzmengen und **ra** für die Faktoreinsatzmengen verbergen sich umfangreiche Ermittlungsmodelle der Erlös- und Kostenrechnung, die mit Hilfe von Erlös- und Kosteneinflußgrößen eine simultane Berücksichtigung aller beschaffungs-, produktions- und absatzwirtschaftlichen Freiheitsgrade erlauben. Die Nebenbedingungen solcher einflußgrößenbezogener Modelle unterscheiden sich kaum von denen der produktbezogenen Modelle.

Eine Analyse der Zielfunktion zeigt, daß hier keine produktbezogenen Deckungsbeiträge als relevante Daten zugrunde gelegt werden, sondern eine Maximierung der Differenz zwischen den mit Verkaufspreisen bewerteten Absatzmengen (besser: Outputfaktoren/Erlösarten) und den mit Beschaffungspreisen bewerteten (Input-) Faktoreinsatzmengen (Kostenarten) der Periode angestrebt wird. Modelle dieser Art wurden bisher in erster Linie für die Eisen- und Stahlindustrie aufgestellt[16].

Die seit einigen Jahren spürbare Dezentralisierungstendenz auf dem Gebiet der EDV läßt eine zukünftige Anwendung einflußgrößenbezogener Modelle der integrierten Produktionsplanung in der industriellen Praxis als zweifelhaft erscheinen. Angesichts der ständig wachsenden Dynamik in den betrieblichen Verhältnissen und damit der ständigen Veränderungen entscheidungsrelevanter Rahmenbedingungen muß auch kritisch gefragt werden, ob eine umfassende detaillierte integrierte Produktionsplanung auf der Basis simultaner einflußgrößenbezogener Modelle nur mehr einen akademischen oder auch praktischen Wert besitzt. Alle Einwände gegen, aber auch Argumente für die im vorangegangenen Abschnitt behandelten produktbezogenen Modelle gelten auch für die einflußgrößenbezogenen Modelle und brauchen hier nicht wiederholt zu werden. Speziell bezogen auf die letztgenannten Modelle wird es für die meisten Industriebranchen zumindest in absehbarer Zeit zweckmäßiger sein, an der bisher üblichen organisatorischen Trennung von Kosten- und Leistungsrechnung auf der einen Seite (Informationsversorgung) und der Anwendung simultaner (produktbezogener) Planungsmodelle auf der anderen Seite (Planung = Informationsverwendung) festzuhalten[17].

Im Rahmen sukzessiver Ansätze der integrierten Produktionsplanung werden die einflußgrößenorientierten Ermittlungs-(Betriebs- und Absatz-)modelle (auch Periodenerfolgsmodelle genannt) mit Hilfe der Simulation ihre praktische Bedeutung behaupten (siehe Abschnitt III.5.3.2).

---

[16] Vgl. *Franke* 1972, *Sehner/Steinecke/Wartmann* 1974 und 1975, *Walter* 1977, ter Schüren/Sehner/Walter 1981, *Jäger* 1982.

[17] Vgl. *Kilger* 1981, S. 109.

5.3 Sukzessive Ansätze

Die oben beschriebenen Schwierigkeiten bei der Anwendung simultaner Ansätze der integrierten Produktionsplanung in der industriellen Praxis sind der Grund dafür, daß sich bisher dort vorwiegend sukzessive Ansätze durchgesetzt haben. Diese basieren auf der Überlegung, die komplexe Gesamtaufgabe der interdependenten Produktionsplanung und -steuerung in einzelne Teilpläne zu zerlegen und deren Aufstellung schrittweise aufeinanderfolgend durchzuführen.

In diesem Abschnitt sollen hierzu die folgenden methodisch unterschiedlichen Lösungsansätze behandelt werden, die alle in der industriellen Praxis angewandt werden:

- Hierarchische Produktionsplanung, -steuerung und -kontrolle
- Betriebs- und Absatzmodelle (Periodenerfolgsmodelle)
- Produktionsplanungs- und steuerungs-(PPS-)Systeme

5.3.1 Hierarchische Produktionsplanung, -steuerung und -kontrolle

Im Rahmen der hierarchischen Produktionsplanung erfolgt eine hierarchisch-/organisatorische Differenzierung des operativen Produktions-Planungssystems. Damit wird eine organisatorische Rangfolge der Teilgebiete der Produktionsplanung in der Form festgelegt, daß Ergebnisse der übergeordneten Planungsebenen Rahmenbedingungen für untergeordnete Planungsbereiche bilden. Letztere transformieren die übergeordneten Planvorgaben unter Berücksichtigung von nur auf der untersten Ebene zu gewinnenden Zusatzinformationen in detaillierte Anweisungen. Im Sinne eines Soll-Ist-Vergleiches meldet die unterste der übergeordneten Ebene die vorgabengemäße Durchführung bzw. toleranzüberschreitende Abweichungen. Im letztgenannten Fall kann die untergeordnete Ebene die Störgrößen nicht mehr alleine ausgleichen, so daß von der übergeordneten Ebene Maßnahmen ergriffen bzw. neue Planvorgaben festgelegt werden müssen.

Abb. 294 zeigt die Grobstruktur einer hierarchischen operativen Produktionsplanung, -steuerung und -kontrolle in Form eines **Systems vermaschter Regelkreise**[18] Die übergeordneten Ebenen erarbeiten die Führungsgrößen für die untergeordneten Ebenen. Bei Störungen, die diese nicht ausgleichen können, erfolgt eine Rückmeldung an die zuständige nächsthöhere Ebene, die daraufhin neue Führungsgrößen zu erarbeiten hat. Die Führungsgröße der obersten Ebene der operativen Produktionsplanung stammt aus den Vorgaben der strategischen Produktionsplanung und wird daher von außerhalb in das System eingeführt. Gleichzeitig muß diese Führungsgröße mit den opera-

---

[18] Vgl. *Zäpfel* 1982, S. 309ff.

tiven Planungen anderer betrieblicher Funktionsbereiche (z.B. Absatz-, Beschaffungsbereich) abgestimmt sein.

Die Teilplanungen der einzelnen Planungsebenen weisen unterschiedliche Planungshorizonte bzw. -intervalle auf. Der Detailliertheitsgrad der zu verar-

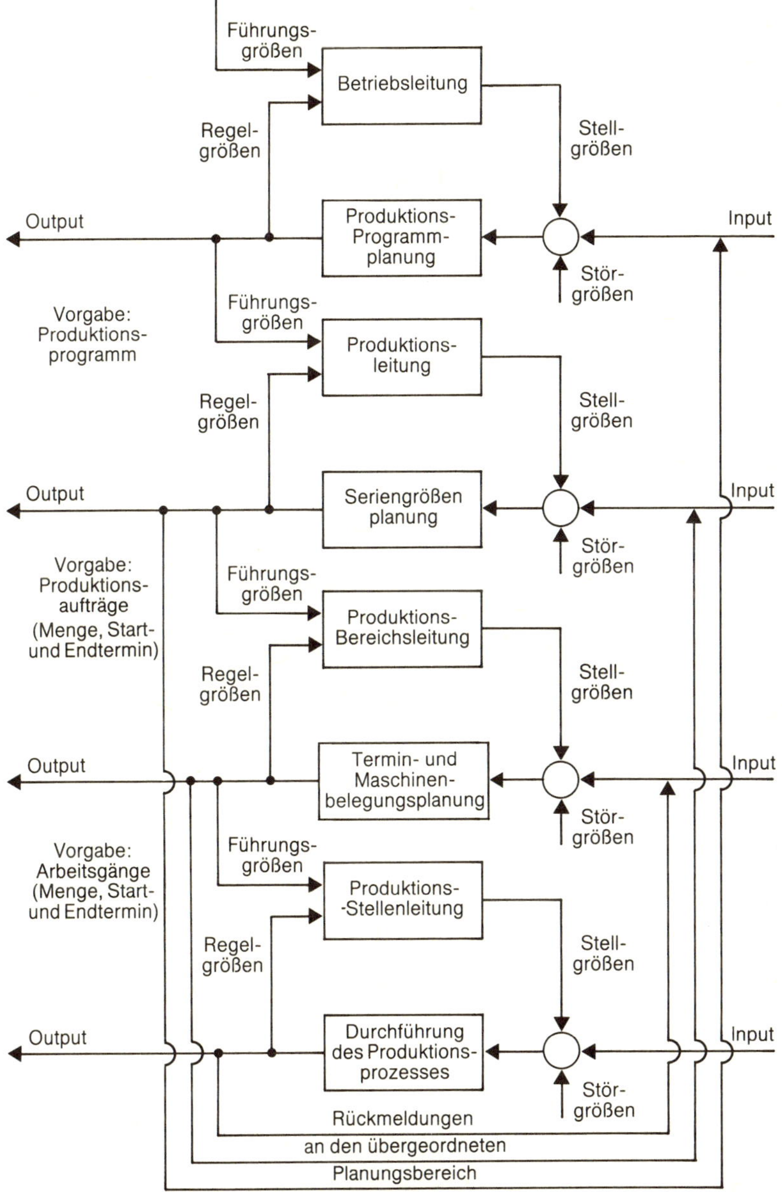

Abb. 294: System vermaschter Regelkreise

beitenden Informationen nimmt aus diesem Grunde von oben nach unten zu. Die Abweichungsinformationen als Ergebnis des Soll-Ist-Vergleichs, die im Wege der Rückmeldung nach oben weitergeleitet werden, erfahren nach oben eine zunehmende Aggregation. *Abb. 295* gibt einen Überblick über die wichtigsten Informationsflüsse, die in einem hierarchischen System der operativen Produktionsplanung, -steuerung und -kontrolle von oben nach unten bzw. umgekehrt fließen.[19]

Planungs-/Entscheidungsebene	Datenfluß nach unten	Datenfluß	
		nach oben (Rückmeldung zur Planerfüllung)	nach oben (Informationen zur Planabstimmung)
Vorgelagerte Ebenen: z. B. strategische Produktionsplanung, Absatz- und Beschaffungsplanung	strategisches Produktionsprogramm, Absatz- und Beschaffungsprogramm, Verkaufs-, Einstandspreise	–	–
1. Ebene: Programmplanung	Produktionsprogramm, Lagerhaltungsdaten, Faktorbedarf	realisierte Absatzdaten aus Produktion und Lagerhaltung	wünschenswerter (erfolgsträchtiger) Absatz, Faktorbedarf nach Art, Menge, Zeit
2. Ebene: Serien-(Auftrags-)größenplanung	Serien-(Auftrags-)größen, Start- und Endtermine	realisierte Programmgrößen	Aufteilung der Kapazitätsausnutzung in „Rüsten" und „Bearbeiten"
3. Ebene: Termin- und Maschinenbelegungsplanung	Arbeitsgänge mit Terminen	realisierte Serien-(Auftrags-)größen	Aufteilung der Kapazitätsausnutzung in „Nutz- und Leerzeit"
4. Ebene: Produktionsprozeß	–	realisierter Maschinenbelegungsplan und Produktionsprozeß (Menge, Qualität, Termin, Kosten)	aktuelle verfügbare Kapazität, Störungen im Produktionsbereich

Abb. 295: Informationsflüsse

[19] Vgl. *Zäpfel* 1982, S. 331.

Bei der Festlegung der Führungsgrößen für untergeordnete Ebenen müssen die übergeordneten Ebenen die Auswirkungen ihrer Planungsentscheidungen auf die unteren Ebenen abschätzen. So müssen beispielswesie bei der Programmplanung die Rüstzeiten bereits abgeschätzt werden, um sinnvolle Führungsgrößen für die Seriengrößenplanung festsetzen zu können. Die Güte der hierarchischen Planung hängt eben davon ab, inwieweit sachliche und zeitliche Interdependenzen einbezogen werden können. Gegenüber der simultanen Produktionsplanung ergeben sich folgende Vorteile:

- Durch die Anbindung der Teilbereiche der operativen Produktionsplanung, -steuerung und -kontrolle an organisatorische Führungsebenen werden keine neuen Zuständigkeiten geschaffen.
- Der Planungsaufwand bleibt in Grenzen.
- Existierende Informations-/Kommunikationskanäle zwischen organisatorischen Ebenen werden für die Planung ausgenutzt.
- Durch Ausbau bzw. Auswechseln der Teilgebiete der Produktionsplanung wird die Anpassung des Planungssystems an neue Aufgaben und Möglichkeiten erleichtert.

Aus der Sicht des Modell- und Methodeneinsatzes innerhalb der hierarchischen Produktionsplanung wird hier ein Ausweg aus einem Dilemma gesucht. Simultanmodelle der integrierten Produktionsplanung liefern zwar eine korrekte Abbildung der Planungssituation, versagen aber im praktischen Einsatz aus den oben genannten Gründen. Standard-PPS-Systeme, wie sie derzeit in der Praxis eingesetzt werden, liefern als Sukzessivkonzept realisierbare Lösungen, die jedoch monetäre produktionswirtschaftliche Ziele nur unbefriedigend erreichen.

Die hierarchische Produktionsplanung basiert auf bewährten Ergebnissen beider Bereiche. Sie folgt im Grundsatz dem modularen Aufbau von PPS-Systemen, nach dem **Sukzessivplanungskonzept,** wobei die Gesamtplanungsaufgabe in Teilprobleme aufgeteilt wird, zwischen denen sich die oben beschriebene hierarchische Struktur erkennen läßt. Auf den obersten hierarchischen Planungsebenen wird mit einem Simultanmodell das Planungsproblem als Ganzes gelöst. Mit den folgenden Elementen der hierarchischen Produktionsplanung[20] werden zur Lösung der Teilprobleme häufig Operations-Research-Modelle – wie z. B. lineare gemischt-ganzzahlige und dynamische Programmierung, Travelling-Salesman-Methode, Warteschlangentheorie bzw. -netzwerke – eingesetzt[21]:

- Hierarchisierung
- Dekomposition
- Aggregation
- Rollierende Planung

---

[20] Vgl. *Kistner/Steven* 1990a, S. 302ff.

[21] Vgl. *Kistner/Steven* 1991a und 1990b sowie *Fleischmann* 1988.

Hierarchisierung und Gegenstromprinzip sowie Rollierende Planung wurden bereits oben als Instrumente der hierarchischen und zeitlichen Koordination beschrieben (siehe Abschnitt I.2.2.3).

Unter **Dekomposition** wird die Zerlegung eines komplexen Planungsproblems in interdependente Teilprobleme verstanden. Sie wird angewandt, wenn eine direkte Lösung des Gesamtproblems aufgrund fehlender Lösungsverfahren oder aus Wirtschaftlichkeitsgründen nicht möglich ist. Um zu einer Gesamtlösung zu gelangen, müssen die Teillösungen wechselseitig abgestimmt werden. In der hierarchischen Produktionsplanung werden Teillösungen von Planungsproblemen der unteren Ebene durch eine übergeordnete Koordinationseinheit aufeinander abgestimmt.

Durch **Aggregation** werden Daten und Entscheidungsvariable zwecks Problemvereinfachung sinnvoll gruppiert. Dies führt in der hierarchischen Produktionsplanung zur Entlastung der oberen Entscheidungsebene von Detailinformationen sowie zu einer Verringerung der Informationsversorgungskosten der Planungsmodelle. So kann z. B. auf der oberen Ebene des Systems ein gemischt-ganzzahliges Simultanmodell der integrierten Produktionsplanung durch **lineare Abbildungen** mit Hilfe der LP-Aggregation in das aggregierte Modell überführt werden. Konkret würde dies die Bildung von Produkt**gruppen,** Maschinen**gruppen** und **umfassenderen** Planungs**perioden** sowie die Definition der zwischen ihnen bestehenden Beziehungen bedeuten. Im Rahmen der **Disaggregation** lassen sich detaillierte Größen häufig durch einfache Umkehrung des Aggregationsalgorithmus berechnen. So kann z. B. die im aggregierten linearen Programm der operativen Programmplanung errechnete Produktionsmenge einer Produktgruppe im Verhältnis der Einzel-Absatzhöchstmengen in Produktionsmengen der einzelnen Produktarten aufgeteilt werden, wenn bei der Aggregation die Absatz-Höchstmenge einer Produktgruppe durch Addition der Einzel-Absatzhöchstmengen der Produktarten bestimmt wurde.

Zur näheren Auseinandersetzung mit den Möglichkeiten und Grenzen der hierarchischen Produktionsplanung, die den realen Verhältnissen der industriellen Praxis sehr nahekommt, wird auf die Literatur verwiesen[22].

Neuere Konzepte der Produktionsorganisation – wie Fertigungssegmentierung, Fertigungsinseln, Flexible Fertigungssysteme, KANBAN usw. – mit weitgehend dezentraler operativer Prozeßplanung und Produktionssteuerung lassen sich gut durch hierarchische Modelle abbilden. Hier werden auf der oberen (zentralen) Planungsebene die Pläne der Inseln/Segmente koordiniert, während auf der unteren (Insel-)Ebene die Detailplanungen (z. B. Maschinenbelegungsplanung) im Rahmen der zentralen Vorgabe durchgeführt werden[23].

---

[22] Vgl. *Switalski* 1989, Stadtler 1988, *Switalski* 1988, *Rieper* 1985, *Graves* 1982, *Rieper* 1979.

[23] Vgl. *Kistner/Schumacher/Steven* 1992.

Zusammenfassend kann festgestellt werden, daß das Denkmodell der hierarchischen Produktionsplanung, -steuerung und -kontrolle als flexibles und offenes Konzept für neue Anwendungen und Ausgestaltungen aufzufassen ist, von dem noch zahlreiche Weiterentwicklungen, insbesondere in Zusammenhang mit dem Einsatz von Expertensystemen in der Produktion, zu erwarten sind.

5.3.2 Betriebs- und Absatzmodelle zur integrierten Produktionsplanung und -kontrolle

Während die Standard-Software-Konzepte von PPS-Systemen in erster Linie auf die Realisierung von produktionswirtschaftlichen Mengen- und Zeitzielen ausgerichtet sind, werden mit dem Einsatz von Betriebs- und Absatzmodellen[24] zur integrierten Produktionsplanung und -kontrolle ausschließlich monetäre produktionswirtschaftliche Ziele verfolgt. Letztere eignen sich daher nicht für einen Einsatz innerhalb der dynamischen Produktions-Prozeßplanung und -Steuerung, bei denen beispielsweise Liefertermine, Durchlaufzeiten und die zeitliche Maschinenbelegung geplant und überwacht werden. Die fehlende explizite Berücksichtigung monetärer Ziele in den PPS-Systemen sowie die fehlende explizite Berücksichtigung von Zeitzielen innerhalb der Betriebs- und Absatzmodelle lassen es sinnvoll erscheinen, beide sukzessiven Ansätze für jeweils spezielle Problemstellungen in Betrieben der Serienproduktion, insbesondere der Grundstoff- und chemischen Industrie, einzusetzen.

Die formale Struktur von Betriebs- und Absatzmodellen sowie ihr Einsatz innerhalb der Programmplanung wurden bereits in Abschnitt III.2.3.2 dargestellt. Weiterhin wurde in Abschnitt III.5.2.2 über einflußgrößenbezogene Simultanmodelle für die Serienproduktion der Einsatz von Betriebs- und Absatzmodellen als simultane Ansätze der integrierten Produktionsplanung auf der Basis einer bruttoformulierten Zielfunktion behandelt. Dabei wurden innerhalb einer kritischen Würdigung dieser Simultanansätze ihre Grenzen in bezug auf eine praktische Anwendung herausgestellt.

Diese oben erwähnten Grenzen der Simultanansätze, die im übrigen auch für Modelle mit nettoformulierter Zielfunktion gelten, verlieren ihre Bedeutung beim Einsatz von Betriebs- und Absatzmodellen im Rahmen sukzessiver Ansätze der integrierten Produktionsplanung. In diesem Abschnitt soll auf die Anwendung dieser Ermittlungsmodelle (Periodenerfolgsmodelle) in der integrierten operativen Produktionsplanung und -kontrolle im Überblick eingegangen werden, wobei auf die Darstellung der Formalstruktur dieser Modelle in Abschnitt III.2.3.2 zurückgegriffen wird.[25]

---

[24] Zur Darstellung der Struktur von Betriebs- und Absatzmodellen vgl. Abschnitt III.2.3.2 über Ermittlungsmodelle der Programmplanung.

[25] Vgl. hierzu auch *Hoitsch* 1976 und ausführlicher ders. 1977.

Durch den baukastenförmigen Aufbau der Betriebs- und Absatzmodelle (z.B. einzelne Kostenmodelle von Produktionsstellen, aggregierte Kostenmodelle von Produktionsbereichen, Erlösmodelle für Absatzbereiche, Betriebsergebnismodelle für Teilbetriebe usw.) eignen sie sich auch vorzüglich für eine **hierarchische Produktionsplanung,** wie sie im vorangegangenen Abschnitt dargestellt wurde[26]. Das umfangreiche Betriebsergebnismodell (siehe Gleichung (127)) wird daher in der Regel nur selten für Alternativüberlegungen innerhalb der integrierten Produktionsplanung verwendet werden. In der operativen Produktionsplanung existiert eine Reihe von speziellen Fragestellungen, die mit Hilfe von Teilrechnungen (z.B. innerhalb des Kostenmodells **einer** Produktionsstelle) beantwortet werden können. Durch die formale Struktur des baukastenförmigen Rechenmodells können bestimmte Skalare eines Vektors oder einer Matrix innerhalb eines eingegrenzten Teilmodells verändert und die Auswirkungen dieser Änderungen (z.B. Kostenveränderung) getrennt berechnet werden.

Die in Abschnitt III.2.3.2.3 angeführten Komponenten des Ermittlungsmodells (Vektoren für Verkaufspreise, Outputfaktormengen, Inputfaktormengen, usw.) können aufgrund von antizipierten Veränderungen bestimmter Betriebs- oder Marktverhältnisse abgeändert und deren Auswirkungen auf die Zielgrößen (z.B. Periodenkosten, -betriebsergebnisse) getrennt ermittelt werden. Unter Berücksichtigung der gesetzten Nebenbedingungen (Restriktionen) kann man sich mit Hilfe der Simulation des Rechenmodells sukzessive auch an ein angestrebtes Optimum der Zielgrößen herantasten.

Im Rahmen einer sukzessiven integrierten **Produktionsplanung** lassen sich unter anderem für folgende wichtige Entscheidungsprobleme mit Hilfe des Rechenmodells alternative Konstellationen durchrechnen:

(1) Alternative Produktions-/Absatzprogramme innerhalb der Programmplanung

(2) Alternative Repetierfaktorarten und -preise innerhalb der Faktorplanung

(3) Alternative Belegungen und Anpassungen der Potentialfaktoren innerhalb der Prozeßplanung

(4) Alternative Einstands- bzw. Verkaufspreise für Input- bzw. Outputfaktoren innerhalb der Programm- und Faktorplanung

Zu (1): In vielen Betrieben der Serien- und Sortenproduktion liegen zum Zeitpunkt der operativen Programmplanung bereits Kapazitätsbelegungen bis weit über die Hälfte der verfügbaren Produktionskapazität vor. Mit Hilfe des Rechenmodells können alternative Verteilungsmöglichkeiten der freien Kapazität auf bestimmte Produktgruppen und Zusatzaufträge simuliert werden, deren Basis wiederum alternative Absatzprognosen oder konkrete Kundenanfragen bilden. Die Auswirkungen dieser alternativen Programmkonstellatio-

[26] Zur Anpassung von Betriebs- und Absatzmodellen an mehrdimensionale Organisationsstrukturen im Rahmen einer hierarchischen Unternehmensplanung vgl. *Hoitsch* 1977.

nen auf das Betriebsergebnis können vorausberechnet werden. Für die Annahme oder Ablehnung eines Zusatzauftrags bei bereits bestehender voller Kapazitätsauslastung und damit möglicher Verdrängung geplanter Produktionsaufträge liefert das Rechenmodell wertvolle Entscheidungsunterlagen.

Zu (2): In vielen Produktionszweigen gibt es Substitutionsmöglichkeiten beim Einsatz der Repetierfaktoren (z.B. Einsatz von Naturkautschuk oder Buna bei der Reifenerzeugung). Die Auswirkungen alternativer Repetierfaktoreinsätze auf die Periodenkosten können durch entsprechende Modifikationen der Mengen- und Preisvektoren im Kostenmodell relativ einfach berechnet werden. In diesem Zusammenhang können Entscheidungsprobleme bei der Wahl zwischen Eigenerstellung oder Fremdbezug von Vorprodukten gelöst werden.

Zu (3): Durch entsprechende Alternativrechnungen können alle in Frage kommenden Belegungsmöglichkeiten der Potentialfaktoren im Rahmen der Verfahrenswahl ohne besonderen Rechenaufwand durchgerechnet und deren Auswirkungen auf die Periodenkosten festgestellt werden. Alternativrechnungen für unterschiedliche bzw. teilweise kombinierte Anpassungsprozesse der Potentialfaktoren sind möglich, werfen aber größere modelltechnische Schwierigkeiten auf.

Zu (4): Die Durchrechnung alternativer Ansätze der Beschaffungsmarktpreise und deren Auswirkungen auf die monetären Perioden-Zielgrößen ergeben unter Vermeidung hohen Rechenaufwandes wertvolle Informationen bei Verhandlungsprozessen für Abschlüsse langfristiger Lieferverträge mit Stammlieferanten, wie sie z.B. für die wichtigsten Einsatzstoffe in der Regel getätigt werden (z.B. bei Erdöl in der chemischen und Kunststoff-Industrie).

Das Rechenmodell kann ohne besonderen Aufwand Informationen zur Verfügung stellen, welchen Einfluß verschiedene Verkaufspreisstellungen, die unter Umständen aufgrund einer existierenden Preis-Absatz-Funktion mit Mengenänderungen verbunden sind, auf die monetären Perioden-Zielgrößen ausüben.

Aufgrund der Alternativrechnungen können verschiedene Plankonstellationen durchgespielt werden. Jene Konstellation, die den gesetzten monetären Perioden-Zielgrößen am ehesten entspricht, wird als operativer Produktionsplan verabschiedet und den verantwortlichen Stellen vorgegeben. Diese Planvorgabe bildet die Grundlage der Produktionskontrolle, die sich hier nur auf monetäre Zielgrößen (Kostenkontrolle, Ergebniskontrolle) beschränkt.

Betriebs- und Absatzmodelle erlauben eine **Kontrolle** der monetären Zielerreichung bzw. Planrealisation sowie Wirtschaftlichkeitskontrolle sowohl des Produktions- als auch Absatzbereiches eines Produktionsbetriebes. Die Abweichung zwischen Plan- und Ist-Betriebsergebnis der Abrechnungsperiode stellt die oberste Orientierungsgröße der Kontrolle dar. Diese Abweichung kann in eine Kosten- und Erlös-(Leistungs-)abweichung aufgespalten werden, wobei die Erlösabweichung dem Absatzbereich zugeordnet und hier nicht näher analysiert wird. Für den Produktionsbereich interessiert speziell jener Anteil der Gesamtkostenabweichung, der auf Inputfaktormengenabweichungen zurückgeführt werden kann. Diese Abweichungen werden in Kosteneinflußgrößenabweichungen und rein ausführungsbedingte Verbrauchsabweichungen weiter aufgespalten[27].

Erstere können sich auf endogene, d.h. entscheidungs- oder ausführungsbedingte Ursachen, oder exogene Einflüsse beziehen. Die exogene Einflußgrößenabweichung kann durch Einflüsse übergeordneter Betriebsbereiche oder durch Umwelteinflüsse (z.B. Einfluß der Außentemperatur und Luftfeuchtigkeit auf technologische Variable) zustande kommen.

Durch die bis ins Detail gehende Aufspaltung der Abweichungen ist es möglich, jede Abweichungskomponente der diese zu verantwortenden Stelle zuzuordnen und damit ein lückenloses und gerechtes Produktions-Kontrollsystem aufzubauen. Von besonderer Bedeutung ist dabei die Aufteilung der Inputfaktormengenabweichung in entscheidungs- und ausführungsbedingte Abweichungskomponenten. Die entscheidungsbedingten Abweichungen werden durch laufende Umdispositionen während der Periode im Rahmen der Produktionssteuerung verursacht. Diese werden einerseits durch einen sich permanent verbessernden Informationsstand und andererseits durch laufende Anpassung der Produktion an sich wandelnde Umweltbedingungen (Auftragslage, Änderungswünsche der Kunden usw.) ausgelöst. Die Umdispositionen sind meist von Entscheidungsträgern höherer hierarchischer Ebenen, die ausführungsbedingten Inputfaktormengenabweichungen in der Regel von den Produktionsstellenleitern (unterste Ebene) zu verantworten.

Abschließend soll betont werden, daß eine der wesentlichsten Voraussetzungen für den erfolgreichen Einsatz von Betriebs-/Absatzmodellen im Rahmen der sukzessiven integrierten Produktionsplanung, -steuerung und -kontrolle die Kenntnis der funktionalen Abhängigkeiten der Inputfaktormengen von Einflußgrößen ist. Hier genießen technologisch-deduktive Inputfunktionen die oberste Priorität. Mit empirisch-induktiven Funktionen wurden insbesondere in der Eisen- und Stahlindustrie ebenfalls zufriedenstellende Ergebnisse erzielt. Die Integration technischer Prozeßrechenmodelle mit den Produktions-Kostenmodellen wird hier in der Zukunft Fortschritte erbringen. Einen ähnlich hohen Stellenwert im Rahmen der Programmplanung hat die Kenntnis der funktionalen Abhängigkeiten der Outputfaktormengen von deren Einflußgrößen. Auf diesem Gebiet können Fortschritte nur durch interdisziplinäre Forschungsarbeit auf breiter empirischer Basis von Fachleuten des Marketings und Rechnungswesens erreicht werden.

---

[27] Vgl. *Hoitsch* 1977, S. 287ff.

5.3.3 PPS-Systeme

Die Grundstruktur eines PPS-Systems wurde bereits im Zusammenhang mit dem CIM-Konzept in Abschnitt II. 4.2.1.6 dargestellt. Die Behandlung der einzelnen Teilbereiche der operativen Produktionsplanung, -steuerung und -kontrolle in dieser Schrift entspricht im Kern der Darstellung der einzelnen Module eines PPS-Systems. Im Planungsbereich entspricht die operative Programmplanung weitgehend der Primärbedarfsplanung, die operative Faktorplanung der Materialwirtschaft und die operative Prozeßplanung der Zeitwirtschaft, wobei Teile der Auftragsveranlassung – wie Auftragsfreigabe und Maschinenbelegungsplanung – hier der Prozeßplanung zugeordnet wurden.

In diesem Abschnitt soll deshalb nur ein zusammenfassender Überblick über die Struktur von PPS-Systemen unter dem Integrationsgesichtspunkt gegeben werden. Hierbei soll zuerst auf die grundsätzlichen Gestaltungsmöglichkeiten und danach auf charakteristische Merkmale von PPS-Systemen für folgende repräsentative Kombinationstypen der Produktion eingegangen werden:

- Einzel- und Kleinserien-/Auftrags-/Werkstatt- und Zentrenproduktion von Individualprodukten
- Serien- und Großserien-/Vorrats-/Zentren-, Reihen- und Fließproduktion von Standardprodukten
- Serien-/Auftrags- und Vorrats-/Werkstatt- und Zentrenproduktion (z.B. für Teilefertigung) sowie Reihen- und Fließproduktion (z.B. für Montage) von kundenauftragsbezogenen Varianten

5.3.3.1 Gestaltungsmöglichkeiten von PPS-Systemen

Grundsätzlich ist davon auszugehen, daß alle Teilbereiche der operativen Produktionsplanung – also Programm-, Faktor-, Prozeßplanung – sowie Produktionssteuerung und -Kontrolle in einem PPS-System enthalten sind. Eine Differenzierung von PPS-Systemen ist daher nur nach folgenden Kriterien möglich[28]:

- sachliche Koordination von Programm-, Faktor- und Prozeßplanung sowie Produktionssteuerung und -kontrolle. In hierarchischen Systemen entspricht diese der hierarchisch/organisatorischen Koordination (Top-Down oder Gegenstromprinzip)
- Abbildung der Entscheidungssituation auf den einzelnen Ebenen der Programm-, Faktor-, Prozeßplanung durch Modelle
- Entscheidungsfindung innerhalb der Ebenen durch Algorithmen

Die *Abb. 296* zeigt eine vereinfachte Systematik von PPS-Systemen[29]:

---

[28] Vgl. *Kistner/Switalski* 1988 b, *Zäpfel/Missbauer* 1987.
[29] Vgl. *Zäpfel/Missbauer* 1987, S. 897.

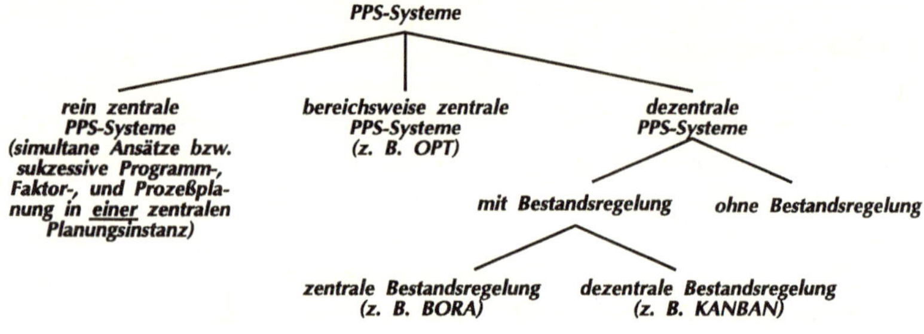

Abb. 296: Systematik von PPS-Systemen

Rein zentrale PPS-Systeme setzen eine zentrale Planungsinstanz voraus, in der entweder simultane oder sukzessive Programm-, Faktor- und Prozeßpläne erarbeitet und danach die Aufträge mit detaillierten Maschinenbelegungsplänen an die Produktion freigegeben werden. Der Einsatz simultaner Planungsmodelle zur integrierten Produktionsplanung ist in der Praxis aus den oben beschriebenen Gründen (siehe Abschnitt III.5.2) nicht möglich. In der Praxis eingesetzte sukzessive Ansätze setzen folgende Gegebenheiten voraus:

- Online-Rückmeldung über den aktuellen Systemzustand in der Produktion (z.B. über Auftragsfortschritt oder Kapazitätssituation) an die zentrale Planungsinstanz
- Prozeßmodell zur Abbildung des realen Produktionsablaufes in der zentralen Planungsinstanz

Da in der fertigungstechnischen Industrie häufig Daten von hunderten Betriebsmittel, tausenden Teilen und zehntausenden Arbeitsvorgängen zu verarbeiten sind, kommen rein zentrale PPS-Systeme hier kaum zum Einsatz. In der verfahrenstechnischen Industrie mit weitgehend automatisierten Produktionsabläufen liegen häufig detaillierte Prozeßmodelle zur kombinierten technischen und betriebswirtschaftlichen Steuerung der Produktion vor, so daß hier der Einsatz solcher Systeme als sinnvoll erscheint.

In **bereichsweise zentralen PPS-Systemen** wird der Produktionsablauf für einzelne Bearbeitungssysteme detailliert zentral geplant und der Ablauf der übrigen Systeme an diesen Plänen ausgerichtet. Beim System OPT (siehe Abschnitt III.4.4.1.3) liegt beispielsweise eine **zentrale Engpaßplanung** vor, bei der die Belegung der als Engpaß identifizierten Bearbeitungsstationen zentral erfolgt, und alle übrigen Bearbeitungssysteme danach auszurichten sind. Anwenderberichten zufolge wird dieses Konzept in der Praxis der fertigungstechnischen Industrie erfolgreich eingesetzt[30].

In **dezentralen PPS-Systemen** werden die Programm-, Faktor- und die (Grob-) Terminplanung als Teilbereich der Prozeßplanung in der **zentralen** Planungsinstanz durchgeführt. Nach der Kapazitätsterminierung werden die Aufträge an die **dezentrale** Werkstatt freigegeben. Dort erfolgt mit Leitstandsystemen

[30] Vgl. *Jacobs* 1984, *Goldratt* 1988.

die Maschinenbelegungsplanung (Werkstattsteuerung) sowie Produktionssteuerung und -kontrolle. Die zentrale Planungsinstanz hat somit nur Rahmenbedingungen für die Maschinenbelegungsplanung festzulegen. Von den dezentralen Dispositionsstellen (Leitstand) erfolgen Rückmeldungen über Systemzustände (Durchlaufzeiten, Kapazitätsauslastungen, Lagerbestände) in der Produktion an die übergeordnete zentrale Planungsinstanz.

Bei „klassischen" dezentralen PPS-Systemen **ohne Bestandsregelung** werden in diesem Prozeß ausschließlich die Kapazitätsbelastungen pro Periode von der zentralen Planungsinstanz überwacht. Da die auf Vergangenheitswerten beruhenden geplanten Durchlaufzeiten in der Regel mit den realen Durchlaufzeiten nicht übereinstimmen, werden die Aufträge meist zu früh freigegeben. Dies führt zu dem in Abschnitt III.4.4.2.1 beschriebenen Durchlaufzeitsyndrom, das in „neueren" PPS-Systemen **mit Bestandsregelung** – wie z.B. BORA (siehe Abschnitt III.4.4.2.1) und KANBAN (siehe Abschnitt III.4.7.2) beseitigt werden kann.

Bei der BORA erfolgt in der zentralen Planungsinstanz eine **zentrale Bestandsregelung** durch Überwachung und Regelung der Werkstattbestände, so daß die Aufträge belastungsorientiert an die Werkstatt freigegeben werden können. Dort erfolgt dezentral (z.B. mit Leitstandsystem) die Maschinenbelegungsplanung sowie Produktionssteuerung und -kontrolle.

Bei **dezentraler Bestandsregelung** – wie z.B. bei KANBAN – erfolgt eine Vereinfachung der Bestandsregelung in der Form, daß der Bestand an Vor- und Endprodukten durch die **zentrale** Planungsinstanz mit der Bestimmung der Behälteranzahl festgelegt wird. Die Überwachung und Regelung der Bestände geschieht **dezentral**, indem die Aufträge nach der **Ziehlogik** retrograd von der letzten Produktionsstelle (z.B. Montage) bis zur ersten Produktionsstelle „gezogen" werden.

5.3.3.2 PPS-Systeme und Produktionstypen

Der Einsatz von PPS-Systemen ist kontextbezogen vorzunehmen. Dies bedeutet, daß insbesondere der **Kombinationstyp der Produktion** bei der Auswahl von PPS-Systemen von besonderer Bedeutung ist.

In der **Einzel- und Kleinserien-/Auftrags-/Werkstatt- und Zentrenproduktion von Individualprodukten** werden die PPS-Aktivitäten erst **nach** Erteilung des Kundenauftrages eingeleitet. Da bisher keine Fälle aus der Praxis bekannt geworden sind, in denen ein LP-Modell zur operativen Programmplanung für diesen Produktionstyp – wie in Abschnitt III.2.4 dargestellt – eingesetzt worden wäre, basiert hier das Produktionsprogramm auf bereits abgeschlossenen Kundenaufträgen. Um kurze Lieferzeiten zu erreichen, müssen durchgängige Informationsflüsse in Form optimierter Vorgangsketten zwischen CAD/CAM- und PPS/BDE-Systemen realisiert werden.

Für diesen Kombinationstyp eignet sich ein **dezentrales PPS-System mit zentraler Bestandsregelung,** bei dem die Programm-, Faktor- und Terminplanung sowie eine belastungsorientierte Auftragsfreigabe **zentral** erfolgen und die Maschinenbelegungsplanung, Produktionssteuerung und -kontrolle **dezentral** über ein Leitstandsystem in der Werkstatt durchgeführt werden. Das PPS-System muß dabei über die Grunddatenverwaltung lückenlos mit CAD, CAP und CAM verknüpft sein. Die gesamte Auftragsabwicklung wird über das PPS-System gelenkt.

Der Schwerpunkt von PPS-Systemen für die **Serien- und Großserien-/Vorrats-/Zentren-, Reihen- und Fließproduktion von Standardprodukten** liegt im Bereich der operativen Programm- bzw. Primärbedarfsplanung. Besondere Bedeutung hat hier die Prognose zukünftiger Bedarfe, wobei in Engpaßsituationen Programmoptimierungen zu empfehlen sind. Die operative Faktor- und Prozeßplanung können im **rein zentralen PPS-System** von einer zentralen Planungsinstanz durchgeführt werden. Für eine Großserienproduktion mit hoher Wiederholhäufigkeit der Aufträge und geringen Bedarfsschwankungen kann zur Senkung von Durchlaufzeiten und Zwischenlagerbeständen das **KANBAN-System** als **dezentrales PPS-System mit dezentraler Bestandsregelung** empfohlen werden.

In der **Serien-/Auftrags- und Vorrats-/Werkstatt- und Zentren- sowie Reihen- und Fließproduktion von kundenauftragsbezogenen Varianten** erweist sich die Aufspaltung des Produktionsprogramms in ein kundenauftragsbezogenes Montageprogramm und ein lagerauftragsbezogenes (erwartungsbezogenes) Teile-Produktionsprogramm als zweckmäßig. Letzteres basiert auf Absatzprognosen für erwartete Kundenaufträge. Das PPS-System kann dabei weitgehend dem oben beschriebenen PPS-System für die Vorratsproduktion entsprechen.

Im kundenauftragsbezogenen Modul des PPS-Systems wird das Montageprogramm aus Montageaufträgen, das sind abgeschlossene Kundenaufträge für die Endprodukte, zusammengesetzt und die Kundenauftragsabwicklung durchgeführt. Im Rahmen der Verfügbarkeitsprüfung wird festgestellt, ob alle Komponenten für das Montageprogramm im Teilelager vorhanden sind. Ist dies der Fall, so werden die Montageaufträge terminiert und freigegeben.

Kann das Montageprogramm nicht ausreichend und rechtzeitig mit Komponenten versorgt werden, so werden innerhalb einer „Fehlteilesteuerung“[31] Eilaufträge an das erwartungsbezogene PPS-System erteilt. Diese werden dort gegenüber den Lageraufträgen bevorzugt weiterverarbeitet.

Für diesen Kombinationstyp der Produktion werden innerhalb von CAD und CAP sowohl kundenauftrags**neutrale** als auch kundenauftrags**bezogene** Produktionsunterlagen erstellt. Eine funktionsfähige Integration des PPS-Systems mit dem CAD/CAM-System im Rahmen eines CIM-Konzeptes ist hier von besonderer Bedeutung[32].

---

[31] Vgl. *Zäpfel* 1989 a, S. 214.
[32] Vgl. Abschnitt II.4.2.1.7.

Eine bereits jahrzehntelange Erfahrung mit PPS-Systemen zeigt, daß mit der am Markt verfügbaren Standard-Software[33], die heute weitgehend **integrierte Modularprogramme nach dem MRP** (Manufacturing Resources Planning) **II-Konzept**[34] darstellen, weder monetäre Ziele – wie Kostenminimierung, Deckungsbeitragsmaximinierung – noch Ersatzziele – wie Durchlaufzeitminimierung, Bestandsminimierung, Termintreue – zufriedenstellend realisiert werden können[35]. Neuere PPS-Ansätze – wie OPT, BORA, Input/Output-Control, KANBAN und Fortschrittszahlenkonzept – können, im richtigen Kontext eingesetzt, zu wesentlichen Verbesserungen, insbesondere für die Ersatzzielerreichung führen. In Zukunft soll allerdings auch eine monetäre Zielorientierung von PPS-Systemen innerhalb von CIM-Konzepten erreicht werden[36]. Einige grundlegende Gedanken hierzu sollen im letzten Abschnitt skizziert werden.

5.4 PPS im CIM-Konzept

5.4.1 Integrations- und Koordinationsaspekte

Wie an verschiedenen Stellen dieser Schrift dargestellt, kann sich die potentielle Leistungsfähigkeit eines ausgereiften PPS-Systems nur in einem Konzept der computerintegrierten Produktion (CIM-Konzept) voll entfalten[37]. Durch systematischen Aufbau einer der ganzheitlichen Ablauforganisation angepaßten Prozeßkette soll dabei die Herstellung sowohl kundenindividueller als auch standardisierter Produkte bei gleichzeitig kurzen Durchlaufzeiten und Lieferzeiten erreicht werden. Im produktionswirtschaftlichen Zielsystem eines CIM-Konzeptes dominieren somit Flexibilitäts- und Zeitziele. Eine betriebswirtschaftliche Beurteilung von Produkt-, Produktionsprogramm-, -faktor- und -prozeßalternativen erfordert jedoch eine **Integration der Kosten- und Erlösrechnung** (**KER**) im CIM-Konzept (siehe Abschnitt II.4.2.1.1).

PPS, KER und CAD/CAM müssen daher unter unternehmensstrategischen und wirtschaftlichen Gesichtspunkten implementiert und aufeinander abgestimmt werden. Damit rücken sowohl systemgestaltende als auch systemnutzende **Koordinationsaufgaben** des Produktions-Controllings in den Vordergrund einer ganzheitlichen Auftragsabwicklung[38]. Wie die Abb. 71 symbolisch zeigt, werden hierzu die primär betriebswirtschaftlichen Funktionen des PPS-Systems um ein KER-System erweitert. Dies erfordert auch eine Erweiterung der CIM-(PPS-)Grunddatenbank – bestehend aus Stücklisten-, Arbeits-

---

[33] Vgl. *Chen/Geitner* 1991.
[34] Vgl. Abschnitt II.4.2.1.6.
[35] Vgl. *Renner* 1991 a.
[36] Vgl. z.B. *Renner* 1991 b.
[37] Vgl. *Czap* 1991.
[38] Vgl. *Hoitsch* 1992.

plan-, Betriebsmittel- und Personaldaten – um eine **Grundrechnung der Kosten und Erlöse.**

Nicht nur im Bereich der CAD/CAM- und PPS-Systeme, sondern auch innerhalb verfügbarer KER-Systeme sind hinsichtlich der Integrationsfähigkeit viele Defizite zu konstatieren. EDV-gestützte KER-Systeme basieren heute weitgehend auf einer flexiblen Parallel-(Grenz- und Voll-)Plankosten- und Plandeckungsbeitragsrechnung, deren Schwerpunkte auf der Kostenkontrolle im Produktionsbereich und Deckungsbeitragskontrolle im Vertriebsbereich liegen. Diese Systeme sind meist (noch) nicht in der Lage, ohne Sonderrechnungen relevante Kosten und Erlöse sowie Deckungsbeiträge für die Produktionsplanung und -steuerung bereitzustellen. Aufgrund pauschaler Verrechnung ständig steigender Gemeinkosten der indirekten Bereiche werden beispielsweise kundenindividuelle Eilaufträge zu billig und Standardaufträge zu teuer kalkuliert.

Aus der Sicht eines leistungsfähigen Produktions-Controllings sind sowohl an das PPS- als auch an das KER-System eine Reihe von Anforderungen zu stellen, die zukünftig im Rahmen der systemgestaltenden Koordinationsaufgabe zu berücksichtigen sind. Bezüglich der reinen Zeit- und Mengensteuerung wird vom MRP II-Konzept, unter Berücksichtigung bekannter und teilweise bereits marktfähiger neuerer Ansätze – wie OPT, BORA, KANBAN, Input/Output-Control usw. – ausgegangen. Das Produktions-Controlling hat sich somit um Ergänzungen bzw. Erweiterungen und Verbesserungen verfügbarer PPS-Systeme im Hinblick auf eine Integration mit einer CIM-spezifischen KER zu bemühen. Angestrebt wird ein PPS-System, das eine Realisierung sowohl von Zeit- und Mengen- als auch monetären (Deckungsbeitrags-/Kosten-)Zielen, kurz: hohe Termintreue mit geringsten Kosten bzw. höchsten Deckungsbeiträgen, ermöglicht.

5.4.2 Gestaltung des PPS-Systems

Innerhalb der **Vertriebsabwicklung (Auftragssteuerung)** werden Kundenaufträge angenommen, Termine disponiert, Reservierungen festgelegt und relevante Eingangsdaten für die operative Programmplanung ermittelt. Für die Auftragsannahme bei kundenorientierter Einzel- und Kleinserienproduktion sind Vorkalkulationen auf Grenz- und Vollkostenbasis zur Preisermittlung erforderlich. Im CIM-Konzept muß dazu eine Schnittstelle zum KER-System geschaffen werden, das über das Modul „konstruktionsbegleitende Kalkulation" die Verbindung zum CAD-Bereich herstellt. Auf Wunsch des Kunden kann durch Reduzierung seiner Anforderungen an das Produkt relativ schnell eine kosten- und damit preisgünstigere Variante konstruiert werden.

Erreichen die kundenindividuellen Aufträge dann die Abschlußreife, so werden sie zusätzlich zu den mit Hilfe von Prognoseverfahren ermittelten Absatzerwartungen für standardisierte Produkte als Absatz-Höchstmengen in die **Primärbedarfsplanung (operative Programmplanung)** aufgenommen. Unter Berücksichtigung bereits vertraglich abgeschlossener Aufträge (Absatz-Mindestmengen) und begrenzter Kapazitäten im Materialbeschaffungs-, Produktions- und Vertriebsbereich können hier Optimierungsmodelle der Linearen Programmierung eingesetzt werden, die eine Maximierung des vom Produktionsprogramm erwirtschafteten Deckungsbeitrags ermöglichen. Hierzu muß wiederum eine Schnittstelle zwischen Primärbedarfsplanung und KER existieren, damit die relevanten Grenzkosten- bzw. Deckungsbeitragsdaten für das PPS-System bereitgestellt werden können. Gegebenenfalls könnten in Engpaßsituationen bereits abschlußreife Kundenaufträge aus dem geplanten Produktionsprogramm herausfallen. Dies wäre als schwaches Signal für den Vertriebsbereich zu interpretieren, von den Aufträgen zurückzutreten oder mit guten Argumenten eine erneute Preisverhandlung zu initiieren.

Das oben beschriebene Verfahren kann aufgrund der Unsicherheit der Daten und nur globaler Vorstellungen über die Kapazitätssituation im Beschaffungs-, Produktions- und Vertriebsbereich eher als mittelfristige operative Produktions-Programmplanung auf hochaggregiertem Niveau verstanden werden. Durch die Berücksichtigung von begrenzten Kapazitäten werden Folgeprobleme in der eher kurzfristig operativen Faktor- (Materialwirtschaft) und Prozeßplanung (Zeitwirtschaft) vermieden und gleichzeitig die Forderung zum Einbezug monetärer Ziele erfüllt.

Ausgehend von den Primärbedarfsdaten werden in der **Materialwirtschaft (operativen Faktorplanung)** durch Stücklistenauflösung programmgesteuert die Brutto-Sekundärbedarfe an Vorprodukten (Baugruppen, Einzelteile) und Rohstoffen bestimmt. Den Brutto-Tertiärbedarf an Hilfs- und Betriebsstoffen (inklusive Werkzeugen) bestimmt man verbrauchsgesteuert. Unter Berücksichtigung geplanter Lagerbestände wird der Netto-Sekundär- bzw. -Tertiärbedarf grobterminiert geplant. Dieser kann durch Eigenfertigung oder Fremdbezug gedeckt werden. Neben vielen schwer oder nicht quantifizierbaren Faktoren soll auch für diese Entscheidung, insbesondere auf der operativen Ebene (d.h. sowohl Eigenproduktion als auch Fremdbezug eines Vorprodukts ist kurzfristig möglich), das PPS-System Entscheidungsunterstützung mit Hilfe von Kostenminimierungs- bzw. Deckungsbeitrags-Maximierungsmodellen leisten. Über eine Schnittstelle zwischen PPS- und KER-System wird im PPS-System ein Vergleich der relevanten Grenzherstellkosten (Eigenfertigung) mit den Einstandpreisen (Fremdbezug) ermöglicht.

Im sukzessiven Planungsablauf werden danach die grobterminierten Nettobedarfe zu Losgrößen (Seriengrößen bei Eigenfertigung, Bestellmengen bei Fremdbezug) gebündelt. Die hier derzeit in PPS-Systemen eingesetzten Näherungsverfahren (Heuristiken) – wie gleitende wirtschaftliche Losgröße, Kostenausgleichsverfahren usw. – gehen meist von globalen Rüst-/Bestell- und Lagerkosten aus, die nicht durch eine exakte Ermittlung relevanter Kostendaten im KER-System abgesichert sind. Auch hier könnten durch Einsatz eines dynamischen Optimierungsmodells (z.B. Wagner/Whitin-Modell) oder einer leistungsfähigeren Heuristik, wie das Grenzkostenverfahren nach

Groff, mit entsprechender Informationsversorgung aus dem KER-System bessere Ergebnisse im Hinblick auf eine Realisierung monetärer Ziele erreicht werden.

Unter Berücksichtigung der durch CAP festgelegten Arbeitspläne werden die Fertigungsaufträge in der **Zeitwirtschaft** (**operativen Prozeßplanung**) mit ihren einzelnen Arbeitsgängen den Betriebsmitteln zugeordnet und eine **Durchlauf-** sowie **Kapazitätsterminierung** vorgenommen. Falls in dieser kurzfristigen Detailplanung Kapazitätsengpässe auftreten, sind verschiedene Anpassungsmaßnahmen (z.B. Überstunden, Zusatzschichten, Verlagerung von Arbeitsgängen auf funktionsähnliche Betriebsmittel, Erhöhung der Fertigungsintensität usw.) im Rahmen des Kapazitätsabgleichs vorzusehen. Da alle diese Maßnahmen entsprechende Kostenwirkungen verursachen, ist eine Informationsversorgung aus dem KER-System erforderlich.

Durchlauf- und Kapazitätsterminierung sind relativ einseitig auf die Erreichung der Ziele Termineinhaltung und Kapazitätsauslastung ausgerichtet. Die **belastungsorientierte Auftragsfreigabe** (BORA) konzentriert sich auf die Ziele Durchlaufzeit- und Bestandsminimierung. Über eine Termin- und Belastungsschranke wird der Zugang der Aufträge an den einzelnen Betriebsmitteln so geregelt, daß dort der mittlere Bestand und damit die mittlere Durchlaufzeit in bestimmten Grenzen gehalten werden kann. Auch hier wäre eine Schnittstelle zum KER-System erforderlich, um die Kostenwirkungen der Bestandsregelung im Wege mitlaufender Auftragskalkulationen zu erfassen. Gegebenenfalls wäre damit auch die Berücksichtigung monetärer Einflußgrößen auf die Bestimmung der Termin- und Belastungsschranke möglich.

Nach der **Auftragsfreigabe** werden die Arbeitsgänge in der **Fertigungssteuerung (Werkstattsteuerung, Maschinenbelegungsplanung)** mit extrem kurzfristigem Planungshorizont (z.B. eine Schicht) nach neuen Optimierungskriterien (z.B. Vermeidung von Abfällen bei Zuschnittoptimierung, Vermeidung von Umrüstkosten, gleichmäßige Auslastung von Betriebsmitteln) den Betriebsmitteln zugeordnet. Wenn auch hier bisher **zeitorientierte** Prioritätsregelverfahren (wie z.B. kürzeste Operationszeit-Regel –KOZ) dominieren, so wäre über eine Schnittstelle zum KER-System der Einsatz von wertorientierten Optimierungs- bzw. Simulationsverfahren[39] oder zumindest von wertorientierten Prioritätsregeln (wie z.B. die dynamische Wertregel) wünschenswert.

In Verbindung mit dem Einsatz von Expertensystemen sind in der operativen Prozeßplanung im Rahmen einer Mensch-Maschine-Dialoglösung Verbesserungen im Hinblick auf eine Erreichung monetärer Ziele zu erwarten[40].

Im Anschluß an die Fertigungssteuerung und nach Abschluß realer Produktionsvorgänge werden Ist-Daten – wie auftragsbezogene, betriebsmittelbezo-

---

[39] Vgl. z.B. *Escudero* 1989.

[40] Vgl. *Dangelmeier* 1992, *Mertens* 1991, *Schmager/Slebos/Wandke* 1991, *Mertins/Schallock* 1990.

gene, mitarbeiterbezogene und materialbezogene Daten – mit der **Betriebsdatenerfassung (BDE)** zurückgemeldet. Diese Daten sind sowohl für eine aktuelle Produktionssteuerung und -kontrolle (Mengen-, Zeiten-, Qualitätskontrolle) als auch für eine leistungsfähige **Istkostenrechnung** und **Kostenkontrolle** unabdingbar. Zur Datenintegration zwischen BDE und KER kann das Produktions-Controlling auf die Kostenartengliederung zurückgreifen und den Bedarf an Betriebsdaten in Form von Bezugsgrößen und Kostenbestimmungsfaktoren ermitteln[41]. Durch diese Strukturierung der Daten- und Informationsbeziehungen werden Gestaltungsmerkmale für BDE-Systeme abgeleitet, die den Anforderungen des Produktions-Controllings im CIM-Konzept entsprechen.

In der **Versandsteuerung** werden Verpackungseinheiten und Touren optimal zusammengestellt. Im Bereich der Tourenplanung bietet sich wiederum der Einsatz von Optiminierungsmodellen (Transportkostenminimierungsmodellen) an, die über eine Schnittstelle zum KER-System mit Kostendaten versorgt werden[42].

Eine integrierte zeitliche, sachliche und hierarchische **Koordination** der Teilpläne innerhalb des PPS-Systems könnte über den Ansatz der **hierarchischen Produktionsplanung** erfolgen. Diese versucht mit Hilfe der Dekompositions- und Aggregationstheorie eine Verbindung der aus dem Operations Research stammenden Simultanmodelle der betriebswirtschaftlichen Theorie mit dem in der produktionstechnischen und EDV-Praxis entwickelten sukzessiven Verfahren der PPS-Systeme herzustellen.

Ein neuerer organisatorischer Lösungsansatz zur Verringerung der Komplexität des PPS-Problems im CIM-Konzept geht von einer primär objekt-, d.h. sparten- oder produktorientierten Matrixorganisation der Unternehmung aus und sieht die Einführung von **koordinierten Planungsinseln**[43] vor. Diese sollen nicht nur auf den Produktionsbereich in Form von **Fertigungsinseln** mit dezentralisierter Werkstattsteuerung beschränkt bleiben, sondern die gesamte Auftragsabwicklung umfassen[44]. Eine solche objektorientierte Ausrichtung der Auftragsabwicklung auf den Kundenauftrag schafft die Voraussetzung für einen effizienten Auftragsdurchlauf. Mit der Einrichtung von eigenverantwortlichen **Vertriebsinseln**[45] werden Kundenaufträge von der Anfrage bis zur Auslieferung verfolgt. Über das zentrale PPS-System werden in der Zeitwirtschaft mit einem verhältnismäßig groben Raster Planungsinseln, bestehend aus Vertriebs- und Fertigungsinseln, koordiniert. Bei kapazitativen Engpässen werden die Auftragszuständigkeiten variabel geregelt. Durch Abbau der Arbeitsteilung, Reduzierung von organisatorischen Schnittstellen, Definition eindeutiger Auftragsverantwortlichkeiten und Schaffung einer

---

[41] Vgl. *Kraemer/Wiechmann* 1990.
[42] Vgl. *Domschke* 1989.
[43] Vgl. *Zülch/Heitz* 1992.
[44] Vgl. *Corsten/Will* 1992a.
[45] Vgl. *Bullinger/Fuhrberg-Baumann/Müller* 1991.

Steuerungsinstanz werden viele derzeit existierenden Probleme der Auftragsabwicklung gelöst. Diese koordinierten Planungsinseln sollen in Zukunft auch auf eine fundierte Informationsversorgung mit Kosten-, Erlös- und Deckungsbeitragsdaten zurückgreifen können.

5.4.3 Gestaltung des Kosten- und Erlösrechnungs-Systems

Die Einführung neuer Produktions- und Informationstechnologien innerhalb eines CIM-Konzepts führt zu gravierenden Veränderungen in der Prozeß- und Kostenstruktur. Planungs-, Steuerungs- und Überwachungsaktivitäten nehmen ständig zu, der Anteil beschäftigungsfixer Gemeinkosten am Gesamtkostenvolumen steigt überproportional und die sog. indirekten Leistungsbereiche (F&E/Konstruktion, Instandhaltung, Logistik, Vertrieb, Verwaltung/EDV) steigen in ihrer Bedeutung im Verhältnis zum Produktionsbereich. Die verfügbare KER-Software bedarf CIM-spezifischer Weiterentwicklungen.

Hier kann keine umfassende Kritik existierender KER-Systeme vorgenommen werden. Ebenso können hier keine theoretisch fundierten Konzepte eines CIM-spezifischen KER-Systems vorgestellt werden. Allerdings lassen sich **Anforderungen** an ein KER-System skizzieren, das insbesondere Informationsversorgungsfunktion für die Planung, Steuerung und Kontrolle innerhalb der PPS- und CAD/CAM-Bereiche zu erfüllen hat.

- **PPS/BDE-Bereich:**
  - Bereitstellung relevanter Plankosten- bzw. -deckungsbeitragsdaten für die zentrale Planungsinstanz und die dezentralen koordinierten Planungsinseln, welche die gesamte Auftragsabwicklung von der Vertriebsabwicklung (Auftragsdisposition) bis hin zur Versanddisposition – wie oben beschrieben – durchführen.
  - Bereitstellung relevanter Istkosten- bzw. Istdeckungsbeitragsdaten sowie Soll-Ist-Abweichungsdaten für eine möglichst zeitnahe Produktions-, Vertriebs- und Logistiksteuerung und -kontrolle v. a. durch Integration der BDE mit der KER.
- **CAD/CAM-Bereich:**
  - Bereitstellung relevanter Plankosten- und -erlösdaten für den Produktentwurf mit CAD i. S. einer konstruktionsbegleitenden Kalkulation.
  - Bereitstellung relevanter Plankostendaten für die Arbeitsplanung (CAP) sowie Instandhaltungsplanung (im CAM-Bereich) und Qualitätssicherung (CAQ).

Zur Unterstützung der Produktions-, Vertriebs- und Logistiksteuerung und -kontrolle wurden bereits **wissensbasierte Systeme der Kostenanalyse** im Rahmen des Soll-Ist-Kostenvergleichs entwickelt, die eine Frühwarnung in diesen Bereichen erlauben[46].

[46] Vgl. *Bock/Kraemer/Scheer* 1991, S. 126ff.

Innerhalb des oben angeführten Anforderungskatalogs bildet die **Integration von CAD und KER** einen deutlichen Schwerpunkt, da durch die Konstruktion bereits 60–80% der Herstellkosten eines Erzeugnisses festgelegt werden. CAD legt die Geometrie, die Stücklisten und Materialien fest und bestimmt somit einen hohen Anteil der Materialkosten. Durch CAD/CAP-Kopplung wird die Auswahl der erforderlichen Fertigungsverfahren und damit der Einsatz bestimmter Betriebsmittel vorgegeben, was zu einer weitgehenden Festlegung der Fertigungskosten führt. Häufig trifft der Konstrukteur auch bereits die Entscheidung über Eigenfertigung oder Fremdbezug von Vorprodukten (Baugruppen, Einzelteilen). Neben den Herstellkosten sollen auch die Kosten der sogen. „indirekten Bereiche" – wie produktionsnahe und administrative Bereiche – für alle Phasen des Produktlebenszyklus prognostiziert werden. Hierzu können Erkenntnisse der Prozeßkostenrechnung[47] mit einer PPS-gerechten Strukturierung von Fertigungs- und Konstruktionsobjekten verbunden werden[48].

CAD-Aktivitäten sollten neben Kosten- auch Erlösstrukturen berücksichtigen, wenn Kunden bestimmter Marktsegmente für ein bestimmtes Produkt eine Preisobergrenze festlegen, die wiederum die Produkteigenschaften determiniert. So kann man bei Variation der Produktgestaltung CAD-begleitende Wertanalysen i. S. einer Grenzerfolgs- bzw. Gewinnveränderungsanalyse mittels Simulation durchführen[49]. Zur Bewältigung dieser äußerst komplexen Aufgaben können Expertensysteme zur konstruktionsbegleitenden Kalkulation eingesetzt werden[50].

Der Entwicklungstrend in den oben beispielhaft beschriebenen Integrationsbereichen kann in Richtung des Aufbaus eines wissensbasierten **Produktions-Controlling-Leitstandes** in Analogie zu wissensbasierten Leitständen im PPS/BDE-Bereich führen[51]. Da das Produktions-Controlling aufgrund hoher personaler Fachkompetenz Führungsunterstützung für das Produktionsmanagement zu leisten hat, werden Expertensysteme hier zunächst als Assistenten- und Expertisesysteme Anwendung finden. Diese sind vorwiegend zur Unterstützung und Überwachung menschlicher Entscheidungsprozesse heranzuziehen.

Unabhängig vom Einsatz wissensbasierter Systeme zur Unterstützung des Produktions-Controllings im CIM-Konzept bleibt die Gestaltung der betriebswirtschaftlichen Systemarchitektur des KER-Systems. Der „state of the art" der KER bietet für CIM-spezifische Anwendungen vorwiegend die Grenzplankosten- und Plandeckungsbeitragsrechnung[52], vereinzelt die Rela-

---

[47] Vgl. *Coenenberg/Fischer* 1991, *Küpper* 1991, *Cooper* 1990, *Franz* 1991, *Horváth/Mayer* 1989.

[48] Vgl. *Fischer/Koch/Schmidt-Faber* 1992.

[49] Vgl. *Steffen* 1991.

[50] Vgl. *Bock/Kraemer/Scheer* 1991.

[51] Vgl. *Kraemer/Scheer* 1991.

[52] Vgl. *Kilger* 1981.

tive Einzelkosten- und Deckungsbeitragsrechnung[53] und neuerdings die Prozeßkostenrechnung an. Diese Schrift eignet sich nicht zur fundierten Diskussion der Vor- und Nachteile sowie speziellen Einsatzbereiche dieser Systeme. Eine CIM-spezifische Weiterentwicklung der KER muß vor dem Hintergrund neuer informationstechnischer Möglichkeiten versuchen, die Stärken dieser Systeme zu kombinieren und tunlichst ihre Schwächen zu eliminieren.

Wegen ihrer unbestrittenen Stärke im Grenzfertigungskostenbereich wird die Grenzplankostenrechnung als parallele Grenz- und Vollkostenrechnung mit differenzierter Fixkostenverrechnung das Basis- bzw. Referenzsystem bleiben. Ihre offenkundigen Schwächen im indirekten Kostenbereich könnten durch prozeßkostenrechnerische Erweiterungen/Ergänzungen eliminiert werden, wobei auch die Prozeßkostenrechnung auf Grenz- und Vollkosten auszurichten ist. Die Systemarchitektur einer CIM-KER wiederum sollte der Relativen Einzelkosten- und Deckungsbeitragsrechnung entstammen, bei der zwischen einer zweckneutralen Grundrechnung und einer Vielfalt von Auswertungsrechnungen unterschieden wird.

Auf der Basis des **relationalen Datenbankkonzepts**[54] wird die CIM-Grunddatenbank um eine **Grundrechnung der primären Kosten und Erlöse** erweitert. In diesem Kernstück der KER können Plankosten und -erlöse mehrdimensionalen objekt- und zeitraumbezogenen, hierarchisch angeordneten Bezugsgrößen zugeordnet werden. Für den Fertigungsbereich eignet sich hierzu die aus der Grenzplankostenrechnung bekannte Bezugsgrößensystematik. Für indirekte Bereiche (wie F&E/Konstruktion, Logistik, Instandhaltung, Vertrieb, Verwaltung/EDV) können Aktivitäten/Prozesse als Bezugsgrößen angesetzt werden. Die Kostenspaltung in fixe und variable Bestandteile hat relativ, d.h. in Abhängigkeit einer Bezugsgröße zu erfolgen. Somit existieren dann beispielsweise auftragsfixe bzw. -variable, prozeßfixe bzw. -variable und in bezug auf die Beschäftigung beschäftigungsfixe bzw. -variable Kosten. Letztere sind aufgrund unterschiedlicher Abbaufähigkeit/Bindungsdauer und gewählter Planungshorizonte nur relativ fix/variabel und daher zusätzlich zeitraumbezogenen Bezugsgrößen zuzuordnen. Da alle Kosten in Kostenstellen verursacht werden, stellt sich die Grundrechnung der Kosten als eine differenzierte Kostenstellenrechnung mit entsprechender Bezugsgrößen- und Kostenartengliederung dar[55]. Auch Erlöse mit ihren unterschiedlichsten Einflußgrößen werden in Erlösstellen (Marktgebieten, Kundengruppen usw.) realisiert, so daß die Grundrechnung der Erlöse die Form einer differenzierten Erlösstellenrechnung mit branchenspezifischer Einflußgrößen- und Erlösartengliederung annimmt. Kosten und Erlöse werden im Rahmen eines sorgfältigen analytischen Planungsprozesses festgelegt.

---

[53] Vgl. *Riebel* 1990.
[54] Vgl. *Sinzig* 1990.
[55] Vgl. *Fischer/Rogalski/Stöppler* 1992, *Stöppler/Fischer/Rogalski* 1992, *Fischer/Rogalski* 1991.

In dieser Grundrechnung der Kosten und Erlöse werden auch die für die unterschiedlichsten Verfahren der konstruktionsbegleitenden Kalkulation (pauschale oder analytische Verfahren) erforderlichen Kosten mit ihren Einflußgrößen (pauschal: Kenngrößen oder Ähnlichkeiten, analytisch: Geometrie oder Fertigungsdaten) aufgenommen. Im Rahmen der konstruktionsbegleitenden Kalkulation hat der Konstrukteur mit Hilfe eines Expertensystems auf die jeweils relevanten Daten Zugriff. Konstruktionsbegleitende KER muß als Interaktionsprozeß verstanden werden, bei dem Daten aus der Grundrechnung der Kosten und Erlöse an das CAD-System übermittelt werden, dort Kalkulationen erstellt werden, die dann wieder an das PPS-System (Vertriebsabwicklung) sowie an das KER-System (Kostenträgerrechnung) weitergeleitet werden.

Wurde im Rahmen der Einführungsplanung neuer Technologien eine umfangreiche Wirtschaftlichkeitsanalyse mit detaillierten Eventual-Kosten- und -Erlösplanungen als Basis der dynamischen Investitionsrechnung erstellt (siehe Abschnitt II.4.2.6), so sind diese Daten, ggfs. in revidierter Form, in die Grundrechnungen aufzunehmen.

Im zweiten Teil des KER-Systems konzentrieren sich dann die unterschiedlichsten Formen von **Auswertungsrechnungen** (Soll-Ist-Vergleiche, Kostenträgerrechnung/Kalkulationen, Deckungsbeitragsrechnungen, Ergebnisrechnungen), wobei zweckbezogen die Daten aus der Grundrechnung entnommen werden. Für diese Auswertungsrechnungen sind sowohl vom PPS/BDE- als auch CAD/CAM-System wiederum Dateninputs, insbesondere zur Berücksichtigung von Prozeßbedingungen, erforderlich, so daß grundsätzlich PPS/BDE-, CAD/CAM- und KER-System interdependente Beziehungen zueinander aufweisen. Der CIM-Kreis wird geschlossen, indem diese Daten bei Bedarf sowohl dem PPS- als auch den CA-Systemen zur Verfügung gestellt werden.

Folgt man den Ergebnissen einer jüngst veröffentlichten empirischen Untersuchung, so existieren derzeit noch erhebliche Integrationslücken im Bereich der Kopplung von PPS/BDE mit CAD/CAM[56]. Eine Erweiterung des Integrationsniveaus im Hinblick auf eine geschlossene Einbeziehung einer CIM-spezifischen KER wird wohl noch längere Zeit in Anspruch nehmen.

---

[56] Vgl. *Wildemann* 1991 b.

In dieser Grundrechnung der Kosten und Erlöse werden auch die für die unterschiedlichsten Verfahren der konstruktionsbegleitenden Kalkulation (pauschale oder analytische Verfahren) erforderlichen Kosten mit ihren Einflußgrößen (pauschal: Kenngrößen oder Ähnlichkeiten, analytisch: Geometrie oder Fertigungsdaten) aufgenommen. Im Rahmen der konstruktionsbegleitenden Kalkulation hat der Konstrukteur mit Hilfe eines Expertensystems auf die jeweils relevanten Daten Zugriff. Konstruktionsbegleitende KER muß als Interaktionsprozeß verstanden werden, bei dem Daten aus der Grundrechnung der Kosten und Erlöse an das CAD-System übermittelt werden, dort Kalkulationen erstellt werden, die dann wieder an das PPS-System (Vertriebsabwicklung) sowie an das KER-System (Kostenträgerrechnung) weitergeleitet werden.

Wurde im Rahmen der Einführungsplanung neuer Technologien eine umfangreiche Wirtschaftlichkeitsanalyse mit detaillierten Eventual-Kosten- und -Erlösplanungen als Basis der dynamischen Investitionsrechnung erstellt (siehe Abschnitt II.4.2.6), so sind diese Daten, ggfs. in revidierter Form, in die Grundrechnungen aufzunehmen.

Im zweiten Teil des KER-Systems konzentrieren sich dann die unterschiedlichsten Formen von **Auswertungsrechnungen** (Soll-Ist-Vergleiche, Kostenträgerrechnung/Kalkulationen, Deckungsbeitragsrechnungen, Ergebnisrechnungen), wobei zweckbezogen die Daten aus der Grundrechnung entnommen werden. Für diese Auswertungsrechnungen sind sowohl vom PPS/BDE- als auch CAD/CAM-System wiederum Dateninputs, insbesondere zur Berücksichtigung von Prozeßbedingungen, erforderlich, so daß grundsätzlich PPS/BDE-, CAD/CAM- und KER-System interdependente Beziehungen zueinander aufweisen. Der CIM-Kreis wird geschlossen, indem diese Daten bei Bedarf sowohl dem PPS- als auch den CA-Systemen zur Verfügung gestellt werden.

Folgt man den Ergebnissen einer jüngst veröffentlichten empirischen Untersuchung, so existieren derzeit noch erhebliche Integrationslücken im Bereich der Kopplung von PPS/BDE mit CAD/CAM[56]. Eine Erweiterung des Integrationsniveaus im Hinblick auf eine geschlossene Einbeziehung einer CIM-spezifischen KER wird wohl noch längere Zeit in Anspruch nehmen.

---

[56] Vgl. *Wildemann* 1991b.

Literaturverzeichnis

Abramovici, M. (1992): Einsatz der Datenbanktechnik im CIM-Umfeld. In: Zeitschrift für wirtschaftliche Fertigung. S. 71 ff.

Adam, D. (1963): Simultane Ablauf- und Programmplanung bei Sortenfertigung mit ganzzahliger linearer Programmierung. In: Zeitschrift für Betriebswirtschaft. S. 233 ff.

Adam, D. (1969): Produktionsplanung bei Sortenfertigung. Ein Beitrag zur Theorie der Mehrproduktunternehmung. Wiesbaden.

Adam, D. (1977): Produktions- und Kostentheorie bei Beschäftigungsgradänderungen. 2. Aufl. Tübingen-Düsseldorf.

Adam, D. (1988): Retrograde Terminierung. In: Fertigungssteuerung II. Hrsg. von *D. Adam*. Wiesbaden.

Aggteleky, B. (1981/82/89): Fabrikplanung – Werksentwicklung und Betriebsrationalisierung. Band 1: Grundlagen – Zielplanung – Vorarbeiten. Band 2: Betriebsanalyse und Feasibility Studie. Band 3: Ausführungsplanung und Projektmanagement. 2. Aufl. (Band 1–1981). (Band 2–1982). Band 3–1989). München-Wien.

Akers, S. B. (1956): A Graphical Approach to Production Scheduling Problems. In: Operations Research. S. 244 f.

Akers, S. B., Friedman, J. (1955): A Non-numerical Approach to Production Scheduling Problems. In: Operations Research. S. 429 ff.

Albrecht, F. (1993): Strategisches Management der Unternehmensressource Wissen – Inhaltliche Ansatzpunkte und Überlegungen zu einem konzeptionellen Gestaltungsrahmen. Frankfurt a. M.

Altrogge, G. (1992): Kriterien der Nutzungsdauer von Investitionsprojekten. In: Das Wirtschaftsstudium (WISU). S. 639 ff.

Arbeitskreis Instandhaltung der Schmalenbach-Gesellschaft (1974): Instandhaltung – Ein Managementproblem. Forschungsbericht Nr. 2383 des Landes Nordrhein-Westfalen, Köln.

Argyris, A. (1977): Optimale Fertigungsablaufplanung. Berlin.

Armour, G. C., Buffa, E. S. (1973): A Heuristic Algorithm and Simulation Approach to Relative Location of Facilities. In: Management Science. S. 294 ff.

Ashour, S., Hiremath, S. R. (1973): A Branch-and-Bound Approach to the Job-Shop Scheduling Problem. In: International Journal of Production Research. S. 47 ff.

Baierl, F. (1974): Lohnanreizsysteme, Mittel zur Produktivitätssteigerung. 5. Aufl. München.

Baker, C. T., Dzielinski, B. P. (1960): Simulation of a Simplified Job Shop. In: Management Science. S. 311 ff.

Balas, E. (1969): Machine Sequencing via Disjunctive Graphs: An Implicit Enumeration Algorithm. In: Operations Research. S. 941 ff.

Bamberg, G., Coenenberg, A. G. (1981): Betriebswirtschaftliche Entscheidungslehre. 3. Aufl. München.

Bauernfeind, U. (1985): Realisierung von CIM-Konzepten mit Standardkomponenten. In: Zeitschrift für wirtschaftliche Fertigung. S. 397 ff.

Baumann, F. (1991): Industrielles Anlagen-Controlling – Konzeption und Realisierung eines umfassenden Planungs-, Kontroll- und Informationsversorgungssystems für den Einsatz neuer Fertigungstechnologien. Berlin.

Bechte, W. (1980): Steuerung der Durchlaufzeit durch belastungsorientierte Auftragsfreigabe bei Werkstattfertigung. Universität Hannover. Fortschrittsberichte VDI – Z. Reihe 2. Nr. 70.

Becker, J. (1990): Entwurfs- und konstruktionsbegleitende Kalkulation. In: Kostenrechnungspraxis. S. 353 ff.

Belt, B. (1976): Integrating Capacity Planning and Capacity Control. In: Production and Inventory Management. S. 9 ff.

Ben-Arieh, D. (1986): Knowledge Based Control System for Automated Production and Assembly. In: Modelling and Desgin of Flexible Manufacturing Systems. Hrsg. von *A. Kusiak*. Amsterdam. S. 347 ff.

Bendeich, E. (1974): Fertigungssteuerung mit Systemen der zentralen Arbeitsverteilung (ZAV). In: Arbeitsvorbereitung. S. 167 ff.

Berg, C. C. (1980): Beschaffung und Logistik. In: Logistik. S. 10 ff.

Berr, U., Tangermann, H. P. (1976): Einfluß von Prioritätsregeln auf die Kapazitätsterminierung der Werkstattfertigung. In: Zeitschrift für wirtschaftliche Fertigung. S. 7 ff.

Bierter, W., Alioth, A., Züst, Th. (1992): Die richtige CIM-Strategie erhöht die Wettbewerbsfähigkeit. In: io Management Zeitschrift. Nr. 5. S. 31 ff.

Binner, H. F. (1992): Haben PPS-Systeme ausgedient? In: Arbeitsvorbereitung. S. 4 ff.

Bitran, G. R., Chang, L. (1987): A Mathematical Programming Approach to a Deterministic KANBAN System. In: Management Science. S. 427 ff.

Bitran, G. R., Tirupati, D. (1988): Multiproduct Queueing Networks with Deterministic Routing: Decomposition Approach and the Notion of Interference. In: Management Science. S. 75 ff.

Bloch, W. (1975): Arbeitsbewertung. In: Handwörterbuch des Personalwesens. Hrsg. von *E. Gaugler*. Stuttgart. Sp. 142 ff.

Bloech, J. (1970): Optimale Industriestandorte. Würzburg-Wien.

Blohm, H., Beer, Th., Seidenberg, U., Silber, H. (1987): Produktionswirtschaft. Herne/Berlin.

Blohm, H., Lüder, K. (1991): Investition. Schwachstellen im Investitionsbereich des Industriebetriebes und Wege zu ihrer Beseitigung. 7. Aufl. München.

BMW AG (Hrsg.) (1985): Grundsätze der BMW-Führungskultur.

Bock, M., Kraemer, W., Scheer, A.-W. (1991): CIM-spezifische Weiterentwicklungen von Kosteninformationssystemen. In: Kostenrechnungspraxis. S. 119 ff.

Bock, N., Bock, R., Scheer, A.-W. (1990): Konstruktionsbegleitende Kalkulation mit Expertensystem-Unterstützung. In: Zeitschrift für wirtschaftliche Fertigung. S. 576 ff.

Bodur, A., Luczak, H., Müller, Th. (1986): Konstruktionsarbeit mit CAD. Arbeitstechnologische, ergonomische und organisatorische Beurteilung. 1. Teil. In: Zeitschrift für Organisation. S. 313 ff.

Bogaschewsky, R. (1988): Dynamische Materialdisposition im Beschaffungsbereich. Simulation und Ergebnisanalyse. Frankfurt/M.

Böhrs, H. (1980): Leistungslohngestaltung mit Arbeitsbewertung, persönlicher Bewertung, Akkordlohn, Prämienlohn. 3. Aufl. Wiesbaden.

Botta, V. (1986): Betriebswirtschaftliche Produktionsfunktionen. Ein Überblick. In: Wirtschaftswissenschaftliches Studium (WiSt). S. 113 ff.

Bourman, E. H. (1959): The Schedule-Sequencing Problem. In: Operations Research. S. 621 ff.

Box, G. E. P., Jenkins, G. M. (1976): Time Series Analysis. San Francisco.

Brandt, H.-P. (1989): Rechnergestützte Layoutplanung von Industriebetrieben. Köln.

Brankamp, K. (1979): Kapazitätsbelegung. In: Handwörterbuch der Produktionswirtschaft. Hrsg. von W. Kern, Stuttgart. Sp. 882 ff.

Brecht, W. (1992): Realisierung neuartiger Auftragsfreigaben in komplexen Werkstattsimulationen. In: CIM Management. S. 47 ff.

Brink, H.-J. (1979): Vorgabezeitermittlung mit Systemen vorbestimmter Zeiten. In:

Handwörterbuch der Produktionswirtschaft. Hrsg. von *W. Kern*. Stuttgart. Sp. 2186ff.

Brink, H.-J., Fabry, P. (1974): Die Planung von Arbeitszeiten unter besonderer Berücksichtigung der Systeme vorbestimmter Zeiten. Wiesbaden.

Brockhoff, K. (1977): Prognoseverfahren für die Unternehmensplanung. Wiesbaden.

Brockhoff, K. (1988): Produktpolitik. 2. Aufl. Stuttgart-New York.

Brooks, G. H., White, C. R. (1965): An Algorithm for Finding Optimal or Near Optimal Solutions to the Production Scheduling Problem. In: The Journal of Industrial Engineering. S. 34 ff.

Brown, A. P. G., Lomnicki, Z. A. (1966): Some Applications of the „Branch-and-Bound" Algorithm to the Machine Scheduling Problem. In: Operational Research Quarterly. S. 173 ff.

Brucker, P. (1979): NP-Complete Operations Research Problems and Approximation Algorithms. In: Zeitschrift für Operations Research. S. 73 ff.

Bruckmann, G. (1978): Langfristige Prognosen. Möglichkeiten und Methoden der Langfristprognostik komplexerer Systeme. 2. Aufl. Würzburg-Wien.

Brunner, F. J. (1992): Produktplanung mit Quality Function Deployment QFD. In: io Management Zeitschrift. Nr. 6. S. 42 ff.

Brunner, M. (1962): Planung in Saisonunternehmungen. Zeitliche Abstimmung zwischen Fertigungs- und Absatzvolumen bei saisonalen Absatzschwankungen. Köln-Opladen.

Buffa, E. S. (1976): On a Paper by Scriabin and Vergin. In: Management Science. S. 104.

Bühner, R. (1986a): Arbeitseinsatz und Arbeitsstrukturierung in flexiblen Fertigungssystemen (FFS). In: Das Wirtschaftsstudium (WISU). S. 69 ff.

Bühner, R. (1986b): Arbeitsstrukturierung und Personaleinsatz in Fertigungsinseln. In: Das Wirtschaftsstudium (WISU). S. 493 ff.

Bühner, R. (1986c): Arbeitsgestaltung und Personalqualifikation bei rechnerunterstützter Entwicklung und Konstruktion (CAD). In: Das Wirtschaftsstudium (WISU). S. 296 ff.

Bühner, R. (1987): Strategisches Personalmanagement für neue Produktionstechnologien. In: Betriebswirtschaftliche Forschung und Praxis. S. 249 ff.

Bullinger, H.-J., Fuhrberg-Baumann, J., Müller, R. (1991): Neue Wege der Kundenauftragsabwicklung. In: Zeitschrift für Organisation. S. 306 ff.

Bullinger, H.-J., Ganz, W. (1990): Ohne Human Integrated Manufacturing kein CIM. In: io Management Zeitschrift. Nr. 6. S. 48 ff.

Bumba, F. (1977): Ein Modellsystem der Produktions- und Investitionsprogrammplanung mit linearer Planungsrechnung. In: Zeitschrift für Operations Research. S. 177 ff.

Burdach, J. (1985): Automatisierte und flexible Fertigung. In: VDI-Zeitschrift 127. 7. S. 201 ff.

Busch, E. (1985): Entlohnung bei moderner Technik. In: Angewandte Arbeitswissenschaft. April 1985. S. 2 ff.

Busse von Colbe, W., Laßmann, G. (1988): Betriebswirtschaftstheorie. Band 1: Grundlagen, Produktions- und Kostentheorie. 4. Aufl. Berlin-Heidelberg-New York.

Busse von Colbe, W., Niggemann, W. (1983): Bereitstellungsplanung – Einkauf- und Lagerpolitik. In: Industriebetriebslehre. Hrsg. von *H. Jacob*. 2. Aufl. Wiesbaden.

Bussmann, K. F., Mertens, P. (Hrsg.) (1968): Operations Research und Datenverarbeitung bei der Produktionsplanung. Stuttgart.

Buzzell, R. D., Gale, B. T. (1987): The PIMS Principles. Linking Strategy to Performance. New York – London.

Campbell, H. G., Dudek, R. A., Smith, M. I. (1970): A Heuristic Algorithm for the n Job m Machine Sequencing Problem. In: Management Science. S. 630 ff.

Canada, J. R., Sullivan, W. G. (1989): Economic and Multiattributed Evaluation of Advanced Manufacturing Systems. Englewood Cliffs (Prentice Hall).

Charlton, J. M., Death, C. C. (1970): A Method of Solution for General Machine-Scheduling Problems. In: Operations Research. S. 689 ff.

Chen, J., Geitner, U. W. (1991): PPS-Marktübersicht 1991. In: Fortschrittliche Betriebsführung und Industrial Engineering. S. 148 ff.

Chmielewicz, K.(1974): Integrierte Finanz- und Erfolgsplanung als Basis einer integrierten Betriebspolitik. In: Unternehmungsführung. Festschrift für Erich Kosiol. Hrsg. von J. Wild. Berlin. S. 485 ff.

Chow, W. M. (1965): Adaptive Control of the Exponential Smoothing Constant. In: The Journal of Industrial Engineering. S. 314 ff.

Churchman, C. W., Ackoff, R. L., Arnoff, E. L. (1971): Operations Research. 5. Aufl. München-Wien.

Co, H. C., Jaw, T. J., Chen, S. K. (1988): Sequencing in Flexible Manufacturing Systems and Other Short Queue-length Systems. In: Journal of Manufacturing Systems. 1. S. 1 ff.

Coenenberg, A. G., Fischer, Th. M. (1991): Prozeßkostenrechnung – Strategische Neuorientierung in der Kostenrechnung. In: Die Betriebswirtschaft (DBW). S. 21 ff.

Conway, R. W. (1965): Priority Dispatching and Job Lateness in a Job Shop. In: The Journal of Industrial Engineering. S. 228 ff.

Conway, R. W., Johnson, B. M., Maxwell, W. L. (1960): An Experimental Investigation of Priority Dispatching. In: The Journal of Industrial Engineering. S. 211 ff.

Conway, R. W., Maxwell, W. L. (1962): Network Dispatching by the Shortest-Operations Discipline. In: Operations Research. S. 51 ff.

Conway, R. W., Maxwell, W. L., Miller, L. W. (1967): Theory of Scheduling, Reading. Massachusetts.

Cooper, R. (1990): Activity-Based Costing – Was ist ein Activity-Based Cost System? In: Kostenrechnungspraxis. Teil 1: S. 210 ff. Teil 2: S. 271 ff. Teil 3: S. 345 ff.

Corsten, H. (1986): Produktionsfaktorsysteme. In: Das Wirtschaftsstudium (WISU). S. 173 ff.

Corsten, H. (1987): Vergleichende Gegenüberstellung des Quality-Circle-Ansatzes mit anderen mitarbeiterorientierten Qualitätsförderungskonzepten (I.). In: Das Wirtschaftsstudium (WISU). S. 197 ff.

Corsten, H. (1990): Produktionswirtschaft. München-Wien.

Corsten, H., Reiss, M. (1991): Recycling in PPS-Systemen. In: Die Betriebswirtschaft (DBW). S. 615 ff.

Corsten, H., Will, Th. (1992 a): Ansatzpunkte zu einer strategiegerechten Produktionsorganisation bei simultanen Strategieanforderungen. In: Zeitschrift für Organisation. S. 293 ff.

Corsten, H., Will, Th. (1992 b): Das Konzept generischer Wettbewerbsstrategien – Kennzeichen und kritische Analyse. In: Das Wirtschaftsstudium (WISU). S. 185 ff.

Czap, H. (1991): Produktionsplanung und Produktionssteuerung im Wandel. In: Wirtschaftswissenschaftliches Studium (WiSt). S. 486 ff.

Czeranowsky, G. (1974): Programmplanung bei Auftragsfertigung unter besonderer Berücksichtigung des Terminwesens. Wiesbaden.

Czeranowsky, G. (1989): Die Bedeutung optimaler Losgrößen. In: Wirtschaftswissenschaftliches Studium (WiSt). S. 2 ff.

Daenzer, W. F. (Hrsg.) (1988): Systems Engineering – Leitfaden zur methodischen Durchführung umfangreicher Planungsvorhaben. 6. Aufl. Zürich.

Dang, N. M., Lenz, B. (1992): Das Technologieprofil – ein Instrument für die strategische Technologieplanung. In: io Management Zeitschrift. Nr. 3. S. 36 ff.

Dangelmaier, W. (1992): Ansätze für eine angepaßte Fertigungssteuerung. In: Fortschrittliche Betriebsführung und Industrial Engineering. S. 24 ff.

De Matteis, J. J. (1968): An Economic Lot Sizing Technique I – The Part-Period Algorithm. In: IBM Systems Journal. S. 30ff.

Dellmann, K. (1975): Entscheidungsmodelle für die Serienfertigung. Opladen.

Dellmann, K. (1980): Betriebswirtschaftliche Produktions- und Kostentheorie. Wiesbaden.

Dichtl, E. (1970): Die Beurteilung der Erfolgsträchtigkeit eines Produktes als Grundlage der Gestaltung des Produktionsprogramms. Berlin.

Dichtl, E. (1977): Ein Ansatz zur simultanen Optimierung von Produktionsprogramm und Investitionspolitik. In: Entscheidungshilfen im Marketing. Hrsg. von *R. Köhler* und *H. J. Zimmermann*. Stuttgart. S. 487ff.

Dinkelbach, W. (1964): Zum Problem der Produktionsplanung in Ein- und Mehrproduktunternehmen. Würzburg-Wien.

Dinkelbach, W. (1973): Zur Frage unternehmerischer Zielsetzungen bei Entscheidungen unter Risiko. In: Zur Theorie des Absatzes. Festschrift zum 75. Geburtstag von E. Gutenberg. Hrsg. von *H. Koch*. Wiesbaden.

Dögl, R. (1986): Strategisches Qualitätsmanagement im Industriebetrieb. Göttingen.

Dolezalek, C. M. (1960): Quellen der Produktion. Ein Versuch zur Klärung der Begriffe. In: Werkstattstechnik. S. 244ff.

Dolezalek, C. M. (1963): Zur Automatisierung in der industriellen Produktionstechnik. In: Werkstattstechnik. S. 101ff.

Domsch, M. (1985): Qualitätszirkel – Baustein einer mitarbeiterorientierten Führung und Zusammenarbeit. In: Zeitschrift für betriebswirtschaftliche Forschung. S. 428ff.

Domschke, W. (1989): Logistik: Rundreisen und Touren. 3. Aufl. München-Wien.

Domschke, W., Drexl, A. (1990): Logistik: Standorte. 3. Aufl. München-Wien

Domschke, W., Drexl, A. (1991): Einführung in Operations Research. 2. Aufl. Berlin-Heidelberg-New York.

Domschke, W., Stohl. W. (1979): Standorte, innerbetriebliche. In: Handwörterbuch der Produktionswirtschaft. Hrsg. von *W. Kern*. Stuttgart. Sp. 1885ff.

Drucker, P. F. (1985): Entrepreneurial Strategies. New York.

Dunst, K. H. (1983): Portfolio-Management. Konzept für die strategische Unternehmensplanung. 2. Aufl. Berlin-New York.

Dycke, A., Schulte, C. (1986): Cafeteria-Systeme. In: Die Betriebswirtschaft (DBW). S. 577ff.

Dyckhoff, H. (1992): Betriebliche Produktion. Theoretische Grundlagen einer umweltorientierten Produktionswirtschaft. Berlin-Heidelberg-New York.

Eckardstein, D. v. (1986): Entlohnung im Wandel. Zur veränderten Rolle industrieller Entlohnung in personalpolitischen Strategien. In: Zeitschrift für betriebswirtschaftliche Forschung. S. 247ff.

Ehrlenspiel, K. (1985): Kostengünstig konstruieren. Berlin-Heidelberg-New York-Tokio.

Eigner, M., Maier, H. (1985): Einstieg in CAD – Lehrbuch für CAD-Anwender. München-Wien.

Eisele, R., Schwan, Th. (1992): CIM-Potentiale ganzheitlich bewerten. In: io Management Zeitschrift. Nr. 5. S. 42ff.

Ellinger, Th., Haupt, R. (1990): Produktions- und Kostentheorie. 2. Aufl. Stuttgart.

Elsner, K. (1964): Mehrstufige Produktionstheorie und dynamisches Programmieren. Meisenheim a. G.

Emmons, H. (1969): One-Machine Sequencing to Minimize Certain Functions of Job Tardiness. In: Operations Research. S. 701ff.

Enghardt, W. (1987): Groblayout-Entwicklung und -Bewertung als Baustein der rechnerintegrierten Fabrikplanung. Diss. Hannover. 1986. Veröffentlicht als VDI-Fortschritt-Berichte VDI-Z. Reihe 2. Nr. 144. Düsseldorf.

Erschler, J., Roubellat, F., Thuriot, C. (1985): Steady State Scheduling of a Flexible Manufacturing System with Periodic Releasing and Flow Time Constraints. In: Annals of Operations Research 3. S. 279ff.

Escudero, L. F. (1989): An Exact Algorithm for Part Input Sequencing and Scheduling with Side Constraints in FMS. In: International Journal of Flexible Manufacturing Systems. S. 143ff.

Evans, L. (1975): Fortschritte der Produktionstechnik. In: Werkstatt und Betrieb. S. 441ff.

Eversheim, W. (1989): Simultaneous Engineering – eine organisatorische Chance! In: Simultaneous Engineering. VDI Berichte 758. Hrsg. von *Verein Deutscher Ingenieure*. S. 1ff.

Eversheim, W., Bette, B., Hausmann, A. (1986): Industrierobotereinsatz in der Produktion. In: Die Betriebswirtschaft (DBW). S. 473ff.

Ewald, A. (1991): Methodik der integrierten Technologie- und Marktplanung. In: Zeitschrift für Planung. S. 155ff.

Feldmann, K., Reinisch, H. (1992): Implizite NC-Geräte-Programmierung. In: CIM Management. S. 4ff.

Fischer, J., Koch, R., Schmidt-Faber, B. (1992): Konstruktionsbegleitende Prozeßkostenprognose für den Produktlebenszyklus. In: CIM-Management. S. 57ff.

Fischer, R., Rogalski, M. (1991): Datenbankgestütztes Kosten- und Erlöscontrolling – Konzept und Realisierung einer entscheidungsorientierten Erfolgsrechnung. Wiesbaden.

Fischer, R., Rogalski, M., Stöppler, S. (1992): Systematisierung der Kostenkategorien und -abhängigkeiten für das Kostencontrolling. In: Betriebswirtschaftliche Forschung und Praxis. S. 359ff.

Fleischmann, B. (1988): Operations-Research-Modelle und -Verfahren in der Produktionsplanung. In: Zeitschrift für Betriebswirtschaft. S. 347ff.

Florian, M., Trepant, P., McMahon, G. (1970): An Implicit Enumeration Algorithm for the Machine Sequencing Problem. In: Management Science. S. 782ff.

Fogarty, D. W., Hoffmann, T. R. (1983): Production and Inventory Management. Cincinnati.

Franke, R. (1972): Betriebsmodelle, Rechensysteme für Zwecke der kurzfristigen Planung, Kontrolle und Kalkulation. Düsseldorf.

Franz, K.-P. (1991): Prozeßkostenrechnung – Renaissance der Vollkostenidee? In: Die Betriebswirtschaft (DBW). S. 536ff.

Frey, S. (1975): Plant Layout. München-Wien.

Frieling, E. (1980): Ein Humanisierungsprojekt zwischen Anspruch und Wirklichkeit – diskutiert am Beispiel der Fertigungssteuerung. In: Humanisierung der Arbeitswelt – Vergessene Verpflichtung. Hrgs. von *L. v. Rosenstiel* und *W. Weinkamm*. Stuttgart.

Frisch, R. (1965): Theory of Production. Dordrecht.

Gallus, G. (1974): Die Erweiterung linearer Optimierungsmodelle um fixe Grundkosten. Diss. Darmstadt.

Geitner, U. W. (1983): Betriebsinformatik für Produktionsbetriebe. Teil 1: Grundlagen. Teil 2: Anwendungen. Teil 3: Methoden. München.

Geitner, U. W. (1987): CIM-Handbuch. Braunschweig – Wiesbaden.

Ghosh, S., Gagnon, R. J. (1989): A comprehensive literature review and analysis of the design, balancing and scheduling of assembly systems. In: International Journal of Production Research. S. 637ff.

Giffler, B., Thompson, G. L. (1960): Algorithms for Solving Production-Scheduling Problems. In: Operations Research. S. 487ff.

Glaser, H., Geiger, W., Rohde, V. (1991): PPS. Produktionsplanung und -steuerung. Grundlagen – Konzepte – Anwendungen. Wiesbaden.

Goldratt, E. M. (1988): Computerized Shop Floor Scheduling. In: International Journal of Production Research. S. 443 ff.

Gomez, P. (1983): Frühwarnung in der Unternehmung. Bern.

Goodman, D., Baurmeister, H. (1976): A Computational Algorithm for Multi-Contract Bidding under Constraints. In: Management Science. S. 788 ff.

Gräßler, D. (1968): Der Einfluß von Auftragsdaten und Entscheidungsregeln auf die Ablaufplanung von Fertigungsstraßen. Diss. Aachen.

Graves, St. C. (1982): Using Lagrangean Techniques to Solve Hierarchical Production Planning Problems. In: Manangement Science. S. 260 ff.

Greiner-Dürr, E. (1990): CIM-Analyzer: Unternehmensanalyse und Planung eines unternehmensspezifischen CIM-Konzepts. SIEMENS. Künstliche Intelligenz in der Praxis mit Workshop: Wissensbasierte Systeme für Produktion und Logistik. München-Perlach. 24. – 26. 10. 1990.

Groff, G. K. (1979): A Lot Sizing Rule for Time-Phased Component Demand. In: Production and Inventory Management. S. 47 ff.

Große-Oetringhaus, W. F. (1974): Fertigungstypologie unter dem Gesichtspunkt der Fertigungsablaufplanung. Berlin.

Gunn, T. G. (1982): Konstruktion und Fertigung. In: Spektrum der Wissenschaft. November 1982. S. 77 ff.

Günter, B., Kleinaltenkamp, M. (1987): Marketing-Management für neue Fertigungstechnologien. In: Zeitschrift für betriebswirtschafliche Forschung. S. 323 ff.

Günther, H. (1971): Das Dilemma der Ablaufplanung. Zielverträglichkeit bei der zeitlichen Strukturierung. Berlin.

Günther, H. O. (1991): Bestellmengenplanung aus logistischer Sicht. In: Zeitschrift für Betriebswirtschaft. S. 641 ff.

Gupta, J. N. D. (1969): A General Algorithm for the n x m Flowshop Scheduling Problem. In: The International Journal of Production Research. S. 241 ff.

Gupta, J. N. D. (1971): A Functional Heuristic Algorithm for the Flowshop Scheduling Problem. In: Operational Research Quarterly. S. 39 ff.

Gutenberg, E. (1951): Grundlagen der Betriebswirtschaftslehre. Band 1: Die Produktion. 1. Aufl. Berlin-Heidelberg-New York.

Gutenberg, E. (1979): Grundlagen der Betriebswirtschaftslehre. Band 1: Die Produktion. 23. Aufl. Berlin-Heidelberg-New York.

Hahn, D. (1972): Industrielle Fertigungswirtschaft in entscheidungs- und systemtheoretischer Sicht. In: Zeitschrift für Organisation. Teil 1: S. 269 ff., Teil 2: S. 369 ff., Teil 3: S. 427 ff.

Hahn, D. (1985): Planungs- und Kontrollrechnung – PuK. 3. Aufl. Wiesbaden.

Hahn, D., Laßmann, G. (1990): Produktionswirtschaft – Controlling industrieller Produktion. Band 1. 2. Aufl. Heidelberg.

Hahn, D., Laßmann, G. (1989): Produktionswirtschaft – Controlling industrieller Produktion. Band 2. Heidelberg.

Hahn, R. (1972): Produktionsplanung bei Linienfertigung. Berlin-New York.

Haindl, G. (1987): Erfahrungen eines mittelständischen Unternehmens bei Konzeption und Einführung von Quality Circles. In: Zeitschrift für betriebswirtschaftliche Forschung. S. 391 ff.

Hall, R. (1959): Das Rechnen mit Einflußgrößen im Stahlwerk. Köln-Opladen.

Haller, K.-H. (1985): Auf dem Weg zum CIM – Erfahrungsbericht eines Anwenders. In: Zeitschrift für wirtschaftliche Fertigung. S. 141 ff.

Hamel, W. (1982): Personalfreisetzung – Herausforderung für das Personalmanagement. In: Rationalisierung. Hrsg. von *W. Kilger, A.-W. Scheer.* Würzburg-Wien. S. 165 ff.

Hansmann, K. W. (1974): Entscheidungsmodelle zur Standortplanung der Industrieunternehmen. Wiesbaden.

Hansmann, K.-W. (1983): Kurzlehrbuch Prognoseverfahren, Wiesbaden.

Hansmann, K.-W. (1984): Industriebetriebslehre, München.

Hansmann, K.-W. (1992): Industrielles Management. 3. Aufl. der Industriebetriebslehre. München.

Hansmann, K.-W., Kleeberg, K. (1989): Comparison of New Approaches to Job Shop Scheduling with an Interactive Simulation Program on PC. In: Forschungspapier Nr. 10 des Instituts für Industriebetriebsforschung der Universität der Bundeswehr. Hamburg.

Hansmann, K.-W., Kleeberg, K. (1991): Extension of Capacity Oriented Scheduling to Flexible Manufacturing Systems. In: Forschungspapier Nr. 12 des Instituts für industrielles Management der Universität der Bundeswehr. Hamburg.

Hansmann, K.-W., Paetow, G., Zetsche, W. (1983): Darstellung und Anwendung der multi-dimensionalen Skalierung. In: Das Wirtschaftsstudium (WISU). Teil I: S. 22ff. Teil II: S. 69ff. Teil III: S. 111ff.

Hardeck, W. (1977): Raumplanung im Dialog mit graphischen Bildschirmsystemen. Diss. Erlangen-Nürnberg.

Hardgrave, W. W., Nemhauser, G. L. (1963): A Geometric Model and a Graphical Algorithm for a Sequencing Problem. In: Operations Research. S. 889ff.

Harlander, N., Platz, E. (1978): Beschaffungsmarketing und Materialwirtschaft. Stuttgart.

Hasselberg, F. (1991): Strategische Kontrolle von Gesamtunternehmensstrategien. In: Die Unternehmung. S. 16ff.

Hauk, W.(1973): Einplanung von Produktionsaufträgen nach Prioritätsregeln – Eine Untersuchung von Prioritätsregeln mit Hilfe der Simulation. Berlin-Köln-Frankfurt a. M.

Haupt, R. (1974): Reihenfolgeplanung im Sondermaschinenbau – Ein Simulationsmodell für Reihenfolgeentscheidungen bei der Fertigung von Aufträgen mit gegenseitiger Terminabhängigkeit. Diss. Köln.

Hay, P. H., Bodewig, H.(1965): Die Erlösanalyse. In: Stahl und Eisen. S. 866ff.

Heinemeyer, W. (1988): Die Planung und Steuerung des logistischen Prozesses mit Fortschrittszahlen. In: Schriften zur Unternehmensführung. Bd. 39. Wiesbaden. S. 5ff.

Heinen, E. (1976): Grundlagen betriebswirtschaftlicher Entscheidungen. Das Zielsystem der Unternehmung. 3. Aufl. Wiesbaden.

Heinen, E. (1978): Betriebswirtschaftliche Kostenlehre – Kostentheorie und Kostenentscheidungen. 5. Aufl. Wiesbaden.

Heinen, E. (Hrsg.) (1991): Industriebetriebslehre. Entscheidungen im Industriebetrieb. Wiesbaden.

Heinen, E. u.a. (1987): Unternehmenskultur. Perspektiven für Wissenschaft und Praxis. München.

Heinrich, C. E. (1987): Mehrstufige Losgrößenplanung in hierarchisch-strukturierten Produktionsplanungssystemen. Berlin.

Heinrich, C. E., Schneeweiß, Ch. (1986): Multi-Stage Lot Sizing for General Production Systems. In: Multi-Stage Production and Inventory Control. Hrsg. von *S. Axsäter, Ch. Schneeweiß, E. A. Silver*. Berlin.

Heinzel, R. (1985): Rechnergestützte Fabrikplanung mit LAYPLA. In: Techno Congress-Tagung „Rechnergestützte Fabrikplanung". München.

Helberg, P. (1987): PPS als CIM-Baustein. Berlin.

Heller, J., Logemann, G. (1961): An Algorithm for the Construction and Evaluation of Feasible Schedules. In: Management Science. S. 168ff.

Henderson, B. D. (1984): Die Erfahrungskurve in der Unternehmensstrategie. 2. Aufl. Frankfurt-New York.

Henn, R., Opitz, O. (1972): Dynamische Aspekte der Aktivitätsanalyse. In: Proceedings in Operations Research 1971. Hrsg. von *M. Henke, A. Jaeger* u.a. Würzburg-Wien. S. 514ff.

Hentze, J., Kammel, A. (1992): Lean Production: Erfolgsbausteine eines integrierten Management-Ansatzes. In: Das Wirtschaftsstudium (WISU). S. 631 ff.

Hespos, R. F., Strassmann, P. A. (1965): Stochastic Decision Trees for the Analysis of Investment Decisions. In: Management Science. S. B-244 ff.

Hilti International (1985): Firmenzeitschrift Nr. 2.

Hinterhuber, H. H. (1989): Strategische Unternehmungsführung. II. Strategisches Handeln. Berlin-New York.

Hoff, H. (1987): CIM – Realität und Zukunftsvision zugleich. In: Fortschrittliche Betriebsführung und Industrial Engineering. S. 9 ff.

Hoitsch, H.-J. (1971): Kybernetische Lagerhaltungsmodelle zur Bestimmung optimaler Produktionsmengen. Diss. Wien.

Hoitsch, H.-J. (1974): Die Planung und Kontrolle von Wärmeenergiekosten in der Industrie. In: Kostenrechnungspraxis. S. 81 ff.

Hoitsch, H.-J. (1975): Aggregatbezogene Seriengrößenmodelle und Typenkombination in der Mehrprodukt-Massenfertigung. In: Die Unternehmung. S. 43 ff.

Hoitsch, H.-J. (1976): Ein Rechenmodell zur Planung und Kontrolle des Erfolges in divisionalisierten Industrieunternehmungen. In: Journal für Betriebswirtschaft. S. 129 ff.

Hoitsch, H.-J. (1977): Aufbau einer ergebnisorientierten Planungs- und Kontrollrechnung in Industrieunternehmungen mit mehrdimensionalen Organisationsstrukturen. Habilitationsschrift. Berlin.

Hoitsch, H.-J. (1982 a): Kosten- und Leistungsrechnung als Controlling-Instrument für mittelständische Industriebetriebe. In: Mittelständische Unternehmen in Bremen. Schriftenreihe des Fachbereichs Wirtschaft der Hochschule Bremen. Band 23. Hrsg. von *H.-J. Pohl*. Bremen. S. 200 ff.

Hoitsch, H.-J. (1982 b): Interdependenzen zwischen Grenzplankostenrechnung und integrierter Programm- und Losgrößenplanung – dargestellt am Beispiel des Geschäftsbereichs „Reifen" einer Unternehmung der Gummiindustrie. In: Operations Research Proceedings 1981. Hrsg. von *B. Fleischmann* u. a. Berlin-Heidelberg-New York. S. 348 ff.

Hoitsch, H.-J. (1989): Strategisches Produktionscontrolling bei Einführung neuer Technologien. In: CONTROLLING. S. 158 ff.

Hoitsch, H.-J. (1990): Aufgaben und Instrumente des Produktions-Controllings. In: Wirtschaftswissenschaftliches Studium (WiSt). S. 605 ff.

Hoitsch, H.-J. (1992 a): Auftragsplanung. In: Lexikon der Betriebswirtschaftslehre. Hrsg. von *H. Corsten*. München-Wien. S. 79 ff.

Hoitsch, H.-J. (1992 b): Produktionscontrolling im CIM-Konzept. In: CIM Management. S. 18 ff.

Hoitsch, H.-J. (1992 c): Produktionsfunktionen. In: Lexikon der Betriebswirtschaftslehre. Hrsg. von *H. Corsten*. München-Wien S. 708 ff.

Hoitsch, H.-J., Backes, M. (1992): Die ökonomische Bewertung strategischer Investitionen im CIM-Bereich. In: Journal für Betriebswirtschaft. S. 41 ff.

Hoitsch, H.-J., Baumann, F. (1992): Industrielles Anlagen-Controlling. Eine Konzeption. In: Die Betriebswirtschaft (DBW). S. 385 ff.

Hoitsch, H.-J., Kals, J. (1993): Zur Abgrenzung und Ausgestaltung des umweltorientierten Controlling. In: Journal für Betriebswirtschaft. Heft 2. S. 73 ff.

Hoitsch, H.-J., Lingnau, V. (1992): Neue Ansätze der Fertigungssteuerung – Ein Vergleich. In: Das Wirtschaftsstudium (WISU). S. 300 ff.

Holdhof, J. (1986): Terminplanungssysteme für Werkstätten mit heterogenen Produktionsbedingungen. Düsseldorf.

Hopfenbeck, W. (1990): Umweltorientiertes Management und Marketing. Landsberg/Lech.

Horváth, P. (1992): Controlling. 4. Aufl. München.

Horváth, P., Kleiner, F. F., Mayer, R. (1987): Dynamische Investitionsrechnung für flexibel automatisierte Werkzeugmaschinen. In: Die Betriebswirtschaft (DBW). S. 69 ff.

Horváth, P., Mayer, R. (1986): Produktionswirtschaftliche Flexibilität. In: Wirtschaftswissenschaftliches Studium (WiSt). S. 69 ff.

Horváth, P., Mayer, R. (1988 a): Fallstudie zur Kosten- und Nutzenanalyse von Produktionssystemen. In: Wirtschaftswissenschaftliches Studium (WiSt). S. 48 ff.

Horváth, P., Mayer, R. (1988 b): CIM-Wirtschaftlichkeit aus Controller-Sicht. In: CIM-Management. S. 48 ff.

Horváth, P., Mayer, R. (1989): Prozeßkostenrechnung. In: CONTROLLING. S. 214 ff.

Hoss, K. (1965): Fertigungsablaufplanung mittels operationsanalytischer Methoden. Würzburg-Wien.

Hubka, V. (1988): „Expertensystem" zur Ermittlung der Herstellkosten einer Konstruktion. In: io Management Zeitschrift. Nr. 9. S. 391 ff.

Huckert, K. (1979): Konstruktion, Güte und Komplexität von Algorithmen für Ablaufplanungsmodelle. Diss. Saarbrücken.

Hutchison, J., Leong, K., Snyder, D., Ward, P. (1991): Scheduling approaches for random job shop flexible manufacturing systems. In: International Journal of Production Research. S. 1053 ff.

Hüttner, M. (1982): Markt- und Absatzprognosen. Stuttgart-Berlin-Köln-Mainz.

IBM (1984): Conversational and Interactive Project Evaluation and Control. Allgemeine Beschreibung. IBM Form GH 12/1453-O 12/1453-O. Stuttgart.

IBM (1985): COPICS MPSP. Produktionsplanung für Enderzeugnisse. IBM Form GH 12–1545–0.

Ignall, E. J., Schrage, L. (1965): Application of the Branch and Bound Technique to some Flow-Shop Scheduling Problems. In: Operations Research. S. 400 ff.

Ignizio, J. P. (1976): Goal Programming and Extensions. Massachusetts.

Jackson, J. R. (1956): An Extension of Johnson's Results on Job Lot Scheduling. In: Naval Research Logistics Quarterly. S. 201 ff.

Jackson, J. R. (1957): Simulation Research on Job Shop Production. In: Naval Research Logistics Quarterly. S. 287 ff.

Jacob, H. (1971): Zur optimalen Planung des Produktionsprogramms bei Einzelfertigung. In: Zeitschrift für Betriebswirtschaft. S. 495 ff.

Jacob, H. (1976): Zur Standortwahl der Unternehmung. 3. Aufl. Wiesbaden.

Jacob, H. (1982): Die Aufgaben der strategischen Planung – Möglichkeiten und Grenzen. In: Strategisches Management 1. Schriften zur Unternehmungsführung. Bd. 29. Hrsg. von *H. Jacob.* Wiesbaden.

Jacob, H. (Hrsg.): (1972): Industriebetriebslehre in programmierter Form. 3 Bände. Wiesbaden.

Jacob, H. (Hrsg.) (1990): Industriebetriebslehre. 4. Aufl. Wiesbaden.

Jacobi, W. (1982): Automatisierung im Karosseriebau unter Berücksichtigung der Flexibilität. In: Zeitschrift für wirtschaftliche Fertigung. S. 253 ff.

Jacobs, F. R. (1986): OPT Uncovered. In: Production and Inventory Management. 2nd Quarter 1986. S. 32 ff.

Jaeschke, G. (1964): „Branching and Bounding". Eine allgemeine Methode zur Lösung kombinatorischer Probleme. In: Ablauf- und Planungsforschung. S. 133 ff.

Jodl, H. (1977): Einrichtung von Pufferlagern bei vertikaler Kopplung maschineller Aggregate. Meisenheim a. G.

Johnson, S. M. (1954): Optimal Two-and-Three-Stage Production. Schedules with Setup Times Included. In: Naval Research Logistics Quarterly. S. 61 ff.

Jorgenson, D. W., Mc Call, J. J., Radner, R. (1967): Optimal Replacement Policy. Amsterdam.

Kals, J. (1992): Umweltorientiertes Produktions-Controlling. Diss. Berlin.

Kaluza, B. (1984): Flexibilität der Produktionsvorbereitung industrieller Unternehmen. In: Internationale und nationale Problemfelder der Betriebswirtschaftslehre. Hrsg. von *G. Kortzfleisch* und *B. Kaluza*. Berlin. S. 287 ff.

Kauffmann, W. (1981): INDUSTRIE 80 – Maßgeschneiderte Lösungen für die Fertigungsindustrie. In: Datascope. S. 30 ff.

Kern, S., Ruffing, Th., Scheer, A.-W. (1989): Planungs- und Steuerungssysteme für Fertigungsinseln. In: Zeitschrift für wirtschaftliche Fertigung. S. 696 ff.

Kern, W. (Hrsg.) (1979): Handwörterbuch der Produktionswirtschaft. Stuttgart.

Kettner, H., Bechte, W. (1981): Neue Wege der Fertigungssteuerung durch belastungsorientierte Auftragsfreigabe. In: VDI-Zeitschrift. H. 11. S. 459 ff.

Kettner, H., Jendralski, J. (1979): Fertigungsplanung und Fertigungssteuerung – ein Sorgenkind der Produktion. In: VDI-Zeitschrift. H. 9. S. 410 ff.

Kettner, H., Schmidt, J., Greim, H. R. (1983): Leitfaden der systematischen Fabrikplanung. München-Wien.

Kiehne, R. (1969): Innerbetriebliche Standortplanung und Raumzuordnung. Wiesbaden.

Kilger, W. (1973): Optimale Produktions- und Absatzplanung. Opladen.

Kilger, W. (1981): Flexible Plankostenrechnung und Deckungsbeitragsrechnung. 8. Aufl. Wiesbaden.

Kilger, W. (1986): Industriebetriebslehre. Band I. Wiesbaden.

Kinzer, D. (1971): Ein Verfahren zum mittelfristigen Kapazitätsabgleich bei Werkstattfertigung. Diss. Aachen.

Kistner, K.-P. (1974): Betriebsstörungen und Warteschlangen. Opladen.

Kistner, K.-P. (1981): Produktions- und Kostentheorie. Würzburg-Wien.

Kistner, K. P. (1988): Optimierungsmethoden. Einführung in die Unternehmensforschung für Wirtschaftswissenschaftler. Heidelberg.

Kistner, K.-P. (1989): Umweltschutz in der betrieblichen Produktionsplanung. In: Betriebswirtschaftliche Forschung und Praxis. S. 30 ff.

Kistner, K.-P., Schumacher, S., Steven, M. (1992): Hierarchical Production Planning in Group Technologies. In: New Directions for Operations Research in Manufacturing – Proceedings of a Joint US/German Conference. Gaithersburg, Maryland, USA. Hrsg. von *G. Fandel, Th. Gulledge, A. Jones*. Berlin-Heidelberg-New York. S. 60 ff.

Kistner, K.-P., Steven, M. (1990 a): Produktionsplanung. Heidelberg.

Kistner, K.-P., Steven, M. (1990 b): Maschinenbelegungsplanung. In: Wirtschaftswissenschaftliches Studium (WiSt). S. 60 ff.

Kistner, K.-P., Steven, M. (1991 a): Die Bedeutung des Operations Research für die hierarchische Produktionsplanung. In: OR Spektrum. S. 123 ff.

Kistner, K.-P., Steven, M. (1991 b): Management ökologischer Risiken in der Produktionsplanung. In: Zeitschrift für Betriebswirtschaft. S. 1307 ff.

Kistner, K.-B., Steven, M. (1992): Optimale Nutzungsdauer und Ersatzinvestitionen. In: Wirtschaftswissenschaftliches Studium (WiSt). S. 327 ff.

Kistner, K.-P., Steven/Switalski, M. (1990): Warteschlangen-Netzwerke in der hierarchischen Produktionsplanung. In: OR Spektrum. S. 89 ff.

Kistner, K.-P., Switalski, M. (1988 a): Dynamische Losgrößenmodelle. In: Wirtschaftswissenschaftliches Studium (WiSt). S. 335 ff.

Kistner, K.-P., Switalski, M. (1988 b): Hierarchical Production Planning. Necessity, Problems, and Methods. Arbeitsbericht Universität Bielefeld.

Kloock, J. (1969): Betriebswirtschaftliche Input-Output-Modelle. Wiesbaden.

Kloock, J., Sabel, H., Schuhmann, W. (1987): Die Erfahrungskurve in der Unternehmenspolitik. In: Erfahrungskurve und Unternehmensstrategie (Zeitschrift für Betriebswirtschaft – Ergänzungsheft 2). Hrsg. von *H. Albach*. Wiesbaden. S. 3 ff.

Knauer, B. (1987): Flexible Fertigungssyteme im CIM-Konzept. In: Fortschrittliche Betriebsführung und Industrial Engineering. S. 20 ff.

Knolmayer, G. (1980): Programmierungsmodelle für die Produktionsprogrammplanung. Ein Beitrag zur Methodologie der Modellkonstruktion. Basel-Boston-Stuttgart.

Knolmayer, G. (1985 a): Ein Vergleich von 30 „praxisnahen" Lagerhaltungsheuristiken. In: Operations Research Proceedings. 1984. Berlin-Heidelberg. S. 223 ff.

Knolmayer, G. (1985 b): Zur Bedeutung des Kostenausgleichsprinzips für die Bedarfsplanung mit PPS-Systemen. In: Zeitschrift für betriebswirtschaftliche Forschung. S. 411 ff.

Knolmayer, G., Holdhof, J. (1986): BORA versus DORA: Ein Vergleich zweier Terminplanungsverfahren. In: Arbeitsvorbereitung. S. 163 ff.

Knolmayer, G., Rückle, D. (1976): Betriebswirtschaftliche Grundlagen der Projektkostenminimierung in der Netzplantechnik. In: Zeitschrift für betriebswirtschaftliche Forschung. S. 431 ff.

Knoop, J. (1986): Online-Kostenrechnung für die CIM-Planung. Berlin.

Knoop, J. (1987): Prozeßorientierte Kostenrechnung – ein Instrument zur Planung flexibler Fertigungssysteme. In: Kostenrechnungspraxis. S. 47 ff.

Koch, H. (1959): Zur Frage des pagatorischen Kostenbegriffs. Bemerkungen zum Beitrag von *K. Engelmann*. In: Zeitschrift für Betriebswirtschaft. S. 8 ff.

Kolb, J. (1978): Industrielle Erlösrechnung – Grundlagen und Anwendungen. Wiesbaden.

Kölle, J. H., Scheiber, R. E., Weber, G. (1980): Fertigungssteuerungssysteme für neue Arbeitsformen in der Produktion. In: Zeitschrift für wirtschaftliche Fertigung. S. 321 ff.

Körth, H., Otto, C., Runge, W., Schoch, M. (1972): Lehrbuch der Mathematik für Wirtschaftswissenschaften. 2. Aufl. Opladen.

Kotler, P. (1989): Marketing Management. 4. Aufl. Stuttgart.

Kraemer, W., Scheer, A.-W. (1991): Wissensbasierte Frühwarnung und Kostenanalyse mit einem intelligenten Controlling-Leitstand. In: CIM Management. S. 18 ff.

Kraemer, W., Wiechmann, D. (1990): BDE-gestützte Kosteninformationssysteme. In: CIM Management. S. 10 ff.

Kramer, J., Weber, J. (1986): Planung optimaler Bearbeitungsreihenfolgen mit Hilfe von Prioritätsregeln. In: Das Wirtschaftsstudium (WISU). S. 132 ff.

Kreikebaum, H. (1991): Strategische Unternehmensplanung. 4. Aufl. Stuttgart-Berlin-Köln.

Kreikebaum, H. (1992): Literaturüberblick – Strategisches Management. In: Wirtschaftswissenschaftliches Studium (WiSt). S. 428 f.

Krelle, W. (1958): Ganzzahlige Programmierungen. Theorie und Anwendungen in der Praxis. In: Unternehmensforschung. S. 161 ff.

Krelle, W. (1969): Produktionstheorie. Teil I der Preistheorie. 2. Aufl. Tübingen.

Kreyszig, E. (1974): Statistische Methoden und ihre Anwendungen. Nachdruck der 4. Aufl. Göttingen.

Kring, J. R. (1989): Integrierte CAQ-Funktionen. In: CIM Management. S. 4 ff.

Kruschwitz, L. (1993): Investitionsrechnung. 5. Aufl. Berlin-New York.

Kuba, R. (1986): CAD: Wirtschaftlichkeit oder Hebung des Firmenimage? In: io Management Zeitschrift. Nr. 4. S. 171 ff.

Kuhn, H. (1990): Einlastungsplanung von flexiblen Fertigungssystemen. Heidelberg.

Künzi, H.-P., Krelle, W. (1962): Nichtlineare Programmierung. Berlin-Göttingen-Heidelberg.

Küpper, H.-U. (1979): Dynamische Produktionsfunktion der Unternehmung auf der Basis des Input-Output-Ansatzes. In: Zeitschrift für Betriebswirtschaft. S. 93 ff.

Küpper, H.-U. (1980): Interdependenzen zwischen Produktionstheorie und der Organisation des Produktionsprozesses. Berlin.

Küpper, H.-U. (1981): Dynamische Produktionsfunktionen als Grundlage für eine Analyse von Interdependenzen in der Produktion. In: Unternehmenskrisen – Ursachen, Frühwarnung, Bewältigung. Hrsg. von *R. Bratschitsch* und *W. Schnellinger*. Stuttgart. S. 225 ff.

Küpper, H.-U. (1982): Ablauforganisation. Stuttgart-New York.

Küpper, H.-U. (1991): Prozeßkostenrechnung – Ein strategisch neuer Ansatz? In: Die Betriebswirtschaft (DBW). S. 388 ff.

Küpper, W. (1974): Planung der Instandhaltung. Wiesbaden.

Kurbel, K. (1978): Simultane Produktionsplanung bei mehrstufiger Serienfertigung. Möglichkeiten und Grenzen der Losgrößen-, Reihenfolge- und Terminplanung. Berlin.

Kurbel, K. (1983): Software Engineering im Produktionsbereich. Wiesbaden.

Kurbel, K., Meynert, J. (1988): Flexibilität in der Fertigungssteuerung durch einen „Elektronischen Leitstand". Arbeitsbericht Nr. 14 des Lehrstuhls für Betriebsinformatik der Universität Dortmund.

Lackes, R. (1990): Optimale Bestellpolitik bei sinkenden Beschaffungspreisen. Diskussionsbeitrag Nr. 158 des Fachbereichs Wirtschaftswissenschaft der Fernuniversität Hagen.

Land, A. H., Laporte, G., Miliotis, P. (1978): A Unified Formulation of the Machine Scheduling Problem. In: European Journal of Operational Research. S. 32 ff.

Lange, B. (1981): Portfolio-Methoden in der strategischen Unternehmensplanung. Diss. Hannover.

Lange, Ch. (1978): Umweltschutz und Unternehmensplanung. Betriebliche Anpassung an den Einsatz umweltpolitischer Instrumente. Wiesbaden.

Lange, Ch. (1988): Investitionsentscheidungen im Umbruch: Struktur eines Investitions-Controllingsystems. In: Controlling-Praxis – Erfolgsorientierte Unternehmenssteuerung. Hrsg. von *Th. Reichmann*. München. S. 133 ff.

Langner, D. (1990): Entwicklung der rechnergestützten Fabrikplanung. In: Zeitschrift für wirtschaftliche Fertigung. S. 321 ff.

Laßmann, G. (1958): Die Produktionsfunktion und ihre Bedeutung für die betriebswirtschaftliche Kostentheorie. Köln-Opladen.

Laßmann, G. (1968): Die Kosten- und Erlösrechnung als Instrument der Planung und Kontrolle in Industriebetrieben. Düsseldorf.

Laßmann, G. (1973): Gestaltungsformen der Kosten- und Erlösrechnung im Hinblick auf Planungs- und Kontrollaufgaben. In: Die Wirtschaftsprüfung. S. 4 ff.

Lay, G., Boffo, M., Schneider, R. J. (1987): Integration von rechnergestützter Konstruktion und NC-Programmierung. In: Zeitschrift für wirtschaftliche Fertigung. S. 325 ff.

Le Grande, E. (1963): The Development of a Factory Simulation Using Actual Operating Data. In: Management Technology. S. 1 ff.

Lederer, K. G. (1978): Fertigungssteuerung bei flexiblen Arbeitsstrukturen. Mainz.

Lee, R. C., Moore, J. M. (1967): CORELAP. Computerized Relationship Layout Planning. In: The Journal of Industrial Engineering. S. 195 ff.

Lee, S. M. (1972): Goal-Programming for Decision Analysis. Philadelphia.

Lenstra, J. K., Rinnooy Kan, A. H. G., Brucker, P. (1977): Complexity of Machine Scheduling Problems. In: Annals of Discrete Mathematics. S. 343 ff.

Liesegang, D. G. (1974): Möglichkeiten zur wirkungsvollen Gestaltung von Branch and Bound-Verfahren dargestellt an ausgewählten Problemen der Reihenfolgeplanung. Diss. Köln.

Lingnau, H. E. (1985): Vorgehensweise und Möglichkeiten zur Realisierung eines CIM-Konzepts unter Berücksichtigung vorhandener EDV-Instrumente. In: *AWF-Ausschuß für Wirtschaftliche Fertigung e. V.* (Hrsg.). PPS 85. Proceedings. Böblingen.

Lingnau, V., Schönherr, R. (1992): Der Produktionsbegriff – Eine merkmalsorientierte Analyse. In: Das Wirtschaftsstudium (WISU). S. 618 ff.

Llewellyn, J., Sharda, R. (1990): Linear programming software for personal computers: 1990 survey. In: OR/MS Today. No. 5. S. 35 ff.

Lomnicki, Z. A. (1965): A Branch-and-Bound Algorithm for the Exact Solution of Three-machine Scheduling Problem. In: Operations Research. S. 89 ff.

Lotz, E. G. (1969): Elektronische Kosten- und Leistungsrechnung für Industriebetriebe. Berlin.

Lücke, W. (1973): Produktions- und Kostentheorie. 3. Aufl. Würzburg-Wien.

Lüder, K. (1982): Strategische Standortplanung transnationaler industrieller Großunternehmen. In: Internationalisierung der Unternehmung als Problem der Betriebswirtschaftslehre. Hrsg. von *W. Lück* und *V. Trommsdorff*. Berlin. S. 415 ff.

Lüder, K. (1990): Standortwahl. In: Industriebetriebslehre. 4. Aufl. Hrsg. von *H. Jacob*. Wiesbaden.

Lutz, L. (1974): Abtakten von Montagelinien. Mainz.

Maier, K. (1979): Betriebliche Energieversorgung. In: Handwörterbuch der Produktionswirtschaft. Hrsg. von *W. Kern*. Stuttgart. Sp. 470 ff.

Maier, K. (1982): Die Flexibilität betrieblicher Leistungsprozesse. Methodische und theoretische Grundlagen der Problemlösung. Frankfurt a. M.

Makridakis, S., Reschke, H., Wheelwright, S. C. (1980): Prognosetechniken für Manager. Wiesbaden.

Makridakis, S., Wheelwright, S. C. (1978): Forecasting, Methods and Application. New York.

Manne, A. S. (1960): On the Job-Shop Scheduling Problem. In: Operations Research. S. 219 ff.

Männel, W. (1979): Produktionsanlagen, Eignung von. In: Handwörterbuch der Produktionswirtschaft. Hrsg. von *W. Kern*. Stuttgart. Sp. 1465 ff.

Männel, W. (1981): Eigenfertigung und Fremdbezug. 2. Aufl. Stuttgart.

Männel, W. (1991): Software Systeme für die Instandhaltung. In: CIM Management. S. 4 ff.

Männel, W. (Hrsg.) (1988): Integrierte Anlagenwirtschaft. Köln.

Matschke, M. J., Lemser, B. (1992): Entsorgung als betriebliche Grundfunktion. In: Betriebswirtschaftliche Forschung und Praxis. S. 85 ff.

Matthes, W. (1979): Dynamische Einzelproduktionsfunktion der Unternehmung (Produktionsfunktion vom Typ F). Betriebswirtschaftliches Arbeitspapier Nr. 2/1979 des Seminars für Fertigungswirtschaft an der Universität zu Köln.

McMahon, G. B., Burton, P. G. (1967): Flow-Shop Scheduling with the Branch-and-Bound Method. In: Operations Research. S. 473 ff.

Medicke, W. (1968): Plankalkulation und Standard-Nachkalkulation. In: Grenzplankostenrechnung und Datenverarbeitung. Hrsg. von *H.-G. Plaut, H. Müller, W. Medicke*. München. S. 165 ff.

Meffert, H. (1980): Marketing – Einführung in die Absatzpolitik. 5. Aufl. Wiesbaden.

Meffert, H., Ostmeier, H. (1990): Umweltschutz und Marketing. Berlin.

Mensch, G. (1968): Ablaufplanung, Köln-Opladen.

Mensch, G. (1972): Das Trilemma der Ablaufplanung. In: Zeitschrift für Betriebswirtschaft. S. 77 ff.

Mertens, P. (1982): Industrielle Datenverarbeitung. Band I. 4. Aufl. Wiesbaden.

Mertens, P. (1989): Wissensbasierte Systeme in der Produktionsplanung und -steuerung – eine Bestandsaufnahme. In: Neuere Konzepte der Produktionsplanung und -steuerung. Hrsg. von *G. Zäpfel*. Linz. S. 120 ff.

Mertens, P. (1991): Ausgewählte Ansätze zur Expertensystem-Unterstützung der Produktionsplanung und -steuerung. In: CIM Management. S. 74 ff.

Mertens, P., Hildebrand, R. J. N., Kotschenreuther, W. (1989): Verteiltes wissensbasiertes Problemlösen im Fertigungsbereich. In: Zeitschrift für Betriebswirtschaft. S. 839 ff.

Mertens, P., Schumann, M. (1989): Wirtschaftlichkeit der C-Techniken in der Fertigung. In: Die Betriebswirtschaft (DBW). S. 769ff.

Mertins, K., Schallock, B. (1990): Wissensbasierte Werkstattsteuerung. In: Zeitschrift für wirtschaftliche Fertigung. S. 431 ff.

Mertins, K., Tonn, F., Wegener, U., Wilksch, S. (1992): Entwicklung und industrieller Einsatz eines Fertigungsleitsystems. In: Zeitschrift für wirtschaftliche Fertigung. S. 75 ff.

Meyer, P. E., Schefenacker, R. (1983): Erfahrungen mit einem EDV-gestützten Fortschrittszahlensystem für Automobilzulieferer. In: Zeitschrift für wirtschaftliche Fertigung. S. 170ff.

Milberg, J., Burger, C. (1991): Produktionsregelung als Erweiterung der Produktionsplanung und -steuerung. In: CIM Management. S. 60ff.

Miltenberg, G. J. (1987): Economic Evaluation and Analysis of Flexible Manufacturing Systems. In: Eng. Costs and Prod. Econ. 12. S. 72ff.

Miltenberg, G. J., Krinsky, I. (1987): Evaluating Flexible Manufacturing Systems. In: IIE Transactions 19. S. 222ff.

Missbauer, H. (1987): Optimale Werkstattbeauftragung unter dem Aspekt der Bestandsregelung. Linz.

Mitten, L. G. (1959): A Scheduling Problem. An Analytical Solution Based upon Two Machines, n Jobs, Arbitrary Start and Stop Lags, and Common Sequence. In: The Journal of Industrial Engineering. S. 131 ff.

Morton, T. E., Smunt, T. L. (1986): A Planning and Scheduling System for Flexible Manufacturing. In: Flexible Manufacturing Systems: Methods and Studies. Hrsg. von *A. Kusiak*. Amsterdam. S. 151 ff.

Müller, A. (1988): Pufferbildung und Termineinhaltung im Rahmen der kurzfristigen Produktionsplanung bei Werkstattfertigung. In: Zeitschrift für betriebswirtschaftliche Forschung. S. 422ff.

Müller-Manzke, U. (1987): Optimale Bestellmenge und Mengenrabatt. In: Zeitschrift für Betriebswirtschaft. S. 503ff.

Müller-Merbach, H. (1962): Die Bestimmung optimaler Losgrößen bei Mehrproduktfertigung. Diss. Darmstadt.

Müller-Merbach, H. (1966): Ein Verfahren zur Lösung von Reihenfolgeproblemen der industriellen Fertigung. In: Zeitschrift für wirtschaftliche Fertigung. S. 147ff.

Müller-Merbach, H. (1970): Optimale Reihenfolgen. Heidelberg-New York.

Müller-Merbach, H. (1971): Operations Research. Methoden und Modelle der Optimalplanung. 2. Aufl. München.

Müller-Wünsch, M. (1991): Wissensbasierte Unternehmensstrategieentwicklung. Diss. Berlin.

Munari, S., Naumann, Ch. (1984): Strategische Steuerung – Bedeutung im Rahmen des Strategischen Managements. In: Zeitschrift für betriebswirtschaftliche Forschung. S. 377ff.

Nedeß, Ch., Landvogt, F. P. (1986): Rechnerintegrierte Auftragsabwicklung. Kopplung von PPS und CA-Systemen als Grundlage eines CIM-Konzeptes. In: VDI-Zeitschrift. Band 128. S. 540ff.

Németi, L. (1964): Das Reihenfolgeproblem in der Fertigungsprogrammierung und Linearplanung mit logischen Bedingungen. In: Mathematica. S. 87ff.

Nepomiastchy, P. (1973): A Non-Combinatorial Approach to the Scheduling Problem. Working Paper 73–46. European Institute for Advanced Studies in Management. Brüssel.

Neuberger, O. (1985): Arbeit. Stuttgart.

Nüttgens, M., Keller, G., Scheer, A.-W. (1992): Informationsmodelle als Grundlage integrierter Fertigungsarchitekturen. In: CIM Management. S. 12ff.

Nyhuies, B. (1988): Durchlauforientierte Losgrößenbestimmung. In: io Management Zeitschrift. Nr. 4. S. 200ff.

Oberholz, A. (1989): Umweltorientierte Unternehmensführung. Frankfurt/M.

Oess, A. (1989): Total Quality Management. Die Praxis des Qualitätsmanagements. Wiesbaden.

Opitz, H., Brankamp, K., Arlt, J. (1970): Untersuchung über die Einsatzmöglichkeiten elektronischer Datenverarbeitungsanlagen in der Produktionsterminplanung. Köln-Opladen.

Opitz, H., Brankamp, K., Miese, M. (1974): Entwicklung eines Kapazitätsterminierungsverfahrens mit steuerbarem Aufwand unter hoher Berücksichtigung der Forderung einer Real-Time-Datenverarbeitung. Opladen.

Ordelheide, D. (1973): Instandhaltungsplanung. Wiesbaden.

Orlicky, J. (1975): Material Requirements Planning. New York.

Ossadnik, W. (1990a): Die Aufstellung flexibler Unternehmenspläne. In: Wirtschaftswissenschaftliches Studium (WiSt). S. 380ff.

Ossadnik, W. (1990b): Flexible Planung sequentieller Eventualmaßnahmen. In: Wirtschaftswissenschaftliches Studium (WiSt). S. 421ff.

Oßwald, J. (1979): Produktionsplanung bei losweiser Fertigung. Operationale Modelle zur simultanen Programm-, Ablauf- und Losgrößenplanung bei ein- und mehrstufiger Produktion. Wiesbaden.

Ott, A. E. (1959): Technischer Fortschritt. In: Handwörterbuch der Sozialwissenschaften. Hrsg. von *E. v. Beckerath* u.a. 10. Bd. Stuttgart-Tübingen-Göttingen. S. 302ff.

Pack, L. (1963): Optimale Bestellmenge und optimale Losgröße. Zu einigen Problemen ihrer Ermittlung. In: Zeitschrift für Betriebswirtschaft. S. 465ff. und S. 573ff.

Pack, L. (1964): Optimale Bestellmenge und optimale Losgröße. Wiesbaden.

Palmer, D. S. (1965): Sequencing Jobs through a Multi-Stage Process in the Minimum Total Time. In: Operational Research Quarterly. S. 101ff.

Panwalkar, S. S., Dudek, R. A. (1973): Sequencing Research and the Industrial Scheduling Problem. In: Symposium on the Theory of Scheduling and its Applications. Hrsg. von *S. E. Elmaghraby*. Berlin-Heidelberg-New York.

Papendieck, A. J. (1971): Reihenfolgen und Losgrößen in der Serienfertigung untersucht an einem praxisbezogenen Simulationsmodell. Diss. Braunschweig.

Pegden, C. D., Shannon, R. E., Sadowksi, R. P. (1990): Introduction to Simulation Using SIMAN. New York.

Perridon, L., Steiner, M. (1993): Finanzwirtschaft der Unternehmung. 7. Aufl. München.

Pfeiffer, W., Bischoff, P. (1981): Produktlebenszyklen – Instrument jeder strategischen Planung. In: Planung und Kontrolle – Probleme der strategischen Unternehmensführung. Hrsg. von *H. Steinmann*. München. S. 133ff.

Pichler, O. (1966): Anwendung der Matrizenrechnung bei der Betriebskostenüberwachung. In: Anwendungen der Matrizenrechnung auf wirtschaftliche und statistische Probleme. Hrsg. von *A. Adam* u.a. 3. Aufl. Würzburg-Wien. S. 74ff.

Picot, A. (1982): Transaktionskostenansatz in der Organisationstheorie. Stand der Diskussion und Aussagewert. In: Die Betriebswirtschaft (DBW). S. 267 ff.

Piehler, J. (1960): Ein Beitrag zum Reihenfolgeproblem. In: Unternehmensforschung. S. 138ff.

Pieroth, E., Wicke, L. (1988): Chancen der Betriebe durch Umweltschutz. Freiburg.

Platt, J. (1987): Kostenanalyse bei flexibel automatisierten Fertigungssystemen. München.

Plattfaut, E. (1988): DV-Unterstützung strategischer Unternehmungsplanung. Berlin.

Poensgen, O. H., Hort, H. (1983): F & E-Aufwand, Firmensituation und Firmenerfolg. In: Zeitschrift für betriebswirtschaftliche Forschung. S. 73ff.

Poensgen, W. (1990): Produktionssteuerung mit feinem Planungsraster. In: Zeitschrift für wirtschaftliche Fertigung. S. 636ff.

Pohl, H.-J. (Hrsg.) (1982): Mittelständische Unternehmen in Bremen. Bremen.

Pohl, M. (1978): Methoden der mehrperiodischen Unternehmensplanung bei Sortenfertigung. Bochum.

Popper, K. R. (1969): Logik der Forschung. 3. Aufl. Tübingen.

Porter, M. E. (1989): Wettbewerbsvorteile. Spitzenleistungen erreichen und behaupten. Frankfurt a.M.-New York.

Prager, K. P. (1983): Kopplung externer und interner Programmiersysteme für Industrieroboter. München-Wien.

Pressmar, D. B. (1971): Kosten- und Leistungsanalyse im Industriebetrieb. Wiesbaden.

Pressmar, D. B. (1974): Evolutorische und stationäre Modelle mit variablen Zeitintervallen zur simultanen Produktions- und Ablaufplanung. In: Proceedings in Operations Research 3. Hrsg. von *P. Gessner* u.a. Würzburg-Wien. S. 462ff.

Pressmar, D. B. (1975): Einsatzmöglichkeiten der elektronischen Datenverarbeitung für die simultane Produktionsplanung. In: Informationssysteme im Produktionsbereich. Hrsg. von *H.-R. Hansen*. München-Wien. S. 215ff.

Pritsker, A.A.B., Watters, L.J., Wolfe, P. M. (1969/70): Multiproject Scheduling with Limited Resources: A Zero-One Programming Approach. In: Management Science. S. 93ff.

REFA (Hrsg.) (1977): Methodenlehre des Arbeitsstudiums. Teil 5. München.

REFA (Hrsg.) (1978): Methodenlehre des Arbeitsstudiums. Teil 2. München.

REFA (Hrsg.) (1984): Methodenlehre des Arbeitsstudiums. Teil 1. München.

REFA (Hrsg.) (1985): MPS-Methodenlehre der Planung und Steuerung. Band I. 4. Aufl. München.

Reichmann, Th. (1968): Die Abstimmung von Produktion und Lager bei saisonalem Absatzverlauf. Köln-Opladen.

Reichmann, Th. (1979): Lagerhaltungspolitik. In: Handwörterbuch der Produktionswirtschaft. Hrsg. von *W. Kern*. Stuttgart. Sp. 1060ff.

Reichmann, Th., Lange, Ch. (1985): Aufgaben und Instrumente des Investitions-Controlling. In: Die Betriebswirtschaft (DBW). S. 454ff.

Reichwald, R. (1977): Arbeit als Produktionsfaktor. München.

Reichwald, R., Dietel, B. (1991): Produktionswirtschaft. In: Industriebetriebslehre. Hrsg. von *E. Heinen*. 9. Aufl. Wiesbaden. S. 395ff.

Reiser, M., Lavenberg, S. S. (1980): Mean Value Analysis of Closed Multichain Queueing Networks. In: Journal of the ACM 27. 2. S. 313ff.

Remer, A. (1978): Personalmanagement: Mitarbeiterorientierte Organisation und Führung von Unternehmungen. Berlin-New York.

Renner, A. (1991a): Leistungsmerkmale moderner PPS-Systeme aus betriebswirtschaftlicher Sicht. In: CONTROLLING. S. 32ff.

Renner, A. (1991b): Kostenorientierte Produktionssteuerung. München.

Riebel, P. (1963): Industrielle Erzeugungsverfahren in betriebswirtschaftlicher Sicht. Wiesbaden.

Riebel, P. (1972): Kosten und Preise bei verbundener Produktion, Substitutionskonkurrenz und verbundener Nachfrage. 2. Aufl. Opladen.

Riebel, P. (1990): Einzelkosten- und Deckungsbeitragsrechnung. 6. Aufl. Wiesbaden.

Riedesser, A. (1971): Der Diagonalalgorithmus zur Ablaufplanung. In: Zeitschrift für betriebswirtschaftliche Forschung. S. 649ff.

Rieper, B. (1979): Hierarchische betriebliche Systeme. Wiesbaden.

Rieper, B. (1985): Hierarchische Entscheidungsmodelle in der Produktionswirtschaft. In: Zeitschrift für Betriebswirtschaft. S. 770ff.

Rieper, B. (1986): Die Bestellmengenrechnung als Investitions- und Finanzierungsproblem. In: Zeitschrift für Betriebswirtschaft. S. 1230ff.

Rieper, B. (1989): Zahlungs- und erfolgsorientierte Entscheidungsrechnungen? Eine Erörterung am Beispiel der Bestellmengenrechnung unter Beachtung von Zahlungskonditionen. In: Zeitschrift für Betriebswirtschaft. S. 875ff.

Rieper, B., Majerus, M. (1991): Das Losgrößenproblem unter dem Einfluß von Investitionen in moderne Produktionstechnologien. In: Zeitschrift für Betriebswirtschaft. S. 195 ff.

Rinnooy Kan, A. H. G. (1976): Machine Scheduling Problems. Classification, Complexity and Computations. The Hague.

RKW e. V. (Hrsg.) (1978): RKW-Handbuch Praxis der Personalplanung. Neuwied und Darmstadt.

Rochau, E. (1952): Das Bedaux-System, seine praktische Anwendung und kritischer Vergleich mit dem REFA-System. Würzburg.

Roschmann, K., Geitner, U. W., Chen, J. (1992): Betriebsdatenerfassung 1992. In: Fortschrittliche Betriebsführung und Industrial Engineering. S. 196 ff.

Rosenberg, O. (1975): Investitionsplanung im Rahmen einer simultanen Gesamtplanung. Köln.

Roth, E. (1976): Wirtschaftliche Losgröße in der Praxis. Anleitung zur Ermittlung der Basisdaten. Essen.

Rowe, A. J., Jackson, J. R. (1956): Research Problems in Production Routing and Scheduling. In: The Journal of Industrial Engineering. S. 116 ff.

Rück, R., Brodbeck, B. (1988): MTU – ein Unternehmen auf dem Weg zu CIM. Teil 2. Fertigungssteuerung (FEST). Transport- und Zuteilungssystem (TZS) als CAM-Komponenten des CIM-Konzepts. In: Fortschrittliche Betriebsführung und Industrial Engineering. S. 60 ff.

Ruffing, Th. (1992): Die integrierte Auftragsabwicklung bei Fertigungsinseln – Grobplanung, Feinplanung, Überwachung. In: CIM Management. S. S 13 ff.

Rutsch, H. W., Lischke, C., Kuhlmann, T. (1992): Management von unternehmensübergreifenden Prozessen. In: Zeitschrift für wirtschaftliche Fertigung. S. 221 ff.

Sabathil, K. (1991): Evolutionäre Strategien der Unternehmensführung. Diss. Hamburg.

Sabel, H. (1974): Dynamische Theorie. In: Handwörterbuch der Betriebswirtschaft. 4. Aufl. Bd. I/1. Hrsg. von *E. Grochla* und *W. Wittmann*, Stuttgart. Sp. 1208 ff.

SAP AG (1988): System RM Funktionsbeschreibung. Walldorf.

Savsar, M., Biles, W. E. (1985): Simulation Analysis of Automated Production Flow Lines. In: Material Flow. S. 199 ff.

Sawik, T. (1990): Modelling and Scheduling of a Flexible Manufacturing System. In: European Journal of Operations Research. S. 177 ff.

Schäfer, E. (1969): Der Industriebetrieb. Betriebswirtschaftslehre der Industrie auf typologischer Grundlage. Bd. 1. Köln-Opladen.

Scheer, A.-W. (1974): Instandhaltungspolitik. Wiesbaden.

Scheer, A.-W. (1979): Instandhaltung, strategische Modelle zur. Handwörterbuch der Produktionswirtschaft. Hrsg. von *W. Kern*. Stuttgart. Sp. 823 ff.

Scheer, A.-W. (1985): EDV-orientierte Betriebswirtschaftslehre. 2. Aufl. Berlin-Heidelberg-New York.

Scheer, A.-W. (1987): CIM. Der computergesteuerte Industriebetrieb. Berlin-Heidelberg-New York.

Scheer, A.-W. (1990): Wirtschaftsinformatik. 3. Aufl. Berlin-Heidelberg-New York.

Scheer, A.-W., Heß, H., Jost, W. (1990): Rechnergestützte Entwicklung eines EDV-technischen CIM-Konzeptes. In: CIM Management. S. 64 ff.

Schlingensiepen, J. (1987 a): Wirtschaftlichkeitsrechnungen und kostenrechnerische Kalküle für flexible Fertigungssysteme (FFS). In: Kostenrechnungspraxis. S. 179 ff.

Schlingensiepen, J. (1987 b): Die Werkzeugdatei – CA-Schnittstelle zwischen Konstruktion und Fertigung. In: Fortschrittliche Betriebsführung und Industrial Engineering. S. 166 ff.

Schmager, P., Slebos, F., Wandke, C. (1991): Entscheidungsunterstützung für den Produktionsablaufplaner. In: Zeitschrift für wirtschaftliche Fertigung. S. 546 ff.

Schmidt, G. (1989): CAM: Algorithmen und Decision Support für die Fertigungssteuerung. Berlin.

Schmidt, R. (1967): Die Produktionsfunktion in betriebswirtschaftlicher Sicht. Diss. Köln.

Schmidt, W. P. (1972): Fertigungsplanung mit Graphen. Bern-Frankfurt a.M.

Schmigalla, H. (1969): Methoden zur optimalen Maschinenanordnung. Berlin.

Schneeweiß, Ch. (1981): Modellierung industrieller Lagerhaltungssysteme. Berlin.

Schneeweiß, Ch. (1988): Zur Bewältigung von Unsicherheiten in der Produktionsplanung und -steuerung. In: Betriebswirtschaftliche Steuerungs- und Kontrollprobleme. Hrsg. von *W. Lücke*. Wiesbaden. S. 285 ff.

Schneeweiß, Ch. (1992): Einführung in die Produktionswirtschaft. 4. Aufl. Berlin-Heidelberg-New York.

Schneeweiß, Ch., Alscher, J. (1987): Zur Disposition von Mehrprodukt-Lägern unter Verwendung der klassischen Losgrößenformel. In: Zeitschrift für Betriebswirtschaft. S. 483 ff.

Schneider, D. (1965): „Lernkurven" und ihre Bedeutung für Produktionsplanung und Kostentheorie. In: Zeitschrift für betriebswirtschaftliche Forschung. S. 501 ff.

Schneiderhan, W. (1971): Zum Problem der zeitlichen Abstimmung von Produktions- und Absatzmengen in mehrstufigen Unternehmen bei gegebenen Kapazitäten. Diss. Saarbrücken.

Schossig, H.-P. (1992): Rechnergeführte Produktion in mittelständischen Betrieben. In: CIM Management. S. 18 ff.

Schrage, L. (1989): LINDO. 4. Aufl. Redwood City, CA.

Schramm, K. (1987): Über die Kapitalwertfunktion des klassischen Losgrößenmodells. In: Zeitschrift für Betriebswirtschaft. S. 465 ff.

Schreuder, S., Upmann, R. (1988): CIM-Wirtschaftlichkeit – Vorgehensweise zur Ermittlung des Nutzens einer Integration von CAD, CAP, CAM, PPS und CAQ. Köln.

Schröder, M. (1981): Einführung in die kurzfristige Zeitreihenprognose und Vergleich der einzelnen Verfahren. In: Prognoserechnung. Hrsg. von *P. Mertens*. 4. Aufl. Würzburg-Wien. S. 23 ff.

Schreyögg, G., Steinmann, H. (1985): Strategische Kontrolle. In: Zeitschrift für betriebswirtschaftliche Forschung. S. 391 ff.

Schuh, G., Martiny, C., Böhlke, U. H., Schmitz, W. J. (1992): Planung technologischer Innovationen mit einem Technologiekalender. In: io Management Zeitschrift. Nr. 3. S. 31 ff.

Schuhmann, W. (1969): Integriertes Rechenmodell zur Planung und Analyse des Betriebserfolgs. In: Betriebswirtschaftliche Information, Entscheidung und Kontrolle. Festschrift für H. Münstermann. Hrsg. von *W. Busse von Colbe, G. Sieben*. Wiesbaden. S. 31 ff.

Schüle, H., Schumann, M. (1992a): DV-gestützte CIM-Planung. In: CIM Management. S. 56 ff.

Schüle, H., Schumann, M. (1992b): Entwicklung und Einsatz CASE-basierter Unternehmensmodelle zur CIM-Planung. In: CIM Management. S. 32 ff.

Schulz, H., Dey, H. J., Schmid, S. (1986): Kostensenkungs-Potentiale in der Arbeitsvorbereitung durch Rechnerunterstützung. In: Werkstatt und Betrieb. 1. S. 39 ff.

Schulze, L. (1985): FTS-Praxis, Fahrerlose Transportsysteme. Planung – Realisierung – Betrieb. München.

Schumann, M. (1992): DV-gestützte CIM-Planung. Eine Analyse ausgewählter Ansätze. In: Zeitschrift für Planung. S. 83 ff.

Schumann, M., Mertens, P. (1990): Nutzeffekte von CIM-Komponenten und Integrationskonzepten. In: CIM Management. S. 45 ff. S. 63 ff. S. 59 ff.

Schünemann, T. M., Lehnen, H. (1983): Berücksichtigung unterschiedlicher Flexibilitätsgrade bei der Investitionsplanung von Industrierobotern. In: Zeitschrift für wirtschaftliche Fertigung. S. 501 ff.

Schwarze, J. (1990): Netzplantechnik. 6. Aufl. Herne-Berlin.

Schwarze, J. (Hrsg.) (1980): Angewandte Prognoseverfahren. Herne-Berlin.

Schweim, J. (1969): Integrierte Unternehmensplanung. Bielefeld.

Schweitzer, M. (1979): Produktionsfunktionen. In: Handwörterbuch der Produktionswirtschaft. Hrsg. von *W. Kern*. Stuttgart. Sp. 1494ff.

Schweitzer, M., Küpper, H.-U. (1974): Produktions- und Kostentheorie der Unternehmung. Reinbek bei Hamburg.

Seelbach, H. u.a. (1975): Ablaufplanung. Würzburg-Wien.

Seger, F. (1992): Die schlanke Produktion (Lean Production). In: Wirtschaftswissenschaftliches Studium (WiSt). S. 411ff.

Sehner, G., Steinecke, V., Wartmann, R. (1974): Ein Programmsystem für die Richtkosten- und Planungsrechnung von Betrieben. In: IBM-Nachrichten. S. 348ff.

Sehner, G., Steinecke, V., Wartmann, R. (1975): System für Plankosten- und Planungsrechnung mit Matrizen. Anwendungsbeschreibung. Hrsg. von IBM. Stuttgart.

Seidel, E., Behrens, S. (1992): Umwelt-Controlling als Instrument moderner betrieblicher Abfallwirtschaft. In: Betriebswirtschaftliche Forschung und Praxis. S. 136ff.

Seidel, E., Menn, H. (1988): Ökologisch orientierte Betriebswirtschaft. Stuttgart.

Seiffart, E. (1961): Eine Verbesserung des Lösungsweges eines Reihenfolgeproblems. In: Wissenschaftliche Zeitschrift der Technischen Hochschule Otto von Guericke Magdeburg. S. 457ff.

Serfling, K., Schönebeck, H. (1989): Überlegungen zur Entwicklung eines strategischen Controlling am Beispiel von CIM-Investitionen. In: Der Betrieb. S. 2081ff.

Shephard, R. W., Färe, R. (1975): A Dynamic Theory of Production Correspondences. Research Report ORC 75–13. Operations Research Center. University of California. Berkeley, Cal.

Siegel, Th. (1974): Optimale Maschinenbelegungsplanung. Berlin.

Siegwart, H., Overlack, J. (1986): Langfristiger Erfolg durch Qualitätsstrategien. In: Harvard Manager. S. 64ff.

SIEMENS (1985): Software Produkt SIPRO-X. Produktblatt. Ausgabe 4/85. Bestell-Nr. U 2144-J-Z 94 1. München.

Silver, E. A., Meal, H. C. (1973): A Heuristic for Selecting Lot Size Quantities for the Case of a Deterministic Time Varying Demand Rate and Discrete Opportunities for Replenishment. In: Production and Inventory Management. S. 64ff.

Sinzig, W. (1990): Datenbankorientiertes Rechnungswesen – Grundzüge einer EDV-gestützten Realisierung der Einzelkosten- und Deckungsbeitragsrechnung. 3. Aufl. Berlin-Heidelberg-New York.

Smith, D. E. (1974): Adaptive Response for Exponential Smoothing. In: Operational Research Quarterly. S. 421ff.

Smith, W. E. (1956): Various Optimizers for Single-Stage Production. In: Naval Research Logistics Quarterly. S. 59ff.

Solberg, J. J. (1977): A mathematical model of computerized manufacturing systems. In: Proceedings of the 4th International Conference on Production Research. Tokio.

Solot, P. (1990): A Concept for Planning and Scheduling in an FMS. In: European Journal of Operations Research. 45. S. 85ff.

Späth, H. (1983): Cluster-Formation und -Analyse, Theorie, FORTRAN-Programme, Beispiele. München-Wien.

Spur, G. (1985): Neue Technologie und Arbeitsorganisation. In: REFA-Nachrichten. Heft 3. S. 10ff.

Spur, G., Krause, F.-L. (1984): CAD-Technik. Lehr- und Arbeitsbuch für die Rechnerunterstützung in Konstruktion und Arbeitsplanung. München-Wien.

Spur, G., Krause, F.-L. (1986): Konzeptionen von CAD/CAM-Systemen. In: Fortschrittliche Betriebsführung und Industrial Engineering. S. 148ff.

Spur, G., Mertins, K., Hinterhuber, H. H. (1990): Jede Unternehmung braucht ihr CIM-Referenzmodell. In: io Management Zeitschrift. Nr. 6. S. 41ff.

Spur, G., Specht, D. (1985): Fortschritte der Fertigungstechnik verändern die Fabrik. In: Der Technologie-Manager. Heft 3. Oktober 1985. S. 22ff.

Stadtler, H. (1988): Hierarchische Produktionsplanung bei losweiser Fertigung. Heidelberg.

Stark, R. M., Mayer, R. H. (1971): Some Multi-Contract Decision Theoretic Competitive Bidding Models. In: Operations Research. S. 469 ff.

Stecke, K. E., Kim, I. (1988): A Study of FMS Part Type Selection Approaches for Short-Term Production Planning. In: International Journal of Flexible Manufacturing Systems. Heft 1. S. 7 ff.

Steffen, M., Steinecke, V. (1962 a): Einflußgrößenrechnung zur Kostenplanung eines kontinuierlichen Feinstahlwalzwerkes mit Matrizen. In: Stahl und Eisen. S. 155 ff.

Steffen, M., Steinecke, V. (1962 b): Kostenplanung eines Walzwerkes mittels Matrizen. In: Ablauf- und Planungsforschung. S. 18 ff.

Steffen, R. (1979): Ablaufplanung bei Massenproduktion. In: Handwörterbuch der Produktionswirtschaft. Hrsg. von *W. Kern*. Stuttgart. Sp. 28 ff.

Steffen, R. (1983): Produktions- und Kostentheorie. Stuttgart-Berlin-Köln-Mainz.

Steffen, R. (1987 a): Flexibilitätssteigerung durch Rüstzeitsenkung. In: io Management Zeitschrift. Nr. 11. S. 507 ff.

Steffen, R. (1987 b): Maßnahmen zur Rüstzeitminderung. In: io Management Zeitschrift. Nr. 12. S. 581 ff.

Steffen, R. (1991): Verbindung computergestützter Erzeugniskonstruktionen (CAD) mit der Kosten- und Erlösrechnung in CIM-Konzeptionen. In: Zeitschrift für betriebswirtschaftliche Forschung. S. 359 ff.

Steger, U. (1988): Umweltmanagement. Wiesbaden.

Stein, C. (1965): Zur Berücksichtigung des Zeitaspekts in der betriebswirtschaftlichen Produktionstheorie. Diss. München.

Stepan, A. (1982): Die Struktur von Investitionsproblemen bei Berücksichtigung meßbarer Verschleißprozesse und Kriterien für den Anlagenersatz. In: Zeitschrift für Betriebswirtschaft. S. 426 ff.

Stepan, A., Fischer, E. O. (1988): Betriebswirtschaftliche Optimierung. Einführung in die quantitative Betriebswirtschaftslehre. München-Wien.

Steven, M. (1990): Strukturen dynamischer Lagerhaltungsmodelle. In: Das Wirtschaftsstudium (WISU). S. 287 ff.

Steven, M. (1991): Umwelt als Produktionsfaktor? In: Zeitschrift für Betriebswirtschaft. S. 509 ff.

Steven, M. (1992 a): Effizienz von betrieblichen Entsorgungsprozessen. In: Betriebswirtschaftliche Forschung und Praxis. S. 120 ff.

Steven, M. (1992 b): Umweltschutz im Produktionsbereich. In: Das Wirtschaftsstudium (WISU). Teil I: S. 35 ff. Teil II: S. 105 ff.

Stock, U. (1990): Das Management von Forschung und Entwicklung. München.

Stockert, A., Vogel, F. O. (1988): MTU – ein Unternehmen auf dem Weg zu CIM. Teil 1: Maßnahmen zur Verbesserung der Auftragsabwicklung – Gesamtüberblick. In: Fortschrittliche Betriebsführung und Industrial Engineering. S. 4 ff.

Stommel, H. J. (1970): Entwicklung des Terminplanungssystems Dylamit und Untersuchungen über den Zusammenhang zwischen Grob- und Feinterminplanung. Diss. Aachen.

Stöppler, S. (1975): Dynamische Produktionstheorie. Opladen.

Stöppler, S. (Hrsg.) (1979): Dynamische ökonomische Systeme. Wiesbaden.

Stöppler, S. (1983 a): Nachfrageprognose und Produktionsplanung bei saisonalen und konjunkturellen Schwankungen. Würzburg.

Stöppler, S. (1983 b): Der Einfluß der Lagerkosten auf die Produktionsanpassung bei zyklischem Absatz – Eine kontrolltheoretische Analyse. Arbeitsbericht Nr. 14 der Forschungsgruppe „Planung und Prognose“ der Universität Bremen. Bremen.

Stöppler, S., Fischer, R., Rogalski, M. (1992): Ein Bezugsgrößenmodell zur Systematisierung der Kosten- und Erlösinformationen. In: Zeitschrift für Betriebswirtschaft. S. 579 ff.

Strebel, H. (1975): Forschungsplanung mit Scoringmodellen. Baden-Baden.

Strebel, H. (1980): Umwelt und Betriebswirtschaft. Die natürliche Umwelt als Gegenstand der Unternehmenspolitik. Berlin.

Streißler, E. (1959): Die volkswirtschaftliche Produktionsfunktion in dynamischer Betrachtung. In: Zeitschrift für Nationalökonomie. S. 86 ff.

Strobel, W. (1964): Simultane Losgrößenbestimmung bei stationären Modellen. In: Zeitschrift für Betriebswirtschaft. S. 241 ff.

Stützle, G. (1987): Langfristige Kapazitätsplanung unter Berücksichtigung der betrieblichen Elastizität. München.

Subramanyam, S., Askin, R. G. (1986): An Expert Systems Approach to Scheduling in Flexible Manufacturing Systems. In: Flexible Manufacturing Systems: Methods and Studies. Hrsg. von *A. Kusiak*. Amsterdam. S. 243 ff.

Suppan-Borowka, J., Simon, T. (1986): MAP Datenkommunikation in der automatisierten Fertigung. Pulheim.

Switalski, M. (1988): Hierarchische Produktionsplanung und Aggregation. In: Zeitschrift für Betriebswirtschaft. S. 381 ff.

Switalski, M. (1989): Hierarchische Produktionsplanung. Heidelberg.

Szwarc, W. (1960): Solution of the Akers-Friedman Scheduling Problem. In: Operations Research. S. 782 ff.

Szwarc, W. (1968): On Some Sequencing Problems. In: Naval Research Logistics Quarterly. S. 127 ff.

Szwarc, W. (1974): Mathematical Aspects of the 3 x n Job-Shop Sequencing Problem. In: Naval Research Logistics Quarterly. S. 145 ff.

Tangermann, H. P. (1973): Auftragsreihenfolgen und Losgrößen als Instrument der Fertigungsterminplanung, untersucht an einem praxisbezogenen Simulationsmodell. Diss. Braunschweig.

Tempelmeier, H. (1988): Kapazitätsplanung für flexible Fertigungssysteme. In: Zeitschrift für Betriebswirtschaft. S. 963 ff.

Tempelmeier, H. (1992 a): Material-Logistik. 2. Aufl. Berlin-Heidelberg-New York.

Tempelmeier, H. (1992 b): Planung Flexibler Fertigungssysteme. In: Das Wirtschaftsstudium (WISU). S. 407 ff.

Tempelmeier, H., Endesfelder, Th. (1987): Der SIMAN Modul Prozessor – Ein flexibles Software Tool zur Erzeugung von SIMAN-Simulationsmodellen. In: Angewandte Informatik. 3. S. 104 ff.

Tempelmeier, H., Kuhn, H. (1992): Flexible Fertigungssysteme. Berlin-Heidelberg-New York.

ter Haseborg, F. (1990): Dynamische Materialdisposition im Beschaffungsbereich. In: Zeitschrift für Betriebswirtschaft. S. 705 ff.

ter Schüren, H., Sehner, G., Walter, K.-D. (1981): Erfahrungen und Strategien bei der Implementation linearer Betriebsmodelle. In: Operations Research Proceedings 1980. Hrsg. von *G. Fandel* u.a. Berlin-Heidelberg-New York. S. 407 ff.

Theisen, P. (1970): Grundzüge einer Theorie der Beschaffungspolitik. Berlin.

Töpfer, A. (1976): Planungs- und Kontrollsysteme industrieller Unternehmungen. Eine theoretische, technologische und empirische Analyse. Berlin.

Töpfer, A. (1987): Die Planung der Unternehmensziele. In: AGPLAN-Handbuch zur Unternehmensplanung. KZ 1205. Erg.-Lfg. VII/1987.

Tou, J. T. (1985): Design of Expert Systems for Integrated Production Automation. In: Journal of Manufacturing Systems. 2. S. 147 ff.

Trampedach, K. (1973): Theorie und Organisation der Angebotsplanung als Mensch – Maschine – Entscheidungssystem. Diss. Karlsruhe.

Troßmann, E. (1983): Grundlagen einer dynamischen Theorie und Politik der betrieblichen Produktion. Berlin.

Vazsonyi, A. (1962): Die Planungsrechnung in Wirtschaft und Industrie. Wien-München.

VDI-Fachgruppe Betriebstechnik (1971): Elektronische Datenverarbeitung bei der Produktionsplanung und -steuerung. II: Fertigungsterminplanung und -steuerung. VDI Taschenbuch T 23. Düsseldorf.

Vergin, R. C. (1966): Scheduling Maintenance Determining Crew Size for stochastically falling Equipment. In: Management Science. S. B 52ff.

Viehweger, B. (1992): FFS als wesentlicher Bestandteil von Fertigungsarchitekturen. In: CIM Management. S. 10ff.

Vischer, P. (1967): Simultane Produktions- und Absatzplanung. Wiesbaden.

Vogel, F. (1968): Grundlagen und Funktionsweise eines Modells der betrieblichen Produktions- und Kostenstruktur. In: Zeitschrift für Betriebswirtschaft. Ergänzungsheft 1. S. 1ff.

Vogeley, N. (1987): Ist CAQ rentabel? – Wirtschaftlichkeitsbetrachtungen zur rechnerunterstützten Qualitätssicherung. In: Fortschrittliche Betriebsführung und Industrial Engineering. S. 174ff.

Vogelsang, G., Glaszinski, H., Rauen, J. (1965): Die Erlösanalyse als neues Instrument des betrieblichen Rechnungswesens in der Eisen- und Stahlindustrie. In: Stahl und Eisen. S. 738ff.

Vollmann, Th. E. (1986): OPT as an Enhancement to MRP II. In: Production and Inventory Management. 2nd Quarter 1986. S. 38ff.

Wagner, G. R. (Hrsg.) (1990): Unternehmung und ökologische Umwelt. München.

Wagner, G. R., Fichtner, S. (1992): Unternehmerische Abfallwirtschaft. In: Handbuch des Umweltmanagements. Hrsg. von *U. Steger*. S. 557ff.

Wagner, G. R., Janzen, H. (1991): Ökologisches Controlling – Mehr als ein Schlagwort? In: CONTROLLING. S. 120ff.

Wagner, H. M. (1959): An Integer Linear-Programming Model for Machine Scheduling. In: Naval Research Logistics Quarterly. S. 131ff.

Wagner, H. M. (1984): Profit Wonders, Investment Blunders. In: Harvard Business Review. S. 121ff.

Wagner, H. M., Whitin, T. M. (1958): Dynamic Version of the Economic Lot Size Model. In: Management Science. S. 89ff.

Walter, K.-D. (1977): Gestaltung und Verwirklichung linearer Modelle zur Unternehmensplanung. Bochum.

Warnecke, H.-J. (1992): Die Fraktale Fabrik. In: CIM Management. S. 27ff.

Warnecke, H.-J., Hüser, M. (1992): Lean Production – eine kritische Würdigung. In: Angewandte Arbeitswissenschaft. S. 1ff.

Warnecke, H. J., Kölle, J. H. (1980): Verfahren zur Montagesteuerung bei neuen Arbeitsstrukturen. In: Fortschrittliche Betriebsführung und Industrial Engineering S. 163ff.

Warnecke, H.-J., Schiele, G. (1986): Erfahrungen mit Industrierobotern. In: io Management Zeitschrift. Nr. 9. S. 380ff.

Warschat, J., Wasserloos, G. (1991): Simultaneous Engineering. In: Fortschrittliche Betriebsführung und Industrial Engineering. S. 22ff.

Wartmann, R. (1963): Rechnerische Erfassung der Vorgänge im Hochofen zur Planung und Steuerung der Betriebsweise sowie Erzauswahl. In: Stahl und Eisen. S. 1414ff.

Wartmann, R. (1963/64/65): Aufbau und Rechenvorgänge eines mathematischen Hochofenmodells. Teil I-VII. In: Archiv für das Eisenhüttenwesen. (1963) S. 879ff. (1964) S. 15ff., S. 159ff., S. 173ff., S. 373ff., S. 911ff. (1965) S. 609ff.

Weber, A. (1922): Über den Standort der Industrie. Tübingen.

Weber, H.-J. (1979): Produktionstechnik und -verfahren. In: Handwörterbuch der Produktionswirtschaft. Hrsg. von *W. Kern*. Stuttgart. Sp. 1604ff.

Weber, J. (1987): Logistikkostenrechnung. Heidelberg – Berlin – New York.

Weber, J. (1992): Logistik als Koordinationsfunktion. In: Zeitschrift für Betriebswirtschaft. S. 877ff.

Weber, J., Kummer, S. (1990): Aspekte des betriebswirtschaftlichen Managements der Logistik. In: Die Betriebswirtschaft (DBW). S. 775 ff.

Weber, K. (1967): Die Aussagefähigkeit empirischer Kostenfunktionen in betriebswirtschaftlicher Sicht. In: Zeitschrift für Betriebswirtschaft. 1. Ergänzungsheft. S. 47 ff.

Weise, G. (1991): Monetäre Nutzengrößen erleichtern das Bewerten von CIM-Systemen. In: Zeitschrift für wirtschaftliche Fertigung. S. 397 ff.

Wemmerlöv, U. (1982): A Comparison of Discrete Single Stage Lot-Sizing Heuristics with Special Emphasis on Rules Based on the Marginal Cost Principle. In: Engineering Costs and Production Economics. S. 45 ff.

Werner, M. (1973): Stochastische lineare Optimierungsmodelle. Frankfurt a. M.

Wicher, H. (1987): Qualitätszirkel. In: Wirtschaftswissenschaftliches Studium (WiSt). S. 333 ff.

Wiendahl, H.-P. (1987 a): Belastungsorientierte Fertigungssteuerung. München.

Wiendahl, H.-P. (1987 b): Belastungsorientierte Fertigungssteuerung. In: technologie & management 2/87. S. 28 ff.

Wiendahl, H.-P. (1988): Fertigungssteuerung. In: Schriften zur Unternehmensführung. Bd. 39. S. 63 ff.

Wiendahl, H.-P. (1989): Betriebsorganisation für Ingenieure. 3. Aufl. München-Wien.

Wight, O. W. (1974): Production and Inventory Management in the Computer Age. Boston.

Wildemann, H. (1983): Flexible Werkstattsteuerung durch Integration japanischer KANBAN-Prinzipien. München.

Wildemann, H. (1986 a): Einführungsstrategien für neue Produktionstechnologien, dargestellt an CAD/CAM-Systemen und Flexiblen Fertigungssystemen. In: Zeitschrift für Betriebswirtschaft. S. 337 ff.

Wildemann, H. (1986 b): Strategische Investitionsplanung für neue Technologien. In: Ergänzungsheft der Zeitschrift für Betriebswirtschaft. Hrsg. von *H. Albach* und *H. Wildemann*. Heft 1. S. 1 ff.

Wildemann, H. (1986 c): Investitionsplanung für CAD/CAM. Stuttgart.

Wildemann, H. (1987 a): Investitionsplanung und Wirtschaftlichkeitsrechnung für Flexible Fertigungssysteme. Stuttgart.

Wildemann, H. (1987 b): Betriebswirtschaftliche Wirkungen einer flexibel automatisierten Fertigung. In: Betriebswirtschaftliche Forschung und Praxis. S. 209 ff.

Wildemann, H. (1988): Produktionssteuerung nach KANBAN-Prinzipien. In: Schriften zur Unternehmensführung. Bd. 39. Wiesbaden. S. 32 ff.

Wildemann, H. (1989): Fabrikorganisation: Kundennahe Produktion durch Fertigungssegmentierung. In: Zeitschrift für Betriebswirtschaft. S. 27 ff.

Wildemann, H. (1991 a): Einführungsstrategien für eine Just-in-Time-Produktion und -Logistik. In: Zeitschrift für Betriebswirtschaft. S. 149 ff.

Wildemann, H. (1991 b): Integrationslücken und Integrationspfade für CIM. In: Die Betriebswirtschaft (DBW). S. 413 ff.

Wildemann, H. (1992 a): Qualitätsentwicklung in F & E, Produktion und Logistik. In: Zeitschrift für Betriebswirtschaft. S. 17 ff.

Wildemann, H. (1992 b): Kosten- und Leistungsbeurteilung von Qualitätssicherungssystemen. In: Zeitschrift für Betriebswirtschaft. S. 761 ff.

Wildemann, H. (1992 c): Entwicklungsstrategien für Zulieferunternehmen. In: Zeitschrift für Betriebswirtschaft. S. 391 ff.

Wildemann, H. (1992 d): Unter Herstellern und Zulieferern wird die Arbeit neu verteilt. In: Harvard manager. S. 82 ff.

Wille, H., Gewald, K., Weber, H.-D. (1972): Netzplantechnik. Methoden zur Planung und Überwachung von Projekten. Band 1: Zeitplanung. 3. Aufl. München-Wien.

Witte, Th. (1988): Produktionsfunktionen und ihre betriebswirtschaftliche Bedeutung. In: Das Wirtschaftsstudium (WISU). S. 457 ff.

Wittenbrink, H. (1975): Kurzfristige Erfolgsplanung und Erfolgskontrolle mit Betriebsmodellen. Wiesbaden.

Wittmann, W. (1979): Aktivitätsanalytische Ansätze dynamischer Produktionstheorie und ihre Beziehungen zur Planung. In: Unternehmenstheorie und Unternehmensplanung. Hrsg. von W. Mellwig u. a. Wiesbaden. S. 273 ff.

Wohlgemuth, M. (1975): Aufbau und Einsatzmöglichkeiten einer Planerfolgsrechnung als operationales Lenkungs- und Kontrollinstrument der Unternehmung. Berlin.

Wolfrum, B. (1992): Grundgedanke, Formen und Aussagewert von Technologieportfolios (II). In: Das Wirtschaftsstudium (WISU). S. 403 ff.

Wollert, A., Bihl, G. (1983): Wertorientierte Personalpolitik. Ein Beitrag zur Diskussion des personalpolitischen Gesamtkonzeptes der Zukunft. In: Personalführung. Heft 8. S. 1 ff.

Yao, D. D., Buzacott, J. A. (1985): Modelling the Performance of Flexible Manufacturing Systems. In: International Journal of Production Research. S. 945 ff.

Zander, E. (1986): Entgeltformen bei veränderten Technologien, Arbeitsstrukturen und Arbeitszeitregelungen. In: Zeitschrift für betriebswirtschaftliche Forschung. S. 289 ff.

Zangemeister, Ch. (1976): Nutzwertanalyse in der Systemtechnik. 4. Aufl. München.

Zanner, P. (1992): Wie sieht die CIM-gerechte Organisation aus? In: io Management Zeitschrift. Nr. 5. S. 27 ff.

Zäpfel, G. (1979): Programmplanung, mittelfristige. In: Handwörterbuch der Produktionswirtschaft. Hrsg. von *W. Kern.* Stuttgart. Sp. 1700 ff.

Zäpfel, G. (1982): Produktionswirtschaft. Operatives Produktions-Management. Berlin-New York.

Zäpfel, G. (1989 a): Strategisches Produktions-Management. Berlin-New York.,

Zäpfel, G. (1989 b): Taktisches Produktions-Management. Berlin-New York.

Zäpfel, G. (1991 a): Produktionslogistik. In: Zeitschrift für Betriebswirtschaft. S. 209 ff.

Zäpfel, G. (1991 b): Stücklisten, Verwendungsnachweise, Arbeitspläne und Produktionsfunktionen. In: Wirtschaftswissenschaftliches Studium (WiSt). S. 340 ff.

Zäpfel, G., Attmann, J. (1980): Losgrößenplanung: Lösungsverfahren für den dynamischen Fall bei beschränkten Kapazitäten und mehrstufiger Fertigung. In: Das Wirtschaftsstudium (WISU). Teil I: S. 122 ff. Teil II: S. 174 ff.

Zäpfel, G., Brunner, J. K. (1978): Planung des Fertigungsprogramms bei unsicheren Erwartungen über die Absatzwerte. Teil I: Risiken und Chancen des Fertigungsprogramms bei unsicheren Erwartungen. In: Angewandte Planung. S. 73 ff. Teil II: Ausgewählte Lösungsansätze bei unsicheren Erwartungen über die Absatzwerte. In: Angewandte Planung. S. 101 ff.

Zäpfel, G., Hödlmoser, P. (1992): Läßt sich das KANBAN-Konzept bei einer Variantenfertigung wirtschaftlich einsetzen? In: Zeitschrift für Betriebswirtschaft. S. 437 ff.

Zäpfel, G., Missbauer, H. (1987): Produktionsplanung und -steuerung für die Fertigungsindustrie. – Ein Systemvergleich. In: Zeitschrift für Betriebswirtschaft. S. 882 ff.

Zäpfel, G., Missbauer, H. (1988): Bestandskontrollierte Produktionsplanung und -steuerung. In: Fertigungssteuerung I. Hrsg. von *D. Adam.* Wiesbaden. S. 23 ff.

Zäpfel, G., Missbauer, H., Kappel, W. (1992): PPS-Systeme mit belastungsorientierter Auftragsfreigabe. In: Zeitschrift für Betriebswirtschaft. S. 897 ff.

Zelewski, S. (1990): PPS-Expertensysteme für die Terminfeinplanung und -steuerung. Teil I: Konzepte. In: Information Management 1. S. 56 ff.

Zimmermann, G. (1979): Ergiebigkeitsmaße für die Produktion. In: Handwörterbuch der Produktionswirtschaft. Hrsg. von *W. Kern.* Stuttgart. Sp. 520 ff.

Zink, K. J. (Hrsg.) (1989): Qualität als Managementaufgabe – Total Quality Management. Landsberg/Lech.

Zink, K. J., Schick, G. (1987): Quality Circles 1: Grundlagen. 2. Aufl. München.
Zoller, K., Robrade, A. (1987): Dynamische Bestellmengen- und Losgrößenplanung. In: OR-Spektrum. S. 219 ff.
Zülch, G., Heitz, M.-J. (1992): Produktion 2000. Kurzbericht über das 5. Forschungsseminar der Hochschulgruppe Arbeits- und Betriebsorganisation (HAB). In: Fortschrittliche Betriebsführung und Industrial Engineering. S. 189 ff.
Züst, Th. (1987): Wie beeinflußt „Computer Integrated Manufacturing" die Flexibilität und Produktivität der Fertigung? In: io Management Zeitschrift. Nr. 4. S. 188 ff.
Zwicky, F. (1989): Entdecken, Erfinden, Forschen. 2. Aufl. München-Zürich.

Sachverzeichnis

ABC-Analyse 357 ff., 372
Ablauffamilie 251
Ablaufplanung 423 ff., 464
– Dilemma der 430
Absatzgeschwindigkeit 392
Absatzmarktanalyse 50
Absatzmodelle 330, 333, 565 ff.
Absatzprognose 306, 374
Absatzprogramm 277
Absatzverbund 75
Adreßverkettung 364 ff.
Ähnlichkeitsbildung 67, 251
Aggregation 564
Akkordlohn 138 ff.
Akkordrichtsatz 139
Anlagen-Controlling 92
Anlagenintensität 9 f.
Anlagenwirtschaft 92
Anpassung
– intensitätsmäßige 7, 295
– kombinierte 293, 300
– multiple 280, 300
– mutative 301
– quantitative 8, 299 f.
– zeitliche 7, 293 f.
Anpassungskosten 426 f.
Anpassungsmaßnahmen (Produktions-/Absatzmengen) 326
Arbeitsbedingungen 113 ff.
Arbeitsbewertung 132 ff.
Arbeitsgangdatei 532
Arbeitsgestaltung 114
– ergonomische 119 ff.
Arbeitsleistung, menschliche 3
Arbeitsorganisation 115 ff.
Arbeitsplan 309, 455 ff., 531 f.
– auftragsbezogener 531
– auftragsneutraler 531
Arbeitsplanprozessor 532
Arbeitsplanung 165 ff.
Arbeitsplatzdatei 532
Arbeitssteuerung 267
Arbeitsstrukturierungsmaßnahmen 115 f.
Arbeitsteilung 9
Arbeitsverteiler 538
Arbeitsverteilung 537
Arbeitszeitplanung 121 ff.
Arbeitszerlegung 115
Argumentenbilanz 231 f.
Artenproduktion 13, 441
Aufgabenverteilung 537 ff.
– dezentrale 538 ff.
– zentrale 537 f.
Auflagendegression 390 f.
auflagenfixe Kosten 390
Auflegungshäufigkeiten 394, 397
Auftragsdatei 531
Auftragsgröße 389 f.
Auftragsnetz 464
Auftragsprioritäten 463 f.
Auftragsproduktion 12 f., 344, 441, 454, 488
Auftragsverteilung 537
Ausfallzeitverteilung 103 f.
Auslastungsprozentsatz 464
Auswertungsrechnungen 581
Austaktung 246 ff.
Automatisierungsgrad 94 f., 160

Balkendiagramm 449 f., 484, 486, 498, 501
Bandstation 246
Bandwirkungsgrad 246 ff.
Baugruppen 5
Baukastenprinzip 68
Baukastenstückliste 363
Baustellenproduktion 15, 441
Bearbeitungsstation 244 f., 246
Bedarfsanalyse 50, 62
Bedarfsflexibilität 149
Bedarfsprognose, langfristige 52
Bedienungsrelation 129
Bedarfsauflösung
– analytische 366
– synthetische 366 f.
Bedarfsermittlung 355
– deterministische 355 f., 359
– programmgebundene 355 f., 359
– programmgesteuerte 355 f., 359
– stochastische 355 f., 359
– verbrauchsgebundene 355 f., 359
– verbrauchsgesteuerte 355 f., 359
Bedarfsgeschwindigkeit 392

Bedarfsplanung
– deterministische 360ff.
– stochastische 372
– terminierte 407f., 476
Bedarfssituation 374
Bedarfsverlust 394
Bedarfsverteilung
– deterministische 373
– stochastische 373
Belastungskonto 468ff.
Belastungsorientierte Auftragsfreigabe (BORA) 466ff., 571ff.
Belastungsschranke 469ff.
Belastungsübersicht 460
Belegungsprofil 460
Bereitstellung
– arbeitssystembezogene 536
– auftragsbezogene 536
– auftrags- und arbeitssystembezogene 536
Bereitstellungsprinzipien (für Werkstoffe) 146, 148
Beschäftigung 287, 299
Beschaffungsmarktrisiko 149
Beschaffungsmarktanalyse 52
Beschaffungsmengenpolitik 151
Beschaffungsplanung, strategisch-taktische 149ff.
Beschaffungsportfolio 150
Beschaffungspreis- und -konditionenpolitik 151
Bestandshöhe 468
Bestellpunktverfahren 415ff.
Bestellrhythmusverfahren 418f.
Bestellbestand 372, 415
Bestellgrenze 415
Bestellmenge 415
Bestellproduktion 12
Bestellpunkt 415
Betriebsdatenerfassung (BDE) 176ff., 179, 545, 576f.
Betriebsgröße 10f.
Betriebsgrößenvariation 300f.
Betriebsmittel 3
Betriebsminimum 288
Betriebsmittelverschleiß 101f., 297f.
Betriebsmodelle 330, 333, 565ff.
Betriebsoptimum 288
Betriebsstoffe 5, 373
Bezugsgröße 299
Bound 505
Branch 506
Branchenanalyse 50
Break-Even-Analyse 227ff.
Bruttobedarf, Ermittlung des -s 366ff.

CAD 65f. 573ff.
CAE 164f.
CAM 168ff., 573ff.
CAP 165, 573ff.
CAQ 72, 176, 544
Chancen-Risiken-Analyse 186ff.
Chargenproduktion 18
Cash-Flow, standortrelevanter 88
CIM 159, 161ff., 573ff.
– Implementierung 197ff.
– Einführungspfade 206ff.
– -Ist-Integrationsstand 198ff.
– Komponenten 162ff.
– Referenzmodell 198
– -Soll-Integrationsstand 200ff.
– Teilketten 207ff.
CNC-Maschine 169
Controlling-Leitstand 579
CORELAP-Verfahren 237
CPM-Netzplan 443
CRAFT-Verfahren 238

Datenbank 162, 164, 177, 532, 580
Datenintegration 202ff.
Deckungsbeitrag 277
– engpaßbezogener 317, 346
Deckungsbeitragsrechnung 332
Dekomposition 564
Delphi-Methode 383
Differenzierung
– hierarchische 32f., 548f.
– inhaltliche 33f.
– organisatorische 32f., 548f.
– zeitliche 31f.
– Differenzierungsstrategie 184f.
Direktbedarfsmatrix 369
Direktverbrauchsmatrix 308, 369
Disaggregation 564
Dispositionsstufe 367f.
Dispositionsstufenverfahren 367ff.
Diversifikationsstrategie 73
DNC-System 169
Durchführungskontrolle 264
Durchführungsplanung 424ff.
Durchlaufterminierung 444ff., 455ff.
Durchlaufzeit 427f., 482ff., 512
– mittlere 468ff.
Durchlaufzeitverkürzung 449ff.
Durchschnittskosten 287f.
Dynamische Produktionsfunktion 431ff.
– als diskontinuierliche Modelle 435f.
– als kontinuierliche Modelle 434f.

Eigenerstellung 387ff.
Einlastungsplanung 489ff.

Einlastungs-Prozentsatz 469 ff.
Einrichtekosten 390 f.
Einzelproduktion 15, 436
– Maschinenbelegungsplanung 478 ff.
Einzelprojektproduktion 441
Elementarfaktoren 2 f.
Elementarkombinationen 302
Emanzipationsprinzip 97
Energie 372
Energiebeschaffungsplanung 154 f.
Energie-Rationalisierungsplanung 155 f.
Energiesicherung 153 ff.
Energietechnik 22
Engpaßorientierte Auftragsfreigabe (EOS) 475, 493
Entscheidungsbaum 510 f.
– stochastischer 221 ff.
Entscheidungspunkt 222
Ereignispunkt 222
Erfüllungsverzug 394 f.
Erholungszeiten 123
Erklärungsmodelle, produktions- und kostentheoretische 278
Erlöserhöhungspotential 217
Erlösmodell 339
Ermittlungsmodelle 330, 333
Ertragsfunktion 285 f.
Ertragsgesetz 285 f.
Erweiterungsinvestition 300
Erzeugnisstruktur 360 ff.
Erzeugnisstruktursatz 364 ff.
Erzeugung 2

Fabrikplanung 89 ff.
Fahrerloses Transportsystem (FTS) 171
Faktoreinsatzfunktion 278, 286, 290
Faktoren
– derivative 2 f.
– dispositive 2 f.
– Nutzungs- 3
– originäre 2 f.
– Potential- 3
– Repetier- 3 f.
– Verbrauchs- 3 f.
Faktorkonstellation 311 f.
Faktorplanung, strategisch-taktische 44 ff.
Faktorpreise 286 f.
Fehlerkreis der Fertigungssteuerung 466
Fehlmengen 394 f.
Fehlmengenkosten 411, 426 f.
Feinterminierung 464
Fertigung 2
Fertigungsauftragsdaten 180 ff.
Fertigungsinsel 175
Fertigungsfamilie 251
Fertigungs-Fortschrittskontrolle 543
Fertigungsplanung 267
Fertigungssegmentierung 175, 251
Fertigungssteuerung 267
– Fehlerkreis der 466
Fertigungsstückliste 361, 366
Fertigungsstufenverfahren 367
Fertigungstechnik 20 f.
Fertigungstiefe 144
Flexibilität 8, 172 ff., 235
– qualitative 8
– quantitative 8
Flexible Fertigungszelle (FFZ) 173
Flexible Transferstraße 175
Flexibles Fertigungssystem (FFS) 173 f., 488 ff.
– Arbeitsorganisation 117 f.
– Konfigurationsplanung 252
– Prozeßplanung 488 ff.
Fließbandabstimmung 246
Fließproduktion 16, 245 ff., 520
Flow-Shop-Modelle 500 f., 512
Flußprinzip 234
Forschung und Entwicklung 63 ff.
Fortschrittszahlenkonzept 527 ff.
Fremdbezug 387 ff., 409 ff.
Fremdteile 5
Führungsgrößen 533 f., 561
Führungssystem der Produktion 27 ff.

GANTT-Diagramm 501
Gattierungsliste 360
Gebrauchsverschleiß 101, 297 f.
Gegenstromprinzip 33, 330
Geldakkord 139
Genfer Schema der Arbeitsbewertung 134
Gesamtbedarfsmatrix 369
Geschäftseinheiten, strategische 47 f.
Gewinnkonzept, taktisches 216
Gewinnziel 24
Glättung, exponentielle
– erster Ordnung 375 ff.
– erster Ordnung mit Trend 378 ff.
– zweiter Ordnung 379 ff.
– höherer Ordnung 381
Glättungskoeffizient 375 f., 380 f.
Glättungsparameter 375 f., 380 f.
Gozinto-Graph 367 f.
Gozintomodell 308 f.
Grenzkosten 287
Grenzplankostenrechnung 332, 579 f.
Großprojektproduktion 441
Grunddaten 162, 164, 177, 180 ff., 580

Grundrechnung der primären Kosten und Erlöse 163 f., 580
Grundzeiten 122 f.
Gruppenakkordlohnsystem 140
Gruppenprinzip 234

Halbfabrikate 5
Halbzeuge 5
Handelsreisenden, Problem des 502
Handelswaren 5
Handwerks-Produktionsbetriebe 10
Herstellung 2
Hilfsstoffe 5, 372
Holprinzip 522
Holzliste 360
Homogenitätsbeziehungen 281

Industrieroboter 167 f., 170
Informationsversorgung
– der Instandhaltungsplanung 103 ff.
– der operativen Faktorplanung 420 ff.
– der operativen Programmplanung 351 ff.
– der operativen Prozeßplanung 530 ff.
– der strategischen Programmplanung 77 ff.
– der strategisch-taktischen Faktorplanung 156 f.
– der strategisch-taktischen Prozeßplanung 261 f.
Informationsversorgungssystem der Produktion 34 f.
Innovationspool 62 f.
Input 2
Inputfunktion 334
Input/Output-Control (IOC) 475, 573
– kostenorientierte 475 ff.
– Sukzessivkonzept 476
– Simultankonzept 476 ff.
Inputtypen 13 f.
Instandhaltung 102
Instandhaltungsintervall 102
Instandhaltungskosten 104 f., 109 f.
Instandhaltungsplanung 101 ff.
– Informationsversorgung der 103 ff.
Instandhaltungszyklus 105 ff.
Integration, vertikale 144 ff.
Integrationsstrategie 145 f.
Integrierte Produktionsplanung 547 ff.
– als simultane Ansätze 551 ff.
– als sukzessive Ansätze 560 ff.
Intensität 7, 290
Investitionsplanung 99 ff.
Investitionsrechnung 220 f.
Isoquanten 279

Just-in-Time (JIT)-Konzept 147
Just-in-Time (JIT)-Beschaffung 419 f.
Job-Enlargement 115 f.
Job-Enrichment 115 f.
Job-Rotation 115 f.
Job-Shop-Modelle 478 f.

Kalkulation, konstruktionsbegleitende 66 ff.
Kalkulationsschema 304
KANBAN-System 522 ff., 540, 571 ff.
– -Karte 522
Kapazität 6 f., 393
– maximale 99
– minimale 99
– optimale 98
– qualitative 6, 94
– quantitative 6 f., 96 ff.
Kapazitätsabgleich 451, 461
Kapazitätsabstimmung 96 ff.
Kapazitätsangebot 460
Kapazitätsausgleich 451, 453, 461
Kapazitätsausgleichsverfahren 461 ff.
Kapazitätsbedarf 96, 460 f.
Kapazitätsbelastung 452 f.
Kapazitätsbelastungsplanung 459 ff.
Kapazitäts-Belastungsübersicht 451 f.
Kapazitätsbelegungsplanung 464
Kapazitätsbestand 96
Kapazitätsgebirge 460, 451
Kapazitätsharmonisierung 96
Kapazitätsplanung 94 ff., 444, 451
Kapazitätsquerschnitt 7
Kapazitätsstrategien 93 f.
Kapazitäts-Summenkurve 461 f.
Kapazitätsterminierung 444, 451 ff., 458 ff.
Kapazitätsüberbelastung 460
Kapazitätsunterbelastung 460 f.
Kapitaleinsatz 24
Kombinationsprozeß 5 f.
Kompensationsmaßnahmen 326 f.
Konfigurationsplanung 252
Konkurrenzanalyse 62
Konstruktionsstückliste 361, 366
Kontrolle
– Faktoreinsatz- 544
– Kosten- 544
– Mengen- 543
– Qualitäts- 543 f.
– Termin- 543
Konzentrationsstrategie 146, 185
Kooperationsstrategie 146
Koordination 547 ff.
– hierarchische 32 f., 548 f.

– sachliche 33 f., 549
– zeitliche 31 f., 547 f.
Kosten
– auflagefixe 390
– bestellfixe 410
– bestellmengenrelevante 410
– fixe 287 f., 300 f., 426
– variable 287 f.
Kosteneinflußgrößen 287
Kosteneinflußgrößenanalyse 334
Kostenführerschaftsstrategie 184
Kostenkontrolle 544 f.
Kostensenkungspotentiale 55 ff., 217
Kosten-Erfahrungskurve 56
Kostenmodell 334
Kosten- und Erlösrechnung 163 f., 578 ff.
Kostenwirtschaftlichkeit 55, 114
Kostenziele 425 ff.
Kritischer Weg 449
Kundenauftragsdaten 180 ff.
Kuppelproduktion 17

Lagerabgangsraten 373
Lagerbestand 372, 415
– reservierter 372
– verfügbarer 372
Lagerkapazitäten 153
Lagerkosten 391 f., 410 f.
– direkte 392
– indirekte 392
Lagerplanung 152 f.
Lagerstandorte 153
Lagerverfahren 153
Layout-Planung 232 ff.
– BELINDA-Verfahren der 242
– Dreiecksverfahren der 237
– Konstruktionsverfahren der 237
– Umlaufmethode der 238
– Verbesserungsverfahren der 237 ff.
Lean Production 9
Leerkosten 426
Leerzeit 428 f., 482 ff., 513 ff.
Leistungserstellung 2
Leistungsmodell 340
Leitstand 537 f.
Leontief-Produktionsfunktionen 289 ff., 307 ff.
Lernkurve 127 f.
Lieferbereitschaft 394
Lieferbereitschaftsgrad 416
Limitationalität 278 ff.
– lineare 278 f.
– nicht-lineare 279 f.
Lineare Optimierung 320 f., 347
Lösung
– duale 319
– primale 319
Lohngruppenverfahren 134
Lohnplanung 137
Losgröße 383
– gleitende wirtschaftliche 401 ff.
– Groff-Heuristik 405 f.
– -nmodelle, Übersicht 385
– part-period-algorithm 403 f.
– Silver-Meal-Heuristik 404 f.
– Stück-Perioden-Ausgleich 403 f.
– Wagner-Whitin-Algorithmus 398 ff.

Marktposition 54
Marktpriorität, produktionsbezogene 193 f.
Marktproduktion 13
Maschinenbelegungsplanung 478 ff., 491 ff., 499 ff.
Massenproduktion 15
Materialliste 360
Materialwirtschaft 177 f., 575
Mehrfachzielsetzung 323 ff.
Meldebestand 415
Mengenbegrenzungsrisiken 53
Mengenbilanzen 309, 368
Mengengefälle 339
Mengengerüst 309
– der Inputfaktorarten 337
Mengenkontrolle 543
Mengenübersichtsmatrix 369 f.
Mengenübersichtsstückliste 362
Minutenfaktor 139
Mittelwertbildung 374
– einfache 374 f.
– exponentiell gewogene 376
– gleitende 374
Momentanproduktion 394, 396
Montageinsel 175
Morphologische Methode 63
MPM-Netzplan 443 ff.
MRP II-Konzept 177, 573
MTM-Verfahren 125
Muster 74

Nettobedarf 371 ff., 392
Nettobedarfsrechnung 371
Netzplantechnik 284, 441 ff.
Niveauvariation 280
Niveauvariator 281
Normstrategien 58 ff., 150 f., 187 ff.
Normteile 5
Normung 68
Nutzungsdauerplanung 108 ff.

Nutzungsfaktoren 3
Nutzwertanalyse 64

OPT, System 464 ff., 573
Optimierung
– gemischt-ganzzahlige 348 f., 553
– lineare 320 f., 347
Organisationstyp der Produktion 233 ff.
Output 2
Outputtypen 12 f.

Partieproduktion 14
Perioden-Rechenmodell 335
Personalbedarf 130 ff.
Personal-Beschaffung 132
Personalkonzept
– ressourcenorientiertes 112
– investitionsorientiertes 112 f.
– wertorientiertes 113
Personalstrategien 112
PERT-Netzplan 225, 443
PIMS-Datenbank 78 f.
Planrevision 541, 546
Plantafel 537
Planung
– Arbeits- 267
– Fertigungs- 267
– rollende 31 f., 547
– rollierende 31 f., 547
Planungshorizont 31 f.
Planungsinseln, koordinierte 577
Planungsperiode
– geschlossene 394
– offene 394
Portfolio-Methoden 58 ff.
Potentialfaktoren 3
PPS-Systeme 162, 164, 176 ff., 179 ff., 569 ff.
– bereichsweise zentrale 570
– dezentrale 570 f.
– im CIM-Konzept 573 ff.
– rein zentrale 570
Prämienarten 141
Prämienlohn 141 ff.
Prämissenkontrolle 264
Preis-Absatzfunktion 277, 328
Preisgerüst der Inputfaktoren 339
Primärbedarf 177, 310, 354
Prioritätsregel 479 ff., 493 ff.
– Basis- 479 f.
– kombinierte 481
– Simulationsstudien von -n 482 ff.
– Übersicht 480 f.
Produktdifferenzierung 74
Produkte 2
Produkteliminierung 75
Produktfeld 75
Produktflexibilität 191
Produktgestaltung 65 ff.
Produktgruppe 75
Produktintensivierung 74
Produktion 1 ff.
– analytische 17
– durchlaufende 17
– einstufige 17
– geschlossene 394
– mehrstufige 17
– offene 393 f.
– synthetische 17
– umgruppierende 17
Produktionsbegriff 1 f.
Produktionsbetriebe 9 ff.
Produktions-Controlling 27 ff., 163 f., 270 ff., 545
Produktions-Datenbank 162, 164, 177, 180 ff., 580
Produktionsdurchführung, Veranlassung der 534
Produktions-Faktorbedarf 354 ff.
Produktionsfaktoren 2 ff.
– Bereitstellung der 536
Produktions-Faktorplanung
– operative 354 ff.
– strategisch-taktische 81 ff.
Produktions-Faktortypen 12 f.
Produktions-Fortschrittskontrolle 543
Produktionsfunktion 278 ff.
– homogene 280 ff.
– inhomogene 280
– linear-homogene 280 ff.
– nicht-linear-homogene 280 ff.
– Typ A 285 ff.
– Typ B 289 ff.
– Typ C 302 ff.
– Typ D 306 ff.
– Typ E 436 ff.
– Typ F 436
– Typen betriebswirtschaftlicher -en 284
Produktionsgeschwindigkeit 7 f., 290 ff., 392
Produktionsglättung 98
Produktionskoeffizient 278, 290
Produktionskontrolle
– operative 179, 424, 542 ff.
– strategisch-taktische 264 ff.
Produktionsmanagement 27 ff.
– operatives 42, 267 ff.
– strategisches 41
– strategisch-taktisches 29, 41 ff.
– taktisches 41

Produktions-Personalplanung 111 ff.
Produktionsplanung 27
– hierarchische 560 ff.
– integrierte 547 ff.
– operative 33, 269 f.
– strategische 41
– strategisch-taktische 33
Produktions-Planungssystem 31 ff.
Produktionsprogramm
Produktions-Programmplanung
– operative 177
Produktionsprozeß i. e. S. 6
Produktions-Prozeßplanung
– operative 423 ff.
– strategisch-taktische 158 ff.
Produktions-Prozeßtypen 15 ff.
Produktions-Regelung 533
Produktions-Steuerung 179, 423 f.
– Funktion der 533 ff.
– gruppenübergreifende 540
– Instanz der 533
Produktionssysteme 1 ff.
Produktionstechnik 20 ff.
Produktionstheorie 278 ff.
– dynamische 432 ff.
Produktionstypen 11 ff., 572 f.
– elementare 12 ff.
– kombinierte 18 f.
Produktionsveranlassung 537
Produktionsvollzug
– Sichern des -s 534, 541 f., 545 f.
– Überwachung des -s 542
Produktionswirtschaft 22 ff.
Produktionszeit 7
Produktivität 23, 235
Produktlebenszyklus 50 ff.
Produktlinie 75
Produktnetz 464
Produktpositionierung 62
Produktprogramm, strategisches 75
Produktprogrammplanung, strategische 72 ff.
Produktstrategien 72 ff.
Produkt- und Produktionsprogrammtypen 12 f.
Produktvariation 74
Profildarstellung 54
Prognoseverfahren
– kurzfristig orientierte 373
– langfristig orientierte 80
Programmbreite 75
Programmplanung, operative
– Einzelproduktion- 344 ff.
– Entscheidungsmodelle der 311 ff.
– Ermittlungsmodelle der 329 ff.
– in PPS-Systemen 350 ff.
– Nebenbedingungen der 305 f.
– Serienproduktion- 311 ff.
– Standardansatz der 277, 311
– Zielfunktion der 275 ff.
Programmplanung, strategische
– Zielplanung 46 ff.
– Informationsversorgung 77 ff.
Programmplanung, strategisch-taktische 43 f.
Programmtiefe 75
Prozeßfolgeprinzip 243
Prozeßgestaltung 423 ff.
Prozeßkostenrechnung 580
Prozeßplanung, operative
– Einzelproduktion 441 ff., 454 ff.
– heuristische Verfahren der 463 f., 466 ff., 475 ff., 479 ff., 503 ff., 515 ff.
– hierarchische 560 ff.
– Informationsversorgung der 530 ff.
– kombinatorisches Verfahren der 512 ff.
– Massenproduktion 520 ff.
– Optimierungsverfahren mit Branch-and-Bound 505 ff.
– Serienproduktion- 488 ff., 496 ff.
– Zielsystem der 425 ff.
Prozeßplanung, strategisch-taktische 44, 158 ff.
Prozeßstrahl 279
Prozeßtechnologie-Strategie 161
Prozeßzeiten 129
Pufferläger 250 f.
Pufferzeiten 444, 447 ff.

Qualitätskontrolle 543 ff.
Qualitätsmanagement 70
Qualitätsmerkmale 71
Qualitätspolitik 152
Qualitätsrisiken 53
Qualitätszirkel 71 f., 543 f.
quality circles 543 f.
Quality Function Deployment 70
Quasi-Integration 148
Quasikosten 348

Rangfolgeverfahren 134 f.
Rangreihenverfahren 135 f.
Rangwerte 248
Rangwertregelverfahren 246 ff.
Rationalisierungsinvestition 301
Regelabweichungen 534
Regelgrößen 533 f., 561
Regelkreis 42, 533 f., 560 ff.
Regelstrecke 533 f.

Regler 469, 533 f.
Reihenfolgebestimmung 479 ff.
Reihenfolgeplanung 464, 499 ff.
Reihenproduktion 16, 243, 496
Relative Einzelkostenrechnung 332, 579 f.
Rentabilitätsziel 24
Reparaturzeitverteilung 103 f.
Repetierfaktoren 3 f.
– Bereitstellung der 354
Rezeptur 309, 360
Risikoanalyse 223
Risikoprofil 223, 226
Rohstoffe 5
RSU-Analyse 358 ff.
Rückwärtsintegration 145
Rückwärtsterminierung 447, 458, 464 f., 498
Rüstkosten 390 f.
– direkte 391
– indirekte 391
Rüstkostenmatrix 502 ff.

Sachgüter 1 f.
Scoring-Modell 86
Sekundärbedarf 177, 310, 355 f.
Sensitivitätsanalyse 227 ff., 397
Seriengröße 389 f.
Seriengrößenplanung
– deterministisch-dynamische Modelle der 398 ff.
– deterministisch-statische Modelle der 394 ff.
Serienproduktion 15, 389, 390, 436, 496
– Maschinenbelegungsplanung 478 ff., 491 ff., 499 ff.
Seriensequenzproblem 393
Servicegrad 416 ff.
Sicherheitsbestand 371, 415 ff.
Simultaneous Engineering 69 f., 160
Simultanmodelle 551
– einflußgrößenbezogene 557 ff.
– produktbezogene 552 ff.
Sorte 75
Sortenproduktion 13, 390, 496
Sortenschaltung 390
– optimale 393
Sortenwechsel 390
Spannweiten 340
Splittung 451
Stärken-Schwächen-Analyse 54 ff.
Standortoptimierung 87 ff.
Standortplanung 82 ff.
– heuristische 85 ff.
– innerbetriebliche 232
Standortfaktoren 85 f.
Standortstrategien 82 ff.
Stellgröße 533 f., 561
Steuerung
– Arbeits- 267
– Fertigungs- 267
– gruppeninterne 540
Stillstandszeit 482 ff.
Störarten 535
Störgröße 533 f., 561
Strategische Geschäftseinheiten 47 f.
– Klassifikation 51
Strategische Ressourceneinheiten 149
– Normstrategien für 150 f.
Strategische Überwachung 264
Strukturanalyse 444
Strukturmatrix 337 f.
Strukturstückliste 362 ff.
Stücklisten 309, 360
– analytische 360
– synthetische 360
Stücklistenarten 361
Stücklistenprozessor 364 ff.
Stufenwertzahlverfahren 135
Substitutionalität 278 ff.
– alternative 280
– partielle 280
– periphere 280
– totale 280
Synchronisationsprinzip 96
Systemgestaltung 29 ff.
Systemnutzung 29 ff.
System OPT 464 ff., 573

Taktzeit 246 ff.
Technikeinsatz, Grad des -es 94 f.
Technologiekalender 194 ff.
Technologie-Portfolio-Analyse 189 ff.
Teilebedarfsplanung, terminierte 407 f.
Teilefamilie 251
Teilestammsatz 364 ff.
Teileverwendungsnachweis 309, 370
Teilperiode 31
Terminabweichungen 429
Terminabweichungskosten 426 f.
Terminfeinplanung 464
Termingrobplanung 455
Terminkontrolle 543
Terminplanung 455 ff., 497 ff.
– auftragsorientierte 455
Terminschranke 469 ff.
Terminüberschreitung 482
Tertiärbedarf 177, 354 f., 372 f.
Throughput 5 f.
Throughputplanung 158 ff., 423 f.

Throughputtypen 15 ff.
Total Quality Management (TQM) 72
Transformationsfunktion 278
Transformationsprozeß 5 f.
Transportkostenminimierung 237 ff.
Traveling-Salesman-Problem 502
Trendrechnung 377 f.
Trichtermodell 468 f.
Typung 68

Übergangszeitreduktion 449 f.
Überlappung 450 f.
Umweltanalyse/-prognose 48 ff.
Umweltfaktoren 49
Umweltschutz, betrieblicher 255 ff.
Umweltschutzmaßnahmen 259 ff.
Umweltschutznormen 256
Unternehmensanalyse/-prognose 54 ff.
Unternehmensgrundsätze 46
Unternehmensstrategien, umweltschutzorientierte 257 ff.
Unternehmenskultur 45

Variantenstückliste 361, 366
Verbrauchsfaktoren 3 ff.
Verbrauchsfunktion 290 f.
– monetäre 296
Verfahrenstechnik 21 f.
Verfahrenswahl 459
Verflechtungsmatrix 337
Verrichtungsprinzip 223 f.
Versandsteuerung 577
Verteilzeiten 123
Vertriebsinseln 577
Verweilzeit 437 f.
Verwendungsanalyse 62
Verwendungsnachweise 360
Vollzugsplanung 423 ff.
Vorgangsintegration 204 ff.
Vorgangskettendiagramm 198 f.
Vorgangsliste 444 f.
Vorlaufverschiebung 371, 372
Vorlaufzeit 372
Vormerkbestand 371
Vorprodukte 5
Vorratsproduktion 13, 496
Vorwärtsintegration 145
Vorwärtsterminierung 445 f., 457, 465, 497 f.

Warteschlange 479
Wartezeit 428, 513 ff.
Weiterverwendbarkeitsgrad 218 f.
Werkstatt 233 ff.
Werkstattbestand 372
Werkstattproduktion 15, 233 ff., 454
– Maschinenbelegungsplanung 478 ff.
Werkstattsteuerung 423
Werkstoffsicherung 143 ff.
Werkzeuge 372
Wertanalyse 69
Wertschöpfungskette 144
Wertzahl 463
Wettbewerbskonzept, strategisches 216
Wettbewerbsstrategien 184 ff.
Wettbewerbsvorteil, relativer 54
Wiederholungsfunktion 302 f.
Wirtschaftlichkeit 24
Wirtschaftlichkeitsprinzip 24
Work-Factor-Verfahren 125

XYZ-Analyse 358 ff.

Zeitakkord 139
Zeitgerüst 309, 455
Zeitlohn 137 f.
Zeitreihenanalyse 373
Zeitreihenprojektion 373
Zeitstruktur 455
Zeitverschleiß 101 f.
Zeitwirtschaft 177 f., 576
Zeitziele 427 ff.
– als Ersatzziele 430, 511 f.
Zeitzielbeziehungen 429 f.
Zentrenproduktion 251 ff.
Zielbeziehungen 323
Ziele 22 ff.
– produktionswirtschaftliche 26
Zielfunktion
– bruttoformulierte 343, 551, 558
– nettoformulierte 343, 551, 558
Zielgewichtung 323 ff.
Zielsystem 25
Zusatzfaktoren 5
Zutatenliste 360
Zuverlässigkeit 103 f.
Zyklusdauer 244 f.
Zykluszeit 428, 478, 482 ff., 499, 512